suhrkamp taschenbuch 3671

AF 153027

Nach *Nacktheit und Scham* (st 2285), *Intimität* (st 2335), *Obszönität und Gewalt* (st 2451) sowie *Der erotische Leib* (st 3036) liegt mit *Die Tatsachen des Lebens* nun der fünfte und letzte Band von Hans Peter Duerrs Kritik am Mythos vom Zivilisationsprozeß vor. Diese Kritik an einem etablierten wissenschaftlichen Paradigma ist zwar im deutschsprachigen Bereich auf erbitterten Widerstand gestoßen, sie hat zugleich jedoch zu einer Erschütterung der einfachen Vorstellung von einem weiteren Fortschreiten der Menschheit in das Zivilisationsparadies geführt.

Im abschließenden Band setzt sich Duerr vor allem mit der Frage auseinander, ob die »facts of life«, also die Bereiche der Sexualität, der körperlichen Reifung, der Körperfunktionen und der abweichenden Verhaltensweisen, im Verlauf der historischen Entwicklung tatsächlich, wie von Norbert Elias und seiner Schule behauptet, in immer stärkerem Maße mit dem Bann des Verschweigens oder mit Euphemismen belegt und hinter die Kulissen des öffentlichen Lebens verdrängt wurden.

»Duerrs Studien sind auch unabhängig von dem Gelehrtengefecht lesenswert für alle diejenigen, die sich für den Menschen interessieren. Wieder einmal schenken sie uns reiches Material über dieses schier unerschöpfliche Phänomen.«

Magnus Schlette, *Frankfurter Rundschau*

Hans Peter Duerr, geboren 1943 in Mannheim, war bis 1999 Professor für Ethnologie und Kulturgeschichte an der Universität Bremen und lebt heute in Heidelberg.

Hans Peter Duerr
Die Tatsachen des Lebens

*Der Mythos vom
Zivilisationsprozeß*
Band 5

Suhrkamp

Umschlagabbildung: Gerard van Honthorst.
Der Soldat und das Mädchen, um 1621.
Herzog Anton Ulrich-Museum, Braunschweig.
Museumsfoto Bernd-Peter Keiser.

suhrkamp taschenbuch 3671
Erste Auflage 2005
© Suhrkamp Verlag Frankfurt am Main 2002
Suhrkamp Taschenbuch Verlag
Alle Rechte vorbehalten, insbesondere das
der Übersetzung, des öffentlichen Vortrags sowie der Übertragung
durch Rundfunk und Fernsehen, auch einzelner Teile.
Kein Teil des Werkes darf in irgendeiner Form
(durch Fotografie, Mikrofilm oder andere Verfahren)
ohne schriftliche Genehmigung des Verlages reproduziert
oder unter Verwendung elektronischer Systeme
verarbeitet, vervielfältigt oder verbreitet werden.
Druck: Ebner & Spiegel, Ulm
Printed in Germany
Umschlag: Göllner, Michels, Zegarzewski
ISBN 3-518-45671-7

1 2 3 4 5 6 – 10 09 08 07 06 05

Inhalt

»Die eine Zeit mißversteht die andere; und eine *kleine* Zeit mißversteht alle andern in ihrer eigenen häßlichen Weise.«

Ludwig Wittgenstein

Einleitung

Nachdem er auf seiner Heimreise aus der Südsee im November 1774 die Tierra del Fuego betreten hatte, hielt Georg Forster über die dort lebenden Yámana fest: »Sie schienen unsre Überlegenheit und unsre Vorzüge gar nicht zu fühlen, denn sie bezeigten auch nicht ein einzigesmal, nur mit der geringsten Geberde, die Bewundrung, welche das Schiff und alle darinn vorhandene große und merkwürdige Gegenstände bey allen übrigen Wilden zu erregen pflegten!« Und er fügte hinzu, selbst »die ärgste Sophisterey« über die angeblichen »Vortheile des ursprünglich wilden Lebens« könnte nicht darüber hinwegtäuschen, »daß *wir* bey unsrer gesitteten Verfassung unendlich glücklicher« seien als diese armseligen Kreaturen.[1]

Der Mann der Aufklärung, dem keine Menschen bekannt waren, die »dem Thiere näher« standen als dieses elende Völkchen, ahnte indessen nicht, daß die Indianer lediglich ihren kulturellen Normen folgten, die ihnen geboten, bei Überraschung, Angst, Begeisterung oder Enttäuschung die Kontenance zu wahren und ihren Gefühlen nicht freien Lauf zu lassen. So berichteten in späterer Zeit Reisende und Forscher von den ebenfalls im Feuerland lebenden Ona, über die noch Darwin sagte, es sei kaum zu glauben, daß sie Menschen wie wir (»fellow-creatures, and inhabitants of the same world«) seien, deren Frauen hätten die hochwillkommene Beute, die ihre Männer von der Jagd heimbrachten, zunächst mit keinem Blicke gewürdigt und erst sehr viel später, beim Essen, ihre Freude zum Ausdruck gebracht. Gleichermaßen hätten die Väter angesichts des soeben geborenen Kindes ihre Glücksgefühle verborgen, obwohl sie in Wahrheit außer sich gewesen seien vor Entzücken und Stolz.[2]

In den dreißiger Jahren des vergangenen Jahrhunderts schrieb ein britischer Distriktkommissar, daß die Turkana sich die Überraschung, die Engländer zu sehen, in keiner

Weise anmerken ließen[3], und ähnlich galt bei den östlich des Victoria-Sees lebenden Kipsigi jemand als äußerst ungezogen, wenn er ein größeres Interesse an Fremden oder an einem ungewöhnlichen Gegenstand zeigte. In einem solchen Falle schwiegen die Umstehenden beschämt und sagten später über den Betreffenden entschuldigend: »Er kann nichts dafür, er ist krank« oder dergleichen.[4] Dieses Ideal der fast totalen Kontrolle der Affekte und Bedürfnisse illustriert sehr schön eine Anekdote der Fulbe, in der ein fast verdursteter Mann während eines Besuches bei einer von ihm verehrten Frau eine Kalebasse voller Milch sieht. Nachdem die Frau die Hütte verlassen hat, um die Kühe zu melken, ringt der vor Durst halb wahnsinnige Mann sich dazu durch, heimlich einen winzigen Schluck aus der Kalebasse zu nehmen. Doch dabei rutscht er aus und fällt mit dem Gesicht in die Milch, die an die Wände der Hütte spritzt. In seiner Verzweiflung darüber, daß die Frau bei ihrer Rückkehr seinen Mangel an Selbstbeherrschung feststellen muß, tut der Mann nun so, als sei er verrückt geworden – läuft laut muhend auf allen vieren herum und beginnt, das Mobiliar zu demolieren.[5]

Das klassische Gegenbeispiel zu der Behauptung von Norbert Elias, die Menschen in »einfachen Gesellschaften« seien Gefangene ihrer eigenen Empfindungen gewesen, ihren Affekten hilflos ausgeliefert wie Naturgewalten[6], ist das »stoische« Verhalten der berittenen Büffeljäger der großen nordamerikanischen Plains und Prärien, eine Affektkontrolle, wie man sie insbesondere von den Häuptlingen erwartete, denen bekanntlich die Aufgabe zufiel, die Interessen der verschiedenen Stammesfraktionen miteinander auszugleichen. Als etwa im Jahre 1892 ein gewisser Sun Road zum Sweet-Medicine-Häuptling, also zum Vorsitzenden des Stammesrates, vorgeschlagen worden war, lehnte er selbst seine Berufung mit den Worten ab: »Wenn ein Hund einer heißen Hündin nachrennt, dann wäre es möglich, daß ich schwach werde und meinen Mund aufmache!« Womit er meinte, er könne im Falle der Untreue seiner Frau nicht dafür garantieren, sich wie ein Cheyenne mit Selbstbeherrschung zu verhalten, der sich höchstens zu einer geringschätzigen Bemerkung wie »Ein Hund hat an mein Tipi gepißt« hinreißen ließe.[7]

Nun hat Elias in späteren Schriften zugestanden, daß die Individuen in vormodernen, »einfachen« Gesellschaften zwar unter ganz bestimmten Umständen durchaus in der Lage gewesen seien, einen bedeutenden Triebverzicht zu leisten, doch habe es sich dabei um eine relativ »ungleichmäßige« und »diskontinuierliche« Selbstkontrolle gehandelt. Jene Menschen seien wesentlich größeren Affektschwankungen ausgesetzt gewesen als wir und es habe immer wieder »ungehemmte Äußerungen von Leidenschaften« gegeben, die von einer Intensität waren, »wie sie Menschen einer späteren Stufe nicht mehr aufbringen« könnten.[8] Da die Vormodernen also laufend von ihren Affekten und Emotionen überschwemmt worden seien, oder, anders ausgedrückt, weil sie noch nicht über einen *stabilen* Kontrollmechanismus verfügt hätten, seien sie auch nicht so sehr jener »Gefahr« ausgesetzt gewesen, die »aus einem Versagen der Selbstregulierung, aus einem Nachlassen der Selbstkontrolle« resultiere.[9] Denn typisch für den modernen Menschen, so ergänzt Jos van Ussel ganz im Sinne der Eliasschen Argumentation, sei eine ständige »Furcht vor dem Ausbruch der kasernierten Gefühle«.[10]

Freilich hätte den Zivilisationstheoretikern spätestens an dieser Stelle der Gedanke kommen können, daß sich die Empfindung, die menschliche Persönlichkeit ähnele einem unter ständigem Druck stehenden Dampfkessel, der irgendwann Gefahr laufe, zu explodieren, gerade bei Menschen in »einfachen« und nicht in hochmodernen Gesellschaften findet. So war man zwar auf dem balinesischen Dorf der Meinung, ein Mensch sei um so höherstehend und reifer, je mehr er seine Affekte und Emotionen kontrollieren und beherrschen könne (*bayu sabda idep*), aber man war gleichzeitig davon überzeugt, derjenige, der dabei des Guten zuviel tue, laufe irgendwann Amok.[11] Und auf der Nachbarinsel Java verachtete man die *halus* genannten Personen, etwa solche, die mit lauter Stimme sprachen und die durch ihr grobes und unkultiviertes Wesen die soziale Harmonie störten. Aber solchen Menschen, die ihre Triebe allzu sehr kontrollierten, konnte es widerfahren, daß sie das Schlimmste taten, was sich denken ließ: Ihre Selbstkontrolle versagte, und sie attackierten wahllos die anderen Dorfbewohner und sogar ihre eigenen Familienangehörigen.[12]

Die enorme Triebkontrolle, die in den indonesischen Gesellschaften verbreitet war, ist manchen Europäern schon vor Jahrhunderten aufgefallen. So äußerte sich im Jahre 1615 ein niederländischer Prediger dahingehend, die Ambonesen seien ungleich »ziviler«[13] als seine Landsleute: Jene gäben keine Rauf- und Trunkenbolde ab wie die Holländer, die bei jeder Gelegenheit ihre Frauen verprügelten; vielmehr bewege sich das ganze Leben der Insulaner in geordneten Bahnen. Aus diesem Grunde wollten die Leute nicht, daß ihre Töchter holländische Männer heirateten, wie auch die jungen Mädchen selber dazu keinerlei Neigung verspürten. Und ein anderer Kolonist bestätigte, die Holländer könnten sich nicht kontrollieren, weshalb die Javaner sie wie die wilden Dayak als »Kaffern« bezeichneten.[14]

Ein moderner Forscher meint, die Affektkontrolle der Minangkabau auf Sumatra sei so geartet, »daß ein Europäer dort auch heute eher als Rauhbein und Wüterich erscheint«[15], und der Lappe Siri Matti erzählte, in den alten Zeiten hätten sich die finnischen Lappen grundlegend von den Skandinaviern unterschieden: »Oh, diese sind schlimme Gesellen, wenn sie betrunken sind! Es sind Leute, die dann sofort Streit anfangen und rasch das Messer bei der Hand haben.«[16] Die Utkuhikhalingmiut fürchteten ebenfalls die schnell aufflammende Wut der Weißen, aber sie meinten, »wie der Ärger eines Kindes« sei diese Wut im Gegensatz zu derjenigen der Eskimo schnell verraucht. Allem Anschein nach hatten sie wie die Qipisamiut die Erfahrung gemacht, daß die Weißen noch nicht über eine stabile Selbstkontrolle (*ihuma*) verfügten, ähnlich wie kleine Kinder, die Emotionen wie Kummer, Ärger, Angst oder Freude noch nicht beherrschen können. Deshalb galt es als extrem beleidigend, von einem Erwachsenen zu sagen, er sei *ihumakittuq*, d. h., er habe Schwierigkeiten, seine Gefühle zurückzuhalten.[17] Doch nicht allein das *Zeigen* von Gefühlen wurde als unschön (*hujuujaq*) empfunden, sondern auch das *Haben* von intensiven positiven oder negativen Affekten und Emotionen sowie von »starken Gedanken« (*ihumaquqtuuq*), denn bereits die reine Existenz dieser psychischen Phänomene hielt man für asozial und bedrohlich für die Gemeinschaft.[18]

Auch andere »einfache« Gesellschaften betrachteten die Weißen weithin als unreif und unzivilisiert, weil sie sich nur auf sehr unzureichende Weise beherrschen konnten. So erzählten die Yusufzai-Paschtunen im Swat-Tal eine berühmte Geschichte, in welcher einst ein Paschto sprechender britischer Spion dadurch entlarvt wurde, daß er während einer *tamasha*, einer musikalischen Veranstaltung, wie sie anläßlich von Hochzeiten oder Beschneidungen stattfanden, mit dem Fuß den Takt schlug. Kein Einheimischer hätte sich nämlich so weit gehenlassen, sondern wäre ausdrucks- und reglos dagestanden.[19] Und der Missionar John Heckewelder, der seit 1762 lange Jahre bei den Tuscarawa, Irokesen, Delawaren und Mohikanern gelebt hatte, berichtete, die Indianer hätten an den Europäern immer wieder deren mangelnde Selbstbeherrschung gerügt: »›Among us‹, they say, ›only one person speaks at a time, and the others listen to him until he has done, after which, and not before, another begins to speak.‹« Die Weißen jedoch quasselten nicht nur durcheinander wie kleine Kinder, sondern einfach viel zu viel, »›and that much talk disgraces a man and is fit only for women‹«. Diese und andere Feststellungen der Indianer gaben dem Gottesmann zu denken, und er fügte ein wenig verwundert hinzu: »It is a striking fact, that the Indians, in their uncivilised state, should so behave towards each other as though they were a civilised people!«[20] Schließlich konstatierte hundert Jahre später ein wilhelminischer Forscher über die südaustralischen Aborigines, diese wüßten »die Wohlanständigkeit im allgemeinen weit besser zu bewahren als unsere Landsleute«, ja, man könne »mit vollem Rechte« von ihnen behaupten, daß sie »verhältnismäßig viel Feingefühl« besäßen und ihre »Gemütserregungen in Gegenwart von Fremden ausgezeichnet zu beherrschen« verstünden. Doch scheinen dem Autor nach diesen Ausführungen plötzlich deren Implikationen klar geworden zu sein, und er läßt keinen Zweifel daran, wer letzten Endes die Zivilisierten sind: »Streng genommen handelt es sich hier aber nicht um eine Willensäußerung, die wir als Selbstbeherrschung zu bezeichnen pflegen. Es fällt« nämlich »dem Eingeborenen meistens durchaus nicht ein, seine Leidenschaften und Begierden zu unterdrücken oder in völliger Unterwürfigkeit zu halten; er sucht sie anderen nur mit großer Geschicklichkeit zu verbergen, wenn Sitte und Herkommen oder Eigennutz und Selbstsucht es heischen. Sein Bestreben ist also darauf gerichtet, seine Seelenregungen unter einem angenommenen Schein zu verbergen.«[21] Die Wilden, so lautet also das Fazit der Argumentation, sind nicht wirklich zivilisiert – sie tun nur so.

Wenn dieser gelehrte Herr letztlich nicht aus dem Schatten seiner Zeit heraustreten konnte, so hatte er gleichwohl im Gegensatz zu den damaligen und zu den späteren Kulturevolutionisten wie Norbert Elias einen Wesenszug der Menschen in vormodernen Face-to-face-Gesellschaften deutlich gesehen: Charakteristisch war für jene nämlich die Tatsache, daß man für gewöhnlich die Dinge nicht beim Namen nannte, sie nicht hinausposaunte wie ein Kind oder ein Narr, die bekanntlich beide die Wahrheit sagen, vielmehr bemäntelte, umschrieb, andeutete oder höflich verschwieg, in einem Wort: daß die soziale Interaktion vorsichtig, vorausblickend und behutsam verlief, damit die engmaschig miteinander verwobenen Individuen ihre Selbstachtung und ihr

Gesicht vor den anderen bewahren konnten, denn »es sey besser«, so sagten im 18. Jahrhundert die Tonganer dem Briten Mariner, »einem Manne das Leben zu nehmen als den Ruf«.[22]

Bei den madegassischen Vakinankaratra wurden bereits die kleinen Kinder von ihren Müttern und älteren Geschwistern dazu angehalten, jegliche direkten Konfrontationen mit anderen Menschen zu vermeiden, da eine solche Unmittelbarkeit die Betreffenden in eine unangenehme Lage bringen könnte. Ärgerte man sich über jemanden, so erwähnte man dies gegenüber Dritten, besonders Personen, die als *mpanao fihavanana*, »Wiederhersteller guter Beziehungen«, bekannt waren, und diese wiederum brachten den Auslösern des Unmutes so schonend wie nur möglich bei, daß sie jemanden verärgert hatten. »Selbst wenn jemand auf frischer Tat ertappt wird«, so ein Dorfbewohner, »kann man den Namen dieser Person nicht direkt bekanntgeben und sie dadurch entehren. Vielmehr benutzt man bestimmte Redewendungen, oder man macht nur Andeutungen.« Direkt zu sein und kein Blatt vor den Mund zu nehmen hieß, kindlich und unzivilisiert zu sein, Schande (*henatra*) über andere zu bringen und ihnen »die Ehre zu stehlen«. Solche Rüpel wurden im wahrsten Sinne des Wortes aus dem Dorf ausgegrenzt, indem man ihnen nicht mehr beim Reisanbau half und den Pfad, der von ihrem Haus zu den anderen Häusern führte, mit Sisal-Büschen unpassierbar machte. Doch durch die Einflüsse der modernen, westlichen Welt, sollte sich dies alles ändern. So meinte ein zweiter Bauer: »Die Menschen heute sprechen direkter als ihre Vorfahren. Früher haben die Menschen großen Wert darauf gelegt, zwischenmenschliche Beziehungen zu erhalten. Heute weist man den anderen direkt auf seine Fehler hin und fordert ihn heraus. Die Vorfahren hätten dies nicht getan.«[23]

Wenn die älteren Männer der australischen Pintubi eine Geschichte erzählten, so begannen sie regelmäßig damit, die Bedeutung ihres Beitrages zur Unterhaltung herunterzuspielen (»Dies ist nur ne kleine Geschichte ...«), und sie vermieden es stets, jemandem direkt zu widersprechen, denn das hätte ihre eigene Bedeutung erhöht und dadurch die der anderen herabgesetzt und sie beschämt. Ähnlich peinlich war es für alle Beteiligten, wenn jemand einer Person etwas direkt verweigerte, und die Pintubi konnten nur die Köpfe schütteln über die Weißen, die einem anderen »in seine Augen hinein« (*kuru lingku*) etwas abschlugen.[24] Auch bei den Nahuatl durfte man keinem erwachsenen Menschen etwas direkt abschlagen – obwohl man »nein« meinte, sagte man »ja, mit dem größten Vergnügen, ich werde darüber nachdenken«, und es bedurfte eines feinen Gespürs, über das die Europäer für gewöhnlich nicht verfügten, die Ablehnung aus der Zustimmung herauszuhören. Ging jemand an einem Haus vorüber und fragte die Bewohner, ob sie mit spazierengehen wollten, erwiderten letztere: »Ja, sehr gerne schließen wir uns an!«, worauf freilich nichts geschah, denn niemand hatte wirklich etwas gefragt und niemand hatte wirklich etwas geantwortet.[25]

Die Eipo schließlich fragen niemanden direkt nach dem, »was wichtig ist« und was die Menschen berührt – man spricht diese Dinge nicht aus oder man benutzt dabei die »verdunkelte Rede« (*kunnuse yupe*), um das, was man wirklich sagen will, zu verschleiern. Selten verwendet man den Imperativ, meistens den Optativ, und man fragt jemanden nicht *kwaning arebkil-do?*, »Hat er dir Süßkartoffeln gegeben?«, vielmehr sagt man *kwaning arebkile-buk*, »Wenn er dir Süßkartoffeln gegeben hat – kannst du gehen.« Denn im ersten Fall müßte der Angesprochene direkt antworten, während er im zweiten auf das andere Thema ausweichen kann, indem er beispielsweise sagt, daß er erst später gehen möchte. Wenn man weiß, daß eine bestimmte Person etwas gestohlen hat, dann kann man zwar auf dem Dorfplatz laut beklagen, daß einem das Steinbeil abhanden gekommen ist, aber man hütet sich davor, den Namen des Diebes zu nennen, und tut so, als ob man nicht wisse, wer das Beil entwendet hat. Auch ein wertvolles Geschenk nimmt man mit gespielter Nachlässigkeit, mit demonstrativer ἀταραξία an, doch in Wahrheit ist jedem der Wert des Geschenkes bewußt, und man weiß genau, ob man ebensoviel erhalten, wie man irgendwann einmal gegeben hat.[26]

Unaufdringlichkeit und Wohlwollen als Schmiermittel zur Aufrechterhaltung sozialer Harmonie waren ebenfalls charakteristisch für die Weise, in der man einander begrüßte. Bei den Wolof im westlichen Senegal beispielsweise tauschten die Leute bei solchen Gelegenheiten nur Artigkeiten aus, und wenn sich einer nach jemandem erkundigte, der gerade im Sterben lag, erwiderte man, er erfreue sich bester Gesundheit.[27] Die Ibo sowie die madegassischen Tanala zogen Begrüßungen häufig Stunden in die Länge, wobei zunächst der eine alles erzählte, was sich seit der letzten Begegnung der beiden ereignet hatte, worauf der andere alles Gesagte möglichst wortgetreu wiederholte, um seine Aufmerksamkeit für das Erzählte zu dokumentieren.[28] Bei den im Westen des Njassa-Sees lebenden Chewa wiederum bekundete man sein Interesse dadurch, daß man in die Rede des anderen ständig Floskeln einwarf wie z. B. *kodi?*, »Wirklich?«, *inde*, »Ja«, oder *a-a!*, »Was Sie nicht sagen!«[29], während man sich in anderen Gesellschaften eher darum bemühte, so unaufdringlich wie nur möglich zu erscheinen. Die Kayabí im nördlichen Mato Grosso beispielsweise blickten ihrem Gesprächspartner nie ins Gesicht, sondern seitlich an ihm vorbei, und sie sprachen auch dann mit relativ leiser Stimme, wenn der andere ein gutes Stück entfernt war oder wenn sich eine Malocawand zwischen den beiden befand. Die Brasilianer dagegen erschienen ihnen in ihrer ungebremsten Emotionalität wie wilde Tiere, und ihre lauten Stimmen und ihr aufgeregtes Gestikulieren erinnerten die Indianer an das Verhalten der Brüllaffen in den Kronen der Urwaldbäume.[30] »Nach gemainem sit«, so mahnte im Jahre 1411 Vintler in seiner *Plůmen der tůgent* den jugendlichen Leser, solle er bei einer Unterhaltung nicht mit den Händen herumfuchteln und

Kopf, Schultern und Füße ruhig halten, denn alles Herumgezappele mache »den lewten graus«.[31]

»Wenn sie miteinander reden«, so bemerkte um die Mitte des 19. Jahrhunderts ein Reisender über die Aruak, »haben sie die eigenthümliche Gewohnheit, einander nicht anzusehen; der, welcher spricht, kehrt dem Angesprochenen den Rücken zu oder stellt sich doch so, daß er ihn nicht ansieht. Nur die Hunde, sagen sie, sehen einander an«, wenn sie zusammentreffen.[32] Als ich im Jahre 1963 erstmals zu einem längeren Aufenthalt in einem Pueblo am Rio Grande eintraf, befremdete es mich sehr, daß meine Gastgeber mir ungleich den Indianern, die ich in den Spielfilmen gesehen hatte, bei der Begrüßung nicht in die Augen schauten und daß sie mir anstelle eines Händedrucks lediglich auf lasche Weise die Finger in die Hand legten, was sich anfühlte, wie wenn einem eine tote Maus hineingelegt würde.[33]

Die beste Art, sich ungezwungen mit einem Navaho zu unterhalten, bestand darin, gemeinsam mit ihm einen Punkt in der Ferne zu fixieren. Schon den kleinen Kindern bleuten die Mütter ein, niemanden direkt anzusehen, es sei denn, man wolle den anderen herausfordern oder ihm seine Geringschätzung bekunden.[34] Und das Anzüglichste, was ein Ojibwa jemandem »in die Augen« sagen konnte, soll *kayka kemanapamin* gewesen sein, »fast hätte ich dich böse angeschaut«.[35]

Die zentralaustralischen Aborigines vermieden es besonders dann, wenn es um persönliche Dinge ging, ihrem Gesprächspartner in die Augen zu blicken, und sie besaßen die erstaunliche Fähigkeit, hochkonzentriert dem zuzuhören, was der andere sagte, aber gleichzeitig so zu tun, als hätten sie ein ausschließliches Interesse an irgendeinem Vogel, der sich gerade in einem Eukalyptusbaum putzte.[36] Die erwachsenen Männer der Tuareg dagegen verhielten sich bei solcher Gelegenheit anders: Sie starrten einander nachgerade an, was vermutlich daran lag, daß sie insbesondere in Gegenwart von Frauen, Fremden, angeheirateten Verwandten oder Respektspersonen wie den Schwiegereltern durch den schmalen Schlitz ihres schützenden Schleiers (*tagulmust*) schauten, der nicht einmal die Augenbrauen, geschweige Nase und Mund frei ließ.[37] Die Frauen der Tuareg, die sich im allgemeinen kaum verschleierten, weil sie sich meistens in nichtöffentlichen Bereichen aufhielten, sowie die Frauen und Mädchen anderer Berberstämme wagten einen direkten Augenkontakt erst dann, wenn sie wenigstens den Mund bedeckt hatten (Abb. 1).

1 Berberische Tasumsafrau, Mauretanien, um 1980.

Gerade wenn durch eine Heirat plötzlich fremde Menschen sozial näherrückten, versuchte man, diese als bedrohlich empfundene Nähe durch verschiedene Distanzierungsmechanismen abzumildern. Insbesondere die jüngeren Zulufrauen mußten in Gegenwart ihrer älteren angeheirateten Verwandten, namentlich des Schwiegervaters, ein mit Fransen oder Perlenschnüren besetztes Band (*umNqwazo*) über den Augen tragen und den Blick senken[38] (Abb. 2); ein Cheyenne verhüllte seinen gesamten Kopf, sobald seine

2 Zulumädchen mit Sichtschutzband.

Schwiegermutter in Sichtweite kam[39], und bei den Aruak steckte umgekehrt die Frau ihren Kopf in einen umgestülpten Korb, wenn einer ihrer Schwiegersöhne nahte.[40] Bei den Blackfeet war es schließlich üblich, daß ein Mann, der seiner Schwiegermutter ins Gesicht blickte, ihr als Buße ein Pferd schenken mußte. Als gegen Ende des 19. Jahrhunderts einmal ein Ethnograph an einem Lagerfeuer der Blackfeet hockte, deutete ein Mann aus Spaß auf ihn und sagte zu einer Frau: »Paß auf! Siehst du nicht, daß dort dein Schwiegersohn sitzt?« Da geriet die alte Frau fast in Panik, doch als sie merkte, daß es sich um einen Scherz gehandelt hatte, erwiderte sie: »A-pe-ech-eKen, du solltest mir ein gutes Pferd geben, weil du mich so erschreckt hast, auch wenn du nicht mein Schwiegersohn bist!«[41]

Doch in vielen »einfachen« Gesellschaften war das Leben recht kompliziert, weil es auch verpönt war, zu gewissen

3 Massaibuben senken vor altem Mann den Blick.

Blutsverwandten oder zum Ehepartner einen Blickkontakt herzustellen, sei es, weil die Beziehungen zu ihnen ab einem bestimmten Alter problematisch und deshalb befangen und formeller wurden[42] oder weil man dadurch den Respekt vor ihnen dokumentierte[43] (Abb. 3): So brachte man den jungen Mädchen der ostafrikanischen Turu bei, ihren Mann wie einen Löwen zu behandeln, dem man ebenfalls nicht ungestraft in die Augen blicken durfte.[44]

Eine extreme Zurückhaltung wurde meist auch erwartet, wenn man jemanden traf oder besuchte. Begegneten beispielsweise zwei Tzotzil-Indianer einander auf dem Pfad, so fragte der eine »Wohin gehst du?«, worauf der andere antwortete: »Ich gehe nirgendwohin«; und wurde einer, der eine Botschaft übermitteln wollte, gefragt, was er vorzubringen habe, so erwiderte er für gewöhnlich zunächst: »Ich habe nichts zu sagen.«[45] Die Galela und Toboloresen auf Halmahera sagten bei jeder Begegnung mit einem anderen »Darf ich an dir vorübergehen?« bzw. »Gehe an mir vorüber!«[46], wobei es bei den philippinischen Negritos, z.B. den Aëta, die nach dem Ethnographen »always showed the greatest civility«, als unhöflich galt, dem Vorbeigegangenen etwas nachzurufen, das man ihm vergessen hatte zu sagen.[47] Wenn bei den Khasi jemand gezwungen war, an einer sitzenden Person vorbeizugehen, mußte er zuvor sagen: »Entschuldige, daß ich an dir vorbeigehe«, und ging ein Ovimbundu im angolanischen Hochland an einer Hütte vorüber, so beugte er den Oberkörper, schnalzte mit den Fingern und sagte: *konyimo oko!*, »Verzeiht meinen Hintern!«[48]

Wie unzutreffend die Behauptungen der meisten Zivilisationstheoretiker sind, erst die neuzeitliche bürgerliche Gesellschaft Europas habe eine »Welt der Öffentlichkeit von der Welt des Privaten« unterschieden[49], oder es könne auf Grund der Quellen »nicht nachgewiesen werden«, daß die »Zweiteilung in Öffentlichkeit und Intimität ein Anthropinum« sei, also »etwas, das man bei allen Menschen findet[50], sieht man sehr gut an der Etikette, die bei Besuchen zu beachten war. »Um Verlegenheit zu vermeiden«, warteten bei den Pintubi und den anderen zentralaustralischen Aborigines die Besucher stets in einer Entfernung von einigen hundert Metern vom Lager, bis man sie bemerkte und hereinbat, worauf zunächst alle in ein minutenlanges Schweigen verfielen und zur Seite oder auf den Boden schauten.[51] Über die Moro-Nuba wird berichtet, ihre Gehöfte seien wie von einer unsichtbaren Glasglocke geschützt gewesen, die jeder respektierte. Nie betrat ein Besucher diese Privatsphäre unaufgefordert, vielmehr kündigte er sein Kommen schon von weitem laut an, damit keiner ihm unterstellen konnte, er habe sich neugierig angeschlichen, um zu lauschen oder in ein Haus zu spähen.[52] In anderen Gegenden des nordöstlichen Afrika mußte der Hausherr selber beim Heimkommen jeweils in bestimmten Entfernungen von seiner Hütte laut husten, damit ein etwaiger Liebhaber seiner Frau die Gelegenheit hatte, unerkannt durch die Hintertür zu entweichen. Unterließ es der Mann, zu husten, konnte er beim

Dorfgericht keine Scheidung erwirken, wenn er die beiden in flagranti erwischte, denn in einem solchen Falle hätte der Ehebruch für die Richter nicht stattgefunden.[53]

Bei den Dan im Inneren der Elfenbeinküste rief man in einer gewissen Distanz von der Hütte laut *bogbo-bogbo!*, »Klopf-klopf!«, denn hätte man wirklich an der Hüttenwand geklopft, so wäre man ja bereits auf Hörweite herangekommen[54], und die Mru verlauteten zwar, ein kurzer Blick in eine Hütte rufe Augenentzündungen hervor, doch in Wirklichkeit vermied man solche Indiskretionen eher deshalb, weil es sich nicht gehörte, die Privatsphäre anderer Leute mutwillig zu verletzen.[55]

Bei den Beduinen des Negev war schließlich das Zelt so sehr *haram*, also ein Privatbereich, daß man es selbst dann nicht betreten durfte, wenn ein Feind oder ein Verbrecher sich hineingeflüchtet hatten. Was sich im Zelt abspielte, ging niemanden etwas an, weshalb beispielsweise der Mann von seiner Frau erwartete, daß sie nicht schrie, wenn er sie verprügelte.[56]

Hatte man nun einer Einladung Folge geleistet, konnte man sich erst recht nicht in irgendeiner Weise gehenlassen. »Trittst du in eine Hütte ein«, so unterwies man die Kinder der Yámana auf Feuerland, die ja von Forster und Darwin als halbe Tiere bezeichnet worden waren, »dann setze dich anständig hin, mit untergeschlagenen Beinen! Schau alle freundlich an! Gib dich nicht nur mit einer einzigen Person ab und kehre niemandem den Rücken zu.[57] Wenn du dich nur einem einzigen widmest und dich ausschließlich mit ihm abgibst, werden sich die übrigen verletzt fühlen. [...] Sei gegen jedermann hilfsbereit, aber immer karg mit Worten.«[58]

Trotzdem war es wichtig, so bei den Chiricahua Apache, einen Redenden durch Gesten und zustimmende Zurufe, z.B. *he, he* oder *dóa*, »In der Tat!«, zu ermuntern sowie häufig zu nicken[59], wobei die Liebenswürdigkeit und das Zuvorkommen so weit gehen konnten, daß man sich für einen Gefallen bedankte, der einem selber gar nicht erwiesen worden war: Als ein Verhaltensforscher einem Polar-Eskimo erzählte, daß eine Frau in einer ganz anderen Gegend Grönlands ihm einst die naßgewordenen Stiefel getrocknet hatte, unterbrach ihn sein Gastgeber und dankte jener Frau für die dem Forscher erwiesene Freundlichkeit.[60] Von Bedeutung war es auch oft, den Gast daran zu hindern, aus Höflichkeit etwas abzulehnen. So fragte bei den Dan ein Gastgeber den Besucher nie, ob er hungrig sei, weil es dann die Etikette erfordert hätte, daß dieser erwiderte: »Oh nein, danke, machen Sie sich keine Umstände, ich habe überhaupt keinen Hunger!« Vielmehr war es üblich, daß die Frauen das Essen stillschweigend zubereiteten und, wie nebenbei, vor den Gast hinstellten.[61]

In der Regel bedankte man sich entweder ohne Ende, wie die Angehörigen zweier am Lagerfeuer sitzender Bands der !Ko, von denen jeder jeweils seinem Nachbarn dankte, wenn dieser ihm das Rauchrohr weiterreichte.[62] Oder man bedankte sich überhaupt nicht, was freilich keinen Mangel an Höflichkeit dokumentierte. Kurze Zeit nachdem ich im Sommer 1986 in dem Dorfe Belogili im äußersten Osten der Insel Flores angekommen war, fiel mir auf, daß es im Lamaholot, der Sprache der dort ansässigen Leute, keine Wörter für »danke« und »bitte« gab, sondern daß man statt dessen neuerdings die indonesischen Wörter *t'rima kasí* und *silakan* verwendete. Dies wunderte mich zunächst, weil es nicht zu der sonst beobachtbaren Höflichkeit der Ata Kiwan des Solor-Alor-Archipels zu passen schien, aber man erklärte mir, früher habe man wortlos und en passant ein Geschenk angenommen, weil jeder Dank den Schenkenden wie den Beschenkten zutiefst beschämt hätte.[63] Außerdem vergalt man ohnehin jede Gabe früher oder später. So schreibt einer der Missionare, die, im übrigen ohne großen Erfolg, versucht hatten, bei den Sakuddai auf Mentawai das malaiische Wort für »danke« einzuführen: »›Warum sagt ihr nichts, um euch zu bedanken?‹ fragte ich einen Eingeborenen, der intelligent aussah. ›Sind wir denn nicht verpflichtet, den anderen Gutes zu tun?‹ antwortete er mit tiefsinniger Logik. ›Warum dann noch so ein dummes Wort sagen? Man soll lieber daran denken, das Gute zu vergelten.‹«[64]

Befand man sich als Gast in der Hütte oder im Zelt, so bedeutete dies gleichwohl fast nie, daß man sich dort frei bewegen konnte, gab es doch selbst für die Angehörigen des betreffenden Haushalts Bereiche, die sie nicht aufsuchen durften, weil es sich um Privatsphären einzelner handelte. So reagierten die Gusii entsetzt, als die Ethnologen ihnen erzählten, in Amerika dürften die Kinder den Schlafraum der Eltern betreten, denn bei ihnen war dies auch dann undenkbar, wenn die Eltern nicht zu Hause waren[65], und dies galt häufig auch für die Räume, in denen sich die einzelnen Familienmitglieder wuschen. Ein Ethnologe berichtet von den Mbwela in Angola: »Nun wagte ich eine Reizfrage. Ich erzählte Soma Kayoko, man könne bei den Leuten in Europa, die nackt baden, sogar jemanden zusammen mit seiner Mutter nackt sehen. Diese Feststellung bewirkte unter den anwesenden Männern eine heftige Reaktion. Sie schüttelten den Kopf darüber, wie es möglich sei, daß jemand seine Mutter nackt anblicken könne. Die Reaktion war weniger Empörung als helles Entsetzen.«[66] Doch selbst Bereiche des Hauses, die weniger intim erscheinen als Schlaf- und Waschräume, waren privat, und man achtete streng darauf, daß kein anderer in sie eindrang. So hatte bei den Eipo jedes Individuum im Männerhaus und in den Familienhütten seinen eigenen Platz und an der Feuerstelle einen eigenen Abschnitt zum Garen der Speisen in der heißen Asche, einen Bereich, der von niemandem als dem ›Eigentümer‹ auch nur berührt werden durfte.[67]

Nun hat man die Behauptung, »in vielen nichtwestlichen Kulturen« gäbe »es bis heute keine Privatsphäre«, mit dem Hinweis darauf zu begründen versucht, daß z.B. »den Japanern ein Begriff für diese ihnen unbekannte Qualität« fehle, weshalb sie neuerdings »einen aus dem Englischen entlehnten Neologismus geprägt« hätten, nämlich *praibashi* (von »privacy«).[68] Einmal abgesehen davon, daß man nicht aus der Abwesenheit eines *Wortes* für einen Sachverhalt auf die Abwesenheit eines *Begriffes* oder einer *Vorstellung* und gar auf die Abwesenheit des Sachverhaltes selber schließen kann, ist es eine Tatsache, daß die Japaner herkömmlicherweise zwischen *watakushi-goto*, »privat«, und *ōake-goto*, »öffentlich« unterscheiden, und dem entsprach auch die Raumaufteilung im altjapanischen Bauernhaus: Der vordere Bereich, in dem die Gäste empfangen wurden, war *omote*, ein Wort, das einen Bedeutungsspielraum von »vorne, außen, Erscheinung, formell« hat, während der hintere Bereich, in dem sich unter anderem die Küche und der Schlafraum befanden, *ura* genannt wurde, ein Wort, das etwa »hinten, innen, vor den anderen versteckt, informell« umfaßte. Dieser Bereich wurde von den Gästen nie betreten, weil es sich eben um die Privatsphäre der Familie handelte.[69]

Hat aber nicht Norbert Elias behauptet, bis zur frühen Neuzeit hätten die Menschen noch überhaupt kein »Bedürfnis« danach gekannt, »allein zu sein«[70], und sind ihm nicht zahllose Historiker, Soziologen und Psychologen mit Behauptungen gefolgt, wie der, daß im Mittelalter »western man had not yet begun to seek privacy«[71] oder daß eine Privatsphäre sich allererst im 17. Jahrhundert in den Niederlanden und dann zu Beginn des darauffolgenden Jahrhunderts in England, Frankreich und Deutschland entwickelt habe?[72]

Immer wieder ist den Ethnologen das starke Bedürfnis der Menschen in »einfachen« Gesellschaften aufgefallen, etwa der kanadischen Keewatin-Eskimo oder der !Kung-Buschleute, sich in eine Privatsphäre zurückziehen zu können, in der sie ›für sich‹ und nicht ansprechbar waren, und daß sie solch eine Privatheit inmitten eines Gewühls von Menschen herstellen konnten.[73] Wäre es da nicht erstaunlich, wenn es sich ausgerechnet bei den Westeuropäern der Zeiten vor dem 17. oder 18. Jahrhundert anders verhalten hätte? Und in der Tat sind beispielsweise die Klagen der Bürger in den spätmittelalterlichen Städten über den Mangel an Rückzugsmöglichkeiten überliefert, wie sie »estre estrange des autres« sein wollten, weil sie sich von ihnen erdrückt fühlten, und wie sie die Reichen beneideten, die es sich leisten konnten, saisonweise in die relative Einsamkeit ihrer Landhäuser zu fliehen.[74] Und nachlesbar sind gleichermaßen die Unmutsäußerungen der Reisenden jener Zeiten über die fehlende Privatheit in den Gasthäusern auf der Strecke und in den Städten, wo sie zu ihrem Leidwesen gezwungen waren, zu mehreren in einem Schlafraum oder sogar in einem einzigen Bett zu nächtigen.[75] So beschwerte sich etwa im Jahre 1517 der italienische Reisende Antonio de Beatis, dem dies Ungemach in deutschen Herbergen widerfahren war, eine derartige Sitte sei nicht nur unbequem, sondern auch unlöblich: »Ben vero che in una camera porranno tanti lecti quanti ce ne possano capere, et che è incommodo et inlaudabile.«[76]

Daß also Privatheit oft nur sehr schwer zu erlangen war, heißt nicht, daß es kein starkes Bedürfnis nach ihr gab – im Gegenteil scheint dieses Gut aufgrund seiner Knappheit sehr kostbar gewesen zu sein. »Nichts ist privat«, klagte eine alte lukanische Bäuerin über ihr Dorf, »aber das bedeutet nicht, daß man sich daran gewöhnen würde. Man tut es *nicht*!«[77] Und auch am Hofe des Sonnenkönigs war man sich des Mangels an Privatsphäre schmerzlich bewußt, doch erachtete man dies als unvermeidlich. »Madame«, so erinnerte Ludwig XIV. die Dauphine an die Notwendigkeit, vor aller Augen Hof zu halten, »je veux qu'il y ait appartement et que vous y dansiez. Nous ne sommes pas comme les particuliers! *Nous nous devons tout entier au public!*«[78]

Außerhalb des Pariser Hofs ging es indessen, was den Bereich häuslicher Intimität betrifft, eher zu wie auf dem afrikanischen Dorf, und so spricht beispielsweise das spätmittelalterliche *Bouc van seden* davon, daß der Anstand es erfordere, sich durch Husten oder lautes Sprechen bemerkbar zu machen, wenn man sich einem Haus nähere.[79] Namentlich das Horchen an Wänden und Türen sowie das

»Peepen« durch die Fenster ins Hausinnere wurden streng bestraft.[80] Ein Fenster war im Mittelalter nicht dafür da, daß man hinausschauen konnte, vielmehr sollte es Licht einfallen lassen, und es kam häufig vor, daß Bürger vor Gericht gingen, wenn die Fenster nahe gelegener Häuser »offen«, d. h. nicht trübe, sondern durchsichtig waren oder Spalten und Löcher aufwiesen. Im Jahre 1355 zeigte z. B. im Londoner Stadtteil St. Alban ein Simon de Worstede seinen Nachbarn an, weil dieser von seinem Hause durch fünf »offene« Fenster in Simons Garten sehen und die sich eventuell dort abspielenden »secreta« beobachten konnte. Und in einem anderen von siebenhundert damals aktenkundig gewordenen Fällen klagte der Handwerker Robert Asshecombe gegen seine Nachbarn, daß »sie, ihre Mieter (*firmarii*) und die Mitglieder ihres Haushalts (*familiares*) das Privatleben (*secreta*) des Klägers sehen und hören können«. Nach einem Ortstermin befand das städtische Ordnungsamt (»London Assize of Nuisance«), daß es sich entgegen Sitte und Brauch der Stadt London tatsächlich so verhielt, und befahl den Angeklagten, ohne Verzug die anstößigen Fenster und Wandlöcher zuzumauern.[81]

Zwar waren die Fenster im allgemeinen so angebracht, daß man nicht ohne weiteres durch sie hindurch ins Haus blicken konnte, doch wer dies dennoch versuchte, ging ein großes Risiko ein. Laut oberdeutschen Weistümern durfte ein nächtlicher Horcher an der Wand oder am Fenster gar straflos erschlagen werden, und im frühneuzeitlichen Barlt in Süderdithmarschen heißt es, daß ein paar Männer, die »in nachtschlapender Tid to twe unterschedenen Tiden up Jacob Peter seine Fenstere gelopen und ehne behorket«, die saftige Strafe von zwölf Mark entrichten mußten (»dedunt – 12 m«).[82]

Das unbefugte Betreten eines Hauses wurde in manchen Gegenden im späten Mittelalter wie die Vergewaltigung einer Frau empfunden, nämlich als brutales Eindringen in die Intimsphäre[83], und manch einer tat dies ja wirklich mit sexuellen Motiven. So zahlte im Jahre 1614 ebenfalls in Süderdithmarschen ein junger Mann, der ein Haus betreten hatte, um dort eine Frau »anzegrepen«, sie also unsittlich zu berühren, fünfzig Taler, obwohl er gar nicht zum Zuge gekommen war, und ein anderer, der ebenso erfolglos eine Frau betatschen wollte, mußte gar die Unsumme von achtzig Talern berappen. Bezeichnenderweise kam jedoch ein Dritter, der in der Öffentlichkeit, also nicht in einem fremden Privatbereich, eine Frau »unter die kleider fuhlen« wollte, mit einer Buße von drei Talern davon.[84]

Wer immer »aus mutwillen«, z.B. aus Jux oder ungerufen, zum Techtelmechtel[85] ein fremdes Haus betrat, brach dessen Frieden, und im Jahre 1386 mußte sich ein Londoner Stadtwächter vor Gericht gegen diesen Vorwurf verteidigen, nachdem er ohne Erlaubnis des Eigentümers die Schwelle eines Hauses überschritten hatte, um das Gerücht zu überprüfen, daß dort Personen verschiedenen Geschlechts »were illicitly sleeping together«.[86] Aber nicht nur derjenige machte sich des Hausfriedensbruchs schuldig, der seinen Fuß über die Hausschwelle gesetzt hatte, sondern auch jeder, der mutwillig an Hauswände und Fenster klopfte, gegen die Tür trat, Fensterscheiben einwarf oder mit lauter Stimme von draußen einen Hausbewohner herausforderte.[87] Im übrigen wurde *jede* Straftat wesentlich schärfer geahndet, wenn sie im Bereich eines fremden Hauses oder Hofs und zudem nachts geschah. So wurde beispielsweise im Jahre 1342 in Siena die Strafe für eine Frau, die einem Mann eine Laterne vor den Kopf gestoßen hatte, zunächst verschärft, weil sie sich nach der Urteilsverkündung als aufsässig erwies, sodann halbiert, weil sie eine Frau war, daraufhin verdoppelt, weil die Tat nachts begangen worden war, und schließlich noch einmal verdoppelt, »weil sie ihn in seinem Hause schlug«.[88]

Wie sehr die Privatsphäre geschützt war, sieht man auch daran, daß im niederländischen Woerden in der frühen Neuzeit ein Erwachsener, der einer anderen Person in der Öffentlichkeit eine gefährliche Wunde beibrachte, eine Strafe von zwölf Gulden zahlen mußte, hingegen derjenige, welcher ohne Anwendung von Gewalt den Hausfrieden brach, das hübsche Sümmchen von vierzig Gulden. Ging er dabei gewalttätig vor, wurde er hingerichtet.[89] Auch die Sulzheimer Gerichtsordnung vom Jahre 1515 machte einen großen Unterschied, ob »ein junger knabe oder meithlein, die noch nit zum heiligenn Sacrament gangen sint«, einen »frevenlichenn schwur bey Gott oder seinen glidern oder seinenn heiligenn offentlich uff der gassen oder sunst in fremdenn heusernn« getätigt oder ob sie innerhalb der eigenen vier Wände auf gotteslästerliche Weise geflucht hatten, denn nur im ersten Falle war diese Sünde von öffentlichem Interesse und sollte deshalb »gerugtt undt dem Schultessen geanthwortt werdenn«.[90] Bereits in den altirischen Gesetzen war festgelegt, daß eine Frau sich von ihrem Manne scheiden lassen konnte, wenn dieser etwas über ihre sexuellen Eigenheiten in der Öffentlichkeit zum besten gab[91], und noch im 16. Jahrhundert wurden die Ehemänner ermahnt, ihre Frauen nicht dann maßzuregeln, wenn sie selber noch vor Ärger »hot« seien »& burning with violent passion«, vielmehr in einem ruhigeren Augenblick. Vor allem aber sollten sie darauf achten, daß dergleichen nie öffentlich, sondern zu Hause unter Ausschluß aller anderen Personen geschehe.[92] Denn die geschlechtlichen Reaktionen der Gattin wie auch ihre Fähigkeit oder Unfähigkeit, den Haushalt zu führen, waren private Angelegenheiten, und es widersprach allen Regeln der »Zivilität«, Fremde davon wissen zu lassen.

Die mangelhafte »Zivilität« und Triebbeherrschung der Menschen in vorneuzeitlichen und »einfachen« Gesellschaften lassen sich nach Elias besonders gut daran erkennen, welche Manieren diese Menschen beim Essen und Trinken an den Tag gelegt haben, und er zitiert in diesem Zusammenhang einen frühen Ethnologen, der über die »Primitiven« geschrieben hatte: »To us their table manners are shocking.«[93] Da gerade die Eliasschen Ausführungen zur angeblichen »Zivilisierung« oder Kultivierung der »Tischsitten« bis heute von fast allen Kultursoziologen und sogar von den meisten

Historikern für bare Münze genommen und weitergetragen worden sind, ist die Frage von besonderem Gewicht, welchen Wahrheitsgehalt solche Behauptungen haben.

Nachdem der Franziskaner André Thevet um die Mitte des 16. Jahrhunderts von einer Reise zu den Tupí heimgekehrt war, stellte er zwar – und dies fast stereotyp – fest, es handle sich bei diesen Indianern um Menschen »sans civilité aucune«, doch dann fügte er, ohne sich irgendeines Widerspruchs bewußt zu sein, hinzu, daß sie *im Gegensatz zu den Europäern* beim Einnehmen ihrer Mahlzeiten einer strengen Etikette folgten.[94] Solche Beobachtungen sind auch in unserer Zeit von professionellen Ethnologen gemacht worden, zum Beispiel daß die »hochkulturellen« Araber des Kordofan sich im Vergleich zu den Nuba, die sie noch heute als Wilde betrachten, beim Essen wie die Schweine benähmen.[95] Und viele Malaien empfanden die Manieren der Orang Putih, also der Weißen, Chinesen und Inder, beim Essen als völlig unzivilisiert: Ganz offensichtlich war es den Fremden nicht gelungen, das zu beherrschen und einzuschränken, was für die wilden Tiere charakteristisch ist, nämlich ihre natürliche Triebhaftigkeit (*nafsu*).[96]

Von den Achuar, einer Gruppe der Iívaro, heißt es, daß sie Gier beim Essen über alles verabscheuten und die kleinen Kinder beständig dazu anhielten, sich zu zügeln, da »Mäßigung in jeder Form die vorbildliche Tugend des höheren Menschseins« gewesen sei.[97] Einen gesegneten Appetit zu entwickeln galt bei Buschleuten wie den !Kung als extrem anstößig – sie nahmen Speisen nie mit einer, sondern immer mit beiden Händen entgegen, damit es nicht so aussah, als grabschten sie danach.[98] Die Dinka aßen ihren dickflüssigen Brei mit zierlichen und leicht zerbrechlichen Löffeln aus Kürbisschale, mit denen man nur ganz langsam und vorsichtig kleinste Portionen aufnehmen konnte, ähnlich wie die Schleppe, das *swenzelîn* oder der *nâchswanc*, die mittelalterliche Dame zum *slîhen*, d. h. zu einem langsamen und »hôhvertigen gange«, nötigte (Abb. 4).[99] Zerbrach einem Dinka

4 Illustration zu Jean Miélots ›Miracles de Nostre Dame‹, um 1456.

der Löffel, so war dies äußerst beschämend, weil jeder glaubte, der Betreffende könne sich nicht beherrschen.[100]
Wenn bei Hartmann von Aue die Ritter ihre Zucht unter Beweis stellen, indem sie von dem üppig aufgetragenen Mahl immer nur ganz kleine Happen nehmen[101], so verhalten sich die Recken nicht anders als die Hupa-Yurok im nördlichen Kalifornien, bei denen »ein guter Esser« ebenso eine mangelnde Selbstbeherrschung offenbarte wie Leute, die zu viele Kinder hatten und die deshalb als Schweine oder, genauer gesagt, als »Hunde« bezeichnet wurden.[102] Die Kwakiutl schließlich führten beim Essen nicht nur auf betont langsame Weise kleinste Bissen zum Mund, vielmehr gaben sie sich große Mühe, daß die anderen ihre Kau- und Schluckbewegungen so wenig wie möglich mitbekamen, weshalb die Frauen ihre Münder hinter Rindenbastservietten verbargen. Beim Trinken benutzten sie nie Becher oder Schalen, sondern kleine Löffel, damit sie nicht in Gefahr gerieten, den Mund zu voll zu nehmen.[103]

Fast überall galten Schmatzen, Schlürfen oder die Nase hochzuziehen als äußerst unanständig und unerzogen[104], ebenso Rülpsen und Grunzen: »Kein gröltzen bschleuß in deinem mundt«, so heißt es ironisch im *Grobianus* um die Mitte des 16. Jahrhunderts, »so du lang bleiben wilt gesundt,/Drumb gib den gfangnen brůder loß,/Daß er dir nicht die zeen auß stoß«.[105] Außerdem wurde es häufig als völlig unkultiviert empfunden, wenn jemand bei der Nahrungsaufnahme zu weit den Mund öffnete oder beim Kauen redete, so daß die Zähne sichtbar wurden[106], – »pleckt nit die zeen ein jeder hundt?«, fragte im Jahre 1551 Dedekind –[107], oder wenn man einen Bissen in den Mund schob, dabei die Finger zu weit hineinsteckte und anschließend ableckte.[108]

Im Gegensatz zu all dem Dargelegten hat bekanntlich Norbert Elias behauptet, wir Heutigen seien von den anderen Menschen und ihren Ausflüssen, Absonderungen und Körpergeräuschen in einer Weise distanziert, »als ob die körperliche Berührung von Menschen gefährlich sei«, während die Vormodernen gegenüber ihren Mitmenschen ungleich weniger heikel gewesen seien. So demonstriere der Gebrauch der Gabel beim gemeinsamen Essen »auf das Schönste die zunehmende gefühlsmäßige Distanzierung« zwischen den Individuen, die es heute nicht mehr über sich brächten, mit all ihren Fingern in die gemeinsame Schüssel zu greifen.[109]

Nun wäre es ein großer Fehler, zu glauben, die Menschen in vorneuzeitlichen und fremden Gesellschaften hätten sich beim Essen wie die Schweine am Trog benommen oder sie hätten gleich Krabbelstubenkindern alle gleichzeitig mit vollen Händen in den Topf gefaßt. Vielmehr galt es im späteren Mittelalter vielfach als unschicklich, mit allen fünf Fingern zu essen – man spreizte dann, wenn man einen Bissen in die gemeinsame gewürzte Soße tunkte, jene Finger ab, die eventuell mit dem eigenen Mund in Berührung gekommen waren.[110] Zudem vermied man es häufig, die Soße mit einem Stück Speise aufzunehmen, von dem man bereits abgebissen hatte – »du solt nit in die schussel stossen brot das du mit dinen zenen berurt hast« –[111]; und man achtete darauf, daß ja kein Bröckchen aus dem Mund in die Soße fiel. Wenn die Dan sich von einem Manioklaib, der für alle da war, ein Stückchen abbrachen, durfte man mit den Fingern, die anschließend mit dem Mund in Berührung kamen, kein weiteres Stück vom gemeinsamen Laib abbrechen[112], und die Tutsi zogen das Rohr, mit dem sie einen Schluck Bier aus der Kürbisflasche gesaugt hatten, heraus, schluckten den Bierrest im Rohr herunter, damit er nicht in die Flasche zurücklief, wischten das Rohr ab, steckten es in die Flasche zurück und reichten sie erst dann an den Nachbarn weiter.[113] Bei den Betsileo oder den Limbu im Himalaya schließlich wahrte man die von Elias vermißte Distanz zu den anderen dadurch, daß man die Kalebasse nie mit den Lippen berührte, sondern das Getränk aus einiger Entfernung in den Mund schüttete. Dies tat man indessen nie, solange man noch kaute, und man redete auch nie mit vollem Mund.[114]

Man mag vielleicht zugestehen, daß die Menschen in diesen Gesellschaften auf die beschriebene Weise und auch ohne Gabeln »zivilisiert« essen und trinken konnten[115], aber man wird fragen, warum sie z. B. die Gewürzsoße aus *einem* Gefäß stippten und nicht jeder sein eigenes hatte. Sehen wir einmal davon ab, daß es bei uns im frühen und im hohen Mittelalter sowie in »einfachen« Gesellschaften nicht die Vielzahl von Gefäßen gab, wie wir es heute gewöhnt sind[116], so ist in Rechnung zu stellen, daß das ›Für-sich-Essen‹ der Inbegriff von Zurückweisung der anderen und Ausdruck ungezügelter Begierde war.[117] Noch bis weit ins hohe Mittelalter hatte das ›Aus-einem-gemeinsamen-Gefäß-Essen‹, das Teilen par excellence, eine starke gemeinschafts- und bündnisstiftende Funktion[118]: So hebt der Chronist Roger von Hoveden hervor, daß das intime Verhältnis zwischen dem französischen König Philipp August und Richard Löwenherz unter anderem daran erkennbar war, daß sie »an manchen Tagen aus derselben Schüssel aßen«[119], und noch im Jahre 1558 verlautete Giovanni della Casa: »Auch so du meinem raht folgen wilt/soltu ein glaß vol wein/das du an deinen Mund gesetzet vnd geschmecket hast/keinem andern darauß zu trincken vberreichen/*es were dañ daß du mit jm gar jñerliche gemein vñ freundschafft hettest.*«[120]

Das bindungsfördernde ›Essen-vom-selben-Stück‹, bei dem man auch die Zurückhaltung der eigenen Gier dokumentierte, ließ sich besonders gut beim Teilen der Nahrung in Wildbeutergruppen beobachten. So leckte beispielsweise ein alter Mann der !Ko-Buschleute, der von den Forschern ein wenig Corned Beef erhalten hatte, lediglich die Finger, mit denen er das Stück berührt hatte, und reichte es an die Umstehenden weiter. Während das Stück die Runde machte, brach jeder ein sehr bescheidenes Bröckchen ab, so daß der letzte ohne sein eigenes Zutun das meiste erhielt.[121] Dies taten freilich nicht nur die Erwachsenen, auch die Kinder hatten solche Verhaltensweisen schon früh verinnerlicht. Nachdem ein kleines Mädchen der Nharo-Buschleute von dem Ethnologen ein »lekker« (Bonbon) geschenkt bekommen hatte, lutschte sie kurz daran und gab es wie selbstverständlich an das nächste Kind weiter und so fort, bis auch der letzte der schweigend umherstehenden Kleinen für ein paar Sekunden in den Genuß der Kostbarkeit gekommen war.[122]

Da das gemeinsame Essen bindungs- und friedensfördernd war[123], versteht es sich auch, daß man nur äußerst ungern in der Öffentlichkeit aß, d. h. vor den Augen von Menschen, zu denen man keine engere Beziehung hatte: So mahnte im späten 9. Jahrhundert Ibn al Waššāʾ die Muslime, ja nicht auf offener Straße oder auf dem Markt zu essen[124], und die Fulbe (Sing. Pullo) hielten meist das Reisen für äußerst problematisch, weil sie dann »auf dem Markt«, d. h. vor Fremden, ihr Mahl einnehmen mußten, was als sehr beschämend (*chemtu' dum*) empfunden wurde. »Ein Pullo«, so lautete ein bekanntes Sprichwort, »betritt zwar den Markt des Todes, aber nicht den Markt der Scham.«[125]

Immer wieder haben in den beiden vergangenen Jahrhunderten Kulturhistoriker, denen später Norbert Elias gefolgt ist, beschrieben, wie nach einem Bericht des hl. Petrus Damiani der Gebrauch der Gabel beim Essen im hohen Mittelalter in Westeuropa von einer byzantinischen Prinzessin eingeführt worden sei, die der venezianische Doge Domenico Silvio geehelicht und in die Lagunenstadt geholt hatte. Die junge Dame habe ihre feste Speise »mittels kleiner Gabeln aus Gold und mit zwei Zinken« zum Munde geführt[126], doch sei zu jener Zeit, so Elias, der Wandel in der Affekt- und Empfindungsstruktur der Westeuropäer noch nicht so weit fortgeschritten gewesen, daß die Umgebung der Prinzessin, also zunächst die venezianischen Höflinge, das neue Besteck akzeptiert hätten. »Es hat noch fünf Jahrhunderte gedauert, bis« im 16. Jahrhundert »der Aufbau der menschlichen Beziehungen sich so änderte, daß der Gebrauch dieses Instruments einem allgemeinen Bedürfnis entsprach«.[127] Denn erst in der frühen Neuzeit hätten die Menschen hierzulande ein peinliches Gefühl empfunden, wenn sie sich beim Essen die Finger schmutzig machten oder wenn sie »mit schmutzigen oder fettigen Fingern in Gesellschaft gesehen« wurden.[128]

Freilich scheint es durchaus nicht der Fall gewesen zu sein, daß es vor dem 16. Jahrhundert im Westen keinerlei »Bedürfnis« gegeben hätte, das Instrument zu benutzen. Denn bereits in einer Enzyklopädie aus dem Jahre 1022, die fast zweihundert Jahre früher von Hrabanus Maurus verfaßt worden war, findet man die von der Hand eines Künstlers der Schule des Klosters Montecassino stammende Illustration, auf der zwei Mönche zu sehen sind, die mit Messer und Gabel Fleisch verzehren (Abb. 5). In späteren Ausgaben des Buches haben indessen die Herausgeber die Gabeln wegretuschiert, so daß die speisenden Mönche nurmehr die Messer und ihre Hände benutzen.[129] Hier stellt sich die Frage: Warum war es – allem Anschein nach – im frühen 11. Jahrhundert zumindest in gewissen Kreisen wie denen der Bewohner italienischer Klöster akzeptabel, beim Essen Gabeln zu verwenden, aber im *späten* Mittelalter nicht mehr? Hatte sich im Verlaufe der Jahrhunderte die »Affektstruktur« der

5 Schule des Klosters Montecassino: Speisende Mönche, 1022.

Menschen so geändert, daß sie wieder mit den Händen essen wollten?

Halten wir zunächst fest, daß die Behauptung, die mittelalterlichen Menschen hätten sich beim Essen ohne jegliche Hemmungen »die Finger schmutzig gemacht«, weil damals die diesbezüglichen Ekelstandarde noch relativ niedrig gewesen seien, schlicht falsch ist. Bereits vor hundert Jahren hat der amerikanische Soziologe William Graham Sumner darauf aufmerksam gemacht, daß man im Mittelalter fettige und soßige Speisen für gewöhnlich nicht in die Finger nahm, sondern mit dem Messer oder Löffel auf eine Brotscheibe beförderte, um beides als »belegtes Brot« zu essen, was bedeutet, daß die Brotscheibe in einer in diesem Zusammenhang wichtigen Hinsicht das funktionale Äquivalent der späteren Gabel gewesen ist.[130] Dort aber, wo man zum Gebrauch der Gabel übergegangen war, wie z.B. am portugiesischen Hofe, sah man in der neuen Mode einen zivilisatorischen Rückschritt, weil nämlich die Gabelbenutzer zusehends darauf verzichteten, vor dem Essen die Hände zu waschen[131], was im Mittelalter meist *de rigueur* gewesen ist.[132] Eine Somāli-Frau berichtete sogar, daß sie sich vor der Gabel ekelte, mit der sie – zum erstenmal in ihrem Leben – in Nairobi essen mußte: »Eine Gabel ist für mich schmutzig, weil andere Leute sie auch benutzen.«[133]

Auch die Kirche mißbilligte das Essen mit Gabeln, und dies ist gewiß der Grund, warum man auf dem Bild aus Montecassino die beiden Eßgeräte entfernt hatte. Die Ideale der Kirche waren Schlichtheit und Natürlichkeit, alles Manierierte, Affektierte und übertrieben Verfeinerte war ihr ebenso zuwider wie Trug und Schein, weshalb sie z. B. die Schauspielerei verurteilte, weil ein Mensch nicht Gefühle zum Ausdruck bringen sollte, die er in diesem Augenblick gar nicht hatte. Bereits die Kleriker, die im 11. Jahrhundert am venezianischen Hofe mitbekommen hatten, wie die Byzantinerin sich beim Essen kleiner Gabeln bediente, verurteilten dies als »exzessiven Ausdruck von Raffinesse«, und daß sie bald darauf einer abstoßenden Krankheit, vermutlich einer Seuche, zum Opfer fiel, erklärte im 13. Jahrhundert der hl. Bonaventura als die gerechte Strafe Gottes. Während des gesamten hohen und späten Mittelalters wurden namentlich in Italien, wo die Gabel anscheinend am weitesten verbreitet war[134], die Vertreter der Kirche nicht müde, das Eßgerät zu verdammen, aber auch in Frankreich wetterten wortgewaltige Prediger wie Olivier Maillard oder in Deutschland im 12. Jahrhundert Hildegard von Bingen gegen das »teuflische Instrument«, mit dem überfeinerte Damen und Herren den lieben Gott verhöhnten und verärgerten.[135] Entgegen der Behauptung von Elias hat sich diese ablehnende Haltung auch in der frühen Neuzeit nicht verändert, wie man etwa daran erkennen kann, daß die venezianischen Inquisitoren im Jahre 1573 ein Gemälde des hl. Abendmahls von Paolo Veronese unter anderem deshalb verdammten, weil einer der Apostel auf dem Bild eine Gabel benutzte[136], aber auch am Hofe Heinrichs VIII. von England mokierte man sich über die Sitte, die allgemein als artifiziell galt. Eine allzu große Verbreitung scheint die Gabel allerdings damals nördlich des Ärmelkanals nicht gefunden zu haben, denn im Jahre 1617 wunderte sich Fynes Moryson darüber, daß die Gäste in den feinen Florentiner Restaurants »a forke of silver or other metall« verwendeten, und vor allem in Deutschland war man im 17. Jahrhundert und noch darüber hinaus vielfach befremdet von der »unsauberen« und »welschen Manier« des Essens.[137] Dabei war es vor allem üblich, weiche, klebrige und soßige Nahrung mit der Gabel aufzunehmen. Doch ist es auf alle Fälle unrichtig, in dieser Sitte einen »Wandel in der Bedürfnisstruktur« zu sehen, wie Elias, seine Schüler und Anhänger es tun, die zur Begründung Antoine de Courtin anführen, der 1672 in seinem *Nouveau traité de Civilité* schreibt, es sei »très-indécent de toucher à quelque chose de gras, à quelque sauce, à quelque syrop etc. avec les doigts«[138], denn genau dieselbe Empfindung hatte man anscheinend auch im Mittelalter: In Italien aß man damals mit dem anstößigen Eßgerät soßige Makkaroni, und im Jahre 1379 besaß die Herzogin von Touraine zwei vergoldete Silbergabeln, die vor allem dazu bestimmt waren »à mengier poires«. Solche Bratbirnen, die sehr weich waren, aß auch der Nürnberger Patrizier Anton Tucher im ausgehenden Mittelalter mit kleinen Silbergabeln, um seine Hände nicht zu beschmutzen, und um 1360 benutzte Karl V. von Frankreich derartiges Gerät, um gegrillten »fromage de Bresse et d'Auvergne«, der mit Zucker und Zimt gewürzt war, zum Munde zu führen.[139]

Nach Auffassung der Zivilisationstheoretiker gab es im Mittelalter kein wirkliches Bedürfnis nach einem Instrument wie der Gabel, weil die Menschen der damaligen Zeit angeblich noch keine oder nur geringe Scheu vor dem intimen Kontakt mit anderen Menschen und mit fettigen oder klebrigen Speisen hatten. Doch in Wirklichkeit waren eine solche Scheu und solche Hemmungen durchaus vorhanden, und, wie wir gesehen haben, lehnten die Kritiker des Gabelgebrauchs das neue Besteck deshalb ab, weil es für sie der Ausdruck einer überfeinerten und verweichlichten Lebensform dekadenter Höflinge wie des effeminierten französischen Königs Heinrich III. war, der sich bezeichnenderweise gemeinsam mit seinen »mignons« aus Affektiertheit beim Essen wie in der Liebe »gegen die Natur« versündigte.[140]

Man hat Norbert Elias vorgeworfen, wie ich meine zu Recht, er habe nicht erkannt, daß die nachmittelalterliche höfische Gesellschaft nicht so sehr die Entwicklung von Schamhaftigkeit, Feinfühligkeit und Zurückhaltung, sondern eher die einer spezifischen Etikette gefördert habe[141], die, so möchte ich hinzufügen, von Überfeinerung, Äußerlichkeit und Unnatürlichkeit geprägt war. Der Unterschied zwischen beidem scheint den Menschen der damaligen Zeit viel klarer gewesen zu sein als den Zivilisationstheoretikern von heute, etwa Jean de La Bruyère, dem Erzieher des Herzogs von Bourbon, der im frühen 18. Jahrhundert verlautete, es sei »in gewissem Sinne eine Ehre, wenn man jemandem zum Vorwurf« mache, »er verstehe sich nicht auf den Hof: es gibt kaum eine Tugend, die man ihm damit nicht beilegte«, denn »diese ganze ausgeklügelte Kunst des Verhaltens« der Höflinge beruhe »auf einem einzigen Laster, der Falschheit«, die sie dazu bringe, nur etwas zu scheinen und nicht zu sein.[142]

Die Kritik am »affektierten«, d.h. unnatürlichen und gezierten Benehmen, an ›gemachten‹ Gefühlen und gekünsteltem Ausdruck war keineswegs Klerikern und Erziehern vorbehalten und geht bis ins frühe Mittelalter zurück, als beispielsweise Ibn al-Waššāʾ feststellte: »Gewiß gibt es Leute, die sich mit feiner Lebensart affektiert zeigen. Diese gehören aber in Wirklichkeit nicht zu den Leuten von feiner Art. Sie möchten gern als solche erscheinen, verwenden viel Mühe auf ein wohlerzogenes Auftreten und bemühen sich, freundlich zu sein. Aber diejenigen, die *von Natur aus* feine Lebensart besitzen, sind bei weitem besser als diejenigen, die sie *nur äußerlich affektieren*. Untrügliche Kennzeichen verraten diese gespreizten Menschen: in ihrem Verhalten, ihren Bewegungen und ihren Blicken.«[143] In diesem Sinne sprach mehr als ein halbes Jahrtausend später, zu Beginn der frühen Neuzeit, Leonard Wright in *The Naturall Disposition of Most Women* von den Damen, »whose smiles are rather of custome then of curtesie, and their teares more of dissimulation, then of grief«[144], und im Jahre 1728 mahnte ein deutscher Ratgeber, man solle unbedingt darauf verzichten, in der Höflichkeit zu »affectiren«, denn: »Die höchsten und vollkommensten Eigenschaften verliehren ihren Werth, wenn sie mit Affectation verbunden; ein jederman siehet sie so dann mehr vor einen gekünstelten Zwang, als vor eine freye und natürliche Würckung einer wahrhafften Geschicklichkeit an.«[145]

Für »affectirt« oder »affectionirt« wurde auch von vielen Zeitgenossen die im 17. Jahrhundert immer geschwollener und gezierter werdende Sprache gehalten, wobei manche französischen Höflinge in ihrer Manieriertheit so weit gingen, daß sie »chouse« statt »chose« oder »souleil« statt »soleil« sagten und fast nur noch Diminutive verwendeten.[146] »Was man auch von der frantzöschen libertet pralen mag«, so schrieb die Pfälzer Liselotte am 19. Februar 1682 an Herzogin Sophie, »so seindt alle divertissementen so gezwungen und voller contrainte, daß es nicht außzusprechen ist«.[147] Dabei gab man sich die größte Mühe, natürlich und ungezwungen *zu erscheinen*, und war doch in Wirklichkeit das genaue Gegenteil davon. Das haben Norbert Elias und andere Zivilisationsforscher nie erkannt[148], weil sie die »Affectirung« von Natürlichkeit mit wirklicher Ungezwungenheit und Unbekümmertheit verwechselt haben. So ging es weniger darum, Gefühle zu verbergen, als sie auf gekünstelte Weise zu übertreiben (»exagérer«)[149], und die höfischen Damen stellten ihre entblößten Brüste nicht zur Schau, weil sie noch niedrigen Schamstandarden gefolgt wären, sondern weil sie auf diese Weise Ungezwungenheit »affektionirten«: Die Brüste nicht im tiefen Dekolleté bis an den Warzenhof zu zeigen und sie statt dessen zu verbergen galt als hoffnungslos »bourgeois«.[150] »Man spricht gantz anderst bey hoff«, so noch einmal Liselotte von der Pfalz, »alß in der statt. Also wen man spricht, wie in der stat, heist man es bey hoff ›parler en bourgois‹. Von niemandts, [der] bey hoff ist, werdt Ihr viel mitt façons reden hören; man piquirt sich bey hoff, naturel zu sein. Die ahm allerfälschten sein, stellen sich, alß wen sie naturel wehren, aber wie die taschenspiller sagen: ›Wer die kunst kan, verräht den meister nicht.‹ Ich bin es in der that, also mercke ich die falschen natürlichen gar baldt ordinarie.«[151]

Pseudo-»naturel« war beispielsweise das Ausspucken in geschlossenen Räumen – so heißt es, daß im Herbst des Ancien Régime viele Höflinge ungeniert auf das Parkett der Salons gespuckt hätten[152], um ihre Unbekümmertheit und Hemmungslosigkeit zur Schau zu stellen, eine Gewohnheit, die bürgerliche Beobachter eher abstieß. So berichtete etwa ein englischer Reisender zu Hause, daß er sich vor dem »odious custom of spitting about the Room« der Pariser Adeligen sehr geekelt habe.[153] Zwar kam es natürlich auch im Mittelalter und in der frühen Neuzeit vor, daß Männer in geschlossenen Räumen, sogar in Kirchen, auf den Boden spuckten, weil keine Spucknäpfe vorhanden waren[154], doch handelte es sich hierbei nicht um eine allgemeine Sitte, sondern um ein anstößiges Verhalten. So meinte al-Ghazālī, es stehe einem Menschen zwar frei, in ein *ṭast*, also ein metallenes Waschbecken zu spucken, aber nur, wenn er alleine sei[155], und der Talmud erlaubte das Ausspucken auf der Straße, doch lediglich nach links, in die unreine Richtung, und nie vor anderen Leuten.[156] Auch die nichtjüdischen Männer durften auf den Gassen, die bis auf die »Stein-« und »Klappergassen« meist ungepflastert waren, ausspucken, wenn ihnen niemand dabei zuschaute, wobei es der Anstand gebot, das Ausgespuckte zu zertreten. Oder wie der *Grobianus* es ironisch formulierte: »Laß ligen, du darffst nit vertretten,/ Wann sie darab ein vnlust hetten,/Sie würdens selbs wol tretten nider.«[157] Und Erasmus von Rotterdam mahnte in ernsthafter Weise: Spuckt man in der Öffentlichkeit aus, »soll mans mit dem Fusse außtreten/daß es nicht einem einen Eckel errege. So man hie nicht zukommen kan/sollt du den Speichel mit einem Schnupftuche aufffassen«.[158]

Die gleichen Verhaltensregeln galten auch in den traditionellen, »einfachen« Gesellschaften, was zeigt, daß jene Zivilisationsforscher schlicht uninformiert sind, die behaupten, in »nicht-westlichen Kulturen« habe es noch keinerlei Abneigung gegen Ausspucken, Sichschneuzen und Rülpsen gegeben und eine derartige Antipathie sei erst bei uns, und zwar im 19. Jahrhundert entstanden.[159] So empfanden die Igórot es als hochgradig beleidigend, wenn jemand in Gegenwart einer anderen Person ausspuckte, weil der Speichel wie die übrigen Körperabsonderungen, etwa Schweiß oder Urin, als abstoßend und befleckend galt[160], und auch die Lele hielten das Ausspucken während des gemeinsamen Trinkens für sehr unanständig und gaben dem Ethnologen zu verstehen, so etwas täten nur die kulturlosen Tschokwe, die über keinerlei Manieren verfügten.[161] War aber jemand außerhalb des Blickfeldes anderer und spuckte aus, so mußte er den am Boden liegenden Speichel mit Erde oder Sand bedecken, vor allem dann, wenn er wie bei den Kanum-irebe vom Betelkauen rot gefärbt war.[162]

In gleicher Weise war es in vielen traditionellen Gesellschaften anderer Weltgegenden verpönt, sich in der Öffentlichkeit zu schneuzen, und wenn man es tat, mußte man den auf dem Boden liegenden Nasenschleim sorgsam mit Erde bedecken, damit niemand auf ihn treten konnte.[163] Nichtsdestotrotz ist Norbert Elias der Auffassung, heutzutage würde bei uns »oft der bloße Gedanke«, sich so die Nase zu schneuzen, »eine peinliche Empfindung« hervorrufen, ja, es handle sich hierbei um Verhaltensweisen, »deren bloßes Aussprechen den ›zivilisierten‹ Menschen einer späteren Stufe entsprechend einer anderen Affektmodellierung schockiert«. Zwar habe es bereits im ausgehenden Mittelalter Benimmregeln gegeben, wie die im Anstandsbuch des Jean Sulpice vom Jahre 1483, der die Empfehlung aussprach, beim Putzen der Nase »ne pas prendre tel excrément avec les doits«, vielmehr den Schleim in einem Taschentuch aufzufangen.[164] Doch hätten in dieser frühen Zeit wie auch bei »primitiven« Völkern noch nicht »die besonderen gesellschaftlichen und seelischen Voraussetzungen« vorgelegen, »die nötig waren, um das Bedürfnis nach« dem Schnupftuch »und seinen Gebrauch allgemein zu machen«.[165]

Einmal abgesehen davon, daß es beispielsweise keinem »unzivilisierten« Parintintin-Indianer eingefallen wäre, wie ein »zivilisierter« Brasilianer die Nase mit der Hand zu putzen[166], ist es richtig, daß die Menschen in vormodernen Gesellschaften den Nasenschleim meist auf die Erde schneuzten. Aber war der Gebrauch eines Taschentuchs wirklich und eindeutig ein Fortschritt an »civilité«?

Bereits im alten Rom trugen vornehme Personen ein *sudarium* bei sich, wobei das Wort freilich vermuten läßt, daß das Tuch eher dazu diente, den Schweiß von der Stirn zu wischen, als die Nase damit zu putzen, und ähnlich scheinen es im 14. Jahrhundert die portugiesischen Adeligen gehalten zu haben, die solche Taschentücher ebenfalls in erster Linie als *sudaria* verwendeten.[167] Das erste ausgesprochene Schneuztuch scheint das im Quattrocento in Italien benutzte *paneto da naso* oder *fazzoletto* gewesen zu sein. Es war in jenen Kreisen verbreitet, die auch mit Gabeln speisten, war mit kostbaren Spitzen besetzt und hatte auf typisch italienische Weise vor allem eine dekorative Funktion. Noch im 15. Jahrhundert tauchte es in Frankreich und etwas später als »Fazinetel« in Deutschland auf, wobei diejenigen, die es verwendeten, in beiden Ländern von Beginn an verspottet wurden.[168] So erzählt etwa Montaigne, daß ein »Gentilhomme François«, welcher »se mouchoit tousjours de sa main; chose tresennemie de nostre usage«, ihn eines Tages gefragt habe, »quelle privilege avoit ce salle excrement que nous allassions lui apprestant un beau linge delicat à le recevoir, et puis, qui plus est, à l'empaqueter et serrer soigneusement sur nous; que cela devoit faire plus de horreur et de mal au cœur, que le voir verser où que ce fust, comme nous faisons tous autres excremens«.[169]

Als im 18. Jahrhundert durch die Verbreitung des Tabakschnupfens im Bürgertum das einfache bunte Schnupftuch tägliche Verwendung fand, spotteten die städtischen Unterschichten: »Der Arme schmeißt's weg und der Reiche steckt's in die Tasche!«, und in gleicher Weise sagten noch bis in unsere Zeit die oberösterreichischen Bergbauern: »Der Städter ist fein und steckt den Rotz ein;/der Bauer ist keck und schmeißt den Rotz weg.«[170] Im frühen 17. Jahrhundert soll ein Irokese zu einem Franzosen, als dieser sich in sein Taschentuch schneuzte, gesagt haben: »Wenn du diesen Dreck so magst, dann gib mir dein Tuch, damit ich's gleich für dich beschmutzen kann«, und in der Tat sagten die Yanomamö dem Ethnologen, daß sie sich vor seinem Taschentuch ekelten, weil er darin ja seinen Rotz sammle.[171]

Daß so viele Kritiker über Jahrhunderte hinweg wie auch heute noch manche Chinesen den Gebrauch eines Taschentuchs zum Putzen der Nase für eine barbarische und unzivilisierte Sitte gehalten haben[172], macht deutlich, wie subjektiv und willkürlich die Behauptung von Elias und seinen Gefolgsleuten ist, die Benutzung dieses modischen Accessoirs markiere einen Meilenstein in der Fortentwicklung menschlicher »Zivilität«. Ähnlich wie das Taschentuch Ekel erregte, da man den Nasenschleim ständig mit sich herumtrug, empfanden noch vor nicht allzu langer Zeit die Dani in Neuguinea die ihnen von den indonesischen Fremdherrschern aufgezwungene Kleidung als widerwärtig, weil die Vorstellung, ihren Schweiß mit sich herumschleppen zu müssen, sie anekelte[173], und vergleichbare Gefühle riefen häufig auch die »zivilisierten« Aborte hervor. So fanden die Yanomamö die Vorstellung einer solchen Einrichtung, in der sich die Fäkalien anhäuften, widerlich, und Georg Forster berichtet, wie ein Polynesier, der auf Java ein Klosett besichtigte, sich ganz und gar nicht für diese Erfindung erwärmen konnte: »Vielmehr meynte Tupia (der doch gewiß einer der gescheutesten Leute von Tahiti war) als er zu Batavia, in jedem Hause ein besonderes Gemach zum Behuf der Cloacina gewahr ward, ›wir Europäer mögten wohl eben nicht sonderlich ekel seyn!‹«[174]

Waren Spucken und Schneuzen in vormodernen Gesellschaften strengen Anstandsregeln unterworfen, so galt ein gleiches für die anderen mehr oder weniger unwillkürlichen Äußerungen und Reaktionen des menschlichen Körpers. Wenn etwa bei den Suaheli ein kleines Kind gähnte, so hielt seine Mutter ihm die Hand vor den Mund und sagte zu ihm: »Hast du Hunger oder bist du müde? Stell dich nicht an wie ein Krokodil!«[175] Nach einer niederdeutschen Tischzucht aus dem späten Mittelalter mußte sich das Kind beim Husten von den anderen abwenden oder wenigstens die Hand vor den Mund halten, und das indische *Sušruta Samhitā* stellte fest, daß es sehr unanständig sei, im Kreise anderer Personen zu gähnen, zu niesen oder auch nur schwer zu atmen, ohne vorher das Gesicht bedeckt zu haben.[176] Im frühneuzeitlichen England wurde schließlich das Mädchen ermahnt, »whan she shall neese to make the sounde but lowe/To do otherwyse yt may no person please«, und das *buoch der tugenden* vom Jahre 1381 schrieb vor: »Din lachen sol sin ane zene blecken vnd ane kachten [= ohne Gedröhne].«[177]

Gehört es indessen nicht zu den Gemeinplätzen beinahe jeder Kulturgeschichte, daß noch im 16. Jahrhundert das gemeinsame Mahl eine »unbekümmerte Fresserei« gewesen sei, »bei der man nach Belieben furzen und rülpsen konnte«, und wird nicht zur Begründung derartiger Behauptungen angeführt, daß dergleichen doch in der »sogenannten grobianistischen Literatur« der frühen Neuzeit geschildert werde?[178]

Nun ist es in der Tat so, daß in den grobianischen Tischzuchten und Manierenbüchern der Zeit auf mehr oder weniger witzige Weise gewissen Rüpeln und Simpeln ohne Anstand und Erziehung scheinbar zugeredet wird, mit ihren Schweinereien und Unflätigkeiten fortzufahren, und es mag auch durchaus sein, daß die Verfasser solcher Schriften das ironisch überhöhten, was sie in dieser Umbruchszeit nach dem Ende des Mittelalters für Tendenzen zu einem Zerfall der Sitten und Umgangsformen hielten. Doch wäre es gefährlich, bei alledem zu vergessen, daß die grobianische Literatur keinesfalls eine Ethnographie des Alltagsverhaltens der Bevölkerung, ja, nicht einmal eine ernst gemeinte Anweisung zur Verfeinerung der Sitten darstellte, sondern in erster Linie dazu gedacht war, ein gewisses Publikum auf einigermaßen grobschlächtige Weise durch die Beschreibung von Ausschweifungen und verbotenen Unflätigkeiten zu unterhalten und zu erheitern.[179] So läßt z. B. Friedrich Dedekind im Jahre 1549 seinen Grobianus in Anwesenheit anderer furzen und rülpsen und diese Unanständigkeiten damit rechtfertigen, daß sie doch natürlich und gesund seien. Bei der gemeinsamen Mahlzeit beginnt es zu stinken, nachdem er »heimlich welche streichen« gelassen hat, worauf er laut und scheinheilig fragt, woher denn dieser Gestank stammen möge. Als die neben ihm sitzende Frau ob dieser peinlichen Frage errötet, denkt jeder, ihr sei dieses Mißgeschick widerfahren, worauf sie sich gleich doppelt schämt.[180]

Läßt sich aus solchen derben Passagen wenigstens folgern, daß ein derartiges Benehmen zwar als unanständig galt, aber wohl dennoch weit verbreitet sein mußte? Zahlreiche Belege für die extreme Peinlichkeit, die Personen auslösten, denen »ain furz ob disch entpfarn«, findet man beispielsweise in der Chronik derer von Zimmern, in welcher ein Mann erwähnt wird, der dem Grafen erzählt hatte, »als er sein weib zu Messkürch, war ain Rümelin, hiess Adelhait, genomen, seie er so schamhaftig gewesen, das er nachts kain furz hab dörfen vorm weib lassen, und seie in seinen jungen tagen« wegen dieser Verhaltungen »in krankhait gefallen«.[181] Bereits im 14. Jahrhundert berichtet Ibn al-Ğauziyya von einem Mann namens al-Faḍl, dessen Frau einmal, als ihm ein Furz entfahren war, etwas Witziges darauf sagte, womit sie natürlich offenkundig machte, daß sie das Geräusch gehört hatte. Dies habe »sein Schamgefühl so sehr« verletzt, »daß er zornig ausrief: ›Verschwinde schleunigst aus meinen Augen! Du bist geschieden!‹«.[182]

Ähnliche Geschichten sind auch aus dem frühneuzeitlichen

Abendland überliefert, etwa von Edward de Vere, Earl of Oxford, von dem berichtet wird, daß er, »making of his low obeisance to Queen Elizabeth, happened to let a Fart, at which he was so abashed and ashamed that he went to Travell, 7 yeares«. Und ein paar Jahre später bemerkte Fynes Moryson in seinem *Itinerary* sehr dezent, daß das Fahrenlassen solch beschämender Körpergeräusche selbst bei den barbarischen Iren absolut verpönt und beschämend sei: »I would name a great lord among them, who was credibly reported to have put away his wife of a good family and beautiful, only for a fault as light as wind (which the Irish in general abhor), but I dare not name it, lest I offend the perfumed senses of some whose censure I have incurred in that kind.«[183]

Daß man im Beisein anderer Leute nicht furzte, hatten damals allem Anschein nach bereits die meisten Kinder gelernt – so ließ Johannes Murmellius im Jahre 1518 den kleinen Buben sagen: »Ich will gon min notturft (gemeint ist in diesem Falle der Flatus) thun hinder die bromberhurst«, und Joachim Camerarius meinte um diese Zeit, es sei völlig überflüssig, das Unterlassen des »crepitus« pädagogisch anzumahnen, da selbst ein primitives Bauernweib eine solche Unflätigkeit bei ihrem Sohn nicht dulden würde.[184] Denn ein öffentlicher Furz wurde nicht allein als Schamlosigkeit, sondern unter gewissen Umständen auch als bewußte Ehrabschneidung betrachtet. Als nämlich beispielsweise in der Grafschaft Lippe der Witwe eines Wildschützen im Beisein einer Frau »ohn versehens« ein Wind entwich, beschimpfte die andere sie wüst und hob einen Stein auf, um die Unglückliche damit zu bewerfen.[185]

Nicht anders verhielt es sich in den außereuropäischen Gesellschaften. Bereits ein Kind von fünf Jahren, das in der Öffentlichkeit seine Blähungen nicht kontrollieren konnte, wurde bei den Fulbe-Jenngelbe ernsthaft ausgeschimpft, und man sagte ihm, es benehme sich nicht besser als ein Hund. Furzte aber ein Erwachsener so, daß die anderen es bemerkten, so machte er sich nicht allein lächerlich, sondern er verlor völlig seine Ehre. Von den Angehörigen der benachbarten Ethnien wie den Serer sagte man geringschätzig, daß sie »Bohnen mögen und sehr viel davon essen«, womit man darauf anspielte, daß sie »wie die Esel« furzten, ohne sich dafür zu schämen.[186] Auch bei den Kaguru galt ein Furz als extrem peinlich. Viele Paare schämten sich beim Geschlechtsverkehr, weil die Vagina der Frauen häufig Geräusche von sich gab, die sich wie laute Fürze anhörten. Deswegen hießen sowohl die Vagina als auch der After *ifuli*, ein Wort, das mit *kufula*, »furzen«, verwandt ist.[187] Und schließlich heißt es in einem niederländischen Bericht aus dem frühen 17. Jahrhundert über die »Neger an der Goldküste«, vermutlich die Akan oder die Fanti, daß diese »sich nicht darüber beruhigen« konnten, wenn die Holländer seelenruhig vor ihnen furzten, denn »daß ein Mensch in ihrer Gegenwart einen Furz ließ«, empfanden sie als »eine große Unanständigkeit und ein Zeichen der Mißachtung gegen sie«. Zwar meinte der Berichterstatter, im Gegensatz zu den Negern hätten »unsere Niederländer« derart Unflätiges »häufig aus Gewohnheit« getan[188], doch geht aus zahlreichen Quellen der frühen Neuzeit hervor, daß es damals in den Niederlanden durchaus peinlich und beschämend war, wenn jemandem vor anderen ein Furz entfuhr[189], so daß man eher denken könnte, daß die Holländer sich gehen ließen, weil sie sich unter »Wilden« wähnten. Denn in Holland wie auch in den Nachbarländern bestanden in jener Zeit sogar ausdrückliche Anweisungen dafür, wie man den Furzern beikommen sollte. So wurde beispielsweise im späten Mittelalter den Studenten der Eton und King's Colleges bei Strafe untersagt, »indiscreet noises« von sich zu geben, wie es diskret heißt[190]; in einer Berner Schützenordnung vom Jahre 1530 drohte man jedem »schyeßgesell«, der sich unzüchtig verhielte, indem er beispielsweise »furtzte«, die Abstrafung an, »er syg wes stats er wolle«; und schließlich verlautete die Ordnung der Basler Messerschmiedgesellen vom Jahre 1478: »Item vnd welher ein furtz oder koppen under den gesellen liesse, der bessert ein schilling.«[191]

Hier mag man einwenden, daß sich bezeichnenderweise weder in der Studienordnung der Universität Heidelberg vom Jahre 2000 noch in den Statuten der gegenwärtigen Eidgenössischen Sportschützen oder irgendwelcher Berufsgenossenschaften derartige Verbote finden, was wohl nur so zu erklären sei, daß die heutigen Studenten und Schützen ihre Blähungen weit besser unter Kontrolle hätten als ihre Kommilitonen und Genossen vor fünfhundert Jahren, weshalb Verbote nicht mehr nötig seien.

Zweierlei darf man freilich nicht vergessen: Zum einen waren die damaligen Studenten, »schyeßgesellen«, Lehrlinge usw. im allgemeinen wesentlich jünger, als sie es heute sind, und zum anderen gibt es im Prozeß der Modernisierung der Gesellschaft seit langem die Tendenz, der Öffentlichkeit immer mehr die Aufgabe der Verhaltensregulierung und -modellierung zu entziehen und diese zur Privatangelegenheit der Familien und letztes Endes der Individuen selber zu machen. So wie einst *jeder* Erwachsene gegenüber *jedem* Kind bis zu einem gewissen Grade erziehungsberechtigt und züchtigungsbefugt war (ich erinnere mich noch gut an all die Ohrfeigen, die ich in meiner Kindheit von fremden Erwachsenen eingefangen habe!), so fiel es im späten Mittelalter oder in der frühen Neuzeit in den Aufgabenbereich von Institutionen wie Universitäten oder Zünften, ihre Mitglieder zu erziehen und ihr sittliches und moralisches Leben zu kontrollieren – eine Überwachung und Beeinträchtigung, die wir uns heute als einen Eingriff in unsere Privatsphäre verbitten würden.

Trotzdem bleibt die Frage bestehen – und sie ist als grundsätzlicher Einwand von zahlreichen Kritikern der ersten vier Bände dieses Buches vorgebracht worden –, ob die Tatsache, daß all die angeführten Tischzuchten und Manierenbücher Verhaltensweisen untersagen, die bei heutigen Erwachsenen kaum noch zu beobachten sind, nicht doch für einen

Zivilisationsprozeß spreche, wie er von Elias und seinen Anhängern angenommen worden ist.

Hierbei ist es wichtig, zu betonen, daß Elias einen entscheidenden Sachverhalt systematisch unbeachtet gelassen hat, nämlich die Tatsache, daß in den zitierten Benimmschriften meist nicht »adult standards« vorausgesetzt und indirekt beschrieben wurden, wie ein britischer Schüler von Elias meint[192], sondern daß es ihren Verfassern *um die Erziehung von Kindern ging*!

So ist Erasmus' *De civilitate puerilium*, auf das Elias sich vornehmlich bezieht und von dem er sagt, es behandle Dinge, die »auch nur zu hören« für moderne Menschen »peinlich« sei[193], im Jahre 1530 für den zehnjährigen Heinrich von Burgund geschrieben, doch wendet es sich an alle Buben, namentlich »plebeios, humiles, aut etiam rurestres«. Die Verhaltensregeln, die Erasmus beschreibt, entsprechen entgegen der Behauptung Elias' keinen neuen Verhaltensstandarden auf der Schwelle vom ausgehenden Mittelalter zur Neuzeit, vielmehr entstammen sie sämtlich der mönchischen und klerikalen »disciplina corporis« des Mittelalters und wurden bereits fünf Jahre nach ihrer Niederschrift an einer Braunschweiger Schule den neun- bis zehnjährigen Jungen an jedem Donnerstag zur Belehrung vorgelesen.[194]

Doch nicht nur *De civilitate puerilium*, auch fast alle anderen Benimmschriften des späten Mittelalters und des 16. Jahrhunderts waren dazu gedacht, den Kindern gute Manieren beizubringen, z. B. Giovanni Sulpizios *Son de moribus puerorum carmen juvenile* vom Jahre 1492, das um 1475 entstandene *Babees Book* und zahllose ähnliche englische, französische, italienische und deutsche Bücher der Zeit.[195] Wenn es in einer spätmittelalterlichen Schrift heißt: »Nit schmatz recht wie ain ander schwein«, so handelt es sich bei näherem Hinsehen um eine *Kinder*zucht[196], und mit »Du solt nit in die schussel stossen brot das du mit dinen zenen berurt hast«, ist in einem anderen zeitgenössischen Anstandsbuch wiederum ein Kind gemeint.[197] In einer aus dem 15. Jahrhundert stammenden niederdeutschen Version von Tannhäusers Hofzucht wird schließlich in der Vorrede gesagt: »Wer hir von guder art si,/Deme tucht vnde ere wone bi,/Den bidde ik dorch de doget sin/Dat he hore der lere myn. *Ik lere hir de jungen kint,/De binen twelf jaren sint,*/De nicht tucht enhebben/Noch neyne wisheit bekennen.«[198]

Im übrigen scheint die Annahme, das gute Benehmen bei Tisch und die allgemeine »Zivilität« der Umgangsformen hätten sich zunächst an den Adelshöfen ausgebildet und seien das Vorbild des städtischen Bürgertums und schließlich der übrigen sozialen Schichten gewesen, ebenfalls nicht den Tatsachen zu entsprechen. Daß der bei den Bürgern übliche Anstand kein von den Burgen und Schlössern in die Städte hinab»gesunkenes Kulturgut« darstellte, läßt sich aus zahlreichen zeitgenössischen Berichten erschließen, aus denen hervorgeht, wie der Adel sich häufig den Bürgern präsentierte. Nachdem z.B. im Jahre 1433 der Rat der Stadt München die Herzogin von Bayern und deren Edelleute zu einem Umtrunk aufs Rathaus geladen hatte, vermerkte der Schreiber in den Ratsakten: »Item 3 ß 10 haben wir zalt umb zwo statel guts veyns confetes [= zwei Platten guten feinen Konfekts] dem Ridler, do man die der herczogin auf das rathaus kaufet zu ainem trunck, da vielen die edelleut darein und frassens als die sau mit paiden feusten; da redten ettlich burger gnug darzu, ob sie sich sein nit schammeten.«[199]

Solche Klagen sind in den Quellen nicht selten vertreten, und immer wieder empörten sich Bürger darüber, daß zumindest manche Adelige sich in der Öffentlichkeit gehen ließen »wie die Säue«, um – allem Anschein nach – durch Schamlosigkeit und schlechtes Benehmen ihren überlegenen Status zur Schau zu stellen. So war etwa Hans Ulrich Kraft im Jahre 1573 baß erstaunt und wurde schamrot, als ihn in Baden im Aargau eine französische Gräfin mit nackten Brüsten im Bad empfing (»die saß Im Wasser Aller bloß biß vff den Nabel«), worauf er schleunigst »gebürendt Abschid« nahm[200], und ebenso erging es den braven englischen Bürgersleuten, die mit ansehen mußten, wie junge blaublütige Herren aus schierem Übermut splitternackt durch die Gassen rannten.[201] Voller Empörung war auch ein Mannheimer Bürger, als sich eine junge verwitwete Gräfin, bei der er im Jahre 1778 in München eingeladen war, in seiner Gegenwart vor dem Kamin umzog[202], und Daniel Defoe forderte in *The Compleat Gentleman* die Herren von Stand dazu auf, nicht länger an der Tafel mit ihren Gabeln in den Zähnen herumzustochern und ein »napkin« zu benutzen.[203]

Gegenüber Menschen von geringerem gesellschaftlichen Rang, etwa Dienstboten, Bürgern, Bauern oder den »Wilden« in fremden Ländern, konnte man sich unbekümmerter und nachlässiger benehmen, weil man sie nicht ganz »für voll« nahm. Die Bewohner des Atolls an der Marovo-Lagune in den westlichen Salomonen beispielsweise befolgten zwar im allgemeinen eine strenge Bruder-Schwester-Meidung und schämten sich zu Tode, wenn ein Mann von einem Nachbaratoll vor ihren Augen mit einer ihrer Schwestern schäkerte. Machte indessen ein Mann von einem der Thunfischerboote aus Okinawa, die dort gelegentlich anlegten, der Schwester schöne Augen, dann empfanden sie dies nicht als Beschämung oder Beleidigung, weil sie die Japaner als weit unter ihnen stehende Wilde betrachteten. »Sie sind wie die Kinder«, sagten die Atoll-Bewohner über sie, und deswegen mußten sie sich ihnen gegenüber auch nicht so benehmen, wie der Anstand es gebot.[204] Denn wie von Kindern hatte man auch von den minderwertigen Fremden keine Sanktionen zu erwarten, obwohl sich diese Einstellung bisweilen als Fehleinschätzung herausstellen konnte. Als sich nämlich in den zwanziger Jahren des soeben vergangenen Jahrhunderts manche Gattinnen der britischen Kolonialherren von Neuguinea vor den einheimischen Dienern unbekümmert in spärlicher Unterwäsche zeigten, mißverstanden die Schwarzen nicht selten die Situation und faßten den Damen an die Brüste und andere intime Teile des Körpers.[205] Solche Risiken bestanden freilich bereits im Mittelalter, weshalb es beispielsweise in der im 12. Jahrhundert zusammengestellten Geschichtensammlung *Konjaku monogatarishū* hieß, eine Dame dürfe sich auch vor dem niedrigsten ihrer Diener nicht entblößen, denn sonst brauche sie sich nicht darüber zu wundern, wenn er bei der nächsten Gelegenheit versuche, sie zu vergewaltigen.[206]

Wenn auch die adeligen Damen wohl im allgemeinen von solchen Befürchtungen kaum geplagt wurden, so ist es doch wichtig, festzuhalten, daß Elias und viele Kulturhistoriker vor und nach ihm das Ausmaß an Freiheiten des Adels vor allem gegenüber seiner Dienerschaft bei weitem übertrieben haben. So notierte bereits vor tausend Jahren die Hofdame Sei Shonagon in ihrem Skizzenheft: »Über jemanden zu sprechen, ohne zu wissen, daß er mithört, ist peinlich, selbst wenn es sich um einen einfachen Diener handelt.«[207] Um das Jahr 1650 sprachen Lady Elizabeth Hatton und ihr Gemahl vor der Dienerschaft stets französisch miteinander, wenn es um intimere Angelegenheiten ging, z.B. als die Lady den Lord nach einem Streit mit ihm fragte, ob sie »should lye in his chamber again«[208], und *The Covent Garden Magazine, or Amorous Repository, Calculated for the Entertainment of the Polite World* sprach die Empfehlung aus, in Anwesenheit irgendwelcher Diener nie über »galante« Dinge zu reden.[209]

Die Bereitschaft, mit der sich Damen und Herren von Stand vor Dienstboten des anderen Geschlechts entblößten, ist von Elias und seinen Anhängern ebenfalls maßlos überzeichnet worden. Im spätmittelalterlichen England beispielsweise hielten sich in den Schlafzimmern der Adeligen ausschließlich Dienstboten und andere Personen des jeweils eigenen Geschlechts auf. So wurde zwar im 15. Jahrhundert die englische Königin von Höflingen zu ihrem Zimmer geleitet, doch dort empfahlen sie sich, und es blieben lediglich »her ladies and gentlewomen« zu ihrer Bedienung zurück.[210] Nachgerade schockiert waren die Zeitgenossen, als im 16. Jahrhundert ruchbar wurde, daß der Vicomte de Martigues seine Frau genötigt hatte, sich auszuziehen, als seine

Saufkumpane und die Dienerschaft zugegen waren, und im Jahre 1664 vermerkte Pepys in seinem Tagebuch, er habe seiner Frau wegen einer frechen Antwort eine Ohrfeige versetzt, doch es beunruhige ihn, daß das Dienstpersonal dies mitbekommen habe. Und ein paar Jahre später hielt er fest, er schäme sich darüber, daß den Dienern allmählich seine Vergnügungssucht auffalle.[211]

Zwar kam es auch noch in späterer Zeit vor, daß sich Plantagenbesitzer scheinbar unbekümmert vor ihren Negersklavinnen hüllenlos zeigten, doch scheinen solche Anekdoten einen eindeutigen sexuellen Unterton zu haben. So erzählt Mary Prince, eine Sklavin aus Westindien, die später entfloh, das demütigendste Ereignis ihres Sklavendaseins sei jenes gewesen, als ihr Besitzer sie dazu zwang »of stripping him quite naked and ordering me then to wash him in a tub of water. This was worse than all the licks«, zumal sie sich selber vorher splitternackt ausziehen mußte.[212]

Auch was das Urinieren und Defäkieren anbelangt, ließen sich manche Herrschaften zu Schamlosigkeiten hinreißen, die freilich nicht nur die Bürger, sondern auch viele Herren und insbesondere Damen von Stand als schockierend empfanden. »Dieß alles geht noch woll hin«, schrieb beispielsweise Liselotte von der Pfalz vom ungeliebten Hof des Sonnenkönigs, »aber waß 6 andere damen von qualitet gethan haben auß interesse, ist gar zu unverschämbt. Sie hatten monsieur Laws im hoff aufgepast, umbringten ihn undt er batte, sie mogte ihn doch gehen laßen. Daß wolten sie nicht thun; er sagte endlich zu ihnen: ›Mesdames, je vous demande mille pardon, mais si vous ne me laisses pas aller, il faut que je crève, car j'ay une nécessité de pisser, qu'il m'est impossible de tenir davantage.‹ Die damen andtworteten: ›He bien, monsieur, pisses, pourveüe que vous nous escoutties!‹ Er that es undt sie blieben bey ihm stehen; daß ist abscheülich; er will sich selber kranck drüber lachen.«[213]

Bereits die Vorgänger Ludwigs XIV. waren gegen die »Schweine« vorgegangen, die in Sichtweite der Hofdamen gegen die Wände und in die Ecken des Louvre pißten, und im Jahre 1606 erließen »le roi«, also Heinrich IV., »et Mgr le Dauphin«, der spätere Ludwig XIII., eine Verfügung, kraft deren solche Schamlosigkeiten ohne Ansehen der Person mit einer Geldbuße »d'un quart d'écu« oder, »à faute de ne la pouvoir payer, de tenir prison au pain et à l'eau pour l'espace de vingt-quatre-heures« bestraft wurden.[214]

Derartige Freiheiten nahmen sich freilich fast ausschließlich Männer heraus, während die Damen für gewöhnlich in solchen Situationen das Weite suchten. So berichtete im Jahre 1784 Bartolomé Faujas de Saint Fond nach seinem Besuch beim Herzog von Argyll auf Schloß Inverary in Strathclyde mit einiger Verblüffung, daß manche der adeligen Herren nach reichlichem Champagnergenuß einfach in die Ecken des Salons pißten. »Ich vermute«, so merkte er indessen an, »daß dies einer der Gründe ist, warum die englischen Ladies, die äußerst schamhaft und reserviert sind, stets die Gesellschaft verlassen, bevor die ersten Toasts ausgebracht werden.«[215] Auf eine solche Schicklichkeit scheinen zu jener Zeit allerdings auch die adeligen Damen auf dem Kontinent geachtet zu haben, denn wie der Kammerdiener Huë verlautete, wurde auf die Schamhaftigkeit der französischen Königin und ihrer Damen während ihrer Gefangenschaft im Temple zu Beginn der Großen Revolution nur in einem einzigen Fall Rücksicht genommen, nämlich wenn sie sich auf dem Klosett befanden. Nur dort ließ man sie nach ihrem ausdrücklichen Wunsch wirklich alleine.[216]

Wenn nicht nur Norbert Elias, sondern auch die meisten Kulturhistoriker behaupten, daß »the relieving of the calls of nature was not an act to be concealed, and therefore condemned, any more than such an act on the part of a dog or a horse in the streets is to be condemned or censured today«[217], man habe darin nichts »Unnatürliches oder Unanständiges« gesehen[218] und deshalb sei eine Geschlechtertrennung bei der Entleerung etwas typisch Westliches und Modernes[219], so widersprechen solchen Behauptungen alle verfügbaren historischen und ethnographischen Quellen. So ließ sich die Herzogin Katharina von Österreich im Jahre 1446 für ihre Reisen einen luxuriösen Kobelwagen mit einem mehrrippigen tonnenförmigen Zeltaufsatz anfertigen, der neben zwei Sitzreihen auch einen »haymlich stuhl« enthielt, da der adeligen Dame und ihren Zofen kaum zugemutet werden konnte, vor den Augen der männlichen Reisebegleiter bisweilen im Wald oder hinter einem Gebüsch zu verschwinden. Aber auch eine junge Frau wie Jeanne d'Arc scheint sich so sehr geschämt zu haben, von den Soldaten dabei gesehen zu werden, wie sie vom Pferde stieg, um sich an einer einsamen Stelle zu erleichtern, daß sie lieber alles verhielt. So verlautete bei ihrem Rehabilitationsprozeß der Zeuge Simon Charles, »quod, dum erat in armis et eques, nunquam descendebat de equo pro necessariis naturae«.[220]

Die mittelalterliche Schwankliteratur ist voll von Geschichten, in denen ein Ritter schamrot anläuft, als er »einer Bäuerin ansichtig« wird, »die hinter einem Baum auf dem Felde scheißt«; worauf er versucht, die peinliche Begegnung zu überspielen, und in der Tat konnte in Wirklichkeit ein solcher Zufall gerade für die Frau sehr beschämend sein, zumal wenn der Mann sich hinterher bei Dritten darüber ausließ. So brachte eine Frau vom Lande im Jahre 1615 einen Mann vor Gericht, der sie zufällig nächtlings beim Austreten gesehen hatte und der anschließend zu jemandem sagte, daß »looking forth I did see a candle and lanthorn and did also see the turd [= Kot] that came from her arse and also her c– etc. and all that ever God made«.[221] Auf der anderen Seite fanden sich bisweilen jene Frauen vor Gericht wieder, die zu wenig Sorgfalt darauf verwendeten, daß Angehörige des anderen Geschlechts sie beim Urinieren nicht sehen konnten: Im Jahre 1589 wurde in Essex die Frau eines Thomas Evered aus Ardleigh angezeigt, »for that she did openly make water in a glass before men and in their sight«.[222]

Schon aus den russischen Bußbüchern des Mittelalters und der frühen Neuzeit geht hervor, daß es unanständig und deshalb verboten war, wenn Frauen vor Männern und diese im Beisein jener urinierten[223], und da es auf den spanischen Galeonen und Galeassen des 16. Jahrhunderts völlig undenkbar war, daß weibliche Passagiere den Donnerbalken am Bug der Schiffe benutzten, vor dem die Matrosen jeden Morgen eine lange Schlange bildeten, hatte man für sie auf den Korridoren der Außenkabinen intimere Toiletten eingebaut. Fehlten derartige Einrichtungen, dann konnte eine Schiffsreise für Frauen zur Tortur werden. Johann Christian Edelmann berichtet in seiner Autobiographie, wie es auf einer Donauschiffahrt im Jahre 1725 einer Dame zu peinlich war, deutlich zu machen, daß sie sich erleichtern mußte: »Es mochte der guten Person eine Nothwendigkeit ankommen, die sie sich vor der Gesellschaft zu nennen schämte; deswegen simulierte sie eine Übelkeit, und bat den Schiffer [...] mit Thränen, das er doch anländen möchte, damit sie sich nur ein wenig eine Bewegung machen könnte.«[224] Schon seit ältesten Zeiten gaben bei solchen Gelegenheiten die Frauen, wenn sie mindestens zu zweit waren, einander Deckung[225], beispielsweise auf den großen Trails in den amerikanischen Westen: Fast alle Frauen, die darüber Nachrichten hinterlassen haben, klagten über den als äußerst peinlich empfundenen Mangel an Privat- und Intimsphäre, und von ihnen weiß man, daß die Frauen sich mit ihren langen und bauschigen Röcken vor ihre Geschlechtsgenossinnen stellten, wenn diese im baum- und buschlosen Flachland austreten mußten.[226] Noch bis weit ins 19. Jahrhundert hinein ließen viele Bäuerinnen im Freien ihr Wasser im Stehen ab, damit es nach Möglichkeit niemand bemerkte,[227] was bei ihren langen und weiten Röcken auch meistens gewährleistet war. So schrieb gegen Ende des 19. Jahrhunderts ein Beobachter über eine Bauersfrau im Jämtland, die auf solche Weise ihr Bedürfnis befriedigte: »Keiner hätte bemerkt, was sie da tat, wenn sie einen kleinen Spitzbauch gehabt hätte, doch nachdem dies nicht der Fall war, mußte sie den Rock ein wenig von sich weg halten und das verriet sie.«[228]

Innerhalb größerer Gebäude und in öffentlichen Toiletten gab es im Mittelalter allenthalben eine klare Geschlechtertrennung: Cluny, das größte Kloster der Christenheit, verfügte im 11. Jahrhundert über eigene Latrinen für männliche und für weibliche Gäste, und es ist auch überliefert, daß der englische König Richard II. im Jahre 1388 in einem seiner Schlösser eine spezielle »latrina dominarum« einrichten ließ.[229] Nach der Hausordnung des Münsteraner Leprosoriums vom Jahre 1558 mußten sämtliche Insassen »alleyne up ehre egene heimlycheit, de da manneren und frouwen verschedden gemackt«[230], und aus einem Bericht des Ladislaus von Suntheim geht hervor, daß es im späten Mittelalter über den Bächen der Stadt Ravensburg öffentliche und als solche gekennzeichnete »Sekrethäuser« gab, und zwar für Männer und für Frauen getrennt.[231]

Wenn Aretino eine erfahrene Prostituierte einer Novizin des Gewerbes einschärfen läßt, sich auch im Puff dezent zu benehmen – »Hüte dich mehr als vorm Feuer, daß man dich das Wasser abschlagen oder deine Notdurft verrichten sieht oder hört!«[232] –, so könnte man versucht sein, zu glauben, daß nur die Frauen sich damals an solche Schicklichkeitsnormen gehalten haben. Und in der Tat haben Historiker im Gefolge von Elias als Belege für die niedrigen Schamstandarde insbesondere der Männer auf gewisse spätmittelalterliche und frühneuzeitliche Bilder verwiesen. Man könne beispielsweise auf Brueghels berühmter »Dorfhochzeit« erkennen, daß niemand an jenen Männern Anstoß nehme oder sie für »unanständig« halte, die an die Hauswand pißten, und offensichtlich habe ein Maler wie Hieronymus Bosch keinerlei Hemmungen gehabt, einen Mann darzustellen, »qui urine, au coin d'une taverne sur le seuil de laquelle s'embrassent un homme et une femme«.[233] Nun möchte ich an dieser Stelle nicht darauf eingehen, daß die bürgerlichen Genrebilder des 16. Jahrhunderts keineswegs wirklichkeitsgetreue Abbildungen des bäuerlichen Lebens, sondern ideologische Tendenzdarstellungen sind (Abb. 6), und auch nicht

6 Esaias Van de Velde: Bäuerin hilft ihrem
pissenden und kotzenden Mann, um 1615.

darauf, daß Bosch keine normale Taverne, sondern das abge-
rissene Bordell zeigen will, in dem der »Verlorene Sohn« auf
dem Tiefpunkt seiner bisherigen Karriere angelangt ist
(Abb. 7)[234]. Und ich will auch gar nicht bestreiten, daß es in
der damaligen Zeit Männer gegeben hat, die insbesondere in
angeheitertem Zustand ihr Wasser auf der Gasse oder hinter
der Dorfschenke abgeschlagen haben. Vielmehr möchte ich
in Frage stellen, daß ein solches Verhalten insbesondere im
Beisein von Frauen und jungen Mädchen in der frühen
Neuzeit normaler und weniger anstoßerregend gewesen ist
als ein paar Jahrhunderte später.
Im Jahre 1863 empfahl der Reverend George Musgrave in
seinen *Cautions for the First Tour on the Annoyances,
Shortcomings, Indecencies, and Impositions Incidental to
Foreign Travel* insbesondere den in romanische Länder reisenden britischen Damen, sich einen soeben erfundenen
»admirable article« anzuschaffen, nämlich einen tragbaren
Kübel, »Inodorous Standard Pail« genannt, und nicht größer
als eine Hutschachtel. Denn dieses Objekt erspare es den

7 Hieronymus Bosch: ›Der verlorene Sohn‹ (Detail), um 1499.

Damen, ein kontinentales »Cabinet« aufzusuchen, welches
gewiß ihre »delicacy« strapazieren würde: »The ladies will
not then have to encounter – to meet and glide by – the mous-
tached foreigner (be he a noble or a pedlar) with his waistcoat unbuttoned, cigar in mouth, and his hands fumbling at
his braces – in the corridor. They will not be subject to the
insult of coming upon such a personage seated, with the door
open« usw.[235] Man mag nun einwenden, daß wohl auch im
viktorianischen England ein solcher Reisekübel eher als
skurril empfunden wurde, wie es auch in der Tat keinerlei
Hinweise darauf gibt, daß er bei den Damen irgendeinen
Anklang gefunden hätte. Und man wird vermutlich an der
Meinung festhalten, noch zwei- oder dreihundert Jahre vor
dieser verklemmten Epoche hätte es kaum jemanden gestört,
wenn Frauen in der Öffentlichkeit an Männern vorbeigehen
mußten, die ihren Hosenlatz zum Urinieren aufgenestelt hat-

ten. Ja, gab es nicht in Universitätsstädten wie Gießen oder Heidelberg im 17. und 18. Jahrhundert rauhe »Bräuche« wie den, daß eine große Gruppe betrunkener Studenten vor einem Haus erschien, »worin Frauenzimmer waren«, und auf Kommando das vorher reichlich genossene Bier an die Hauswand pißte?

Nun fanden solche Provokationen gewiß statt[236], doch entscheidend ist in unserem Zusammenhang, daß diese sogenannte »Generalstallung« von den Zeitgenossen für eine »grobe Unanständigkeit« gehalten wurde[237], ähnlich wie die Unsitte männlicher Kirchgänger in Leyden, die die Besucher der Stadt für äußerst unziemlich ansahen: »Was mir sehr mißfallen hat«, so Friedrich Lucae, der im Jahre 1664 von Heidelberg in die Niederlande gereist war, »waren die an die Kirchthüren angebauten großen Wassersteine vor die Männer, welche dann beim Aus- und Eingehen des Frauenzimmers zu 20 dastehen, und unverschämt ihr Wasser abschlagen«.[238] Daß Lucä kein für damalige Verhältnisse ungewöhnlich zart besaiteter Beobachter gewesen ist, kann man im übrigen an der ironischen Aufforderung des Grobianus aus der ersten Hälfte des 16. Jahrhunderts erkennen: »Auch wann dir not zu pruntzen ist,/Vnd mitten in der gassen bist,/So lehr die blosen auß, vnd steh,/Vnd acht nit wer für vber geh,/Es sey Junckfrawen oder Frawen,/Heiß fürt gehn, wer nit zů wöll schawen,/Vnd gieß ein lange lach daher,/Als obs des müllers Esel wer./Man soll ja preisen zucht vnd ehr./Gesundtheit aber allzeit mehr.«[239] Zumindest in den mittelalterlichen Städten existierten ja da und dort verborgene Winkel und dunkle Gassen, in denen sich jemand, den es arg pressierte, erleichtern konnte, ohne gesehen zu werden, enge Seitenwege, die häufig »Tittentaster-« oder »Tastekuntgäßchen« genannt wurden – wohl deshalb, weil der Kunde dort unerkannt die körperlichen Reize der billigen Straßenstricherinnen überprüfen konnte.[240]

Im späten Mittelalter scheinen aber auch manche Männer sich beim Austreten nicht nur vor Frauen, sondern auch vor ihren Geschlechtsgenossen geschämt zu haben. So geht aus dem Bericht des Ulmer Pilgers Felix Faber vom Jahre 1480 hervor, daß nicht wenige seiner Mitreisenden auf der Seefahrt ins Heilige Land aus Schamgründen ihre Notdurft in irgendeinem abgelegenen Winkel des Schiffes verrichteten und darauf verzichteten, vor den Augen der übrigen Männer einen der beiden Abtritte seitlich am Bug zu benutzen.[241] Und im Jahre 1491 schilderte Hans von Mergenthal, der Begleiter des hessischen Landgrafen Wilhelm, die peinlichen Situationen, in die er und die übrigen Pilger durch die beengten Verhältnisse an Bord des Schiffes gebracht wurden: »Wil denn einer ad opus naturae gehen/stehen viel vmb einen herumb/das offt einer vber macht halten mus.«[242] Doch auch zu Hause achtete man bei solch peinlichen Verrichtungen darauf, daß einem niemand zusehen konnte. So ließ sich im ausgehenden Mittelalter Anton Tucher in Nürnberg im »heimlich Gmach« sowie im »Abziehkämmerlin«, in dem er sich fürs Bad umkleidete, milchige Rautenfenster einsetzen, damit ihn keiner auf dem Klo sitzend oder nackt sah, nachdem schon im Jahre 1333 die Londoner Bürger Andrew und Joan de Aubrey vor Gericht gegangen waren, weil ihre Nachbarn eine Trennwand zu ihrem Klosett entfernt hatten, so daß ein Teil des Körpers der dort Sitzenden sichtbar wurde, »ein Sachverhalt, der abscheulich ist und völlig unerträglich«.[243]

Man mag sich fragen, wie all das Angeführte beispielsweise mit der Behauptung von Elias vereinbar sei, noch im späten Mittelalter oder in der frühen Neuzeit hätten die Autoren von Benimmbüchern ihren Lesern ans Herz gelegt, die auf der Gasse liegenden Kotbrocken nicht in die Hände zu nehmen, woraus man rückschließen könne, daß damals die Erwachsenen offenbar in die herumliegende Scheiße gefaßt hätten, wie es heute nur noch die Kleinkinder tun.[244] Sollte sich freilich wirklich in irgendeiner Benimmschrift eine solche Verhaltensanweisung finden[245], so wird sie sich auch im 15. oder 16. Jahrhundert auf kleine Kinder bezogen haben, denn bei Erwachsenen kommt ein derartiges Verhalten entweder nur als derb-komischer Klamauk in Schwänken und *fabliaux*[246], vielleicht auch auf Narrenfesten vor oder aber als Akte der Beleidigung und in Notfällen: Im spätmittelalterlichen Basel bewarf ein Scherergeselle während der Nacht aus Rache das Schild der Maler- und Sattlerzunft mit Kot, und Hans Ulrich Kraft erzählt, wie er während seiner dreijährigen Gefangenschaft in Tripolis im Gefängnis Bauchweh bekam, ohne aufs Klo gehen zu können: »stehtt kein halbe stund an, der leib thett sich eröffnen, mir ward bang, wohin reuerendo, den Vnrath Zuthun. Damit in meim Losament der böse geruch nitt gespürt werde, sötzt mich hockendt nahendtt Zum Fenster (bitt Zuforderst, wer diß lißett, umb verzeichung), ließ den hörtten VnRath In meine hand fallen, warff ein hand vol nach der Andern Zum fenster hinauß, biß endtlich dössen gar dinn vnd Zuvil worden, kundt Ich mir selbsten nit mer helffen.«[247]

So bezog man sich auch häufig beim Fluchen auf ekelhafte Dinge wie die menschlichen Ausscheidungen und alles, was mit ihnen zusammenhing, wie etwa aus einer Bestimmung des Leutkircher Stadtrechts aus dem 14. Jahrhundert hervorgeht, in welcher es heißt: »Wer swert: bogs zers, poxs hod, pogs grind, poxs knudloch, poxs arsloch, pox stankloch, poxs stank, poxs giggel, poxs ader . . ., poxs schaiss, poxs switzenden swais« und ähnliches, »der sol das bessrun nach des râtz erkantnüss«.[248] Und im Jahre 1620 verklagte sogar der »alt Burgermeister« von Sankt Gallen den Prädikanten Johannes Wüest, weil dieser in unflätiger Weise über die Stadt gesagt hatte, selbige hange an der Stadt Zürich oder an der Eidgenossenschaft »reverenter wie ein heimlich Gemach an einer Ringmauer«.[249]

Wie aber verhält es sich diesbezüglich in fremden Gesellschaften? Geht aus den spätmittelalterlichen und frühneuzeitlichen Quellen, wie ein Schüler von Elias behauptet, hervor, daß die damaligen Menschen »in a way« defäkierten und urinierten, »that is reminiscent of what may be seen

today in Africa or the East?«[250] Nun haben die Eliasianer mit
solchen Behauptungen durchaus recht, aber ironischerweise
nicht so, wie sie das meinen.

Bei den Fulbe beispielsweise darf das Thema der Entleerung
nicht nur in keiner Weise öffentlich erwähnt werden – so
wäre es völlig undenkbar, von jemandem zu sagen, daß er
gerade an Durchfall leidet (*reedu dogi*, »der Magen rennt«) –,
vielmehr wäre es außerordentlich entehrend, auch nur dabei
gesehen zu werden, wenn man sich zu einem der Defäka-
tionsorte aufmacht, und deshalb bleiben die an Durchfall
Leidenden gleich den ganzen Tag dort.[251] Auch für einen
Apache wäre es in den alten Zeiten extrem beschämend gewesen, in einer Gruppe einfach aufzustehen und wegzuge-
hen, weil dann jeder vermutet hätte, daß er zum Urinieren
ausgetreten sei, und als ein junger Mann sogar einmal von
gleichaltrigen Mädchen dabei gesehen wurde, wie er sich
erleichterte, ging er ihnen anschließend monatelang aus dem
Wege. Wenn er austreten wollte, sagte ein Mann für gewöhnlich, er müsse sich kurz um die Pferde kümmern oder dergleichen, und eine Frau bemerkte mit möglichst unschuldiger Miene, daß sie einmal nach den Kindern sehen müsse. In
den dreißiger Jahren des 19. Jahrhunderts erzählte man, um
den durch die amerikanische Kultur verursachten Sittenverfall an einem drastischen Beispiel zu erläutern, es gebe
inzwischen junge Männer, die urinierten und sich dabei mit
einem Mädchen unterhielten.[252] Bei den Ambonwari in
Neuguinea bringt man noch heute den Buben während der
Initiation bei, sich nicht nur unter keinen Umständen von
einer Frau oder einem Mädchen bei der Entleerung sehen zu
lassen, sondern daß überdies niemand vom anderen Geschlecht erfahren dürfe, daß Männer überhaupt defäkieren
müssen. Alles, was mit Entleerung, Furzen und dergleichen
zu tun hat, ist so peinlich, daß man es nie erwähnt, und tut
man es doch, so ist das *mariawk*, »schlimme Rede«. Als
früher einmal eine Frau aus Wut ihren Mann hörbar als
pupung, »Arschloch« bezeichnete, war das ganze Dorf

beschämt, und als sie kurze Zeit später unerwartet starb, war man sich darüber einig, daß der Dorfgeist sie für diese Schamlosigkeit bestraft hatte. Aus diesem Grunde verzichtet man noch jetzt auf das Schimpfwort und gebraucht statt dessen den Pidgin-Ausdruck *bladi fakin bastet*, »bloody fucking bastard«.[253]

Selbst heute vermeidet es eine anständige Türkin vom Lande, aufs Klo zu gehen, wenn sich Männer im gleichen Raum befinden, nachdem bereits im Mittelalter Ibn al-Wašša' gelehrt hatte: »Kein wohlanständiger Mensch geht auf den Abort, wenn ihn einer sieht, oder uriniert, wenn jemand in der Nähe ist.«[254] Und daß wir uns den Hintern mit Klopapier abwischen, erschien einer Gruppe Torajas aus Sulawesi, die sich in London aufhielt, als Inbegriff mangelnder Zivilisiertheit, wobei die Männer von der indonesischen Insel ähnlich argumentierten wie die Gegner des Taschentuchs: »Das Toilettenpapier war das Entsetzlichste, das sie je erlebt hatten. Der europäische Mangel an Sauberkeit schockierte sie zutiefst. ›Die englischen Frauen sehen sehr anziehend aus‹, sagte Tanduk, ›aber wenn ich an das Toilettenpapier denke und daran, wie schmutzig sie sind, vergeht es mir!‹« Die Dowayo schließlich, die keine Eier aßen und einen leichten Ekel empfanden, wenn sie nur daran dachten, sagten etwas ungläubig zu dem britischen Ethnologen: »Ja wissen Sie denn nicht, wo die herauskommen?«[255]

Manche Kritiker haben mir inzwischen – bisweilen zähneknirschend – zugestanden, daß entgegen der Behauptung von Elias die Menschen in vergangenen und in fremden Gesellschaften sich zwar durchaus an strengen Verhaltensregeln orientiert haben mögen. Doch sei mir nie bewußt geworden, daß diese Regeln als eine Art äußerer Zwang auf die Individuen eingewirkt hätten. Im Gegensatz dazu hätten die Menschen der Moderne die Normen und Werte ihrer Gesellschaft stärker »internalisiert«, was bedeute, daß sie als »Selbstzwänge« viel unbewußter wirkten als die »Fremdzwänge« von einst. In diesem Sinne meint z. B. eine Kritikerin, die heutzutage weitgehend vollzogene »Internalisierung des Zwanges« habe in der Moderne »offensive und tendenziell gewaltbereite Beschämungsstrategien« überflüssig gemacht. Hätte in »einfachen Gesellschaften« die »Angst vor Schande« vorgeherrscht, so seien die Individuen »in den modernen Gesellschaften« geprägt von einer »Angst, aufzufallen und dadurch Peinlichkeit hervorzurufen«.[256]

Obwohl ich seit Jahren immer wieder detailliert auf solche Kritiken eingegangen bin und zu zeigen versucht habe, daß die Vorstellungen, die sich diese Kritiker – meist Philosophen, Soziologen oder Psychologen – von den Menschen in »einfachen« Gesellschaften gemacht haben, von keinerlei Kenntnissen getrübt sind[257], ist diese Erwiderung gerade von den schärfsten Kritikern völlig ignoriert worden. Deshalb unternehme ich im folgenden einen letzten Versuch, plausibel zu machen, daß von dem gängigen Dogma, die Menschen in traditionellen Gemeinschaften seien »außengeleitet« gewesen, wohingegen die in modernen Gesellschaften eher »innengeleitet« seien, keine Rede sein kann.

Es bedarf keiner allzu großen Reflexionskraft, um zu verstehen, daß eine Gesellschaft, in der die Menschen ihre Werte nicht »verinnerlicht« haben, sondern lediglich auf »Fremdzwänge« reagieren, *ein Widerspruch in sich selber ist*, da die Menschen ja in einem solchen Falle *überhaupt keine Werte hätten*![258] Eine solche »Gesellschaft« wäre vergleichbar mit einer Reihe von Schauspielern auf einer Bühne, die *nur so tun*, als ob sie ein soziales Leben miteinander führten, oder mit einer Gruppierung von Strafgefangenen in einem Konzentrationslager, die sich nach Regeln verhalten, die ihnen von ihren Peinigern aufgezwungen wurden. *Wer* aber könnte in den »einfachen« Gesellschaften für die Menschen das Drehbuch geschrieben haben? *Wer* sollte ihr Peiniger gewesen sein? *Wer* hätte die Masken schnitzen sollen, hinter denen sich – nichts verbarg?

Hat man indessen nicht über die Chinesen gesagt, daß »they don't feel guilty about their mistakes, providing they can conceal them: obeying the code isn't internalized, *seeming* to obey it is internalized«?[259] Hieß es nicht vor noch nicht allzu langer Zeit bei den bosnischen Bauern: »Wenn alle sagen, daß ich schlecht bin, dann bin ich schlecht; wenn das ganze Dorf sagt, daß ich gut bin, dann bin ich gut«, und sagte nicht ein Durrani-Paschtune im nordwestlichen Afghanistan zu dem Ethnologen, die meisten Männer hielten wegen der unangenehmen Folgen des Bekanntwerdens einen Ehebruch ihrer Frau geheim, denn: »Eine Schande (*badnāmī*), von der niemand erfährt, *ist* keine Schande«?[260]

Beweist nicht die Tatsache, daß in gewissen muslimischen Gegenden nur *die* jungen Mädchen getötet wurden, deren sexuelle Eskapaden *allgemein bekannt* geworden waren, daß man sich dort nicht wegen des Vergehens, sondern wegen seines Bekanntwerdens schämte?[261] Und liegt nicht einige Wahrheit in dem bekannten sudanesischen Witz, der da lautet: »Drei sudanesische Muslime sind drei Muslime; zwei sudanesische Muslime sind zwei Muslime; ein sudanesischer Muslim ist *kein* Muslim«?[262]

Nun ist es klar, daß den Menschen ihre sozialen Regeln nicht angeboren sind, sondern daß diese in einem bisweilen mühsamen Lernprozeß im Verlaufe von Kindheit und Jugend erworben werden müssen, wobei die Bereitschaft zu diesem Erwerb, d. h. zur »Verinnerlichung«, sowie deren Ausmaß bei den verschiedenen Individuen differieren. So bleibt Einzelnen »die Gesellschaft«, d. h. die sozialen Regeln, auf immer mehr oder weniger fremd, sie empfinden die Verhaltensstandarde wie eine äußere Macht, die ihnen feindlich gesonnen und ihren eigentlichen Interessen abträglich ist. Georges Devereux berichtet beispielsweise von einigen Sedang Moi, die ihm sagten, sie seien eigentlich für den vorehelichen Geschlechtsverkehr, doch die Götter nötigten sie zu den strengen Schicklichkeitsnormen, die ihnen das Leben schwermachten. Als Devereux einmal einen dieser Männer fragte, was er von den Göttern hielte, ergriff er seine an die Hütte gelehnte Lanze, stieß sie wild in die Luft und brüllte:

»Wenn ich diese Schweine nur sehen könnte, ich würde ihnen sofort diese Lanze in den Bauch jagen!«[263]

Doch wäre es völlig falsch, solche Beispiele als ein Indiz dafür zu nehmen, daß in traditionellen Gesellschaften die »soziale Integration« der Individuen generell unvollkommener gewesen wäre als in der Moderne und daß mehr Menschen als heute eine solche Integration lediglich simuliert hätten, um negativen Sanktionen zu entgehen. Ganz im Gegenteil hatte die wesentlich größere Homogenität der »einfachen« Gesellschaften zur Folge, daß die sozialen Normen eine sehr viel uneingeschränktere Geltung beanspruchen konnten und deshalb auch ungleich »tiefer« verinnerlicht wurden als die inzwischen immer stärker zur Disposition stehenden Werte und Normen der Moderne.[264] In den heutigen, wesentlich differenzierteren Gesellschaften übernehmen die Individuen verschiedene Rollen, die bisweilen überhaupt nicht mehr miteinander kompatibel sind, so daß es sich empfiehlt, zu den entsprechenden Normen »auf Distanz« zu gehen, sie gar nicht erst zu internalisieren, sondern sich nur äußerlich an sie anzupassen, die sozialen Rollen also »zu spielen«. Denn dies bedeutet, daß die Betreffenden an eine sich immer schneller wandelnde Welt besser angepaßt sind – sie sind flexibler, weil sie keine langwierigen Verinnerlichungsprozesse mehr durchmachen müssen.[265] Vorläufige Endpunkte dieser Entwicklung sind die »postmoderne« Ironisierung und das unengagierte Konsumieren beliebiger Werte, Lebensstile und Erfahrungen.[266]

Die Zivilisationstheoretiker im Gefolge von Elias bestehen freilich auf der Behauptung, »in der ersten Phase der Zivilisierung« hätten sich die Menschen lediglich deshalb konform verhalten, weil sie die negativen Sanktionen der anderen vermeiden wollten, wobei man hinzufügen kann, daß dies natürlich auch für »die anderen« gälte, was ein bißchen an die Geschichte von Chesterton erinnert, in der ein von der Polizei unterwanderter Geheimbund nur noch aus Polizeispionen besteht, die sich gegenseitig bespitzeln, weil keiner weiß,

8 Mutter dankt der hl. Jungfrau für die Genesung ihres
»bimbo malato«, Exvoto, Cinquecento.

daß alle anderen ebenfalls Polizisten sind. Da die Normen
solchen vormodernen Menschen nur »äußerlich«, also nicht
von ihnen »internalisiert« seien, liefen die Betreffenden bei
gegebenen Anlässen bedenkenlos aus dem Ruder: »Wenn die
soziale Kontrolle lückenhaft wird, kann es deshalb sofort zu
Triebentladungen kommen. Dieser Modus der Verhaltens-
regulation ist typisch für traditionelle Gesellschaften mit
geringer Differenzierung und direkten, persönlichen Sozial-
beziehungen.«[267] Und um dies zu illustrieren, führt ein
Literaturwissenschaftler ein Kind aus Bachers *Der Mädchen-
freund* vom Jahre 1807 an, das noch exemplarisch sei für die
»ältere, traditionsgeleitete Sozialisation«: »Jettchen war sanft
und gelassen, gehorsam, bescheiden und fleißig, kurz! das
beßte Kind von der Welt, sobald seine Aeltern oder Lehrer
zugegen waren. Allein sobald es allein war, oder glaubte, man
beobachte sie nicht, war es ganz umgekehrt, und gerade das
Gegenteil.« Entspreche dieses Kind also noch dem Persönlichkeitstypus der Vormoderne, so versuche seine Mutter,
es in einen modernen, »innengeleiteten« Menschen umzu-
wandeln. »Liebe Jacobine! ich bin nicht immer bey dir, und

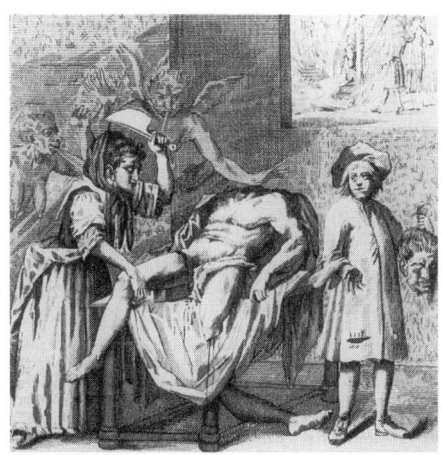

9 Die Hebamme Mary Aubrey schlachtet und zerteilt auf Eingebung des Teufels hin ihren Gatten, um 1688.

kann nicht sehen, wie du meine Erinnerung befolgest; Gott ist aber bey dir. Wolltest du ungehorsam seyn, so könnte er dich leicht damit bestrafen, daß er dich krumm wachsen ließe.«[268]

Zwar heißt es im allgemeinen, erst das Bürgertum des späten 18. und des 19. Jahrhunderts habe diesen grundlegenden Wandel der menschlichen Persönlichkeit vollendet[269], doch wird gleichermaßen die Lehrmeinung akzeptiert, der Initialschub zu dieser Veränderung sei in der frühen Neuzeit von der Reformation ausgelöst worden. Vor dieser Zeit hätten die Menschen ihre Handlungen noch nicht so sehr auf ihre eigenen Willensentscheidungen zurückgeführt, als auf das Eingreifen äußerer Mächte wie Heilige (Abb. 8) oder den Teufel (Abb. 9), ein Empfinden, das die Individuen von der Verantwortung für ihre Taten befreit und ihnen dadurch gewisse seelische Konflikte erspart habe.[270] Diese Mentalität sei von den Dienern der reformatorischen Kirche im 16. und im 17. Jahrhundert bekämpft worden: Nach ihrer Lehre sollten sich die Menschen nicht mehr aus Angst vor äußeren

Instanzen wie den Nachbarn oder irgendwelchen Geistern und Dämonen, nicht aus »Forcht künftiger wolverdienter Straf« normkonform verhalten, sondern zunächst aus Furcht vor dem allgegenwärtigen Gott und schließlich, nach einem weiteren Internalisierungsschub, vor der Stimme des eigenen »Gewüssens«. So gemahnte die 1612 in Zürich erschienene Schrift *Schwermütiges Gewissens Trost Fried und Frewde*: »Du seyest an welchem Ort du wöllest/alleine oder bey anderen Leuten/zu Hause oder ausser deinem Hause/bey tag oder bey nacht/unnd thust was du wöllest: so stelle dir immer selbest in deinem Sinne für/GOttes allerheiligste und gegenwertige Majestat unnd Angesicht. Sey in deinem Hertzen gewiss überredet unnd versichert: dass du seyest/stehest/gehest/ligest/für dem Angesicht des lebendigen GOttes: auff dass aus dieser Versicherung/in deinem Hertzen entstehe/eine wahre kindliche Furcht und Ehrerbietung/welche dich allenthalben von Sünden abschrecke und abhalte.«[271]

Nun kann es sich tatsächlich so verhalten haben, daß im 16. Jahrhundert sowohl die Reformation als auch die Gegenreformation den Sündern eher mit dem Zorn und der Rache Gottes gedroht haben, eines Gottes, der sein Auge überall hat und dem nichts entgeht[272], während man sich im Mittelalter eher auf Anstand und Ehrbarkeit berufen haben mag.[273] Doch bedeutet das mitnichten, daß zum einen die Angst vor dem strafenden Gott etwas prinzipiell anderes gewesen wäre als die Angst vor anderen Menschen oder vor disziplinierenden Geistern. Und zum anderen heißt dies ganz und gar nicht, daß jene »Forcht« vor dem alles sehenden Auge eine tiefere Internalisierung anzeigte als eine Berufung auf den »Anstand«, da dieser Begriff ja lediglich das bezeichnet, was einem Menschen »ansteht«, d. h. die Art und Weise, wie er sich im Verkehr mit den anderen zu benehmen hat.

In dem gegen Ende des 15. Jahrhunderts von Erasmus niedergeschriebenen und zwanzig Jahre später veröffentlichten Dialog zwischen Sophronius und der Hure Lukrezia weigert sich der junge Mann, mit Lukrezia auf deren »geheimstes Kämmerlein« zu gehen, weil man sich nirgendwo vor dem Auge Gottes und den Augen der Engel verbergen könne.[274] Immer wieder ist behauptet worden, diese Argumentation des Sophronius sei ein sehr frühes Beispiel für den Bewußtseinswandel an der Schwelle zu einem neuen Zeitalter, in dem man sich schließlich auch dann gefürchtet oder geschämt habe, etwas Unrechtes zu tun, wenn die Chance, dabei ertappt zu werden, praktisch gleich Null war.

Ist es indessen wahr, daß dem Altertum, dem Mittelalter oder den Menschen in »einfachen« Gesellschaften eine solche Einstellung völlig fremd gewesen sei? Schon bei Hesiod heißt es im späten 8. Jahrhundert v. Chr., daß ein Mann nicht tagsüber im Freien stehend urinieren sollte, weil sonst die Sonne seine entblößten Genitalien sehen könne, aber auch nachts habe er dergleichen zu unterlassen, denn »die Nächte gehören den Göttern«.[275] Und ganz ähnlich gibt später Plutarch zu verstehen, daß sich niemand im Freien nackt ausziehen solle, weil er in einem solchen Falle von Jupiter gesehen werden könne, wie dort überhaupt alles »voll von Göttern« sei. Aus diesem Grunde führten wir ja auch sämtliche »notwendigen Verrichtungen« in unseren Häusern verborgen oder unter einem Dache versteckt aus.[276] Schließlich lehrte um 400 v. Chr. Demokrit von Abdera: »Man soll sich vor den anderen Menschen nicht mehr schämen als vor sich selber und ebenso wenig etwas Böses tun, *ob es niemand erfahren wird oder die ganze Menschheit.* Vielmehr soll man sich vor sich selbst am meisten schämen (αἰδώς empfinden), und das soll als Gesetz vor der Seele aufgerichtet stehen.«[277]

Auch im Mittelalter gaben die Tugendlehrer sich Mühe, der Jugend plausibel zu machen, daß wahre Tugend und Ehrbarkeit keiner sterblichen Zeugen bedurften. So führte um das Jahr 1246 Vinzenz von Beauvais unter Berufung auf den hl. Hieronymus aus, daß eine entwickelte (*adulta*) Jungfrau beim Baden erröten müsse, wenn sie sich nackt sieht[278], woraus sich ersehen läßt, wie realitätsfremd die Behauptung der

10 Kupferstich von Jean de Saint-Jean, 1690.

Kulturhistoriker ist, vor dem 17. Jahrhundert sei eine derartige Einstellung undenkbar gewesen.[279] Über eine Darstellung aus dieser Zeit (Abb. 10) verlautet ein Interpret in der Nachfolge Elias', sie veranschauliche aufs schönste das »verinnerlichte« Schamgefühl einer neuen Ära: »Même au bain, le corps reste caché à lui-même, et la baigneuse détourne le regard de sa cheville nue.«[280] Doch nichts auf dem Bild deutet darauf hin, daß die Dame schamhaft den Blick abwendet, um nicht Fessel und Wade sehen zu müssen. Daß es sich nicht um eine Schamszene, sondern im Gegenteil um eine »galante«, eine erotische Szene handelt, erkennt man sofort, wenn man das Vorbild der Darstellung betrachtet (Abb. 11): Der Blick der Dame und die Aufmerksamkeit des Hündchens gelten nämlich einem Verehrer, der gerade, durch die Finger der vorgehaltenen Hand linsend, das Gemach betritt. Daß schon im Mittelalter und in der frühen Neuzeit das Auge Gottes allgegenwärtig war, folgt auch aus dem Recht der Wiener Neustadt aus dem 13. Jahrhundert, in dem es heißt, auch derjenige, welcher unerkannt als Falschspieler oder »gemaines weib« Einkünfte erziele, bleibe nicht schadlos, »wan unrechter gewinnung volget nach ze allen zeiten

11 Kupferstich von Antoine Dieu, um 1685.

gotez rach und gotez gericht«[281], und etwas später mahnte die Nonne Katherina Ederin die frommen Jungfrauen, sie sollten sich auch »haimlich und verborgen«, wenn keiner sie kontrolliere, »also zichtiglich und also luter und rain« halten »in allem wandel«: »Im gesicht, im gehört und begriffung und in anderen sinnen dich erzaigen syist also, als ob du all-wegen von etlichen, die du werist fürchten, personlichen ge-sechen wurdist. Wann allweg send mit uns und bi uns die engel Gottes; auch sicht uns Gott unser richter mit den ougen seiner gotthait, darumb wir zucht söllid erbietten.«[282] Mit dem Hinweis auf das Auge Gottes, dem nichts entgehe, wehrten bisweilen Frauen zudringliche Männer und Sittenstrolche ab, wie z. B. ein junges Mädchen im frühneu-zeitlichen Somerset, die ihrem Nachbarn ins Gewissen rede-te: »You look about that nobody sees you but there is a God that sees all your actions«[283]; und während eines Vergewal-tigungsprozesses im frühen Neuengland sagte eine Mary Hawthorne zu dem Angeklagten, der sein Glied bis zum Samenerguß an ihrem Unterleib gerieben hatte: »You know I used all the arguments that could be and told you what an awful sin it was and how can you be so wicked and you said

73

no body sees us and I told you God saw us which is greater than all!«[284] Im Jahre 1518 wies Johannes Murmellius in seinem Benimmbuch die kleinen Buben darauf hin, sie sollten bei der Berührung ihrer *membra* auch dann schamhaft sein, wenn niemand anderes zugegen sei, während etwa zur selben Zeit Graf Baldassarre Castiglione aus Mantua ausführte, daß all diejenigen eine wahrhaft edle Geisteshaltung aufwiesen, die sich auch dann ehrenwert verhielten, »wenn sie glauben, von niemandem weder bewundert noch gesehen oder erkannt zu werden«.[285]

Auch für die Araber, die ja angeblich eine Schande, die keiner sieht, nicht als Schande empfinden, gab es bereits im frühen Mittelalter keine Untat ohne Zeugen. So berichtete Ibn al-Waššā᾽, ein Beduine habe ihm eines Tages erzählt, wie er »in einer dunklen Nacht« eine »bildschöne« Sklavin vergewaltigen wollte. »Da rief sie: ›Oh weh! Was sagt dein Verstand dazu, wenn dich schon dein Glaube und dein Gewissen nicht ermahnen?‹ Da antwortete ich: ›Bei Allāh! Wir sehen ja nur die Sterne über uns, niemand ist da, der uns sehen könnte!‹ Darauf erwiderte sie: ›Oh weh! Aber wo ist der, der die Sterne geschaffen hat?‹ Da entschuldigte ich mich mit den Worten: ›Nein, ich habe ja nur gescherzt!‹« Und Ibn al-Ǧauziyya erzählte die ähnliche Geschichte von einem Beduinen, der eine junge Frau begehrte. Als dieser gefragt worden sei: »Was würdest du machen, wenn du dich ihrer bemächtigen könntest, da euch keiner – außer Allāh – sieht?«, habe er geantwortet: »In diesem Falle würde ich Allāh nicht in die peinliche Lage versetzen, Zuschauer einer schändlichen Tat zu werden. Vielmehr würde ich mit ihr das tun, was ich auch im Beisein ihrer Verwandten täte.«[286]

Bei den Mbowamb und benachbarten Hagenberg-Stämmen im Inneren Neuguineas war man der Auffassung, daß von den anderen unbemerkte und deshalb ungesühnte Schandtaten von einem Geistwesen namens *mi* geahndet werden, dem keine Heimlichkeit verborgen bleibe, und es hieß, dies sei der Grund, warum die Menschen selbst dann

Scham (*pipidl*) empfänden, wenn sie sicher seien, daß kein anderer ihnen jemals auf die Schliche käme.[287] Da bei den Gonja und anderen westafrikanischen Stämmen Eltern diejenigen ihrer Kinder, die sie nicht respektierten, aus Schwäche oder zu großer Liberalität für gewöhnlich nicht verfluchten, taten dies stellvertretend die Ahnen, »denn die Geister schauen in das Herz eines jeden, der von seinem Kind beleidigt wurde, und sie sehen dort, wie das Kind ihn unglücklich gemacht hat, womit sie nicht einverstanden sind«.[288] Und den Initianden der Yámana im Feuerland sagte man schließlich: »Bilde dir nicht ein, daß du bei Verfehlungen mit heiler Haut davonkommen wirst. Watauinéiwa (der Große Geist) selbst beobachtet dich!«[289]

Wie bei den alten Griechen förderte ein solches Bewußtsein auch in anderen Gesellschaften die allgemeine Körperscham. So sagten Gujarātifrauen meinem Freund Eli Franco, daß sie beim Sich-Waschen und Baden auch dann nicht Brüste und Unterleib entblößten, wenn sie alleine seien, weil sie dann allemal ein Mann, nämlich der Wassergott Varuna, betrachten könne[290], und im Jahre 1878 schrieb die Engländerin Isabella Bird: »Neulich nahm eine Japanerin in Sarufuto eine Ainu-Frau in ihr Haus und drang darauf, daß sie ein Bad nähme. Sie weigerte sich aber so lange, bis man das Badehaus vollständig durch Wandschirme abgeschlossen hatte. Als die japanische Frau später hinging, um nach ihr zu sehen, fand sie sie angekleidet im Wasser sitzen, indem sie erklärte, die Götter würden erzürnt sein, wenn sie sich ihnen nackt zeigte.«[291]

Nun mag man das Zugeständnis machen, daß die Scham vor Gott oder den Göttern, die alles sehen[292], wohl eine Etappe auf dem Weg zur Internalisierung der Scham sei, aber eben nur eine Etappe. Denn im Grunde sei es ziemlich unerheblich, ob die Untaten eines Menschen von seinen Nachbarn oder von einer mehr oder weniger übernatürlichen Person registriert würden. Erst das Vernehmen einer »inneren Stimme«, des Gewissens, sei ein Indiz dafür, daß die strafenden Instanzen vollkommen verinnerlicht seien[293], und eine solche Verinnerlichung sei eben das Ergebnis des Zivilisationsprozesses der letzten Jahrhunderte in der westlichen Welt.

Daß ein Mensch erst dann wahrhaft anständig ist, wenn ihm der Anstand »in Fleisch und Blut« übergegangen, zu seinem Wesen geworden ist, haben indessen die Tugendlehrer zu allen Zeiten und in allen Gesellschaften betont. »Wenn man versucht«, so lehrte etwa Konfuzius, »ein Volk mit Gewalt, mit Hilfe von Strafen und politischer Herrschaft zu einen, dann denkt dieses Volk lediglich daran, durch die Maschen des Gesetzes zu schlüpfen, ohne sich wegen seiner schlechten Taten zu schämen. Wenn man jedoch das Volk mit Moralität und Anstand leitet, werden die Menschen sich selber wegen ihrer schlechten Taten schämen und sich auf selbstverständliche Weise richtig benehmen.«[294] Und im 12. Jahrhundert erklärte Yüan Ts'i, man könne sein Gewissen nie betrügen, wohl aber die anderen Menschen. Das, was diese »die Götter« nennen, sei aber im Grunde das Gewissen, das unsere Handlungen leite. Deshalb solle jeder nur das tun, »von dem du in deinem Herzen weißt, daß es richtig ist«, doch der Wandel der Gesellschaft lasse immer mehr Menschen äußerlich und gewissenlos werden: »Wenn heute jemand etwas Schlechtes tut, und durch Zufall entdeckt es niemand, dann bleibt der Betreffende entspannt und selbstzufrieden und fürchtet nichts.«[295]

Auch die scheinbar so primitiven Yahgan, die man einst für die letzten Urmenschen und später für die Nachkommen in Südamerika gestrandeter australischer Aborigines hielt, betrachteten die modernen Argentinier und Chilenen als »außengesteuerte« und »fremdbestimmte« Kulturlose: »Ja, wir sind eigentlich besser als die Weißen, denn die tun doch nur, was sie sollen, wenn die Polizei dahintersteht; ist diese aber nicht da, dann tun sie, was sie wollen!« Bei den benachbarten Yámana sagte man den jungen Initianden, sie würden bei Verfehlungen nicht von den anderen zur Rechenschaft gezogen werden, denn sie wüchsen zu selbständigen und verantwortlichen Individuen heran, die ihr eigener Richter seien: »Einer, der nach seiner Tat wegläuft, kommt mit sich nicht zur Ruhe; sogar in seiner eigenen Hütte fühlt er sich nicht mehr wohl!«296 Als ein !Kung-Buschmann gefragt wurde, an welcher moralischen Instanz er sich bei seinen Handlungen orientiere, erwiderte er: »Das sagt mir die Stimme des Herzens. Aber diese Stimme ist das Sprechen des //gaua. Während des ganzen Lebens eines jeden Menschen spricht zu ihm diese Stimme, niemand kann sie überhören; denn sie macht sich voll vernehmbar.«297 Auch bei den Banyarwanda hatte das Gewissen, kamera, seinen Sitz im Herzen, und es sprach zu einem Täter dann besonders deutlich, wenn nicht die geringste Möglichkeit bestand, daß die Untat ruchbar wurde.298

Haben indessen nicht Ruth Benedict und nach ihr viele andere Ethnologen und Soziologen behauptet, die traditionelle japanische Gesellschaft sei ein Musterbeispiel dafür, daß die Menschen in vormodernen Gemeinschaften noch keine Selbstkontrolle, kein »Gewissen« ausgebildet hätten, sondern ihr Verhalten lediglich von dem der anderen abhängig machten?299 Freilich weiß man schon seit langem, daß die traditionellen Japaner nicht nur dann Selbstmord begingen, wenn sie vor den anderen ihr Gesicht verloren, vielmehr auch in solchen Fällen, in denen sie sich vor sich selber schämten, oder daß sie aus Schuldgefühlen gegenüber ihren Eltern ihrem Leben ein Ende setzten, und zwar aufgrund von Handlungen oder Vergehen, von denen sie wußten, daß sie nie ans Tageslicht kommen würden.300 Und entsprechend unterschied man begrifflich zwischen *kōchi*, der Scham vor den anderen, und *shichi*, der Scham vor sich selber, sowie zwischen *tatemae*, der Anpassung an das Verhalten der anderen, und *honne*, dem Hören auf die »innere Stimme«.301

Ein anständiges Cheyenne-Mädchen faßte nicht einmal ihre nackten Brüste oder Genitalien an, wenn sie ganz alleine war302, und die aus Malabar stammenden Frauen auf der Insel

Réunion im Indischen Ozean zogen sich selbst dann nicht nackt aus, wenn außer ihnen kein einziger Mensch zugegen war. Eine junge Dorfbewohnerin im indischen Mutterland bestätigte: »We don't go around the house undressed, as girls in America do. It is not a question of ›not being allowed‹. We just don't because it is not acceptable.«[303] Ein in Kairo lebendes Mädchen aus sudanesisch-marokkanischer Familie sagte schließlich: »Ich habe Freunde, und das sind Ausländer, für sie ist es ganz einfach, daß sie ausgeht und ihren Freund küßt. Aber wir fühlen, es ist fremd, denn wir können das nicht tun, oder selbst wenn wir es tun wollten, wir können es einfach nicht, weißt du! *Selbst wenn unsere Eltern nicht dabei sind, wir können es einfach nicht.*«[304]

Die »innere Stimme«, das Gewissen, verbietet es, das »Herz«, wie die Balinesen sagen, und nicht das »Gesicht«, das man vor den anderen hat.[305] Vor ihrem »Herzen« fürchteten sich schon die alten Ägypter, weil es sich alles merkte, was ihm widerfuhr, und beim Totengericht gegen seinen Herrn aussagte, dem dann alle Ausreden und Lügen nichts nützten.[306] Die Angst vor dieser unbestechlichen Stimme trieb auch die Menschen im Mittelalter um, denn es hieß, daß in der Hölle neben körperlichen Schmerzen die Gewissenspein unausweichlich war. So predigte Richard Alkerton im Jahre 1406 in London über das Schicksal der unkeuschen Frauen nach ihrem Tode: »Venemous wormes and naddris shul gnawe alle here membris withouten seessyng, and the worm of conscience, that is grutching in her conscience, shal gnawe the soule!«[307]

Im 14. Jahrhundert beging die junge Engländerin Margery Kempe eine »geheime Sünde«, von der niemand außer ihr etwas wußte und von der bis heute keiner erfahren hat, worin sie bestand, die aber nichtsdestotrotz, wie sie über sich selber in der dritten Person schrieb, »über Jahre hin schwer auf ihr lastete und sie mit Grauen und Gewissensbissen erfüllte, welche sie weder durch Buße noch Almosen oder gute Taten zu beruhigen vermochte«.[308]

Dementsprechend hatte bereits im 12. Jahrhundert die berühmte Héloïse bekannt: »Die Leute loben meine Keuschheit, aber sie wissen nicht, daß ich eine Heuchlerin bin. Sie halten mich für tugendhaft, weil ich die Reinheit meines Körpers bewahre; doch Tugend ist etwas, das die Seele und nicht den Körper betrifft. Auch wenn die Menschen mich loben können, so habe ich vor Gott hingegen kein Verdienst, denn er sieht in unseren Herzen auch das, was die anderen nicht wahrzunehmen vermögen.«[309]

Wie Adam von Bremen berichtete, hatte schon im 9. Jahrhundert der hl. Ansgar, der die Wikinger missionierte, den Nonnen vorgeworfen, sie seien zwar äußerlich Jungfrauen, doch viele von ihnen seien in ihrem Inneren Huren, und in gleichem Sinne verurteilte dreihundert Jahre später der Zisterzienser Ælred von Rielvaux die Einsiedlerin, die denke, es genüge, wie es in einer späteren Übersetzung heißt, »to shutte her body betwene too walles«, während das, was in ihrem Herzen vorgehe, ihre Zelle in einen Puff verwandle.[310] Solche Sünderinnen waren nach Berthold von Regensburg all die Jungfrauen, die dem Teufel lieb sind: »daz sint die sich maget ûzen zeigent und gebârent vor den liuten sam [= wie wenn] sie reine meide sîn und tuont in der heimelîchen als unreiniu dinc und als heimelîchiu dinc, daz ich sîn niht gesagen tar und halt unmügelichen ze sagen wære«.[311]

Nicht auf das »äußere« Verhalten, die reine Normkonformität kam es also an, auf das, was die anderen Menschen erkennen, gutheißen oder verwerfen konnten, sondern auf die »innere« Einstellung, die letztlich nur der Einzelne selber kannte. So ließ schon Seneca einen Redner auftreten, der einer Vestalin vorwirft, sie beneide im Grunde alle gewöhnlichen Frauen, weil es »süß« sei, »zu heiraten«, denn »unkeusch ist auch ohne Unzucht die, die Unzucht begehrt«, und Ælfric zufolge sagte die hl. Lucia zu ihrem Vergewaltiger, er könne zwar ihren Körper schänden, nicht aber sie selber.[312] Bereits in den frühmittelalterlichen Bußbüchern wurden die Strafen für Ehebruch und andere Unzuchtstaten, die man nur *in Gedanken* begangen hatte, aufgeführt[313], und in dem um 1474 verfaßten Sittenspiegel des Albrecht v. Eyb heißt es: »Also ist es mit vnkeüschen vnd pößen gedancken/ so sy innwendig werden enpfangen vnd generet/so verwunden sy vnd töten mit jrem schlangischen gyfft die seel des menschen.«[314]

Nun waren zwar derartige Vorstellungen nicht nur bei antiken Philosophen, Bußpredigern und Autoren von Sittenspiegeln und Benimmbüchern verbreitet, sondern gerade in »einfachen« Gesellschaften, in denen man häufig der Auffassung war, »Gedankenverbrechen« gefährdeten die soziale Harmonie, etwa bei den Kaka im Süden Kameruns, wo ein Mann an den Koitus mit einer klassifikatorischen Mutter nicht einmal denken durfte.[315] Doch wurden im Mittelalter die Spitzenleistungen an Internalisierung allemal von geistlichen Personen erbracht. Wenn im 5. Jahrhundert der Abt Johannes Cassianus meinte, ein Mönch sei erst dann wirklich keusch, wenn er »selbst im Schlafe nicht durch verführerische Vorstellungen von Weibern betrogen wird«, dann kam dem in der Tat der Florentiner Mönch Filippo Neri sehr nahe, der die Regeln der Keuschheit so stark verinnerlicht hatte, daß ihn nicht einmal mehr nächtliche Samenergüsse peinigten. Und dem im 12. Jahrhundert lebenden Bischof von Lincoln wurde nachgesagt, er habe die entblößten Brüste der jungen Nonnen betastet, um zu prüfen, ob die Frauen sexuell erregt würden, was nämlich bedeutet hätte, daß sie nicht wirklich, »in ihrem Inneren« keusch gewesen wären.[316] Zwar wandten sich nicht wenige Sittenlehren von den Vorteilen einer stabilen *Selbst*kontrolle generell an Kinder, »die noch nicht gewissen hant«[317], doch waren die meisten an künftige Herren und Fürsten gerichtet. So legte im Jahre 1275 Jacobus de Cessolis dem jungen König ans Herz, sich stets zu vergegenwärtigen, daß es nicht rechtens sei, über andere zu herrschen, wenn man sich nicht selbst beherrschen könne (»Iniustum quippe est ut aliis imperare velis, cum tibi imperare non possis«), und in der ersten Hälfte des 14. Jahrhunderts schrieb Johann v. Viktring in seinem *Liber certarum historiarum*, daß der, welcher sich zu beherrschen wisse, viele beherrschen werde (»si te ipsum rexeris, multos reges«).[318]

Wenn freilich beispielsweise Annibale Pocaterra im Cinquecento verlautete, die Scham, die man empfinde, solle »innerlich statt äußerlich« (*interna, che apparente*) sein, d. h. unabhängig von der Meinung der Menge (*multitudine*), dann hatte er vornehmlich das männliche Geschlecht im Visier[319]; denn wie es in dem spätmittelalterlichen Dialog *Dives et pauper* heißt: Während die Frauen ihrem Wesen nach eher außengeleitet und fremdbestimmt sind, verfügen die Männer in ungleich höherem Maße über die Fähigkeit, für sich selber Verantwortung zu übernehmen. Deshalb sei es auch schlimmer, wenn ein Mann seine Frau betrüge als umgekehrt, da die Frauen eben zur Selbstkontrolle weitaus weniger in der Lage seien als die Männer.[320]

Die Zivilisationstheoretiker im Gefolge von Elias werden möglicherweise zu dem Eingeständnis bereit sein, daß die Menschen des Mittelalters durchaus den Unterschied zwischen einer rein »äußerlichen« Befolgung von Normen und deren »Verinnerlichung« gekannt haben. Aber sie werden darauf bestehen, daß es im 16. Jahrhundert starke Zivilisierungsschübe gegeben habe, die zu einer progressiven Internalisierung jener Normen geführt hätten.

Freilich scheint kaum etwas dafür zu sprechen, daß ein solcher stetiger »Verinnerlichungsprozeß« im Verlaufe der Modernisierung der Gesellschaft wirklich stattgefunden hat. So ist man weithin der Auffassung, daß die Abschaffung der Schandstrafen, also der zunehmende Verzicht auf eine öffentliche Demütigung »gefallener« junger Mädchen im 18. Jahrhundert, in beträchtlichem Maße zur Verbreitung des vorehelichen Geschlechtsverkehrs beigetragen hat[321], was bedeutet, daß die diesbezüglichen Keuschheitsnormen nicht allzu tief internalisiert sein konnten.[322] Was wiederum konservative Denker wie den englischen Politiker Edmund Burke generell daran zweifeln ließ, daß die Menschen jener Zeit zu besonderen Internalisierungsleistungen in der Lage waren: »Society cannot exist unless a controlling power upon will and appetite be placed somewhere, and the less of it there is *within*, the more there must be without.«[323]

Wir erinnern uns an die im Brustton der Überzeugung vorgetragene Behauptung, es sei typisch für die Angehörigen der »traditionellen Gesellschaften«, daß es bei ihnen sehr leicht zu unkontrollierten »Triebentladungen« kommen könne, sobald »die soziale Kontrolle lückenhaft« geworden sei. Im Gegensatz zu diesen Menschen seien wir Westeuropäer oder Amerikaner die Produkte eines langwierigen Zivilisationsprozesses, die aufgrund einer weitgehenden Internalisierung dieser Kontrolle einer Überwachung unseres Verhaltens durch die anderen nicht mehr oder in wesentlich geringerem Maße bedürften.

Verhält es sich aber wirklich so? Nach einer repräsentativen anonymen Umfrage gaben 30 % der amerikanischen Männer an, sie würden eine Frau vergewaltigen, wenn es sicher wäre, daß sie anschließend nicht gefaßt würden, und jeder zehnte gab an, daß er dieses Verbrechen beginge, wenn eine 60%ige Wahrscheinlichkeit bestehe, die im übrigen der tatsächlichen entspricht, daß er ungeschoren davonkäme. Eine andere Umfrage ergab, daß 35 % der US-Studenten zu dieser Tat bereit wären, wenn die Garantie bestünde, daß nie jemand davon erfahren würde.[324]

Als im Verlaufe der »riots« vom März 1992 in Los Angeles jegliche Form der »sozialen Kontrolle« zusammenbrach und auch die Staatsmacht die Segel streichen mußte, wiederholten sich die Ereignisse, die sich bereits während des totalen Stromausfalls im Sommer 1977 in New York abgespielt hatten:[325] Menschen jeden Alters und jeder Hautfarbe räumten unter den Augen der machtlosen Polizei Block für Block ganze Ladenzeilen aus und schlugen die Besitzer, wenn diese ihre Waren und Einrichtungsgegenstände verteidigen wollten, erbarmungslos nieder.[326] Aber auch über viele von der heimischen Sozialkontrolle befreite westliche Touristen wird nicht selten berichtet, daß sie sich in Ländern der »Dritten Welt« so verhielten, als wollten sie das bekannte japanische Sprichwort exemplifizieren, das da lautet »Der Reisende kennt keine Scham«: »Bei Reisenden« aus dem Westen »wurde oft beobachtet, daß sie dazu neigten, in Bangkok oder in Manila Dinge zu tun, die sie in ihrer eigenen Heimatstadt niemals auch nur in Erwägung ziehen würden.«[327]

Aber zeigt es sich nicht doch, so mag man fragen, daß die Menschen im Mittelalter und in der frühen Neuzeit eine ganz andere, »kindlichere« Affektstruktur hatten, wenn man bedenkt, wie sie sich damals an Grausamkeiten, an der Qual und dem Leid von Verbrechern, Feinden oder Schwachen ergötzen konnten? Und hat nicht Norbert Elias darauf hingewiesen, daß beispielsweise die öffentlichen Hinrichtungen der damaligen Zeit für die Zuschauer »ein Sonntagsvergnügen«[328] oder der Ausdruck eines »kollektiven Sadismus«[329] gewesen sind?

Daß die Menschen dieser Epoche der Vollstreckung von Todesurteilen mit sadistischer Freude oder mit Vergnügen beigewohnt haben, ist freilich weder von Elias noch von jemand anderem belegt, sondern lediglich *behauptet* worden, und es scheint keinerlei Hinweise darauf zu geben, wonach diese Behauptung auf einen nennenswerten Teil der Zuschauer zugetroffen hätte. Bereits Voltaire, Marivaux und andere Schriftsteller des 18. Jahrhunderts haben zwar eingeräumt, daß solche Vollstreckungen der Todesstrafe in einer Zeit, in der verhältnismäßig wenig »los war«, für große Teile der Bevölkerung Ereignisse darstellten, die sie aus dem Einerlei des mehr oder weniger tristen Alltags herausrissen, aber daß dies keineswegs bedeutete, sie hätten sich am Leid und an der Todesangst der Delinquenten ergötzt.[330] So ist z.B. überliefert, daß sich den Zuschauern, die nicht wegschauten oder die sich nicht abwendeten, häufig der Magen umdrehte, daß sie zutiefst schockiert waren und bisweilen ein Jahr und noch länger von Angstträumen verfolgt wurden oder daß sie hernach Umwege in Kauf nahmen, um nicht die zur Abschreckung am Galgen baumelnden Leichen sehen zu müssen, vor denen sie sich ekelten und fürchteten.[331] Und man weiß auch, daß die Menge nicht selten ein tiefes Mitgefühl für den Todgeweihten empfand, mit ihm litt und weinte, so daß gelegentlich sogar den Fürsten empfohlen wurde, auf ihren Territorien möglichst selten und ohne allzu große Grausamkeit zu richten sowie nicht persönlich bei der Vollstreckung der Strafe anwesend zu sein, weil sonst die Gefahr bestünde, daß das Volk noch mehr Mitleid mit dem Täter und Haß auf die Autoritäten an den Tag legte.[332]

Von entscheidender Bedeutung aber ist, daß die Delinquenten nicht aus einer Unbeherrschtheit, aus wild auflodferndem Haß oder einer Lust an der Grausamkeit ums Leben gebracht wurden, sondern weil man das Volk vor erneuten Untaten des Verbrechers schützen[333] und auf diese Weise das Volk moralisch erziehen sowie potentielle Täter abschrecken wollte.[334] Die Grausamkeit (»crudeltà«) an sich, so Machiavelli, sei zwar schlecht, aber dieses Schlechte, »bene usate«, bisweilen notwendig, um die öffentliche Ordnung aufrechtzuerhalten[335], so wie die Sündhaftigkeit der Prostitution zwar außer Frage stehe, man jedoch der öffentlichen Huren bedürfe, um noch schlimmere Sünden zu verhindern. Vor allem von der abschreckenden Wirkung harter Strafen war man im Mittelalter durchweg überzeugt, und im Jahre 1716 schrieb William Hawkins, im Mittelalter habe ein Vergewaltiger noch mit seinem Kopf gebüßt, im Zeitalter Henry de Bractons sei er nach der *lex talionis* bestraft worden, d.h., er habe mit Augen und Hoden bezahlt[336], und in späterer Zeit sei er mit zwei Jahren Kerker und einer Geldstrafe davongekommen: »But the smallness of the Punishment proving a great Encouragement to the Offence, it was made Felony [= Schwerverbrechen] again.«[337] Aber bald kam man in England zur Überzeugung, daß auch dies nichts mehr nütze, argumentierte man doch jetzt *gegen* das öffentliche Hängen dahingehend, diese Bestrafung habe im Gegensatz zu den vergangenen Zeiten ihre abschreckende Wirkung völlig verloren. Derartige Spektakel führten lediglich zu unübersehbaren Aufläufen, welche die Ordnung störten, und kein Mensch fühle mehr Schrecken oder »awe«, wenn er einen armen Sünder am Holze baumeln sehe.[338]

Wenn also ein erboster Kritiker geltend macht, ich verschwendete »keinen Gedanken an die Tatsache, daß die Körperstrafen in Westeuropa« inzwischen allenthalben verschwunden seien, was doch wohl beweise, daß ein Zivilisationsprozeß im Sinne von Elias stattgefunden habe[339], so ist demgegenüber festzuhalten, daß es nicht eine forcierte Zivilisierung im Sinne einer zunehmenden Selbstbeherrschung war, die der Hinrichtungspraxis ein Ende bereitete, sondern die Überzeugung, öffentlich vollzogene Todesstrafen seien keine moralischen Veranstaltungen mehr.

Je mehr die Gesellschaft ihren Gemeinschaftscharakter verlor, um so mehr traten auch zwei andere Momente der Bestrafungen in den Hintergrund, nämlich das der Öffentlichkeit und das der Beschämung. Im Mittelalter und in der frühen Neuzeit war die Anwesenheit des Volkes bei der Hinrichtung und bei Körperstrafen deshalb erforderlich, weil das Volk *Zeuge* des Vollzuges sein mußte: Nur dann war die Vollstreckung des Urteils legitim, ohne die Gegenwart des Publikums wäre sie Mord gewesen. Noch um die Mitte des 19. Jahrhunderts, als es darum ging, ob öffentliche Hinrichtungen abgeschafft werden sollten, erinnerte ein britischer Parlamentarier seine Kollegen: »It had long been the wise practice of this country for centuries to make people feel that the law was an expression of their own judgement and will«, und ein anderer meinte, daß »the poor man *had the right* to be hanged in public«.[340] Durch das Urteil des Richters und die Hand des Nachrichters bestrafte das Volk den Missetäter selber, und je mehr es mit dem Vollzug der Strafe verbunden war, um so deutlicher kam ihm zu Bewußtsein, daß die Bestrafung seine eigene Sache war.

Aber auch die Tatsache, daß die Strafen den Täter immer weniger beschämen sollten, das Zurücktreten oder gar die Abschaffung von Schandstrafen sollte man nicht vorschnell als ein weiteres Indiz für einen Zivilisationsprozeß im Sinne von Elias betrachten. Denn grob und überspitzt gesagt, wurden die Schandstrafen deshalb abgeschafft, weil es im Verlaufe der Modernisierung der Gesellschaft, d. h. der Auflösung von Gemeinschaft, immer weniger Schande *gab*. Schämte man sich doch in viel geringerem Maße vor Leuten, mit denen man nicht durch ein engmaschiges Netz von gegenseitigen Hilfeleistungen und Abhängigkeiten verbunden war, weswegen durchweg in agrarischen Gegenden Körper- und Schandstrafen viel länger beibehalten wurden als in urbanen und industrialisierten Zentren des Nordens Europas und Nordamerikas.[341] Auch die *Härte* der Bestrafung entsprach dem Grade der persönlichen Betroffenheit der Menschen, und diese wird in einer verhältnismäßig kleinen Gesellschaft, in der die persönlichen Beziehungen die unpersönlichen an Bedeutung überwogen, größer gewesen sein als in einer modernen, anonymen Großgesellschaft. Wenn also beispielsweise islamische Rechtsgelehrte die Meinung vertreten, daß die westliche »Liberalität« bei der Bestrafung von Verbrechern ein Ausdruck gesellschaftlicher Indifferenz und damit einer mangelhaften Zivilität sei[342], so liegt dem die Erkenntnis zugrunde, daß die größere Toleranz der modernen westlichen Menschen auch ein Indiz für zwischenmenschliches Desinteresse und Laisser-faire ist.

Entgegen der Behauptung von Elias und seinen Anhängern läßt sich zudem feststellen, daß die Hinrichtung als »Sonntagsvergnügen«, als *Erlebnis*veranstaltung mit Volksfestcharakter, die eher einen Unterhaltungswert hatte, als daß sie das Publikum moralisch wachrüttelte und zur Besinnung brachte, viel mehr eine Erscheinung der Neuzeit, des 18. und sogar des 19. Jahrhunderts war als des Mittelalters. Nahm man in dieser Zeit z. B. weithin Rücksicht auf die zarten Seelen von Frauen und Kindern wie in der Reichsstadt

Schwäbisch Hall, wo der Rat im Jahre 1480 ein Dekret erließ, in dem er bei Strafe zu Wissen gab, »wann man nun hinfuro in ir statt lewt vom lebn zum tod bringen oder die an iren leybern straffen wöll, das dhain fraw oder tochter, jung, alt, reych oder arm, zusehen noch furlauffen oder furdringen sollen«[343], so findet man eine derartige Sensibilität im Barockzeitalter und auch später nur noch sehr selten. Als beispielsweise im Jahre 1757 Jean-François Damiens, der Ludwig XV. mit einem Messer leicht am Hals verletzt hatte, in aller Öffentlichkeit und splitternackt gevierteilt wurde, nachdem man unvorstellbare Grausamkeiten an ihm verübt hatte, zahlten die adeligen Damen und Herren Höchstpreise für gute Sitzplätze, auf denen sie jedes Detail der blutigen Veranstaltung genauestens mitbekommen konnten.[344] Im Sommer 1775 war der Engländer Joseph Palmer, der Zeuge wurde, wie ein Mann auf der Place du Martroi in Orléans gerädert wurde, »surprised to see a multitude of young girls« in der Menge, »flocking to see the exposition, as if they expected a feu d'artifice«. Die Häuser um den Platz »were crowded at the windows, with spectators of all ranks, of all denominations«, die begierig auf das blutige Schauspiel warteten. Zwar fühlte sich der Engländer nicht ganz wohl in seiner Haut[345], doch ging es in seiner Heimat bei solchen Gelegenheiten nicht anders zu, wie aus der Beschreibung des öffentlichen Ausweidens eines gehängten Straßenräubers im Jahre 1752 hervorgeht: »Then the Assistant cuts down the Highway Man and they lay him on the floor and take off his clothes; at which more screeches from the Lady aforesaid and a gentleman with her to Apply Smelling Salts; and the Hangman shaves the Highway Man's Head and then he and the Assistant disembowel him, and shove him into the Cauldron of tar; then they fix the Irons round him, and so swing him once more to the Gibbet, where they leave him to dry in the wind as a warning to all such Malefactors.«[346]

Aus den schriftlichen Quellen sowie zeitgenössischen bildlichen Darstellungen geht hervor, daß in der zweiten Hälfte des 17. und im 18. Jahrhundert männliche Missetäter meist splitternackt vor den Augen des Publikums, das auch aus Frauen und jungen Mädchen bestand, gerädert wurden, und sogar einer Frau wurden in aller Öffentlichkeit »ir beede brüst mit glüeenden zangen herausgerissen«, als man sie »auff die richtstatt geführt«[347], Handlungen, die in den Zeiten davor kaum vorkamen. So bezeichnete es im Jahre 1548 Graf Wolrad von Waldeck noch als »der ganzen Sitte Deutschlands und dem Gesetz der Scham zuwider«, als marodierende spanische Soldaten drei Männer, die sich gegen sie zur Wehr gesetzt hatten, vor den Toren der Stadt Monheim so aufs Rad geflochten hatten, daß deren Unterhosen »kaum ihre Scham bedeckten«[348], und ein paar Jahre später befahl in Nördlingen die Obrigkeit dem Henker, er solle »die armen Weibspersonen«, die vor dem Gang zum Scheiterhaufen am Rathaus zur Schau gestellt wurden, dort »nicht allzu sehr entblößen«.[349] »Wegen das er spott im Malefiz Recht thon« warf man dementsprechend um dieselbe Zeit den Münchner Scharfrichter in den Turm, weil er einem am Galgen hängenden Augsburger Weber die Kleidung bis aufs Hemd abgezogen hatte, obwohl noch Schaulustige um das Hochgericht standen[350], und von einer extrem peinlichen Situation berichtete Heinrich Bebel in seinen *Facetien*, die immer wieder bei leicht bekleideten Männern auftreten konnte, die an einem

12 ›Die Strafe des Räderns‹. ›Codex statutorum‹, 1348.

Aste oder Galgen hingen: Als nämlich während eines Passionsspieles Maria Magdalena an den am Kreuze hängenden und nur mit einem Lendenschurz bekleideten Jesusdarsteller herangetreten sei, habe der Mann eine für alle sichtbare Erektion bekommen (»coepit ei virga virilis erigi videntibus circumstantibus omnibus«).[351] Waren in jener Zeit eine Erektion oder auch nur die entblößten Genitalien eines Gerichteten eine unerträgliche Schamlosigkeit, so wurde z. B. in England im 18. Jahrhundert den wegen Hochverrats am Galgen baumelnden Männern bei noch vollem Bewußtsein vor den Augen eines gaffenden Publikums Penis und Hoden abgeschnitten.[352]

Nun mag man sich vielleicht gerade noch vorstellen können, daß die Menschen im verklingenden Ancien régime, um die Mitte des 18. Jahrhunderts, derartige Grausamkeiten mit Angstlust genießen konnten, aber man wird sagen, daß dem züchtigen und zivilen 19. Jahrhundert Exzesse dieser Art durch und durch fremd gewesen sein müssen. Doch mehr noch als im Jahrhundert zuvor war man gerade in dieser Epoche der Überzeugung, daß öffentliche Hinrichtungen keinerlei abschreckende oder erzieherische Wirkung mehr hatten, sondern zu Volksbelustigungen und Sensationsveranstaltungen herabgesunken waren. Zur Hinrichtung der mehrfachen Giftmörderin Gesche Gottfried im Jahre 1831 in Bremen strömten 35 000 erlebnishungrige Zuschauer herbei, und an anderen Orten war es ebenso; immer häufiger ergötzten sich die Leute an dem Schauspiel, kam es zu Ausschreitungen oder dazu, daß die Missetäter sich im Angesicht des Todes über die ganze Prozedur lustig machten, die Menge mit Zoten und Witzen unterhielten oder Richter, Pfarrer und Henker beschimpften und beleidigten. So daß schließlich Friedrich Karl v. Savigny und der Justizminister Karl v. Uhden dem preußischen König in einem Memorandum vom Jahre 1847 darlegten, derartige Vollstreckungen der Todesstrafe seien nur mehr eine Gaudi, die dem Volke die Gelegenheit biete, über die Stränge zu schlagen.[353]

Auch im viktorianischen England war das öffentliche Hängen das beliebteste Volksfest, und die Zuschauer schlossen vorher Wetten darüber ab, ob z.B. der Kopf des Delinquenten nach Eintritt des Todes nach links oder nach rechts hinge, wie lange sein Körper am Seil zucken oder wie oft er bei seiner letzten Rede stottern würde. Bereits drei Stunden vor der üblichen Hinrichtungszeit, also um sechs Uhr morgens, waren alle guten Plätze besetzt, und wer aufgrund seiner Arbeit nicht kommen konnte, hatte hinterher die Gelegenheit, in billigen Flugschriften auch die kleinsten Einzelheiten des Geschehens nachzulesen. Als im Mai 1868 die letzte öffentliche Hinrichtung stattfand, war die große Mehrheit des Publikums enttäuscht, in Zukunft auf dieses Vergnügen verzichten zu müssen, und die Zuschauer standen auf dem Platz vor dem Newgate-Gefängnis so dicht, daß neunzehn Personen erstickt und totgetrampelt wurden.[354] Und als im Jahre 1878 im Staate New York ein Mörder unter Ausschluß der Öffentlichkeit vom Leben zum Tode befördert werden sollte, kamen trotzdem etwa 15 000 Schaulustige, etwa zur Hälfte Frauen und Mädchen, zum Teil in zwei

13 Öffentliche Hinrichtung in den USA, 1936.

14 Lynchjustiz in Marion, Indiana, 1930.

langen Sonderzügen. In der Nähe der Hinrichtungsstätte befand sich ein Haus, von dessen Dach aus man die Szenerie gut überblicken konnte, und der Besitzer hatte jeden Quadratzentimeter davon vermietet. Die ganze Umgebung »was blackened with people. Stands had been erected for the sale of sandwiches, gingerbread, chewing gum and ginger-pop [= Limonade mit Ingwergeschmack]. Hundreds of boys were dodging among the multitude crying out copies of the ›Confession‹«, und am nächsten Tag informierte die örtliche Zeitung über jedes Detail des Geschehens, das Stöhnen des Sterbenden, die einzelnen Zuckungen des Körpers und die genauen Ergebnisse der Pulsmessungen.[355]

Auch wenn also in dieser Zeit die Todesstrafe nicht mehr in aller Öffentlichkeit vollstreckt wurde, scheint sich die »Affektstruktur« der Menschen nicht dahingehend verändert zu haben, daß sie keine Schaulust mehr auf derartige Ereignisse empfunden hätten. So wurden beispielsweise zwischen 1925 und 1950 in den USA ungefähr 2500 Schwarze öffentlich gelyncht und kastriert, wobei diese Spektakel

»before the fascinated gaze of white men, women and children« in Szene gesetzt wurden (Abb. 14). Wie aus zahlreichen Berichten hervorgeht, waren besonders die Frauen und jungen Mädchen darauf erpicht, dabei zuzusehen, wie die schwarzen Männer nackt ausgezogen, sexuell mißhandelt, wie ihnen die Geschlechtsteile abgeschnitten und wie sie schließlich ermordet wurden. Als nach einem solchen Lynchmord in Mississippi einige Pressekommentatoren die Beteiligung von Frauen bedauerten, schrieb eine Mrs. Emily P. Shaw in einem Leserbrief an die *Evening Post*: »The day has passed when a woman, ›to be a lady‹, must stay behind closed doors. There are times when she should come forth and she is none the less a lady for doing so.«[356] Mit großer Faszination verfolgte im nationalsozialistischen Deutschland die Menge immer wieder das Schauspiel, daß einer »Rassenschänderin« auf dem Marktplatz der Kopf kahlgeschoren wurde[357], und in Frankreich war im Jahre 1944 das Publikum sogar noch begeisterter, wenn das gleiche Frauen widerfuhr, die sich während der Besatzungszeit mit deutschen Soldaten eingelassen hatten (Abb. 15).[358]

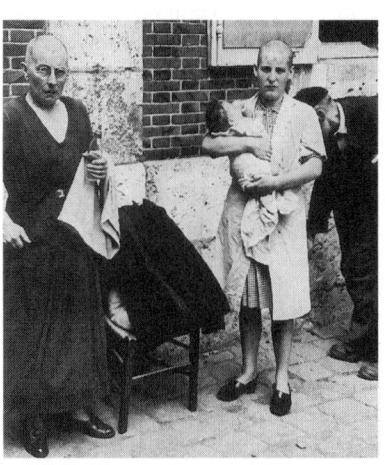

15 Robert Capa: ›Chartres, 18. August 1944‹.

Verhalten sich heute, nach mehr als einem halben Jahrhundert, die Westeuropäer oder die Amerikaner anders? In Kalifornien bemüht sich seit längerer Zeit eine Fernsehgesellschaft um das Recht, Hinrichtungen live übertragen zu dürfen[359], wobei nach Expertenmeinung die Todesstrafe in den heutigen USA keineswegs weniger grausam vollstreckt wird als vor dreihundert Jahren in Frankreich oder in England[360], und mehrere amerikanische Sender übertrugen tatsächlich live, wie ein mutmaßlicher Raubmörder nach einer wilden Verfolgungsjagd von der Polizei gestellt und erschossen wurde.[361] Auch die Plünderungen und Ausschreitungen der bereits erwähnten »L. A.-riots« wurden einem Millionenpublikum von CNN direkt übertragen, doch sind solche Sendungen immer mehr Zuschauern nicht »authentisch« genug: An die Orte schwerer Unfälle und Katastrophen, wo die zerfetzten oder verkohlten Leichen der Verunglückten herumliegen, strömen inzwischen so viele Schaulustige, daß häufig die Rettungsmannschaften bei ihrer Arbeit stark behindert werden – so z. B. am Ort der Flugzeugkatastrophe des Jahres 1992 im Amsterdamer Vorort Bijlmermeer, wo zahllose Sensationshungrige und Souvenirjäger wie ein Heuschreckenschwarm über die Unglücksstelle herfielen, nachdem das niederländische Fernsehen am Ort des Geschehens aufgehängte Plakate mit der Aufschrift »Katastrophentourismus unerwünscht!« gezeigt hatte.[362]

Um vor Augen zu führen, wie roh und brutal die Menschen von einst im Vergleich mit uns Heutigen gewesen seien, wird in fast jeder Kulturgeschichte erzählt, daß z. B. Kurfürst Friedrich 1489 in Zwickau eine Gruppe Blinder mit Prügeln auf ein an einen Pfahl gebundenes Schwein einschlagen ließ, wobei sie sich zum Ergötzen des Publikums teilweise selber verletzten, oder es werden die blutigen Box- und Tierkämpfe im England des 17. und 18. Jahrhunderts geschildert, die ihresgleichen heutzutage suchen müßten. Freilich wird dabei regelmäßig unterschlagen, daß zum einen in der Zwickauer Quelle vermerkt wurde, es habe sich bei dem Blindenspektakel um ein für die damalige Zeit sehr ungewöhnliches Ereignis gehandelt[363], und daß zum anderen die englischen Schaukämpfe Veranstaltungen waren, die von zahlreichen In- und Ausländern der Zeit mißbilligt wurden.[364] Bereits im 16. Jahrhundert hagelte es insbesondere von seiten der Puritaner scharfe Kritik am Bären- und Ochsenbeißen; Philip Sidney, Francis Bacon, Evelyn und viele andere bezeichneten es als »rude and dirty«, und auch Pepys empfand die Kämpfe zwischen Bulldoggen und Stieren im »Beare-Garden« von Southwark als »a very rude and nasty pleasure«.[365] Im Jahre 1721 verlautete Karl Ludwig v. Pöllnitz, man beschuldige »übrigens die Engelländer einer besonderen Grausamkeit«, was zwanzig Jahre später Jacob Friedrich v. Bielefeld anhand der Tier- und Boxkämpfe veranschaulichte, welche »hier die Menschen selbst untereinander zur Schande der Menschlichkeit anstellen«: »Niemals habe ich ein für den Verstand und das menschliche Herz so ekelhaftes und so schändliches Schauspiel mit angesehen. Meine Begleiter führten mir zwar einige falsche Gründe an, womit sie diese barbarische Grausamkeit entschuldigen wollten: Allein, solche sind so schwach, daß es weder sie anzuführen noch sie zu widerlegen sich die Mühe verlohnt.«[366] Auch die Franzosen schüttelten durchweg über Veranstaltungen dieser Art die Köpfe, etwa Voltaire, der sich in seinen *Lettres Philosophiques* Gedanken über die englischen »jeunes filles« machte, die den Anblick halbnackter »gladiateurs« beim Faustkampf ertragen mußten, doch scheint der Philosoph umsonst besorgt gewesen zu sein, denn es heißt, kein Engländer der Ober- oder Mittelklasse hätte seine Tochter oder Frau auf eine solche Veranstaltung mitgenommen, »and the women who *were* present were not likely to exhibit girlish sensitivity«.[367]

Nun wird man sagen, daß es heute immerhin kein Ochsenbeißen mehr gebe, was doch wohl hinlänglich beweise, daß die Lust an der Grausamkeit nicht mehr so weit verbreitet sei wie noch vor dreihundert Jahren. Aber ist es wirklich so?

Seit 1984 werden in Deutschland Pitbullterrier gezüchtet, deren Besitzer sich mit anderen Interessierten wöchentlich in kleinen Kampfarenen, aber auch in Wohnzimmern und Discotheken treffen, wo die Tiere sich gegenseitig zerfleischen. Diese Veranstaltungen, bei denen bis zu 250 Zuschauer anwesend sind, werden von den Behörden weitgehend geduldet, wie auch die Züchtung besonders aggressiver Tiere, von denen indessen auch die besten Kämpfer selten vier oder fünf Kämpfe überstehen: »Die Rüden der Rasse ›Bad Boys Kennel‹ sind inzwischen so scharf, daß sie eine heiße Hündin lieber zerfleischen als sie decken. Zur Paarung benutzen die Züchter eine spezielle ›Deckmaschine‹.«[368]

Man könnte entgegnen, daß es sich bei diesen Züchtern und Zuschauern um eine Minorität handle, die gegenüber dem Massenpublikum nicht ins Gewicht falle. Doch auch dieses Publikum scheint sehr empfänglich zu sein für die ungeschminkte Darstellung von Grausamkeit, wie zahllose Bildgeschichten in den Illustrierten zeigen, beispielsweise ein scheinempörter Artikel im *Stern* über ein in China beliebtes Spektakel, in dem Rinder und Schweine von Tigern totgebissen werden. Dort heißt es zu einem riesigen, über zwei Seiten gehenden Farbphoto, auf dem zu sehen ist, wie das Raubtier große Fleischbrocken aus dem Körper eines lebenden Rindes reißt: »Der Tiger hat das Jungrind nicht getötet. Er reißt Stücke aus dem Körper des lebenden Tieres, das unsäglich leidet. Im Publikum sitzen auch Eltern mit ihren Kindern.«[369]

Wie aber steht es um die Lust an der Grausamkeit gegenüber anderen Menschen? Ist nicht wenigstens die Behauptung von Norbert Elias richtig, daß all die angeblich im Mittelalter und in der frühen Neuzeit genußvoll durchgeführten Quälereien, Vergewaltigungen und Tötungen heutzutage »nur noch im Traum oder in einzelnen Ausbrüchen, die wir als Krankheitserscheinungen verbuchen«[370], auftauchten? Trifft es zu, daß gegenwärtig die »Schwelle von Abscheu und Widerwillen gegenüber dem Gebrauch physischer Gewalt im Umgang der Menschen miteinander« viel höher sei als damals, weshalb vermutlich die Mehrheit der Menschen »in einen Konflikt« geriete, »wenn sie dazu aufgerufen werden, den Mitgliedern anderer Menschengruppen anzutun, was sie innerhalb ihrer eigenen Gruppe zu hassen gelernt haben – Gewalt zu gebrauchen und zu töten«?[371]

Während des Pazifikkrieges in den vierziger Jahren eigneten sich die US-Soldaten die Goldzähne der verwundeten japanischen Soldaten nicht selten dadurch an, daß sie ihnen mit dem Messer die Backen aufschlitzten und die Zähne herausbrachen, bevor sie die Männer töteten. Viele Amerikaner schnitzten aus den Knochen der Toten Brieföffner – Präsident Roosevelt erhielt einen als Geschenk –, oder sie lösten das Fleisch von den Schädeln, um diese als Souvenirs für ihre Freundinnen mitzunehmen. Intimere Teile legte man ein und nahm sie als »pickles« mit nach Hause. In der Monatszeitschrift *Leatherneck* offenbarte ein Marine völlig unschuldig: »Stanley emptied his pockets of souvenirs – eleven ears from dead Japs. It was not disgusting, as it would be from the civilian point of view. None of us could get emotional over it.« Im April 1943 schrieb eine Frau an ihren Sohn an der Front, er solle ihr unbedingt das Ohr eines Japaners schicken, weil sie dieses an ihre Haustür nageln wolle, wo alle Nachbarn es sehen könnten. Und *Life* veröffentlichte das ganzseitige Photo einer Blondine, die mit einem Totenschädel posierte, den ihr Verlobter ihr aus dem Südpazifik geschickt hatte.[372] Im Jahre 1970 sagte der US-Oberleutnant Larry Rottman während eines Hearings aus, auf allen amerikanischen Stützpunkten, z.B. der Marines-Basis Beaufort in South Carolina, würden die Soldaten systematisch von Feldwebeln und Offizieren mit den Foltertechniken vertraut gemacht, die bei Frauen und Männern angewendet werden sollten. Dabei wurden auch ganz offiziell gedruckte Anweisungen verwendet, die an Wandtafeln befestigt waren. Der Soldat Chuck Onan aus Nebraska beschrieb die Kurse:

Frage: »Was hat man Ihnen zum Foltern weiblicher Gefangener beigebracht?« *Onan*: »Wir sollten sie nackt ausziehen, ihnen die Beine spreizen und spitze Stöcke oder Bajonette in die Scheide stecken. Man sagte uns auch, wir könnten die Mädchen so oft vergewaltigen, wie wir wollten.« *Frage*: »Wie reagierten die Rekruten auf dieses Training?« *Onan*: »Positiv. Es gefiel ihnen. Die Marines waren grundsätzlich Freiwillige. Sie freuten sich auf Vietnam, um alle diese neuen Fertigkeiten anzuwenden.«[373]

Von entscheidender Bedeutung dabei ist, daß all diese Grausamkeiten und Kriegsverbrechen nicht ein außergewöhnliches Verhalten einiger weniger Abartiger waren, sondern »standard procedure«, die von zahllosen Soldaten routinemäßig durchgeführt wurde und die nach einhelliger Aussage der Zeugen den meisten »enormen Spaß bereitete«.[374] Man mag nun einräumen, auch heute noch würden solche Grausamkeiten an Menschen verübt, *die man dem Feinde zurechnete*, und selbst in der Moderne könnten noch Menschen vom Töten des Gegners berauscht werden.[375] Aber man wird darauf hinweisen, daß die modernen westlichen Gesellschaften »*nach innen*« pazifiziert und grausame Verbrechen wie die beschriebenen in größerem Umfange nur im Feindesland denkbar seien.

Davon kann freilich keine Rede sein, wie schon seit langem bekannt ist. So wurden gegen Ende des Zweiten Weltkrieges zahlreiche Französinnen von ihren amerikanischen »Befreiern« vergewaltigt, und die Rotarmisten mißbrauchten eine noch wesentlich größere Anzahl von Polinnen, Serbinnen und sogar sowjetische Zwangsarbeiterinnen und KZ-Insassinnen.[376] Während des Golfkrieges vor ein paar Jahren wurden so viele weibliche Truppenangehörige von *ihren eigenen* Kameraden vaginal und anal vergewaltigt, daß nach den anschließenden Hearings zur Sache Senator Dennis De Concini im Juli 1992 das Fazit zog: »American women serving in the Gulf were in greater danger of being sexually assaulted by our own troops than by the enemy.«[377]

Demgegenüber hat Elias in seinen späten Schriften noch einmal betont, daß die Menschen in relativ »unentwickelten« und undifferenzierten Gesellschaften »zu Trieb- und Affektentladungen« fähig gewesen seien, »die an Stärke und Spontaneität alle in entwickelten Gesellschaften als erträglich empfundenen Verhaltensmuster bei weitem übertreffen«. Als Beleg für diese Behauptung führt er die »grausame Lust vieler Indianerstämme am Quälen anderer« an, die »wilden und ungehemmten Formen des Vergnügens«, denen sich diese Menschen hingegeben hätten. Und er beschreibt die nordamerikanischen Stämme, »die alle versuchten, einander in der Brutalität, mit der sie ihre Opfer erschlugen, und in der exquisiten Grausamkeit, mit der sie ihre Gefangenen marterten, zu übertreffen«, Gesellschaften, die alle ihre Mitglieder dazu gezwungen hätten, »die Mittel zur Schädigung anderer ständig zu eskalieren«.

Trifft es also zu, daß diese Menschen, wie Elias unter Berufung auf den Missionar Joseph-François Lafiteau behauptet, *im Gegensatz zu uns* »entwickelteren« Menschen alles getan hätten, »um den Schmerz der Gefangenen *und damit* ihr eigenes Vergnügen zu steigern«?[378]

In seinem Eifer, die ungezügelte Lust der Indianer an der Grausamkeit in allen Farben auszumalen, hat Elias allem Anschein nach übersehen, was der Jesuit über deren Gegner, nämlich die in Nordamerika eingesetzten französischen Soldaten, zu berichten wußte: »Lorsque pour se venger des Iroquois, on leur a permis de traiter leurs prisonniers, comme ils traitoient les nôtres, ils l'on[t] fait avec tant de fureur & d'acharnement qu'ils n'ont cédé en rien à ces Barbares, *si même ils ne les ont surpassez.*«[379]

Gewiß marterten die Angehörigen gewisser Stämme bisweilen ihre weißen Kriegsgefangenen, aber häufig handelte es sich dabei um Rachehandlungen, z.B. bei der Tortur von Oberst William Crawford und seinen Männern im Jahre 1782 durch die Delawaren – eine Revanche für ein entsetzliches Massaker, das die Weißen zuvor an einem friedlichen Indianerstamm begangen hatten. Und es waren oft die Indianer, die über die grausame und hemmungslose Art der Kriegführung durch die Engländer, Franzosen und später die weißen Amerikaner schockiert waren, so etwa im Jahre 1637, als Truppen aus Connecticut ein Pequot-Dorf niederbrannten und die ganze Bevölkerung einschließlich der Frauen und der Kinder über die Klinge springen ließen. Selbst die indianischen Hilfstruppen der Weißen waren über diese Greueltat dermaßen entsetzt, daß sie augenblicklich den Ort des Gemetzels verließen. Ohne mit der Wimper zu zucken, skalpierten die Weißen seit damals bis weit ins 19. Jahrhundert hinein ihre Opfer nicht weniger, als es die Indianer taten, und *sie* waren es – nicht die Indianer –, die diesen Brauch in weiten Teilen Nordamerikas verbreiteten.[380] Ähnlich wie die mittelalterlichen Fehden, die in ihrer Mehrzahl als »durchaus kontrolliert«, ja »sogar als ritualisiert« mit zahlreichen Mechanismen des Einlenkens und der Deeskalation beschrieben werden[381], wird auch berichtet, daß die indianischen Kriegszüge normalerweise alles andere als spontane Ausbrüche ungezügelter Wildheit und Brutalität gewesen sind. Aber auch bei den Foltern am Marterpfahl handelte es sich in erster Linie um rituelle Akte oder um Gelegenheiten, bei denen die Gefangenen sich selber und den anderen ihre Standhaftigkeit und Selbstbeherrschung beweisen konnten, wobei diese Einstellung den Europäern gar nicht so fremd sein konnte: War es doch bis in die erste Hälfte des 19. Jahrhunderts weit verbreitet, daß die Seeleute nach ihren Missetaten darauf *bestanden*, ausgepeitscht zu werden. Sie fühlten sich dadurch keineswegs erniedrigt oder gedemütigt, denn es handelte sich um eine »männliche« Strafe, die es einem erlaubte zu zeigen, daß man ein ganzer Kerl war und die Zähne zusammenbeißen konnte. Trotzdem scheinen die Weißen im allgemeinen sehr viel weniger ausgehalten zu haben als die Indianer, denn bereits im Jahre 1611 berichtete John Strachey von einem Spottlied der Algonkin, in dem sich diese darüber lustig machten, »what lamentation our people made when they kild him, namely saying how they [= die Engländer] would cry *whe, whe*«.[382] Entsprechend dem Rufmord an den Indianern hat man auf der anderen Seite häufig systematisch die Schandtaten, die mit ungezügelter Grausamkeit an den Rothäuten begangen wurden, heruntergespielt, und es mutet schon etwas weltfremd an, wenn Elias in diesem Zusammenhang verlautet, in *unserer* Gesellschaft gebe »es wahrscheinlich nicht viele, die imstande wären«, so wie die Indianer »andere Menschen« auf »schmerzhaft langsame Weise – und mit Genuß – zu töten«.[383] Während des Sand-Creek-Massakers an den Cheyenne im Jahre 1864 vergewaltigten die US-Kavalleristen unter Oberst Chivington auf bestialische Weise zahllose Frauen und Mädchen, schnitten ihnen danach die Geschlechtsteile aus dem Leib und trugen bei der anschließenden Parade stolz die blutenden Fleischfetzen zur Schau.[384] Und mehr als hundert Jahre später wurde am oberen Rio Aripuanã in Brasilien eine Cinta Larga-Indianerin von Kautschuksammlern der Plantage Juinà-Mirim geschlachtet, nachdem ihre Stammesangehörigen von Flugzeugen aus mit Dynamitstangen beworfen worden waren, was ein entsetzliches Blutbad unter ihnen angerichtet hatte. Zunächst erledigten die Brasilianer ihr etwa fünfjähriges Kind durch einen Kopfschuß mit einer 45er, entblößten und vergewaltigten die junge Frau, und hängten sie schließlich »zwischen zwei Bäumen mit dem Kopf nach unten auf, so daß die Beine weit gespreizt waren.« Dann hob ein gewisser Francisco de Brito »seine Machete hoch und teilte mit einem einzigen, mit großer Kraft geführten Hieb den Körper in zwei Hälften«.[385] Unmittelbar vor der Tat ließen sich zwei der »Liquidatoren«, wie sie in Brasilien genannt werden, mit ihrem Opfer photographieren (Abb. 16). Das Bild wurde zuerst von der brasilianischen Zeitung *O Globo* veröffentlicht und ging anschließend durch die Weltpresse. Der 1985 gedrehte und fünf Jahre später im ZDF ausgestrahlte deutsch-brasilianische Spielfilm *Tod im Regenwald* schlachtete dieses Verbrechen aus. Offensichtlich

16 »Wachleute« ermorden eine zuvor vergewaltigte Indianerin.

hatten die Filmemacher eine junge Mato Grosso-Indianerin dazu gebracht, sich nackt auszuziehen und sich bei einer gespielten Vergewaltigung so die Beine spreizen zu lassen, daß die Fernsehzuschauer einen geradezu gynäkologischen Blick auf ihre Genitalien hatten (»Mit dem Zweiten sieht man besser!«). Anschließend wurde die Frau wie auf dem Originalphoto aufgehängt.[386] Bemerkenswert ist dies deshalb, weil die zentralbrasilianischen Indianerinnen herkömmlicherweise eine extreme Genitalscham haben und bei »gang rapes« nichts so sehr fürchten, als daß die Täter ihre Schamlippen sehen könnten.[387]

Nach Elias und seinen Anhängern sind dagegen derart grausame und schamlose Verhaltensweisen charakteristisch für einen Persönlichkeitstypus, der in den »unentwickelten« – oder, wie er später sagte: in den »unentwickelteren« – Gesellschaften der Vergangenheit vorherrschend gewesen sei. An diesem Bild des rohen und finsteren Mittelalters und der frühen Neuzeit wird unverdrossen von feministischen Wissenschaftlerinnen weitergehäkelt. Wobei der wesentliche Unterschied zwischen Elias und den Feministinnen der

Gegenwart darin zu bestehen scheint, daß diese jenes Zerr-
bild der Vergangenheit als Grundlage einer moralischen
Anklage gegen die Männer jener Zeit verwenden – eine
Haltung, die Elias wohl eher als anachronistisch abgetan
hätte. So behauptet z. B. eine Autorin, bei der Suche nach den
Teufelsmalen und beim Foltern der ›Hexen‹ sei es »nicht nur
um das Brechen der sozialen Macht und Selbständigkeit der
Frau« gegangen, »sondern um das Ausleben verbotener per-
vers-sadistischer Wünsche und Phantasien«. Aber als Beleg
für diese Behauptung führt sie keinerlei Quellen oder zeitgenössische Darstellungen an, sondern das pornographische
Bild der Folterung einer splitternackten jungen Frau, das
freilich nicht die Realität der frühen Neuzeit, sondern die
schwülen Phantasien eines Illustrators des späten 19.
Jahrhunderts wiedergibt![388]

Nun will ich nicht in Abrede stellen, daß es in den Jahrhunderten der Hexenverfolgungen sexuelle Übergriffe von
seiten der Richter oder Henker gegeben hat[389], wobei auch
manche der gefangenen Frauen ihre Haut dadurch zu retten
versuchten, daß sie sich mit ihren Richtern oder Wächtern
mehr oder weniger freiwillig einließen.[390] Und es mag durchaus vorgekommen sein, daß solche Personen die armen
Frauen dazu nötigten, sich vor ihnen auszuziehen, um sich
an ihrer Nacktheit zu delektieren.[391] Doch wenn derartiges
ruchbar wurde, war für gewöhnlich ein Skandal die Folge,
und die Schandtäter wurden augenblicklich verhaftet oder
anderweitig aus dem Verkehr gezogen.[392]

Bei der Folter war die Delinquentin durchweg nicht nackt,
vielmehr trug sie das »gewönliche Folter Hembt«[393], und
häufig auch Hosen aus Leinwand, damit keiner der Henkers-
knechte oder der Gerichtspersonen ihr unter das Hemd
schauen konnte, wenn sie aufgezogen wurde. Und wenn man
es schon als ungebührlich und schamlos empfand, daß gelegentlich Ärzte Frauen an den Teilen ihres Körpers untersuchten, »do eym man nit gebürt mit umb zu gon«, dies vielmehr durch »frowen« zu geschehen hatte[394], so verhielt es

sich erst recht so, wenn man an den Brüsten oder gar im Genitalbereich einer mutmaßlichen Hexe nach dem Teufelszeichen suchte. Derlei Intimitäten überließ man auch in diesem Falle fast immer Hebammen, zuverlässigen älteren Frauen oder der Ehefrau des Henkers[395], obwohl auch dann solche Untersuchungen von vielen der ›Hexen‹ als hochnotpeinlich und beschämend empfunden wurden.[396]

Zahlreiche Kritiker und Rezensenten haben mir nun zugestanden, es möge durchaus so gewesen sein, daß man bei derartigen Untersuchungen und bei der Folter Rücksicht auf das Schamgefühl der Inhaftierten genommen habe. Doch sei ich allem Anschein nach blind für die Tatsache, daß die Folter an sich schon »unzivilisiert« sei und ähnlich wie »brutale Bestrafungen« einen Mangel an Empathie für andere Menschen dokumentiere.[397]

Keiner dieser Kritiker scheint indessen auf den Gedanken gekommen zu sein, die Tortur könnte nicht ein Indiz mangelnder Empathie gewesen sein, sondern im Gegenteil der Ausdruck eines ganz besonderen Mitgefühls für andere Menschen und deren Seelenheil. Ohne ein Geständnis wäre nämlich die Hexe im Machtbereich des Teufels verblieben und ihre Seele ihm rettungslos ausgeliefert gewesen.[398] War es aber dann nicht nachgerade im Interesse dieser Frau, wenn die Richter alles unternahmen, um sie zu einem solchen Geständnis und zur Reue zu bringen? Denn wäre es nicht unendlich schlimmer für die Hexe gewesen, ewig in der Hölle zu schmoren, als ein paar Stunden oder Tage Schmerzen zu ertragen?

Die systematische Tortur war kein »archaisches« Phänomen, vielmehr wurde sie erst im Verlaufe der Ketzerbekämpfung im 12. Jahrhundert angewendet, und da man in diesem Zusammenhang keinen Indizienbeweis kannte, bedurfte es zur Rettung der Seele des Bekenntnisses des Sünders zu seiner Untat.[399] Die Tortur als Mittel dazu wurde nicht aus *Lust* an der Grausamkeit, aus Indifferenz gegenüber dem Leidenden oder aus mangelnder Empathie für ihn durchgeführt – man quälte nicht in der Weise, in welcher ein kleines Kind einem Käfer die Beine ausreißt. Von Beginn an galt die Verordnung, daß der Delinquent *maßvoll* gefoltert werden müsse, und immer wieder haben Gerichte verhindert, daß den Gefangenen zu große und vor allem unnötige Schmerzen zugefügt wurden.[400] Im 16. Jahrhundert berichtete Dr. Bockleius, der Leibarzt des Herzogs von Wolfenbüttel, sein Herr habe stets größtes Mitleid mit den armen, unglücklichen Weibern im Kerker gehabt und er habe es einfach nicht glauben können, daß solch hilflose Leutchen sich mit dem Bösen eingelassen hatten. Aus diesem Grunde habe er eine Verordnung erlassen, wonach die mutmaßlichen Hexen vorsichtig und milde behandelt werden sollten. Etwas später klagte in Lüneburg ein Pastor Krüger darüber, wie viele Sorgen er sich um die Hexen gemacht und wie viele Tränen er bei ihrer Hinrichtung vergossen habe[401], und im Jahre 1628 sagte sogar ein scheinbar so roher Mann wie der Scharfrichter von Bamberg vor der Folter zu einem Unglücklichen: »Herr, ich bit euch vmb gotteswillen, bekennt etwas, es sey gleich war oder nit. Erdenket etwas, dan ir könnt die marter niht ausstehen, die man euch anthut, vnd wann ir sie gleich alle ausstehet, so kompt ir doch niht hinaus, wann Ir gleich ein graff weret, sondern fangt ein marter wider auf die andre an, bis ir saget, ir seyt ein Truttner [= Hexer], vnd sagt, eher nit dann lest man euch zufrieden.«[402]

Unbestritten ist auch, daß die modernen Foltermethoden zwar häufig weniger grausam *wirken* als die mittelalterlichen, jedoch mit ihnen »mehr Schmerzarten und größere Schmerzintensität zu erreichen ist als mit den früher bekannten«.[403] Und außer Frage steht zudem, daß die schrecklichen, in manchen ehemaligen Burgverliesen oder in Heimatmuseen ausgestellten Folterinstrumente, die man wie kaum etwas anderes mit dem »finsteren« Mittelalter assoziiert, durchweg *nicht* aus dem Mittelalter stammen, sondern aus dem 17. oder 18. Jahrhundert, als »unzählige neue, gerichtlich gebilligte« Marterwerkzeuge erfunden und verwendet wurden.[404] Im 19. Jahrhundert hat man schließlich, um das populäre Bild vom grausamen und finsteren Mittelalter zu vertiefen, die teilweise mit Eisen beschlagenen hölzernen Schandmäntel, auch »Jungfern« oder »spanische Mäntel« genannt, nachträglich mit Dolchspitzen versehen und als mittelalterliche »Eiserne Jungfrauen« ausgegeben, deren »Kuß« den in ihr steckenden armen Sünder augenblicklich getötet habe.[405] In Nürnberg hatte man im Jahre 1867 den Prototyp der »Eisernen Jungfrau« herstellen lassen, um sensationshungrige Ausstellungsbesucher anzulocken, und das angebliche Marterinstrument erwies sich als ein solcher Kassenmagnet, daß man in den folgenden Jahren zahlreiche Kopien für Museen in Berlin, Köln, Wittenberg, Schwerin, Gubin oder Buchloe, für die Schlösser Amras und Hohensalzburg, den Roten Turm in Wien sowie das ehemalige Gebäude der Heiligen Inquisition in Madrid anfertigte, wo die »Jungfer« unter dem Namen »Mater Dolorosa« den Schaulustigen das Fürchten lehrte.[406]

Sollten Übeltäter vor allem in Malefizsachen moderat und mit Besonnenheit einer Tortur unterzogen werden, so galt dies in gleicher Weise für die öffentliche Züchtigung, die »in keiner Weise als Ausbruch von besinnungslosem Haß und Rachsucht« gesehen werden darf[407], sowie für die Züchtigung in Schule und Familie. So wurde beispielsweise 1432 in Landau verordnet, der Schulmeister solle »auch die kynde nit vbell slagen, anders dann zymlich ist«, und im Jahre 1478 mußte der Freiburger Schulmeister Conradus Knoll bei seinem Amtsantritt geloben, daß er die Buben »nit mißhandelt« und daß sie von ihm »nit unzimlich gestossen, geworffen, noch geschlagen, sonder gutlich vnderwisen« werden.[408] Bereits im hohen Mittelalter wurden in Rußland die Eltern immer wieder ermahnt, beim Strafen ihr Wohlwollen gegenüber den Kindern zu bewahren und diese nie aus Wut oder im Affekt zu prügeln, sondern um sie zu bessern[409], und im Jahre 1546 wurde den Lateinlehrern von Ravensburg in einer Instruktion aufgetragen, erst dann die Rute zu gebrauchen,

wenn die »sanften« und »guten Worte nit verfangen wollten«. Zudem sollten sie nicht aus Verärgerung heraus züchtigen »und die Jugend nit um die Köpf schlagen; Ohren oder
bei dem Haar ziehen«.[410] Ähnliches galt für die Züchtigung
der widerspenstigen oder aufsässigen Ehefrau. So gab es z. B.
in England im 14. Jahrhundert ein Gesetz, das jedem
Hausvater eine zu harte Züchtigung seiner Frau untersagte[411], aber wenn ein Mann sich in dieser Hinsicht nicht beherrschen konnte, griffen ohnehin nicht selten die Nachbarn
ein: Als beispielsweise ein gewisser John Robinson seine
Frau so schlug, daß sie schrie, intervenierte ein Anwohner
und hielt dem Grobian vor, »that he was a very ill man to beat
his wife at that rate«.[412] Das spätmittelalterliche Stadtrecht
von Hamburg billigte dem Familienvater gegenüber seiner
Frau ein Züchtigungsrecht zu, doch Mißhandlungen waren
unter strenge Strafe gestellt. Anscheinend entsprach aber
selbst dieses eingeschränkte Recht nicht so ganz dem
Volksempfinden, denn das Stadtrecht enthielt einen Zusatz,
in dem jedem Mann empfohlen wurde, seine Frau bei
Verfehlungen überhaupt nicht zu schlagen, sondern ihr lediglich Hausarrest zu erteilen.[413]

Zusammenfassend läßt sich sagen, daß für Elias und seine
Nachfolger sowie Anhänger die Lebenswelten der Menschen
von einst und der in »einfachen« Gesellschaften »im vorko-
lonialen Zustand« von Rohheit, Brutalität, geringer Selbstkontrolle und Jähzorn geprägt waren, weshalb sie auch
innerhalb ihrer eigenen Gruppen »in einer fast ständigen
Furcht vor ihrer wechselseitigen Gewalttat leben«mußten.[414]
Wie sehr sich ein solches Bild auf unzutreffende evolutionistische Vorurteile zurückführen läßt, die zur Folge haben,
daß man sowohl die eigene als auch die fremden und vergangenen Gesellschaften falsch beurteilt, habe ich um die Mitte
der siebziger Jahre in einem Seminar zur »Zivilisationstheorie« an der Universität Zürich erlebt. Ich hatte aus den
Polizeiberichten mehrerer Nummern der *Rhein-Neckar-
Zeitung* ein paar Schilderungen von Alltagsverbrechen und

-vergehen herausgegriffen, sie ins Frühneuhochdeutsche übertragen und die Namen von Personen und Orten so modifiziert, daß sie »mittelalterlicher« klangen. Daraufhin las ich die Berichte meinen Studenten vor, wobei ich ihnen sagte, es handle sich um Auszüge von Ratsprotokollen der Stadt Heidelberg aus dem Jahre 1354. Sämtliche Studenten waren anschließend der festen Meinung, die »Protokolle« veranschaulichten aufs schönste die »andersartige Mentalität« der Menschen im späten Mittelalter sowie die Tatsache, daß das Leben in einer damaligen Stadt ungleich bedrohter, unsicherer und eben »unzivilisierter« gewesen sei als heutzutage.[415] In Wirklichkeit scheint indessen im Mittelalter und in der frühen Neuzeit selbst das Reisen übers Land und durch die Wälder nicht gefährlicher gewesen zu sein als heute, und sogar über das in dieser Hinsicht besonders übel beleumundete Italien heißt es, »daß blutige Anschläge auf Reisende aus dem Ausland nur aufgrund ihrer relativen Seltenheit so viel von sich reden machten«.[416] Und über die berüchtigten englischen Straßenräuber bilanziert ein Historiker: »Highwaymen rarely raped their female victims. The danger from casual rape was nothing like the risk run by contemporary hitchhikers from motorists. When this sort of assault did take place, it made news because of its extraordinary nature. [...] This illustrates the fallacy of reading back the experience of North America in the 1970s und 1980s as a universal constant.«[417]

Die durch das Bevölkerungswachstum bedingte Vergrößerung der Städte im 17., 18. und 19. Jahrhundert bedeutete eine zunehmende Anonymität und damit entgegen der Behauptung von Elias[418] eine Schwächung der sozialen Kontrolle, die den Individuen zwar bisweilen den Atem genommen, sie andererseits aber auch geschützt hatte. Bereits im Jahre 1620 publizierte der Richter Henry Goodcole eine Liste sämtlicher Örtlichkeiten Londons, die alle diejenigen meiden sollten, die sich in der großen Stadt nicht auskannten, und 1751 klagte Henry Fielding, »for the very purpose of concealment« hätte man Städte wie London oder Westminster und deren Vororte nicht besser bauen können, vor allem wegen »the great irregularity of their buildings, the immense number of lanes, alleys, courts and byplaces«.[419] Immer häufiger kam es jetzt vor, daß Frauen und junge Mädchen auf der Gasse sexuell belästigt oder sogar in irgendein dunkles Loch gezerrt und vergewaltigt wurden, und man begann damit, offizielle Anweisungen für die Bauernmädchen zu drucken, wie sie sich in der Großstadt zu verhalten hatten, damit ihnen nichts Schlimmes widerfuhr.[420] Im Jahre 1902 bestätigte eine Rednerin in einem Vortrag vor dem Hamburger Frauenverein, was auch von Frauen aus kleineren Städten wie Karlsruhe berichtet worden war, daß man nämlich »in Hamburg nicht allein ausgehen kann. [...] Meine Bekannten, hochanständige Frauen, werden abends, wenn sie von den Bureaux kommen, [...] vielfach auf den Straßen belästigt, und Frau Louise Zietz hat noch in dieser Woche öffentlich in einer Frauenversammlung bei uns erklärt: daß man in Hamburg nicht einmal vor den uniformierten Schutzleuten abends sicher sei; sie wäre zweimal abends, als sie sich verspätet, von Konstablern in unflätigster Weise belästigt worden.«[421] Und eine Mrs. Peels erinnerte sich an ihr Leben im spätviktorianischen London: »Although I was quietly dressed, and I hope looked what I was, a respectable young woman, there was scarcely a day when I, while waiting for an omnibus, was not accosted. I perfected myself in the art of staring blankly through the ill mannered persons who offered their undesired attentions.«[422]

Elias und seine Anhänger sind nun offenbar der festen Überzeugung, »in der Nachkriegszeit«, also seit den zwanziger Jahren des soeben vergangenen Jahrhunderts, gäbe es eine derartige öffentliche Unsicherheit nicht mehr, weshalb sich beispielsweise die Frauen auf der Straße oder an den Badestränden sehr viel ungenierter und »informeller« benehmen könnten als noch vor hundert Jahren. Die »Zurückhaltung des eigenen Trieblebens und des Verhaltens«, die Verfestigung der »Selbstzwänge« seien heute »im großen und ganzen« dermaßen gediehen und »gesichert«, daß »eine gewisse Lockerung« der Verhaltensstandarde, eine größere »Freiheit« und »Unbefangenheit« um sich greifen könne.[423] Diese »Lockerung« sei also »ganz gewiß« nicht eine »Rückkehr zu den Standards des 16. und 17. Jahrhunderts«: Sie sei »ganz im Gegenteil« nur möglich geworden, weil es sich um Informalisierungsschübe handle, die »in höchst komplexen Gesellschaften vor sich gehen, die über weite Bezirke hin ein sehr genau geregeltes Verhalten der Menschen im Verkehr miteinander verlangen«. Die moderne Lockerheit und Freizügigkeit setze also bei jedem Individuum ein wesentlich »höheres Maß an differenzierter Selbstkontrolle« voraus, als es sie in irgendeiner früheren Epoche gegeben habe; die »beobachtbare Informalisierung, die relative Lockerung viktorianischer Rituale und Tabus« dürfe deshalb auf keinen Fall »als Lockerung der individuellen Selbstzucht« mißverstanden werden, vielmehr sei sie nur möglich auf der Grundlage *einer immer intensiver werdenden Selbstkontrolle*.[424] Vor allem der Elias-Schüler Cas Wouters, der sich immer wieder darüber beklagt, daß ich »bis heute« die »Informalisierungstheorie« ignoriert hätte[425], hat sich diese These zu eigen gemacht und betont, »nur die *direkten* Formen sozialer Kontrolle« seien im Verlaufe der letzten Jahrhunderte »schwächer geworden. Die weniger sichtbaren, mehr als Selbstzwang funktionierenden *indirekten* Formen« hätten dagegen »zugenommen«.[426] Und ein weiterer Kritiker meint, daß deshalb so viele Frauen und Mädchen sich heutzutage mit entblößten Brüsten an den Badestränden aufhielten, »weil männliche Übergriffe in der Regel völlig ›unmöglich‹« seien »und die Situation ohne den weiblichen Willen nicht umkippt«.[427] Dies gelte auch für »visuelle Übergriffe« von seiten der männlichen Badegäste, die aufgrund einer gut funktionierenden Selbstzwangapparatur ihre natürlichen Reaktionen weitestgehend unter Kontrolle hätten: »Der Panzer von Verhaltens- und Empfindungsregeln« ist »mittlerweile stark genug, um auf den Kleiderzwang verzichten zu können – nichts wäre den Anwesenden peinlicher als eine spontane männliche Erektion auf der Badewiese.«[428]

All diese Behauptungen lassen sich indessen nicht mit Umfrageergebnissen und systematischen Beobachtungen von Soziologen und Ethnologen an amerikanischen, australischen und westeuropäischen Badeständen oder in Saunen vereinbaren. So ist es unzutreffend, daß inzwischen die strengen »Verhaltens- und Empfindungsregeln« so tief verinnerlicht worden seien und sich so sehr zu »Selbstzwängen« gewandelt hätten, daß die Männer auf den »Badewiesen« von den teilweise oder ganz entblößten Frauen und Mädchen nicht mehr sichtbar sexuell erregt würden. Riskierte allerdings noch vor einigen Jahrzehnten in vielen Nudistenvereinen ein Mann, dessen Penis angesichts einer unbekleideten Frau steif wurde, daß man ihn vom Gelände wies, so hatten sich etwa seit den späten sechziger Jahren die Reaktionsweisen vieler nacktbadender Männer und Frauen auf sichtbare Erektionen weitgehend entspannt. Zwar legten sich in solchen Fällen die betreffenden Männer häufig auf den Bauch oder leugneten, daß es sich um eine *sexuelle* Reaktion handelte[429], was deutlich macht, daß die Erektionen immer noch von Scham- und Peinlichkeitsgefühlen begleitet waren. Doch machte man inzwischen um die Angelegenheit kein großes Aufheben mehr und »übersah« sie schlicht. Dies war auch die Zeit, in der man jungen Ärztinnen riet, ihre männlichen Patienten vor dem Sichentkleiden darauf hinzuweisen, daß ihr Penis steif werden könne: »Tritt dann eine Erektion ein, sollten Sie den Patienten beruhigen und auf die Häufigkeit dieser Reaktion hinweisen.«[430]

Wie mir ein erfahrener Nudist schrieb, sind seit den neunziger Jahren Erektionen an den »wilden« Badeständen überhaupt »kein Problem mehr«[431], und es scheint mittlerweile sogar Männer zu geben, die ihren erigierten Penis nachgerade zur Schau stellen. Bereits in den sechziger Jahren hatte eine Umfrage unter amerikanischen Nudistinnen ergeben, daß fast jede Zehnte Nudistin geworden war, weil es sie erregte, die Blicke fremder Männer auf ihrem nackten Leib zu spüren.[432] In heutigen Saunen oder an den Stränden liegen oder sitzen dagegen immer häufiger junge Frauen mit gespreizten Beinen da, oder sie reiben vor allem ihre Brüste besonders lange und zärtlich mit Sonnenschutzmitteln ein. Nicht wenige Frauen, die »oben ohne« baden, gaben in einer anonymen Umfrage an, daß sie dies tun, weil sie es »sexy« fänden und es genössen, die Männer mit ihren nackten Brüsten »scharf zu machen«, und weitaus die meisten dieser Frauen waren davon überzeugt, daß sie bei den männlichen Strandbesuchern auch diesen Effekt erzielten.[433]

Auch schauen die meisten Männer heute wesentlich unverhohlener auf die nackten oder barbusigen Frauen als noch vor einigen Jahrzehnten, als viele zunächst auf angestrengte Weise einen imaginären Punkt in der Ferne fixierten, der dem Objekt ihrer Begierde entgegengesetzt lag, um dann mit einer Wendung des Blickes dasjenige zu streifen oder ein paar Sekunden lang anzuschauen, was sie eigentlich interessierte.[434] Heutzutage »übersehen« viele Männer die unbekleideten Frauenkörper nicht mehr, sondern *betrachten* sie nachgerade, und selbst in offiziellen und nichtpornographischen FKK-Zeitschriften sind inzwischen Photos abgebildet, auf denen junge Frauen zu sehen sind, die es ganz offensichtlich

17 Liegewiese in Amsterdam. Photo von Sergio Purtell, 1984.

18 Photo aus der FKK-Zeitschrift
›Sonnenfreunde‹, 1992.

genießen, daß ein ebenfalls unbekleideter Mann ihre Genitalien begutachtet (Abb. 18).[435] Daß die in den traditionellen Gesellschaften noch weitgehend verinnerlichten »Blickverbote« oder die »Phantomwände« zwischen den Nackten in der Gegenwart nicht mehr oder kaum noch existieren, konnte man sehr gut vor einiger Zeit in einem heiligen Thermalbad auf der Insel Bali beobachten. Herkömmlicherweise pflegten dort beide Geschlechter gleichzeitig und nackt zu baden, wobei die Männer lediglich die Hand vor die Genitalien und die Frauen zusätzlich den rechten Unterarm vor die Brüste hielten. Nachdem freilich immer häufiger ausländische Touristen das Bad aufgesucht und hemmungslos die unbekleideten Balinesinnen beglotzt und sich selber vor ihnen nackt zur Schau gestellt hatten, wurde die Bestimmung erlassen, daß fortan nur noch bekleidet gebadet werden dürfe.[436]

Angesichts eines frühneuzeitlichen Aquarells, das ich im ersten Band dieses Buches wiedergegeben habe und auf dem zu sehen ist, wie im Wildbad von Plombières ein Mann abgestraft wird, weil er beim Baden eine Frau sexuell belästigt hatte[437], schreibt eine Kritikerin, es sei unvorstellbar, daß ein Bademeister heutzutage »darauf angewiesen« wäre, »auf die

Gäste zu achten, damit sie keine ›schamlosen‹ Handlungen«
begingen. Solche Anweisungen gäbe es deshalb nicht, weil
»die Badegäste ganz selbstverständlich in der Öffentlichkeit
auf solche Aktivitäten« verzichteten.[438] Einmal abgesehen
davon, daß es im vergangenen Jahrzehnt an vielen Stränden
oder Badewiesen, wie z.B. auf der Heidelberger Neckar-
wiese, Hinweisschilder gab, auf denen die Sonnenhungrigen
gebeten wurden, sich gesittet zu benehmen und sich nicht
vollkommen auszuziehen[439], wird hier von der Kritikerin
eine völlig unrealistische Anstandsidylle beschrieben, wie
man sie inzwischen nicht einmal mehr in städtischen
Hallenbädern finden kann. Besonders an den »wilden« kalifornischen Nacktbadestränden wie Black's Beach kann man
häufig hetero- und vor allem homosexuelle Besucher sehen,
die in aller Öffentlichkeit sexuelle Handlungen ausführen,
in Einzelfällen sogar Cunnilingus bzw. Fellatio, gegenseitige
Masturbation und Analverkehr.[440] Und mag es an den meisten Badestränden gesitteter zugehen, so ist auch dort zu
beobachten, daß das noch vor vierzig Jahren übliche, fast
krampfhafte Vermeiden jeder Handlung oder jeder Bewegung, die einen sexuellen Unterton haben könnte, der
Vergangenheit angehört.

Nun mag man einräumen, daß dies in einer Zeit, in der die
Sexualität in immer stärkerem Maße von anderen Lebenszu-
sammenhängen dissoziiert und dadurch »oberflächlicher«
geworden ist, in der man »Sex« eher »macht«, um »Fun« zu
haben[441], nicht verwunderlich sei. Doch bleibe die Tatsache
bestehen, daß z.B. Frauen an solchen Stränden ihre Brüste
oder sogar ihren Genitalbereich entblößen könnten, weil sie
heute, im Gegensatz zu vergangenen Zeiten, als Folge keinerlei sexuelle Belästigungen zu fürchten hätten. Wer so
argumentiert, setzt freilich eine heile Welt der Gegenwart
voraus, die mit der Wirklichkeit sehr wenig gemein hat.

So sagte beispielsweise fast die Hälfte der anonym befragten
Australierinnen, die sich »oben ohne« an den Stränden auf-
zuhalten pflegen, sie seien schon mindestens ein Mal *wegen*

ihrer entblößten Brüste sexuell belästigt worden[442], und weil in New York City Frauen, die sich zum Schwimmen oder Sonnenbaden ganz ausziehen oder wenigstens den Oberkörper entblößen, deshalb häufig sexuell angegangen worden sind, suchen sie jetzt bevorzugt den Schwulenbadestrand Jacob Riis Park auf. Aber auch dort sind sie keineswegs sicher, denn der Strand und die angrenzenden Liegewiesen werden beständig von Horden Jugendlicher und von Männern jeglichen Alters durchstreift, sogenannten »hunting parties«, deren Mitglieder die Hälse recken, um den nackten Frauen zwischen die Beine und auf die Brüste zu glotzen, ihnen obszöne Kommentare zuzurufen oder sie auf handfestere Weise sexuell zu belästigen. Im seichten Wasser stehen außerdem ganze Gruppen Homosexueller, die darauf lauern, daß junge Männer vor dem Schwimmen ihre Badehose ausziehen.[443] Seit den achtziger Jahren sieht man während des Karnevals in Rio, Bahia und den anderen großen Städten Brasiliens immer häufiger junge Frauen, die auf den Straßen ihren Oberkörper entblößen oder sich sogar ganz nackt ausziehen – und dies, obwohl es von Jahr zu Jahr immer mehr Zwischenfälle gibt: Die betreffenden Frauen werden an den Brüsten und Genitalien betatscht und gelegentlich sogar in eine Ecke gedrängt und dort vergewaltigt, Handtaschen werden ihnen aus den Händen und Ringe von den Ohren gerissen, wobei es oft zu schmerzhaften Verletzungen kommt. Nach einem populären Spruch ist in dieser Zeit alles möglich (*vale tudo*), und mitunter üben Frauen, vor allem jedoch homosexuelle Männer, in aller Öffentlichkeit verschiedenste Formen von Geschlechtsverkehr aus, was wiederum andere zu sexuellen Handlungen und Übergriffen animiert.[444]

Auch in den öffentlichen Bädern vieler deutscher Großstädte wird tagtäglich so vielen jungen Frauen und Mädchen zwischen die Beine und an die Brüste gefaßt, und es werden so häufig Buben sexuell belästigt, daß als Badegäste getarnte Polizeifahnder auf regelmäßigen Streifen patrouillieren.[445] In den vollgestopften U-Bahnzügen der japanischen Millionen-

19 Plakat in der U-Bahn von Tōkyō, 1999.

städte erleben es immer mehr Frauen, daß eine Hand sich unter ihren Rock und die Unterhose schiebt, doch die meisten der jungen und unerfahrenen Opfer nehmen dies aus Angst und Scham hin (Abb. 19). Inzwischen sind zwar zahlreiche Polizistinnen im Einsatz, die bestrebt sind, den Sittenstrolch (*chikan*) zu verhaften, sobald sie seine Hand an ihrer Brust oder am Unterleib spüren, aber auch für sie ist es in dem Gewühl meist aussichtslos, den Täter festzuhalten.[446] Während der Nachtfahrten mit weit weniger Fahrgästen kommt es anscheinend häufig vor, daß insbesondere eingenickte Ausländerinnen davon wach werden, daß ein vor ihnen stehender Mann ihnen ins Gesicht ejakuliert.[447] Derartige sexuellen Belästigungen sind offenbar so beliebt, daß es in Sex-Clubs wie dem Tsurikawa in Tōkyō den U-Bahn-Abteilen nachgebildete Räume gibt, in denen sich als Schulmädchen verkleidete Hostessen die Brüste betasten, Finger in die Vagina einführen oder das Gesicht mit Sperma bespritzen lassen (Abb. 20).[448]

Wenn also Wouters meint, daß die heute so weit verbreiteten Formen »anonymer oder unmittelbarer Intimität« zwischen Menschen, die einander nicht kennen und keine Bindung

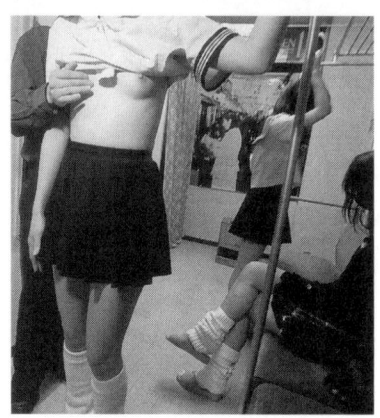

20 ›U-Bahn-Abteil‹ in japanischem Sex-Club, 1999.

zueinander haben, oder »eine schnellere« Bereitschaft zum
»Schimpfen, Fluchen« und zu »sonstigen Gewaltandeu-
tungen, besonders im Straßenverkehr, die man als eine ›an-
onyme oder unmittelbare Feindseligkeit‹ begreifen könnte«[449], Indizien für einen stärkeren Triebverzicht und damit
für den Zivilisationsprozeß im Sinne von Elias seien, dann
verwechselt er ein Gedankenkonstrukt mit der Wirklichkeit.
Denn die von den meisten Kriminalisten bezeugte zunehmende Bereitschaft vieler Menschen, etwa im Autobahnver-
kehr der *Andeutung* von Gewalt *reale* und oft mörderische
Gewalt folgen zu lassen, das sich immer weiter ausbreitende
Unvermögen, die *Eskalation* von Gewalt zu vermeiden oder
die sexuelle Erregung zu kontrollieren, wenn die Partnerin
eine weitergehende Intimität nicht wünscht[450], begründen
starke Zweifel daran, daß die Menschen in modernen, »komplexen« Gesellschaften ihre Selbstbeherrschung inzwischen
dermaßen perfektioniert haben, daß sie sich auf dieser festen
Grundlage weitgehende Lockerungen und »Informalisierun-
gen« einstmals strenger Verhaltensnormen leisten könnten.

§ 1
Der Geschlechtsverkehr in der Öffentlichkeit

In den vergangenen drei Jahrzehnten ist kaum eine Behauptung Elias' von Soziologen, Psychologen, Kulturhistorikern und anderen mehr oder weniger informierten Damen und Herren so unwidersprochen aufgenommen worden wie die, daß im Mittelalter, in der frühen Neuzeit oder in »einfachen, unentwickelteren« Gesellschaften der Geschlechtsverkehr noch nicht hinter die Kulissen des öffentlichen Lebens verbannt worden sei: »Daß Sexualität vor Kindern geheimgehalten wird, ist eine relativ späte Entwicklung. Noch im 16. Jahrhundert gab es keine derartige Mauer um die Sexualität. Kinder sahen *alles*, *nichts* wurde hinter die Kulissen geschoben.«[1] »Weder im Handeln noch im Sprechen« hätten sich damals die Menschen »eine solche Zurückhaltung« auferlegt »wie später«, ja, »*selbst die Vorstellung* der Heimlichkeit, der Intimisierung, der strengen Abschließung dieser Triebäußerungen voreinander und vor den Kindern« sei ihnen »weitgehend fremd« gewesen[2], weshalb »selbstverständlich« auch die Kinder über Sexualität Bescheid gewußt hätten, während heute »der Bann des Schweigens«, der diese Dinge im gesellschaftlichen Verkehr umgebe, »so gut wie vollkommen« sei.[3]

So heißt es etwa, »aus zahllosen Briefen, Bildern und Gerichtsdokumenten«, die freilich nicht genannt werden, gehe hervor, »wie selbstverständlich es den Menschen des Mittelalters war, auch ihr Geschlechtsleben in der Öffentlichkeit zu vollziehen«[4], und da es im Mittelalter noch keine Betten gegeben habe (!), »schliefen alle Angehörigen« einer Familie »meist nackt in einem Raum«, wobei »es niemanden störte, wenn Knechte und Mägde, die Eltern und die übrigen erwachsenen Familienmitglieder miteinander koitierten«.[5] An diesem munteren Treiben, so ein anderer Autor, hätten sich natürlich auch die »Gäste des Hauses« sowie die Kinder beteiligt, und der Geschlechtsverkehr habe »dermaßen zum gewöhnlichen Alltag« gezählt, daß er »nicht einmal sprachlich abgegrenzt werden mußte. Es gab den Begriff ›Sexualität‹ noch nicht.«[6]

Einmal abgesehen davon, daß es außerordentlich naiv ist, von der Abwesenheit eines Begriffes wie »Sexualität« darauf zu schließen, sexuelle Handlungen würden nicht als intim und privat empfunden, ist es erstaunlich, daß niemand jemals nach *Belegen* für derartige Behauptungen gefragt zu haben scheint. Denn hätte man dies getan, so wäre kaum verborgen geblieben, daß es solche Belege offenkundig gar nicht gibt und die Quellen diesbezüglich etwas ganz anderes aussagen. So kam es beispielsweise im Jahre 1471 in Chur zu einem Skandal, der die gesamte Stadt in Aufregung versetzte. Ein junger Bürger hatte nämlich ein paar Buben mit ins städtische Frauenhaus genommen, um sie dort auf unmißverständliche Weise über die »Tatsachen des Lebens« aufzuklären. Im Gefängnis sagte er später aus, er habe sich »vor den gemainen kinden vfgethan [= entblößt] vnd hon alda ain gemaine armen dirinnen [= Prostituierte] genomen und mit derselben dirnnen minen aignen bösen schantlichen mutwillen getriben angesicht der gemelten kinder vnd hon in den dingen zu inen gesprochen: Ir büben nu sechent zu wie ich thun vnd lernent, wenn ir gross werdent, das ir das antwerch och alzo kunnent«.[7] Als in einem anderen Fall ein Paar bemerkte, daß andere Personen die Geräusche ihres Geschlechtsverkehrs hörten, schämte es sich zutiefst (»do war kain feiren oder umbsichsehen mehr«)[8], und selbst ein laszives und liederliches Frauenzimmer wie Hans Holbeins Modell Dorothea Offenburg, die sich von fast jedem Mann besteigen ließ, pappte »vors Schlüssellöchli ein Papier«, wie es 1539 in den Gerichtsakten heißt, damit das Gesinde dem Geschehen nicht zusehen konnte.[9]

Bereits zu Beginn des 15. Jahrhunderts wies Gerson die Erzieher von Buben darauf hin, sie dürften unter keinen Umständen irgend etwas erwähnen, das mit sexuellen Dingen zu tun habe, weil dies ansonsten deren unschuldigen Herzen verdürbe[10], und die Zürcher Bürger wurden gar von der Obrigkeit dazu angehalten, gegenüber ihren Kindern »nit selbs mit Worten oder Geberden, fůrnemlich zu Nacht und Schlafens Zeit mit Ausziehung ihrer Kleideren bis auf dz blosse Hemd, oder auch gar mit Verůbung der ehlichen Wercken in gleicher Kammer, oder in andere Weg zu leichtfertigen Gedancken Anlas geben«.[11]

Natürlich wird es immer wieder vorgekommen sein, daß ein Kind durch Zufall Zeuge eines Beischlafs wurde, und im späten Mittelalter sind solche pikanten Szenen auch in entsprechenden Büchern bildlich dargestellt worden (Abb. 21).

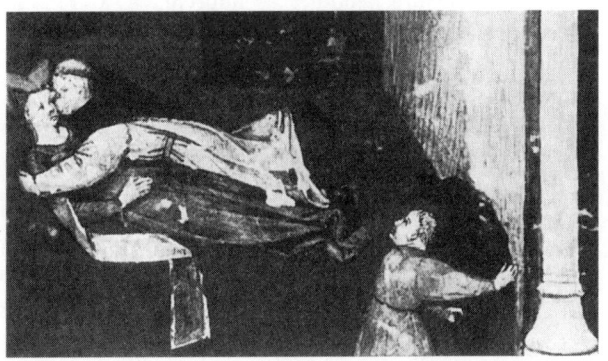

21 Kind wird Zeuge eines Beischlafs. ›Decamerone‹, 15. Jh.

Doch handelte es sich dann normalerweise um ungewollte und für die Beteiligten hochnotpeinliche Begebenheiten, selbst wenn die Kinder in den meisten Fällen gar nicht verstanden haben mögen, was sich da vor ihren Augen und Ohren abspielte. Wenn Albertus Magnus im 13. Jahrhundert feststellte, daß der Mensch sich aus Schamhaftigkeit im Gegensatz zu Tieren wie dem Hengst oder dem Hahn während des Koitus »in Schweigen hüllt, wie wenn er sich bewaffnet, um in den Krieg zu ziehen«[12], so läßt sich daraus die Vermutung ableiten, wonach damals der Beischlaf vor allem in geschlossenen Räumen möglichst lautlos vonstatten ging. Im Mittelalter bestanden die Wände der meisten Häuser nur aus verputztem Flechtwerk, in England »wattle and daub« genannt, das so dünn war, daß Einbrecher sich meist nicht erst durch die hölzerne Tür bemühten, sondern schlicht die Außenwand mit der Hand eindrückten – so beispielsweise im Jahre 1269 eine Bande in dem englischen Ort Roxton.[13] Und als in etwas späterer Zeit eine Mrs. Goodwyn in Great Coggeshall zwei Dienstboten holte, damit diese später vor Gericht bezeugen könnten, daß ein gewisser »Thomas Till and his mayde« sich »in bed together« befanden, brachen die beiden einfachheitshalber durch die Außenmauer.[14] Noch dünner und entsprechend geräuschdurchlässig waren die Zwischenwände, falls es welche gab – im frühen 14. Jahrhundert waren beispielsweise die Trennwände der größeren Bauernhäuser in der Grafschaft Foix so dünn, daß man mühelos jedes Wort verstehen konnte, das mit leiser Stimme in der Nebenkammer gesprochen wurde.[15] Aber auch die Decken der städtischen Fachwerkhäuser und die etwas dickeren Mauern zum Nachbarhaus hatten für gewöhnlich Ohren. So beleidigte etwa im Jahre 1629 in London ein Mann seine Nachbarin damit, daß er ihr zurief, er höre sehr häufig verdächtige Quietschgeräusche ihres Bettes: »Thou art a private Queane [= Hure] a base queane and thou keepest a private knave in thy house or els thy bed would not goe jigge and jogge so often as it doth.«[16] Um dieselbe Zeit hörte auf der anderen Seite des Ozeans ein Zeuge durch die Decke, wie eine Frau ihrem zudringlichen Ehemann sagte, »she would get out of the bed and lye on the floor«, wenn er sie nicht in Ruhe lasse. Und noch im Jahre 1785 sagten in einem Prozeß vor der kleinen Strafkammer von Paris die Nachbarn eines jungen Mädchens aus, sie hätten deutlich mitbekommen, wie das Mädchen und ihr Liebhaber einander »überall begrapschten«, »sie sich in der Kammer liebten, sogar, wie das Bett an die Trennwand stieß und das Mädchen ausrief: nimm dir deine kleinen Freuden, mein Kleiner, ich sterbe für deine schönen Augen!«[17] In Deutschland warnte damals der Pädagoge Salzmann die Eltern davor, mit ihren kleinen Kindern »in *einer* Kammer« zu schlafen: Vater und Mutter wähnten dann häufig irrtümlicherweise, die Wichte seien eingeschlummert, »da sie vielleicht doch munter sind, und die kleinste Bewegung ihrer Eltern hören. Auch schallt der geringste Laut deutlich in der Nacht durch dünne Wände. Auch in Städten, wo sehr enge Gassen, ist es möglich, daß man das kleinste Geräusch hören kann, das in der gegenüberliegenden Kammer gemacht wird.«[18] Die Piro im peruanischen Tiefland nannten bezeichnenderweise den Koitus »Den-Fußboden-aus-Palmbast-zittern-lassen«[19], und in Japan, wo das den Beischlaf belauschende Kind seit vielen Jahrhunderten Gegenstand pornographischer Illustrationen ist (Abb. 22), führten die extrem dünnen Zwischenwände der Bauernhäuser dazu, daß der nächtliche Koitus in aller Eile und lautlos durchgeführt wurde.[20]

22 Kind hört Beischlafgeräusche.
Holzschnitt von Koryusai Isoda, um 1770.

Soweit es sich historisch zurückverfolgen läßt, war es bei den Juden völlig undenkbar, daß sich die kleinen Kinder eines Paares in dem Raum aufhielten, in dem der elterliche Geschlechtsverkehr stattfand, und es hieß auch, kein »lebendes Wesen« dürfe Zeuge dieses Aktes werden. Bereits in der babylonischen Zeit gab es lange Diskussionen darüber, ob der Begriff »Wesen« *alle* Tiere umfaßte oder ob man beispielsweise Stubenfliegen und Stechmücken ignorieren könne. Jedenfalls suchten das ganze Mittelalter hindurch bis in unsere Zeit zahllose Ehepaare vor dem Beischlaf erst einmal die ganze Kammer ab, ob sich nicht doch in irgendeiner Ritze ein Tierchen versteckt hielt.[21]

Zwar waren die Juden in dieser Hinsicht recht extrem, doch vermieden es normalerweise auch die Nichtjuden, im Beisein von Kindern miteinander zu schlafen. Taten sie es aber doch, wußten selbst ältere Kinder häufig nichts mit dem Erlebten anzufangen. So konnte sich z. B. Rousseau noch als junger Mann nicht erklären, was das Stöhnen des Paares, bei dem er im Raum übernachtete, dessen heftige Bewegungen und das Quietschen ihres Bettes bedeuten konnten: »Was Frau Sabran, seine Gattin anbetraf, so war sie eine ganz wackere Frau, welche sich jedoch tagsüber weit ruhiger als in der Nacht verhielt. Da ich mit ihnen stets in einem Zimmer schlief, erweckten mich ihre geräuschvollen Schlaflosigkeiten oft, und würden mich noch weit wacher gemacht haben, wenn ich ihre Veranlassung begriffen hätte. Aber ich ahnte sie nicht einmal und befand mich, was dieses Kapitel anbelangt, überhaupt in einer Unwissenheit, welche der Natur allein alle Sorge um meine Belehrung überließ.«[22]

Beschlief indessen ein Mann seine Frau aus Mutwillen oder einfach aus Achtlosigkeit vor Kindern, dem Dienstpersonal oder vor seinen Saufkumpanen, dann konnte ihn dies teuer zu stehen kommen. So wurde beispielsweise im Jahre 1640 in Neuengland ein Mann von einem Gericht wegen »unmenschlicher Behandlung« seiner Frau streng bestraft, weil »he could not keepe from boys and servantes, secrete passages betwixt him and his wife about the maryage bedd«, und im alten England ging 1672 Lady Ann Boteler mit zweiundzwanzig Zeugen vor Gericht, nachdem ihr Gatte, Sir Oliver, sie zunächst entkleidet hatte und sie dann nötigen wollte, in Anwesenheit der Dienerschaft mit ihm zu schlafen, was allgemein als ein perverses und schockierendes Verhalten emp-funden wurde.[23]

Zwar war es gelegentlich üblich, in Impotenzprozessen den fraglichen Ehemann vor vereidigten älteren Frauen oder Hebammen die Penetration seiner Frau versuchen zu lassen, doch galt diese Praxis weithin als äußerst bedenklich, und der Jurist Tomás Sanchez bezeichnete sie als eine »res turpissi-ma«, könnten dabei doch, abgesehen von der generellen Schamlosigkeit eines solchen Vorgangs, die anwesenden Matronen trotz ihres Alters sexuell erregt werden, und schließlich sei es sehr wahrscheinlich, daß der Mann aus Scham erst gar keine Erektion bekommen oder diese nicht lange aufrechterhalten könne (»forte prae pudore membrum virile contraheretur, nec ad coitum erigi posset«). Nachdem im Jahre 1595 Magdeleine de la Chastre kurz nach der Hoch-zeit ihren Mann, den Baron d'Argenton, wegen Impotenz verklagt hatte, ergab eine ärztliche Untersuchung, daß der Herr zwar einen Penis besaß, doch einen, der »sehr viel kür-zer« war »als bei Männern üblich«; und er verfügte auch über einen Hodensack, aber unglücklicherweise über einen »ohne Kügelchen«. Trotzdem behauptete d'Argenton weiter, po-tent zu sein, und verlangte den »congrès« vor Zeugen, was das Gericht jedoch mit der Begründung ablehnte, ein Bei-schlafversuch vor anderen Personen verletze das Scham-gefühl der Frau.[24]

Wie verhielt es sich diesbezüglich in den »einfachen« oder, wie Elias sagt, in den »weniger entwickelten« Gesellschaf-ten? Wird nicht immer wieder behauptet, »Westermarck, Ploss, Malinowski und andere« hätten entdeckt, was »zum Teil seit dem 17. Jahrhundert bekannt, aber unbeachtet geblieben« sei, daß nämlich »die primitiven Völker die Öffentlichkeit bei ihren sexuellen Handlungen nicht scheu-en«?[25] Oder »ethnologische Studien« hätten ergeben, daß sich der »Geschlechtsakt und Geburtsvorgang bei manchen Naturvölkern in der Öffentlichkeit« vollzögen, was bewei-se, daß »das, was als Intimsphäre erlebt wird«, variabel »und stets das Ergebnis bestimmter Sozialisations- und Erziehungsprozesse« sei?[26]

Die Behauptung, bei »manchen Naturvölkern« finde der Beischlaf vor aller Augen statt, entstammt freilich nicht irgendwelchen »ethnologischen Studien«, und auch die genannten Ethnologen haben nirgendwo dergleichen beobachtet. Vielmehr lassen sich solche Behauptungen vorwiegend auf mißverstandene Berichte aus der Feder von Südsee-Reisenden des 18. Jahrhunderts zurückverfolgen, die Zeugen eines »Quickies« zwischen europäischen Seeleuten und polynesischen leichten Mädchen oder eines rituellen Beischlafs geworden waren. Der bekannteste unter solchen Berichten war zweifellos der Kapitän Cooks, welcher auf Tahiti einem rituellen Koitus beigewohnt hatte, der für Kultbünde wie den der Arioi typisch war. Veranstalterin dieses zweifelhaften Spektakels war eine auf der Insel übel beleumundete Frau namens Oberea, und die Akteure waren ein junger Mann und ein Mädchen, die sich vor lauter Scham und Peinlichkeit dieser Aufgabe überhaupt nicht gewachsen zeigten.[27] In Europa verbreitete sich freilich die Nachricht, auf der Insel der Liebe finde diese in aller Öffentlichkeit statt, wie ein Lauffeuer, und der Gelehrte William Alexander schrieb, die Frauen von Otaheite ließen nicht allein »ohne Schamhaftigkeit und Widersetzlichkeit jeden Teil ihres Körpers bloss sehen«, vielmehr unterschieden sie sich von allen anderen Frauen auf der Welt und »sogar von den weibchen der mehrsten Tierarten« darin, »dass sie öffentlich diejenigen Gebräuche vollziehen, welche in jedem andern Teile der Erde, und beinahe von allen Tieren, geheim und in der Einsamkeit vollzogen werden«. Die große Frage sei jedoch, »ob dieses eine Wirkung der Unschuld oder eine Zügellosigkeit der Sitten« sei, »zu welcher es bis jetzt noch kein anderes Volk gebracht hat«.[28]

Fraglos war indessen, daß die »Zügellosigkeit der Sitten« in gewissen englischen Kreisen alsbald Imitatoren der vermeintlichen Südsee-Libertinage auf den Plan rief. So versandte beispielsweise im Jahre 1773 Charlotte Hayes, die Wirtin eines bekannten Nobelbordells am King's Place, Pall Mall, ihren Stammkunden die folgende Einladung: »Mrs. Hayes commends herself respectfully to Lord – and takes the liberty of advising him that this evening at 7 o'clock precisely 12 beautiful nymphs, spotless virgins, will carry out the famous Feast of Venus as it is celebrated in Otaheite, under the instruction and leadership of Queen Oberea (which role will be taken bay Mrs. Hayes herself).« Dreiundzwanzig Gentlemen, darunter fünf Mitglieder des Unterhauses, leisteten der Einladung Folge. Für die »Defloration« der »makellosen Jungfrauen«, die in Wirklichkeit Bordellhuren und Straßenstricherinnen waren, hatte die Puffmutter im Hafen ein paar Seemänner aufgegabelt, aber auch einige der Gentlemen unterzogen sich vor aller Augen dieser Aufgabe.[29] Derartige Veranstaltungen und die Bereitschaft so vieler Frauen, sich für Geld oder materielle Vorteile sexuell benutzen zu lassen, und zwar nicht selten in irgendeiner Seitengasse gegen die Hauswand gelehnt, versetzten in der Folgezeit immer wieder Menschen aus der Südsee, die Europa bereisten, in Erstaunen, so z.B. einen Polynesier, der

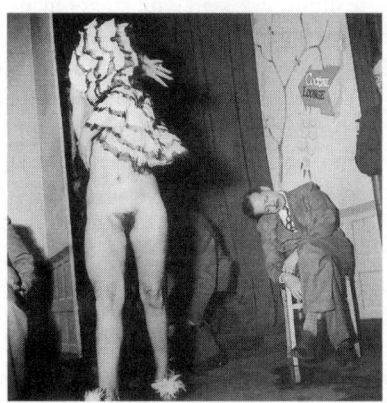

23 Deutsche Hausfrau im Darmstädter ›Officer's Club‹.
Photo von Tony Vaccaro, 1948.

im Jahre 1947 nach Deutschland kam und der anschließend berichtete: »The *frauleins* were very forward, and I felt that even our women of the lowliest rank would not have made a commodity of themselves like this.«[30]

Aus sämtlichen Quellen geht hervor, daß sich die Südsee-Insulaner im allgemeinen und die Polynesier im besonderen bei der Durchführung des Koitus stets der größten Diskretion befleißigt haben, und marquesanische, mangaiische und tonganische Informanten sagten übereinstimmend, sie hätten als Kinder vom Beischlaf ihrer Eltern oder Verwandten nie auch nur das geringste mitbekommen.[31] Dies wird auch von Ethnologen bestätigt, die darauf hingewiesen haben, sie hätten auf den Samoa-Inseln selbst in den überfülltesten Hütten kein einziges Mal irgendein Anzeichen eines dort stattfindenden Geschlechtsverkehrs bemerkt.[32] Was für den ehelichen Koitus galt, war für den vorehelichen erst recht verbindlich: So existierte auf dem Rakahanga-Atoll im nördlichen Cook-Archipel der *motoro* genannte Brauch, der darin bestand, daß ein junger Mann mitten in der Nacht in die Hütte eines von ihm verehrten Mädchens schlich, um mit ihr zu schlafen. Beim Geschlechtsverkehr gaben sich die beiden die größte Mühe, daß kein Laut zu hören war und keine Vibrationen entstanden: Ganz sachte und mit vielen Unterbrechungen bewegte sich das Paar hin und her, denn wäre jemand in der Hütte aufgewacht, so hätten nicht nur der Vater und die Brüder des Mädchens den Ertappten verprügelt, vielmehr wäre er dann eine Figur gewesen, über die das ganze Dorf gelacht hätte. Dieses Risiko war vielen jungen Männern zu groß, weshalb sie das »Nachtkriechen« gar nicht erst versuchten.[33]

Zwar gab es in der Tat auf Tahiti einst einen *hieros gamos*, bei dem auch andere Personen zugegen waren, doch sollte man zum einen beachten, daß solche rituellen sexuellen Handlungen etwas völlig anderes darstellten als den gewöhnlichen Geschlechtsverkehr, sei er nun ehelich oder außerehelich. Und zum anderen darf man nicht vergessen: Die *Existenz* solcher Bräuche beinhaltet keineswegs, daß diese schamfrei und nicht mit intensiven Peinlichkeitsgefühlen besetzt gewesen sind.[34] Wie bereits erwähnt, war nach Aussage Kapitän Cooks das tahitianische Paar dermaßen schamerfüllt, daß eine Penetration nicht möglich war, und der promiskuitive Beischlaf beim Vegetationskult gewisser australischer Aborigines fand vorsorglich so statt, daß niemand währenddessen beobachten konnte, wie es der Ehemann oder die Ehefrau mit ihren fremden Partnern trieben.[35] Obwohl die bulgarischen Róm als sehr prüde galten – so sah für gewöhnlich ein Mann seine Frau nicht einmal beim Koitus nackt –, war es üblich, daß nach der Hochzeitsnacht der Blutfleck auf dem Bettlaken öffentlich gezeigt wurde. Doch hieß dies mitnichten, die ganze Angelegenheit wäre nicht außerordentlich peinlich gewesen, und so erzählte auch eine alte Frau, während dieser Zurschaustellung habe sie die schrecklichste halbe Stunde ihres Lebens durchgemacht.[36] Bei der Initiation der Lozi-Mädchen am oberen Sambesi brachte man diesen früher das Kreisenlassen des Beckens als Koitustechnik bei und perforierte auch ihr Hymen, aber allem Anschein nach wurde beides von den Mädchen als zutiefst beschämend empfunden: »Es machte mich krank«, erinnerte sich eine Frau, »es war so ekelhaft! Ich weinte bereits, wenn ich nur daran dachte, und ich ging anschließend auch nie mit Männern.«[37]

Wenn schon Plinius behauptete, die Elefanten kopulierten aus Scham nie vor den anderen (»pudore numquam nisi in abdito coeunt«[38]), so haben Reisende und später Ethnologen durchweg dasselbe von Menschen in »einfachen« Gesellschaften aller Weltgegenden berichtet. Schon um die Mitte des 16. Jahrhunderts trat Hans Staden nach seiner Gefangenschaft bei den Tupinamba dem entgegen, was anscheinend in der frühen Neuzeit über den Sex der Wilden geglaubt wurde, indem er konstatierte: »Man und Weib halten sich auch gebürlich/machen ire sachen heymlich.«[39] Und Jahrhunderte später haben sämtliche Völkerkundler, die längere

Zeit bei südamerikanischen Tieflandindianern verbracht hatten, dies bestätigt. So berichtete Pierre Clastres, er habe bei den Aché, die den Koitus nachts in ihren Hütten vollziehen, niemals »le moindre soupir d'abandon« vernommen, obgleich er stets mitten unter ihnen schlief[40], und ein Angehöriger der Mehináku, die von jedem einzelnen eine enorme Selbstkontrolle fordern und die normalerweise beim Koitus keinen Muckser von sich geben, sagte zu dem amerikanischen Ethnologen: »Du kennst doch Maiyaku? Nun, er schreit, wenn es ihm kommt!!! Die Frauen haben's mir erzählt. Ich möchte nicht so sein wie Maiyaku. Er ist ein Hinterwäldler und ein Idiot!«[41]

Am Hagenberg in Neuguinea »starb man vor Scham« *(pipil korimon)*, wenn man beim Koitus von irgend jemandem gesehen oder gehört wurde, weshalb er *ukl kit*, »die schlechte Verrichtung«, genannt wurde – nicht weil er unmoralisch, sondern weil er als absolut privat und intim galt, so daß derjenige, welcher zufällig sein Zeuge wurde, ebenso beschämt war wie die ihn Ausübenden. Als bei den Busama am Huon-Golf einem Mann während eines Streites ins Gesicht geschleudert wurde, er sei beim Beischlaf mit seiner Frau gesehen worden, erfüllte ihn so tiefe Scham, daß er einen Selbstmordversuch unternahm.[42] Und die Baruyafrauen sagten den Initiandinnen, sie sollten nach der Eheschließung ihren liebeshungrigen Männern nicht zuviel Widerstand entgegensetzen, denn »man wird es sonst hören, und er wird sich vor Scham aufhängen«.[43]

Die Hutu und die Tutsi in Burundi ließen ihre Kinder nur so lange bei sich schlafen, wie sie dachten, »daß sie noch nicht verstehen«, also bis zum Alter von etwa drei Jahren, während bei den Nyakyusa am Njassasee ein Junge im Alter von etwa zehn Jahren sogar in einem anderen Dorf wohnen und schlafen mußte. Blieb er dennoch weiterhin bei seinen Eltern, wurde er von den Jugendlichen ausgelacht und gehänselt. »Wenn er daheim schläft«, so sagte man, »hört er, was seine Eltern nachts miteinander reden, und die Nacht ist voller geiler Worte; möglicherweise sieht er gar, wie sein Vater und seine Mutter sich ausziehen!« Oder sie beschämten ihn mit der Frage: »Schläfst du bei ihnen, um die schlechten Dinge deines Vaters und deiner Mutter mitanzusehen? Vielleicht denken sie, du schläfst, aber du kannst sie sehen!« Und mochte der Bub auch nicht ganz verstehen, was mit den »schlechten Dingen« gemeint war, die seine Eltern angeblich miteinander trieben, so war ihm das Gerede doch unendlich peinlich.[44]

Damit sie nicht eventuell Zeugen des nächtlichen Beischlafs der Eltern wurden, sandten die Muria ihre Kinder im Alter von fünf bis sieben Jahren, »wenn sie verstehen, was ›es‹ ist«, in das *ghotul* oder gemeinsame Schlafhaus der Jugendlichen (Abb. 24), wo diese auch ihre ersten sexuellen Erfahrungen machten. Dabei gaben die Erwachsenen vor, nicht zu wissen, was sich dort ereignete, und die Jugendlichen bemühten sich redlich, sie in diesem »Nichtwissen« zu bestärken. Freilich war das *ghotul* entgegen den wilden Vorstellungen der benachbarten Hindus alles andere als ein Ort der Ausschweifungen und hemmungslosen Libertinage. Vielmehr waren die Jugendlichen sehr darauf bedacht, daß ihre Mitbewohner

24 Ghotul der Muria von Malakot.

nicht allzu viel von ihren ohnehin sehr moderaten Aktivitäten mitbekamen und über allem stets der Schleier der Dunkelheit lag. »Eine *motiari* [= Ghotulmädchen] zu haben«, so einer der Bewohner, »ist wie von geborgtem Geld zu leben. Du bist stets wachsam und hast Angst davor, jemand achtet auf das, was du tust. Aber mit deiner Ehefrau zu Hause: Du kannst ihr sagen, sie soll sich hinlegen, sie soll sich hinstellen. Du kannst sie von vorne nehmen oder von hinten. Sie ist wie eine reiche Ernte, von der du soviel essen kannst, bis du satt bist!«[45] Dagegen verlief der eheliche Koitus der hinduistischen Inder, die keine Jugendschlafhäuser kannten, weniger befriedigend. Nach einer Umfrage hatten die meisten Inderinnen wegen der kaum vorhandenen Intimsphäre nur sehr selten Sex mit ihrem Mann[46], und ein Inder aus Trinidad erklärte: »Long ago the couple couldn't have a good time in the house. If you want to have sex and thing you had to thief it. You go with the wife to cut grass. Is so you have a little free time. When you coming back you come back like a real *babulal*, that is, a foolish fellow; like you didn't do anything. Long ago when you sleeping in the room with your wife, and if you want to talk, it must be mouth inside ear. As soon as you say, ›Turn this way, girl‹, and the bed make a little creak, immediately the old man would say, ›What all you getting on with? *Kabheil! kabheil!* What's happening?‹«[47]

Ähnlich verhielt es sich bis in die jüngste Zeit in den europäischen ländlichen Gegenden oder in beengten Verhältnissen der Großstädte. Noch in den zwanziger Jahren des vergangenen Jahrhunderts wußten die Walliser Bauernsprößlinge nicht, woher die Kinder kamen oder wie sie entstanden, und obwohl sie bei ihren Eltern schliefen, bekamen sie von deren sexuellen Beziehungen nichts mit. »›Aufgeklärt‹ sind wir nicht worden«, so eine Bergbäuerin aus dem Iseltal in Osttirol, »keines von den Geschwistern. So was hat man nicht gekannt, das hat man von selber erfahren mit der Zeit. Wir haben auch nie etwas gesehen zwischen Vater und Mutter.«[48]

Noch im 19. Jahrhundert schliefen in der Herzegowina sämtliche Mitglieder eines bäuerlichen Haushalts in einem einzigen großen Raum, und zwar voll bekleidet, die Männer und Buben auf der einen und die Frauen und Mädchen auf der anderen Seite. »Meine Eltern«, so berichtete damals ein Mann, »haben eine ganze Reihe von Kindern gehabt, aber niemand würde zu sagen wissen, auf welche Weise und unter welchen Umständen sie dazu gekommen sind.« Wenn alles schlief, mußte offenbar der Hausvater versuchen, zur Frauenseite zu schleichen und dort seine Frau mit einem leichten Zwicken zu wecken, um mit ihr einen kurzen und lautlosen Beischlaf durchzuführen. Sollte freilich dabei eine der anderen Frauen aufwachen, wurde er mit Schimpf und Schande auf die Männerseite zurückgejagt.[49]

§ 2
Mythen vom wilden Sex der Wilden

Da in den Siedlungen »einfacher« Gesellschaften Privatheit stets ein äußerst knappes und daher auch wertvolles Gut war, fand der Beischlaf nicht selten draußen in der Wildnis oder im Viehstall statt, wo die Chance, in flagranti gesehen zu werden, wesentlich geringer war.[1] So schliefen die schwedischen Bauern bis weit ins 20. Jahrhundert hinein mit ihren Frauen nicht im Hause, sondern im Stall, in der Scheune im Heu oder unter freiem Himmel, also dort, wo sie sich unbeobachtet fühlten. Als die Leute in den dreißiger Jahren erstmalig Spielfilme mit Bettszenen sahen, waren sie deshalb sehr überrascht, denn die Betten waren doch, wie ein alter Bauer es ausdrückte, »zum Schlafen und nicht zum Ficken« da.[2] Weil auf der Insel Tory im Norden Irlands um diese Zeit die Frischvermählten kein eigenes Haus erhielten, sondern fast immer mit den übrigen Hausbewohnern im großen Hauptraum übernachteten, vollzog das junge Paar die Ehe meist nachts auf dem Feld: Das Ganze ging dann sehr schnell. Hastig führte der Mann den Penis ein und ejakulierte praktisch auf der Stelle – ein Verfahren, das die Frauen unbefriedigt ließ und vielleicht dazu beitrug, daß die Männer der Insel im besonderen wie die Iren im allgemeinen über Generationen hinweg von ihren Frauen als »lousy lovers« bezeichnet wurden.[3]

Bei den Kadar, einer Wildbeutergesellschaft im südwestlichen Indien, fand der Geschlechtsverkehr dagegen nie nachts statt, denn zum einen gab es während der Übernachtungen unter Blätterschirmen und Felsvorsprüngen keine ausreichende Privatsphäre, und zum anderen wäre eine nächtliche Liebestour in den Dschungel viel zu gefährlich gewesen. Deshalb forderte ein Mann morgens seine Frau ganz beiläufig auf, mit ihm in den Wald zu gehen, »um dort Brennholz zu sammeln«, und niemandem, der bei Verstand war, wäre es eingefallen, die beiden dabei zu begleiten.⁴ Wenn eine Frau der Hasupuweteri, einer Untergruppe der Yanomamö, zum Ausdruck bringen wollte, daß ihr Mann keine Lust mehr hatte, mit ihr zu schlafen, sagte sie bezeichnenderweise »Er nimmt mich nicht mehr zum Sammeln mit« oder »Er geht nicht mehr mit mir angeln«.⁵ Die Schlafquartiere in den Zedernholzhäusern der kalifornischen Hupa-Yurok waren nach Geschlechtern getrennt, weshalb der Beischlaf sich bei fast allen Paaren auf eine einzige Saison beschränkte, nämlich auf den Herbst, wenn die Familien ihre Siedlung verließen, um in einer anderen Gegend die Eicheln abzuernten. Dann übernachteten Männer und Frauen gemeinsam unter freiem Himmel oder primitiven Windschirmen, was zur Folge hatte, daß alle Kinder stets etwa zur selben Zeit geboren wurden.⁶

Die Jatmül schliefen am liebsten in ihren Gärten miteinander, da diese einer der ganz wenigen Orte waren, wo die Paare sich alleine fühlten: »Niemand sieht, was sich hinter den Hecken der Yamspflanzen und den Zuckerrohrstengeln abspielt. Ist eine Frau im Garten und ein Mann kommt auf dem Weg daher oder umgekehrt, taucht unweigerlich die sexuelle Phantasie auf, es miteinander zu treiben.«⁷ Die Paare der Achuar, einer Gruppe der nordöstlichen Jívaro, schliefen aus Schamgründen nur auf gemeinsamen Jagdausflügen in den Urwald miteinander, wobei offenbar sowohl der Jäger als auch seine Frau durch das Töten der Beute ganz besonders sexuell stimuliert wurden.⁸ Die Yafar in Neuguinea gingen nicht nur deshalb in den Wald, weil selbst kinderlose Ehepaare befürchteten, durch die dünnen Hüttenwände bekäme jeder ihren Beischlaf mit, sondern weil der Sex als etwas Animalisches empfunden wurde, das seinem Wesen nach nur in der Wildnis stattfinden konnte.⁹ Auch bei den Etoro im Hochland galten sexuelle Handlungen als antisoziale Verhaltensweisen, die nicht in kultivierte Gebiete wie das Dorf oder die Gärten gehörten. Deshalb vertrieben die Frauen mit Steinwürfen sogar die Hunde, wenn diese ein sexuelles

Interesse aneinander bekundeten. Freilich war der Sex im Busch nicht entspannend und genußvoll, denn es hieß, daß die Todesotter, die in jedem Gebüsch lauern konnte, Anstoß am Kopulationsgeruch nahm und deswegen zubiß.[10]

Zwar gab es auch Gesellschaften, in denen der Beischlaf in der Wildnis ausdrücklich verboten war, aber der Grund dafür war der, daß er die dort lebenden Geister beleidigt und beschämt oder sexuell erregt hätte. Bei den Lelet in Neuirland wäre ein Waldgeist (*lagas*) durch ein im Wald koitierendes Paar oder eine nackt badende Frau mit einiger Wahrscheinlichkeit dermaßen stimuliert worden, daß er den Übeltätern gefolgt und sie gewaltsam beschlafen hätte. Krankheit und Tod wären die Folge gewesen.[11] Bei den Beng an der Elfenbeinküste wie in zahlreichen anderen afrikanischen Gesellschaften[12] war jeglicher Sex im Urwald verboten, weil er die Erdgeister schockierte, die sich mit ausbleibendem Regen und einer eventuellen Fehlgeburt rächten.[13] In solchen Gesellschaften war die Wildnis der Ort, an dem gelegentliche Vergewaltigungen stattfanden, wie etwa bei den Igbo, wo junge Männer bisweilen als stolz und arrogant geltenden Frauen im Busch auflauerten, um sie durch einen gewaltsamen Koitus zu erniedrigen.[14]

In welcher Form aber wurde die Sexualität unter den Bedingungen minimaler Privatheit, wie sie in den Hütten und Häusern der Menschen in vergangenen und »einfachen« Gesellschaften vorherrschten, ausgelebt? In dieser Hinsicht haben die Europäer vor allem in den letzten hundert Jahren die wildesten Phantasien entwickelt und sich Bilder eines uneingeschränkten, lustbetonten Sexuallebens ausgemalt, die zur Stützung ›emanzipatorischer‹ aber auch ›konservativer‹ Ideologien benutzt werden konnten. So schrieb z.B. im Jahre 1935 der Psychoanalytiker Wilhelm Reich, die »Sexualverdrängung« sei ein Produkt des Zivilisationsprozesses und deshalb typisch für die moderne Gesellschaft: »Die Primitiven haben ihre volle sexuelle Erlebnisfähigkeit, die ›Zivilisierten‹ können zu keiner Sexualbefriedigung gelangen, weil ihre Sexualstruktur durch die infolge der Erziehung erworbenen moralischen Hemmungen neurotisch zersetzt ist.« Dies erkenne man vor allem daran, daß die Männer in der heutigen bürgerlichen Gesellschaft »im Verhältnis zu dem von moralischen Hemmungen unbeschwerten Primitiven zu früh zum Orgasmus kommen«.[15] Und auf ähnliche Weise und mit ähnlicher Intention verlautete vierzig Jahre später Jos van Ussel, »von Sinnlichkeit oder Sensualität versteht der westliche Mensch nicht viel« – er interessiere sich nur für die Geschlechtsorgane der Partnerin oder des Partners und lasse jeden anderen Teil des Leibes aus.[16] Um die Mitte der zwanziger Jahre schrieb zwar ein Befürworter öffentlicher Nacktheit und Sexualbefreiung, »die *Ausübung* des Sexualtriebes« solle auch weiterhin »unter Ausschluß der Öffentlichkeit« stattfinden, denn »mit Negergepflogenheiten« könne er sich nun »doch nicht gut befreunden«.[17] Doch sei immerhin von den Negern, den Asiaten oder den Südseeinsulanern zu lernen, wie ein unbefangenes und unverkrampftes Verhältnis zur Lust und Sexualität zurückzugewinnen wäre. Oder, so um diese Zeit der norwegische Professor Wieth-Knudsen, diesmal ein Anti-Feminist: »Wer weiß, wie peinlich und entwürdigend es für höherstehende männliche Naturen ist, auf den Verkehr mit den vielen sexuell anästhetischen« westlichen »Frauen angewiesen zu sein, der wird verstehen, daß der aus den Tropen heimkehrende Europäer die Malaiin, Polynesierin oder Japanerin, die vor Freude laut aufschreien, wenn er sie nur mit der Hand berührte, als Geliebte entschieden der eiskalten weißen Frau vorzieht, die sein erotisches Entzücken nur mit Verachtung betrachtet. Und dieses Unrecht begeht die Frau am Manne, wenn sie sich einbildet, daß sie gerade aus diesem Grunde ein ›höheres‹ Wesen sei als der Mann.« Und um die sexuelle Temperatur der zivilisierten Frau zu veranschaulichen, zitierte er eine Zürcherin, die ihrem Pfarrer gestanden habe: »Das Geschlechtliche wäre mir ganz gleichgültig; nur ärgert es mich, daß man nicht gleichzeitig dabei Strümpfe stricken kann.«[18]

Lassen wir all diese Wunschvorstellungen vom ›exotischen Sex‹ beiseite und betrachten die nüchterne Wirklichkeit, so bietet sich indessen ein ganz anderes Bild. Bei den Sambia in Neuguinea beispielsweise klagten die Frauen darüber, daß ihre Männer so schnell »kommen«, und die Männer erklärten ihrerseits: »Je schneller du rein- und rausgehst, um so besser bist du!« Die älteren Männer der Gimi brachten den Jungen während der Initiation bei, sie sollten sich, wenn sie mit einer Frau schliefen, nicht allzusehr dabei aufhalten: »Spreize nicht ihre Beine. Sag ihr, daß sie das selber tun soll. Ein Mann legt nicht die Hand an seinen Penis. Deine Frau soll deinen Penis nehmen und bei sich hineinstecken. Und wenn du ejakulierst, stirb nicht auf ihr! Steh schnell wieder auf! Wenn du auf einer Frau schläfst, wirst du schnell altern. Du fängst an zu keuchen wie ein Greis. Faß nicht die Möse einer Frau an. Sie ist ein riesiges Maul! Wenn du eine Möse berührst und dann deine Nahrung anfaßt, wirst du sterben. So lauten die Warnungen der Ahnen.«[19] Auf Ulithi dauerte der Koitus so lange, wie der Mann zur Ejakulation brauchte, und keiner gab sich irgendwelche Mühe, der Partnerin zum Orgasmus zu verhelfen. Dasselbe wird von den Samoanern berichtet, wo der Koitus als »hastig und möglichst geräuschlos« beschrieben wird sowie als dermaßen lieblos, daß die Frauen »an Sex kaum Interesse« gehabt hätten.[20] Die Frauen der südostafrikanischen Fingo und Tembu beklagten sich häufig darüber, daß die Männer »nur an sich denken« und an ihren schnellen Samenerguß, und in gleicher Weise meinte eine junge Kikuyufrau, daß die Männer ihres Stammes »pump and shoot, roll over and go to sleep«. Dagegen betonten Kikuyufrauen, die mit Weißen geschlafen hatten, der Koitus mit ihnen sei sehr viel schöner und befriedigender gewesen als der mit Schwarzen: Die Weißen hätten sich viel mehr Zeit genommen, sie angefaßt und gestreichelt und ihnen insgesamt ungleich mehr Lust und Vergnügen bereitet, obwohl sie selber doch beschnitten seien.[21]

Die jungen Frauen der Aborigines von Arnhemland sagten

übereinstimmend, daß ihre Männer »too quick« seien, weshalb manche Frauen in einer Nacht mit mehreren Männern koitierten. Danach brüsteten sie sich vor ihren Altersgenossinnen damit, daß sie in einer Nacht mehrere ›Durchgänge‹ verkraften konnten: »Ja, meine Schenkel und meine Möse sind stark – schaut her, selbst nachdem ich mich gewaschen habe, läuft mir noch der Saft der Männer heraus!«[22]

Auch von den englischen Bauern der frühen Neuzeit ist überliefert, sie seien, wie es im Nuttenjargon heißt, vorwiegend »Schnellspritzer« gewesen: Die meisten hatten »eine heiße Stange« und brauchten rasche Abkühlung, was die Frauen häufig mal so eben mit der Hand besorgten.[23] Sinnbild des potenten und »heißen« Mannes war neben dem Affen der Hengst, von dem man bereits in der Antike sagte, er sei so ungeduldig, daß er oft schon sein Sperma ausspritze, bevor er die Stute bespringe, ein Thema, das später von Künstlern wie Hans Baldung Grien dargestellt worden ist (Abb. 25).[24] Noch heute erwarten manche Frauen im mediterranen Raum, daß ein wahrer Macho sein Sperma nicht zurückhält, so etwa eine lukanische Bäuerin, die einmal im Kreise ihrer Nachbarinnen stolz über ihren Mann sagte: »È valente, valente!«, »Er kommt sehr, sehr schnell!«[25]

25 Hans Baldung Grien: ›Abschlagende Stute und
ejakulierender Hengst‹, 1534.

Zwar empfahl im 16. Jahrhundert der Chirurg Ambroise Paré dem Manne, seine Frau nicht wie ein Hengst zu bespringen, vielmehr solle er sie »zuvor in seine Arme nemmen, freundlich umbfassen, erwärmen, begütigen und mit aller Holdseligkeit hin und wider kitzeln, und nicht also gehlingen, so bald ihn die Begierde ankommen, sich deß Kampffs und Anlauffs unterstehen, sondern etliche liebliche und bülerische Küß, gleich wie die Täublin, lassen vorher gehen, die Brüstlin und anders betasten, und nochmals den Handel antretten«.[26] Doch scheint der Beischlaf in der Realität meist mit großer Hast und Lieblosigkeit abgewickelt worden zu sein, für die der Mann sich wohl nur selten entschuldigte. Eine der wenigen Ausnahmen war laut einer Scheidungsprozeßakte des Jahres 1766 aus Massachusetts der Liebhaber einer verheirateten Frau namens Mary Knight. Wie Zeugen durch die Wand vernommen hatten, sagte der Mann nach dem Akt zu seiner Geliebten: »I have not made out so well as I intended to for I have fired my charge too soon«, worauf die Frau nachsichtig erwiderte: »That is no strange thing, for my Husband has done so often when he has been gone a few Nights.«[27] Sogenannte »Heuschreckennummern« waren der Normalfall, und wenn einmal ein Mann wie der Westerwälder Hirte Heinrich Schäfer im Jahre 1629 aussagte, er habe »ein ganz fe[r]del stund« mit seiner Teufelsbuhlin »schant gedriben«, bis »er mit ihr fe[r]dik worden«, so wurde dies als außerordentlich lang empfunden.[28]

Vermutlich würde ein mittelalterlicher oder frühneuzeitlicher Bauer einem Kulturhistoriker das sagen, was ein guatemaltekischer Cakchiquel-Indianer einem Forscher zu bedenken gab, daß es nämlich die Ethnologen seien, »die jederzeit ficken und einen hochkriegen könnten, daß aber er und die anderen Campesinos, die auf dem Feld arbeiten müssen, zu müde seien, um abends überhaupt etwas zu machen«.[29] Eine Frau der Quiché-Maya erklärte die Tatsache, daß die Kinder vom Geschlechtsverkehr der Eltern nichts mitbekämen auf ähnliche Weise: »Ich glaube, daß ein verheiratetes Paar nicht viel Gelegenheit hat, sein Leben zu genießen, denn wir schlafen ja immer alle zusammen in einem Raum, und wenn wir uns schlafen legen, schlafen wir gleich wie ein Stein, weil wir so müde sind. Wenn man von der Arbeit kommt, ist man oft so müde, daß man nichts mehr wissen und nicht einmal mehr essen will. Da will man nur noch schlafen.«[30]

Wenn im 12. Jahrhundert Andreas Capellanus feststellte, »das das selten geschehen mag, das die pawren sich üben in der rechten lieb vnd mynn«, da »ain solicher pawer hat kain ander freüd, dann mit der hawn, schauffel vnd phlůg vmb zugeen vnd sein arbait zetreiben. Die selb benympt ym vil seiner fleischlichen wollust«[31], so unterscheidet sich diese Beschreibung kaum von zahlreichen anderen in späterer Zeit, die deutlich machen, daß die Bauern und Bäuerinnen sich nach vierzehnstündiger harter Arbeit und der Aussicht der Frau, nach jeder Schwangerschaft bei der Geburt zu sterben, etwas Brennenderes vorstellen konnten als einen hastigen und verstohlenen Koitus in einer überfüllten Behausung. So beschrieb im Jahre 1777 der Arzt von Puy-en-Velay das Liebesleben des typischen Bauernpaares an der Oberen Loire: »Le mari revenant de son travail, harrassé de fatigue & de misère, porte tous ses désirs vers une nourriture necessaire, & le plus souvent peu abondante. Le repos, dont il a le plus grand besoin, le détourne ensuite des plaisirs, qui ne pourroient le délasser. La femme, de son côté, fatiguée des soins & des peines de la journée, après un repas frugal, dont le nourrisson emporte tout le fruit, cherche le sommeil à côté de son mari plutôt que dans ses bras. Je le dis avec certitude, leurs caresses ne font que le pur effet, de la nature, qui s'explique sur de vrais besoins, & plutôt au soulagement du corps qu'a son détriment.«[32]

Dabei fand seit den ältesten Zeiten der Koitus meist bei weitestgehender Dunkelheit statt, damit die beiden Partner nicht von anderen gesehen werden und auch einander nicht sehen konnten. »Warum«, so heißt es schon bei Plutarch, »nähert sich der Bräutigam der Braut beim ersten Mal nicht mit einem Licht, sondern im Dunkeln? Ist dies so, weil er ein Gefühl schamhaften Respekts hat, da er sie vor der Vereinigung noch nicht als die seinige betrachtet? Oder gewöhnt er sich daran, sich selbst seiner Frau schamhaft zu nähern? (ἢ καὶ πρὸς ἰδίαν προδιέναι μετ᾽ αἰδοῦς ἐθιςόμενος).«[33] Doch nicht nur bei den Griechen und Römern galt weithin als ein Sittenstrolch, wer in einem nicht verdunkelten Zimmer mit seiner zudem noch unbekleideten Frau schlief.[34] Auch die *Iggeret ha Qodesh* betonte, daß jeder am Tage ausgeübte Koitus in einem abgedunkelten Raum stattfinden müsse, »für den Fall, daß die nackte Blöße seiner Frau ihn dazu veranlassen möge, seine Frau widerlich zu finden«. Im 13. Jahrhundert verlautete der spanische Rabbiner Isaac Aboab, man dürfe »den vertraulichen Umgang« nicht »bei Licht und nicht im Beisein eines Kindes« pflegen, und sein Frankfurter Kollege Herz ben Jacob Elhanan Naphtali warnte davor, daß Lilith die Herrschaft über jedes Kind habe, das einem Beischlaf entspringe, währenddessen entweder eine Kerze brenne oder die Frau nackt sei: »Lilith, vor welcher uns der barmherzige Gott bewahren wolle, hat Gewalt über diejenigen Kinder, welche von demjenigen gezeugt werden, der sein Weib beim Scheine des Lichts beschläft, oder wenn sie nackend ist, oder wenn es ihm verboten ist, bei ihr zu liegen.«[35] Auch in zahlreichen afrikanischen oder indianischen Gesellschaften fand einst der Koitus aus Schamhaftigkeit nie am Tage statt[36], und die Buschleute der Zentralkalahari nannten den Geschlechtsverkehr der Menschen *xaéku*, »Beziehung der Nacht«, im Gegensatz zu dem der Tiere, *≠aúko*, der bei Tag und vor aller Augen durchgeführt wurde.[37]

Zwar geht aus den angelsächsischen und vielen kontinentaleuropäischen Bußbüchern des Mittelalters hervor, daß ein Mann seine Frau selbst beim Koitus nicht nackt sehen durfte[38], doch hat man solche Vorschriften meist für dem Volke fremde und von ihm kaum nachvollziehbare »Disziplinierungsmaßnahmen« gehalten, die gleichsam von außen an die damaligen Menschen herangetragen worden seien. Allerdings hatten bereits Historiker wie Georges Duby daraus, daß z. B. in der altfranzösischen Sage von Melusine Graf Raymond von Poitiers auch nach mehrjährigem Beischlaf mit seiner Frau nicht erkannt hatte, daß diese von Nixengestalt und deshalb von der Hüfte abwärts mit einem Fischschwanz ausgestattet war, gefolgert, in jenen Zeiten sei der Koitus wohl in bekleidetem Zustand ausgeführt worden.[39] Und in der Tat scheinen nicht einmal die adeligen Damen, die doch über ungleich mehr Privatsphäre verfügten als die Bäuerinnen, zum Beischlaf ihr Nachthemd ausgezogen zu haben, weshalb ein florentinischer Edelmann seine Frau nicht identifizieren konnte, als ihr Leib entblößt, ihr Gesicht jedoch bedeckt war.[40] Dementsprechend empfahl der spätmittelalterliche *frawen Spiegel* der Dame, das Hemd nur so weit zu lüften, daß der Gatte das Glied einzuführen vermochte: »Nitt heb auch zuo hoch dein klaider auff.« Ansonsten solle sie die Sache über sich ergehen lassen, und zwar so häufig, wie ihn der Hafer steche, damit er's nicht mit einer anderen treibe: »Du sollt yn mit dem leib bestan/So offt vnnd dick yn der lust übertrait/Das er nitt süch ain annder maigt.«[41] Auch der französische Autor des um 1140 entstandenen Pilgerführers *Liber S. Jacobi* bestätigte indirekt, daß es im Hochmittelalter anscheinend kaum verbreitet war, einander beim Koitus den nackten Unterleib zu zeigen, wenn er dies als eine Perversion der Navarresen schilderte und der Sodomie, also in diesem Falle dem Analverkehr, gleichstellte.[42]

Wie bereits erwähnt, war auch bei den Juden das ganze Mittelalter und die Neuzeit hindurch die Entblößung des Leibes beim Geschlechtsverkehr verpönt: »Vier Dinge haßt Gott«, so Schimeon ben Jochaj, »und auch ich liebe sie nicht: Wenn jemand beim Urinieren den Penis anfaßt, wenn man den Beischlaf nackt ausübt, wenn man Angelegenheiten zwischen Ehegatten in die Öffentlichkeit bringt, und wenn man plötzlich in sein eigenes Haus tritt, um nicht zu reden von dem, der in das Haus eines Nachbarn tritt.«[43] Gerne erzählt wurde die Geschichte von dem Mann, der aus Leidenschaft für eine Frau schwach und schwächer wurde, bis die Ärzte diagnostizierten, er würde sterben, wenn er nicht bei ihr liegen dürfe. Daraufhin entschied das Gericht: »Laßt ihn sterben!« Die Ärzte verwendeten sich noch einmal für ihn und sagten, er habe eine Überlebenschance, wenn er die Frau wenigstens nackt sehen könne, doch die Richter ließen sich nicht beirren und wiederholten: »Laßt ihn sterben! Keine jüdische Frau soll von einem Mann nackt gesehen werden!«[44] Zwar lautete vor allem in juristischen Zusammenhängen der Begriff für Koitus *gillui arayot*, »Aufdecken der Blöße«[45], doch waren mit »Blöße« lediglich die Genitalien gemeint: Seit dem Mittelalter und sehr wahrscheinlich schon viel länger trugen Männer und Frauen lange Nachthemden, die mit einem Schlitz versehen waren, durch den sich der Geschlechtsverkehr bewerkstelligen ließ, »wodurch selbstverständlich die Reizung der Geschlechtslust eine schwächere« war »und Exzesse verhindert« wurden.[46]

Auch während der frühen Neuzeit scheinen sich die meisten Paare für den Beischlaf nicht allzusehr entkleidet zu haben, und ein Paul Beurrier berichtete, daß sein Vater im 16. Jahrhundert »si chaste et si modeste« gewesen sei, »que le jour de ses noces il demanda à son épouse de cacher la nudité de ses seins«.[47] Die Gattin eines Jean de Brasseuse wiederum verlautete, sie habe von ihrem Mann zeitlebens außer seinem Hals, Gesicht, den Händen und bisweilen seinen Füßen nie etwas von ihm nackt gesehen, und auch die nicht sonderlich puritanischen Puritaner des 17. Jahrhunderts betrieben das, »what nature is ashamed of, either for the sun or any man too see«, bekleidet und im Dunkeln: Im Jahre 1678 wurden sogar eine gewisse Martha Horcely und ihr Geliebter zu der schweren Strafe von zwanzig Peitschenhieben verurteilt, weil die beiden den Koitus »in the sight of each other« durchgeführt hatten.[48]

Es hat den Anschein, daß sich die diesbezüglichen Scham- und Peinlichkeitsstandarde in der Folgezeit zunächst weder auf dem Lande noch in der Stadt wesentlich geändert haben. So erfuhr z. B. um die Mitte des 18. Jahrhunderts ein englischer Reisender im schottischen Hochland von einer Dienstmagd, »that she never was in a Bed in her Life, or ever took off her Clothes while they would hang together«, und Boswell notierte in seinem Tagebuch, nachdem er im Januar 1763 mit der Schauspielerin Louisa eine Nacht verbracht hatte: »She declined to undress before me, and begged I would retire.«[49] Um diese Zeit erschien in der *Vossischen Zeitung* ein Artikel, in dem berichtet wurde, daß in einem Dorf in der Nähe von Paris ein junger Mann seine Geliebte, eine Bäckerstochter, nötigen wollte, sich am Rande einer Steingrube vor ihm nackt auszuziehen, was sie offenbar bislang auch beim Geschlechtsverkehr noch nie getan hatte: »Sie weint und fleht auf den Knien um Verschonung; allein umsonst, sie muß der Gewalt nachgeben. Sie thut es und sagt zu dem Bösewicht: drehe dich doch herum, ich muß mich ja vor mir selbst schämen, in dieser Gestalt zu erscheinen. Der Dumkopf kehrt darauf sein Gesicht nach der Grube, und das entschlossene Mädchen stößt so herzhaft mit beyden Händen von hinten auf ihn zu, daß er in die Grube fällt.«[50] Nicht anders als einst in Europa verhielten sich auch in den »einfachen« Gesellschaften die Paare beim ehelichen oder außerehelichen Geschlechtsverkehr. Die Frauen der Borana zeigten sich vor keinem Menschen nackt, selbst nicht vor ihrem Ehemann oder vor ihrem Geliebten, und sie sagten, daß sie »lieber sterben würden«, als daß ein fremder Blick auf ihren unbekleideten Körper fiele.[51] Wenn bei den Majangir im Südwesten Äthiopiens ein Ehepaar in der Hütte »einander beilag« (*dunger agutumo*), verbrachte es aus Scham (*king*) nie die Nacht miteinander, weil im Schlaf möglicherweise der Lendenschurz des Mannes oder der Rock der Frau verrutscht wäre, so daß beide beim anderen »etwas« hätten sehen können. Auch die Dowayo in Kamerun schliefen nur bei totaler Dunkelheit miteinander, und obwohl keiner das Geringste zu sehen vermochte, behielten die Frauen zusätzlich vorne und hinten ihre Blätterbüschel an. Keine Frau durfte jemals einen beschnittenen Penis anschauen, ja, selbst die Tatsache, daß es eine Beschneidung überhaupt gab, wurde vor ihnen geheimgehalten. Wenn die Frauen indessen unter sich waren, machten sie bisweilen aus Spaß das schnalzende Geräusch nach, das entsteht, wenn der Mann im Dunkeln seine Penishülle abzieht, um in die Frau einzudringen, und das Wort für dieses Geräusch war auch der Euphemismus für »Koitus«.[52]

Bei den Kaska, Wildbeutern in British Columbia, sah in den alten Zeiten ein Mann seine Frau selbst beim Beischlaf nie nackt, weil keine Frau vor dem anderen Geschlecht jemals ihren Oberkörper, Unterleib oder die Beine entblößt hätte[53], während die nordchinesischen Bauersfrauen bis in unsere Zeit zum Koitus stets ihr vom Unterleib bis über die Brüste reichendes besticktes Seidenmieder anbehielten. Dies war offenbar eine alte Tradition, denn auf den erotischen Holzdrucken aus der Ming-Dynastie ist zu sehen, daß selbst die Kurtisanen beim Koitus nicht ihr breites Brustband, das *mo-hsiung*, ablegten.[54]

Wie wenig ›intim‹ es häufig beim Geschlechtsverkehr zuging, erkennt man auch daran, daß er sich meist auf einen rein genitalen Kontakt in völliger Dunkelheit beschränkte, so daß die Frauen manchmal ihren Partner gar nicht richtig identifizieren konnten, etwa eine junge Frau, die im Jahre 1635 wegen einer unehelichen Geburt in Halifax vor Gericht stand und sich außerstande fühlte, den Vater ihres Kindes zu benennen, denn »it was dark and she could not see his face«.[55] Bei den polynesischen Ontong-Javanern kam es bisweilen vor, daß irgendein Lustmolch nachts in eine Hütte kroch und mit einer Frau schlief, die dies in dem guten Glauben zuließ, es handle sich um ihren Ehemann. Nachdem einmal in einem solchen Falle der Mann bereits seinen Penis eingeführt hatte, griff die betreffende Frau ihm ins Haar und bemerkte, daß es kürzer war als das ihres Ehemannes. Auf der Stelle schrie sie um Hilfe, aber der Fremde entkam in den Busch.[56] Als im

Jahre 1557 in Ortenau eine Anna Katherina Kreß einem Mann zu Willen gewesen war, bemerkte sie erst im nachhinein, »dasz es nit ihr[er] gewesen und sei erschrocken«, ebenso wie 1622 in Dithmarschen eine Frau, die den Täter anschließend wegen Vergewaltigung verklagte. Im Jahre 1588 berichtete schließlich der Nürnberger Scharfrichter Frantz Schmidt von einem »bauern von herspruk, welcher mit einen andern Bauern in wirthshaus gezecht, und von der Zech auff gestanden, und zu denselben bauern weib gangen, zu nachts in der gestalt, als wer er ihr Man, unzucht mit Ir getrieben, wider aufgestanden, von ihr gangen, als die Frau Ihm nach gesehen, sie ihn erkandt, das nit ihr Man gewesen«. Der Frechdachs sollte darob mit dem Schwert gerichtet werden, doch die Strafe wurde abgemildert.[57]

Wußten die Frauen bisweilen nicht, *mit wem* sie schliefen, bemerkten die anderen Personen im Raum meist nicht, *daß* überhaupt ein Beischlaf neben ihnen stattfand, ja, sie bekamen es oft nicht einmal mit, daß eine Frau im selben Raum ein Kind gebar! So brachte beispielsweise im November 1414 die achtzehnjährige Guillemette de Thorry in Louviers unbemerkt ihr uneheliches Kind zur Welt, obgleich ihre Eltern und Geschwister unmittelbar neben ihr schliefen[58], und von einer Jeanne Hardoin heißt es, daß sie eines Nachts im Jahre 1473 im Poitou »enfanta et rendy le fruit qu'elle avoit, qui estoit ung filz. Après lequel enfantement print ledit enfant, le baptiza et après le frappa la teste contre terre et l'occist et le tua, sans ce que sesdiz frères et sœurs qui estoient couschez avec elle dormoient et apperceussent riens.«[59] Als 1679 in Surrey eine Dienstmagd, die ihre Schwangerschaft verborgen hatte »by wearing loose garments«, nachts entband, wobei ihr Stöhnen gehört wurde, sagte sie den anderen, sie habe Magenschmerzen, was diese offenbar glaubten, und als im Falle einer Anna Maria Thorwartin in Speyer eine ihrer »Beyschläferinnen« wach wurde, hatte auch diese den Eindruck, die Gebärende sei lediglich krank, gab ihr ein paar gute Ratschläge und schlief wieder ein.[60]

Hieß »beyschlafen« zunächst nur, daß zwei oder mehr Personen gemeinsam in einem Bett oder einer Kammer übernachteten, so wurde das Wort schon sehr früh als Ausdruck für Geschlechtsverkehr verwendet, und wenn ein Elias-Schüler von einer »Verhäuslichung« der Sexualität spricht, die erst in den letzten Jahrhunderten stattgefunden habe, »bis ›Schlafen‹ umgangssprachlich gleichgesetzt wird mit geschlechtlichem Verkehr«[61], so verrät er nur seine Unkenntnis der historischen Situation. Mit jemandem »schlafen« (*śḏr*) war schon im Alten Ägypten das Wort für den Koitus, und auch die Römer verwendeten den Ausdruck »dormio cum«.[62] Jemandem »bî slâfen« oder das transitive »beslâfen« waren im Hochmittelalter sogar häufiger als in späterer Zeit[63], und der Ritter Arnold von Harff, der auf seiner Pilgerreise nach Santiago de Compostela offenbar mitunter auch in Frauenhäusern oder bei Gelegenheitsprostituierten übernachtete, notierte sich, was »schoin junfrau kumpt bij mich slaeffen« auf baskisch hieß.[64] Auch wenn der Geschlechtsverkehr mit dem Teufel in aller Hast und gleichsam im Vorübergehen geschah, heißt es, der Böse »hab bey Ihro geschlaffen«[65], während im französischen Schrifttum des Mittelalters von »dormir avec« oder »gesir en la compaignie de homme« die Rede ist.[66] Aber auch in zahllosen kleinen Gesellschaften in Afrika, Neuguinea, der Südsee und anderen Weltgegenden lautete der höfliche und euphemistische Ausdruck für den Koitus meist »miteinander« oder »nebeneinander schlafen«.[67]

§ 3
Der weibliche Orgasmus
unter widrigen Umständen

Man braucht nicht viel Phantasie, um sich vorzustellen, daß der Geschlechtsverkehr unter den beschriebenen Bedingungen nicht selten »ugly, brutish and short« gewesen sein muß und deshalb insbesondere für die daran beteiligten Frauen in vielerlei Hinsicht unbefriedigend war. Nach Aussage jamaikanischer Bäuerinnen war der Koitus früher eine schnell durchgeführte, lieblose Angelegenheit, und die meisten von ihnen hatten nicht nur keinen Orgasmus, sondern hinterher oft Schmerzen »from dry penetration«. So mag es auch sein, daß aus diesem Grunde sich relativ viele Dorfbewohnerinnen immer wieder auf lesbische Beziehungen einließen.[1] Die jungen Frauen der Mossi klagten zwar untereinander über die erbärmliche sexuelle Qualität ihrer Ehemänner und Liebhaber: »Sie verstehen nichts vom sexuellen Vergnügen der Frau, sie machen es viel zu schnell!« Doch bei den Männern selbst hätten sie sich nie beschwert, da es bei den Mossi nicht üblich war, mit einem Angehörigen des anderen Geschlechts über Sexualität zu reden. Auch die Männer der Sambia in Neuguinea ejakulierten so schnell wie möglich, und obwohl die Frauen sie häufig baten, noch ein Weilchen in ihnen zu bleiben, zogen sie den Penis sofort wieder heraus und entfernten sich vom Orte des Geschehens. Die Meinungen darüber, ob Frauen überhaupt »süß fühlen« können, waren geteilt, doch war es den meisten Männern im Grunde herzlich egal, ob Frauen nun einen Orgasmus haben konnten oder nicht. Es gab nur eine einzige Ausnahme, einen ganz untypischen Mann, der sich auf Bitten seiner Frau so lange zurückhielt, bis diese ihren sexuellen Höhepunkt erreicht hatte, und eine Frau namens Penjukwi, die sagte, sie »komme« in dem Augenblick, in welchem der Mann seinen Erguß habe und sie sein Sperma spüre.[2]

Allerdings verstanden es in einigen Gesellschaften die Frauen, auch unter ungünstigen Bedingungen zumindest gelegentlich zum Orgasmus zu kommen. So masturbierte auf den Santa Cruz-Inseln in Melanesien das Paar gemeinsam, bis beide kurz vor dem Orgasmus standen. Dann führte der Mann den Penis ein, und das Paar erlebte normalerweise nach ein paar Sekunden einen gemeinsamen Höhepunkt.[3] Die Maya in Yucatán, die sich zum Koitus nie entkleideten und auch auf alle Geräusche oder heftigen Bewegungen verzichteten[4], damit sich die Vibrationen der an den Deckenbalken befestigten Hängematte nicht auf die anderen Schlafvorrichtungen übertrugen, kannten kaum irgendein Vorspiel, das vom Mann aus gesehen *ts' is pèl*, »die Möse benähen«, und von der Frau aus *bisah kóp*, »den Schwanz davontragen«, genannt wurde. Trotzdem sollen manche Frauen etwa nach einer Minute zum Orgasmus gelangt sein, weil sie angeblich vorher die Nachtschattendroge *Datura inoxia* als Aphrodisiakum eingenommen hatten.[5]

In dem yemenitischen Dorf 'Amran bekannten die Frauen, daß sie sich für gewöhnlich selbst befriedigten, weil ihre Männer entweder viel zu schnell ejakulierten oder aber durch den ständigen *qāt*-Genuß gar keine Erektion mehr zustande brachten. Freilich schämten sie sich, der Ethnologin Näheres mitzuteilen, bis auf eine alte Frau, die unter lautem Hallo der anderen vorführte, wie die Frauen in der alten Zeit beim Kornstampfen zu masturbieren pflegten: »Wir ließen einen kleinen, aber schweren Beutel so von der Taille hinunterbaumeln, daß er beim Stampfen gegen die Klitoris schlug. Dann [ihre Bewegungen wurden schneller] stampften wir schneller und schneller und schneller!!«[6]

Auch in Europa scheint man im Mittelalter durchaus eine klare Vorstellung vom weiblichen Orgasmus gehabt zu haben, wie aus dezenten Andeutungen in der mittelhochdeutschen Epik hervorgeht, etwa dort, wo es über den Beischlaf von Riwalin und Blanscheflur heißt, daß »ir beider wille ergienc«, so daß sie schwanger wurde.[7] Doch wie sich einer

148

Anspielung Christine de Pisans entnehmen läßt, nach der die Männer »von uns oft das verlangen, was sie uns nicht geben«[8], konnten die Frauen damals anscheinend nicht davon ausgehen, bei jedem Beischlaf befriedigt zu werden.

An guten Ratschlägen für die gehobenen Kreise herrschte kein Mangel. So riet z. B. John von Gaddesdem im frühen 14. Jahrhundert, der Mann solle nicht zu schnell »kommen«, vielmehr zunächst auf zärtliche Weise die Brüste der Frau und dann schließlich ihren »Bauch«, eine Umschreibung für ihre Vulva, streicheln (Abb. 26), bis sie erregt sei (»debet

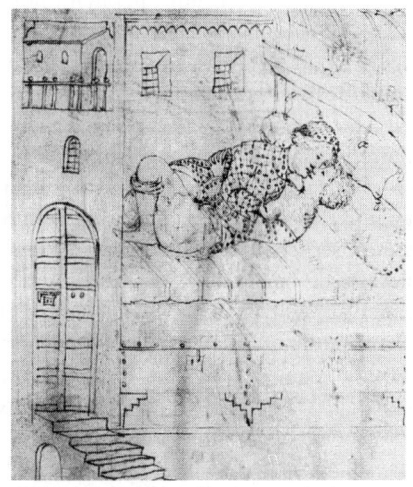

26 Koitusdarstellung aus ›Tacuinum sanitatis‹, um 1400.

dominam suaviter palpare mamillas et ventrem et excitare ad coytum«)[9], wobei etwas später Arnoldus de Villanova hinzufügte, der Mann solle aus Rücksicht auf die natürliche Schamhaftigkeit des anderen Geschlechts mit dem Betasten und Befühlen warten, bis die Frau sich in den ersten Stadien des Schlafes befinde.[10] Bereits im 13. Jahrhundert hatte der Bologneser Arzt Wilhelm von Saliceto geraten, der Ehemann solle mit dem Kneten und Betasten der Brüste beginnen und sich allmählich zum Unterleib vorarbeiten, wobei er Avicennas Auffassung zitierte, der Ort der größten weiblichen Lust sei der Teil der großen Schamlippen, der mit Haaren bewachsen sei. Anthonius Guainerius ergänzte schließlich, der Mann dürfe nicht zögern, zärtlich den Damm seiner Partnerin zu reiben. Nachdem er seine Eichel mit einer Mischung aus Spucke und Pfeffer eingerieben habe, solle er sachte den Penis einführen, doch erst dann heftig stoßen und ejakulieren, wenn die Frau ihrerseits ihren Samen ergossen habe.[11]

Allerdings scheinen all diese gutgemeinten Empfehlungen ihre Adressaten nur selten erreicht zu haben oder angesichts der Bedingungen, unter denen der Koitus normalerweise stattfand, nicht realisierbar gewesen zu sein. So mußte sich noch um die Mitte des 18. Jahrhunderts Dr. van Swieten, der Hofarzt Kaiserin Maria Theresias, dazu durchringen, ihrer in hohem Maße sexuell frustrierten Apostolischen Majestät den gewagten Rat zu geben, sich vor der Einführung des Gliedes ihres kaiserlichen Gemahls von diesem ein Weilchen die Geschlechtsteile »mit den Fingern bearbeiten zu lassen«, während etwa zur selben Zeit die gleichermaßen schwer erregbare Pompadour zu zweifelhaften Mittelchen Zuflucht nahm. Wie ihre Kammerzofe, Mme de Hausset, in ihren Memoiren berichtete, ließ sich die königliche Mätresse tagelang »Schokolade mit einer dreifachen Portion Vanille und einer Dosis Amber« zum Frühstück bringen, wobei sie die Hauptmahlzeiten mit Trüffeln und Selleriesuppe ergänzte. Vor ihrer Freundin, der Herzogin von Brancas, brach sie einmal in Tränen aus und bekannte unter lautem Schluchzen: »Sie wissen doch, daß Männer bestimmte Dinge nun einmal höchlich schätzen, und es ist mein Unglück, daß ich von Natur so kalt bin. So habe ich mir ausgedacht, ich müsse etwas finden, was mich erhitzt!«[12]

Gewiß waren für die »Frigidität« eines Großteils dieser Frauen auch die Grobheit und Umstandslosigkeit verantwortlich, mit der die Männer sie »hernahmen«[13]. So geht aus den *déclarations de grossesse*, die in der ersten Hälfte des 18. Jahrhunderts von unverheirateten Schwangeren vor der Entbindung abgegeben werden mußten, hervor, daß selbst der einvernehmliche Koitus nicht selten eher einer Vergewaltigung ähnelte, in welcher der Mann die Frau »zu Boden warf und ihren Rock hochriß«. Und noch im Jahre 1885 meinte die Ärztin Elizabeth Blackwell, die Tatsache, daß manche Frauen gegenüber »the special act of the male« gleichgültig seien, liege gewiß in vielen Fällen an der Brutalität und »clumsiness« des Mannes.[14] Dabei scheinen nicht wenige Männer davon ausgegangen zu sein, daß im Grunde ihres Herzens alle Frauen einfach nur »hergenommen« werden wollten. So verlautete im 18. Jahrhundert ein Reisender nach einschlägigen Erfahrungen mit den Wiener und Grazer Maderln: »Mit der Anbethung ist es dem hiesigen Frauenzimmer überhaupt nicht gedient. Sie sind für die Liebe à la Grenadiere, achten weder Thränen noch Seufzer, weder Verse noch Bonmots, noch irgend etwas von der feinen Belagerungskunst, sondern lieben das Sturmlaufen und Brescheschiessen.« (Abb. 27) Aber auch nördlich der Alpen sollen nach diesem Berichterstatter die Frauen, mit denen er

27 Von Hausierern vertriebenes Bildchen, um 1840.

handgemein geworden war, das bevorzugt zu haben, was Erica Jong zwei Jahrhunderte später »zipless fuck« nennen sollte: »Bey einer Schönen in Deutschland hast du nichts zu thun, als die Bettvorhänge auf und zuziehn. Das Geschäfte ist so kurz und so ganz ohne Vor- und Nachgeschmak, daß ich in diesem Punkt ein Kyniker geworden wäre, wenn ich länger unter diesen Waldnymphen hätte bleiben müssen.«[15] Indessen gibt es zahlreiche Hinweise darauf, daß sich die Beischlafgewohnheiten und dementsprechend die Chancen der Frauen, sexuell befriedigt zu werden, gegen Ende des 18. und vor allem im 19. Jahrhundert gewandelt haben und daß die gängige Meinung, die insbesondere von Feministinnen vertreten wird, »noch unsere Großmütter« hätten »kaum Orgasmen« gehabt, weil sie angeblich nicht befriedigt werden *wollten* und vor der Ehe nicht hätten üben können[16], unzutreffend ist. Wenn sich im Jahre 1879 der amerikanische Gynäkologe William Goodell als einer von vielen deshalb gegen den *coitus interruptus* aussprach, weil die Frau dabei nicht zum Orgasmus komme[17], so läßt sich vermuten, daß in der damaligen Zeit zumindest in gewissen sozialen Schichten die nordamerikanischen und westeuropäischen Frauen durchaus Wert auf eine sexuelle Befriedigung gelegt haben. Und in der Tat geht aus den seit den frühen neunziger Jahren des 19. Jahrhunderts von der Ärztin Clelia Mosher unter amerikanischen Mittelklassefrauen durchgeführten Umfragen hervor, daß die meisten Frauen den Sex mit ihren Ehemännern genossen und immerhin 61 % von ihnen der Überzeugung waren, »the true purpose« des Geschlechtsverkehrs sei die Erzeugung sexueller Lust bei *beiden* Partnern. Lediglich eine Minderheit war der Auffassung, der Koitus diene primär der Fortpflanzung. Die meisten der von Mosher befragten Frauen waren vor dem Jahre 1870 geboren und hatten zwar eine geringere Koitusfrequenz als die verheirateten Frauen von heute (5 statt 8 Mal im Monat), aber mehr als 40 % von ihnen gaben an, immer oder normalerweise beim Beischlaf einen Orgasmus zu erleben.[18] Bereits im Jahre 1883

hatten lediglich 39 von 191 befragten Frauen dem schottischen Gynäkologen Duncan angegeben, sie verspürten für
gewöhnlich keine Geschlechtslust, und 62 von ihnen gestanden dem Arzt, sie seien bislang beim ehelichen Koitus noch
nicht zum sexuellen Höhepunkt gelangt. Aus diesen
Befragungsergebnissen zog Duncan den Schluß, daß Frauen
genauso erregbar und orgasmusfähig wie Männer seien,
wenn auch Erregung und Befriedigung bei den Männern
stärker ins Auge fielen.[19]

Ganz anders äußerten sich bis in unsere Zeit hinein die Frau-
en in vielen »einfachen« Gesellschaften, in denen sich der Sex
kaum jemals so entfalten konnte, daß er den weiblichen
Bedürfnissen entgegenkam. So wurde auf dem mexikanischen Dorf von einer anständigen Frau, also einer, »que tiene
vergüenza«, erwartet, von sich aus keinen Geschlechtsverkehr zu »wollen«, und entsprechend fand die Ethnologin
unter all den von ihr befragten Frauen nur eine einzige, die
Sex als »angenehm« empfand.[20] »Ich habe nie etwas gespürt«,
bekannte eine Somālfrau über den Beischlaf mit ihrem Mann:
»Zuerst dachte ich noch, das ist halt so. Später dachte ich, es
ist die *gudniin* [= Infibulation], weil alles weg ist. Aber es
war, weil er einfach reinging. Sonst machte er nichts, küssen
und so.« Und eine andere: »Er machte es nur im Dunkeln,
völlig angekleidet – keine zärtlichen Berührungen. Immer
von hinten, aber also schon von vorne, weißt du, das andere
machen die Somāli nicht. Jede Nacht. Als würde er Pipi
machen. Und nachher schlief er sofort ein.«[21]

Auch die melanesischen Manus betrachteten den Koitus als
»schlecht« und beschämend, als eine grobe und unerotische
Angelegenheit, die man so schnell wie möglich hinter sich
brachte. Insbesondere für die Frauen, die noch nie geboren
hatten, war er sehr schmerzhaft, weil der Mann auf brutale
Weise eindrang und die Genitalien der Frauen noch nicht
genügend geweitet waren. »Ein Haus«, so eine Frau, »ist gut,
wenn zwei Kinder in ihm wohnen; eines schläft auf der einen
Seite beim Mann, das andere auf der anderen Seite bei der

Mutter. Dann schlafen nämlich Mann und Frau nicht miteinander.«[22] Und die Ngulu führten als Begründung dafür, daß sie ihre Frauen beim Koitus brutal »hernahmen«, an, daß die Frauen ihrem vordergründigen Desinteresse zum Trotz sexuell gierig und unersättlich seien, weshalb man sie während des Geschlechtsverkehrs »fertigmachen« müsse, da sie sonst ihre Lust anschließend bei einem anderen stillten.[23]

Die Marquesanerinnen durften nicht nur beim ehelichen, sondern auch beim vor- und außerehelichen Beischlaf, der höchstens zwei bis drei Minuten dauerte, keine allzugroße Lust zur Schau stellen und beim Orgasmus außer einem etwas heftigerem Atmen und zunehmender Muskelanspannung keinerlei bemerkenswerte Erregung zeigen. Einige wenige leise Grunzlaute wurden ihnen noch zugestanden, aber ein lautes Stöhnen oder gar Schreie hätten ihren Partnern bewiesen, daß er einer Nutte oder *vehine mako*, einer »brünstigen Frau«, auf den Leim gegangen war. Zwar galten die polynesischen *vehine* bei den Europäern seit dem 18. Jahrhundert als sexuell aggressiv, auch während des Koitus. So hatte nach der einheimischen Überlieferung Kapitän Cook eine Geliebte namens Lelemahoalani, die den Insulanern erzählte, die Weißen könnten keine Götter sein, wie die Lono-Priester behaupteten, denn sie hätten vor Schmerz laut aufgestöhnt, als die Frauen ihnen beim Sex die Fingernägel ins Fleisch bohrten. Doch scheint es trotzdem viele Frauen gegeben zu haben, die einen etwas weniger stürmischen Koitus bevorzugten. Jedenfalls sangen die Hawaiianerinnen während Cooks Aufenthalt ein von Samwell aufgezeichnetes Lied, in dem es hieß: »Ein Penis (*ule*), ein Penis zum Genuß: bleib nicht stehen, komme sanft, so, alles wird hier gut sein, schieß deinen Pfeil ab!«[24]

Allerdings scheint in manchen Gegenden Ozeaniens zumindest der nichteheliche Koitus häufig als ein nicht eben sanft geführter Kampf gesehen worden zu sein, in dem es weniger um Liebe und *sexuelle* Lust als um Triumph und die Ausübung von Macht ging. Wenn beispielsweise Ovid ausführte, der Orgasmus einer Frau besiegle ihre Niederlage, weil sie die Herrschaft über sich selbst verliere und an den Mann abtrete, der sie »genommen« habe[25], so hatte auch auf dem mikronesischen Truk-Archipel derjenige der beiden Beischlafpartner »verloren«, der als erster »kam«. Wenn der junge Mann zuerst ejakulierte, mußte er damit rechnen, von seiner Partnerin ausgelacht zu werden: Meist riet sie ihm dann, doch an ihren Brüsten zu saugen, da er kein Mann, sondern ein Baby sei (*wussun monukön*), das sich noch nicht beherrschen könne. Auf der anderen Seite versuchte er, die Frau zu einem raschen Höhepunkt zu bringen, indem er ihre Klitoris mit der Zunge reizte oder mit seinem erigierten Penis »schlug«. Aber auch nach der »Niederlage« eines der Partner fand die Auseinandersetzung noch kein Ende, und die beiden versuchten, einander mit scharfen Muscheln und Steinchen zu verletzen, dem anderen ein paar Zähne auszuschlagen oder – in späterer Zeit – eine glühende Zigarette auf seinem Leib auszudrücken, was *nekenek* genannt wurde. Der eheliche Beischlaf in der Hütte hatte indessen keinen aggressiven und kämpferischen Charakter mehr und verlief diskret und eher beiläufig.[26]

Wie ein schweizerischer Psychiater berichtete, streichelte ein junger Trobriander am Strand in Sichtweite einer Gruppe von jungen Burschen, Mädchen und Kindern auf sinnliche Weise dessen Oberschenkel, wobei er sich immer näher an dessen Genitalien herantastete. Offensichtlich wollte er den Fremden zu einer Erektion oder gar Ejakulation bringen, um ihn damit vor allen anderen lächerlich zu machen. Schließlich versuchten zwei weitere Jugendliche, ihn sexuell zu erregen, indem sie sich vor ihm mit steifem Glied zur Schau stellten.[27]

In einigen taoistischen Texten versucht der Liebhaber, seine Geliebte zu »besiegen«, indem er sie zum Orgasmus bringt, und damit ihre »Essenz« zu stehlen, ohne einen Tropfen des eigenen kostbaren Spermas zu vergießen, während umgekehrt die Frau seine Ejakulation bewirken will, ohne selber einen Höhepunkt zu haben.[28] Aber auch in unserer Gesellschaft scheinen immer mehr Männer und Frauen einander zum Orgasmus bringen zu wollen, weil sie dann das Gefühl haben, ihren Beischlafpartner aus der Reserve gelockt zu haben und ihn zu kontrollieren und zu »besitzen«.[29] Dies gilt namentlich für den Koitus mit Frauen, bei denen es »sozusagen gegen die Berufsehre« ist, »zu kommen«. So sagte ein Hamburger Freier voller Stolz: »Einer Nutte Gefühle zu machen, gelingt zwar sehr selten, aber ich hab's schon geschafft. Ein 08/15-Stöhnen höre ich raus. [...] Ich hab's gern, wenn sie zugeben, daß es ihnen keinen Spaß macht. Um so größer ist dann der Triumph, wenn es ihnen bei mir doch gekommen ist.«[30]

Dieser agonale Charakter des Koitus, in dem derjenige triumphiert, der sich besser zu beherrschen weiß, war freilich zu keiner Zeit und in keiner Gesellschaft typisch für den ehelichen Geschlechtsverkehr, in dem es in viel geringerem Maße um Sieg und Niederlage, meist aber auch nicht *primär* um das Ausleben sexueller Begierde und Lust ging. Zwar legten bei den im Himalaya lebenden Bahari die Frauen erst dann ihren Argwohn ab, daß ihre Männer sie mit einer anderen betrogen, wenn diese sich beim Beischlaf Mühe gaben und sie zum Orgasmus brachten, und auch die Tamilen waren durchweg der Auffassung, sexuelle Lust (*inpam*, »Süßigkeit«) in der Ehe sei normal. Doch durfte man in der Öffentlichkeit in keiner Weise zum Ausdruck bringen, *daß* man lustvolle Beziehungen miteinander hatte, weshalb die Ehepartner sich gegenseitig vor anderen Leuten ostentativ ignorierten.[31] »Schweigt über euer Eheleben«, sagten die Alten den jungen Komba beiderlei Geschlechts während der Initiation, »denn es geht auch eure besten Freunde nichts an!«[32] Bei den Massim des melanesischen D'Entrecasteaux-Archipels galt es als beschämend, viele Kinder zu haben, denn in einem solchen Falle erzählten die anderen, das Ehepaar habe nichts anderes im Kopf, als »miteinander zu ficken«. Innerhalb des ersten Jahres schwanger zu werden, hielt man für schamlos, weil das Paar damit demonstrierte, daß es aufeinander »scharf« war, und den Mann nannte man *tokelelefailina*, »Mann-der-exzessiv-fickt«. Die Baining auf der Gazelle-Halbinsel in Neubritannien erklärten, sie schämten sich ihrer natürlichen Kinder, nicht aber der adoptierten, die sie als ihre »wahren« (*araik*) Kinder bezeichneten, weil sie nicht von ihnen selber gezeugt worden waren. Verwandtschaftswörter im Umgang mit adoptierten Kindern zu benutzen war anständig und »gut« (*amuris, atlo*), doch im Falle der natürlichen Kinder peinlich und beschämend (*angirrup, akalup*).[33]

In vielen Gesellschaften gab es eine Tendenz zur »Entsexualisierung« der Ehefrau und der Beziehung des Mannes zu ihr[34], doch scheint dies nicht selten bloße Attitüde nach außen hin gewesen zu sein, die auch von manchem Ethnologen mit der Wirklichkeit innerhalb der vier Wände des Paares verwechselt worden ist.[35] Wenn beispielsweise die Sudanaraber sagten, die »reine Liebe« (*ḥub 'udhrī*) sei für die Ehefrau, aber die sexuelle Lust erlebe man nur auf einer öffentlichen Hure[36], so darf man nicht vergessen, daß derartige Aussagen und Sprüche zum Repertoire von Männern gehörten, die sich alle Mühe gaben, in der Öffentlichkeit den Eindruck zu erwecken, daß sie zu ihrer Frau überhaupt keine sexuellen Beziehungen hatten, die keinerlei Zärtlichkeiten wie z. B. einen Kuß mit ihr austauschten und deren Frauen in einem separaten Zimmer schliefen, solange sich ein Besucher im Hause aufhielt.[37] In den polygynen Haushalten der nordafghanischen Özbeken durfte keine Frau vor ihren Mitfrauen in irgendeiner Weise zum Ausdruck bringen, daß sie Lust darauf hatte, mit dem gemeinsamen Mann zu schlafen oder den Sex mit ihm zu genießen. Wenn sie es doch tat, wurde sie von den anderen als »mannsgeil« (*ersaj*) beschimpft, was meist zur Folge hatte, daß der Mann sich von ihr distanzierte.[38]

Auch in der europäischen Tradition war man sich durchweg der Gefahr bewußt, die einer gesellschaftlichen Institution wie der Ehe drohte, wenn die beiden Partner sie allzusehr und vorrangig zum Tummelplatz sexueller Lüste und Leidenschaften machten. Für Plutarch beispielsweise war der Koitus zur Erzeugung von Kindern »Arbeit« (πόνος), im Gegensatz zum sexuellen »Spiel« (παιδία) aus reiner Lust, und eine »hurenhafte« (ἑταιρικός) Ehefrau im Kontrast zu einer anständigen erkannte man an ihrer steten Bereitschaft, »mit ihrem Mann zu spielen« (πρὸς τὸν ἄνδρα παίζαί τι). Aber auch der Ehemann sollte sich beim Geschlechtsverkehr mit seiner Frau nicht zu sehr hingeben und mit ihr »spielen«, weil diese dann leicht die Herrschaft über ihn gewinnen und einen Trottel aus ihm machen konnte, wie das Beispiel von Kirke und Odysseus es vor Augen führte.[39]

Auch der hl. Hieronymus führte unter Berufung auf Seneca aus, es sei schändlich, seine Frau wie eine Hure zu beschlafen, und es laufe auf einen Ehebruch hinaus, wenn ein Mann sich aus reiner Lust zum Koitus mit seiner Frau »hinreißen« lasse[40], denn »die ee hebt an mit lieb/vnd wirt mitt liebe hant gehabt/nitt auß lieb der wollusten/sunder auß lieb ainer genaemer gesellschaft der eeleüt mitt hoffnung der kinder zů haben«.[41] Meffret betonte in seinem *Hortulus reginae* vom Jahre 1449, daß Eva dem Adam weder als Herrin noch als Magd beigesellt worden wäre, sondern als Gefährtin (*socia*), weshalb die Ehepartner einander »lieben« sollten, wenn auch die »allzu heftige« Liebe zu vermeiden sei.[42] Freilich hatte bereits Albertus Magnus Wert auf die Feststellung gelegt, daß ein ehelicher Koitus, der um der Zeugung willen durchgeführt werde, auch durch intensivste Geschlechtslust und Vernebelung der Hirne keine Beeinträchtigung erfahre, da die *ratio praecedens* aller Lust zum Trotze weiterwirke wie ein Geschoß, das die Schleuder verlassen habe. Aus diesem Grunde sei ein außerehelicher Beischlaf nicht deshalb sündig, weil er (vermutlich) lustvoller, sondern weil er eben außerehelich sei.[43] Zwar gab es christliche Traditionsstränge, nach denen es dann Sünde war, wenn es anfing, Spaß zu machen[44], und immer wieder zeigten Frauen ihre Männer an, weil diese sich ihnen *quasi meretricem* genähert hatten, so z. B. im 14. Jahrhundert in der Normandie.[45] Doch war man im allgemeinen der Auffassung, der eheliche Beischlaf habe die wichtige Funktion eines *remedium concupiscentiae*, weshalb manche Autoritäten die Meinung vertraten, selbst ein Mann ohne Hoden dürfe rechtmäßig heiraten: Sei er zwar unfähig, Sperma zu produzieren und damit seine Frau zu schwängern, so könne er nichtsdestotrotz eine *copula satiativa libidinis* absolvieren.[46]

Behaftete für einen Mann wie Luther die sexuelle Lust die eheliche Liebe mit einem Makel, und warf nach kalvinistischem Glauben der liebe Gott im Augenblick der Penetration einen Schleier über die Szene, was ihm den peinlichen Anblick eines miteinander kopulierenden Paares ersparte[47], so lehrten etwa zur selben Zeit katholische Theologen wie Giovanni Delfino, auch ein ehelicher Beischlaf, der nur um der Lust willen durchgeführt werde, sei ohne Sünde.[48] Dies scheinen zu allen Zeiten zumindest manche Ehepaare so empfunden zu haben, ja, einige Frauen gingen sogar so weit, die ordentliche Pflichterfüllung ihres Mannes gerichtlich einzuklagen. So verurteilte beispielsweise im Jahre 1526 das Londoner Diözesangericht einen gewissen William Anderson auf die Beschwerde seiner Frau hin, seinen ehelichen Pflichten gewissenhafter nachzukommen und so oft mit ihr zu schlafen, wie seine berufliche Tätigkeit es zulasse, und im Jahre 1819 reichte in Hall eine Maria Röthlin die Scheidung von ihrem Mann, dem Zimmermannmeister Johann Friedrich Dürr, mit der Begründung ein, dieser sei nicht nur »unsauber« zu ihr »gekommen«, vielmehr »verstund« er »sein Metier nicht«.[49]

Davon unberührt bleibt die Tatsache, daß die Entfaltung ungehemmter Leidenschaft und sexueller *joi* im allgemeinen eher Liebes- als Ehepaaren zugestanden wurde.[50] Zwar gibt es in der höfischen Liebestradition Beispiele für eine Vereinbarkeit von Leidenschaft und Ehe. So antwortet beispielsweise in Chrestien de Troyes' um 1165 entstandenem Roman

Érec et Énide letztere auf die Frage eines Grafen, ob sie die Geliebte Érecs sei oder seine Gattin (»s'ele estoit sa fame ou s'amie«) mit »Beides« (»L'un et L'autre, sire!«), und später teilte Heinrich IV. Maria de' Medici brieflich mit: »Je ne vous aime pas seulement comme un mari doit aimer sa femme, mais comme un serviteur passioné une maîtresse«, sowie: »S'il estoit bien séant de dire qu'on est amoureux de sa femme, je vous dirois que je le suis extrêmement de vous, mais j'aime mieux le vous tesmoigner en lieu où il n'y aura tesmoing que vous et moy.«[51] Doch hielten sich im allgemeinen, wie z.B. aus *Les quinze Joies de Mariage* hervorgeht, die Ehepartner in dieser Hinsicht eher zurück: »Et sachez qu'elle fait à son amy cent chouses, et monstre des secrets d'amours et fait pluseurs petites merencolies que elle n'ouseroit faire ne montrer à son mary; et aussi son amy lui fera tous les plaisirs qu'il pourra, et lui fera moult de petites bichotteries où el prendra grant plesir, que nul mary ne sçauroit faire.«[52]

Zwar wird den Puritanern in England und Neuengland vor allem seit den klassischen Analysen Max Webers immer wieder nachgesagt, jeglicher Genuß und jede »Fleischeslust« seien für sie sittlich verwerflich gewesen[53], doch läßt sich ein solches Urteil heute nicht mehr aufrechterhalten. Gewiß gab es puritanische Autoren, die der Auffassung waren, »post coitum« seien die Menschen deshalb traurig und niedergeschlagen, weil er »a base & contemptible thing in it selfe, naught and vncleane« sei[54], doch erweisen sich bei näherer Betrachtung die wenigsten Puritaner diesbezüglich als besonders »puritanisch«. So hielt beispielsweise Benjamin Wadsworth im Jahre 1712 in *The Well-Ordered Family* den puritanischen Ehemann an, »to rejoice with the wife of thy youth. Let her breasts satisfy thee at all times. And be always ravished with her love«, nachdem bereits im Jahrhundert davor der berühmte Theologe Cotton Mather seine zweite Frau »a most lovely creature« genannt hatte, »and such a gift of Heaven to me and mine that the sense thereof dissolves me into tears of joy«.[55] Die meisten Puritaner räumten ein, man sollte in den fleischlichen Genüssen nicht allzu exzessiv sein, jedoch sei »the Use of the Marriage Bed« allemal »founded in mans Nature«. Jeder Verzicht auf die Freuden des Beischlafes leugne deshalb »all reliefe in Wedlock vnto Human necessity; and sends it for supply vnto Beastiality when God gives not the gift of Continency«.[56] In diesem Sinne riet William Gouge allen Männern, auch dann mit ihren Frauen zu schlafen, wenn diese unfruchtbar seien oder die Wechseljahre bereits hinter sich hätten, denn Mann und Frau »mutually delight each in other, yielding that due benevolence one to another which is warranted and sanctified by God's word«. Dies bestätigten auch die meisten Mediziner des 17. Jahrhunderts, die betonten, die sexuelle Befriedigung der Frau befördere nicht nur den häuslichen Segen und die Harmonie, sondern überdies die leibliche Gesundheit der Hausmutter durch das Sperma des Mannes und den eigenen Orgasmus.[57]

Auch nach jüdischer und islamischer Tradition hatte ein Ehemann nachgerade die Pflicht, seine Frau zu befriedigen[58], und sie hatte ein Recht auf einen Orgasmus, obschon die meisten Frauen kaum jemals auf diesem Recht bestanden haben mögen.[59] Wie die Puritaner der frühen Neuzeit spürten die Juden und die Muslime des Mittelalters die Gefahr für ein gedeihliches Eheleben, die von einer sexuell frustrierten Hausmutter ausging, doch mahnte bereits der *Talmud* zu einer gewissen Zurückhaltung im Ehebett. Während der Mann seine Frau mit der Linken umarme, solle er sie mit der Rechten zurückstoßen, und ein anderer Rabbi riet seinen Töchtern: »Möchte er die Perle [= Brust] mit der einen Hand anfassen und den kleinen Fisch [= Vulva] mit der anderen, so biete ihm die Perle dar, aber den kleinen Fisch nicht, bevor er erregt ist.«[60]

§ 4
Die passive Frau

War nach Josephus die jüdische Gemeinschaft der Essener davon überzeugt, daß die Frauen in ihrem Wesen schamlos seien, weshalb es ihnen schwerfalle, ihrem Manne treu zu bleiben, eine Aussage des Geschichtsschreibers, die im übrigen durch den Text auf einer Schriftrolle aus den Qumran-Höhlen bestätigt wurde[1], so teilten die Sektenmitglieder diese Überzeugung mit den Juden insgesamt. So wurde dem Vater über seine Tochter eröffnet: »Wie ein durstiger Wanderer den Mund öffnet und von jedem Wasser trinkt, so wird sie sich auf jedem Pfahle niedersetzen und vor jedem Pfeil den Köcher öffnen«, und die talmudischen Rabbiner interpretierten die biblische Verfluchung Evas (»Nach einem Manne wirst du verlangen, er aber soll dein Herr sein« [1. Mose 3,16]) dahingehend, daß es zum einen die Frauen mehr nach Sex gelüste als die Männer, und zum anderen, daß die Schamhaftigkeit ihnen verbiete, ihre Geilheit offen zu zeigen.[2] Während des Beischlafs, den sie auf keinen Fall initiieren durften[3], mußten die Jüdinnen auch dann völlig passiv bleiben, wenn sie hochgradig erregt waren, denn »Frauen sollen schamhaft bleiben. Schamhafte Frauen werden jedoch ihrem Mann gegenüber nicht sexuell aktiv; dies mag Hündinnen überlassen bleiben« (Sirach 26, 24b).[4]
Ähnliche Vorstellungen und Erwartungen herrschten auch in anderen Gesellschaften vor. Bei den Baiga galt nur eine einzige Koitusstellung als »natürlich«: Die Frau legte sich auf den Rücken, spreizte die Beine und zog sie an, worauf der vor ihr hockende oder kniende Mann ihre Beine unter seine Arme nahm und die Frau an sich heranzog. Dann, so sagte man, »schwingt er hin und her, wie der grüne Bambus im Wind«. Während des Koitus blieb die Frau völlig passiv. »Sie will es«, sagten die Baiga, »aber sie darf es nicht zeigen.«[5] »Und was ist mit Sex?« fragten die Männer der

Hasupuweteri den Ethnographen: »›Mögen ihn die Nabu-Frauen‹«, d. h. die Frauen der Weißen, »›bewegen sie sich?‹ Viele Yanomamö-Frauen machen bloß die Beine breit. Also fasziniert sie die Vorstellung, daß eine Frau Sexualität genießt, daß sie *waikou*, sich krümmt, das reizt sie ungeheuer. Wenn ich ihnen erzähle: ›Ja, sicher, sie mögen es, sicher, sie bewegen sich‹, dann flippen sie richtig aus!«⁶ Auch von den Eskimofrauen wird seit Jahrhunderten berichtet, daß sie während des Geschlechtsverkehrs »einfach nur so daliegen«, was ein junger Kupfer-Eskimo bestätigte, der anscheinend sexuelle Erfahrungen nicht nur mit einheimischen, sondern auch mit weißen Frauen gemacht hatte: »Ich glaube nicht, daß die Mädchen hier viel vom Sex haben. Das Problem ist, daß sie zu schamhaft sind, um irgendwas zu sagen oder etwas von ihrem Partner zu verlangen. Bei weißen Mädchen ist es wahrscheinlicher, daß sie stöhnen und ächzen, während die Eskimomädchen einfach nur daliegen.«⁷

Wie die Frauen der Lisu der unter ihnen lebenden Ethnologin erklärten, stöhnte beim Sex nur der Mann, und zwar unmittelbar bevor sein Sperma sich ergoß. Eine Frau blieb währenddessen nicht nur vollständig bekleidet, sondern mucksmäuschenstill – sie hatte auch keinen Orgasmus, denn »sie tut nichts« beim Koitus. Trotzdem schienen zumindest die jüngeren Frauen bis zu einem gewissen Grad erregt worden zu sein, denn es hieß, sie hätten im Gegensatz zu den älteren beim Beischlaf »ein nasses Reisfeld«, d. h. eine feuchte Vagina gehabt. Die Lisu verachteten die benachbarten Lahu, weil diese unzivilisierten Menschen beim Koitus angeblich so laut waren, daß jeder sie hören konnte, doch wie eine »alternative« Schwäbin, die einen Lahu geehelicht hatte, berichtete, war auch diesen das verräterische Knarren und Quietschen der Bambushütten während des Geschlechtsverkehrs so peinlich, daß sie es häufig vorzogen, in einsam gelegenen Feldhütten miteinander zu schlafen.⁸

Ein Freund, der am Sepik und in anderen Gegenden Neuguineas mit Frauen der verschiedensten Ethnien kurze

Affären hatte, erzählte mir, daß jene ausnahmslos »wie die Mehlsäcke« dagelegen und »keinen Muckser« von sich gegeben hätten. Trotzdem seien sie »total naß« gewesen, wenn er auch nicht sagen könne, ob eine von ihnen jemals einen sexuellen Höhepunkt gehabt habe oder nicht. Dem entspricht, was bereits im 19. Jahrhundert auf Ponapé ein ›Forscher‹, der den Begriff der »participant observation« sehr wörtlich nahm, der Gelehrtenwelt über die sexuellen Reaktionen der Mikronesierinnen mitzuteilen wußte: »Drei Mädchen, die ich behufs Constatirung der Beweglichkeit vorzunehmen Gelegenheit fand, blieben bei den einleitenden Manipulationen total indifferent, verhielten sich während der Operation vollständig passiv und reagirten selbst im Culminationspunkte kaum wahrnehmbar; dagegen zeigten sich alle drei Wiederholungen nicht abgeneigt und namentlich für den Nervus rerum sehr empfänglich. Ein unter dem Arme getragener, angefeuchteter Schwamm wurde jedes Mal nach vollbrachtem Actus mit grosser Behändigkeit zur Aufsaugung der überflüssigen Materie introducirt, wodurch allzu grosser Schlüpfrigkeit bei nachfolgenden Einführungen kunstvoll vorgebeugt wird.«[9]

Auf dem mexikanischen Dorf waren zwar fast alle Männer fest davon überzeugt, daß in jeder Frau eine exzessive Lüsternheit schlummerte, aber man erwartete von ihr, daß sie bei dem ohne Zärtlichkeit und hastig abgewickelten Geschlechtsverkehr keinerlei Vergnügen zeigte und auch jegliche Form von Sexualität mit Worten heruntermachte und darüber klagte. Zeigte eine Frau ein gewisses Interesse an Sex, so sagte man, sie sei *loca*, »verrückt«, ein Opfer schwarzer Magie, oder sie habe eine zu große Klitoris und sei deshalb sexbesessen.[10]

Nicht anders scheint es sich meist auch in Europa verhalten zu haben. So nannten schon die alten Griechen eine Frau, die beim Koitus quietschte oder keuchte, »weiße Maus«, woraus man wohl schließen kann, daß die normale Ehefrau in einer solchen Situation passiv blieb und keine Laute von sich gab.[11] »Sie ficken wie die Hündinnen«, hieß es später in Italien über die Frauen, »aber sie sind dabei stumm wie die Steine« (*chiavono come cani, ma sono quiete della bocca come sassi*), und im Trecento gab eine Frau ihrer Tochter vor der Hochzeitsnacht den wohlmeinenden Rat, sich beim »Liebesspiel« nicht gehenzulassen und den Anstand zu wahren, »so wie ich es dir gesagt habe und wie wir es gemeinsam besprochen haben«, damit ihr Mann es nicht zu toll mit ihr treibe und dadurch »vor der Zeit seine Zuneigung zu dir verliert«.[12]

Schon rein terminologisch war meist der Mann aktiv und die Frau passiv – so »gebrauchte« der Mann in Niederdeutschland die Frau, während sie »sick« von ihm »beslapen lath«, hatte er in England »the use of her body« oder »his pleasure of her«[13], ähnlich wie bei den Aït Haddidou im Hohen Atlas, wo man vor der Hochzeitsnacht sagte, daß der Bräutigam »seine Lust genießen wird« (*izri-l-frh*), während die Braut einfach nur »gekämmt wird« (*izrilfrd*).[14] Dem entsprechen die Quellen, aus denen hervorzugehen scheint, daß die meisten Frauen nicht viel mehr taten, als sich auf den Rücken zu legen und alles weitere über sich ergehen zu lassen. Typisch ist die Aussage, die ein Knecht im Jahre 1533 in Augsburg machte, nachdem er mehrfach bei einer Magd im Bett gelegen hatte, wobei er »allweg die schouch zuuor abzogen«: So »seie er« einmal »vber sie kommen Vnnd mit Ir zu schaffen gehabt, des sie geliten«, obgleich er nicht richtig »zu Ir ein komenn mogen«. Und etwas später berichtete die Niederländerin Isabella de Moerloose, wie sie stillhielt, die Augen schloß, »um nichts zu sehen«, und Gott den Herrn um Vergebung bat, als ihr Ehemann ihr einmal im Bett zwischen die Beine faßte. Als sie glaubte, sie müsse vor Abscheu und Scham sterben, sagte er zu ihr, er wolle jetzt prüfen, ob sie ihn wirklich liebe, und zwängte seinen Penis in ihren Mund. Während sie ihn notgedrungen fellationierte, betete sie in Gedanken: »Vater im Himmel, dein Wille und nicht meiner geschehe!«[15] Zu jener Zeit wurden nicht nur in den Niederlanden die Ehefrauen ermahnt, sich im Bette »eerbaar« zu benehmen, weil sonst bei ihren Männern der Verdacht aufkommen könne, sie seien bei günstiger Gelegenheit dazu bereit, sich von einem anderen besteigen zu lassen. Auch viele Theologen waren der Auffassung, eine Frau müsse ihrem Mann auf dessen ausdrücklichen Wunsch hin zu Willen sein, während der Frau aufgrund ihrer natürlichen Schamhaftigkeit die Artikulierung solcher Wünsche nicht zumutbar sei. Deshalb solle der Mann mit ihr schlafen, wenn sie ihr Verlangen indirekt zum Ausdruck bringe, etwa indem sie sich besonders ausgiebig wasche oder wenn ihr Wunsch an ihren Augen ablesbar sei. »Ich kenn woll an ihmb«, schrieb im 17. Jahrhundert die Gräfin Theresia von Harrach über ihren Gemahl, »daz er nit von den begirigen ist, dan ich offt vill monet bosiren mueß anä dieser kligselchkeit«.[16] Während des Aktes scheinen dagegen die meisten Frauen noch weniger aktiv gewesen zu sein, wie etwa Rembrandts berühmte Darstellung (Abb. 28) ahnen läßt, wobei die drei Arme der koitierenden Frau wohl lediglich zum Ausdruck bringen, daß der Künstler sich nicht entschieden hatte, ob er die Frau nun völlig passiv oder etwas aktiver darstellen wollte.[17] Offenbar erwartete man nennens-

28 Rembrandt: Der Koitus, um 1640.

werte Bewegungen während des Geschlechtsverkehrs lediglich von Jungfrauen, die sich gegen die Entjungferung sträubten, wie aus einem Brief einer Frau an das Bamberger Malefizamt vom Jahre 1724 hervorgeht, deren Sohn wegen Schwächung einer unberührten Magd zur Zahlung von 20 Gulden Déflorationsgeld verurteilt worden war. Sie habe, so schrieb sie, »ihren einfältigen Sohn examiniret und verdeutschet, wie sich eine Jungfrau zu verhalten pflegete, wann die erstmahlige fleischliche zusamenkunfft, und erkanntnis geschehe, daß nemblich die weibsperson, wann sie noch im Jungfrauenstand einige schmerzen spüre und sehr bewege, diese dirn aber nach des sohns bekantnus sich nicht einmahl beweget und geregt, consequenter keine Jungfrau mehr gewesen und auch den gemeinen ruff bey anderen mehr müssen zugehalten haben«. Auch das Vorwort zu dem pornographischen Buch *L'Escolle de filles* vom Jahre 1655, das offenbar nicht nur von Herren, sondern auch von gewissen Pariser Hofdamen gelesen wurde, sprach all die gutgebauten Damen an, die dazu erzogen worden waren, »[de] se tenir immobiles au lict comme des souces aux plus vifs attouchements, ne responde que froidement aux plus chaudes caresses qui leur sont faites, et n'avoir pas l'esprit de dire seulement ce qu'elles sentent«.[18]

Von den Zivilisationstheoretikern aus der Schule von Elias wird immer wieder behauptet, erst im Verlaufe des »Prozesses der Zivilisation«, um die Mitte des 18. Jahrhunderts, habe man die Mädchen zu einer größeren sexuellen Zurückhaltung erzogen als die Buben[19], und um diese Zeit habe sich die Vorstellung durchgesetzt, daß das weibliche Geschlecht schon von Natur aus schamhafter sei als das männliche. Doch kann von einer solchen Entwicklung ernsthaft nicht die Rede sein. Sämtliche Quellen deuten nämlich darauf hin, daß während des gesamten Mittelalters und in der frühen Neuzeit die Überzeugung herrschte, die Frauen seien »more shamefast« als die Männer, wie es in einem englischen Text des 13. Jahrhunderts heißt[20], was man beispielsweise daran erkenne, daß die weiblichen Wasserleichen im Gegensatz zu den männlichen auf dem Bauch und nie auf dem Rücken trieben. Zwar erklärte im Jahre 1521 der in Ferrara tätige Leibarzt der Fürstin Lucrezia Borgia, Luigi Buonaccioli, dies liege daran, daß die Frauen, weil sie ja die Kinder austrügen, eine größere Bauchhöhle hätten, in die durch die offenen weiblichen Genitalien das Wasser eindringen könne, und daß zudem die relativ großen und schweren Brüste die Bauchseite nach unten zögen. Doch hielt sich trotzdem hartnäckig der uralte Volksglaube, die natürliche Schamhaftigkeit (*verecundia*) der Frauen, die es verbiete, daß man ihren Unterleib und ihre Brüste sehe, wirke noch im Tode fort.[21] »Über diese Schönheit«, so verlautete zur selben Zeit Agrippa von Nettesheim in seiner Hymne auf das andere Geschlecht, »welche fürnehmlich eine Eigenschaft des Weibes ist, findet sich bey ihnen noch eine gewisse Schamhaftigkeit, so inbesonderheit bey ihnen anzutreffen, und welche ihre über der Männer Würde erhebt: Denn die Haare der Weiber sind gemeiniglich so lang, daß sie die Theile ihres Leibes, welche die Natur und Scham sie gelehrt, verdeckt zu halten, verbergen und bedecken können. Dahero es sich denn oft zugetragen, daß etliche Frauens-Personen, wenn sie einen gefährlichen und tödtlichen Schaden an den heimlichen Oertern ihres Leibes gehabt, lieber haben sterben wollen, als sich von dem Artzt entblösset sehen lassen, und sie zu ihrer Genesung anzurühren. Und diese Schamhaftigkeit behalten sie nicht nur im Leben [, sondern auch im] Tode, wie klärlich bey denjenigen erhellet, so im Wasser umkommen; denn wie Plinius meldet, so schwimmet einer Frauen Leib oben auf dem Wasser gantz contrair dem Leibe eines Mannes, indem, also zu reden, die Natur ihrer Scham nachsiehet.«[22]

Die These, wonach die größere natürliche Schamhaftigkeit der Frauen sich auch darin zeige, daß ihr langes Haupthaar die Brüste und ihr Schamhaar die Vulva bedeckten, wurde noch jahrhundertelang vertreten, etwa in *The Pleasures of*

Conjugal Love Explained vom Jahre 1740, wo es über die Frauen heißt, daß »they have also sooner Hair on their Privities, and some have been seen to have their Privities veiled before they have enter'd the Age of Discretion«, oder etwas später in einer deutschen Schrift, in der gesagt wird, »daß die Haare an den Geschlechtstheilen (ob sie selbige gleich nicht eigentlich bedecken) der Schamhaftigkeit zu Hülfe kommen«.[23] Entsprechend schämten sich in vielen Gesellschaften Frauen, die nur über spärliches Schamhaar verfügten oder die es epiliert hatten, ganz besonders, nackt gesehen zu werden[24], und es überrascht wohl kaum, daß man immer wieder Frauen vor allem damit erniedrigt und gedemütigt hat, daß man ihnen mehr oder weniger öffentlich das Schamhaar schor oder absengte.[25]

»Beyde«, schrieb im Jahre 1639 Jan van Beverwijck, »de schaemte ende de eerbaerheyt zyn eygen ende't vrouwelick geslacht byna aengeboren«[26], hatte doch ein paar Jahre zuvor sein Landsmann, der Arzt Jacob de Bondt, berichtet, er habe sogar auf der Insel Borneo ein »auf zwei Füßen aufrecht gehendes« Orang Utan-Weibchen gesehen, »das Schamhaftigkeit zu besitzen schien, da es sich beim Anblick unbekannter Mannspersonen mit der Hand bedeckte«.[27] Bestätigt wurde diese Überzeugung später dadurch, daß bei den in der Wildnis, außerhalb der menschlichen Gesellschaft aufgewachsenen Kindern und Jugendlichen allem Anschein nach die männlichen »Wilden« stets nackt, die weiblichen hingegen um den Unterleib herum bekleidet waren. So hieß es beispielsweise über das etwa achtzehnjährige Mädchen, das 1787 in einem Wald bei Kranenburg in der Nähe von Zwolle mit einem Netz gefangen wurde, sie habe eine selbstgemachte »Schürze von geflochtenem Stroh« um den Leib getragen, während das im Jahre 1731 in der Champagne eingefangene »Mädchen von Songi«, das Linné später *puella campanica* nannte, »mit Lumpen und Fellen bekleidet« war.[28] Außerdem sollen die wilden Mädchen im Gegensatz zu den meisten wilden Jungen beim Anblick des anderen

Geschlechts keinerlei erkennbare sexuellen Reaktionen gezeigt haben.[29]

Zwar hatten bereits frühmittelalterliche Autoren wie Jonas von Orléans konstatiert, die Männer seien entgegen der allgemein verbreiteten Auffassung zur gleichen Schamhaftigkeit verpflichtet wie die Frauen, doch widersprachen dem zahlreiche andere wie z.B. Castiglione in seinem *Libro del Cortegiano* vom Jahre 1528: Schon allein deshalb müßten Zurückhaltung und Schamhaftigkeit bei den Frauen größer sein als bei den Männern, weil im Falle einer schamlosen Frau die Vaterschaft ihrer Kinder ungewiß sei, so daß »jenes Band« sich lösen würde, »das die ganze Welt durch das Blut bindet, und wodurch jeder ganz natürlich das liebt, was er erzeugt hat«.[30]

Machte sich im Mittelalter oder in der frühen Neuzeit ein Mann an eine Frau heran, so gab sie ihm durch ein mehr oder weniger leichtes Öffnen der Beine zu verstehen, daß sie an einer sexuellen Affäre interessiert war (Abb. 29), während zusammengepreßte Beine ein klares ›nein‹ zum Ausdruck brachten.[31] Deshalb erforderte es der Anstand, daß Mädchen und Frauen beim Stehen oder Sitzen stets die Schenkel geschlossen hielten.[32] Doch auch generell gestikulierten sie nicht[33], vermieden es, insbesondere in Anwesenheit fremder

29 Pieter van Roestraten: ›Die schamlose Frau‹, um 1665.

Männer, laut zu lachen[34], und schlugen vor dem anderen Geschlecht die Augen nieder: So sollen nach einem Basler Mandat die Jungfrauen »das gesicht vor allen dingen mit züchten niderschlagen und bewaren/mit den augen niemand wincken/noch besonder ansehen/anschilhen/oder mit einem aug anblintzen/auch nit ungebürlich aufreissen/dann die augen seind ein warnung des hertzens/und was das auge sicht/dasselb das hertze sticht«.[35] Entsprechend bedauert in *El Cid* eine junge Dame, keine Bauernmagd zu sein, weil sie es dann wagen könnte, den schönen Ritter direkt anzusehen: »›Mutter‹, sprach sie, ›welch ein Ritter, einen schöneren sah ich nie! Glücklich das Bauernmädchen, das ohne Scheu vor dem Vorwurf unanständig niederer Sitte ihn lang anschauen nach Gefallen, ohne Scham ihn sehen darf!‹«[36]

Wenn ein Mann von den Trobriand-Inseln feststellte: »Die Augen der Frauen sind anders als die der Männer. Wenn ich mit einem Mädchen rede, achte ich auf ihre Augen. Wenn sie mich direkt anschaut, dann weiß ich, daß sie mich will«, dann galt gleiches in unserer eigenen Gesellschaft bis vor einigen Jahrzehnten zumindest innerhalb gewisser Zusammenhänge. Meinte noch vor etwa vierzig Jahren ein Photograph, der für nudistische Zeitschriften arbeitete: »I never let a girl look straight at the camera. It looks too

30 Französische Büstenhalterwerbung, 2000.

suggestive. I always have her look off to the side«[37], so blicken heute allerdings die nackten Frauen der FKK-Magazine wie die Models der Dessous-Reklamen dem Betrachter unverblümt ins Auge (Abb. 30 und 31).[38]

Auch im 18. Jahrhundert blieb die Überzeugung, daß die Frauen von Natur aus schamhafter und zurückhaltender seien als die Männer, weitgehend unangefochten, und Rousseau erklärte diesen Sachverhalt ähnlich wie die Soziobiologen der Gegenwart damit, daß das weibliche Geschlecht sich vor den eigenen Begierden und denen der Männer in größerem Maße schützen müsse, weil die Folgekosten einer Schwangerschaft für die Frau höher seien als für den Mann[39], eine Ansicht, die auch von den Enzyklopädisten übernommen wurde.[40]

Im 19. Jahrhundert waren es vor allem die Feministinnen, die den Frauen eine größere Schamhaftigkeit und damit eine fortgeschrittene Zivilisiertheit zubilligten, ganz im Gegensatz zu ihren Nachfolgerinnen im späteren 20. Jahrhundert, die in der spezifisch weiblichen Scham und Zurückhaltung lediglich eine weitere Fessel sahen, die das »Patriarchat« den Frauen angelegt hatte, um sie an Emanzipation und Selbstverwirklichung zu hindern. »The sensitive plant«, so verlautete der *Advocate of Moral Reform* vom Januar 1835,

31 Photo aus der FKK-Zeitschrift ›Sonnenfreunde‹, 1992.

»shrinks not more instinctly from the touch, than the nature of woman from defilement«, und amerikanische Feministinnen prognostizierten, daß das weibliche Geschlecht bei einer größeren Unabhängigkeit vom männlichen diesem immer häufiger den Beischlaf verweigern und die peinliche Verrichtung, entsprechend den Brunftzyklen der Tierweibchen, auf einen ganz kleinen Teil des Jahres beschränken werde. Ähnliche Visionen hatte später die Frauenrechtlerin Helene v. Druskowitz, die nicht nur konstatierte, die Frauen seien »von Natur keuscher, reiner und heiliger beschaffen« als das »bocksbeuteltragende Geschlecht«, sondern diesem vorwarf, die Frauen durch seine Geilheit zu besudeln: »Der Mann zehrt von der Schönheit und der Ehre der Frauen und sucht diese um jeden Preis zur Mitträgerin seiner geschlechtlichen Schmach zu machen. Während das Tier nur in kurzen Phasen Liebe pflegt, ist der Mann stets dem Geschlechtsrausch unterworfen«, ja, er habe durch die Domestikation Hähne und Rüden soweit gebracht, daß diese es ständig mit den Weibchen trieben, wenn auch der Mann noch tief unter diesen Sittenstrolchen der Tierwelt stehe.[41] Und schließlich verlautete im Jahre 1890 die Feministin Hanna Bieber-Böhm: »Durch Treue, Sittenreinheit, Selbstbeherrschung, Selbstverleugnung steht heute ein großer Teil der Frauen hoch über den Männern. Die Frauen sind es daher, die an der Spitze der Civilisation marschieren. Sie sind es, welche jetzt dem Idealbild des Menschen am nächsten kommen. Es liegt nun in ihrem eigenen Interesse, daß sie auch die übrige Menschheit heranbilden helfen, denn ein Leben lang in einer Gesellschaft existieren zu müssen, die diese Tugenden nicht besitzt, ist ein Martyrium.«[42]

Daß Mädchen und Frauen sich in ihrer körperlichen Entwicklung früher und insgesamt intensiver schämen als das männliche Geschlecht und deshalb im allgemeinen sexuell zurückhaltender und passiver seien, glaubte man auch in vielen anderen Gesellschaften. Bezeichnenderweise sagten die Sedang Moi, daß eine Frau, die von einem Mann nackt gesehen werde, sich schäme (*lim*), während umgekehrt ein Mann in einem solchen Falle zornig werde (*hō*), und seine sexuelle Erregung, die daraus resultierte, wurde nachgerade *tleu hō*, »der Penis ist zornig«, genannt.[43] Ähnlich wie die alten Griechen meinten auch die Lisu, daß die Frauen so schamhaft seien wie die Elefanten, und eines Tages fragte eine Frau voller Erstaunen die Ethnologin: »Ja weißt du denn nicht, daß die Elefanten sehr schamhaft sind? Die Alten sagen, daß sie nicht wollen, daß ihnen beim Geschlechtsverkehr jemand zuschaut.«[44] Die Männer galten dagegen als so schamlos wie die Hunde. So bedeckten schon die kleinen Mädchen beim Baden stets ihre »Frösche« (= Genitalien), wenn ein Erwachsener vorüberging, während die Buben unbekümmert ihre »Schwänze« sehen ließen.[45] Die indischen Digambaras schließlich, die davon überzeugt waren, nur ein völlig nackter Mensch sei wirklich ohne Besitz und habe deshalb die Chance, nicht mehr wiedergeboren zu werden, meinten, daß aus diesem Grunde keine Frau Befreiung erlangen könne, da sie infolge der natürlichen weiblichen Schamhaftigkeit sowie der Vergewaltigungsgefahr auf eine Entkleidung in der Öffentlichkeit verzichten müsse.[46]

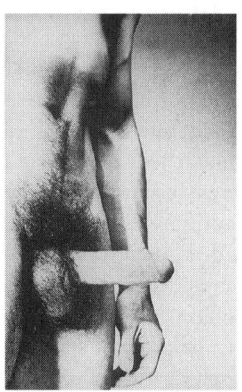

32 Photo aus einem Sexualitäts-Handbuch, 1983.

Auch die Tatsache, daß allem Anschein nach die Frauen geringere Neigung zum Voyeurismus zeigen als die Männer, also ein weniger ausgeprägtes Interesse daran haben, das andere Geschlecht nackt zu sehen, ist immer wieder mit ihrer größeren Schamhaftigkeit und sexuellen Zurückhaltung erklärt worden.[47] Heißt es schon bei Walther von der Vogelweide, »ich hete ungerne ›decke blôz!‹ gerüefet, so ich si nacket sach«[48], weidet sich Boccaccios Florio an den entblößten Brüsten und »le segrete parti« der schlafenden Biancifiore[49], und waren es etwas später Männer, insbesondere Kleriker und Mönche, die sich in der Nähe der Frauenhäuser in dunklen Ecken versteckten und heimlich durch die kleinen Bordellfenster ›peepten‹[50], so scheint den Frauen ähnliches kaum jemals nachgesagt worden zu sein. Und in der Tat haben Untersuchungen ergeben, daß Photographien, auf denen nackte Männer mit erigiertem Penis zu sehen sind, auf Frauen sehr häufig aggressiv wirken (Abb. 32), und Soziologen haben an kalifornischen Nacktbadestränden beobachtet, daß Frauen sich meist zurückziehen, wenn ein Mann sexuell erregt wird und seine Erektion nicht oder zu spät verbergen kann.[51] Bekanntlich ist das Vorzeigen insbesondere des steifen Gliedes eine

33 Bosniakische Freischärlerinnen, 1993.

männliche Drohgeste par excellence (Abb. 33)[52], und der sich in diesem Zustand einer Frau aufdrängende Mann gehörte auch zu den beliebten Themen der frühneuzeitlichen Pornographie (Abb. 34). Befragungen unter amerikani-

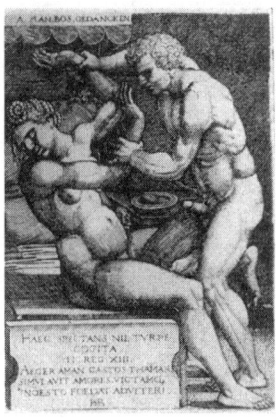

34 Hans Sebald Beham: ›Amnons Inzest‹, um 1530.

schen Aktivistinnen der Freikörperkultur ergaben, daß lediglich eine einzige Frau die Angabe machte, sie sei Nudistin geworden, um nackte Männer betrachten zu können, wie auch festgestellt wurde, daß der weitaus größte Teil der Leserschaft von *Playgirl*, nämlich fast zweieinhalb Millionen Leute, aus Männern, und zwar vermutlich aus Homosexuellen besteht.[53]

Läßt sich also hieraus der Schluß ziehen, daß Frauen zu allen Zeiten und in allen Gesellschaften ein sexuelles Desinteresse am Anblick nackter Männer hatten?

§ 5
Die aktive Frau

Wenn Friedrich Dedekind im Jahre 1549 seinen Grobianus sich in Anwesenheit von Frauen und Mädchen ankleiden und ihn der Ansicht sein läßt, das weibliche Geschlecht sähe dergleichen gerne[1], dann setzt er natürlich voraus, daß eine Frau am Anblick eines mehr oder weniger nackten Mannes desinteressiert sei. Doch scheint man im Mittelalter und in der frühen Neuzeit nicht allzu sicher gewesen zu sein, ob es sich wirklich so verhielt. Viel eher war man offenbar der Auffassung, daß ein solcher Anblick eine anständige Frau nicht stimulieren *sollte*, wie es beispielsweise eine Illustration zu Ambroise Autperts *La Bataille des vices et des vertus* aus dem späten 11. Jahrhundert veranschaulicht, auf der ein Mann vor einer Frau die Beine spreizt und seine Scham enthüllt, was Luxuria, die lasterhafte Frau, an der sich gerade der Teufel zu schaffen macht, veranlaßt ihren Gürtel zu lösen – ein Bild dafür, daß sie sich zum Geschlechtsverkehr bereit erklärt (Abb. 35).[2]

35 ›Die Wollust‹, spätes 11. Jh.

»Immer freuen sich die Frauen,/das Geschlecht der Männer aufrecht zu erschauen«, heißt es in der römischen Literatur, auch wenn die jungen Mädchen dies nur durch die Finger der vorgehaltenen Hand tun, weil der Anstand ihnen den freien Blick verbietet, wobei Priapus anmerkt, daß all die anständigen Frauen, die den Blick von seinem steifen Glied abwendeten, Heuchlerinnen seien, da bekanntlich jede Frau den Penis sehen und noch lieber zwischen ihren Schenkeln spüren wolle (»Tu quae ne videas notam virilem/hinc avertis, ut decet pudicam:/nimirum, nisi quod times videre/intra viscere habere concupiscis«).[3] Auch in späteren Zeiten argwöhnten manche Männer, die Frauen seien ganz scharf auf solche Anblicke, wie Nicolas Venette, der 1686 in seinem *Tableau de l'amour conjugal* mitteilte, »der flüchtigste Blick auf einen Penis« lasse »eine Frau wild vor Verlangen werden«, oder der Arzt Hellwig: »Es ist nicht zu beschreiben und auszusprechen die übergrosse Entzückung, so dieses Glied bey einem Weibes=Bilde durch unversehns Anschauen verursachet; ihre Affecten und passiones werden so pressant, und werden so brünstig, daß sie sich kaum halten können.«

Schon mehr als hundert Jahre zuvor hatte der Graf von Zimmern berichtet, wie eine Anzahl von Frauen einen Mann aufgedeckt und »ine bloss und nackend ligen« ließen, wobei »deren weiber etliche« waren, »von denen ichs selbs hab gehört, die ain lust hetten, ine nackendt zu sehen«. Immerhin erklärte sich, wie im Jahre 1616 ein Mann in Chester bezeugte, ein gewisser Richard Davies bereit, einer Ann Lloyd seinen »Ständer« zu zeigen (»I will show thee my pillocke«), wenn sie ihn im Gegenzug ihre »privities« betrachten ließe, was beide dann auch taten.[4]

Bereits im Spätmittelalter klagte Geiler von Kaisersperg darüber, die Frauen im allgemeinen, besonders aber Nonnen und Beginen seien lüstern danach, das Jesuskindlein mit unbedeckten Genitalien zu sehen: »Kein moler kan kein Jesus knabē yetzt molen, on ein zeserlin [= Pimmelchen]. Es

mûsz ein zeserlin habē (also sprechē unszer begynē uñ nonnen). Uñ weñ man ein Jesus knabē in die nonnenklôster gibt,
hat es kein zeserlin, so sol es nüt.«[5] Im Jahre 1526 gab
Agrippa v. Nettesheim zu bedenken, daß die Frauen durch
die neuartigen wirklichkeitsgetreuen Bilder sexuell erregt
und verführt würden, denn »oftermals lernen Weibsbilder,
ob sie schon nicht lesen können, doch solche schandbaren
Sachen aus den Gemälden und merken viel mehr daraus, als
andere aus den Büchern, indem sie bisweilen solche garstige
Bilder in ihre Kammern setzen und ihre Leichtfertigkeit
danach praktizieren.«[6] Um dieselbe Zeit wetterte Zwingli,
die Heiligen glichen einem »bûben oder hûrenwirt, daran
die wyber frylich zû grossen andacht bewegt werdend«, wie
er ironisch hinzufügte: »Dôrt stat ein Sebastion, Mauritius
und der fromm Johanns evangelist so jûnkerisch, kriegisch,
kuplig, dasz die wyber davon habend ze bychten ghebt.«[7]
Wie Giorgio Vasari mitteilte, stellte Fra Bartolommeo di San
Marco »in einem Bilde den hl. Sebastian unbekleidet dar, mit
einer Farbe, die dem lebendigen Fleische sehr ähnlich war,
mit angenehmen, der Schönheit des Körpers entsprechenden
Gesichtszügen, wodurch er sich bei den Künstlern das größte Lob erwarb. Als aber dies Werk in der Kirche aufgestellt
war, fanden die Mönche in den Beichten, daß die Frauen
beim Anblick desselben durch die aufreizende und geile
Darstellung (*la leggiadria e lasciva imitazione*) des Lebens,
welche Fra Bartolommeos Talent hier erreicht hatte, zu
sündhaften Gedanken erregt worden waren.«[8]
Und in der Tat: Hatte der Heilige auf den Bildern im Mittelalter meist einen so großen Lendenschurz getragen, daß dieser sogar die Knie bedeckte, war er in der immer realistischer
werdenden Kunst der Renaissance, bei Malern wie Piero
della Francesca, Antonello da Messina oder Mantegna,
häufig mit einem so knappen Slip bekleidet, daß Penis und
Hoden sich deutlich abbildeten.[9] Daß angesichts solcher
Bilder bei vielen Betrachterinnen »ze bychtende« sündhafte
Gedanken nicht ausblieben, dürfte für diese reizarme Zeit

nachvollziehbar sein. So nimmt es nicht wunder, wenn dies heikle Thema wiederum Gegenstand der Kunst wurde, etwa in Jan Steens um 1665 entstandenem Gemälde »Der Zeichen-unterricht«, auf dem die junge Schülerin nicht auf das achtet, was der Lehrer ihr beibringen will, sondern auf jenen Teil des Körpers des hl. Sebastian schaut, auf welchen zusätzlich durch den unter der Figur liegenden Schlüssel und den Grif-fel, den das Mädchen spitzt, hingewiesen wird (Abb. 36).[10]

36 Jan Steen: ›Der Zeichenunterricht‹ (Detail), um 1665.

Diesem weiblichen Interesse am männlichen Genital sol-len im 18. und im frühen 19. Jahrhundert umherreisende »Guckkästner« entgegengekommen sein, die gegen Entgelt jungen Mädchen und Frauen nicht nur entsprechende Bilder, sondern sogar ihr eigenes erigiertes Glied *in naturam* vor Augen führten (Abb. 37 und 38). Wenn nun auch nicht ganz sicher zu sein scheint, ob es sich hierbei nur um Männerphantasien handelt – fest steht, daß in jener Zeit Hausierer mit Schaukästen durch die Lande zogen, in denen man durch Vergrößerungsgläser von hinten beleuchtete Bilder betrachten konnte, die offenbar in manchen Fällen obszöner Natur waren. Jedenfalls war nach § 18 des Hau-sierregulativs vom 28. April 1824 den »Schaukastenführern« in Preußen die Erlaubnis für das Guckkästnergewerbe nur

37 Guckkästner, um 1825.

»nach voraufgegangener strenger Prüfung ihrer Recht-
lichkeit und Sittlichkeit« zu bewilligen, und aus Frankreich
wurde berichtet: »In gewissen ländlichen Gegenden der
Bretagne wird dieser Exhibitionismus der Nates in einer
höchst eigentümlichen Weise vollzogen, nämlich mittelst
eines sogenannten *toull ër c'has*, französisch *chatière*, das ist

38 Guckkästner, um 1800.

39 ›Kieker‹ vor dem Saßnitzer Damenbad, um 1900.

ein großer Apparat in Form einer hölzernen Brille, durch
welche der Zuschauer seinen Kopf steckt, während ein Weib
vor dem Betreffenden ihre Hinterseite entblößt.«[11]
Gesichert ist indessen durch zahlreiche Berichte, daß nicht
nur viele Männer nichts anbrennen ließen, wenn am Strand
sich die Möglichkeit bot, badende Frauen mit angeklatsch-
ten oder gar keinen Badekostümen zu beobachten (Abb.
39)[12], sondern daß auch manche Frauen angesichts hüllenlos
badender Männer alles andere taten als schamhaft errötend
die Blicke zu senken. So berichtete schon im Jahre 1664
Friedrich Lucae aus Amsterdam, man könne dort um die
Sommerszeit »die Badenden oft ganz nackt auf den Brücken
herumlaufen« sehen, »zum Scandal für ehrbare Frauenzimmer, aber freilich auch zur Augenweide der fürwitzigen,
die sich an solchen monstris ergötzen«[13], und im 18.
Jahrhundert heißt es, daß sich an den englischen Stränden
Frauen in großer Anzahl einfanden, um einen Blick auf die
nacktbadenden Männer zu erhaschen, wobei sich die Damen
der besseren Gesellschaft ihrer Operngläser bedienten. An
manchen Stellen wurde den Männern allein deshalb das

40 Gustave Staal: ›Le Cas de Conscience‹, 1839.

Nacktbaden verboten, weil sich dort ganze Trauben von Voyeurinnen bildeten.[14] Auf einer 1839 entstandenen Holzstichvignette von Gustave Staal (»Le Cas de Conscience«) ist beispielsweise eine ehrbare Landjungfrau zu sehen, die, hinter einer Weide versteckt, einem badenden Jüngling zuschaut und sich mit schwindender Gewissenspein an seinem »weißen, glänzenden, wohlgeformten, hochgewachsenen und schlanken Körper« delektiert (Abb. 40), ein Thema, das gerade um diese Zeit Gegenstand zahlloser mehr oder weniger ironischer Illustrationen war (Abb. 41 und 42). So meldete im Jahre 1813 der Präsident der Polizeyhofstelle in Wien, Freiherr v. Haagn, in der Prager Militär-Schwimmschule schaue häufig das weibliche Geschlecht bei den männlichen Schwimmübungen zu, obgleich »es nicht selten an Schwimmhosen gebrach oder davon nicht Gebrauch gemacht werden wollte«[15], und ein biedermeierlicher Berichterstatter verlautete über die Pfuelsche Schwimmanstalt an der Spree: »Kam einmal eine Gondel vorüber, die eine Anzahl von Kavalieren nach Treptow fuhr, nun, so hielt man sich an Goethe: ›Die Ritter schauten mutig drein und in

41 Thomas Rowlandson: ›Blick aufs Themseufer‹, 1807.

den Schoß die Schönen‹, aber keineswegs alle.«[16] Zwar erwartete man vor allem von jungen Mädchen, daß sie in solch pikanten Situationen »in den Schoß« schauten, aber nicht wenige von ihnen fühlten sich von den jungen nackten Burschen magisch angezogen. So erzählte Gwen Raverat, wie sie bei der Bootsfahrt immer wieder am Badeplatz der jungen Männer vorbeikamen, worauf die Damen ihre Sonnenschirme aufzuspannen pflegten, bis man diesen »schrecklichen« Ort hinter sich gelassen hatte: »Gehorsam öffnete ich den Schirm und hielt ihn so, daß die Damen mich nicht sehen und ich einen Blick riskieren konnte, ohne ihr Schamgefühl zu verletzen. Für mich war nämlich der Badeplatz der schönste Anblick der Welt: die schmalen nackten Jungen, wie sie im Sonnenschein auf dem frischen grünen Gras herumhüpften […], das war großartig, herrlich, nobel anzusehen.«[17]

Freilich scheinen sich in solchen oder ähnlichen Situationen schon im Mittelalter nicht nur ein Parzivâl, sondern auch andere junge Männer und Recken geschämt zu haben, wenn sie den weiblichen Blick auf ihrem nackten Körper spürten

42 ›Jetzt komm' ich an die Reihe!‹
Karikatur von Pigalt, um 1840.

– »diu sham in dô des überstreit/daz er von den liuten lief«,
und sich erst wieder vor den Frauen zeigten, nachdem sie
ihre Genitalien mit Laubwerk bedeckt hatten[18], und es kam
auch gelegentlich vor, daß die Nackten sich zur Wehr setzten, wenn sie das Gefühl hatten, daß die Frauen in ihren
Bereich eingedrungen waren. Ein solcher Vorfall wurde im
Jahre 1737 in Lyon zum Stadtgespräch. Zwei junge Frauen
waren anscheinend beim Baden in der Rhone einer Gruppe
nacktbadender junger Männer zu nahe gekommen, worauf
diese über die beiden herfielen, sie nackt auszogen, ihre
Brüste, Hintern und Genitalien befummelten und sie aufforderten, sie zu fellationieren. Etwas später nahm sich in Paris
eine junge Frau die Freiheit, ihren Mann in das Seine-
Schwimmbad am Ende der Ile-Saint-Louis zu begleiten, was
damals völlig unüblich war, weil die Bäder in der Seine den
Männern vorbehalten waren. Zu allem Überfluß trug sie ein
Badekostüm, das aus enganliegenden Hosen und einer plis-
sierten »chemisette« bestand. Kaum hatte sich die Frau ins
Wasser begeben, als eine ganze Anzahl junger Männer ihr

43 Albert Eckhout: Tarairiu mit
zugebundener Vorhaut, Brasilien, 1641.

nachstürzte, um sie »vor dem Ertrinken zu retten«. Kaum
eine Stelle ihres Körpers blieb bei dieser Rettungsaktion
unbetastet, und »portée comme Vénus à la surface des eaux«,
zog sich die Schöne beschämt in ihre Kabine zurück.[19]
Auch in zahlreichen außereuropäischen Gesellschaften
genossen es viele Frauen, nackte Männer und insbesondere
deren Genitalien zu betrachten. So dachten die alten Frauen
der Saramaka-Buschneger in Surinam sehr gerne an die alte
Zeit zurück, in der die Männer nur sehr knappe und locker
sitzende Lendenschurze trugen, so daß sie häufig einen frei-
en Blick auf deren Hoden hatten, was sie sehr erfreute, und
um den jungen Mädchen der Nnobi-Igbo solche Einblicke
zu vermiesen, sagte man ihnen, sie würden vom Anblick
männlicher Genitalien schwanger.[20] Wenn betrunkene Tupa-
rí-Männer ihren Penis zeigten oder sogar, was als größte
denkbare Schamlosigkeit galt, ihre Eichel entblößten, indem
sie die Vorhaut zurückzogen, zeigten manche Frauen ein
großes Interesse, während bei den Chol-Maya auch die
weiblichen Informanten darin übereinstimmten, daß jede

Frau durch den Anblick eines *erigierten* Penis »heiß«, also sexuell erregt werde.[21]

Die Männer der Quechua achteten früher beim Baden sehr darauf, daß Frauen oder Mädchen ihre Genitalien nicht sehen konnten, doch bei bestimmten Gelegenheiten versuchten sie, durch die Entblößung ihrer Scham die Frauen »scharf« zu machen. Beim Chaicasna-Fest der lasziven Göttin Chaupiñamca in der Fronleichnamszeit tanzten sie zunächst in Baumwollhosen, dann aber völlig nackt und riefen zum Schluß: »Nun, da sie unsere Genitalien sieht, ist Chaupiñamca froh!« Beim Huantaycocha-Tanz hüpften die Männer ebenfalls mit entblößtem Penis herum, und die Frauen in der Menge riefen ihnen zu: »Jetzt wächst er!«[22]

Auch bei den Rungu auf Borneo war der Voyeurismus, *mongoliduk* (= sexuelles Schauen) genannt, nicht auf das männliche Geschlecht beschränkt, doch wurde es im Falle von Männern wie Frauen bestraft. Als freilich einmal eine Frau einem Mann mutwillig auf die unbedeckten Genitalien geschaut hatte, revanchierte sich dieser, indem er ihr im Langhaus auflauerte und ihre Brüste begrabschte – ein ansonsten strafbares Delikt, das aber in diesem Falle ohne Folgen blieb, weil es das Delikt der Frau wettmachte.[23]

Bei den Rungu kam es immer wieder vor, daß jüngere Frauen sich an den Badeplätzen versteckten, um männliche Genitalien betrachten zu können, doch war der männliche Voyeurismus viel verbreiteter, wie auch neuere Untersuchungen darauf hindeuten, daß Frauen ganz allgemein durch visuelle sexuelle Stimuli weitaus weniger erregt werden als Männer.[24] Zudem scheint die sexuelle Erregung der Frauen in sehr viel stärkerem Maße als die der Männer davon abhängig zu sein, daß sie zu den Männern, deren Genitalien sie betrachten, eine persönliche Beziehung, d. h. eine menschliche Bindung haben[25], weshalb eine Peep-Show für Frauen, in der die Penisse und Hodensäcke anonymer Männer zu sehen wären, wohl kaum einen solchen Erfolg beim weiblichen Publikum erzielen würde wie die entsprechen-

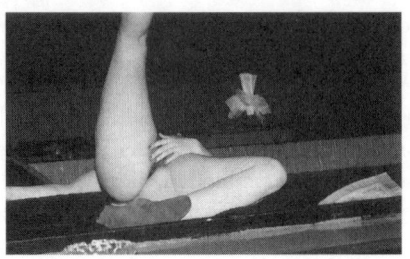

44 Peep-Show in Frankfurter ›Schnüffelbar‹, um 1984.

de Zurschaustellung der Vulva beim männlichen (Abb. 44). So sagte lediglich eine Minderheit junger Besucherinnen einer Männerstriptease-Veranstaltung, in der die Stripper sexuelle Handlungen simulierten, der Strip habe sie »angetörnt« oder »Phantasien« bei ihnen hervorgerufen, und ein Peep-Girl antwortete auf die Frage: »Können Schwänze erotisierend sein?« mit: »So isoliert für mich nicht. Gewiß gab es nach einer Weile für mich Unterschiede – manche Schwänze sind eben schöner als andere. Mir gefallen nicht so sehr die ganz riesigen, die wirken auf mich eher martialisch, unmöglich, mir vorzustellen, mit so einem dreißig Zentimeter langen, kinderunterarmbreiten zu kopulieren!«[26]

Wenn also frauenfeindliche Autoren wie Otto Weininger behauptet haben, es sei bezeichnenderweise der abstoßendste Teil des männlichen Körpers, »der die Frauen am tiefsten aufregt und am heftigsten erregt, und zwar gerade dann, wenn er wohl das Unangenehmste überhaupt vorstellt, im erigierten Zustande«[27], und daraus auf die sittliche Minderwertigkeit des weiblichen Geschlechts schlossen, so widersprechen dem offenbar die Tatsachen.

Zwar scheinen sich insbesondere seit den siebziger Jahren viele Künstlerinnen und Photographinnen der Darstellung männlicher Genitalien zugewendet zu haben (Abb. 45)[28], doch liegt dies wohl eher daran, daß die Frauen sich für dieses Sujet interessierten, weil es für sie seit Jahrhunderten tabuisiert war, ähnlich wie die künstlerische oder photogra-

45 Vivienne Maricevic: ›Untitled‹, 1979.

phische Darstellung der Schamlippen und der Klitoris, die in der sogenannten »cunt art« der siebziger und achtziger Jahre Triumphe feierte.[29] Eher Neugierde als Lüsternheit scheint auch das Motiv der Frauen und Mädchen der Mangbetu im Herzen Afrikas oder der Bagobo auf Mindanao gewesen zu sein, die sich kichernd in den Büschen versteckten, um die im schattigen Bach nacktbadenden Forschungsreisenden zu beobachten.[30]

Bereits im Mittelalter waren die meisten Frauen anscheinend eher amüsiert, wenn sie die Genitalien eines Mannes sahen, denn sexuell erregt – so macht sich etwa die Dame Orgelûse über den Ritter Gâwân lustig, wenn sie ihm ausmalt, wie der nahende Feind ihn vom Pferd stechen wird, so daß ihm unter den Augen der aus den Schloßfenstern spähenden »frouwen« die Unterhose reißt[31], und gegen Ende des Mittelalters ärgerte sich »ain doctor von Augspurg« sehr, als seine Frau und seine erwachsene Tochter sich amüsierten, nachdem sie in der Badstube einer Herberge auf zwei splitternackte Männer gestoßen waren.[32] In einem anderen Fall sorgte ein Mann für das Vergnügen der anwesenden Frauen, indem er in aller Hast und nackt sein Bett verließ: »dann allain das er mit der ainen handt die pfeifen und das geschier [= Penis und Hoden] begrifen und verdeckt, et a la reste hat er imer mit grossem gelechter und wolgefallen aller zuseher lassen in feirabendt gucken«[33].

Auch bei den heutigen Männer-Strips für Frauen geht es

189

46 Erotikmesse in Bologna, 1998.

durchweg sehr heiter zu, und die Stimmung steht »ganz im Gegensatz zur dumpfen Atmosphäre«, die während des konventionellen Striptease für Männer herrscht (Abb. 46), was Beobachter vermuten ließ, daß »der Erfolg dieser Unternehmungen« wohl »auf etwas ganz anderem« als bei einem männlichen Publikum, nämlich »auf einem komischen Effekt« beruht.[34] Tatsächlich besuchen Frauen einen Strip meist zur Gaudi, etwa anläßlich eines Geburtstages oder zur Feier einer Scheidung, und zwar in Gruppen von mindestens drei oder vier Personen. Während die Frauen lachen, kreischen und eher fröhlich und gelöst sind, stieren die Männer in erster Linie auf die »entscheidenden« Körperteile der Stripperin, und man gewinnt nicht selten den Eindruck, daß sie kurz davor stehen, sich »einen runterzuholen«. Tanzen die Stripper häufig mit den Frauen auf der Bühne, spielt der einsame Tanz der Stripperin nur eine untergeordnete Rolle, und gibt ein guter Stripper der Frau, mit der er tanzt und schäkert, das Gefühl, daß sie attraktiv ist und daß er sie begehrt, bleibt die Stripperin kalt und gefühllos, da ihr Publikum ohnehin nur an »Titten und Mösen« interessiert ist.[35] Von daher war die Peep-Show für Männer die konsequente Weiterentwicklung des Striptease – der ›Strip‹ ohne störendes Beiwerk[36], während Peep-Shows für Frauen, in denen sie Penisse und Hodensäcke sowie Männerafter en detail studieren konnten, sich als Mißerfolg erwiesen.[37]

Wie aber steht es um die Aktivität der Frau bei der sexuellen Werbung und beim Geschlechtsverkehr? Ist es so, wie etwa Eduard Fuchs es vor über siebzig Jahren formulierte, daß »die vom Weibe geforderte Zurückhaltung« lediglich der Tatsache entspreche, daß »der Frau im Geschlechtsleben von der Natur die passive Rolle zugewiesen« worden ist?[38]

Erscheint bereits in den altägyptischen »Weisheitslehren« die Frau als die sexuell initiative und fordert sie ihn in einem Liebeslied aus dem Neuen Reich auf, aktiv zu werden: »Mein Geliebter, es ist lieblich, zum Teich zu gehen und vor deinen Augen zu baden! Ich lasse dich meine Schönheit [= Vulva] sehen in einem Hemd aus feinstem Linnen, das naß wird und eng an meinem Körper liegt. Mit dir will ich ins Wasser steigen und herauskommen mit einem roten Fisch [= Penis], der sich gut macht zwischen meinen Fingern. Komm und schau mich an!«[39], so beschränkte sich bei den Griechen die sexuell aktive Frau allem Anschein nach weitestgehend auf die Mythologie. Aphrodite beispielsweise, »die Penis-

47 Keramik der Mochica-Kultur, ca. 6. Jh.

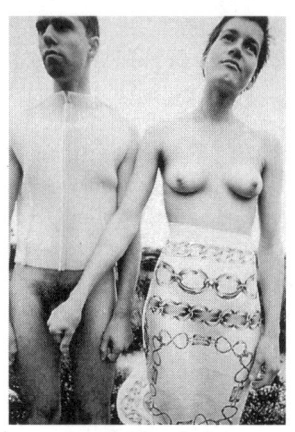

48 ›Holding Cock‹.
Photo von Wolfgang Tillmans, 1992.

liebende«, »riß« bisweilen einen jungen Mann »auf«, wenn
er ihr gefiel, und auch die Amazonen wurden ähnlich aktiv
geschildert[40], doch von realen Frauen erwartete man
Passivität und Zurückhaltung. Zwar gab es mitunter »Lesbierinnen«, die nicht homosexuell, sondern Frauen waren,
die ihre Sexualpartner, gleichgültig ob Mann oder Frau,
saugten und schleckten[41], doch waren das keine anständigen
Frauen, sondern Abartige. Laut römischen Autoren wie
Lukrez erwiderte die ehrbare Gattin nicht mit einem
»Wiegen der Hüften die Liebe des Gatten«, denn solcher
»geilen Bewegungen« bedienten sich nur die Huren, um das
Sperma der Kunden wieder auszutreiben und diesen »die
Liebe bequemer (*concinnior*) zu machen, was doch wohl
nicht Sache unserer Gattinnen ist« (*coniugibus quod nil
nostris opus esse videtur*).[42]

Mit Ausnahme der *fabliaux* des 13. Jahrhunderts, in denen
die Frauen zwar als äußerst lüstern, aber nie als sexuell
initiativ geschildert werden[43], sind es bei Wolfram von
Eschenbach, Konrad von Würzburg, dem Pleier und vielen
anderen mittelhochdeutschen Dichtern häufig die *maget*,

also die Jungfrau, oder die *vrouwe*, die eigentlich die Initiative übernehmen und sexuell aktiv sind, auch wenn sie so tun, als ließen sie sich vom Mann erobern.[44] Auch in der provençalischen Troubadourlyrik animiert die Frau nicht selten den Mann zum Sex, indem sie ihn mit den Worten auffordert: »Laß uns alles machen!« (*tot o fassam!*) oder »Laß uns ein neues Spiel spielen!« (*fassam un joc novel!*), oder indem die Trobairitz Comtessa de Dia, die den Ritter beherrschen möchte, von diesem verlangt, sich auszuziehen, damit sie ihn nackt in den Armen halten kann: »ben volria mon cavallier/tener un ser en mos bratz nut!«[45] Im *Wolfdietrich* schließlich wird der Held von der liebeshungrigen Maid nachgerade überfahren: »wol in ir wisse arme schlos si den fursten czart./Si warff in in daz pette, di mait von hoher art, si kußt in iniglichen, ir hercz in libe bran.«[46]

Nun wird man einwenden, hierbei handle es sich um die für die Literatur und Mythologie aller Zeiten typische fiktive Umkehr des normalen Rollenspiels, und deshalb bestätigten die angeführten Beispiele eher die sexuelle Inaktivität des weiblichen Geschlechts, als daß jene durch sie in Zweifel gezogen würde. Freilich gibt es bereits im frühen Mittelalter Hinweise darauf, daß die Frauen in der Liebe keineswegs so passiv und teilnahmslos gewesen sind, wie man annehmen könnte[47], und immerhin entwickelte nach der Schlacht von Hastings im Jahre 1066 eine Gruppe normannischer Frauen dahingehend eine Aktivität, daß sie Wilhelm den Eroberer energisch – und im übrigen erfolgreich – aufforderten, so bald wie möglich ihre Männer in die Normandie zurückzuschicken, weil sie durch deren Abwesenheit sexuell unbefriedigt blieben.[48]

Wie aus einem Basler Ehegerichtsprotokoll vom Jahre 1540 hervorgeht, konnte auch ein junges Mädchen einen Mann fleischlich »erkennen«, und entsprechend hieß es ein Jahrhundert später in Schwäbisch Hall über eine schwangere Magd, diese sei aus der Stadt gewiesen worden, weil sie sich »in ihres Meisters Costgängers Hanß Blinzigs beth gelegt« habe »und als Er Blinzig am Nachts Von Einer Hochzeit trunckner weiß heimb khommen, sie ihne als einen Jungen Menschen zur Unzucht angeraizet Undt Ihne dar durch zum fall gebracht, daß Er *ihres willens* gepfleget«.[49] Etwas später sagte ebenfalls im Schwäbischen die achtzehnjährige Margaretha Hartmann vor Gericht aus, sie sei jedesmal, wenn ihr Stiefvater betrunken im Bett lag, zu ihm gestiegen, habe »das membrum begriffen, und so lange geraitzet bis er *ihre Lust* vollbracht«. Danach habe sie ihm gesagt, er sei »nicht nutz: habe nichts von ihm empfunden«, denn sobald sein Sperma »anschoß«, habe sie gespürt, wie er »nachließ und abzog«, so daß sie unbefriedigt blieb. Der Stiefvater, ein Zimmermann namens Rudolph Wacker, bestätigte diese Aussagen und fügte hinzu, das Mädchen habe ihm andauernd nachgestellt: »Ärger als sein Weib« habe sie ihm in den Latz gegriffen und seinen »Kerl« herausgezogen, bis er schließlich »ihro zu willen geworden«.[50]

Daß die Frauen nicht lange fackelten und sich »das mem-

49 Kupferstich von Hans Sebald Beham, 1529.

brum virile« des Mannes selber »applicirten«[51], galt zwar als unzüchtig und war deshalb in der frühen Neuzeit Gegenstand pornographischer Darstellungen (Abb. 49)[52], kam aber allem Anschein nach gar nicht selten vor. So sagte beispielsweise im Jahre 1629 ein Bub vor der Malefiz-Commission des Bamberger Fürstbischofs aus, es »seie dieses Mädlein Zue ihme in sein Cämmerlein kommen, habe ihm beim schwantzt nackerten genommen, vnnd einander geschmeisselt [= gestreichelt]«, und ungefähr zur selben Zeit hieß es von einer Engländerin, sie habe ihrem unverheirateten Schwager an Penis und Hoden gegriffen und zu ihm gesagt, daß »he must have a wife or else a bigger codpiece«. Die Wirtin Mary Combe griff bisweilen ihren männlichen Gästen in die Hosen, um herauszufinden, wie lange es brauchte, bis deren Glied steif wurde. Trat dieser Effekt aus Angst der Betreffenden oder aus anderen Gründen nicht ein, lachte sie den armen Teufel aus, weil »his pricke would not stand«.[53]
Andere Frauen ergriffen die Initiative in der Weise, daß sie den Mann aufforderten, ihnen an die Brüste oder zwischen die Beine zu fassen, wie etwa im Jahre 1633 eine verheiratete Frau, die zu einem Mann sagte, er könne ihre »limbs« befühlen und nachprüfen, ob sie erregt sei (»and feel the state of [my] body«), und in St. Gallen gab ein junger Mann

50 Hans Sebald Beham: ›Die Frauen und der Gauch‹, 1540.

zu Protokoll, er habe einer Anna Schlumpf lediglich einen harmlosen Kuß auf die Lippen gegeben, worauf diese ihm gleich die Zunge in den Mund gedrückt und »drinnen hin und her zogen« habe. Der Gerichtsschreiber merkte dazu an, es sei »notorisch«, daß die »Töchter« es nicht für eine Unehre hielten, den jungen Männern die Zunge ins Maul zu stoßen: »Ist aber ein vnfläterey; dies ist heut bey tag vnder jungen Leuten gar breüchig an schenkhinen vnd achtend es nit fur eine vngebeür.«[54] In Nantwich schließlich bot im Jahre 1631 eine Alice Cowper einem Mann fünf Schillinge, »to be naughty with her«[55], während knapp hundert Jahre vorher ein Zürcher Student in Basel sich in Anwesenheit der Pfarrfrau, bei der er als Kostgänger lebte, bitter über die sexuelle Zudringlichkeit von deren Dienstmagd Barbel aus Lindau beklagte und zu dieser sagte: »Ich hab mich dinen nün wuchen erwert und mich nit mit dir wellen besudlen biss zum letsten, das du mir ploß nackend bist noch gelouffen, uff mich gsprungen, mich sollicher gstalt gereitzt mit nackendem lib, das ich mich nit mer hab können erweren, sonder bin überwunden, das ich zum fal kummen und hab doch nie kein wibsbild berürt. Du ellender sack hast mich betrogen und mir min reinikeit gnomen, du [un]barmherziger balg [!].«[56]

Martin Luther, so heißt es, habe sich damals beim Kurfürsten von Sachsen mit den Worten beschwert: »So ist das meydevolck küne worden, lauffen den gesellen nach yn yhre stüblin, kamer und wo sie konnen, bieten yhn frey yhre liebe an«, und etwas später sagte man in Augsburg, daß es immer mehr »junge weibsbilder« gebe, »so mehr umb der geilhait willen heüraten« denn »des ehrlichen haußhalltens willen«, weshalb sie dann später ihre Kinder verwahrlosen ließen und »da und dortt« sogar »ersticktht« hätten.[57]

Schon rein physiologisch, davon waren die meisten frühneuzeitlichen Anatomen wie z.B. Nicolas Venette überzeugt, entwickelten die Frauen auch während des Koitus zumindest eine ebenso große Aktivität wie die Männer, freilich auf etwas andere Weise, indem sich nämlich die Gebärmutter dem in die Vagina eingeführten Penis entgegenreckte, um diesen auszusaugen, denn allein durch das Melken ihres Partners könne eine Frau ihre Geilheit lindern.[58] Äußerlich sei also der auf dem Rücken liegenden, mehr oder weniger bewegungslosen Frau gar nicht anzusehen, daß sie innerlich den Mann melke, so wie die meisten jungen Tölpel nicht dahinterkämen, wer im Grunde die Leimrute ausgelegt habe: »Das gemeine Mädchen versteht die Kunst zu kokettieren in seiner Art vollkommen so gut als die Dame, entblößt ebenso unverschämt den Busen, und gewisse andere Reize so halb und halb, weil es mehr hilft als ganz. Bleibt der Jüngling noch spröde, so hilft es seinen Sinnen durch Branntwein nach, und erscheint der Jüngling nicht auf seine Einladung in seinem Bette, so besucht es ihn in dem seinigen.«[59]

Und in der Tat haben sämtliche neueren Untersuchungen ergeben, daß es meist die Mädchen oder die Frauen sind, die im Spiel der Liebe den ersten Zug machen, der indessen häufig so subtil ist, daß er von vielen Männern nicht bewußt wahrgenommen wird. »Man hat den Mann gern als Verführer des Weibes gezeichnet«, so einst die Gräfin Esterházy, »aber man hat vergessen, zu sagen, daß es in den meisten Fällen das Weib ist, das den Mann zur Verführung erst verführt«, durch Verringerung des Körperabstandes zum Gegenüber, mittels Veränderung der Stimme, bestimmter Gesten, etwas längerem Augenkontakt, unbemerktem Öffnen einiger Knöpfe oder durch Verschränken der Arme hinter dem Kopf, das die Brüste anhebt und eventuell ihre Form und die Brustwarzen deutlicher abbildet.[60]

Dergleichen war auch im Mittelalter bekannt, weshalb man sich redliche Mühe gab, das weibliche Geschlecht an der Entfaltung sexueller Aktivität zu hindern. So drohte z. B. der Rabbi Elieser damit, daß eine Frau, die auf irgendeine Weise die sexuelle Initiative ergreife, gebrechliche Kinder zur Welt bringe, und als im 14. Jahrhundert Jan Štekna, der tschechische Beichtvater der polnischen Königin Jadwiga, in einer Predigt verkündet hatte, eine Frau, die Ehebruch begehe, sündige weniger als ein Mann, weil er anscheinend davon ausging, daß es stets der Mann sei, der die Frau verführe, widerrief der Königliche Rat alsbald diese Behauptung aus Sorge, die verheirateten Frauen würden jetzt erst recht mit fremden Männern anbändeln.[61]

Auch in vielen außereuropäischen Gesellschaften war es meist das weibliche Geschlecht, das bisweilen ganz direkt und unverblümt die sexuelle Initiative ergriff. So galten bei den Didayi in Orissa die Mädchen und Frauen als die »Jägerinnen«, die das männliche »Wild« stellten, und bei den südindischen Badaga lauerten nicht selten die jungen Mädchen im Urwald den Jungen auf, faßten ihnen an den Penis und forderten sie auf, mit ihren Brüsten und ihrer Vulva zu spielen. Bei den Muria war es normalerweise ebenfalls das Mädchen, das nach dem Penis des Jungen griff und ihn rieb. »Wenn sie sieht, daß der Penis kommt«, hieß es, »lächelt die Klitoris.« Beim Koitus »sagt sie: ›stoß fest, stoß fest!‹ (*alena!, alena!*), und sie läßt ihn nicht los, bevor sie nicht befriedigt ist. Schließlich kommt das Wort *hai!* von beider Lippen.«[62]

In zahlreichen Gesellschaften Neuguineas und Melanesiens wurde bei den Mädchen die sexuelle Initiative und die Aggressivität gefördert und bei den Buben entmutigt, und der Eindruck drängt sich auf, daß man diese Dispositionen beim männlichen Geschlecht als potentiell gesellschaftszerstörend, beim weiblichen hingegen als harmloser empfand. Die Mädchen und Frauen der Kaulong auf Neubritannien beispielsweise galten in sexueller Hinsicht als äußerst aggressiv und draufgängerisch, und diese Eigenschaften wurden bereits in der frühen Kindheit erzieherisch unterstützt, während man die Buben dazu anhielt, sich gegen die Mädchen nicht zu wehren, sondern vor ihnen zu fliehen. In fortgeschrittenem Alter boten die jungen Mädchen den Männern Tabak oder gekochte Nahrung für ihre Liebesdienste, und zeigten sie sich unwillig, griffen die Mädchen häufig zu Gerten oder Stöcken und schlugen auf die jungen Männer ein oder bedrohten sie mit einem Messer, wobei sich diese nur mit Worten zur Wehr setzen durften. Bedrängte indessen ein Mann ein junges Mädchen oder eine Frau, indem er ihren Rock herunterzog oder ihre Hände festhielt, mit denen sie sich wehrte, galt dies als Vergewaltigungsversuch, der mit dem Tode bestraft wurde.[63]

Die Frauen der Mundugumor standen ebenfalls im Ruf, die sexuelle Initiative zu ergreifen, und man sagte, daß bei jeder Frau in Abwesenheit ihres Mannes »die Klitoris sich erhebt und herumstreunt, um einen Liebhaber zu finden«. Bei den Kwoma waren es nicht nur die jungen Mädchen, sondern auch die verheirateten Frauen, die sich an die Männer heranmachten, und in der Zeit, als die Kwoma noch keine Kleidung trugen, war es zwar den Buben und Männern strengstens verboten, auf den Genitalbereich des anderen Geschlechts zu blicken, doch die Frauen durften ohne weiteres die Genitalien der Männer betrachten.[64]

Bei den Gimi erklärten nicht nur die Männer, daß die Frauen »ewig hungrig« auf sie seien, auch die Frauen selber charakterisierten sich häufig als Vamps und Verführerinnen, die bloß darauf warteten, die Ehe zu brechen, während die Gebusi-Frauen, deren Brüste voll ausgebildet waren, aber noch nicht angefangen hatten zu hängen, als »stark« (*suskay*), »mächtig« (*fawa dasum*) und äußerst lüstern galten, als Flittchen, die jede Gelegenheit zu vor- und außerehelichem Sex wahrnahmen.[65] Auch bei den Bedamini waren es die Frauen, die »Hunger« (*hanai*) auf die Männer hatten, und grammatikalisch waren sie es, die die Männer »aßen«, d. h. »fickten«, wohingegen die Männer von den Frauen »gefickt« wurden. Sagte man von einem Mann, daß er jemanden »esse«, dann konnte dies nur bedeuten, daß er einen anderen Mann fellationierte.[66]

Wenn eine Frau der Rauto auf Neubritannien während eines Sing-singfestes ein Auge auf einen Mann geworfen hatte, ergriff sie seinen Arm und ließ ihn nicht mehr los. Wollte er nicht mit ihr schlafen, dann gab er ihr als Kompensation dafür, daß er sie sexuell erregt hatte, ohne sie zu befriedigen, eine Perlmuschel oder eine bestimmte Menge Muschelgeld, worauf sie ihn freigab. War er jedoch an ihr interessiert, gab er ihr nichts.[67]

Wurden in dieser und in vielen anderen melanesischen Gesellschaften die Frauen und Mädchen dazu *ermuntert*, sexuell aktiv und initiativ zu sein, wurde von den jungen Mädchen der Jaqaj im westlichen Neuguinea berichtet, daß sie *entgegen* den gesellschaftlichen Erwartungen das draufgängerische Geschlecht waren. Die Kalauna auf den Goodenough-Inseln sagten, das schamhafte Getue der Mädchen sei nichts als Maskerade: Während die jungen Männer sich in Wirklichkeit schämten und zurückhielten, seien die Mädchen sexuelle Raubtiere, die über ihre Beute herfielen. Ähnliche Vorstellungen herrschten bei den Siuai auf Bougainville, die den Frauen eine wesentlich größere sexuelle Aggressivität zubilligten und bei denen es auch außer im Verlaufe kriegerischer Auseinandersetzungen so gut wie keine Vergewaltigungen von Frauen durch Männer gab. Im Alltag waren die Männer sehr viel schamhafter und prüder als die Frauen – nie hätten sie in der Öffentlichkeit ein Wort wie *ruru* (»Koitus«) in den Mund genommen, während die Frauen vor allem dann, wenn sie unter sich waren, sehr deftig und ordinär sein konnten. Wenn ein Mädchen sich einen jungen Mann ›zur Brust nahm‹, dann verlangte sie von ihm, daß er zwei- oder dreimal ejakulierte, sonst »behielt« sie seinen Penis »ein«, was bedeutete, daß dieser sich nicht voll entwickelte. Im Gegensatz zu dem Jungen war das Mädchen meist wild und leidenschaftlich und forderte ihn dazu auf, schneller und tiefer zu stoßen.[68]

In vielen dieser Gesellschaften hielt man die Männer für das schöne und sexuell passive Geschlecht, das von den Frauen verführt werden mußte. Auf den Santa Cruz-Inseln beispielsweise schmückten sich nur die jungen Männer, indem sie sich duftende Blumen ins Haar steckten, und wenn sie sich für eine Tanzveranstaltung zurechtgemacht und aufgedonnert hatten, galten sie als so unwiderstehlich, daß man sie keine Sekunde aus den Augen ließ, weil man befürchtete, daß die nächstbeste Frau sich an ihnen vergreifen würde. Und damit nicht genug, lauerten während solcher Veranstaltungen hinter jedem Busch lüsterne weibliche Geister, immer bereit, sich einen jungen Mann zu ihrem Vergnügen zu schnappen. Bei den Eipo schmückten sich ebenfalls die jungen Männer und putzten sich heraus. Sie galten als scheu und schamhaft, und auf den Tanzfesten machten sich die Mädchen an sie heran, indem sie auf vielsagende Weise nach ihrem phallusförmigen Rückenschmuck griffen. Vor allem die etwas älteren, aber noch geschlechtsaktiven Frauen um die Vierzig holten sich die schüchternen jungen Männer heraus und verführten sie in irgendeiner Ecke.[69]

Auch auf den Trobriand-Inseln erregten sich die Frauen, wenn sie einen Blick auf die Genitalien der jungen Männer werfen konnten, und es hieß, daß dann die Lust von den Augen über das Gehirn und die Nieren in die Klitoris (*kasesa*) kroch, die daraufhin steif wurde. Und wenn bei einem Fest die Männer die Frauen aufzogen, indem sie sangen: »Oh Frauen, ihr verwendet *siginanabu*-Blätter zu euren Röcken: Sehr schmal sind die Blätter, sehr schmal! Nichts dergleichen Schmales wird uns aber dazu bringen, in euch einzudringen«, dann sangen die Frauen zurück: »Oh Männer, ihr gebraucht *duwaku*-Blattstreifen zu euren Schamblättern: Kurze Streifen sind es, viel zu kurze! Doch nichts dergleichen Kurzes wird uns dazu bringen, mit euch zu vögeln!« Doch in Wirklichkeit wurden die Frauen durch den Anblick der nackten männlichen Genitalien genauso scharf wie die Männer durch einen Blick auf den Schamschlitz der Frauen, und so manche Frau versuchte im Schutze der Dämmerung einen jungen Mann aufzureißen.[70]

Ähnlich verhielten sich in einigen afrikanischen Gesellschaften die Geschlechter zueinander – etwa bei den Woodaabe, wo die jungen Männer sich für den *yaake*-Tanz puderten und schminkten, um die Frauen zu stimulieren (Abb. 51), oder bei den Loita- und Parakuyo-Massai, deren junge Krieger sich mit rotem Ocker bemalten und mit süß duftenden Kräutern einrieben, und dann darauf warteten, daß die Frauen sich an sie heranmachten.[71]

51 Für den Werbetanz zurechtgemachter Woodaabe.

Häufig waren es in Afrika die jungen, noch nicht von einem Ehemann ›domestizierten‹ Mädchen, die das andere Geschlecht angingen und die als sexuell aggressiv galten. So benahmen sich die unverheirateten Dinka-Mädchen gegenüber den jungen Männern sehr frei und traten bei Werbung und Flirt dominant auf. Nach der Heirat änderten sie ihr Verhalten völlig und demonstrierten in einer Art würdevoller Unterwürfigkeit Ehrbarkeit und Anstand: Jetzt sprachen sie mit leiser Stimme, achteten peinlichst darauf, daß ihre Röcke stets so geordnet waren, man »nichts sehen« konnte, und näherten sich den Männern auf Knien.[72]

Mythisch überhöht wurden die noch wilden und ungezähmten, von keinem Manne unterworfenen Jungfrauen im Bild der Amazone, die ihre libidinöse Kraft in Kampf und Aggression auslebt. Während die griechischen Göttinnen sittsam in knöchellangem Gewand im Damensitz ritten, nahmen die knie- und brustfrei gekleideten Amazonen das Pferd zwischen ihre Schenkel[73] und stürzten sich auf den Feind: »Sie geben ihre Jungfräulichkeit erst auf, wenn sie drei ihrer Feinde getötet haben«, heißt es in einem hippokratischen Text über die jungen Sauromatinnen, angeblich Abkömmlinge der Amazonen[74], und auch von den jungen Amazonenkriegerinnen der Könige von Dahomey, die keusch lebten, verlautete um die Mitte des 19. Jahrhunderts ein europäischer Beobachter: »The Amazons, while indulging in the excitement of the most fearful cruelties, forget the other desires of our fallen nature.«[75]

Freilich scheinen es in der Realität in der Mehrzahl der Gesellschaften die älteren und erfahrenen Frauen gewesen zu sein, die sexuell aggressiv und initiativ waren. Bei den Cubeo wie auch vielen anderen Ethnien im Amazonasbecken griffen die verheirateten Frauen den jüngeren Männern häufig an den Penis oder führten deren Hand zu ihrer Schamspalte, wobei sie ihnen neckend zuflüsterten: »Wir befriedigen dich viel besser als die jungen Mädchen, weil wir geiler sind!«[76] Auch bei den Aranda, Loritja und Dieri in Australien waren es die älteren Frauen, die den Männern nachstellten, ihren Penis in die Hand nahmen, bis er steif geworden war oder an ihm lutschten, und die sich beim Koitus häufig auf die Männer legten oder setzten.[77]

Die jungen Bäuerinnen an der Küste des nördlichen Portugal sagten »O meu homem serviu-se de min« (»Mein Mann hat mich gebraucht«), während die älteren und erfahreneren Frauen für das, was sie beim Koitus taten, bezeichnenderweise das eine Aktivität andeutende Wort »trabalhar« verwendeten.[78] War bei den Haida eine Frau einige Zeit verheiratet und ›erfahren‹, dann war sie es, die sexuell aktiv war und die Initiative übernahm, während die jungen Indianerinnen als unwissend, scheu und schamhaft galten.[79] Die Piegan nannten die verheirateten Frauen, die zwar keine ›Mannweiber‹, aber selbstbewußt und »hitzig« (*ikitaki*) in der Liebe waren, *ninauake*, »leidenschaftliche Frauen«, oder *ninauposkitzipxpe*, »Frauen mit Männerherzen«. Im Gegensatz zu den gewöhnlichen Frauen gingen sie nicht von Kopf bis Fuß eingemummelt umher, sondern ließen durchaus etwas von ihren Reizen sehen und zogen sich vor ihrem eigenen Mann sogar ganz nackt aus, was ansonsten keine Frau getan hätte. Blieben diese bei Anwesenheit von Männern fast stumm und saßen in ihren Schal gehüllt im Hintergrund, nahmen die *ninauake* kein Blatt vor den Mund, schauten den Männern direkt in die Augen und drückten sich so unverblümt aus, daß viele Männer einen Bogen um sie machten. Beim Tanzen forderten sie das andere Geschlecht auf, urinierten in der Öffentlichkeit und machten sexuelle Anspielungen und Witze, vor denen selbst ein Mann zurückgeschreckt wäre. Ihre Ehemänner waren meist Pantoffelhelden ohne Eifersuchtsgefühle, die sich von den *ninauake* beim Koitus besteigen ließen und an deren Schamlippen spielten (*motsini*), was kein normaler Mann getan und keine normale Frau zugelassen hätte. Dabei waren die *ninauake* keine vermännlichten *butch*-Typen, sondern durchaus weiblich, und sie waren keine Flittchen (»easy lays«), vielmehr hielt man sie für tugendhafter als ihre gewöhnlichen Geschlechtsgenossinnen.[80] Von derartigen »leidenschaftlichen Frauen« berichten auch in unserer Gesellschaft manche Autoren der frühen Neuzeit, etwa der Zimmerische Chronist, der vermeldet, er habe einen gekannt, welcher vor seinen Freunden zu renommieren pflegte, »er wisse, wie man im scharmitzel mit derselbigen frawen umbgeen müesse, si welle ain besondern modum und manier haben, und müesse nur leckerscher [= geiler] und abenteuriger zugeen.«[81]

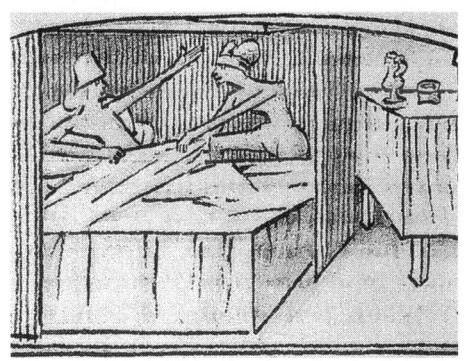

52 Meister des Wavrin: Die Comtesse d'Artois
besteigt ihren Gatten, um 1460.

Daß die Frauen sich nicht ›von Natur aus‹ so passiv und
sexuell zurückhaltend benehmen, wie manche Soziobiologen es nahelegen, erkennt man im übrigen auch daran, daß
bei unseren nächsten Verwandten unter den Primaten, den
Bonobos (*Pan paniscus*), häufig die Weibchen die sexuelle
Initiative übernehmen.[82] Aber auch die Weibchen der gewöhnlichen Schimpansen (*Pan troglodytes*) greifen sich
bisweilen den erigierten oder halberigierten Penis eines
Männchens und drücken oder reiben ihn rhythmisch, während das Brüllaffenweibchen nicht selten den schlaffen Penis
eines Männchens, das auf ihre Koitusangebote desinteressiert reagiert hat, so lange leckt, bis er steif geworden ist.[83]

§ 6
Wer ist der sexuell »Aktive«?

Wenn die beim Koitus auf dem Rücken liegende Frau, die sich nicht oder kaum bewegt, als »passiv« und der sie penetrierende Mann als »aktiv« bezeichnet wurden, wird man annehmen, daß die »bestiegene« Frau von dem auf ihr liegenden oder sie »reitenden« Mann kontrolliert und beherrscht wird. So hat z. B. kürzlich ein Schüler von Norbert Elias behauptet, die sogenannte »Missionarsstellung« sei in den frühen achtziger Jahren »von Feministinnen als symptomatisch für das Patriarchat entlarvt« worden[1], und in der Tat scheint auf den ersten Blick alles darauf hinzudeuten, daß derjenige, welcher oben ist, der ›eindringt‹ oder sich mehr bewegt, damit auch den anderen dominiert (Abb. 53). Wenn beispielsweise ein Weibchen der Grauen Languren ein anderes Weibchen sexuell besteigt, dann steht die Bestiegene in der Hierarchie stets unter der Besteigenden[2], entsprechend dem bekannten Knastspruch: »Wer den Arsch hinhält, ist unten; wer ihn benutzt, übt Macht aus.«[3] Und weil die Frau ›von Natur aus‹ ihre Vagina »hinhält«, weil sie *patiens*, der

53 »Missionarsstellung« bei erzwungenem Koitus.
›Egerton Genesis‹, um 1360.

Mann aber *agens* ist, kann letzterer, wie im 16. Jahrhundert der Dominikaner Jean Viguier ausführte, als edler (*nobilius*) bezeichnet werden. So verlautete auch Fichte im Jahre 1796 in der etwas hochgestochenen Ausdrucksweise des deutschen Idealismus, der Geschlechtsverkehr sei nur für den Mann »vernünftig«, weil er dabei »aktiv« sei, im Gegensatz zur Frau, die – passiv beim Koitus – vernünftig allein in der Liebe sein könne, denn nur in ihr vermöge sie eine Aktivität zu entfalten. Und noch in einem Urteil des Bundesverfassungsgerichtes vom Mai 1957 heißt es: »Schon die körperliche Bildung der Geschlechtsorgane weist für den Mann eine mehr drängende und fordernde, für die Frau mehr hinnehmende und zur Hingabe bereite Funktion auf.«[4]

Nun gab es freilich eine ganze Reihe von Gesellschaften, in denen man schon den jungen Mädchen beibrachte, beim Koitus aktiv zu werden und nicht »wie eine Leiche« auf dem Rücken zu liegen. So lernten die Mädchen vieler südostafrikanischer Stämme während der Initiation, beim Geschlechtsverkehr zu »tanzen«, d.h., mit dem Unterleib kreisende Bewegungen zu machen, was »mit dem Steißbein arbeiten« genannt wurde, und bei den Chewa sagte man der Braut vor der Hochzeitsnacht, daß »auch das Mädchen auf dem Bett tanzen« müsse, »und nicht nur der Junge«.[5] Gewisse arabische Huren waren dafür berühmt, daß sie beim Koitus sehr aktiv waren und den Penis des Kunden fest umschlossen und »molken«, weshalb man sie »Festhaltende« (*qubbāḍẕah*) nannte, und solche Prostituierte waren es auch, die den Bauchtanz aufführten, dessen kreisende Beckenbewegungen dem männlichen Betrachter einen Vorgeschmack darauf gaben, auf welche Weise die Tänzerin ihn später »melken« würde.[6]

Auf Mangaia, Tahiti und anderen polynesischen Inseln sagte man von den Mädchen und Frauen, die beim Gehen mit den – möglichst breiten – Hüften wackelten, daß sie sich beim Beischlaf »besser bewegen« und »mehr tun«, und um diesen Eindruck zu verstärken, ließen sie beim *māori*-Tanz das

Becken zittern und rotieren. Auch bei den Maori in Neuseeland brachten die Mütter ihren Töchtern bei, beim Gehen mit dem Hintern zu wackeln, was *onioni* genannt wurde, ein Wort, das auch die kreisenden Beckenbewegungen bei erotischen Tänzen (*haka*) bezeichnete und schlicht »bumsen« bedeutete.[7] Bei den Mende schließlich und anderen afrikanischen Ethnien ließen die Frauen beim Gehen besonders dann, wenn sie einen Mann hinter sich spürten, auf verführerische Weise ihren Hintern »tanzen« oder »rollen«[8] – was die Jamaikaner »African walk« nennen, eine Art zu gehen, die besonders dann zur Geltung kommt, wenn die Frau einen hautengen, geschlitzten Rock trägt.[9]

Aber kann man wirklich sagen, daß die beim Beischlaf »tanzende« Frau aktiv im Sinne von dominierend war? Unter den Frauen der rhodesischen Bantustämme waren es insbesondere die der Nsenga, die dafür gerühmt wurden, einen Mann mit wilden und heftigen Beckenstößen und Kreisbewegungen so »gut betanzen« zu können, daß er in Sekundenschnelle ejakulierte, was allerdings bedeutete, daß sie selber vom Koitus kaum etwas hatten. Deshalb sagten die Thongafrauen den jungen Mädchen bei der Initiation, daß sie sich heftig bewegen müßten, weil die Männer eben sehr geil seien. Sie sollten so tun, als ob der Koitus ihnen ebenfalls Lust bereite, und es hinnehmen, wenn der Mann von ihnen verlange, daß sie sich auszögen, oder wenn er ihnen an die Schamlippen faßte. Und die Azande-Frauen versuchten, den Koitus etwas zu verlängern, indem sie ihrem Partner zuflüsterten: »Mein Bruder, oh! Mein Bruder, so mag ich's! Halte dich zurück, mach's nicht so schnell! Oh mein Bruder, wie wunderbar sich dein Schwanz anfühlt! Mach's mir ganz langsam!«[10] Doch für gewöhnlich erwartete der Mann, daß die Frau viel mehr tat als er, und erwiderte: »Laß deine Möse für mich kreisen!«[11]

Indische Männer, die mit schwarzen Afrikanerinnen geschlafen hatten, meinten, daß »one can never be quite as happy again with an Asian woman«, denn während die

Inderinnen fad im Bett seien, überwältige einen die Lust, die eine Afrikanerin dem Mann bereite (»she gives too much pleasure«), und auch die Bantumänner fanden die weißen Frauen, mit denen sie das Lager geteilt hatten, nicht sehr aufregend, weil sie so wenig getan hätten. Auf Mangaia sagten schließlich die Männer, im Vergleich zu den »tanzenden« Polynesierinnen, die sie richtig scharf machten, seien die Frauen aus Neuseeland, Amerika oder Neukaledonien »tot im Bett«, weshalb sie diese Frauen auch »Betten ohne Matratze« nannten.[12]

Festzuhalten bleibt jedoch, daß die Frauen, »die sich bewegen«, zwar aktiv waren, das Geschehen aber nicht dominierten und kontrollierten. Dies taten die Männer, die zwar äußerlich passiv blieben, die Frauen aber beherrschten, indem sie sich von ihnen ›bedienen‹ ließen.

Auf der anderen Seite liefern sich manche Frauen scheinbar den mehr oder weniger lüsternen Männerblicken aus, doch in Wirklichkeit sind sie es, die sich den Männern überlegen fühlen, weil sie deren Lüste und Begierden kontrollieren und dirigieren und das Begehrtwerden genießen. Zwar meinte bereits Aristoteles, sich der Lust eines anderen auszuliefern sei beschämend, gleichgültig, ob man dies freiwillig tue oder nicht[13], doch bezeichnen sich viele Stripperinnen und auch manche weiblichen Aktmodelle als Exhibitionistinnen, die den Blick und damit die Lust der Betrachter (und der Betrachterinnen) genießen und sich auf diese Weise selbst bestätigen.[14] Gibt es auch Frauen wie die ehemalige Domina in Sydney, die ein Jahr lang als Stripperin auftrat, dann aber zu ihrer S & M-Arbeit zurückkehrte, weil sie es als erniedrigend empfand, sich von den Männern beglotzen zu lassen[15], so scheinen doch viele andere ihren Beruf zu genießen. So verlautete die Ostberliner Stripperin Carola, sie strippe aus Lust, denn es sei lustvoll, »die Männer auf Touren zu bringen«, und ihre Kollegin Cathrin ergänzte, man stehe beim Strippen »sofort im Mittelpunkt« und werde »automatisch begehrter«. Und schließlich meinte die

Stripperin Antje, gerade »wenn man nicht die Schönste« sei, hebe es »das Selbstwertgefühl«, wenn die Männer voller Lüsternheit glotzten. In dem Augenblick, in welchem sie die Geilheit der Männer spüren, fühlen sie sich ihnen überlegen, was sie wiederum sexuell stimulieren kann. So berichtete eine Amerikanerin, wie sie beim Besuch eines Nachtclubs mit ihrem Mann plötzlich auf den Gedanken kam, den Geschäftsführer zu fragen, ob auch sie einmal auf der Bühne strippen dürfe: »The manager agreed and I almost wet my pants from excitement and/or dread. Jim had a hard-on [= Erektion] that I thought would bust his zipper.« Sie fing an zu tanzen und sich dabei auszuziehen: »The men were cheering and I had juice running down my legs, and the whole time Jim looked like he was about to cream in his jeans! *I never felt so powerful before!*« Und eine andere junge Frau erzählte, daß sie es ungeheuer genoß, als ein paar Männer zuschauten, wie ihr Freund den Cunnilingus bei ihr ausführte, und sich dabei so erregten, daß sie ejakulierten: »*What a rush of Power I felt* at that moment – to know that I could do that to so many men at once!« Wenn sie heute beim Koitus Schwierigkeiten habe, »zu kommen«, müsse sie nur an diese Szene zurückdenken, um auf der Stelle einen Orgasmus zu haben.[16]

Wenn auch viele Männer und fast alle militanten Lesben dies nicht wahrhaben wollen, empfinden sich manche Frauen selbst dann als der dominante Partner beim Koitus, wenn der Mann dabei auf ihnen liegt und sie »stößt«; sie haben das Gefühl, daß sie ihren Partner »melken«[17] oder mit der Vagina saugen und ihn in sich hinein ziehen. In einem von einer Frau verfaßten Liebeslied der Eipo in Neuguinea ist es die Partner*in*, »die das Feuer mittels rhythmischen Feuersägens« erzeugt[18], und allem Anschein nach fühlte sich auch der Earl of Rochester im 17. Jahrhundert nicht gerade als der dominante Sexpartner, wenn er über seinen Penis dichtete: »Worst part of me, and henceforth hated most,/Through all the town a common fucking post,/On whom each whore relieves her tingling cunt/As hogs on gates do rub themselves and grunt.«[19]

Obgleich die Frau sich dabei kaum bewegt, und insofern »passiv« bleibt, wurde die Ausübung des Cunnilingus sowohl von den Frauen als auch von den Männern als erhöhend für die Partnerin und als erniedrigend für den Partner empfunden. Noch in den späten zwanziger Jahren des vergangenen Jahrhunderts bezeichnete eine Sittenforscherin die Frau, die durch einen Cunnilingus zum Orgasmus komme, als Sadistin, die auf diese Weise ihren masochistischen Partner demütige, und eine Frau bekannte: »Langsam entwickle ich meine Lust an der Macht: Wenn ich ihn zwinge, mich zu lecken …« Ein Zuhälter in San Francisco sagte, schwarze Frauen seien deshalb so scharf auf weiße Männer, weil die Weißen sie »leckten« (»eat pussy«), während die Schwarzen »won't do that«, da ihnen dies zu unterwürfig und erniedrigend vorkomme. Und der schwarze Zuhälter Eldorado Eddie erzählte dem Soziologen: »Well, once a bitch wanted me to eat out her pussy and she was going to pay me two hundred dollars. But I didn't do it, 'cause I got the idea she didn't just want to pay for pussy-eatin', she wanted to buy her little *manhood*, dig?« Auch die schwarzen Huren empfinden es so, daß sich die weißen Kunden, die sie »lecken«, herabsetzen und demütigen, und sie sagen, die Weißen wollten es meist, weil ihre Frauen oder ihre Freundinnen es nicht zuließen.[20]

Bereits in der Antike galt ein Mann, der eine Frau zwischen den Beinen »leckte«, als verächtlich – das allerschlimmste, was Martial über Coracinus sagen konnte, war, daß er ein »Fotzenschlecker« sei, und voller Geringschätzung kolportierte Seneca von dem ehemaligen Konsul Mamercus Scaurus, dieser habe sogar seine *ancilla* »geschleckt«. Wie aus den Fresken der Terme Suburbane von Pompeji, die offensichtlich Bordelle waren, hervorgeht, gehörte der Cunnilingus zwar zum Repertoire zumindest einiger Huren, und es gab auch Masseure, die vermutlich ihre

Kundinnen mit den Fingern und der Zunge befriedigten, doch war es für eine ehrbare Römerin äußerst beschämend, wenn bekannt wurde, daß sie sich »schlecken« ließ. So berichtet Sueton, eine hochanständige Matrone habe vor Scham Selbstmord begangen, nachdem Kaiser Tiberius sie in der Öffentlichkeit der *obscaenitas oris* verdächtigt hatte. Denn eine solche Frau machte den Mann gewissermaßen zur Frau und sich selber zum Mann, da für den männlichen Partner die Ausführung des Cunnilingus gleichbedeutend damit war, daß er sich von seiner Partnerin »ficken ließ«: Die Vulva der Frau, mit der sie sich an den Lippen und der Zunge des Mannes rieb, wurde zu einem ›aktiven‹ Organ, einem Penis vergleichbar, und der Mund des Mannes zu einem Körperteil, der so ›passiv‹ war wie eine Vagina.[21]

Auch in anderen und in späteren Gesellschaften lehnte man aus diesem Grunde den Cunnilingus ab, und es galt als schlimme Beleidigung, einem Mann zu unterstellen, er erniedrige sich auf diese Weise vor dem anderen Geschlecht: »Fotzenlicker« bzw. »Lekvotze« sind als Schimpfwörter im frühneuzeitlichen Holstein belegt, und auch die Sudan-Araber empfanden es als in hohem Grade entwürdigend für einen Mann, sich in solche Niederungen zu begeben, obwohl sie davon ausgingen, daß unbeschnittene Frauen den Cunnilingus begehrten und genossen. In einem bekannten sudanesischen Witz spielen ein Mann und eine Hure, die noch ihre Klitoris und Schamlippen besitzt, Karten, wobei sie miteinander ausgemacht haben: Gewinnt er, muß er für den Koitus nichts zahlen; verliert er aber, so muß er die Hure »lecken«.[22] Noch heute ist im Wiener Rotwelsch ein »Futschlecker« ein »minderwertiges Subjekt«[23], und obwohl der Cunnilingus inzwischen in Nordamerika zu den gängigen Sexualpraktiken gehört[24], erschien unlängst eine Witzzeichnung in einem Magazin, in der ein Intellektueller etwas indigniert zu seiner Frau sagt: »Eat your pussy? You forget, Gladys, I have a Ph. D.«[25]

Dabei scheint der Cunnilingus für viele Frauen die erregendste und befriedigendste Form des Geschlechtsverkehrs zu sein, doch zahlreiche Amerikanerinnen beklagen sich, daß die Männer »are not very interested in sucking off, they're interested in being sucked off«, was sie als den männlicheren Sex empfinden, bei dem sie dominanter sind. So gaben manche Amerikanerinnen an, sie betätigten sich bisexuell, weil ihre Ehemänner sich weigerten, sie zu »lecken« – »Okay, I'll tell you why I'm bisexual. It's because I married this square who would never go down on me – wouldn't even consider it!« –, und auch einige zentralindische Tänzerinnen sagten im vorletzten Jahrhundert, sie ließen sich aus diesem Grunde von Mädchen und Frauen mit der Zunge befriedigen.[26]

Im Jahre 1798 berichtete eine Hamburger Dame, eine junge Frau, der sie eine Stelle als Dienstmagd angeboten hatte, habe ihr schnippisch entgegnet, »daß sie nämlich für ein so geringes Lohn nicht Lust hätte, sich das ganze Jahr zu plagen, dafür wolle sie sich lieber einige Nächte zum Franzosen legen, da verdiene sie ebensoviel, und würde zu allem noch hinten und vorne beleckt«[27], und hundert Jahre später sagte

54 Französische Cunnilingus-Darstellung, um 1780.

ein Zuhälter, er richte die Novizinnen im Gewerbe stets »mit der Zunge« zu und errege sie auf diese Weise so sehr, daß sie sich »vor Wollust« krümmten und aufbäumten. Dies sei der »Hebel für spätere Zeiten«, mit dem er jede Prostituierte dirigieren könne. Auch routinierte Swinger haben die Erfahrung gemacht, daß der Cunnilingus das beste Mittel ist, gerade bei »hochanständigen« Frauen, die nur ihrem Mann zuliebe zu einer Swinging-Party mitgegangen sind, die inneren Widerstände zu brechen und sie in habituelle Anhängerinnen dieser Praxis zu verwandeln.[28]

Die polynesischen Bewohnerinnen des Kapingamarangi-Atolls ließen sich mit Begeisterung »lecken«, und es hieß, daß die kleinen Haarbüschel (*ti rau*) an den Schläfen der Männer die Funktion hatten, den Oralverkehr zu erleichtern, indem die Frauen die Männer daran festhielten und ihre Münder dadurch so leiten konnten, wie es für sie selber am lustvollsten war.[29]

Auch auf Romonum im mikronesischen Truk-Archipel liebten es die unverheirateten Mädchen, sich von den jungen Männern die Vulva »lecken« zu lassen, doch waren sie einmal verheiratet, verzichteten sie meist auf Oralverkehr, wie überhaupt der Sex in der Ehe weniger leidenschaftlich und unbefangen vonstatten ging. Dem entspricht in unserer Gesellschaft, daß verheiratete Frauen sich eher von fremden Männern als von ihrem eigenen Mann »lecken« lassen, sei es, daß die Ehemänner nicht dazu bereit sind oder die Frauen es nur mit einem Mann tun wollen, der ihnen nicht viel bedeutet.[30]

Auch ein Mann, der sich von einem anderen oder von einer Frau fellationieren »läßt«, kann, je nach den Begleitumständen oder nach der eigenen Vorstellung, der »Aktive« oder der »Passive« sein. Ein freier Römer etwa konnte sich »lutschen lassen« (*fellare*) in dem Sinne, daß er sich saugen und zur Ejakulation bringen ließ, doch galt dies als passiv und damit als entwürdigend. Allerdings konnte er auch einen Mann oder eine Frau in den Mund »ficken« (*irrumari*)

– dann war er der Aktive, der sein Sperma in den Mund des anderen *spritzte* und sich nicht dem aktiven Mund seines Partners *überließ*.[31]

Im Mittelalter und in der frühen Neuzeit scheint man in Sodomitenkreisen die Fellatio überwiegend als Fellationiert-*werden* im Sinne des lateinischen *fellare* und damit den Fellator als den Aktiven empfunden zu haben[32], was wohl auch bei Casanova der Fall war, der seine Ejakulation im Munde einer Frau zwar als äußerst erregend, aber dennoch als eine Unterwerfung beschrieb: »Knien Sie auf die Brüstung«, rief die kleine Spitzbübin, ›und lassen Sie mich machen!‹ Ich erriet sofort ihre Absicht und gestattete es ihr. Sie hatte ohne Zweifel Lust, mich zu verschlingen; vielleicht dachte sie, daß sie meine Kraft schlucken könne, das Maß an Verzückung, das sie mir mitteilte, ließ fast mein Herz sprengen. Sie ließ mich erst in Ruhe, als sie meine Niederlage deutlich sah. Ich setzte mich und küßte voll Dankbarkeit ihren Mund, der mir das Mark aus Seele und Herz gesogen hatte.«[33]

Heute halten zwar viele Masseusen die Kunden, die sich von ihnen »blasen« lassen, für dominierend und ihre Tätigkeit für erniedrigend, aber einige von ihnen sehen den »blow job« anders und sich selber als dominant, und diese Frauen sind es auch, die davon sprechen, daß sie den Kunden »vögeln« (»ball«), anstatt dies »mit ihm« zu tun oder gar »von ihm« gevögelt »zu werden«.[34] Konstatierte noch vor Beginn des Ersten Weltkrieges Magnus Hirschfeld, es sei im Einzelfalle schwer zu entscheiden, wer beim »Mundverkehr« der Aktive und wer der Passive sei[35], so scheinen heute sehr viele Homosexuelle denjenigen als »aktiv« zu empfinden, der den Penis des anderen in den Mund nimmt. In 27 von 53 Fällen von Fellatio, die ein Soziologe in amerikanischen Klappen beobachtete, war der Fellator der Initiative und Aktive, in 20 Fällen war es der Fellationierte, und in zwei Fällen waren beide »gleich aggressiv«, wie der Beobachter es ausdrückt.[36] Zwar ist die Aufforderung »Suck my cock!« im Amerikanischen und auch in anderen Sprachen, z. B. im Russischen, eine weitverbreitete Beleidigungsformel, doch ist auf der anderen Seite »to get sucked« ein gängiger amerikanischer Ausdruck für »ausgenutzt werden«.[37] Auch bei der heterosexuellen Fellatio kommt es nicht nur vor, daß die Fellatorin das Gefühl hat, den Mann zu beherrschen und zu kontrollieren, sondern daß es die Fellationierten als Befreiung von der herkömmlichen Männerrolle und als lustvoll empfinden, sich von einer Frau oral »nehmen« zu lassen: »Andererseits hätte ich gern, daß es mir im Munde einer Frau kommt. Ich glaube, es wäre der Gipfel der Emanzipation für mich. Es würde zeigen, daß ich imstande bin, mich zu lockern, die Waffen zu strecken, mich von einem anderen Menschen verschlucken zu lassen.«[38]

55 Die sexuell dominierende Frau.
Zeichnung von Bernard Montorgueil, um 1936.

Wenn nach einer Umfrage immerhin 30% der Männer »gelegentlich beim Sex« von ihrer Partnerin »genommen werden« wollen[39], und nicht wenige von ihnen tatsächlich während des Koitus ein entsprechendes Gefühl haben, wird man sich kaum wundern, daß sich auch beim homosexuellen Analverkehr der scheinbar Passive nicht selten als der Aktive empfindet. So haben manche derjenigen, die den Penis »einführen«, weniger das Gefühl, den Partner zu »stoßen« und ihr Sperma in ihn »hineinzuspritzen«, als daß sie sich von ihm »genommen« fühlen und »sich fließenlassen«. Auch geht die Initiative häufig von dem »Passiven« aus, etwa demjenigen, der in einer Schwulensauna an einem Nachmittag »mit gut zwanzig verschiedenen Männern passiven Analverkehr im Stehen« hatte: »Dabei war er derjenige, der ›kontrollierte‹ und das Heft in der Hand hielt [...]. Wenn ihn z. B. ein Mann nicht ›gut‹ genug bumste, brach er den Kontakt kurzerhand ab und ließ den Betreffenden einfach stehen«. »Er hat Lust«, so ein anderer Beobachter, »schiebt seinen Schwanz in ihren Mund und läßt sich einen blasen. Ein anderer hat Lust und bittet die Frau, ihm einen Finger in den Arsch zu stecken. Und noch ein weiterer fordert seinen Kumpel auf, es ihm von hinten zu besorgen. Wer ist hier ›aktiv‹ oder ›passiv‹, was nennen diese Begriffe, wo treffen sie eine Wirklichkeit? Wenn sie sich wie eine Königin lecken läßt, ist er ihr König oder Sklave? Passiv ist hier allein die Sprachform.«[40]

Zwar bezeichnete schon Aristoteles die »Weichlinge« als »unmännlich« und »feige«, weil sie keinen Widerstand gegen jene leisteten, die sie zum Objekt ihrer Begierde machten, doch scheinen es in Wirklichkeit nicht selten jene Männer gewesen zu sein, die wir heute als Tunten oder Schwuchteln bezeichnen würden, die sich an die nur scheinbar »Aktiven« heranmachten, sie bis zur Erektion fellationierten und sich dann zum Koitus auf deren Schoß setzten: »Sobald er das Liedchen gesungen hatte«, heißt es etwa in Petronius' *Satyricon*, »besudelte er mich mit dem unreinsten Kusse; und gleich darauf fiel er über das Bett her, entblößte mich mit Gewalt und wackelte lange ohne Frucht auf mir herum. Schweiß lief wie Bäche von seiner Stirn herab, und zwischen den Runzeln seiner Wangen klebte so viel

Schminke, daß man sie für Wände halten konnte, welche der Regen abgespült hat.«[41] Auf Java kommt es häufig vor, daß ein effeminierter und in Frauengewänder gekleideter *banci* sich auf der Straße an einen Passanten drückt, ihm an die Genitalien faßt und ihn zum Mitgehen überredet. Nicht wenige heterosexuelle Männer lassen sich von einem *banci* verführen und sogar anal koitieren, wobei der offiziell »Passive« in jeder Hinsicht der Aktive ist.[42] So sagten auch brasilianische Tunten, daß es oft ihre heterosexuellen Partner seien, die zwar auf Macho machten, in Wirklichkeit aber »den Arsch hinhielten«, und viele lateinamerikanische Homosexuelle verlauten übereinstimmend, daß zahlreiche *activos* sich zwar »bumsen« ließen, dies aber nie zugeben würden. Manche *activos* hätten zwar Lust darauf, dies einmal auszuprobieren, doch schreckten sie davor zurück – aus Angst, dann nur noch »gebumst« werden zu wollen. Umgekehrt berichtet der amerikanische Soziologe Stephen Murray, ein Mann, den er in Guatemala kennenlernte und der sich als *pasivo* bezeichnete, habe sich zwar zunächst von

56 Tom of Finland: Macho-Schwule, 1988.

ihm »ficken« lassen, doch im Anschluß ihm gegenüber die *activo*-Rolle übernommen.[43] »Es ist ein offenes Geheimnis«, so ein bekannter Mann-zu-Frau-Transsexueller, »daß beispielsweise die martialischen Leder-Schwulen mit ihrem ›männlichen‹ Auftreten nach außen (Abb. 56) im Bett oft die größten Tunten sind«, und ein Sexualwissenschaftler schreibt: »As gay men we should know better than anyone else that many effeminate men are ferocious fuckers, and many who are superbutch love to get fucked.«[44]

Auch von den schwarzen »Butch Queens« der nordamerikanischen Großstädte heißt es, sie gäben sich nach außen so, als ob »they don't allow anyone to screw them«, aber in Wahrheit streckten sie im Bett alle viere von sich, und einige alte lesbische Damen meinten, man wisse erst dann, *was* eine Frau in sexueller Hinsicht sei, wenn man mit ihr im Bett liege: »You can't tell butch-fem by people's dress. You couldn't even really tell in the fifties. I knew women with long hair, fem clothes, and found out they were butches. Actually I even knew one who wore men's clothes, haircuts and ties who was a fem.«[45] »Butch on the Streets, fem in the sheets«, lautet dementsprechend ein bekanntes Sprichwort.

In der Antike sagte man dem äußerlich viril wirkenden Antonius nach, er habe sich von Kleopatra, der »Königin der Könige« und Inkarnation von Aphrodite-Isis, der sexuell aktiven Liebesgöttin, »ficken«, d.h. zur Frau machen lassen.[46] Damit hatte er seine Ehre verloren, denn ein freier Römer konnte sich zwar ohne Ehrverlust fellationieren lassen, aber nur dann, wenn dies auf seine Initiative hin in erster Linie seiner und nicht der Lust des Partners oder der Partnerin diente. Inbegriff der die Männer »aufreißenden« und sie ihrer Lust unterwerfenden Frau war bis in die Neuzeit hinein auch die legendäre assyrische Königin Semiramis, Tochter der Göttin Derketo: Sie war »männlich« in der Liebe wie im Krieg, eroberte ihre Sexpartner wie Äthiopien und viele andere Länder und warf alle wieder weg, nachdem sie sich »genommen« hatte, was sie wollte.[47]

Im Mittelalter verbargen sich der Sage nach in der Einsamkeit der Wälder die Wilden Weiber, nackt und mit riesigen Hängebrüsten, die durchreisende Ritter vom Pferde rissen und in ihre Höhlen schleppten, wo sie die Unglücklichen ausgiebig vergewaltigten.[48]

Ganz offensichtlich galt und gilt in allen Gesellschaften die aufgezwungene sexuelle Lust sowohl bei Männern als auch bei Frauen als Zeichen der Unterwerfung und Demütigung. So berichteten männliche und weibliche Vergewaltigungsopfer, daß sie die Tatsache, von dem Täter zum Orgasmus gebracht worden zu sein, als ganz besonders erniedrigend empfanden, und amerikanische Täter sagten aus, daß die Männer, die sie mit Gewalt bis zur Ejakulation masturbiert hatten, hinterher völlig durcheinander und von sich selber angeekelt waren.[49] Eine Frau, die früher von ihrer Mutter sexuell mißbraucht worden war, schämte sich am meisten darüber, daß sie dabei erregt wurde, und das Opfer einer Bandenvergewaltigung bekannte: »Lange konnte ich nicht verstehen, warum Gott meinen Körper so geschaffen hatte. Ich vergaß, was geschehen war, denn ich schämte mich so, weil es mir gefallen hatte.«[50]

Ähnlich wie manche querschnittsgelähmten Männer zwar bisweilen ejakulieren, doch dabei keine Lustgefühle haben[51], verspüren viele männliche und weibliche Vergewaltigungsopfer bei einem Orgasmus während des Verbrechens keine oder nur geringe Lust, da sie diese bewußt oder unbewußt abwehren[52], und solche vor allem emotional unbefriedigende Lustgefühle werden auch von Prostituierten berichtet. Im allgemeinen scheinen jedoch die meisten Prostituierten während der Ausübung ihres Berufes jegliche Lustgefühle zu unterdrücken. Wenn im späten Mittelalter die Mystikerin Margery Kempe beschrieb, wie »sche seyd to hir husbond, ›I may not deny ʒow my body, but e lofe of myn hert & myn affeccyon is drawyn fro alle erdly creaturys & sett only in God.‹ He would haue hys wylle, & sche obeyd wyth greet wepyng & sorwyng for at sche myght not levin chast«[53], so entspricht dies dem, was laut Pantagruel eine öffentliche Hure erwiderte, als man sie einmal fragte, ob sie denn häufig mit fremden Männern geschlafen habe: »Nein, wohl aber hätten die Männer etliche Male mit ihr zu tun gehabt.« Auch Aretinos erfahrene Hure Nanna lehrt die Novizin Antonia, daß keine der in diesem Beruf Tätigen sich jemals dazu herabließe, dabei Wollust zu empfinden, »und wenn sie mal nach 'nem großen Schlüssel [= Penis] greifen, tun sie's geradeso wie 'ne schwangere Frau, die Lust auf 'ne unreife Pflaume hat«.[54] In *The Whores Rhetorick* bleut die alte Puffmutter Creswel dem jungen Mädchen, das sich anschickt, Hure zu werden, ein, sich nie irgendwelchen Lustgefühlen hinzugeben, sondern dem Kunden lediglich vorzuspielen, daß sie ihm nicht nur ihren Körper, sondern »likewise your very soul« überlasse[55], was keineswegs aus der Luft gegriffen zu sein scheint: Erzählte doch eine ägyptische Prostituierte, sie habe sich zu Beginn ihrer beruflichen Laufbahn gewundert, beim Geschlechtsverkehr mit den Kunden nichts zu empfinden. Auf ihre Frage »Wie kommt es, daß ich nichts fühle?« antwortete die Bordellbetreiberin Sharīfa: »Wir arbeiten, Firdaus, wir arbeiten und sonst nichts.« Und Firdaus resümierte: »Um mein inneres Ich vor den Männern zu schützen, bot ich ihnen nur eine äußere Hülle an. Mein Herz und meine Seele bewahrte ich mir und ließ meinen Körper seine Rolle spielen, passiv, träge und empfindungslos.«[56]

Dem entspricht, daß die meisten Prostituierten keinerlei »Intimitäten« zulassen[57], sie während des Geschlechtsverkehrs über ihren nächsten Einkauf im Supermarkt nachdenken, dabei Zeitung lesen[58] oder bestenfalls einen Orgasmus *mimen*, damit der Kunde schneller ejakuliert oder befriedigt ist und deshalb wiederkommt.[59] Zwar berichten Huren gelegentlich, sie hätten in seltenen Fällen gegen ihren Willen sogar einen Orgasmus erlebt, und zwar meist dann, wenn ein zärtlicher und ihnen angenehmer Kunde sie »geleckt« habe[60], doch ist ihnen ein solcher ›Betriebsunfall‹ meist peinlich – sie erleben ihn als Verlust der Selbstkontrolle und deshalb auch dann als beschämend, wenn der Kunde ihn gar nicht registriert hat.[61] So sprach etwa ein »Showgirl«, das sich auf der Bühne eines Nachtclubs in Paderborn splitternackt fesseln ließ, worauf mehrere Männer aus dem Publikum hintereinander den Cunnilingus bei ihr ausübten, von der Scham, die sie erlebte, weil das »Lecken« der Männer und die Zurschaustellung sie auf intensive Weise erregt hatten.[62]

Anscheinend gelingt es den meisten Frauen, solche unwillkommenen Lustgefühle von vornherein zu unterbinden und auf diese Weise ihren Zuhältern, Freunden oder Ehemännern »die Treue« zu halten[63], doch bleiben die wenigsten auf Dauer von den entwürdigenden Erfahrungen unberührt. »It's sex with tricks I hate«, klagte eine US-Hure, »it's horrible. Just horrible. I used to be able to stand it, but now I close my eyes and keep thinking it's a dog fucking me. It's just disgusting. If I didn't have a strong mind, I would go off – crazy!« Und eine andere sagte: »It is degrading … you develop a total hatred for yourself for being so low, filthy and dirty. […] The horror of opening your eyes and finding someone on top of you … It's hard to forget the faces and the smells … Especially the smells … The only thing to do is not feel anything and pretend you don't care.«[64]

Als Folge sind sehr viele Prostituierte in ihrem Privatleben nicht mehr zu normalen sexuellen Beziehungen in der Lage. So sagte etwa eine Ex-Hure in Sydney, sie fühle sich, wenn sie mit einem Liebhaber ins Bett gehe, stets wie bei der Arbeit – ihre Vergangenheit lasse sie einfach nicht mehr los, und eine litauische Hure bekannte, sie habe aufgrund ihres Berufes auch privat keinen Orgasmus mehr, selbst nicht »mit dem Geliebten«.[65]

Weil sie sich von ihren Kunden angewidert fühlen – »Die kommen, um sich zu entleeren. Das ist alles« oder »Die haben null Gefühle. Alles wird von ihrem Schwanz aus gesteuert. Die haben ihr Gehirn zwischen den Beinen«[66] –, wenden sich nicht wenige Prostituierte anderen Frauen zu, weil sie mit diesen eher emotional befriedigende Beziehungen haben können als mit den für sie affektiv vorbelasteten Männern.[67] Ähnlich wie nicht selten Inzest- und Vergewaltigungsopfer ihre sexuelle Orientierung ändern und *butch*-Lesben werden, weil sie nicht länger »passive Objekte« sein wollen[68], scheint auch für viele[69] im Sex-Geschäft tätige Frauen lustvolle und selbstbestimmte Sexualität nur noch mit Angehörigen des gleichen Geschlechts möglich zu sein, sei es nun als *butch* oder als *fem*. So berichtete eine lesbische Dame, daß sich früher in den Kopenhagener Lesbenlokalen die maskulin auftretenden *butchs* allein von den sich sehr feminin gerierenden *fems*, die vorwiegend aus den Rotlichtvierteln kamen, zum Tanzen auffordern ließen: »Wir *butchs* wußten, daß die Nutten unseretwegen kamen. Sie brauchten einen Mann, hatten die Männer aber satt«[70] (Abb. 57). Amerikanische Stripperinnen sagten, sie hätten sexuelle Verhältnisse untereinander, weil sie ständig mit dem Abschaum der Männerwelt konfrontiert seien – »Strippers go gay because they have little chance to

57 Lesbierinnen und Prostituierte im ›Monocle‹,
bvd. Edgar Quinet, Montparnasse.
Photo von Brassaï, um 1932.

meet nice guys. They come in contact with a lot of degenerate types« –, und auch eine deutsche Kollegin stellte sich die Frage, »ob nicht eigentlich alle Frauen, die das machen, irgendwo mal lesbisch werden *müssen*? Weil die Männer ihnen *hier* stehen!«[71]

Eine ganz andere Erklärung für derartige Fälle von Abneigung gegen die männliche Sexualität hatte im frühen 20. Jahrhundert der Sexualwissenschaftler Magnus Hirschfeld, der bestrebt war, Homosexuelle vor den Beschuldigungen, sie seien verdorben oder krank, in Schutz zu nehmen. Im Jahre 1922 hatte ein Verbrechen in Berlin großes Aufsehen erregt. Zwei Frauen hatten als Folge perverser Zumutungen ihrer Ehemänner ein Liebesverhältnis miteinander angefangen und den Versuch unternommen, die beiden Männer mit Rattengift zu beseitigen. Hirschfeld, der die These vertrat, Homosexualität sei angeboren, versuchte als Gutachter das Gericht davon zu überzeugen, daß die Tat zwar als das »Ergebnis eines tiefen Hasses« gegen die Lüstlinge zu verstehen sei, aber eben eines Hasses, der in der »homosexuellen Anlage der beiden Angeklagten« wurzele. Dem widersprach der zweite Gutachter, ein Psychiater, der geltend machte, die beiden Frauen seien mitnichten »von Natur zur Ehe ungeeignet und homosexuell veranlagt«. Vielmehr hätten die beiden »wahrscheinlich homosexuelle Empfindungen« gar nicht »kennengelernt, wenn sie Männer gefunden hätten, denen es gelungen wäre, das normale Liebesempfinden bei ihnen zu wecken bzw. lebendig zu erhalten«.[72] Eine ähnliche Auffassung vertrat in jener Zeit auch Iwan Bloch, der vor allem das »Lesbischsein« der öffentlichen Huren auf deren Ekel vor der männlichen Geilheit und Gefühllosigkeit zurückführte und ihre Neigung deshalb als »Pseudo-Homosexualität« bezeichnete.[73]

Als im Jahre 1891 der renommierte Londoner Pathologe
Harry Campbell in seinem Buch *Differences in the Nervous
Organization of Man and Woman* behauptete, im Verlaufe
des Zivilisationsprozesses sei die Libido der Frauen immer
schwächer geworden – »The sexual instinct in the civilized
woman is, I believe, tending to atrophy« –[1], gab er damit
einer Überzeugung Ausdruck, die nach Ansicht der meisten
Gelehrten der Gegenwart typisch ist für die Europäer und
Nordamerikaner vom späten 18. bis zum frühen 20.
Jahrhundert und die im krassen Gegensatz zu dem stehe,
was man in den Zeiten davor und in fremden Gesellschaften
über die weibliche Geschlechtslust gedacht habe. So behauptet etwa ein bekannter Sexualwissenschaftler, »bei den Vik-
torianern« sei »die frigide Frau das bürgerliche Ideal« gewesen und »die Frau ohne sexuelle Bedürfnisse« habe »als
ideale Ehefrau« gegolten[2], während ein ebenso bekannter
Kulturhistoriker dies so formuliert, daß die Ärzte jener Zeit
sich »vehement gegen den weiblichen Orgasmus im Rahmen
der Ehe« ausgesprochen hätten, flankiert vom »romantischen Angelismus« und seiner Anstrengung, »die junge Frau
aus dem Bürgertum vergessen« zu lassen, »daß sie einen
Körper besitzt«.[3] Nach dem Glauben eines der maßgebli-
chen Nachfolger von Elias galt es »noch vor einem halben
Jahrhundert«, also um das Jahr 1950, »in den westlichen Gesellschaften nicht als ungewöhnlich, wenn Frauen nie einen
Orgasmus hatten«, denn der sexuelle Höhepunkt sei »sozial
definiert« gewesen »als *sein* ›Recht‹ und der Koitus als *ihre*
›soziale Pflicht‹«.[4] Und schließlich verlauten zwei feministische Wissenschaftlerinnen, noch zu Beginn des 20. Jahrhunderts sei es nicht »erwünscht« gewesen, daß Frauen beim
Sex »Lust empfanden«, denn schon damals habe das schlaue
Patriarchat geargwöhnt: »Lustvolle Frauen stellen For-

derungs, merken vielleicht, was ihnen vorenthalten wird.«[5]
Nun möchte ich nicht in Abrede stellen, daß gewiß so manche Frau im 19. Jahrhundert während des Beischlafes ihren Höhepunkt unterdrückte, weil sie glaubte, nur im Falle eines Orgasmus schwanger werden zu können, und es wird auch sicher Frauen gegeben haben, die es aus Schamhaftigkeit vermieden, über die Modalitäten ihres Geschlechtsverkehrs zu reden oder zu schreiben. Andere konnten vielleicht eine lustvolle Sexualität nur außerehelich, mit einem ›unanständigen‹ oder sozial unter ihnen stehenden Partner realisieren[6], während wieder andere lustlos blieben, weil ihr Mann sich ungeschickt anstellte, lieblos war oder eine armselige »Heuschreckennummer« absolvierte. So bedauerte in jener Zeit Mary Benson, die Ehefrau des Erzbischofs Edward White Benson, zutiefst, daß ihr Gatte sie nie wirklich befriedigt hatte, so daß ihr zu fühlen versagt blieb, »what women *ought* to feel«, und Elmina Slenker schrieb im Jahre 1886 sogar voller Verbitterung: »I'm getting a host of stories (truths) about women so starved sexually as to use their dogs for relief, and finally I have come to the belief that a CLEAN dog is better than a drinking, tobacco-smelling, venereally diseased man!«[7] Doch belegen solche Aussagen zweifellos, daß die viktorianischen Damen sich ihrer sexuellen Bedürfnisse bewußt und der Überzeugung waren, ein Anrecht auf ihre Befriedigung zu haben.

Wie aus zahlreichen zeitgenössischen Quellen hervorgeht, waren den meisten viktorianischen Gentlemen der Orgasmus und die emotionale Befriedigung ihrer Frauen keineswegs gleichgültig[8], und damalige Umfragen bestätigten, daß die meisten Frauen regelmäßig sexuelle Lust verspürten – häufig unmittelbar vor und nach der Menstruation –, und für gewöhnlich den sexuellen Höhepunkt erlebten.[9] »I must check those feelings«, notierte die einunddreißigjährige Beatrice Potter in ihrem Tagebuch, »which are the expression of physical instinct craving for satisfaction; but God knows celibacy is as painful to a woman (even from the physical standpoint) as it is to a man. It could not be more painful than it is to a woman«, und aus dem Tagebuch von Lady Victoria Sackville-West geht hervor, daß sie den Sex mit ihrem Ehemann, den sie gelegentlich als ihren »stallion« bezeichnete, sehr genoß und mitunter Eintragungen machte, wie viele ›Durchgänge‹ ihr »Hengst« hintereinander schaffte. Molly Trevelyan erinnerte sich immer wieder gerne an ihre Hochzeitsnacht, in der sie erstmalig erfuhr, »what a man's love was«, und auch nach fünfjähriger Ehe empfand sie es als »a very perfect state of things that we are not ashamed of our love and of our desire«. »Von Unschuld«, notierte im Jahre 1893 eine neunzehnjährige Baslerin bezüglich ihrer sexuellen Empfindungen auf der Hochzeitsreise, »will ich nicht reden, denn zu lange schon empfinde ich diese oft recht leidenschaftlichen Gefühle, aber rein sind sie und darum gewiss keine Sünde.« Die neunundzwanzigjährige Violet Hunt vertraute ihrem Tagebuch an, daß »der sinnliche Teil in der Natur der Frau *genauso* nach Sättigung verlangt wie der intellektuelle«, während Elizabeth Cady Stanton Whitmans Gedicht »There Is a Woman Waiting for Me« in ihrem Tagebuch dahingehend kritisierte, der amerikanische Dichter tue so, »as if a female must be forced to the creative act, apparently ignorant of the fact that a healthy woman has as much passion as a man«. Ein Mädchen der Mittelklasse wie die neunzehnjährige Madeleine Smith schrieb im Jahre 1854 an ihren Geliebten Emile L'Angelier, sie schäme sich zwar, daß sie ihn ihre Genitalien habe betrachten lassen, genieße aber den Koitus (»love«) mit ihm: »It was a punishment to myself to be deprived of your *loving me* for it is a pleasure, no one can deny that. It is but human nature. Is not everyone that *loves* of the same mind? Yet, I did feel so ashamed of having allowed you to see (any name you please insert).« Und als Emile ihr ein anderes Mal gesagt oder geschrieben hatte, daß beim Denken an sie stets sein Glied steif werde, antwortete sie kokett: »You are a naughty boy to go and dream of me – and get excited!«

Im Jahre 1842 schrieb die junge Bürgerstochter Frances Grenfell, nachdem ein Mann sie so lasziv geküßt hatte, daß ihr Blut »ins Kochen« geraten war, sie liege gerade im Bett und stelle sich auf so intensive Weise »a delicious naughtery« vor, daß sie nicht wisse, ob sie schreien oder bis zum Umfallen rennen solle. Eine in den dreißiger Jahren des 19. Jahrhunderts geborene ostpreußische Arbeiterfrau sagte unverblümt zu ihrem Pfarrer, daß ein Mann, der es gleichzeitig mit mehreren Weibern treibe, doch gar nicht jede sexuell befriedigen könne: »Ein junger Mensch hat seine Natur; auch die Frauensleut haben die ihrige. Haben Sie nur nicht Angst: Manche noch toller als ein Mann!«[10]

Nicht wenige Frauen klagten bitter darüber, daß ihre Männer zu selten oder überhaupt nicht ihren ehelichen Pflichten nachkamen, so z.B. die unglückliche Effie Gray um die Jahrhundertmitte, deren Mann, der Kunsthistoriker John Ruskin, ihr in der Hochzeitsnacht gestand, er könne es nicht tun, weil, wie Effie sagte, »he had imagined women were quite different to what he saw I was and he did not make me his Wife because he was disgusted with my person the first evening«. Schließlich heiratete sie den präraffaelitischen Maler John Millais, der mit der weiblichen Anatomie keine Probleme hatte und mit dem sie ein stürmisches Liebesleben entfaltete.[11] Andere Frauen blieben unbefriedigt und frustriert, weil offenbar der Altersunterschied zwischen ihnen und ihrem Mann zu groß war. So geht z.B. aus den Akten des Scheidungsprozesses des Fabrikanten Imhoffen und seiner Gemahlin hervor, daß diese dem Kindermädchen ihr Leid geklagt und gesagt hatte, »die Hauptsache in der Ehe sei die Geschlechtsbefriedigung, und wenn das nicht mehr möglich sei, wie bei einem älteren Mann – dabei spielte sie auf den Kläger an –, dann sei es mit der ehelichen Liebe nichts mehr«.[12]

Immer wieder führten in den Gerichtsprozessen der Zeit die Männer als Scheidungsgrund die übermäßige und unkontrollierbare sexuelle Lust ihrer Frauen an, »das Gift der Be-

58 Achille Deveria: Die weibliche Lust, um 1835.

gierde, von dem die gesunkene Frau erfüllt war«, wie es in einem Verfahren des Jahres 1833 hieß.[13] So berichtete der Stiftsphysikus von Ilfeld im Jahre 1800 von einer jungen Frau, die sich unbedingt von ihrem Ehemann trennen wollte, weil dieser sie zwar »Tag und Nacht mit wollüstigen Betastungen« quäle, »ohne doch die Pflichten eines Mannes erfüllen zu können«. Daraufhin vermaß der Arzt zunächst aufs sorgfältigste die Länge der Klitoris und die Weite der Vagina der Klägerin, den Umfang ihrer Schambehaarung und dergleichen mehr, wobei er zynisch anmerkte, Frauen wie dieser fehle es offenbar an »der jungfräulichen Delikatesse«, wenn sie sich von einem männlichen Arzt auf solch schamlose Weise inspizieren lasse. Oft seien diese jungen Frauen nicht nur sexuell erfahrener als ihre Männer, sondern geil und unersättlich, weshalb das Gericht sie ermahnen müsse, von ihren Männern »nicht zu viel« Sex zu fordern.[14]

Als ein Paradebeispiel dafür, daß die Viktorianer angeblich »denied woman a sexual existence«[15], wird immer wieder die englische Königin Victoria angeführt[16], die ihrer ältesten Tochter vor deren Hochzeitsnacht geraten haben soll: »Lie still, and think of the Empire.« Nun stammt freilich dieser berühmt gewordene Satz weder von Victoria noch aus ihrer Zeit, sondern von einer gewissen Lady Hillingham, die im Jahre 1912 mit Ironie und Witz über ihren schwächelnden Gatten schrieb: »I am happy now that Charles calls on my bedchamber less frequently than of old. As it is, I now endure but two calls a week and when I hear his step outside my door I lie down on my bed, close my eyes, open my legs and think of England.«[17]

Überdies wird Victoria von Historikern, die sich eingehend mit ihrem Leben beschäftigt haben, als »leidenschaftliche Liebhaberin« beschrieben, die nicht nur großen »Spaß an körperlicher Liebe« hatte, sondern »auch kein Geheimnis daraus« machte.[18] Sie schlief mit Prinz Albert gemeinsam in einem großen Doppelbett und bezeichnete einmal das, was sich darin zutrug, als »a foretaste of heaven«. Als die Herzogin von Sachsen-Coburg den Sohn des französischen Königs heiraten wollte, schrieb ihr Victoria: »Love him with all your heart always and then you will be happy. You cannot imagine how delightful it is to be married«, und in ihrem Tagebuch ließ sie sich auf so deftige Weise über ihr Sexualleben aus, daß nach ihrem Tode ihre jüngste Tochter Beatrice nachgerade erschüttert war. Nach deren Geburt – sie war ihr neuntes Kind – im Jahre 1857 hatte der Leibarzt James Clark der Königin geraten, von nun an nicht mehr schwanger zu werden, worauf Victoria bekümmert ausrief: »Oh Sir James, kann ich jetzt im Bett keinen Spaß mehr haben?«[19]

Versuchten aber nicht wenigstens die Ärzte jener Zeit, den Männern und den Frauen einzureden, das weibliche Geschlecht verfüge über keine oder jedenfalls keine nennenswerte Libido? Einer der berühmtesten und einflußreichsten Ärzte des 19. Jahrhunderts, der pensionierte Sanitätsoffizier Auguste Debay, teilte in seinem Buch *Hygiène et physiologie du mariage*, das erstmalig 1848 und vierzig Jahre später in der 173. Auflage erschien, seiner Leserschaft mit, was diese schon immer über die weibliche Lust und ihre

Befriedigung wissen wollte. Es äußere sich »der wollüstige Spasmus bei der Frau weniger heftig als beim Mann«, doch dauere er andererseits länger. Man begegne »bisweilen Frauen, die bei der geringsten Berührung rasend vor Lust werden, doch brauchen die meisten längeres und wiederholtes Liebkosen, um den Liebesspasmus zu erreichen«. Wegen der Roheit und Unfähigkeit der Männer kämen gewiß manche Frauen nicht zum Orgasmus, aber aus gesundheitlichen – und nicht aus moralischen – Gründen sollten diese auf eine Selbstbefriedigung verzichten. Vielmehr müßten die Männer sich die Zeit für ein zärtliches Vorspiel nehmen und dann behutsam in die erregte Frau eindringen. »Der Mann«, so fuhr Debay fast lyrisch fort, »liebt es, wenn er merkt, daß seine Glückseligkeit geteilt wird; sein sexuelles Vergnügen wird durch das der Frau gesteigert, und wenn die Raserei der Lust die Frau zur gleichen Zeit ereilt wie ihn, dann sieht es so aus, als ob das Leben selber ihn verließe und inmitten der süßesten Sinnlichkeit verlösche.«[20]

Allem Anschein nach waren Meinungen wie die Debays im 19. Jahrhundert nicht die von wenigen Außenseitern, sondern in der westlichen Medizin vorherrschend. So meinten im Jahre 1825 die beiden Ärzte Buchez und Trélat, daß Frauen von ihren sexuellen Leidenschaften sehr viel stärker getrieben seien als Männer, und da sie durch den Koitus unendlich weniger geschwächt würden als das andere Geschlecht, könnten sie mühelos einen »Durchgang« nach dem anderen verkraften. Da ihre sexuellen Organe sich frühzeitig entwickelten, so führte im Jahre 1854 ihr Kollege George Drysdale aus, entwickelten sich bald »powerful sexual appetites« sowie ernsthafte Krankheiten und Schwächezustände, wenn sie ihre Geschlechtslust nicht befriedigten: Sexuelle Enthaltsamkeit sei also »unnatural, and therefore sinful« sowie »totally incompatible with health and happiness«.[21] Der schottische Physiologe Alexander Walker meinte etwa zur gleichen Zeit, junge Mädchen seien »more highly sexed« als junge Männer gleichen Alters, und wenn man sie während der Pubertät nicht scharf kontrolliere, entwickelten sie »sapphic tastes«, befriedigten sich selber oder ließen sich mit jedem Manne ein, der ihnen über den Weg liefe. Auch in reiferem Alter empfänden Frauen wohl intensivere Lust als Männer, wenn sie auch eher »passively voluptuous«, seien als diese. »Certain women«, bestätigte der Gynäkologe Archibald Church, »especially at the menstrual epoch are so overcome by the intensity of sexual desires and excitement that they practically lose any self-control and all modesty«, und sein deutscher Kollege Georg Friedrich Most hielt im Jahre 1827 im Prinzip jede Frau für fähig, sich »unwürdigen und entehrenden Ausschweifungen der Geschlechtslust« hinzugeben.[22]

Wird indessen nicht von jedem zweiten Kulturhistoriker als Kronzeuge dafür, daß die Viktorianer die Angehörigen des weiblichen Geschlechts quasi für »Damen ohne Unterleib« hielten, der englische Mediziner William Acton herangezogen, der angeblich in einer berühmten Schrift vom Jahre 1875 die sexuelle Anästhesie der Frauen konstatiert habe? Nun ist zum einen zu sagen, daß dieser Text ungleich weniger repräsentativ für die diesbezüglichen Meinungen der zeitgenössischen Ärzte ist als beispielsweise die Schrift Debays und ihr Einfluß auf das lesende Publikum nicht im entferntesten mit der des Franzosen vergleichbar. Zum anderen fällt einem bei einer sorgfältigen Lektüre von Actons *The Functions and Disorders of the Reproductive Organs* auf, daß Acton zwar in der Tat ausführt, »the majority of women (happily for society) are not very much troubled with sexual feeling of any kind«, jedenfalls nicht dauernd (»habitually«) wie die Männer. Doch fügt er bezeichnenderweise hinzu, daß, »as a general rule, a *modest* woman seldom desires any gratification for herself«. Gewiß gebe es Frauen »who have sexual desires so strong that they surpass those of men«, und er wisse natürlich von der »existence of sexual excitement terminating even in nymphomania«, doch handle es sich bei diesen Frauen *per defi-*

nitionem um »loose or, at least, low and immoral women«. Anständige und schamhafte Frauen hielten ihre sexuellen Lustgefühle »in the majority of cases in abeyance«, und die Männer müßten sich schon einige Mühe geben, um diesen »Schwebezustand« der weiblichen Lust aufzulösen und ihre Partnerin zu erregen. Wenn viele, insbesondere junge Männer von der weiblichen Erregbarkeit einen anderen Eindruck gewonnen hätten, dann liege dies daran, daß sie eben mit leichtfertigen und nicht mit anständigen Frauen ins Bett gegangen seien.[23]

Wir sehen also, daß Acton keine *wissenschaftlich-medizinische* Beschreibung der sexuellen Reaktionen von Frauen vorgelegt hat, sondern eine *moralische*. Weit davon entfernt, zu sagen, Frauen seien *von Natur aus* unfähig zu intensiver sexueller Erregung, führt er lediglich aus, daß eine Frau, die sich so weit erniedrige, ohne »positive and considerable excitement« von seiten des Mannes Lustgefühle *zuzulassen*, eben eine schamlose (»immodest«) und lockere (»loose«) Frau sei, die ihre Leidenschaften nicht beherrschen könne oder wolle.

Auch bei einem anderen Gelehrten, der immer wieder als Paradebeispiel dafür zitiert wird, daß im Bürgertum des späten 18. und des gesamten 19. Jahrhunderts die Frauen für sexuell leidenschaftslos gehalten worden seien, läßt sich eine solche moralische Argumentation und die dahinterliegende Angst vor einem Ausbruch weiblicher Lüste beobachten. Im Jahre 1796 erklärte der Jenaer Philosoph Fichte, eine Frau, die sich aus sexueller Lust einem Mann hingebe, verzichte auf jeglichen Anstand, auf »Moralität«, denn »im *unverdorbenen* Weibe äußert sich kein Geschlechtstrieb, und wohnt kein Geschlechtstrieb, sondern nur Liebe; und diese Liebe ist der Naturtrieb des Weibes, einen Mann zu befriedigen«. Der Mann indessen, der eine Frau befriedige, mache sich damit zu deren »Werkzeug« und müsse sich »bis in das innerste seiner Seele« schämen. Könnte es aber dessen ungeachtet nicht sein, so fragte der Professor, daß tief im Weibe doch ein Geschlechtstrieb, eine Begierde nach Lust »versteckt« sei? Und er antwortet, daß es nur die Unschuld der Frauen verdürbe, wenn sie selber dieser Frage nachgingen. Denn dann kämen sie darauf, daß auch ihr Ziel die sexuelle Lust sei, und hätten sie dies einmal erkannt, so gäben sie sich dem ersten besten hin, »welches ohne Zweifel ein entehrender Gedanke wäre«.[24] »Denn wenn so ein Weibsbild die Grenzen der Ehrbarkeit einmal überschreitet«, so wußte bereits im 17. Jahrhundert ein Autor, »stehet es selten stille, bis es auf dem höchsten Gipfel der Schamlosigkeit angelanget«, und im Jahre 1836 formulierte der Theologe Johann Baptist v. Hirscher diese Erkenntnis dahingehend, daß, »wo das weibliche Geschlecht einmal entsittlicht« sei, »ihm das Wilde, das Gräßliche und Unnatürliche näher« liege »als dem männlichen«. Jegliche Aufweichung der weiblichen Schicklichkeitsnormen führe deshalb zu ungeahnten Konsequenzen für die Stabilität der Familie und damit der Gesellschaft, denn »religion and moral principles alone give strength to the female mind«, wie es in einem 1858 in London erschienenen *Manual of Psychological Medicine* hieß: Wären die Frauen erst einmal auf den Geschmack gekommen, »the subterranean fires become active, and the crater gives forth smoke and flame«.

Für »dormant, if not non-existent« hielt im Jahre 1850 ein britischer Autor in *The Westminster Review* den Geschlechtstrieb der Frau, doch nur »till excited, always till excited by undue familiarities; almost always till excited by actual intercourse«, weshalb später im Jahrhundert der Romancier Marcel Prévost die Ehemänner davor warnte, ihre Frauen im Bett wie eine Hure herzunehmen: »Alles, was Sie ihre Frau gelehrt haben, wird ihr zum Bedürfnis werden, und wehe Ihnen, wenn Sie ihren Heißhunger nicht befriedigen können! Die überreizten Nerven gaukeln der jungen Frau in der Einsamkeit lüsterne Bilder vor – Sie werden sie nur befrieden, wenn Sie ihre Sinne ermüden: *lassata sed non satiata*!« Auch die »fortschrittliche« Bremer Pädagogin

Betty Gleim gab im Jahre 1810 den Rat, dafür zu sorgen, daß bei jungen Mädchen »das Erwachen gewisser Triebe, die nicht lange genug schlummern können«, nicht durch eine zu zeitige sexuelle Aufklärung »beschleunigt« werde, nachdem sechs Jahre zuvor Gottfried Wilhelm Becker in seinem *Beischlaf-Ratgeber* allen Heiratswilligen mitgeteilt hatte, daß die unverheirateten Frauen sich für gewöhnlich noch zierten und Scheinrückzüge machten, während die verheirateten »alle diese kleinen Kriegslisten« nicht länger bemühten, nicht mehr »die geringste Zurückhaltung oder Weigerung« an den Tag legten und »selbst den Genuß« suchten, »statt ihn suchen zu lassen«. Schuld daran seien die Männer, welche »durch ihre Unmäßigkeit in den ersten Wochen der Verheiratung« den Leu in ihnen weckten und sie geil und schamlos machten: »Entflammt er zu sehr die Begierden seines Weibes, so kann er sie nachher am wenigsten stillen.«[25]

Allerdings waren sich die meisten zeitgenössischen Beobachter darin einig, daß es genügend andere Stimulanzien gab, um die Flammen der Sinnlichkeit einer unbescholtenen Jungfrau zu entfachen. »Wie kann sich ein armer ehrbarer Vater mit dem Gedanken schmeicheln«, so fragte im Jahre 1784 ein Wiener Bürger, »daß er seine Tochter in den Jahren der Leidenschaften rein und unbefleckt erhalten wolle, wenn diese vor ihrer Thüre eine öffentliche Hure, in vollem Putze, den Angriff auf Männer thun, mit dem Laster Parade machen, sie im Schoose der Ausschweifung glänzen und eine zügellose Freyheit geniessen siehet. Sie wird es sich bey einer Betrachtung über sich selbst sagen, daß kein wahrer Werth mit der Ausübung der Tugend verbunden sey, und des Kampfes mit sich selbst müde werden.«[26] In manchen Mädchenpensionaten bestand die Mahlzeit zur Dämpfung des Sexualtriebs ausschließlich aus fleischloser Kost, und man versuchte, die Mädchen tagsüber durch physische Aktivitäten zu erschöpfen, daß sie abends müde ins Bett fielen und erst gar nicht auf den Gedanken kamen, ihren reifenden Körper oder den der Bettnachbarin näher zu untersuchen.[27]

Zwar war zu jener Zeit allgemein bekannt, daß sich z.B. in den Pariser Gefängnissen üblicherweise die erwachsenen Männer von den Jugendlichen fellationieren ließen, doch berichteten der Generalinspekteur Laville und viele seiner Kollegen, daß die sexuelle Libertinage unter den jüngeren weiblichen Gefangenen, den »érotomanes en puissance«, sehr viel verbreiteter sei als bei den Männern. Schon in den zwanziger und dreißiger Jahren des 19. Jahrhunderts meldeten zahlreiche Gefängnisdirektoren, die Frauen und Mädchen gäben sich ungleich häufiger der Masturbation (»vice solitaire«) und dem gleichgeschlechtlichen Sex (»vice infame«) in allen Varianten hin als die Männer, und während bei diesen das homosexuelle Begehren nur vorübergehender Natur sei, blieben jene auch außerhalb der Gefängnismauern beim Sex mit ihren Geschlechtsgenossinnen, einem Sex, von dem etwas später der schweizerische Psychiater Auguste Forel behauptete: »Die Exzesse, die in dieser Weise begangen werden, übertreffen an Intensität womöglich diejenigen der Männer; ein Orgasmus folgt in manchen Fällen dem anderen, Tag und Nacht, fast ohne Unterbrechung.« Um derartige Orgien zu unterbinden, forderte im Jahre 1867 auch hierzulande der Leiter einer »Polizeianstalt für Frauen« auf dem Jahreskongreß des »Vereins der Strafvollzugsbeamten« die Einführung von Einzelzellen für weibliche Gefangene »wegen der hohen Neigung des gefangenen Weibes zur sinnlichen Lust«. Dagegen wandte indessen ein anderer Redner ein, man könne auf diese Weise zwar lesbische Handlungen, nicht aber das zweite Laster verhindern, »denn in hohem Grade der Onanie ergebene Personen, besonders unter den Weibern, ziehen der Gemeinschaft unter strenger Aufsicht bei Tag und Nacht die Isolierhaft vor, um ihr schreckliches Laster ungestört üben zu können«.[28]
Zwar hielt man im 18. und im 19. Jahrhundert die Masturbation bei Mädchen nicht für folgenlos – so hieß es, sie stumpfe die Fähigkeit zu sexueller Lust ab, führe zu verfrühter Menarche oder gar zu Unfruchtbarkeit, und im Jahre

59 Masturbation und Fingerlutschen. Aus ›Jahrbuch für Kinderheilkunde‹, 1879.

1748 warnte der thüringische Hofmedicus Johann Storch davor, daß bei häufiger »Kitzelung« während der »Selbstschändung« der weibliche »Körper schlaff« werde und »der weiße Fluß und manchmal auch Schwindsucht« die Folge seien.[29] Doch machten sich im allgemeinen die Ärzte der Zeit über die »finger-fuckers«, wie man die onanierenden Mädchen und Frauen in Nordamerika nannte, weniger Gedanken als über die Buben und Männer, die es gewohnheitsmäßig mit »Fräulein Faust« trieben, denn bereits Tissot hatte über das »Handspiel« der Mädchen verlautet, daß »die Feuchtigkeit, die sie verlieren, weniger kostbar und nicht so gut ausgearbeitet« sei »als der männliche Samen«.[30]

Gleichwohl gab es mannigfache Versuche, die »self-pollution« der heranwachsenden Mädchen zu unterbinden. So lautete etwa die 1784 in *The Gospel Monitor*, einer Sammlung angeblicher Äußerungen von Ann Lee, der Gründermutter der Shaker, niedergeschriebene Verhaltensregel für das Liegen im Bett: »When you lie down to sleep, place yourselves strait with your hand laid pretty nearly together (not folded up) by the side of your head, but not under it. Never meddle with the one you sleep with, unless it be very necessary.« Eine Benediktinernonne erinnerte sich an ihre Novizinnenzeit im Kloster: »Der Regel entsprechend sollten wir flach auf dem Rücken liegen und schlafen, ohne uns zu rühren. Unsere Arme sollten vor der Brust gekreuzt, unsere Beine ausgestreckt werden, und wir mußten uns bis zum Kinn zudecken«, und im Jahre 1903 sagte eine Novizin aus, die Nonnen des Klosters Bon-Pasteur d'Annonay hätten ein Mädchen, das sie verdächtigten, onaniert zu haben, sogar in eine Art Zwangsjacke gesteckt: »Si par hasard en dormant, nos bras n'étaient point croisés sur la poitrine, et sous prétexte qu'avec les mains on faisait des

saletés, on nous mettait dans le *corset de force*. Une sœur
était chargée de cette surveillance-là.«[31]
Doch nicht nur in christlichen Vereinigungen und im
Kloster, sondern auch auf dem Dorfe war man davon überzeugt, daß der Geschlechtstrieb der jungen Dinger so stark
sei, daß sie sich selber befriedigten, wann immer sich eine
Gelegenheit dafür bot. So heißt es in einem wohl aus dem 19.
Jahrhundert stammenden Spinnstubenlied: »Sie setzt sich
auf die Mauer/und macht den kalten Bi-Ba-Bauer/das sind
brave Leut,/bei Sommer- und bei Winterszeit/Viderialala,
riala, riariarallala!«[32]

60 Achille Deveria: Masturbierende Frau, um 1848.

Damit die Mädchen erst gar nicht auf den Gedanken kommen konnten, einen »kalten Bi-Ba-Bauern« zu machen, riet
der Kinderarzt Carl Hochsinger, ihnen zeitig beizubringen,
»nie mit überschlagenen Beinen [zu] sitzen« und auch
ansonsten dafür zu sorgen, daß nichts an ihren Genitalien
reibe. Schon im Jahre 1687 hatte der Arzt van Diemerbroeck
berichtet, eine Dame »von nicht geringem Stande« habe ihm
gestanden, seit ihrer Jugend häufig »dieses Teilchen da«, d.h.
die Klitoris, »mit dem Finger zu reiben«, was sie mit der Zeit
so sensibel gemacht habe, daß schon ein Reiben ihrer
Unterhosen »selbst gegen ihren Willen« einen Samenerguß
hervorrufe, und hundert Jahre später machte sein Kollege
Bernhard Christian Faust die »unselige Erfindung« der

Frauenunterhosen dafür verantwortlich, daß bei den »Frauen im vornehmen Frauenstand« sowie den »jungen Fräulein«, die solche Hosen trügen, im Bereich der Geschlechtsorgane eine große und feuchte Wärme sich bilde, die zu Selbstbefriedigung, Vorfall der Gebärmutter, weißem Fluß und anderen »weiblichen Affectionen« führe.[33] Meinte im Jahre 1851 der Psychiater Edward Tilt, die »jungen Fräulein« sollten »drawers« tragen, damit ihre Hände keinen ungehinderten Zugang zu den entscheidenden Teilen des Körpers hätten, so war doch die Mehrheit der Autoritäten gegen diese Kleidungsstücke, die immer noch von einem Hauch von Sünde und Dirnenhaftigkeit umweht waren: »Depuis quelque temps«, so äußerte sich im frühen Biedermeier der Mediziner Langlois de Longueville, »on fait porter aux petites filles des pantalons sous la robe (Abb. 61); ils peuvent être très utiles en permettant des exercices plus variés sans crainte de blesser les lois de la décence, pourvu toutefois qu'ils soient disposés de manière à ne point exercer de frottement sur les parties génitales et à ne point y concentrer une trop grande chaleur.« Und jenseits des Kanals empörte sich im Jahre 1882 ein Beobachter: »The greatest enemy to a woman's chastity is contact. Let her wear her things loose and she may keep her blood. Nuns – continental ones at least – don't wear drawers. Peasant women, who are chaste enough as times go, don't wear drawers; and when they stoop [= sich bücken] you may see the bare flesh of their thighs above their ungartered stockings. But the bigger the whore – professional or otherwise – the nicer will be the drawers she wears.«[34]

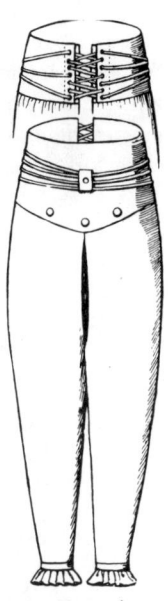

61 Hosen der englischen Königin Adelaide, um 1825.

Wenn eine Frau in den Zeiten, als man noch mit ausge-
streckten Beinen ritt, dies im Herrensattel tat, lastete ihr
Gewicht nicht auf dem sich jetzt plastisch abbildenden
Hintern, sondern auf dem Damm und den benachbarten
erogenen Zonen[35], und es nimmt kaum Wunder, daß bis ins
frühe 20. Jahrhundert allenthalben Befürchtungen laut wur-
den, das Reiben der Schamlippen und der Klitoris erregte die
Reiterinnen und begünstigte die habituelle Selbstbefleckung.
So sprach sich beispielsweise im Jahre 1785 Christian
Gotthilf Salzmann gegen das Reiten von Frauen und
Mädchen im Herrensitz aus, und zwar wegen des »Baus des
weiblichen Körpers«, der verrate, »welche Wirkung diese
Art von Bewegung auf ihn haben müßte«, und einige Zeit
später hieß es in England über die engen Reithosen der
Frauen (Abb. 62): »A lady putting on her riding trousers
becomes, consciously or unconsciously, akin to a hoyden [=
Wildfang] assuming man's clothes, or nearer still, to a ballet
girl drawing on her tights. She is subject to contact of the
most perilous kind. The warm close substance that passes
close to her flesh, that clasps her loins, and embraces her

62 Richard Newton: ›Die Hosen des Bruders‹, 1796.

63 Thomas Rowlandson: ›The Gallopp‹, 1805.

bum, and insinuates itself between her thighs, has, all sense-
less leather, cloth, or silk, as the case may be, something of a
man's hand in it.«[36]

Die starke sexuelle Erregbarkeit der Frauen, wodurch sie
den leichtesten Druck einer Reithose aus feinem Leder oder
eines Herrensattels wie die Hand eines Mannes spürten, die
ihren nackten Unterleib umfaßte, oder wie einen Penis, der
in sie eindrang, war damals Gegenstand zahlreicher erotischer Karikaturen (Abb. 63), deren Tradition bis zu den
spätmittelalterlichen Miniaturen zurückreicht, auf denen der
Reiter der mit ihm auf dem Pferde sitzenden Dame an die
Genitalien greift. [37]

Draufgängerische junge Frauen, die Berufe ausübten, die
nicht gerade als geeignet galten für das weibliche Geschlecht,
z.B. die englischen Straßenräuberinnen des 18. Jahrhunderts, ritten in Hosen und nach Männerart, und eine
Herrscherin wie Katharina die Große ließ sich bezeichnenderweise im Herrensattel und in der Uniform eines Offiziers
des Preobraschenskischen Regiments malen. Im Wilden
Westen war für Frauen zwar der Damensattel obligatorisch,
und im Jahre 1877 waren sämtliche Cowboys »shocked and

horrified«, als eine junge Frau namens Molly ein Bein über das Sattelhorn schlug und wie ein Mann ritt, doch nahmen sich manche Frauen diese Freiheit heraus wie z. B. die berüchtigte Calamity Jane, die allerdings als sehr lasziv galt und zeitweise eine »hog ranch« leitete, wie die Cowboys ein Bordell nannten. Auch eine ungezähmte Frau wie Ella Watson aus Wyoming, die ihre Karriere als Prostituierte begann und an einem Baum hängend beendete, wurde »a holy terror who rode straddle« genannt, und von Etta Place, die später mit Butch Cassidy und Sundance Kid nach Argentinien ging, wo sie gemeinsam Züge ausraubten und Rinder stahlen, hieß es ebenfalls, daß sie es sich in diesem Berufe gar nicht leisten konnte, nach Damenart zu reiten. Doch bereits unter den Toten auf dem Schlachtfeld von Waterloo, an deren Brüsten man erkannte, daß es sich um Frauen handelte, z. B. einem Offizier der napoleonischen Husaren, befanden sich einige, von denen der britische Berichterstatter schrieb, sie »were even mounted and rode astride«.[38]

Freilich hielt man solche Verhaltensweisen für skandalös, und als im Jahre 1847 Loren Hastings in Oregon eine reitende Frau »with one foot on one side of her pony and the other foot on the other side« gesehen hatte, schrieb sie: »This is the greatest curiosity I have ever seen yet, it knocks everything else into the shade.«[39] Dies empfanden nicht nur die Farmer und Rancher so, sondern auch die Indianer, etwa die Cheyenne oder die Paiute, bei denen ein junges Mädchen, das auf dem Bauch zu schlafen pflegte oder das zu häufig oder gar auf Männerweise ritt, als lüstern und unehrenhaft beurteilt wurde. Als beispielsweise im Sommer 1931 die junge Ethnologin Henrietta Schmerler, eine Studentin von Franz Boas und Ruth Benedict, sich die Freiheit herausnahm, mit einer Gruppe junger White Mountain-Apache auszureiten, und zwar rittlings im selben Sattel mit einem von ihnen, stempelte sie das in den Augen der Indianer als »easy lay« ab. Als diese daraufhin zudringlich wurden und die junge Frau sich wehrte, wurde sie von ihnen vergewaltigt und anschließend ermordet.[40]

Auch das Sitzen im Schaukelstuhl, mit übereinandergeschlagenen Beinen oder rittlings auf einem Stuhl wie Marlene Dietrich in ihrer berühmten Pose in *Der blaue Engel* galt bei einer Frau zumindest als aufmüpfig, für gewöhnlich aber als offensiv lasziv[41] oder als »lesbische« Absage an männliche Herrschaftsansprüche.[42] »Reiten macht geil«, meinen auch heute junge Pferdenärrinnen, und Sexualwissenschaftler berichten, daß in dem präadoleszenten Alter, in dem viele Jungen einander masturbierten, zahlreiche Mädchen von der »horse craziness« erfaßt würden, die stark sexuell getönt sei: »Riding reassures the girl of her control, as well as giving masturbatory pleasure.«[43] Und während es im 19. Jahrhundert zahlreiche erotische Varieté-Veranstaltungen gab, in denen mehr oder weniger entblößte junge Frauen mit gespreizten Beinen auf Pferden ritten[44], scheinen auch heutzutage nicht wenige Frauen und Mädchen erotische Tagträume zu haben, in denen sie unbekleidet über Wiesen und Felder reiten und dabei das Pferd zwischen ihren nackten Schenkeln spüren.[45]

Hatten im ausgehenden Mittelalter die Waldenserinnen und die Hexen sich für den Flug zu ihren nächtlichen Zusammenkünften auf höchst unzüchtige Weise Besen oder Ofengabeln zwischen die Schenkel geklemmt (Abb. 64), Flugobjekte, die bereits damals mit männlichen Geschlechtsorganen verglichen wurden, mittels deren die Frauen sich sexuell befriedigten[46], so sahen vierhundert Jahre später viele Kommentatoren in den soeben erfundenen Fahrrädern ähnliche Transportmittel, die den Frauen zu mehr Freiheit und sexueller Lust verhelfen konnten (Abb. 65). Bereits im Jahre 1819, ein Jahr, nachdem der Freiherr Drais für sein Zweirad das badische Patent erhalten hatte, waren in England die meist »hobbyhorses« genannten Fortbewegungsmittel sehr populär geworden, und um den Frauen den für sie unanständigen Herrensitz zu ersparen, erfand man den »Ladies acce-

64 Nachtfahrende »vaudoises«.
Aus ›Le Champion des Dames‹, 1451.

lerator« mit Sitz, Fußplatte, einem Vorder- und zwei
Hinterrädern, damit die Dame auf sittsame Weise den
Antrieb ähnlich wie eine Nähmaschine betätigen konnte.[47]
Mokierten sich zu jener Zeit noch Karikaturisten wie
Cruikshank über die Vorstellung, daß eine geschlechtsreife
Frau wie ein Mann ein Zweirad besteigen könnte, nahmen
gegen Ende des Jahrhunderts immer mehr jüngere Frauen
ihren Mut zusammen und taten allen Einschüchterungs-
versuchen zum Trotz genau dies. Befürworter des neuen
Damenradfahrens machten geltend, »ein gut Teil jener
falschen Gretchenschüchternheit«, die so charakteristisch
für die deutsche Maid sei, werde durch den Gebrauch des
Zweirades »hinweggefegt«, und es gab auch Ärzte, die den
Mädchen und Frauen das Radfahren aus gesundheitlichen
Gründen ausdrücklich empfahlen. So beruhigte im Jahre
1896 ein Dr. Theilhaber in der *Münchner Medizinischen
Wochenschrift* alle um die weibliche Tugend Besorgten mit

65 Jean Veber: ›Die Hexen einst und jetzt‹, um 1900.

der Feststellung, seines Erachtens könnten »auch bei stark vornübergebeugtem Oberkörper masturbatorische Neigungen nicht leicht entstehen«, da die Fahrerinnen »doch viel zu viel auf dem Weg Obacht geben« müßten, »so dass eine sehr starke psychische Ablenkung stattfindet«. Ein Kollege meinte, nur solche Frauen masturbierten auf dem Fahrrad, die »schon so verdorben sind, dass ihre Moral durch das Radfahren auch nicht mehr geschädigt werden« könne, und sogar amerikanische Ärzte sprachen sich dafür aus, daß Frauen sich auf den Sattel setzten, »after the first shyness from conspicuousness of position and garb has worn away«.[48] Doch malten auf beiden Seiten des Atlantiks nicht wenige Mediziner in grellen Farben an die Wand, welche Gefahren sexuell leicht entzündbaren Wesen, wie es die jungen Frauen nun einmal waren, auf dem Fahrradsattel drohten. Damit jene Brüste, die »large and flabby« waren, während des Fahrens nicht auf obszöne Weise umherschwabbelten, hatten amerikanische Ärzte in den frühen neunziger Jahren einen speziellen Büstenhalter für Radfahrerinnen entwickelt, der mit über die Schultern führenden Trägern befestigt war, doch stellten nicht die wippenden Brüste oder hochfliegende Röcke das Hauptproblem dar. »It certainly would not be desirable«, so verlautete ein Arzt, »for a young woman to get her first ideas of her sex from a bicycle ride«, nachdem ein Kollege beobachtet hatte, wie eine Fünfzehnjährige vor jeder Fahrt den Sattel in einem Winkel von 35° nach oben stellte und beim Fahren mit rotem Kopf auf seltsame Weise auf- und niederrutschte. Die Frauen, so meinte er, rieben auf diese Weise mit Leichtigkeit Klitoris und Schamlippen am immer wärmer werdenden Leder, und ein Mediziner aus Tennessee wußte sogar zu berichten, nicht wenige Radfahrerinnen kämen auf einer einstündigen Ausfahrt drei- oder viermal zum Orgasmus, weshalb das Gefährt vor allem von amerikanischen Kirchenvertretern als »the advance agent of the devil« an den Pranger gestellt wurde. 1894 hatte der Militärarzt Villaret festgestellt, daß sogar bei Männern durch den Druck des Sattels »anhaltende Erektionen erzeugt werden«, und der Gynäkologe Dickinson gab den radfahrenden Frauen exakte Informationen darüber, wie sie ihren Sattel einstellen mußten, um sich peinliche Erfahrungen zu ersparen.[49] Das *Georgia Journal of Medicine and Surgery* sah sich zu der Mitteilung veranlaßt, »the pedaling machine« ziehe vor allem dann schlimme sexuelle Störungen nach sich, wenn die Fahrerin sich sehr schnell fortbewege, weil dann »the body is thrown forward, causing the clothing to press against the clitoris, thereby eliciting and arousing feelings hitherto unknown and unrealized by the young maiden«, und im Jahre 1900 wies der Arzt O'Followell darauf hin, daß Radfahren bei Frauen denselben Effekt zeitige wie das Bedienen einer Nähmaschine, das bekanntlich »nymphomania and characterized hysteria« hervorrufe: Es habe »the same lubricious overexcitement« zur Folge und gewähre der Fahrerin so intensive »genital satisfactions« und »voluptuous sensations«, daß man es guten Gewissens als eine Art »sportive masturbation« bezeichnen könne.[50] »Unvermeidlich sei« die sexuelle Erregung der Betreffenden, so ein deutscher Arzt, »wenn, was ja nicht zu selten sich ereignet, die kleinen Schamlippen aus der Schamspalte herausragen«[51], weshalb bereits in den achtziger Jahren des 19. Jahrhunderts spezielle Damensättel entworfen wurden, bei denen »der lange schnabelartige Fortsatz nach vorne« fehlte. Auch forderte der Berliner Arzt Martin Siegfried alle radelnden Frauen mit Nachdruck auf, keine Herrenfahrräder zu benutzen, weil sich »dabei die unteren Extremitäten in gespreiztem Zustande befinden«, was nicht nur obszön aussähe, sondern sich auch »nachteilig auf die Unterleibsorgane« auswirke.[52]

Ähnlich wie die im Herrensattel reitende Frau ist auch die Radfahrerin ein beliebter Gegenstand der pornographischen Kunst und Werbung (Abb. 66 bis 68) geblieben, und in vielen Gesellschaften weckten das Fahrrad und das Fahrradfahren erotische Assoziationen. So nannten im 19. Jahrhundert die in Istrien ansässigen Italiener die Vulva »la bicicletta«, und ein französischer Ausdruck für »eine Frau ficken« lautete »monter à bicyclette«.[53] Doch scheinen solche erotischen Vorstellungen nicht allein europäische Männerphantasien gewesen zu sein, denn auch heute noch

66 Bild auf der Innenseite einer
Zigarettenpapierschachtel, um 1899.

247

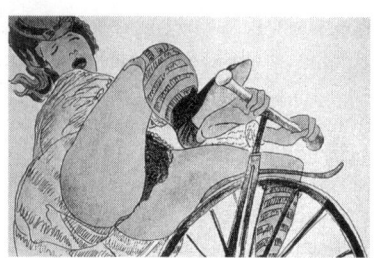

67 Man Ray: ›La bicicletta‹, 1972.

machen offenbar nicht wenige Mädchen ihre ersten sexuellen Erfahrungen auf dem Fahrradsattel[54], und vor kurzem durfte bei den südspanischen Zigeunern kein junges Mädchen mit dem Fahrrad fahren, weil sonst nach Aussage der älteren Frauen die Schamlippen ihre frische rosa Farbe verloren hätten und dunkel geworden wären wie bei einer reifen, deflorierten Frau.[55]

»Decenn si biciclet-la, ou bisoin pété fil a ou!«, rief man auf Martinique und Guadeloupe den vorbeiradelnden jungen Mädchen nach, »Steig vom Fahrrad ab, sonst verlierst du deine Jungfräulichkeit!«, und eine Somälifrau erzählte, in ihrem Dorf habe es als Schande gegolten, wenn ein Mädchen Fahrrad fuhr, weil dabei die Gefahr bestand, »daß ihre Beschneidungsnaht aufreißen könnte«. Schließlich bemerkte ein sudanarabischer Psychiater, der zwar eine »pharaonische«, d. h. eine Totalbeschneidung, für ein Verbrechen hielt, trotzdem aber für die Entfernung des Klitorisköpfchens seiner Töchter war, weil sie sonst beim Radfahren »überstimuliert« würden, zu den jungen Mädchen und unverheirateten Frauen: »Dauernd werden sie ins Krankenhaus eingeliefert, weil sie in sexueller Ekstase vom Fahrrad gefallen sind.«[56]

In Westeuropa entwarf gegen Ende des 19. Jahrhunderts ein Arzt namens Pouillet einen »ceinture contentive« genannten Keuschheitsgürtel für habituell der Masturbation ergebene Mädchen, einen »appareil léger et bien conditionné qui boucherait hermétiquement l'orifice vulvaire, tout en écartant

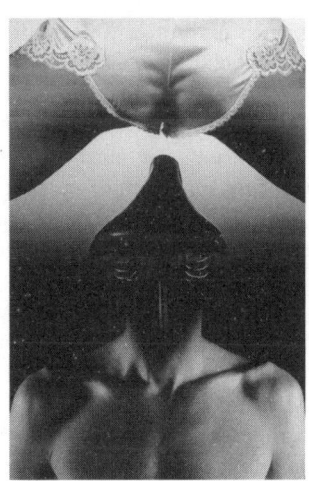

68 Niederländisches Werbebild, 1983.

un peu les cuisses et en ménageant une petite ouverture pour le passage de l'urine et des menstrues«[57], doch hielt die Mehrzahl der Zeitgenossen solche Erfindungen für ähnlich abwegig und kurios wie die Penisringe und Metallversiegelungen von Buben und Männern, die an Spermatorrhö litten, Vorrichtungen, die keinerlei Verbreitung fanden.[58] Äußerst selten waren damals auch die um so häufiger von Historikern angeführten Fälle, in denen Ärzte junge Mädchen infibulierten oder kauterisierten, und zwar solche, die dermaßen exzessiv onanierten, daß man befürchten mußte, die Angewohnheit führe zu Hysterie, Epilepsie, Idiotie und schließlich zum Tode.[59] Eine Ausnahme bildeten lediglich exzentrische Sekten wie die der russischen Skopzen (»Verschnittene«) oder im ausgehenden 17. Jahrhundert die radikalpietistische »Societät der Mutter Eva«, die beide die unstillbare Geilheit insbesondere des weiblichen Geschlechts für eine der Hauptwurzeln menschlicher Sündhaftigkeit hielten. Bei den letzteren nahmen die männlichen Sektenmitglieder »die Beschneidung der Weibs-Leute« vor, indem sie den Frauen auf brutale Weise in die Vagina faßten, um den Uterus, den Sitz der ungeheuren Begierde der Frau nach dem »membrum virile«, zu zerquetschen: »Darauff habe einer«, so heißt es in einer zeitgenössischen Schilderung, »von Anfang mit dem einen Finger, nachgehends mit dem 2ten und so fort, biß er mit der ganzen Hand hinein kommen, durch die Scham zu ihnen gegriffen, und ihnen dermaßen im Leib herumgefahren, daß sie ihre 5. Sinne nicht gehabt«.[60]

Vor allem im 18. Jahrhundert empfahlen einige gelehrte Ärzte, junge Frauen mit übergroßer Klitoris, die deshalb von exzessiver Geilheit erfüllt waren und sich zudem häufig sexuell für andere Frauen interessierten, zu beschneiden[61], obgleich nicht sicher zu sein scheint, ob solche Klitoridektomien und Infibulationen auch tatsächlich durchgeführt wurden oder nur Theorie blieben.[62] Stattgefunden haben allerdings solche Operationen, wenn auch nur vereinzelt, im Verlaufe des darauffolgenden Jahrhunderts, doch erhielten sie nie die Zustimmung der medizinischen Fachwelt oder einer Mehrheit des bürgerlichen Publikums. »Die außerordentliche Sensibilität der Klitoris«, so verlautete im Jahre 1835 der Gynäkologe Deslandes, »das Volum [= der Umfang], welches sie gewöhnlich bei den wollüstigen Frauen darbietet, so wie das, was sie durch Selbstbefleckung und bei den Nymphomanen erlangt, mußten auf den Gedanken bringen, daß der Wollusttrieb ausschließlich in diesem Organe seinen Sitz habe und daß es zu seiner Vernichtung hinlänglich sei, dieses wegzuschneiden«, und in der Tat führte zwei Jahre später ein Arzt namens Robert eine Klitoridektomie durch, der, wie im Jahre 1847 die *Annales médico-psychologiques* mitteilten, bald zwei weitere folgten, wobei es sich bei den Patientinnen um junge Französinnen handelte, die bis zum Exzeß oniert hatten.[63]

Ging die Erinnerung an diese Fälle im Laufe der Zeit verloren, so wurden die Operationen in der Privatklinik des Londoner Gynäkologen Isaac Baker Brown zwischen den

Jahren 1859 und 1866 berühmt. Kein Kultur- oder Medizin-historiker unterläßt es, sie als typisch für eine lustfeindlich-verklemmte Epoche anzuführen, die wir glücklicherweise überwunden haben, und keine Feministin vergißt, sie zu zitieren, um uns ein weiteres Mal vor Augen zu führen, wie sehr die viktorianischen Männer ihre Frauen und Töchter unterdrückt hätten. Brown hatte vorwiegend bei »Hyste-rikerinnen«, bei Frauen mit abnorm starkem Geschlechts-trieb, den sie nicht mehr kontrollieren konnten[64], bei sol-chen, die unter einem Masturbationszwang litten oder denen die Lustgefühle beim Koitus peinlich und unangenehm waren[65], nach der Einschläferung mittels Chloroform zunächst die Klitoris und die kleinen Schamlippen entfernt und anschließend den Rest der Vulva kauterisiert. Seine Standesgenossen warfen ihm vor, es hätte zum einen alterna-tive Behandlungsmethoden für die angeführten Malaisen gegeben[66], und er habe in einigen Fällen die Operation allein auf Wunsch der Patientin und ohne Einwilligung des Ehemannes oder der Familie durchgeführt. Zum anderen empfanden es viele seiner Kollegen als unanständig, daß er »the public discussion« von »sexual abuses« wie Nymphomanie, Onanie oder Abneigung gegen sexuelle Lustgefühle vor »*mixed* audiences« geführt hatte. Andere monierten wiederum, »public attempts« lenkten die Auf-merksamkeit von Frauen auf »the subject of self abuse in the female sex« und brächten jene allererst auf den Gedanken, eine solche Selbstbefleckung selber zu versuchen. Zwar ent-zog man Brown nicht die Approbation, doch wurde er im Jahre 1867 aus der Obstetrical Society of London geworfen, was seine Karriere als praktizierender Arzt ruinierte.[67]

Auch in den restlichen Jahrzehnten des viktorianischen Zeitalters blieb man im allgemeinen der Klitoridektomie und der Kauterisierung der Vulva feindlich gesonnen, obwohl es insbesondere in Nordamerika immer wieder Ärzte gab, die solche Operationen für das letzte Mittel hiel-ten, den unwiderstehlichen weiblichen Geschlechtstrieb zu dämpfen und den Frauen die seelische und leibliche Gesundheit zu erhalten.[68] In den USA scheint es vereinzelt noch in der Zeit des Zweiten Weltkrieges Klitorisbeschneidungen und -verätzungen gegeben zu haben, und im Jahre 1989 verlor ein gewisser James Burt seine ärztliche Zulassung wegen »grossly unprofessional conduct«, nachdem er an 170 Patientinnen »circumcisions« vorgenommen hatte. Burt war der Überzeugung, daß »women are structurally inadequate for intercourse«, was er dadurch zu beheben versuchte, daß er das Praeputium der Klitoris entfernte, »repositioning the vagina, moving the urethra, and altering the walls between the rectum and vagina«. Doch lassen sich heutige Amerikanerinnen in erster Linie deshalb beschneiden, weil ihnen ihre Klitoris »zu groß« oder ihre Vulva häßlich und unästhetisch vorkommt, wobei sie sich meistens das Köpfchen der Klitoris wegoperieren und die großen und kleinen Schamlippen »in Ordnung bringen«, d.h. stutzen lassen. Andere lassen nach einem Dammschnitt die Vagina »enger zunähen«, damit ihre Partner beim Koitus eine stärkere Reibung verspüren.[69]

§ 8
»Stoß zu, Freundchen, heut ist Zahltag!«

Im späten 18. und im 19. Jahrhundert waren offenbar die meisten Pädagogen, Schriftsteller und Verfasser von Eheratgebern der festen Überzeugung, daß »die Struktur des weiblichen Körpers«, wie es in dem 1792 erschienenen *Grundriss einer Theorie der Mädchenerziehung in Hinsicht auf die mittleren Stände* des späteren Heidelberger Pädagogikprofessors Friedrich Christian Schwarz hieß, »stärkere Wirkungen der gröberen Sinnlichkeit hervor«bringe, »nemlich die, welche man Wollust nennt«, wobei diese weibliche Lust mit »jenem unerklärbaren Instinkt der Schamhaftigkeit« verbunden sei[1], was der Journalist Richard Carlile etwas unverblümter ausdrückte, wenn er sagte, die Frauen hätten »an almost constant desire for copulation«.[2] Dem widersprachen vor allem die Feministinnen vehement. Zwar vertrat in den vierziger Jahren die Frauenrechtlerin Luise Dittmar die Auffassung, die Frauen unterschieden sich hinsichtlich sexueller Erregbarkeit und Intensität der Wollust nicht von den Männern[3], doch war die große Mehrheit ihrer Gesinnungsgenossinnen diesbezüglich ganz anderer Meinung. Nachdem im Jahre 1839 der Sozialist Pierre Joseph Proudhon in seiner Schrift *La Pornocratie ou Les femmes dans les temps modernes* ausgeführt hatte, die Frauen seien in der Regel sexuell unersättlich und verschlängen die Männer geradezu, während die reservierte und schamhafte Frau eher eine Anomalie darstelle[4], erwiderte die Feministin Juliette Lambert in ihren *Idées anti-proudhoniennes sur l'amour, la femme et le mariage*, von Natur aus seien die Frauen viel weniger an Sex interessiert als die Männer, und das bißchen Interesse, das sie hätten, erlösche in viel jüngeren Jahren als beim anderen Geschlecht: Je mehr eine Frau sich für ihre Familie und für öffentliche Belange engagiere, um so rascher verflüchtigte sich alles das, was auch an den Frauen »animalisch« sei.[5]

Daß Frauen *von Natur aus* weniger triebhaft und damit respektabler und zivilisierter seien als Männer, wurde im 19. Jahrhundert von den meisten Feministinnen auf beiden Seiten des Atlantiks mit Inbrunst behauptet, etwa von den Mitgliedern der emanzipatorischen Boston Female Reform Society, die in den dreißiger Jahren argumentierten, es seien stets die Männer, die eine Frau dahin brächten, gegen das 7. Gebot zu verstoßen, obgleich das weibliche Geschlecht praktisch keine sexuelle Lust verspüre: Verführen könne man eine Frau nur dadurch, daß man ihr vortäusche, sie zu lieben. In England waren viele Frauenrechtlerinnen Mitglied der National Vigilance Association, die beispielsweise eines der Hauptwerke von Iwan Bloch, dem Pionier der modernen Sexualforschung, als unsittlich und schamlos verbieten ließ, obgleich auch dieser die Meinung vertreten hatte, »daß im allgemeinen der Mann ein mächtigeres sexuelles Triebleben besitzt als das Weib«.[6] Nicht wenige Feministinnen empfanden den Geschlechtsakt als solchen entwürdigend und die Frau zum Tiere erniedrigend: »On his marriage night«, so beschrieb z. B. im Jahre 1876 die Amerikanerin Duffey den ihrer Meinung nach typischen Bräutigam, »he not at all unlikely approaches his bride in the same spirit which cause[s] the bridegroom of a certain barbarous tribe to whip his bride in order to subdue her coyness«, was freilich aus seiner Braut erst recht »an apathetic, irresponsive wife« werden lasse. Da die meisten Männer ihre Frauen wie Hunde besprängen und nach ein paar Beckenstößen ejakulierten, was die Demütigung der Frau vollende, schlug ihre Landsmännin Alice Stockham im Jahr 1896 den *coitus reservatus* als frauenfreundliche Beischlaftechnik vor: Der Mann solle den Penis so lange in der Vagina belassen, bis seine Erregung abgeflaut sei: »In the course of an hour, the physical tension subsides.«[7]

Andere frauenbewegte Damen waren der Auffassung, ein Geschlechtsakt, bei dem sich beide Partner auf das für die Fortpflanzung Allernotwendigste beschränkten, erniedrige die Frau am wenigsten, zumal wenn ihr bewußt sei, zu welchem wahren Zweck sie sich der Prozedur unterziehe. So schrieb noch im Jahre 1911 Lucy Re-Bartlett, die Frauen würden »no longer need to feel indignity or humiliation if in the act of union they knew they had never given themselves to their husbands only, but always to God and to the race«.[8]

Zwar gibt es auch heute noch insbesondere *lesbische* Feministinnen, die den Grund der Überlegenheit der Frauen darin sehen, daß die Männer vorwiegend an Sex, die Frauen im Grunde aber an Liebe, also an etwas Höherem, interessiert seien[9], doch begann schon gegen Ende der viktorianischen Zeit die Mehrheit der Frauenrechtlerinnen und Suffragetten dieses Menschenbild zu revidieren.[10]

Hatte noch um die Mitte des Jahrhunderts Harriot Hunt ihre Bewerbung um Zulassung an die Harvard Medical School damit begründet, die Annahme von Medizinstudentinnen bedeute, daß »mind« und »intelligence« den Hörsaal beträten, während der »sex« draußen bliebe, konstatierte ihre berühmte Kollegin Elizabeth Blackwell im Jahre 1884, »the compound faculty of sex« sei »as strong in woman as in man«. Zwar werde »physical sexual pleasure« bei den Frauen nicht ausschließlich durch »the act of coition« verursacht, sondern entfalte sich auch dann, wenn sie geküßt, gestreichelt oder auf andere Weise stimuliert würden, doch gelte: »Those who deny sexual feeling to women, or consider it so light a thing as hardly to be taken into account [...], confound appetite and passion«, womit sie vermutlich meinte, daß die weibliche Lust immer erst geweckt werden müsse.[11] Und die Frauenrechtlerin Stella Browne rief gegen Ende der Belle Époque in einem Beitrag zu *The Freewoman* dazu auf: »Let us admit our joy and gratitude for the beauty and pleasure of sex! It will be an unspeakable catastrophe if our richly complex feminist movement with its possibilities of power and joy, falls under the domination of sexually deficient and disappointed women, impervious to facts and logic and deeply ignorant about life.«[12]

Schon in der Antike überwog offensichtlich der Anteil derjenigen, die den Frauen heftigere sexuelle Leidenschaften zubilligten – »Nam quantula nostra voluptas. Major tamen ista voluptas alterius sexus: magis ille incenditur«, so der Satiriker Juvenal.[13] Allerdings meinten Ärzte wie Soranus, daß von alleine in den jungen Mädchen keinerlei Begierde erwache.[14] Und wenn Hera den Teiresias mit Blindheit schlug, nachdem er enthüllt hatte, daß eine Frau neunmal stärkere Lust empfinde als ein Mann, bedeutet dies wohl, daß die Griechen die weibliche Lust im *Ehe*bett als ein Thema empfanden, über das man in der Öffentlichkeit nicht reden sollte.[15]

Auch im Mittelalter und in der frühen Neuzeit erwartete man von einer ehrbaren Fau, daß sie dezenterweise selbst in einer rein weiblichen Gesellschaft nicht über ihre sexuellen Empfindungen redete, und wenn sich einmal eine anders verhielt, war dies bemerkenswert genug, daß ein Chronist wie der Graf von Zimmern es schriftlich festhielt: »Si konte von der unkeuschait und derselbigen werk maisterlichen reden, also auch das sie vor iren vertrawten und gespilen sich nit beschambte zu sagen, das si sollicher werk in allen iren adern und orten ires ganzen leibs entpfünde.« War man sowohl im alten Griechenland als auch in viktorianischer Zeit überzeugt davon, daß die weiblichen Lüste erst wachgekitzelt werden müßten, also eher eine Potentialität darstellten, die der Aktualisierung durch einen Mann oder anderer Anstöße bedurften, hielt man im Mittelalter insbesondere die jungen Witwen nachgerade für sexuelle Vulkane, in denen es brodelt, und man hoffte, daß sie so schnell wie nur möglich wieder heiraten würden, damit sie nicht dem Laster und der Unzucht verfielen. So ging man im späten Mittelalter häufig gegen »Massagesalons« und ähnliche Etablissements vor, z.B. im Jahre 1490 in Montpellier, weil man befürchtete, unschuldige und ahnungslose Jungfrauen könnten durch das schlechte Beispiel verdorben, ihr sexuelles Potential vorzeitig geweckt werden. Denn daß eine junge

Frau auf einen Funken hin wie Zunder brennen würde, glaubte man allenthalben: Acht Jahre später, 1498, verordnete Ludwig XII. erneut, das Treiben in den beiden Badstuben »hors des murs de ladicte ville« aufs schärfste zu überwachen, weil nicht nur der Gottesdienst in der benachbarten Kirche gestört werde, sondern die sündhaften Ausschweifungen »donnent mauvaix exemples aux filles et femmes mariées et vefves qui ont jardrins près desdictes estuves«.[16]

Natürlich gab es zu allen Zeiten und damit auch im Mittelalter Frauen, die keine sexuellen Empfindungen hatten oder denen diese aus unterschiedlichen Gründen unangenehm waren, wie z.B. im 14. Jahrhundert die spätere Heilige Dorothea von Montau, die ihrem Gatten Adalbert zwar stets den Geschlechtsverkehr gewährte, da »dem keysir, was dem keysir gebort«, doch die ganz offensichtlich nichts Angenehmes mit diesen Pflichtübungen verbinden konnten. Und es bestand auch eine medizinische Tradition, nach der die Frauen weniger leidenschaftlich und libidinös und deshalb in geringerem Maße der Erotomanie unterworfen seien als die Männer, weil sie eine »kältere« und »feuchtere« Natur hätten. Doch sprach selbst eine fromme Frau wie die Mystikerin Hildegard von Bingen dem weiblichen Geschlecht nicht die fleischliche Begierde ab, wenn sie diese auch als »milder«, »sanfter« und »gelinder« charakterisierte, und die Mehrzahl der Gelehrten war der Überzeugung, die Frauen seien gerade aufgrund ihrer kalten und feuchten Natur wie geschaffen für die Lüste des Fleisches. So hielt etwa Petrus de Abano die Frauen für dermaßen leidenschaftlich und entzündbar, daß eine Frau der Schlag treffen könnte, wenn einer bei ihr »die Gegend der Öffnung reibt, die der Brust am nächsten liegt« (womit er offenbar nicht den Mund meinte), und er war auch davon überzeugt, daß jede Frau schon nach einer kurzen Periode der sexuellen Enthaltsamkeit unweigerlich in Ohnmacht fiele.[17]

Wurde in der höfischen Literatur die Frau im allgemeinen zwar als schamhaft und zurückhaltend, aber durchaus am

Sex interessiert dargestellt – das »wîbe«, dem der Recke an die Brüste greift, fährt diesen beispielsweise mit gespieltem Ernst an: »tuo dîne hant hin dane baz!/wer lêrte dich, juncherre, daz/daz du mich an grîfest nu?«, und sie fordert ihn in seltenen Fällen sogar mit den Worten auf: »trût geselle, ez ist zît lônes wider dich!«, was man frei mit »Stoß zu, Freundchen, heut ist Zahltag!« übersetzen könnte –[18], so erschien sie in den spätmittelalterlichen Schwänken, *fabliaux* und Fastnachtspielen als dauerbrünstig und unersättlich: »Quant plus manjue,/plus fain a;/Fous fu qui primes les troua«, heißt es etwa über die »Möse« der Frau, »Je mehr sie aß, desto hungriger wurde sie; der, welcher sie einst spaltete, muß nicht bei Trost gewesen sein.« Sie läßt ihren Mann nicht eher schlafen, bis er sie mit Adams Gerte bestraft hat, ihre Primelwiese ist von früh bis spät naß, und die Graserin im kühlen Tau wünscht sich, nachdem der Fremde bei ihr den Klee gemäht hat, nichts sehnlicher, als daß er ihr noch mal in ihrem Gärtlein unten das Futter rupft.[19]

Daß die Frauen meist »heißer« als die Ziegen und in jedem Falle »more desyrous of carnall lust than men« seien, wenn es auch einige Zeit brauchte, um sie in Fahrt zu bringen, ja, daß fünfzehn Männer nicht eine einzige Frau voll befriedigen könnten, wie Charles Bansley in *Schole-House for Wymen* behauptete[20], lag nach Meinung einiger mittelalterlicher Autoritäten daran, daß sie ihren »Samen« nicht so schnell verströmten: »Ne hir kynde passith not as tite/ Therfore the lenger is hir delite,/And therfore is she of more might.« Wobei Peter von Spanien um die Mitte des 13. Jahrhunderts hinzufügte, daß die Frauen einen zweifachen Genuß hätten, nämlich den des eigenen und den des Samenergusses ihres Partners, also »dupliciter delectantur«, wie Konstantin der Afrikaner es ausdrückte. Doch waren Peter und viele Mediziner der Zeit wie auch der große Thomas von Aquin der Auffassung, die weiblichen Lustgefühle dauerten zwar länger an – man denke an die von den heutigen

Feministinnen strapazierten »multiplen Orgasmen« –, seien aber weniger intensiv als der den männlichen Samenerguß begleitende sexuelle Höhepunkt, da die Männer insgesamt eine feinere Empfindungsfähigkeit hätten als das weibliche Geschlecht.[21] Da die Männer indessen für gewöhnlich bereits nach ein paar Stößen ejakulierten und der Ausstoß des Spermas nach ein paar Wimpernschlägen vorüber sei, wobei noch hinzukomme, daß die Männer sich anschließend längere Zeit ausruhen müßten[22], blieben die Frauen ständig geil und unbefriedigt. Jedes Wort und jede Geste eines Mannes erinnern sie, so Rabelais, »an's Ficken« (*belutaige*), häufig kommen sie bereits, wie Johannes Riolanus der Jüngere ausführte, während eines Gesprächs mit einem attraktiven Mann zum Orgasmus. Und nachdem bereits der irisch-keltische Heroe Cú Chullain den klassischen Satz geprägt hatte, daß eine Frau wie ein Boot sei, das sich von jedem besteigen lasse, verglich im frühen 12. Jahrhundert Guillaume IX., Herzog von Aquitanien, die Frau mit einer brünstigen Stute, die sich in Ermangelung eines stolzen Hengstes auch von einem alten Packpferd (*palefroi*) bespringen ließe.[23] Durchgehend geil und unbefriedigt seien die Frauen, erklärte im Jahre 1588 William Averell in *A meruailous combat of contrarities*, »for what meaneth els their outward tricking and daintie trimming of their heads, the laying out of their hayres, the painting and washing of their faces, the opening of their breasts, & discouering them to their wastes?«[24]

Um diese natürliche Lüsternheit einzudämmen, empfahl man im Mittelalter wie im 19. Jahrhundert[25] den ehrbaren jungen Mädchen, überflüssiges Essen, starke Getränke, salzige und würzige Speisen, unnötige warme Bäder und die Gesellschaft des anderen Geschlechts sowie lasziver oder zurechtgemachter Frauen zu meiden, wobei Bartholomew Batty in seinem *Christian Man's Closet* vom Jahre 1581 hinzufügte, die Eltern sollten ihre Töchter nicht nur nicht zu üppig essen lassen, sondern darauf Obacht geben, daß sie kein Fleisch zu sich nähmen: »Let her not eate openly in the feastes and banquetes of her parentes, lest shee see such meats as shee might desyre. Let her so eate as that shee may alwayes be an hungred.«[26]

Auch im 17. und im 18. Jahrhundert sollte sich an der Überzeugung, daß die Frauen lüstern und nur mit Mühe zu befriedigen seien, wenig ändern, und nichts könnte unzutreffender sein als die Behauptung des Kulturhistorikers van Dülmen, es sei gewiß, daß man in jener Zeit »der Frau eine im Vergleich zum Manne schwächere Sexualität« zugeschrieben habe.[27] Wie bereits ausgeführt, gab es zu allen Zeiten vereinzelte Stimmen, die das weibliche Geschlecht für »not naturally lewd« hielten. Wenn beispielsweise zu Beginn der Neuzeit Guillaume Bouchet eine Frau fragen ließ: »Comment estes-vous bien si neuf de penser que les femmes ne doibvent avoir leur plaisir comme les hommes? Pensez-vous qu'il faille aller à l'escolle pour l'apprendre? Nature l'enseigne assez. Et que pensez-vous que vostre femme ne se doibve remuer non plus qu'une souche de boys?«, dann muß man wohl davon ausgehen, daß im 16. Jahrhundert bestimmte Männer der Meinung waren, die Frauen ließen sich zwar besteigen, aber sie empfänden nicht allzu viel dabei. Dieselbe Auffassung findet sich im 17. Jahrhundert, als beispielsweise Gräfin Franziska Slavata zum Ausdruck brachte, wie glücklich sie war, als ihr Gatte, vermutlich in Liebesdingen nicht eben ein Talent, endlich die Segel streichen mußte: »Nachdem ich das letzte Kind abgespendet [= abgestillt]/hab ich ein hertzliches Verlangen bekommen/hinfüro keusch zu leben/und siehe: da hats der liebreichste JESUS gegeben/daß mein Herr ganz verkrummet ist/und ich zwey Jahr vor seinem Tod hab keusch leben können.«

Auch in dieser neuen Zeit gab es gewiß Frauen, die den Sex mit ihrem Partner aus Schamhaftigkeit, Angst vor Würdelosigkeit oder vor einer unerwünschten Schwangerschaft mit all ihren Risiken und Folgen nicht unbeschwert genießen konnten, was bei ihren Beischläfern den Eindruck erweckt haben mag, Frauen seien zu intensiven Lustgefühlen nicht fähig. So schrieb etwa Lady Mary Wortley Montagu vorsichtshalber an ihren künftigen Ehemann: »All commerce of this kind between men and women is like that of the Boys and Frogs in L'Estrange's Fable – 'Tis play to you, but 'tis death to us – and if we had the wit of the frogs, we should allwaies make that answer.« Und in der 1640 erschienenen und höchstwahrscheinlich von einer Frau verfaßten Schrift *The womens sharpe revenge* hieß es, sie stiegen nicht »for any carnall delight and pleasure« mit den Männern ins Bett, sondern um eine Familie zu gründen, denn Frauen »had more joy in being Mothers than in being Wives«. Doch bestritt Lady Montagu mitnichten, daß der Sex lustvoll für die Frauen sei, und die »beißende Rache der Frauen« war eben eine Replik auf die verbreitete Vorstellung, daß »ev'ry Woman is at heart a Rake«.[28]

Waren die sexuell frustrierte Frau und ihr müder Gemahl ein Dauerthema der englischen Volksballaden des 17. und 18. Jahrhunderts und verriet in letzterem der Earl of Pembroke aus dem reichen Schatz seiner Erfahrungen, allerdings auf französisch, daß »nos dames, douces comme des agneux, se

69 Richard Newton: ›Die lüsterne Frau und der müde Mann‹, 1795.

laissent monter par tout le monde«, so stellte im Jahre 1621 der berühmte Mediziner Robert Burton in seiner *Anatomy of Melancholy* die rhetorische Frage, welches Land und welches Dorf nicht zu klagen wisse über die unnatürliche und unersättliche Geschlechtslust der Frauen. Sie seien, hieß es 1740 in *The Pleasures of Conjugal Love Explained*, wesentlich sinnlicher als die Männer, und wie die Spatzen lebten sie nicht lange, weil sie zu »heiß« und auf allzu intensive Weise dem Sex ergeben seien. Viele von ihnen, so Philipp von Sulzbach im Jahre 1702, machten durch ihre »ueberviehische Brunst« den »Ehestand zum Hurenstand und Tummel-Platz, in dem ihnen alles erlaubet sey«, während etwas später William Alexander ausführte, es gebe zwar mitunter Leute, die »by a false, unnecessary, & unnaturall refinement [...] would deney that there is any lust in modest women & virgins«, doch verhalte es sich in Wirklichkeit so, daß »the most bashfull virgin or chastest matron has often more lust or inclination to Venery than the greatest prostitute«, welch-letztere ohnehin nur die Beine breit mache, um ihren Lebensunterhalt zu verdienen.[29]

Aufgrund der feineren Nerven ihres Leibes, so erklärte die einflußreiche Wochenschrift *Der Mensch* im Jahre 1751, sowie der zärtlicheren Kräfte ihres Herzens liebten die Frauen zwar feuriger und heftiger, aber unbeständiger als die Männer, neigten mehr zur Sinnlichkeit als diese, ja, sie liebten oft *nur* sinnlich und erniedrigten sich zu einem Vieh, das jeder Mann besitzen könne, wie unattraktiv er auch sei. Dies gelte für die jungen Mädchen, ja mehr noch für die sexuell ausgehungerten älteren Frauen, denn wie die Holländer zu sagen pflegten: »Hebben de Meisjes een dolle sin, De Weeuwtjes hebben den duivel in«, wobei sich, wie im Jahre 1762 der Arzt Nicholas Culpeper in *A Directory for Midwives* ausführte, die Lüsternheit der Frau proportional zur Größe ihrer Vulva verhielte.[30]

Auch bei den Awlad 'Ali-Beduinen galt es als ausgemacht, daß die Frauen um so geiler und triebhafter seien, je größer ihre Genitalien sind, und wenn eine Frau in irgendeiner Weise zum Ausdruck brachte, daß sie sich für Sexualität interessierte oder Lust darauf hatte, mit ihrem Mann zu schlafen, wurde sie von den anderen Frauen damit beleidigt, daß diese sie öffentlich »Große Fotze« nannten.[31] In ähnlicher Weise hielten die Al Murrah-Beduinen es für natürlich und selbstverständlich, daß eine Frau beim Koitus große Lust empfand, aber es galt als äußerst unanständig, wenn sie dies ihrem Mann zu erkennen gab[32], und die marokkanischen Araber glaubten zwar, jede Frau werde vom unwiderstehlichen Verlangen angetrieben, penetriert zu werden, doch mußte sie all diese Lüste hinter einer Fassade von Zurückhaltung und Schamhaftigkeit verbergen. Die Frauen selber hatten sich diese Vorstellung von der weiblichen Geilheit zu eigen gemacht und stellten die rhetorische Frage: »Wer wird schneller müde, der Tunnel oder die Ratte?« oder zitierten den uralten Spruch: »Die Seele einer Frau steckt in ihrer Möse.«[33]

Bereits im Mittelalter waren zahlreiche arabische Ärzte und Autoren davon überzeugt, daß viele Frauen sich lesbisch betätigten, weil die Kraft ihrer Männer nicht ausreichte, um sie zum Orgasmus zu bringen, und ein Schriftsteller klagte: »Auch wenn man Jahr für Jahr, Tag und Nacht mit einer Frau schläft, wird sie nie befriedigt sein. Ihr Durst nach Sex wird nie gestillt.« Wenn eine Frau durch einen Mann erregt wird, so sagten die Ghilzai-Paschtunen, ist ein *jinn* zugegen, und schon Scheich Nafzawi berichtete, daß man zu seiner Zeit die sexuelle Erregung einer Frau beim Anblick eines Mannes so bezeichnete, daß man sagte: »Iblīs läßt die Nässe sickern.« Bezeichnenderweise war Iblīs der Satan der Muslime, einst ein aufrührerischer Engel, der sich geweigert hatte, sich auf Befehl Gottes vor Adam zu verneigen.[34]

Auch in Indien hielt man die Frauen durchweg für extrem lüstern, und in Bhopal sagten die Männer geringschätzig: »Ihr Gesicht wird sie verschleiern, aber ihren Hintern wird sie dabei entblößen!« – eine Anspielung auf die Seitensprünge der Frauen, die gewöhnlich so abliefen, daß ein Paar sich in der Dämmerung oder nachts unter dem Vorwand, sich entleeren zu müssen, auf einem abgelegenen Feldweg traf, worauf die Frau den *sārī* hochraffte, sich vornüberbeugte und ihr Liebhaber in aller Eile von hinten den Penis in die Vagina einführte. Wenn die Frauen nicht »in einem Käfig lebten«, hieß es im Gujarāt, würden sie sich jederzeit von jedem bespringen lassen, weshalb man ein junges Mädchen so rasch wie möglich nach ihrer Pubertät verheiratete. Die tamilischen Männer zweifelten keinen Augenblick daran, daß die Frauen eine ungleich größere Geschlechtslust (*kāmam*) hätten als sie selber, und sagten, daß sie ihre Frauen nur deshalb einigermaßen kontrollieren könnten, weil der durch Shiva verursachte monatliche Blutverlust ihre Potenz und Leidenschaft etwas dämpfe: »Wenn sie nicht ihre Periode hätten, könnten fünf Männer sie nicht niederhalten.«[35]

Dem stand nur scheinbar entgegen, daß viele Inderinnen geringschätzig über die Triebhaftigkeit ihrer Männer dachten und davon überzeugt waren, diese hätten sie allein deshalb geheiratet, »um an die Möse zu kommen«, wie es Frauen aus Madhya Pradesh formulierten. Auch die Frauen der Kolta in Uttar Pradesh machten sich häufig über die Geilheit ihrer Männer lustig und teilten freimütig mit, sie blieben während des Koitus bewegungslos »wie ein Granitfelsen in der Brandung«, was Männer der Bhotia im nepalesischen Tiefland bestätigten, die mit Frauen der Chetri-Brahmanen geschlafen hatten und die berichteten, die Chetri-Frauen hätten im Bett etwa so viel Glut entwickelt »wie ein Stein, ein Holzklotz oder eine Leiche«. Dies erklärten die Koltafrauen mit der Brutalität und Gefühllosigkeit ihrer Ehemänner und indische Frauen in Ostafrika mit deren Erwartungen: »They think«, sagte eine Sikhfrau, »a woman who is *śauqin* [= engagiert, wörtlich: heiß] is immodest and bad«, eine Nutte, die es mit jedem treibt: »Women do not enjoy it. It is only for men.« Zu den schwarzen Afrikanerinnen, mit denen sie sich vergnügten, hatten die indischen Männer freilich eine völlig andere Einstellung, und entsprechend priesen sie jene im Gegensatz zu den eigenen Frauen als wahre »Göttinnen der Liebe«. Dagegen meinte eine Lohanafrau voller Abscheu über ihre Somāli-Dienstmädchen: »Diese Leute suhlen sich wie die Tiere und haben jedesmal großen Spaß dabei!«[36]

Auch die Afrikaner selber hielten meist ihre Frauen für triebhaft und unfähig zur Selbstkontrolle, weshalb z.B. bei den ostafrikanischen Safwa im Falle eines Ehebruchs stets dem Mann die Schuld gegeben wurde, da man der Frau eben keine Eigenverantwortung zutraute.[37] *Jede* Frau, so sagten die Tallensi, könne von einem Mann, der kein ausgesprochener Tölpel ist, zu einem Seitensprung verführt werden, und die Digo an der Küste Ostafrikas waren davon überzeugt, daß eine Frau, die sich ihrem Mann verweigert, entweder unmittelbar zuvor mit einem anderen geschlafen hatte oder von einem Geist besessen war. Die südlich der Turkana ansässigen Pokot pflegten zu sagen, daß ihre Frauen »nur mit der Möse denken« und »pro Nacht zehnmal bumsen« wollten: »Das will ein Mann auch, aber welcher Mann ist schon so stark?« Und in der Tat sagten sämtliche von den Ethnologen befragten Frauen, sie wollten es mindestens fünfmal hintereinander haben, doch seien ihre schlappen Männer zu nicht mehr als einem Durchgang in einer Nacht fähig. Vor der Klitoridektomie legte man deshalb den jungen Mädchen ans Herz, später Rücksicht auf die kümmerliche Leistungsfähigkeit des männlichen Geschlechts zu nehmen und dieses nicht öfter als in jeder zweiten oder dritten Nacht zu behelligen, und es konnte vorkommen, daß eine junge Frau, die sich ihren Ehemann zu häufig zur Brust nahm, von den älteren Frauen deshalb ausgeschimpft und sógar geschlagen wurde.[38] Auch die Männer der Nupe am Unterlauf des Kaduna, eines Nebenflusses des Niger, lebten mit dem steten Gefühl, den sexuellen Bedürfnissen ihrer Frauen nicht gewachsen zu sein, was nach Aussage ihres Ethnographen auch durchaus zutraf. Und da die meisten Frauen frustriert und unbefriedigt waren, hätten sie sich häufig gegenseitig zum Orgasmus verholfen, was *madigo* oder *lutu* genannt wurde.[39]

Bei den Guajiro-Indianern war die Überzeugung verbreitet, daß in jedem Mädchen wilde Triebe und Leidenschaften schlummerten, die durch Masturbation geweckt und entflammt werden könnten. Wurde ein junges Mädchen von ihrer Mutter dabei erwischt, wie sie an sich herumfingerte, konnte es geschehen, daß diese ihr ein Brenneisen über die Vulva zog oder ihr zumindest mit Pfeffer bestreute Handschuhe überzog und diese festband, wenn sie sich zum Schlafen in die Hängematte legte. Solche Mädchen hatten schließlich nicht selten eine derartige Angst vor ihrer eigenen Sexualität und davor, von ihren Lustgefühlen überwältigt zu werden, daß sie nicht einmal mehr mit ihren Brüdern zu spielen wagten. Auch die ägyptischen Fellachenmädchen bekamen sofort von ihrer Mutter eine gewischt, wenn sie ihre Genitalien nur berührten, und während die Arapesh das Herumspielen an den Genitalien bei den Buben tolerierten, durften dies die Mädchen vor allem dann nicht mehr tun, wenn ihr Schamhaar zu sprießen begonnen hatte. Auch hieß es, daß die Brüste, die später eine große erotische Bedeutung hatten, sich nicht richtig entwickelten, wenn ein Mädchen masturbierte.[40]

Hatte bereits Aristoteles die Eltern gemahnt, dafür Sorge zu tragen, daß ihre Töchter sich nicht selbst befleckten, wurde nach den mittelalterlichen Bußbüchern die weibliche Masturbation durchweg wesentlich strenger bestraft als die männliche, wobei ganz allgemein die Sünderinnen und Sünder nach den ältesten Verordnungen jahrelang fasten mußten, während die Bußen in späterer Zeit, etwa bei Burchard von Worms im 11. Jahrhundert, nur noch ein paar Tage dauerten. Als schwere Beleidigung galt es, wenn eine Frau eine andere herausfordernd fragte, warum sie es sich denn nicht selber mache – so z. B. im Jahre 1382 in Zürich, als eine ihre

Nachbarin mit den Worten schmähte: »Du verhiti, gehyen-di lung [= »verdammte gefickte Lunge«], won minst du dich selben zehanden nuet?« –, und etwas später erinnerte Jean de Gerson, Kanzler der Pariser Universität, die Beichtväter daran, »auch ältere Frauen« daraufhin zu befragen, ob sie ihre Genitalien betasteten oder daran rieben, »weil er aus Erfahrung wisse, daß« nicht nur Kinder und Jugendliche, sondern auch »viele Erwachsene von diesem Laster befallen seien und das nie vorher gebeichtet hätten, die einen, weil sie sich dessen geschämt und es später dann vergessen hätten, die anderen, weil sie sich so sehr geschämt hätten, daß sie es sich vornahmen«, niemals ein Wort darüber zu verlieren.[41]

Verlautete die jüdische Tradition, daß Frauen nach dem Urinieren bedenkenlos ihre Genitalien abwischen dürfen, weil sie bekanntlich »dabei nichts empfinden«, während einem Manne, der dasselbe tue, die Hand abgehackt werden solle, und meinte im 12. Jahrhundert Rabbi Jacob ben Meïr, daß selbst eine Frau, die bis zum Orgasmus onaniere, unge-schoren bleiben solle, weil ja der weibliche Same nicht den Körper verlasse[42], so empfanden die christlichen Autoritäten die »Selbstschändung« der Frauen und Mädchen als bedenk-licher. »Marry your daughters betimes«, so lautete ein alter englischer Spruch, »lest they marry themselves«, und der Franziskaner Benedicti gab in seiner *Somme des péchez* vom Jahre 1584 zu bedenken, daß die »pollution volontaire hors le mariage« nicht nur durch »attouchements« bewerkstelligt werde, sondern auch mittels »cogitation et délectation« sowie »par locution ou conversation avec hommes et par lecture de livres impudiques«. Ja, schon mehr als ein halbes Jahrhundert zuvor hatte Paracelsus berichtet, daß all die älteren Frauen, die »sich selber anreizen«, weil sie zwar noch sehr lüstern seien, aber von den Männern nicht mehr begehrt werden, »ein dummes Sperma hervorbringen«, aus dem schreckliche Monstren entstehen könnten.[43]

Daß die von vielen Kulturhistorikern und auch von Norbert Elias vertretene Auffassung, »erst zu Beginn des 18. Jahr-

hunderts« habe man »die weitverbreitete Masturbation entdeckt, als ob es sie vorher nie gegeben hätte«, und erst in der
Folgezeit sei sie »von Medizinern und viel später von
Geistlichen bekämpft« worden[44], falsch ist, erkennt man,
wie bereits erwähnt, auch daran, daß seit der Antike immer
wieder darauf hingewiesen wurde, eine im Herrensitz reitende Frau biete nicht nur einen skandalösen Anblick, weil
sie die Beine wie zum Koitus spreize, sondern sie stimuliere
sich zudem durch das Reiben am Sattel. Zwar wird von
Kulturhistorikern und Feministinnen behauptet, erst in der
zweiten Hälfte des 18. Jahrhunderts sei das Reiten »sexualisiert« worden und bis in diese Zeit seien die Frauen »im
Männersattel« geritten, ja, auch danach, also offenbar im 19.
Jahrhundert, habe sich der Damensattel »nur schwer durchsetzen können«[45], doch widersprechen dem sämtliche Quellen. Während beispielsweise auf den griechischen Vasenbil-
dern die tugendhaften Göttinnen sittsam in knöchellangen
Gewändern im Damensitz reiten und nur die wilden, knie-
frei gekleideten Amazonen nach Männerart im Sattel sitzen,
waren für die byzantinischen Historiker Frauen, die wie
Männer reiten, »kaum besser als Huren«. Bezeichnenderweise sitzen so »die Große Hure« der Apokalypse auf dem
Pferde (Abb. 70) und das emanzipierte »Wife of Bath«, eine
Frau, die bereits fünf Ehemänner und »oother companye in
youthe« vernascht hatte, und wie aus einem Brief Grossinos
vom Jahre 1512 hervorgeht, ritten mit Hosen bekleidete
Kurtisanen beim Fest des hl. Sebastian im Herrensitz auf
Pferden und Maultieren einher.[46]
Eine solch unanständige Stellung auf dem Pferd einzuneh-
men, nannte man im Mittelalter »indecenter equitare«, und
im *Welschen Gast* hieß es dazu: »Ein vrouwe sol sich, daz
gehoubet kêren gegen des phertes houbet,/Swenn si rîtet,
man sol wizzen, Si sol niht gar dwerbes sitzen«, denn wie
Gerson feststellte, konnte es auf diese Weise ohne weiteres
zu einem Samenerguß, d.h. zu einem Orgasmus kommen.
Während der mittelalterliche Damensattel aus einer Bank

70 ›Die große Hure‹. Illustration zum Kommentar
zur Apokalypse des Beatus von Liebana, 975.

mit einer Lehne bestand, auf der die Reiterin züchtig und
mit geschlossenen Beinen sitzen konnte, wobei ihre Füße
auf einem Fußbänkchen ruhten, stiegen die Kastensättel für
Männer nach vorne hin an, was bedeutete, daß der Druck
auf den Genitalbereich und die Klitoris sowie die Reibung
viel intensiver war, zumal bei den gestreckten Beinen das
Hauptgewicht der Reiterin nicht auf dem Gesäß, sondern
auf Damm und Genitalien lastete. Trug nun eine Frau wie
etwa Jeanne d'Arc auch noch einen zwanzig bis dreißig
Kilogramm schweren Plattenpanzer, war es kein Wunder,
daß sie »fuit lesa in inferioribus de equitando«, wobei es sich
nach Auskunft von Medizinern wohl um eine eiternde
Entzündung der Schamlippen gehandelt haben muß.[47]
Wie weiter oben erwähnt, meinten zwar die meisten Rabbiner, daß die weiblichen Genitalien durch Berührung oder

Reibung nicht so leicht stimuliert werden könnten wie die männlichen, doch hinderte dies die jüdischen Autoritäten des Spätmittelalters nicht, den Mädchen und den Frauen das Reiten mit gespreizten Beinen und ohne Sattel zu verbieten, weil sie davon überzeugt waren, daß dadurch auch das weibliche Geschlecht sexuell erregt würde. Entsprechend wunderte sich im Jahre 1470 Anselme Adorno sehr, daß in Kairo die Frauen nicht nach Damenart auf dem Maultier oder dem Esel ritten, »sed more virorum equitant«.[48] Umgekehrt galt es als beschämend, wenn ein Mann nach Frauenart auf dem Pferd saß, und im 8. Jahrhundert wurde der Gegenpapst Konstantin II. von der Menge damit gedemütigt, daß sie ihn auf einem nur von Frauen benutzten Maultiersattel (»in sella muliebrile«) auf einem Pferd »coram omnibus« in ein Kloster führten. Im 13. Jahrhundert berichtete Ibn al-Futāwi, man habe im Zweistromland die jüdischen Männer dadurch öffentlich erniedrigt, daß man sie zwang, wie die Frauen zu reiten, nachdem bereits im frühen 10. Jahrhundert der abbasidische Kalif al-Muqtadir bin-Amrallah den Christen verboten hatte, so edle Tiere wie Pferde überhaupt und ihre Maultiere und Esel so zu reiten, wie Männer es zu tun pflegen.[49]

§ 9
»Der kützel der wollust«: Lustquell und Ärgernis

Im Jahre 1638 schrieb der englische Reisende Thomas Herbert über die Frauen der Hottentotten, er könne leider nichts Rühmliches über deren Schamgefühl berichten, denn er habe mit ansehen müssen, wie diese Frauen nach Erhalt kleiner Geschenke vor den Europäern ihre Scham aufgedeckt hätten, wohl »a curtesie taught them by some ill-bred Boore«, und es bleibe nur zu hoffen, daß »our men«, also die Engländer, in dieser Hinsicht »more civility« hätten. Während Herbert davon ausging, daß die ungehobelten Buren sich lediglich das anschauen wollten, was ihre eigenen Frauen ihnen nicht so bereitwillig zeigten, hatte im Jahre 1675 der Ostindienfahrer Christoph Schweitzer bereits »oft und vielmalen« gehört, daß die Scham der hottentottischen »Weibsbilder« wie ein »Calecutischer Hanesschnabel mit einem natürlichen Läpplein überwachsen« sei, was ihn, der nicht über die Zivilität des Engländers verfügte, dazu bewog, »bey etlichen, vor ein wenig Tabac den Augenschein einzunemmen«, doch konnte er nichts entdecken als das, was ihm bereits von Deutschland her bekannt war. Sieben Jahre später berichtete ein anderer Reisender, David Tappe, »ein Holländisches Weib von unserem Schiffe«, welches ebenfalls »gehöret« hatte, »dasz die Hottendottinnen über ihren Schaam ein Stück Fleisch/wie die türckischen Hahnen vorm Köpffen haben/hangen hätten«, habe eine solche Eingeborene »besichtigen« wollen. Doch bevor die Holländerin handgreiflich werden konnte, »hebete« die Hottentottin der zudringlichen Europäerin »den Rock bis an den Nabel in die Höhe«, sehr zur »Kurtzweil« und zum Vergnügen der männlichen Reisenden, die diese Szene beobachteten. Allerdings wollte Tappe nun wohl selber wissen, wie die fremden Frauen zwischen den Beinen beschaffen waren, und teilte als Ergebnis seiner Inspektion mit, sie hätten »lange hangende

Brüste«, doch »der Nabel und noch ein Ding stehet am rechten Ohrte«, wobei »selbiges« tatsächlich »bey vielen überhangen« sei »mit einem stücke Fleische eines Calicutschen Hahnes = Nasen oder Nissel gleich«. Wiederum hundert Jahre später war es den einheimischen Fährtensuchern François Le Vaillants gelungen, eine Hottentottin ausfindig zu machen, die ein solches »Läpplein« zu haben schien. Nachdem der Franzose sie einige Zeit bearbeitet und gebeten hatte, ihm ihre Genitalien zu zeigen, gab die Frau schließlich »verwirrt, beschämt und zitternd« nach und gestattete ihm, »ihr Gesicht mit beiden Händen bedeckend«, ihren Schurz zu lösen und ihre Scham zu studieren (Abb. 71). Seine Beschreibung dessen, was er sah, war so ausführlich und detailliert, daß Elizabeth Helme, die Le Vaillants Reisebericht im Jahre 1790 ins Englische übersetzte, in ihrem Vorwort anmerkte: »I have softened (if I may be allowed the expression) a few passages that possibly might be accounted mere effusions of fancy and vivacity in a French

71 ›Hottentote à tablier‹. Stich aus ›Voyage de Le Vaillant dans l'intérieur de l'Afrique‹, 1790.

author, but which would ill accord with the delicacy of a female translator, or indeed with the temper and genius of English readers.«[1]

Worum handelt es sich nun bei den »natürlichen Läpplein« der Hottentottinnen, die bereits im Jahre 1644 von einem Reisenden als »zwey Fleischriemen oder Strippen« bezeichnet worden waren? Hatte noch 1689 John Ovington in seiner *Voyage to Suratt* die Vermutung geäußert, diese Frauen seien gar keine Frauen, sondern Hermaphroditen, meinte im frühen 18. Jahrhundert der Franke Peter Kolb, der im übrigen mitteilte, es gebe inzwischen Hottentottinnen, die ihre »Läpplein« von den Fremden »umb ein stücklein Toback« sogar befingern ließen, es seien natürliche Feigenblätter, die der Bewahrung der Schamhaftigkeit dienten. Bestätigt wurde diese Vermutung durch den Reisenden François Leguat, der behauptete, diese Frauen brauchten keinerlei Schamschurz, da ihre Vulva mit einer Art natürlicher »Schürze«, einem *tablier*, bedeckt sei, eine These, die zur Verbreitung des Ausdrucks »Hottentottenschürze« führte. Schließlich steuerte noch im selben Jahrhundert der britische Admiral Sir John Barrow die etwas abenteuerliche Variante bei, die »Schürze« schütze nicht nur die Schamhaftigkeit, sondern im wahrsten Sinne des Wortes die Scham: Sie sei ein Sicherheitsriegel gegen eine Vergewaltigung, da kein Mann ohne Zustimmung der Frau diese Schließvorrichtung an der Vagina öffnen könne.[2]

Zwar hatten im 17. und im 18. Jahrhundert immer wieder gewisse Hottentottenfrauen unter dem Druck der Weißen ihren Schurz gelüftet, doch weigerte sich die Mehrzahl der Frauen beharrlich, so etwas Schamloses zu tun, was auch die wissenschaftliche Kommission unter Leitung des Barons de Cuvier erfahren mußte, die im Jahre 1815 im Jardin du Roi in Paris die inzwischen berühmte und damals 27 Jahre alte Kapbuschfrau Saartje Bartman untersuchte. Das ehemalige Dienstmädchen eines Farmers in der Nähe von Kapstadt war seit 1810 zunächst im Piccadilly und später in Frankreich nur mit einem Schamschurz bekleidet öffentlich ausgestellt worden, was freilich einige der Londoner Besucher als skandalös empfunden hatten, da ihre Brüste und ihr ausladendes Gesäß unbedeckt zu sehen waren. Neben ihrer Steatopygie war das Publikum zwar am meisten an ihrem *tablier* interessiert, über welches jedermann raunte, und eine französische Karikatur zeigte auch eine junge Engländerin, die unter dem Vorwand, ihren Schuh zuzubinden, einen Blick darauf zu erhaschen suchte (Abb. 72), doch war die von den

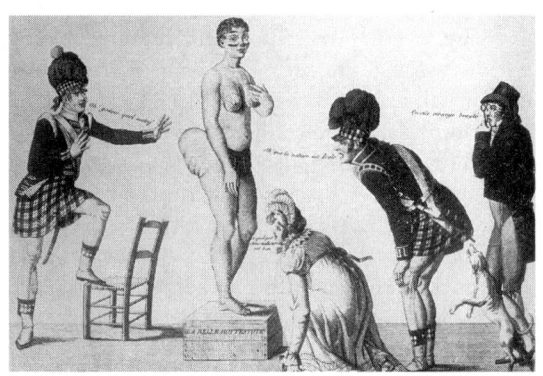

72 Ausstellung der ›Hottentottenvenus‹ in London.
Satirischer französischer Stich, 1812.

Engländern Saat-Jee genannte Frau zu keinem Zeitpunkt bereit, ihre Schamlippen zur Schau zu stellen. Drei Tage lang stand sie der französischen Kommission zur Verfügung, doch stellte es sich, wie eines der Mitglieder, Henri de Blainville, später berichtete, als äußerst schwierig heraus, sie dazu zu bringen, ihren Schamschurz abzulegen. Als sie schließlich den Nötigungen nachgab und die »complaisance« hatte, sich nackt zu zeigen, hielt sie noch eine Zeitlang ein Tuch vor ihre Genitalien, das sie erst nach längerem Zögern fallen ließ, so daß die anwesenden Herren endlich einen freien Blick auf ihren Genitalbereich hatten. Allerdings machte sich augenblicklich eine große Enttäuschung breit, weil die Gelehrten mitnichten das erwartete *tablier*, sondern nur das sahen, was sie vermutlich von ihren Gemahlinnen her kannten. Ganz offensichtlich hatte Saat-Jee, vorausahnend, was auf sie zukommen würde, die Schamlippen entweder in ihre Vagina gestopft oder aber zwischen die Oberschenkel geklemmt, und in diesem labienlosen Zustand wurde sie auch anschließend auf einem Gemälde dargestellt, das Cuvier in Auftrag gab (Abb. 73).[3] Nachdem die Unglückliche, die auf alle, die sie erlebten, einen sehr depressiven Eindruck mach-

73 ›La Vénus Hottentote, agée 25 ans, observée, dessinée et peinte au Museum d'Histoire Naturelle en Mars 1815.‹

te, nur kurze Zeit danach gestorben war, nahm der berühmte Naturforscher die Autopsie vor und konnte endlich »der Akademie die genitalen Organe dieser Frau« präsentieren, »präpariert in einer Weise, die es erlaubt, die Beschaffenheit der Labia zu sehen«. Zudem ließ man ein lebensgroßes Konterfei der nackten Saat-Jee anfertigen (Abb. 74), das bis zum Jahre 1976 im Musée de l'Homme ausgestellt war und der Schamlippen wegen sich stets der besonderen Aufmerksamkeit johlender Schüler und kichernder Schülerinnen erfreute.[4] Erst kürzlich wurde die Skulptur – mit einem Schurz versehen – der südafrikanischen Botschafterin in Frankreich übereignet (Abb. 75).

In seinem Autopsiebericht vom Jahre 1816 bezeichnete Cuvier die langen Labien der Buschfrau als ein Indiz für ihre Hypersexualität, nachdem bereits im Jahrhundert davor ein anderer berühmter Naturforscher, der Comte de Buffon, die Hottentottinnen aufgrund der Berichte über ihre anatomischen Eigentümlichkeiten als ein Paradebeispiel für sexuell laszive Frauen angeführt hatte. Auch in den folgenden Jahrzehnten behaupteten zahlreiche Mediziner, die größere Neigung zur Sinneslust, wie sie den schwarzen Afrikanerinnen und den Prostituierten eigen sei, ließe sich an deren großen Schamlippen erkennen,

74 Bemalte Gipsfigur Saartjes im Musée de l'Homme, 1815.

die überdies dokumentierten, daß beide Frauentypen einer »archaischen« Entwicklungsstufe angehörten. So kam auch eine aus Ärztinnen und Ärzten bestehende Kommission in den dreißiger Jahren des 20. Jahrhunderts in New York nach umfangreichen Untersuchungen zum Ergebnis, die Klitoris und die Schamlippen seien bei jenen Frauen am größten, die auch allgemein als die lüsternsten und triebhaftesten angesehen wurden, nämlich bei den lesbischen Negerinnen.[5]

Wieso aber hatten die Hottentotten- und Buschfrauen ein solch üppiges *tablier*? Bis in unsere Zeit war es in diesen Ethnien üblich, bei den kleinen Mädchen über einen beträchtlichen Zeitraum hinweg so lange an den kleinen Schamlippen zu ziehen und zu zupfen, bis diese im Normalfall etwa 10 und in seltenen Fällen sogar 20 cm über die großen Schamlippen hingen. Diese verlängerten Labien, die nach Aussage von Medizinern schon von Natur aus länger

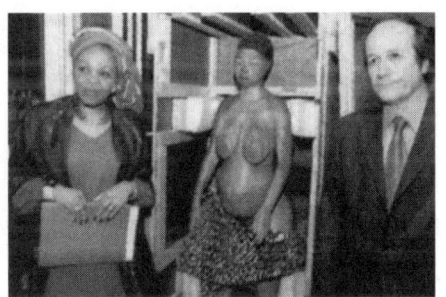

75 Übergabe der Gipsfigur an die
Botschafterin Südafrikas in Paris, 2002.

sind als die westlicher Frauen, galten als ungemein erogen
und erotisch, da sie nicht allein von äußerster Zartheit, sondern durch die Manipulation empfindsamer geworden
waren: Sie erfreuten vermutlich deshalb auch das Auge, weil
sie auf übertriebene Weise an Schamlippen erinnerten, die
durch sexuelle Erregung angeschwollen waren. Galten sie
auf der einen Seite als äußerst attraktiv, so waren sie auf der
anderen in hohem Maße schambesetzt, und es war verpönt,
auch nur ihren Namen zu nennen: Eine der schlimmsten Beleidigungen, die man einer Dobe !Kung-Frau an den Kopf
werfen konnte und die bei der Betreffenden zu intensiven
Scham-(*dokum*) und bei den Umstehenden zu großen Peinlichkeitsgefühlen führte, war *!gum/twisi ≠ dinyazho*, »lange
schwarze Schamlippen!«[6]

Auch in vielen anderen Gesellschaften galten ausgeprägte
Schamlippen als erregend und schön, etwa in Japan, wo
früher in Notzeiten so manche anständige Hausfrau, die
etwas vorzuweisen hatte, auf der Straße gegen Bezahlung
ihre Vulva betrachten ließ (Abb. 76). Heute gibt es die
matchi uri no shojo, die »Streichhölzer-verkaufenden-Mäd-
chen«, die vorwiegend in der Dämmerung oder nachts für
einen Yen die Röcke hoch- und die Unterhosen herunter-
ziehen, worauf sie ein Streichholz anzünden und ihre
Schamlippen und ihre Klitoris inspizieren lassen. Ist das

76 Japanerin stellt gegen Entgelt ihre
verlängerten Schamlippen zur Schau, 19. Jh.

Streichholz abgebrannt, ziehen sie die Hose wieder hoch.
Während sich diese Dienstleistungen im Freien abspielen,
findet der »Polaroid-Dienst« in geschlossenen Räumen statt:
In einer dunklen und engen Kabine zieht die »Hostess«,
bevor sie den Kunden fellationiert, ebenfalls ihre Unterhose
herunter, worauf der Mann mit einer Sofortbildkamera ihre
Vulva photographiert. Das Photo darf er dann zur Erinnerung mit nach Hause nehmen.[7]
Nachdem Prinz Maximilian zu Wied im Jahre 1834 von seiner langen Reise ins Innere Nordamerikas zurückgekehrt
war, berichtete er, daß die »Mandan-Weiber« sowie jene der
Mönitarri und Crow »eine gewisse natürliche Bildung
besäßen, wie sie Le Vaillant und Péron von den Hottentottinnen beschrieben«, wobei jedoch bei den Indianerinnen
»weniger die Natur« als »die Kunst« für diese »Bildungen«
verantwortlich sei. Eine Frau, so erläuterte er vorsichtshalber auf lateinisch, die nicht mindestens drei oder vier quer-
gelegte Finger lange Schamlippen ihr eigen nenne, bliebe
unbeachtet (»parvi aestimata et neglecta est«), und während
bei den Mandan ursprünglich nur die unverheirateten
Flittchen ihre Genitalien auf diese Weise bearbeitet hätten,

werde »hic mos perversus« heutzutage selbst von den anständigen Ehefrauen gepflegt. Auch bei den Arawaté waren die lang herunterhängenden *labia minora* für die Männer geradezu eine Obsession, und die *icĩ papa re*-Mädchen, »die mit den knospenden Brüsten«, begannen in diesem Alter die Labien zu verlängern sowie mit einer aus der Frucht des Genipbaumes gewonnenen Farbe zu dekorieren. Es gab kaum einen Mann, der sich nicht an die Beschaffenheit der Genitalien all der Frauen erinnerte, mit denen er irgendwann einmal geschlafen hatte, an ihren »Geschmack«, über den die Männer diskutierten, wenn sie unter sich waren, an die Länge der Schamlippen und die feinen Linien, mit denen die Frauen sie verschönert hatten – eben an all das, was einer Frau hohes Prestige brachte und über das noch lange nach ihrem Tode geraunt wurde. So attraktiv die Schamlippen waren, so schambesetzt waren sie auch – vergleichbar der von der Vorhaut entblößten Eichel der Männer –, und beim Baden im Fluß kauerten die Frauen, die Beine fest aneinandergepreßt, nieder, damit ja keine andere Frau einen Blick auf ihre Kostbarkeiten werfen konnte.[8]

Im Truk-Archipel, wo die Mädchen und Frauen ebenfalls stolz auf ihre möglichst ausgeprägten Schamlippen waren, die sie durchbohrten und durch die sie Muscheln und andere Gegenstände steckten, die klirrten, wenn sie mit leicht geöffneten Beinen gingen, so daß die Männer »verrückt« wurden, gab es regelrechte Wettbewerbe (*sáachúk*), bei denen die Konkurrentinnen voreinander die Röcke schürzten, um herauszufinden, wer über die stattlichste Vulva verfügte. Die Siegerin, so sagte man, konnte »stolz und arrogant sein«, weil sie von allen Frauen die besten »Kriegswaffen« zwischen den Beinen hatte.[9]

»Sag es mir, wenn du mich liebst«, sangen bei den Hawu im Westen des ostafrikanischen Kiwu-Sees die jungen Mädchen, »gefällt dir meine Möse, sind die Lippen lang genug?«, und bei den Kawu prüfte beim »heavy petting« der junge Mann mit dem Finger, ob das Mädchen auch eine »heiße

Möse« (*e mishino elehere*) mit langen Schamlippen hatte, ob sie eng genug und nicht durch ein »weites Loch« verunstaltet war, »in das man leicht hineinkommt« (*ikituba*). Denn eine Vulva mit kurzen Labien und eine zu geräumige Vagina galten in visueller und taktiler Hinsicht als unattraktiv, und das Mädchen hatte es dann sehr schwer, überhaupt einen Mann zu finden. Die Sothofrauen sagten, die Verlängerung der Labien steigere »die Hitze« (*mocheso*) der Frauen und die Mädchen könnten einander in ihren geheimen Winkeln viel besser masturbieren, indem sie sich gegenseitig die langen Schamlippen streichelten, während die Frauen der Ngoni behaupteten, sämtliche Männer ihres Stammes seien scharf auf die Frauen der Shoeshoe, weil diese über extrem lange *labia minora*, sogenannte »Männerfallen«, verfügten. Und so kam es nicht selten vor, daß eine Ngoni einer arglos vorübergehenden Shoeshoe zurief: »Du ziehst doch nur

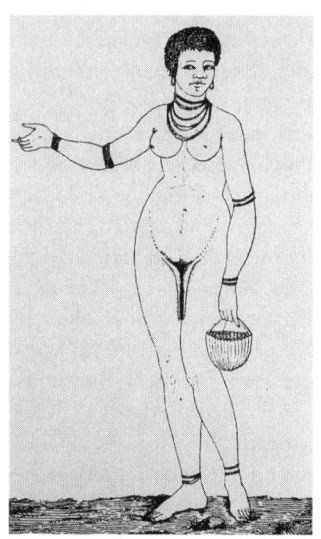

77 Südostafrikanerin mit ›Schürze‹.
Aus Moreau de la Sarthes
›Histoire naturelle de la femme‹, 1803.

deine Mösenlippen lang, weil du unsere Männer wegschnappen willst! Eines Tages werde ich dir deine langen Vorhänge abschneiden!« Wenn bei den Fon die Brüste der Mädchen zu sprießen begannen, versammelten sich diese regelmäßig in kleinen Grüppchen unter der Leitung einer jungen Frau, der *tōkono* (»Mutter der Schamlippen«), um über Jahre hinweg bis zu ihrer Hochzeit ihre kleinen Labien zu manipulieren. Die Labien der Vulva wurden mit den Lippen des Mundes assoziiert, und wie eine dünnlippige Frau als unsinnlich empfunden wurde, galt auch eine mit unausgeprägten Labien als langweilig und unattraktiv. Wenn die Mädchen sich gegenseitig ›bearbeiteten‹, stimulierten sie einander häufig gewollt oder ungewollt bis zum Orgasmus, und es hieß, viele hätten sich so sehr an diese Form der Befriedigung gewöhnt, daß sie einander gelegentlich auch dann noch masturbierten, wenn sie schon lange verheiratet waren. Bewegten sich die vorpubertären Mädchen in der Öffentlichkeit bis auf eine Perlenhüftschnur nackt, so taten sie dies nicht mehr, wenn sie einmal damit begonnen hatten, ihren Genitalbereich zu verschönern.[10] Die Karanga nannten Frauen ohne verlängerte Schamlippen, also beispielsweise die Europäerinnen, »kalte Frauen«, von denen es hieß, sie seien wie Männer, weil ihnen das fehle, was eine Frau erst zur Frau machte. Richtig »scharf« werde nämlich ein Mann erst dann, wenn er fühle, wie die langen Labien in seinen Händen anschwellen, und auch die Frauen könnten erst dann den Sex richtig genießen. In ähnlicher Weise sagten die Thonga-Frauen, die verlängerten Schamlippen seien nicht allein für die Männer, sondern für sie selber ein Quell der Lust, was bei den Lenda sogar die christianisierten Frauen bestätigten, wenn sie erklärten, sie empfänden den Koitus, vor allem aber die Liebkosungen ihrer Genitalien, viel intensiver.[11]

Auch der Seigneur de Brantôme legte bereits im 16. Jahrhundert Wert auf die Feststellung, eine solche Manipulation stumpfe die kleinen Schamlippen keineswegs ab, sondern lasse sie im Gegenteil empfindsamer werden, weshalb gewisse französische Damen sich gegenseitig diese Teile bearbeiteten, denn auf diese Weise könnten sie sich bei der mutuellen Masturbation einen größeren Genuß verschaffen. Führten im 19. Jahrhundert manche Ärzte die Nymphomanie auf »enlarged nymphae« zurück, so scheinen auch noch heutzutage, wie Sexualwissenschaftler festgestellt haben, lange und pralle Schamlippen von manchen Männern »als besonders erotisch anziehend und begehrenswert« empfunden zu werden.[12] Ist es heute bei uns üblich, vom Munde einer Frau auf die Beschaffenheit ihrer Schamlippen und ihrer Vagina zu schließen – »Wie der Mund des Weibes, so der Schlund ihres Leibes« –, so dachte schon Walther von der Vogelweide beim »roten mund« des Mädchens an ihre Vulva, und auch die muslimischen Schriftsteller des Mittelalters gingen davon aus, daß eine Frau mit einem kleinen roten Mund eine enge und heiße Vagina hatte.[13] In vielen Gesellschaften kann man beobachten, wie Mädchen und jüngere Frauen aus Koketterie die Lippen zum »Schmollmund« vorstrecken und dadurch vergrößern, ein Ziel, das auch diejenigen verfolgen, die sich mit Hilfe von Silikoneinlagen üppigere Lippen zulegen.[14]

Entsprechen die Lippen der Frau ihren Schamlippen, weshalb jene in der Öffentlichkeit häufig bedeckt wurden (Abb. 78), so die Zunge ihrer Klitoris, und in vielen Gesellschaften signalisierten die Frauen den Männern, daß sie Lust hatten, mit ihnen zu schlafen, indem sie züngelten oder die Spitze der Zunge mehr oder weniger langsam durch die Lippen hindurch streckten.[15] Je größer das »Zünglein« ihres Leibes war[16], um so lüsterner und triebhafter war eine Frau: Die mythischen Wauwalak-Schwestern der Yirrkalla, die in der »Traumzeit« (*wongaːr*) lebten und die so lüstern waren, daß sie ohne Unterlaß mit ihren Brüdern schliefen und sich von ihnen schwängern ließen, hatten eine so riesige Klitoris, daß sie bei ihren Wanderungen auf dem Boden schleifte. Die Hua in Neuguinea meinten hingegen, daß bei allen verheirateten Frauen mit der Zeit die Klitoris größer werde, und

78 Heidelberger Bürgerin.
Aus Hans Weigels Trachtenbuch, 1577.

man tratschte ständig darüber, bei welcher Frau sie gewachsen und wie groß sie jetzt sein möge.

»It is agreeable both to reason and authority«, verlautete im Jahre 1675 der Arzt Nicholas Culpepper, »that the bigger the clitoris in a woman, the more lustful they are«, und sein Kollege Venette meinte, Sappho hätte kaum »une si méchante réputation« gehabt, wenn nur ihre Klitoris ein bißchen kleiner gewesen wäre. Glaubten diese Mediziner, eine große Klitoris sei die Ursache von großer Lust, führten andere umgekehrt die Vergrößerung der Klitoris auf das Ausleben der sexuellen Begierden zurück, so etwa Albrecht v. Haller, der im 18. Jahrhundert darlegte, »die Weiberruthe könne von öfterem Gebrauche in schändlichem Gewerbe« erstaunliche Größen erreichen, und im Jahre 1800 war der Gerichtsmediziner Fahner überzeugt, die mit einem besonders großen Kitzler ausgestatteten Frauen hätten »wenigstens sich selbst oft an den genitalibus gekitzelt oder gar heimlich Onanie getrieben« weshalb sie »also sehr zur Wollust geneigt seyn müssen«.[17]

Vielleicht weil die Klitoris einzig der Lust zu dienen und

keinerlei andere Funktion zu haben scheint und ihre Spitze reicher an Nervenenden ist als die Eichel der Männer[18], wurde sie einerseits immer wieder von diesen mit Argwohn betrachtet, andererseits ähnlich wie die kleinen Schamlippen künstlich verlängert, was möglicherweise zu dem unausrottbaren und heute vor allem von Feministinnen vertretenen Glauben beigetragen hat, bei den Frauen vergangener Epochen und denen der »Naturvölker« sei die Klitoris wesentlich größer gewesen als bei den heutigen.[19] Bei den Murngin, Yaernungo und anderen Stämmen in Arnhemland dehnten die Frauen den vorpubertären Mädchen kontinuierlich die Klitoris, damit deren Geschlechtslust später ausgeprägter sein würde und die Männer sich mehr von ihnen angezogen fühlten, und auf Tahiti gab es ein *hakatoro repe* genanntes Ritual, bei dem die Klitoris des Mädchens stimuliert wurde, bis sie erigiert war. Daraufhin wurde an der Glans ein dünner Faden mit einem Steinchen befestigt, das die Klitoris im Laufe der Zeit bis zu einer Länge von 5 bis 8 cm zog.[20] Auch in zahlreichen afrikanischen Gesellschaften versuchte man auf diese Weise die weibliche Lust zu steigern, während in Europa viele Ärzte glaubten, eine vergrößerte Klitoris sei bei den jungen Mädchen eher die unerwünschte Folge der Tatsache, daß sie einander über einen längeren Zeitraum hinweg mit den Fingern befriedigt hätten.[21]

Hieß es im *Dictionnaire encyclopédique des sciences médicales* vom Jahre 1813, »le Clitorisme«, also die solitäre oder mutuelle Masturbation, bewirke eine solche Vergrößerung des hochsensiblen Organs, daß seine Besitzerin es mühelos in die Vagina einer Gespielin einführen könne, wobei es wenige Mädchen oder Frauen gebe, die dann einer solchen Versuchung widerstehen könnten, so mutmaßten bereits die antiken Schriftsteller und Gelehrten, Frauen, die mit einer besonders großen »Myrtenbeere« (μύρτον) ausgestattet seien, verführten ihre Geschlechtsgenossinnen zum Koitus. Vor allem von römischen *tribades* munkelte man, sie hätten eine »imissio clitoridis in vaginam vel in anum amicae« vorgenommen, und Martial berichtete von einer gewissen Philaenis, die ihre gewaltige *landica* hintereinander elf Mädchen in die Vagina und außerdem noch einigen jungen Männern in den After eingeführt habe.[22]

Waren solche Frauen allem Anschein nach im Mittelalter kein Thema, so erregten sie um so mehr die Gemüter der frühneuzeitlichen Mediziner. So teilte beispielsweise im Jahre 1573 der berühmte Chirurg Ambroise Paré unter Berufung auf die Untersuchungen eines Kollegen an der Universität Montpellier mit, manche Frauen hätten dermaßen prominente »nymphes«, daß diese wie Penisse erigierten, »so daß sie dazu benutzt werden können, mit anderen Frauen zu spielen«. Fast alle Ägypterinnen hätten eine solch monströse Klitoris, die steif werde, sobald »sie sich in der Gesellschaft anderer Frauen befinden, wenn ihre Kleider an ihnen reiben oder wenn ihre Männer sich ihnen nähern«. Im Jahre 1629 untersuchte der durch das Gemälde von Rembrandt berühmt gewordene Dr. Nicolaas Tulp eine gewisse Hendrikje Verschuur, die man wegen »verruchter Wollust« angeklagt hatte (»accusabatur perditae libidinis«), weil sie mit ihrer aus der Vulva ragenden Klitoris andere Frauen beschlafen (»quod αελειοορεβεῖν apellant Graeci«) und sich an ihnen gerieben (»quod τριβεῖν nominant iidem«) haben sollte. Eine Witwe namens Trijntje Barends habe sich durch den Koitus mit dieser »mulier virilis animi« dermaßen befriedigt gefühlt, daß sie Hendrikje am liebsten geheiratet hätte, wenn dies möglich gewesen wäre. Tulp fand heraus, daß »haec τριβὰς« oder »fricatrice« über eine Klitoris von der Größe eines Kinderpenis und der Dicke eines kleinen Fingers verfügte, mit der sie ihre Geliebten problemlos penetrieren konnte.[23]

Meinte im Jahre 1612 der Arzt Jacques Duval, das Klima in warmen Ländern lasse die »Nymphen« der Frauen größer werden als die der hierzulande lebenden, weshalb jene auch lüsterner seien nach »der Aussonderung des süßen Saftes« (»l'excretion de la douce liqueur«), so glaubte ein paar Jahre später sein Kollege Jacques Ferrand, eine zu große Hitze des weiblichen Körpers erzeuge nicht nur zuviel weibliches Sperma, das auf Ejakulation dringe, sondern lasse auch die Klitoris zu erstaunlichen Dimensionen wachsen und damit »mal heureusement« auch die Neigung, andere Frauen zu mißbrauchen.[24] Als Casanova sich 1762 in Bern aufhielt, suchte er gemeinsam mit einer Bekannten eine übel beleumundete Badstube in der unteren Stadt auf, wo er sich eine der dort wartenden Reiberinnen aussuchte. »›Das Mädchen, das Sie gewählt haben‹«, sagte plötzlich die ihn begleitende Dame zu ihm, »›muß ein Junge sein!‹ ›Aber meine Liebe, Sie haben doch ihren Busen und ihre Formen gesehen?!‹ ›Ja, aber trotzdem!‹ Meine dicke Schweizerin hatte sie gehört; sie drehte sich um und zeigte ihr etwas, was ich nicht für möglich gehalten hätte, aber es war keine Täuschung möglich: es war zwar eine Klitoris, aber viel länger als mein kleiner Finger und steif genug, um eindringen zu können. Ich erklärte meiner lieben Dubois das Ding, aber um sie zu überzeugen, mußte ich sie es anrühren lassen. Die freche Person trieb die Schamlosigkeit so weit, daß sie sich erbot, es an ihr zu versuchen, und sie tat dies mit so leidenschaftlicher Beharrlichkeit, daß ich sie zurückstoßen mußte. Sie wandte sich hierauf zu ihrer Kameradin und befriedigte an dieser ihre geile Brunst.«[25]

Zwar gibt es auch aus heutiger Zeit verläßlich erscheinende Berichte über Frauen, die mit einer besonders stark entwickelten Klitoris andere Frauen vaginal penetriert haben[26], und Zoologen haben beobachtet, daß die Weibchen der Bonobos (*Pan paniscus*), unseren nächsten Verwandten im Tierreich, häufig ihre Klitoris in die Vagina anderer Weibchen einführen, wobei sie dieselben eher vertikal ausgerichteten Beckenstöße ausführen, die auch für koitierende Männchen charakteristisch sind.[27] Doch hat es den Anschein, daß es sich bei den Berichten von ihre Geschlechtsgenossinnen penetrierenden Frauen bisweilen eher um »Männerphantasien« gehandelt hat. So teilte z.B. Parent-

Duchâtelet in seiner klassischen Prostitutionsstudie vom Jahre 1838 mit, eine medizinische Untersuchung der in den Pariser Frauengefängnissen einsitzenden »tribades« habe keinerlei Hinweise darauf ergeben, daß diese eine größere Klitoris hätten als andere Frauen, nachdem bereits im frühen 17. Jahrhundert die Behauptung, die berüchtigte englische Straßenräuberin Moll Cutpurse, die zeitlebens als Mann gekleidet war, habe eine übergroße Klitoris besessen, nach der Besichtigung ihrer Leiche ins Reich der Fabel verwiesen werden mußte. Auch neuere medizinische Untersuchungen bei amerikanischen *butch*-Lesben ergaben keine physiologischen Anomalitäten, und im Jahre 1895 teilte ein russischer Gynäkologe seinen Fachkollegen mit, mehrere Ärzteteams hätten wiederholt eine etwa 30 Jahre alte Frau namens Schaschnina aus dem Dorf Polianka untersucht, nachdem mehrere junge Frauen angegeben hatten, die besagte Schaschnina habe sie wie ein Mann bestiegen, ihre übergroße Klitoris bei ihnen eingeführt und »ejakuliert«. Im Sommer habe sie entgegen dem Brauch kein Kopftuch, sondern die Haare offen getragen, und sie sei aufgrund ihrer anatomischen Absonderlichkeit auch nie ins Frauenbad gegangen, da sie sich geschämt habe, vor den anderen nackt zu erscheinen. Die medizinischen Bemühungen hätten indessen ergeben, daß Schaschnina eine völlig normale Klitoris hatte, die freilich nicht durchgängig erigiert sei, wenn die Herren sie mit den Fingern stimulierten: »Professor Fenomenows Versuch, die Klitoris mit seinem Finger zu erregen«, so der Gynäkologe, »blieb ohne Erfolg. Ein solcher Versuch beweist natürlich gar nichts, denn es ist bekannt, daß derartige homosexuellen (*gomosexual'nye*) Frauen gegenüber Männern, die sie sexuell nicht erregen können, extrem kalt sind. Wenn also ein solches Experiment überhaupt erlaubt ist und notwendig scheint, sollte es von einer Frau durchgeführt werden.« Etwa 40 Jahre später untersuchte in der Tat ein New Yorker Team von Ärzten und Ärztinnen eine Gruppe lesbischer Frauen, unter anderem eine »negress« namens Susan, die dem Team mitgeteilt hatte, sie besitze eine besonders lange Klitoris, mit der sie ihre Partnerinnen zu penetrieren pflege. Diesmal fanden die Ärzte heraus, daß die Lesbierinnen mehrheitlich nicht nur größere Genitalien hatten als die Mitglieder einer heterosexuellen Vergleichsgruppe, sondern daß vor allem die Eichel der Klitoris wesentlich dicker und »notably erectile« war. Auch seien die lesbischen Frauen bei der Inspektion durch eine *Ärztin* sehr viel schneller feucht geworden als die anderen, und ihre Klitoris wie ihre Brustwarzen seien viel geschwinder steif geworden.[28]

In manchen Gesellschaften war man der Auffassung, lesbische Frauen seien halbe Männer und besäßen einen Penis, etwa bei den Azteken, die laut Florentiner Codex von der Lesbierin (*in patlācheh*) sagten, sie zeichne sich nicht nur durch eine unweibliche Figur und Stimme sowie reichliches Körperhaar aus, vielmehr sei sie zudem »eine Frau, die eine Vorhaut hat, sie hat einen Penis«, womit gewiß eine ungewöhnlich große Klitoris gemeint war. Doch auch die normale Klitoris hielt man häufig zumindest für »eine Art Penis«, wie z.B. die Männer der Sambia in Neuguinea, die deshalb nie über diesen Teil des weiblichen Körpers sprachen, weil ihnen die Ähnlichkeit mit ihrem Glied hochnotpeinlich war. »Penis muliebris« nannte man häufig den »kützel der wollust« in der frühen Neuzeit, und die Frauen der Dusun (oder Kadazan) sagten voller Stolz zu der englischen Ethnologin: »Das ist der Penis der Frauen, und innen drin haben wir noch mehr davon.«[29]

Im Jahre 1700 verwies der Theologe Sinistrari auf antike Autoren wie Aetius und Pseudo-Galen, die über Ägypten berichtet hatten, »wo dieses Stückchen Fleisch allen Jungfrauen weggeschnitten wurde, damit es nicht wachsen und ihnen so ermöglichen würde, sich mit anderen Frauen zu vereinigen«, und in der Tat rieten zu Sinistraris Zeit nicht wenige Mediziner aus diesem Grunde zur Amputation, doch meinte 1701 Pierre Dionis, man fände kaum Mädchen oder Frauen, »qui se soumettent à cette opération, car si une femme est sage, elle n'en abusera pas; si elle est débauchée, elle ne se privera pas volontiers d'une partie au plaisir qu'elle trouve dans sa débauche«.[30]

In vielen afrikanischen Gesellschaften empfand und empfindet man die Klitoris als einen männlichen Fremdkörper am Leibe der Mädchen, der sie daran hindere, voll und ganz weiblich zu sein. So nannten die Tembu ein unbeschnittenes Mädchen *akwalukanga*, »Junge«, und die Frauen der Bulsa sagten, die Klitoridektomie habe den Vorteil, daß man sie nicht länger damit beleidigen könne, sie seien ja im Grunde Männer. »Vorgestern«, so sagte ein frisch beschnittenes Guro-Mädchen mit Erleichterung, »waren wir noch halb Junge, halb Mädchen mit unserem Zipfel zwischen den Beinen. Mich haben sie im Dorf meiner Tante ausgelacht, weil ich noch das Ding hatte. Meine Kusine hat mich beim Duschen ›kleiner Bub‹ genannt!«, und die Frauen der Schwarzen Mauren von Mauretanien glaubten nicht nur, daß eine Frau mit einer Klitoris unfähig sei, ihre Lüsternheit zu kontrollieren, weshalb sie jedem Mann »die Möse hinhielte«, sondern daß der Kitzler, der *zaman*, »Penis«, genannt wird, sich im Laufe der Zeit in einen wirklichen Penis verwandeln würde.[31]

Entsprechend betrachtete man beispielsweise bei den Ndembu die Vorhaut der Männer (*muvumbu*) als weibliche Schamlippen, die entfernt werden mußten, damit die Betreffenden auch wirkliche Männer werden konnten. Ohne Vorhaut, so sagten die Kaguru, dunkle die Eichel nach, d.h., sie verliere die für die Vulva charakteristische Röte, und der Penis werde »kühl« und »trocken« im Gegensatz zu den »heißen« und »feuchten« Genitalien der Frauen.[32] Bei den Bedscha und den Djandjero im Nordosten Afrikas schnitt man den Buben im Alter von etwa zehn Jahren die »weiblichen«Brustwarzen heraus, nachdem sie jahrelang den Spott der Älteren ertragen hatten, »wie die Weiber herumzulaufen«, während die Ngaing in Neuguinea durch die Beschneidung das Blut der Mutter entfernten, so daß die Buben stark,

79 Massai vor der Beschneidung.
Photo von George Rodger, 1978.

mutig und potent, also richtige Männer, werden konnten. Auch später stachen sich diejenigen, die sehr häufig mit Frauen schliefen, in die Eichel, um das durch den Geschlechtsverkehr kontaminierte Blut ablaufen zu lassen. Schließlich schickten früher die Chagga die jungen Burschen, wenn deren Beschneidungswunden verheilt waren, für einige Zeit in die Wälder des Kilimandscharo und machten den Frauen weis, daß den Beschnittenen dort der After zugestöpselt und zugenäht werde: Im Gegensatz zu der »unten offenen« Frau seien die Männer nämlich »unten geschlossen«, d.h., sie defäkierten nicht mehr wie die »weiblichen« Buben, sondern verdauten ihr Essen ohne Restbestände und könnten auch nicht mehr »zur Frau gemacht werden«, weil ihr After nicht länger penetrierbar sei.[33]

Da bei Buben die Eichel meist vollkommen von der Vorhaut bedeckt ist, diese sich aber im Laufe der Zeit immer mehr zurückzieht, kann man in der Circumcision auch eine Vorwegnahme und Akzentuierung des natürlichen Reifungsprozesses sehen.[34] Um einen Penis wie ein Mann zu haben, schmierten sich nicht selten die kleinen Buben der Nandi und der Massai den klebrigen Saft einer wolfsmilchartigen Pflanze auf die Eichel, damit sie anschwoll und die zurückgezogene Vorhaut nicht mehr den ganzen Penis bedeckte, und auch bei den Hamar, die ihre Buben erst beschnitten, wenn »die Hoden gefallen« waren, träufelten manche der Kleinen einen beißenden Pflanzensaft auf die Vorhaut, damit sie sich zusammenzog.[35] Hinzu kam vielleicht, daß ein beschnittener Penis auch im schlaffen Zustand größer oder einem erigierten Penis ähnlicher sieht[36], weil eben die Eichel freiliegt. So erzählte das ehemalige Dienstmädchen Sigmund Freuds, wie schockiert sie war und das Blut ihr in den Kopf schoß, als sie einmal ins Badezimmer trat und den Herrn Professor nackt in der Wanne stehen sah. Das Fräulein hatte noch nie zuvor einen beschnittenen Penis gesehen und konnte nicht verstehen, »wie der alte Herr so ein großes Glied haben« konnte.[37]

Nicht selten begründete man die Circumcision damit, daß Männer mit einem unbeschnittenen Penis zu geil und triebhaft seien und damit eine Gefahr für ein geordnetes Gemeinschaftsleben darstellten. So argumentierte bereits der hl. Thomas von Aquin, und Salomon Schweigger erfuhr im Jahre 1578 von türkischen Gewährsmännern, daß Adam sich eigentlich schon im Paradiese den Penis abschneiden wollte, weil »er sich gefürcht, dies Glied möcht ihn mit der Zeit zuschanden machen, daß er sich vielleicht mit Mutwillen möcht vergreifen«. Zwar habe ihn der Erzengel Gabriel gerade noch von der Kastration abhalten können, doch weil der Stammvater »Gott einen gefälligen Dienst woll[t] erzeigen mit Tötung und Dämpfung der fleischlichen Begierden, so soll er das heimlich Glied ein wenig beschneiden, das soll soviel sein, als hätt er's gleich gar hinweggeschnitten«.[38]

Seit alten Zeiten waren die Juden davon überzeugt, daß nach der Beschneidung die Haut der Eichel sich verhärte, da diese beständig an der Kleidung reibe und der Penis deshalb nicht

mehr so empfindsam und stimulierbar sei. Deshalb seien unbeschnittene Männer leidenschaftlicher und könnten nicht
nur die Frauen besser befriedigen, sondern auch selber intensivere Lust empfinden. So bedauerte im späten Mittelalter Rabbi Isaak ben Yedaiah die Tatsache, daß die Jüdinnen
so scharf auf nichtjüdische und nichtmuslimische Männer
seien (»sie liegen mit großer Leidenschaft an ihrer Brust«),
weil die Christen »wegen ihrer Vorhaut« die jüdischen
Frauen viel besser »stoßen« könnten. Wenn der Christ nach
dem Koitus nach Hause gehen wolle, hielte die Jüdin ihn an
seinen Genitalien fest und bettele darum, daß er sie noch
einmal befriedige, denn er habe »Hoden wie aus Eisen und
eine Ejakulation wie ein Hengst«, so daß sein Sperma »wie
ein Pfeil in ihren Schoß schießt«. Die jüdischen Männer
könnten ihre Frauen nie zum Orgasmus bringen, und weil
sie von der Arbeit zu müde seien, bliebe es jenen häufig versagt, überhaupt mit ihren Frauen zu schlafen. Dies bestätigte sogar noch im Jahre 1642 der römische Medizinprofessor
Giovanni Sinibaldi, als er erklärte, »die jüdischen Frauen,
Türkinnen und Mauretanierinnen« würden sich deshalb so
gerne den christlichen Männern hingeben, weil diese noch
ihre Vorhaut hätten, was die genannten Frauen sehr genössen.[39]
Um »diese gewaltige« und natürlich auch den jüdischen
Männern eigene »Begierde« danach, die Frauen zu penetrieren, »zu hemmen« und um ihren Stolz etwas abzukühlen,
führte schon der berühmte jüdische Philosoph Philo von
Alexandria bald nach der Zeitenwende aus, man müsse bereits die kleinen Buben ihrer Vorhaut berauben, denn allein
dies vermöge die »Vergnügen« zu vertreiben, welche »die
Seele behexen«, eine Überzeugung, der sich mehr als tausend Jahre später der berühmte, aus Córdoba stammende
und im Niltal tätige jüdische Arzt Moses Maimonides
anschloß, der anmerkte, dies sei vor allem bei den in warmen
Ländern lebenden Männern unabdingbar, habe doch auch
der Talmud dargelegt, daß ein jüdisches Weib, welches von

einem Unbeschnittenen fleischlich erkannt worden sei, »sich nur schwer von ihm trennen« könne.[40]

Da man indessen in den meisten Gesellschaften der festen Überzeugung war, die Frauen verfügten über die größere Geilheit, und zwar eine, die ernsthaftere Konsequenzen für die Gesellschaft nach sich zog als die Triebhaftigkeit der Männer, wurde ihre Beschneidung viel häufiger als bei diesen mit ihrer ansonsten kaum kontrollierbaren Lüsternheit begründet. »Eben noch waren unsere Herzen heiß«, sangen bei den zentralafrikanischen Manja die jungen Mädchen nach der Klitoridektomie, »jetzt sind sie kalt, und träumen nicht mehr von der Liebe!«, und die Frauen der Ọyọ-Yoruba, die vor der Hochzeit die Genitalien der Braut stimulierten und all das wegschnitten, was vor Erregung steif wurde, rezitierten das alte Sprichwort: »Die Klitoris ist die Haube der Hurerei, welche die Möse vom Himmel mitbekommen hat.«

Als eine junge Beduinin vom Stamme der Mzeini von einer israelischen Ethnologin erfuhr, daß diese nicht beschnitten war, sagte sie zu ihr: »Mensch, dann mußt du ja geil sein wie ein Mann, bei Allah! Wir, weil wir beschnitten sind, haben Geduld (ṣabr). Unsere Fotzen töten uns fast nie [= sind nie lüstern]... Wir lieben zwar, doch unsere Herzen tragen Wunden.« Und eine andere meinte: »Wenn eine Fotze (khurma, wörtl. »Loch« = verheiratete Frau] mit ihrem Mann nicht vögeln will, wenn er in seinem Schwanz stirbt [= geil ist], schlägt er sie zusammen, damit sie sich unterwirft (bikawenha), und dann kriegt er von der Eselin sein Ding. Nun, die Weiber in der Hölle sind nicht beschnitten, und deshalb: Wenn ihre Fotzen sie töten, dann gehen sie zu den Pferden und Hunden!«[41]

Daß »circumcisione mulierum minuitur voluptas«[42], wußten nach einer Mitteilung des frühbyzantinischen Arztes Aetius von Amida bereits die alten Ägypter, weshalb es diesen tunlich erschienen sei, »die nympha zu amputieren, bevor sie zu groß wurde«, und zwar »bei heiratsfähigen Jungfrauen, ehe

80 Hebamme kupiert eine übergroße Klitoris.
Illustration zur ›Kaiserlichen Chirurgie‹, Bagdad, 12. Jh.

man sie verlobte«, denn ansonsten hätte sich die Klitoris
möglicherweise zu einer solchen Größe entwickelt, daß sie
dem Mädchen zur Scham gereicht und es zur »Unzucht und
zum Geschlechtsverkehr proviziert« haben könnte.[43] Zwar
wird auch von heutigen Gelehrten immer wieder behauptet,
daß die radikale Beschneidung der Frau, bei der selbst die
großen Schamlippen entfernt und die Reste der Vulva infibuliert werden, auf die alten Ägypter zurückgehe, weshalb
man sie ja auch »pharaonische Beschneidung« nenne[44], doch
hat man bis zum heutigen Tag keine einzige Mumie eines
ägyptischen Mädchens oder einer Frau gefunden, an deren
Genitalien irgendeine operative Veränderung vorgenommen
worden wäre.[45] Wenn deshalb beispielsweise Robert James
in seinem *Medical Dictionary* vom Jahre 1745 verlautete, die
Ägypter hätten »from newborn girls« entfernt »whatever
was indecently prominent in that part«, wobei er anmerkte,
daß »such an operation is indeed rarely practiced among Europeans«, so kann das nur für die zeitgenössischen Ägypter
und nicht für die des Altertums gegolten haben. Allerdings
war man im 18. Jahrhundert und in späterer Zeit vor allem
in Unterägypten nicht besonders radikal und entfernte häufig lediglich die Spitze der Klitoris oder gar nur ein winziges
Stückchen der kleinen Schamlippen, denn wie eine Bäuerin
es ausdrückte, wünschten sich die Männer zwar eine Frau,

die nur sehr schwer zu erregen war, weil sie ihr dann »vertrauen« konnten, aber keine vollkommen frigide Frau. In aller Munde war die Geschichte, in welcher der Prophet über seine Tochter Fatima, die wieder einmal nicht in die Gänge gekommen war, die Worte sprach: »Wir müssen ein Teil von ihr entfernen, damit sie lernt, zu gehorchen und nicht herumtrödelt«, worauf die alten Frauen ihr »jenes Teil« abschnitten. Die meisten Fellachinnen waren sich jedoch darin einig, daß Mohammed auf keinen Fall die Klitoris gemeint haben konnte, weil klitoridektomierte Frauen praktisch nicht erregbar seien und »deshalb ihren Männern die ganze Kraft nehmen«, und so forderten sie die Zigeunerin, welche die Beschneidung durchführte, eindringlich dazu auf, »nicht zuviel« wegzuschneiden.[46]

Eine solch »lasche« Prozedur war jedoch der Grund dafür, daß die weiter im Süden, in Oberägypten, aber vor allem in Nubien und im Sudan lebenden Araberinnen auf die Frauen im Norden, »die es sich leicht machen«, herabschauten. In Oberägypten sagte man, daß der Geschlechtstrieb einer Frau zwanzigmal so stark sei wie der eines Mannes, weshalb die nur unzureichend beschnittenen Frauen des Nordens ebenso wie die der Nuer, Dinka und der übrigen »Wilden« so »geil wie die Hunde« und ohne jegliche Ehre und Würde seien.[47] Wie sudanarabische Frauen berichteten, erwarteten ihre Männer von ihnen, daß sie sich beim Sex nicht »wie ein Tier« benähmen, sondern »wie ein Holzblock« dalägen, und in der Tat ergab eine unlängst bei 3000 infibulierten Frauen durchgeführte Umfrage, daß fast jede von ihnen nach eigener Aussage beim Koitus Schmerzen empfand und 84% noch nie einen Orgasmus erlebt hatten.[48] Manche Mädchen empfanden in den Jahren nach der Beschneidung bei der bloßen Berührung dessen, was von ihrer Vulva übriggeblieben war, unerträgliche Schmerzen, und der bloße Gedanke an einen Koitus löste bei ihnen Entsetzen aus. Im Gebiet des Blauen Nils wurde die Braut in der Hochzeitsnacht häufig auf dem Bett festgebunden, damit der Mann ihre Vagina mit

einem Messer, einer Schere oder gar mit Salzsäure öffnen
konnte, falls es ihm nicht gelang, seine künftige Frau mit
dem Penis zu penetrieren, was meistens der Fall war. Oder
es blieb ihm nichts anderes übrig als eine Hebamme zu
holen, die für ihn die Frau aufschnitt. Natürlich galt das als
sehr unehrenhaft und beschämend, denn es zeigte, daß er
unfähig war, die Braut zu deflorieren, und er konnte nur
hoffen, daß die Hebamme die ganze Geschichte für sich
behielt.[49] »Die Hochzeit war furchtbar«, gestand eine
Somālifrau, »weißt du, es dauert so lange, bis er endlich drin
ist – Wochen, Monate!«, nachdem er Nacht für Nacht auf
ihre Schamspalte ejakuliert hat, um sie aufzuweichen.
»Sperma hilft. Sperma ist sauer und macht das Narbengewebe weich. Der Mann tut es dorthin, außen, weißt
du, oft!«[50] Manche Sudanaraberinnen baten deshalb ihre
Männer vor dem Ableisten ihrer ehelichen Pflichten, den
Penis nicht in die Vagina, sondern in den After einzuführen
oder aber zu warten, bis ihre Schamspalte sich durch eine
Entbindung geweitet hatte.[51] Auch von den infibulierten
Mädchen und Frauen der Harari und Galla hieß es, sie
bevorzugten den Analverkehr, da die verbliebene Vaginal-
öffnung so klein war, daß das Menstruationsblut kaum

81 Beschneidung eines Massaimädchens.

ablaufen konnte und der Urin nur tröpfelte: »Die Harari pißt langsam wie ein Kamel«, sagten die Nachbarstämme. Und man behauptete, daß sich manche klitoridektomierte Frauen von Geschlechtsgenossinnen penetrieren ließen, die eine Klitoris besaßen, die zwar groß genug war, um eingeführt werden zu können, aber doch nicht so groß und dick wie ein erigierter Penis.[52] Von solchen Frauen dachte man nicht nur im Nordosten Afrikas, sie hätten eine sexuelle Aversion gegen Männer, weshalb noch im 20. Jahrhundert gelegentlich amerikanische Ärzte dazu rieten, lesbische Frauen durch Amputation ihrer Klitoris von ihren Gelüsten zu kurieren.[53]

Auch in außerafrikanischen Gesellschaften versuchte man, den Frauen durch eine Beschneidung die sexuelle Verve zu nehmen. So berichtete schon zu Beginn des 11. Jahrhunderts der Chronist Thietmar v. Merseburg, daß die Wenden hurenhaften Frauen »elendiglich die Scheide beschnitten (*circumcidebatur*) und diese Vorhaut (*preputium*)«, worunter man wohl die Labien und die Klitoris verstehen darf, zu ihrer Schande und zur Warnung der Männer an die Tür ihres Hauses hefteten, und die Alfuren auf der Molukkeninsel Buru taten dies präventiv, damit die Mädchen gar nicht erst auf dumme Gedanken kommen konnten.[54] Von den Itelminnen oder Kamtschadalinnen berichtete der Naturforscher Georg Wilhelm Steller, der ab dem Jahre 1737 an der Großen Nordischen Expedition des dänischen Seeoffiziers Vitus Bering teilgenommen hatte, sie seien beschnitten worden, seitdem sich anscheinend Fremde, mit denen sie das Lager geteilt, über ihre großen Schamlippen lustig gemacht hätten, so daß sie ihnen fortan peinlich waren: »Die Schaam ist sehr weit und groß, dahero sie auch nach denen Cosaken und Ausländern allezeit begieriger sind, und ihre eigene Nation verachten und verspotten. Über der Schaam haben sie alleine ein Schöpflein schwarzer dünner Haare, wie ein Krochal auf dem Kopf, das übrige ist alles kahl. Außer diesem haben einige und zwar die mehre-

sten sehr große Nymphen, welche außerhalb der Schaam auf
1 Zoll hervorragen, und wie Marienglas oder Pergament
durchsichtig sind. Es werden dieselbe nunmehro vor eine
große Schande gehalten, und ihnen in der Jugend, wie denen
Hunden die Ohren, abgeschnitten. Die Itälmen nennen
diese außerordentliche Nymphen *Syraetan*: und lachen sie
selbst einander damit aus.«

Wenn bei den südlichen Nuba die jungen Mädchen die
gleichaltrigen Burschen mit obszönen Liedern provozierten,
in denen sie sich über deren Vorhäute ausließen, die »vom
vielen Bumsen« bereits völlig zerfranst seien, revanchierten
sich die jungen Männer mit ebenso unanständigen Liedern,
in denen es hieß, die Schamlippen der Mädchen seien »so
groß wie die Hoden eines Esels«.[55] Wie bei einigen Nuba-
gruppen ließen auch bei den Malaiien bis in unsere Zeit manche Mütter die Klitoris ihrer Töchter kupieren, »damit sie
nicht wächst«. Die jungen malaiischen Mädchen, deren
Brüste »größer als Kokosnüsse« sind, gehen häufig zu einem
Heiler, damit er die Brüste zum Schrumpfen bringt. Die
Shipibo im Amazonasbecken sagen, daß einstmals die
Frauen, als sie noch herrschten, eine riesige Klitoris besaßen,
die größer als ein Penis war. Doch eines Tages wurden sie
von den Männern entmachtet, die ihnen den Inbegriff der
Herrschaft abschnitten. Seit dieser Zeit werden die jungen
Mädchen in einer Vollmondnacht klitoridektomiert, weil sie
sonst zu wild und lüstern würden und den Männern die
Herrschaft wieder entrissen, und Frauen, die noch ihre Kli-
toris und die kleinen Schamlippen haben, werden als »Stin-
kerinnen«, »wabbelnde Pferdemäuler« oder »geschwollene
Erdnüsse« beschimpft.[56]

Auch unbeschnittene Männer werden bisweilen aufgrund
ihrer »feuchten« Eichel oder des übelriechenden Smegmas
unter der Vorhaut als unangenehm empfunden – so wandte
sich eine Marquesanerin, die dem Maler Gauguin in die
Hose gefaßt hatte, um ihn zu masturbieren, voller Abscheu
von ihm ab, als sie spürte, daß er nicht incisiert war, und eine

in Nairobi tätige Prostituierte vom Stamm der Meru meinte naserümpfend, »that she did not like the smell of uncircumcised men«.[57] Doch wurden zu allen Zeiten weltweit vornehmlich die Frauen als feucht und übelriechend bezeichnet: Im Mittelalter verglich man den weiblichen Schambereich gerne mit dem Igel (Abb. 82), und zwar nicht nur, weil des-

82 Bild aus dem Scheibenbuch des Herzogs
Johann Casimir von Sachsen-Coburg, 1629.

sen Stacheln anscheinend an das Schamhaar der Frauen erinnerten[58], sondern weil er als ein besonders stinkendes Tier galt. »Mir öffnet ains mein půl ir gaden [= Kammer]«, so heißt es in einem Fastnachtsspiel des 15. Jahrhunderts, »und ward mich an ir pettlein laden, do solt ich ir ain igel stechen.«[59] »Meitligstank macht Buebe chrank«, meinte der Schweizer Volksmund zu wissen, während in einem oberbayerischen Vierzeiler der Bursche auf sehr uncharmante Weise zu dem jungen Mädchen sagte: »Diandel wo hostas denn/daß i's net find/hostas fei gar vobrennt/wei's aso stinkt?« Und noch im Jahre 1757 erklärte der Arzt Reinhard, Frauen trügen keine Hosen oder Unterhosen, »damit sie die Luft besser angehen, und diese einen desto freyeren Durchgang haben möchte, um nicht bey Lebzeiten vermodern, oder gar stinkend werden zu mögen. [...] Trügen sie nun wie die Mannsbilder Hosen, so würden sie nicht nur immer naß sitzen, sondern wohl gar zu ihrem eigenen Unglücke bey lebendigem Leibe in eine solche Fäulniß gerathen. Ey, was würde die Nase in solchen Umständen vor einen üblen Geruch empfinden!«[60]

Schon ein im 16. Jahrhundert zu den abessinischen Amhara gesandter Arzt berichtete, die dortigen Männer ekelten sich vor der Klitoris und den Schamlippen, und eine Somālifrau erzählte, daß sie sich an eine »Kuhmöse« erinnert fühlte, als sie zum erstenmal die Vulva einer Weißen sah: »Dieser Körperteil ist bei einer somālischen Frau bedeckt und verschlossen – das sieht besser aus. Ich habe Brüder, Vettern und Freunde, die mit europäischen Frauen zusammen waren oder mit Frauen, die eine Klitoris haben, und sie sagen, bei uns sei es am besten – sie sagen, es ist kleiner, fest, es ist sauber, und es ist nicht so naß. Ich selbst weiß, daß wir besser riechen und weniger schmutzig sind als Frauen, die nicht beschnitten wurden.« Und eine andere Somāli gestand der Ethnologin, sie fände »die Vorstellung einer offenen Vulva mit Schamlippen schlicht ekelerregend«. »Europäerinnen sind ja immer feucht!«, rief sie voller Widerwillen aus, wohingegen ihr Narbengewebe doch »sauber« sei und »viel schöner als euer Geschlampe!«[61]

Da sich auch unter der Vorhaut der Klitoris Smegma ansammelt[62], machte man in manchen Gesellschaften wie z.B. auf Java die Frauen dadurch »sauber«, daß man lediglich die Klitoriseichel operativ freilegte[63], doch war man meist der Auffassung, man könne eine Frau nur »trockenlegen« und »vom Schmutz befreien«, indem man zumindest die ganze Klitoris und oft auch noch die kleinen Schamlippen entfernte. »Wir sind Nandi – wir wollen nicht so etwas Hängendes bei den Weibern«, sagte ein Häuptling dieser im Nordosten des Victoria-Sees lebenden Halbnomaden, die besonders die Schamlippen als häßlich und ekelhaft empfanden, während die Kikuyumädchen nach der Klitoridektomie sangen: »Heute hat das Messer den Wächter des Dorfes getötet;/

Jetzt, wo er tot ist, hat das Dorf keinen Wächter mehr./Vorher war das Dorf schmutzig,/Aber da nun kein Wächter mehr da ist,/Ist es heute ganz sauber!«[64]

Freilich scheint es noch ein weiteres Motiv für die »pharaonische« Beschneidung gegeben zu haben, und zwar eines, auf das jene Sudanesin anspielte, die sagte: »Die Ehe ist für die Männer nur eine *sexuelle* Vereinigung, so daß die Beschneidung für sie nützlich ist, wenn man es so sagen kann, denn die Männer haben bei einer beschnittenen Frau ein sehr großes sexuelles Vergnügen.« Da bei einer Frau, deren Naht man aufgetrennt hatte, das Gewebe zum Großteil miteinander verwachsen war, war die Vagina im vorderen Bereich sehr eng und damit die Reibung für den Penis sehr groß, was die Männer außerordentlich stimulierte, zumal sie sich der Phantasie hingeben konnten, wie im Paradies die *hūrīyah*, so im diesseitigen Leben ihre Frau immer wieder aufs neue zu deflorieren. Bei den Amhara galt nicht selten der Mann als der männlichste, der seiner Frau beim Koitus die meisten Schmerzen zufügte, und auch die Männer der nordsudanesischen Shaiqiya, die sich während des Beischlafs ungewöhnlich aggressiv und sadistisch benahmen, sagten, ihre Lust und ihr Triumphgefühl seien um so größer, je mehr die Frauen dabei litten. Ja, die Großmütter erklärten den jungen Mädchen vor der Hochzeitsnacht, sie könnten ihren Ehemann nur wirklich befriedigen, wenn sie ihn beim Koitus spüren ließen, welche Schmerzen sie dabei empfänden.[65]

Bereits im Mittelalter schwärmten die arabischen Dichter und Schriftsteller von Frauen mit »engen Mösen«, und Ibn al-Ǧauziyya erzählte von einer Frau, die nicht verstand, warum ihr Mann sich scheiden lassen wollte, habe sie ihm doch stets geholfen und ihm treu zur Seite gestanden: »Kein Makel lastet auf mir, es sei denn, meine Stirn ist etwas zu eng!« Da erwiderte der Mann unwirsch: »Wenn deine Möse [wörtl. »dein Loch«] nur etwas zu eng gewesen wäre, hätte ich dir nicht die Scheidung gegeben.« Und eine verstoßene

Frau habe voller Verbitterung gesagt: »Die Männer möchten immer nur die Enge! Möge Allah ihre Gräber für sie recht eng machen!« In Qatar, Oman und anderen Gegenden am Persischen Golf führten deshalb die Frauen früher hühnereigroße Steinsalzbrocken oder kleine Säckchen mit Alaunkristallen in die Vagina ein, damit sie schrumpfte und versteifte, und im ganzen Vorderen und Mittleren Orient hieß es, der Analverkehr mit einer Frau sei wesentlich lustvoller als der Vaginalverkehr, aber auch beglückender als die Penetration eines Knaben, da die Frauen einen festeren Afterschließmuskel hätten und man dabei zudem mit der Klitoris und den Brustwarzen der Partnerin spielen könne, um während ihres Orgasmus in den Genuß der Konvulsionen zu kommen, die viel heftiger seien als die bei einem jungen Manne.[66]

Stand hierzulande im *Lob der gûten Fut*, die ideale Vagina dürfe »weder ze wit noch ze enge« sein, sondern so, »daz man âne grôz gedrenge hûbschlich dar in komen mag«, so hielten es die Italiener mehr mit den Orientalen. Federigo Luigini führte beispielsweise in seinem *Libro della Bella Donna* aus, die Genitalien einer Frau müßten klein und wenig ausgerissen sein (»sarà adunque picciolo e poco fesso«), aber so geil, heiter und liebeshungrig, daß sie dem Betrachter über die Maßen gefallen, sofern ihm solche Gunst gewährt werde (»mà si lascivo, giocondo ed amoroso che oltre misura venga a piacere ai riguardanti, se a riguardanti sia concessa tal grazia«), und Antonio Vignali aus Siena meinte, die »potte« der Frauen sollten so beschaffen sein, daß sie sich den dicken, aber auch den dünnen «cazzi« [= Schwänzen] der Männer anpaßten. Allerdings hätten die meisten Frauen eine so weite »potta«, daß sie den Männern beim Koitus kein Vergnügen bereiten könnten, und sie selber hätten von der Sache nur dann etwas, wenn der »cazzo« so riesig sei, wie kaum ein Mann ihn aufweise. Da also die »Mösen« der Frauen fast immer zu weit und zudem »feucht und wenig sauber« (»humido ed mal netto«) seien, empfahl im Jahre

1538 Giovanni della Casa den Männern, ihren Penis doch eher in das einzuführen, was die Frauen »hinten versteckt« haben.[67] In Paris, so hieß es im Jahre II der Revolution (1794), gebe es sehr wenige schöne Frauen, aber dafür zahlreiche große »Mösen« (»les belles femmes sont rares à Paris, les grands cons très-nombreux«), und wenn man schon mal auf eine »enge Möse« stoße, dann gehöre sie einer syphilitischen Hure. Deshalb solle man sich lieber an die Männer halten, die nicht nur die Vorzüge einer »passage étroit«, sondern im Gegensatz zum anderen Geschlecht »des fesses dures et blanches« hätten.

Wollte man eine Frau zutiefst beleidigen, so erzählte man herum, sie habe eine große und weite Vagina, wie im Jahre 1744 ein Mann in einem schwäbischen Wirtshaus lauthals verkündete, seine Frau »habe einen solch weiblichen Glied, daß ein Ochs einen halben Tag zu schlecken habe, wenn man dasselbe mit Salz bestreuen sollte«, aber auch heutzutage scheinen in den westlichen Gesellschaften eher die kleinen weiblichen Genitalien mit nicht allzu üppigen Schamlippen dem Schönheitsideal zu entsprechen (Abb. 83), was man daran erkennen kann, daß vor allem in Nordamerika immer

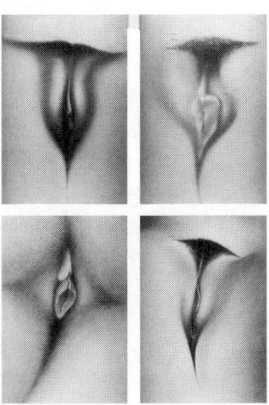

83 Igor Mead: Nach photographischen Vorlagen gezeichnete weibliche Genitalien.

mehr Frauen ihre Vagina operativ verengen und ihre Schamlippen stutzen lassen.[68]

Dies entspricht ästhetischen Standarden und den sexuellen Bedürfnissen der Männer anderer Kulturen, etwa der indischen Santal, die sich eine enge und feste Vagina wünschten, die den Penis aussaugt »wie das Kalb das Euter«, oder die Baiga, bei denen die Männer so verrückt auf kleine und enge weibliche Genitalien (*tip-tip*) waren, daß eine Frau, die unglücklicherweise mit einer großen und sehr geräumigen Vagina (*gus-gus*) ausgestattet war, sich diese mit Draht vernähte, um ihrem Mann besser zu gefallen. Bei den Zande schließlich liebten die Männer eine enge und klebrige Vagina, in die man nur mit Mühe hineinkam und nicht so leicht wieder herausrutschte, wenn die Frau ihr Becken kreisen ließ. Von einer solchen Frau schwärmten die Männer und sagten voller Bewunderung, sie fühle sich »wie Maniokbrei« an, und zwar wie einer, der so fest und klebrig sei, daß man kaum den Löffel in ihm umdrehen könne.[69]

§ 10
»Rape me, nigger, rape me!«
Rassistische Sexualphantasien

Hatte im Jahre 1819 der französische Naturforscher Virey
dem gebildeten Publikum mitgeteilt, die Negerinnen hätten
deshalb einen solchen »Grad der Laszivität entwickelt, der in
unserem Klima unbekannt ist, weil ihre Sexualorgane viel
stärker ausgebildet sind als die von Weißen«, und war schon
vor ihm von Buffon behauptet worden, die Negerinnen sei-
en so geil, daß ihre Männer ihnen nicht genügten, weshalb sie
es mit den Affen trieben, so folgten diese Forscher Klischees,
die es bereits seit Jahrtausenden gab: »Quisquis amat ni-
gra[m] nigris«, so lautet etwa ein Graffito in Pompeji, »car-
bonibus ardet/nigra[m] cum video mora[m] libenter aedeo«
[= Wer immer um eine Negerin buhlt, sitzt auf glühenden
Kohlen/Wenn ich eine Negerin sehe, will ich diese Beere
essen«, und die arabischen Schriftsteller des Mittelalters
schwärmten davon, daß die Negerinnen zwischen den Beinen »einen Ofen mit lohender Glut« tragen.[1] »Diejenigen«,
so verlautete im Jahre 1771 Guillaume Raynal über die
Anziehungskraft der karibischen Negersklavinnen, »welche
die Ursache dieses Geschmacks an Negerweibern, der bei
Europäern so unnatürlich scheint, gesucht, haben sie in der
Beschaffenheit der Himmelsluft gefunden, die unter der
heißen Zone unwiderstehlich zur Liebe reizt, in der Leichtigkeit, ohne Zwang und ohne anhaltende Aufwartungen
diese unüberwindliche Neigung zu vergnügen, in einem
gewissen starken Reiz von Schönheit, den man bald an den
Negerinnen findet, sobald sich das Auge an die ihre gewöhnt
hat, zumal in einem Temperamentsfeuer, das ihnen die
Macht gibt, die feurigsten Entzückungen einzuflößen und
zu empfinden. Auch rächen sie sich sozusagen, wegen der
demütigenden Abhängigkeit ihres Standes durch die zügel-
losen Leidenschaften, die sie bei ihren Herren erregen.«[2]

84 Klaus Kinski und schwarze Partnerin
während der Dreharbeiten zu ›Cobra Verde‹, 1987.

In Paris gab es zu jener Zeit eine große Nachfrage nach
schwarzen Huren – geradezu berühmt war das »Bordel de
Négresses Chez mademoiselle Isabeau, ci-devant rue neuve
de Montmorency«, wie es in einem Touristenführer hieß –[3],
und man liebte ihre »organes sexuels larges«, die eine tierische Sexualität anzeigten, wie es 1889 in Maupassants *Chaire
noire* hieß: »C'était une bête admirable, une bête sensuelle,
une bête à plaisir qui avait un corps de femme... Je ne
l'aimais pas – non – on n'aime point les filles de ce continent
primitif. Elles sont trop près de l'animalité humaine.«[4] Da
indessen vielen Männern die »Tierähnlichkeit« der Negerinnen bisweilen ein wenig zu weit zu gehen schien und
ihnen das Gesicht, der Geruch und das weichere Schamhaar
weißer Frauen im allgemeinen angenehmer waren[5], die letzteren jedoch als relativ fad und langweilig im Bett empfunden wurden, galten im ganzen karibischen Raum und über
diesen hinaus die Mulattinnen (»coloured women«) am at-

traktivsten, weil sie so schön wie die weißen Frauen und dabei so »sexy« wie die schwarzen waren: »Eine Weiße zum Heiraten«, sagten die Brasilianer, »eine Negerin zum Arbeiten und eine Mulattin zum Ficken«, und eine schwarze Stripperin erklärte: »Some like black girls, but black girls who have either big tits or light skin, who tend to look more like Puerto Ricans.« Während im 18. Jahrhundert auf den Sklavenmärkten der französischen Antillen-Inseln ein Mulatte keineswegs mehr Geld einbrachte als ein Neger, erzielten Mulattinnen durchweg wesentlich höhere Preise als ihre schwarzen Schwestern, und kurz vor Ausbruch der Großen Revolution schwärmte ein höherer Verwaltungsbeamter auf Martinique: »Die gesamte Existenz der Mulattin wird von der Sinnenlust beherrscht und das Feuer dieser Göttin brennt in ihrem Herzen, um erst mit ihrem Leben zu erlöschen. Es gibt nichts, was die glühendste Vorstellungskraft sich ausdenken könnte, was sie nicht schon geahnt, vorhergesagt und erfüllt hätte.«[6]

Wie um das Jahr 1772 der aus Pommern stammende Seemann Joachim Nettelbeck mitteilte, erhielten auf den Sklavenschiffen aus Anstandsgründen »die Weiber und Mädchen« einen knielangen »baumwollenen Schurz« und die Männer einen die Genitalien bedeckenden Durchziehschurz, und etwas später berichtete auch Anna Maria Falconbridge, die auf einem Sklaventransporter von Sierra Leone nach Jamaika gereist war, sie sei angesichts der Geschlechtertrennung und der bekleideten Sklavinnen an Bord angenehm überrascht gewesen, habe sie doch befürchtet, Zeugin von »indelicacies« zu werden, »too offensive for the eye of an English woman«.[7] Allerdings scheint zumindest der ahnungslosen Engländerin entgangen zu sein, daß damals Vergewaltigungen unter Deck an der Tagesordnung waren und nicht selten die jungen und hübschen Sklavinnen als Schiffshuren gehalten wurden, wie aus zahlreichen Berichten hervorgeht.[8]

Möglicherweise existierten in der Behandlung der gefangenen Frauen und Mädchen gewisse nationale Unterschiede, denn im Jahre 1764 berichtete z.B. der Kaufmann Jérôme Chambon, die französischen Zwischenhändler an der angolesischen Küste unterließen es im allgemeinen, gewisse »Untersuchungen vorzunehmen, die gegen die Schicklichkeit verstoßen und unter denen die Menschenwürde zu leiden hat«, obgleich ihnen »das Verhalten der Portugiesen, der Holländer und der Engländer bei der Prüfung ihrer Sklaven durchaus bekannt« sei, nämlich beim Inspizieren des weiblichen Geschlechts »kein Körperteil« auszulassen. Doch wie immer es sich in Wirklichkeit verhalten haben mag – auf den amerikanischen Sklavenmärkten waren die ansonsten geltenden Schicklichkeitsnormen weitestgehend außer Kraft gesetzt. So berichtete Willem Bosman im Jahre 1704, daß nicht nur die Männer, sondern auch die Frauen »ohne den geringsten Unterschied und ohne die geringste Scham« splitternackt gemustert wurden, und ein anderer Besucher beschrieb, wie die potentiellen Käufer die nackten Brüste der jungen Frauen befühlten (»to feel their titties«), um ihre Festigkeit zu prüfen, da schlaffe oder gar hängende Brüste den Preis erheblich drückten. Zwar scheint es in der Neuen Welt nicht vorgekommen zu sein, daß die Frauen, wie es angeblich trotz Verbots in Kairo zu geschehen pflegte, vor dem Kauf sexuell »ausprobiert« wurden, doch waren viele europäische Reisende des 18. und des 19. Jahrhunderts darüber schockiert, wie manche weiße Kreolinnen auf dem Markt die Geschlechtsorgane der Sklaven begutachteten und ihre Männer die der Sklavinnen inspizierten. Andere berichteten, daß die Atmosphäre sich sexuell auflud, wenn junge Mädchen und Frauen zur Schau gestellt und von den Kunden betastet wurden, wobei man dies wenigstens in Richmond hinter Vorhängen aus Baumwolle tat: »These Slave Depots are in one of the most frequented streets of the City and the Sales are conducted in the building on the first floor, and within full View of the passers-by. There are small screens, behind which the Women of mature years were taken for inspection, but the Men and Boys were publicly examined in the open room, before an audience of over one hundred persons.«[9]

Zwar wurden die gekauften Sklavinnen anschließend so eingekleidet, daß auch die Brüste bedeckt waren, doch liebten es die Aufseher, besonders die jungen und attraktiven unter ihnen zum Auspeitschen splitternackt auszuziehen. Nach Aussage ehemaliger Sklaven und Reisender taten dies in der Karibik besonders die Gattinnen der Pflanzer, wobei gewiß Sexualneid und Rache eine Rolle spielten, da die Kreolinnen ganz genau wußten, daß ihre Männer ihnen die jungen Negerinnen sexuell vorzogen und mitunter sogar in ihrer Anwesenheit im Ehebett beschliefen.[10] Sowohl in Westindien als auch in den Südstaaten waren viele Weiße davon überzeugt, die Negerinnen seien so geil und triebhaft, daß etwa aufkeimende Schamgefühle überhaupt keine Chance hatten, sich durchzusetzen. Deshalb erwies es sich im Grunde auch als unmöglich, den Tatbestand der Vergewaltigung einer Negerin zur Anklage zu bringen, da diese angeblich aufgrund ihrer chronischen Lüsternheit selbst dann von jedem Weißen »gebraucht« werden wollte, wenn ihr das gar nicht bewußt war. »I can tell you«, sagte eine ehemalige Sklavin, »that a white man laid a nigger gal whenever he wanted her. Seems like some of them had a plumb craving for the other color«, und Zeugen berichteten, daß die »nigger gals« auf offener Straße »gelegt« wurden, ohne daß irgend jemand eingegriffen hätte. So erinnerte sich der Musiker Lehman Engel, wie an einem Sommerabend des Jahres 1920 in Mississippi zwei weiße Burschen in aller Öffentlichkeit eine junge Schwarze vergewaltigten, die voller Verzweiflung um Hilfe schrie: »I yelled at my uncle and my father, who did nothing. They said simply that I did not understand. Then I peered up and down the dimly lit street, and as far as I could see, other men sat on other front porches. All were rocking peacefully, some fanning themselves.«[11]

Im Jahre 1930 verlautete der Native Commissioner von

Südrhodesien bezüglich des Gesetzes, nach dem zwar ein Neger, der eine Weiße vergewaltigt, nicht aber ein Weißer, der eine Shona oder eine andere Stammesangehörige gewaltsam koitiert hatte, mit dem Tode bestraft werden konnte, es sei gewiß nicht nötig, »to point out the difference between the terrible suffering involved when a white woman is assaulted by a male native, and the comparatively mild disapproval endured by a native girl«, der ein Gleiches widerfahre, denn im Grunde gebe sich jede Eingeborene freiwillig jedem Weißen hin. Bereits im Jahre 1903 hatte es eine Untersuchung gegen den aus einer guten und streng religiösen Cambridger Familie stammenden Assistant Native Commissioner der Kolonie gegeben, nachdem bekannt geworden war, daß dieser die Brüste der jungen eingeborenen Frauen und Mädchen zu massieren pflegte und ihre Schenkel spreizte, »to examine their private parts«, worauf er allen Frauen ein Stück Seife schenkte außer denjenigen, deren Brüste für seinen Geschmack zu klein gewesen waren. Als die Untersuchung eingeleitet wurde, empörte sich der Mann, solche Handlungen seien gegenüber Negerinnen doch nichts Obszönes: »I have always treated these people as children. I have chafed [= frottiert, geknutscht] them and played with them but I have never had any evil design towards them«, und auch sein Vorgesetzter meinte, der Mann sei in Ordnung und habe lediglich ein etwas ungebärdiges Glied (»an unruly member«).[12]

Auch ausgesprochene «Negerfreunde» wie Karl Oetker spielten während der Kolonialzeit die »natürliche« Triebhaftigkeit der Neger, denen bezeichnenderweise Perversionen wie Homosexualität und Onanie fremd seien, gegen die Verdorbenheit der Europäer aus, wenn sie behaupteten, daß es »Negerfrauen, die erröten«, einfach nicht gebe, weil sie »das Geschlechtsleben als etwas Natürliches« betrachteten, und da »kein Gesetz, Verbot oder öffentliche Meinung weder das männliche noch das weibliche Geschlecht in der Ausübung ihrer Triebe behindert, so sprechen sie auch frei und ohne Hintergedanken darüber«.[13] Während freilich die einen daraus den Schluß zogen, man sollte zu den schwarzen Frauen Distanz halten – so hieß es noch im Jahre 1958 in einer offiziellen Anweisung für Missionare in Papua-Neuguinea: »Missionaries must beware of becoming too friendly with the opposite sex. The native has very strong sexual drives which he often is unable to control« –, schlossen die anderen daraus, daß sie sich in einem sexuellen Selbstbedienungsladen befanden, beispielsweise in Queensland, wo ab dem frühen 19. Jahrhundert systematisch alle jüngeren Frauen einschließlich der »young gins«, der vorpubertären Mädchen im Alter von 10 bis 12 Jahren, vergewaltigt wurden.[14]

Doch nicht nur von den schwarzen Frauen, sondern fast mehr noch von den männlichen »Negres« heißt es seit der Antike, sie seien »in ihren Wollüsten gantz viehisch«, wie es im Jahre 1740 Zedlers *Universal-Lexikon* ausdrückte. So berichtete im 12. Jahrhundert der jüdische Reisende Benjamin v. Tudela aus dem Sudan, die dort lebenden »Söhne Hams« seien nicht nur völlig nackt und von »minderer Intelligenz als gewöhnliche Menschen«, vielmehr bestiegen sie ihre Schwestern und jede Frau, »die sie finden können«, was im Jahre 1526 auch der arabische Geograph Leo Africanus aus Granada bestätigte, der jahrelang den Norden des Schwarzen Erdteils bereist hatte.[15] Im Jahre 1616 stand in Sevilla ein »schwarzer Türke« namens Hamete wegen Vergewaltigung eines kleinen Buben vor Gericht, und nach einer Weile gestand er auch, daß er für jeweils acht Dukaten seine Kunden anal zu penetrieren pflege. Nicht nur er, sondern die Schwarzen überhaupt seien bei den spanischen Männern sehr gefragt, weil sie im Rufe stünden, »sehr potent« und mit gewaltigen Genitalien ausgestattet zu sein. Auch heutzutage sind unter Homosexuellen Dunkelhäutige sehr beliebt – »Desire moderately aggressive young black to force feed me his hot wastes, served directly from source«, lautete etwa eine Annonce in der *San Francisco Express*

Time –, und im 19. Jahrhundert gab es in dieser Stadt ein von Madame Gabrielle geführtes Etablissement, in dem die Herren zuschauen konnten, wie weiße Frauen von Negern penetriert wurden. Amerikanische Sexualwissenschaftler haben herausgefunden, daß manche weiße Männer durch nichts mehr erregt würden als durch die Phantasie, in der ihre Frau von einem Schwarzen mit einem gewaltigen Gemächte von allen Seiten »hergenommen« wird, und Malcolm X berichtete, in den Puffs von Harlem hätten die weißen Kunden vor allem den Wunsch geäußert, einem »sleek, black Negro male« dabei zuzuschauen, »having a white woman« (Abb. 85).[16]

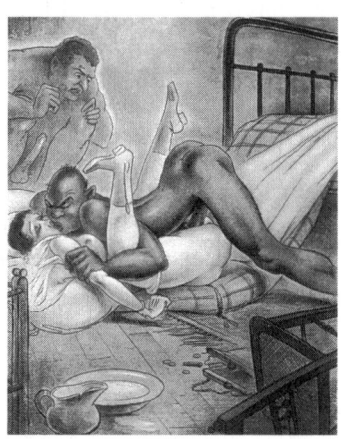

85 Schwarzer Prostituierter koitiert weiße Frau
in Anwesenheit ihres Ehemannes. Aquatinta, um 1925.

Nur ein Wesen, so glaubten die Araber des Mittelalters, könne eine Frau nachhaltiger »bumsen« als ein Schwarzer, nämlich ein Affe, und in einer Erzählung aus *Tausendundeinernacht* entflammt eine junge Frau nach einem Abenteuer mit einem Negersklaven zu einer solchen Lüsternheit, daß ihr nach dem Ratschlag einer Kammerjungfer nur noch ein Affe Befriedigung verschaffen kann. Bereits Buffon führte aus, die Neger und Negerinnen seien so lüstern, daß sie mit den

86 Achille Deveria: ›Der Affe und die Frau‹, 1848.

Affen kopulierten – noch im Jahre 1988 glaubten viele Amerikaner, Aids sei ursprünglich von westafrikanischen Negerinnen verbreitet worden, die es vorher mit Affen getrieben hatten –, und in Westindien sowie in Nordamerika war die Überzeugung weit verbreitet, mit einem Schwarzen zu schlafen fühle sich für eine weiße Frau so an, wie wenn sie von einem Gorilla oder Orang Utan besprungen werde.[17]
In Nordamerika wie in anderen Gegenden war bereits lange vor dem Sezessionskrieg das Klischee vom lüsternen Neger, der seine Triebe nicht kontrollieren kann, allgemein verbreitet, und es war schon im 18. Jahrhundert zu Zwangskastrationen von Schwarzen gekommen, die weiße Frauen sexuell belästigt oder vergewaltigt hatten, Maßnahmen, die von den Abolitionisten scharf verurteilt wurden. Doch wogte vor allem in den Südstaaten erst nach dem Krieg die große Welle der Angst vor diesem Verbrechen über das Land, und in den achtziger Jahren sprach man von dem allerorten begangenen »new Negro crime«. Bereits während des Krieges hatten viele Südstaatlerinnen befürchtet, die Sklaven könnten die Abwesenheit der Männer ausnutzen, um über sie herzufallen, doch geschah dies sehr selten, wohingegen häufiger berichtet wurde, daß weiße Frauen sich freiwillig mit Negersklaven vergnügten, so etwa eine Vierzigjährige, die auf die

Mitteilung hin, ihr Mann sei gefallen, nach einem ihrer jungen Neger schickte, »and ordered him to sleep with her, and he did regularly«. Ungeachtet dessen schrieb selbst die *New York Times* im Jahre 1892, das Verbrechen der Vergewaltigung werde »especially, and with reason dreaded at the South, and [it is] one to which the African race is particularly prone«, was, wie Frank Lydston, Professor am Chicago College of Physicians erklärte, daran liege, daß die Neger auf einer frühen Stufe der Evolution stehengeblieben seien: »When all inhibitions of a high order have been removed by sexual excitement, I fail to see any difference from a physical standpoint between the sexual furor of the negro and that which prevails among the lower animals in certain instances and at certain periods, namely that the *furor sexualis* in the negro resembles similar sexual attacks in the bull and elephant, and the running amuck of the Malay race.« Die *North American Review* rechtfertigte die zahllosen Fälle von Lynchjustiz damit, daß durch den ständigen »talk of social equality« »the ignorant negro« sexuell entflamme und immer mehr Schwarze sich einbildeten, sie hätten ein Recht darauf, die weißen Frauen einfach aufs Kreuz zu legen: »The negro does not generally believe in the virtue of women. It is beyond his experience, his passion, his controlling force.« Schließlich meinte der Arzt William Lee Howard aus Baltimore, die Freilassung der Negersklaven habe auch deren »ancestral sexual impulses« freigesetzt: »What was decided among prehistoric Protozoa cannot be changed by Congress.« Und er fügte ironisch hinzu: »When education will reduce the large size of the negro's penis as well as bring about the sensitiveness of the terminal fibers which exist in the Caucasian, then will it also be able to prevent the African's birthright to sexual madness and excess.«[18]

Nachdem sich im Jahre 1918 die französische Regierung entschlossen hatte, bei der Okkupation des Rheinlandes auch senegalesische Truppen einzusetzen, ging ein Schrei der Empörung durch die Reihen von Freund und Feind: Auf dem

Madison Square Garden protestierten 12000 Menschen in einer Demonstration gegen diese unerhörte Maßnahme, in Großbritannien wetterte man gegen den Einfall »von Barbaren mit ungeheurem Sexualtrieb ins Herz von Europa«, in Schweden unterzeichneten 50000 Frauen eine entsprechende Resolution, und ähnliches geschah in Italien, Nordamerika und anderen Ländern. Selbst ein liberaler Antikolonialist wie Edmond Morel warnte im *Daily Herald* dringend vor »der Schwarzen Plage in Europa«, die unweigerlich ausbreche, da das gemäßigte Klima die ohnehin schon wuchernde »Sexualität der Schwarzen steigert«, so daß sie zu einer Bedrohung für jede weiße Frau würden. Hinzu komme, daß »aus bekannten physiologischen Gründen« die Vergewaltigung einer weißen Frau durch einen Neger »fast immer zu schweren Verletzungen und nicht selten zum Tode« führe. In Deutschland entwarf Julius Engelhardt für die Kampagne »Die schwarze Schmach« ein Plakat, auf dem ein Neger zu sehen ist, der eine arische Maid an ihrem langen Haar zu Boden gerissen und ihre Bluse so zerfetzt hat, daß man ihre Brust sehen kann, wobei er sich umschaut, ob er ohne Zeugen sein Verbrechen begehen kann. Freilich wurde das Plakat nicht verwendet, weil man es als obszön empfand, was erst recht für die im Jahre 1920 vom Bayerischen Hauptmünzamt geprägte Gedenkmünze galt, die eine nackte, an den erigierten Penis eines Negers gefesselte weiße Frau zeigte (Abb. 87/88).[19]

87/88 ›Die Schwarze Schmach‹. Gedenkmünze, 1920.

Bereits Thomas Jefferson, der dritte Präsident der Vereinigten Staaten, hatte die Auffassung vertreten, jeder Mann spüre ein sexuelles Verlangen nach einer Frau, die höher stehe als er selber. So gelüste es den Neger nach der weißen Frau, den Orang Utan nach der Negerin, und er illustrierte dies mit einem italienischen Bericht aus dem Jahre 1608, nach welchem eine schiffbrüchige Frau auf einer einsamen Insel Tag für Tag und Nacht für Nacht von den dort lebenden Affen vergewaltigt worden war, bis sie endlich von portugiesischen Seeleuten gerettet wurde. Und in der Tat haben immer wieder Schwarze beschrieben, daß sie den Geschlechtsakt mit einer Weißen als Kompensation für erlittene Demütigungen erfahren haben, wobei die überlegene Frau namentlich dadurch erniedrigt und in ihrer Reinheit beschmutzt wurde, daß sie sich bereit fand, ihnen »einen zu blasen«. Der Wunsch, die weiße Frau zu erobern, »is more tinged with hostility than with affection«, und so überrascht es nicht, daß viele der Sexphantasien schwarzer Männer tatsächlich Vergewaltigungsphantasien sind oder waren: »I think now«, meinte etwa ein schwarzer Radikaler, »that at some time or another in every Negro who grows up in the South there is a rapist, no matter how well hidden.« »I tried to think of some way to hurt her«, erinnerte sich der schwarze Schriftsteller Chester Himes an seinen ersten Koitus mit der jungen Deutschen Regine Fischer um das Jahr 1955, »I pumped, wishing I would split her open like a melon. I looked down into her blue-gray eyes with hate and fury, wishing my tool was the size of a telegraph pole.« Ein anderer gestand, »only a goddamned white bitch« könne ihn erregen, während er bei einer schwarzen Frau nicht einmal halbwegs eine Erektion zustande bringe, und ein in England lebender Schwarzer besang zunächst die weiße Frau in all ihrer Heiligkeit und Schönheit und beschrieb die Lust, die ihn überkomme, wenn sie nackt und unterwürfig auf seinem Bett liege: »Put a black girl on my bed, however, and all my personal instincts would rebel. Here's the goddess of ugliness. The black girl is a loud-mouth, a hard-muscled machine full of vigour and resistance – too much on the masculine side: not quiet, weak, gentle and submissive like the white girl. If I piled [= rammelte] the black girl, my eyes would tightly shut as I fought to imagine it was a luscious [= wollüstig] white blonde struggling vigorously against me. That's the only possible way I could reach climax with a black girl. Should I happen to see the boisterous black face or my hand feel the rough, frizzy curls, my attempts to enjoy myself would come to an abrupt end.«[20] Entsprechend haben viele schwarze Frauen in den vergangenen Jahrzehnten ihren radikalen »Brüdern« den Vorwurf gemacht, sie kämen vordergründig mit ihrem »Black-is-beautiful-Gewäsch« daher[21], wo es doch in Wirklichkeit das Höchste für sie sei, ihren Schwanz in die Möse einer »white bitch« zu stecken, und sie werden wütend, wenn sie einen von ihnen auf der Straße in Begleitung einer weißen Blondine sehen, weil sie sich dann herabgesetzt und für noch unattraktiver halten.[22] Auf der anderen Seite fühlen sich aber auch viele schwarze

89 Basketballspieler Dennis Rodman und junge weiße Frau, 1995.

90 ›Petit blanc que j'aime.‹ Sklavin und weißer
Liebhaber, Martinique, um 1810.

Frauen mehr zu weißen Männern hingezogen, und ein
schwarzer Zuhälter aus San Francisco sagte, für viele
schwarze Huren sei es das Größte, einen weißen Schwanz im
Mund zu haben und zu spüren, wenn es seinem Besitzer
»kommt«: »Yeah, they really go for White guys. I had a
Black ho [= Nutte] confess to me one night (she was drunk
as two dogs) that what she loved was having some White
meat. Having a White cock in her mouth and having his
come in her mouth, that was her power trip, she thought that
was the greatest thing.«[23]
Daß sie den Weißen sexuell überlegen seien und die weißen
Frauen im Grunde danach lechzten, von ihnen »gerammelt«
zu werden, gehört aber auch herkömmlicherweise zum
Selbstbild vieler Schwarzer: »Here come the white boss
wife«, singt ein junger Südstaatenneger in einem Roman des
schwarzen Autors Vin Packer, »hot to change her luck/
Knows there's nothing better/Than a nigger for a fuck«, und
eine Schwarze, die mit einem Weißen verheiratet war, berichtete, daß ihr immer wieder schwarze Männer ins Ohr geflüstert hätten: »Kann er dich denn überhaupt befriedigen?«
Als ein schwarzer Wissenschaftler einmal mit einem schwarzen Freund im Auto durch Nashville, Tennessee fuhr, beob-

achteten sie die weißen Frauen auf der Straße: »Say«, sagte der Freund nach einer Weile, »look at that one. What a fine dish! I'd like to rape her with a telegraph pole.« Er lachte. »No I wouldn't either. I'd use my own dick. Look at them, coming out of those offices, sitting on their fine asses all day, doing nothing. I could screw every one I see. Especially that one over there in the blue skirt. I bet I could make her moan and groan like no white man's ever done, make her *love* me!« »While white folks was up in the big house gettin' religion«, meinte ein Neger aus Harlem, »we were down in the cabins fuckin'. And now white folks have to go to Masters and Johnson to learn how to fuck!«, und zu den weitverbreiteten Machosprüchen (»dozens«) der US-Schwarzen gehören Verse wie »I was walkin' through the jungle/With my dick in my hand/I was the baddest mother-fucker in/The jungle land« oder »I fucked your mama/Till she went blind/Her breath smells bad,/But she sure can grind/I fucked your mama/For a solid hour/Screaming, Black Power!« Aber auch die schwarzen Nutten benutzen den »Nigger-fucker-Mythos«, wenn sie einen Weißen auf der Straße mit den Worten anmachen: »What does a hot-natured fellow like you want to be bothered with them anemic white chicks for, when you come with me and get you some *dark meat*? You want real loving, then you go to get you some *dark* meat, boy!«[24]

In der Tat fühlten und fühlen sich nicht nur viele weiße Männer zum »dark meat« hingezogen, sondern mehr noch weiße Frauen: »The lower class of women in England«, so bemerkte im Jahre 1772 Richter Edward Long, der sich gegen eine weitere »Einfuhr« von Negern nach Großbritannien wandte, »are remarkably fond of the blacks, for reasons too brutal to mention; they would connect themselves with horses and asses, if the laws permitted them«, und ein paar Jahre später beklagte James Tobin »the strange partiality shown for them [= die Neger] by the lower orders of women«. Auch in Nordamerika bedauerten immer wieder die Abolitionisten aus dem Norden die niedrige Moral der Südstaatler, die jede junge Negerin »flachlegten«, deren sie habhaft werden konnten, aber mehr noch die der Südstaatlerinnen, die sich von den Negersklaven »bespringen« ließen, wenn sie sich unbeobachtet fühlten. Und in der im Jahre 1837 in Boston erschienenen Schrift *Slavery Illustrated in Its Effect upon Woman and Domestic Society* erklärte ein junger Südstaatler, warum er nie ein Mädchen aus seiner Heimat heiraten würde: »Do you think that I am going to marry a young woman with a vitiated constitution, the remains of her attachment for her father's niggers?«[25] Tatsache ist, daß manche weiße Südstaatlerinnen von sich aus mit Negersklaven anbändelten und dann nicht selten »Vergewaltigung!« riefen, wenn die Affäre ruchbar wurde –

91 Amerikanischer Cartoon, 1983.

so z. B. im Jahre 1681 in Virginia, wo die Quäkerin und Farmersgattin Katherine Watkins einen Schwarzen bezichtigte, er habe sie gegen ihren Willen zum Geschlechtsverkehr gezwungen. Freilich sagte vor Gericht ein Zeuge aus, er habe gesehen, wie die Klägerin zuvor mit dem Beklagten Whiskey getrunken, ihm dabei das Hemd hochgezogen und zu ihm gesagt habe: »Dirke thou wilt have a good long thing.« Auch einen weiteren Negersklaven habe sie auf den Mund geküßt und ihm in die Hose gefaßt (»and put her hand into his Codpiece«). Noch im Jahre 1915 sprach sich die Leitung des Frauengefängnisses New York Reformatory in Bedford Hills für die Wiedereinführung der Rassen-

trennung in der Anstalt aus, da sie der grassierenden homosexuellen Beziehungen zwischen Weißen und Schwarzen
nicht mehr Herr werde, Beziehungen, die dadurch zustande
kämen, daß die weißen Frauen auf die Negerinnen nachgerade flögen: »There is no denying«, kommentierte der Vize-
direktor, »that the colored girls are extremely attractive to
certain white girls.«[26] Drei Jahre zuvor hatte bereits im
Deutschen Reichstag dem Bericht des nationalliberalen
Freiherrn v. Richthofen, in dem er ausführte, seine Gattin
bemühe sich darum, daß fortan nur noch anständige Frauen
in die Kolonien geschickt würden, die den Negern das
Modell einer tugendhaften Weißen präsentierten, der Ab-
geordnete Braband von den Deutschkonservativen hinzugefügt »bei Vorführungen exotischer Trupps von Nubiern,
Negern und Singhalesen« in den deutschen Großstädten
hätten »sich weiße Frauen den fremden Gästen geradezu an
den Hals geworfen«.[27]

Der Grund, warum all diese Frauen den Sex mit Schwarzen
so berauschend und befriedigend empfanden, ist wohl in
vielen Fällen darin zu suchen, daß sie beim Geschlechtsverkehr mit den sozial unter ihnen stehenden und als »animalisch« geltenden Negern oder Negerinnen weniger Hemmungen hatten, keine Scham- und Schuldgefühle empfanden
und deshalb lockerer und genußvoller sein konnten, was sie
wiederum darauf zurückführten, daß Schwarze »besser im
Bett« seien als Weiße. Wenn manche weiße Männer sagen,
sie könnten sich nur bei Negerinnen »wirklich gehenlassen«,
so trifft das Entsprechende noch mehr für viele weiße
Frauen zu, die sich beim Sex mit Schwarzen voll und ganz
ihren Sexualphantasien hingeben können, ohne daß ihr Partner als zensierende und möglicherweise strafende Instanz
aufträte. Mehrere Schwarze erzählten, die weißen Frauen
hätten, nachdem sie in sie eingedrungen waren, die obszön-
sten und rassistischsten Äußerungen, wie z. B. »Rape me,
nigger, rape me!« von sich gegeben, und Afrikaner berichteten, daß die Weißen sich im Bett so »wild« und lasziv aufge-

führt hätten, daß ihnen dies äußerst peinlich gewesen sei: »Viele der weißen Frauen sind gleich; kaum hast du sie berührt, fangen sie an, irgendwelche Töne von sich zu geben, um zu zeigen, daß sie besonders sexy sind.«[28] Andere wiederum, die sich mit deutschen Studentinnen eingelassen hatten, waren schockiert, daß diese als Ouvertüre ihren Penis in den Mund nehmen wollten, um ihn zu lutschen, oder daß sie, schlimmer noch, ihren Kopf zwischen ihre geöffneten Beine drückten, worauf sich manche der Afrikaner fast übergeben mußten.[29]

Andere Frauen bezogen wiederum ihre sexuelle Lust aus dem Gefühl der Selbsterniedrigung gegenüber dem vormals erniedrigten Schwarzen, der meist ein Gespür dafür hatte, daß diese Frauen, »closet racists« oder »freaks for black sex« genannt, sich ihnen aus »a neurotic need for self-abasement« hingaben, weshalb sie auch häufig zu den demütigendsten und beschämendsten sexuellen Handlungen bereit waren. In Deutschland waren dies in der unmittelbaren Nachkriegszeit besonders Frauen, die den schwarzen GIs vorzugsweise den After leckten, und seit den späten sechziger und vor allem den siebziger Jahren mehrheitlich Studentinnen, die sich als Buße und Wiedergutmachung der Sünden der Väter oder der »weißen Rasse« vorwiegend von Schwarzen oder Juden koitieren ließen und die sich teilweise zu ausge-

92 Lesbischer Anilingus. Zeichnung von Pierre Louÿs, um 1924.

sprochenen »Spezialistinnen« entwickelten, für die jeder andere Geschlechtsverkehr verhältnismäßig reizlos blieb.[30] Daß diese Neigung auch bei Männern besteht, geht aus einer Mitteilung des Reiseschriftstellers Italiaander hervor, der in Abidjan einen französischen Maler kennengelernt hatte, der sich zur Sühne seiner einstmaligen kolonialistischen und rassistischen Einstellung von den Schwarzen sexuell »als Frau gebrauchen« ließ: »Ich wollte gut sein zu den Afrikanern, besser jedenfalls als andere Weiße. Als ich meine Gesinnung änderte, wandelte sich meine sexuelle Einstellung zu ihnen. Ich versuchte von nun an, ihnen zu dienen. Man könnte grob und übertrieben sagen: Ich war erst Sadist und wurde schließlich Masochist. Ich gönne den Menschen hier gerne den Triumph, jetzt mein *maître* zu sein, während ich früher doch der ihre war.«[31]

Jenseits aller Phantasien und Projektionen scheint freilich der »black sex« durchweg recht ernüchternd zu sein, selbst wenn manche schwarze Frauen den Mythos von der sexuellen Überlegenheit der Schwarzen aufrechterhalten mögen, um den Weißen eins auszuwischen, wie z. B. jene schwarze Stricherin, die sagte: »For one thing, to me, a White man's sex is just zero. So she's [= die weiße Frau] digging on the Black man's sex and just him, period, just him being Black excites her.«[32] So haben zahlreiche Untersuchungen in amerikanischen »Negerslums« ergeben, daß die schwarzen Mädchen, die von den jungen Männern »geknallt« werden (»get rapped«), sehr selten mental oder auch nur sexuell befriedigt werden, da die Boys unter sich einen Geschlechterantagonismus forcieren, in dem selbst feste Freundinnen nur als »that whore« oder »that bitch« vorkommen. Und in ihren ehrlicheren Momenten klagen die Negerinnen auch über den rücksichts- und einfallslosen Sex vieler Neger ohne Vorspiel und Zärtlichkeit, und es ist vielleicht kein Zufall, wenn schwarze Frauen, die sexuelle Beziehungen miteinander eingegangen waren, sich allem Anschein nach vor allem liebevoll küßten und sich gegenseitig zärtlich die Brüste liebkosten.[33] Doch auch der Schwarze Kontinent selber scheint zu allen Zeiten nicht ganz die sexuellen Erwartungen jener Weißen erfüllt zu haben, die ihn betraten. »Sexuelle Abenteuer in Afrika«, so ein erfahrener Ethnologe, »sind von so unromantischer und grober Art, daß sie eher geeignet sind, das Entfremdungsgefühl des Feldforschers zu verstärken, als es zu mildern, so daß man deshalb besser auf sie verzichtet«, was ein Bekannter von mir aus Benin bestätigte, der mir schrieb: »In der Regel sind die Durchschnitts-Afrikaner lausige Liebhaber, was die potentiellen Bedürfnisse ihrer Partnerinnen betrifft. Vorspiele sind nicht ihr Ding, Streicheln an Brüsten und Klitoris schon gar nicht. Frauen, die beides kennen, loben das offensichtlich wesentlich weiter verbreitete Eingehen der [...] weißen Männer auf die Sexualität der Frauen, schätzen allerdings überhaupt nicht deren Vorliebe z.B. für Fellatio. Bei den Afrikanern heißt die Devise: drauf und hinein und möglichst schnell zum Ende kommen – und sie sind dabei der Überzeugung, daß ihre Frauen genau das und möglichst oft wollen. Diese wiederum kennen es zumeist nicht anders und meinen, es müßte so sein. In den Dörfern wird schon gar kein Liebesspiel zelebriert, wie es unter diesen Wohn- und Lebensverhältnissen weltweit der Fall sein dürfte.« Entsprechend schildert eine Schweizerin ihren Beischlaf mit einem »wunderschönen« Samburu: »Plötzlich geht alles sehr schnell. Lketinga drückt mich auf die Liege, und schon spüre ich seine erregte Männlichkeit. Noch bevor ich mir im klaren bin, ob mein Körper überhaupt bereit ist, spüre ich einen Schmerz, höre komische Laute, und alles ist vorbei. Ich könnte heulen vor Enttäuschung, ich hatte es mir völlig anders vorgestellt.«[34]

Inbegriff der angeblich so unkontrollierbaren Triebhaftigkeit der Schwarzen ist seit der Antike ungeachtet aller Berichte, die das in Frage stellen, der gewaltige Penis, mit dem sie von der Natur ausgestattet sein sollen. Schon die Römer assoziierten große Genitalien mit Unterschichtmännern und vor allem mit Negern, wie die Darstellungen der »makrophallischen Äthiopier« es zeigen, und wenn die mittelalterlichen Araber Sklaven kastrierten, die dazu bestimmt waren, Haremseunuchen zu werden, entfernten sie bei den als besonders lüstern geltenden Negern meist die Hoden und den Penis, während sie den Weißen den Penis beließen.[35] Viele frühe Afrikareisende erklärten die übergroße Libido der Schwarzen mit der Größe ihrer Geschlechtsorgane, wie z.B. Richard Jobson, der im Jahre 1623 berichtete, daß die Mandingo in der Gegend des Gambiaflusses »are furnisht with such members as are after a sort burthensome unto them«, oder ein anderer Reisender, der etwas später »the extraordinary greatness« der Penisse an der Goldküste bestaunte. Im Jahre 1781 schrieb Leutnant William Feltman vom Ersten Pennsylvania-Regiment über die jungen Negerburschen, die ihm und einigen Damen an einer herrschaftlichen Tafel in Virginia das Essen servierten: »I am surprized this does not hurt the feelings of this fair Sex to see these young boys of about Fourteen and Fifteen years Old to Attend them. These whole nakedness Expos'd and I can Assure you It would Surprize a person to see these d[amne]d black boys how well they are hung.« Diese Beobachtung bestätigte und verallgemeinerte ein paar Jahre danach der bekannte britische Arzt Charles White, Fellow der Royal Society, wenn er darlegte, die Tatsache, »that the PENIS of an African is larger than that of an European«, habe, »I believe, been shown in every anatomical school in London. Preparations of them are preserved in most anatomical museums, and I have one in mine.« Zwar sei im Jahre 1747 von dem berühmten schweizerischen Naturforscher Albrecht v. Haller in seinem bahnbrechenden Werk *Primae Lineae physiologiae* behauptet worden, der Penis der Neger sei »longior et multo laxior« als der eines Weißen, doch hätten seine eigenen Untersuchungen ergeben, daß er in Wirklichkeit »multo firmior et durior« sei.[36]

»With her large vulva and voluminous vagina«, so meinte

ein moderner indischer Sexualforscher über die Negerin, »phlegmatic, indolent and voluptuous nature, no one can give her satisfaction except the negro who due to the large dimension of his penis and endowed with a sexual vigor can prolong the intercourse (due to the bluntness of the nerves)«, die dafür sorgten daß er nicht so rasch ejakuliere wie ein Inder oder ein Europäer. Für eine indische oder europäische Frau indessen sei der Penis eines Negers viel zu groß; »she suffers in the act«, meinte schon der Afrikareisende Serres, und im Jahre 1934 schockierte ein Polizeibericht die amerikanische Öffentlichkeit, dem zufolge ein schwarzer Täter ein so gewaltiges Glied besaß, daß er sein weißes Opfer aufschneiden mußte, um es vergewaltigen zu können. Auf der anderen Seite konnte die »hengstmäßige Ausstattung« einem Täter das Leben retten, wie in einem Fall vom Jahre 1875 in Texas, in dem eine weiße Frau einen Schwarzen namens Davis auf ihrer Tochter und »in the act of copulation« erwischte. Allerdings stellte ein Arzt unmittelbar nach der Tat fest, daß die »private parts« des jungen Mädchens zwar gerötet und geschwollen, es aber immer noch Jungfrau war, da der Täter »as a man of his dimensions« es nicht vermocht hatte, das Mädchen zu penetrieren, was ihm den Kopf gekostet hätte.[37]

Freilich scheint der Mythos vom »big black prick« und all den schönen Dingen, die sein Besitzer den weißen Frauen damit antun kann, nicht allein in den Köpfen vieler Schwarzer zu existieren und diesen ein allerdings ambivalentes sexuelles Überlegenheitsgefühl zu geben. So zirkulieren in den schwarzen Subkulturen Amerikas zahllose Witze über den Riesenschwengel der Neger und das kümmerliche Schwänzchen der Weißen, und viele weiße Angestellte und Arbeiterinnen haben davon berichtet, ihre schwarzen Vorgesetzten hätten ihnen ins Ohr geflüstert: »Have you ever seen a black man's prick?« oder »Do you know how large a black man's dick is?«[38] Der Mythos rumorte vielmehr immer schon in den Gehirnen zahlloser weißer Männer, die ihn sogar bisweilen verwendeten, um die »lustfeindliche« weiße amerikanische »Hochkultur« zu diskreditieren, wie z.B. in dem Norman Mailers, der den potenten und superphallischen Neger zur Avantgarde einer »befreiten« Sexualität stilisierte, »his perpetual erection extending like a banner on high leading us all to the promised land of the better orgasm«.[39] Zumindest ebenso häufig taucht er freilich in den Tagträumen weißer Frauen auf. So geistern durch die Sexualphantasien weißer Amerikanerinnen häufig Neger mit einem »gigantischen Penis«, die ihnen die Kleider vom Leibe reißen und sie vergewaltigen, wobei die schwarzen Männer »schnell und heftig kommen«, und ein schwarzer Autor berichtete, er habe vor allem in den Südstaaten unzählige Male beobachtet, wie weiße Frauen, aber auch Männer in Bussen oder auf der Straße den Negern auf die Hose gestarrt hätten. Der aus Martinique stammende Frantz Fanon erzählte von einer Prostituierten, die seit jenem Tag »scharf« auf Schwarze gewesen sei, an dem sie von einer Frau gehört hatte, die wahnsinnig geworden war, als ein Neger sein Glied in sie einführte: »Zwei Jahre lang war sie verrückt, und als sie geheilt war, weigerte sie sich, mit einem anderen Mann zu schlafen.« Eine Amerikanerin teilte mit, sie habe in Pornoläden herausgefunden, »that brown dildos are hard to get because, as the cashier explains: ›They sell rather quickly, you know.‹« Man führte sie »to another bin [= Vitrine]. I turned and looked. They were not dildos; they were *monstrosities*. 24 inches [= 61 cm] and thick as my arm. ›Big Black Dick‹ said the wrapper... I looked around for some ›Big White Dick‹ or even ›Big Flesh Colored Dick‹. No luck. And I seriously doubt that *they* were in high demand.«[40] Werden solche schwarzen Riesendildos nicht nur von heterosexuellen Frauen, sondern mehr noch von Lesbierinnen gekauft, die damit ihre Partnerinnen penetrieren, so gibt es auch sehr viele Schwule, in Frankreich »die, die große Dinger lieben«, genannt, die sich vornehmlich zu Schwarzen hingezogen fühlen, und jene weißen Schwulen, die mit

besonderer Inbrunst Neger fellationieren, pflegen zu sagen:
»Je schwärzer die Frucht, um so süßer der Saft.«[41]
Welchen Wahrheitsgehalt hat nun der meist mit rassistischen
Untertönen vorgetragene »big-black-prick-myth«? Wie so
oft bei solchen Klischees scheint auch dieses einen wahren
Kern zu enthalten, obwohl die Folgerungen, die man – im
positiven wie im negativen Sinn – aus ihm gezogen hat,
unzutreffend sind. Wenn eine erfahrene amerikanische Prostituierte sagte, daß »alles, was Sie über die großen Schwänze
von schwarzen Männern gehört haben, wahr ist«, und wenn
ein ebenso kenntnisreiches New Yorker Peep-Girl, vor deren gespreizten Beinen schon unzählige Schwarze onaniert
hatten, bestätigte: »Im großen und ganzen stimmt aus-
nahmsweise, was der Volksmund sagt: Die Neger haben die
längsten«, dann entspricht dies auch dem, was Mediziner,
Forschungsreisende und Ethnologen seit jeher behauptet
haben. »Debauched women«, meinte beispielsweise um die
Mitte des 19. Jahrhunderts Sir Richard Burton, »prefer

93 Dinka

94 Nuer

negroes on account of the size of their parts. I measured one man in Somaliland who, when quiescent, numbered nearly six inches. This is characteristic of the negro race and of African animals, e.g. the horse; whereas the pure Arab, man and beast, is below the average of Europe«, und an anderer Stelle führte er aus, daß der Penis bei nilotischen Völkern wie den Shilluk, Dinka oder Nuer (Abb. 93 & 94) zwar länger sei als der bei den Arabern oder den Weißen, aber kaum länger und dicker werde, wenn er erigiert sei, eine Feststellung, die hundert Jahre später von Feldforschern wie Evans-Pritchard bestätigt wurde, aber auch von Medizinern wie dem französischen Militärarzt Jacobus Sutor, der den Niloten die längsten Penisse der Welt bescheinigte: »Ihr Penis ist im Zustande der Erektion nur geringfügig größer als im schlaffen Zustand. Wenn man ihn mit der Hand drückt, fühlt er sich an wie ein mit Flüssigkeit gefüllter Gummischlauch«, was fast mit denselben Worten der Ethnograph Richard Stevenson über die Penisse der Nyamang

Nuba sagte. Auch ein deutscher Forscher machte die Mitteilung, der schlaffe Penis der Baluba und Bakuba im Kasai sei zwar größer als der Penis der Weißen, doch hätten die Balubafrauen, die über entsprechende Erfahrungen verfügten, einem Franzosen anvertraut, daß sich dies nach der Erektion ausgleiche.[42]

Zwar kennt der Volksmund Sprüche wie »kurz und dick/ Der Weiber Glück./Lang und schmal/Der Weiber Qual« oder «Long and thin/Goes right in/And doesn't please the ladies./Short and thick/Does the trick/And gives them all the babies«, doch scheinen sich sehr viele Frauen nicht nur einen Penis zu wünschen, der ihre Vagina im vorderen Bereich ausfüllt, vielmehr genießen sie auch eine *tiefe* Penetration: Werden sie lediglich klitoral gereizt, empfinden sie den Orgasmus häufig als »zu weit draußen« und »nicht tief genug«, und manche fühlen sich anschließend trotz des sexuellen »Höhepunktes« nervös und unbefriedigt, »as if a part of the body within needed to be filled or rubbed«. Bei einer genügend tiefen Penetration entwickeln hingegen nicht wenige Frauen die Phantasie, daß die Eichel des Mannes ihren Gebärmutterhals »küsse« und liebkose oder an ihm lutsche wie ein Säugling an der Brustwarze, ein Gefühl, das ihnen höchste mentale Befriedigung verschafft.[43] Zwar fühlen sich manche Frauen durch einen allzu gigantischen Phallus eingeschüchtert, und sie klagen auch, er sei ihnen beim Koitus unangenehm, ja qualvoll, wie z.B. die Frauen der Kalapalo in Zentralbrasilien, die sagten, ihre Beischlafpartner hätten häufig zu große Geschlechtsorgane, »so groß wie der Penis des Tapirs«, mit denen sie zu aggressiv, zu tief und zu oft zustießen, oder die jungen wie die alten Frauen der im Osten des Kilimandscharo lebenden Taita, die bekundeten, ein Penis dürfe zwar keinesfalls zu klein, aber genausowenig zu groß sein. In einem chinesischen Ratgeber für Prostituierte aus dem 19. Jahrhundert, der auf eine Schrift des 13. Jahrhunderts zurückgehen soll, werden die Novizinnen des Gewerbes schließlich darauf hingewiesen, daß ein »gut ausgestatteter« Kunde nicht unbedingt viril und angenehm sein müsse. Um den Koitus nicht qualvoll werden zu lassen, sollten sie zuvor die Vagina einölen, aber so, daß der Kunde nichts davon merke, genössen es doch viele Männer, wenn die Frau beim Geschlechtsverkehr Schmerzen empfinde.[44] Allerdings scheint sich zu allen Zeiten und in den verschiedensten Gesellschaften die Mehrzahl der Frauen für Männer interessiert zu haben, die »well hung« waren, da sie von diesen einen lustvolleren Koitus erwarten durfte. »Ein sonderbares Märchen«, so ein Verhaltensforscher, »das gern von modernen Sex-Ratgebern verbreitet wird, ist, daß die Größe des männlichen Gliedes unwichtig sei. Das scheint man vor allem als Trost für diejenigen Männer zu behaupten, die solche Ratgeberbücher nötig haben. Denn wäre dem so, könnte man die gegenüber anderen Primaten vergleichsweise enorme Größe des menschlichen Penis evolutionär kaum erklären. Die Wahrheit ist einfach, daß ein größerer Penis die Frau stärker stimuliert« und daß die sexuelle Lust die Partnerbindung stabilisiert. So verlautet etwa eine Autorin, eine von ihr durchgeführte Umfrage habe ergeben, daß die Mehrzahl der Frauen »steinharte, pralle Pracht-Pimmel« bevorzugte, »so dick wie eine gute Banane, lang und gut anschwellend, am liebsten über 20 cm«, da frau »mit einem solchen Schwanz einfach besser bumsen« könne als mit einem mickrigen Zipfel, der in der Möse »richtig eklig herumflutscht«, und von dem sie nie mit Sicherheit sagen könne, ob er nun »drin« sei oder nicht. Jede Frau, die ehrlich sei, könne dies bestätigen, und bestritten werde diese Tatsache nur von jenen »Schwanzträgern, die nichts vorzuweisen haben«.[45] Nach einer wohl etwas seriöseren Umfrage wünschten sich immerhin 64 % der deutschen Frauen einen Partner »mit einem großen Glied«, und in ihren Sexualphantasien tauchen meist Männer mit prallem Penis auf: »Sehe ich einen attraktiven Mann«, so gestand eine junge Frau, »frage ich mich, wie groß wohl sein Schwanz ist.« Als im Jahre 1994 bekannt wurde, daß Lady Diana sich von

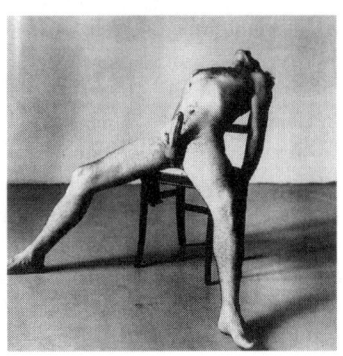

95 Peter Hujar: ›Carlos‹, 1978.

einem britischen Major namens James Hewitt sexuell angezogen fühlte, erklärte die internationale Regenbogenpresse
dies damit, der Offizier sei im Gegensatz zu den Männern,
welche die Prinzessin bis dato in erregtem Zustand gesehen
hatte, dermaßen »hengstmäßig ausgestattet«, daß sogar seine
Regimentskameraden nach dem Duschen ihre Bewunderung
für seine »Geheimwaffe« nicht verhehlen konnten. Auf die
Frage einer Journalistin, welche Artikel am besten gingen,
antwortete die Betreiberin eines Münchner Frauen-Sex-
shops: »Die Vibratoren. Wir haben 60 verschiedene Arten.
Am besten verkaufen sich schlicht geriffelte in verschiedenen Farben. Dann haben wir noch ganz normale in Penis-
form, aber die sind nicht so gefragt. Die meisten wollen was
Dickeres.« Und auch beim amerikanischen Männerstrip vergißt der DJ es nie, das weibliche Publikum darauf aufmerksam zu machen, über was für »gewaltige Schwänze« die weißen und insbesondere die schwarzen Stripper verfügen.[46]
Bereits im frühen 7. Jahrhundert lehrte der Kirchenvater
Isidor v. Sevilla, daß »vergrößerte natürliche Teile« Indiz
einer überstarken Geilheit seien, und das ganze Mittelalter
hindurch herrschte die Überzeugung, je kleiner der Penis,
um so schwächer sei die Libido. Nachdem im 13. Jahrhundert beispielsweise Wilhelm, Bischof von St. Brieuc in

der Bretagne, gestorben war, ein Mann, den es nie eine besondere Anstrengung gekostet hatte, den Verlockungen des Fleisches zu widerstehen, »entdeckte man, daß er einen unentwickelten Penis wie ein Kind hatte«[47], wohingegen der lüsterne Wilde Mann, der in einer aus dem 14. Jahrhundert stammenden englischen Version der mittellateinischen *Historia Alexandri Magni* dem Mazedonier begegnete, mit einem Penis von geradezu beängstigender Länge ausgestattet war (»large was his odd lome the lenthe of a yerde«). Im 12. Jahrhundert schrieb Andreas Capellanus wortspielerisch, seit Anbeginn aller Zeiten habe noch keiner vernommen, daß eine Frau einen großen Penis für eine Strafe (*poena*) gehalten hätte (»quod aliqua mulier maximum penem reputare ad penam«), und in der spätmittelalterlichen Erzählung *Die Nonne im Bade* heißt es, die Frauen seien auf einen Penis besonders dann scharf, wenn er »ain langer gesell« ist. Schließlich verlautete der katalanische *Speculum al foderi* (»Spiegel des Vögelns«), die Frauen liebten zwar einen großen und harten Penis, der reichlich Sperma ausstoße, doch dürfe er weder zu dick noch zu dünn sein.[48]

Als wollten sie Foucault Lügen strafen, der bekanntlich behauptete, erst in der westlichen Gesellschaft des 18. und vor allem des 19. Jahrhunderts habe man »unablässig« vom Sex gesprochen, offenbaren die Frauen der Lisu im thailändisch-burmesisch-südchinesischen Grenzgebiet ein unermüdliches Interesse an den Penissen der Weißen. Ohne Unterlaß klagten sie, wie winzig und unbefriedigend die »Schwänze« ihrer eigenen Männer seien, und zeigten deren Kleinheit mit den Fingern. Anscheinend hatten sie von chinesischen oder von Thai-Händlern gehört, die Weißen verfügten über »Riesenschwänze«, was dazu führte, daß die Lisufrauen jedem westlichen Touristen, der sich in die Gegend verirrte, unverhohlen auf die Hosen starrten oder versuchten, einen Blick auf seinen Unterleib zu erhaschen, wenn er badete, pinkelte oder sich umzog. Waren die Frauen unter sich, redeten sie unablässig über die Größe und

Beschaffenheit der Geschlechtsorgane der einzelnen Dorfbewohner und zogen diese sogar gelegentlich mit entsprechenden Bemerkungen auf. Die Frauen, die sich bei diesem Thema als besondere Expertinnen auszeichneten, nannte man *h'aw ja-gu chye kua*, »Die, die begabt sind, über Schwänze zu reden«, und sie waren davon überzeugt, daß ein Mann um so »bessere« Kinder zeugen könne, je stattlicher sein »Schwanz« sei. Eine Lisufrau zur Ethnologin: »Die Lisumänner taugen nichts. Heirate nie einen Lisu! Wenn du ins fremde Land gehst, dann bring mir einen fremden Mann mit! Wie viele Tage dauert es zu Fuß? Einen fremden Mann mit einem großen Schwanz (*h'aw*), *sooo groß*!! Und bring noch einen mit für die Frau von Babyohr und einen für meine Schwägerin! Wir haben von den großen Schwänzen der Fremden gehört. Unsere Männer haben nur kleine, so klein wie dies [...]. Wenn ich einem fremden Mann begegnete, würde ich ihn bitten, ein paar Monate zu bleiben, um mir ein Kind zu machen. Die fremden Männer sind so groß, ihre Körper sind so stark!« Allerdings empfanden die alten Frauen das Dauergeschnatter der jüngeren über »das gewaltige Ding« der Weißen, in dem stets eine Verachtung für die angeblich so kläglich bestückten eigenen Männer mitschwang, als unanständig, und sie meinten mißbilligend, die Frauen von heutzutage seien so geil wie die Hunde oder wie die Männer.[49]

Auch die Frauen der Iban-Dayak in Borneo machten sich bisweilen über ihre Männer lustig, weil diese, wie sie sagten, so winzige Penisse hatten, und bei den Rungu im Norden der Insel galt es als schwere Beleidigung, die vom Dorfgericht mit der Zahlung eines Messingstückes geahndet wurde, wenn eine Frau oder ein Mann zu jemandem sagte: »Du hast aber einen kleinen Pimmel!« Entgegnete indessen der Beleidigte dem Mann »Deiner ist noch kleiner!« oder nur *Toli nu*!, »Dein Pimmel...!« oder der Frau *Ondila nu*!, »Deine Klitoris...!«, dann war die Beleidigung abgegolten. Frauen der Akha sagten, ihre Brustwarzen würden vor Aufregung steif, wenn sie einen weißen Mann sähen und sich dabei vorstellten, was für einen gewaltigen Stößel er in der Hose habe, und auch die Sambiafrauen schwärmten im Gegensatz zu den Jungen, die die Männer fellationierten, von einem Koituspartner mit einem großen Glied. Auf Hochzeiten und Initiationsfesten sangen die Frauen der Gimi Lieder, in denen sie ihre Männer lächerlich machten, weil sie nichts Richtiges vorzuweisen hatten und keine Frau »füllen« konnten und forderten sie dazu auf, das nächste Mal doch »tiefer« zu stoßen. In ganz Südostasien gelten noch heute die Weißen als beneidenswert gut ausgestattet, und ein bekannter Spruch lautet: »Wenn die Amerikaner ins Land kommen, verbreitern sie zwei Dinge: Die Straßen und die Mösen.«[50]

Bei den Saramaka-Buschnegern von Surinam machen sich die Burschen häufig damit wichtig, daß sie zu den jungen Mädchen sagen, sie hätten ein gewaltiges Ding versteckt, und in Griechenland versuchen viele junge Männer, die Blicke der Touristinnen auf sich zu ziehen, indem sie am Strand mit vorne ausgestopften Badehosen auf und ab promenieren. Um sie zu verführen zogen im frühneuzeitlichen England nicht selten Männer vor den Frauen ihr Gemächte aus der Hose und stellten es zur Schau, wie ein gewisser Robert Cardrow, der einer Webersfrau, als sie einmal alleine war, »showed her his yard and bade her look what a dainty one he had«. Als die Frau entgegnete, sie wolle nicht, daß ihr Mann sie eine Hure schimpfen müsse, beruhigte er sie mit der Versicherung, »they were not whores that did a man a good turn«, und malte ihr aus, »how fondly he would use her«. Stolz auf die Dimensionen seines Zeugungsgliedes war auch der schottische Schriftsteller James Boswell, der im November 1762 in seinem Tagebuch notierte: »I picked up a girl in the Strand; went into a court with the intention to enjoy her in armour [= mit Kondom]. But she had none. I toyed with her. She wondered at my size, and said if I ever took a girl's maidenhead, I would make her squeak.«[51]

Zwar meinte im Jahre 1709 der britische Arzt John Marten,

ein Penis dürfe zwar dick, aber nicht zu lang sein, weil er sonst den meisten Frauen Schmerzen bereite, und im Jahre 1785 berichtete der Berliner Arzt Pyl von der Frau eines Schuhmachergesellen, die zwei Wochen nach der Hochzeit die Scheidung verlangte, da »die unmässige Länge und Dikke seines männlichen Gliedes« ihr so weh tat, daß sie keinerlei Lust verspürte, ihren ehelichen Pflichten nachzukommen.[52] Doch deutet alles darauf hin, daß sich die Mehrzahl der Männer schon seit alters eher darum sorgte, von der Natur stiefmütterlich behandelt worden zu sein. Bereits im 13. Jahrhundert gab Wilhelm v. Saliceto Rezepte bekannt, mit deren Hilfe man den Penis angeblich dicker und länger machen konnte, und die berühmte Sexualberaterin Marie Stopes erhielt zahllose Briefe von unglücklichen Männern, die beispielsweise klagten: »My sexual organ is very much smaller than my wife's and she can scarcely feel me at all. Is there a method by means of which my sexual organ can be enlarged without injury?« Zwar wurde immer wieder behauptet, kleine Penisse seien im erigierten Zustand fast genauso groß wie große, doch konnte dieser fromme Wunsch so vieler Männer weder von den Sexualmedizinern noch von kenntnisreichen Frauen bestätigt werden, während Männer, die sich den Penis vergrößern ließen, dies häufig als einen Machtzuwachs empfanden. So sagte z.B. ein männliches Aktmodell: »Mein Penis war durchschnittlich groß, [im erigierten Zustand] etwa 15 cm lang; jetzt sind es 22 cm, und das steigert mein Machtgefühl enorm – ich brauche jetzt kein tolles Auto mehr!«[53] Und eine schwarze Prostituierte, die auf eine lange Erfahrung mit den Eitelkeiten und Minderwertigkeitsgefühlen der Männer zurückblicken konnte, sagte: »Men are totally obsessed with the size of their cocks. Consciously or otherwise. You can compensate, you can buy cars, whatever, but you can never buy a big dick. All the money in the world, you can't buy an extension on your dick. But if you've got money and power, you can control the big dicks. The ones our wives want, and maybe we want too, deep down. So the white man has to keep the blacks down. We all know who's got the big choppers! [...] Get real! Those small white dicks – they'd get extinct. I really believe that in the end that's what racism is about. It's a dick thing.«[54]

Große Penisse, insbesondere die von Schwarzen, waren und sind freilich mehr noch eine Obsession von Homosexuellen als von Frauen – man denke etwa an die Bilder des schwulen Photographen Mapplethorpe –, und ein Beobachter und Kenner der amerikanischen Schwulenszenen schreibt: »The worst thing you can say about a man is that they've got a small dick and they're bad in bed. There's such an emphasis on the gay scene about has he got a big cock?! And if you haven't got a big dick then it must be a bit awful. Women are more tolerant and understanding. I'm a total size queen. I can't see the point with small willies, you can't do anything with them, they're also not aesthetically pleasing. [...] All gay men are size queens.« Andere Schwule haben berichtet,

96 Illustration von Tom of Finland, 1981.

sie fellationierten mit besonderer Vorliebe maskuline und grobschlächtige Männer mit einem riesigen Penis, wobei sie ein Gefühl hätten, wie wenn sie sich mit deren »Saft« auch ihre Vitalität einverleibten, und entsprechend herrschen in den Kontaktanzeigen Wünsche nach einem Penis vor, der »ample«, »exceptional«, »super«, »thick & meaty« und dergleichen sein soll, »a long, fat, incredibly juicy cock that won't quit coming«. In ihren Bars tragen Schwule mit bemerkenswert dimensionierten Genitalien häufig hautenge Hosen, so daß sich jedes Detail ihrer »cocks and balls« deutlich abzeichnet, und manche haben die Hosen so aufgeschnitten, daß man die Eichel sehen kann, oder sie lehnen sich mit nach vorne geschobenem Unterleib und gespreizten Beinen in einer Weise an die Wand oder die Theke, daß ihre Genitalien voll zur Geltung kommen. Auf die Spitze getrieben wird dieser »Schwanz-und-Eier-Kult« freilich in den öffentlichen Klappen, in denen der Partner allein nach Größe, Aussehen und Konsistenz seines erigierten Penis und seiner Hoden ausgewählt wird, die er beide durch eines der »glory holes« der Kabinenwand gesteckt hat.[55]

Offenbar war der große Penis bereits in der römischen Antike ein Schwulenideal, denn von Kaiser Commodus heißt es, er habe seinen Lieblingsbuhlknaben »Onos« [= Esel] genannt, weil er einen so »langen Schwanz« hatte, und von Elagabal ist überliefert, daß er auf der Suche nach Sexpartnern mit »Eselschwänzen« die öffentlichen Männerbäder durchkämmen ließ. Als im Jahre 1721 der englische »Sodomit« George Duffus die Genitalien seines ahnungslosen Bettgenossen befühlte, war er von deren Größe enttäuscht und führte mit den Worten »Do but feel how fat I am!« die Hand des jungen Mannes zu seinen eigenen «privities«. Ähnlich wie viele Frauen einen stattlichen Penis, der sie »ausfüllt«, zu genießen scheinen, bekunden auch viele homosexuelle Männer, ein großer Penis im After fühle sich einfach besser an und errege sie stärker, und so heißt es auch von Kaiser Elagabal, er habe einen Athleten, der seines gigantischen Gemächtes wegen berühmt wurde, eigens von Asien nach Rom bringen lassen, damit dieser ihn koitiere.[56] Auch die japanischen Mann-zu-Frau-Transsexuellen lieben es, von Männern mit einer »gigantischen Wurzel« (*kyo-kon*) penetriert zu werden, und über einen in der T'ang-Zeit lebenden Hsue Aots'ao wird berichtet, er habe einen so schönen und gewaltigen Penis besessen, daß ihn eine ganze

Horde von Männern überfallen und »arschgefickt« (*chichi-en*) habe. Die anale Penetration sei ein solcher Genuß für ihn gewesen, daß er fortan als Stricher sein Geld verdiente, und die Kunden hätten ihn gepriesen, weil bei ihm im Gegensatz zu den anderen Strichern während des Koitus der Penis steif geworden sei, so daß die Kunden sich an ihm festhalten konnten: »Man konnte ein Scheffel Getreide an seinen steifen Schwanz hängen, und er ging immer noch nicht runter. Er sah aus wie der Schaft eines Mühlrades, und man konnte mit ihm so laut die Trommel schlagen, daß die Leute Angst bekamen.« Wie im Jahre 1845 Burton berichtete, waren in den Männerpuffs von Karachi die jungen Burschen mit einem stattlichen Beutel doppelt so teuer wie ein Eunuche, dem man die Hoden entfernt hatte, denn »the scrotum of the unmutilated boy could be used as a kind of bridle for directing the movements of the animal«.[57]

§ 11
»Geil wie ein Judd am Schabbes«

Wenn in der jütländischen Kirche von Råby im Jahre 1511 als Allegorien der übergroßen Lüsternheit Männer der »Randvölker« mit erigiertem Penis an die Wand gemalt wurden, so läßt sich daran erkennen, daß immer wieder die Fremden, wer sie auch waren, als warnende Beispiele für die gemeinschaftsbedrohende Geilheit und Sinnenfreude herhalten mußten. So wurden in den spanischen Kirchen des Hochmittelalters nicht nur die Juden und Katharer, sondern vor allem die Araber auf Reliefs oder durch Skulpturen, die als Propaganda für die Kreuzzüge und die Reconquista dienten, als perverse Wüstlinge dargestellt, während umgekehrt die »Franken« und ihre Frauen für die Araber als Ausgeburten der unbeherrschten Sexualität und der Schamlosigkeit herhalten mußten. Die Malaien sind überwiegend der Auffassung, die Weißen (*orang putih*) seien in sexueller Hinsicht wild und unzivilisiert, ebenso die Inder, die eine Neigung zum Analverkehr hätten (*main belakang*, »im Hintern spielen«), die lüsternen Chinesen ebenso wie die grausam-geilen Japaner, deren Massenvergewaltigungen während des Zweiten Weltkrieges noch in guter Erinnerung sind.[1] Die Suaheli hielten ihre Sklavinnen, die sie gerne als Konkubinen benutzten, für sexuell unersättlich und promiskuitiv, und das gleiche galt in sämtlichen westafrikanischen Sklavenhaltergesellschaften, in denen die freien Männer sich gegenüber den Sklavinnen oder jenen Frauen und Mädchen, die von Sklaven abstammten, entsprechend zudringlich und schamlos aufführten. Die Lese im Norden des oberen Huri empfanden die Efe-Pygmäen als ebenso unzivilisiert und unrestringiert wie den Urwald, in dem diese lebten, aber gleichzeitig schwärmte jeder Lesemann von den triebhaften Efefrauen und von ihrem *torumbaka*, dem üppigen »Mösenhaar«, bei dessen Anblick der Penis jedes Negers auf der

Stelle steif geworden sei. Es gab keinen männlichen Lese, der es ab einem bestimmten Alter nicht bereits mit einer oder mehreren Pygmäenfrauen getrieben hätte, doch sie lebten in ständiger Sorge, die Efemänner könnten jede günstige Gelegenheit dazu benutzen, eine Lesefrau zu besteigen, die ihnen fortan sexuell verfallen wäre. Zwar war jeglicher sexueller Kontakt zwischen den Frauen der Lese und den Pygmäenmännern streng verboten, doch galten diese als extrem lasziv und so lüstern und süchtig nach Sex, daß kein Tag verging, an dem sie »es« nicht taten.[2]

»Sie vermehren sich wie die Zigeuner«, sagten einst die ungarischen Bauern voller Verachtung, und wo immer seit dem Mittelalter die Zigeuner auftauchten, standen vor allem deren Frauen im Ruf, geil und verführerisch zu sein. So pflegen noch heute die ägyptischen Fellachen das Klischee von der ebenso schönen wie libidinösen und freizügigen Zigeunerin, ein Bild, das sehr dazu beiträgt, daß deren junge Mädchen und Frauen häufig sexuell belästigt und sogar vergewaltigt werden. Seit dem 15. Jahrhundert ist dieses Stereo-

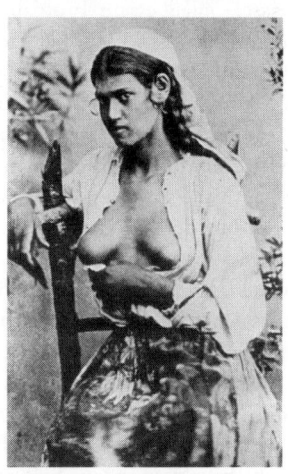

97 Ungarische Zigeunerin.
Photo von Károly Szathmári Pap, um 1875.

typ auch in Westeuropa verbreitet, und während die Frauen als Huren angesehen wurden, die im Grunde jeder haben konnte, beurteilte man die Männer als Lüstlinge, die den heimischen Frauen auflauerten. So folgte beispielsweise der Grazer Oberstaatsanwalt Meissner, der während der Nazizeit die Sterilisierung der gesamten Róm-Bevölkerung befürwortete, lediglich einer alten Volksanschauung, wenn er die Zigeuner als eine sexuelle Gefahr für ihre Wirtsvölker bezeichnete: »Eine Vermischung mit diesem sittlich und geistig minderwertigen Volk bedeutet notwendigerweise einen Abstieg im Werte der Nachkommen. Die Vermischung wird aber begünstigt einerseits dadurch, daß die jungen Zigeuner von besonderer geschlechtlichen Aggression, andererseits die Zigeunermädchen geschlechtlich zügellos sind.«[3]

Während der »nordische« Mensch beherrscht und triebkontrolliert war, verfügte der zum »Untermenschen« Erklärte nicht über eine vergleichbare Selbstkontrolle und war deshalb seinen Emotionen, Affekten und Leidenschaften ungleich stärker ausgeliefert. »Verachtet die tierische Triebhaftigkeit dieser Rasse!« hieß es im Frühjahr 1940 in einer Propagandakampagne der NSDAP über die Polen, »haltet das deutsche Blut rein! Das gilt für Männer wie für Frauen! So wie es als größte Schande gilt, sich mit einem Juden einzulassen, so versündigt sich jeder Deutsche, der mit einem Polen oder einer Polin intime Beziehungen unterhält.« Doch auch in diesem Falle war das Klischee vom triebhaften Slawen keine Erfindung der Nazis, sondern uralte Volksanschauung, nach der es vor allem die westeuropäischen Frauen nach dem Phallus des sexuell wilden und unbeherrschten slawischen Mannes gelüstete. So spekulierte im 18. Jahrhundert der britische Gesandte in Rußland, George Macartney, darüber, warum die ehemalige Prinzessin von Anhalt-Zerbst, von der man munkelte, sie habe sich von einem Hengst bespringen lassen, damit es ihr einmal richtig »besorgt« werde, immer nur russische Favoriten mit ins Bett nahm, und meinte, diese Tatsache werde von einigen Höflingen, vermutlich ebenfalls deutscher oder englischer Herkunft, »attributed to an idea that the Russians excell even the Irish (*sic*!) in a certain *Manly* accomplishment, or rather feature of their Persons. The Russian Nurses it is said make a constant practice of pulling it, when the child is young, which has a great effect of lengthening the *virile instrument*.«[4]

Mehr noch als den slawischen »Untermenschen« hielt man in Westeuropa die Juden für unkontrollierbar lüstern und allen sexuellen Perversionen zugeneigt, und gegen Ende des 19. Jahrhunderts zeigten sich auf der Konferenz der deutschen Sittlichkeitsvereine die anwesenden Pastoren besorgt über die Odenwälder Bauernmädchen, die auf Arbeitssuche nach Mannheim oder Heidelberg kamen und als Dienstmädchen besonders in jüdischen Haushalten sittlich gefährdet seien, da man damit rechnen müsse, daß der Hausherr oder seine Söhne sich an der Unschuld vom Lande zu schaffen machten. »Eine hervorstechende und charakteristische Eigenschaft der jüdischen Rasse«, erklärte im Jahre 1929 *Der Stürmer*, »ist ihre unersättliche und unbezähmbare Geschlechtsgier. Wie kein zweites Volk hat gerade das jüdische einen Hang zur Unzucht, zur Perversität, von dem die meisten Nichtjuden keine Ahnung haben. Die Jüdin ist die verkörperte Sinnenlust. Ihr Denken und Trachten, ihr ganzes Sichgeben ist auf die Erotik gerichtet. Scham geht ihr bis auf den letzten Funken ab.« Und im gleichen Jahr verlautete das Blatt, »daß die Juden in alten Zeiten mit Menschenaffen sodomitischen Verkehr pflegten. Somit ist anzunehmen, daß die Adern der Juden auch ein gehöriges Quantum Tierblut enthalten und daß sie mit jener Tiergattung, die in den tropischen Wäldern die Bäume bewohnt, in enger Verwandtschaft stehen«, eine Phantasie, die heute ausgerechnet von den schwarzen Mitgliedern der »Nation of Islam« aufgewärmt worden ist. Stammten aber die Juden von Affen ab, so war es auch nicht verwunderlich, daß die jüdischen Besucher des Berliner Zoos, wie *Das schwarze Korps* 1935 berichtete, mit »feuchten Mundwinkeln und glänzenden

Augen« die Paviane beobachteten, wenn diese sich paarten. Alfred Rosenberg, der Herausgeber des *Völkischen Beobachters*, sprach von der »ekelhaften Lüsternheit« des Juden, der »planmäßig Jagd auf blonde Frauen« mache und der aus Rache »in der Schändung der deutschen Frau seine größten Triumphe feiert«, und in Aufklärungsbüchern der Zeit erschien immer wieder der häßliche und feiste Jude, der kleine Mädchen ansprach, um sie in eine dunkle Ecke zu locken, wo er ihnen zwischen die Beine fassen konnte. »Über 40 Jahre lang«, hieß es im Jahre 1935 im *Stürmer* über den wegen Sexualdelikten verhafteten Moses Oppenheim, »stillt diese jüdische Bestie nun ihre ›übersteigerte‹ geschlechtliche Gier an den Frauen und Mädchen unseres Volkes. Am 61-jährigen stellt der Arzt noch ›übersteigerte sexuelle Erregbarkeit‹ fest. Wir ahnen erschauernd, was dieser Talmudjude unserem Volke angetan hat!«[5] Da die Juden und ihre Frauen angeblich die für Nichtjuden verbindlichen Anstandsnormen in keiner Weise verinnerlicht hatten, mußte ihnen auch jene zweite Unschuld fehlen, die dafür sorgte, daß der zivilisierte Mensch beim Anblick unbedeckter Brüste oder eines bloßen Penis nicht augenblicklich an Sex dachte, weshalb die

98 ›Der Jude als Verführer‹.
Nationalsozialistisches Propagandabild, 1944.

Juden kein anderes als ein »schmutziges« Verhältnis zur Nacktheit beider Geschlechter haben konnten. So stellte schon im Jahre 1924 der nacktkulturbewegte Josef Seitz mit Nachdruck fest: »Für die Ablehnung der Juden innerhalb der Bewegung ist in erster Linie maßgebend, daß der Jude wegen seiner nicht zu bestreitenden stärkeren erotischen Veranlagung und seiner auch praktisch nur zu sehr bekannten Genußsucht in geschlechtlicher Hinsicht in äußerst schlechtem Rufe steht«, und im Oktober 1938 unterschied das SS-Organ *Das Schwarze Korps* deutlich zwischen den obszönen und die Sinne aufstachelnden jüdischen Revuen und der unschuldigen Nacktheit der arischen, etwa der von Tanzgruppen wie den von Hitler bewunderten Tiller-Girls.[6] Hielten sich viele Schwarze selber für lüsterner und triebhafter als die Weißen, so galt ein gleiches für manche Juden, und schon zu Beginn der frühen Neuzeit klagte der konvertierte Jude Johannes Pfefferkorn, sein Volk unterscheide sich durch seine Geilheit und sexuelle Zügellosigkeit von den Christen, die sich zu mäßigen wüßten. »Der Jude«, meinte im Jahre 1921 Otto Weininger über seine Brüder, »ist stets lüsterner, geiler, wenn auch merkwürdigerweise, vielleicht im Zusammenhange mit seiner nicht eigentlich *anti*moralischen Natur, sexuell weniger potent, und sicherlich aller *großen Lust* weniger fähig als der arische Mann«, und über die sexuelle Unersättlichkeit ihrer Frauen pflegten die jüdischen Männer seit alters zahllose Witze zu erzählen. So macht sich in einem der bekanntesten ein Russe über eine junge Jüdin her, worauf ihre Kinder vor Angst und Entsetzen laut aufschreien. Da beschwichtigt sie die Frau: »Könnt Ihr denn nicht etwas leiser sein!? Ein Pogrom ist eben ein Pogrom!« Herkömmlicherweise waren weiße nichtjüdische Frauen für viele Juden nachgerade eine Obsession, was unter amerikanischen Juden »the shiksa complex« genannt wurde: »Shiksas [jiddisch: *schickse*, »arische« Frau] were forbidden fruit«, erläuterte dies ein jüdischer Wissenschaftler, »and that's what made them doubly attractive to some of us. They were also supposed to be easier to screw [= »ficken«] than most Jewish girls. Consequently, I used to have these fantasies of screwing every shiksa in our high-school pep club, all those button-nosed blondes«, was auch zwei junge Israelis bestätigten, die das Deutschland der siebziger Jahre als eine Art sexuelles Paradies erlebten, in dem zahllose Studentinnen »automatisch die Beine breit machten«, wenn sie erfuhren, daß es sich »um Juden handelte«.[7]

Vor allem in Südfrankreich, Italien und in Spanien wurde im Mittelalter den Juden nachgesagt, sie seien ständig hinter den christlichen Frauen her, und im Jahre 1321 verlangten sämtliche Gemeinden des Seneschallbezirks von Carcassonne vom König von Frankreich, er solle die Juden aus dem Land vertreiben, da sie gewohnheitsmäßig die Frauen und vor allem ihre Schuldnerinnen, die in Zahlungsschwierigkeiten seien, sexuell mißbrauchten. Die Tschechen sagten damals, die Juden seien so geil wie die Deutschen oder wie die Frauen, was etwas heißen wollte, und ein deutsches Rechtsbuch erklärte, daß die Juden »stetlichen mussig gehen, darumb so wechst dy gyrheit in den mannen vnd die vnkewschheit in den wybern«, was auch in späterer Zeit die Frauen in dem

99 ›Der Jude im Kornfeld‹. Satirische englische Illustration, 1799.

polnischen Ort Grabowo so sahen, wenn sie über ihre Landsmänner sagten: »Die Polen schliefen sehr gerne mit den Jüdinnen. Sie waren schön, weil sie nichts taten. Die Polinnen dagegen arbeiteten.« Bereits im Mittelalter hieß es, der Jude stinke wie ein Bock, weil er beständig geil sei, und dieser spezifisch jüdische Sexualgeruch wurde von den Gelehrten *foetor judaïcus* genannt – «der Jud und der Bock stinken vor Geilheit« lautete ein bekanntes Sprichwort, eine Lüsternheit, die für die Bevölkerung gleichermaßen durch die starke Körperbehaarung, im Schwäbischen »Judenhemd« genannt, und durch den gewaltigen Penis des jüdischen Mannes angezeigt wurde. Doch nicht nur Penis und Hoden, auch die Vulva der Jüdin war angeblich von erstaunlicher Größe. In dem 1551 entstandenen grobschlächtigen Meisterlied *Der Jûden fuet* von Hans Sachs gewinnt ein Weinbauer einen Wettbewerb, bei dem es darum geht, das größte Maul zu präsentieren, indem er einer toten Jüdin die *fuet* aus dem Leib schneidet und sagt, es handle sich um das Maul eines Ritters.[8] Diese große *fuet* mache die jüdischen Frauen so geil, daß sie jedem Mann zu Willen seien – »Wenn eine Jüdin einen Christen um etwas bittet«, hieß es im 18. Jahrhundert, »fällt sie nicht auf die Knie, sondern auf den Rücken«, und im Jahre 1791 verlautete ein anonymer Autor: »Die Juden opfern ziemlich der Venus, und sind der Wollust im höchsten Grad ergeben. Die Mädchen touchiren sich selbst, wenn der Liebhaber keine Handmanövres macht, und reizen ihr Oestrum veneris [= Brünftigkeit] so sehr, daß ihnen vor Wollust die Augen zugehen.«[9]

Auch im zaristischen Rußland, wo bei Pogromen die Jüdinnen fast systematisch vergewaltigt wurden, war das Klischee der vor Lüsternheit fast aus den Nähten platzenden jüdischen Frau allgemein verbreitet, und Wassilij Rosanow führte aus, der Penis der Juden werde durch die Beschneidung hochgradig erregbar, weshalb sie im Gegensatz zu den stumpfen Russen »ihren angestauten Samen in leidenschaftlichen Ausbrüchen, ganz zur Freude ihrer sexuell begieri-

gen, fruchtbaren Ehefrauen« ausspritzten. Gerade die Russen, aber auch die West- und Südeuropäer empfanden die jüdischen Männer als effeminiert und *deshalb* als ebenso libidinös wie das weibliche Geschlecht, ausgestattet mit breiten Hüften, schmalen Schultern und einem weichen und ausladenden Hintern, über den nach Mitteilung eines der Ankläger der Nürnberger Prozesse Julius Streicher, der ehemalige Gauleiter von Franken, in einer homophilen Anwandlung gesagt haben soll: »›Oh, der jüdische Hintern ist anders als der Hintern von einem Heiden‹, grinste er wissend und offensichtlich ziemlich ernsthaft und überlegen. ›Der jüdische Hintern ist so weibisch – so weich, so feminin‹, sagte er mit glasigem Blick und gurrte tatsächlich, als er den ›Judenhintern‹ mit wollüstigen Händen in der Luft nachformte und seine Weichheit und Weiblichkeit beschrieb.« Aus diesem Grunde, so führte im Jahre 1922 der unter den Nazis bekannt gewordene Rassenforscher Hans Günther aus, würden die jüdischen Männer »gerade« von »unweiblichen Frauen sehr häufig als besonders begehrenswert betrachtet«. Im Gegensatz zu ihren oft homosexuellen und sexuell rezeptiven und passiven Männern seien die Jüdinnen häufig vermännlicht, weshalb »feministische Bestrebungen bei der jüdischen Intelligenz lauten Widerhall« fänden, und zwar bei den aktiven jüdischen Mannweibern ebenso wie bei ihren männlichen Weichlingen. Entsprechend war die Vorstellung verbreitet, die vermännlichten Jüdinnen hätten voluminöse Geschlechtsorgane mit einer gewaltigen, hervorstehenden Klitoris, die in Größe und Gestalt einem beschnittenen jüdischen Penis ähnele – noch heute heißt die Klitoris im wienerischen Rotwelsch »der Jud« und die Onanie der Frauen »mit dem Jud spielen«.[10]
In Spanien hielt man im Mittelalter die jüdischen Männer einerseits für lüstern, gleichzeitig für effeminiert und feige – unfähig, ihre Frauen vor Verführung und Vergewaltigung durch Nichtjuden zu schützen[11], und man glaubte hier wie andernorts in Europa, daß sie wie die Frauen menstruierten

oder zumindest periodisch aus Hämorrhoiden bluteten und zur Stillung dieser Blutung fremden Blutes bedurften. Der bereits erwähnte katholische Theologe Dr. Eck meinte in der ersten Hälfte des 16. Jahrhunderts in einer Predigt über die den Juden unterstellten Ritualmorde an christlichen Kindern, jene könnten ihren monatlichen Blutzoll nur durch die Zufuhr von Christenblut ausgleichen, eine Wahnvorstellung, die bis weit ins 17. Jahrhundert hinein selbst von Gelehrten geglaubt wurde, zumal im Jahre 1634 das aus dem Italienischen übersetzte Buch *Jüdische Krankheiten* des konvertierten Juden Franco da Piacenza auf deutsch erschienen war, in dem dieser sozusagen aus erster Hand berichtete, die jüdischen Männer menstruierten vier Tage im Jahr.[12]

Nicht allein deshalb waren die Juden keine richtigen Männer, sondern auch aufgrund der offenkundigen Tatsache, daß sie sich mit Genuß von anderen Männern sexuell »zur Frau machen ließen«, es aber auch nicht verschmähten, ihren Penis in den After eines anderen zu stecken. »La sodomía es venida de los judíos«, hieß es im Jahre 1488, vier Jahre vor der Vertreibung der Juden aus Spanien, und man glaubte, kein Jude könne umhin, einen Mann, der sich vor ihm nach unten beugte, um etwas aufzuheben, nach dem Vorbild der Einwohner des biblischen Sodom anal zu penetrieren: »Die Männer von Sodom, jung und alt, umringten das Haus und sprachen zu Lot: Wo sind die Männer, die heute abend zu dir gekommen sind? Bringe sie heraus zu uns, damit wir ihnen beiwohnen« (1. Mose 19, 4.5).[13]

Obwohl es als verhältnismäßig risikolos für einen Christen galt, eine Jüdin in irgendeine dunkle Ecke zu zerren und sich dort an ihr zu vergehen, da er mit einer Rache der »feigen« und »sodomitisch« veranlagten jüdischen Männer ohnehin kaum rechnen mußte, waren das Opfer (in den Augen der Juden) und der Täter (in den Augen der Christen) durch die Vergewaltigung wie auch jeden einvernehmlichen Geschlechtsverkehr fortan befleckt. Schon auf dem 4. Laterankonzil im Jahre 1215 hatte Papst Innozenz III. die äußerliche Kennzeichnung der Juden damit begründet, daß so nicht »per errorem Christiani Judaeorum et Judaei Christianorum mulieribus commisceantur«, und man bedrohte jeden Christen, der sich mit Juden einließ, mit schwersten Strafen, wobei freilich häufig nicht so heiß gegessen wie gekocht wurde: Nachdem z. B. im Jahre 1378 in Konstanz »ain kristainren tochter« auf einem »Paradis« genannten Feld mit einem Juden den Beischlaf vollzogen hatte, wurden die beiden nicht, wie für diesen Fall vorgesehen, lebendig verbrannt, sondern »eweclich ain mile von der stat« verbannt.[14]

Daß eine solche »Befleckung« auch in sehr viel späterer Zeit vor allem bei der Frau nicht nur eine symbolische oder äußerliche war, die sich etwa durch eine Scheidenspülung wieder hätte beseitigen lassen, erhellt ein medizinischer Artikel in der Zeitschrift *Deutsche Volksgesundheit*, in dem es warnend hieß: »›Artfremdes Eiweiß‹ ist der Same eines Mannes von anderer Rasse. Der männliche Same wird bei der Begattung ganz oder teilweise von dem weiblichen Mutterboden aufgesaugt und geht so in das Blut über. Ein einziger Beischlaf bei einer arischen Frau genügt, um deren Blut für immer zu vergiften. Sie hat mit dem ›artfremden Eiweiß‹ auch die fremde Seele in sich aufgenommen. Sie kann nie mehr, auch wenn sie einen arischen Mann heiratet, rein arische Kinder bekommen, sondern nur Bastarde. [...] Wir wissen nun, warum der Jude mit allen Mitteln der Verführungskunst darauf ausgeht, deutsche Mädchen möglichst frühzeitig zu schänden, warum der jüdische Arzt seine Patientinnen in der Narkose vergewaltigt.«[15]

Auch die Juden empfanden sexuelle Handlungen mit Nichtjuden als Befleckung, wobei allerdings auffällt, daß sie es ungleich schärfer verurteilten, wenn eine Jüdin sich von einem Christen oder Muslim penetrieren ließ, als wenn sich ein Jude mit einer nichtjüdischen Frau vergnügte. Freilich schauderte die jüdischen Männer bisweilen die Vorstellung, sie befleckende fremde Spermareste könnten sich noch in der Vagina der Koituspartnerin befinden: Als beispielsweise im Jahre 1740 in Amsterdam eine jüdische Prostituierte gegenüber einem jüdischen Kunden zugab, auch mit Christen geschlafen zu haben, schickte er sie augenblicklich fort und nahm sich eine christliche Hure, weil er »mit einer Itzig (smousin), die mit einem Christen zu tun gehabt hatte, keinen Umgang pflegen« wollte. In einer jüdischen Gemeinde in Aragon hieß es hingegen ausdrücklich, man solle die jüdischen Huren ungeachtet der Tatsache, daß sie ein steter Quell der Sünde seien, auf keinen Fall vertreiben, da die Männer sich ansonsten befleckten, indem sie ihren »heiligen Samen« mit dem nichtjüdischer Frauen »mischten«.[16]

Normalerweise galten nichtjüdische Buben und Mädchen erst mit Einsetzen der Pubertät als unrein und befleckend, doch wie aus einem Bericht des Rabbi Nachman ben Isaak hervorgeht, konstatierte offenbar im 4. Jahrhundert ein jüdisches Gesetz, daß ein nichtjüdischer Junge ab dem Alter von neun Jahren und einem Tag als »unrein« anzusehen war, weil man ihn in diesem Alter für fähig hielt, bei »Doktorspielen« seinen Penis in die Vagina eines jüdischen Mädchens oder in den After eines jüdischen Bubens einzuführen, während man ein nichtjüdisches Mädchen ab dem Alter von drei Jahren und einem Tag als »befleckend« erachtete, weil man glaubte, es sei dann schon penetrierbar. Wurden solche Kinder allem Anschein nach noch nicht sehr hart bestraft, verhielt es sich im Falle von geschlechtsreifen jungen Mädchen und erwachsenen Frauen anders. Gegen die Jüdin Polcelina, die ein Verhältnis mit dem Grafen von Blois hatte, konnte man offenbar im Jahre 1171 nicht viel unternehmen, außer daß man sie fortan als »befleckte Frau« ausgrenzte, doch spürten jüdische Sünderinnen, die sich keiner gräflichen Protektion erfreuten, den vollen Zorn ihrer Gemeinde. So informierte im Jahre 1320 ein Juda Ibn Waker den Rabbiner Asher darüber, daß in Coca bei Segovia in Altkastilien eine Frau die jüdische Gemeinde in Aufruhr versetzt habe, weil sie nicht allein mit einem Christen das Lager geteilt hatte, sondern sogar von ihm schwanger geworden war. Der Mann sei beim königlichen Gericht vorstellig geworden, weil seine Geliebte Verfolgungen durch die Juden ausgesetzt war, doch hätten die Richter sich für unzuständig erklärt, da es sich bei der Frau um eine Jüdin handle, die folglich unter die jüdische Jurisdiktion falle. Juda schlug vor, die unrein gewordene Sünderin mit einer schweren Geldbuße zu belegen und ihr die Nase abzuschneiden, eine in solchen Fällen übliche Strafe, welcher der Rabbi auch zustimmte.[17]

Auch die indianischen Männer wurden seit jeher als unmännlich und zur Homosexualität neigend empfunden, ja, die Spanier rechtfertigten die Conquista unter anderem damit, die Bewohner der Neuen Welt seien »Sodomiten« und verhielten sich daher wider die Natur. Doch sah man in dieser Neigung zum eigenen Geschlecht nicht den Ausdruck einer überschäumenden Lüsternheit, sondern im Gegenteil eines der Indizien für eine unterentwickelte Libido.[18] Daß die indianischen Männer effeminiert seien, erkannte man, wie Cornelius de Pauw im Jahre 1768 erläuterte, nicht allein an ihrer Tendenz zur Homosexualität, vielmehr auch an ihrem Mangel an Bart- und Körperhaar, der von ihrer wäßrigen Leibesbeschaffenheit und ihrem äußerst kalten Temperament herrühre, wie es für das weibliche Geschlecht charakteristisch sei: »Quand ces Américains virent pour la première fois des Espagnols à longue barbe, ils perdirent dès-lors le courage: car comment pourrions-nous résister, s'écrierent-ils, à des hommes qui ont des cheveux dans le visage, & qui sont si robustes qu'ils soulèvent des fardeaux que nous ne saurions seulement remuer?« Zu dem Mangel an sexueller Initiative und Leidenschaft trete noch hinzu, daß sie häufig impotent sowie ihre Genitalien klein und unbedeutend seien, und es falle nicht leicht, die Männer von den Frauen zu unterscheiden, was indessen für die Wilden überhaupt charakteristisch sei: »On a observé que le plus un peuple est sauvage plus les femmes y ressemblent aux hommes«[19] – im übrigen eine Phantasievorstellung, die insbesondere durch die sowjetische Schriftstellerin Alexandra Kollontai Eingang in die kommunistische und feministische Geschichtstheorie gefunden hat, wo sie noch heute umhergeistert. Gegenüber den unmännlichen Indianern, so de Pauw weiter, seien die bärtigen Europäer wahre Satyrn mit strotzenden Genitalien, weshalb sich die Indianerinnen mit Wonne und zu Tausenden von den spanischen Conquistadoren hätten besteigen lassen. Bereits im Jahre 1636 hatte Gabriel Sagard behauptet, daß »on ne peut presque discerner le visage d'un homme avec celui d'une femme«, und aus dem nicht vorhandenen Barthaar der Indianer geschlossen, sie seien keine richtigen und potenten Männer. Auch der große Buffon konstatierte 1761, daß »le sauvage est foible et petit par les organes de la génération; il n'a ni poil, ni barbe; et nulle ardeur pour sa femelle«, was dieselbe, wie Moreau de Saint-Méry ausführte, der ab dem Jahre 1793 Amerika bereist hatte, zur Masturbation und in lesbische Beziehungen treibe, in denen ihre sexuelle Glut wenigstens ein bißchen gelöscht werde. Schon einige Jahrzehnte davor hatte ein weiterer Franzose, Antoine Pernety, die mangelnde sexuelle Leidenschaft der indianischen Männer damit erklärt, sie seien einfach abgestumpft, weil ihre Frauen ständig mit nackten Brüsten vor ihnen auf und ab gingen, wohingegen die Europäer bei diesem für sie ungewohnten Anblick sexuell erregt würden. Nachdem in Plymouth im Jahre 1639 eine Kolonistin und ein Indianer in flagranti erwischt worden waren, wurde die Frau »whipped at a cart tayle« durch die Ortschaft und mußte fortan den Scharlachbuchstaben »A« (für »adultery«) auf der Kleidung tragen, während man den Indianer viel milder bestrafte, weil niemand ihm zutraute, daß er den Sex initiiert haben könnte.[20]

Bereits Vespucci hatte nicht lange nach der Entdeckung Amerikas von der ungewöhnlichen Triebhaftigkeit der Indianerinnen berichtet, denen die Penisse ihrer Männer zu klein waren, weshalb sie gewisse giftige Tiere hineinbeißen ließen, damit die Zeugungsglieder gehörig anschwollen, und seit dieser Zeit haben immer wieder Forschungsreisende die mitleiderregende genitale Ausstattung der Indianer für die sexuelle Frustriertheit und die daraus folgende Lüsternheit der Indianerinnen verantwortlich gemacht. Felix de Azara beispielsweise, der im 18. Jahrhundert Südamerika durchreiste, kontrastierte die kümmerlichen Genitalien der Männer mit den üppigen Schamlippen der Frauen und erklärte den leichten Sieg der Spanier über die Guaraní mit der Schwächlichkeit der Männer und der Gier der Frauen danach, es mit den Fremden zu treiben, während ein anderer Autor der Zeit mitteilte, die Indianerinnen verfügten über eine Klitoris, die so groß sei wie ein Penis, und ihre Männer entwickelten Brüste, die zuweilen denen der Frauen glichen und Milch absonderten. Auguste de Saint Hilaire hatte in Erfahrung gebracht, die Macuaní-Frauen seien wie wild auf die entlaufenen Negersklaven, weil sie zum erstenmal mit Männern kopulieren könnten, deren gewaltiges Geschlechtsteil das ihrige ausfülle und ihnen so Befriedigung verschaffe. Aber auch in unserer Zeit waren beispielsweise die Seri davon überzeugt, daß die Weißen schamlose Barbaren mit riesigen Penissen seien, und die Mohave fühlten sich gegenüber den Weißen minderwertig, weil sie glaubten, in dieser Hinsicht mit den Weißen nicht im entferntesten konkurrieren zu können.[21]

Tatsache ist, daß sich viele mittel- und südamerikanische Indianerinnen von den spanischen Konquistadoren sexuell angezogen fühlten, wobei gewiß der hohe soziale Status der erfolgreichen Eroberer eine Rolle gespielt haben wird, den bekanntlich viele Frauen als sexuelle Attraktivität erleben.[22] Inbegriff der Indianerin, die aus Liebe zu dem weißen Helden ihr Volk verrät, ein Motiv, das nachgerade zu einem literarischen Topos wurde, war im 16. Jahrhundert Doña Marina, die Geliebte Hernán Cortés', wobei es allerdings wenig Indizien zu geben scheint, die dafür sprechen, daß die Indianerin wirklich in den Spanier verliebt oder von ihm fasziniert gewesen wäre. Viel näher liegt die Vermutung, daß die junge Frau als offizielle Mätresse des Statthalters von Neuspanien vor sexuellen Übergriffen von seiten der fremden Soldaten geschützt war, zumal die Spanier als üble Vergewaltiger berüchtigt waren, die sich die jungen Mädchen und Frauen von der Straße weg griffen – noch heute lautet eine bekannte Eigenbezeichnung der Mexikaner *hijos de la chingada*, »Söhne der Gefickten«.[23] Auch die nordamerikanischen Indianerinnen lebten in späterer Zeit in ständiger Angst, von den Weißen vergewaltigt zu werden – so schrieb z.B. die um 1844 geborene Sarah Winnemucca, die Paiute-Frauen wollten keine Töchter mehr bekommen, weil sie davon ausgingen, daß die Mädchen später Opfer des weißen Mannes würden[24] –, und im Jahre 1681 weigerten sich die jungen Pueblofrauen sogar, ihre weibliche Ehre auf dem Altar der Vaterlandsliebe zu opfern: Da die Indianer wußten, wie scharf die Spanier auf ihre Frauen waren, wies einer der Führer der Widerstandsbewegung eine größere Anzahl junger Cochiti-Frauen an, sich zu baden und zu schmücken und anschließend mit den Spaniern zu koitieren. Währenddessen sollten bewaffnete Männer von der Mesa herabsteigen und die mit dem Geschlechtsverkehr beschäftigten Besatzer töten. Der Plan kam indessen nicht zur Ausführung, weil keine der jungen Frauen bereit war, sich um der Freiheit ihres Volkes willen mit einem der behaarten Fremden einzulassen. An der Ostküste lockten indessen etwa zur selben Zeit nicht selten barbusige Indianerinnen Engländer mit der Aussicht auf Sex »into their howses«, wo diese sodann ermordet wurden.[25] Dem widersprechen auf der anderen Seite zahlreiche Berichte, in denen von einer großen Bereitwilligkeit vieler Frauen der Pueblos am Rio Grande, sich mit den Weißen einzulassen, die Rede ist, und im Jahre 1859 verlautete Leutnant John DeBois, die Pueblofrauen seien für Geld leicht zu haben, solange die Diskretion gewahrt bleibe und die Verwandten oder Nachbarn nichts davon erführen. Dabei scheint eine gewisse Unzufriedenheit mit den sexuellen Fähigkeiten der eigenen Männer

100 Sich prostituierende Guaikurúfrauen, Chaco, um 1930.

eine Rolle gespielt zu haben, denn wie mir vor etwa 40
Jahren eine alte Tewafrau im Tesuque-Pueblo erzählte, sei
mit all den indianischen Männern, die sie im Laufe ihres
Lebens »gehabt« habe, »nichts los« gewesen: »Genauso gut
hätte ich mir eine Rübe reinschieben können – kaum waren
sie drinnen, war auch schon wieder alles vorbei, und sie
zogen ihn wieder raus!« Auch eine alte Pomofrau sagte zu
dem Ethnologen: »Die Leute behaupten, die weißen Männer
brauchten so viel Zeit. Das ist der Grund, warum die indianischen Mädchen weiße Männer wollen!«, und die Ojibwa
meinten, daß ein Indianer einer Frau beim Koitus nie »helfe«, sondern so schnell wie möglich ejakuliere, ohne den
Geschlechtsverkehr mit irgendwelchen Zärtlichkeiten oder
Liebkosungen zu belasten. »Nie haben sie dir den Hintern
oder die Brüste gedrückt«, erläuterte die Tewafrau, und
während es kaum eine Sioux- oder Yurokfrau gab, die auch
nur wußte, was ein Orgasmus ist, erzwangen ihn viele
Crowfrauen, indem sie sich beim Koitus auf die Männer
setzten, und die ansonsten öde Prozedur in ihrem Sinne
gestalteten.[26] Die Chol-Maya waren wie praktisch alle anderen Indianer davon überzeugt, daß in ihren Frauen ungeheure sexuelle Leidenschaften schlummerten, und sie gaben
sich beim Geschlechtsverkehr redliche Mühe, sie nicht zu
erregen oder gar zum Orgasmus zu bringen, denn »dieses

Geheimnis« sollte ihnen unter allen Umständen »verborgen bleiben«, da sie ansonsten ihren Ehemännern noch den letzten Tropfen Lebenssaft abgezapft und es auch mit fremden Männern getrieben hätten. Deshalb erwartete ein Chol, daß seine Frau bewegungs- und lustlos die wenigen Stöße, die er ihr gönnte, ertrug, ohne jemals das zu erfahren, was jene beiden alten aztekischen Frauen wußten, die einst dem König von Tetzcoco, Nezahualcoyotl (»Hungriger Coyote«) offenbarten: »Ihr Männer, hört damit auf, euer sexuelles Vergnügen zu suchen, wenn ihr alt seid, denn das habt ihr in eurer Jugend getrieben, und jetzt gehen eure Potenz und euer Sperma zur Neige! Wir Frauen hingegen sind unersättlich, und wir hören nie auf, es [d.h. den Sex] zu mögen. Unser Leib ist wie eine Höhle, ein Schlund [wörtl. Schlucht], der nie voll wird und der aufsaugt, was immer man hineinwirft, der immer mehr will und immer mehr verlangt. Und wenn wir das nicht tun, sind wir nicht mehr lebendig.«[27]

Dies bestätigten im 17. Jahrhundert die Indianer an der Küste von Carolina, die den Briten sagten, »that the Woman is a weak Creature, and easily drawn away by the Man's Persuasion, for which Reason, they lay no Blame upon her, but the Man (that ought to be Master of his Passion) for persuading her to it.«[28] Doch empfanden die Frauen ihre Männer anscheinend als so leidenschaftslos und langweilig, daß sie sich eher den Fremden zuwandten: »The Indian Men are not so vigorous and impatient«, so ein englischer Beobachter, »as we are. Yet the Women are quite contrary, and those Indian Girls that have convers'd with the English and other Europeans, never care for the Conversation of their own Countrymen afterwards.«

Inbegriff der nach dem weißen Manne lüsternen Squaw wurde die Powhatan-Indianerin Pocahontas (Abb. 101), deren Geliebter John Smith eindrucksvoll geschildert hatte, wie er von indianischen »Nymphes«, die »naked out of the woods« kamen, »onley covered behinde and before with a few greene leaves«, in eine Hütte gedrängt worden war, wo

101 Victor Nehlig: Pocahontas rettet John Smith, 1870.

sie sich ihm aufzwangen und ihn dabei fragten, ob er sie denn nicht liebe.

Zwei Herrnhuter Missionare, die im Frühsommer 1750 an einem rituellen Fest der Seneca teilnahmen, erzählten, wie einer ihrer Begleiter abends von »lüsternen« jungen Frauen angefallen wurde, deren er sich kaum erwehren konnte: »Ein Trupp trunkener Frauen drang wie verrückt auf ihn ein. Einige von ihnen waren nackt, andere waren fast nackt. Um sie zu vertreiben, mußte er seine Fäuste gebrauchen und Schläge nach links und nach rechts austeilen«, und etwa zur selben Zeit berichtete der Jesuit Anchieta, die brasilianischen Indianerinnen seien geradezu in die Hängematten der Portugiesen hineingesprungen, um es mit ihnen zu treiben.[29] Ein anderer zeitgenössischer Beobachter verlautete, für die Männer der Guaraní sei der Sex »eine so gefühllose Angelegenheit wie ein Spaziergang«, weshalb »jeder Mann für die

Frauen gleich« sei, und so könne man auch erklären, warum ein Guaraní-Mädchen, das sich einmal mit Weißen eingelassen habe, diese jedem Indianer vorzögen, weil jene einfach »bessere Liebhaber gewesen sind«.

Im Jahre 1778 schrieb ein Alexander Kellet, der von sich behauptete, als Kind von Indianern entführt und unter ihnen aufgewachsen zu sein, die Squaws seien deshalb so scharf auf die weißen Männer, weil diese im Gegensatz zu den Indianern wüßten, was Frauen sich wünschten: »Animals in general rather desire to copulate than to propagate, but our Indians seem to reverse this maxim, by their cold treatment of their wives, notwithstanding their love for offspring is so excessive as to replace their lost children by the adoption of captive enemies, the Whites not excepted. Their women are consequently very prone to European attachments; where they are agreeably surprised by a fondling and dalliance which is quite novel to them, and not the less captivating.«

Hatte schon der Florentiner Amerigo Vespucci, der im späten 15. Jahrhundert in portugiesischen und spanischen Diensten die Nordostküste Südamerikas erkundete, den Europäern mitgeteilt, die Indianerinnen entwickelten während der Liebesumarmung mit einem Christen eine solche Leidenschaft, daß sie jegliche Schamhaftigkeit fahren ließen (»Quando se christianis iungere poterant nimia libidine pulse omnem pudicitiam contaminabant«), so setzte im Jahre 1647 der niederländische Humanist Caspar Barlaeus noch einen darauf, indem er behauptete, die Frauen der Ypupiapra an der brasilianischen Küste seien so feurig, daß sie die Männer beim Geschlechtsverkehr unabsichtlich töteten. Dies konnten in späterer Zeit die Kaingang zwar nicht bestätigen, doch meinte ein Mann, die Frauen seines Stammes seien dermaßen geil, daß sie mit jedem schliefen, wenn sich die Gelegenheit böte, und so habe es sich auch bei seiner früheren Frau verhalten. Sollte er noch einmal heiraten, werde er mit Bestimmtheit keine Kaingang, sondern eine nicht ganz so heißblütige Brasilianerin nehmen.

Auch der Anatom Theodor v. Bischoff, der eine durch Mitteleuropa reisende Völkerschaugruppe der Kaweshkar aus dem Feuerland beobachtet und medizinisch untersucht hatte, gab zu Protokoll, »der Geschlechtstrieb« der Männer scheine »wenig entwickelt zu sein« und man könne sie in dieser Hinsicht »als kalt und faul« bezeichnen. Bei ihren »Weibern« sei dieses freilich »nicht der Fall«, weshalb sie »die Weissen« ihren eigenen Männern zu diesem Behufe vorzögen. Vor allem um die angeblich so prächtigen Genitalien der weißen Männer und die Wunderdinge, die sie mit ihnen verrichten konnten, rankten sich in der Phantasie der Indianerinnen allerlei Wunschvorstellungen, und zahlreiche Reisende und andere Europäer, die mit den Ureinwohnern der Neuen Welt zu tun hatten, berichteten von der unstillbaren Neugierde der Mädchen und Frauen auf das, was sich unter ihren Hosen verbarg. So erzählte ein umherreisender Händler, wie er Zeuge eines Geschehnisses wurde, in welchem einige junge kalifornische Indianerinnen inständig einen attraktiven Weißen baten, ihnen seine Genitalien zu zeigen, was der Mann, dem die Sache äußerst peinlich war, zunächst standhaft verweigerte. Doch die Mädchen ließen nicht locker und brachten ihm sogar Trockenfisch als Gegengabe, so daß er schließlich einwilligte, ihnen »a full view of his body« zu gewähren. Nachdem er die Hosen heruntergelassen hatte, waren die Indianerinnen beim Anblick seiner Geschlechtsorgane hochentzückt und schnatterten und kicherten ohne Ende.[30] Wie mir ein Bekannter, der längere Zeit bei den Hopi gelebt hat, erzählte, wurde er immer wieder von jungen Mädchen und Frauen gebeten, ihnen seinen erigierten Penis und die Hoden zu zeigen, wofür er als Gegenleistung ihre Genitalien betrachten durfte. Selbstverständlich waren diese Zurschaustellungen streng geheim, obgleich es wahrscheinlich ist, daß zumindest die Mädchen darüber tuschelten, wenn sie unter sich waren.

§ 12
Lüsterne Bauern und unzivilisierte Arbeiter

Nicht nur Neger, Juden und Zigeuner, auch die europäischen
Unterschichten, vor allem die Bauern und nach der
Industrialisierung die Arbeiter sind bis heute von Kulturhistorikern und Soziologen als Menschen dargestellt worden, die nur in sehr geringem Maße ihre sexuellen Lüste
und Leidenschaften sowie ihre übrigen Triebregungen kontrollieren und »modellieren« konnten. Während bei uns modernen Bürgern der Sex »eigenwertgesättigt« und *außerall-
täglich*« sei, so behauptete z.B. Max Weber, werde er »auf der
Stufe des Bauern« als »ein Alltagsvorgang« betrieben, »der
bei vielen Naturvölkern weder die geringsten Schamgefühle
zuschauenden Reisenden gegenüber noch irgendwelchen als
überalltäglich empfundenen Gehalt in sich schließt«, und
Norbert Elias meint entsprechend, »im allgemeinen« könne
»man sagen, daß Unterschichten ihren Affekten und Trieben
unmittelbar nachgeben, daß ihr Verhalten weniger genau
reguliert ist, als das der zugehörigen Oberschichten«. Dies
lasse sich z.B. daran erkennen, daß bei den Bauern und
Großstadtproletariern »intime Verrichtungen« wie der Koitus »vor den Augen aller« stattgefunden hätten, und zwar bis
zum Ende des 19. Jahrhunderts. Eine feministische Kultur-
historikerin behauptet schließlich im Anschluß an Elias, in
den frühneuzeitlichen Bildern vom wilden Treiben der
Bauern und »der sexuellen Schamlosigkeit der ländlichen
Frauen« kämen »sehr richtige Beobachtungen zum Ausdruck«, nämlich die, daß »die Unterschichtsfrau nicht dem
Zwang des Doppelspiels der ästhetischen Verführung bei
gleichzeitiger Verleugnung des eigenen Triebes« unterliege.
Was den Städtern des 16. oder 17. Jahrhunderts »obszön« erschien, nämlich das ungehemmte Ausleben weiblicher
Sexualität, sei von den Bauern »anerkannt« worden, weil sie
das Triebleben eben noch nicht unterdrückt hätten.[1]

In der Tat galten im späten Mittelalter und auch in der Neuzeit bis zur Romantik die *dörper* oder *gebûren* beim Adel und im Bürgertum als Verkörperungen des derb Sinnlichen und sexuell Ausschweifenden, als Menschen ohne jegliche *civilité*, als Tölpel, Waldschrate und Primitivlinge, die ihre Triebe nicht zu kontrollieren wußten.[2] So meinte schon André le Chapelain um das Jahr 1180, ein Ritter könne durchaus und ohne viel Federlesens eine Bauerndirne mit Gewalt nehmen, da es Liebe unter diesem Pack ohnehin nicht gebe, »sunder sy werden naturlich als die rosz vnd esel zw dem lust irs fleischlichen begerens geraitzt vnd tzw der unkewsch gezogen, als verr jn ir natur zaigt«. Zwar wäre in Wirklichkeit ein blaublütiger Herr, der sich solcherart an einem Bauernmädchen vergriffen hätte, unter diesen Umständen auf härteste Weise abgestraft worden[3], doch konnte dies nichts an der Tatsache ändern, daß die Bäuerinnen als allzu willige Flittchen und die Bauern als ewig geile Rohlinge angesehen wurden. Wenn die Bauerndirne schamhaft tue, sagte man, so müsse man sie eben, »von ihrer Scham«, die ja nur eine vordergründige sei, »heilen«, und zwar mit dem Penis, denn wie ein französisches Sprichwort es formulierte: »Fille de vilain se fait toujours prier.« So wurden die Männer beschrieben oder dargestellt, die »der minneclîchen an ir künnelîn greif«, während die junge Bäuerin sich »sîn vinger« oder »sîn hant« »ûf den vudenol« bzw. »sur le con« legt. Andere *gebûrinnen* fassen wiederum grinsend dem Bauernburschen vorne in die Hose, während dieser mit ihren Brüsten spielt, die häufig nicht gerade so geformt sind, wie sie in der höfischen Dichtung besungen wurden: »Mein dûtlein, oben klain und schmal/Und je grôsser hinab gen tall,/Geformet gleich zwen glogen schwenglen,/Solt ich dich umb dein maul mit denglen.«

Wie in unserer Zeit über Neger oder die Juden geredet wird, war man damals der Ansicht, die Bauern seien mit einem gewaltigen Penis ausgestattet, was aus Anstandsgründen meist nur indirekt dargestellt wurde, indem man die *gebûren* mit dicken und langen Gesichtskolben wiedergab: »Die Weiber ehren sonst die Nasen als Propheten,/Weil deren Größ vor sie auf etwas Großes deut.« Im niederländischen Bürgertum der frühen Neuzeit wurde der Bauer gerne als ein unzivilisierter Trottel mit großen »Eiern«, aber kleinem Verstand charakterisiert, der in Amsterdam oder Gent von den Nutten ausgenommen wird, hinterher darüber klagt, im Frauenhaus seine »eyeren verspeelt« zu haben, wie es doppeldeutig heißt, und nun befürchtet, von seiner Frau totgeschlagen zu werden, wenn sie von seinen tölpelhaften Eskapaden erfährt (»Wist myn wif sij sloech my doet«). »Komm Herzchen«, lockt in *'t Amsterdamsch Hoerdom* aus dem Jahre 1694 die Hure den *boer*, »willst du mich nicht mal befühlen, damit du herausfindest, ob ich ne nette Muschel unten am Bauch hab?« Der Bauer faßt ihr unter den Rock, betastet »ihr Loch« von außen und von innen und sagt: »Du bist wirklich gut eingerichtet – in meinem ganzen Leben hatte ich keine größere *kwedio* in der Hand!« »Das glaub ich wohl«, erwiderte die Hure, »deshalb werd ich ja auch ›Beeletje [= Bildchen] mit der großen Fotze‹ genannt, und ich sage dir, in ganz Amsterdam gibt's keine Nutte, die so ne gewaltige Fleischspalte hat wie ich, denn, weißt du, ich kann nen ganzen Pintenkrug in ihr verstecken!« »Was für ne teuflische Fotze«, grunzt der *boer*, »laß sie mich noch mal ausgreifen!« (und wahrlich, er kann es bestätigen). »Na, was meinst du«, sagt da die Hure, »komm, laß jetzt mich dich befühlen, ob du genauso gut bestückt bist wie ich«, greift ihm vorne in die Hose und zieht ihm mit der anderen Hand den Geldbeutel heraus. Doch während er vorne einen dicken Schwengel stehen hat, ist der Beutel so leicht, daß er sie kaum bezahlen könnte. »Du hast ja nen fetten Burschen in der Hose – wir passen gut zusammen«, meint die Hure, doch bevor er den »Burschen« herausholen und sie besteigen kann, ist die Hure mit seinem Geld verschwunden.[4]

Auf zahlreichen frühneuzeitlichen Illustrationen wurden die *gebûren* vorgeführt, wie sie sich prügeln, den Maiden an die

Brüste und zwischen die Beine fassen, in aller Öffentlichkeit auf den Boden kotzen und scheißen, etwa in Daniel Hopfers Kupferstich ›Bauerntanz im Freien‹, der mit den Worten unterschrieben ist: »Schaut den dollen Bauer-Hauffen/lustig hier beysammen sauffen/wan ist Sontag in der Schenck/an Zäunen da sicht man die Früchte des Saufen.«[5] In dem *fabliau* ›Des Chevaliers, Des Clerks et des Vilains‹ rufen zwei Ritter angesichts einer wunderschönen Wiese »Welch geeigneter Ort, um zu speisen!«, zwei Priester: »Welch ein Ort, um ein Mädchen zu ficken!« und schließlich zwei Bauern: »Welch schöner Ort, um zu scheißen! (*Com vez si biau lieu por chier*)«, und in zahlreichen Mandaten und Dorfordnungen sowie in Kanzelpredigten und Sittenkritiken wurden die wilden und schamlosen Tänze der Dorfbevölkerung an den Pranger gestellt, bei denen vor allem die jungen Dirnen betatscht und entblößt wurden: »So geschiehet nun solch schendtlich/vnuerschempt schwingen/werffen/verdrehen vnd verkörden [= umherwirbeln] von den Tantzteuffeln«, empörte sich im Jahre 1569 der oberschlesische Pfarrer Flo-

102 Christoph Murer: ›Dorfhochzeit‹, 16. Jh.

rian Daul, »so geschwinde (Abb. 102)/auch in aller höhe/wie der Bauer den flegel schwinget/das bißweilē den Jungfrauwen/Dirnen vnnd Mägden die kleider biß vber den Gürtel/ja biß vber den kopff fliegen/oder werffens sonst zu boden [...]. Die gerne vnzüchtig ding sehen/denen gefellt solch schwingē/fallen vnd kleider fliegen sehr wol«, und es kam allem Anschein nach nicht selten zu Streit und Rauferei, wenn die Burschen die Gelegenheit nutzten und ihre Tanzpartnerinnen an den Brüsten »und anderst« abtasteten: Als freilich im Jahre 1499 ein maskierter Tänzer einem Bauernmädchen an die Brüste griff, erstach sie ihn auf der Stelle mit einem Messer und entschuldigte sich später damit, sie habe den Vermummten für ein Gespenst gehalten.[6] Unflätig und unzüchtig waren, so die Darstellungen, auch die Reden und das Mienenspiel bei den Bauern[7], und während eine Dame sich in jeder Lebenslage, wie z. B. beim Aufwärmen am winterlichen Herdfeuer, ehrbar und dezent benahm, hockten sich der Bauer und die Bäuerin bei solchen Gelegen-

103 Bauernpaar und Herrin beim Aufwärmen.
Aus ›Les Très Riches Heures‹ des Herzogs von Berry, vor 1416.

heiten auf eine schamlose Weise hin (Abb. 103), wie man sie so sonst nur aus Berichten über wilde und unzivilisierte Völker kannte. So hieß es z. B. in einem Pilgerführer aus dem 12. Jahrhundert über die Basken, von denen berichtet wurde, sie koitierten gewohnheitsmäßig ihre Haustiere: »Mancherorts zeigen Männer und Frauen der Navarresen, wenn sie sich wärmen wollen, gegenseitig das, was man scheu verhüllen sollte.«[8]

Nun darf man solche Beschreibungen bäuerlichen Lebens im späten Mittelalter und in der frühen Neuzeit nicht als objektive »ethnographische« Berichte verstehen, wie dies offenbar Max Weber, Elias und viele andere getan haben, sondern als das, was sie waren, nämlich als Projektionen all dessen, was Adel und Bürgertum an sich selber verachteten und nicht wahrhaben wollten, auf eine Bevölkerungsschicht, die sich in dieser Zeit immer mehr auf ihre Rechte besann und sich gegenüber denen, die sich ihnen überlegen dünkten, eine Freiheit nach der anderen herausnahm. Heinrich Wittenwilers ›dörpliche Groteske‹ über die *eslen pauren* vom Anfang des 15. Jahrhunderts beispielsweise machte sich für einen in seinem Selbstbewußtsein angeschlagenen

104 Meister E.S.: ›Der große Liebesgarten‹, um 1464.

Adel, der teilweise selber ›verbauerte‹, d.h. in den Bauernstand absank, über die »Bauerntölpel« lustig, damit die blau-
blütigen Herren wenigstens in ihrer Vorstellung die frühere
Identität bewahren konnten. Gleichzeitig verhöhnte das Bürgertum in Parodien auf die höfischen Tugenden, etwa mit
geradezu pornographischen Kupferstichen wie ›Der Große
Liebesgarten‹ des Meisters E.S., auf dem die entblößte
Eichel des tanzenden Mönchsnarren zu sehen ist (Abb. 104),
den Verfall der adeligen Schicklichkeit und Moral.[9]

Doch auch die tölpelhaften Bauern bildeten für die städtischen Mittelschichten eine Negativfolie, ja, sie waren geradezu Allegorien der bürgerlichen Laster und Untugenden,
die mit ihrer »säuischen« Zügellosigkeit die kirchlichen
Festtage entweihten. So stellten Künstler wie Sebald Beham
oder Pieter Brueghel auf Holzschnitten, Kupferstichen und
Gemälden moralisierend, aber auch zur Ergötzung und

105 Bauern in einem lombardischen Frauenhaus, 16. Jh.

Belustigung die lasterhaften und tumben Toren vom Lande dar, Illustrationen der Unzucht und des Grobsinnlichen, die wahrscheinlich zum Teil in den städtischen Tavernen und Frauenhäusern an die Wände gepinnt wurden.[10] Auch in den Fastnachtsspielen des 15. und 16. Jahrhunderts fungierten als Bauern verkleidete Handwerksgesellen als ländliche Rüpel und Dorfdeppen, und auf geselligen Zusammenkünften wie dem Dresdner Armbrustschießen vom Jahre 1554 wurden die Landleute vorgeführt, indem junge Bürger in Bauernkleidung sich beim Klange des Dudelsacks im Kreise drehten und umherhopsten: »Do hat man vil seltzame Paurisch hupffen, gumpffen vnd springen gesehen.« Gewiß waren auf den dörflichen Tanzveranstaltungen mitunter Zügellosigkeit und Überschwang anzutreffen, doch war dies nicht typisch »paurisch«, sondern konnte genausogut im städtischen Tanzhaus beobachtet werden, wo man nicht selten so herumhopste, daß »zu mehr malen unbequemigkeitt, den schwangern frawen auch wohl nachteil zugefügett«, wie 1590 eine Danziger Hochzeitsordnung verlautete. Pepys vermerkte im Februar 1663 in seinem Tagebuch, daß »at a Ball at Court, a child was dropped by one of the ladies in dancing; but nobody knew who, it being taken up by somebody in their handkercher.«[11] Auch hier wurden die Frauen gelegentlich betatscht und entblößt, wie es im Jahre 1579 John Northbrooke beklagte, wenn er feststellte, daß »maidens und matrones are groped and handled with unchaste hands, and kissed & dishonestly embraced: the things, which nature hath hidden, & modestie covered, are then oftentimes by meanes of lasciviousnesse made naked«, nachdem zehn Jahre zuvor ein Pfarrer Spangenberg berichtet hatte, daß »mã sihet« in den Städten »ein solch unzüchtig auffwerffen uñ entblössen der Mägdlein/das eins schwüre/es hetten die unfleter/so solchen reyen führen/aller zucht und ehr vergessen/weren taub uñ unsinnig«.[12]

Nicht nur das angeblich so ausschweifende und ungezügelte sexuelle Treiben in den dörflichen Rocken- und Spinnstuben ist von zahlreichen Kulturhistorikern ins Maßlose verzerrt und übertrieben worden, vielmehr waren in vielen Gegenden die Schlafstellen der Knechte und die des weiblichen Gesindes streng voneinander geschieden, und wie aus fränkischen Dorfordnungen hervorgeht, gab es selbst beim Hüten der Tiere eine ausdrückliche Geschlechtertrennung. Wenn der Menzhofers Franzef sich an seine Jugend in einem südschwäbischen Dorf des 19. Jahrhunderts erinnerte und dabei meinte: »Kein spanisches Hofzeremoniell ist ja so streng wie Bauernbrauch«, so scheint es sich bei dieser bäuerlichen »civilité« mitnichten um ein Phänomen der Neuzeit oder gar der Moderne zu handeln, denn wie aus Inquisitionsakten des frühen 14. Jahrhunderts hervorgeht, standen die Bauern der Grafschaft Foix, wenn sie saßen und jemanden begrüßten, vor dem Betreffenden auf und lüfteten die Kapuze, und zwar völlig unabhängig von der gesellschaftlichen Position des Ankömmlings, und die Bauerndirnen redeten äußerst achtungsvoll und höflich von und mit ihren Eltern. Brüder und Schwestern sprachen einander ebenso mit »Ihr« an wie die Kinder die Eltern, und als einer jungen verheirateten Frau auf der Schwelle ihres Elternhauses der Bruder entgegenkam, fragte sie ihn respektvoll: »Wo ist meine Frau Mutter?«[13]

Wie zahlreiche Dokumente beweisen, schämten sich im Ancien Régime die prüden Bauersfrauen durch die Bank, vor den »messieurs les chirurgiens« gewisse Bereiche ihres Körpers zu entblößen, und Einläufe empfanden die Bauern im Gegensatz zu den Adeligen und Großbürgern, die sich gerne Klistiere verabreichen ließen, als äußerst unanständig. Über die »Tatsachen des Lebens« scheinen insbesondere die jungen Mädchen völlig im unklaren gewesen zu sein. »Es gab Mädchen«, so erzählte ein Bauer aus dem mittelschwedischen Värmland über die Zeit um 1850, »die dachten, ›sie hätten eine Art Schmerzen‹, wenn sie anfingen, Lust auf Männer zu kriegen. Man hat in den alten Tagen über solche Dinge nicht geredet«, und eine oberösterreichische Bäuerin berichtete: »Wenn die Mutter entbunden worden ist, hat man uns [= die Kinder] aus dem Haus geschafft, rechtzeitig mit Wehenbeginn, und wenn man uns wieder geholt hat, war das neue Kleine da. Wir haben keine Fragen gestellt. Fragenstellen war nicht üblich. Die Großen haben auch nichts gefragt.« Eine Burgenländer Bäuerin erinnerte sich an ihre Menarche: »Åls so wait wår, håb i mi zur Bodnstiagn zuwiglahnt und håb sovül gwant; i bin so derschrockn und i håb mi sovül gschåmt!«, und eine Bäuerin aus dem nördlichen Burgund sagte über dieses Ereignis: »Früher wurden diese Dinge geheimgehalten, man sprach nicht darüber. Man hielt das für etwas, wofür man sich schämen mußte, es wurde nicht einmal zwischen Mutter und Tochter angesprochen. In Anwesenheit von Kindern paßte man gut auf, man sprach nicht einmal über schwangere Frauen.«[14]

Alle Bäuerinnen berichteten übereinstimmend, eine sexuelle Aufklärung habe nicht stattgefunden, was beispielsweise dazu führte, daß eine junge Frau aus einem Dorf in Lincolnshire in der Hochzeitsnacht voller Panik floh, weil ihr Mann »tried to do something terrible to her«, und eine Niederbayerin teilte mit, sie habe nicht einmal die elementarsten Kenntnisse über den Reifeprozeß des weiblichen Körpers besessen: »Eines Tages fiel mir auf, daß ich auf der Brust zwei Beulen bekam. Ich erschrak sehr, getraute mich aber nicht zu fragen, um nicht ausgelacht zu werden. Die Beulen wurden von Woche zu Woche größer. Immer wenn ich mich gewaschen habe, waren sie schon wieder größer geworden. Ich war sehr beunruhigt. Ich drückte sie, sie waren ganz weich. Ich dachte, da ist Luft drinnen. So ging ich zur Nähschatulle, nahm eine dünne Nadel, stach hinein, damit die Luft herauskommt. Aber das tat weh. Ich war froh, daß die Beulen wenigstens nicht weh taten und dachte, der Himmelsvater wird schon wissen, warum ich die habe. Ich wünschte mir, eine andere Frau zu sehen, ob die wohl auch so was hat. Da machte ich nun die Augen auf und sah eine Frau, die hatte noch viel größere. Das beruhigte mich etwas.«[15]

Dessenungeachtet hielt sich beharrlich die bürgerliche Vorstellung vom sitten- und schamlosen Treiben der »naturnahen« Dörfler, das im Zuge der Industrialisierung auch dem Proletariat der großen Städte unterstellt wurde. So schrieb im 19. Jahrhundert ein Beobachter des Lebens im ländlichen Tarn-et-Garonne: »Nous ne prétendons certes pas que nos paysans en soient encore à l'innocence de l'âge d'or; mais leur moralité est infiniment plus grande que celle des travailleurs des villes«, und ein Beamter des britischen Gesundheitsministeriums verlautete: »In a great city there must and always will be produced a number of degraded forms deficient in intellect, relapsing to the wild man, possessing all the moral obliquity of savages.« Einer seiner Kollegen teilte zu Beginn der achtziger Jahre mit, er habe sich nur mit großer Mühe dazu überreden können, diese Proletarier als Menschen anzusehen, nachdem im Jahre 1842 der »Report from the Poor Law Commissioners into the Sanitary Condition of the Labouring Population of Great Britain« konstatiert hatte: »How they lay down to rest, how they sleep, how they can preserve common decency, how unutterable horrors are avoided, is beyond all conception. It shocks every feeling of propriety to think that civilized beings should be herding together without a decent separation of age or sex.«[16]

Wie aber verhielt es sich in Wirklichkeit? Traf es zu, daß sich »in den niedern und zahlreichern Klassen«, wie es bereits im Jahre 1793 Friedrich Schiller in *Über die ästhetische Erziehung des Menschen* darstellte, »sich uns rohe gesetzlose Triebe« auftun, »die sich nach aufgelöstem Band der bürgerlichen Ordnung entfesseln und mit unlenksamer Wut zu ihrer tierischen Befriedigung eilen«? Und stimmt es, wenn in der Nachfolge von Elias behauptet wird, es könne »davon ausgegangen werden, daß sich« im frühen 20. Jahrhundert »proletarische Eltern entweder nicht darum kümmerten, ihre sexuellen Aktivitäten« vor den Kindern »zu verstecken, oder dazu gar nicht in der Lage waren?«[17]

Leider zeigt sich auch in diesem Falle, daß weder die bürgerlichen Kommentatoren aus der Frühzeit der Industrialisierung und der viktorianisch-wilhelminischen Epoche noch Norbert Elias und seine Nachfolger sich auf irgendwelche Tatsachen berufen können, sondern lediglich Vorurteilen und Ideologien anhängen, die schon im Mittelalter über die Unterschichten verbreitet waren und die in späterer Zeit gewiß dazu beigetragen haben, daß sich so mancher Herr und seine Söhne bedenkenlos an die aus dem Proletariat oder vom Lande stammenden Dienstmädchen herangemacht haben[18], weil sie von deren Triebhaftigkeit und sexueller Verfügbarkeit überzeugt waren.[19]

Praktisch alle Arbeiterinnen und Arbeiter, die sich jemals zu diesem Thema geäußert haben, berichteten, sie hätten trotz der äußerst beengten Verhältnisse nie etwas vom Geschlechtsverkehr der Erwachsenen mitbekommen, und sie fragten sich, wie bei dem Mangel an Privatsphäre ihre Eltern überhaupt in der Lage gewesen seien, Kinder zu zeugen. Lediglich ein Mann erinnerte sich, daß er einmal als Junge bemerkte, wie sein Vater sich an seiner Mutter zu schaffen machte, worauf diese leise stöhnte, aber er konnte sich nicht erklären, was da vor sich ging. Englische Arbeiter, die im 19. Jahrhundert groß wurden, »were profoundly ignorant about their parents' practices« und hatten auch später, als sie längst erwachsen waren, starke »inhibitions about talking of their own experiences«. Norditalienische Arbeiterinnen erzählten, sie seien als junge Mädchen bis zum ersten Geschlechtsverkehr unwissend »come le bestie« gewesen, und eine Engländerin berichtete, sie und ihre neun Geschwister hätten zwar jede Nacht gemeinsam mit den Eltern in dem einen Schlafzimmer verbracht, doch sei es nicht vorgekommen, daß eines der Kinder auch in fortgeschrittenem Alter je etwas von Sex, Schwangerschaft oder Geburt gewußt oder gar miterlebt hätte: »We never knew anything about babies in those days. Mother would disappear for the day and one or two came in from outside.« Süditalienische Auswandererfamilien teilten sich gar einen Raum zum Leben und zum Schlafen, aber nie bekam jemand irgend etwas vom Liebesleben der anderen mit, obwohl der Raum lediglich durch Bahnen von Zeltleinwand unterteilt war. Arme Leute aus den Elendsvierteln von Mexico City erzählten dem Ethnologen Oscar Lewis, wie sie einander abends – zu zwölft in einem kleinen Raum – belauerten und lauschten, ob die anderen auch wirklich schliefen, um dann in aller Eile einen besonders für die Frauen freudlosen Koitus hinter sich zu bringen. Die Männer ejakulierten unmittelbar, nachdem sie in ihre Frauen eingedrungen waren, die ihnen dann frustriert ins Ohr flüsterten: »Oh, *guerido*, du bist schon gekommen, und ich bin nicht mal halbwegs durch!!« Kein Wunder, daß unter den Armen der mexikanischen Slums die Vorstellung von der stets heißen, unbefriedigten und immer mehr wollenden und begehrenden Frau das Bild der Frauen an sich bestimmte.[20]

Oder aber die Frauen ließen den Koitus einfach über sich ergehen, ohne sich auf irgendeine Weise daran zu beteiligen, etwa sexuell oder emotional zu reagieren: So erzählte ein jun-

106 Lithographie von Zille, 1921.

ger Metallgießer über seine Frau, mitten im Geschlechtsverkehr »she goes an' asks me not to forget to leave twopence for the gas«, und ein anderer, seine Frau habe während seiner Bemühungen einfach ihren Apfel weitergegessen. Eine englische Arbeiterin berichtete, sie habe auf den Rat ihrer Mutter hin lediglich die Beine breit gemacht und ihrem Mann »no dirty manual contact whatever« erlaubt[21], und sämtliche Berichte und Aussagen von Arbeiterinnen und Arbeitern deuten darauf hin, daß beispielsweise die Illustrationen eines Heinrich Zille (Abb. 106 & 107) eher die pornographischen Bedürfnisse des bürgerlichen Publikums befriedigen sollten, als daß sie die Realität des Sexuallebens Berliner Proletarier auch nur einigermaßen adäquat wiedergaben.

Zwar hatte die Mutter der eben erwähnten jungen Frau dieser vor der Hochzeit den Rat gegeben, sich von ihrem Mann an bestimmten Körperteilen nicht anfassen zu lassen, doch gab es im allgemeinen in den unteren sozialen Schichten derartige Unterweisungen nicht, oder sie waren so unspezifisch, daß die Mädchen nichts mit ihnen anzufangen wußten. So sagten manche Mütter ihnen für den Fall, daß die Kerle sie befummeln wollten, es sei »a chap's place to ask, and a girl's

107 Zille: Illustration zu ›Bollenjuste‹, 1921.

374

108 Zille: ›Sich umarmendes Paar‹, 1921.

to say no«, doch die meisten Mädchen hatten nicht die
geringste Ahnung, bei was sie nun »nein« sagen sollten, da
Szenen, wie sie wiederum von Zille und anderen dargestellt
wurden (Abb. 108), in den Proletarvierteln der großen
Städte zu Beginn des 20. Jahrhunderts normalerweise nicht
zu sehen waren.[22] »'Cus our Mom never used to talk to us
properly«, so eine Arbeiterin aus Birmingham, »she never
used to say what was what. Now, what she used to say was,
›You bring so and so trouble here and you'll go 'op it.‹ But
she never told us what the trouble was, we never knew what
the trouble was. All as we thought was stealing or anythink
like that. We was always taught that if we ever touched anythink belonging to anyone else we'd 'ave our fingers chop-
ped off.« Eine Arbeiterfrau aus Bristol erzählte, daß der
Arzt, zu dem ihre Mutter sie wegen ihrer Menstruations-
störungen geschleppt hatte, sie fragte, ob sie »naughty«

gewesen sei, doch während ihre Mutter »was blushing to the collar«, habe sie verblüfft geantwortet, sie hätte am Vortag eine Tasse zerbrochen, worauf der »doctor nearly went into hysterics«. »At the time«, meinte eine Arbeiterin aus Dublin, »the only way you learned was from the girls you worked with, but I did not work in the factory and I knew nothing. [...] I used to think of marriage as a mere matter of companionship. I thought the children just came somehow. I knew not how.« Doch die meisten Mädchen verstanden entweder die obszönen Andeutungen oder Geschichten ihrer Arbeitskolleginnen nicht oder sie glaubten ihnen kein Wort, »because for the life of me I couldn't imagine our vicar doing those sort of things.«[23] Glaubten sie ihnen hingegen, waren sie meistens völlig schockiert, was in manchen Fällen, wie dem einer Arbeitertochter aus Manchester und ihrer Kusine, zur Folge hatte, daß sie selber nie eine solche »Sauerei« betrieben: »We never ›reproduced‹. On this score she went unrepentant to the grave as I shall go to mine.«

Zwar meinte ein Mann wie Friedrich Engels, es werde langsam »Zeit, daß wenigstens die deutschen Arbeiter sich gewöhnen, von Dingen, die sie täglich oder nächtlich selbst treiben, von natürlichen, unentbehrlichen und äußerst vergnüglichen Dingen [...] unbefangen [zu] sprechen«, doch suchte man eine solche »Unbefangenheit« durchweg vergebens. »Von den eigenen Eltern«, schrieb eine Arbeiterfrau im 19. Jahrhundert, »werden die Kinder über geschlechtliche Dinge nichts erfahren. Auch mit herangewachsenen Kindern spricht man über solche Sachen nicht. Man wird sich doch nicht gemein machen«, und der Knopfmacher und Fabrikarbeiter Bromme glaubte noch lange an den Klapperstorch, bis er von einem Freund aufgeklärt wurde, der »in der Dämmerung seinen Meister beobachtet hatte, wie dieser mit seiner Frau im Bett gelegen hat«.[24]

»Aufklärung über sexuelle Fragen«, erinnerte sich eine Arbeitertochter, »war im Elternhaus durchgängig tabu. Trotz der engen Wohnverhältnisse – wir wohnten zu fünft in zwei

Zimmern – haben wir unsere Eltern auch nie nackend gesehen. Sie haben sich nie vor unseren Augen ausgezogen. Wenn sie sich gewaschen haben, wurden wir Kinder aus der Küche gescheucht. Nur meine kleinen Geschwister hab ich nackend gesehen, weil ich ja auf sie aufpassen mußte. Von meinem Bruder wußte ich so, daß er da unten ein Anhängsel hatte. Weiter wußten wir nichts, da wurde nicht drüber gesprochen.« Ein Arbeiter erzählte, in 62 Jahren Ehe hätten seine »missis« und er einander kein einziges Mal nackt gesehen, und eine Londonerin sah erstmalig in ihrem Leben einen Penis, als sie ihren neugeborenen Sohn wickelte. Und einem anderen Mann machte erst ein Arbeitskollege klar: »What you've got between your legs, it ain't just for pissing through you know!« Ein Mann aus einem der Elendsviertel Mexico Citys beschrieb, was für Umstände sich jeden Abend und jeden Morgen sämtliche Familienmitglieder machten, damit niemand auch nur die Unterhose des anderen sehen konnte, und bei den englischen Proletariern durften im 19. Jahrhundert sehr häufig sogar die ganz kleinen Buben und Mädchen »no part of each other's naked bodies« sehen. Eine alte Frau erzählte: »I always remember m'mother used to

109 Zille: ›Der späte Schlafbursche‹, 1902.

sew for us and make us dresses and she was trying me a dress on this night and our Jim [= der Bruder] came in... She said, ›Stay in the passage‹, and I had this dress on, and only m'arms were bare. We never saw the others undress at all.« Schließlich berichtete eine Arbeitertochter aus Stoke-on-Trent: »I'd never seen a man in the nude. I'd got seven brothers but I didn't know they'd even got ankles.«[25]

Daß der abends nach Hause kommende Schlafbursche die splitternackte halbwüchsige Tochter und die oben ohne stillende Mutter begaffen konnte (Abb. 109), kann angesichts der Tatsache, daß in proletarischen Haushalten sogar die kleinen Buben aus der Küche geschickt wurden, wenn sich dort die noch nicht entwickelten Mädchen umzogen oder sich wuschen[26], mit Bestimmtheit ebenfalls ins Reich der pornographischen Phantasien verwiesen werden, wobei man keineswegs zu leugnen braucht, daß so mancher »Schlafgänger«, der in der Wohnung einlogiert war, irgendwann einmal versuchte, dem reifenden Mädchen an die Brüste zu greifen. So schilderte etwa Adelheid Popp ein unerfreuliches nächtliches Erlebnis, das sie als Vierzehnjährige im Jahre 1883 hatte, als sich der bei ihnen wohnende »Bettgeher« plötzlich über sie beugte und sie seinen »heißen Atem« spürte, worauf sie laut aufschrie: »Mein Schrei hatte die Mutter geweckt, die sofort Licht machte und die Situation erkannte. [...] Ich zitterte vor Schreck und Angst am ganzen Körper und ohne recht zu wissen, was der Mensch vorhatte, hatte ich den Instinkt, daß es etwas Unrechtes sei. Meine Mutter machte ihm Vorwürfe, auf die er fast nichts erwiderte. Als mein Bruder kam, den wir wachend erwarteten, gab es noch eine aufregende Szene und dem Schlafkollegen wurde gekündigt.«[27] Doch wurden von den bürgerlichen Kommentatoren im allgemeinen die sittlichen Gefahren, die angeblich von den »Schlafgängern« ausgingen[28], maßlos übertrieben, zumal man es in den allermeisten Arbeiterfamilien vermied, Kinder oder Jugendliche zu solchen einlogierten Personen oder zu älteren Verwandten oder Untermietern zu legen – ja, manche Familienväter schliefen sogar bei anderen Männern in Nachbarwohnungen oder -häusern im Bett, damit ihre pubertierenden oder bereits herangewachsenen Töchter im eigenen Bett oder bei der Mutter schlafen konnten.[29]

Waren überall in West- und Mitteleuropa die Mädchen der oberen und mittleren Klassen wesentlich freier und aufgeklärter als die aus dem Arbeitermilieu, so galt dies auch für alles, was mit Schwangerschaft und Geburt zusammenhing. Eine junge Frau aus Birmingham beispielsweise, die ab dem Alter von 14 Jahren in der Fabrik gearbeitet und als älteste Tochter ihrer Mutter bei der Pflege und Erziehung ihrer elf Geschwister geholfen hatte, wußte während ihrer Schwangerschaft nicht, wo das Baby herauskommen würde, und nachdem die Mutter einer Freundin es ihr erklärt hatte, lief sie unter Tränen nach Hause und schwor heilige Eide, nie mehr zu ihrem Mann zurückzukehren. Eine Schottin, die über 27 Jahre alt war, war sich nicht sicher, ob es irgendwo »out of my tummy« käme, eine Engländerin hielt den Nabel für die in Frage kommende Stelle, und eine vierte »used to think that my mother must have been cut on her stomach six times because she had six children. I thought she must have six scars.« Wiederum eine andere glaubte, ihrem Mann, der sie im Wochenbett besuchte, eine große Neuigkeit anzuvertrauen, als sie ihm zuflüsterte: »It's come from the same place as you put it in!« Und so wie vielen jungen Mädchen gar nicht bewußt wurde, daß die erwachsenen Frauen teilweise voluminöse Brüste hatten, fielen ihnen auch die dicken Bäuche der Hochschwangeren nicht auf: »I can't even remember seeing any woman pregnant in them days. We never looked for anything like that.« Fragte aber eine nach, erhielt sie meist keine Antwort, mit der sie etwas anfangen konnte, oder sie bekam gar von der Mutter links und rechts eine runtergehauen, weil sie z.B. gesagt hatte, eine Freundin habe ihr erzählt, Mrs. Bibbs trage jetzt eine weiße Schürze, »'cause she's got a big belly«.[30]

Wie mir meine Großmutter erzählte, befolgte man im Brüsseler Arbeitermilieu des ausgehenden 19. Jahrhunderts eine Etikette, die zwar in vielerlei Hinsicht *anders* war als die der höheren Stände, aber *keineswegs weniger streng*: So sprachen die proletarischen Kinder ihre Eltern mit »vous« an, und als meine Großmutter einmal als Zwanzigjährige in Anwesenheit ihrer Mutter eine zwar etwas zweideutige, aber dennoch für unser heutiges Empfinden harmlose Anspielung machte, erhielt sie von einem ihrer älteren Brüder eine solche Ohrfeige, daß sie unter das Bett geschleudert wurde. Zwar war man sich durchaus der »civilité« der feinen Gesellschaft bewußt, aber man empfand sie als unecht, hohl und artifiziell, vielleicht ähnlich wie hundert Jahre zuvor das Bürgertum, in Friedrich Schillers Formulierung, »die affektirte Dezenz« der »verfeinerten Stände« abstoßender fand als die Befriedigung der »rohen Triebe« durch die zivilisationslose Menschheit: »Auf der anderen Seite geben uns die zivilisierten Klassen den noch widrigern Anblick der Schlaffheit und einer Depravation des Charakters.« In diesem Sinne kritisierte im Jahre 1773 eine bürgerliche Dame in einem Leserbrief an die schottische Zeitschrift *Caledonian Mercury* »the present mode of educating young girls in Edinburgh«, die darin bestehe, den jungen Dingern eine affektierte Sprache wie Französisch, Tanzen, Musik und andere »trivial ornaments« näherzubringen, was dazu führe, daß sie »an affectation of sentiment« statt eines echten Gefühls und ein artifizielles Raffinement statt wirklicher Civilité entwickelten.[31]

§ 13
Die Aufklärung der Kinder und
der sexuelle »Diskurs«

Man mag nun vielleicht nachvollziehen können, daß die Fabrikarbeiterinnen in den Mietskasernen der aufstrebenden Großstädte des 19. Jahrhunderts keine oder nur äußerst dürftige Kenntnisse von den »Tatsachen des Lebens« hatten, doch wird kaum jemand annehmen, die dörfliche Jugend könne ebenso unwissend und unschuldig gewesen sein, und so heißt es auch: »Die wenigen Landkinder, die es heute noch gibt, haben ja noch immer die Möglichkeit, zu sehen, wie's der Hund mit der Hündin... Und nehmen Sie nicht an, das Kind wäre so dumm, nicht vom Tier auf sich übertragen zu können!«[1]

Freilich entsprechen dem die Tatsachen in keiner Weise. So sagte z.B. eine oberösterreichische Bauerntochter: »Landkinder, heißt es, sind frühreif, sehen, wie der Stier die Kuh, der Hengst die Stute bespringt. Ich hab mit 6, 7 Jahren die Ziegen zum Bock geführt – es hat nur einen gegeben, für alle Ziegen in der Gegend, er hat gottserbärmlich gestunken [...] – und mir nichts gedacht dabei«, was auch eine alte Bäuerin aus Piemont bestätigte: »Es ist nicht wahr, daß wir vom Land diese Dinge begriffen, weil wir näher an der Natur lebten. Wir sahen die Tiere, aber wir kapierten nichts. Ja, wir haben gesehen, wie die Kälber und Schweine geboren wurden. Wir sahen, wie die Tiere sich paarten, aber wir haben nie begriffen, daß die Menschen es auch so taten, nie!« »Man sah, wie die Schafe die Lämmer warfen«, so ein kalabresischer Hirte, »glaubte aber mit 15 oder 16 Jahren trotzdem noch, die kleinen Kinder würden gekauft«, und ein Maurer und seine Frau aus einem anderen Gebirgsdorf erzählten, sie hätten auch nach der Hochzeit von der Existenz des Geschlechtsverkehrs bei Menschen nichts gewußt: »Ich wunderte mich immer, daß kein Kind auf die

Welt kam und wollte meine Frau deshalb zum Arzt schicken.«[2]

Auch die norwegischen, burgenländischen oder die Kinder der Walliser Gebirgsbauern schlossen keineswegs von den Tierkopulationen auf menschliches Verhalten, und da eine sexuelle Aufklärung »de Öltern scho schwer ånkummt«, wußten die meisten nichts oder so gut wie nichts. »Die Jugend wurde nich so aufgeklärt wie heute«, meinte ein alter niedersächsischer Bauer, »die durften nich zusehen, wie die Kühe gekalbt ham. Wie der erste und zweite Mensch geboren wurde, das wußten wir. Stand ja in der Bibel. Aber wie der dritte Mensch gekommen is, das wußte keiner.« Und eine alte Magd bestätigte: »Wenn man auf dem Land ist mit Kühe und dann dat Kalben, Ferkeln und alles dat sieht man ja, aber bei einem selber, weiß man das gar nicht.« Als dem isländischen Bauernsohn Sigurður Magnússon und seinen Brüdern, die schon zahllose Tierkopulationen gesehen hatten, ein Junge aus der Stadt erklärte: »Mamma zieht ihre Hosen aus und Papa steckt seinen Pimmel in ihr Loch. Das nennt man Ficken, und so entstehen die Kinder«, waren die Bauernburschen nachgerade schockiert und wollten nicht glauben, daß ihre eigene Mama in der Lage sein könnte, eine derartige Sauerei zu begehen. Viele Mädchen wurden nie aufgeklärt, weshalb der Schock sie meistens erst in der Hochzeitsnacht traf.[3] Kam aber mal ein Bub beim Anblick eines Hengstes, der eine Stute besprang oder einer ferkelnden Sau, auf den Gedanken, zu fragen, ob es sich denn bei den Menschen genauso verhalte, wurden die Erwachsenen meistens nur rot, oder die Mutter erwiderte peinlich berührt: »Tja, also, das weiß ich nicht, da mußt du den Pfarrer fragen.«

Die große Mehrzahl der Kinder, auch der älteren, verstand indessen einfach nicht, was sich da vor ihren Augen abspielte, wie jenes junge Bauernmädchen aus Thüringen, das erschrak, als es sah, wie ein Stier die Kuh deckte, »und dachte, er täte der Kuh weh«, und damit sie gar nicht erst ins Grübeln kamen, wurden vielerorts von vornherein die

Kinder und die Jugendlichen ferngehalten, wenn die Tiere kopulierten oder warfen. »Wenn im Stall etwas losgewesen ist«, erzählte ein schwäbischer Bauer über die Gepflogenheiten im 19. Jahrhundert, »da ist kein Kind dabeigewesen. Wenn man eine Kuh zum Farren geführt hat oder ein Bub eine Geiß zum Decken, der ist net mit hinein gekommen. Und wenn ein Kälble auf die Welt gekommen ist, das hab' ich nie gesehen.« In den Dörfern um die niedersächsische Stadt Northeim ging man erst um das Jahr 1960 dazu über, während des Ferkelns und Kalbens die Stalltüren nicht länger zu verschließen. Bis dahin hatten die Bauern ihren Kindern gesagt, die neugeborenen Tiere kämen »aus dem Jaucheloch«. Agnes Smedley erzählte über ihre Kindheit auf einer Farm in Missouri im späten 19. Jahrhundert, ihre Eltern hätten sie hastig und verschämt von einer Kuh und ihrem Kalb weggezogen, das ein paar Tage zuvor auf die Welt gekommen war: »The thing I had seen I dared not talk about or ask about without ›deservin' to have my ears boxed‹. Even when my little brother was about to be born, we children were hurried off to another farmhouse, and secrecy and shame settled like a clammy rag over everything.«[4]

Schon in der Antike scheint sogar manchen Erwachsenen der Anblick miteinander kopulierender Tiere peinlich gewesen zu sein, und Aelian berichtete über einen thebanischen Faustkämpfer: »Der Pankratiast Kleitomachos aber wandte sich ab, wenn er einmal Hunde beim Paarungsakte erblickte, und stand beim Symposium auf, wenn er bei zotigem Reden und Gesprächen mit sexuellen Themen Zuhörer wurde, und entfernte sich.« Im Mittelalter war es bei den Juden üblich, wegzuschauen, wenn ein Hund an einer Hündin roch, und immer wieder verboten die Rabbiner das Beobachten kopulierender Tiere und gestatteten dies nur den Tierzüchtern, deren »professionelles Auge« ungetrübt war von unreinen Gedanken. Im späten Mittelalter warnte Stephan v. Landskrona in seiner *Himmelsstrass* davor, der Anblick des Geschlechtsverkehrs bei Tieren könne die Kinder sexuell erregen: »Es geschehent halt offt solliche ding under den kindern auß natůrlicher naigung zů sôllichen dingen, oder so sy sehent oder hôrent sôllich ding von iren eltern oder von knechten [oder sehen sie von] dieren und so kneblach und medlach bey ein ander ligen oder mitt einander offt seind.« Vor allem wenn Kinder oder Angehörige des weiblichen Geschlechtes zugegen waren, sah man derartige Szenen äußerst ungern. So besprang beispielsweise während des Johannisfestes des Jahres 1514 auf der eingezäunten Piazza dè Signori in Florenz in Gegenwart zahlreicher Frauen und Mädchen plötzlich ein Hengst eine Stute, so daß »jene die unziemlichsten Handlungen sehen konnten, was« – so der Chronist – »den guten und ehrbaren Leuten höchst mißfiel, und ich glaube, es mißfiel sogar den unehrbaren«. Zwar war es allem Anschein nach in jenen Zeiten auch für ein junges Bauernmädchen unschicklich, etwa die Kuh zum Stier zu bringen, denn im Jahre 1747 klagte eines in Ratzeburg, »sie habe einen lahmen Vater und müßte alle Haußarbeit verrichten und öffters die Kuh nach dem Ochsen (sic!) bringen, weswegen ihr Klägerin allerley Hohnreden gegeben und für eine Hure und dergleichen gescholten«, doch glaubte man wohl damals überwiegend, daß die Kinder und Jugendlichen keine Analogieschlüsse zögen. Fragte doch bezeichnenderweise Mary Wollstonecraft im Jahre 1792: »Children very early see cats with their kittens, birds with their young ones, etc. Why then are they not to be told that their mothers carry and nourish them in the same way?«

Allerdings schloß man nicht aus und hielt es mitunter sogar für wahrscheinlich, daß die sexuelle Erregung der Tiere sich auf geschlechtsreife Jugendliche übertragen konnte, und zwar ohne daß diesen so völlig klar wurde, was sich da vor ihren Augen ereignete. So führt z.B. in einem sumerischen Lied Dumuzi seine Schwester Geštinana in einen Schafstall, um sie dort durch den Anblick und den Geruch der einander besteigenden Tiere scharfzumachen, so daß sie sich leichter verführen läßt, und ein schwedischer Schriftsteller schrieb, sein Großvater habe ihm erzählt, man habe in der alten Zeit auf den großen Gütern nur Hirtinnen, also junge Mädchen, und nie die jungen Männer zu den Tieren gelassen. Als er erwachsen wurde, habe er den Sinn dieses Brauches verstanden: »Der scharfe Geruch der Schafswolle und das lockende Verhalten der weiblichen Schafe war wirklich erregend. Das weiche Fell der jungen Färsen und ihr gegenseitiges Besteigen draußen in den Wäldern und Feldern, die unverhohlene Zurschaustellung ihrer Genitalien und ihrer Brunft war sogar eine noch größere Versuchung.« So gaben im 17. und im 18. Jahrhundert wegen Bestialität angeklagte nordische Hütejungen an, sie seien sexuell erregt worden, als sie dabei zuschauten, wie die Männchen die Weibchen besprungen hätten. Vor allem aber scheint die Erregung der Tiere junge Erwachsene anzustecken, die wissen, um was es sich bei dem Verhalten der Tiere handelt. So berichtete eine jüngere Amerikanerin: »Einmal sah ich, wie ein Bulle in einer Viehherde eine Kuh bestieg. Die Herde trottete langsam voran und der Bulle marschierte in Seelenruhe mit. Während er die Kuh fickte, wanderte er durch die Gegend! Als er fertig war, stieg er auf eine andere Kuh und machte dasselbe. Es war sehr erregend. Der Bulle war riesig, groß und stark. Ich bekam auch seinen Penis zu sehen, ein rotes Riesending! Manchmal masturbiere ich auf diese Phantasie.«[5]

Auch bei den »Naturvölkern«, die man so nannte, weil man glaubte, sie seien natürlicher und naturnäher geblieben als die Zivilisierten und ihre Kinder würden von der sie umgebenden Natur aufgeklärt, scheint dieser Anschauungsunterricht ebenfalls eine begrenzte Tragweite gehabt zu haben. So wußten beispielsweise die Toucouleur im Tal des Senegalflusses, daß die vorpubertären Kinder insgeheim und mit Begeisterung zuschauten, wenn sich die Hunde, Katzen, Esel oder das Geflügel paarten, aber sie waren der festen Überzeugung, ihre Sprößlinge hätten nicht die geringste Ahnung vom Geschlechtsleben der Menschen, und sie sorgten dafür, daß sie sich nicht selber entzündeten, indem sie die Kinder nie auf dem Bauch, sondern immer auf der Seite liegend schlafen ließen. Auch die älteren Kinder der Asaba erfuhren durch den Anblick kopulierender Tiere nichts darüber, wie die Menschen sich paarten, sondern wenn überhaupt, dann wurden die pubertierenden Buben dadurch aufgeklärt, daß irgendeine vereinsamte Witwe sie in ihre Hütte lockte.

Als in der alten Zeit einmal bei den Westlichen Apache ein heiratsfähiges Mädchen voller Entsetzen nach Hause gerannt kam und außer Atem berichtete, ein fremder Esel versuche, der Eselin der Großmutter auf den Rücken zu steigen, lachten die Alten zwar Tränen, aber niemand erklärte dem Mädchen, was die beiden Tiere wirklich getan hatten. In einem ähnlichen Falle war bei den Siane im östlichen Bergland von Neuguinea eine alte Frau offener, denn als deren Enkelin damit herausplatzte, sie habe gesehen, wie ein Eber sich über eine Sau hergemacht habe, meinte die Oma immerhin, das seien wirklich unanständige Schweine gewesen, denn »für gewöhnlich sieht das keiner, was die Schweine da getrieben haben. So etwas findet normalerweise tief im Busch statt, wo es niemand sieht.«[6]

Da man sich freilich doch nicht so sicher war, ob die Kinder wirklich nichts begriffen, achteten die Kuna-Indianer in Panama, bei denen die jungen Leute erst unmittelbar vor der Hochzeitsnacht aufgeklärt wurden, so gut es ging darauf, daß die Kinder und Jugendlichen keine kopulierenden Tiere zu Gesicht bekamen, und bei den Gusii an der Ostküste des Victoria-Sees galt es vor allem dann als äußerst beschämend, wenn irgendwelche Tiere es miteinander trieben, während ein Mann und sein Vater dabei zugegen waren. Etwas weniger peinlich war ein solcher Vorfall, wenn nur die klassifikatorischen Eltern des Clans gleichzeitig mit ihren »Söhnen« und »Töchtern« zuschauten, aber unangenehm war dies den Anwesenden allemal. Als bei einer Zeremonie zufällig ein Hahn eine Henne bestieg, waren sämtliche Leute peinlich berührt, und ein Mann kommentierte: »Es war beschämend, denn ›kleine Väter‹ und ›kleine Töchter‹ waren vor Ort!« Die Temiar, Semai, Semang, Aëta und andere Wildbeuter Südostasiens taten angesichts sich paarender Tiere so, als bemerkten sie nichts davon, und schauten aus Schicklichkeitsgründen in eine andere Richtung, während bei den Buid auf Mindoro die Auffassung vorherrschte, der Koitus der Menschen und der Geschlechtsverkehr der Tiere hätten nicht das geringste miteinander gemein. BespRang ein männliches Tier ein weibliches, schaute man auf der Stelle weg, und vor allem vermied man es, sich darüber zu mokieren, weil man dann ja gleichsam zugegeben hätte, daß diese Verhaltensweisen der Tiere an das entsprechende Verhalten der Menschen erinnerten, und dies wäre allen Leuten extrem peinlich gewesen. Auch die baskischen Schafhirten bestritten irgendeine Ähnlichkeit zwischen tierischem und menschlichem Sex und verwendeten dafür auch völlig verschiedene Ausdrücke. Als die Ethnologin einmal fragte, wie man es auf baskisch nenne, wenn eine Frau »heiß« sei, waren die Frauen schockiert und sagten, eine Frau könne nie »heiß« sein. Doch die Männer schmunzelten und meinten, indem sie das spanische Wort benutzten, daß Frauen manchmal »amoroso« seien.[7]

Zwar wird von den Anhängern Elias' ohne irgendwelche Belege immer wieder behauptet, im Verlaufe der letzten Jahrhunderte habe »the increasing sense of shame surrounding sexual relations« dazu geführt, daß die Erwachsenen immer größere Schwierigkeiten gehabt hätten »in talking about sexual matters to children«[8], doch spricht alles eher für das Gegenteil. Erst im 18. und im 19. Jahrhundert rieten Ärzte und Pädagogen den Eltern dringend, ihre Kinder sexuell aufzuklären, und Johannes Bernhard Basedow, der Leiter einer Muster-Erziehungsanstalt für Kinder und Jugendliche in Dessau, meinte im Jahre 1774, mit zehn Jahren hätten die Kinder dafür das geeignete Alter. Allerdings waren manche der Ratgeber der Auffassung, daß nicht so sehr die Väter, sondern eher die Mütter sich dieser kitzligen Aufgabe unterziehen sollten, so z. B. Lydia Maria Child, die in ihrem vielgelesenen und 1832 in London erschienenen *Mother's Book* ausführte, in »delicate subjects« seien »mothers the only proper persons to convey such knowledge. A girl who receives her first ideas from shameless stories has in fact prostituted her mind by familiarity with vice.« Allerdings waren es für gewöhnlich nicht die Eltern, die den reifenden Sprößling in diese für ihn neue Welt einführten. So wurden dem 1758 in Rheinhessen geborenen Schriftsteller Friedrich Christian Laukhard die »Geheimnisse der Frauenzimmer« zunächst in der Theorie von einem Stallknecht eröffnet, während ihm anschließend eine Dienstmagd die in diesem Zusammenhang relevanten weiblichen Organe in der Praxis näherbrachte. Doch wurde ein solcher Unterricht nicht immer von Erfolg gekrönt. So erzählte ein russischer Bauer, im Alter von 15 Jahren habe ihn seine vier Jahre ältere und im Dorf als Flittchen verschriene Schwester in der Technik des Koitus unterrichten wollen, indem sie ihn dazu anstiftete, seinen Penis in die Vagina eines etwa gleichaltrigen Nachbarmädchens einzuführen: »Ich verstand nicht, von welcher Sache die Rede war. ›Du Depp‹, sagte sie, ›du legst dich hin, hebst ihr das Kleid auf und tust ihn hinein!‹ Da ich auch jetzt nicht verstand, was sie meinte, schimpfte sie mich aus, knöpfte mir die Hosen auf, ergriff mein Glied und sagte: ›Damit sollst du *dort* stoßen!!‹ Da ich trotzdem nichts verstand, wurde sie böse, hob ihr Kleid in die Höhe und sagte, auf ihre Geschlechtsteile zeigend: ›Luba hat auch so was, mit deinem da sollst du bei ihr hineinstoßen, an der Stelle, die ich dir gezeigt habe!‹ Doch ich wußte immer noch von nichts.«[9] Bereits im späten Mittelalter wurde vielerorts angemahnt, es sei unbedingt erforderlich, »Sodomiten« heimlich hinzurichten, weil ansonsten die Gefahr bestünde, daß vor allem Jugendliche von der Existenz homosexueller und anderer Akte »wider die Natur« erführen. So hieß es noch im Jahre 1646 nach einem Bestialitätsprozeß, »dass in der glychen

Fählen die heimliche Hinrichtung nit ussert der acht zelassen were, by der Jugend grosse Ergernus, und gemeiner Statt selbs mehrere Nachred zevermyden, und nottwendig befunden syner Zyt solchese yngedencklich zesyn«, und in einem ähnlichen Fall verlautete die Obrigkeit, »dass die Vergicht [= Geständnis], so ihm solle vorgelesen werden, wegen der vorhandenen Jugent *keine Specialia* melde, sondern nur in genere, dass er sich mit der abschüchlichen Sünd der Bestialitet beflekt, gestellt werde«. Doch gab man sich in den Familien große Mühe, auch die »natürliche« Sexualität so lange wie nur möglich im Verborgenen zu lassen. Selbst kleine Kinder durften bei den Bauern im alten Schweden nicht bei den Eltern schlafen, und man sagte, ihre Knochen verwüchsen, wenn sie bei sexuellen Handlungen zugegen wären, aber auch in Anwesenheit älterer Jugendlicher wäre einem Erwachsenen kein Sterbenswörtchen zu diesem Thema über die Lippen gekommen. »Ne, das gabs zu unserer Zeit nich«, meinte ein niederdeutscher Bauer, »das war überhaupt kein Thema für Kinder. Da war der Klapperstorch, und dann war das gut so!«[10]
Wenn bei den Lappen »in der alten Zeit« die Jungen fragten, wo denn die Kinder herkämen, sagten die Eltern zu ihnen: »Wir haben euch gefunden, ihr habt in einem Sack gelegen, aus dem wir euch zu uns genommen haben«, und eine Haussafrau bemerkte: »Nein, wenn sie nach solchen Sachen fragen sollten, bekämen sie tüchtige Schläge, denn so etwas wäre schamlos!« Auch die Angassawa am Benue pflegten ihre Kinder zu schlagen, wenn sie derart vorwitzige Fragen stellten, wie es überhaupt absolut verpönt war, vor dem anderen Geschlecht über sexuelle Dinge zu reden. Und im San Ildefonso-Pueblo am Rio Grande wies man früher die neugierigen Kinder zurecht, indem man ihnen sagte, sie sollten damit aufhören, solche Fragen zu stellen – man werde ihnen schon noch etwas darüber erzählen, wenn sie größer seien. Auch bei den Yámana im Feuerland gab es keinerlei sexuelle Aufklärung der Jugendlichen oder gar der Kinder:

Man gab ihnen zu verstehen, daß die Kleinen »gefunden« oder »gebracht« würden, und die geschlechtsreifen Mädchen wurden zwar von den Frauen in der Säuglingspflege unterrichtet, doch darüber hinaus sagte man ihnen lediglich, sie sollten sich von den jungen Burschen fernhalten, da diese Böses im Schilde führten. »Laßt es euch nicht gefallen«, warnten die Frauen, »daß die Burschen euch mit ihren Händen am Körper betasten!«, und den Jünglingen rieten die Männer: »Laßt euch nicht von den Frauen zu sich hin locken, denn sie wollen euch den Schwanz abschneiden!«[11] Wenn bei den Ovimbundu im Hochland von Benguela, die in Anwesenheit von Kindern oder Jugendlichen über Geschlechtliches kein Wort verloren, eine Frau mit einiger Überwindung zu ihrer herangewachsenen Tochter sagte: »Ein Mädchen spielt nicht mit Jungen, denn die Jungen sind geil!«, dann verstand diese meistens nicht, was ihre Mutter meinte, und mied die männlichen Jugendlichen, weil sie dachte, daß diese sie stechen oder auf andere Weise verletzen könnten.[12]

Ist also die bekannte These Michel Foucaults, *das Reden* über Sexualität, »die Diskursivierung des Sexes«, habe in der modernen westlichen Gesellschaft, vor allem seit dem 18. Jahrhundert, ungeheuer zugenommen und durchdringe alle Lebensbereiche, richtig? Trifft es zu, daß in dieser Gesellschaft im Gegensatz zu allen anderen »wie besessen« und »unaufhörlich« von diesem Thema geredet und geschrieben werde, und zwar in einer »Vielheit von Diskursen«, aus denen niemand mehr ausgeschlossen bleibe?[13]

Bereits im 19. Jahrhundert haben Kritiker zeitgenössischer Prüderie betont, diese entsinnliche die Menschen nicht, sondern »übersexualisiere« sie in Wirklichkeit eher[14], doch wenn es auch richtig sein mag, daß es noch keine Epoche in der Menschheitsgeschichte gegeben hat, in der die Angehörigen aller sozialen Schichten und Altersgruppen einer derart intensiven Dauerberieselung von sexuellen Reizen ausgesetzt waren wie die heutige und in der das Konsumieren von Sex so vielen Menschen geradezu als eine Pflicht erscheint[15], darf man hieraus nicht den Schluß ziehen, die Sexualität sei in traditionellen Gesellschaften vergleichsweise eine »quantité négligeable« gewesen. Denn ganze Lebensbereiche wie das Essen und das Trinken, die Jagd und der Ackerbau, die Herstellung der Gerätschaften, die religiösen Rituale und vieles mehr waren in einem Maße von Erotik durchdrungen und mit sexuellen Assoziationen verbunden, wie es in der Moderne nicht mehr der Fall ist.[16]

Von den Gilyaken auf der Halbinsel Sachalin hieß es in alter Zeit, vor allem die Männer seien geradezu »sexbesessen« gewesen, ständig auf amouröse Abenteuer aus, und sie hätten in ihrer Freizeit all ihre Gedanken, Konversationen und Gedichte dem Sex gewidmet. Wenn die Männer der Abelam sich in ihren Yamsgärten aufhielten, pflegten sie endlos über Sex zu reden, wie bestimmte Frauen gebaut waren, wie sie sich beim Koitus bewegten oder daß diese oder jene *yukun kitnyia male*, »eine wirklich gute Möse« habe. Auch die ebenfalls in Neuguinea lebenden Bedamini schwatzten und scherzten ständig über Sex, und nicht anders taten es die Mehináku-Indianer am Rio Xingú, die ihn als »Pfeffer und Salz des Lebens« bezeichneten. Von den in den Gegenden der großen ostafrikanischen Seen lebenden Stämmen hat man gesagt, kein Thema sei so interessant für sie gewesen wie Sexualität und Erotik und mehr als die Hälfte aller Gespräche von Männern und Frauen hätten darum gekreist, obwohl das als unanständig galt. Dabei konnten sich die Leute sehr differenziert ausdrücken, denn es gab ein elaboriertes sexuelles Vokabular: So hatten z.B. die Hawu Dutzende von Wörtern für die weiblichen Genitalien, und zwar je nach Beschaffenheit der Schamlippen, der Klitoris usw. »Les filles & les ieunes femmes« der Huronen und der Montagnais, so berichtete im Jahre 1634 der Jesuitenpater Paul Le Jeune aus Neufrankreich, »sont à l'exterieur tres honnestement couvertes, mais entre elles leur disscours sont puants, comme des cloaques«, und von den Hopi hieß es, sie hätten sich ohne Unterlaß in ihren unterirdischen Kivas über Sex ausgelassen. Auch bei den persischen Bauern war er so sehr Thema von Unterhaltungen und Witzen, daß der beste Kenner des iranischen Geschlechtslebens resümierte: »It would not be exaggerating to speak of Iranian peasant society as a society centered on sexuality«.[17]

Im alten Hawaii war die orale Literatur derartig mit *kaona*, Doppeldeutigkeiten meist sexuellen Charakters, gespickt, und dermaßen vielen uns völlig harmlos erscheinenden Dingen wurde eine sexuelle Bedeutung unterschoben, daß man die Hawaiianer im besonderen und die Polynesier im allgemeinen als »pansexuell« bezeichnet hat. Ähnlich verhielt es sich bei den Buschleuten, etwa den !Kung, deren Männer und Frauen zum Vergnügen der erwachsenen Zuhörer am Lagerfeuer immer wieder grobsinnlich-deftige Geschichten erzählten wie die von Kauha, der seinen ahnungslosen Frauen seinen gebratenen After und die Hoden kredenzte, worauf diese sich mit ihren wohlzubereiteten Schamlippen revanchierten, und bei denen eine Frau nicht einfach nur mit ihrer Tochter schimpfte, sondern sie habituell mit Worten anfuhr wie z. B.: »Spinnst du? Bei deiner großen Fotze, was ist los mit dir?«[18]

Die mittelalterlichen Juden setzten es als selbstverständlich voraus, daß ein unverheirateter Mann an nichts anderes dachte als an Sex und alle Männer, denen keine Frau zur Verfügung stand, regelmäßig masturbierten, weshalb im Jahre 1400 im nordafrikanischen Tenes die jüdische Gemeinde allen Junggesellen untersagte, künftig in der Synagoge die Thora-Rolle zu tragen, da es unvorstellbar sei, daß ein unverheirateter Mann auch nur eine Minute lang seine sündhaften Gedanken unterdrücken könne. Aber auch in dem christlichen Sermon *Die Ehre der Ehe* vom Jahre 1662 hieß es: »Keine ehrbare Frau oder Mann/der sein haus gern rein hat/nihmt einen ehelosen Mann/und einen solchen Raben/und wilden Vogel/oder Hemmerling [= Kobold, Lärmgeist] in sein Haus: denn solche Gesellen brennen gemeiniglich/oder legen Feuer an; lassen einen bösen Stanck hinter sich/wie ein Widhopf oder Guckuck.« Bereits im Mittelalter warf man häufig den Priestern vor, sie vernachlässigten die Tatsache, daß insbesondere die jüngeren Leute an nichts anderes dächten und über nichts anderes redeten als über das Eine, weshalb sie mit ihren Predigten über Päderastie oder gleichgeschlechtliche mutuelle Masturbation die allzu willigen Schäflein erst entzündeten, ein Vorwurf, gegen den sich Geiler von Kaisersperg mit den Worten verteidigte: »Ja sprechen sie, man solt nichts dauon reden, man lernt es [sonst]. Wer es [jedoch] vor nitt gewißt hat, der lernt es nitt von diesen worten, die er uon mir gehôrt hat.« Doch noch im Jahre 1713 verlautete eine von Monsignore Adhémar de Monteil de Grignan verfaßte Toulouser Ordonnanz: »Les confesseurs prendront garde de ne pas faire d'interrogation sur la pureté en paroles malséantes, ni de telle sorte que les Pénitents puissent apprendre ce qu'ils ignorent.«[19]

Bereits im Jahre 866 verbot Papst Nikolaus I. allen Laien die Lektüre der kirchlichen Bußkataloge, weil er befürchtete, sie könnten diese als eine Art Sexberater lesen, und im frühen 11. Jahrhundert meinte der Benediktiner Notker der Deutsche, man dürfe nicht »cum navibus« sagen, weil dann jeder gleich an eine Möse (»cunnus«) denke, aber auch nicht »arrige aures« [»Spitze die Ohren!«], weil die Assoziation mit dem »erigere« des »membrum virile« naheliege. Keine arabische Dame, so schrieb im späten 9. Jahrhundert Ibn al-Waššā', würde jemals Wörter in den Mund nehmen, bei denen man im entferntesten an Sexuelles denken könnte, nie würde sie »zu einer anderen sagen: ›Das ist deine Rose! Das ist deine Mandel! Das ist dein Granatapfel! Das ist deine Lotusfrucht!‹ [...] Ebensowenig würde eine Dame zur anderen sagen: ›Hebe den Saum deines Kleides auf!‹ oder ›Setz dich darauf!‹, ›Führe ihn ein!‹, ›Zieh ihn heraus!‹«, denn all das wäre hochnotpeinlich, weil jeder und jede Anwesende unwillkürlich an weibliche Brüste, Genitalien und an Geschlechtsverkehr denken müßte.[20] Schließlich beachtete man auf der mikronesischen Insel Ulithi ein äußerst strenges Tabu (*etap*), das es verbot, eine gewisse Art von Schalentieren durch das Dorf zu tragen, weil bei ihrem Anblick jedermann an weibliche Genitalien dächte, was vor allem die Frauen zutiefst beschämen würde.[21]

Nichts spricht für die Richtigkeit der immer wieder vorgebrachten Behauptung, man habe »in früheren Zeiten« bestimmte Wörter und Wendungen nur deshalb vermieden, weil man nicht »die Aufmerksamkeit der bösen Geister wecken« wollte[22], vielmehr verzichtete man auf sie, weil sie peinliche Assoziationen hervorriefen. So haben Linguisten vermutet, daß in England der frankonormannische Titel »Count« zugunsten des aus dem Angelsächsischen stammenden »Earl« aufgegeben wurde, weil er an »counte«, »Fotze«, erinnerte, und Laurent d'Arvieux, der im 17. Jahrhundert zwölf Jahre in der Gegend von Jerusalem verbracht hatte, erzählte, man habe in Gegenwart arabischer Männer nie von den Hörnern der Böcke ihrer Schafsherden sprechen dürfen, weil sie das als eine Anspielung auf die Untreue ihrer Frauen verstanden hätten. Die Chimbu in Neuguinea scheuten sich, in der Öffentlichkeit das Pidginwort für Weihnachten, *kirismes*, auszusprechen, weil es sie an das einheimische Wort für Koitus (*giri si*) erinnerte, und sie sagten statt dessen *bugla ingu*, »Schweinefest«, während die Bauern von Michoacán es vermieden, Vogel- oder Hühnereier *huevos* zu nennen, weil sonst jeder gleich an die Hoden dachte, und statt dessen etwas gezwungen von *blanquillos*, »Weißerchen« sprachen.[23]

Lassen schon diese wenigen Beispiele erahnen, daß in den »traditionellen« Gesellschaften eine zunächst kaum wahrnehmbare sexuell aufgeladene Atmosphäre herrschte, in der die Erwachsenen bereit waren, fast jeder Sache und jedem Ereignis eine sexuelle Bedeutung zu verleihen, so wird sich niemand darüber wundern, daß der Laszivität des Gedankens eine große Schamhaftigkeit, ja Prüderie der Tat entsprach. So berichtete Malaurie von den Männern der Polar-

Eskimo, diese hätten sich mit ihm endlos und über nichts anderes unterhalten als über *kuyapok*, »Vögeln«: Wie oft es der und der mache und wie schnell hintereinander, daß die »Möse« von X zu eng für den »dicken Schwanz« von Y sei, daß die *utsuk* (= Möse) von Z so und so rieche und ihre Besitzerin beim *kuyapok* sich so und so bewege und so und so stöhne: »Warte, wenn du willst, zeichne ich dir ihre *utsuk* auf! Also, das ist das Schambein, hier hat sie dichtes, schwarzes Haar und hier hat sie…« Da habe ein danebensitzender Mann seine Bedenken geäußert und ein Detail am Damm der Frau, nahe am After, korrigiert, wobei jeder der anwesenden Männer »fast feierlich« zustimmte. Und von den gleichen Polar-Eskimo schrieb der Forscher, daß es keine prüderen und zurückhaltenderen Menschen auf Gottes weiter Erde gebe als sie.[24] Auch die burmesischen Bauern wurden als extrem prüde beschrieben, und trotzdem konnte man allenthalben auf den Dörfern ohne Schwierigkeiten sittsame alte Frauen beobachten, die sich beispielsweise darüber ärgerten, daß keiner zu Hause war, der ihnen Wasser holen konnte, und die lauthals keiften: »Die Schwänze und Fotzen in diesem Haus sind zu nichts nutze – hier muß man stets nach all den Schwänzen und Fotzen suchen!! Kein Schwanz und keine Fotze übernimmt hier Verantwortung – statt zu arbeiten, lassen sie nur ihre Fotzen weit offen stehen!«[25] Freilich empfand man solche Redensarten auf dem burmesischen Dorf oder am Lager der !Kung-Buschleute als ebenso peinlich und unanständig wie die derbe und obszöne Ausdrucksweise, deren sich die Autoren der spätmittelalterlichen Schwänke und die Teilnehmer der Fastnachtsspiele bedienten, eine Sprache, mit der man ja absichtlich und auf krude Weise die gesellschaftlichen Tabus verletzte. So legte auch Montaigne Wert auf die Feststellung, man dürfe von seinem bisweilen sehr losen Maul keinesfalls auf sein sonstiges Verhalten schließen: »Moy, qui ay la bouche si effrontée, suis pourtant par complexion touché de cette honte. Si ce n'est à une grande suasion de la necessité ou de la volupté, je

ne communique guiere aux yeux de personne les membres et actions que nostre coustume ordonne estre couvertes. J'y souffre plus de contrainte, que je n'estime bien seant à un homme, et sur tout, à un homme de ma profession.«[26]
Galt für die meisten traditionellen Gesellschaften, was bereits James Cook über die Tahitianer feststellte, daß sie nämlich »delight in such conversation [über Sex] behond anie other«, so fanden im allgemeinen solche mehr oder weniger obszönen »conversations« nach strengen Regeln statt. Zum einen vermied man es häufig, bei solch haarigen und heiklen Themen allzu persönlich zu werden, da dies in einer kleinen, überschaubaren Gemeinschaft ansonsten unerfreuliche Folgen haben konnte. »Trotz der Freimütigkeit«, hieß es über die Bauern von Peyrane, einem kleinen Dorf in der südfranzösischen Vaucluse, »mit der die Leute über Sexuelles sprechen und scherzen, sind sie doch immer diskret, wenn es um ihre persönlichen Probleme und Erfahrungen geht. Das Gespräch über Sexuelles bleibt stets oberflächlich und unpersönlich. Über Sexuelles zu scherzen ist nicht komisch, wenn es persönlich wird.« Bei den Lelet in Neuirland brüsteten sich zwar die jungen Männer im Männerhaus mit ihren sexuellen Erfahrungen und Abenteuern und gingen dabei in jedes Detail, doch vermieden sie es peinlichst, dabei auch nur anzudeuten, mit welcher Frau oder mit welchem Mädchen sie es getrieben hatten, denn es wäre eine ausgemachte Katastrophe gewesen, wenn ein Anwesender zu der Betreffenden in einer Meidungsbeziehung gestanden hätte oder mit ihr verwandt gewesen wäre. Schon frühzeitig brachte man den jungen Burschen bei, sie sollten später unbedingt darauf achten, daß bei ihren sexuellen Annäherungsversuchen auch nicht eine Fliege oder ein – für gewöhnlich unsichtbarer – Geist (*lagas*) zugegen sei, weil sogar diese möglicherweise »reden« könnten. Auch mit den Buschleuten der Zentral-Kalahari konnten die Ethnologen über Sex im allgemeinen reden, und zwar sehr offen und detailliert, aber nie so, daß spezifische nahestehende Personen dabei vorkamen.

Nachdem die Forscher freilich einmal so taktlos gewesen waren, ihre Gastgeber etwas Persönliches zu diesem Thema zu fragen, fühlten diese sich dermaßen peinlich berührt und vor den Kopf gestoßen, daß die Männer am nächsten Tag kaum noch einen Gruß erwiderten und die Frauen die Forscher überhaupt nicht mehr anschauten. »Needless to say it was quite impossible to go on with our work.« Ähnlich erging es einer Ethnologin bei den Kaulong in Neubritannien, die jeglichen Sex als »tierisch« und entwürdigend empfinden, weil die Menschen sich dabei »wie die Hunde« benehmen. So galt es als extrem beschämend und beleidigend, auch nur anzudeuten, daß zwischen einem bestimmten Mann und einer bestimmten Frau »etwas war« oder sein könnte, und als die Forscherin einmal ihr sehr nahestehenden Frauen eine solche Frage stellte, reagierten diese mit Entsetzen und tiefer Beschämtheit: »I have never seen women so paralyzed and in such obvious pain from the questions I asked. I was placing them in an impossible position«, and sie wußten nicht mehr, wie sie sich verhalten sollten.[27]

Zum anderen fanden die mehr oder weniger lasziven Unterhaltungen über Sex meist nicht statt, wenn Angehörige des anderen Geschlechts oder Kinder anwesend waren, denen man aufgrund ihres Alters zutrauen konnte, daß sie verstanden, worum es dabei ging. Als ich mich einmal bei den Ata Kiwan auf Flores mit zwei Männern über die bei ihnen übliche Koitusstellung unterhielt, brachen sie mitten im Satz das Gespräch ab, als eine Frau das Haus betrat, und auch von den Mescalero Apache wurde berichtet, kein Mann hätte in Anwesenheit von Frauen über Sex geredet: Wenn die Eltern ihre Kinder auf sehr dezente Weise ermahnten, keine sexuellen Spielereien mit Tieren zu betreiben, taten sie es immer so, daß die Buben und die Mädchen voneinander getrennt waren, wobei die letzteren sich häufig mit Händen und Füßen gegen solche Ermahnungen sträubten, weil sie sich schämten, und sie vergossen Tränen, wenn ihnen dieses Thema aufgezwungen wurde. Die Frauen der Mossi sprachen über Sex (*yand-yelle*, »die Dinge der Scham«) und die Früchte des Sexes, die sie unter weiten Kleidern so lange wie möglich zu verbergen suchten, nie in Gegenwart von Frauen, die noch nicht geboren hatten, oder von jungen Mädchen, ganz zu schweigen von ihren Ehegatten oder gar von fremden Männern, und sie vermieden es vor solchen Personen auch, eine Geburt zu erwähnen, weil dann jeder an das gedacht hätte, was ihr neun Monate vorangegangen war. Ähnlich verhielt es sich in Japan, wo das äußerst einflußreiche *Onna daigaku* (»Große Lehre für Frauen«) verlautete, daß Männer und Frauen nicht nur nicht in Anwesenheit des anderen Geschlechts über Sexuelles reden, sondern auch ansonsten auf gegenseitige Distanz achten sollten: »Nach den Sitten der alten Zeit dürfen Männer und Frauen nicht beisammen sitzen, die Kleider nicht am gleichen Ort aufbewahren, nicht ins gleiche Bad steigen und sich nichts direkt von Hand zu Hand überreichen.«[28]

Nichts könnte falscher sein als die Behauptung Elias', man habe in der ersten Hälfte des 16. Jahrhunderts – und Erasmus sei hierfür ein gutes Beispiel – noch ganz »selbstverständlich« und unverblümt auch vor jungen Mädchen über Sex reden können, und zwar ganz im Gegenteil zum 19. Jahrhundert, in dem dies nur noch »heimlich« möglich gewesen sei. Und keine Auffassung könnte wirklichkeitsferner sein als die von Foucault, der behauptet, vor dem Ende des 18. Jahrhunderts habe man eine »Gleichgültigkeit gegenüber dem Sex der Kinder« an den Tag gelegt, was Elias noch dahingehend ergänzt, es sei »eine Projektion gegenwärtiger Maßstäbe« auf vergangene Zeiten, wenn man von »sexuellem Mißbrauch« der Kinder durch Erwachsene in der spätmittelalterlichen oder frühneuzeitlichen Gesellschaft spreche.[29] So forderte schon im späten Mittelalter Stephan v. Landskrona als einer von vielen die Eltern auf, sie »sôlten jrem gesind mit nichten bestaten daz sy offenlich redten von unlautrikeit als laider in etlichen heüsern geschicht das schier die maist rede ist von sôllichen bôsen und schnôden dingen«, und im Jahre 1551 rief der *Grobianus* ironisch dazu auf, doch frei nach Schnauze vor dem anderen Geschlecht über Sex zu reden: »Sässen dann weiber vnd junckfrawen/ Auch vber disch,/so soltu schawen,/Daß du grob zotten bringst auff d'ban.« Als beispielsweise im Jahre 1566 ein solcher Flegel aus Burnham seine junge Nachbarin übermütig fragte, »if she had not need of a tarse [= Pimmel]«, wurde er dazu verurteilt, »to stand in Maldon market-place on Saturday in a white sheet and a white rod in his hand, confessing that he hath evil used his tongue filthily, which he should have used otherwise to God's glory«. So wie im Hause vor Frauen und Kindern keine lasziven Reden geführt werden dürfen, meinte Elias' Kronzeuge Erasmus, so sollten auch schamlose Bilder (»tabulas impudicas«), auf denen z.B. die hl. Jungfrau oder die hl. Agathe wie ein geiles Hürchen (»lasciva meretricula«) dargestellt seien, aus dem Gesichtskreis Jugendlicher verschwinden, denn hier werde bildlich wiedergegeben, was sogar nur beim Namen zu nennen schändlich sei (»pingitur, & Oculis repraesentantur, quod vel nominare sit turpissimum«), und zwar selbst in Schenken oder auf dem Marktplatz. Und um zu veranschaulichen, welch schändlichen Einfluß derartige Bildwerke auf junge Leute haben können, spielte er auf jene von Plinius überlieferte Geschichte an, in der ein Jüngling auf die praxiteleische Venus von Knidos ejakulierte, d.h., »in statua Veneris suae intemperantiae notas reliquit«, wie der Rotterdamer Gelehrte es dezent formulierte. Doch nicht nur Erasmus und andere Kritiker der neuen Kunst, in der die Obszönitäten realistisch dargestellt waren, sahen es so, sondern auch viele Bürger, weshalb z.B. im Oktober 1571 auf der Leipziger Michaelismesse ein Hausierer namens Hans Dönnigker aus Zwickau verhaftet wurde, weil er sogar an Frauen, Jungfrauen und Kinder »schambare« Bilder »zu Ärgernuß« verkauft hatte, Schandbarkeiten, die alsbald vom Scharfrichter auf dem Marktplatz verbrannt wurden.[30]

Schon aus den frühmittelalterlichen Bußordnungen geht hervor, daß es den Autoren ganz besonders am Herzen lag, Kinder vor sexuellem Mißbrauch zu schützen, und das ganze Mittelalter und die frühe Neuzeit über wurden Erwachsene, die sich auf irgendeine Weise sexuell an Kindern, z. B. an Mädchen unter 12 oder 14 Jahren, vergingen, ganz besonders hart abgestraft. Im Venedig des Trecento beispielsweise, aber auch in anderen Ländern erlitt der Vergewaltiger oder Verführer einer *puella* deshalb eine viel strengere Strafe als der einer erwachsenen Frau, weil die Gesetzgeber von der Unmöglichkeit ausgingen, daß ein minderjähriges Mädchen einen Mann zu dieser Tat aufgemuntert oder anschließend dabei »mitgemacht« haben könnte. Etwas später wurde in Zürich ein zwölfjähriger Bub von der Anklage, es mit einem Haustier getrieben zu haben, freigesprochen, »zudem des jünglings alter nach ein sollicher hanndel nit wol zuglouben«, ja, wegen ihrer jugendlichen Unerfahrenheit wurde im Mittelalter Tätern nicht selten bis zum Alter von 24 oder 25 Jahren Strafmilderung gewährt. Bereits in einem altenglischen Bußbuch hieß es, ein junger Mann könne nur dann wegen widernatürlichen Geschlechtsverkehrs eine bestimmte Strafe erhalten, »wenn er 20 Jahre alt ist, so daß er diese beschämende und üble Sache verstehen kann« (»gif he biδ xx wintra eald man, Þæt he understandan mæg Þæt he Þa sceamlican Þing & Þa manfullan begæδ«). Dies bedeutet freilich mitnichten, wie Foucault behauptet, daß die sexuellen Handlungen der Jugendlichen den Erwachsenen »gleichgültig« waren, denn die frühmittelalterlichen Bußkataloge konstatieren übereinstimmend, daß die beim »Rudelwichsen« oder bei gegenseitiger Masturbation erwischten *pueri* Prügel erhalten sollten, damit ihnen klar werde, daß sie da etwas Schlimmes und Unanständiges getan hätten, auch wenn sie noch unfähig seien, die volle Tragweite ihrer Sünde zu begreifen.[31]

War für sehr viele vormoderne Gesellschaften jene »merkwürdige Mischung aus Laszivität und Prüderie« charakteristisch, die der Ethnologe Nigel Barley bei den Dowayo in Kamerun festgestellt hat, eine Atmosphäre, die bei den Kickapoo-Indianern sogar erwachsene Frauen erröten und kichern ließ, wenn die Forscher sie fragten, wie das »Spitzele« eines kleinen Buben in ihrer Sprache heiße, oder in der, wie bei den Hua in den Bergen Neuguineas, die Männer »in der alten Zeit« noch glaubten, die kleinen Kinder würden durch den Nabel geboren[32], so wird man sich wenig wundern, daß vor allem die jungen Mädchen nur sehr unvollkommen auf die Veränderungen ihres Körpers vorbereitet waren. So erzählte eine Frau der Cape Hope-Eskimo, wie sie in einem gewissen Alter plötzlich gewahr wurde, »daß mir etwas Schreckliches widerfuhr. Bei anderen Frauen hatte ich dergleichen nie bemerkt, auch nicht besonders danach Ausschau gehalten. Mir war nie gesagt worden, daß mein Körper andere Formen annehmen würde, deshalb wunderte und sorgte ich mich. Meine Brust schien dicker zu werden. Haare wuchsen, wo eigentlich keine Haare sein sollten. Ohne Grund hatte ich manchmal Krämpfe im Bauch. Wenn ich nachts im Bett lag, hörte ich Vater und Großmutter schnarchen und ängstigte mich, was mit mir los war. Ich glaubte, daß ich der einzige Mensch sei, dem an seltsamen Stellen Haare wuchsen. Ich fürchtete mich und weinte leise vor mich hin.« Als sie das erste Blut verlor und ihre Großmutter fragte, warum das so sei, reagierte diese verlegen und erwiderte, sie solle nichts weiteres darüber sagen. Schließlich erwähnte die alte Frau beiläufig, daß »es« jeden Monat wiederkomme, vorausgesetzt kein Mann »berühre« sie: »Ich fragte mich, ob sich das auf *jeden* Mann beziehe. Bedeutete es, daß ich meinen Vater nicht mehr mit der Nase streicheln durfte? Bedeutete es, daß ich mich meinen Onkeln nicht mehr auf den Schoß setzen durfte? Und wie verhielt es sich bei meinem Bruder? Galt er als Mann oder noch als Junge? Und wie war's mit all meinen Freunden, den Jungen, mit denen ich Haschen spielte und schlittenfahren ging? Das waren doch ›Männer‹ – durften sie mich nicht mehr berühren?«[33]

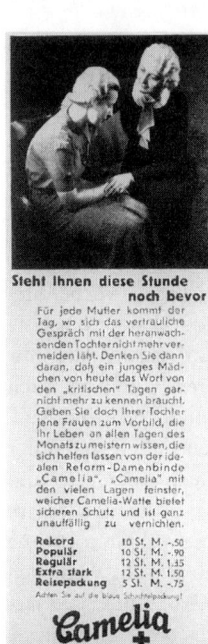

110 Reklame in ›Mode und Wäsche‹, 1937.

Widersprechen dem aber nicht die Behauptungen, die von Elias »nachgewiesene« zunehmende »Intimisierung« der körperlichen Funktionen im Verlaufe des »Zivilisationsprozesses« sei auch im Falle der Menstruation beobachtbar? Heißt es nicht, im Gegensatz zu den traditionellen Gesellschaften, in denen die Menstruation durch eine ausdrückliche »Tabuisierung« gewissermaßen »veröffentlicht« worden sei, weshalb die Blutung »weder Scham noch ein ›negatives Selbstbild‹ hervorrufen« konnte, werde heutzutage das monatliche Ereignis »möglichst von Schweigen umgeben und in einem heimlichen, intimen, privaten Bereich versteckt«? (Abb. 110).[34]

Freilich scheinen die Fakten dieser Auffassung weitestgehend zu widersprechen. So schämten sich früher die jungen Araukanerinnen so sehr über ihre Menstruation, daß sie mit niemandem darüber zu sprechen wagten, und eine von ihnen erschrak über ihre Menarche so heftig, »daß sie zwei Jahre lang nicht mehr krank wurde«, d.h. für diese Zeit weitere Blutungen ausblieben. Kein Minangkabau-Mädchen hätte jemals in Gegenwart von Erwachsenen dieses Thema berührt, und sie versuchten mit großer Sorgfalt sämtliche Indizien, die auf die Blutung hinweisen konnten, zu verbergen, und zwar insbesondere vor ihren Müttern. Auch hätte sie an den Frauenbadeplätzen (*pancuran*) dieser matrilinearen Gesellschaft nie ihre Kleider gewechselt, vielmehr taten sie dies nur an einsamen Orten oder in Verstecken. Bei den Manus kam es nie vor, daß einem Mädchen gesagt wurde, es müsse seine Blutungen vor den Männern verheimlichen, denn das ganze Thema wurde zu keinem Zeitpunkt erwähnt, und als die Ethnologen die Männer danach befragten, konnte keiner etwas mit den Fragen anfangen, weil kein Mann jemals etwas von einer solchen Sache gehört hatte. Auch die Mädchen wußten nichts davon, und man erwartete von ihnen, daß sie bei der Menarche aus Scham auch nicht darauf zu sprechen kamen. Als dies bei den früher als »Kaffern« bezeichneten Xhosa im Kapland einmal ein Mädchen tat, das nach der ersten Blutung entsetzt zu ihrer Großmutter gelaufen kam, antwortete diese spitz: »Sprich von dieser Sache nie mehr, es ist etwas, über das man nicht spricht! Laß sie niemanden sehen! Verstecke sie! Verstecke diese Sache!« Und schließlich gab es bei den Rungu im äußersten Norden Borneos nicht einmal ein Wort oder Euphemismen für die Menstruation, die so schambesetzt war, daß die Frauen auch dann nicht auf sie anspielten, wenn sie unter sich waren.[35]

Nicht wesentlich anders scheint es sich einstmals auch in unserer eigenen Gesellschaft verhalten zu haben, was man schon daran erkennen kann, daß um die Mitte des 13. Jahrhunderts der volkstümliche Franziskaner Berthold v. Regensburg allerlei verbale Verrenkungen anstellen mußte, um den Frauen begreiflich zu machen, daß sie in der Zeit ihrer »Krankheit« ihren Ehemännern sagen sollten, sie wollten in Ruhe gelassen werden, weil sie Kopfweh hätten. Im Jahre 1578 verzichtete der Anatom John Banister auf eine wissenschaftliche Diskussion der Menstruation und ähnlicher Frauenangelegenheiten, um den Anstand zu wahren, und auch seine Kollegen waren der festen Überzeugung, die Frauen seien »so shamefac'd and modest«, daß sie lieber die schlimmsten Menstruationsbeschwerden hinnähmen, als mit einem Arzt darüber zu reden. In der Tat mußte sich ein Dr. Prince in Bath von der Mutter eines neunzehnjährigen Mädchens deren Symptome beschreiben lassen, weil die Tochter sich schämte, »solche Dinge« Auge in Auge mit einem Mediziner zu besprechen. Im Jahre 1619 versuchte William

Whatley ohne großen Erfolg, die Frauen davon zu überzeugen, daß es nicht peinlich und schamlos sei, dieses Thema zu berühren, da sogar der Heilige Geist darüber geredet hätte, und etwas später wurden in Sankt Gallen zwei junge Männer wegen »sonderbare[r] vppigkeit vnd vnflätterey« bei Wasser und Brot in den Turm geworden und zu 25 Pfund Strafgeld verurteilt, weil sie sich über die »monatliche zit« der Frauen lustig gemacht hatten, so daß sich »manches Ehrenmensch vnd züchtig Weibsbild hat übel schemmen müssen«. Noch im Jahre 1659 klagte die *Almanack*-Autorin Sarah Jinner, viele Frauen litten unter »their Modesty«, weil sie mit niemandem darüber auch nur ein Wort wechselten, und in der Tat scheint es damals nur in den eher libertinistischen Kreisen des französischen Königshofes »gantz à la mode« gewesen zu sein, über die »privee maladie« oder »passion secrete« der Frauen zu reden und zu schreiben: »Noch etwaß muß ich E.L. verzehlen«, schrieb Liselotte von der Pfalz im Juli 1678 an Herzogin Sophie, »so mir ahm anfang sehr frembt ist vorkommen: man redt hir ohne schew von jungfer Catherine, und die Königin, so eine ehrbare fraw ist, spricht ahn offendtlicher taffel mitt allen manßleütten davon!«[36]

War aber die Menstruation nicht wenigstens in den Gesellschaften, in welchen sie »dem heimlichen, intimen, privaten Bereich« entzogen und zum Gegenstand von Feiern und Übergangsritualen gemacht wurde, »schamfrei« und nicht mit Peinlichkeitsgefühlen verbunden, wie behauptet wird?

Obgleich bei den Yombe zwischen dem Kongo-Fluß und dem Kouilou die Menarche während des Initiationsrituals gefeiert wurde, traf die Blutung die Mädchen wie ein Schock, und sie schämten sich vor allem deshalb, weil die Männer sich vor menstruierenden Frauen ekelten und sie aus diesem Grunde verachteten. Auch die Senoi Tamiar hatten ein Menarche-Ritual, doch die monatliche Blutung war nichtsdestotrotz ein peinliches und schambesetztes Thema, und die Feier fand verstohlen und unter Ausschluß der Männer hinter den Hütten am Waldrand statt. Gerade weil der Fluß des Menstruationsbluts in den meisten dieser einfachen Gesellschaften als gefährlicher und befleckender für die Buben und Männer angesehen wurde als in der heutigen westlichen Kultur, konnte man ihn nicht verheimlichen oder »übersehen«, obgleich dies wohl vielen jungen Mädchen lieber gewesen wäre. In der »alten Zeit« empfanden viele junge Mädchen der Chiricahua Apache die Menstruationsfeier (*nah-ih-es*) als entsetzlich peinlich und demütigend, und ihre Familien mußten sie teilweise mit Gewaltanwendung dazu zwingen, an ihr teilzunehmen und sich mit weißer Farbe bemalen zu lassen. Trotz dieses öffentlichen Rituals blieb die monatliche Blutung peinlich, und keine Frau hätte über sie oder über eine Schwangerschaft mit anderen in der Öffentlichkeit geredet. Obgleich in Ladakh die »Unreinheit« der Frauen in öffentlichen und festlichen Ritualen aufgehoben wurde, gaben sämtliche befragten Frauen an, ihre Menstruation mache sie vor allem vor Männern unsicher und verlegen, und obwohl bei den Ilahita Arapesh die Menarche eines Mädchens überall verkündet wurde und die Leute ihr Fleisch und andere Delikatessen schickten, schämte sie sich und versteckte sich einen Monat lang in einer Hütte im Dörfchen ihres Vaters, damit kein Bub und kein Mann sie sehen konnte, und es mag sein, daß sie sich fühlte wie jenes in der AAO-Kommune Friedrichshof aufgewachsene Mädchen, das über den »Obersten Pädagogen« der Kommune berichtete: »Max nahm meine erste Periode – ich war noch nicht mal elf – zum Anlaß einer Feier. Förderung der Mädchen und ihrer Sexualität nannte er das. Mir war das todpeinlich. Ein Horror!«[37]

§ 14
Das Nachtfreien, die Hochzeitsnacht und die Ahnungslosigkeit der Braut

Niemanden wird es überraschen, daß viele junge Leute bei ihren geringen oder gar nicht vorhandenen Kenntnissen von den »Tatsachen des Lebens« häufig völlig orientierungslos waren, wenn jemand den Versuch unternahm, sie zu verführen oder zu vergewaltigen. Im Jahre 1541 wurde z.B. ein gewisser Hans Müller wegen versuchter Notzucht auf Lebenszeit aus der Stadt Nördlingen verwiesen, nachdem er sich in einem Keller an »ain jung megtlin, so vmb 13 jar allt« herangemacht hatte, das dort für seinen Vater Most holen wollte. Anscheinend war das Mädchen so naiv und unwissend wie die Jungfrauen in Boccaccios *Decamerone* und begriff nicht, was der Strolch mit ihr vorhatte, aber nicht durchführen konnte, weil eine dritte Person zufällig den Keller betrat. Oft hatten die Mädchen keine Ahnung, was das war, das der Täter da aus seiner Hose holte, so etwa im Jahre 1636 die sechzehnjährige Anna Scheuermann aus dem nordhessischen Niederzwehren, die vor Gericht aussagte, ein junger Bursche habe sie auf einer Wiese »umbgeworffen, und sich uf sie gelegt, und ihr die Beine von einand gethan«, worauf »er ihr etwas in die Scham gestrebt etwa fingers lang«. »Er hat mir die Kittel hinaufgehoben«, berichtete eine junge niederbayerische Bauerntochter, »bis über die Knie [...] und hat dann mit Etwas so auf meinem Bauch herumgewischt, die Hand war es nicht, es hat mich so gekitzelt. Er zog da etwas von der Seite des Hosenthürls heraus und gab mir's in die Hand; es war kein Gewand, sondern etwas Warmes wie Fleisch«, und im frühen 18. Jahrhundert schilderte ein junges Mädchen dem Arzt Gohl, ein Nachbar habe »ihren Rock aufgehoben und aus seinen Hosen einen Finger gelanget und ins Loch gestochen, welches ihr wehe gethan, daß sie Aue schrien«. Ein englisches Mädchen, das etwa in

111 Martin van Maele:
Die Vergewaltigung der Hirtin, um 1907.

der gleichen Zeit vergewaltigt wurde, sagte, der Täter »put a
rabbit under her petticoat«, und eine junge Schäferin aus
dem aquitanischen Cazals, von der man hätte denken können, daß sie bei ihren Schafsböcken einmal den Penis und
den Beutel bemerkt haben müßte, meinte laut Gerichtspro-
tokoll: »Es ist hart, so lang (ungefähr 12-14 cm) und so dick
wie eine Kerze, die wir der Zeugin zeigen (diese hat etwa 8
½ cm Durchmesser). Die Zeugin fügt ungefragt hinzu, um
das Teil herum, das er ihr gezeigt habe, seien Haare (*di bour-
ro*) gewesen und unten drunter etwas, das so dick war wie
eine Faust.« Schließlich wußte auch Madame Roland als junges Mädchen im Jahre 1764 nicht, was »dieses seltsame
Ding« war, das ein junger Mann vor ihr aus der Hose zog,
worauf er ihr »mit kühner Hand dorthin« faßte, »wo nichts
Zutritt hat«. Die Episode schockierte sie freilich dermaßen,
daß sie künftig allem Wissen um Sex systematisch aus dem
Wege ging, so daß ihr, als sie mit 25 heiratete, »die Ereignisse
der Hochzeitsnacht ebenso überraschend wie unangenehm
vorkamen«. Zeitlebens empfand sie die Männer als sexuell

zudringlich und unanständig und applaudierte Charlotte Corday, nachdem diese ihr Vaterland mit dem Messer wenigstens von *einem* Wüstling befreit hatte.[1]

Hatten die Mädchen und jungen Frauen aber schon einmal einen Penis gesehen, so waren sie in den meisten Fällen gleichwohl erstaunt, daß er so groß und steif werden konnte, und sahen oder spürten sie, wie der Mann ejakulierte, dann dachten sie häufig, er habe auf ihren Körper oder in ihre Vagina uriniert. So registrierte im Jahre 1665 in Mockmühl ein junges Mädchen mit Verwunderung, daß ihrem in derselben Kammer nächtigenden Vetter »sein Schwäntzlen gestarret«. Als sie ihn am nächsten Morgen fragte, wie er sich diese seltsame Zustandsveränderung seines Gliedes erklären könne, erwiderte er, »es starre Ihme offt also«, doch dann »thue« es »Ihme wohl, und wann Ers In die handt nehme, thüe es Ihme noch wöhler«. Im Jahre 1466 sagte die Tochter eines Anstreichers, die in der Nähe von Rennes vergewaltigt worden war, das Glied des Täters sei plötzlich hart geworden, worauf »etwas Warmes« herausgekommen sei, »und dann wurde besagtes Glied wieder weich«. Im späten 17. Jahrhundert schilderte in St. Gallen Anna Ebneterin dem Gericht, eines Abends habe sie ihr Dienstherr, nachdem seine Frau bereits ins Bett gegangen war, zunächst »unzüchtig ausgegriffen, ihr mit den Fingern die Natur geöffnet, den Blumen oder Samen erweckt und dann sei er mit seinem Instrument herzugefahren und habe gegen sie gestoßen und also seinen Samen zu ihrem Leib gelassen, also daß sie erstenmals, weil sie nicht gewußt, was es mit den Mannsbildern für eine Beschaffenheit habe, vermeint, er bruntze sie an«. Ähnlich verhielt es sich bei der 18 Jahre alten Tochter eines steirischen Bauern, der ihr im Jahre 1793, als er einmal vom Stall in die Küche kam, auf für sie unverständliche Weise ankündigte, er werde sie jetzt »niederreiten«. Darauf drückte er sie gegen den Herd, griff ihr mit der einen Hand zwischen die Beine und öffnete mit der anderen seine Hose. Freilich wehrte sich das Mädchen so sehr, daß ihr Vater sie nicht penetrieren konnte und schließlich »etwas Nasses von ihm und auf meinen Bauch gegangen ist, welches ich sodann wieder abwischte«. Auch die achtzehnjährige Weberin Angela Montanari sagte vor einem Gericht in Rom aus, der Vergewaltiger habe sich, nachdem er mit dem »Ding, mit dem die Männer ihre Notdurft verrichten«, in sie eingedrungen sei, »vor und zurück bewegt«, bis sie nach einer Weile spürte, daß »eine Art Saft« aus ihr herausrann, »wie lauwarmes Wasser, und in diesem Moment stand er von mir auf«. Schließlich erzählte im Jahre 1706 ein dreizehnjähriger Bub, daß ein gewisser James Ball, nachdem er »had put his cock in his arse, he wriggled about and pissed in his arse«.[2]

Jüdische Menschenhändler, die südamerikanische Bordelle mit »jungem Frischfleisch« versorgten, wußten nur allzu gut,

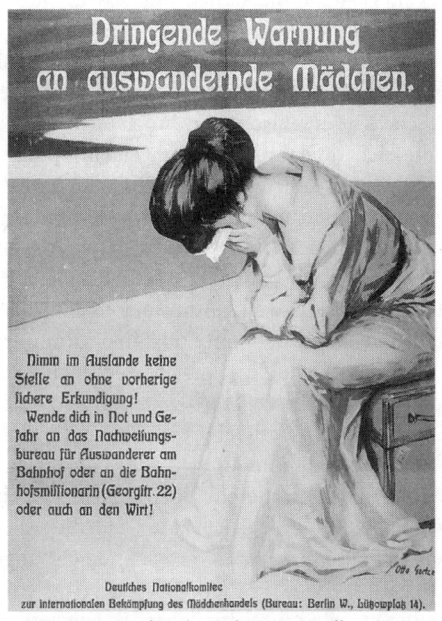

112 Warnanzeige des ›Deutschen Nationalkomitees zur internationalen Bekämpfung des Menschenhandels‹, um 1910.

daß die ultraorthodoxen ostjüdischen Mädchen, die nicht die leiseste Ahnung von Sex und der männlichen Physiologie hatten, besonders leicht zu verführen und zu prostituieren waren, weil sie nicht verstanden, was ihnen widerfuhr, aber auch eine nichtjüdische Schweizerin erinnerte sich, wie sie einmal als Achtzehnjährige einen Verehrer beim Tanzen bat, »sein Zigarettenetui aus der Tasche zu nehmen. Erst viel später habe ich es verstanden. Ich erinnere mich nur, daß er und sein Freund auf der Treppe saßen und herzlich lachten«. Nicht selten wußten verführte oder vergewaltigte Mädchen nicht nur nicht, was der Täter da mit ihnen angestellt hatte, vielmehr blieb ihnen auch verborgen, daß sie ein Kind austrugen. Nachdem im Jahre 1781 die 20 Jahre alte Textilarbeiterin Jeanne Ribes in der Mühle von Limoux vergewaltigt worden war, verstand sie weder, um was es sich bei dem Verbrechen gehandelt, noch daß der Täter sie geschwängert hatte – sie hielt ihre Zustandsveränderung in den folgenden Monaten für eine »Krankheit« und wunderte sich lediglich, daß sämtliche Kuren fehlschlugen. Auch die Schwäbin Anna Ziegler, die sich im Jahre 1724 von einem Soldaten hatte übertölpeln lassen, führte die Tatsache, daß ihre Monatsblutungen ausblieben und ihr Bauch sich rundete, darauf zurück, daß sie zuviel Obst gegessen hatte. Als sie sieben Monate nach dem seltsamen Erlebnis mit dem Fremden plötzlich starkes Bauchweh bekam und einen großen Blutverlust erlitt, verstand sie immer noch nichts und trank zur Abhilfe ein Glas Wein. Zwar gibt es auch heute bisweilen »verdrängte Schwangerschaften«, während deren den Frauen bis unmittelbar vor der Geburt ihr Zustand nicht bewußt ist und sie die Symptome als schlichte Gewichtszunahme oder Blähungen interpretieren[3], doch scheint es sich in den erwähnten Fällen um Frauen gehandelt zu haben, die einfach nicht wußten, daß es so etwas wie Sex und Schwangerschaft überhaupt gab.

Wenn es bereits im mittelalterlichen *Rennewart* über die Hochzeitsnacht von Malefer und Penthesilea heißt, daß »diu kint nach kinden taten«, die beiden also keine Ahnung davon hatten, wie die Sache nun ablaufen sollte, so gibt es auch in nichtliterarischen Quellen zahlreiche Hinweise darauf, daß nicht nur viele Jungfrauen, sondern so mancher »jone homme pucel« von diesen Dingen nichts wußte, falls man ihnen nicht unmittelbar vor der Eheschließung die entsprechenden Hinweise zukommen ließ, ja, in manchen Kreisen wurde nachgerade erwartet, daß die Braut im Ehebett ihr Unwissen unter Beweis stellte. Als beispielsweise ein bretonischer Adeliger namens Laval eine »Jungfrau« geehelicht hatte, die er verdächtigte, zuvor schon »etliche male in den scharmitzeln« gewesen zu sein, testete er sie damit, daß er in der Hochzeitsnacht »den penitenzer in die handt« nahm und ihn »ir in für den mundt« hielt: »Dieweil ir aber derselb in quantitate et qualitate gefiele, do kont sie nit lasen, sie schrie: ›Eihe her, er gehört nit daher, bass hinab!‹ Der von Laval muest vor bosshait seines aigens unfahls lachen und sprach: ›Mein freindin, hapt ir das handtwerk so wol zu hof oder sonst gelernet, so hole der gross teufel den meister, der euch das gelernt hat!‹« Wie Maria de' Medici später einer Vertrauten bekannte, waren ihr unmittelbar vor der Hochzeitsnacht auf Veranlassung ihres Onkels einige Hinweise zuteil geworden, doch während ihr Gemahl Heinrich IV. an ihr »des beautés rares et excellentes« entdeckte, halfen ihr diese Tips schon deshalb nicht viel, weil der französische König so sehr stank, daß die 27jährige Florentinerin in Ohnmacht fiel. Aber auch wenn das Paar wenigstens ansatzweise über diesbezügliche Kenntnisse verfügte, geschah häufig nichts, weil beide sich zu sehr schämten. So schrieb im frühen 16. Jahrhundert Thomas Platter über die Zeit unmittelbar nach seiner Heirat: »Zoch wider gan Zürich, was noch 6 wuchen do, das ich min wib nie berurt, das Myconius [= der Dienstherr seiner Frau] zů mier seit: wen wiltu by dim Anni liegen? es were nun zyt.« Doch waren die beiden hierfür zu scheu: »Wier fragten bede nütz darnach, dan wier waren beide schamhafftig.« Als sie schließlich nach

Wallis zogen, übernachteten sie unterwegs bei einem Mann: »Der wußt nit, das wier noch nie bywonung zamen ghan hatten; schämpten uns bede mit einandren nider zů gan; doch mießt das ein mall sin.«[4]

Alles deutet darauf hin, daß beispielsweise in England oder in Flandern noch im 17. Jahrhundert im Vergleich zu späteren Zeiten nur sehr wenige Frauen vor der Ehe, die sie im Durchschnitt erst im Alter von etwa 25 Jahren schlossen, Geschlechtsverkehr hatten und daß sehr viele von ihnen mit den Andeutungen der Älteren wenig anfangen konnten. So hörte zwar zu jener Zeit die Genterin Isabella de Moerloose als junges Mädchen oft den Pfarrer gegen die »Unkeuschheit« predigen, doch als sie und ihre Altersgenossinnen ihre Mütter fragten, was das Wort bedeute, erwiderten diese, es handle sich um »Unreinheit« und »Schmutz«. Die Folge war, daß die junge Flämin lediglich über längere Zeit hinweg eine geradezu panische Angst vor Staub und Dreck hatte, was sich auch nicht änderte, als sie später Gouvernante in einem Haushalt in Heinkenszand wurde. Der Hausherr pflegte zwar obszöne Witze zu machen, in denen vom »Stopfen von Löchern« die Rede war, doch Isabella hatte keine Ahnung, was er damit meinte. Im Jahre 1733 berichtete der sächsische Hofmedikus Troppanneger von einer bereits zum zweiten Mal verheirateten Patientin, die ihn gefragt habe, wie denn »die Vereinigung« überhaupt vor sich ginge, da ihre beiden Ehemänner nie etwas Derartiges in Angriff genommen hätten. Aber auch andere Frauen hatten in dieser Hinsicht so ihre Schwierigkeiten – etwa Therese Heyne, die im Jahre 1784 Georg Forster geheiratet hatte und die zehn Jahre später, nachdem ihr Mann als in seiner Heimat geächteter Landesverräter armselig in Paris gestorben war, bekannte: »Ich ward erst vier Wochen nach meiner Hochzeit Frau, weil die Natur uns nicht zu Mann und Frau bestimmt hatte. Ich weinte in seinen Armen und fluchte der Natur, die diese Qual zur Wollust geschaffen hatte – endlich gewöhnte ich mich daran.«

Doch auch die Buben und jungen Burschen blieben nicht selten bis zur Hochzeit unaufgeklärt. Zwar gab es junge Männer wie Abraham Hedderisch aus dem hessischen Meerholz, der im Jahre 1662 dem Gericht erzählte, eine sehr magere junge Frau, die »zwischen den Beinen aber geschlitzt wie die anderen Weiber, habe ihn gelehrt, wie man auf ein Mägdlein komme und wie er hobeln solle. Das habe er den anderen Buben«, einen gewissen Hans Peter, »gelehrt. Sein Schatz habe ihn einmal mit der Hand ans Gemälke gegriffen und solches gehalten, dabei sei ihm der Schwanz warm geworden.« Andere wurden bereits beim Anblick von Frauen und Mädchen erregt, wie z.B. 1665 ein Bursche, dem angesichts der Magd seines Vaters »so wunderlich unterhalb [des] leibes worden, daß ihm das gemäch geschwollen«, doch machten nicht alle derlei Erfahrungen. So ahnte der 1735 geborene toggenburgische Hütejunge Ulrich Bräker erst dann, daß »es zweyerley Leuthe« gäbe, als er »in sein zwanzigstes« kam und sich jetzt von den jungen Mädchen angezogen fühlte, doch »etwas anders« kam ihm »gewiß nicht« in den Sinn, zumal es auch weit und breit niemanden gab, der oder die ihn aufgeklärt hätte. Sogar bei zwei noch älteren jungen Männern, die von einem dritten, reifen Mann zum Analverkehr verführt worden waren, wurde im Jahre 1637 als strafmildernd angeführt, daß die beiden »von Jugend uf ussert der Schuel und sonsten, gemanglet nothwendiger Underwysung«, und etwas später verlautete das Gericht über vier junge Zürcher, die bei homosexuellen Handlungen mit einem Fünfzehnjährigen erwischt worden waren, sie seien schuldlos, weil sie überhaupt nichts über Sex gewußt hätten: »Bey den verführten sey offenbar eine solche Jugent, dass sie dise Sünd nit gewüsst, vil weniger den Grewel derselbigen behertziget, auch die natürliche erlaubte Vermischung nit kent.« Hans v. Schweinichen, der ebenfalls nicht in diesem »Hanndel« aufgeklärt war, sei, wie er selber berichtete, »ganz blöde zu solchen Sachen anzufangen« gewesen, als er im Jahre 1576 erstmals einer Jungfrau näherkam. Damit er sich später nicht allzu dumm anstellte, beauftragte Ludwig XIV. zur Aufklärung seines unmittelbar vor der Eheschließung stehenden Sohnes einen Monsieur de Montausier, der freilich an dieser Aufgabe, die weder in seinen Tätigkeitsbereich fiel noch seinen Neigungen entsprach, jämmerlich scheiterte. Nachdem auch der König selber sowie ein Monsieur d'Uzès sich dem jungen Mann nicht im geringsten verständlich machen konnten, obwohl Ludwig nach langwierigen, einigermaßen dezenten Beschreibungen und Erklärungen seinem Sohn »pendant une grosse demi-heure tout ce qu'on aurait honte de dire dans les mauvais lieux« erzählte, fand man schließlich nach langem Hin und Her »une belle et honneste dame de la Cour«, die einen letzten Versuch zu wagen bereit war, nämlich die 35jährige Gattin des Marschalls de Rochefort, die »lui donna enfin une leçon entre deux portes, qui réussit parfaitement, et dont personne ne lui sut mauvais gré«.[5]

Zwar änderte sich an dieser Unwissenheit der jungen Leute auf dem Lande und in den Proletarierierteln der Industriestädte bis ins 20. Jahrhundert hinein nicht allzu viel[6], und auch im Bürgertum gab es bisweilen junge Frauen, die sich ähnlich verhielten wie die Tante Stefan Zweigs, »die in ihrer Hochzeitsnacht um ein Uhr morgens plötzlich wieder in der Wohnung ihrer Eltern erschien und Sturm läutete; sie wolle den gräßlichen Menschen nie mehr sehen, mit dem man sie verheiratet habe, er sei ein Wahnsinniger und ein Unhold, denn er habe allen Ernstes versucht, sie zu entkleiden.« Und es gab gewiß auch Frauen wie die Mutter der im Jahre 1901 geborenen Evelyn Powell aus Westcliff-on-Sea, die vor ihrer Ehe für »fallen girls« karitativ tätig gewesen war, aber nie wußte, was »fallen« eigentlich bedeutete, und die ihre Tochter noch mit 80 fragte, »what a miscarriage was«.[7] Doch bemühten sich allem Anschein nach im 19. und im frühen 20. Jahrhundert im Bürgertum sehr viel mehr Eltern darum, sogar ihre weiblichen Sprößlinge aufzuklären, als in den Zeiten davor, auch wenn ihre Bemühungen nicht immer von

Eltern, laßt es Euch nicht entgehen
Euren Kindern
das Wunder der Fortpflanzung
rein und unbefangen nahe zu bringen!

113 ›Aufklärung‹. Lehrbild des Deutschen
Hygienemuseums in Dresden, um 1925.

Erfolg gekrönt waren, wie im Falle einer englischen Tänzerin, die berichtete, daß ihr Vater »started to tell me about
plants and animals and evolution and sort of gradually…
except that I used to think, way on when I was quite grown
up, that babies came out of your navel«. Anders verlief die
Aufklärung bei der im Jahre 1858 geborenen Beatrice Potter,
die über ihren Vater, einen Eisenbahnmagnaten, schrieb:
»Mit seinen sehr jungen Töchtern diskutierte er nicht nur
seine geschäftlichen Probleme, sondern auch Fragen der
Religion, Politik und Sexualität offen und frei. Ich weiß
noch, daß ich, als ich 13 Jahre alt war, fragte, ob er mir rate,
Tom Jones zu lesen. Er antwortete: ›Auf jeden Fall, wenn das
Buch dich interessiert; es gibt dir einen guten Einblick in
Sitten und Gebräuche des 18. Jahrhunderts; und Fielding
schreibt ein wunderbar kraftvolles Englisch‹; und dann sagte
er noch, so, als denke er laut: ›Wenn du ein Junge wärst,
müßte ich wohl etwas vorsichtig mit der Empfehlung von
Tom Jones sein, aber ein Mädchen mit unbefangenem
Verstand kann alles lesen, und je mehr es von der menschlichen Natur weiß, um so besser für es und alle Männer, die
mit ihr zu tun haben.‹ Vielleicht war es eine Folge dieser
›Politik der offenen Tür‹, daß ich, soweit ich mich erinnern
kann, keinerlei sexuelle Neugier hatte; meine Kenntnis der

Fakten übertraf immer mein Interesse am Gegenstand.« Etwa um dieselbe Zeit, so erinnerte sich Sir John Betjeman, erklärte ihm sein Vater unverblümt, daß »Buggers are two men who work themselves up into such a state of mutual admiration that one puts his piss-pipe up the other's arse«. Und während man sich im Mittelalter und in der frühen Neuzeit alle erdenkliche Mühe gegeben hatte, die Existenz von »Sünden gegen die Natur« verborgen zu halten, hieß es in der öffentlich ausgehängten Badeordnung eines der ersten Berliner »Lichtluftbäder« in aller Offenheit: »Homosexuelle Herren werden gebeten, sich ihre Anlage nicht anmerken zu lassen.«[8]

Als Madame Roland im Jahre 1768, kurze Zeit nachdem sie von einem jungen Mann sexuell belästigt worden war, ihre Menarche erlebte, empfanden sie und ihre Mutter, die sich vorher auf vage Andeutungen beschränkt hatte, dieses Ereignis als sehr positiv: »Ich nahm es mit einer Art Freude auf, als eine Einführung in die Welt der Erwachsenen, und ich kündigte es meiner lieben Mutter an, die mich zärtlich umarmte, entzückt darüber, daß ich eine Phase meines Lebens, in der sie sich um meine Gesundheit gesorgt hatte, so glänzend hinter mich brachte.« Auch der im ausgehenden 18. Jahrhundert erschienene und noch in viktorianischer Zeit aufgelegte *Guide to Health, or Advice to Both Sexes* ging streng mit jenen Müttern ins Gericht, die ihre Töchter immer noch nicht über die Menstruation aufklärten, und schilderte detailliert den Geschlechtsverkehr, »refreshingly free both from prurience and from euphemism«.

Insgesamt gesehen hat es den Anschein, daß im Verlaufe des angeblich so prüden 19. Jahrhunderts in bürgerlichen Kreisen »über diese Dinge« offener und unverkrampfter geredet wurde als je zuvor. Als beispielsweise die spätere Schriftstellerin Lily Braun eines Tages erschrak, weil sie »Blut auf dem Laken« entdeckte, lachte der zufällig anwesende Hausarzt, umfaßte das Mädchen und drückte es sanft in die Kissen zurück: »›Also so stehts mit dem kleinen Fräulein!

114 Amerikanische Tamponwerbung, um 1945.

Die Kinderschuhe hat es richtig ausgetreten.‹ Verständnislos
sah ich die Mutter an, der das Blut in die Schläfen gestiegen
war. ›Alles Nötige werden Sie Ihrer Tochter erklären‹, damit wandte er sich zum Gehen.« Im Jahre 1891 schrieb die
Komponistin Clara Schumann völlig unverklemmt an ihre
17 Jahre alte Enkelin, als sie ihr Arzneien schickte: »Tante
Cäcilie schrieb uns nämlich, daß Du die Regeln noch nicht
hast, das hat uns erschreckt, und da muß man Alles thun was
man kann um die Natur in Ordnung zu bringen«, und eine
andere Bürgerstochter erinnerte sich: »Da wurde früher
nicht so viel draus gemacht. Meine Mutter stellte das als
absolut natürlich hin, und damit hatte es sich.« Schließlich
ergab eine Untersuchung im Jahre 1926, daß sich entgegen
allen Erwartungen nur sehr wenige Frauen und Mädchen
genierten, in Drogerien mit männlichen Verkäufern Menstruationsbinden (»sanitary napkins«) zu kaufen.[9]
Aus den Aufzeichnungen zahlreicher viktorianischer Da-

men geht hervor, daß diese als junge Mädchen meist weder prüde waren noch unwissend über Sex und diesen auch nicht »hinter die Kulissen« schoben: »Victorian ladies knew about sex, sexual vice, prostitution, and pornography. And men did not try to protect them from that knowledge or from meeting the problems face to face.« Typisch war etwa der Fall von Fanny und Charles Grenfell, die im Herbst 1843, als sie noch nicht miteinander verheiratet waren, einige Tage in Dorset verbrachten, wo sie auf Spaziergängen eingehend den Unterleib des anderen erforschten. Ganz ohne Scham schrieb er ihr hinterher: »My hands are perfumed« von deinen »delicious limbs, and I cannot wash off the scent, and every moment the thought comes across me of those mysterious recesses of beauty where my hands have been wandering, and my heart sinks with a sweet faintness and my blood tingles through every limb«, und er legte ein kleines, von ihm gezeichnetes Bildchen bei, auf denen sie beide während eines imaginierten Koitus zu sehen waren. Im Jahre 1835 schrieb eine Südstaaten-Dame ihrem verreisten Mann, seine Lüste auf Sex »are not greater than mine and you will find on your return how mutual have been our feelings«, und 1879 verlautete Mabel Loomis Todd in einem Brief an ihren Ehemann, der letzte Koitus mit ihm sei zwar nicht ganz so aufregend gewesen wie der vorangegangene, »but at last it came – the same beautiful climax of feeling I knew so well«.

Ohne übertriebene Prüderie schrieb Bessie Wallis, die »pit boys« in Yorkshire seien so ausgemergelt und unterernährt, daß sie keinen »hochkriegten« und deshalb die Mädchen nur an den nackten Brüsten befummelten, und eine andere »Tochter aus gutem Hause«, die 22jährige Laura Tennant, schrieb 1884 an einen Verehrer, sie pflege häufig des Nachts splitternackt auf dem Balkon zu stehen: »The wind is my dearest lover … his strong arms are round me and I seem to be one with him and sometimes when he is almost savage he bears me away.« Selbst im nicht allzu lockeren Bremen des ausgehenden 19. Jahrhunderts war man nach den Erinnerungen der Haustochter Julie Schrader in den großbürgerlichen Familien wie der des Konsuls Fürchtebohm nicht gerade zimperlich: »Die Konsulin hat mir gesagt, daß sie alle Mannsleute in Bremen kastrieren müßten wie den Pollux, wenn das Kabarett kommt, indem sonst keiner mehr den ehelichen Pflichten in der häuslichen Kemenate nachkommt, weil das Pulver im Astoria verschossen, bevor die Lunte nach christlichem Recht gezündet. Unsere Frau Konsulin ist dann sehr laut geworden und hat ihm [= ihrem Mann] Dinge gesagt, welche ich mich geniere, hier aufzuschreiben.«

Vom späten 18. bis zum frühen 20. Jahrhundert gab es in allen westeuropäischen Ländern eine im Bürgertum weitverbreitete Ratgeberliteratur, in der ganz offen über die männlichen und weiblichen Genitalien und ihre Reinigung, über Präservative, Bidets, Sextechniken, Vorsichtsmaßnahmen beim Sex mit unsauberen Personen sowie über empfängnisverhütende Methoden, z. B. den *coitus interruptus*, und deren jeweilige Sicherheit Auskunft erteilt wurde, und im Jahre 1809 verlautete z. B. ein niederländisches Anstandsbuch für Heranwachsende, es sei nicht einzusehen, warum Jugendliche sich »das Entzücken versagen sollten, das den Sinnen die so lieblichen Reize des Körpers offenbart. [...] Frönet Euren Lüsten, soweit sie das Objekt Eurer Zuneigung glücklich machen, und so weit sie mit Keuschheit, Tugend und Pflicht zu vereinen sind.« Wenn auch in dieser Literatur die jungen Burschen vor unsittlichem Benehmen gewarnt und die Mädchen zu »modesty without bashfulness« aufgefordert wurden, so geschah dies meist auf unverwundene und nichteuphemistische Weise wie in einem Manierenbuch vom Jahre 1873, in dem es hieß, die jungen Burschen und Mädchen sollten nicht miteinander ringen oder solche Spiele spielen, bei denen die Jungen Gelegenheit hätten, den Mädchen an die Brüste oder Genitalien zu fassen: »Such freedom is not consistent with that respect which the sexes should cultivate for each other.« Nach dem Ersten Weltkrieg

115 Martin van Maele: Die Aufklärung, um 1907.

verstärkte sich dieser Schub zu größerer Offenheit und Lockerheit, und die Schwester Sophie Scholls meinte beispielsweise über die Zwischenkriegszeit: »Daß Sexualität tabuisiert war, glaube ich nicht, weil sie einen ganz anderen Stellenwert hatte wie heute. Sie hatte damals nicht die zentrale Bedeutung.« Und als Beispiel für die damals herrschende Unverkrampftheit erzählte sie: »Ein Jahr vor ihrem Abitur nahm Sophie im Biologieunterricht die Zeugungsvorgänge durch. Eines Abends sagte sie zu mir: ›Du, wir haben heute etwas Tolles gelernt. Ich möchte dir das gern erklären!‹ Sie schlüpfte zu mir unter die Decke, nahm Block und Zeichenstift und zeichnete genau auf, was die Biologielehrerin ihr beigebracht hatte.«[10]

Steht dies alles nicht im Widerspruch zum verbreiteten Bild einer Zeit, in der es keine Unterhosen, sondern »Unaussprechliche« gab, in welcher eine englische Dame keine »breasts«, sondern lediglich ein »neck« und keinen »belly«, sondern bestenfalls einen »stomach« besaß? Um zu veranschaulichen, wie prüde gewisse amerikanische Damen gewesen seien, erzählte damals Kapitän Marryat von seinen Reisen in Nordamerika, dort hätten einige Frauen statt »leg« »limb« gesagt, und in einem Mädchenpensionat seien die vier »limbs« des Klaviers »in modest little trousers with frills at the bottom of them« gekleidet gewesen, doch spricht nichts dafür, daß diese Anekdote wahr ist. Natürlich steht außer Frage, daß es auch damals ultraprüde Frauen gegeben hat, doch ist nicht zu leugnen, daß gerade die frühviktorianische Epoche einen Liberalisierungsschub erlebte, der einen Arzt wie Charles Meigs im Jahre 1848 mit gemischten Gefühlen zur Feststellung veranlaßte: »When I was young a woman had no legs even, but only feet, and possibly *ankles*; now, forsooth, they have utero-abdominal supporters not in fact only, but in the very newspapers.«[11]

In fast jeder Kulturgeschichte wird als exemplarisch für die Verklemmtheit der Epoche Thomas Bowdlers 1818 veröffentlichter *Family Shakespeare in Ten Volumes* angeführt, »in which nothing has been added to the original text but those words and phrases are omitted which cannot with propriety be read in a familiy«, aber was die Kulturhistoriker für gewöhnlich zu erwähnen vergessen, ist die Tatsache, daß Bowdler zum einen dabei an die Familienmitglieder dachte, die sehr jung und zudem weiblich waren, und daß er zum anderen den meisten seiner Zeitgenossen als unangemessen prüde vorkam und deswegen von ihnen kritisiert wurde. Denn, »generally speaking, the classics circulated freely despite their frankness in dealing with sexual matters«, und auch die englischen Frauenmagazine der Zeit zeichneten sich z.B. in der detailgerechten Schilderung brutaler Vergewaltigungsfälle durch eine »frankness« aus, »unusual even in the most modern Woman's Journal«. Als beispielsweise im Jahre 1841 in New York die grausam zugerichtete Leiche einer jungen Frau, die das Opfer eines Lustmörders geworden war, gefunden wurde, druckte sogar der *Herald* den gesamten Obduktionsbericht ab, in dem bis in alle Einzelheiten nachzulesen war, was der Täter der Frau angetan hatte, während andere Presseorgane ihre Artikel mit Bildern von nackten Frauenleichen in Badewannen und »Menschenfressern« garnierten, die ihrem Opfer bereits die Brüste aus dem Kleid gezogen hatten. Schließlich nahm auch nach den Untaten Jack the Rippers die englische Presse kein Blatt vor den Mund und informierte das Publikum erschöpfend über die dem Opfer abgeschnittenen Brüste und Geschlechtsorgane.

Wenn um die Mitte des 19. Jahrhunderts der Arzt Wilhelm Plath von einem Kollegen erzählte, »der, aus übermässiger Delicatesse, die Darmausleerungen, im Gespräch mit seinen Kranken, sehr uneigentlich stets mit dem Ausdruck ›Verdauung‹ bezeichnete«, sowie einem anderen, der es »bei der Erkundigung nach den Stuhlgängen niemals versäumte, ein ›mit Erlaubnis‹ hinzuzufügen«, dann führte er diese Fälle *als Kuriosa* an, über die man schon damals lächelte oder den Kopf schüttelte. Nicht anders verhält es sich mit einer weiteren Lieblingsepisode jener Historiker, die den gängigen Rufmord am 19. Jahrhundert betreiben, weil das Klischee es fordert, nämlich die von der in ein Zugunglück verwickelten jungen Amerikanerin, die vom Notarzt gefragt wurde, ob sie verletzt sei. »One of my limbs is broken«, erwiderte sie. »Which is it«, fragte der Arzt weiter, »the limb you thread a needle with?« »No sir«, sagte die junge Frau mit einem Seufzer, »it's the limb I wear a garter on«. Auch hier unterschlagen die Kulturhistoriker für gewöhnlich, daß diese – höchstwahrscheinlich erfundene – Anekdote aus Alexander Gows im Jahre 1873 erschienenem Benimmbuch *Good Morals and Gentle Manners for Schools and Families* stammt und daß der Verfasser sie anführt, um die jungen Leute vor den Lächerlichkeiten extremer Prüderie zu warnen. »When a woman gets so fastidious as that«, so erklärte er, »the quicker she dies, the better.« Und: »Indelicacy is often manifested by affections of purity. The woman who talks about the ›limbs‹ of the table and the ›bosom‹ of the chicken is unrefined, and exposes herself to merited ridicule and contempt.« Ein anderer Benimmbuchautor der Zeit legte schließlich gewissen Damen ans Herz: »Avoid an affectation of excessive modesty!«, denn hinter übertriebener Schamhaftigkeit vermute ein jeder deren genaues Gegenteil.[12]

Ganz gewiß *gab* es im 19. Jahrhundert bürgerliche Damen wie die Mutter Edith Whartons, der es peinlich war, als ihre Tochter sie vor der Hochzeitsnacht mit Fragen bestürmte, und die zu ihr sagte: »You've seen enough pictures and statues in your life... You can't be as stupid as you pretend!«, und es gab auch junge Frauen wie die spätere Theosophin Annie Besant, die in ihrer Hochzeitsnacht im Jahre 1867 feststellen mußte, daß sie soviel über Sex wußte »wie ein vierjähriges Kind«.[13] Doch waren eine solche Prüderie und Ahnungslosigkeit im Bürgertum des 19. und des frühen 20. Jahrhunderts eher die Ausnahme, während sie in den meisten »traditionellen« Gesellschaften der Norm entsprachen. »Als junges Mädchen«, so erinnerte sich die Blackfootfrau Ruth Little Bear, »fragte ich meine Mutter immer, wie man Kinder bekommt. Entweder überging sie meine Frage, oder sie sagte: ›Wenn die Zeit gekommen ist, wirst du es schon herausfinden!‹ Sie war auf die gleiche Weise erzogen worden, und ihre Mutter ebenfalls. Meine Freundinnen und ich tauschten manchmal Klatsch und Gerüchte über diesen Gegenstand aus, aber wir wußten nie wirklich Bescheid darüber.« Eine alte Tlingitfrau berichtete, ihre Großmutter habe ihr zwar gesagt, sie solle nie mit einem jungen Mann reden, weil ein Mädchen davon »einen dicken Bauch« bekomme, aber auf die Frage, wo die Kinder herkommen, habe sie die Antwort erhalten, man finde sie am Meeresstrand, worauf sie erfolglos den gesamten Strand absuchte.[14] »Ich wußte ja nicht einmal, was es heißt, ein Mann oder eine Frau zu sein«, erklärte eine persische Bäuerin, »ich dachte, es bedeutete, daß man neue Kleider bekommt, daß einem der Pony geschnitten wird und die Musikanten zum Tanz trommeln, daß man auf einem Esel in ein anderes Haus gebracht wird und dann irgendwie Kinder bekommt«, und auf ähnliche Weise berichtete eine Frau aus einem nordindischen Dorf:

»Als ich mit 16 heiratete, dachte ich, Heiraten bedeute lediglich, daß ich ein paar hübsche neue Kleider erhielte, und da mir meine Mutter nicht mehr gesagt hatte, als daß ich einfach das tun sollte, was mein Mann von mir verlangen würde, hatte ich keine Ahnung, was sie meinte. Es war ein richtiger Schock, das kann ich Ihnen flüstern. Die ganze Angelegenheit ist ja dermaßen beschämend (*sharm ki bat*), und meine Unwissenheit verdarb die ganze Heirat zusätzlich. Ich wußte nicht einmal, daß ich schwanger war, bis meine Mutter es mir sagte – und dann schämte ich mich viel zu sehr, als daß ich mich getraut hätte, es meinem Mann zu sagen!« Eine Bäuerin aus Uttar Pradesh erinnerte sich, wie in der Hochzeitsnacht plötzlich aus der Hose ihres Mannes »etwas an mich herangeglitten kam. Es war eine Schlange. Er hatte eine Schlange an seinem Körper befestigt! Er wollte, daß ich die Schlange anfaßte. Ich war starr vor Schreck ...« Und wenn die libanesische Schriftstellerin Hanan al-Shaik in ihrem Roman *Wardat al-Sahra'* (»Die Wüstenrose«) schilderte, wie drei Frauen nach ihrer Hochzeit kinderlos blieben, weil ihre Männer nur anal mit ihnen verkehrten, so ist dies keine literarische Erfindung, denn immer wieder gab es in den arabischen Ländern heiratswillige Männer, die aufgrund ihrer ausschließlich homosexuellen Erfahrungen davon ausgingen, daß dies die einzig mögliche Form von Geschlechtsverkehr war.[15]

Den Kalauna im Goodenough-Archipel bei Neuguinea war es in der alten Zeit selbstverständlich, daß in der Hochzeitsnacht *beide* Ehepartner keine Ahnung davon hatten, wie sie den Geschlechtsakt bewerkstelligen sollten, und auch die jungen Männer der Fon in Dahomey wußten früher nichts über Sex – und dies, obwohl die meisten von ihnen bei den Legba-Tänzen die Koitussimulationen verfolgt und davon dermaßen erregt worden waren, daß sie in ihre Lendenschurze ejakuliert hatten. Die Aschanti gaben sich alle Mühe »to keep sex as a sacred mystery – the ›forbidden fruit‹ – to the young«, und ein alter Mann sagte: »Beim ersten Mal wußte ich nicht, wie ich mit ihr schlafen sollte.« So schrieb auch ein ratloser chinesischer Bauer an eine Zeitschrift: »Meine Frau ist sehr scheu. Außerdem weiß ich nicht, wo ihre Öffnung ist – alle Begattungsversuche sind deshalb fehlgeschlagen. Könnten Sie mir bitte mitteilen, an welcher Stelle des Körpers sich ihre Öffnung befindet?« Viele frisch verheiratete chinesische Landfrauen waren über die Annäherungsversuche ihrer Männer entsetzt, aber der schlimmste Schock erfolgte bei manchen, wenn sie sahen, wie deren Penisse steif und groß wurden. Nachdem ein Amerikaner einer jungen Chinesin auf dezente Weise die Grundprinzipien des Geschlechtsverkehrs erläutert hatte, sagte sie verwirrt: »Das klingt aber sehr gewalttätig! Mein Mann würde mir so etwas *nie* antun!« Als der Amerikaner erwiderte, viele Leute fänden die Sache aber angenehm, meinte die Frau sinnierend: »Aber meine Eltern haben nie...« Eine Bäuerin auf der Insel Formosa gestand schließlich dem Ethnologen, sie hätte nie und nimmer geheiratet, wenn ihr vorher bewußt gewesen wäre, was auf sie zukäme, und sie hielt dies auch für den Grund, warum eine Mutter gegenüber ihrer Tochter nicht einmal Andeutungen mache. Nie wäre den jungen Frauen angesichts kopulierender Schweine in den Sinn gekommen, daß ihr Mann sich in der Hochzeitsnacht in ein ebensolches Schwein verwandeln würde, und für praktisch alle war dies dann ein so grauenvolles Erlebnis, daß bei einer von ihnen wochenlang die Beine gelähmt blieben – offenbar eine unbewußte Weigerung, die Beine zum Koitus zu spreizen.[16]

Auch hierzulande scheinen bisweilen die Männer zu unwissend und unbeholfen gewesen zu sein, um ihre Frau zu deflorieren, selbst wenn sie wußten oder herausgefunden hatten, wo ihre »Öffnung« sich befand. Nachdem z.B. im Jahre 1672 Theophilus, der Earl of Huntington, zwei Monate lang vergeblich versucht hatte, die ihm angetraute Frau zu penetrieren, bat er voller Verzweiflung seinen Onkel um Rat, der ihn anwies, »in the first place that you finger my lady espetially att this time now she has her flowers for I assure you those parts are most apt to delate and widen when she is in thatt condition, and the most probable time to get yr p: in to her. Next I advice you, that you have always ready by the bedside in a glas bottle some oyle of lillies or oyle of swete almonds or plane sallet oyle for salinge, and twine them gently up and doune the part espetially where you find it stratest; and when you thinke you have made roome anuffe that the head of yr pintle may enter, just when you are ready to spend and not before, that yr seede begins to come, then thrust quicke and hard.«[17]

Völlig unabhängig davon, wie sie sich in Wirklichkeit fühlte, mußte die Braut sich schon vor der Hochzeitsnacht zieren und sträuben und ihre Trauer kundtun, etwa auf dem maze-donischen Dorf, wo sie bei der Hochzeitsfeier unter keinen Umständen lachen durfte, vielmehr todernst sein und den Blick senken mußte, da sonst jeder gedacht hätte, sie schäme sich gar nicht über die ganze Angelegenheit, sondern freue sich sogar darauf, in der Nacht vom Bräutigam »hergenom-men« zu werden. Damit sie auch wirklich geknickt aus-schaute, wurde das Mädchen auf dem russischen Dorf Kevrola im Brautbad, das sie mit ihren besten Freundinnen aufsuchte, von diesen darauf vorbereitet, daß ihr Bräutigam, der *pogubítel'* (»Zugrunderichter«), ihr den Zopf zerreißen und sie zum Weinen bringen werde, und im spätmittelalter-lichen Toggenburg forderte es der Brauch, daß die Braut vor dem Ja-Wort zögerte und erst widerwillig zustimmte, nach-dem ihr Vater sie an ihr Gelübde zu heiraten erinnert hatte. Bei den nordsudanesischen Ja' alīyīn durfte bei einer Ehe-schließung nur eine Witwe oder eine geschiedene Frau »ja« sagen, während eine Jungfrau zu schweigen hatte, und bei den albanischen Bauern im Gebirge um Skutari mußte die Braut vor der Hochzeit die Augen niederschlagen und mit Armen und Händen schamhaft ihre Brüste verdecken. Drei-mal, aber nicht öfter, hatte sie sich in der Nacht mit aller Kraft gegen ihren Mann zu wehren, und am nächsten Morgen mußte sie sich »vor Scham« in die Ecke stellen, bis die alten Frauen kamen, um sie anzukleiden. In dem aus dem frühen 14. Jahrhundert stammenden Gedicht *Von metzen hochzît* schreit und heult die Braut der Sitte gemäß und sträubt sich gegen das Auskleiden vor dem Gang zum Brautlager, aber viele hatten die Braut in Verdacht, daß sie zwar nach außen hin Verzweiflung zeigte, in Wirklichkeit jedoch frohgemut war, wie es ein ursprünglich im 16. Jahrhundert entstandener Stich zum Ausdruck bringt, auf dem die Braut zwar weint, aber gleichzeitig den Krug [= die Genitalien] bereithält (Abb. 116): »Nu schreyt de bruyt, nochtaus ick wedde,/sy sal weder lachen, als sy is te bedde.«[18]

116 Weinende Bauernbraut vor der Hochzeitsnacht. Kupferstich von Chrispijn van Passe, um 1630.

Bei den grönländischen Eskimo mußte eine Frau vor der Hochzeit ihren Widerwillen zum Ausdruck bringen, mußte weinen, schreien, in der Nacht gegen ihren Mann kämpfen und ihm das Gesicht zerkratzen, und bereits im Jahre 1741 berichtete Niels Egede, daß in der Gegend von Godthåb eine Braut, die zu freundlich zu ihrem Bräutigam war, für eine Hure oder für nymphoman gehalten wurde. Als damals ein Eskimo-Mädchen während der kirchlichen Trauung »ja«

427

sagte, entstand eine hochnotpeinliche Situation, und sämtliche Anwesende meinten, es sei zutiefst beschämend und entehrend für eine Jungfrau, sich dermaßen gehenzulassen und die Selbstkontrolle zu verlieren. In späterer Zeit fand man dann den Kompromiß, daß die Braut als Zeichen der Zustimmung die Augen niederschlug. Brachte der Ehemann anschließend seine Frau nach Hause, forderte es der Anstand, daß diese zunächst weglief und sich ein paar Tage versteckte oder zumindest das Gesicht verbarg und den ganzen Tag lang laut schluchzte. Nachts kam es dann zu einer regelrechten Vergewaltigung, bei der sich die Frauen mit allen Mitteln zur Wehr setzten, oder der Mann hatte Mitleid und ließ sie in Ruhe. So berichtete im 19. Jahrhundert ein Mann aus Nunivak über seine erste Ehefrau: »Ich versuchte, in sie reinzugehen, aber sie hatte Angst und weinte; so habe ich nie mit ihr geschlafen«, und eine Frau erzählte, sie sei ihrem Mann so oft davongelaufen, daß er es schließlich aufgab und eine andere heiratete. Deflorierte der Bräutigam jedoch die Braut, so durfte er sie nicht gleich schwängern, denn wie schon Egede mitteilte: »Erst nach einem Jahr können die Grönländer in Ehren ein Kind bekommen. Wenn es vorher geschieht oder wenn sie viele Kinder gebären, werden sie Hunden gleichgesetzt. Zu Beginn einer Ehe sind die Frauen sehr beschämt, ihren Jungfrauenstand verloren zu haben.« Deshalb hieß es auch in einer »Instruction« für die unter den Eskimo tätigen Herrnhuter Missionare vom Jahre 1786, »der bey den Grönländern existierende Gedancke, daß sich eine Frau schämet, gleich im ersten Jahre nach ihrer Verheyrathung ein Kind zu krigen«, müsse von den Gottesmännern bekämpft werden.[19]

Zwar war in der frühen Neuzeit in vielen ländlichen Gegenden die Vorstellung verbreitet, ein Mädchen dürfe den betreffenden Mann nach einem verbindlichen Heiratsversprechen »drüber lassen«, doch erforderte es der Anstand, daß sie sich zumindest pro forma sträubte (Abb. 117). Dies galt auch für die Hochzeitsnacht, und in Augsburg hieß es

117 Jan Steen: ›Ländliche Liebe‹, um 1660.

zu jener Zeit, daß die Braut, die im Hochzeitsbett nicht
weine, keine Jungfrau mehr sei. Wenn im Luxemburgischen
nach dem Hochzeitsmahl der Fiedelpeter »den Ehestand«
sang, mußte die Braut weinen, wobei man erwartete, daß sie
es nicht nur »rituell« tat, sondern aus Trauer »richtige« Tränen vergoß, denn es hieß: »Wenn die Frau am Hochzeitstag
nicht (wirklich) weint, so weint sie in der Ehe.« Schon in der
Antike ging man davon aus, daß ein anständiges Mädchen
fliehen oder sich zumindest mit allen Kräften wehren würde.
So zitierte Athenaios einen gewissen Timokles, der beschrieben hatte, welch ein Unterschied doch bestehe zwischen
einer ehrbaren Braut und einem Flittchen. Nicht nur das
Äußere der Anständigen, ihr straffer Körper und ihr süßer
Atem, vielmehr die Tatsache, daß sie zum fleischlichen
Vergnügen noch nicht bereit sei und sich mit zarten Händen
und Fäusten zur Wehr setze, das alles »ist vergnüglich, beim
mächtigen Zeus!« Und die Römer erzählten Geschichten
von Bräuten, die in der Hochzeitsnacht vor Entsetzen flohen, um draußen von den Hunden zerfleischt zu werden.
Vor dem »Kampf«, so heißt es bei Heinrich v. Freiberg,

rüstete sich Isolde: »Ysott nam ir phaitel [= Hemd],/ir wissen bain, ir linden,/begond sy dar in winden./sy wand und warr sich fast dar in;/sy wolt dz blůgend blůmelin/ir blůgenden magtuůmes weren,/ain wil vor Tristan neren«. Im Bett igelte sie sich ein, indem sie »ir beide diech [= Oberschenkel], ir beide knie« fest an »ir biuhel« [= Bauch] drückte und darüber die Arme verschränkte: »sy lag an ainem klosel [= Knäuel]/zů samen gedruckett/vnd mynneclich geschmucktt/in megtlichem růme«. Solchermaßen vorbereitet erwartete sie den »Sturmangriff« Tristans.[20]

Nicht selten scheinen sich die Frauen mit Erfolg verteidigt zu haben, wie z.B. eine gewisse Susanna Rhemin im Jahre 1615 in Augsburg, die gerichtlich aufgefordert wurde, endlich »irem ehewirth ehelich bey zůwohnen«. 1637 wurde die Tochter eines Augsburger Patriziers sogar in Eisen gelegt und erst nach 62 Wochen aus der Haft entlassen, nachdem sie sich beharrlich geweigert hatte, ihren Mann an sich heranzulassen; eine andere sagte, sie könne »aus natůrlichem Widerwillem nit« mit ihm schlafen; in Bayern klagte im Jahre 1704 ein Martin Engelöhr, er habe nie die Ehe vollzogen, weil er bereits in der ersten Nacht eine »Ohrfeige fing, als er copuliren wollte«, und einer, der eine Witwe geehelicht hatte, sagte aus, daß diese schon »in der Hochzeitsnacht ihr sechsjähriges Töchterl zwischen ihnen ins Bett gelegt« habe.

Bei den Pintubi in der Großen Sandwüste Zentralaustraliens durfte ein Mann seine Braut in der Hochzeitsnacht nicht zum Koitus zwingen, wenn sie sich aus Angst und Scham weigerte, denn ihr lautes Schreien wäre allen Lagermitgliedern extrem peinlich gewesen. Aus diesem Grunde sangen im alten Griechenland die Freundinnen der Braut vor der Kammer der Brautleute so laut sie konnten, oder sie veranstalteten einen solchen Krach, »daß man die Stimme der Jungfrau nicht hören konnte, während sie von ihrem Mann vergewaltigt wurde«.[21] Auf den yemenitischen Dörfern sprachen die Frauen mit großer Hochachtung von jenen

Männern, die in der Hochzeitsnacht nicht überfallmäßig in ihre ahnungslose Braut »eindrangen«, sondern geduldig und liebevoll mit ihr verfuhren, doch waren solche Männer eine Seltenheit. Die meisten verabreichten der völlig unwissenden Frau lediglich ein starkes Beruhigungsmittel, spreizten ihr mit Gewalt die Beine und penetrierten sie ohne Vorbereitung und auf so brutale Weise, daß sie häufig das Bewußtsein verlor. »In jener Nacht«, berichtete eine alte Frau, »war ich zu Tode erschrocken! Ich habe nicht aufgehört zu weinen und zu schreien. Frag seine Nachbarn, die können dir erzählen, wie sehr ich in dieser Nacht getobt habe, und so ging es noch einen ganzen Monat lang.« Bei den Tallensi im Voltagebiet sträubten und wehrten sich die Bräute mit allen Kräften, und eine Frau schlug ihren Mann Nacht für Nacht in die Flucht, bis ihr eines Abends ihr Schwager auflauerte, als sie durch den engen Zugang zum Schlafraum kroch, sie am Genick packte und wie im Schraubstock festhielt, so daß ihr Mann sie von hinten besteigen konnte. War die Braut einmal penetriert, durfte sie ihren Mann künftig nicht mehr »abwerfen«. Tat sie es trotzdem, wurde die Ehe aufgelöst.[22]

Regelrechte Schlachten führten die Frischverheirateten bei den Sukuma im Südosten des Viktoria-Sees durch, und die Braut, die meist voll bekleidet blieb und sich häufig zudem die Schenkel fest zusammenband, kämpfte mit einer Brutalität, die der des Mannes nicht nachstand, und zwar gleichgültig, ob sie noch Jungfrau war oder nicht. Siegte der Mann, erschien er am nächsten Morgen mit ihren Kleidern vor der Hütte. Bezwang sie aber ihn, paradierte sie mit seinen Kleidern als Trophäe. Im Stamm der tunesischen Hamāma intervenierten die Familienangehörigen, wenn sie in der Hochzeitsnacht gewahr wurden, daß der Mann nicht kräftig genug war, um seine mutige und wehrhafte Frau zu bezwingen, indem sie ihr die Hände auf den Rücken oder die rechte Hand ans rechte Knie und die linke Hans ans linke Knie banden, so daß der Bräutigam ihr mit Leichtigkeit die Beine auseinanderdrücken konnte. Gelang es mit dieser Beihilfe dem Manne schließlich, in die Braut einzudringen, schrie diese meist »O Mutter, hab Erbarmen!« oder »Helft mir doch!« War der Ehemann verzagt oder schwächlich oder jung und unerfahren, wurde sie bereits vor Beginn der Nacht zu Boden geworfen und mit Gewalt gebunden.[23] Eine Frau der in der ägyptischen Westwüste lebenden Awlad ʿAli-Beduinen charakterisierte gegenüber der Ethnologin ihre Hochzeitsnacht mit den Worten: »Ich hatte eine solche Angst und war voller Scham! O ich schämte mich und ekelte mich so! Hinterher fühlte ich mich krank. Ich konnte nichts mehr essen. Eine ganze Woche lang blieb ich angeekelt und tief beschämt.«[24]

Freilich war eine solche Gewalttätigkeit bei weitem nicht in allen Gesellschaften verbreitet. Zwar wehrten sich bei den westlich des Kivu-Sees lebenden Havu die jungen Frauen in der Hochzeitsnacht ebenfalls mit allen Mitteln und kreuzten die Beine, doch führte der Mann in der ersten Nacht, wenn es ihm überhaupt gelang, lediglich den Finger ein und spritzte sein Sperma auf ihren Unterleib oder ihren Bauch. In den kommenden Nächten versuchte er dann so behutsam wie nur möglich zunächst die Eichel einzuführen und schließlich immer tiefer zu stoßen. Bei den Westlichen Apache waren die Ehepartner vor Scham und Angst zunächst meist wie gelähmt, und man legte häufig in der ersten Zeit einen Freund oder eine Freundin zwischen die beiden, um ihre Scheu etwas zu lindern. Doch wie eine alte Frau erzählte, war dem Paar das gemeinsame Übernachten trotzdem peinlich: »Da lag ich, steif vor Angst, und wagte kaum zu atmen. Mein ganzer Körper war kalt und zitterte. Mein Herz schlug wie rasend. Ich glaube, ich habe mich die ganze Nacht über nicht bewegt und vermutlich ging es meinem Mann ebenso.«[25]

Die in vielen traditionellen Gesellschaften übliche Sitte der »Tobiasnächte«, in denen der Bräutigam seine Frau nicht anrühren durfte, wird immer wieder von Kulturhistorikern dahingehend interpretiert, sie seien keineswegs der Rücksichtnahme auf die Schamhaftigkeit des Paares entsprungen, sondern hätten die Funktion gehabt, die bösen Geister fernzuhalten.[26] Nun hatte der Erzengel Gabriel zwar in der Tat dem Tobias gesagt, er solle »glühende Kohlen nehmen und vom Herzen und der Leber des Fisches darauf legen und räuchern«, auf daß »der böse Geist es riechen und fliehen und in alle Ewigkeit nicht wiederkommen« werde (Tobias 6,19). Doch begründete er gegenüber seiner Frau Sara die Tatsache, daß er sie nach der Hochzeit nicht berührte, damit, sie seien eben keine »Heiden«, »die Gott verachten«, und heirateten nicht wie diese der »bösen Lust halben«, sondern um Kinder zu zeugen, »dadurch« sein »heiliger Name ewiglich gepriesen und gelobt werde« (Tobias 8,5 bzw. 8,9). So empfahl die mittelalterliche Kirche jedem Ehepaar, die ersten drei Nächte keusch zu bleiben, woran sich auch Tristan hielt, der Isolde in der Hochzeitsnacht nicht behelligte, denn »ez ist ein site/vil lîchte in Parmenîe,/daz man die megde vrîe/und kiusche lât die êrste naht«. »After yᵘ hast marryd thy wife«, so empfahl zu Beginn der frühen Neuzeit Juan Luis Vives dem Bräutigam, »go thy waye into thy chamber, and abstaynyng thre dayes from her, geue thy selfe to prayer with her, and in the fyrst nyght thou shalt burne the liuer of the fyshe, and the deuil shalbe driuen awaye. The seconde nyghte thou shalte be admitted vnto the companye of saynetes. The third nyght shalt yᵘ obtaine the blessyng of God, so that whole children shalbe borne of yᵘ. And after the third nighte be past, take thy wyfe vnto thee in yᵉ feare of God, and moore for the desyre of children, then bodelye lust.«[27]

Bei den Tillamook-Indianern impfte man dem Bräutigam ein, mit der Entjungferung erst einmal mehrere Nächte zu warten und dann äußerst zärtlich und behutsam vorzugehen, wozu man den jungen Männern »a special foreplay technique, xá.pxəp« beibrachte, die der Ethnograph allerdings nicht weiter erläuterte. Bei den Ambonwari am Sepik schlief nach der Hochzeit die ältere Schwester der Braut etwa einen Monat lang bei dem Paar in der Hütte, bis die beiden die Scheu voreinander ein wenig überwunden hatten, und die jungen Cheyenne-Frauen trugen nach der Hochzeit noch wochenlang nachts ihren Keuschheitsgürtel und warteten mit dem ersten Geschlechtsverkehr oft bis zu einem Jahr.[28]

Um den jungen Leuten die Gelegenheit zu geben, einander kennenzulernen und die Hemmungen voreinander zu verlieren, gab es bereits im Mittelalter in manchen Gegenden den Brauch des Nachtfreiens, der darin bestand, daß der Verehrer eines Mädchens dieses in seiner Kammer oder in einem Gemeinschaftsraum besuchte, wobei den beiden je nach Gegend zwar gewisse Intimitäten, aber kein Geschlechtsverkehr oder »geschlechtsverkehrähnliche« Handlungen erlaubt waren, aus denen einer von ihnen irgendwelche Rechte hätte ableiten können. Nachdem z.B. im späten Mittelalter ein junger Mann in Nürnberg die bei dem Bürger Paul Imhof und seiner Frau lebende verwaiste Barbara Löffelholz nachts in ihrem Bett besucht hatte und daraufhin behauptete, ein Recht darauf zu haben, das Mädchen zu heiraten, wies das Gericht seine Klage mit der Begründung ab, Barbara habe mit ihm »in allen züchten« im Bett gelegen, während Frau Imhof auf der Bettkante gesessen sei, von wo aus sie alles kontrollieren konnte. Umgekehrt erklärte im Jahre 1675 im Bayerischen ein junger Mann auf die Klage der Elisabeth Kraus, er sei zwar in der Tat während des Festes des hl. Bartholomäus mit der Jungfer in deren Kammer im Bett gelegen, »nackt aber habe er sie nie berührt«. Möglicherweise nannte man in dieser Gegend zu jener Zeit das Befühlen der Genitalien eines Mädchens »deflorieren«, denn als ein Melchior Bremer, der bei einer Ursula Loferdt gefensterlt (»gegugert«) hatte, von dieser bezichtigt wurde, sie geschwängert zu haben, gab er zwar zu, er sei mit ihr *solus cum sola* im Bett gelegen, aber bekleidet, und er habe sie dabei »weder defloriert noch im Fleische erkannt«.[29]

Hat es den Anschein, daß vor dem 17. Jahrhundert die jungen Burschen meist nicht weiter gingen, als die Mädchen zu küssen und ihre bekleideten Brüste zu drücken[30], nahmen sie sich ab dem 18. Jahrhundert immer mehr Freiheiten heraus. Auf den altmärkischen Dörfern beispielsweise »befühlten« die Burschen und die Mädchen einander in der Mägdekammer, und zwar bisweilen, wie es scheint, bis zum Samenerguß, denn als im Jahre 1734 ein junger Mann befragt wurde, »ob er seinen Samen in der Ilsen Marien Schultzen Leibe oder Scham gelaßen«, erwiderte er: »Nein, so nicht, als es vorbey gewesen habe sie noch gesaget, daß er ihr das Hemd so naß gemachet.« In einigen Gegenden Rußlands spielten die Burschen mit den nackten Brüsten der Mädchen, und im Melenki-Distrikt war es ihnen sogar gestattet, die Betreffende zwischen den Beinen zu befühlen, während bei der »maraîchinage« in der Vendée im 19. und frühen 20. Jahrhundert manche Unverheirateten einander nicht nur auf den Mund küßten, sondern sich gegenseitig masturbierten. So hieß es im Jahre 1877 über die Jugend von Pas-de-Calais: »Les jeunes gens, alors, prennent leurs compagnes sur leurs genoux, et les jeunes filles, qui se livreraient à peine pour un empire à leurs amoureux, se laissent, tant leur pudeur est élastique, manuéliser avec plaisir.«[31]

Noch im 16. Jahrhundert galt das »bundling« in England als »safe«, weil die jungen Leute seine Regeln noch internalisiert hatten, z.B. die, welche es untersagte, die Genitalien des anderen zu berühren, doch bereits um das Jahr 1750 wurde ungefähr die Hälfte aller jungen Mädchen beim Kiltgang schwanger. Aus diesem Grunde wurde auch im Kanton Basel im Jahre 1726 das »Gadensteigen« der »Knaben« bei den Jungfrauen verboten, und gegen Ende des 19. Jahrhunderts gab es kaum noch eine Gegend in Großbritannien, in der das Nachtfreien erlaubt war, da man der Jugend nicht mehr zutraute, sich in sexueller Hinsicht kontrollieren zu können.[32] Allerdings wurde noch im Jahre 1941 von der Sitte des »bundling« auf den Orkney-Inseln berichtet, wo die Mütter ihren Töchtern vor dem Rendezvous die Schenkel

»mit einem besonderen und sehr komplizierten Knoten« zusammenbanden, den weder der Freier noch die von ihm Verehrte zu lösen vermochte, und über die jungen Leute auf der im Archipel der Äußeren Hebriden gelegenen Isle of Lewis erzählte ein Reisender kurz nach dem Ersten Weltkrieg: »Das Mädchen geht ins Schlafzimmer. Dort gibt es aber weder Feuer noch Licht, weil für arme Leute das Verbrennen von Talgkerzen und Öl ein wichtiger Posten hauswirtschaftlicher Berechnung ist. Also geht das Mädchen der Wärme wegen ins Bett. Sobald sie darin liegt, werden ihre beiden Beine in einen großen Strumpf gesteckt, den die Mutter oberhalb der Knie zubindet. Dann geht der junge Mann ins Schlafzimmer und legt sich zu ihr. Das nennt man ›bundling‹.« Diesen Brauch auf Lewis schien auch Ernst Jünger zu meinen, als er im Jahre 1943 einen Gewährsmann aus dem 18. Jahrhundert anführte, der berichtet hatte, auf einer »entlegenen Inselgruppe« im Norden Schottlands träfen sich die Liebespaare »in Ermangelung auch des geringsten geschützten Plätzchens« im heimischen Bett. Zu diesem Behufe würden die Mütter ihren Töchtern »einen gewaltigen, einbeinig gestrickten Strumpf überziehen, wie er in jedem Haushalt, wo mannbare Mädchen sind, zur Ausstattung gehört. Celsus [gemeint ist sicher der schwedische Astronom Anders Celsius], dem ich von diesen nordischen Undinen erzählte, nannte das einen vernünftigen Brauch. Ähnliches habe er bei den Lappen kennengelernt.«[33]
Schon immer haben insbesondere die aus Großstädten stammenden Kommentatoren den ländlichen Brauch, einen Gast dadurch zu ehren, daß man die Tochter oder die Ehefrau bei ihm nächtigen ließ, als moralisch verwerflich bezeichnet, weil sie von sich selber ausgingen und weder den Mädchen und Frauen noch dem Fremden eine für die Wahrung der Ehrbarkeit nötige Selbstbeherrschung zutrauten. Bereits im 6. Jahrhundert regte sich der byzantinische Historiker Prokopios v. Caesarea über die Sitte auf, und im 12. Jahrhundert konnte der Minnesänger Dietmar v. Aist nicht glau-

ben, es gehe beim »tôrschen bîligen« anständig zu. »Der ist ein Nar/vnd wird beteubt«, verlautete im Jahre 1584 das *Reysebŭchlein*, »der seiner Frawen vergŭnt vnd erleubt/Das sie mit kŭssen sey gemein/Auff glauben beyschlafft, bleibt keusch vnd rein/Solchen glauben hat der Teuffel Gegrŭndt/Auff vnkeuschheit, Ehebruch/vnd ander Sŭnd«. Auch in der Chronik derer von Zimmern wurde der schon im Mittelalter als »bîschluf uf Gelderischen glauben« bezeichnete Brauch, der so hieß, weil er mit dem Gelderland assoziiert wurde, als »schimpflich sitt« denunziert, und um zu demonstrieren, daß »das beischlafen uf glauben in Sachsen und dann in Niderland an etlichen orten [...] doch wider alle vernunft ist, auch vil huren und dorechter weiber gemacht hat«, erzählte der Chronist »ain guten schwank« von einem Adeligen, dem auf der Reise »ain solliche ehr mit ainer jungfrawen angethon« wurde, die ihm »uf glauben zugelegt«. Natürlich fing der blaublütige Gast bald an »zu begreifen« und zu grabschen, was das Mädchen zwar hinnahm, ihm aber mit Nachdruck klarmachte, »sie würde im underhalb der gürtel nichts verwilligen«. Das hörte ein im selben Raum seinen Rausch ausschlafender »Saxenkerle«, welcher alsbald laut bemerkte: »Lief jouker, ihi sei ain geck, ihi sollen der joufer den girtel under die knie heraff spannen!«[34]

Im Jahre 1729 berichtete die *Vossische Zeitung*, es gebe auf der westfriesischen Insel Texel »eine alte Gewohnheit«, vermöge der ein junger Bursche »ein Mädgen« im Bett besuchen und sich neben sie auf die »Bett-Decke« legen dürfe, wobei indessen alles »sehr ehrbar« zugehe und er das junge Mädchen nicht anfasse. Ein Reisender, dem diese Ehre zuteil geworden war und der sich dabei »allzu grosse Freyheit« herausnehmen und fummeln wollte, blieb freilich erfolglos: Alsbald »hat das Mädchen gehustet, worauf dero Eltern mit Stöcken herzugelauffen, so daß der Fremde nackend aus dem Fenster springen« und sein Heil in der Flucht suchen mußte.[35] Dieses Nachtfreien, auf den Inseln Westfrieslands *kwee-*

sten genannt, bestand darin, daß der Freier durchs Fenster in die Kammer des Mädchens stieg und sich auf ihr Bett setzte, wobei es ihm streng verboten war, unter die Decke an ihre Brüste oder gar an eine noch intimere Stelle zu fassen. Bis eine Stunde vor dem Morgengrauen durfte er bleiben, und hielt er seine Hände nicht im Zaum, so wurde er »op de ketel geslagen«, wie die Friesen zu sagen pflegten. Ab dem 17. und 18. Jahrhundert kam dies immer häufiger vor, und auch in Holstein und den angrenzenden Gegenden beklagte man in dieser Zeit den sittlichen Niedergang des Nachtfreiens. Im Jahre 1600 hieß es in Süderdithmarschen, die Hausväter klagten vermehrt darüber, daß die Burschen »in nachttiden in sein Huß vor sein bedde gekamen und seine fruwen angetastet«, und auch die benachbarten Nordfriesen schienen im 18. und vor allem im 19. Jahrhundert mit ihrem alten Brauch nicht länger zurechtzukommen, bei dem die jungen Leute neuerdings Fenster und Türen offenlassen mußten, wenn sie nicht automatisch als verlobt gelten wollten. So berichtete im Jahre 1846 der aus Bremen stammende Reiseschriftsteller Johann Georg Kohl: »Die Aeltern verhalten sich verschiedentlich gegen das Treiben ihrer Kinder. Einige sehen es [immer noch] als etwas Unschuldiges an und lassen es zu, weil sie ihrer Tochter trauen. Einige kämpfen nicht dagegen als gegen etwas, das sie doch nicht hindern können. Andere aber setzen sich in Opposition mit dieser Sitte, und im Allgemeinen kann man wohl sagen, daß das Fenstern jetzt mehr und mehr als ein Mißbrauch betrachtet wird.« Ein Jahr zuvor hatte Pastor Frerks von St. Nicolai auf Föhr in seiner Kirchspielchronik vermerkt, »die Alten« hätten ihm versichert, »die Sitte des Fensterns« sei früher »nie eine Unsitte« gewesen; sie habe »wohl oft zur Ehe«, aber nicht »zur Unzucht« geführt und als äußerstes sei es zu Küssen gekommen. Im Jahre 1873 stellte schließlich ein Beobachter fest, daß die Obrigkeit, »um die Sittlichkeit zu befördern«, den aus den Fugen geratenen Brauch auf den nordfriesischen Inseln verboten habe, ohne dadurch die Unzucht einzudämmen, wie die ständig ansteigende Zahl der unehelichen Geburten beweise: »Es scheint, dass die alte Sitte in sich selbst eine bessere Garantie getragen hat, als äusserliche Gesetze zu geben vermögen.«[36]

Daß die Eliassche Behauptung, wir Heutigen seien im Gegensatz zu den Menschen von einst oder den traditionellen Schwarzafrikanern deshalb »freier«, weil wir aufgrund unserer relativ perfekten Selbstkontrolle beim Anblick weiblicher Reize nicht gleich zur Tat schritten, völlig falsch ist, erkennt man daran, daß gerade in diesen Gesellschaften die jungen Männer und Mädchen bei ihren vorehelichen Begegnungen eine ungeheure Selbstbeherrschung an den Tag gelegt haben. Schon im 14. Jahrhundert bewunderte Ibn al-Ğauziyya »Edelmut und Zurückhaltung« des im Süden des Kaspischen Meeres lebenden persischen Stammes der Ṭabaristānī, bei denen die jungen Männer die unter der Bettdecke liegenden Mädchen betasteten, »ohne sie zu beschlafen«, denn er ging davon aus, daß doch der Penis eines jeden jungen Burschen, wenn er ein Mädchen knutsche, steif werden müsse: »Wenn sich aber sein Glied einmal erhoben und er seinen Lendenschurz gelöst hat, dann ist sein Wille gebrochen.« Daß gerade diese unzivilisierten »Tölpel aus Ṭabaristan« zu einer solchen Selbstbeherrschung in der Lage waren, wollte dem Araber nicht in den Sinn.

Bei den Zimba am Sambesi gingen *früher* die jungen Männer beim Nachtfreien (*okuilwa*) nicht weiter, als daß sie das Mädchen umarmten, und wenn einmal einer zu fummeln versuchte, ließ das Mädchen ihn stehen und klagte ihrer Mutter: »X wollte mir heute nacht meinen Schurz wegziehen! Ich werde nicht wieder zu ihm gehen!« Doch haben sich die Dinge inzwischen längst geändert, und es gibt kaum noch junge Leute, die zu einer solchen Selbstkontrolle fähig wären.[37] Ein Afikpo-Ibo erklärte dem Ethnologen, daß der »Mondlicht-Tanz«, bei dem der Junge zwar »ein bißchen« an den Brüsten seines Schwarmes »spielen«, ihr aber keinesfalls mit der Hand »unter die Röcke gehen« durfte, den Sinn gehabt habe, daß die jungen Burschen und Mädchen lernten, ihr sexuelles Verlangen zu beherrschen, um besser auf das Leben vorbereitet zu sein. Schon seit jeher wurde schließlich das *ngwiko* der Kikuyu, bei dem es beiden Partnern strengstens untersagt war, den Genitalbereich des anderen zu berühren, als ein Beispiel dafür angeführt, daß in den traditionellen afrikanischen Gesellschaften eine gewisse »Informalisierung« der Geschlechterbeziehungen nur durch eine tiefgehende Internalisierung sexueller Normen möglich geworden sei.[38]

Nichtsdestotrotz bleibt das Bild von den relativ ungehemmten und triebfreundlichen »Naturvölkern« in unserer Vorstellungswelt ebenso tief verwurzelt wie das der grobsinnlichen Gebirgsbauern in der Phantasie des Städters im frühen 19. Jahrhundert. So schrieb im Jahre 1814 der Berner Maler Franz Niklaus König über das Nachtfreien im Oberland: »Alles weitere gehe dann (wie man sagt) in der größten Zucht und Ehrbarkeit zu! Ich mag das gerne glauben, und will es auch glauben, obschon mir's nicht in den Kopf will: wie ein rüstiger Aelpler zum platonisieren kommen soll!?«[39]

Anhang
Antwort auf die zwischenzeitlich
erschienene Kritik

>»It may be so, but don't you see
It doesn't work out in theory!«
Mauerinschrift an der
Universität in Berkeley

»Every new idea«, so soll um die Mitte des 19. Jahrhunderts
der aus der Schweiz stammende amerikanische Paläontologe
Louis Aggasiz gesagt haben, »is first declared contrary to
reason, then contrary to religion, and when it overcomes
these two obstacles it is declared to be old hat.«[1] Auch im
Falle des vorliegenden Buches schäumten nach Erscheinen
des ersten Bandes vor inzwischen mehr als 14 Jahren die
meisten Kritiker zunächst vor Wut, weil ich eine »weltweit
anerkannte« Theorie über die gesellschaftliche und mentale
Entwicklung der Menschheit in Frage gestellt hätte.[2] Doch
da die Religion heutzutage in solchen Zusammenhängen
irrelevant ist, hieß es in der Folgezeit, ich hätte einen selbst-
gebastelten Popanz attackiert, und noch dazu mit Behauptungen über vergangene und fremde Gesellschaften, die
falsch oder zumindest überzogen seien. Schließlich stellten
viele Kritiker, und unter ihnen namentlich die lautesten
Schreier der Anfangszeit, mehr oder weniger blasiert fest,
was ich gegen die Zivilisationstheorie vorgebracht habe,
möge zwar durchaus zutreffen, doch hätten sie das alles
schon immer selber gewußt.

Ohnehin hat es den Anschein, daß manche Kommentatoren
sich im Zuge des »postmodernen« und »konstruktivisti-
schen« Verlustes der Wirklichkeit gar nicht mehr dafür interessieren, *wie es wirklich gewesen ist*, sondern nur noch für
eine kohärente *Theorie*, die, den virtuellen Computerwelten
ähnelnd, für viele akademische Surfer wirklicher zu sein
scheint als die Wirklichkeit selber.[3] So hatte bereits zu Beginn

der Kontroverse ein Kritiker in einem leicht verzweifelten Versuch, die Zivilisationstheorie *a priori* gegen jede Kritik immun zu machen, dekretiert, eine »große Theorie« wie die Eliassche *könne* überhaupt nicht widerlegt (»falsifiziert«) werden[4], während eine Kritikerin später bemängelte, ich hätte keine »losgelöste (*sic*!) Theorie« entwickelt, sondern meine »eigenen Thesen« an den Ausführungen Elias' »verdeutlicht«.[5]

Ungeachtet dessen, daß ich in drei Bänden detailliert auf diese »Argumente« eingegangen bin, wird von manchen Leuten immer weiter die alte Leier gedreht, die da lautet, ich »verfehlte« mein »Ziel«, weil ich nach »Konstanten menschlicher Verhaltensweisen« suchte, während »es dem Gesellschaftstheoretiker Elias darum zu tun« gewesen sei, »Veränderungen zu verstehen«[6], etwa dort, wo ich bestrebt sei, »in der Genitalienscham eine anthropologische Konstante zu suchen«, was verrate, daß ich die »Erbschaft« der »herkömmlichen« Ethnologie angetreten hätte.[7]

Wenn ich wirklich mit der Behauptung, es gäbe ein *Wesen* des Menschen und damit *den* Menschen an sich, recht hätte, so klagt ein anderer Kritiker, dann liefe dies auf die deprimierende Tatsache hinaus, daß die Kulturgeschichte sich lediglich mit den »Akzidentien der menschlichen Natur«, »wechselnden Drapierungen der immer gleichen Puppe« beschäftigen könne. Dann aber »wäre das anspruchsvollste Konzept unserer Tage Makulatur«. »Ehe man sich« indessen mit einer solch traurigen Perspektive »abfindet, wird man die Bemühungen intensivieren, einer *essentiellen* historischen Dimension der menschlichen Psyche auf die Spur zu kommen«.[8] Und ähnlich meint ein französischer Historiker, »en invoquant ›une nature‹ ou ›une essence‹ humaine […], en faisant de concepts de nudité ou de pudeur des categories *a priori* et invariables du jugement social«, zeigte ich mein Unverständnis für die offenkundige Tatsache, daß sich die Standarde »de l'obscenité et de la décence« historisch veränderten, ein Vorgang, den ich nicht erklären könne.[9]

Ein britischer und ein niederländischer Kritiker stellen wiederum fest, ich sei »not committed to any theory of long-term social and cultural change«, worauf sie die rhetorische Frage stellen, ob man denn ernsthaft bezweifeln könne, daß jeder Mensch im Laufe seines Lebens einen Reifungsprozeß durchmache (als ob ich das jemals in Frage gestellt hätte!)[10], und eine Kritikerin meint auf ähnliche Weise: »It is not Duerr's intention to construct an alternative model to explain historical changes«, wie ich sogar selber erklärt hätte.[11] Schaut man freilich an der von ihr angegebenen Stelle nach, so findet man dort etwas völlig anderes, nämlich die von mir zitierte Ansicht eines Kommentators, bei vielen mehr oder weniger gelehrten Damen und Herren herrsche die Angst, daß »ein Zusammenbruch des Eliasschen Modells« zu einer großen »Unsicherheit und Orientierungslosigkeit« führen könne.[12]

Nun sind Kritiker, die sich nicht mit Haut und Haaren der Eliasschen »Zivilisationstheorie« verschrieben haben und die deshalb nicht um ihre Investitionen fürchten müssen, auf keinerlei Schwierigkeiten gestoßen, eine solche »theory« oder ein »alternative model« zu finden und zu diskutieren[13], und erstaunlicherweise fühlt sich auch die erwähnte Kritikerin durch ihre Behauptung, ich hätte den Anspruch auf eine Alternativtheorie von vornherein aufgegeben, mitnichten daran gehindert, eben dieses von mir entwickelte Modell einer sukzessiven Abschwächung der Triebmodellierung zu beschreiben und zu erläutern, was an all die Kritiker erinnert, die immer wieder behaupten, zum einen hätte ich keine Theorie und zum anderen sei sie falsch. Allerdings geht diese Kommentatorin einen anderen Weg, indem sie meint, meine »Theorie« des historischen Wandels stehe im Widerspruch zu meiner Behauptung der Existenz »anthropologischer« Konstanten, da Konstanz und Veränderung einander ausschlössen: »Duerr's argumentation is contradictory, as his universal theory should in fact exclude the concept of any development.«[14]

443

Freilich unterläuft hier der Kritikerin und ihren zitierten Kollegen und Kolleginnen genau derselbe fundamentale Fehler, den bereits Elias gemacht hat, und zwar dort, wo er für David Hume Verständnis aufbringt, der sagte, er könne nicht nachvollziehen, wie es denn angesichts all der Veränderungen eines Menschen im Verlaufe der Zeit noch möglich sei, von dessen gleichbleibender persönlicher Identität zu reden.[15]

So wie sich ganz generell Konstanz und Veränderung nicht gegenseitig *ausschließen*, sondern einander *bedingen*, schließen auch die in allen bekannten menschlichen Gesellschaften für die Aufrechterhaltung der Gesellungsform funktionale Genitalscham und das Gefühl der Peinlichkeit, beim Koitus von Dritten gesehen zu werden, nicht aus, daß diese Gefühle sich aufgrund gesellschaftlichen Wandels historisch verändern können und sich auch verändert *haben*, selbst wenn dies nicht auf die Weise geschehen ist, wie Elias und zahllose andere, darunter Foucault, es behauptet haben.[16] Wenn deshalb ein Kritiker geltend macht, ich hätte die Feststellung des englischen Kulturhistorikers Peter Burke akzeptiert, der mir die Auffassung zuschreibt, »im Grunde seien alle Kulturen gleich«[17], dann sollte er nicht unterschlagen, daß ich diese Aussage dahingehend verstanden wissen wollte, »daß in sämtlichen menschlichen Gesellschaften die gleichen elementaren Gefühls- und Verhaltensdispositionen anzutreffen sind«, die man zumindest teilweise als Resultate stammesgeschichtlicher Anpassungen erklären kann.[18] Was allerdings dabei die Gemüter zu erhitzen scheint, ist offensichtlich meine Behauptung, daß ein jeglicher historischer Wandel sich nur *innerhalb* dieses für unsere Spezies spezifischen Rahmens abspielt – eine antimodernistische Aussage[19], denn charakteristisch für die Moderne ist ja, wie Daniel Bell einmal gesagt hat, der feste Glaube an eine *unbegrenzte* Wandelbarkeit der menschlichen Natur: »An die Stelle der klassischen Idee einer allgemein-menschlichen Natur, die bestimmt ist durch eine Reihe von Konstanten oder von menschlichen Universalien, tritt der Glaube an eine durch Geschichte oder Kultur bedingte Wandlungsfähigkeit«[20], ein Glaube, der häufig mit derselben religiösen Inbrunst vertreten und verteidigt wird wie jeder andere Glaube auch.

Gleichwohl *hat* es natürlich gesellschaftlichen Wandel gegeben, etwa den der »traditionellen« Gesellschaft, der »Gemeinschaft« im Sinne von Tönnies, zur modernen Gesellschaft, wobei bekanntlich Elias und seine Anhänger das im Zuge der zunehmenden Arbeitsteilung immer »dichter« werdende »Interdependenzgeflecht« zwischen den Menschen als Ursache für die zunehmende Affektkontrolle, die sie zu beobachten glaubten, ausgemacht haben: So heißt es z. B., die modernen Menschen seien »im Umgang miteinander immer mehr gezwungen, ›an sich zu halten‹, ihre gegenseitigen Wünsche und Interessen mehr zu berücksichtigen«, oder die »immer stärkere funktionale Differenzierung« habe »immer mehr Menschen« von den anderen »abhängig« gemacht, was »unweigerlich« zu immer zahlreicheren und strafferen Regulierungen der Affekte und sozialen Verhaltensweisen geführt hätte.[21]

Gegen diese Behauptung habe ich geltend gemacht, *daß die zunehmende »Interdependenz« der Menschen in der modernen Gesellschaft keineswegs bedeutet, daß die soziale Kontrolle und damit die gegenseitige Einschränkung der Individuen zugenommen hätte.* Im Gegenteil sind zwar die modernen Menschen mit sehr viel mehr anderen verknüpft als die der traditionellen Gemeinschaften, doch sind diese Beziehungen sehr viel lockerer und weniger verpflichtend, was bedeutet, daß sie in weitaus geringerem Maße verhaltenskorrigierend und einschränkend sind. Der moderne Mensch ist sehr viel »unverbindlicher« geworden, seine tagtäglichen »Kontakte« sind vergleichsweise »voluntaristisch«[22], aus der »willkürlichen Freiheit erfolgend«, wie Tönnies es einst ausdrückte[23], sie beruhen in viel größerem Umfang auf Willen und Wahl und sind deswegen jederzeit abbrechbar, falls sie sich nicht »auszahlen« oder zu verpflichtend zu werden drohen.[24] Immer mehr Beziehungen sind überlokal und »sehr labil, weil kein äußerer Druck den Zusammenhalt stärkt, sie sind häufig recht zufällig zustande gekommen und auf den Voraussetzungen der Beliebigkeit und der jederzeitigen Kündbarkeit geknüpft«.[25]

Natürlich lebt der moderne Mensch weniger autark, unselbständiger und in dieser Weise objektiv abhängiger von anderen[26], aber dabei handelt es sich in viel stärkerem Maße als früher um eine Abhängigkeit von Fremden, mit denen er durch keine gemeinsame, auf Gegenseitigkeit beruhende Nachbarschaftsethik verbunden ist.[27] Er ist abhängig von anonymen Institutionen, etwa den staatlichen Fürsorgeorganisationen, die sehr viel weniger »verhaltensmodellierend« wirken als die helfenden Nachbarn und Mitglieder des Verwandtschaftsverbandes, zu denen wir verpflichtende Reziprozitätsbeziehungen unterhielten.[28] So läßt sich generell sagen, daß Gesellschaften, die nach dem Prinzip der persönlichen[29] Gegenseitigkeit organisiert sind, sich durch einen starken Antiindividualismus auszeichnen, der erheblichen Triebverzicht und eine extreme Selbstzurücknahme fordert, die sich etwa in einer ständigen Äußerung von Understatements und Wohlwollenskundgebungen äußert.[30] Auf der anderen Seite sind natürlich auch Plantagenarbeiter, Orangengroßhändler, Einzelhändler oder Konsumenten durch ein »Interdependenzgeflecht« miteinander verbunden, aber ohne daß diese Vernetzung weitreichende verhaltens- und affektregulierende Auswirkungen hätte, und ein Gleiches gilt für den größten Teil der Menschen, die durch CNN, E-Mail oder Internet miteinander verbunden sind: Ob sich ein Orangenkonsument auf der Straße nackt auszieht, seine Frau verprügelt oder ob er an der Nadel hängt, dürfte dem Händler weitgehend egal sein, da beide sich zwar in gegenseitiger Abhängigkeit voneinander befinden, aber keinerlei affektive Bindung zueinander haben. Dies gilt für den größten Teil der sozialen Beziehungen von Großstadtbewohnern, über deren Leben man deshalb im Gegensatz zu dem der

Individuen in kleinen, überschaubaren Gemeinschaften gesagt hat, es zeichne sich durch »a lack of civility and by indifference in social interaction« aus.[31]

Gegen diese Ausführungen haben die Eliasianer Mennell und Goudsblom eingewandt, ich möge zwar durchaus recht haben mit der Behauptung, daß »individuals in more differentiated societies may have access to ›increasing varieties‹ of behaviour, but this may lead them into greater uncertainty and confront them with more occasions for embarrassment and shame«[32]. Doch führt ja gerade die Tatsache der »increasing varieties« von möglichen Verhaltensweisen deutlich vor Augen, daß es immer weniger verbindliche und Alternativen ausschließende Normen und Standarde gibt, deren Verletzung oder Nichterreichen Scham und Peinlichkeit hervorrufen könnte.[33]

An einem anderen Ort bringt Goudsblom gegen meine Kritik vor, Elias habe doch in aller Klarheit dargelegt, »dat het onmogelijk is ergens in het civilisatieproces een ›absolut begin‹ of een ›nulpunt‹ aan te wijzen«, nachdem bereits Elias selber behauptet hatte, ich hätte ihm »Aussagen unterstellt«, die er »nie gemacht« habe, etwa die, daß das Mittelalter ein solcher schamfreier »Nullpunkt« gewesen sei, was kein Hindernis für ihn war, schon im übernächsten Satz zu behaupten, bei den alten Griechen und Griechinnen sei die Nacktheit noch »nicht mit Scham belegt« gewesen.[34] Auch der Elias-Exeget Wouters beklagt die Insinuation eines solchen »Nullpunktes« und stellt fest, »man« gewinne »den Eindruck«, daß ich »die Eliassche Position absichtlich« verzerrte, etwa dort, wo ich Elias unterstellte, behauptet zu haben, das 16. Jahrhundert sei die Zeit des »Sündenfall[es] im Sinne der Belegung der Nacktheit mit Scham« gewesen. In Wirklichkeit habe Elias etwas ganz anderes gesagt, nämlich, daß sich in dieser Zeit »das Schamgefühl an Verhaltensweisen« heftete, »die bisher nicht mit solchen Gefühlen belegt waren«, in anderen Worten, daß »jener psychische Vorgang, der schon in der Bibel geschildert« werde – »›und

sie sahen, daß sie nackend waren und schämten sich«« –, sich
»wie so oft in der Geschichte, auch hier« wiederhole.[35]
Freilich ändert die Tatsache, daß Elias und seine Anhänger
aus *dem* Zivilisationsprozeß gewissermaßen »Geschnetzel-
tes« machen und ihn in eine Abfolge vieler »Zivilisations-
prozeßchen« kleinschneiden[36], überhaupt nichts daran, daß
Elias einen solchen »Nullpunkt« *auch* für die Epoche vor
dem 16. Jahrhundert und *auch* für die klassische Antike in
Griechenland behauptet hat, indem er die Meinung vertritt,
in dieser Zeit seien Verhaltensweisen schambesetzt worden,
die zuvor noch schamfrei gewesen seien!
Zwar hat Elias wiederholt gegen meine »Unterstellung«
protestiert, er habe einen »in *eine* Richtung gehenden Prozeß postuliert«, was zwar die Evolutionisten des 19. Jahrhunderts, nicht aber er getan hätten, doch würde sich ein
Zivilisationsprozeß ohne hypothetischen Anfang, Richtung
und Ende in ein reines πάντα ῥεῖ auflösen, und dies kann
gewiß nicht in der Absicht der Anhänger der Zivilisationstheorie liegen. Und wenn eine Kritikerin meint, meine
Infragestellung dieser Theorie greife nicht, da Elias ja eingeräumt habe, »daß die zivilisatorische Entwicklung auch in
die Richtung einer De-Zivilisierung umschlagen« könne[37],
dann besagt dies doch lediglich, daß der Prozeß zum
Erliegen kommen könnte, und nicht, daß er bis dahin keine
bestimmte Richtung hatte oder Tendenz aufwies. *Insgesamt
gesehen* bedeutete dies lediglich, daß der Zivilisationsprozeß
zum Stillstand gekommen wäre oder sich zum ›Dezivilisa-
tionsprozeß‹ entwickelt hätte.[38]
Auf der anderen Seite widersprechen diesen Schutzbehauptungen all die Ausführungen Elias', in denen er von einem
»Erwachsenwerden der Menschheit« spricht, das ja verschiedene Stufen der »Kindheit« und »Jugend« voraussetzt,
die er an anderer Stelle auch benennt: »So haben die Menschen als Gesellschaften in ihrem Umgang mit der Natur
von ihrem Ausgangspunkt, den primären, naiv-egozentri-
schen und stärker affektgeladenen Denk- und Verhaltens-

formen, die wir heute unverdeckt nur noch bei Kindern beobachten, einen langen Weg zurückgelegt, den jeder Mensch als Individuum, abgekürzt, beim Heranwachsen immer wieder zurücklegen muß.«[39] Doch stellt sich die Frage, was wir uns unter einem *unendlichen* Reifungsprozeß und zudem unter einem, der keinen Anfang, keinen »Nullpunkt« hätte, überhaupt vorstellen *könnten*, wenn Elias über ihn an anderer Stelle verlautet: »There is no end in sight. Only the direction is clear.«[40] Dann scheint er aber doch wieder einen Endpunkt vor Augen zu haben, wenn er konstatiert, wir befänden uns erst »in der Frühzeit« des Zivilisationsprozesses und hätten noch keineswegs »den Gipfel der Zivilisation« erklommen, »oder anders gesagt: Wir sind die späten Barbaren. Unseren Nachkommen in 300 oder 400 Jahren wird es völlig unverständlich sein, weshalb wir uns auf Kriege vorbereiten mit Arsenalen von Atomwaffen.«[41]

Nicht nur die Tatsache, daß sich nach Elias der Zivilisationsprozeß langfristig »in einer ganz bestimmten Richtung und Ordnung« vollzieht[42], sondern mehr noch seine Ausführungen zur »Kindlichkeit« der Menschheit auf den »früheren Entwicklungsstufen«, ihrem allmählichen »Erwachsenwerden« und dem künftigen »Gipfel der Zivilisation« als idealem Zielpunkt zeigen ganz eindeutig, daß Elias nichts mehr und nichts weniger als ein Evolutionist[43] im Stile der Lubbock, McLennon, Tylor oder Spencer ist, wenn er auch den bisweilen teleologischen Charakter der Evolutionstheorien des 19. Jahrhunderts kritisiert hat.[44] Gegen diese Interpretation haben Elias selber, der stets, und darin dem von ihm kritisierten Karl Popper nicht unähnlich, ungemeinen Wert auf die eigene Originalität legte, sowie viele seiner Anhänger immer wieder geltend gemacht, sein Entwicklungsbegriff enthalte keinerlei »Wertungen« und habe im Gegensatz zu dem der Evolutionisten nichts mit einer für das 19. Jahrhundert charakteristischen Fortschrittsideologie zu tun. Nachdem ich eine Stelle bei Elias zitiert hatte, an der es heißt, »die heutige Modellierung des menschlichen Verhaltens und Erlebens« sei »als ›besser‹, verglichen mit entsprechenden Standards früherer Entwicklungsstufen, zu bezeichnen«, sagt nun Wouters, es handle sich bei diesem Zitat um eine »Fehlübersetzung«, die mich im Verein mit meiner »vorgefaßten Meinung« in eine »Falle« habe laufen lassen. Im Original heiße es nämlich zunächst, die Entwicklung zu einer Gesellschaft mit derartig starken »restraints against violence« wie die heutige westliche sei nicht notwendigerweise irreversibel. Dies impliziere indessen wiederum *nicht* notwendigerweise, »that there are no grounds for evaluating the results of this development in human behaviour and feelings as ›better‹ than the corresponding manifestations of earlier developmental stages«.[45] Mit diesem etwas umständlichen Satz will Elias also sagen, die Tatsache der möglichen Reversibilität des Zivilisationsprozesses bedeute keineswegs, daß man die heutige Triebmodellierung gegenüber der früheren nicht als die »bessere« bezeichnen könne – eine triviale Feststellung, denn selbstverständlich besagt eine solche Möglichkeit nichts über die Qualität des heute erreichten Zivilisierungsgrades aus!

Weniger verklausuliert hat Elias bei anderen Gelegenheiten die Tatsache, daß heute im Gegensatz zu früher »im innerstaatlichen Leben ein sehr geordnetes und ruhiges Leben möglich« und die Frauen den Männern gleichgestellter seien, als »zivilisatorischen Fortschritt« bezeichnet, und behauptet, ganz allgemein könne es »keinen Zweifel« daran geben, daß die »entwickelteren Länder« im Vergleich zu den »unterentwickelteren« »zivilisatorische Fortschritte« aufwiesen[46], denn es gebe für die »wachsende Humanisierung« unserer modernen Gesellschaft »eine Fülle von Zeichen«.[47] Und gleichsam als Vermächtnis verlautet er visionär, daß dann, wenn irgendwann in der Zukunft die »Spannungen« zwischen den einzelnen Menschen und Menschengruppen »überwunden« seien, wir »mit besserem Recht von uns sagen können, daß wir zivilisiert *sind*«, denn dann erst könnten wir das haben, was »wir so oft mit großen Worten, wie ›Glück‹ und ›Freiheit‹ beschwören«, nämlich einen Einklang zwischen den »Anforderungen« unserer »sozialen Existenz« und unseren »persönlichen Neigungen und Bedürfnissen«. Bis zu diesem Zeitpunkt freilich befänden wir uns lediglich »im *Prozeß* der Zivilisation. Bis dahin werden« wir uns »immer von neuem sagen müssen: ›Die Zivilisation ist noch nicht abgeschlossen. Sie ist eher im Werden‹.«[48]

Bewegen *wir* uns also auf dem leuchtenden Pfade der Zivilisation nach vorne, das Ziel der vollkommenen Zivilisiertheit fest im Blick, haben wir »den anderen«, den auf früheren Stufen Stehengebliebenen und weniger Entwickelten, durch den Kolonialismus zumindest die Chance gegeben, sich ein bißchen mitzuentwickeln. So mahnt uns Elias, nicht zu vergessen, daß die Kolonialisierung auch ihre »guten Seiten gehabt« habe, denn während dieser Zeit hätten z. B. die Afrikaner nicht allein die Segnungen des Westens wie das Lesen und Schreiben oder unsere »Techniken der Agrikultur« empfangen, vielmehr sei die Kolonialzeit auch »die Vorbedingung für die heutigen Staatsbildungen gewesen«.[49] In ähnlicher Weise hatten in Elias' Jugendzeit die deutschen Kolonialisten argumentiert, als sie aus dem »kulturellen Tiefstand« der afrikanischen und pazifischen Völker geradezu die Pflicht ableiteten, die Neger und Kanaken zu zivilisieren, anstatt sie, wie es angeblich die Briten mit ihrer »negerverhätschelnden« Politik taten, auf der »Stufe von Kindern« zu belassen.[50]

Auf meine Kritik, hinter der Eliasschen Zivilisationstheorie stehe eine evolutionistische Ideologie, die derjenigen ähnele, welche auch die Kolonialisten des 19. und frühen 20. Jahrhunderts als Rechtfertigung benutzt haben[51], hat der Elias-Mitarbeiter Schröter erwidert, die Tatsache, daß die »nicht-europäischen Völker« unsere Verhaltensstandarde »akzeptiert« hätten, also die »globale Vorherrschaft« des Westens, sei doch keine »imperialistische Ideologie«, sondern eben eine *Tatsache*[52], und in einem späteren Zusatz fügt er hinzu, er wolle über diese Dinge nicht mehr reden, »da die Diskussion mit einem Autor, der sein Gegenüber in ein politisch-moralisches Zwielicht rückt, nur weil er keinen Unterschied zwischen analytischen und wertenden Aussagen erkennt, offenbar sinnlos ist«.[53] Doch macht es sich der beleidigte Kritiker hier etwas zu einfach. Denn was ich kritisiert habe, ist die Eliassche Behauptung, unsere angeblich »zivilisiertere« Form der Triebmodellierung sei die objektiv »überlegene« und »bessere«, wenn man sie mit der traditioneller nichtwestlicher Gesellschaften oder denen längst vergangener Zeiten vergleicht. Und dies ist etwas völlig anderes als die Feststellung der Tatsache, daß die westliche Zivilisation die nichtwestlichen militärisch unterworfen hat.

Wenn heute ein anderer Elias-Anhänger einwendet, daß diese Menschen sich zugegebenermaßen gegen die »Zivilisierung« gewehrt hätten, aber eben so, wie sich bei uns die Kinder gegen Disziplinierungsmaßnahmen sträuben, weil sie ihnen »Triebversagungen« auferlege[54], dann stellt er die Kolonialisierung so dar, als hätten sich die Menschen dieser Gesellschaften gegen eine Umerziehung zu ihrem Besten zur Wehr gesetzt, vergleichbar den Erstkläßlern, die nicht einsehen, warum sie plötzlich, anstatt umherzutollen, stillsitzen sollen! In Wahrheit gibt es freilich keinerlei Indizien dafür, daß die Europäer diesen Menschen lediglich Hilfestellung dazu geleistet hätten, in beschleunigter Form einen Prozeß zu durchlaufen, der gewissermaßen in der »Entwicklungslogik ihrer eigenen Gesellschaften enthalten« gewesen wäre.[55] Mit Recht hat ein Ethnologe, der »den Weg der Zerstörung« der fremden Gesellschaften durch die westliche nachgezeichnet hat, darauf aufmerksam gemacht, daß auch heute noch viele Sozialwissenschaftler der irrigen Auffassung seien, »der bloße Kontakt mit der überlegenen industriellen Kultur veranlasse Stammesvölker dazu, um eines besseren Lebens willen ihre eigene Kultur aus freien Stücken zu verwerfen«. In Wirklichkeit haben »autonome Stammesvölker« sich jedoch »den Fortschritt nicht ausgesucht, um seine Vorteile zu genießen«, vielmehr wurde ihnen dieser »Fortschritt« von Leuten aufgezwungen, die vorwiegend *ein* Interesse hatten, nämlich »an ihre Ressourcen heranzukommen«.

Kennzeichnend für traditionelle Gesellschaften war, daß sie sich in wesentlich höherem Maße als wir »mit einem relativ niedrigen und stabilen Konsumniveau« abgefunden hatten, so daß sich das Verlangen nach all den Gütern der industriellen Zivilisation vornehmlich in bereits zerrütteten »Stammesgesellschaften« entwickelte. Da wir hingegen zunächst aufgrund des stetigen Bevölkerungswachstums bald nicht mehr in der Lage waren, alle unsere Bedürfnisse mit eigenen Ressourcen zu befriedigen, waren wir zur systematischen Ausbeutung der Ressourcen fremder Territorien und zum Export riesiger Menschenmengen gezwungen. Auf diese Weise wurden indessen nicht allein die vorhandenen Bedürfnisse befriedigt, sondern überdies eine gesellschaftliche Dynamik in Gang gesetzt, die sich durch ein ständiges Bedürfnis-Wachstum auszeichnet und die ganz allgemein einem unbändigen Steigerungsimperativ gehorcht.[56] Nichts deutet darauf hin, daß eine solche »zivilisatorische« Entwicklung mit all ihren vorhersehbaren und unvorhersehbaren Folgekosten Anlaß zu einem Fortschrittsoptimismus geben könnte, von dem allem Anschein nach Elias noch beseelt war, und genauso wenig liegt der Gedanke nahe, daß der Wunsch nach einer Zivilisierung nach unserem Muster in den »nicht-westlichen« Gesellschaften in irgendeiner Weise virtuell vorhanden gewesen wäre.

Wenn ich in diesem Zusammenhang von Kritikern und Rezensenten als »Konservativer«, »Reaktionär«, »Faschist«, »Antisemit«, »Romantiker«, »Irrationalist« und »Gegenaufklärer«, als »xenophob«, »homophob«, »heterosexistisch« und »frauenfeindlich« bezeichnet worden bin, so möchte ich all dem nicht widersprechen, da solche Klassifizierungen nicht so sehr falsch sind als gehaltlos und deshalb wenig aussagefähig. Wie Paul Feyerabend einmal gesagt hat, ist es allgemein üblich, daß Kritiker ein Begriffsraster konstruieren und dann ihre Freunde oder Feinde danach klassifizieren, wie nah oder fern sie von ihnen zu stehen scheinen. Natürlich können »andere Raster zu anderen und vielleicht passenderen Charakterisierungen führen. Wenn es bei jemandem etwa nur die Kategorien Pflanzen und Götter gibt, nun, dann bin ich am Ende eine Pflanze. Gibt es nur Heilige und Verbrecher, dann werde ich wohl unweigerlich als Verbrecher enden.«[57] Daß die Kritiker dabei sehr viel darüber sagen, wie sie sich selber einschätzen, liegt auf der Hand. Wenn beispielsweise eine bekannte Publizistin mich in der *Zeit* einen »Kleinstgeist« nennt (wobei »Kleingeist« sicher genügt hätte), dann will sie wohl damit zum Ausdruck bringen, daß sie sich selber für großartig und sehr begabt hält. Wenn mich in dem ethnologischen Jahrbuch *Trickster* ein anonymer Heckenschütze »als Kulturpessimisten und seltsam konservativen Gesellschaftskritiker« ausmacht, dann will er vermutlich dem Leser mitteilen, daß er selber fröhlichen Mutes in die Zukunft blickt und so fortschrittlich eingestellt ist, daß ihm jede andere Gesinnung nur noch merkwürdig und »seltsam« vorkommen kann.[58] Und wenn mich schließlich in der renommierten Zeitschrift *Anthropos* eine ethnologische Giftnudel als »zahnlosen Löwen« und »getretenen Hund« kennzeichnet, dann will sie mit diesen Zuschreibungen gewiß demonstrieren, daß sie sich selber als bissig, stark und austeilend sieht.[59]

Ein anderer Kritiker, dem es in den Fingern juckt, mich als »Rassisten« zu entlarven, stellt die »politisch korrekte« Frage, wem es denn nütze, wenn ich erwähne, daß in Nordamerika verhältnismäßig mehr Schwarze Frauen vergewaltigen, als dies Weiße tun[60], wobei er offensichtlich der Auffassung ist, man solle nur solche Tatsachen publizieren, die ein günstiges Licht auf die gesellschaftlichen Gruppen werfen, denen man aus ideologischen Gründen nahesteht oder nahezustehen glaubt, eine Auffassung, die ich nicht teile. Und wenn er schließlich meine Unterscheidung zwischen einer in der betreffenden Gesellschaft als Verbrechen empfundenen Vergewaltigung und einer erwünschten oder hingenommenen Vergewaltigung als Zuchtmittel für unanständige und unmoralische Frauen dazu benutzt, zu suggerieren, ich hielte selber eine derartige »Züchtigung« für gerechtfertigt[61], dann bedarf es nur geringen Spürsinns, um herauszufinden, daß ich in diesem Falle zu einem Frontkämpfer des Patriarchats hartgezeichnet werden soll, dem die »Befreiung der Frau« ein Dorn im Auge ist.

Ein weiterer Kritiker moniert, ich »reflektierte« nicht, daß die von mir angeführten »Berichte über Vergewaltigungen von Männern durch Frauen niemals von Frauen, sondern immer von Männern stammen«[62], womit er wohl insinuieren möchte, ich sei irgendwelchen »Männerphantasien« auf den Leim gegangen[63] oder nähme sie scheinheilig für bare Münze, um dem harmlosen Geschlecht etwas Böses anzuhängen. Allerdings scheint es sich hier um einen recht törichten Vorwurf zu handeln – oder würde der Kritiker monieren, daß im Falle der Vergewaltigung von Frauen durch Männer die »Berichte« durchweg von den Opfern und nicht von den Tätern stammen?[64] Und was ist mit den »Berichten« von Frauen und Mädchen, die sexuelle Opfer von Frauen wurden?

Bleiben solche Unterstellungen noch im branchenüblichen Rahmen, so erregten meine Ausführungen über die Vergewaltigungen slawischer Frauen durch deutsche Soldaten nicht nur Unmut, vielmehr lösten sie bei einer großen Zahl von Lesern helle Empörung aus, die sich nicht nur in einer Flut von Drohbriefen und Beleidigungen Luft verschaffte, sondern auch in Aufforderungen an den Rektor der Universität Bremen, an der ich bis vor kurzem lehrte, mich per Disziplinarverfahren aus dem Dienst zu entfernen. Dabei scheint freilich nicht so sehr das die Protestwelle ausgelöst zu haben, was ich selber zu diesem Thema geschrieben habe, sondern ein Artikel im *Spiegel*, in dem mir die Behauptung zugeschrieben wurde, »die siegreich vorrückende Rote

Armee« habe »sich mit Massenvergewaltigungen an über 2 Millionen deutschen Frauen« dafür »gerächt«, daß »deutsche Soldaten und SS-Männer im Zweiten Weltkrieg brutal über russische Frauen« hergefallen seien.[65]

Eine solche Aussage habe ich indessen nie gemacht, vielmehr unmißverständlich darauf hingewiesen, daß die Angehörigen der Roten Armee bei der Durchführung dieser Kriegsverbrechen nicht so sehr auf die Nationalität als auf das Geschlecht der Opfer geachtet haben, denn anders sei nicht zu erklären, wie sonst die Massenvergewaltigungen von Polinnen, Tschechinnen, Südslawinnen, sowjetischen Zwangsarbeiterinnen oder Jüdinnen möglich gewesen wären.[66] Zudem hat es den Anschein, daß in sehr vielen slawischen und baltischen Gegenden eine große Anzahl von Männern nur auf den Einmarsch der deutschen Truppen gewartet hatte, um wie Raubtiere über die weiblichen jüdischen Mitbürger herzufallen (Abb. 118).[67]

Zum anderen habe ich betont, daß weder die Kampfverbände der Wehrmacht noch die der Waffen-SS systematische Massenvergewaltigungen durchgeführt haben, die

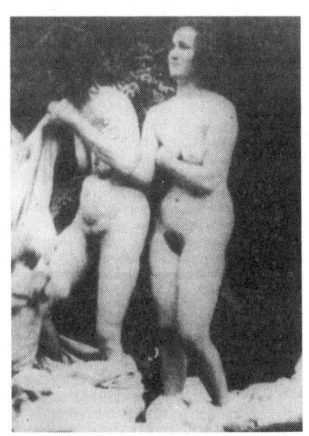

118 Jüdinnen vor der Vergewaltigung und Ermordung durch lettische Mitbürger, 1941.

sich auch nur annähernd mit denen, die von der Roten Armee begangen wurden, vergleichen ließen.[68] Wenn also heute ein ehemaliger US-Oberstleutnant verlautet, während des Zweiten Weltkrieges hätten sich die russischen Truppen ebenso wie die deutschen zu wahren Vergewaltigungsorgien hinreißen lassen (wobei die von den Amerikanern begangenen sexuellen Verbrechen mit keiner Silbe erwähnt werden)[69], so gilt dies zwar für die russischen und auch für die japanischen Verbände[70], aber nicht für die deutschen.

Schließlich wurden in der Wehrmacht Vergewaltigungen sehr viel häufiger verfolgt und ungleich strenger bestraft als in der Roten Armee, ja, nicht selten wurden sogar Todesstrafen vollstreckt, wobei man allerdings feststellen muß, daß das gleiche Verbrechen meist sehr viel ernstere Folgen für den Täter hatte, wenn es an einer Französin, Belgierin oder Norwegerin begangen wurde als an einer »Untermenschenfrau« im Osten.[71] Und während die Rotarmisten Vergewaltigungen meistens geradezu als ihr Recht empfanden und in zahllosen Feldpostbriefen damit prahlten, wie viele deutsche Frauen sie bereits mit vorgehaltener Pistole »gefickt« hätten[72], schämten sich viele Wehrmachtsangehörige wegen vergleichbarer Taten und versuchten sie auch dann zu vertuschen, wenn sie keine allzu harten Strafen zu erwarten hatten. Viele von ihnen waren zwar bereit, Erschießungen von Zivilisten durch Einheiten der Wehrmacht und andere, gewissermaßen »saubere« Kriegsverbrechen zuzugeben, nicht aber sexuelle Übergriffe, was auch ein Volkskundler bestätigte, dem sämtliche von ihm interviewte Frontsoldaten berichtet hatten, Vergewaltigungen seien immer nur vom Feind begangen worden.[73]

Allerdings wäre die Deutsche Wehrmacht die einzige militärische Gruppierung männerbündischen Charakters gewesen, die auf fremdem Territorium keine Frauen sexuell erniedrigt und gedemütigt hätte[74], und manche Landser wie z.B. ein Mechaniker im 201. Sturmgeschützbataillon gaben auch zu, daß Vergewaltigungen sehr viel häufiger vorge-

kommen seien als gemeinhin angenommen werde. So wurden beispielsweise in der Nähe von Smolensk zahlreiche Schülerinnen, die auf den Feldern bei der Ernte halfen, von deutschen Truppenangehörigen an Ort und Stelle vergewaltigt und dann erschossen, und dasselbe widerfuhr 32 Textilarbeiterinnen in einer Fabrik in Lemberg. Ihre zunächst verschonten jüngeren Kolleginnen schleiften Soldaten in den Stadtpark, wo sie in aller Ruhe auf brutalste Weise von einem nach dem anderen vergewaltigt wurden. Ein Überlebender des Massakers von Bajki nordöstlich von Brest berichtete: »An der Grube wurden die Männer rechts erschossen und die Frauen und Kinder links. So eine Ordnung! Und wenn ein hübsches Mädchen darunter war, führten sie sie in ein Haus daneben. Dort haben sie sie vergewaltigt und dann im Haus erschossen.« Und ein anderer Augenzeuge erinnerte sich: »Während der Okkupation trieben die Soldaten einmal alle jungen Mädchen von Gschatsk auf dem Großen Platz zusammen. Sie mußten sich nackt ausziehen, mußten tanzen, und dann haben sie sie vergewaltigt. Wenn sich ein Mädchen weigerte, wurde es auf der Stelle erschossen.«[75]
Sehr viel häufiger jedoch als bei der Eroberung eines Dorfes oder einer Stadt wurden die Frauen und Mädchen zur sexuellen Beute, wenn sie den Siegern in Lagern oder Gefängnissen ausgeliefert waren. So berichtete die russische Krankenschwester Tatjana Nanijewa, die in ein deutsches Gefangenenlager in Südpolen eingeliefert worden war: »Ich war vor Angst wie gelähmt, als sie begannen, hübsche Mädchen auszusuchen. Wir waren viele, und etwa ein Dutzend war hübsch. Sie wissen ja, ein Gesicht ist auch unter Dreck und Schmutz noch hübsch. Und sie wurden immer und immer wieder geholt. Ein paar von uns nähten und arbeiteten in einem großen Raum im Lager. Ein Deutscher kam herein. Er sagte ›Komm, komm!‹ zu einem Mädchen, das ihm gefiel. Und sofort, direkt neben uns, spreizte er ihr die Beine und machte, was er machen mußte, wie ein Hund, der eine Hündin nimmt.« In einem anderen Zwangsarbeiter-

lager in Polen wurden im Oktober 1942 fünf junge Frauen von dem Werkschutzleiter Fritz Bartenschlager zu einer Party befohlen, wo sie splitternackt servieren mußten und später am Abend von sämtlichen Gästen vergewaltigt wurden. Als er im Januar hohe SS-Gäste bewirtete, ließ er drei blutjunge Zwangsarbeiterinnen kommen, die von den Gästen auf brutalste Weise vergewaltigt und anschließend exekutiert wurden. Andere Lagerkommandanten selektionierten die Vergewaltigungsopfer bereits bei der Ankunft. Auch sie wurden hinterher meistens erschossen. Der bereits im Jahre 1934 wegen Sittlichkeitsverbrechen zu einer Zuchthausstrafe verurteilte und unehrenhaft aus der SA entlassene Dirlewanger wurde später Leiter eines SS-Sonderkommandos. In einem von ihm am 11. März 1943 an SS-Hauptsturmbannführer Blessan gerichteten Fernschreiben hieß es: »Die vom SS-Obersturmbannführer gewünschten Russinnen werden Montag eingefangen und kommen mit nächstem Urlauber zum Versand. Preis wie im Pelikseewald von SS-Obersturmbannführer Ingruber festgelegt – pro Russin 2 Flaschen Schnaps.«[76]

Zwar war in den Konzentrationslagern das Vergewaltigen von Jüdinnen als »Rassenschande« streng verboten, weshalb die Bewacher ebenso wie die höheren Ränge im allgemeinen nichtjüdische Gefangene, etwa Polinnen oder Russinnen, als Opfer bevorzugten[77], doch kamen auch solche Verbrechen an den Jüdinnen nicht allzu selten vor, was man im allgemeinen nur deshalb nicht weiß, weil die meisten Frauen, die den Holocaust überlebten, viel eher bereit sind, über die schrecklichsten Schandtaten und Quälereien ihrer Peiniger zu berichten als über sexuelle Erniedrigungen und Demütigungen.[78] Schon während der »Reichskristallnacht« wurden vor allem in Wien, aber auch in anderen Städten Jüdinnen von den Horden, die in ihre Wohnungen eindrangen, vergewaltigt, und später machten sich z.B. im Warschauer Getto SS-Leute über junge Mädchen her und ermordeten sie anschließend mit Kopfschüssen, damit sie keine Anzeige erstatten konnten.[79] Wenn in Auschwitz die Neuankömmlinge splitternackt vor den Soldaten standen und auf ihre Desinfektion warteten, wurden nicht selten die schönsten jungen Sintimädchen oder Jüdinnen zur Vergewaltigung ausgesucht und zu den Offiziersbaracken geführt, und wenn sie zwei Tage danach zurückkamen, waren sie, wie eine Zeugin berichtete, »scarcely recognizable, incoherent, face and body swollen and bruised«. Die jüngeren Jüdinnen und Zigeunerinnen, so eine ehemalige Insassin von Birkenau, »lebten in beständiger Angst vor einer Vergewaltigung durch das Wachpersonal und hatten schikanöse Strafen, etwa eine mehrtägige Haft im Stehbunker zu befürchten, wenn sie sich einem SS-Mann verweigerten. Nachts drangen nicht selten betrunkene SS-Leute in die Baracken ein, weckten die Häftlinge auf, nötigten sie zum Strammstehen, schlugen sie, trieben junge Frauen in die Blockführerstube und vergewaltigten sie.« Und die Auschwitz-Überlebende Ruth Elias berichtete über die SS-Männer: »Ohne Scham fingen sie an, sich Mädchen aus den Bettstellen herauszuziehen, jüdische Mädchen, welche sie mit sich nahmen, um sie dann zu vergewaltigen. [...] Es ist unmöglich, zu beschreiben, in welch mitleiderregendem Zustand diese armen Geschöpfe zurückkamen.«[80]

Kommen die Vorwürfe, ich hätte den Wehrmachts- und SS-Verbänden sexuelle Verbrechen untergeschoben, in erster Linie von ehemaligen Frontsoldaten und Angehörigen der Waffen-SS, so sind es eher Historiker, die einige meiner Aussagen über das Alltagsleben im Mittelalter und in der frühen Neuzeit in Zweifel gezogen haben. Nachdem Elias über Jahrzehnte hinweg unwidersprochen behauptet hatte, bis in die frühe Neuzeit hinein hätten »häufig selbst« einander fremde »Männer und Frauen« das Nachtlager miteinander geteilt, »und zwar nackt, da es keine spezialisierte Nachtbekleidung« gegeben hätte, und so »der Anblick völliger Nacktheit die alltägliche Regel bis ins 16. Jahrhundert« gewesen sei[81], habe ich zu zeigen versucht, daß es mit all diesen Behauptungen nicht weit her ist. In Reaktion hierauf behauptet eine Reihe von Historikern, ohne dies allerdings zu belegen, die Ausführungen von Elias träfen durchaus zu, wobei ein besonders aufgebrachter Kulturhistoriker hinzufügt, meine »Pauschalargumentationen«, die dahin gehen, »daß man im Mittelalter in der Regel nicht nackt geschlafen habe«, seien »in der von« mir »vorgebrachten Weise schon deswegen grundsätzlich nicht haltbar, weil« mir »die dabei betroffenen Öffentlichkeiten und die darauf bezogenen Unterschiede nicht bewußt zu sein scheinen«.[82]

Nun ist zwar dieser Einwand nicht gerade ein Musterbeispiel für Klarheit, doch könnte der Kritiker gemeint haben, daß ich unterschiedliche mehr oder weniger »öffentliche« Orte angeführt habe, etwa das Krankenhaus, die Wochenstube (Abb. 119) oder die Pilgerherberge, in denen sich die betreffenden Personen bekleidet im Bett aufhielten, weil sie eben nicht alleine waren und weil sie vielleicht auch sonst gefroren hätten. Inwiefern die »Unterschiede« zwischen diesen Orten, die mir »nicht bewußt zu sein scheinen«, für die Frage nach der Körperscham relevant sein sollen, und zwar so, daß meine »Argumentationen grund-

119 Krankenbesuch von Mitgliedern der Bruderschaft San Martino dei Buonuomini, Quattrocento.

sätzlich nicht haltbar« seien, wird wohl ein Geheimnis des Kritikers bleiben.

Ein verständlicherer Einwand geht dahin, man könne von spätmittelalterlichen Darstellungen der in einem Nacht-hemd im Wochenbett liegenden hl. Jungfrau nicht darauf schließen, daß in Wirklichkeit die Frauen bei dieser Ge-legenheit ein Hemd getragen hätten. Denn schließlich sei Maria die Muttergottes und nicht irgendeine dahergelaufene Jungfrau gewesen, weshalb man sie als hohe Standesperson und mithin bekleidet wiedergegeben habe.[83]

Nun ist es zum einen mitnichten so, daß die Jungfrau Maria und andere heilige Damen stets bis zum Hals und zum Handgelenk bekleidet im Bett zu sehen sind. So badet bei-spielsweise auf einem Altargemälde im Schloß Tirol vom Jahre 1372 die hl. Jungfrau, deren Oberkörper völlig ent-blößt ist, vom Bett aus ihren Sohn (Abb. 120), und um 1387 stellte der Erzgießer Meister Bernhuser ebenfalls eine nackte Maria mit Kind als Relief auf dem Bronzetaufbecken der St.-Nikolai-Kirche in Elbing her.[84] Relevanter aber ist die Tatsache, daß nach den bildlichen und schriftlichen Quellen im Mittelalter die Mehrzahl der Angehörigen aller Gesell-schaftsschichten insbesondere in Anwesenheit Fremder oder

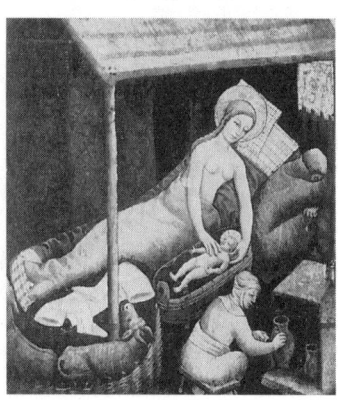

120 Geburt Christi. Altarbild im Schloß Tirol, um 1370.

121 Aeneas entkleidet sich zur Nachtruhe, um 1215.

Familienangehöriger entweder in der gewöhnlichen Unter-
kleidung oder in speziellen Nachthemden geschlafen hat.
Nachdem bereits die alten Griechen und Griechinnen normalerweise im kurzen Chiton übernachtet hatten[85], waren
z.B. in England seit angelsächsischen Zeiten eigens zu diesem Zwecke angefertigte Hemden in Gebrauch[86], und gleiches galt für Deutschland, Frankreich oder Italien. In der im
frühen 13. Jahrhundert entstandenen *Eneide*-Handschrift
liegen zwar allem Anschein nach die Liebespaare hüllenlos
im Bett, doch wenn sich Aeneas, Dido und die anderen
Personen der Handlung zur Nachtruhe ins Bett begeben,
entledigen sie sich ihrer Tageskleidung (Abb. 121) und schlafen in einem langärmeligen Nachthemd (Abb. 122).[87] Um das

122 Aeneas schläft im Nachthemd, um 1215.

Jahr 1300 nächtigten die Aussätzigen in ihrem Spital zu Jerusalem »in den hemden begurtet vnd in den nidergewanden vnd in den linhosen«, und im 12. Jahrhundert taten dies die Tempelritter, die sich den Schutz der Jerusalempilger zur Aufgabe gemacht hatten, »in camisiis et femoralibus« oder, nach der französischen Version der Statuten, »vestus de chemises et de braies et de sentures«, und zwar, wie eigens betont wurde, aus Anstandsgründen.[88] Auch aus zahllosen Berichten über Leute, die bei Brand und Aufruhr »im Hemd« aus dem Bett sprangen und ans Fenster stürzten, die von feindlichen Soldaten nach der Erstürmung der Mauern im Schlaf überrascht wurden (Abb. 123), oder über junge Frauen, die plötzlich in der Nacht eine fremde Hand an ihren Brüsten fühlten oder die ein in ihr Haus eingedrungener Vergewaltiger aus dem Bett zerrte, ist ersichtlich, daß Männer und Frauen, aber häufig auch Kinder, in jenen Zeiten keineswegs »in der Regel« nackt geschlafen haben[89], und daß Behauptungen wie die, »alle« Mitglieder eines Haushaltes

123 Illustration zu den
›Chroniques d'Enguerrand de Monstrellet‹, 15. Jh.

und deren Gäste hätten damals »zusammen, auf dem Fußboden im Wohnzimmer, ohne Unterschiede des Geschlechts, nackt beieinander« geschlafen, »Eltern, Kinder, Verwandte, Gesinde, Lehrjungen und Besucher«[90], reine Phantasieprodukte sind. Manche dieser »nachtklaidter« besaßen auf Höhe der Genitalien einen »latz«, durch den hindurch der Gatte die Gattin penetrieren konnte, ohne allzusehr mit deren Leib in Berührung zu kommen, etwa »graf Eberhart von Erpach«, von dem es hieß, er sei zwar »vil zeit bei seim weib, war ein grefin von Werthaim, am bet gelegen«, aber ohne sie jemals »bloss am leib nie angerüert« zu haben, »iedoch sie etliche künder bei ime bekommen«. Derartige Nachthemden mit Kopulationsschlitzen, deren Saum mit frommen Sprüchen bestickt waren, gab es sehr häufig im spätmittelalterlichen Kastilien und in Aragon sowie bei den mediterranen Juden, die sie Hemden »für den Schlaf« (*lilnawm*) nannten, aber offenbar auch bei den Juden in den nördlicheren Ländern. Jedenfalls berichtete im Jahre 1510

124 Albine und ihre Schwestern
in der Hochzeitsnacht, 15. Jh.

der konvertierte Jude Johannes Pfefferkorn etwas verschämt, fromme Juden berührten ihre Frauen »nit mit blossem leib an. Wie dan die schlafftucher dairtzu geschickt sein, lais ich bleiben; das er dannoch solichs werck der vnkeusch volbrengen kan [...] die selben mussen von weysem tuch ein vndercleyt anhaben vnd an yren helsen ein viierecket tuch, an den ortern [= Enden] mit langen fransen vnd funff knopffen, darbey sie der funff bucher moysi gedencken.«[91]

Bisweilen trug man im Mittelalter keine eigens zu diesem Zwecke hergestellten Nachthemden, sondern wickelte sich mehr oder weniger fest in die Leintücher oder Decken ein[92], oder man behielt einfach die Tagesunterkleidung an, die dann freilich nachts nicht durchlüften konnte. So legten beispielsweise im frühen 14. Jahrhundert die Bauern von Montaillou zum Schlafen lediglich die Oberbekleidung ab, und im Sommer schliefen viele Männer nur in der *bruoch*, weshalb diese auch »Schlafhosen« oder »Nachthosen« genannt wurde, sowie die Frauen »Im vnder Rock«.[93]

Befinden sich jedoch auf den bildlichen Darstellungen und nach den schriftlichen Quellen ein Mann und eine Frau nackt im Bett, so heißt dies meistens, daß sie miteinander schlafen oder sich auf andere Weise sexuell betätigen[94], und wenn im 13. Jahrhundert ein Paar im Bett »nudum cum nuda« angetroffen wurde, dann war die Sache klar und es bedurfte keiner weiteren Nachforschungen. So reichte im Jahre 1480 eine Zeugenaussage, nach der Bjarni Ólason aus Hvassafell unbekleidet mit seiner halbwüchsigen Tochter im Bett gelegen hatte, aus, um den Mann wegen Inzests abzuurteilen, und als im Jahre 1380 Guillaume Erant einen gewissen Martin Gragant »nu à nu couchié avec sa femme« erwischte, war es nicht mehr nötig, noch irgendwelche Fragen zu stellen.[95] Dabei wurde allerdings bisweilen das »in naked bed together« oder das »nu a nu an un lict« als »naked to their shift and shirt« oder als »im bloßen Hemd« (im Gegensatz zu »voll bekleidet«) erläutert, was indessen trotzdem »scandal carriage« sein konnte, wenn die Personen nicht das gleiche

Geschlecht hatten.[96] Sogar die Prostituierten in den städtischen Frauenhäusern des späten Mittelalters und der frühen Neuzeit scheinen sich im Gegensatz zu denen des späten 19. Jahrhunderts selbst bei der Ausübung ihrer Arbeit nur selten völlig ausgezogen zu haben. Jedenfalls zieht sich in einer Frauenhausszene vom Jahre 1540 der Kunde aus, während die Hure im langärmeligen Nachthemd und einer Nachthaube auf dem Kopf im Bett auf ihn wartet. Da die sexuellen Dienste einer gewöhnlichen Frauenhaushure sehr billig waren – in Frankreich entsprachen sie etwa einem Achtel des Tagesverdienstes eines Taglöhners –, werden sich die Frauen für den Hungerlohn kaum ein Bein ausgerissen und auch noch ihr Hemd ausgezogen haben. Noch 200 Jahre später hieß es im Bordell der Mme Gourdan in Paris, »si une demoiselle se met nue sans qu'il lui ait été dit par la bonne qui la conduit au boudoir qu'elle peut faire ce qu'exige le monsieur, elle sera à l'amande de huit jours et quinze jours au service des vieux«, und in Hall waren etwas später zwar manche Huren bereit, sich von dem Kunden die entblößten Brüste betrachten zu lassen, doch sich vor ihm nackt auszuziehen hätte ihr Schamgefühl zu sehr strapaziert. So empörte sich eine Hure namens Susanna Striffler vor Gericht darüber, daß der Ochsenwirt Häller ihr und ihrer Kollegin Ludin unterstellt hatte, gemeinsam mit ihm »in einem einschläfrigen Bette nakerd« übernachtet zu haben. Dies sei böswillig, denn »es ist nie meine Art, daß ich nakt liege!«[97]

Mag man vielleicht einräumen, daß in der Tat die Menschen zu jener Zeit zumindest dann, wenn sich noch andere Personen im Schlafraum befanden, gelegentlich bekleidet übernachteten[98], so hat man doch darauf beharrt, daß damals ganz offensichtlich einander fremde Personen verschiedenen Geschlechts im selben Bett übernachtet und daß sie dies auch, wie man auf zeitgenössischen Illustrationen sehen könne, splitternackt getan hätten. So haben z.B. zahlreiche Kulturhistoriker immer wieder darauf hingewiesen, Abb. 125 beweise, daß man im späten Mittelalter nicht nur »generell

125 Illustration zu ›Les Cent Nouvelles Novelles‹, um 1480.

nackt« und lediglich mit einer Nachthaube auf dem Kopf geschlafen habe, wie es einer formuliert, sondern daß auch in einer Herberge übernachtende männliche Reisende splitternackt in Betten gestiegen seien, in denen sich bereits nackte weibliche Reisende zur Ruhe begeben hätten: »Die Miniatur«, so ein anderer Kommentator, »spricht für sich«.[99]

Freilich ist von entscheidender Bedeutung, daß die Miniatur keineswegs »für sich spricht«. Vielmehr hätte der Historiker, was eigentlich selbstverständlich sein sollte, erst einmal fragen müssen, was auf dem Bild denn überhaupt dargestellt wird. Dann hätte er nämlich herausgefunden, daß es sich nicht um ein Bild handelt, auf dem eine alltägliche Übernachtungsszene in einer Herberge zu sehen ist, sondern um eine Illustration zur 30. Novelle der *Cent Nouvelles Novelles* Anthoine de LaSales aus der Mitte des 15. Jahrhunderts, in der drei geile Franziskanermönche in einem Wirtshaus zu Chambéry im Schutze der Dunkelheit zu drei Frauen ins Bett steigen, die sich im Glauben, es handele sich um ihre in einer anderen Kammer übernachtenden Ehemänner, von den Gottesmännern mehrmals hintereinander penetrieren lassen:

468

»Der eine hatte drei Lanzen, der zweite vier, der dritte sechs gebrochen, und niemals waren Menschen so glücklich wie sie.«[100]

Kritiker haben eingewendet, ich hätte doch selber ein Tafelrelief aus der Zeit um 1520 herangezogen, das eine Frau zeige, die gemeinsam mit zwei Männern in einem sehr schmalen Wirtshausbett übernachte[101], doch illustriert in diesem Falle das Relief eine Legende, in welcher der Apostel Jakobus der Ältere mit Frau und halbwüchsigem Sohn auf der Pilgerfahrt in einem Wirtshaus übernachten müssen, in dem nur noch ein einziges Bett frei ist. Nachts schleicht der Wirt in die Kammer und versteckt im Pilgersack des Sohnes einen Silberbecher, um die Familie am nächsten Morgen des Diebstahls bezichtigen zu können.[102] Es handelt sich mithin um Eltern und ihren Sohn, wobei der Vater in der Mitte liegt und nichts darauf hindeutet, daß irgend jemand von den Schlafenden unbekleidet wäre.

Ähnlich verhält es sich mit einer spätmittelalterlichen Illustration aus einer böhmischen Bibel, auf der ein zwischen zwei Frauen schlafender König zu sehen ist (Abb. 126), ein Bild, das von einem Kulturhistoriker als eine Bestätigung seiner Behauptung angeführt wird, das Bett sei im Mittelalter keine Privatsphäre gewesen und man habe oft »zu viert oder zu sechst und keineswegs aus Platzmangel,

126 Der greise König David, um 1400.

sondern der Geselligkeit wegen« auch mit Angehörigen des anderen Geschlechts übernachtet.[103] Allerdings ist auf dieser Illustration zum Alten Testament König David zu sehen, der entweder mit seinen beiden Ehefrauen Abigail und Ahinoam (1. Samuel 25,43) oder mit seiner späteren Frau Bathseba und der »sehr schönen Jungfrau« Abisag von Sunem das Lager teilt, die dem greisen Monarchen beigelegt wurde, um ihn zu erwärmen (1. Könige, 1ff.), was seine Gattin ihm bedenkenlos zugestehen konnte, da dem Alten inzwischen, wie Rudolf v. Ems es formulierte, »so gar dú kraft, hitzze und macht« genommen war.[104]

Schließlich läßt sich auch die französische Miniatur aus dem 15. Jahrhundert, auf der eine schlafende nackte Frau zu sehen ist (Abb. 127), nicht, wie zwei Kulturhistoriker es tun, zur Dokumentation der angeblichen Tatsache heranziehen, man habe im Mittelalter »allgemein nackt« geschlafen.[105] Denn das Bild zeigt keine gewöhnliche Übernachtungsszene, sondern den lydischen König Kandaules, wie er seinen Leibwächter Gyges im Schlafgemach seine entblößte Frau betrachten läßt, eine Schamlosigkeit, die ihn bekanntlich das Leben kosten sollte.

127 Kandaules zeigt Gyges seine nackte Gemahlin, 15. Jh.

In Wirklichkeit hatte im Mittelalter normalerweise kaum ein Reisender die Gelegenheit, mit einer fremden Frau das Nachtlager zu teilen oder sie auch nur im Bette schlafend zu sehen, denn die Reiseherbergen, Armenhäuser, Hospitäler oder Gefängnisse hatten fast durchweg Geschlechtertrennung. So schlossen beispielsweise die Wirte der »ellendenherbergen« für Pilger vor den Stadttoren von Bruchsal und Altdorf abends von außen die Schlafkammern ab, damit kein dort übernachtender Gast in die Frauenkammern schlüpfen konnte, und als im 14. Jahrhundert der Gefängniswärter von Leicester Margery Kempe, die verhaftet worden war, weil man sie verdächtigte, eine Hure und Lollardin zu sein, vorläufig in der Männerabteilung unterbringen wollte, weil er keine Frauenzelle mehr frei hatte, war Margery entsetzt und flehte den Bürgermeister der Stadt auf Knien an, so etwas nicht zuzulassen.[106]

Als im späten Mittelalter in Troyes spätabends ein Paar in ein Gasthaus kam und die Frau den Wirt um ein Zimmer »für sich und ihren Mann« zum Übernachten bat, verständigte dieser die zuständigen Beamten des Königs, die alsbald erschienen, um zu überprüfen, ob die beiden wirklich miteinander verheiratet waren. Da die Fremden dies nicht beweisen konnten, wurden sie verhaftet und streng bestraft: Der Mann mußte 10 Écus entrichten (die später auf 6 reduziert wurden), während die Frau mit 2 Écus davonkam. Ein anderes unverheiratetes Paar wurde zu der sehr harten Strafe von »vingt sols tournois« verurteilt, weil es sich »zu verdächtiger Stunde« gemeinsam in einer Schlafkammer aufgehalten hatte, obwohl Zeugen bestätigen konnten, daß es nicht miteinander im oder auf dem Bett gelegen hatte.[107]

Nichts könnte mithin verfehlter sein, als einen scherzhaften Dialog des Erasmus über das unzivilisierte Durcheinander der Geschlechter in den deutschen Gasthäusern seiner Zeit mit Elias oder van Ussel für bare Münze zu nehmen[108] und zu glauben, er spiegle die damalige Alltagswirklichkeit auch nur einigermaßen adäquat wider.[109] Natürlich kam es im 16.

Jahrhundert ebenso wie in früheren oder späteren Zeiten durchaus vor, daß einander mehr oder weniger fremde Männer und Frauen unbekleidet das Nachtlager teilten, aber in allen diesen Fällen handelte es sich um sexuelle Affären und nicht um den gewöhnlichen Modus des gemeinsamen Übernachtens. So berichtete z. B. Hermann v. Weinsberg, er habe als junger und unerfahrener Bursche im Jahre 1534 auswärts mit zwei weiblichen Mitreisenden im selben Raum und im selben Bett übernachten müssen, weil es keine Alternative dazu gab. Und weil alle drei nach einem heftigen Unwetter völlig durchnäßt waren, mußten sie dies sogar ohne Hemden tun: »Ich war schamhaft, wollte nicht bei ihnen liegen; sie sagten, ich sollt es tun, sonst würde ich zu Tode erfrieren.« Als er dem widerwillig Folge leistete, drückte ihn die eine, die eine »junge Magd«, »leichtfertig« und »gar geil« war, sogleich an ihre nackten Brüste und betastete ihn am ganzen Leib, ohne ihn allerdings zu beschlafen. Dem jungen Kölner war dieses Erlebnis hochnotpeinlich und machte ihm auch »darnach« noch »manche seltsame Gedanken«.

Wie man gewöhnlicherweise eine Frau einschätzte, die sich in Anwesenheit des anderen Geschlechts ihrer Kleidung entledigte, geht aus einer Schilderung Boccaccios hervor, nach dem eine Dame, »vom Weine erhitzt, unbekümmert um ihre Ehre, sich ohne Zurückhaltung oder Scham in Pericons Gegenwart wie vor einer ihrer Frauen auszog und zu Bett begab«. Etwas Ähnliches tat in Wirklichkeit etwa 200 Jahre später, im Jahre 1542, in Augsburg ein gewisser Hans Liepart, der mit dem Bäcker Hans Hohenperger in dessen Haus so lange zechte, bis beide sternhagelvoll waren und Liepart sich im Glauben, zu Hause zu sein, auszog und zu der schlafenden Bäckersfrau ins Bett stieg. Wie diese später vor Gericht aussagte, habe sie, als sie erkannte, daß ihr Bettgeselle gar nicht ihr Mann war, laut aufgeschrien und Liepart angeherrscht: »Du Bosswicht unnt Laur was darffst du dich zu mir in mein beth also unwissen begen!« Durch das Geschrei war auch der Bäcker aufgewacht, und als er die beiden im Bett sah, dachte er, sie trieben es miteinander, und prügelte auf das verstörte Paar ein. Obwohl das Gericht sich völlig im klaren darüber war, daß Liepart nichts Böses im Schilde geführt hatte, wurde er wegen Verletzung der Ehre der Bäckerin mit »ruten aussgeschlagen« und aus der Stadt gewiesen.[110]

Ließ freilich einmal ein Zecher weinselig seinen Saufkumpan bei sich und seiner Frau im selben Raum oder gar im selben Bett nächtigen, dann ging er nicht selten ein hohes Risiko ein, wie etwa im Jahre 1398 ein Pariser Schneider, der nach einem Besäufnis einen jungen englischen Gesellen mit nach Hause brachte und ihn bei sich und seiner Frau im Bett schlafen ließ, wobei er sich aber vorsorglich zwischen die beiden legte. Während der Nacht wachte die Schneidersfrau plötzlich auf, weil sie die Hand des Fremden an ihrem Körper spürte, schrie auf und versetzte ihm einen Faustschlag mitten ins Gesicht. Darüber wachte auch der Schneider auf, erkannte die Situation und tötete den Engländer auf der Stelle. Anekdoten von arglosen Ehemännern, die in ihrer Naivität durchreisenden Fremden, etwa lüsternen Mönchen,

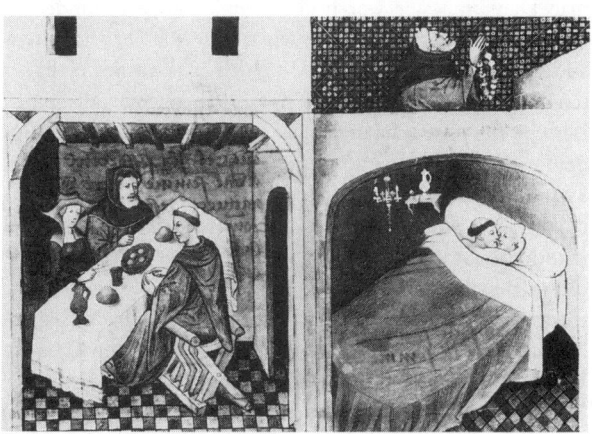

128 Durchreisender Mönch beschläft die Frau
seines greisen Gastgebers, 15. Jh.

für die Nacht ein Bett anboten, um als Gegengabe vom Gast und der Gattin gehörnt zu werden (Abb. 128), waren damals weit verbreitet, aber auch wenn nichts dergleichen geschah, mußte sich ein Gastgeber hinterher häufig vor der Behörde rechtfertigen, warum er und seine Frau im selben Raum mit einem Gast oder mit einem Paar, das kein Ehepaar war, geschlafen hatten. So wurde etwa jenseits des Kanals ein Robert Hunt vor Gericht gestellt, weil er »received John Patterick of Beaumont and Elizabeth Sawcer of Colchester, lodging them in his bed, being strangers one from another«, wobei der Mann sich einer Verhaftung durch Flucht aus dem Fenster entzog. Und ein Thomas Gladwyn aus Lexden wurde von einem anderen Gericht befragt, »what time Joan Earle widow came to his house; said that she came between 4 and 5 o'clock in the evening and tarried [= verweilte] till 2 or 3 o'clock in the morning; and she lay in bed with his wife, he lying in the same chamber with his son«.[111]

Zwar kam es durchaus vor, daß enge Freunde miteinander im Bett schliefen – so sagte z. B. Cú Chulainn vor dem Kampf auf dem Schlachtfeld zu seinem Vertrauten Fer Diad mac Damáin: »Wir waren einander liebende Freunde; wir waren Kameraden im Walde; wir waren Männer, die miteinander das Lager geteilt haben!« Doch scheint dies nicht selten Befremden hervorgerufen zu haben, wie aus einem Bericht des Chronisten Roger v. Hoveden hervorgeht, in dem es heißt, der französische König Philipp habe Richard Löwenherz so sehr verehrt (»honoravit«), daß sie an manchen Tagen »in una mensa ad unum catinum [= Schüssel] manducabant et in noctibus non separabat eos lectus«. Über dieses Benehmen war der englische König Heinrich Kurzmantel so beunruhigt, daß er seine Rückreise nach England hinausschob, um herauszufinden, was denn hinter dieser »vehementem dilectionem quae inter illos erat«, stecke.[112] Vor allem in den mediterranen Gegenden fehlte es nicht an Stimmen, die namentlich die jüngeren Männer davor warnten, mit einem anderen Mann in einem Bett zu schlafen. Und in der Tat erlebte dabei so mancher Ahnungslose eine Überraschung. So wurde im Jahre 1365 in Avignon der Herbergswirt und Geldverleiher Raymond Pascal vor Gericht gestellt und bezichtigt, mindestens zweimal mit einem Gast die »nephando libido« ausgeübt zu haben. So habe er vor einigen Jahren einem Arnaud Guilherme, der um eine Unterkunft nachgesucht hatte, sein Bett angeboten, was dieser auch widerwillig akzeptierte, weil anscheinend (oder angeblich) kein anderes frei war. In der Nacht begann der Wirt plötzlich damit, seinen Gast zu liebkosen, was dieser abwehrte, worauf Pascal ihm die Schlafhose zerriß und mit Gewalt versuchte, ihm von hinten den Penis zwischen die Oberschenkel zu schieben und ihn so »aufzubrechen«.[113] Vor allem den Männern, die zur Besatzung der großen Handelsschiffe gehörten oder die in der Kriegsmarine bzw. der Armee dienten, drohten solche Gefahren, und damit natürlich auch den Frauen, die als Männer verkleidet unerkannt auf engstem Raum mit Männern zusammenlebten. So verlautete etwa die in die Armee eingetretene Maria von Antwerpen, die von sich sagte, sie sei zwar »in der Erscheinung« eine Frau, »in der Natur« jedoch ein Mann, sie habe beim Schlafen stets Angst vor einem Körperkontakt mit ihrem jeweiligen Kameraden gehabt, weil sie nicht sicher sein konnte, daß dieser nicht an homosexuellen Kontakten interessiert war. Um nicht »als Mann« anal penetriert zu werden, behielt sie nicht nur meist die Hosen an, sondern hatte überdies »eine gewisse Vorkehrung getroffen, die zu nennen das Schamgefühl verbietet«.[114] Aber auch bei jungen Frauen, insbesondere bei solchen mit lockerem Lebenswandel, befürchtete man häufig, sie könnten sich aneinander zu schaffen machen, weshalb es in einer Anstalt für reumütige Prostituierte in Avignon im Jahre 1372 hieß: »Lesdictes seurs dormiront vestues d'une robe. Et si elles dorment nues et deux ensemble, encourront, les peynes cy dessoubz escriptes.« Die Statuten des »Bon Pasteur«, der Besserungsanstalt der »filles de joie« von Montpellier, wiesen jede

Insassin an, in ihrem eigenen Bett mit Matratze und drei warmen Wolldecken zu schlafen, und zwar ebenfalls in langen und hochgeschlossenen Nachthemden.[115] Kinder sollten im allgemeinen nur so lange die Nacht bei ihren Eltern oder anderen Verwandten im Bett verbringen, wie sie klein und unschuldig seien, da ansonsten, wenn sie älter als sieben Jahre alt waren – so die Synode von Coutances im Jahre 1372 –, die Gefahr des Begehens inzestuöser Handlungen und nach Eintritt in die Pubertät die des Vollzuges von »actes lubriques de la chair« bestand.[116]

Ein anderer Kritiker, der Elias-Schüler Schröter, hat meine Behauptung, man könne die Schilderung des lockeren Treibens halbnackter oder sich vor den anwesenden Männern völlig entblößender Frauen und Mädchen in den Bädern von Baden im Aargau aus dem Jahre 1416 durch den Florentiner Poggio Bracciolini, der als Sekretär der Kurie auf dem Konzil von Konstanz weilte, nicht für bare Münze nehmen, mit der Begründung zurückgewiesen, daß Poggio dort, »wo er als Augenzeuge« spreche, »das mit einer Genauigkeit« tue, »die großes Vertrauen in seine Zuverlässigkeit einflöß[e]«. Und er verweist dabei auf einen Gewährsmann, der vage und ohne jegliche Belege meint, »alle diese« von Poggio geschilderten »Tatsachen« träfen »sicherlich« in »mehr oder weniger häufigen Einzelfällen zu«.[117]

Nun haben freilich schon die gelehrten Kommentatoren des 19. Jahrhunderts angemerkt, daß »diesem Briefe« Poggios »nicht so ganz zu trauen« sei und daß es dem Florentiner Humanisten nicht um eine ethnographische Beschreibung der Aargauer Badesitten des 15. Jahrhunderts, vielmehr um die Schilderung eines *locus amoenus* ging, deren stereotype Elemente immer wieder nicht nur in den Texten italienischer Autoren des frühen Quattrocento, sondern auch in zeitgenössischen Fresken und Zeichnungen auftauchen: So werden etwa Szenen dargestellt oder geschildert, in denen »unverdorbene« Bauernburschen den jungen Mädchen an die Brüste fassen, während diese den sinnenfrohen Männern vorne in die Hosen greifen, um zu fühlen, was sie dort versteckt halten, ohne daß sie sich irgendeiner Sünde oder Verderbtheit bewußt wären[118], ganz im Gegensatz zu den entarteten, lüsternen und nur noch an ihren Eigennutz denkenden Italienern der frühkapitalistischen Stadtrepubliken.[119] Hatte schon Tacitus der dekadenten Römerin die naturwüchsige Germanin gegenübergestellt, die noch »nicht verderbt« war »vom Sinnenreiz lüsterner Theaterstücke, noch durch wollustreizende Gelage«, oder Diodor ihr die Keltin, die – ohne sich etwas dabei zu denken – jedem Manne ihren Körper überließ[120], so folgte auch Poggio dieser zivilisationskritischen Tradition, wenn er die Schweizer als ein »Volk von Barbaren« darstellte, bei dem die Ehemänner es zuließen, daß Fremde im Bad ihre Frauen »betatschten« oder ihnen auf die nackten Brüste und zwischen die Beine glotzten, da Eifersucht diesen Halbwilden unbekannt gewesen sei, ein Topos, der bekanntlich in den Beschreibungen des »bon sauvage« der Neuen Welt wiederkehren sollte. »They know not what Jealousy is«, berichtete später John Lawson von den Indianern Carolinas, nachdem bereits Lahontan die wilden Huronen als »eifersuchtslos« charakterisiert hatte.[121]

Zwar war Poggio als Autor »obszöner Geschichten« bekannt, die als Manuskripte distribuiert und hundert Jahre später von der Gegenreformation auf den Index der verbotenen Schriften gesetzt wurden[122], und gewiß wird er auch seinen »Brief« über das Badeleben im Aargau in diese Richtung gefärbt haben, doch heißt das nicht, daß der Florentiner ihn sich völlig aus den Fingern gesogen haben muß. So war er vermutlich zum einen überrascht, in Baden eine im Verhältnis zu seiner Heimat lockere Geschlechtertrennung vorzufinden, denn während es z.B. in Florenz schon vor dem Schwarzen Tod verschiedene Badetage für Männer und für Frauen gab, so daß kein Mann Gelegenheit hatte, eine Frau dabei zu beobachten, wie sie leichtbekleidet ins Wasser stieg (Abb. 129), badeten nördlich der Alpen die

129 Girolamo Macchietti: Männerbad in Pozzuoli, um 1568.

Geschlechter in den Wildbädern häufig in denselben Becken und in den Badstuben in denselben Räumen, die lediglich durch eine hölzerne Wand in eine Männer- und eine Frauenhälfte geschieden waren: »Nun ist aber die badtstuben zu Waldt underschlagen mit brettern, das die weiber von den mannen abgesöndert, iedoch ain tail den andern von wegen der britternen wandt wol hören mag.«[123] Schon während der Kreuzzüge waren den Arabern aus solchen Gründen die Badesitten der »Franken« als in höchstem Maße unmoralisch und schamlos vorgekommen, was verständlich erscheint in einer Gesellschaft, in der manche Männer sogar befürchteten, ihre Gattinnen könnten im Frauenbad durch den Anblick der nackten Brüste anderer Frauen so erregt werden, daß sie sich diesen sexuell hingäben.[124]

Zum anderen mag es für den Italiener Poggio recht reizvoll gewesen sein, junge Frauen zu sehen, deren Brüste und Hintern sich mehr oder weniger deutlich durch die

Badhemden abzeichneten, weil er diesen Anblick von zu Hause her wohl nicht gewohnt war[125], obgleich zumindest der Arzt Jean de Bon im Jahre 1576 über die Bäder von Plombières verlautete, daß dort die Männer »avec des maronnes ou brayes« und die Frauen mit einer »chemise d'assez grosse toile« badeten, also mit Hemden aus einem so dicken Stoff, daß die entscheidenden Körperformen nicht allzu sichtbar waren und die Brustwarzen, das Schamhaar usw. nicht durchschimmerten.[126] Denn in Italien konstatierte beispielsweise der römische Philosophieprofessor Silvestro Prierias, ein solcher Anblick müsse selbstverständlich verboten sein, ja, es sei sogar unanständig, wenn männliche Badegäste Bewacherinnen für ihre abgelegte Kleidung abstellten, da auch in diesem Falle todsündige Begierden nach diesen – offenbar leichtbekleideten – Frauen entstehen könnten, wie denn auch Jahre zuvor Antoninus, der Erzbischof von Florenz, festgestellt hatte: »Ubi oculus, ibi amor.«[127]

Doch bedeutet das keinesfalls, daß eine anständige Frau sich zu jener Zeit im Bad vor fremden Männern entblößen oder daß ein Mann einer Frau an die Brüste greifen konnte, ohne daß dies sogleich geahndet worden wäre. So ist aus einem anderen alemannischen Bad überliefert, jede Form von Exhibitionismus oder sexueller Belästigung sei von einem Badgericht geahndet worden, das aus »ain Schulthaiß, so den stab füret, vnd fünff Richter, ain Waibel« sowie »zween Fürsprechen« bestand. Am Mittwoch nach Bartholomae 1535 wurde beispielsweise in Hall »die schwarze Adamin«, die Witwe eines Adam Wüst, zu vier Tagen Gefängnis und zum Schwören der Urfehde verurteilt, weil sie ein paar jungen Männern im »underwert Bade ihr Scham öffentlich« gezeigt hatte, und eine Freiburger Gutleuthausordnung vom Jahre 1507 spezifizierte die Strafen, die einer Frau blühten, die sich im Bad entblößte, oder einem Mann, der sich erkühnte, dort einer Frau an die Brust zu fassen. Selbst wenn sich ein Badender unabsichtlich entblößte wie der Mönchsnarr auf dem Stich des Meisters E.S. (Abb. 104), konnte er empfindlich abgestraft werden. So wandten sich im April 1430 der Bürgermeister, die Richter und der Rat der Stadt Wien in einem Schreiben an den Rat der Städte Krems und Stein, in dem sie die allzu harte Bestrafung eines Wiener Fischers mißbilligten, der aus Versehen seinen nackten Unterleib hatte sehen lassen: »Uns hat furbracht Paul Veyal der vischer unser mitboner, wie der erber Ludweig ewrer statrichter von ains schimpfs wegen, der sich bey ew in ainem pad von begiessung ettlicher frawn daselbs kaltes wassers an denselben Veyal, dadurch im von erkomnus und erschrecknuss wegen sein wadel (Abb. 130) ungeverlich emphallen und vor

130 Badstubenbesucher mit Wadel, um 1350.

den frawn entplost wer worden, begeben hiet, acht guldein ze wandel mainet ze haben; darumb er sein gut in verbot genomen het, das er auspurgeln hat mussen, das uns gar unfreuntlich duncket.«[128]

Schon in der frühen Neuzeit scheint man den diesbezüglichen Schilderungen Poggios nicht so ganz getraut zu haben. So meinte der nach Italien emigrierte schwedische Kartograph Olaus Magnus 1555, daß man diejenigen, welche sich im nordischen Dampfbad so unzüchtig benähmen, wie es nach Poggio angeblich die Schweizer tun, im Winter zur

Strafe in die Schneewehen stieße, wo sie Gefahr liefen, zu erfrieren, und im Sommer »würfe man sie in eiskaltes Wasser und ließe sie eine Zeitlang ohne Nahrung«.[129]

Eine Kritikerin meint nun, die Tatsache, daß damals Entblößungen und Griffe der Männer nach den Brüsten der Frauen verboten waren, zeige doch deutlich, daß solche Handlungen vorgekommen sein müssen, da es sonst nicht nötig gewesen wäre, sie zu untersagen.[130]

Einmal abgesehen davon, daß sehr häufig Handlungen und Verhaltensweisen als unanständig empfunden und untersagt wurden, die praktisch gar nicht oder nur selten vorkamen[131], geht es in diesem Zusammenhang nicht um die *Existenz* von Exhibitionismus und sexuellen Berührungen in den Wildbädern oder Badstuben, sondern darum, ob solche Handlungen damals im Alltag akzeptiert und üblich waren, eine Frage, die man ohne Einschränkung mit Nein beantworten kann.[132]

Schließlich spricht auch nichts dafür, daß es in späteren, angeblich »zivilisierteren« Zeiten in geringerem Maße zu solchen Handlungen gekommen wäre. So heißt es z.B. in der Ordnung des schwäbischen Krummbades vom Jahre 1758, es solle strengstens darauf geachtet werden, »daß keine Ungebühr gegen Weibspersonen mit unverschämten und üppigen Worten oder Gebärden, unehrbarem Entblößen, unzüchtigem Antasten« und dergleichen vorkomme, und in diesem und den nachfolgenden Jahrhunderten gibt es zahllose Berichte über Voyeure oder Männer, die den an abgelegenen Badeplätzen sich tummelnden Mädchen und jüngeren Frauen auflauerten, um sie unsittlich zu betasten oder sich ihnen zur Schau zu stellen. So lautet ein Bericht aus Oberschwaben vom Jahre 1753: »Im Juni hielt sich in der Schussenrieder Gegend ein verfluchter Erzflegel und geilsüchtiger Venusbub auf, insgemein der Rutenbub genannt, dessen einzige Verrichtung bei dieser warmen Sommerzeit war, daß er den badenden Weibsbildern an den Weihern und sonsten aufgepaßt und selbe mit Ruten erbärmlich gehaut hat, dergleichen Schweinereien er dann an unseren Herrschaftsorten Steinhausen, Otterswang, Winterstetten und Laimbach etc. vorgenommen.« In der Gegenwart scheint schließlich die sexuelle Belästigung von Frauen insbesondere in den Freibädern ein alltägliches Problem geworden zu sein, so daß sich z.B. der Magistrat des südhessischen Städtchens Dietzenbach bereits vor Beginn der Badesaison an die Schulen wandte, nachdem im dortigen Waldschwimmbad den jungen Mädchen immer häufiger von den jungen Burschen zwischen die Beine und an die Brüste gefaßt worden war.[133]

Ein anderer Kritiker macht geltend, daß der Bericht Poggios doch zum einen durch spätere Bilder wie das von Hans Bock aus dem ausgehenden 16. Jahrhundert[134] bestätigt werde, auf denen zu sehen ist, wie nackte Männer vor aller Augen nach völlig entblößten Frauen greifen, die offensichtlich nicht die ihren sind, und zum anderen durch Ausführungen wie die des Engländers Coryate, der im Jahre 1608, also fast zwei Jahrhunderte nach Poggio, über das aargauische Bad schreibt, dort seien »Frauen mit entblößtem Oberkörper in einem Bad« gesessen, und zwar mit Männern, die »nicht die Ehemänner der betreffenden Frauen« waren. Ihre Männer hätten unterdessen »völlig angekleidet neben dem Bad« gestanden, »um ihren Frauen zuzusehen [...]. Ich betone es noch einmal: eines Mannes Weib mit nacktem Oberkörper in ein und demselben Bad mit einem anderen Mann! Und es ist einem Ehemann nicht erlaubt, Eifersucht zu zeigen, wenn er neben dem Bad steht und doch soviel Grund hätte, eifersüchtig zu sein. Das Wort Eifersucht allein ist schon anrüchig an diesem Ort. Sollen diese Deutschen und Helvetier tun und lassen, was sie wollen und diesen liederlichen Gewohnheiten frönen, so lange es ihnen paßt«, so der englische Reisende, doch würde er selber es seiner Gattin wohl kaum erlauben, vor fremden Männern mit entblößten Brüsten in ein Bad zu steigen.[135]

Nun habe ich schon vor Jahrzehnten zu zeigen versucht, daß angebliche Augenzeugenberichte und bildliche Darstel-

Dort geht es viel
geselliger zu, aber die
Kische ist sehr
dagegen.

131 Niederländische Badstube des 16. Jhs. nach der Vorstellung
des modernen Zeichners Rien Poortvliet.

lungen, die »nach der Natur« angefertigt wurden, in Wirklichkeit häufig nichts anderes als Reproduktionen kultureller Klischees sind[136], und auch in diesem Falle hätte der Historiker bemerken müssen, daß sowohl der Maler Bock als auch der Reiseschriftsteller Coryate lediglich zeitgenössische Stereotypen wiederholten. Hans Bock wie auch die modernen Illustratoren (Abb. 131) folgten den mittelalterlichen Topoi des »Liebesgartens« und des *locus amoenus*, und ihre Bilder waren mithin keine realistischen Darstellungen des frühneuzeitlichen Badelebens, sondern erotische Kunstwerke wie z.B. Albrecht Altdorfers Wandmalereien des Kaiserbades im Bischofshof zu Regensburg aus der Zeit um 1532, auf denen sich sämtliche Badegäste auf die eine oder andere Weise sexuell betätigen. So greift z.B. auf der Empore ein grinsender Mann einer nach unten schauenden Frau in den Ausschnitt, ein schamloses Vergehen, das in Wirklichkeit einen Mann im Oberfränkischen teuer zu stehen kam. Er wurde nämlich vom Gericht zu einer Strafe von 30 Talern verurteilt, und zwar »der Huren halben, daß er ihr an die

Brůst gegriffen und gesagt hat, sie hab kein Warzel an den Brůsten«.[137] Mit ähnlichen Wandgemälden war anscheinend auch das Mainzer Haus des Grafen Johann v. Eberstein ausgestattet, die der Gelehrte Heinrich Heinbuch v. Langenstein dort sah und über die er um 1385 in seinem *Tractatus de cursu mundi* verlautete, man könne die Wollust des Fleisches kaum trefflicher schildern als auf diesem Gemälde eines Wiesbadener Badefestes, auf dem »der schamlose Aufzug beider Geschlechter« zu sehen sei, »barbrüstig die Frauen, unverhüllt um die Lenden die Männer – überall Ausschweifung, verletzend den reinen Sinn«. Freilich spricht auch hier nichts dafür, daß der Maler das Badeleben auf der anderen Seite des Rheins wirklichkeitsgetreu wiedergeben wollte, und es gibt keinerlei Hinweise darauf, daß Langenstein den Wiesbadener Badebetrieb jemals mit eigenen Augen gesehen hätte.[138]

Zum anderen fällt auf, daß Coryate im frühen 17. Jahrhundert die Badener Gepflogenheiten auf gleiche Weise und sogar fast mit denselben Formulierungen beschreibt wie Poggio im frühen Quattrocento, was doch des Kritikers Argwohn hätte wecken müssen, daß der Engländer weniger das schilderte, was er *sah*, als das, was er in dem zu seiner Zeit berühmten Text des Florentiners *gelesen* hatte. Verstärkt wird dieser Verdacht nämlich durch die Tatsache, daß sich bereits ein Landsmann Coryates, nämlich Fynes Morryson, im ausgehenden 16. Jahrhundert in einem vielgelesenen und gewiß auch Coryate bekannten Bericht über das Leben in den Bädern von Baden im Aargau wie folgt geäußert hatte: »Men, Weomen, Monkes, and Nunnes, sit all together in the same water, parted with boords, but so as they may mutually speak and touch, and it is a rule here to shun all sadness, neither is any jealousie admitted for a naked touch.«[139]

Beschreibungen und bildliche Darstellungen nach diesem Klischee gab es auch in den Zeiten nach Morryson und Coryate, so daß ein unkritischer Historiker sie durchaus als Beleg dafür heranziehen könnte, daß auch im späteren 17.

132 Herzogsbad in Baden bei Wien. Kupferstich von Merian, 1649.

und im 18. Jahrhundert die Frauen sich in den Bädern vor den Augen fremder Männer splitternackt ausgezogen hätten (Abb. 132), was doch zeige, wie niedrig die Schamschranken und Peinlichkeitsbarrieren im Zeitalter der Aufklärung gewesen seien. So verlautete z. B. John Wood über die Bäder von Bath im 17. Jahrhundert: »The baths were like so many bear gardens, and modesty was entirely shut out of them; people of both sexes bathing by day and night naked«, und solche Szenen wurden auch noch im frühen 19. Jahrhundert in Berichten über Baden im Aargau geschildert oder auf Bildern wie dem Aquarell »Das Freibad zu Baden im Aargau« von Ludwig Vogel aus dem Jahre 1820 dargestellt.[140]

Allerdings ist nicht ganz auszuschließen, daß Poggio in Baden Zeuge einer Szene wurde, in der sich eine Prostituierte im Becken vor einem potentiellen Kunden entblößte oder sich an ihre Reize fassen ließ. Denn Baden im Aargau war im ausgehenden Mittelalter und in der frühen Neuzeit bekannt für seine »Badhuren«, die innerhalb und außerhalb der Bekken auf Kundenfang gingen und damals wie heute (Abb. 133) vor allem dann, wenn sie wohlgestaltet waren, den Männern

133 Karikatur von Beryl Cook, 1981.

gerne das zeigten, womit sie dienen konnten. So besuchte
während des Basler Konzils vom Jahre 1436 eine vergnü-
gungssüchtige Gesellschaft von Konzilsherren das Säkkinger
Bad, wo auch der lebenslustige Thomas v. Falkenstein einen
großen Teil des Geldes, das er für die Verpfändung seines
Schlosses sowie der Herrschaft Farnsberg im Jura an die
Stadt Basel erhalten hatte, mit seinen Zechkumpanen und
den Säckinger Badhuren verjubelte. Im Jahre 1489 machten
53 Colmarer Bürger eine ähnliche »Badefahrt« ins aargauische Baden, zu der auch die Prostituierten des städtischen
Frauenhauses einen Gulden beisteuerten, und wie aus einem
Lehensbrief vom Jahre 1453 hervorgeht, in dem ein Welti Su-
singer vom Schultheiß und Rat der Stadt Säckingen das Badhaus mit der Badgerechtigkeit zum Erblehen erhielt, suchten
viele Fremde, aber auch manche Einheimische das Bad nicht
so sehr »des Badens oder Waschens halber« als »der Kurzweil wegen« auf, wobei zur kurzen Weile nicht selten die
schnelle Nummer mit einer Badhure gehörte.[141]
Überliefert ist, daß während des Konstanzer Konzils, an dem
Poggio teilnahm, zahllose fremde Huren die Stadt bevölker-

ten, von denen viele »in den Badstuben« untergekommen waren[142], wobei man sich unter diesen Badstuben anrüchige Etablissements oder ausgesprochene Badebordelle vorstellen muß. Jedenfalls ist die Behauptung von Historikern, die »käuflichen Frauen« hätten ganz allgemein »die städtischen Badehäuser bevölkert«, da »Badehaus und Bordell in der Regel identisch« gewesen seien[143], falsch, denn für gewöhnlich waren die Badstuben der spätmittelalterlichen Städte alles andere als Pflanzstätten der Sittenlosigkeit und Ausschweifung.[144] Zwar gab es in ihnen bisweilen keine Geschlechtertrennung, doch bedeutete dies keineswegs, daß die Badegäste sich voreinander nackt bewegten. Wenn überhaupt, dann badeten Frauen allein in ausgesprochenen Frauenbadstuben nackt, zu denen, ähnlich wie in den muslimischen Ländern (Abb. 134 & 135), außer den Frauen und Mädchen nur klei-

134 Türkinnen auf dem Weg zum *ḥammām*, frühes 17. Jh.

ne Buben Zutritt hatten, von denen man annehmen durfte, daß ihnen »die Tatsachen des Lebens« noch unbekannt waren. Daß diese Sitte trotzdem bisweilen zu peinlichen Situationen führen konnte, will wohl Anthoine de LaSales Novelle *Die Frau im Bade* veranschaulichen, in der ein kleiner Bub, den seine Mutter in die Frauenbadstube mitgenommen hatte, bei einer Abendgesellschaft über das Aussehen und die Form ihrer Genitalien plappert (Abb. 136), worauf die Mutter und der Vater vor Scham die Fassung verlieren.[145]

135 Camille Rogier: ›Osmanisches Frauenbad‹, 1812.

Natürlich wird es im Mittelalter wie in jeder anderen Zeit
vorgekommen sein, daß Erwachsene verschiedenen Geschlechts miteinander unbekleidet gebadet haben, weshalb
schon Burchard v. Worms die Sünder fragte, ob sie gemeinsam mit ihrer Frau und anderen Frauen ein Bad aufgesucht
und diese dann dort nackt gesehen hätten, und ihnen klarmachte, was ihnen in einem solchen Falle blühte (»Lavisti te
in balneo cum uxora tua, et aliis mulierculis, et vidisti eas
nudas, et ipsae te? Si fecisti, tres dies in pane et aqua debes
poenitere«).[146] Doch ist es in unserem Zusammenhang entscheidend, daß ein solches Verhalten nicht nur in kirchlichen
Kreisen[147], sondern auch im Volk als höchst unanständig
empfunden wurde. Auf zahllosen Darstellungen wie z.B.
einer provençalischen Kalksteinskulptur des ausgehenden
13. Jahrhunderts, die einen Mann zeigt, der sich im Bad an
einer sich sträubenden Frau zu schaffen macht, oder den
Miserikordien an den Sitzen des Chorgestühls, die ähnliche
Szenen darstellen, wurde auf die Gefahren des gemeinsamen
Badens hingewiesen, und wenn eine Frau gar in Abwesenheit ihres Mannes eine bestimmte ›gemischte‹ Badstube auf-

136 Schule von Tours: Illustration zu
›Les Cent Nouvelles Nouvelles‹, um 1480.

suchte, wie die Gattin des Fähnleinführers Jörg Stump, dann
war dies gleichbedeutend damit, daß sie ihm Hörner aufge-
setzt hatte. So standen im Jahre 1599 in Freiburg im Breisgau
ein Mann und eine Frau »in großem und starkem Verdacht«,
sogar »in einem Zuber miteinander gebadet« und damit
ihren Mann zum Hahnrei gemacht zu haben, und als im Jahre 1538 in Stuttgart ein Zeuge beobachtete, wie der Münz-
meister Boßweyl gemeinsam mit seiner halbwüchsigen
Tochter badete, gerieten die beiden sofort in Verdacht, ein
inzestuöses Verhältnis miteinander zu haben.[148] »Et se bai-
gnent ensemble es cuves, / Qu'ils ont es chambres toutes pre-
stes« lautet der Text zu einer Randminiatur des *Rosenro-
mans*, auf der ein sich im Zuber umarmendes Paar zu sehen
ist, das sich alsbald auf den Weg zu einem Haus macht,
wobei es sich ganz offensichtlich nicht um eine alltägliche
Badhaus-, sondern eine Sexszene handelt.[149] Wenn ein Mann
eine Frau fragte, ob sie mit ihm baden gehen wolle (»aller
s'estuver«), dann war dies eine Umschreibung der Frage, ob
sie bereit sei, mit ihm zu schlafen, und diese Szene wurde als
Allegorie der »niederen Minne« (*amour bas*) in zahlreichen

Randillustrationen und anderen Abbildungen dargestellt, die heute oft als Wiedergabe des gewöhnlichen Badstublebens mißverstanden werden.[150]

So führt z. B. ein bekannter Kulturhistoriker und Gewährsmann von Elias als Beweis für die geradezu kindliche Unbefangenheit der mittelalterlichen Menschen in den Badstuben Abb. 137 an, die er »un bain en commun« nennt und auf der ein junger Mann zu sehen ist, der zwischen drei nackt im Zuber sitzenden Frauen tafelt. Ist dieses Bild nun doch eine Bestätigung der weitverbreiteten Vorstellung vom sinnenfrohen Badeleben mit »Wein, Weib und Gesang«? Keineswegs, denn es handelt sich um eine Illustration zu *Le dict des trois chanoinesses de Cologne* aus dem 14. Jahrhundert, die den Trouvère Watriquet mit drei lasziven Stifts-

137 Watriquet und die Stiftsdamen, 14. Jh.

damen zeigt, die den Dichter-Sänger zu sich eingeladen haben, um sich bei einem »flotten Vierer« zu amüsieren, nachdem sie vor ihm schon so manchen Gast vernascht hatten: »Chacune en son baing, toutes nues,/Et la tierce sans nul desdaing/Se despoille et entre en son baing,/L'onques pour moi n'i fist dangier/Lors comenchâmes à mangier.« Die Geschichte von Watriquet und den geilen, sich entblößenden Kanonissen war im späten Mittelalter sehr beliebt, und

490

der Franziskaner Olivier Maillard benutzte sie, um von der Kanzel herab gegen die Huren zu wettern, die so weit ausgeschnittene Kleider trugen, daß man beinahe die Brustwarzen sehen könnte.[151]

Der Elias-Schüler Schröter verweist, um zu zeigen, daß »Familienmitglieder und Gäste« um das Jahr 1400 »in (wohl) landadligen Kreisen« nackt miteinander gebadet haben, auf die Geschichte eines Ehepaares, das seine Tochter nur dem Bewerber zur Frau geben will, an dessen Leib »icht wandelbare« ist. Deshalb lassen sie das junge Mädchen mit jedem Freier splitternackt in einem Zuber baden. »Er sach sie an«, so heißt es über den ersten Kandidaten, »vnd sie yn./Offt ließ er die augen da hin,/Da man die frawen heißet weyp.« Natürlich bleibt das Ergebnis nicht aus: »Zu hant der sein her fur snalt,/Den er zwischen bein het gebogen./Der wart vast her fur brogen [= aufgerichtet]/Deß erschemt er sich vil sere,/Die meyt michels mere [= um vieles mehr]./Die jungfraw nit enlie,/Vor zorn sie aus dem bad gie.« Als die Mutter das aufgebrachte Mädchen fragt, ob der junge Mann ihr denn nicht gefallen habe, sagt sie, ja eigentlich schon, doch: »Wenn an einer stet ist er so vngefug,/Das ist auch aus der maßen,/Man sol mich sein erlaßen./Die mutter begond lachen./Ich ler dich in kleiner machen.«[152]

Nun bedarf es wohl keiner längeren Argumentation, um zu erkennen, daß man mit erotischen Schwänken wie diesem nicht die Behauptung untermauern kann, im frühen 15. Jahrhundert hätte eine landadlige Familie ihre geschlechtsreife Tochter mit einem fremden jungen Mann und noch dazu alleine und splitternackt im Zuber baden lassen, wo sie seine Erektion bestaunen konnte, denn solche anzüglichen Schwänke waren – ähnlich wie die *fabliaux* – keine Abbilder der Lebenswirklichkeit, sondern pornographische Kurzgeschichten, die darauf angelegt waren, das Publikum, und namentlich das weibliche, mit drastischen Schilderungen unanständiger Begebenheiten zu erheitern oder zu schockieren.[153] Bereits Elias selber und nach ihm Foucault haben immer wieder ohne jede quellenkritische Bemühung aus solchen Texten falsche Schlußfolgerungen gezogen, weil sie nicht der Frage nachgingen, um was für eine Textgattung es sich handelte, für wen sie von wem und in welcher Absicht geschrieben und wie sie verstanden wurden.

So führt z.B. Elias aus, noch Erasmus ließe im 16. Jahrhundert in ganz ungezwungener Weise einen jungen Mann mit einer öffentlichen Hure reden, und dies in einem »für Kinder« gedachten »Schulbuch«, nämlich den *Colloquia*, was in späteren Zeiten ein Ding der Unmöglichkeit gewesen wäre, da man dann aufgrund einer rigideren Affektmodellierung ein solches Thema »besonders gegenüber Kindern unbedingt mit dem ›Bann des Schweigens‹ belegt« hätte. Und auch Foucault macht geltend, »kein Pädagoge des 17. Jahrhunderts hätte mehr öffentlich – wie Erasmus in seinen *Dialogen* – seinen Schüler in der Wahl einer guten Prostituierten unterwiesen«.[154]

Nun hat Erasmus zum einen keinen Bordellratgeber verfaßt, vielmehr beschrieben, wie Sophronius die Hure Lucretia zu überreden sucht, ihren schmutzigen Beruf aufzugeben und ein anständiges Leben zu führen, und zum anderen ignorieren Elias wie Foucault die Tatsache, daß die Schrift auch im 17. und im 18. Jahrhundert ungeachtet der angeblich rigideren Affektmodellierung weithin gelesen und immer wieder neu aufgelegt wurde.[155] So ist es auch völlig unzutreffend, man hätte in späteren Zeiten Themen wie die Prostitution mit einem »Bann des Schweigens« belegt und hinter die Kulissen des öffentlichen Lebens geschoben, wie Elias und Foucault behaupten, denn erstens wurden die »gemeinen Frauen« nach dem 16. Jahrhundert keineswegs in verstärktem Maße aus dem Blickfeld der Öffentlichkeit und damit auch aus dem der Jugend verdrängt als in der Zeit um 1500[156], und zweitens empfand man es nicht als anstößiger, öffentlich über sie zu sprechen: So veröffentlichte beispielsweise die ehrenwerte *Times* in den fünfziger Jahren des 19. Jahrhunderts in mehreren Ausgaben unter dem Titel

»What *Can* We Do About This Social Evil?« eine Kontroverse über das Bordellwesen und den Straßenstrich, in der das Problem ganz offen und unverkrampft diskutiert und Leserbriefe von öffentlichen Huren publiziert wurden, was zwei moderne gelehrte Kommentatoren zu der Frage veranlaßte: »How many quality twentieth-century newspapers would do that?«[157] Wenn deshalb einer meiner Kritiker behauptet, die »Schließung der Bordelle« im Verlaufe der frühen Neuzeit zeige doch, daß es gegenüber dem späten Mittelalter einen »markanten Disziplinierungsschub« gegeben habe[158], so läßt sich dem entgegenhalten, daß sich im Jahre 1577 die Nürnberger Ratsherren angesichts der ausufernden Prostitution, der zunehmenden Unzucht und der steigenden Vergewaltigungsrate fragen mußten, ob es denn weise gewesen sei, das städtische Frauenhaus zu schließen. Allem Anschein nach war im Jahre 1532 auch in Hamburg das städtische Frauenhaus geschlossen worden, was lediglich zur Folge hatte, daß privat betriebene »Hurenhäuser« wie die Pilze aus dem Boden schossen, vor und in denen die »öffentlichen und losen Weiber« unvermindert und unverhohlen weiter»arbeiteten«, ohne daß die Obrigkeit ernsthaft gegen das Treiben eingeschritten wäre. Dies bestätigte im Jahre 1591 auch Fynes Morryson, wenn er berichtete, daß der Magistrat sogar anscheinend vom Bordellwesen noch finanziell profitiere.[159]

Schließlich scheinen Elias und Foucault nicht genügend zu berücksichtigen, daß die *Colloquia* des Erasmus satirisch gemeint waren. Ähnlich wie die von Elias erwähnte Rede eines Magisters an der Universität Heidelberg mit dem Titel *De fide meretricum in suos amatores* keine normale *disputatio*, sondern eine vor allem im 16. Jahrhundert beliebte *disputatio de quodlibet*, also eine Scherzrede, war und wie die von ihm angeführte »kleine Prosaschrift des Andreas Capellanus« nicht, wie er glaubt, »einen Eindruck von der Triebbewältigung« gibt, »die an den« Höfen des beginnenden 13. Jahrhunderts »notwendig und üblich« gewesen sei[160], vielmehr eine Satire und Parodie[161], also keine Beschreibung der damaligen höfischen Wirklichkeit oder ein Verhaltenskodex darstellte, so hatten auch die *Colloquia*, wie Erasmus selber sagte, einen »scherzhaften« Charakter.[162]

Bereits Huizinga hatte warnend angemerkt, daß »die *Colloquia* auf den ersten Blick vielleicht wie bloße unschuldige Genrebilder aussehen. Dem Inhalte nach sind sie freilich noch stärker satirisch« als sein *Lob der Narrheit*, »wenigstens sind sie es direkter«, und so wurden sie auch von den Zeitgenossen verstanden. Doch insbesondere das Colloquium »adolescentis et scorti«, mit dem Elias die schwächere Affekt- und Triebregulierung des 16. Jahrhunderts belegen will, stieß viele Zeitgenossen vor den Kopf sowie auf Ablehnung und Widerstand. So unternahm im Jahre 1526 die Pariser Universität den Versuch, ihre Studenten an der Lektüre dieser Gespräche zu hindern, und auch Martin Luther erklärte, er werde seinen Kindern noch auf dem Totenbette verbieten, sie zu lesen.[163]

Eine Kritikerin konzediert zwar, daß man im späten Mittelalter durchaus versucht habe, die Prostituierten von den Bädern fernzuhalten, doch könne man nicht, wie ich es getan hätte, »von einer strengen Trennung zwischen ehrbaren Badstuben [...] und Badepuffs ausgehen«, da seit dem 13. Jahrhundert die Unzucht in den Bädern *ganz allgemein* kritisiert worden sei, »ohne daß man in jedem Falle zwischen ›anrüchigem‹ und ›anständigem‹ Badehaus« unterschieden habe.[164]

Nun besagt natürlich die Tatsache, daß es keine strenge *Dichotomie* von ehrbaren und unehrbaren Etablissements gab und daß sich auch manche *rîberin*, die in einer gewöhnlichen Badstube arbeitete, zu sexuellen Dienstleistungen bereitgefunden haben mag, nicht, daß es eindeutige Badebordelle nicht gegeben hätte, wie etwa im 14. Jahrhundert in London, wo keinerlei Mißverständnisse darüber bestanden, welches Bad ein Bordellbetrieb war und welches nicht, und ähnlich verhielt es sich in vielen italienischen, französischen, niederländischen und deutschen Städten der Zeit.[165] Wie z. B. im 17. und 18. Jahrhundert in Berlin oder in Leipzig »Thee- und Caffee-Schencken« existierten, die zwar keine ausgesprochenen Bordelle waren, aber zwielichtige »Häußer«, in denen die Besucher »ihre Zotten mit den Mädgens« trieben und »ihnen an die Brüste und Schnür-Müther greiffen/an Bauch/untern Rock/und was des Getadels mehr ist«[166], so gab es auch im späten Mittelalter und in der frühen Neuzeit Badstuben, die eher Anbahnungsorte für den Geschlechtsverkehr mit Huren und Flittchen waren denn regelrechte Frauenhäuser. Die Zunftordnung der Bader von Freiburg im Breisgau aus dem Jahre 1477 verlautete etwa, daß weder »meister, ir frowen noch gesind sóllent keinerley kupplerey, búben- noch húrenwerk in iren huwsern irem gesind noch fremden« erlauben, denn zu diesem Zwecke gäbe es ja das Frauenhaus »zur kurtzen frewd«[167], wobei die Zunftmeister wohl an Badehäuser dachten wie das im westfälischen Münster gegenüber dem Armenhaus zur Aa gelegene, welches zugleich Gastwirtschaft[168], Herberge und Krankenstube war, in dem anständige junge Mädchen das Nähen lernten und ebensolche Bademägde arbeiteten, von denen freilich im Jahre 1594 eine namens Else tor Fuechten den Bader bezichtigte, den Herbergsgästen Gelegenheitshuren zuzuführen, wenn es ihnen nach einer gelüstete. In der Tat sagte eine von diesen Frauen, eine gewisse Anneke Dorsell, die wohl als »easy lay« bekannt war und bereits drei uneheliche Kinder hatte, vor dem Rat aus, an Pfingsten habe die Tochter des »Battstoveners« sie in seinem Auftrag ins Badhaus geholt, wo sie in der Stube mit einem Fremden zechte und sich auch von ihm beschlafen ließ. Anschließend sei sie einem weiteren ihr fremden Gesellen in dessen Kammer gefolgt und habe ein zweites Mal die Beine breit gemacht. Dies geschah offenbar regelmäßig, denn Anneke gab zu, sie »wehr von dem Battstovener vilmahls beschickett, wanner frembde Gesellen in der Stuben gewesen, darmitt sie getruncken, hetten Ir auch woll gevolgt wanner Sie wiederumb nha huis gegangen«. Der Rat verurteilte daraufhin das Baderehepaar zu einer Strafe von 40 Reichstalern wegen »gestatteter rufferei«.[169]

Zwar ging das Badewesen in den folgenden Jahrhunderten bekanntlich zurück, doch gab es solche anrüchigen Badstuben, die mal mehr und mal weniger Bordellcharakter hatten, weiterhin. So sagte beispielsweise im Jahre 1826 in Hall Rösle Wollmershäuser, die als Bademagd bei dem Bader und Chirurgus Mannhardt beschäftigt war, vor Gericht aus, sie müsse sich während der Arbeit von den Kunden an den Brüsten und an anderen Stellen des Körpers begrapschen lassen, was die Baderin nicht nur duldete, sondern beim Lohn miteinkalkulierte und einen gewissen Betrag abzog, weil sie davon ausging, daß die Bademägde für ihre zusätzlichen »Dienste« von den Badegästen extra bezahlt würden. Anscheinend kam es nicht zum Koitus, vielmehr begnügten sich die Kunden damit, vor allem die Brüste der Bademägde nackt sehen und kneten zu dürfen und sich bisweilen im Anschluß mit der Hand befriedigen zu lassen. Selbst im Haller Frauenhaus in der Gelbinger Gasse beschränkte sich der Sex häufig auf ein solches Geknutsche. So sagte z.B. der Kaufmann Kochendörfer aus, »er wolle aber nichts weiter, er habe blos an des Mädles große Brüste seine Freude«. Eine gewisse Hettingerin gab an, ein anderer Kunde wolle »ja nichts von den Weibsleuten. Ich war 2 oder 3 mal dort, wo er mich blos geküßt und an die Brüste hingelangt hat«, und die Strifflerin bestätigte, »auf den Leib sey er ihr«, als sie sich von ihm im Jahre 1818 hatte befummeln lassen, »nicht gekommen, aber seinen Scherz habe er mit ihr gehabt. Sie habe ihm daran spielen müssen, bis es ihm gekommen.«[170]

Solche Bademägde hatte wohl der venezianische Doge im Auge, wenn er in einem Erlaß vom Jahre 1460 konstatierte, jede »sündige oder andere Frau«, die sich in einer *stufa* oder in einer Schenke »von irgendeinem Mann« betasten oder beschlafen ließe, müsse mit »einer Strafe von zehn Peitschenhieben und einer Geldbuße von fünf Lire« und der

Besitzer des Etablissements mit der Zahlung von »10 Lire für jede Frau« rechnen, oder die Frankfurter Scherer, wenn sie sich im Jahre 1487 weigerten, die Bademägde zur Feier im gemeinsamen Zunfthaus zuzulassen und darauf bestanden, lediglich mit den Badern und deren Gattinnen an einem Tisch zu sitzen.[171]

Es scheint allerdings auch vorgekommen zu sein, daß gewisse Badegäste sich selbst in ehrbaren Badstuben anderen Kunden sexuell genähert haben. So gab z.B. im Jahre 1469 in Brügge ein gewisser Jehan Van Nieuwenhove vor Gericht zu, in einer Männerbadstube der Stadt anderen Badegästen an den Penis gegriffen zu haben, und im frühen 18. Jahrhundert sagte in Olten die arme Seilerstochter Madle Büttiker aus, der Knecht Martin Solland habe sich im dortigen Freibad in den Badkasten »nächst dem ihrigen« gesetzt und sich mit Worten an sie herangemacht, was schließlich zu einem Techtelmechtel mit darauffolgender Schwangerschaft geführt habe.[172]

Wurde im Jahre 1531 in der verrufenen Pariser Männerbadstube »du Cygne« die Beschäftigung von Bademägden (»servandes«) verboten, so geschah dies deshalb, weil diese zu sexuellen Dienstleistungen welcher Art auch immer bereit waren. Mußten aber zur gleichen Zeit im Frauenbad »Teste Noire« die Badknechte ihre Arbeit beenden, so lag dies nicht daran, daß sie die Kundinnen sexuell befriedigt hätten, sondern daß diese sich in der Mehrzahl schämten, von fremden Männern halbnackt gesehen zu werden.[173] Zwar heißt es in einer Mär aus dem 15. Jahrhundert: »uf dem leib hin zu tal/do stat ein boschlin, das ist smal;/wer das hoflich reiben kan,/den helt man für ein werden man«[174], doch gibt es keine Hinweise darauf, daß die *riber* in den Badstuben auch nur gelegentlich die weibliche Kundschaft an solchen Stellen des Leibes gerieben hätten. Völlig aus der Luft gegriffen ist schließlich die Behauptung von Feministinnen, die Bademägde hätten in den Frauenbadstuben ihre Kundinnen mit der Hand befriedigt[175], denn es gibt keinerlei Gerichtsprotokolle oder andere Quellen, in denen auch nur vage auf eine solche Praxis angespielt würde.[176]

Wo immer nur mit einem Badhemd bekleidete Frauen sich in Gegenwart eines Baders oder Badknechtes in der Badstube aufhielten, scheint man auf beiden Seiten strenge Anstandsregeln wie z. B. die des »Nichtinschauens« beachtet zu haben, was aus einer Episode hervorgeht, mit der Leonhard Thurneysser zum Thurn, der Leibarzt des brandenburgischen Kurfürsten, das unzüchtige Verhalten seiner lasziven Frau veranschaulichte: »War ist es/daß sie in der 3. Wochen/nach meinem abschied/mit der Schliesserin[177] vnd den Kindern/in des Dauid Ritters Hauß gebadet/da hat jren der Baderknecht gezwagen/wie sie jme nun zwischen den Beinen gesessen/hat sie zum Baderknecht gesagt: Lieber gesell/sage recht in warheit/wie bedůnckt dich/welche hat unter vns beyden/der Anna/oder mir/die grôste Futt/vnd welche hat die meisten Haar daran/Ist der Badergesell schamrot worden/vnd hat gesagt/Fraw das weiß ich nicht/jhr mögets am besten wissen.«[178]

Ein Kritiker meint, er »kaufe« mir »die These nicht ab«, daß in den frühneuzeitlichen Badstuben oder Wildbädern solche ungeschriebenen Regeln beachtet worden seien[179], doch scheint die von dem Mediziner geschilderte Badstubenszene genau dies zu belegen, daß es nämlich von den Anwesenden normalerweise als unanständig und schamlos empfunden wurde, wenn ein Mann unter diesen Umständen einer Frau auf den Genitalbereich geblickt hätte. Auch die den Zisterzienserinnen des Wiener Klosters im Jahre 1434 gegebene Anweisung, während der Reinigung in der klösterlichen Badstube – der Besuch einer städtischen Frauenbadstube war ihnen untersagt – ihre Blicke nicht »schweifen« zu lassen, sowie der Donnerhagel, den etwa zur gleichen Zeit Menot von der Kanzel auf jene Männer prasseln ließ, die in den Badstuben von Tours und anderen Städten ihre »regards impudiques« auf die »mamelles« der dort badenden Frauen richteten, die er als Huren bezeichnete, weil sie angeblich solche Blicke duldeten, oder die Vorhaltungen, die Albrecht von Eyb jenen machte, die das andere Geschlecht »mit gaylen augen« und »poese« und »vnkeũsch betrachten«, machen deutlich, daß man damals den Unterschied zwischen einem »Übersehen« und einem unzüchtigen »Betrachten« genauestens wahrnahm.[180] Eine Frau »mit den Augen schlüsseln« (*chiavare*) war südlich und nördlich der Alpen (Abb. 138) ein

138 Frankoflämische Federzeichnung, um 1470.

beliebter Ausdruck für »sie (mit sexuellen Hintergedanken) anschauen«, ihr in den Ausschnitt blicken, wenn sie sich vornüberbeugte, oder versuchen, einen Blick auf sie zu werfen, wenn sie sich umzog oder aus einem anderen Grund entblößte.[181] Den Ausdruck, der von »Schlüssel« als Bezeichnung für den (steifen) Penis stammt, gab es auch in Afrika, im Himalaya und anderen Weltgegenden[182], und er entsprach dem modernen Ausdruck »to eye rape a woman«, mit dem die »politisch korrekten« Amerikaner und die Feministinnen das wohlgefällige Blicken des Mannes auf die Frau nennen.[183]

So bestanden in sämtlichen Gesellschaften, in denen sich die Frauen relativ textilfrei in der Öffentlichkeit bewegten, mehr oder weniger implizite Regeln, die besagten, daß die Männer ihre Blicke nicht auf jenen ruhen lassen durften oder daß sie in Gegenwart von Frauen beiseite zu blicken hatten. Bei den Seri-Indianern, deren Frauen den Oberkörper unbekleidet trugen, war es z.B. für einen Mann verpönt, einer Frau auf die nackten Brüste zu schauen, weshalb die Seri-Frauen auch meistens ihre Brüste mit den Armen bedeckten, wenn sie photographiert wurden (Abb. 139). Dies taten auch

139 Edward Davis: ›Seri Woman in a Pelikan Skin Blanket‹, Tiburon-Insel, 1922.

häufig die jüngeren Polynesierinnen, und der Missionar James Wilson, der im späten 18. Jahrhundert den Südpazifik bereiste, berichtete von einer Tahitianerin namens Tano Manu, sie habe sich an Bord der Fregatte »Duff« in höchstem Maße züchtig und dezent verhalten, »taking more pains to cover her breasts, and even to keep her feet from being seen, than most of the ladies in England have of late done«. »So mancher Weiße«, erklärte ein betagter Amazonas-Indianer, »hat einen Pfeil in den Rücken bekommen, weil er Indianerfrauen, die daran gewöhnt sind, in ihrem Dorf nackt zu gehen, aus zu großer Nähe angeschaut hat«, und bei den australischen Aborigines durfte in der »alten Zeit«, als man noch unbekleidet war, kein Mann ungestraft auf den Unterleib einer Frau schielen. Als schließlich im Jahre 1783 auf Palau einer der Söhne eines aus Macao kommenden Briten eine Frau zeichnen wollte und sie deshalb direkt anschaute, lief diese entrüstet weg, da es auf den Karolinen als ausgesprochen unanständig galt, eine Frau mit nacktem Oberkörper zu fixieren.[184]

Ungleich den muslimischen Frauen gingen bekanntlich die mittelalterlichen Jüdinnen unverschleiert, aber es war jedem Mann untersagt, die Körperteile einer Frau und insbesondere einer Jungfrau, die sie nicht bedeckte, und war es nur ihr kleiner Finger, direkt anzuschauen, ja, es galt sogar als ernsthafter Verstoß gegen die öffentliche Moral, ihre Kleider, die sie irgendwo abgelegt hatte, zu betrachten, weil man davon ausging, daß sie einen Mann sexuell stimulieren konnten.[185] Auch die Araber durften selbst eine verschleierte Frau nicht mit ihren Blicken fixieren, was im Mittelalter »eine Frau mit den Augen schwängern« genannt wurde, und im Bad durften weder die Männer noch die Frauen »ihre Augen« auf andere Badende »werfen«, obgleich beide Geschlechter in dieser Zeit einen langen Lendenschurz trugen.[186]

Wenn eine Kritikerin in diesem Zusammenhang beanstandet, ich verstünde nicht »die Dialektik von Zeigen und Verbergen«, die darin bestehe, daß man etwas ganz besonders dadurch zur Schau stelle, indem man es verberge[187] so hieße dies, daß z. B. die tunesische Frau, die als eine Art wandelndes Zelt das Badhaus aufsuchte (Abb. 140), ihre körperlichen Reize nicht wirklich vor den fremden Männern verstecken, sondern sie im Gegenteil exhibieren wollte (oder mußte), was natürlich absurd ist, da der Prophet die gläubigen Frauen ja angewiesen hatte, ihre »Reize«, vor allem die Brüste, das Haar und das Gesicht, mit dem Schleier zu »ver-

140 Verheiratete Dame in Tunis, 19. Jh.

hüllen«, damit fremde Männer durch den Anblick nicht sexuell stimuliert würden und sie in Folge belästigten.[188] Obgleich also im Vorderen und Mittleren Orient sowohl die Männer als auch die Frauen Regeln des »Übersehens«, »Nichtbeachtens« und »Beiseiteschauens« tief internalisiert hatten[189], war man offensichtlich nicht bereit, die Tragfähigkeit der Internalisierung so weit zu strapazieren, daß man Männer und Frauen gemeinsam baden ließ. So berichtete Salomon Schweigger, der im Jahre 1578 in Istambul ein Männerbad besucht und danach die »feine Züchtigkeit und Ehrbarlichkeit« dieser »Barbaris« gepriesen hatte, sowohl »die Türcken« als auch die Griechen wollten es nicht glauben, »daß die Teutschen sich also können im Zaum halten – obwohl Mann und Weib in einer Badstuben, darzu nebeneinander, auf einer Bank sitzen, beinahe gar nacket und bloß –, daß doch kein Leichtfertigkeit und Üppigkeit vermerkt wird oder daß dardurch Ehebruch und Hurerei verursacht sollt werden, welches ihnen die griechischen Eiferer, die Türcken, Spanier, Italiener und andere geilen[190] Völcker nicht werden nachtun. Doch will ich darumb hiemit die übrig Unzucht, so leider auch unter den Teutschen überhandgenommen, keineswegs entschuldigen, aber ihr altes Lob der Keuschheit, das ihnen Tacitus gibt, erhalten sie noch zum guten Teil.«[191] Darauf, daß man im Mittelalter und in der frühen Neuzeit diejenigen, welche »beinahe gar nacket und bloß« neben einem badeten, nicht direkt ansah, deutet vielleicht auch die Tatsache hin, daß ein junges Mädchen namens Hildegund ein ganzes Jahr lang als Novize Joseph unerkannt im Zisterzienserkloster Schönau bei Heidelberg leben konnte, obwohl sie sich jeden Morgen mit nacktem Oberkörper gemeinsam mit den anderen an einem Brunnen im Kreuzgang wusch.[192] Wie Caesarius v. Heisterbach berichtet, habe zwar einer der Mönche, als er den Joseph im Krankenbett liegen sah, gefühlt, wie dessen Anblick ihn sexuell erregte, und er habe anschließend geglaubt, »dieser Mensch« sei »entweder ein Weib oder ein Teufel«, da er ihn nie mehr »ohne Versuchung« ansehen konnte, doch wurde ihr wahres Geschlecht erst entdeckt, als man nach ihrem Tod im Jahre 1188 die Leiche entkleidete, um sie zu waschen.[193]

Daß damals solche Anstandsregeln von vielen Menschen verinnerlicht worden sind, bedeutet natürlich nicht, daß es niemanden gab, der gegen sie verstoßen hätte, und so ist es nicht verwunderlich, daß das Motiv des »Voyeurs im Bade« ab dem 15. Jahrhundert immer häufiger in bildlichen Darstellungen auftaucht. Was eher verwundert, ist die Tatsache, daß eine Kritikerin, die um die Reinerhaltung ihrer Vorstellungen vom Leben im Mittelalter besorgt zu sein scheint, aus der Lamäng behauptet, solche Darstellungen ließen keinerlei »Rückschluß auf eine übliche Geheimhaltung der Sexualität und Nacktheit zu«[194], ohne sich die Frage zu stellen, ob denn nicht der Voyeurismus *voraussetzt*, daß es da einen Intimbereich gibt, der normalerweise gegen die Beobachtung durch Zweite oder Dritte abgeschottet wird. Wäre es denn dann, wenn man eine Frau jederzeit und ohne weiteres hätte nackt sehen können, denkbar, daß die Troubadourdichtung des 12. und 13. Jahrhunderts es als die

141 Sich sexuell erregende Voyeure. Holzschnitt aus dem
›Directorium vitae humanae‹, Straßburg, um 1489.

Erfüllung aller Träume beschreibt, den entblößten Leib der
Angebeteten zu betrachten?[195] Hätten sich die weiblichen
Passagiere auf den spätmittelalterlichen und frühneuzeitlichen spanischen Schiffen geweigert, sich zu waschen, so daß
sie nach einer Weile unangenehm rochen, wenn es ihnen
gleichgültig gewesen wäre, ob die Seemänner sie nackt sähen
oder nicht? Oder hätte es dann ein weiblicher Passagier nach
dem Schiffbruch des französischen Ostindienfahrers »Saint-
Géran« vorgezogen, zu ertrinken, anstatt sich wie die Mann-
schaft auszuziehen und ans Ufer zu schwimmen?[196] Das
ganze Mittelalter über hieß es, daß das wollüstige Begehren
aus dem Sehen der Blöße entstehe oder, schlimmer noch, aus
der Beobachtung des Geschlechtsverkehrs anderer. So schil-
derten denn auch im Jahre 1586 drei Zeugen dem Gericht
von Havering-atte-Bower in Essex, wie sie an »the back-
side« eines Hauses eine ganze Gruppe von Spannern sahen,
die sich damit aufgeilten, einem Matthew Fisher und einer
Elizabeth Grene zuzuschauen, »committing naughtiness
together, meaning that the said Fisher had the carnal knowledge of the body of the said Elizabeth«.[197]

Wird auch heute noch fast durchweg behauptet, »die mittelalterlichen Badefreuden« seien »noch nicht durch Scham-
und Peinlichkeitsgefühle eingeschränkt« gewesen[198], so gehört es auch weiterhin zum Klischee, daß es sich bei den
Japanern und den Russen nicht anders verhalten habe. Dabei
beruft man sich nicht selten auf Genrebilder wie die Darstellung eines russischen Frauenbades aus dem 18. Jahrhundert, auf dem splitternackte und die Beine spreizende Frauen
zu sehen sind, die zum Teil von gleichfalls nackten Männern
bedient werden (Abb. 142). Allerdings handelt es sich bei
diesen Bildern nicht um wirklichkeitsgetreue Dokumente,
sondern um pornographische Schnitte und Stiche, die erotische Wunschvorstellungen und nicht das ländliche oder
städtische Badeleben der Zeit wiedergeben. Wie aus einem
Bußbuch (*trebnik*) des 16. Jahrhunderts hervorgeht, galt es
nämlich als äußerst schamlos, vor anderen den Genitalbereich zu entblößen, und auf den Holzschnitten dieser Zeit
sind selbst Adam und Eva oder die Höllenqualen erleiden-
den unzüchtigen Frauen ohne jegliche Genitalien dargestellt. Im Jahre 1672 bemerkte der Nürnberger Hans Moritz
Ayrmann in seiner Beschreibung einer russischen *banja*, daß
die Badenden »in dem baden keine badschürtzen gebrau-

142 Russisches Frauenbad. Holzschnitt, 18. Jh.

143 Carlo Bossoli: ›Badende bei Sewastopol‹, 1856.

chen noch weniger etwas darvon wissen, sondern zur Scham
bedeckung eine Quast« benutzen, und im Jahre 1675 berichtete der Reisende Adolph Lyseck, der erwartet hatte, in den
russischen Bädern ein Arkadien der Schamfreiheit vorzufinden: »Einmal verleitete uns die Neugier, in einen Garten zu
spähen, wo sich ein Bad befand, und wir erblickten über 300
Dianen. Aber wir täuschten uns in der Annahme, daß man
in diesen Ländern keine Scham kennt: Sie ist ein Natur-
instinkt.«[199] Zudem badete man sowohl am Meer als auch in
den Flüssen sowie in den privaten und öffentlichen Badstuben überwiegend nach Geschlechtern getrennt (Abb.
143), obwohl es nicht allzu schwierig gewesen zu sein
scheint, einen Blick auf die »oben ohne« badenden Frauen
werfen zu können, wie aus einem Bericht des Oxforder
Universitätslehrers John Parkinson aus dem 18. Jahrhundert
hervorgeht, dessen voyeuristische Inklinationen in einer St.
Petersburger Frauenbadstube allerdings frustriert wurden:
»Nothing could be more disgusting than most of the figures,
their breasts hanging down in a most hideous manner.«[200]
Zwar durfte ein Bauer, der seiner Frau, bevor er sie prügelte, die Bluse auszog, dies nicht tun, wenn andere Personen
zugegen waren, doch kam es bisweilen trotzdem vor, daß
eine Frau mit entblößtem Oberkörper in Anwesenheit von
Männern ausgepeitscht wurde, weshalb man davon ausge-

hen kann, daß wohl den meisten russischen Männern der Anblick nackter Frauenbrüste vertraut gewesen sein dürfte. Das ändert indessen nichts an der Tatsache, daß ein *Zurschautragen* der unbedeckten Brust von den Russen als Schamlosigkeit empfunden wurde, wie aus dem Bericht eines Schreibers des russischen Gesandten Lichačev ersichtlich wird, der im Jahre 1659 angesichts der tiefdekolletierten italienischen Huren entsetzt festhielt: »Die Brustwarzen der Frauen sind nackt, und auf dem Kopfe tragen sie nichts!«[201]

Ein japanischer Kritiker hat meiner Behauptung, auch in den japanischen Bädern der Vergangenheit habe man sich nicht im Stande der Unschuld befunden, entgegengehalten, daß dort »der unbefangene Umgang mit dem nackten Körper möglich« sei, »solange bestimmte Regeln eingehalten werden«.[202] Doch ist dies nur ein Spiel mit dem Wort »unbefangen«, denn unbefangen sind ja kleine Kinder oder ist man »im Paradies«, weil es dort und in der Kleinkinderwelt eben *keine* Regeln gibt, die das Blickverhalten und die Körperhaltung bestimmen und damit ein anständiges von einem unanständigen Benehmen noch nicht unterschieden wird. Noch heute gibt es in einigen heißen Quellen Japans keine Geschlechtertrennung, aber eine *totale* Nacktheit herrscht nicht und hat es auch nie gegeben, da beide Geschlechter stets den Genitalbereich bedecken und viele Mädchen und Frauen sich von in der Nähe badenden Männern abwenden, damit diese nicht ihre Brüste sehen können. Weibliche Badegäste gestanden dem Ethnologen, sie fühlten sich in Anwesenheit von Männern unwohl, weil sie nie sicher sein könnten, daß diese nicht doch »hinschauten«, und vor allem die Mädchen beginnen etwa in dem Alter, in dem sie in die Schule kommen, sorgsam ihren Unterleib mit einem Handtuch zu bedecken: »Mit 7 oder 8«, so erinnerte sich eine ehemalige Geisha, »habe ich mich dann geschämt, obwohl mir niemand Schamgefühle beigebracht hat – das ist wohl auch ein Instinkt menschlicher Wesen.«[203] Zahlreiche Japaner, die befragt wurden, sagten, sie würden sich schämen (*hazuka-*

shii), gemeinsam mit Angehörigen des anderen Geschlechts zu baden, und unter den Frauen, die es zu tun pflegen, waren viele, die zugaben, daß sie dabei keineswegs unbefangen seien, ja, daß es ihnen im Grunde etwas peinlich sei. Vor allem jüngere Frauen legen sich im Wasser ein Handtuch so um den Hals, daß es über beide Brüste fällt, aber viele von ihnen sagen, manche Männer warteten nur darauf, daß das Tuch verrutsche.[204] Als österreichische Saunaforscher mit ostasiatischen Saunabesuchern in Wien Gespräche führten, stellte sich heraus, daß diese so gerne in gemischte Saunen in Europa gehen, weil ihnen dort wesentlich mehr geboten wird als an vergleichbaren Orten in ihrer Heimat. Zum einen zeigten die Europäerinnen ungleich mehr her als ihre Landsmänninnen und zum anderen stellten der »vergleichsweise voluminöse Busen und die dichtere Schambehaarung« der europäischen Frauen »einen besonderen Reiz dar«.[205] »Es ist dunkel«, meinte ein Saunafan aus dem Fernen Osten, »es fällt deshalb nicht auf, wenn man lange auf eine bestimmte Stelle schaut, und man hat sogar die Möglichkeit, wenn man nach dem Aufguß hinausgeht, unauffällig an einer Frau anzustreifen.«[206] Ein japanischer Liebhaber des Saunens in Deutschland sagte mir, seiner Erfahrung nach genössen es manche weibliche Saunagäste offensichtlich, wenn sie die Blicke fremder Männer spürten, weil sie dann absichtlich die Schenkel so spreizten, daß ihre Schamlippen deutlich sichtbar würden. Solche Erlebnisse seien in Japan in keinem normalen Dampfbad, sondern lediglich in einer Peep-Show möglich.[207]

Seit Jahrhunderten gab es in Japan Badehäuser mit und ohne Geschlechtertrennung, wenn auch die letzteren in den größeren Städten aufgrund von Unschicklichkeiten und sexuellen Belästigungen der weiblichen Badegäste immer wieder geschlossen wurden, so im Jahre 1630 und gegen Ende des 18. Jahrhundets in Edo, wo man spezielle Badetage für Männer und für Frauen einführte, während im Jahre 1854 die Badergilde von Hakodate auf Hokkaido garantieren mußte, daß es in den gemischten Bädern anständig zuging und Schamlosigkeiten sofort geahndet würden.[208] Dazu gehörte nicht nur das Befummeln der Frauen und der Voyeurismus, sondern auch der Exhibitionismus der Männer, dem diese häufig vor schamhaften jungen Mädchen frönten, jedoch ebenfalls vor erwachsenen Frauen mit besonders hohen Schamschranken. So heißt es, im russisch-japanischen Krieg hätten viele japanische Soldaten absichtlich die Chinesinnen schockiert, indem sie splitternackt vor ihnen badeten und sich dabei zur Schau stellten.[209]

Auf der nach einer japanischen Vorlage hergestellten französischen Darstellung eines öffentlichen Bades in Edo um das Jahr 1855 ist das Badeleben während eines der »Frauentage« wiedergegeben, wobei sämtliche Besucherinnen zwar züchtig den Unterleib bedeckt haben, jedoch im Hintergrund zwei bekleidete Männer sichtbar sind, die durch den offenen Eingang ins Bad spähen (Abb. 144).[210] Schon im Jahre 1853 hatte Leutnant Preble, ein junger Teilnehmer der Expedition Commodore Perrys, in einem öffentlichen Badehaus in Shimoda beobachtet, daß die Geschlechter zwar gemeinsam badeten, doch »that the men kept to the right side of this room, and the women to the left«. Die Szene ist angeblich auf einer Illustration zu Francis Hawks' *Narrative to the*

144 Öffentliches Bad. Stich nach japanischer Vorlage in Humberts ›Le Japon illustré‹, 1870.

145 Öffentliches Bad in Shimoda, 1856.

Expedition of an American Squadron to the Chinese Seas and Japan vom Jahre 1856 wiedergegeben, auf der völlig nackt badende Frauen von gleichermaßen nackten Männern ganz unverblümt betrachtet werden (Abb. 145), doch kommen einem Zweifel, ob der Illustrator wirklich das dargestellt hat, was von dem amerikanischen Marineoffizier gesehen wurde. Denn selbst der die Expedition begleitende Missionar Williams, der ansonsten an der Sittlichkeit der Japaner kein gutes Haar gelassen hat, mußte einräumen, die weiblichen Badegäste hätten zwar keinen Versuch unternommen, »to hide the bosom«, doch sei ihr Unterleib und auch der der Männer stets mit einem Tuche bedeckt gewesen. Allerdings erwähnte Preble, daß »one female went so far as to raise her drapery and expose her person to us«, was der Amerikaner als Aufforderung zum Geschlechtsverkehr und damit als Ausdruck der allgemeinen Laszivität und Schamlosigkeit der japanischen Frauen interpretierte.[211] Nun war Shimoda zu jener Zeit ein Zentrum der Prostitution[212], und man mag geneigt sein, zu glauben, daß sich auch unter den Badenden Huren befunden haben könnten, die sich den Männern anboten, indem sie ihnen ihre Reize zeigten. Dieser Vermutung widerspricht indessen, daß die meisten Prostituierten von Shimoda sich normalerweise in der Öffentlichkeit nicht entblößten und sich auch weigerten, mit

Fremden intim zu werden, wenn diese um ihre sexuellen Dienste nachsuchten[213], weshalb es plausibler erscheint, daß einer der weiblichen Badegäste, von denen keine jemals zuvor einen dieser furchteinflößenden »behaarten Fremden«[214] gesehen hatte, diese mit der auch in Japan üblichen Abwehrgeste der Schamentblößung zu verscheuchen suchte.[215]

Wie dem sein mag, so trugen Berichte wie die der Teilnehmer der Perry-Expedition maßgeblich zum Klischee der für Nordamerikaner und Europäer geradezu paradiesischen Zustände in den japanischen Bädern bei, einem Stereotyp, dem sich später fast alle westlichen Berichterstatter fügten, und so überrascht es nicht, daß das erste, was die Besatzung eines Schiffes der Royal Navy unternahm, das ein Jahr nach der Rückreise von Perrys Geschwader in Hakodate anlegte, ein Gang »towards the Bath House« war, um dort die nackten Frauen zu betrachten.[216]

Als ein ähnliches Eden, diesmal in Europa, wurde schließlich die finnische Sauna geschildert, die seit dem 19. Jahrhundert sozusagen an die Stelle des aargauischen Bades Poggios trat und in der sich die Geschlechter, wie es hieß, auf natürliche Weise und im Stande der Unschuld tummelten. Allerdings mußten die meisten Frauen, die in Finnland zu einem Saunabesuch eingeladen wurden, die Erfahrung machen, daß dabei nicht nur die Geschlechter voneinander getrennt schwitzten, sondern daß die jungen Mädchen und Männer im heiratsfähigen Alter ohnehin fernblieben, während die kleinen Buben bei den Frauen saunten. Gab es aber keine Geschlechtertrennung, dann hielten die Frauen und Männer im Gegensatz zu dem, was man heute in jedem Kurbad erleben kann (Abb. 146), ein Birkenreisbündel (*vihta*) vor den Unterleib, dessen Details man in der Dunkelheit ohnehin nicht hätte erkennen können.

Im übrigen galt in der finnischen Sauna wie in den heißen Quellen Japans die strenge Regel des Nichthinschauens sowie des Unterlassens jeglicher Bewegungen, Haltungen oder verbaler Äußerungen, die auch nur im entferntesten als se-

146 Kurgäste im Kräuter-Dampfbad der
Rottal-Thermalquelle in Bad Birnbach, 1996.

xuell hätten verstanden werden können. So erwähnte einst
ein Finne in seiner Autobiographie, daß vor vielen Jahren
während eines Saunabesuchs in Satakunta zufällig sein
»Auge auf eine fette, nackte Dienstmagd fiel, die mit rotem
Kopf und all ihren Herrlichkeiten von der obersten
Plattform herabstieg«. Angesichts ihrer üppigen Brüste und
ihrer ausladenden Leibesfülle entfuhr ihm ein Laut der
Anerkennung, worauf sich ein im selben Raum sitzender
Mann erhob und drohend zu ihm sagte: »Du...! Ich werd's
dir gleich zeigen!!« Für lange Zeit blieb die Atmosphäre in
der Sauna sehr angespannt, und niemand wagte es, ein Wort
zu sagen oder gar zu lächeln.[217]
Einige Kritiker haben zwar konzediert, daß weder in den
spätmittelalterlichen Badstuben noch in den russischen, japanischen oder finnischen Bädern die Geschlechter ein so
unbefangenes und unschuldiges Verhältnis zueinander gehabt haben mochten, wie es kleine Buben und Mädchen haben, doch sie weisen darauf hin, in diesen Gesellschaften
hätten wenigstens die Männer und Frauen dann, wenn sie
jeweils unter sich waren, unbefangen nackt gebadet. »Während im 16. Jahrhundert noch öffentlich und nackt gebadet
wurde«, führt etwa ein bekannter Kulturhistoriker aus,
»wäre dies im 18. Jahrhundert kaum noch vorstellbar gewe-

sen«, nachdem schon Norbert Elias behauptet hatte, »wenigstens im Falle der Männer« sei im 19. Jahrhundert die öffentliche Nacktheit »mit größter Scham« belegt worden.[218] Nun kann man in der Tat auf zahlreichen aus dem 15. oder 16. Jahrhundert stammenden Illustrationen sehen, daß die Männer in Abwesenheit des anderen Geschlechts nackt zu baden pflegten, auch wenn den Badenden, wie die Konvention es erforderte, eine Badehose aufgemalt wurde, *sobald sie von vorne zu sehen waren*, weil man sie sonst mit unbedeckten Genitalien hätte darstellen müssen, was weithin als unanständig galt (Abb. 147). Allerdings ging man stets dann recht rigoros gegen das männliche Nacktbaden vor, wenn man damit rechnen konnte, daß die Nackten von Angehörigen des anderen Geschlechts gesehen werden konnten, wie im Jahre 1387, als den Heidelberger Studenten per Disziplinargesetz verboten wurde, durch hüllenloses Baden im Neckar die ehrbaren jungen Mädchen zu belästigen, ein Mandat, das der Rektor bis ins 16. Jahrhundert immer wieder erneuerte.[219] »Item«, so verlautete zu jener Zeit auch der Konstanzer Rat, »es soll kain mans person on ain bruch im see baden. Welher aber ergriffen wurd, der badende kain

147 Illustration zur ›Histoire du Grand Alexandre‹, 15. Jh.

niderklaid an het, den sollend die ratsknecht uffs tor füren. Diser bevelh ist vor jaren den knechten gegeben. Item uff 9. july anno 1537 ist den ratsknechten bevolhen, das sy obhalten söllind, das die frowen und man nit by ainandern badint, sunder das die frowen und tochtern underthalb den swinbogen, die man und knaben aber oberthalb den swinbogen plibint. Item so es achte schlacht [= schlägt], söllend die frowen und tochtern nit mer baden, aber den mannen ist kain zit gesetzt.«[220]

Auch im 17. Jahrhundert badeten die meisten Männer in den Flüssen Frankreichs oder in den »bains à quatre sous« in der Pariser Seine nackt, und gleiches wird von der Donau berichtet, wo im Jahre 1633 »viel Junge Leith« sich ohne einen Faden am Leib tummelten.[221] Doch entgegen dem, was Elias und mit oder nach ihm die meisten Kulturhistoriker behaupten, und zwar ohne dies überhaupt überprüft zu haben, änderte sich daran auch im 18. und im 19. Jahrhundert gar nichts, bis auf den Unterschied, daß man in den späteren Zeiten eher weniger gegen das Nacktbaden unternahm. Wie im Mittelalter badeten auch im scheinbar so prüden 19. Jahrhundert die Heidelberger Studenten splitterfasernackt im Fluß. So notierte Joseph v. Eichendorff in seinem Tagebuch: »11. Juli 1807: Nachmittags ich allein wieder im Neckar geschwommen, in dem heute die halbe Universität nackt wimmelte. Die mittendurchschiffenden Philister nach Neuenheim«, und im Jahre 1831 verlautete der durchreisende Schriftsteller Karl Immermann, ein Bericht über all die Nackten am Neckarufer würde gewiß einen Kulturhistoriker des 24. Jahrhunderts davon überzeugen, »daß die Heidelberger Kommilitonen« im 19. Jahrhundert »im Stande der Unschuld gelebt haben« müßten. Aber auch die Berichte vom Nacktbaden und die Photos aus dem frühen 20. Jahrhundert, auf denen die jungen Männer ohne Badehosen auf den Granitfelsen im Neckar umherklettern, beweisen, daß allem Anschein nach selbst ein dreiviertel Jahrhundert später der Sündenfall immer noch nicht stattgefunden hatte.[222] In einem Proklam des Bremer Rates vom Jahre 1790 wurde das Nacktbaden in der Weser zwar nicht untersagt, aber die so Badenden wurden dazu aufgefordert, dies außerhalb der Stadt zu tun, wo es unwahrscheinlicher war, daß sie sich »den Vorübergehenden zur Schau stellen«. Dennoch gab es vereinzelt Personen, die den Rat aufforderten, gegen die Nackten einzuschreiten, so z. B. ein Bauer der Umgegend, der für ein Nacktbadeverbot war, »zumal auch, weil dadurch die Sittlichkeit der zum Melken des Viehes gehenden weiblichen Personen äußerst gefährdet wird«. Als jedoch schließlich im Jahre 1863 der Bremer Senat bei der Bürgerschaft 1500 Reichsthaler für die Errichtung einer »zehn Fuß hohen Planke« auf dem Punkedeich »zur Verdeckung der sich Ausziehenden« beantragte, plädierte der Vizepräsident und Richter Dr. Noltenius entschieden für die Ablehnung des Antrages: »Er selbst habe dies 40 und mehr Jahre lang gethan, und zwar in ganz anständiger Gesellschaft, auch von Senatoren, bis die Polizei mit ihrem Anstand dazwischen gekommen sei und das Tragen von Badehosen verordnet habe. Auch er sei ein großer Verehrer des Anstandes von jeher gewesen, aber er hasse nichts mehr als Prüderie und könne darin unmöglich etwas Unanständiges finden, wenn einige hundert Schritte von ihm jemand ins Wasser springe, ohne seine Hose anzuhaben. Wer das nicht sehen wolle, möge seine Augen abwenden.«[223]

»Ich mag das nasse Ding nicht auf dem Leibe haben!«, hatte im Jahre 1852 auch der Bundestagsgesandte Fürst Otto v. Bismarck konstatiert[224], nachdem sich bereits im Juli 1789 König Georg III. im Alter von 51 Jahren ganz unbefangen und textilfrei in Weymouth, wo er sich zur Genesung befand, ins Wasser begeben hatte, wobei ihm zwei Badefrauen behilflich waren: »Think of the surprise«, so berichtete die anwesende Fanny Burney, »the first time of his bathing; he had no sooner popped his royal head under water, than a band of music, concealed in a neighbouring machine, struck up God save Great George our King«.

148 Bad des englischen Königs Georg III. in Weymouth, 1789.

Im Jahre 1809 schrieb die aus der Gegend von Liverpool stammende Miss Weeton an ihre Tante, von ihrem zum Strand gehenden Fenster aus sehe sie ständig so viele völlig nackte Männer, daß sie diese inzwischen nicht mehr beachte als irgendwelche »passengers in the street«. Zwar sei ihr bewußt, daß man sie eines gewissen Mangels an Feingefühl zeihen könne, denn es handle sich um »not the most delicate sight; but I am now so accustomed to it that I really do not feel so much shocked as I ought to do«. Und im Jahre 1873 bemerkte Ehrwürden Francis Kilvert, als er in Seaton aus dem Wasser kam, zu seiner Überraschung einen rot und weiß gestreiften Fetzen, den er zum Baden hätte anziehen sollen. Wie selbstverständlich war der Geistliche nach alter Gewohnheit splitterfasernackt ins Meer gestiegen, was offenbar das andere Geschlecht keineswegs in Aufruhr versetzt hatte: Zumindest »schienen die jungen Damen, die in der Nähe promenierten, keine Einwände zu erheben«.[225]
Aber auch die Frauen scheinen sich im 18. und im 19. Jahrhundert oft nicht wesentlich anders verhalten zu haben, wenigstens wenn sie einigermaßen unter sich waren, was noch kurz nach dem Ersten Weltkrieg den jungen Wiener Schriftsteller Otto Weininger zu der Feststellung veranlaßte: »Der absolute Beweis für die Schamlosigkeit der Frauen (und ein Hinweis darauf, *woher* die Forderung der

Schamhaftigkeit wohl eigentlich stammen mag, welcher die Frauen äußerlich oft so peinlich nachkommen) liegt jedoch darin, daß Frauen untereinander sich immer ungescheut völlig entblößen.«

Zwar gab es z.B. in Blackpool im Jahre 1788 eine Glocke, die verkündete, daß die Buben ab einem bestimmten Alter sowie alle Männer den Strand zu verlassen hatten, weil die Frauen sich ausziehen wollten, um unbekleidet zu baden, und in Southport mußten zur selben Zeit jene Männer, die mit ihren Booten näher als 30 Yards an einer nackten Frau vorbeifuhren, 5 Schillinge in die Armenkasse des Ortes zahlen, doch wurde immer wieder darüber geklagt, daß Frauen auch im Beisein von Männern nicht nur mit entblößten Brüsten, sondern ganz nackt badeten. So hieß es im Jahre 1714 in einem landesfürstlichen Patent, man könne allenthalben sehen, »wie eß verschiedene so wohl junge Kinder, als auch schon erwachsene gewissenlose Leuth beyderley Geschlechts sich nicht entfärben in dem Wiennfluß, und in dem Donau armb« zu baden, und zwar »völlig entblöster«, so daß jeweils den Jugendlichen des anderen Geschlechts keine Stelle des Leibes verborgen bleibe, und im Sommer 1752 verlautete ein Dekret, der k.k. Hofkommission sei verläßlich angezeigt worden, daß »erwachsene Mannes- und Weibspersohnen, sowohl in der Rossau als an mehrern nächst der Donau gelegenen Orthen sich nackend zu baden erkünnen«.[226] Im frühen 19. Jahrhundert häuften sich die Berichte, nach denen in Ramsgate die Damen splitternackt und für alle sichtbar aus ihren Badekarren in die Fluten sprangen (Abb. 149), und ein Dr. Thompson empörte sich im Jahre 1860 in seinem Buch über die englischen Badeorte, er habe dort »sogar Frauenzimmer in schamloser Nacktheit« erblickt, britische Damen, die »nicht mehr Schamgefühl und Anständigkeit« zu haben schienen »als so viele Südsee-Insulanerinnen«, und die sich nicht vergegenwärtigten, »wie verderblich ihr Einfluß auf die Gesellschaft« sei. Der bereits erwähnte Reverend Kilvert nahm dagegen

149 »A Back-Side and Front View of a Modern
Fine Lady or Swimming Venus at Ramsgate«, 1805.

keinerlei Anstoß an den nacktbadenden Frauen, die ihm auf
der Insel Wight begegneten, oder an den jungen Mädchen,
die am Strand von Seaton bei Ebbe ohne Strümpfe und
Unterhosen durch den Schlick wateten und dabei ihre
Kleider so weit hochgerafft hatten, daß man »alles« sehen
konnte.[227] Über einen Ausflug zum Badeplatz von
Charenton schrieb im Jahre 1884 der Maler Max Klinger, die
jungen Mädchen und die älteren Frauen hätten sich dort völlig ungeniert in aller Öffentlichkeit umgezogen, während die
übrigen Frauen dies hinter zwei notdürftig vorgehaltenen
»Servietten« getan hätten, was ein paar Jahre später ein
Besucher des Wannsees bestätigte, der sich an diesem Ort
verblüfft »inmitten Hunderter fast nackter Berlinerinnen«
wiederfand sowie zahlreichen völlig nackten geschlechtsreifen Mädchen, die vor seinen Augen von ihren Müttern
trockengerieben wurden und sich erst dann ein Hemd über-

150 Badende Frau und Voyeur, um 1847.

warfen. Schließlich badeten noch bis in die vierziger Jahre des 20. Jahrhunderts auf den Salomonen und anderen Südsee-Inseln zahlreiche Europäerinnen, sich unter Wilden dünkend, »in the nuddy« vor den fassungslosen Einheimischen, so daß die etwas dezenteren Landsleute der Badenixen befürchteten, die Zeugen dieser Zwanglosigkeiten könnten jeglichen Respekt vor den weißen Frauen verlieren und sie sexuell belästigen oder gar vergewaltigen.[228]

Gleichwohl trugen die meisten Frauen in jenen Zeiten insbesondere in Anwesenheit von Männern Badekleidung, doch zeichneten sich durch den dünnen Stoff besonders dann, wenn er naß war, deutlich Hinterbacken, Brustwarzen und die Schamspalte ab. So berichtete im Jahre 1796 ein Badewärter aus Brighton, den Herren seien fast die Augäpfel herausgefallen, wenn eine Dame im dünnen Flanell aus dem Wasser stieg oder sich im Sand wälzte, bis schließlich gegen Ende des 19. Jahrhunderts die britische »Amateur Swimming Association« wenigstens den Sportlerinnen vorschrieb, unter dem Schwimmanzug Unterhosen zu tragen, damit die Schamlippen sich nicht allzu deutlich abbildeten. Trugen die Frauen jedoch keine dünnen Badekostüme mit Hosenbeinen, sondern unten offene Badekittel aus dickem

Stoff, so waren sie einer anderen Gefahr ausgesetzt. Wie nämlich der Londoner *Observer* im Jahre 1856 klagte, hatten die Wellen die Eigenschaft »to literally carry their dresses up to their neck«, und zwar »in the presence of thousands of spectators«, die darauf lauerten, zu sehen, was die Damen unter den Kitteln zu bieten hatten. »As far as decency is concerned«, so das Blatt, könnten diese deshalb genausogut ganz nackt am Strand erscheinen.[229]

Führen all diese Beispiele deutlich vor Augen, daß von den im Vergleich zu früheren Zeiten so hohen Schambarrieren und Peinlichkeitsstandarden der Menschen des 18. und 19. Jahrhunderts keine Rede sein kann, so läßt sich auch feststellen, daß die komplementäre Behauptung Elias', die diesbezügliche »Affektmodellierung« sei in den spätmittelalterlichen oder den traditionellen afrikanischen Gesellschaften äußerst gering gewesen, genausowenig zutrifft. Hatte Elias schon Ende der dreißiger Jahre behauptet, in der ritterlichen Welt des 15. Jahrhunderts seien die öffentliche Nacktheit des Körpers sowie der öffentliche Geschlechtsverkehr noch nicht als peinlich empfunden worden, weshalb sie, wie es angeblich die Bilder des »Hausbuchmeisters« demonstrierten, »auch in der Darstellung nicht peinlich« gewesen seien[230], so hat er auch fünfzig Jahre später, gegen Ende seines Lebens, diese Meinung nicht im geringsten modifiziert oder abgeschwächt. So meint er beispielsweise, die Tatsache, daß »in traditional African sculpture the naked body is shown very simply and in all innocence, as it might have been shown ›before the fall‹«, spiegele lediglich ein anderes Faktum wider, nämlich daß diese Menschen – genau wie die der »ritterlichen Welt« – ein unschuldiges oder kindliches Verhältnis zum nackten Körper gehabt hätten.[231]

Entspricht aber diese »Tatsache« auch nur einigermaßen der Wirklichkeit? Schon während der ersten deutschen Kolonial-Ausstellung im Jahre 1896 in Berlin erlebten die Herren Kreisphysikus v. Teltow, Dr. Elten und Stabsarzt Dr. Kohlstock eine große Überraschung, als sie eine Gruppe von

Massai und Suaheli medizinisch untersuchen wollten. Dieses Vorhaben »erreichte ein plötzliches Ende durch die unerwartete Weigerung sämtlicher Leute, sich körperlich von diesen Herren untersuchen zu lassen. Sie motivierten ihre Weigerung damit, daß ihnen diese Art der Untersuchung, wie sie beim Militär Sitte ist und uns durchaus nicht anstößig erscheint, nicht gefiele und daß sie dies als freie Leute nicht duldeten.« Sollten die Ärzte, so sagten die Afrikaner weiter, nicht von ihnen ablassen, würden sie unverzüglich abreisen. Nicht anders erging es Herrn Professor v. Luschan, der enttäuscht berichtete, es habe »sich in der Folge als völlig unmöglich« erwiesen, den Ewe- und Popofrauen aus Togo »mit Zirkel und Messband an den Leib zu rücken«, da die Frauen sich beharrlich weigerten, vor ihm und den Stammesgenossen ihre Kleidung abzulegen, so daß er froh sein mußte, wenigstens einige von ihnen voll bekleidet photographieren zu können (Abb. 151). Und er resümierte, daß leider entgegen allen Erwartungen nur eine »verschwindende« Anzahl der Menschen »aus primitiven und mehr oder weniger civilisierten Rassen« dazu bereit seien, sich »völlig

151 Massaifrau Kiwérra auf der
Deutschen Kolonialausstellung in Berlin 1896.
Photo von v. Luschan.

nackt« von den Wissenschaftlern »betasten, abgreifen, an-
pinseln und abzirkeln zu lassen«.

Eine Ausnahme scheint lediglich die »Zuluprinzessin Assambola« gewesen zu sein, die bereits im Jahre 1885 Mitglied
einer Völkerschautruppe war und die sich bereitwillig vor
dem berühmten Medizinprofessor Rudolf Virchow auszog
sowie sich »völlig nackt« von ihm vermessen und photographieren ließ (Abb. 152), was die Salonethnographen des 20.

152 Die »Zuluprinzessin« Assambola.
Photo von Virchow, 1885.

Jahrhunderts wie z.B. den Freiherrn v. Reitzenstein dazu
veranlaßte, sie als das Beispiel einer noch ursprünglichen
und natürlichen Frau zu feiern, die ansonsten nur aufgrund
des »Druckes unserer Pseudomoral« in einem ihr »aufge-
zwungenen Phantasiekostüm« aufgetreten sei. Allerdings
handelte es sich bei der »Prinzessin« in Wirklichkeit um eine
durch die Großstädte tingelnde Mulattin, die noch nie ein
Zuludorf von innen gesehen hatte und die bereit war, sich

vor jedermann gegen Entgelt nackt auszuziehen.[232] Ein solches Verhalten hätte jedem und jeder wirklichen Zulu, bei denen die jungen Mädchen über dem unteren Teil des Hinterns Perlenschürzchen trugen, damit man ihre Genitalien nicht sehen konnte, wenn sie sich vornüberbeugten (Abb. 153), und deren junge Frauen vor ihrem Schwiegervater sogar die Brüste bedeckten[233], die Schamesröte ins Gesicht getrieben.

153 Unterleibsbekleidung der Zulumädchen.
(Verheiratete Frauen tragen Röcke.)

Der in allen traditionellen afrikanischen Gesellschaften herrschenden intensiven Genitalscham entsprechend[234], die nicht selten in der »voreuropäischen« Zeit intensiver war als später[235], waren vor allem die jüngeren Männer sehr scharf darauf, einen Blick auf die Vulva einer Frau werfen zu können. So war der Voyeurismus kein genuin modernes Phänomen (Abb. 154), wie man vermuten könnte, sondern seit jeher eine Begleiterscheinung der schamhaften Bedeckung der besonders erogenen Körperzonen. Die Frauen der Songe im Kongo entblößten normalerweise ihre Brüste nie vor fremden Männern, und wenn sie diese von einem Mann berühren oder gar küssen ließen, dann war das gleichbedeutend damit, daß sie bereits mit ihm geschlafen hatten. Die jungen Burschen waren äußerst begierig darauf, die nackten Brüste oder gar die Genitalien der Frauen zu sehen, die diese sogar vor anderen Frauen nie entblößten, weshalb die Halbwüch-

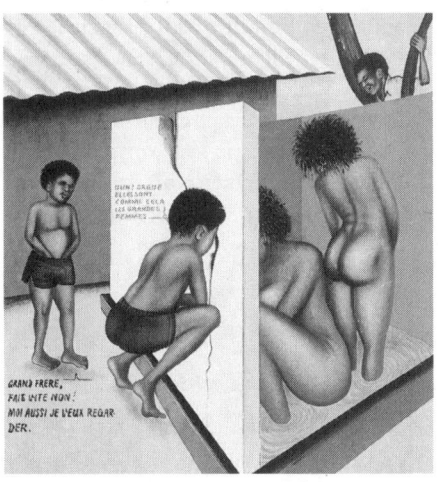

154 ›Les enfants malhonnêtes‹, um 1980.

sigen im Unterholz der Frauenbadeplätze versteckt darauf
lauerten, daß Frauen oder junge Mädchen sich zum Waschen
entkleideten. Und wenn vor hundert Jahren die Frauen des
Häuptlings, umgeben von als Blickschutz angestellten Mädchen, zum Baden an den Fluß gingen, durfte die ganze Zeit
über kein Mann seine Hütte verlassen. Bei den Afikpo-Ibo
schließlich wurden Voyeure, die jene Frauen beobachteten,
die in speziellen Hinterhöfen der Hitze wegen nackt die
Keramik brannten, von den Ältesten hart bestraft, denn kein
größerer Bub oder Mann durfte jemals eine Frau unbekleidet
sehen.[236]

Nachwort

Dieses Buch, dessen fünfter und letzter Band hiermit vorliegt, habe ich eigentlich nur deshalb geschrieben, weil vor zwanzig Jahren ein anderes nicht zustande kam. Im Februar 1980 hielt Norbert Elias zur Vorstellung der Neuen Folge der Taschenbuchreihe ›edition suhrkamp‹ auf Einladung des Suhrkamp Verlages einen Vortrag in Frankfurt, in dem er darlegte, daß die »Kindlichkeit« und die »Naivität« der traditionellen afrikanischen Kunst lediglich das unschuldige und unbefangene Verhältnis der Afrikaner zu ihrem Körper und zu ihrer Sexualität widerspiegle.

Am Abend kam ich während eines festlichen Empfanges in einem Gespräch mit Elias und der schweizerischen Dichterin Gertrud Leutenegger auf seinen Vortrag zu sprechen. Vor allem die einfache und unprätentiöse Ausdrucksweise, mit der sich Elias so wohltuend von all den soziologischen Schwätzern und Verneblern abhob, hatte mir schon immer gut gefallen. Das sagte ich ihm auch, ohne allerdings zu verhehlen, daß ich trotzdem seine These für falsch hielt (ich habe das damals natürlich etwas höflicher formuliert): Eine geringere »Zivilisierung« der »animalischen Natur« könne man bei den Afrikanern oder auch den Menschen des Mittelalters im Vergleich zu uns nicht feststellen. Elias war meinen Ausführungen mit freundlichem Desinteresse gefolgt, und ich hatte nicht den Eindruck, daß er das Gespräch zu vertiefen wünschte.[1]

Um so überraschter war ich, als mich am nächsten Morgen in aller Herrgottsfrühe ein Anruf Siegfried Unselds aus dem Schlaf riß: Ich möge doch bitte so schnell wie möglich in die Lindenstraße, das Domizil des Verlags, kommen – Elias wolle mich unbedingt sprechen. Dort angekommen, traf ich indessen lediglich Unseld an, der mir erklärte, Elias habe es sich plötzlich anders überlegt und sei kurzfristig nach Amsterdam abgereist.

Die späten siebziger Jahre waren eine Zeit, in der sich die marxistischen Gebetsmühlen wenn überhaupt, dann nur noch äußerst schwerfällig drehten, und es gab auch kaum mehr jemanden, der Adorno oder gar Habermas oder Popper mit angehaltenem Atem gelesen hätte. Man hatte von *bestimmten* Gedankengebäuden einfach die Nase voll, war aber noch nicht auf postmoderne Weise »theoriemüde«. Ganz im Gegenteil war man auf der Suche nach einer neuen, unverbrauchten und unbelasteten Perspektive, von der aus die Gesellschaft und ihre Entwicklung sich besser sehen und verstehen ließen, und für viele Intellektuelle entsprach die »Zivilisationstheorie« diesen Wünschen und Aspirationen so gut, daß man um das Jahr 1980 geradezu von einer »Elias-Euphorie« reden konnte.

In dieser Zeit[2] kam mir der Gedanke, eine Anzahl von Historikern, Soziologen, Ethnologen und Vertretern anderer Fächer zu bitten, in einem Sammelband Stellung zur Eliasschen Theorie zu beziehen, und Siegfried Unseld war auch gleich damit einverstanden, Elias zu fragen, ob er sich mit einem solchen Projekt anfreunden könne. Während Elias mir selber schrieb, er hielte ein derartiges Unternehmen zwar für verfrüht, wolle mir aber bei dem Projekt nicht »in den Weg treten«[3], hatte er sich offenbar Unseld gegenüber anders geäußert, denn dieser bat mich, von der Sache Abstand zu nehmen, da Elias es vorzöge, einen solchen Band »von seinen eigenen Leuten« besorgen zu lassen, so daß nicht »mit unliebsamen Überraschungen« gerechnet werden müsse.

In dieser Situation beschloß ich, das Buch über die Zivilisationstheorie selber zu schreiben. Im Februar 1988 erschien dann in der Tat der erste Band, den Elias noch mit gemischten Gefühlen aufnahm, die indessen sehr eindeutig wurden, als er im Jahr darauf im Programmheft von Suhrkamp lesen mußte, daß wirklich noch ein zweiter Band meines Buches ins Haus stand: Flankiert von einer Schutztruppe aus empörten Schülern, Anhängern und Journalisten, konnte er nur mehr den »Feind« in mir sehen, der seine Ansichten mehr oder weniger böswillig »verzerrte« und »entstellte«.[4] Inzwischen hat sich freilich der Pulverdampf so weit verzogen, daß man die Dinge, wie ich hoffe, etwas unaufgeregter und objektiver betrachten und beurteilen kann.

Heidelberg, im Sommer 2001

Hans Peter Duerr

Anmerkungen

1 G. Forster, III, 1966, S. 383, bzw. ders., 1967, S.923. An anderer Stelle spricht er von den Feuerländern als »degraded to a being so brutish and insensible, that the life of some animals seems almost preferable« (IV, 1972, S. 35).

2 Cf. X. de Crespigny, 1974, S. 238, 242; C. Darwin, 1845, S. 201; ders., 1962, S. 374. Ähnlich hatte sich schon Cook über die Feuerländer geäußert. Wenn ein Jäger der Kutchin gefragt wurde, ob er denn auf der Jagd erfolgreich gewesen sei, antwortete er in jedem Falle: »Ich konnte überhaupt nichts fangen. Ich bin kein guter Jäger.« Cf. R. Slobodin, 1969, S. 78. Aus Höflichkeit und um seine Bescheidenheit zu dokumentieren, sagte ein Jäger der Netsilingmiut nie »Ich gehe einen Seehund jagen«, sondern »Ich gehe hinaus, um zu versuchen, einen Anteil an der Jagdbeute zu erlangen«, denn er wollte auf keinen Fall als jemand erscheinen, der davon überzeugt war, ihm gelinge etwas, das anderen vielleicht nicht gelänge. Cf. K. Rasmussen, 1931, S. 163. Die Jäger der !Kung nahmen sich auch bei der Jagd zurück, um nicht erfolgreicher als die anderen zu sein. Cf. R.B. Lee, 1979, S. 249.

3 Cf. M. Amin, 1981, S. 88.

4 Cf. I.Q. Orchardson, 1961, S. 36. Kam ein Mann zu seinem Freund, um ihn um etwas zu bitten, so rückte er lange nicht mit seiner Absicht heraus. Fragte der Freund ihn direkt, was er wünsche, so antwortete er vielleicht: *tamache ne?*, »Was sollte ich wollen?« oder: *ingen ngo?*, »Wer weiß es?« (a.a.O., S. 37) Im hohen Mittelalter fragte der Gastgeber den Fremden frühestens beim Essen, wer er sei und woher er komme, ja, der Abt Odilo von Cluny wartete sogar ein paar Tage, bis er eine so intime Frage stellte. Cf. J. Kunze, 1902, S. 99. Zur Höflichkeit der mittelalterlichen Bauern gegenüber Fremden cf. H.C. Peyer, 1983, S. 7. Cf. auch S. Pinton, 1965, S. 304 (Bari oder Motilones); F. Bonney, 1884, S. 130 (Parkungi und Bungyarlee); C.K. Meek, 1931, S. 21 f. (Bachama und Jukun); K.H. Basso, 1970, S. 220 (Westliche Apache); P. Schebesta, 1954, S. 278 (Semang). Als ich das erste Mal die Cheyenne in Oklahoma verließ, wurde dies nicht beachtet – niemand sagte ein Wort des Abschieds oder schaute sich nach mir um. Als ich nach einem Jahr wiederkam und mich ans Lagerfeuer setzte, taten alle so, als sei ich nur fünf Minuten weggewesen. Lediglich ein paar junge Mädchen tuschelten hinter vorgehaltener Hand. Cf. auch H.S. Gentry, 1963, S. 137 (Warihio).

5 Cf. P. Riesman, 1992, S. 27. Bei den Fulbe galt es auch als unanständig, laut zu sprechen und zu sehr dabei zu gestikulieren und – für einen erwachsenen Mann – zu tanzen. Cf. R. Ogawa, 1990, S. 247f; H.A. Regis, 1995, S. 142f. Das Ideal der Djelgobe-Peul in Obervolta ist der völlig ›kultivierte‹ Mensch, der seine Natur so sehr beherrscht, daß er nicht essen, trinken und defäkieren muß und der alle unwillkürlichen Regungen unter Kontrolle hat. Cf. P. Riesman, 1974, S. 128. Cf. auch V.W. Turner, 1957, S. 151 (Ndembu); H.U.E. Thoden van Velzen, 1984, S. 87f. (Djuka). Berechtigte Kritik an der von Ethnopsychoanalytikern wie Parin vorgebrachten Auffassung, »daß der Afrikaner generell weniger Triebverzicht leisten müsse als der Europäer und sein Lustleben in seiner Realität mehr befriedigen könne«, übt A. Bauer, 1985, S. 221 ff.

6 Cf. N. Elias, 1939, II, S. 329f.

7 Cf. E.A. Hoebel, 1960, S. 38; K.N. Llewellyn/E.A. Hoebel, 1941, S. 79. Bei den Cheyenne durfte der Besitzer eines »Skalphemdes« selbst dann, wenn jemand einen nahen Verwandten ermordete oder mit seiner Frau schlief, keinerlei Gefühlsregungen zeigen, und die Rache mußte er anderen überlassen. Cf. G.B. Grinnell, 1923, I, S. 58. »Es zeugt von Unkenntnis«, so W. Sofsky (2002, S. 58), »sich Rache nur als Ausbruch blinder Wut vorstellen zu können. Denn Rache war einst geknüpft an Regeln, und je stabiler die Institution, desto weniger bedurfte es eines affektiven Antriebs.« Im 18. Jahrhundert schrieb ein Gottesmann über die Lenape (Delawaren) und die Irokesen: »Hat der Indianer z.B. durch Feuer Haab und Gut verloren, so redet er davon mit einer Gleichmüthigkeit, die nur bey den gleichgültigsten Dingen natürlicher Weise statt hat« (G.H. Loskiel, 1789, S. 18). Cf. auch R.S. Hassrick, 1964, S. 41 (Sioux); P.T. Amoss, 1977, S. 132f. (Küsten-Salish); R.L. Bee, 1963, S. 220 (Yuma); A.E. Hippler, 1973, S. 1531 (Tanana); W.H. Kracke, 1978, S. 23f. (Kagwahív); A. Krause, 1956, S. 109 (Tlingit); J.M. Roberts/T. Gregor, 1971, S. 213f. (Mehináku); J. Overing, 1988, S. 189 (Piaroa); M. Astrov, 1962, S. 40 (Lakota).

8 N. Elias, 1988, S. XXXIV, bzw. 128f.

9 Ders., 1939, II, S. 327.

10 J. van Ussel, 1970, S. 42.

11 Cf. G.D. Jensen/L.K. Suryani, 1992, S. 142. Den durch eine enorme Triebkontrolle erzeugten ›sozialen Streß‹ und seine Übertragung auf mich selber habe ich auf dem balinesischen Dorf sehr intensiv empfunden, ebenso die abendliche Er-

schöpfung nach der täglichen ›Harmoniearbeit‹. Cf. auch C. Geertz, 1960, S. 246 f.

12 Cf. D. Raybeck, 1991, S. 322. Angesichts solcher Fälle von starker Triebkontrolle meinen A. Jarrick/J. Söderberg, 1993, S. 12, man könne nicht sagen, Menschen seien um so »zivilisierter«, je mehr sie ihre Triebe kontrollierten, denn »Zivilisation« beinhalte auch, daß *gewisse* Triebe »befreit« würden, z.B. die sexuellen, was ja auch in der westlichen Welt seit über dreißig Jahren geschehen sei. Warum aber sollte eine solche ›Liberalisierung‹ unbedingt einen *Fortschritt* an Zivilisierung bedeuten? Was würden die Autoren demjenigen entgegnen, der eine solche »Befreiung« überwiegend als familien- und gesellschaftszerstörend sowie als kapitalismusfördernd empfände?

13 Der Begriff »zivil« wurde in den letzten Jahrhunderten meistens im Sinne von »triebkontrolliert, anständig, schicklich« verwendet. Nachdem beispielsweise eine junge Amerikanerin im Jahre 1828 ohne weibliche Begleitung mit sechs fremden Männern in einer Postkutsche gereist war, ohne von ihnen ›angemacht‹ worden zu sein, schrieb sie: »The gentlemen were very civil.« Cf. P.C. Cohen, 1992, S. 116.

14 Cf. C.R. Boxer, 1965, S. 233 f. Das Schimpfwort »Kaffer« scheint sich nicht von den Kaffern, also den Xhosa im Kapland, herzuleiten, sondern von dem arabischen Wort *kāfir*, »Ungläubiger«. Cf. F. Kluge, 1960, S. 337.

15 H. Eichberg, 1978, S. 296.

16 S. Matti, 1994, S. 74. Im Jahre 1634 berichtete Paul Le Jeune, ein Schamane der Montagnais habe über einen Franzosen gesagt: »Er hat keinen Verstand, denn er gerät leicht in Zorn« (K.-D. Ertler, 1997, S. 230).

17 Die Utku verbargen im Gegensatz zu den Weißen jegliche Feindseligkeit hinter einer »mask of protective concern *(naklik)*« – so sagte man beispielsweise zu jemandem, dessen Besuch man nicht wünschte, er könne dabei ausrutschen und sich ein Bein brechen. »During the more than two years that I lived with the Utku, I never heard an adult raise his voice against another human being«, schreibt die Ethnologin, und dies habe unter anderem dazu geführt, daß namentlich die Weißen es nie bemerkten, wenn sie nicht gemocht wurden. Cf. J.L. Briggs, 1975, S. 140ff. Bei den Polar-Eskimo wurde sogar dem Gast, der aus der Rolle fiel und den Gastgeber beleidigte, nicht die Tür gewiesen. Ein Verhaltensforscher berichtet, wie sich in einem solchen Falle, den er selbst erlebte, die ganze

Familie ins Bett legte und wartete, bis die unerbetenen Gäste verschwunden waren. Cf. C. Adler, 1979, S. 131. Cf. auch R.F. Spencer, 1959, S. 248f. (Alaska-Eskimo). Nach P. Langgaard, 1986, S. 306, stimmten die Eskimo von Godthåb während eines Gesprächs ihrem Gegenüber prinzipiell zu, also auch dann, wenn sie völlig anderer Meinung waren. Die Dänen, die das nicht taten und gar schwiegen, wurden als äußerst unhöflich und feindselig empfunden. Auf der anderen Seite realisierten die Dänen es nicht, daß die Eskimo ihnen solche Verletzungen lange nachtrugen. Wenn bei den Napaskiagamiut ein Mensch log, dann sagte man ihm dies nicht ins Gesicht, vielmehr formulierte man es so, daß er scherze oder einen zum Narren halte. Cf. W. Oswalt, 1963, S. 44. Cf. auch M.Z. Rosaldo, 1983, S. 144f. (Ilongot); P.M. Gardner, 1969, S. 157 (Paliyan); D. Zahan, 1979, S. 114; J.D. Krige/E.J. Krige, 1954, S. 78 (Lovedu); M.E. Opler, 1941, S. 434 (Chiricahua Apache).

18 Cf. J.L. Briggs, 1970, S. 47f., 71. Wer bei den Chewa »im Herzen brannte«, also zu intensive Gefühle hatte, wurde verachtet. Cf. M.G. Marwick, 1965, S. 226. Cf. auch H. Morton, 1996, S. 218 (Tonganer).

19 Cf. C. Lindblom, 1988, S. 232.

20 J. Heckewelder, 1819, S. 145, 189.

21 E. Eylmann, 1908, S. 44f.

22 W. Mariner, 1819, S. 454f. »Ich habe kein Gesicht mehr vor den Leuten« oder »Wie häßlich ich anzusehen bin« waren im traditionellen Japan die typischen Ausdrücke, die eine Person benutzte, die sich schämte. Cf. B. Kimura, 1978, S. 115.

23 Cf. E. Keenan, 1991, S. 78f., 82, 98. Auch auf den südöstlichen Salomonen rief die zu große Direktheit und die ›kindliche‹ Spontaneität der Europäer bei den Einheimischen intensive Scham (*masa*) hervor, da man sich auf den Inseln im Umgang mit den anderen stets Mittelspersonen bediente. Cf. W.G. Ivens, 1927, S. 17. Noch heute empfinden viele Fidschianer und Samoaner die westlichen Touristen als schamlos und unkultiviert, aber man ist für gewöhnlich zu höflich, sie dies merken zu lassen. Cf. C. Kahrmann, 1995, S. 185f.

24 Cf. F.R. Myers, 1986, S. 121ff; V. Pandya, 1993, S. XVI (Onge). Bei den Mehináku klärte niemand einen gehörnten Ehemann direkt auf, nicht einmal seine Geschwister. Cf. T. Gregor, 1977, S. 102.

25 Cf. G. Soustelle, 1958, S. 178f. Cf. auch R. Bunzel, 1959, S. 119f. (Quiché-Maya); L. Manrique, 1969, S. 719 (Otomí); R.M. Laughlin, 1969, S. 185 (Tzotzil).

26 Cf. I. Eibl-Eibesfeldt/W. Schiefenhövel/V. Heeschen, 1989, S. 35 f. Bei den zentralaustralischen Aborigines war es üblich, sich bei Beginn eines Gespräches mit bestimmten Formeln zurückzunehmen und sein Licht unter den Scheffel zu stellen, z. B. mit *ngayulu ngurrpatjarra*, »Ich weiß nicht, aber …« oder mit *tjinguru ngayulu palya wangkanyi, tjinguru wiya*, »Vielleicht ist es richtig, vielleicht auch nicht …« (K. Liberman, 1985, S. 29). Die Mekeo in Neuguinea sprachen in Anwesenheit anderer von einem Gegenstand, der ihnen selber gehörte, immer von »unserer Sache«. Unterhielt sich jemand mit seinem Onkel über seinen Bruder, sagte er nie »mein Bruder«, sondern »dein Neffe«. Cf. R. W. Williamson, 1913, S. 271. Cf. auch P. Durdin, 1972, S. 86 (Tasaday); O. F. Raum, 1956, S. 706 (Chagga); H. A. Bernatzik, 1938, S. 132 (Phi Tong Lüang oder Yumbri); A. B. Weiner, 1976, S. 86 f.; dies., 1988, S. 68 (Trobriander).

27 Cf. W. LaBarre, 1966, S. 270. Den !Ko fiel es auch sonst ungeheuer schwer, kurz und bündig »nein« zu sagen. Als I. Eibl-Eibesfeldt (1972, S. 164 f.) bei ihnen Untersuchungen über ihre Geschmacksempfindungen durchführte und sie nach dem Kosten von bitteren Getränken angewidert den Mund verzogen, antworteten sie trotzdem auf die Frage, ob das Getränk ihnen schmecke, mit »ja«. Cf. auch H.-J. Heinz/M. Lee, 1978, S. 172; S. Jagchid/P. Hyer, 1979, S. 135 (Mongolen).

28 Cf. M. Bloch, 1974, S. 195, bzw. G. T. Basden, 1921, S. 269 f.; ders., 1938, S. 163 ff. Cf. auch H. Himmelheber, 1957, S. 18 (Dan); H. Schurtz, 1900, S. 183 (Tubu).

29 Marwick, a. a. O., S. 224; C. Hoffmann, 1956, S. 184 (Sotho).

30 Cf. G. Grünberg, 1970, S. 131 f. Cf. auch A. Lauser, 1992, S. 4 (Mangyan); R. S. Rattray, 1929, S. 13 (Aschanti); C. Beckwith, 1983, S. 486 (Woodaabe); J. Knuf/H. W. Schmitz, 1980, S. 165, 167 f. (Quechua von Saraguro); J. C. Hotchkiss, 1967, S. 714 (Teopiscaneken); A. C. Crawford, 1967, S. 110 (Vietnamesen). Um das Jahr 1740 berichtete Christian Gottlieb Priber über die Cherokee: »Sie sehen ihre Gesprächspartner selten an und sind mißtrauisch, wenn man seine Augen auf sie richtet. Sie reden so leise, daß man sie oft bitten muß, zu wiederholen, was sie gesagt haben« (U. Naumann, 2001, S. 124). Ein amerikanischer Ethnologe berichtet, er sei in Mexiko wegen seines »American style of establishing and maintaining direct eye contact« ständig von Schwulen ›angemacht‹ worden (M. Winkelman, 1999, S. 79); weil diese seinen Blick mißverstanden hätten.

31 I. Zingerle, 1856, S. 444. Im Mittelalter gab es im Erziehungs-programm eine regelrechte Disziplin für das richtige und ela-borierte Grüßen. Cf. R. Roos, 1975, S. 32.

32 G.A. v. Klöden, 1858, S. 29.

33 Später machte ich bei den Cheyenne dieselbe Erfahrung. Von den Mecayanapeken in Veracruz und von den Khasi wird berichtet, daß sie die Hand des anderen nur kurz und lasch berührten. Cf. H.W. Law, 1948, S. 44, bzw. H.O. Mawrie, 1981, S. 83. Die orthodoxen Ostjuden berührten nur ganz flüchtig die Fingerspitzen des anderen Mannes und zogen dann ihre Hand schnell zurück. Bei einer Frau vermieden sie nach Möglichkeit jeden Körperkontakt. Cf. M. Zborowski/E. Herzog, 1952, S. 138.

34 Cf. R. König, 1973, S. 147; G. Witherspoon, 1981, S. 103f.; R.S. Hassrick, a.a.O., S. 35 (Sioux); C. Deimel, 1980, S. 20 (Tarahumara); M. Argyle/M. Cook, 1976, S. 29 (Uitoto); R.H. Lowie, 1955, S. 132 (Kiowa). Über die Quruñgu'a hieß es, daß sie selbst dann, wenn sie lachten, zornig oder freudig erstaunt waren, ihre Gesichtszüge kaum veränderten und deshalb sehr maskenartig wirkten. Cf. R.N. Wegner, 1930, S. 168. Während des Verkaufens und Geldwechselns sahen die Tzotzil-Frauen, die mit eingeschlagenen Beinen, verhülltem Mund und nieder-geschlagenen Augen auf dem Markt vor ihren Waren saßen, ihre Kundinnen und Kunden nie an. Alles an ihnen signalisier-te: »In Wirklichkeit bin ich gar nicht hier.« Und diese Botschaft war um so deutlicher, je jünger die Frauen waren. Cf. L.K. Haviland/J.B. Haviland, 1983, S. 355. Cf. auch S.A. Boone, 1986, S. 127ff. (Mende), und G.M. Childs, 1949, S. 101 (Ovimbundu).

35 Cf. R.W. Dunning, 1959, S. 127.

36 Cf. Liberman, a.a.O., S. 28. Cf. auch R.I. Levy, 1973, S. 339f. (Tahitianer).

37 Cf. M.F. Vargas, 1986, S. 62; J. Nicolaisen, 1963, S. 13f.; A. Sèbe, 1982, S. 27; R.F. Murphy, 1964, S. 1267f.; D. Casajus, 1987, S. 303. Aus Scham verschleierten viele Ehepaare der Tuareg, vor allem die frischverheirateten, beim Beischlaf den Mund. Cf. J. Nicolaisen, 1971, S. 173.

38 Sobald die Frau von weitem die Angeheirateten sah, legte sie das Band, das sie stets bei sich trug, um. Selbst um das Grab des Schwiegervaters machte sie einen weiten Bogen. Zudem durfte sie keine Wörter benutzen, in denen die Wurzel eines der Namen der affinal Verwandten vorkam, vielmehr mußte sie diese Wörter durch »Schamwörter« ersetzen. Cf. E.J.

Krige, 1936, S. 30; O.F. Raum, 1973, S. 105; ders., 1959, S. 64; ferner A. Elliott, 1978, S. 108; R.K. Herbert, 1990, S. 457; L. Madela, 1976, S. 161f.; ähnlich auch bei den Pondo (M. Hunter, 1961, S. 38f.); Nyole (G. Wagner, 1949, S. 195f.); Baganda (J. Roscoe, 1902, S. 39); Huana (A.R. Radcliffe-Brown, 1950, S. 59) und Ingessana am Blauen Nil (M.C. Jędrej, 1979, S. 381). Bei den Jakuten mußte sich eine Frau sieben Jahre lang vor ihrem Schwiegervater und den übrigen männlichen Angeheirateten verbergen. Für Notfälle, in denen sie ihnen nicht ausweichen konnte, besaß sie eine Gesichtsmaske. Cf. M. Sieroshevski/W.G. Sumner, 1901, S. 93.

39 Cf. Hoebel, a.a.O., S. 28. Bei den Swampy Cree kehrte eine Frau ihren Schwiegersöhnen stets den Rücken zu. Cf. L. Mason, 1967, S. 49. Ein Mann oder eine Frau der Jicarilla Apache durfte den meisten Angeheirateten nicht in die Augen sehen, wollten sie nicht mit Blindheit geschlagen werden. Cf. M.E. Opler, 1947, S. 454. Wie mir Michael Mitterauer in einem Brief vom 6. Mai 1985 mitteilte, haben in Westeuropa solche Meidungen in den letzten tausend Jahren wohl keine große Rolle gespielt, »weil hier ja bis weit zurück Neolokalität stark verbreitet war«. Und »in den patrilokalen Bauernfamilien lebten die Altenteiler oft stark separiert«.

40 Cf. O. Zerries, 1964, S. 197.

41 W. McClintock, 1910, S. 187, 408, 432.

42 Einst trug jeder männliche Tanga-Insulaner einen ausgehöhlten Flaschenkürbis zur Aufbewahrung von Kalk bei sich, an dem an einer Schnur leere Samenhülsen oder Muschelschalen hingen, die bei jeder Bewegung rasselten, so daß die Schwester des Betreffenden sich entfernen oder abwenden konnte, wenn er nahte. Cf. F.L.S. Bell, 1935, S. 177; ferner E.G. Burrows, 1936, S. 76 (Futuna-Insulaner); L. Thompson, 1940, S. 59f. (Fidschianer); B. Moral, 1998, S. 277 (Truk-Insulaner). Bei den Atna am Copper River und bei den Tagish sahen mit Eintritt der Pubertät die Buben nicht länger ihren älteren Brüdern und die Mädchen nicht mehr ihren älteren Schwestern ins Gesicht. Cf. C. McClellan, 1961, S. 106, 115; ders., 1981, S. 501; W.H. Scott, 1958, S. 65 (Igórot). Auf den Taumako-Inseln im Santa Cruz-Archipel galt die Vermeidung des Augenkontakts auch für Parallelbase und Parallelvetter, auf Utupua und Vanikoro für Kreuzbase und Kreuzvetter. Cf. W. Davenport, 1968, S. 164, 234.

43 Cf. J. Malaurie, 1979, S. 135 (Polar-Eskimo); B.T. Grindal, 1972, S. 33 (Sisala). In manchen Gegenden war dies auch bei

uns noch im Hochmittelalter üblich. Cf. H. Fichtenau, 1984, S. 138. Im 16. Jahrhundert sagte die fünfzehnjährige Jane Gray aus: »When I am in the prescence of either father and mother, whether I speake, kepe silence, sit, stand or go, eate, drinke, be merrie or sad, be sewying, playing, dancing, or doing anie thing els, I must do it, as it were, in such weight, mesure and number, even so perfitelie as God made the world.« In derselben Zeit schrieb Elizabeth Tanfield, daß sie bis zum Tode ihrer Mutter stets vor ihr niederkniete und den Blick senkte, wenn sie mit ihr sprach, manchmal länger als eine Stunde. Cf. I. Pinchbeck/M. Hewitt, 1969, S. 16, 18. Zu den Großeltern, die nicht direkt mit der Erziehung betraut waren, war das Verhältnis meist viel lockerer und entspannter. Die Bengalen nannten die Beziehung zwischen den Enkeln und den Großeltern väterlicherseits *madhur śamparka*, »süße Beziehung«. Cf. B. Luchesi, 1983, S. 163.

44 Cf. H.K. Schneider, 1971, S. 62. Auch die singhalesische Frau sollte beim Gespräch mit ihrem Mann den Kopf abwenden (G. Obeyesekere, 1974, S. 205), während man dies von der bengalischen Frau wenigstens in der Öffentlichkeit erwartete (Luchesi, a.a.O., S. 158; L.M. Fruzzetti, 1982, S. 14, 57). Cf. auch J. van Wing, 1959, S. 145 (Bakongo). Im klassischen China sollten Mann und Frau »einander Achtung erweisen wie Gastgeber und Gast«, und man erwartete, daß die Hausfrau beim Servieren des Essens vor ihrem Mann die Augen niederschlug und das Tablett mit den Eßschalen in der Höhe ihrer Augenbrauen hielt. Deshalb hieß die Respektsbeziehung einer Frau zu ihrem Mann *chu an ch'i mei*, »das Tablett in Augenbrauenhöhe halten«. Cf. F.L.K. Hsu, 1971, S. 452.

45 Cf. Haviland & Haviland, a.a.O., S. 349f.

46 Cf. J.G.F. Riedel, 1885, S. 60.

47 J.M. Garvan, 1955, S. 770.

48 Cf. H.O. Mawrie, 1981, S. 83, bzw. W.D. Hambly, 1934, S. 215f. Im Fidschi-Archipel erforderte das Vorübergehen an einer Hütte das »Kleingehen«, d.h., man ging gebückt, während eine Frau sogar auf Händen und Knien vorbeikroch. Cf. D.M. Spencer, 1938, S. 266. Ging ein Zulu an einem Haus vorüber, dessen Tür geöffnet war, durfte er nicht einfach weitergehen, sondern mußte zuvor die Bewohner begrüßen, auch wenn er das ursprünglich gar nicht vorhatte. Cf. O.F. Raum, 1973, S. 149. Bei den Me'udana im Südosten Neuguineas ging man nie direkt an sitzenden Leuten vorüber, sondern machte einen weiten Bogen um sie. War dies nicht möglich, so bat man

die Sitzenden, aufzustehen, damit man vorbeigehen konnte. Cf. E. Schlesier, 1983, S. 74.

49 A. Lorenzer, 1989, S. 30f.

50 J. van Ussel, 1979, S. 174.

51 Cf. Liberman, a.a.O., S. 121; Myers, a.a.O., S. 122. Cf. auch S. Lehner, 1932, S. 125 (Jabem in Nordost-Neuguinea); E. Viveiros de Castro, 1992, S. 100 (Arawaté); J. Fajans, 1997, S. 117f. (Baining auf der Gazelle-Halbinsel).

52 Cf. R. Rottenburg, 1991, S. 82. Wenn ein Yupno im Nordosten Neuguineas einen fremden Garten durchquert, muß er dabei ständig seine Position angeben, indem er eine ihm eigene Melodie (koñgap) singt, an der ihn jeder erkennen kann. Cf. J. Wassmann, 1993, S. 169f.

53 Cf. P. Paulitschke, 1893, S. 249; O.F. Raum, 1940, S. 325f. (Chagga). Cf. auch Keenan, a.a.O., S. 79 (Vakinankaratra). Bei den Kabylen wurde das unbefugte Betreten eines Hauses wie die Vergewaltigung einer Frau empfunden, und wie diese zog sie Blutrache nach sich. Cf. M. Grasshoff, 1995, S. 202f. Cf. auch H.P. Duerr, 1988, S. 167ff. Wenn bei den Mapuche das Anschlagen der Hunde Besuch ankündigte, man aber keine Gäste empfangen wollte, schloß die Hausfrau die Tür. Dies bedeutete »Es ist niemand zu Hause«, und der Besucher verzichtete auch dementsprechend darauf, anzuklopfen. Cf. I. Hilger/M. Mondloch, 1966, S. 204. Bei den Piaroa galt es als sehr beschämend, in die Privatsphäre eines Menschen einzudringen, wozu nicht nur die Hütte gehörte: Ein Kind ab einem bestimmten Alter in der Öffentlichkeit mit seinem Namen anzureden war ebenso eine Verletzung der Privatsphäre wie ihm die Genitalien zu entblößen. Cf. Overing, a.a.O., S. 188f.; L. Marshall, 1976, S. 245f. (!Kung).

54 Cf. Himmelheber, a.a.O., S. 40. Bei den Chagga am Kilimanjaro mußte man entweder laut husten oder mit einem großen vertrockneten Bananenblatt rascheln. »Sobald du ans Hoftor kommst«, brachte man den Kindern bei, »und Sprechlaute vernimmst, die du noch nicht unterscheiden kannst, dann schlage, bums, an die Pforte und rufe: ›Äh, dieser Pfosten klemmt!‹« (B. Gutmann, 1938, S. 218f., 339).

55 Lorenz G. Löffler: Brief vom 7. Dezember 1988.

56 Gäste setzten sich im Männerbereich des Zeltes mit dem Rücken zu dem Bereich der Frauen, damit sie nichts sehen konnten, falls der Trennvorhang nicht vollständig schloß. Cf. E. Marx, 1987, S. 164, ferner E. Heller, 1993, S. 89f. Cf. auch Pinton, a.a.O., S. 303 (Bari an den Westhängen der Sierra

Perijá). Bei den Oku (Ebkwo) in Kamerun gehörte die Wahrung der Privatsphäre und der ›Familiengeheimnisse‹ zu den Hauptpflichten einer Frau. Vieles von dem, was ihr Mann tat, wußte nur sie, und wenn sie es bei ihren Nachbarinnen ausplauderte, brachte die Familie sie vor das Dorfgericht (*kwifon*). Cf. N.J. Bah, 1998, S. 40.

57 Jemandem den Rücken zuzukehren galt auch bei den Konyagen auf der Kodiak-Insel als grobe Unhöflichkeit, und wenn einem dies einmal unterlief, entschuldigte man sich sofort dafür. Cf. L.T. Black, 1977, S. 97.

58 M. Gusinde, 1946, S. 284; ferner auch W. Koppers, 1924, S. 15, 94, 97 (Yahgan).

59 Cf. M.E. Opler, 1941, S. 434.

60 Cf. Adler, a.a.O., S. 155.

61 Cf. Himmelheber, a.a.O., S. 40.

62 Cf. I. Eibl-Eibesfeldt, 1972, S. 82.

63 Informant: Pak Lamuri, Juli 1986. Auch die Buschleute der Kalahari bedankten sich für ihren Anteil an der Jagdbeute nicht, vielmehr folgte normalerweise auf eine Gabe irgendwann die Gegengabe. Cf. F. Zerbst, 1983, S. 27f.

64 A. Cannizzaro, 1964, S. 167.

65 Cf. R.A. Levine/S.E. Levine, 1991, S. 167. Bei den Ambo oder Ovambo im Norden der Etoschapfanne durften direkt aufeinanderfolgende Generationen nicht auf den Betten der jeweils anderen sitzen, mit Ausnahme der Mutter, die sich auf das Bett ihres Kindes setzen durfte, solange dieses noch klein war. Cf. B. Stefaniszyn, 1964, S. 107. Bei den Mende war es verpönt, sich auf die Betten der andersgeschlechtlichen Geschwister zu setzen. Cf. K.L. Little, 1954, S. 131f.; ders., 1960, S. 203.

66 G. Kubik, 1993, S. 314. Cf. auch E.E. Evans-Pritchard, 1974, S. 107f. (Azande); G. Neubeck, 1969, S. 113 (Kaka in Südkamerun); J. Ruytinx, 1960, S. 28 (Bushongo oder Bakuba); M. Douglas, 1975, S. 11 (Lele); I. Löffler, 1975, S. 11f. (Tege). Wie in vielen Gegenden Afrikas durften auch bei den Römern Vater und Sohn einander nicht entkleidet sehen (cf. Plutarch: *Quaestiones Romanae* 40.274 B; Valerius Maximus: *De dictis factisque memorabilibus* II.1.7.). Verständlicherweise leuchtete die Geschichte von Noah und seinem Sohn Ham gerade den Afrikanern ein. Nach einer Überlieferung der Haussa stammen die Neger vom Sohne Adams ab, der über die entblößten Genitalien seines Vaters gelacht hatte und deshalb von diesem verflucht wurde, schwarz zu werden. Cf. F.W. Kramer, 1987, S. 32. In Europa wurde spätestens seit dem 11. Jahrhundert die

Knechtschaft der Bauern auf diese Unverschämtheit eines bäuerlichen Urahnen zurückgeführt. Cf. G. Franz, 1976, S. 37.

67 Cf. Eibl-Eibesfeldt et al., a.a.O., S. 36.

68 W. Rybczynski, 1987, S. 26.

69 Cf. J.M. Bachnik, 1989, S. 239, 249ff., 254.

70 N. Elias, 1987, S. 176.

71 S. Shahar, 1990, S. 102.

72 Cf. Rybczynski, a.a.O., S. 85.

73 Cf. R.G. Williamson, 1974, S. 33f., bzw. P. Draper, 1976, S. 209, und G.T. Nurse/T. Jenkins, 1977, S. 76, sowie M. Guenther, 1986, S. 81 (Nharo-Buschleute).

74 Cf. J. Rossiaud, 1989, S. 177.

75 Cf. J. Parkes, 1925, S. 136.

76 A. de Beatis, 1905, S. 105.

77 A. Cornelissen, 1976, S. 130. Im frühneuzeitlichen England und Neuengland versuchte man zwar auch, Privatheit *physisch* herzustellen, indem man größere Räume durch bewegliche Zwischenwände oder mit von den Dachbalken herabhängenden Decken und Vorhängen teilte (cf. D.H. Flaherty, 1972, S. 36), doch scheint man sich herkömmlicherweise eher *psychisch* von den anderen separiert zu haben, für die man dann nicht mehr ›anwesend‹ war. Cf. H.P. Duerr, 1988, § 10; P. Laslett, 1988, S. 216; D. Raybeck, 1991, S. 321.

78 J.-F. Solnon, 1987, S. 334. Im 17. und 18. Jahrhundert scheint es in der Frage, wo die Grenzlinie zwischen »öffentlich« und »privat« verlaufen sollte, auch nationale Unterschiede gegeben zu haben. Jedenfalls kritisierten viele britische Besucher die französische Sitte, daß Herren Zugang zur Garderobe von Damen hatten. Cf. K.M. Rogers, 1984, S. 363. »A lady«, meinte bereits zu Beginn des 17. Jahrhunderts der englische Dichter Ben Jonson, »should, indeed, study her face, when we think she sleeps; nor, when the doors are shut, should men be enquiring; all is sacred within, then. Is it for us to see their perukes put on, their false teeth, their complexion, their eyebrows, their nails?« Und schließlich »no more should servants approach their mistresses, but when they are complete and finished« (C. Camden, 1975, S. 213; L.E. Pearson, 1957, S. 596). So war auch Rousseau im Jahre 1742 einigermaßen konsterniert über die Art und Weise, wie er in Paris von einer Dame empfangen wurde: »Sie empfing mich beim Ankleiden. Ihre Arme waren nackt, ihre Haare aufgelöst, und ihr Pudermantel hing nur lose über ihren Schultern. Ein solcher Empfang war mir völlig neu, und mein armer Kopf konnte

ihm nicht widerstehen, mir ward beklommen zu Mut, ich verlor die Fassung und … kurz, ich verliebte mich in Madame Dupin« (J.-J. Rousseau, 1907, S. 378). Solche Haltungen offenbarten mitnichten niedrige Scham- und Peinlichkeitsstandarde, wie Elias meint, vielmehr gerierten sich die adeligen Damen als »naturel« wie z.B. im 17. Jahrhundert Mlle de Montpensier, die sich »toujours négligée« zeigte und sich ganz selten frisierte. Cf. M. Magendie, 1925, S. 494.

79 Cf. A. Denecke, 1891, S. XIX.

80 Cf. Flaherty, a.a.O., S. 89.

81 Cf. D. Shaw, 1996, S. 447, 456f.

82 K.-S. Kramer, 1987, S. 43f., 120f.

83 Cf. G. Angermann, 1995, S. 224. Nach einer Schwarzwälder Dorfordnung vom Jahre 1544 war derjenige, welcher den Frieden eines Hauses brach, der Obrigkeit zu »zechen gulden verfallen«, ein Betrag, den auch der entrichten mußte, welcher »ain junckfrowen oder unverlümdete tochter« verführte und nicht heiraten wollte oder wer einer »frowen außerhalb der ee ain khind thet bevelchen«. Außerdem heißt es, daß der »hußwirt« ihn schlagen dürfe und »sover er jne nit ze tod schlieg, frefelt er nit an jm« (R. v. Schreckenstein, 1878, S. 447). In England blieb nach Henry de Bracton (1968, S. 408) der Totschlag für den Hauswirt straffrei, wenn er aus Notwehr geschah.

84 Cf. S. Dettlaff, 1989, S. 337, 339. Immerhin war auch diese Buße kein Pappenstiel.

85 Im Jahre 1573 wurde in Dingolfing ein junger Mann wegen Hausfriedensbruchs zu einer Strafe von fünf Pfund Pfennigen verurteilt. Er behauptete zwar, er habe lediglich bei der Magd fensterln wollen, aber die Richter vermuteten, seine Absicht sei es gewesen, »beim Weib« des Hausherrn zu liegen. Cf. F. Markmiller, 1996, S. 25.

86 Shaw, a.a.O., S. 461. Auf dem nordholländischen Dorf schreckten die meisten Kampfhähne davor zurück, ihren flüchtigen Gegner bis in sein Haus zu verfolgen, weil dies empfindlich bestraft wurde. Cf. A.T. van Deursen, 1997, S. 295f. Nach der Satzung der Flensburger St. Knudsgilde aus dem frühen 13. Jahrhundert wurde jeder, der den Hausfrieden eines Gildebruders brach, mit dem Verlust von »liif ogh gooths«, also von Leben und Gut, bestraft. In späteren Zeiten wurden die Strafen immer milder. Cf. H.-F. Schütt, 1980, S. 118.

87 Im spätmittelalterlichen Brüssel galt das nächtliche Klopfen an

Häuser durch Betrunkene als »huisvredebreuk« und wurde
hart bestraft. Cf. F. Vanhemelryck, 1981, S. 224. In Rußland
nannte man das zu jener Zeit »Beleidigung des Hauses« (N.S.
Kollmann, 1992, S. 139), in Schweden »hemgång« (E. Öster-
berg/D. Lindström, 1988, S. 94) und auf dem mittelalterlichen
Dorf in England »hamsoken« (F. Gies/J. Gies, 1990, S. 180).
Cf. auch K.-S. Kramer, 1957, S. 136; S. Alfing/C. Schedensack,
1994, S. 57f.; K.O. Müller, 1914, S. 48f., 118. Wenn man bei
mutmaßlichen oder ›überführten‹ Hexen die Fenster ein-
schlug, wollte man damit demonstrieren, daß nur anständige
und ehrbare Menschen Anspruch auf Hausfrieden hatten. Cf.
I. Ahrendt-Schulte, 1997, S. 61. Wurde jemand von einem
anderen »zu hus oder ze hoff überloffen« und »kumbt« dieser
»des nachts«, dann strafte man ihn nach den Statuten für die
Grafschaft Friedberg-Scheer vom Jahre 1512 »umb fünff
pfund pfenig und des tags um drew pfund«. »Item wölicher
den andern frävenlich für hus oder höf vordert, kumbt des
nachts umb zehen pfund pfening und des tags umb fünff pfund
pfening; und wurden sy anainandern mißhandlen mit worten
oder wercken, das sollen sy dartzu pessern« (R. Kretzschmar,
1987, S. 37). Im 14. Jahrhundert lag in Zürich der Tatbestand
des Hausfriedensbruchs vor, wenn jemand einen anderen vor
dessen Haus aufforderte, vor die Türe zu kommen, falls er ein
Mann sei. Man nannte dies »frevenlich und schalklich usser
dem hus luoden«. Cf. S. Burghartz, 1990, S. 133, 266. Im
damaligen Schweden galt Hausfriedensbruch als eines der
schlimmsten Verbrechen, und selbst die Ausübung geringfügi-
ger Gewalt in oder am Hause des Opfers konnte mit der
Todesstrafe für den Täter enden. Ein ganz besonders befriede-
ter (edsöre, wörtl. »Eidschwur«) Ort war das Klosett. Cf.
Österberg/Lindström, a.a.O., S. 94ff. Unter einem besonderen Schutz standen auch die Badstuben. Nach einer Soester
Rechtsquelle vom Jahre 1120 mußten die Büttel einen dort
badenden Delinquenten unbehelligt lassen, solange er sich, seiner Kleider ledig, in ihr aufhielt. Cf. W. Gail, 1940, S. 59f.

88 Cf. W. Bowsky, 1973, S. 178. Wenn ein Mann die Frau, Tochter
oder Schwester eines anderen schlug, mußte er nach den mittelalterlichen Statuten von Polica doppelt soviel an Strafzah-
lung entrichten, wenn dies in deren Haus oder Hof geschah.
Cf. O.A. Akimova, 1996, S. 133.

89 Cf. A.T. van Deursen, 1991, S. 113.

90 Cf. D. Werkmüller, 1988, S. 106. Der Graf von Zimmern
berichtet von einer Diskussion über die Vor- und Nachteile

der »vita publica und privata«, nach der man zumindest übereinstimmend festgestellt habe, daß »die gefahr im privatleben gemainlichen nit so gross, dergleichen auch weniger gegen Got und der welt zu verantwurten« sei »als in publica«. Cf. K.A. Barack, 1881, III, S. 402.

91 Cf. P.K. Ford, 1988, S. 424.

92 Cf. Camden, a.a.O., S. 116.

93 Cf. N. Elias, 1939, II, S. 479.

94 Cf. J. Whatley, 1986, S. 322f.

95 Fritz W. Kramer: Mündliche Mitteilung vom 15. Juli 1987.

96 Cf. M.G. Peletz, 1996, S. 223f.

97 Deshalb hätten die Achuar wie auch die anderen Jívaro stets »eine Fassade der Genügsamkeit« zur Schau gestellt. Cf. P. Descola, 1996, S. 63. Cf. auch E. Renfro, 1992, S. 65 (Shasta).

98 Cf. L. Marshall, 1976, S. 355f. Bei den !Ko übten dies bereits die kleinen Kinder in Spielgruppen ein. Cf. H.-J. Heinz/M. Lee, 1978, S. 88, 126f.; I. Eibl-Eibesfeldt, 1972, S. 50ff. Damit die Leute nicht dachten, man sei gierig, griff man bei den Tutsi nur ganz langsam und mit den Fingerspitzen nach den Speisen. Cf. P. Schumacher, 1949, I, S. 103. Wenn die Ibo aus einer gemeinsamen Schüssel aßen, taten sie dies nur sehr langsam und zögerlich, und sie ließen stets dem Nachbarn den Vortritt, wenn es darum ging, die Yams in die Suppe zu tauchen, weshalb die Mahlzeiten sehr lange dauerten. Cf. G.T. Basden, 1938, S. 156f.; J.D. Krige/E.J. Krige, 1954, S. 76 (Lovedu).

99 Cf. U. Lehmann-Langholz, 1985, S. 111f.; J. Lehner, 1984, S. 96. Oder wie es der als Frau verkleidete Ulrich von Liechtenstein formulierte: »ich gie nâch blîder vrowen sit/ kûm hende breit was dâ mîn trit« (*Frauendienst* 945, S. 7f.). Nach alter jüdischer Tradition heißt es, das Jungfernhäutchen der Mädchen könne einreißen, wenn diese zu große und schnelle Schritte machten, weshalb man ihnen empfahl, »Schrittkettchen« um die Knie zu tragen. Cf. J. Nacht, 1923, S. 150; I. Simon, 1980, S. 834. Um Frauen daran zu hindern, »undamenhaft« auszuschreiten, war im späteren 19. Jahrhundert bisweilen in der Damenunterwäsche in Kniehöhe ein ringförmiges Band eingenäht. Cf. H. Kramer, 1971, S. 158.

100 Cf. F.M. Deng, 1972, S. 19f. Auch wenn sie sehr hungrig waren, aßen die Cubeo betont langsam und niemals bis zur Sättigung, selbst wenn Nahrung im Überfluß vorhanden war. Cf. I. Goldman, 1963, S. 80. Ähnlich C. Laufer, 1949, S. 350 (Qunantuna); G. Vicedom/H. Tischner, 1948, S. 45f. (Mbowamb).

101 Cf. R. Marquardt, 1985, S. 182f.

102 Cf. W. Goldschmidt, 1951, S. 514. Früher wurde man fast überall in der arabischen Welt zum Mitessen geradezu genötigt, doch im allgemeinen lehnte man die Einladungen standhaft ab, um nicht gierig und hemmungslos zu erscheinen. Cf. J. Frembgen, 1987, S. 94.

103 Cf. S. Walens, 1981, S. 13 f., 87. Nach Möglichkeit redeten die Kwakiutl beim Essen überhaupt nichts, und wenn sie es taten, dann nur auf streng ritualisierte Weise. Jede Form von Ausgelassen- und Heiterkeit war bei dieser Gelegenheit verpönt.

104 Cf. H. A. Bernatzik, 1936, S. 93 (Owa Raha, Salomonen); E. J. Krige/J. D. Krige, 1943, S. 110 (Lovedu); Walens, a. a. O., S. 91 (Kwakiutl); G. Spannaus, 1955, S. 74 (Ndau); Opler, a. a. O., S. 428 (Chiricahua Apache). Auf dem balinesischen Dorf durften lediglich die Männer beim Essen schlürfen, während die Frauen ihre Nahrung geräuschlos und mit geschlossenem Mund zu sich nehmen mußten. Cf. U. Wikan, 1990, S. 67, 69.

105 F. Dedekind, 1882, S. 20. In einem anderen Text aus derselben Zeit wird über die Peinlichkeit berichtet, die dadurch entstand, daß es eine Frau »sauwr an« kam, »als sie näher zu« ihm »rücken wolte«, so »dass ihr ein grosser etc. entwüschte«. Hier wird also der Rülpser nicht einmal beim Namen genannt. Cf. H. Schulz, 1908, S. 131. Cf. auch H. A. Bernatzik, 1947, S. 466 (Meau); R. Bourgeois, 1957, S. 306 (Banyarwanda und Barundi). Während im allgemeinen kaum ein Kulturhistoriker es ausläßt, hervorzuheben, im Mittelalter hätten die Erwachsenen sich zu Tisch benommen wie heutzutage die kleinen Kinder, heißt es bei J. B. Russell, 1968, S. 489: »A twelfth-century treatise on manners could be read with profit today: there was to be no belching, no touching the nose or ears or using toothpicks at table; elbows were to be kept off the table, and hands and nails were to be carefully washed.« Auch im Spätmittelalter und in der frühen Neuzeit galt es als unzivilisiert, sich zu Tisch mit den Ellbogen aufzustützen. So sagte im Jahre 1531 der Mann, bei dem Thomas Platters Frau gedient hatte, bei Gelegenheit zu ihm, sich einen anzusaufen sei »kein schand, aber ein wenig mit dem elnbogen uff den tisch ligen, das ist sömlichs schälten und fluchens werd« (T. Platter/F. Platter, 1840, S. 83).

106 Cf. D. Westermann, 1935, S. 28 (Glidyi-Ewe); G. K. Nukunya, 1969, S. 39 f. (Anlo-Ewe); Walens, a. a. O. (Kwakiutl). Die einzige Ausnahme, die ich gefunden habe, waren die Dinka, die

den offenen Mund beim Essen damit rechtfertigten, daß man mit geschlossenem Mund seine Gier besser verbergen könne. Cf. Deng, a.a.O., S. 20.

107 Dedekind, a.a.O., S. 19.

108 Cf. Westermann, a.a.O.

109 N. Elias, 1978, S. 34.

110 Im Prolog der *Canterbury Tales* heißt es über eine Frau, die weiß, wie man sich zu Tisch benehmen muß: »At mele wel ytaught was she with alle:/She leet no morsel from hir lippes falle,/Ne wette hir fyngres in hir sauce deepe;/Wel koude she carie a morsel and wel kepe/That no drope ne fille upon hire brest./In curteisie was set ful muchel hir lest./Hir over-lippe wyped she so clene/That in hir coppe ther was no ferthying sene/of grece, whan she dronken hadde hire draughte./Ful semely after hir mete she raught« (zit. n. M.P. Cosman, 1976, S. 17). Cf. auch C. Panati, 1987, S. 34.

111 Zit. n. E. Schoelen, 1965, S. 179. Ähnlich bei den südostafrikanischen Ndau. Cf. F. Boas, 1923, S. 11; Spannaus, a.a.O., S. 74.

112 Cf. Himmelheber, a.a.O., S. 46. Auch bei den Arabern in Spanien galt es im Mittelalter als anstößig, »das schon angebissene Stück« in die gemeinsame »Sauce oder in den Essig« zu »tauchen« (A.H. al-Ghazālī, 1964, S. 16). Wie bei den Christen war es offenbar auch hier üblich, beim Essen den kleinen und den Ringfinger abzuspreizen: »Es sagte der gottselige al-Shāfiʿī: ›Das Essen geschieht auf vier Arten: Das Essen mit einem Finger aus Widerwillen; mit zwei Fingern aus Dünkel, mit drei Fingern als Brauch und mit vier oder fünf aus Gier« (a.a.O., S. 41).

113 Cf. Schumacher, a.a.O.; Bourgeois, a.a.O., S. 304.

114 Cf. H.-M. Dubois, 1938, S. 593f., bzw. R.L. Jones/S.K. Jones, 1976, S. 54. Das gemeinsame Essen oder Trinken aus einem Gefäß war freilich nicht überall üblich. So verachteten die Lisu im Norden Thailands die Lahu, weil diese in einen allen gemeinsamen Reis- und Currytopf faßten. Cf. O.K. Hutheesing, 1990, S. 77. Allem Anschein nach war dies auch im Mittelalter nicht durchweg Sitte, denn bezeichnenderweise heißt es im 12. Jahrhundert in dem französischen Pilgerführer *Liber Sancti Jacobi* über die »barbarischen« Navarresen, diese äßen mit den Händen und ohne Löffel und alle tränken aus *einem* Becher wie gierige Hunde oder Schweine. Cf. T.A. Layton, 1976, S. 204.

115 »To eat politely in West Africa«, so K. Thomas, 1978, S. 30, in seiner leider hierzulande unbeachtet gebliebenen Elias-Kritik,

»using only two fingers and avoiding the left hand, is just as demanding for the uninitiated as the use of knife and fork.«

116 Cf. z. B. H. Steuer, 1973, S. 21; S. Felgenhauer-Schmied, 1993, S. 57.

117 Cf. Walens, a. a. O. (Kwakiutl); Eibl-Eibesfeldt, a. a. O., S. 50 f.: Für die !Ko täte so etwas nur ein Löwe, also ein Tier.

118 Cf. G. Althoff, 1987, S. 25.

119 Zit. n. P. Milger, 1988, S. 246. Moderne Interpreten wollten aus Tatsachen wie dieser ableiten, daß die beiden eine homosexuelle Beziehung zueinander hatten. Davon weiter unten mehr.

120 G. della Casa, 1607, S. 11. (Hervorh. v. mir). Weiter heißt es: »Viel weniger soltu jemand ein Birn, oder andere Frucht vberreichen/darein du gebissen hast.«

121 Cf. Eibl-Eibesfeldt, a. a. O., S. 356. Bei den Dobe !Kung aß eine Familie von der Jagdbeute nie alleine, sondern teilte sie mit den übrigen Mitgliedern der Band und deren Gästen. Cf. R. B. Lee, 1979, S. 118.

122 Cf. Guenther, a. a. O., S. 165 f. In manchen Gesellschaften tat man so etwas nie mit Menschen, zu denen man ein sehr formelles und distanziertes Verhältnis hatte. So wäre es bei den Katab im nördlichen Nigeria für einen jungen Mann oder Buben sehr respektlos gewesen, wenn sie gemeinsam mit ihrem Vater aus derselben Kalebasse gegessen hätten. Zum Großvater hatten sie ein lockereres Verhältnis, und deshalb gab es in diesem Falle keine Beschränkungen. Cf. C. K. Meek, 1931, II, S. 48.

123 Bei den Punan und Kayan von Borneo durfte man jemanden unter keinen Umständen beim Essen stören, was auch die Krieger respektierten, die, nachdem sie sich an das feindliche Lager angeschlichen hatten, mit dem Überfall warten mußten, bis die Mahlzeit der Feinde beendet war. Cf. C. Hose, 1894, S. 160. Alles, was an Krieg und Kampf erinnerte, mußte deshalb beim gemeinsamen Essen unterbleiben. So durfte man bei den kanadischen Kaska beim Essen nie mit der Messerklinge in die Richtung eines anderen zeigen (cf. J. J. Honigmann, 1954, S. 40), und der Graf von Zimmern erzählt in seiner berühmten Chronik, wie einst der Truchseß Wilhelm von Walpurg »kain ob seim disch gelitten« habe, der »mit eim ungereumpten langen messer« bewaffnet gewesen sei, »welches doch warlich wider alle gueten sitten«. In diesem Zusammenhang pflegte der Truchseß, gleichsam als rationale Erklärung dieser Sitte, eine Geschichte über einen Edelmann zu berichten, »demnach das schweinen wilpret faist und schlüpferig, das im ein abgeschni-

tenes stuck, das er dem weichbischof von Speir, der am nech-
sten ob im sas, fürlegen welte, vom messer schliepfte und
allernechst bei dem weichbischof under den disch fiel. Der guet
von Seckendorf«, so hieß der blaublütige Herr, »erschrack und
schampte sich übel vor disen ehrenleuten, das im dise unhöff-
lichkait solte begegnet sein«, beugte sich nach unten, um das
Bratenstück mit seinem langen Messer aufzuheben und stach
dem geistlichen Herrn aus Versehen in den Fuß (Barack,
a.a.O., IV, S. 29f.).

124 Cf. Ibn al-Waššā', 1984, II, S. 112. Außerdem findet man bei
ihm die üblichen Regeln, nämlich daß man nicht schlürfen,
nicht vor anderen mit den hölzernen Zahnreinigern im Mund
herumstochern und nichts essen solle, was zu Blähungen und
damit eventuell zu den unsagbar peinlichen Fürzen führen
könne. Cf. a.a.O., S. 80f., 102. Dem fügte al-Ghazālī (a.a.O.,
S. 15 f.) noch hinzu, man solle »seine Tischgenossen nicht ansehen und auf ihr Essen nicht achten, so daß sie sich nicht genie-
ren, sondern man senke seinen Blick und beschäftige sich mit
sich selbst«, man solle alles vermeiden, »wovor sich der andere ekeln könnte, so die Hand in der Schüssel hin und her
schütteln oder den Kopf zu nah heranbringen, wenn man den
Bissen in den Mund steckt«, und schließlich müsse man unbedingt »das Gesicht vom Essen« abwenden, wenn »man etwas
aus dem Mund« nehme.

125 C. VerEecke, 1993, S. 413.

126 Cf. J.-P. Migne, 1873, Sp. 744; A. Cabanès, 1908, I, S. 248.

127 N. Elias, 1939, I, S. 87f.

128 A.a.O., S. 170.

129 Cf. D. Rumm-Kreuter, 1987, S. 235.

130 Cf. W.G. Sumner, 1906, S. 462f. In China war man bereits in
frühesten Zeiten in allen sozialen Schichten dazu übergegangen, Eßstäbchen zu benutzen, um beim gemeinsamen Essen
aus derselben Schüssel den anderen nicht zu nahe zu treten.
Cf. W. Bauer, 1993, S. 117.

131 Cf. A.H. de Oliveira Marques, 1971, S. 30f.

132 Im mittelalterlichen England und in Italien suchte man in
gehobenen Kreisen häufig vor dem Essen gemeinsam das
Lavatorium auf, um sich dort die Hände zu waschen, oder das
Personal goß den Gästen in der Halle aus einer Kanne warmes
Wasser über die Hände, das häufig mit Rosenblättern,
Thymian, Lavendel, Salbei, Kamille, Majoran oder Orangen-
schalen parfümiert war. In Italien wusch man sich auch
während und nach den Mahlzeiten die Hände mit wohlrie-

chendem Wasser. Cf. W.E. Mead, 1931, S. 151 f.; P. Aretino, 1986, S. 560. Nach G. della Casa (a.a.O., S. 142) sollte man sich nicht »in anderer Leute beyseyn« die Hände waschen. Strenge Sauberkeitsstandarde herrschten auch in den mittelalterlichen Klöstern (cf. H. Kühnel, 1991a, S. 79) und in »einfachen« Gesellschaften wie z.B. bei den Gbande im Nordwesten von Liberia. Cf. B.G. Dennis, 1972, S. 245. Wenn dagegen der Herzog von Saint-Simon über die mangelnde Hygiene der Höflinge des Sonnenkönigs klagte und feststellte, daß diese »glänzende Gesellschaft«, die »alle üblen Gerüche« lediglich »mit Parfüm zudeckte«, im Grunde »noch mit einem Fuße im Schmutze bäuerlicher Barbarei stand« (zit. n. M. Kossok, 1990, S. 165), dann unterschätzte er gewiß die Sauberkeitsstandarde in vielen bäuerlichen Gesellschaften.

133 V.L. Barnes/J. Boddy, 1995, S. 302.

134 Völlig falsch ist in jedem Falle die Behauptung von M. Girouard, 1989, S. 53, im Spätmittelalter sei die Gabel noch nicht erfunden gewesen. Schon die alten Römer benutzten Konfektgäbelchen, die im frühen Mittelalter auch in Persien und in Byzanz verbreitet waren. Sogar die Sachsen der Völkerwanderungszeit sowie die Angelsachsen kannten sie, und im *Hortus deliciarum* der Herrad v. Landsberg aus dem 12. Jahrhundert ist ein gedeckter Tisch abgebildet, auf dem neben Messern auch Gabeln liegen. Cf. L. Webster, 1991, S. 86; J. Amme, 2002, S. 13 ff.

135 Cf. Cabanès, a.a.O., S. 248; Rumm-Kreuter, a.a.O., S. 235; Panati, a.a.O., S. 78 f.

136 Cf. M.B. Becker, 1988, S. 498.

137 Cf. E. Kross, 1992, S. 75 f.; O. Hamilton, 1982, S. 8; H. Acton/E. Chaney, 1986, S. 304; F. Rauers, 1941, S. 339. Schon in der zweiten Hälfte des 17. Jahrhunderts fiel allerdings einem englischen Reisenden auf, daß die Holländer keine Gabeln benutzten (cf. C.D. van Strien, 1993, S. 213), und ein paar Jahrzehnte später wurden in England diejenigen kritisiert, die ihre Gabel als Zahnstocher verwendeten. Cf. A. Briggs, 1969, III, S. 261. Gulliver speist bei den Riesen in Brobdinguag mit Messer und Gabel, die er stets in einer Tasche bei sich trägt. Cf. J. Swift, 1960, S. 84. Dagegen scheinen um diese Zeit die niederländischen Damen in Batavia ihr Curry noch ohne Gabeln gegessen zu haben. Cf. Boxer, a.a.O., S. 225.

138 Elias, a.a.O., I, S. 122, 171; ihm nach S. Mennell, 1989, S. 43.

139 Cf. B. Laurioux, 1989, S. 137; Cabanès, a.a.O., S. 239; M. Hasse, 1979, S. 66; H. Kühnel, 1991 b, S. 22.

140 Auch Heinrich IV. benutzte im späten 16. Jahrhundert häufig Gabeln, während sein Enkel Ludwig XIV. und seine Mutter Anna von Österreich meistens auf sie verzichteten. Cf. Rauers, a.a.O.; Cabanès, a.a.O., S. 253; J. Kunisch, 1993, S. 221, 228. Nach U.A.J. Becher, 1994, S. 145, wurden in Frankreich noch im 18. Jahrhundert die mit Gabeln essenden Höflinge nicht selten als geziert und dekadent verspottet.

141 »It is hard not to feel«, so Thomas, a.a.O., S. 30, »that the court made a greater contribution to elaborate etiquette than it did to shame and delicacy.«

142 J. de La Bruyère, 1947, S. 98, 154. Bereits im Jahre 1516 setzte der florentinische Humanist Lodovico Alamanni den *habito civile* den artifiziellen *costume cortesani* entgegen. Cf. G. Klaniczay, 2001, S. 677.

143 Ibn al-Waššā', a.a.O., I, S. 80.

144 C. Camden, 1975, S. 28. Von diesen »gemachten« Gefühlen sollte man solche unterscheiden, die trotz der Tatsache, daß sie in einer von der Gesellschaft vorgeschriebenen Form zum Ausdruck gebracht wurden, echt sein konnten. Bei den Gusii war es nicht leicht, zu entscheiden, ob jemand aus wirklicher Bestürzung und Trauer weinte oder ob er nur so tat, denn auch im ersten Falle folgte das lange und laute Weinen der Frauen einem bestimmten Rhythmus und einer bestimmten Melodie. Der Ethnologe R. A. LeVine (1982, S. 51ff.) unterhielt sich einmal mit einer Frau, als diese erfuhr, daß ihr vierjähriger Sohn soeben von einem Auto totgefahren worden war. Sofort begann sie mit einem streng standardisierten Wehklagen, obgleich sie völlig verzweifelt war, und zwar mit jenem Weinen und Jammern, das auch die weiblichen Verwandten sterbender Personen anstimmten und das nach dem Tode der Betreffenden noch tagelang anhielt, bis die klagenden Frauen völlig erschöpft waren. Während dieser Trauerkundgebung führten sie schlurfende Tanzbewegungen aus, wobei sie die Arme nach vorne stießen und die Handflächen nach oben hielten. Die Männer, die in ihren Gefühlsäußerungen sehr inhibiert waren, sagten, sie brauchten das Wehklagen der Frauen, um ihre Hemmungen zu überwinden und ihre Trauer in bescheidenem Maße zum Ausdruck bringen zu können. Heutzutage verhilft ihnen dazu Rockmusik aus Transistorradios und von Plattenspielern, deren hämmernder Rhythmus sie nach ihrer Aussage in jene düstere Stimmung versetze, die einer Beerdigung angemessen sei. Auf ähnliche Weise wie wir gleichsam ›auf Kommando‹ lächeln, wenn wir jemanden be-

grüßen, weinten die Mbowamb den »Tränengruß«, wenn z.B. unerwartet entfernt wohnende Verwandte vor der Hütte auftauchten, und auch dieser hochkonventionelle Gruß schloß keineswegs aus, daß die Betreffenden nicht wirklich berührt waren. Cf. G.F. Vicedom/H. Tischner, 1948, S. 41.

145 J.B. Rohr, 1728, S. 185. Cf. auch a.a.O., S. 26. Wahre »delicacy«, meinte im Jahre 1748 Nathaniel Lancaster, beinhalte auch eine Abscheu vor »impure, unnatural, effeminate, and over-wrought Ornaments of every kind« (J.E. Mason, 1935, S. 276). Wahre Schamhaftigkeit, »true modesty«, so gab 1740 Wetenhall Wilkes in *A Letter of Genteel and Moral Advice to a Young Lady* den jungen Mädchen mit auf den Weg, habe nichts mit Prüderie zu tun, denn diese sei heuchlerische »affectation«, und ähnlich verlautete John Gregory 1770 in *A Father's Legacy to his Daughters*: »You will be reproached perhaps with prudery. By prudery is usually meant an affectation of delicacy. Now I do not wish you to affect delicacy; I wish you to possess it« (V. Jones, 1990, S. 29f., 47). »The best preservative of female honour«, so ein irisches Magazin vom Jahre 1834, »is female delicacy – we mean a delicacy not assumed or affected, but the delicacy of a modest mind, and a pure heart. This is the visible angel guardian of the female sex, which even the ruffian will respect« (T. Inglis, 1987, S. 201).

146 Cf. Magendie, a.a.O., S. 459f.

147 Elisabeth Charlotte v. Orléans, 1908, I, S. 48. In einem anderen Brief schreibt sie, die Umgangsformen am französischen Hof »haben ordinarie waß gezwungenes ahn sich, so mir nicht gefehlt; ich sehe gern, daß man natürlich ist« (a.a.O., II, S. 30). Etwa um dieselbe Zeit, im Jahre 1680, notiert die Marquise von Sévigné, die Suche nach der Wahrheit ermüde ihren Kopf viel weniger »als all die höfischen Nichtigkeiten« (1979, S. 257).

148 Cf. z.B. N. Elias, 1969, S. 77; ders., 1939, I, S. 188.

149 Cf. R. Oresko, 1989, S. 107f.

150 Cf. R. Miquel, 1965, S. 55.

151 Elisabeth Charlotte, a.a.O., II, S. 224.

152 Cf. F. Bluche, 1980, S. 96.

153 C. Hibbert, 1969, S. 49.

154 Cf. A. Franklin, 1911, II, S. 204.

155 Cf. al-Ghazālī, a.a.O., S. 14. Von dem arabischen Wort *ṭast* leitet sich unser Wort für Tasse ab. Nach Ibn al-Waššā' im 9. Jahrhundert spuckt man nicht aus, solange man sich mit jemandem unterhält (a.a.O., II, S. 111).

156 Cf. S. Kottek, 1983, S. 90.

157 Dedekind, a. a. O., S. 17f. In Hugh Rhodes' *Boke of Nurture* vom Jahre 1577 heißt es, man solle nur ausspucken oder sich die Nase putzen, wenn man allein sei. Cf. Mead, a. a. O., S. 158. In späteren Zeiten waren die Normen offenbar weniger rigide, und man spuckte immer häufiger vor anderen aus. Mit dem Rückgang des Tabakkauens seit dem ausgehenden 18. Jahrhundert verschwanden auch immer mehr die Spucknäpfe aus den bürgerlichen Wohnungen. Cf. R. Sandgruber, 1986, S. 102. Zu allen Zeiten gab es freilich Leute, die sich von solchen Einrichtungsgegenständen angeekelt fühlten. So schrieb z. B. Dr. Granville im Jahre 1841 über ein Hotel in Torquay: »The sight of a ›spitting pot« as a regular article of furniture, by the side of those which generally adorn a washing-stand, speaks volumes to my imagination« (S. Howell, 1974, S. 50). Im Verlaufe des 19. Jahrhunderts scheint es immer mehr Männer gegeben zu haben, die auf den Straßen und auch in öffentlichen Räumen auf den Boden spuckten. Hinweisschilder wie »Ne crachez pas sur les trottoirs« oder »Auf den Boden spucken verboten« tauchten in größerer Anzahl erst gegen Ende des 19. Jahrhunderts auf. Cf. G. Heller, 1983, S. 155.

158 Erasmus v. Rotterdam, 1673, S. 22f.

159 J. van Ussel, 1979, S. 53.

160 Deswegen betrat auch kein Igórot in verschwitztem Zustand ein Haus, sondern wischte sich vorher den Schweiß ab und wartete, bis er abgekühlt war. Cf. K. Tauchmann, 1983, S. 230.

161 Cf. N. Ngokwey, 1987, S. 118. Cf. auch G. Goodwin, 1942, S. 566f. (Westliche Apache). Bei den Badaga in den südindischen Nilgiribergen durfte man in Haus und Hof weder ausspucken noch sich schneuzen. Cf. P. Hockings, 1980, S. 37. Den Sotho oder Basuto und den Ndau war dies in Anwesenheit anderer untersagt (cf. C. Hoffmann, 1956, S. 184; Spannaus, a. a. O., S. 74), den Ovimbundu, wenn Respektspersonen zugegen waren. Cf. W. D. Hambly, 1934, S. 216. Die Glidyi-Ewe in Togo mußten sich von anderen Personen abwenden und *ago lòo*, »mit Verlaub«, sagen. Cf. D. Westermann, 1935, S. 30.

162 Cf. H. Nevermann, 1939, S. 30. Cf. auch W. E. H. Barrett, 1911, S. 36 (Sania); P. Mercier/G. Balandier, 1952, S. 63 (Lebu im westlichen Senegal); R. Karutz, 1924, S. 41 (Kirgisen). In einigen asiatischen Staaten wie China oder Singapur ist man in den letzten Jahren in Anknüpfung an alte Traditionen dazu übergegangen, Personen, die auf der Straße ausgespuckt haben, zu zwingen, den Speichel wegzuwischen. Cf. *Frankfurter Allgemeine* vom 8. August 1990.

163 Cf. z. B. B. Stefaniszyn, 1964, S. 13 (Ambo). Im Mittelalter und in der frühen Neuzeit bediente man sich dabei der linken Hand. Cf. E. Sturtevant, 1917, S. 248. »Auff beide ermel wüsch den rotz,/Daß wer es seh vor vnlust kotz«, heißt es im *Grobianus* vom Jahre 1551 (Dedekind, a. a. O., S. 17), und etwa zur selben Zeit erteilte das moskowitische *Altrussische Hausbuch* dem ausgeschickten Dienstjungen die Anweisung: »Wenn man ihn eingelassen hat, bohre er nicht mit dem Finger in der Nase, noch huste oder schneuze er sich, sondern er stehe ehrerbietig und schaue nicht umher« (K. Müller, 1987, S. 66).

164 Cabanès, a. a. O., I, S. 101.

165 Elias, a. a. O., I, S. 69 f., 201 f.

166 Dazu verwendeten die Parintintin kleine Palmblattstreifen, Hölzchen und dergleichen. Cf. H. Dengler, 1927, S. 118.

167 Cf. Panati, a. a. O., S. 312; de Oliveira Marques, a. a. O., S. 91 f.

168 Cf. M. Hain, 1972, S. 160 f., 163. Um das Jahr 1530 scheint es im deutschsprachigen Bereich in gewissen sozialen Schichten bereits einigermaßen verbreitet gewesen zu sein, denn Erasmus v. Rotterdam rät um diese Zeit (a. a. O., S. 15): »Mit dem Schupfftuche sich schneutzen/stehet höfflich/und solches mit abgewendetem Leibe/so etwa ehrliche Leute vorhanden seynd.« Auf der anderen Seite wurden noch um die Mitte des 19. Jahrhunderts in Anstandsbüchern junge Mädchen dazu angehalten, die Nase nicht mit den Fingern zu putzen, d. h., den Rotz nicht auf die Straße zu schneuzen, und auf das In-der-Nase-Bohren (»picking the nose«) zu verzichten. Cf. K. Halttunen, 1982, S. 115.

169 M. de Montaigne, 1922, I, S. 141.

170 Cf. Hain, a. a. O., S. 163, bzw. R. Girtler, 1988, S. 258.

171 Cf. S. J. Greenblatt, 1990, S. 62, bzw. W. J. Smole, 1976, S. 49.

172 Cf. F. Böckelmann, 1998, S. 144.

173 Cf. W. Sargent, 1976, S. 87.

174 Cf. Smole, a. a. O., bzw. G. Forster, 1966, III, S. 27.

175 Cf. C. Velten, 1903, S. 59 f. Cf. auch G. Tessmann, 1923, S. 177 (Bubi auf der Insel Fernando Póo); H. S. Stannus, 1910, S. 299 (Anyanja); M. I. Hilger, 1957, S. 296 (Araukaner). Nach Ibn al-Waššā' (a. a. O., S. 111) muß man das Gähnen bei Anwesenheit anderer Personen ganz unterdrücken.

176 Cf. A. Denecke, 1891, S. XVI, bzw. K. L. Bhishagratna, 1981, II, S. 494.

177 Camden, a. a. O., S. 22, bzw. K. Berg/M. Kasper, 1984, S. 443.

178 H. Heckmann, 1980, S. 133.

179 Cf. J. Neuer, 1981, S. 74; M. Beetz, 1990, S. 53 f.; A. Bryson, 1998, S. 196.

180 Cf. A. Bömer, 1904, S. 341. »Im schlaff laß fürtz in lufft hin stieben,/So wirt dichs gantze haußgsind lieben./Wolt aber jemandt dich drum straffen,/Daß du mächst solch rumor im schlaffen,/Sprich, es ist nicht in meinem gwalt,/Daß ich die fürtz in henden halt,/Laß farn was nit hat lust zu pleiben,/Ich müß den vnflat von mir treiben./Vnd laß jm dann ein par darzů,/Daß er die naß verhalten thů« (Dedekind, a. a. O., S. 36). Um dieselbe Zeit meinte allerdings Giovanni della Casa (a. a. O., S. 17), von solch unflätigen und ekelhaften Dingen solle man nicht einmal reden, »dann das sich hette können begegnen/machet eben einen so grossen eckel/als ob sichs warhafftig begeben hette«. Schon im Mittelalter wollten manche Männer mit Rätseln, deren Auflösung sich auf Fürze und dergleichen bezogen, vor allem die anwesenden Frauen schockieren und zum Erröten bringen (cf. A. Gier, 1982, S. 156 f.), was die Eliassche Behauptung widerlegt, vor dem 16. Jahrhundert habe man über Derartiges ohne Hemmungen und Schamgefühle reden können.

181 Cf. Barack, a. a. O., I, S. 532; II, S. 335 f.; III, S. 353; IV, S. 183. Im Jahre 1594 klagte die Frau des Münsteraner Scharfrichters vor dem Rat, weil ihr Mann gefurzt hatte (»crepitum ventris gehen lassen«), als sie das Tischgebet verrichten wollte. Cf. S. Alfing/C. Schedensack, 1994, S. 237. Die mittelalterlichen Tschechen meinten, vor allem den Frauen entwichen leicht Fürze, weil sie sich nicht beherrschen könnten. Cf. A. Thomas, 1996, S. 313.

182 I. Q. al-Ğauziyya, 1986, S. 104.

183 M. Vale, 1977, S. 75, bzw. E. MacLysaght, 1939, S. 64.

184 Cf. Bömer, a. a. O., S. 342.

185 Cf. R. Walz, 1992, S. 225.

186 Ogawa, a. a. O., S. 247 f. Ein bekanntes Sprichwort der Fulbe lautete: »Ein Furz beschädigt zwar nicht das Arschloch, doch es beschämt seinen Herrn« (Riesman, a. a. O., S. 24). Wenn bei den Ambonwari ein kleines Kind furzt, wird es ausgelacht und so beschämt, daß es seine Lektion schnell lernt. Extrem peinlich wäre es, wenn eine Frau – und dies könnte auch die Mutter oder die Ehefrau sein – hörte, wie einem Mann im Schlaf ein Furz entfährt. Cf. B. Telban, 1998, S. 37, 124.

187 Die allgemeinen Ausdrücke der Kaguru für die Genitalien sind *mwasi*, »was bedeckt ist«, und *mumwika*, »Verbotenes«. Cf. T. O. Beidelman, 1986, S. 64. Unerhört war es, wenn eine Jat-

mülfrau so laut furzte, daß es die anderen im Hause hören konnten. Cf. F. Weiss, 1991, S. 146. Wenn bei den Kwakiutl nach dem Essen jemand einen Furz ließ, mußte er seine verlorene Ehre durch ein Ritual wiederherstellen. Cf. Walens, a.a.O., S. 91. Als ein junger Mann der Westlichen Apache einmal im Freien furzte, dann aber bemerkte, daß zwei Mädchen in der Nähe waren, die möglicherweise den Furz gehört hatten, zog er aus Scham für zwei Monate in ein anderes Lager, wo er den Mädchen nicht begegnen konnte. Cf. Goodwin, a.a.O., S. 288.

188 Zit. n. J.G. Bourke, 1992, S. 104f. Auf diesen Bericht bezieht sich wohl Thomas (a.a.O., S. 30) in seiner Elias-Kritik. Schon vor inzwischen mehr als zwanzig Jahren habe ich Elias, der immerhin zwei Jahre an der Goldküste verbracht hatte, während eines Gesprächs auf diesen Bericht hingewiesen, aber er tat ihn als »Ausnahme« ab.

189 Cf. z.B. H. de Waardt, 1991, S. 141.

190 C.G. Coulton, 1918, S. 74.

191 T. Michel, 1983, S. 125, bzw. W. Reininghaus, 1982, S. 78. Cf. auch I. Lincke, 1967, S. 108. »Wer gewilliclichen gůrgelet«, verlauten die Statuten der Hagenauer Gesellenstuben vom Jahre 1365, »oder vortzet«, den soll man »in den turn legen vnd zůhtigen« (A. Hanauer/J. Klélé, 1900, S. 139).

192 Cf. Mennell, a.a.O., S. 38. Daß eine gewisse Adelheid von Breisach »singend und springend« ein Kloster-Kapitel verließ, zeigt nach zwei feministischen Autorinnen im Anschluß an Elias, daß die spätmittelalterlichen Menschen noch »einen ganz anderen Verhaltens- und Affektstandard« gehabt hätten (S. Roecken/C. Brauckmann, 1989, S. 59f.). Wenig später erfährt man jedoch, daß die Novizinnen häufig Kinder von sieben und weniger Jahren waren! Cf. a.a.O., S. 63, 76. Ist es da verwunderlich, wenn man sie ermahnte, nicht breitbeinig dazusitzen, die Beine nicht übereinanderzuschlagen und nicht herumzukichern?

193 Elias, a.a.O., I, S. 73.

194 Auch in Augsburg ging 1557 ein Vorschlag dahin, den Schülern Erasmus' Buch regelmäßig vorzulesen. Cf. D. Knox, 1991, S. 116f., 121, 123f.

195 Cf. J.E. Mason, 1935, S. 20; Bömer, a.a.O., S. 235, 238, 255ff.; Camden, a.a.O., S. 42; B.A. Hanawalt, 1996, S. 158; Denecke, a.a.O., S. XXI.

196 M. Geyer, 1882, S. 28. In einer spätmittelalterlichen Erziehungsschrift, die zwar eine Parodie darstellt, durch die

Verkehrung aber richtiges Verhalten beibringt, heißt es: »Wie der maister sein sun lernet« (F. Zarncke, 1852, S. 144).

197 Schoelen, a.a.O., S. 179. Wenn es in einem französischen Benimmbuch aus dem 15. Jahrhundert heißt, man solle sich nach dem Aufstehen und vor jeder Mahlzeit die Hände waschen, sich nicht mit bloßer Hand schneuzen und den Mund abwischen, bevor man aus dem Becher trinke, so wenden sich diese Regeln an Kinder. Cf. B. Laurioux, 1992, S. 137. Entgegen den Behauptungen der Zivilisationstheoretiker der Eliasschen Schule scheinen sich derartige Benimmregeln im Verlaufe der nachfolgenden Jahrhunderte kaum geändert zu haben. So mahnte z.B. im Jahre 1817 ein Basler Schullesebuch: »Fahre beym Essen nicht heißhungrig zuerst in die Schüssel, sondern warte, bis deine Eltern zugegriffen haben. Hüthe dich, die Speisen mit den Fingern anzufassen und diese hernach abzuschlecken, zu schlürfen, laut zu schmatzen« (H. Trümpy, 1984, S. 369f.). Und im Jahre 1925 mußte anscheinend eine Wiener Zeitschrift sogar erwachsenen Arbeiterinnen einbleuen: »Wascht euch nach dem Abort, und vor dem Essen die Hände!« (A. Pfabigan, 1991, S. 161).

198 Geyer, a.a.O., S. 12 (Hervorh. v. mir). In der Zeit, als Elias sein großes Werk verfaßte, war übrigens Mason (a.a.O., S. 20) nach einer Analyse der mittelalterlichen und frühneuzeitlichen Benimmbücher zu einem ganz anderen Ergebnis gekommen als Elias, was deutlich macht, daß auch damals schon die Zeit für eine nicht evolutionistische Perspektive reif war: »Even a casual study of such books is sufficient to disturb any conception of the Middle Ages as a rough and untutored period, since they reveal a system of etiquette different, indeed, from our own, but quite as complicated, and often as apparently meaningless.«

199 Cf. F. Solleder, 1938, S. 415; ferner L. Schrott, 1970, S. 50. Im späten Mittelalter übten die Bürger sehr häufig Kritik an der »unzivilisierten« Lebensart des Adels, die leider auf die übrigen sozialen Stände abfärbe. So heißt es z.B. im ausgehenden 15. Jahrhundert am Oberrhein: »Aber yet, so ziehen vatter vnd mütter ir tochter zů vnluterkeit. Sy reden schandbar iren kindern. Sy pflantzen sy uff vnd schickent sy in das wůttend leben, gnant ›tantz‹ do man den hindern entplötzet, offentlich kysset. Darnach so lůffet die tochter dem knaben noch« (A. Franke/G. Zschäbitz, 1967, S. 78ff.).

200 H.U. Kraft, 1861, S. 8.

201 Cf. A. Bryson, 1990, S. 152. Im 17. Jahrhundert verlautete

bereits Antoine de Courtin, daß Untergebene sich in höherem Maße an die Regeln der Schamhaftigkeit und der Schicklichkeit zu halten hätten als die ihnen Übergeordneten. Bei den Bakkarwal in Kaschmir wird die Braut vor der Hochzeit gebadet, doch bei der Zeremonie sind keine Frauen anwesend, die beträchtlich älter sind als das junge Mädchen, denn »vor Älteren nackt zu sein ist beschämend«. Cf. A. Rao, 1998, S. 172.

202 Cf. G. Ebersold, 1997, S. 56.

203 Cf. Briggs, a.a.O., S. 261.

204 Cf. E. Hviding, 1996, S. 324.

205 Nach der »White Woman's Protection Ordinance« vom Jahre 1926 wurden solche sexuellen Übergriffe als »attempted rape« klassifiziert und mit der Todesstrafe geahndet. Cf. M. Strobel, 1991, S. 5 f. Gleichzeitig blieben die unglaublichsten sexuellen Verbrechen an eingeborenen Frauen ungesühnt, wenn sie von Briten oder Australiern begangen worden waren. Cf. H.J. Hiery, 1995, S. 72 f., 238.

206 Cf. H. Tonomura, 1994, S. 149 f.

207 S. Shonagon, 1992, S. 152.

208 L.A. Pollock, 1993, S. 87.

209 Cf. R. Porter/L. Hall, 1995, S. 28. »Die öffentlichen Caressen«, so Julius Bernhard v. Rohr (a.a.O., S. 617) im Jahre 1728, »die ein verliebter Bräutigam seiner Braut mit Küßen und sonsten vor allen Leuten erzeiget, stehen einem vernünfftigen Bräutigam so wenig an, als einem Ehemann. Monsieur de Chevergny ertheilt seinem Sohn unter andern guten Regeln ebenfalls folgende mit: En particulier devés faire des demonstrations d'amitié & de caresses à vôtre femme, mais en public *ou devant vos domestiques même*, les caresses privées du mari & de la femme viennent en risée & une jeune femme s'accoutume par ce moyen a user de gestes, qui lui donnent après plus de liberté.« (Hervorh. v. mir). Die früh verwitwete Marquise de Maintenon versuchte mit allen Mitteln, ihre Liebschaft mit dem Marquis de Villarceaux vor ihrem unschuldigen Dienstmädchen Nanon zu verbergen, und als sie den Eindruck gewonnen hatte, daß Nanon Verdacht schöpfte, empfing sie ihren Liebhaber nicht länger in ihrem Hause. »L'estime de Nanon m'était précieuse et je ne voulais pas qu'elle pût nourrir le moindre doute sur ma conduite.« (F. Chandernagor, 1984, S. 181). Vielen Herrschaften scheinen all die intimen Einblicke, die das Dienstpersonal in ihr Privatleben hatte, recht unangenehm gewesen zu sein. »Vor Dienstboten«, so verlautete Lady Gwen Raverat (1991, S. 266), »konnte man

sich nicht verbergen: Sie kamen herein und sahen dich im Bett liegen und blickten verächtlich auf deine Zahnbürste und deine Unterwäsche. Alles Private lag vor ihnen offen.«

210 Cf. D.N. Durant, 1988, S. 50f.; H.P. Duerr, 1997, S. 377ff.

211 Cf. J.-F. Solnon, 1987, S. 152, bzw. S. Pepys, V, 1971, S. 349; VIII, 1974, S. 171. Manche Damen und Herren scheinen dermaßen schamhaft gewesen zu sein, daß sie nicht einmal vor Dienstboten des eigenen Geschlechts ins Bett gingen. So berichtete um das Jahr 1600 Paul Beurrier über seinen Vater: »De plus, il ne supportait pas que quelqu'un le voie se mettre au lit ou en sortir, ni qu'un serviteur ou une servante entre dans sa chambre, préférant même se lever la nuit, si un enfant criait, ›pour le bercer et le donner à téter à ma mère‹« (R. Muchembled, 1988, S. 347).

212 Cf. B. Kossek, 1993, S. 283. Es gibt auch ähnliche Geschichten von weißen Frauen, die ›zufällig‹ vor männlichen Negersklaven ihre Brüste entblößten. Davon weiter unten.

213 Elisabeth Charlotte, a.a.O., II, S. 229.

214 Am Tag des Erlasses ertappte Mlle d'Agre den jungen Dauphin – also den Vater des späteren Sonnenkönigs – dabei, als er gerade an die Palastmauer pißte: »Eh! Monsieur«, sagte sie, »je vous y prends! Vous payerez un quart d'écu!« Worauf er nichts zu sagen wußte und schamrot anlief. Cf. Cabanès, a.a.O., S. 375f.

215 Zit. n. Durant, a.a.O., S. 28.

216 Cf. C.E. Paschold/A. Gier, 1989, S. 209.

217 G.R. Scott, 1966, S. 210.

218 A.J. Gurjewitsch, 1997, S. 272.

219 So z.B. S. Juni, 1984, S. 412, die derartige Behauptungen aus der hohlen Hand heraus für ihre »antisexistische« Argumentation gebraucht.

220 Cf. E. Dreyer-Eimbcke, 1989, S. 26, bzw. J. Quicherat, III, 1845, S. 118.

221 Cf. R. Faber, 1992, S. 232f., bzw. M. Ingram, 1987, S. 300.

222 Als straferschwerend kam hinzu, daß die Frau anscheinend, als sie gewahr wurde, daß die Männer ihr zuschauten, diesen mit dem vollen Glas zuprostete. Cf. F.G. Emmison, 1973, II, S. 47.

223 Cf. N. Boškovska, 1998, S. 106.

224 Cf. P.E. Pérez-Mallaína, 1998, S. 140, bzw. A. van Dülmen, 1992, S. 333.

225 Cf. z.B. M. Kemmerich, 1926, S. 117. Daß Frauen in Restaurants häufig zu zweit die Toilette aufsuchen, ist wohl ein Überbleibsel dieser gegenseitigen Hilfeleistung.

226 Cf. L. Schlissel, 1983, S. 111.

227 Cf. E. Eylmann, 1908, S. 29.

228 Zit. n. J. Frykman/O. Löfgren, 1987, S. 198; H.P. Duerr, 1988, S. 226.

229 Cf. P. Benoit/M. Wabont, 1991, S. 195, bzw. E.J. Burford, 1973, S. 157.

230 Und zwar »by verlueß 8 dage syner portion«. Die revidierte Ordnung des Magdalenenhospitals vom Jahre 1593 war nicht mehr so streng. Cf. B. Krug-Richter, 1994, S. 364. Auch die öffentlichen Toiletten unter den Brücken von Amsterdam hatten zu jener Zeit eine Geschlechtertrennung. Cf. T. van der Meer, 1989, S. 272.

231 Cf. W. Petz, 1989, S. 44.

232 Aretino, a.a.O., S. 242.

233 Gurjewitsch, a.a.O., S. 272, bzw. Muchembled, a.a.O., S. 49.

234 Ein ähnliches Milieu wollte auch Lorenzo Lotto auf seiner um 1524 entstandenen Zeichnung »Judith mit dem Kopf des Holofernes« darstellen: Im Morgengrauen pißt ein Landsknecht neben seinem Zelt auf den Boden, während sich hinter ihm zwei Troßhuren zum gleichen Zweck mit hochgerafften Rökken hinhocken. Cf. J.R. Hale, 1990, S. 124.

235 Zit. n. J. Buzard, 1993, S. 150. In der französischen Presse nahm man um 1870 Anstoß daran, daß in den Pariser Pissoirs Exhibitionismus und mutuelle Masturbation gang und gäbe seien. So habe z.B. ein onanierender Mann zu seinem Nachbarn gesagt: »Schau mal her, wie ich abspritze!« Cf. W. Peniston, 1999, S. 16ff.

236 Ein derartiges Urinieren vor Frauen oder gegen die Häuser, in denen sie wohnen, erinnert an die Demonstration der Inbesitznahme von Revieren, Weibchen usw. durch das Bespritzen eines Gemisches von Sperma und Urin bei gewissen Säugetieren. Ein ähnliches Verhalten findet man bis heute auch bei Männern. Cf. hierzu H.P. Duerr, 1993, S. 377ff. Drei oberbayerische Burschen, die von einem Dirndl eine Abfuhr erhalten hatten, führten über Nacht, als das Mädchen schlief, eine Rinne über den Fenstersims in ihr Bett und pißten sie der Reihe nach voll. Cf. A. Dick, 1983, S. 173. Hier ersetzt das Urinieren recht deutlich eine Ejakulation von Sperma, die das Mädchen zuvor nicht zugelassen hatte.

237 Cf. Faber, a.a.O., S. 236f.

238 Zit. n. K.-S. Kramer, 1967, S. 85.

239 Dedekind, a.a.O., S. 38. Cf. auch Bömer, a.a.O., S. 342.

240 So z.B. die »Tittentasterstraße« in Wismar, ein kleiner

Durchgang vom Markt zur Diebsstraße, oder die gleichnamige enge Gasse am Lübecker Markt sowie die Via Fregatette in Bologna. Bereits im 13. Jahrhundert wird in Köln ein »Tastekuntgäßchen« erwähnt. Cf. A. Hoffmann, 1913, S. 39; E. Volckmann, 1926, S. 177; S. Burgen, 1998, S. 98. In manchen englischen Städten wurden solche Gäßchen entsprechend »Gropecuntlane« genannt, wobei die Behörden und schicklichere Leute anscheinend aus Anstandsgründen bereits im Jahre 1349 die Bezeichnung »Grapestreet« oder »Grapecuntelane« vorzogen. Cf. H. Evans, 1979, S. 61; A. Room, 1992, S. 49. Sie wurden auch noch in späteren Zeiten zum gleichen Zwecke genutzt. So geht z.B. aus gerichtlichen Vernehmungen in Hall im Jahre 1824 hervor, daß manche alleinstehenden Frauen den durch Stricken, Nähen, Waschen und Spinnen verdienten niedrigen Lohn durch »Gassenhurerei« aufbesserten, d.h. dadurch, daß sie sich meist in der Dämmerung in ohnehin düsteren Gäßchen »gebrauchen« ließen. Cf. S. Kienitz, 1995, S. 197f.

241 Cf. N. Ohler, 1994, S. 112.

242 Cf. C. Nolte, 1997, S. 82. D.h., die Jerusalempilger unterließen es vor Scham, im Beisein ihrer Genossen zu defäkieren, »und liefen dementsprechend an Bord wahrscheinlich mit argen Verdauungsbeschwerden herum« (Cordula Nolte: Brief vom 7. März 1998). Hinter der Steuerbordkajüte der im Bremer Hafen entdeckten Kogge aus dem Jahre 1380 befindet sich eine Toilette, die so konstruiert ist, daß der Rumpf des Benutzers abgedeckt war. Cf. K.-P. Kiedel, 1989, S. 77f.

243 Cf. H. Zwahr, 1990, S. 111, bzw. Shaw, a.a.O., S. 453f. In einer mittelalterlichen Satire sind die umherwandernden Fates – also selber Frauen – entsetzt, als ein Bauernmädchen (*puella rustica*) sich in ihrer Sichtweite erleichtert, und zwar vor allem, weil sie dabei ihren Hintern entblößt. Cf. R.E. Pepin, 1990, S. 237.

244 Elias in einem Fernsehinterview vom 3. Juli 1990.

245 Bereits mehr als zehn Jahre vorher hatte Elias mir gegenüber in einem Gespräch diese Benimmregel als Beispiel für die relative »Kindlichkeit« der spätmittelalterlichen Menschen angeführt, ohne die Quelle nennen zu können. Auch eine spätere schriftliche Nachfrage blieb unbeantwortet.

246 Cf. Gier, a.a.O., S. 164. Auch die »rituellen Clowns« der Pueblo-Indianer, die ja eine »verkehrte Welt« darstellten, faßten bisweilen Kot an.

247 Cf. K. Simon-Muscheid, 1991, S. 21, bzw. Kraft, a.a.O.,

S. 178 f.; der fortfährt: »Zu Allem glückh find Ich In einem Öck ein gutten tail gnüst staub, so nach dem Außraumen nit Außgetragen worden, darInnen kundt Ich Zu forderst meine hend saubern vnd den verföllten vnRath mit Zudöcken, Endtlichen auch zum fenster hinaus werffen. Das wenig wasser, so Ich noch Zum bösten hatte, hab Ich wol vnd ein merers von Nötten gehaptt. Ich bitt Noch einmal vmb endtschuldigung, daß Ichs Also grob, wie es sich in meinem layd verloffen, beschriben, sintemale Ichs durch gleichnuß nit hab kinden Zu wegen bringen.«

248 K.O. Müller, 1914, S. 83.

249 C. Moser-Nef, 1951, V, S. 290. Eine deutliche Sprache spricht auch die Tatsache, daß seit alten Zeiten für die Orte der Entleerung und für die entsprechenden natürlichen Funktionen Euphemismen verwendet wurden. So nannten die Römer das Defäkieren »sitzen« und die Entleerung allgemein *requisita naturae* (cf. J.N. Adams, 1982, S. 241, 243); in den Klöstern des frühen Mittelalters wurden die Aborte nach den Gängen, die zu ihnen führten, schamhaft *gauch* genannt (cf. G. Hösel, 1987, S. 41); und auch im hochmittelalterlichen England benutzte man zahlreiche Umschreibungen wie z.B. *garderobe*. Cf. O.G. Tomkieieff, 1966, S. 144. Als eines Tages Pepys unerwartet eine Tür öffnete, sah er Lady Sandwich »doing something upon the pot« (zit. n. R. & D. Porter, 1988, S. 52). »Chaises percées« und ähnliche Gegenstände des Inventars wurden in den Testamenten des 17. Jahrhunderts stets mit Schweigen übergangen (cf. A. Pardailhé-Galabrun, 1988, S. 361), und während Julius Bernhard von Rohr (1728, S. 541; 1733, *passim*) detailliert über das Aufstehen und Zubettgehen der Könige und Fürsten berichtet und ausführlich das ganze Inventar der Herrenhäuser bespricht, von den Scheuerfässern der Küchen bis zu den Nachttischen »der Dames, die mit silbernen Aufsatz-Spiegeln, Poudre-Schachteln, Mouchen-Schächtelgen, Wachstock-Scheeren, Nehgesteck, L'hombre-Tellern, Marquen-Schachteln, Lichtputz-Kästgen, und andern dergleichen Galanterien paradiren«, werden Abtritte, »Kackstühle« und dergleichen mit keiner Silbe erwähnt. In einer Petition vom Jahre 1680 forderten die Bürger von Paris vom König die Erstellung von »chaises percées« an stark frequentierten Stellen der Stadt, und zwar »in schicklicher Form, so daß man nicht erkennen kann, um was es sich handelt; jene, die von ihnen Gebrauch machen, sollen es bequem haben, und sie sollen so abgeschirmt sein, daß man sie

nicht sehen kann«. Cf. L. Bernard, 1970, S. 207. Nicht nur die
»Kackstühle«, auch die Bidets waren im 18. Jahrhundert ver-
kleidet, damit man ihre Funktion nicht erkannte (cf. J.-P.
Goubert, 1989, S. 88), und der einzige Ort, an dem man sich
offenbar keine Mühe machte, sie zu kaschieren, war das
Bordell. Cf. E.-M. Benabou, 1987, S. 360. Erst als im Verlaufe
dieses Jahrhunderts Gedanken »à la Jean-Jacques« in bürgerli-
chen Kreisen Verbreitung fanden, stellte ein Mann wie Samuel
Rolleston in seinem *Philosophical Dialogue concerning
Decency* die Frage, wieso man denn über einen so natürlichen
Akt wie die Entleerung des Leibes nicht unbefangen reden
könne, fände doch in manchen Gesellschaften selbst der
Beischlaf in der Öffentlichkeit statt. Cf. Porter, a.a.O., S. 53.

250 Mennell, a.a.O., S. 39.

251 Cf. Ogawa, a.a.O., S. 247; Riesman, a.a.O., S. 25.

252 Es heißt, daß manche Westliche Apache aus Schamgründen
ihren Urin oder die Fäkalien so lange in sich behalten hätten,
daß sie davon krank geworden seien. Cf. Goodwin, a. a. O.,
S. 285f., 288, 367; J.L. Haley, 1981, S. 160. Die Navaho urinierten nie so, daß Angehörige des anderen oder bestimmte
enge Verwandte des eigenen Geschlechts sie dabei sehen konnten. »Wenn du urinieren mußt«, so brachte der Vater seinem
Sohne bei, »dann willst du das alleine tun. Du willst nicht, daß
dein Großvater oder dein Bruder dich dabei sehen. Wenn du
das im Beisein anderer tust, wirst du dich verbrennen, sagt
man.« Cf. D. Leighton/C. Kluckhohn, 1948, S. 87; J. Ladd,
1957, S. 234.

253 Cf. B. Telban, a.a.O., S. 37, 127.

254 Cf. W. Schiffauer, 1983, S. 75, bzw. Ibn al-Waššā', a.a.O., II,
S. 111.

255 N. Barley, 1994, S. 204, bzw. ders., 1990, S. 77.

256 H. Landweer, 1999, S. 165.

257 Cf. H.P. Duerr, 1988b, S. 34; ders., 1995, S. 109, und vor allem
ders., 1997, S. 384ff.

258 Cf. a.a.O., S. 385.

259 J. Agassi/I.C. Jarvie, 1969, S. 145f.

260 W.G. Lockwood, 1975, S. 66f., bzw. B. Glatzer, 1977, S. 158.
Bei dieser Geheimhaltung spielt natürlich auch eine Rolle, daß
die Paschtunen generell ihre Emotionen und Affekte viel mehr
verbergen als die Europäer. Nach C. Lindblom (a.a.O., S. 233)
entsprechen z.B. die Yusufzai-Paschtunen des Swat-Tales ganz
und gar der Weisung des Dichters Khushal Khan Khattack:
»Wenn du darauf hoffst, niemals vor den Augen der anderen

beschämt zu werden, dann ist es am besten, wenn du auch die unbedeutendsten Angelegenheiten in deinem Herzen bewahrst. Laß dein Herz in seinem Inneren bluten, Khushal, wenn es denn bluten muß, aber verbirg deine Geheimnisse gut vor Freund und Feind!« Danach blutet das Herz des von Glatzer zitierten Durrani-Paschtunen sehr wohl, wenn seine Frau ihn betrügt, und zwar auch dann, wenn niemand außer ihm davon erfährt!

261 So J. Ginat, 1982, S. 178. Cf. auch F.K. Errington, 1974, S. 26 (Karavar-Insulaner in Melanesien). »Le ridicule«, so lautet ein berühmtes Bonmot von La Rochefoucauld, »déshonore plus que le déshonneur« (zit. n. R.A. McKennan, 1959, S. 120).

262 H. Lightfoot-Klein, 1992, S. 276. »Ein Neger«, so der bekannte Reiseschriftsteller R. Gardi (1953, S. 128), »ist so dankbar wie bei uns ein fünfjähriges Kind. Dieses sagt wohl ›danke‹ für eine gute Gabe, aber bloß, weil wir Eltern es dazu dressiert haben.«

263 G. Devereux, 1979, S. 49.

264 »One may hypothesize«, so P.-O.H. Wikström (1991, S. 240), »that the development of a strong internal control generally is more easily achieved in smaller, more homogeneous areas than in larger, heterogeneous areas.«

265 Cf. A. Toffler, 1970, S. 245; M.R. Lepsius, 1990, S. 107f.

266 Der »postmoderne« Persönlichkeitstypus hat keine tiefen Überzeugungen mehr, sondern folgt »überall dort, wo« er »auf keine Schranken stößt, den Impulsen seiner jeweiligen emotionalen Befindlichkeit« (S. Breuer, 1992, S. 36). Cf. auch T. Müller-Schneider, 2001, S. 103f. Eine gewisse Ähnlichkeit mit der »postmodernen« Distanzattitüde haben die von Simmel beschriebene »Blasiertheit« gewisser großstädtischer Kreise der Belle Époque und die bereits in einem anderen Zusammenhang angeführte »Politesse« der französischen Höflinge des 17. und 18. Jahrhunderts. So schrieb im Jahre 1781 der österreichische Reisende Joseph Richter über den Pariser: »Seine Politesse lernt er auswendig; er hat seinen Jargon von Höflichkeitstermen, die er bey jeder Gelegenheit hersagt, ohne daß sein Herz daran Theil nimmt.« Cf. T. Grosser, 1989, S. 428. In England galt es als großes Kompliment, von einem höfischen Menschen zu sagen, er sei »unaffected« (cf. S. Tillyard, 1994, S. 65), und bei den Briten wie bei den Deutschen galt die Affektiertheit als typisch französisch. 1766 verlautete z.B. Tobias Smollett, die Politesse des Franzosen sei nicht nur affektiert und äußerlich, sondern auch effeminiert, was gewiß

aus dessen »mingling with the females from his infancy« herrühre. Cf. K.M. Rogers, 1984, S. 358.

267 R. Baumgart/V. Eichener, 1991, S. 96. Ähnlich M. Pennington, 2001, S. 66.

268 D. Richter, 1987, S. 58 f. »Das Gesetz«, so erklärte im Jahr 1785 der Pädagoge Salzmann, »kann zwar den Menschen dahin bringen, daß er äußerlich das Gute thut und das Böse unterläßt, aber nicht dahin, daß er das Gute liebt und das Böse verabscheuet. In diesem Buche wird nun das Gesetzartige ganz vermisset.« Es sei die Leistung Jesu gewesen, den Menschen vom Archaismus der Fremdbestimmung oder Außenleitung zu befreien: »Eines seiner vorzüglichsten Geschäfte, die er unter uns auszurichten suchet, scheint mir die Erlösung vom Gesetze zu seyn.« Und das Fazit laute: »Was du nicht aus Ueberzeugung thust, das ist Sünde« (C.G. Salzmann, 1785, S. XXI f.).

269 Eine Ausnahme bildet J. Perkin (1989, S. 89 f.), der meint, es sei typisch für das 19. Jahrhundert, daß »anything openly shocking was regarded with horror – not on account of the immorality but of the publicity«.

270 Bekanntlich hat Bruno Snell auf diese Weise das Handlungserleben und den Persönlichkeitstypus der archaischen Griechen, namentlich der Helden von *Ilias* und *Odyssee*, beschrieben, eine Auffassung, die insbesondere von P. Feyerabend (1983, S. 347; 1989, S. 207) aufgegriffen wurde. Sieht man sich freilich die Beispiele etwas näher an, in denen nicht eigentlich die Menschen agieren, sondern ›durch sie hindurch‹ die Götter, dann erkennt man rasch, daß es sich meist um Extremsituationen handelt, in denen auch wir sagen würden: »Das war nicht *er*, der *so etwas* getan hat!«

271 M. Schär, 1985, S. 84 f., 203, 214.

272 So hieß es im Jahre 1592 in Villingen, daß aufgrund der immer mehr einreißenden vorehelichen Sexualität die Unzuchtsstrafen verschärft werden müßten, und zwar weil einerseits ein solches Verhalten der »gueten burgerlichen policei und ehrbarkeit« widerspreche, »vorderist aber der zorn gottes dahin bewägt würdet, noch mehrer und grösseres unhail und straffen über uns zu verhängen« (C. Roder, 1905, S. 197). Cf. auch J. Loserth, 1907, S. 51 (Ordnung der Gegenreformation für die Stadt Radkersburg vom Jahre 1599). Allerdings argumentierte man an anderen Orten, z.B. 1572 im Bernischen, auch ganz diesseitig mit der Gefahr einer Verbreitung der »blateren und Frantzosen«, die von »den frömbden, ußlendigen, umb-

schweyfenden und anderen metzen und huoren« herrührten, mit denen sich die männliche Jugend immer häufiger einließe. Cf. H. Rennefahrt, 1968, S. 419 f.

273 In der Polizeiordnung, die der Rat von Landau im Jahre 1571 erließ und die »alle fronfasten« den Mitgliedern sämtlicher Zünfte vorgelesen werden mußte, ist die Rede davon, daß die gegenwärtige »langwürige, schwere und theure Zeit« als eine »sondere straff von Gott dem Allmächtigen vmb so vilfeltiger sünden, schand vnd laster, vnchristlichen vnd schier viehischen lebens vnd wesens willen vber vns verhengt« worden sei. In der Ordnung vom Jahre 1480 hatten der liebe Gott und sein Strafgericht noch eine wesentlich geringere Rolle gespielt. Cf. R. Fendler, 1975, S. 73 f. Auch die Schließung des Nördlinger Frauenhauses im Jahre 1531 begründete man nicht mehr in erster Linie damit, ein solches Etablissement sei unanständig und unehrbar (»schenntlich vnehrlich auch ergerlich vnnd guter policey vnnd erberkeit erstörlich«), sondern mit der Furcht vor »Gott dem allmechtigen«. Cf. H.-C. Rublack, 1982, S. 52 f. Die allmähliche Verwandlung der Volks- in eine ausgesprochene Glaubensreligion betraf freilich die Städte ungleich mehr als das Land. Cf. M. Mullett, 1987, S. 47 f.

274 Erasmus v. Rotterdam, 1947, S. 190 f.

275 Hesiod: *Erga* 727 ff.

276 Plutarch: *Quaestiones Romanae* 40.274 B. Deshalb sollten sich die Priester des Jupiter nicht im Freien einölen.

277 Demokrit: Fragment 264 (H. Diels, 1957, S. 114). Cf. hierzu H. Lloyd-Jones, 1987, S. 21.

278 »Michi lauacra omnino disciplent in adulta uirgine que se ipsam debet erubescere, nudamque videre non posse. Si enim ieiuniis ac uigiliis corpus suum macerat in seruitute redigit, Cur econtrario sopitum ignem suscitat balneorum fomentis« (Vinzenz v. Beauvais, 1938, XLIV, 133 ff.).

279 So z.B. J.C. Bologne, 1986, S. 65 f.

280 J. Revel, 1986, S. 191.

281 G. Winter, 1880, S. 161.

282 K. Rieder, 1897, S. 177 f. Der Text wurde von der Nonne vermutlich in einem schwäbischen Kloster im 15. Jahrhundert aufgeschrieben und geht wohl auf ältere Vorlagen zurück.

283 G.R. Quaife, 1977, S. 238.

284 B.S. Lindemann, 1984, S. 66.

285 Cf. Bömer, a.a.O., S. 342, bzw. B. Castiglione, o. J., S. 41, für den auch »sicher« ist, daß die Frauen »durch keinen anderen Zügel zurückgehalten werden als durch den, welchen sie sich

selbst anlegen. Daß dies stimmt, zeigt sich darin, daß der größte Teil derer, die mit allzu strengem Schutz behütet oder von Gatten und Vätern geschlagen werden, weniger züchtig sind als diejenigen, die einige Freiheit haben« (a.a.O., S. 287f.). Ein alevitischer Tahtaci aus Anatolien sagte zu der Ethnologin: »Unsere Ehre ist in der Seele, nicht im Schleier der Frauen.« Cf. K. Kehl-Bodrogi, 1996, S. 204. Bereits der Prophet hatte die Frauen darauf hingewiesen, daß die »Kleidung der Gottesfurcht« viel besser sei als jener Schleier, der die Scham nur äußerlich verhülle. Cf. *Koran* 7.26.

286 Ibn al-Waššā', 1984, I, S. 21, bzw. Ibn al-Ğauziyya, 1986, S. 64.

287 Cf. H. Strauss/H. Tischner, 1962, S. 198, 201. Den aztekischen Frauen sagte man, sie sollten ihrem Mann auch dann treu bleiben, wenn es sicher sei, daß ihr Seitensprung nie bekannt werde, da die Götter allemal bei jedem Geschehen zugegen seien. Cf. A.-B. Hellbom, 1982, S. 62.

288 E.N. Goody, 1982, S. 266, und dieselbe: Mündliche Mitteilung vom 3. November 1989.

289 M. Gusinde, 1946, S. 289. Bei den chinesischen »Boxern« und »Roten Speeren« stand auf Vergewaltigung die Todesstrafe ohne Begnadigungsmöglichkeit. Blieb das Verbrechen aber unentdeckt, ließen die Götter den Unverwundbarkeitszauber des Täters unwirksam werden und richteten ihn auf diese Weise. Cf. P.M. Kuhfus, 1990, S. 139.

290 Eli Franco: Mündliche Mitteilung vom 5. November 1989.

291 I. Bird, 1990, S. 280.

292 So ganz wird man bisweilen der Annahme, daß die Götter wirklich alles sehen, nicht getraut haben, denn sonst wäre die Beichte unnötig gewesen. In weiten Teilen Melanesiens beispielsweise galten die Verfehlungen als die gefährlichsten, die nicht bekannt und damit nicht gesühnt wurden, weshalb vor großen gemeinsamen Unternehmungen wie Kriegen, der Jagd oder dem Gartenbau alle Männer zusammenkamen, um jene Vergehen zu beichten, von denen lediglich die Täter etwas wußten, denn auch ohne das Wissen der anderen war die gesellschaftliche Harmonie gestört worden und mußte wiederhergestellt werden. Cf. C.A. Schmitz, 1966, S. 47. Die Azteken waren davon überzeugt, daß ein Mann durch zuviel Sex krank wurde und nur wieder gesunden konnte, wenn er im Beisein seines Priesters vor Tlazolteotl, der Göttin der Versuchung, eine Beichte, *neyolmelahualiztli*, »Das-Herz-öffnen«, über seine Exzesse ablegte. Cf. B.R. Ortiz de Montellano, 1990, S. 62. Bevor die Huichol zu ihrer Pilgerreise nach Wirikuta,

den mythischen Ort des Ursprungs, aufbrachen, beichteten sämtliche Teilnehmer ihre sexuellen Verfehlungen, die der Schamane (*mara' akame*) ins reinigende Feuer kehrte. Cf. B.G. Myerhoff, 1974, S. 132ff.

293 Cf. z.B. L. Pospisil, 1982, S. 256ff.; H.D. Kittsteiner, 1991, S. 19. A. Ebenbauer, 1985, S. 12, ist der Auffassung, daß die Konzeption eines »allgegenwärtigen« Gottes gegenüber den antiken Göttervorstellungen ein völlig anderes Bewußtsein voraussetze. Doch was sollte an einer Welt, die von *einem* Gott kontrolliert wird, »völlig anders« sein als an der, die »voll von Göttern« ist, die alles sehen?

294 Zit. n. P.N. Dale, 1986, S. 180. Auch für al-Ghazālī (a.a.O., S. 14) setzte ein wahrhaft gutes Benehmen zu Tisch eine Verinnerlichung der guten Sitte voraus: »Man soll nicht das ungekostet lassen, was man gerne ißt, weil der andere einem zusieht, denn das ist Affektiertheit; sondern man handle nach der Gewohnheit und weiche nicht irgendwie von dem ab, wie man es allein gewöhnt ist; aber man mache sich auch, wenn man allein ist, die beste Sitte zu eigen, so daß man sich in Gesellschaft nicht zu zieren braucht.«

295 Cf. P.B. Ebrey, 1984, S. 240f.

296 Koppers, a.a.O., S. 234, bzw. Gusinde, a.a.O., S. 285, 289.

297 M. Gusinde, 1966, S. 36. Vor der Gemeinschaftsjagd betete jeder Jäger nachts um Erfolg, »in seinem Innern«, wie die !Kung sagten. Cf. a.a.O., S. 41, ferner J. Fabian, 1963, S. 48 (Mbuti), und W. Goldschmidt, 1951, S. 515 (Hupa-Yurok).

298 Cf. J.J. Maquet, 1954, S. 183. Wenn im Jahre 1831 ein europäischer Beobachter berichtete, die Bewohner der Südsee-Insel Aitutaki hätten meist »no godly sorrow for sin«, sondern betrachteten eine Handlung nur dann als sündhaft, wenn die Sünde herauskäme (cf. E. Beaglehole, 1957, S. 227f.), dann wird es sich bei diesen Handlungen wohl um solche gedreht haben, die *von den Europäern* als sündhaft empfunden wurden. Da man in den vergangenen Jahrhunderten generell von der Annahme ausging, die Heiden seien nicht wirklich moralisch, sondern fügten sich dem jeweiligen Verhaltenskodex nur äußerlich, war man weithin davon überzeugt, daß sie sich auch den europäischen Normen rasch anpassen könnten. So meinten im 17. Jahrhundert die Engländer, die nordamerikanischen Indianer ließen sich sehr bereitwillig und problemlos »zivilisieren«, zumal »it is not the *nature* of men but the *education* of men, which make them barbarous and uncivill«. Um so enttäuschter waren sie, als sie erkennen mußten, daß die Wilden,

wie Cotton Mather es ausdrückte, »did not seem touch'd in the least« von der überlegenen Zivilisation und daß es wider alle Erwartung die ehemals von Indianern verschleppten Weißen waren, die fast immer gegen ihren Willen in die Heimat zurückgebracht werden mußten. Cf. J. Axtell, 1987, S. 33, 42. Nachdem Frances Slocum, die im Jahre 1778 von Delawaren entführt worden war, neunundfünfzig Jahre danach wieder mit ihrer Ursprungsfamilie zusammentraf, sagte sie zu ihren Brüdern: »It is very easy to make an Indian out of a white man, but you cannot make a white man out of an Indian« (E. H. Ackerknecht, 1944, S. 32).

299 Cf. R. Benedict, 1954, S. 222.

300 Cf. M. E. Spiro, 1958, S. 409, bzw. M. Iga, 1986, S. 155.

301 Cf. Dale, a. a. O., S. 177, bzw. N. R. Rosenberger, 1989, S. 91. Cf. auch A. Roland, 1988, S. 180f., 271, der darauf hinweist, daß die außerhalb der heimischen sozialen Kontrolle stehenden jungen Inderinnen wegen ihrer sexuellen Wünsche und Empfindungen noch tiefere Schuldgefühle entwickelten als die zu Hause gebliebenen Mädchen.

302 Cf. T. Gladwin, 1957, S. 116. Dies haben mir vor über zwanzig Jahren ältere Informantinnen der Südlichen Cheyenne (Tsistsistas) bestätigt.

303 Cf. C. Ghasarian, 1992, S. 195, bzw. M. Cormack, 1953, S. 37.

304 S. Strohmenger, 1996, S. 95 (Hervorh. v. mir). Eine andere Ägypterin: »Wie kann es angehen, daß ein Mann die Hand einer Frau hält, und er ist für sie ein Fremder? Gott würde das nicht akzeptieren. Es ist verboten, wir können das nicht machen. Ich kann das nicht machen, *es ist nicht nur wegen der Religion, es ist, weil ich es nicht tun kann*« (a. a. O., S. 98). Vor fast vierzig Jahren sagte ein alter Berber in Marokko zu mir, er könne es nicht zulassen, daß in seinem Hause ein junger Mann und ein junges Mädchen, die nicht miteinander verheiratet seien, im selben Raum übernachteten, auch wenn es sich um Ausländer handle: »Es ist nicht, weil der Islam es verbietet, sondern weil es einfach schlecht ist!«

305 Cf. Wikan, a. a. O., S. 29.

306 Cf. S. Schroer/T. Staubli, 1998, S. 51.

307 C. Davidson, 1992, S. 57. Eine solche Gewissenspein konnte manche Menschen dazu bringen, Sünden zu beichten, die sonst nie bekannt geworden wären. So sagte z. B. im Jahre 1550 ein aragonesischer »caballero« freiwillig vor dem Inquisitionsgericht aus, er habe Analverkehr betrieben. Später erschien ebenfalls aus freien Stücken ein Ehepaar vor diesem Gericht

und bekannte die gleiche Sünde, um sein Gewissen zu erleichtern. Daraufhin erhielt der Mann hundert Peitschenhiebe, wurde für fünf Jahre auf die Galeere geschickt und anschließend auf drei weitere Jahre aus Aragon verbannt. Cf. W. Monter, 1990, S. 281, 294.

308 L. Collis, 1986, S. 7f.

309 Zit. n. M.F.B. Brocchieri, 1991, S. 182.

310 Cf. K.F. Morrison, 1990, S. 183, bzw. K. Lochrie, 1991, S. 25.

311 M. Schumacher, 1996, S. 125. Später ließ Marguerite d'Angoulème eine Protagonistin sagen: »›Ihr sprecht nicht von der wahren Ehre‹, versetzte Longarine, ›in der die Zufriedenheit dieser Welt besteht. Wenn alle mich eine anständige Frau nennen würden, und ich allein wüßte das Gegenteil, so müßte das Lob meine Schande vermehren und mich verwirren; wenn sie mich aber tadelten, und ich wüßte mich unschuldig, so würde ihr Tadel mir zur Befriedigung gereichen, denn ein jeder ist sein eigener Richter‹«
(Margareta v. Navarra, 1960, S. 91).

312 Zit. n. I. Stahlmann, 1997, S. 128, bzw. J. Coleman, 1998, S. 202.

313 Cf. z.B. P.W. Finsterwalder, 1929, S. 292.

314 Weiter heißt es dort, »das got nit richtet nach den wercken sunder nach den gedancken/so der mensch gedenckt seinen náchsten zů tōten/der selb ist vor got ain mōrder«, und: »wie wol die sáligen menschen mügen außwennig bewaren vor sündigen wercken/so mügen sy sich innwendig nit behūten das sy nit einfallen in vnkeūsche schnōde gedancken« (Albrecht v. Eyb, 1989, S. 116f.). Cf. auch die Ausführungen im *buoch der tugenden* von 1381 (K. Berg/M. Kasper, 1984, S. 442). In der Normandie merkte im frühen 14. Jahrhundert ein Gerichtsschreiber zum Fall eines Mädchens, das von zwei Männern gleichzeitig ein Heiratsversprechen entgegengenommen hatte, am Rande des Schriftstückes an: »adulterium in mente commiserant«. Cf. J.-L. Dufresne, 1973, S. 135.

315 Cf. Neubeck, a.a.O., S. 113.

316 Cf. G. Porstmann, 1996, S. 99; D. Weinstein/R.M. Bell, 1982, S. 86; N. Cawthorne, 1996, S. 97. Es kommt hier natürlich nicht darauf an, ob die Geschichte von dem Bischof und den jungen Nonnen wahr ist – wahrscheinlich ist sie es nicht! –, sondern daß man im hohen Mittelalter sehr deutlich zwischen äußerlicher Anpassung und Verinnerlichung unterschieden hat. Entsprechend unterschied man auch zwischen den »Vorwürfen des Gewissens« und der »Schande« (cf. z.B. G.

Boccaccio, 1960, S. 28): So schämte sich z.B. im 12. Jahrhundert die Flämin Jutta de Huy vor sich selber, wenn sie mit ihrem Mann schlief, obwohl sie wußte, daß dies keine Schande war. Als aber eines Tages ein junger Verwandter ihres verstorbenen Mannes versuchte, sie zu vergewaltigen, getraute sie sich nicht, um Hilfe zu rufen, weil »sie davor Angst hatte, daß der Angriff öffentlich bekannt und der darauf folgende Skandal sie beide kompromittieren würde« (Weinstein & Bell, a.a.O., S. 89). Durch die Einführung der aus Irland stammenden Tarifbuße um die Mitte des 8. Jahrhunderts konnte man sein Gewissen erleichtern, indem man insgeheim fastete, aber gleichzeitig der Schande und damit der sozialen Ächtung entgehen. Cf. E. Krüger, 1986, S. 156f.

317 M. Geyer, 1882, S. 14.

318 Zit. n. R. Schnell, 1994, S. 118f.

319 Cf. W.L. Gundersheimer, 1994, S. 51f. Als im Jahre 1537 der Mönch Forrest gefragt wurde, warum er den Supremateid abgelegt habe, obgleich er doch die Autorität Heinrichs VIII. gegenüber der Anglikanischen Kirche in Frage stelle, antwortete er, »that he took his oath with his outward man, but his inward man never consenteth thereto« (K.E. Maus, 1991, S. 35f.).

320 Auf den Einwand, in Wirklichkeit werde aber doch die ehebrecherische *Frau* härter bestraft als der Mann, entgegnet der Dialogpartner, so laute nicht das Gesetz Gottes, sondern »Þe schrewidnesse of man in Þe same synne« (R.M. Karras, 1996, S. 129f.).

321 Cf. S. Breit, 1991, S. 290f.

322 Im Jahre 1828 schrieb Frances Trollope über die Züchtigkeit der Nordamerikaner: »I confess I was sometimes tempted to suspect that this ultra-refinement was not very deep-seated« (F. Trollope, 1927, S. 113).

323 Zit. n. R. Paulson, 1983, S. 64.

324 Cf. K. Grammer, 1995, S. 420, bzw. L.E. Stermac/Z.V. Segal/R. Gillis, 1990, S. 146f. K. Geisel, 1995, S. 59, verweist auf eine Untersuchung, nach der sogar die Hälfte aller männlichen amerikanischen Studenten eine Frau vergewaltigen würde, wenn es ganz sicher wäre, daß niemand von der Tat erführe.

325 Cf. H.P. Duerr, 1997, S. 388.

326 Cf. *Spiegel* 19, 1992, S. 184.

327 R. O'Grady, 1992, S. 91. In Kuta auf der Insel Bali lernte ich vor längerer Zeit einen sympathischen und sehr »seriösen«

Australier kennen, der mir erzählte, er habe kürzlich in Thailand mehrere junge Mädchen »gefickt«, die noch kein Schamhaar oder auch nur Ansätze zu »Titten« gehabt hätten. Auf meine Frage, ob er auch in Sydney mit einem vorpubertären Mädchen schlafen würde, entgegnete er, er sei doch nicht pervers.

328 N. Elias, 1982, S. 9.

329 H.-C. Harten, 1995, S. 199.

330 Cf. J. McManners, 1981, S. 390.

331 Cf. L. Collison-Morley, 1930, S. 63; R.A. Schneider, 1995, S. 86f.; U. Rublack, 1998, S. 124.

332 Cf. Rublack, a.a.O., S. 57.

333 Im späten Mittelalter ertränkte man in den nordfriesischen Uthlanden einen Vergewaltiger nicht nur als Vergeltung, sondern auch »daß ers nicht mehr thue« (A. Heimreich, 1819, I, S. 307).

334 Cf. E. Cohen, 1990, S. 298f.

335 N. Machiavelli, 1966, S. 80.

336 Wer eine Jungfrau vergewaltigt, so H. de Bracton (1968, II, S. 414f.), nimmt ihr das »membrum«, weshalb auch er seine »Glieder« verliert: die Augen, die ihn die Schönheit des Mädchens erblicken ließen, derentwillen er sie »nahm«, sowie die Hoden, die seine heiße Lust entfachten (»qui calorem stupri induxerunt«).

337 W. Hawkins, 1716, I, S. 109.

338 Cf. P. Linebaugh, 1991, S. 280, 363f.

339 M. Spöttel, 1995, S. 252f.

340 Cf. A. Höfele, 1998, S. 58; U. Danker, 1988, S. 84.

341 Cf. z.B. L.M. Friedman, 1993, S. 81f.

342 Cf. M. Lippman/S. McConville/M. Yerushalmi, 1988, S. 121.

343 H. Nordhoff-Behne, 1971, S. 117. Auch J.A. Sharpe, 2000, S. 220, kritisiert den Mythos vom »desensitized and gin-sodden mob«, der lüstern auf das grausame Spektakel gewartet habe.

344 Cf. H. Sanson, 1983, I, S. 189ff.; D. Kunzle, 1973, S. 49; R. Philippe, 1982, S. 100f. Cf. auch J.C.H. Dreyer, 1792, S. 16; P. Putzer, 1986, S. 118ff. Daß die Grausamkeit bei der Vollstreckung von Todes- und Körperstrafen in der Neuzeit immer mehr zunahm, ist verschiedentlich bemerkt worden. Cf. J.K. Kames, 1910, S. 79; K.G. Zinn, 1989, S. 245ff.; W. Raith, 1979, S. 170.

345 »I accused myself of cruel curosity«, und während der Henker den armen Teufel aufs Rad flocht, »I made another attempt to

get a distance as I was close to the scaffold« (C. Dyer, 1992, S. 45). Im Mai 1763 schrieb James Boswell in sein Tagebuch, er habe eine »horrid eagerness« verspürt, der Hinrichtung einer gewissen Hannah Diego beizuwohnen, doch habe ihn das Schauspiel in einen Zustand tiefer Melancholie versetzt. Cf. J. Boswell, 1950, S. 252.

346 M. Brander, 1973, S. 142.

347 Cf. Philippe, a.a.O., S. 85, 100 f.; E. v. Künßberg, 1932, Sp. 547.

348 W. v. Waldeck, 1998, S. 263. Im alten Israel bestand eine zusätzliche Entehrung zur Strangstrafe darin, den Leichnam von männlichen Verbrechern nur mit einer Unterhose (*mischmasim*) bekleidet bis zum Einbruch der Nacht »am Holze hängen zu lassen«. Cf. R. de Vaux, 1960, S. 256; R. v. Mansberg, 1900, S. 77. Im 16. Jahrhundert berichtete Sebastian Fischer (1896, S. 52) von einem Verbrecher, der mit von den »fegeln« ausgefressenen Augen so am Galgen gehangen habe, daß »man im die scham gsehen«.

349 Cf. H.-J. Wolf, 1995, S. 418. Als um diese Zeit ein englisches Gericht anordnete, die Katholikin Margaret Clitheroe solle sich zur Hinrichtung teilweise entkleiden, sagte diese, sie schäme sich, daß die Richter vor Zeugen ein schamloses Wort wie »entkleiden« ausgesprochen hätten. Cf. P. Crawford, 1993, S. 67.

350 Cf. J. Nowosadtko, 1994, S. 69.

351 W. Mezger, 1994, S. 230. Wenn auf der Marginalie einer Pariser Ausgabe des *Roman de la Rose* aus der Zeit um 1350 ein nackter Mann gezeigt wird, der sich mit dem Schwert gegen ein Ungeheuer wehrt und dabei eine mächtige Erektion hat (cf. A.M. Koldeweij, 1995, Fig. 9), oder wenn Samson mit erigiertem Glied den Löwen tötet (cf. M. Camille, 2000, S. 150, 169), so handelt es sich dabei wohl entweder um eine Angst- oder eine Wuterektion. So sagten Vietnam-Veteranen aus, daß sie beim Töten Erektionen bekamen. Cf. A. Sprinkle, 2001, S. 117. Wie Filip Müller, ehemaliges Mitglied eines Häftlingssonderkommandos im KZ Auschwitz, berichtet, wurden zahlreiche Zigeuner, nachdem sie sich zur Vergasung entkleidet hatten, dermaßen sexuell erregt, daß sie mit ihren ebenfalls nackten Frauen im »Wartesaal des Todes« vor aller Augen den Geschlechtsakt ausführten. Cf. M. Zimmermann, 1996, S. 343. Cf. hierzu auch H.P. Duerr, 1988, S. 271 ff.; ders., 1997, S. 548.

352 Cf. J. Laver, 1972, S. 17.

353 Cf. R.J. Evans, 1996, S. 257 ff. Cf. auch J. Christensen, 1959, S. 279; D. Kämmerer, 1991, S. 186; H. Bülck, 1932, S. 176 f.; L.

Radzinowicz, 1968, S. 304; T.W. Laqueur, 1989, S. 322. Eine unübersehbare Menge von Zuschauern verfolgte auch die Hinrichtung des Perückenmachers Woyzeck auf dem Leipziger Marktplatz im Jahre 1824. Cf. J. v. Uthmann, 1998, S. 228.

354 Cf. J. Phillips/P. Philipps, 1978, S. 114; R. Tobias, 1985, S. 115 f.

355 Cf. Friedman, a.a.O., S. 168 f.

356 L. Segal, 1990, S. 177 f., bzw. J.W. Harris, 1995, S. 408. Cf. auch D. Pruden, 1972, S. 443; J.N. Pieterse, 1992, S. 176 f.; J. D'Emilio/E.B. Freedman, 1988, Abb. 53; P.A. Turner, 1993, S. 62. Im Jahre 1934 zwang ein weißer Mob zunächst einen Neger, die Genitalien, die man ihm zuvor abgeschnitten hatte, vor aller Augen zu essen. Dann ermordete man ihn und hängte seine nackte Leiche an einen Ast. Cf. B. Wyatt-Brown, 1986, S. 34 f.

357 Im September 1941 schrieb ein Heilbronner Lehrer in sein Tagebuch: »In kürzester Zeit füllt sich der Marktplatz. Witze und Spott fliegen hin und her. Auf der Rathaustreppe werden die Blumen entfernt. OB Gültig hilft persönlich. Gegen 17 Uhr wird das Gedränge beängstigend. Ein Mann, der über dem Kopf einen Stuhl trägt, wühlt sich durch die Menge. ›Dort sitzt sie ja schon!‹ schreit plötzlich jemand. Das Drücken und Schieben wird geradezu irrsinnig. Frauen kreischen hysterisch auf, Kinder ersticken fast, ein Wolfshund beißt um sich. Die Schau beginnt. Die neununddreißigjährige Frau, die sich mit einem Polen eingelassen haben soll, wird auf einen Lieferwagen gehoben und auf einen Stuhl geschubst. Einige spucken zu der ›Büßerin‹ hinauf, die biblischen Steine fliegen. Plötzlich taucht neben der Frau ein resoluter junger Mann im Mechanikeranzug auf. Er soll bei der Stadt beschäftigt sein. Mit einer riesigen Schneiderschere säbelt er das Haar strähnenweise ab. Nach jeder gefallenen Strähne stellt er die Frau dem gaffenden Volk vor, das jedesmal aufbrüllt. Das Volksfest strebt dem Höhepunkt entgegen. Mit einer Zwei-Millimeter-Haarschneide-Maschine geht der ›Friseur‹ zur Feinarbeit über, greift dann zum Zwanzigstel-Millimeter-Gerät. Ihre Kopfhaut wird zur Billardkugel. Immer wieder wird sie dem Volk gezeigt. Die Geschändete verzieht keine Miene, ihr Gesicht wirkt wie aus Lehm modelliert« (C. Banghard-Jöst, 1985, S. 165).

358 Cf. H.P. Duerr, 1993, S. 301 f.

359 *Spiegel* 51, 1991, S. 199.

360 Cf. Amnesty International, 1989, S. 138 ff.

361 ZDF, 6. Januar 1992. Ein mit weißen Kitteln getarntes RTL-

Team verschaffte sich im Gefolge eines Notarztes Zugang zur Wohnung einer sterbenden Frau. Der Arzt gab noch am Einsatzort vor laufenden Kameras ein Interview. Cf. *Kölner Stadtanzeiger*, 13. August 1993.

362 *Rhein-Neckar-Zeitung*, 10. Oktober 1992.

363 Cf. R.H. Foerster, 1969, S. 299.

364 Cf. P. Morrah, 1979, S. 56.

365 Cf. H.-D. Metzger, 1996, S. 40, bzw. Pepys, a.a.O., VII, S. 246.

366 Zit. n. M. Maurer, 1992, S. 91, 116, 119. Bereits zu Beginn der Neuzeit wurde die zu große Härte beim Fußballspiel getadelt: So schrieb z.B. im Jahre 1531 Thomas Elyot in seinem *Boke called the Governor* über »Foote balle, wherein is nothinge but beastly furie and extreme violence«, und später nannte Henry Stubbes das Spiel »a bloody and murthering game, a devilish pastime«. Nicht selten wurden im 16. Jahrhundert Fußballer vor Gericht gebracht, weil sie besonders hart gespielt und gegnerische Spieler verletzt hatten. Cf. F.G. Emmison, 1973, I, S. 225f.

367 A. Guttmann, 1986, S. 71.

368 *Focus* 32, 1998, S. 66f.

369 *Stern* 43, 1999, S. 42.

370 Elias, a.a.O., I, S. 265.

371 Ders., 1983, S. 131. Die Behauptung, in frühen Zeiten sei die »Gewalttätigkeit von Gruppen gegeneinander eine mehr oder weniger beständige oder sogar vorherrschende Bedingung ihrer Existenz«, ja, die Gewalttätigkeit sei »nicht selten geradezu« ihre »Lebensweise« gewesen (Elias, 1988, S. 137), habe ich an anderer Stelle zu widerlegen versucht. Cf. H.P. Duerr, 1997, S. 18ff. Freilich bleiben solche Märchen unausrottbar. So verlautet z.B. G.W. Oesterdiekhoff (2000, S. 208), »die ethnographischen Fakten« zeigten »ganz im Sinne der Elias-Schüler und gegen Duerr«, daß es in »primitiven« Gesellschaften keinen »Selbstzwang« gäbe, »wie er in modernen Kulturen vorfindlich ist. Nur die staatliche Gewalt kann die Menschen hindern, sich wegen Kleinigkeiten zu bekämpfen und umzubringen.« Leider versäumt der Autor es, diese »ethnographischen Fakten« anzuführen.

372 Cf. J.W. Dower, 1986, S. 64ff. Die meisten Soldaten sahen in den Japanern keine Menschen mehr. In einer repräsentativen Umfrage vom Dezember 1944 sprachen sich immerhin 13% der erwachsenen Bevölkerung der USA für einen systematischen Völkermord an den Japanern aus. Im Falle der Deutschen wurde die Frage nicht gestellt. Allerdings befürworteten

34 % die Auflösung der deutschen Nation. Cf. a.a.O., S. 53f.
Nach einer Besichtigung des Lodzer Ghettos notierte
Goebbels in seinem Tagebuch über die dort lebenden Juden:
»Das sind keine Menschen mehr, das sind Tiere. Das ist des-
halb auch keine humanitäre, sondern eine chirurgische
Aufgabe« (zit. n. J. Dülffer, 1992, S. 182).

373 Der Soldat Ed Treratola gab an, er und seine Kameraden hätten bei der Ausbildung erst dann Essen fassen dürfen, wenn sie
zuvor im Chor »VC, VC, kill, kill, kill! Gotta kill, gotta kill,
'cause it's fun, 'cause it's fun!« gebrüllt hätten. Und er schilderte, was seine Kameraden mit einer französischen Krankenschwester machten, die ihnen in die Hände fiel: »Zunächst
machten sich die Offiziere über sie her und vergewaltigten sie.
Dann gaben sie die Krankenschwester an die Feldwebel weiter.
Die vergewaltigten sie ebenfalls. Dann hatten die einfachen
Soldaten ihr Vergnügen. Und schließlich wurde sie beseitigt,
denn sie wurde ja nicht mehr gebraucht.« *Frage:* »Wie wurde
sie getötet, wissen Sie das?« *Treratola:* »Ja. Durch Kopfschuß.
Mit einem 45er.« (*Spiegel* 50, 1970, S. 131, 139f.). Viele Vete-
ranen berichteten, sie hätten beim »Schlachten« dieser Leute
»keinerlei Gefühle« verspürt. Cf. M. MacPherson, 1984,
S. 501ff.; P. Knightley, 1989, S. 128ff.

374 Daß die mittelalterlichen Ritter wahllos Frauen vergewaltigt
hätten, wird zwar häufig behauptet, aber nirgendwo nachgewiesen. In jedem Falle widersprachen derartige Verbrechen
dem ritterlichen Tugendkanon, denn nach Froissart und anderen gehörte es zu den Pflichten jedes Ritters, Frauen vor unerwünschten sexuellen Zugriffen zu schützen. Cf. J. Bradbury,
1992, S. 301. Wie heute (cf. Anm. 372) machte man freilich
auch damals Unterschiede, und zwar je nachdem, wie nahe
einem der Feind stand. Die angelsächsischen Krieger mußten
beispielsweise für das Töten eines Feindes vierzig Tage Buße
leisten, aber wenn dies in einem »rihtlic gefeoht«, einem
»gerechten Krieg« gegen Heiden, geschah, war die Tat nicht so
schlimm. In diesem Falle galt, daß »whoever slays someone
shall be without grave fault«, und nachdem er sich einer Rei-
nigungszeremonie unterzogen hatte, durfte der Betreffende
nach einer gewissen Zeit wieder die Messe besuchen. Cf. M.
Strickland, 1992, S. 43f., 53f. Auf alle Fälle war das Töten von
Menschen im Krieg in »archaischen« Gesellschaften eine
Handlung, die den Täter nicht nur befleckte, sondern ihn zu
einem »asozialen«, außerhalb der Gesellschaft stehenden
Wesen machte, das anschließend wieder nach einer Buße-

leistung rituell in die Gesellschaft integriert werden mußte. Cf. H.P. Duerr, 1978, S. 79, 266.

375 So fragte im 19. Jahrhundert der Historiker Michelet, welcher junge Mensch sich denn schon ins Kampfgetümmel stürzen könne, »ohne an der mörderischen Trunkenheit des Kampfes und des Sieges teilzuhaben?« (W. Rost, 1983, S. 206).

376 Cf. H.P. Duerr, 1993, S. 417ff.

377 Cf. J. Wheelwright, 1994, S. 125. Die Hearings förderten auch zutage, daß die zuständigen Armeedienststellen sich häufig geweigert hatten, die Verbrechen an den Frauen zu verfolgen.

378 N. Elias, 1988, S. XXXIV, 140ff. (Hervorh. v. mir).

379 J.-F. Lafiteau, 1724, II, S. 289. (Hervorh. v. mir).

380 Cf. A. Starkey, 1998, S. 25f., 30f.; M.L. Fickes, 2000, S. 59. Die Weißen skalpierten nicht nur, sondern sammelten auch systematisch Trophäen wie z.B. Indianerohren. Cf. M. Cunliffe, 1968, S. 271.

381 Cf. G. Althoff, 1995, S. 70. Bereits R. van Krieken, 1991, S. 214ff., hat mit Recht darauf hingewiesen, daß Elias vereinzelte Exzesse nicht vom kriegerischen Normalverhalten unterschieden habe. Cf. auch M. Dinges, 1995, S. 78. »Das Mittelalter pauschal als ›grausam‹ zu bezeichnen gelingt nur um den Preis, die Wirklichkeit des 20. Jahrhunderts nicht wahrzunehmen« (N. Brieskorn, 1991, S. 37).

382 Cf. Friedman, a.a.O., S. 75; K.M. Brown, 1995, S. 37. Bei den Irokesen galt es als eine große Ehre, als Gefangener gefoltert zu werden. »Er schmauste mit seinen Besiegern, tanzte und sang für sie.« Als einmal eine Gruppe junger Männer und Frauen bei einer Tortur nicht zugegen sein wollte und sich aus dem Staube machte, schimpfte der Gequälte über sie, weil sie »einen Mangel an Respekt« für ihn und seine Tapferkeit zeigte. Auch die Peiniger sagten, daß sie einen Mann, der am Marterpfahl Selbstbeherrschung bewies, »liebten und bewunderten«. Cf. O. La Farge, 1961, S. 65ff.

383 Elias, a.a.O., S. 142.

384 Cf. H.P. Duerr, 1993, S. 291f. Bereits im Jahre 1777 hatten amerikanische Siedler unvorstellbare Grausamkeiten an den Frauen der Delawaren und anderer Stämme verübt, ihnen z.B. die Gebärmutter aus dem Leib gerissen, und zwei Jahre später gab es eine Massenvergewaltigung von Onandagafrauen. Cf. J.R Gundersen, 1996, S. 156f. General John Gibbon sprach folgerichtig vom »so-called civilized war« der Amerikaner gegen die Indianer. Cf. T.C. Leonard, 1986, S. 231.

385 A. Falk-Rønne, 1970, S. 15, und *Spiegel* 44, 1969, S. 178.

386 ZDF, 24. Mai 1990.

387 Cf. H.P. Duerr, 1990, S. 170ff.

388 M. Miklautz, 1998, S. 145f.

389 So heißt es, im Jahre 1590 habe sich in Nördlingen der Wächter Tobias Schirer »gar gelusten lassen sich nach der Längs und Breit etlichemal auf die gefangene Frickhinger zu legen«, wobei fast entschuldigend hinzugefügt wird, »er seie« halt »noch ein junger Mann« (H.-J. Wolf, 1995, S. 418). Cf. auch N. Bennewitz, 1999, S. 133.

390 Nachdem zu Beginn des 17. Jahrhunderts im Hochstift Paderborn der Richter Johann Moller der Folter einer jungen »Zauberschen« beigewohnt und gesehen hatte, »wie dieselbe so schön von Leibe und wolgestalt gewest«, scheint er sich ihr sexuell genähert zu haben. Als er immer wieder »etliche Stunden bey ihr allein verblieben«, war »auch seiner Haußfrauen der Handel verdächtig worden«, doch scheint das den Mann zunächst nicht allzusehr beeindruckt zu haben. Schließlich ließ er die junge Frau »glatt und wohlgemestet, eadem authoritate propria« frei. Cf. Wolf, a.a.O., S. 702.

391 Zwar habe ich in der gesamten Literatur zum Thema der Hexenverfolgungen nur eine einzige Stelle gefunden, an welcher der Autor verlautet, »ihm sei zu Ohren gekommen«, daß ein Henkersknecht angesichts des entblößten Leibes einer ›Hexe‹ sexuell erregt worden sei (cf. H.P. Duerr, 1988, S 265f.), doch wird in den Quellen mitunter berichtet, die Frauen hätten sich sehr geschämt, wenn sie sich vor den fremden Männern bis aufs Hemd oder sogar ganz entkleiden mußten. So heißt es, daß im Jahre 1649 in Newcastle-upon-Tyne bei einer Frau aus »fright and shame all her blood contracted into one part of her body«, als der schottische Teufelszeichensucher »her cloaths over her head« zog (cf. A.L. Barstow, 1994, S. 130). Und im Jahre 1548 löste anscheinend in Amsterdam der Henker das Gewand der Wiedertäuferin Elisabeth absichtlich so, daß es von ihr abfiel, nachdem sie aufgestanden war, so daß sie nurmehr mit ihrem Hemd und Leinenhosen bekleidet war, die sie zuvor hatte anziehen müssen. »Um sie zu beschämen«, zwang er auch eine Anneken, im bloßen Hemd dazustehen, und als er die junge Wiedertäuferin Maeyken Doornaerts »nackt«, d.h. wohl »im Hemd«, folterte, fragte er sie, ob sie sich denn nicht schäme, so vor ihm dazuliegen. Cf. G. Scholz-Williams, 1998, S. 278f. Als im Jahre 1584 ein Beamter der hl. Inquisition in Valencia einer jungen Frau in den Ausschnitt faßte, weil sie dort einen Talisman ver-

steckt hatte, schrie diese laut auf und wehrte sich mit aller Kraft, »porque siendo donzella, lo tenía por afrento« (R.E. Surtz, 2001, S. 429).

392 So gab es beispielsweise im Schwäbischen im 17. Jahrhundert einen Skandal, als durchsickerte, der Wärter Georg Blumenschein »gehe« im Kerker »maistens über die weib« (Wolf, a.a.O., S. 158).

393 Cf. H. Pohl, 1998, S. 175.

394 So verlautet die Überlinger Hospitalordnung vom Jahre 1515. Cf. A. Kinzelbach, 1999, S. 182.

395 Im Jahre 1686 befahl der Augsburger Rat dem Scharfrichter, eine eingekerkerte ›Hexe‹ *durch seine Frau* auf Teufelszeichen untersuchen zu lassen. Cf. K. Stuart, 1998, S. 323 f. Cf. auch K. Wohlschlegel, 1995, S. 91. Im Jahre 1579 erhielten in Southampton sechs ehrbare Matronen den Auftrag, festzustellen, ob der Leib der Witwe Walker »eny bludie marke« aufweise, »which is a comon token to know all witches by«. Ein paar Jahre später wurden »women of credite« mit dieser Aufgabe betraut. In Oxfordshire verlangte eine Frau, daß sie, um ihre Unschuld zu beweisen, »may be searched by foure & twenty sober iudicious matrons« (J. Sharpe, 1996, S. 178ff.). Bei der Suche nach dem Teufelsmal am Oberkörper der Ursula Decker hatte im Jahre 1680 der Scharfrichter der Grafschaft Glatz auf ihrem Rücken »wie von Geschwehren signa« entdeckt. Daraufhin war »Sie in praesentia Unßer«, d.h. des Hoch-Gräflichen Gerichts, »am Obern Leibe, so viel es zuläßlich«, also wohl: ohne daß ihre Brüste ganz entblößt wurden, »wieder abgekleidet, undt angedeuteten Zeichen besichtiget worden«. Ihr Unterleib war vor der Frau des Scharfrichters abgesucht worden, die auch das Schamhaar der Deckerin geschoren hatte. Cf. K. Lambrecht, 1995, S. 309, 453. Im Jahre 1702 befahl der Grazer Kanzler dem Landesbannrichter im slowenischen Celje, dem Scharfrichter und seinen Gesellen unverzüglich zu untersagen, Frauen auf Teufelsmale abzusuchen. Außerdem »verbitte« er sich aufs »schärftigs«, »dass weder er, noch sein Knecht bey denen Weibern *in verecundi partibus* die Haare abzuscheeren« sich erkühnten (V. Rajšp, 1991, S. 58 f.).

396 Cf. Sharpe, a.a.O., S. 181. Vielleicht um einer solchen Demütigung zu entgehen, ›bekannte‹ im Jahre 1631 Ottilie Pfinstock in der Grafschaft Nassau-Dillenburg vor jener Untersuchung, der »böse feindt« habe ihr ein Teufelsmal an der »scham gemacht«. Cf. A. Kupitz, 1996, S. 101.

397 Cf. Jarrick & Söderberg, a.a.O., S. 12f.

398 Cf. P. Czerwinski, 1995, S. 81; T. Scharff, 2000, S. 162; S. Lembke, 2000, S. 195. Nietzsche war hier ungleich feinfühliger als Elias: »Nicht ihre Menschenliebe, sondern die Ohnmacht ihrer Menschenliebe hindert die Christen von heute, uns – zu verbrennen« (F. Nietzsche, 1968, VI. 2., S. 91).

399 Cf. W. Blesch, 1992, S. 89f.

400 Cf. G. Franz, 1995, S. 345.

401 Cf. Wolf, a.a.O., S. 817. Cf. auch H.P. Duerr, 1997, S. 561f.

402 Zit. n. J. Nowosadtko, 1998, S. 208.

403 E. Peters, 1991, S. 220.

404 K. Seifart, 1859, S. 682ff.

405 Cf. H. Linderkamp, 1985, S. 29. Cf. hierzu auch H. Boockmann, 1987, S. 1ff.

406 Cf. W. Maisel, 1992, S. 144f. Vor ein paar Jahren habe ich in Pistoia eine Wanderausstellung »Folterinstrumente des Mittelalters« gesehen, die durch die größeren italienischen Städte ging und in der man für ein hohes Eintrittsgeld angebliche Marterwerkzeuge bewundern konnte, die mit Sicherheit zum größten Teil aus dem 19. oder 20. Jahrhundert stammten.

407 R.J. Evans, 1997, S. 183f.

408 C. Löhmer, 1989, S. 214f.

409 Cf. N.L. Pushkareva, 1992, S. 114.

410 J.G. Eben, 1832, V, S. 239.

411 Der Ehemann muß »Treat and govern her well and honestly, and to do no injury or ill to her body other than that permitted lawfully and reasonably to a husband for the purpose of control and punishment of his wife« (M.H. Kerr, 1998, S. 214f.).

412 Cf. A. Fletcher, 1999, S. 434.

413 Außerdem gab es damals mehrere Fälle, in denen dem Mann überhaupt das Recht abgesprochen wurde, seine Frau zu züchtigen. Cf. H.-P. Plaß, 1990, S. 186. Zu entsprechenden Verordnungen im bayerischen Landrecht cf. R. Beck, 1997, S. 189.

414 N. Elias, 1988, S. 138.

415 Einen ähnlichen Gedanken hatte offenbar M. Frank, 1995, S. 243, als er die Frage stellte: »Welchen Eindruck vom heute herrschenden Umgang hätte wohl ein Historiker, der in hundert Jahren beispielsweise die Polizeiberichte einer beschaulichen Kleinstadt auswerten würde?« Cf. ders., 1995a, S. 334.

416 A. Brilli, 1997, S. 178ff.

417 F. McLynn, 1989, S. 108. Cf. auch H.P. Duerr, 1993, S. 299f. Im Jahre 1729 berichtete der schweizerische Reisende César de

Saussure, nicht wenige englische Straßenräuber seien äußerst höflich und bäten ihre Opfer um Verständnis dafür, daß sie aus finanziellen Gründen dazu gezwungen seien, sie auszuplündern. Cf. L. Moore, 2000, S. 18f. Im Ausland nannte man damals dieses Benehmen »the English Way of Robbing«. Cf. P. Langford, 2000, S. 145.

418 Über Mittelalter und frühe Neuzeit heißt es: »Die gesellschaftliche Kontrolle ist verglichen mit später milde« (N. Elias, 1939, I, S. 142).

419 J.A. Sharpe, 1984, S. 111, 115.

420 Cf. A. Briggs, 1969, III, S. 92.

421 Zit. n. R.J. Evans, 1997, S. 295.

422 J. Winter, 1993, S. 182. Helena Swanwick erinnerte sich, wie ihr bereits als junges Mädchen zu Bewußtsein kam, daß »I could not be allowed out after dark, even in frequented thoroughfares [= Hauptverkehrsstraßen]. When it was explained to me that a young girl by herself was liable to be insulted by men, I became incoherent, with rage at a society which, as a consequence, shut up the girls instead of the men« (S.K. Kent, 1987, S. 11f.).

423 N. Elias, 1939, I, S. 190.

424 Ders., 1980, S. 24f.

425 Cf. C. Wouters, 1994, S. 208, 210. Während Wouters mir immerhin zuzubilligen scheint, die diesbezüglichen Ausführungen Elias' zu kennen, sie aber nicht zu beachten, schreibt eine strenge Philosophin, aus meiner »sehr tendenziösen« Kritik an Elias lasse sich meine »Ignoranz der Eliasschen Informalisierungsthese« ersehen (H. Landweer, 1999, S. 163). Neuerdings schreibt Wouters (1999, S. 54), der sich offenbar zu wenig beachtet fühlt, »selbst die ›liberalen und toleranten Niederländer‹« hielten es »nicht für fair«, daß ich diese These weiterhin ignoriere. Wouters scheint sich selber mit »den Niederländern« zu verwechseln, denn allem Anschein nach haben diejenigen seiner Landsleute, die sich mit meiner Elias-Kritik beschäftigt haben, eine Auseinandersetzung mit der Woutersschen Formulierung dieser These nicht gerade vermißt. Cf. z.B. C. Offermans, 1997, S. 74f., C. Bronsveld, 1997, S. 80, oder R. Corbey, 1997. Im übrigen bin ich bereits im ersten Band dieses Buches (cf. H.P. Duerr, 1988, S. 158ff.) auf die Informalisierungsthese« eingegangen. Cf. auch ders., 1990, S. 124ff.

426 C. Wouters, 1994, S. 208f.

427 A. Zielcke, 1997.

428 M. Beutelspacher, 1986, S. 128.

429 Cf. A. Coffey, 1999, S. 87.

430 J.M. Swanson/K.A. Forrest, 1987, S. 56. Eine junge und leicht »alternative« Ärztin sagte mir, sie beruhige in solchen Fällen die – meist jüngeren – Patienten, indem sie diese auf die »Natürlichkeit« der Reaktion hinweise und darauf, daß eine Erektion doch »etwas sehr Schönes und Gesundes« sei.

431 Cf. H.P. Duerr, 1997, S. 393.

432 Cf. M.F. DeMartino, 1969, S. 169f.

433 Cf. H.P. Duerr, 1993, S. 168; ders., 1997, S. 211, 482.

434 Cf. J.D. Douglas/P.K. Rasmussen/C.A. Flanagan, 1977, S. 95.

435 *Sonnenfreunde* 6, 1992, S. 22. Der amerikanische Photograph Harry Benson (2001, S. 198) beschreibt sein Erstaunen darüber, daß keine der splitternackten Frauen, die in einem Westberliner Park sonnenbadeten, Einspruch erhob, als er sie photographierte.

436 Joachim Seidl: Brief vom 30. Januar 1996. Wie mir Gerhard Svrcek-Seiler mitteilte, gibt es deshalb heute in japanischen »Mixed Onsens« die Benimmvorschrift für Ausländer: »Behave respectfully and maturely. No staring, ogling or woohooing [= Loskreischen] for onsenners!« Im Sommer 1986 haben mir mehrere Balinesinnen, die sich selber bisweilen im Bereich des Hauses oder auf dem Markt mit unbedeckten Brüsten aufhielten, gesagt, sie empfänden es als beschämend, wie die westlichen Touristinnen am Strand von Kuta ihren nackten Oberkörper zur Schau stellten. Schockiert waren sie auch über deren nackte Oberschenkel und Pobacken. Ähnliches hörte ich damals von javanischen Prostituierten.

437 Cf. H.P. Duerr, 1988, S. 70.

438 K. Rinn, 1996, S. 298f.

439 Die Schilder erwiesen sich indessen als völlig nutzlos. Selbst die Kurverwaltung von Bad Kissingen fühlte sich um diese Zeit gezwungen, derartige Tafeln aufzustellen, auf denen sie sich gleichzeitig für die »Aufnahme« von expliziten »Verboten« damit entschuldigte, diese erschienen »vielen Gästen« zwar gewiß »als Selbstverständlichkeit«, allein »die Erfahrung« habe »leider gezeigt«, daß man doch nicht ohne solche Verbote »auskommen« könne.

440 Cf. Duerr, a.a.O., S. 160. Einige jüngere Frauen haben mir erzählt, daß sie ihre Kinder nicht mehr am Neckarufer des Heidelberger Stadtteils Wieblingen spielen lassen, weil dort immer mehr Paare auf der Liegewiese, umgeben von Voyeuren, Geschlechtsverkehr ausüben.

441 Cf. G. Schmidt et al., 1998, S. 170f.
442 Cf. E. Herold/B. Corbesi/J. Collins, 1994, S. 137. Viele männliche Strandbesucher sagten, daß sie von den unbedeckten Brüsten der Frauen sexuell erregt würden. Cf. auch J.-C. Kaufmann, 1995, S. 134ff.
443 Cf. P. Canavan, 1984, S. 76f.
444 Inzwischen stellen viele Frauen ihre Brüste und ihren Unterleib bevorzugt in geschützteren Bereichen wie z.B. auf erhöhten Plattformen zur Schau, weil sie dort nicht so leicht begrapscht werden können. Mischen sie sich unter die Menge, so tun sie dies immer seltener ohne männliche Begleitung, aber auch diese schützt sie nicht allzu oft. Cf. J. L. Lewis, 1999, S. 550ff., ferner M. Sepúlvedra dos Santos, 1999, S. 81.
445 Cf. H.P. Duerr, 1993, S. 338f.
446 Cf. *Weser-Kurier*, 8. Juli 1994. Nach M. Stern/A. Stern, 1980, S. 189f., kommt es auch in den überfüllten Autobussen und Straßenbahnen der russischen Großstädte andauernd zu derartigen sexuellen Handgreiflichkeiten, aber auch zu mehr oder weniger gerne hingenommenen gegenseitigen Masturbationen, bei denen die Betreffenden nicht einmal das Gesicht des oder der anderen sehen. Meist schiebt der Mann seine Hand unter den Slip der Frau, aber es kommt auch gelegentlich vor, daß eine Frau den Hosenschlitz des Mannes öffnet.
447 Hanns-Peter Kleiber: Brief vom 20. April 1998. Cf. auch weiter oben Anm. 236.
448 *Spiegel* 6, 1999, S. 166; P. Constantine, 1994, S. 140; W. Lunsing, 1999, S. 181.
449 Wouters, a.a.O., S. 215.
450 Cf. Duerr, a.a.O., *passim*.

ANMERKUNGEN ZU § 1

1 N. Elias, 1978, S. 34. (Hervorh. v. mir). Ebenso H. Korte, 1988, S. 147. »Im Mittelalter«, so H. Nicolson (1957, S. 190) im Anschluß an Elias, »verbarg man die Tatsachen des natürlichen Lebens vor kleinen Jungen und Mädchen nicht.«
2 N. Elias, 1939, I, S. 239f. Später schrieb Elias (1980, S. 15f.), vor dem 18. Jahrhundert habe es sich »von selbst« verstanden, »daß Kinder den Geschlechtsakten der Eltern beiwohnten«, und zwar in den »ärmeren Bevölkerungsschichten« allein schon wegen der »engen Quartiere«.
3 Ders., 1939, I, S. 240f. Ähnliche Behauptungen finden sich –

meist in enger Anlehnung an Elias – z.B. bei G. Korff (1981, S. 13), der meint, durch die »niedrige Scham- und Peinlichkeitsschwelle« sei ein »Gefühlshaushalt« entstanden, »der durch Indifferenz« gegenüber dem Geschlechtsverkehr der anderen »gekennzeichnet« gewesen sei; bei S. Shahar, 1990, S. 102; J.L. Singman, 1999, S. 50; A. Lorenzer, 1989, S. 30, der von einer »Erfindung der kindlichen Unschuld« in der neuzeitlichen bürgerlichen Gesellschaft spricht, die »verankert« sei »in der Ausschließung der Kinder aus dem sexuellen Geheimnis der Erwachsenen«, oder in Mittelalterromanen wie H.G. Thiemt/H.D. Schreeb, 1988, S. 278, wo sämtliche Klischees vom ungehemmten und schamfreien Sexualleben jener Zeiten versammelt sind.

4 E. Borneman, 1986, S. 85f. Wie schlecht es um die empirische Grundlage derartiger Behauptungen bestellt ist, kann man recht gut am Beispiel einer Kulturwissenschaftlerin erkennen (cf. A. Schlichte, 1997, S. 79), die gegen meine Eliaskritik einwendet, die »Behauptungen« von Elias würden durch die Ausführungen von Gelehrten untermauert, die gezeigt hätten, daß es in den damaligen Zeiten niemanden gestört habe, wenn die Erwachsenen vor aller Augen »miteinander koitierten«. Deshalb hätten die Kinder »keinerlei Aufklärung« bedurft, zumal noch im 16. Jahrhundert Eltern ihre Kinder masturbiert hätten und Keuschheit weder auf dem Lande noch in den Städten eine Tugend gewesen sei. Als Beleg für diese abenteuerlichen Thesen führt die Kritikerin A.A. Guha (1990, S. 163f.) an, der indessen keine einzige Quelle zu nennen weiß, die seine Behauptungen belegen könnte. Sehr wahrscheinlich zehrt Guha von den Ausführungen Elias', womit sich zumindest der Kreis geschlossen hätte.

5 R. Hilgenstock, 1982, S. 26.

6 Erst im 19. Jahrhundert sei die Sexualität aus dem Alltag »ausgegrenzt« und dadurch als solche erkannt worden. Cf. H. Eich, 1991, S. 52. Selbst ein gestandener Kulturhistoriker wie H. Kühnel (1995, S. 122) läßt sich zu der Behauptung hinreißen, der Koitus und die Nacktheit hätten »im Spätmittelalter als natürliche Dinge« gegolten und seien erst in der zweiten Hälfte des 16. Jahrhunderts »in den Intimbereich der Kammern verdrängt« worden. Als Beleg verweist er auf die Stuckfiguren, die der Kremser Kaufmann und Stadtrichter Hans Drackh noch im Jahre 1559 an seinem Haus habe anbringen lassen: unter anderem eine Karyatide mit unbedecktem Oberkörper und eine Prostituierte, die ihren Rock bis zu

den Schenkeln lüpft. »Die Unbefangenheit gegenüber menschlicher Nacktheit und Sexualität«, so Kühnel (a.a.O., S. 139),
»kommt gleichermaßen in den stark erotisch betonten unbedeckten Brüsten« wie im Schürzen des Rockes »zum Ausdruck«. Aber was könnte erotisch harmloser sein als eine völlig bekleidete Stuckkurtisane, die zudem Unterhosen trägt?
Und hätte der Historiker auch von den Plastiken splitternack-
ter Frauen aus dem 19. Jahrhundert gesagt, an ihnen könne
man die »Unbefangenheit« der viktorianischen oder wilhelmi-
nischen Menschen »gegenüber Nacktheit und Sexualität« ablesen?

7 K. Schadelbauer, 1930, S. 206 f.
8 K.A. Barack, 1881, IV, S. 10.
9 Cf. F. Würthle, 1962, S. 92.
10 Cf. Schoelen, a.a.O., S. 116. Gerson ging freilich davon aus,
daß es den Menschen seiner Zeit ohnehin schwerfalle, über
Sexuelles zu reden. So meinte er in seiner kleinen Schrift *Über
die Kunst, Beichte zu hören*, es sei besonders schwierig, die
Menschen dazu zu bringen, die »Sünden des Fleisches« zu
bekennen. Deshalb müsse der Beichtvater diese Verfehlungen
auf raffinierte Weise »maieutisch« hervorlocken, indem er
langsam von geringen zu immer schwerwiegenderen Sünden
voranschreite. Auf diese Weise ließen sich die armen Sünder
dazu übertölpeln, Dinge auszuplaudern, die sie ansonsten
»nicht einmal im Augenblick des Todes« einem anderen anvertraut hätten. Schämten sich die Beichtlinge zu sehr, ihre sexuellen Handlungen beim Namen zu nennen, so solle der
Priester sie darauf aufmerksam machen, man dürfe im
Beichtstuhl Dinge sagen, die im Alltag auszusprechen unmöglich wäre. Entsprechend entschuldigt sich auch der Autor
beim Leser seines Traktats dafür, daß er ein so obszönes
Thema wie die Masturbation behandle. Cf. K.H. Bloch, 1989,
S. 94. Bezüglich anderer Koitusstellungen als der »Missionarsstellung« meinte bereits im Jahre 1236 Wilhelm Peraldus in seiner *Summa vitiorum*, der Priester solle große Vorsicht walten
lassen, wenn er über solche Laster predige oder bei der Beichte
danach frage, denn ansonsten eröffne er den Sündern geradezu
diese Möglichkeiten. Cf. K. Lochrie, 1999, S. 186. »Ich habe
darüber gesprochen«, so. L.B. Alberti (1986, S. 147), »wel-
cherlei Hausfrau mir geeignet scheint, uns Kinder zu schenken; nun, dünkt mich, ist es an der Reihe zu erörtern, was zur
Zeugung von Kindern gehört, ein Kapitel, das in gewisser
Hinsicht vielleicht besser zu übergehen wäre. Aber ich will

darüber, so notwendig es ist, so andeutungsweise und kurz mich äußern, daß es für den, dem es nicht zusagen sollte, wie nicht gesagt ist.«

11 M. Zürcher, 1960, S. 211. In der ersten Hälfte des Quattrocento tadelte Bernardino da Siena, manche toskanische Buben wüßten deshalb von der Existenz gewisser sexueller Verfehlungen, weil junge Männer auf der Gasse endlose Witze über sie machten und gewisse Eltern zu Hause mit den Gästen über solche Dinge redeten. Cf. M.J. Rocke, 1989, S. 9. Nach einer Hamburger Verordnung vom Jahre 1358 durfte aus Anstandsgründen kein Mädchen unter 12 Jahren an einem Hochzeitsmahl teilnehmen: »Dar enschal nen iuncurøwe voere ofte tů bruthlachten ghan, se ensi XII jar olt« (J. Bolland, 1960, II, S. 2). Deswegen sollten sich auch die jungen Mädchen möglichst vom männlichen Dienstpersonal fernhalten. So notierte Lady Grace Mildmay aus Northamptonshire in ihrem seit dem Jahre 1570 geführten Tagebuch, sie sei in ihrer Jugend stets dazu angehalten worden, »to avoyd the company of serving men, or any of lyke disposition, whose ribald talk and ydle gestures and evill suggestions were dangerous for our chaste ears and eyes to hear and behold« (T. DeWelles, 1988, S. 53).

12 Zit. n. D. Jacquart/C. Thomasset, 1985, S. 114; 1988, S. 82.

13 Cf. B.A. Hanawalt, 1977, S. 7; 1979, S. 26f., 80; F. Gies/J. Gies, 1990, S. 105; L. Gowing, 2000, S. 136; H.S. Bennett, 1937, S. 227. In Cerisy nahm im Jahre 1314 eine Bande von vier Männern im wortwörtlichen Sinne ein Haus auseinander, um an eine Frau zu gelangen, die sie vergewaltigen wollte. Cf. A. Finch, 1992, S. 33. Etwa um dieselbe Zeit brach in einem katalonischen Dorf ein Mann durch die Mauer eines Hauses (»trenchan los murs«) und vergewaltigte ein junges Mädchen. Cf. F. Sabaté, 1994, S. 298. Als im 16. Jahrhundert ein Konstabler auf der Suche nach einem Schafsdieb die Kate (»cottage«) eines Verdächtigen betrat, taumelte dieser aus dem Bett und brach durch die Wand ins Freie. Cf. F.G. Emmison, 1973, I, S. 271. Noch im April 1752 wurde die Berufsverbrecherin Mary Morgan in Surrey dafür verurteilt, daß sie mitten durch die Außenwand in ein Haus eingebrochen war. Cf. J.M. Beattie, 1975, S. 92.

14 Cf. J.A. Sharpe, 1983, S. 61f. Dies änderte sich auch auf dem Dorfe häufig gegen Ende des 18. Jahrhunderts. So schlug im Jahre 1786 der Harburger Oberdeichgraf Beckmann zur ›Zivilisierung‹ der niedersächsischen Bauern vor, das dünne

Leim- oder Fachwerk ihrer Häuser durch Mauer- und Ziegelsteine zu ersetzen. Cf. L. Kuchenbuch, 1987, S. 29. In reichen Gegenden wie der des im Jahre 1362 versunkenen Rungholt besaßen vermutlich die durch den Fernhandel wohlhabend gewordenen friesischen Marschbauern schon im späten Mittelalter Backsteinhäuser. Cf. H.P. Duerr, 1999, S. 76.

15 Cf. E. Le Roy Ladurie, 1980, S. 72. Cf. auch M.K. McIntosh, 1991, S. 68 (Havering-atte-Bower); N.F. Cott, 1979, S. 111f. Im Jahre 1584 erzählte die fünfzehnjährige Tochter des Schultheißen von Nehren im Schwäbischen ihrem Vater von merkwürdigen Geräuschen des Bettes ihrer Stiefmutter im Nebenraum: »Hatt das töchterlin, so im Bett gelegen, darauff ein gereusch auff dem letterbettlin gehoret« (B. Tolley, 1995, S. 167).

16 L. Gowing, 1993, S. 4.

17 T.K. Hareven, 1991, S. 258, bzw. A. Farge, 1989, S. 47. Wegen der dünnen Wände kam es in Neuengland im 17. Jahrhundert sehr häufig zu Prozessen wegen Ruhestörung. Cf. D.H. Flaherty, 1972, S. 93.

18 Zit. n. H. Möller, 1969, S. 122.

19 Cf. P. Gow, 1991, S. 123. Vor einem solchen Zittern und Quietschen fürchteten sich auch die Ata Kiwan im Solor-Alor-Archipel, weshalb der elterliche Koitus möglichst schnell, geräuschlos und ohne heftige Bewegungen durchgeführt wurde. Informant: Bene Boli Koten Tena Wahang, Juli 1986.

20 Cf. E. Norbeck/M. Norbeck, 1956, S. 672. Ähnlich auf der Cook-Insel Rakahanga. Cf. A.P. Vayda, 1961, S. 204f.

21 Cf. D. Boyarin, 1993, S. 126; M. Zborowski/E. Herzog, 1952, S. 287.

22 J.-J. Rousseau, 1907, S. 70. Eine Deutschschweizerin berichtete, sie habe als junges Mädchen auf dem Lande eigentlich nicht gewußt, was ein Bauer tat, der regelmäßig seine halbwüchsige Tochter bestieg: »Es war schlimm für mich, dieses schreckliche Geheimnis für mich zu behalten. Ich begriff auch gar nicht recht, was vorgefallen war. Um das Rätsel zu lösen, getraute ich mich ab und zu, der Mutter eine scheue Frage zu stellen. Sie erklärte mir, daß die Else immer zu ihrem Vater ins Bett gestiegen sei und daß sie nun ein Kind von ihm bekommen habe. Das wußte ich ja alles schon. Aber warum man Kinder kriegt, verstand ich nicht.« Auch viel später glaubte sie, »wenn man zusammen ins Bett ginge, bekäme man nach neun Monaten ein Kind, und davor hatte ich einen heiligen Respekt« (R. Buri, 1990, S. 77f., 165).

23 Flaherty, a.a.O., S. 80, bzw. E. Foyster, 1997, S. 217f. Um das Jahr 1770 nötigte der offenbar bisexuelle Reichsfürst von Lamberg seine Gattin, mit ihm in Anwesenheit des Kammerdieners zu schlafen. »Waß ich gebetten vndt gewaindt«, schrieb sie später, »hat alles nicht helffen wöllen«. Nachdem sie sich geweigert hatte, anschließend auch dem Diener zu Willen zu sein, schlug ihr Mann sie brutal zusammen. Cf. B. Bastl, 2000, S. 415f. Als im Jahre 1663 ein John Bradley in Middlesex in einem »alehouse« anfing, seine Frau auszuziehen, und sie eine Hure nannte, gab es einen Auflauf der Gäste, die »Shame upon him!« riefen. Schließlich war der Mann gezwungen, »to run away as fast as he could run, and many after him, crying stop him he hath killed his wife« (a.a.O., S. 221). Im selben Jahr kam es in Stockport zu einer Gerichtsverhandlung, nachdem ein Zeuge beobachtet hatte, wie zwei Personen in einer Spelunke sich aneinander zu schaffen machten: »Robert Sydebottom then & there had his breches downe & Isabella Ashcroft had her coats & all upp to her skin & the said Sydebottom driving at her.« Der Zeuge »went away being ashamed to see them there to do the evill«, erstattete aber offenbar Anzeige. Solche Etablissements hatten häufig Hinterhöfe und Seitenkammern, in denen es manchmal zu »Heuschreckennummern« im Stehen oder Sitzen zwischen betrunkenen Männern und Frauen kam, was die Gäste in der Wirtsstube bisweilen bemerkten, denn sie hörten nicht selten den Fußboden oder die Stühle »Creake exceedingly«. Allerdings gab es auch Schenken mit Betten. So sagte im Jahre 1664 Henry Byare vor Gericht, er habe gehört, wie Mary Darwin die Ehe brach. Während ihr Mann auf dem Fußboden seinen Rausch ausschlief, habe man aus der Nachbarkammer »much puffing and blowing« gehört, das von dessen Frau und einem Liebhaber stammte, die dort miteinander im Bett lagen (J. Addy, 1989, S. 110, 136, 141, 143). Als besonders schlimm wurde es erachtet, wenn in Kriegszeiten Vergewaltigungen von Frauen durch die Landsknechte vor aller Augen stattfanden. Cf. z.B. P. Milger, 1998, S. 212.

24 Cf. R. Weigand, 1997, S. 68, bzw. P. Darmon, 1995, S. 214. Generalstaatsanwalt Bignon bezeichnete derartige Untersuchungen der Erektionsfähigkeit als »si sales et si honteuses, que la pudeur publique ne les peut supporter« (P. Darmon, 1979, S. 220). Um zu demonstrieren, daß es noch im frühen 17. Jahrhundert üblich gewesen sei, den Beischlaf in Anwesenheit von Kindern auszuüben, haben Elias, Ariès und

viele andere immer wieder auf die Kindheit Ludwigs XIII. verwiesen, wie sie von dem königlichen Leibarzt Héroard protokolliert worden ist. Nun ist es durchaus möglich, daß der kleine Prinz Zeuge eines Koitus zwischen seiner Gouvernante und dem Baron de Montglat wurde oder daß er dabei war, als sein Vater, Heinrich IV., eine seiner zahlreichen Geliebten bestieg. Und es ist nicht einmal auszuschließen, daß die genannten Personen dies mit Absicht taten, um frühzeitig die Geschlechtslust des Kindes anzuregen. Denn man hatte in bester Erinnerung, wie die vorhergehende Dynastie durch den Tod des homophilen Heinrich II. und seiner vier kinderlosen Söhne innerhalb von dreißig Jahren erloschen war, und deshalb war der Leibarzt ganz begeistert von jeglicher Manifestation königlicher Libido und Virilität, etwa wenn der Penis des Kleinen »einen Knochen bekam« oder wenn er seiner Amme an die Brüste faßte und ihr unter den Rock wollte. Doch erreichte man mit dieser ›Sexualerziehung‹ nicht nur, wie sich später herausstellen sollte, das Gegenteil von dem, was man wollte, vielmehr war sie für die damalige Zeit auch

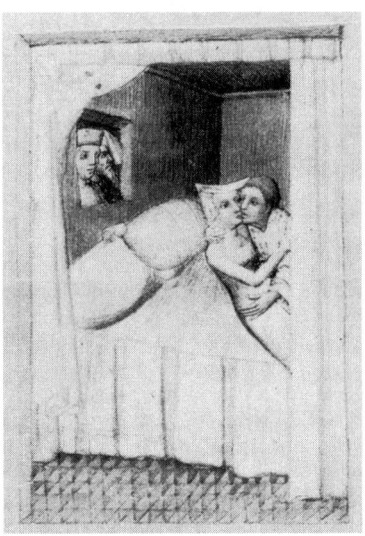

155 Illustration zum ›Livre des Propriétez des Choses‹ von Bartholomäus Anglicus, um 1400

588

völlig untypisch. Cf. E.W. Marvick, 1986, S. 25f., 40f. M. Camille (2000a, S. 140) belegt seine Behauptung, im Mittelalter sei der Koitus kein »privater und persönlicher Akt« gewesen, mit einer medizinischen Illustration (Abb. 155), auf der angeblich »die Väter« eines Paares diesem beim Vollzug der Ehe zuschauen. Freilich ist diese Beschreibung völlig falsch, denn es handelt sich lediglich um die Veranschaulichung der Lehre eines Medizinprofessors über das Wesen des Geschlechtsverkehrs. Cf. H.P. Duerr, 1990, S. 83.

25 J. van Ussel, 1970, S. 199.

26 U. Lehr, 1976, S. 25.

27 Cf. H.P. Duerr, 1990, S. 192f. Der Sexualwissenschaftler R.D. Eskapa (1988, S. 191) behauptet, Cook habe an dem Ereignis nur deshalb Anstoß genommen, weil er »durch die jüdisch-christliche Kultur geprägt worden« sei. Hätte Eskapa die Quellen studiert, dann wäre ihm nicht verborgen geblieben, daß damals auch viele Tahitianer an diesem Schauspiel Anstoß nahmen.

28 W. Alexander, 1982, II, S. 314.

29 Cf. I.M. Ball, 1974, S. 10; J. Elsom, 1973, S. 23. Im allgemeinen wird heute die Bereitschaft der Poly- und Mikronesierinnen, sich auf den vor der Küste dümpelnden Schiffen den westlichen Seeleuten vor aller Augen hinzugeben, maßlos übertrieben. Während nach Schätzungen in Marinehäfen wie Portsmouth im späten 18. und im frühen 19. Jahrhundert in Kriegszeiten etwa 20000 Prostituierte auf sogenannten »bum boats« zu den vor Anker liegenden Kriegsschiffen gerufen wurden, die dann nichts anderes als schwimmende Bordelle waren, in denen tagelang in aller Öffentlichkeit an Deck oder in den Hängematten kopuliert wurde (cf. F. Adam, 1998, S. 234), gab es auf den Südsee-Inseln vor dem Kontakt mit den Europäern zwar mehr oder weniger »leichte Mädchen«, aber keine vollberuflichen Prostituierten. Ein solcher Berufsstand entwickelte sich z.B. auf Hawai'i erst nach dem Jahre 1820, als immer häufiger und regelmäßiger die westlichen Walfänger anlegten. Die betreffenden Frauen wurden von der einheimischen Bevölkerung fast noch mehr verachtet als von den *haole*, den Fremden, die sie gebrauchten, und bis Ende der vierziger Jahre des 19. Jahrhunderts hatten Häuptlinge wie Hoapili von Mani die Prostitution bekämpft, doch ließen deren Nachfolger ihr schließlich freien Lauf. Im Jahre 1847 berechnete ein auf Hawai'i ansässiger Arzt, daß in der Walfangsaison auf den im Hafen liegenden Schiffen mehr als 400 Kopulationen pro Tag

stattfanden. Honolulu nannte man in jener Zeit das hawaiianische Sodom und Lahaina das Gomorrha der Inselgruppe. Im Jahre 1849 hatte ein amerikanisches Kriegsschiff sämtliche Geschütze auf die Insel gerichtet und ein Ultimatum an die Regierung gestellt mit dem Inhalt, es nähme die Hauptstadt unter Feuer, wenn nicht bis zu einem festgelegten Zeitpunkt eine bestimmte Anzahl kopulationsbereiter junger *wahine* an Bord erschiene. »In the dusk of the evening of the next day a boat with females passed from the harbor and a shout arose among the shipping at the glorious victory.« Cf. O.A. Bushnell, 1993, S. 188f.; P.V. Kirch/M. Sahlins, 1992, I, S. 87, 107; G. Daws, 1968, S. 166f.; D.A. Chappell, 1997, S. 19; J. Linnekin, 1990, S. 186. Auf mikronesischen Inseln wie Ponapé zwangen manche Häuptlinge gewisse Mädchen zum Sex mit den Weißen, aber dies war nicht ungefährlich, denn auch ein Häuptling mußte mit der Rache ihrer Verwandten rechnen. Cf. S.H. Riesenberg, 1968, S. 74. Solche Mädchen, die zu den britischen und amerikanischen Schiffen gerudert wurden, verbargen häufig ihre Gesichter hinter großen Bananen- oder Taroblättern, damit sie von Verwandten oder Bekannten nicht erkannt werden konnten, und der Matrose eines Walfängers berichtete, die Mädchen seien nervös und zutiefst beschämt gewesen. Ein anderer schrieb, viele von ihnen hätten geweint, sich aber doch den Drohungen gefügt. Im Verlaufe der Zeit prostituierten sich einige besonders niedrig stehende Frauen, *lienseisop*, »Frauen, die zu den Schiffen paddeln«, freiwillig, und um die Mitte des 19. Jahrhunderts wurden schließlich am Strand regelrechte Bordelle, »sailors' houses«, eröffnet. Die berüchtigtsten dieser Etablissements wurden von dem Meuterer, Dieb und Mörder »Nigger Johnson«, einem Schwarzen aus Philadelphia, unterhalten, der viele einheimische Mädchen zur Prostitution zwang. Cf. D. Hanlon, 1988, S. 78ff., 99f. Weil in den dreißiger Jahren des 19. Jahrhunderts die Europäer sich mit einigen Frauen und Mädchen der Kosrae-Insulaner des Karolinenarchipels vergnügt hatten, überfielen die Kosraer mehrere Schiffe und töteten in einem Falle die gesamte Besatzung einschließlich der Offiziere. Als freilich einige Jahrzehnte später die Kultur der Insel sich immer mehr auflöste, prostituierten nicht wenige Männer sogar ihre eigenen Ehefrauen. Cf. F.X. Hezel, 1983, S. 115f. Von Beginn an scheinen die meisten Europäer von den Frauen der »Wilden« erwartet zu haben, ihnen sexuell zur Verfügung zu stehen, und die Tatsache, daß beispielsweise die Frauen von Vanikoro dies nicht taten, war in den zwanziger Jahren des 19. Jahrhunderts für Dumont d'Urville ein Beweis für die mangelnde »Sozialität« der Melanesier und für die Herrschaft der eifersüchtigen Männer über ihre Frauen. Cf. B. Douglas, 1999, S. 180. Im späten 18. Jahrhundert berichtete de LaBillardière, die Neukaledonierinnen hätten zwar nicht mit den französischen Seeleuten geschlafen, doch seien einige Frauen dazu bereit gewesen, ihnen für ein paar Eisennägel einen kurzen Blick »auf jenen Teil« ihres Körpers zu gestatten, »der für gewöhnlich mit einem Grasrock bedeckt ist«. Anscheinend hatte dies zur Folge, daß die Franzosen *alle* einheimischen Frauen um diese Gunst baten, denn von einem Häuptling heißt es, er habe sich geweigert, seine Frau mit an Bord zu bringen, um ihr die Unbill einer solchen Nachfrage zu ersparen. Cf. A. Bullard, 1998, S. 328. Die Maori schickten häufig ihre jüngeren Sklavinnen an Bord der fremden Schiffe, und so mancher Europäer scheint deren Verhalten mit dem der gewöhnlichen Maorifrauen verwechselt zu haben. Jedenfalls berichtete noch im Jahre 1834 der Reisende Edward Markham: »The breasts are uncovered in warm weather, and an unmarried woman takes it as a compliment for you to put your hands on them« (P. Grimshaw/H. Morton, 2000, S. 284).

30 R.K. Mara, 1997, S. 28. Ein GI sagte damals, die deutschen »frauleins« seien die verfügbarsten »diesseits von Tahiti« gewesen. Cf. S. zur Nieden, 2002, S. 314.

31 Cf. J. Kirkpatrick, 1983, S. 170f., bzw. D.S. Marshall, 1971, S. 109, und H. Morton, 1996, S. 107.

32 Lowell D. Holmes: Brief vom 18. Februar 1986.

33 Vayda, a.a.O., S. 205.

34 Cf. H.P. Duerr, 1997, S. 564f.

35 Dieser promiskuitive Koitus fand auf einem Zeremonialplatz statt, der den Leib der Urmutter Kunapipi repräsentierte, und diente der Regenerierung der Natur. Cf. H.P. Duerr, 1984, S. 220. Der einzige Gruppensex, bei dem jeder sehen konnte, was die anderen trieben, fand bezeichnenderweise unter der Leitung des Teufels auf dem Hexentanzplatz statt – so in einem Fall, der im 16. Jahrhundert der Inquisition in Toledo unterbreitet wurde. Cf. J.-P. Dedieu, 1989, S. 325.

36 Cf. I. Fonseca, 1995, S. 130f. Im spätmittelalterlichen und frühneuzeitlichen England fürchteten sich viele junge Mädchen so sehr vor der Peinlichkeit der sexuellen Anspielungen durch die Gäste während des Hochzeitsfestes, daß sie von zu Hause ausrissen, um ein solches öffentliches Fest zu vermeiden. Cf. S. Mendelson/P. Crawford, 1998, S. 129. Die Zypern-

türken führten eine traditionelle Tanzveranstaltung durch, die vor allem ein obligatorischer Heiratsmarkt war, aber es gab immer wieder Mädchen, die diese Veranstaltung als demütigend und erniedrigend empfanden und ihr zu entgehen suchten. Cf. A. Bridgwood, 1995, S. 42.

37 I. M. G. Schuster, 1979, S. 45. Für zutiefst beschämend und erniedrigend hielten es auch die jungen Mädchen der Guro an der Elfenbeinküste, wenn eine alte Frau sie bei der Initiation stimulierte, damit die Klitoris erigierte und daraufhin leichter abgeschnitten werden konnte, so daß die Mädchen eine »wunderbare glatte Muschel« bekamen. Cf. R. Horstmann-Neun, 1982, S. 15. Bei der Mädcheninitiation der Thoka, einer Untergruppe der Thonga in Moçambique, war es üblich, daß die alten Frauen sich obszön benahmen, den Hintern hinausreckten, Koitusbewegungen machten und einander an die Genitalien faßten. All das beschämte die jüngeren Frauen und Mädchen und machte sie verlegen. Cf. G. Geisler, 1990, S. 189f. Wenn auf dem Āne-wetak-Atoll im Marschall-Archipel die religiösen Zeremonien zu unanständig wurden, zogen sich viele Leute zurück oder verbargen vor Scham die Gesichter. Cf. L. M. Carucci, 1997, S. 73f., 95. Wurden bei den Apache mythische Geschichten von Coyote erzählt, die etwas schlüpfrig waren, so kündigte der Erzähler dies an, so daß Personen, die eine Respektsbeziehung zueinander hatten, und dazu gehörten auch Liebespaare, vorher weggehen konnten. Cf. J. L. Haley, 1981, S. 160. Bei den Mambai auf Timor gab es zwar auf Hauspfosten Reliefs, die den nackten Himmelsgott und die nackte Erdgöttin darstellten, aber aus Scham und Respekt (*etan sio*, »harter Leib«) schauten alle Passanten weg, »weil sie unbekleidet sind« (E. G. Traube, 1986, S. 139, 263). Bei den Mandingo und Diola der Nigerregion war es zwar üblich, daß die Mitglieder des Frauenbundes Kanyalang die bösen Geister durch Obszönitäten wie Entkleidungen zu vertreiben suchten, doch kam es dabei häufig zu Konflikten mit Personen, die dies als unschicklich empfanden. »Ich ging nackt zu einem Fest«, berichtete eine Frau, »da waren viele Leute, aber ich blieb – nackt! Die jungen Frauen brachten mir Kleider, die ich anziehen sollte, und verprügelten mich« (U. Fels, 1997, S. 117f.). Es heißt zwar, bei den zur Sprachfamilie der Tupí-Guaraní gehörenden Paï-Tavyterã sei es Sitte gewesen, daß die Frauen es duldeten, wenn ihre Männer in der Zeit von der Feststellung der Schwangerschaft bis zum Abstillen des Kleinkindes mit unverheirateten Frauen schliefen, doch der gesellschaftlichen

Erwartung zum Trotz akzeptierten viele Ehefrauen dies ganz und gar nicht. Cf. F. Grünberg, 1995, S. 40.

38 Plinius: *Naturgeschichte* VIII. 13.

39 Zit. n. E. Berg, 1989, S. 189.

40 P. Clastres, 1972, S. 200. Ähnliches berichtete S. Pinton, 1965, S. 298, von den Bari. Die Bororó sagten, sie schämten sich, wenn ihr heranwachsender Sohn bei ihnen wohne, weil sie befürchteten, »daß er ihren Koitus hören und riechen könnte« (J.C. Crocker, 1985, S. 108).

41 T. Gregor, 1985, S. 150. Ebenso dezent verhielten sich die Paare in den nord- und mittelamerikanischen Gesellschaften. Wenn bei den Chiricahua-Apache ein kleines Kind anfing, »verständig« zu werden, unterließen es die Eltern, in seiner Anwesenheit miteinander zu schlafen, zu urinieren oder sexuelle Andeutungen zu machen. Cf. M.E. Opler, 1941, S. 77. Ähnlich verhielt es sich nach Informanten (Sommer 1981) bei den Cheyenne und Arapaho »in der alten Zeit«. Die Maya im Tiefland von Yucatán sagten, es sei »unmöglich, miteinander zu schlafen, wenn Kinder im Hause sind« (I. Press, 1975, S. 100). Cf. auch H. Nachtigall, 1978, S. 220 (Ixil-Maya im Hochland von Guatemala); P.R. Turner, 1972, S. 78 (Chontal). Wenn die Polar-Eskimo im voll besetzten Iglu miteinander koitierten, konnte man keinen Laut, nicht einmal einen schnelleren Atemrhythmus hören (cf. J. Malaurie, 1979, S. 176), und auch die Ethnologin, die längere Zeit bei den Utku im Iglu lebte, bemerkte vom Koitus der Paare nicht das geringste (J.L. Briggs, 1970, S. 84). Wie sie mir schrieb (Brief vom 30. November 1986), öffneten die Paare von ihrer Kleidung nur so viel, daß der Penis eingeführt werden konnte, und das »Vorspiel« entfiel entweder oder war extrem kurz. Während der Séance, in der die Schamanen zur Sedna reisten, um die Jagdtiere zu befreien, fand ein das Unternehmen fördernder ritueller Partnertausch statt, aber diskret und bei völliger Dunkelheit, weshalb das Ritual »Löschen-der-Lampen« hieß. Kinder und Jugendliche waren dabei nicht zugegen. Cf. S. d'Anglure, 1989, S. 154. Trotz der ›Liberalisierung‹ der sexuellen Gewohnheiten bei unveränderter Überfüllung der Hütten hatten Anfang der siebziger Jahre des 20. Jahrhunderts entgegen den Erwartungen der Forscher nur 6% der befragten westgrönländischen Eskimokinder irgendwann einmal etwas vom nächtlichen Sexualleben ihrer Eltern mitbekommen. Cf. G.A. Olsen, 1973, S. 130. Die Behauptung des Elias-Apologeten M. Hinz (2002, S. 234), »schon die räumliche Enge

der [Eskimo-] Behausungen verhinder[e] die Verheimlichung sexuell-geschlechtlicher Aktivitäten«, ist pure Phantasie.

42 Cf. A. Strathern, 1975, S. 349, 354, bzw. H.I. Hogbin, 1947, S. 279. Ein Busama-Vater schlief nur noch sehr selten mit seiner Frau, weil er fürchtete, die Kinder könnten etwas bemerken. Cf. ders., 1963, S. 125.

43 M. Godelier, 1987, S. 70. Auch die als äußerst prüde bezeichneten Sambia achteten darauf, daß vor allem die Kinder nie Zeugen der elterlichen Sexualität wurden, weshalb sie normalerweise tief im Urwald miteinander schliefen. Sämtliche Männer und Frauen stimmten darin überein, daß man die Kinder so lange wie nur möglich unwissend halten und jede Form von ›Doktorspielen‹ unterbinden sollte. Cf. G.H. Herdt, 1981, S. 164. Beim Koitus gesehen zu werden galt bei den Baining als die größte denkbare Beschämung. Cf. C. Laufer, 1971, S. 194. Der bei den Manus vor allem von den Frauen als demütigend und beschämend empfundene Beischlaf durfte von niemandem bemerkt werden. Wenn jemand in einer fremden Hütte übernachtete, mußte er am nächsten Morgen zum Ausdruck bringen, er habe so tief geschlafen, daß er nichts gesehen oder gehört habe. Cf. M. Mead, 1942, S. 126 f. Cf. auch H.A. Bernatzik, 1936, S. 189 f. (Owa Raha). Wegen mangelnder Privatsphäre war der Koitus auf Truk sehr inhibiert, und die Frauen blieben dabei unbefriedigt (cf. W.H. Goodenough, 1949, S. 619), was die Trukesen besonders betrübte, weil sie einen simultanen Orgasmus des Paares sehr schätzten. Normalerweise schlief man auf der Seite liegend miteinander, weil diese Stellung am unauffälligsten war. Cf. M. J. Swartz, 1958, S. 477. Auch die !Kung gaben sich alle erdenkliche Mühe, daß die Großeltern, die Kinder und andere Personen nichts davon mitbekamen, wenn sie nachts unter dem Windschirm den Koitus durchführten, doch scheinen die Frauen trotzdem häufig zum Orgasmus gekommen zu sein, weil der Mann zuvor ausgiebig mit den Schamlippen seiner Frau spielte. Cf. L. Marshall, 1959, S. 346; N. Howell, 1979, S. 231.

44 Cf. T.M. Mayr/H. Mayr-Knochel, 1996, S. 29, bzw. M. Wilson, 1963, S. 82 f. »Verständige« Kinder der Kaguru im Süden der Massaisteppe durften nicht mehr bei ihren Eltern übernachten, sondern wohnten in nach Geschlechtern getrennten Jugendhäusern. Cf. T.O. Beidelman, 1980, S. 149. Die Mossi sagen, die jungen Leute in der Stadt hätten viel zu früh Geschlechtsverkehr miteinander, was daran liege, daß die Familien in den

Städten in *einem* Raum übernachteten, so daß die Kinder Zeugen des elterlichen Beischlafs würden. Cf. L. Roost-Vischer, 1997, S. 173. Für die Lele galt die ›sexuelle Scham‹ als die intensivste, und es wäre nicht auszudenken gewesen, wenn die Kinder ihre Eltern beim Koitus ertappt hätten. Cf. M. Douglas, 1975, S. 11. Eine Sudan-Araberin in mittleren Jahren sagte, daß sie kaum noch einen Orgasmus beim Koitus habe: »Jetzt sind so viele Kinder und Enkel im Haus, daß wir nur jede zweite oder dritte Woche Geschlechtsverkehr haben können. Wir haben so wenig Privatraum, und wir müssen sehr leise sein.« (H. Lightfoot-Klein, 1992, S. 109). Cf. auch R.T. Parsons, 1964, S. 36 (Kosso in Sierra Leone); B.J.F. Laubscher, 1937, S. 80f. (Tembu und Fingo). Wenn bei den Bulsa der Bräutigam in der vierten Nacht nach der Heimführung die Braut entjungferte, mußte er den Penis von hinten in die Vagina einführen. Dies wurde damit begründet, daß die Stellung am besten gewährleiste, daß die auf der gleichen Matte schlafenden Kinder nicht aufwachten. Cf. F. Kröger, 1978, S. 273.

45 Vor allem die jungen Mädchen achteten sehr darauf, daß niemand es bemerkte, wenn sie ins *ghotul* gingen oder von ihm kamen. Begegnete ihnen auf dem Weg ein Verwandter.oder gar ihr Vater, wandten sie den Blick ab und gingen ihm so schnell wie möglich, ohne ihn zu ›sehen‹, aus dem Blickfeld. Ganz früh am Morgen kamen sie wieder nach Hause, und wenn die Eltern wach wurden, schälten sie mit unschuldiger Miene Reis oder putzten das Haus. Cf. V. Elwin, 1947, S. 321ff.; ders., 1953, S. 212f.; B.M. Boal, 1982, S. 20 (Kond). Bei den Igórot im Norden von Luzon fingen die Kinder im Alter von sechs bis acht Jahren damit an, »sich zu schämen«. Sie bedeckten fortan den Genitalbereich und zogen in Jugendschlafhäuser, die allerdings nach Geschlechtern getrennt waren. Manche Igórot meinten, ein Kind werde krank und sterbe, wenn es den elterlichen Koitus mitbekäme. Cf. F. Eggan, 1960, S. 42; W.H. Scott, 1958, S. 67; F. Eggan/W.H. Scott, 1963, S. 46. Ähnlich verhielt es sich bei den Ifugao. Cf. R. Orleth-Diener, 1995, S. 77f.

46 Cf. G. Khanna/M.A. Varghese, 1978, S. 78.

47 J. Nevadomsky, 1983, S. 135. Nicht anders war es überall in Süd- und Ostasien. Eine Chinesin, die mit Mann, Kindern, Eltern und Schwiegereltern in einer 13 m² großen Wohnung lebte, berichtete, sie sei nie sexuell erregt worden, weil sie nachts Angst davor hatte, daß nicht alle Familienmitglieder schliefen. Ihr Mann habe sie stets mit Gewalt penetriert,

obwohl sie leise schluchzte und ihre Vagina völlig trocken blieb. Cf. D. Liu et al., 1997, S. 408. Auch auf dem burmesischen Dorf, wo die Hausböden aus Bambus bestanden, der die Geräusche heftiger Bewegungen verstärkt zurückwarf, konnte von einem Orgasmus der Frauen meist keine Rede sein, da die Männer für gewöhnlich bereits ejakulierten, wenn die Vagina ihrer Frau noch gar nicht feucht geworden war. Cf. M.E. Spiro, 1977, S. 233. Bei den Bajau Laut der Sulusee, deren ganzes Leben sich auf dem Hausboot abspielte, war der Koitus ähnlich kurz, weil das Paar befürchtete, in der überfüllten Kabine könnte irgend jemand aufwachen. Cf. H.A. Nimmo, 1970, S. 255 f. Über die Semang verlautete Pater Schebesta: »Obwohl ich doch monatelang mitten unter den Leuten lebte, bei Tag und bei Nacht, und obwohl die Wohnungen durchaus offen waren, bemerkte ich niemals etwas Unschickliches oder Intimes« (P. Schebesta, 1928, S. 246). Cf. auch H.A. Bernatzik, 1938, S. 132, 164 (Phi Tong Lǔang oder Yumbri); R.M. Koentjaraningrat, 1960, S. 98 (Javaner); G.D. Jensen/L.K. Suryani, 1992, S. 56 (Balinesen); B.A.G. Vroklage, 1952, I, S. 247, 431 (Belu); G.N. Appell, 1993, S. 98 (Rungu); Reinhard Greve: Mündliche Mitteilung vom 6. Oktober 1987 (Thakali); D.J. Lichter, 1984, S. 232 (Bhotia). In Tibet, wo alles Sexuelle mit *no-tsha*, wörtl. »heißes Gesicht«, d.h. Scham, umgeben war, sahen oder hörten die Kinder nie etwas vom hastig durchgeführten Koitus der Erwachsenen, obwohl sie häufig bis zum Alter von acht oder neun Jahren im Bett verheirateter Frauen wie der Mutter oder der Tante schliefen. Cf. G. Ludwar, 1975, S. 102, und Veronika Ronge: Brief vom 7. Mai 1987. Cf. auch E. Norbeck, 1954, S. 162 (traditionelle japanische Fischer). Darauf verließen sich die Pintubi nicht, weshalb »verstehende« Kinder nicht mehr im Lager der Eltern bleiben, sondern bei alleinstehenden Männern und Frauen schlafen mußten. Über Sexualität, Schwangerschaft und Geburt wurde nicht geredet, und all dies hielt man vor allem von den Kindern fern, »denn wir sind nicht wie die Tiere«. Cf. F.R. Myers, 1986, S. 123.

48 Cf. Y. Preiswerk, 1985, S. 122, bzw. E. Bockhorn/O. Bockhorn, 1984, S. 166. Cf. auch L. Wylie, 1969, S. 118 f.

49 Cf. K. Rhamm, 1902, S. 190. Eine chilenische Psychologin schreibt, eine Frau habe ihr gesagt: »Wie soll ich Sexualität genießen, wenn im Zimmer nebenan meine Schwiegereltern schlafen und dazwischen keine Tür ist?« Die Betreffende erklärte, sie habe so wenig Privatsphäre, daß sie nicht einmal wisse, »wie sie gebaut sei« (I. Stolz, 1989, S. 74). In der moder-

nen westlichen Gesellschaft ist zwar auf der einen Seite für die meisten Menschen die Chance, sich in einen Privatbereich zurückziehen zu können, enorm gestiegen, doch auf der anderen Seite auch die Bereitschaft mancher Paare, Sexualität zu entprivatisieren. Kindertherapeuten klagen darüber, immer mehr Eltern ließen ihre Kinder beim ehelichen Geschlechtsverkehr zuschauen. So berichtet einer von einem sechsjährigen Buben, einem »überaus aggressiven und von schweren Ängsten und Konflikten geplagten Kind«, der beim Koitus der Eltern »regelmäßig auf dem Vater reitet und ihn bei seinen Bemühungen anfeuert« (H. Figdor, 1989, S. 172).

Anmerkungen zu § 2

1 Allerdings sollte man sich nicht der Vorstellung hingeben, es hätte »in der alten Zeit« auf den Wiesen und in den Wäldern nur so von kopulierenden Paaren gewimmelt: »Die Pfarregisterunterlagen enthalten keinen Hinweis darauf, daß sich die Bauern der elisabethischen Zeit im lauen Juni« ständig »hinter den Hecken oder im Heu vergnügten, wie das Shakespeares *Sommernachtstraum* nahelegt. Wäre dem so gewesen, müßte sich das an der Entwicklung der Geburtenziffern ablesen lassen – was aber nicht der Fall ist« (P. Laslett, 1988, S. 191).
2 J. Frykman/O. Löfgren, 1987, S. 208.
3 Cf. R. Fox, 1978, S. 160, bzw. R. O'Connor, 1971, S. 154f.
4 Cf. U.R. Ehrenfels, 1952, S. 202f. Bei den Foi in Neuguinea schlief man in den Sago-Sümpfen miteinander, weil es dort einen besonders dichten Pflanzenbewuchs gab. Deshalb sahen es die Männer gar nicht gerne, wenn ihre Frauen alleine diese Gegend aufsuchten. Cf. J.F. Weiner, 1991, S. 144, 151. Bei den Yimar am oberen Korowori schliefen die Männer stets im Männerhaus und die Frauen mit den Kindern in der Wohnhütte. Der Koitus fand »weit fort« im Urwald statt, und es wäre den Leuten ungemein peinlich gewesen, wenn die anderen auch nur vermutet hätten, daß sie das Dorf verließen, um es im Wald miteinander zu treiben. Junge Mädchen ließ man nie alleine durch den Wald streifen, und zwar aus Angst, sie könnten dabei auf ein kopulierendes Paar stoßen. Cf. E. Haberland/S. Seyfarth, 1974, S. 383f. Wenn bei den Nubia-Awar im nordöstlichen Neuguinea ein Bub mit sechs oder sieben seine Schambinde erhielt, bleute man ihm ein, so schnell

wie nur möglich davonzulaufen, wenn er im Wald ein kopulierendes Paar oder eine nackt badende oder fischende Frau sehe. Cf. G. Höltker, 1964, S. 52. Cf. auch W. Schiefenhövel, 1990, S. 400f. (Eipo); T. Jentsch/R. Doetsch, 1986, S. 86 (Keman Enga); H. Aufenanger, 1967, S. 70, 72 (Duna); A. Kaspruś, 1973, S. 81 (Stämme am mittleren Ramu und am oberen Keram); C.R. Hallpike, 1977, S. 57 (Taŭade); Hr. Vahness, 1900, S. 414 (Bongu); E. Brandewie, 1981, S. 75 (Mbowamb).

5 Cf. K. Good/D. Chanoff, 1996, S. 87; E. Biocca, 1972, S. 129. Der Euphemismus der Samo für den Koitus lautet *dolo hoboola*, »Feuerholz sammeln«. Cf. R.D. Shaw, 1990, S. 75.

6 Cf. W.J. Wallace, 1978, S. 166, 173; W. Goldschmidt, 1951, S. 514. Bei den Karok wurden fast alle Kinder im Frühling geboren, weil die Paare für den Beischlaf auf die Wildfruchternte im Sommer warten mußten. Cf. W. Bright, 1978, S. 186.

7 F. Weiss, 1991, S. 115. Genauso verhielt es sich auf den Santa Cruz-Inseln. Nachdem die Braut in das Haus ihrer Schwiegereltern gezogen war, wurde zwar der Schlafplatz des jungen Paares abgeschirmt, doch trotzdem schämten sich die beiden, dort miteinander zu schlafen. Besaßen sie nach einiger Zeit einen eigenen Garten, fand der Koitus in der dort gelegenen Hütte statt, doch zumindest anfänglich war ihnen das »In-den-Garten-gehen« noch äußerst peinlich. Cf. W.H. Davenport, 1987, S. 229.

8 Cf. P. Descola, 1996, S. 142; M.J. Harner, 1984, S. 81. Zur engen Verbindung zwischen dem Töten und sexueller Lust cf. H.P. Duerr, 1984, S. 67ff.; ders., 1993, S. 239ff., und *passim*: Auch bei den Sirionó, in deren Hütten auf engstem Raum bis zu fünfzig Hängematten angebracht waren, gingen die Paare zum Koitus in den Urwald. Cf. A.R. Holmberg, 1950, S. 64. Cf. auch F. Caspar, 1952, S. 158 (Tuparí); O.D. Tauern, 1918, S. 166 (Wemale auf Seram); I. Singh, 1944, S. 83 (Maria Gond); B.G. Trigger, 1969, S. 66, und C. Heidenreich, 1971, S. 76 (Huronen). Aus Angst, ihre Kinder könnten den elterlichen Koitus mitbekommen und davon »ganz wild« werden, verbanden die Kayabí ihn mit dem abendlichen Gang zum Defäkieren in den Wald. Cf. G. Grünberg, 1970, S. 121. Ähnlich taten es die Warao, aber seitdem sie über Häuser mit Zwischenwänden verfügen, schlafen sie auch zu Hause miteinander. Cf. C. Kalka, 1995, S. 103. Wie mir Hanns-Peter Kleiber (a.a.O.) mitteilte, war ihm beim Durchqueren eines Parkes in Tōkyō immer wieder aufgefallen, daß aus vielen Büschen ein lautes Stöhnen kam, worauf ihm ein japanischer Freund

erklärte, »daß junge Paare oft im Freien vögelten, da zu Hause die Wände zu dünn und hellhörig seien«. In einem solchen Haus fingen einmal nachts die Wände und der Boden dermaßen an zu vibrieren, daß Kleiber dachte, es handle sich um den Beginn eines Erdbebens.

9 Die Yafar sagten, alle Beteiligten hätten sich fast zu Tode geschämt, wenn jemand im Wald per Zufall ein koitierendes Paar überraschte. Es sei vorgekommen, daß der unglückliche Zeuge auf der Stelle von dem männlichen Beischläfer totgeschlagen wurde. Cf. B. Juillerat, 1986, S. 278 f.

10 Lediglich die Fellatio zwischen den älteren und den jüngeren Männern fand bei den Etoro im Dorf, und zwar im Männerbereich des Langhauses statt. Cf. R.C. Kelly, 1976, S. 44 f.; ders., 1993, S. 154 f. Auch bei den Kaulong (cf. J.C. Goodale, 1980, S. 134) und den Baining auf der Gazellehalbinsel (cf. J. Fajans, 1997, S. 57) galt Sex als »tierisch« und »unzivilisiert« und war deshalb in den Urwald verbannt.

11 Cf. R. Eves, 1998, S. 162.

12 Cf. z.B. M. Hollos/P.E. Leis, 1989, S. 116 (Ijo im Nigerdelta); S. Heald, 1995, S. 496 (Meru); L. Roost-Vischer, a.a.O., S. 86 (Mossi). Bei den Lahu in Südostasien galt es als besonders unschicklich, um die Mittagszeit außerhalb des Hauses Sex zu haben, weil dies den Sonnengeist (*mi-tsha-ni*) beschämte. Cf. O.K. Hutheesing, 1990, S. 78.

13 Auch nach dem nächtlichen Koitus in der Hütte mußte sich das Paar gründlich waschen, bevor es mit dem Waldboden in Berührung kam. Cf. A. Gottlieb, 1990, S. 124 f.; A. Gottlieb/P. Graham, 1993, S. 168.

14 Cf. S.E.N. Anyanwu, 1976, S. 174. Bei den Busch-Mekeo in Neuguinea traf man sich nur zum Ehebruch im Urwald. Doch galt dies als beschämend – »Man tut es wie die Schweine und Hunde« – und als gefährlich, denn man konnte dabei leicht zur Beute bösartiger Zauberer werden. Cf. M.S. Mosko, 1985, S. 61. Bei den Hmong im Norden Thailands fand ausschließlich der voreheliche Sex im Freien statt. Wenn die erwachsene Tochter nachts aus dem Hause schlich, um ihren Liebhaber zu treffen, tat jeder so, als bemerke er nichts, aber beim ersten Hahnenschrei mußte sie wieder zu Hause sein. Cf. R.G. Cooper, 1986, S. 184.

15 W. Reich, 1935, S. 16 f. Auf Reich berief man sich in den Kommunen der späten sechziger und frühen siebziger Jahre, in welchen es »keine separaten Zimmer mehr und keine separaten Liebesverhältnisse« gab und der Koitus vor aller Augen stattfand (U. Obermaier/C. Seidl, 1994, S. 81).

16 J. van Ussel, 1979, S. 29.

17 O. Goldmann, 1924, I, S. 10.

18 Zit. n. R. Michels, 1928, S. 134 f.

19 G. Herdt/R. J. Stoller, 1990, S. 259, bzw. G. Gillison, 1993, S. 263.

20 Cf. W. A. Lessa, 1966, S. 80, 87, bzw. D. Fuertes de Cabeza, 1984, S. 148 f., und B. Shore, 1976, S. 292.

21 Cf. Laubscher, a. a. O., S. 77, bzw. N. Nelson, 1987, S. 223. Die Männer der Siuai hielten sich nicht oder kaum mit irgendwelchem sexuellen Vorspiel auf und konnten nicht nachvollziehen, wie man seine Zeit mit solchen Präliminarien verplempern konnte. Cf. D. L. Oliver, 1955, S. 145. Auf den Santa Cruz-Inseln gab es lediglich bei älteren und sexuell sehr erfahrenen Paaren ein Vorspiel (cf. Davenport, a. a. O., S. 228), und bei den Lesu auf Neu-Irland waren Vor- und Nachspiel völlig unbekannt: Der Koitus wurde ohne weiteren Körperkontakt durchgeführt, weshalb auch Männer und Frauen, die an der Ringelflechte litten, keine Schwierigkeiten hatten, einen Sexualpartner zu finden, denn man war der Auffassung, durch einen reinen Genitalkontakt könne niemand angesteckt werden. Die Tatsache, daß die Lesufrauen häufig masturbierten, indem sie die Ferse an die Vulva rieben, läßt sich wohl damit erklären, daß die Frauen durch den Koitus nicht befriedigt wurden. Cf. H. Powdermaker, 1933, S. 231, 241, 277. Die jungen Kupfer-Eskimo waren an der Lust ihrer Partnerinnen völlig desinteressiert, denn der Koitus sei schließlich, wie einer von ihnen sagte, »harte Arbeit«. Außerdem »kichern die meisten Mädchen, wenn der Mann kommt, vermutlich weil sie sich schämen oder irgendwas« (R. G. Condon, 1987, S. 147). Auf dem burmesischen Dorf ejakulierten die Männer so rasch wie möglich, und viele Frauen wußten nicht, was ein Orgasmus ist. Entsprechend meinten die Männer, eine Frau müsse »mindestens dreimal hintereinander gefickt« werden, und selbst dann sei sie noch nicht zufrieden. Cf. Spiro, a. a. O., S. 239 f. Zwar riet der große al-Ghazālī: »Laß ihn mit angenehmen Worten und Küssen vorgehen. Der Prophet sagte: ›Laßt keinen von euch wie ein Tier sein Weib besteigen, und laßt einen Gesandten zwischen die beiden treten.‹ Man fragte ihn: ›Was ist dieser Gesandte, oh Gesandter Gottes?‹ Er sagte: ›Der Kuß und süße Worte‹.« (1984, S. 106). Doch kam und kommt man im arabischen oder persischen Alltag beim Koitus meist ohne Körperkontakt (außer dem genitalen), Vorspiel oder irgendwelche weitere

»Gesandten« aus. Cf. P. Vieille, 1978, S. 462; S. al-Khayyat, 1991, S. 95.

22 R.M. Berndt/C.H. Berndt, 1951, S. 57f.

23 Cf. G.R. Quaife, 1979, S. 165, 182. Noch im 18. Jahrhundert verlautete ein deutscher Pastor: »Bey dem Zanken der Eheleute machte oft die Frau dem Manne den Vorwurf, dass er ihr nicht ehelich beywohne und doch von ihr verlange, dass sie ihm –« (zit. n. E. Shorter, 1977, S. 95f.). Herrschten zu Beginn des Jahrhunderts eher gegenseitiges Betasten und Begrapschen sowie Masturbation vor, fand in der Folgezeit immer öfter der eigentliche Geschlechtsverkehr statt. Dazu kam, daß über Sex häufiger und offener gesprochen wurde, weshalb man behauptet hat, im Verlauf des 18. Jahrhunderts habe eine »sexuelle Revolution« stattgefunden. Cf. T. Hitchcock, 1996, S. 73ff.

24 Cf. J.H. Marrow/A. Shestack, 1981, S. 265; M.A. Sullivan, 2000, S. 382f. Man nannte die Hengste, die sich an Gegenständen und anderen Tieren bis zur Ejakulation rieben, »Klopfhengste«.

25 A. Cornelissen, 1976, S. 20. Nach einer neueren Umfrage unter Amerikanern hielten erstaunlicherweise etwa die Hälfte der Männer *und* Frauen die möglichst schnelle Ejakulation für ein Zeichen von Virilität und waren an einem längeren Koitus desinteressiert. Cf. J.S. Annon, 1987, S. 265.

26 Zit. n. G. Amendt, 1985, S. 198.

27 N.F. Cott, 1979, S. 126.

28 E.M. Lorey, 1998, S. 329.

29 H. Driessen, 1999, S. 178.

30 E. Burgos, 1984, S. 53f. Oder wie eine jamaikanische Dorfbewohnerin es ausdrückte: »Woman have too much to do in the home from morning till ever so late. She too tired to think about them things« (J. Blake, 1961, S. 107).

31 Zit. n. H.-J. Raupp, 1986, S. 52.

32 Zit. n. Shorter, a.a.O., S. 328. Cf. auch P. Branca, 1978, S. 78; L. Stone, 1977, S. 488; J. Schlumbohm, 1983, S. 80. Im Gegensatz zur anstrengenden und arbeitsintensiven Sommerzeit hatten die Bauern im flauen Winter vermutlich mehr Lust auf Sex, was bedeutet, daß in früheren Epochen das Sexualleben wohl in viel stärkerem Maße von jahreszeitlichen Rhythmen abhängig war als heute. Cf. A.E. Imhof, 1987, S. 145.

33 Plutarch: *Quaestiones Romanae* 65.

34 Cf. J.-C. Guillebaud, 1999, S. 162, 167; P. Dibie, 1989, S. 60.

35 Cf. H. Rockman, 1998, S. 75, bzw. E. Rabin, 1930, S. 33; R. Patai, 1967, S. 223, und H. Ploss/M. Bartels, 1908, I, S. 572.

36 Cf. z.B. N. Barley, 1983, S. 118 (Dowayo); T.O. Beidelman, 1973, S. 139f. (Kaguru); M. Jackson, 1977, S. 83 (Kuranko); W.T. Harris/H. Sawyerr, 1968, S. 95 (Mende); V.L. Grottanelli, 1988, S. 200 (Nzema); S. Heald, 1995, S. 491 (Gande); D. Leighton/C. Kluckhohn, 1948, S. 88 (Navaho).

37 Cf. C. Valente-Noailles, 1993, S. 132.

38 Cf. z.B. P.J. Payer, 1980, S. 361; J.A. Brundage, 1984, S. 83; J.T. Rosenthal, 1990, S. 270.

39 Cf. G. Duby, 1985, S. 519.

40 Cf. C. de la Roncière, 1985, S. 218.

41 K. Sudhoff, 1908, S. 47f.

42 »Dum Navarri se calefaciunt, vir mulieri et mulier viro verenda sua ostendunt« (zit. n. P. Dinzelbacher, 1994, S. 58).

43 Zit. n. H.J. Nordin, 1911, S. 62f. Laut Rabbi Joḥanan ben Dabai führen das Betrachten der Genitalien des Ehepartners zu blinden, Reden beim Sex zu tauben und Oralverkehr zu stummen Kindern. Dazu gab es aber auch Gegenstimmen. Cf. T. Ilan, 1997, S. 202f.; M. Papo, 1925, S. 220f.

44 Cf. L.M. Epstein, 1948, S. 30f. Im Abwehrkampf gegen den »Modernismus« sind bei vielen ultraorthodoxen Juden solche Einstellungen heute noch strenger geworden. Cf. M.H. Danzger, 1989, S. 261.

45 Cf. H.H. Cohn, 1975, S. 485. Cf. 'arweh, aramäisch 'awreh, akkadisch erû/arû = »Vulva« (W. Baumgartner/J.J. Stamm, III, 1983, S. 778, 834f.).

46 S. Weißenberg, 1927, S. 6. Wie mir Tawfiq Dawani mitteilte, hat er solche Nachthemden in jüdischen Hinterhöfen von Jerusalem an der Leine gesehen. Hemden mit Beischlafschlitzen waren im Mittelalter und in der frühen Neuzeit auch bei Christen üblich. Cf. H.P. Duerr, 1988, S. 179; A. McCall, 1979, S. 179.

47 Zit. n. Muchembled, a.a.O., S. 347.

48 Cf. N. Epton, 1962, S. 20, bzw. L. Koehler, 1980, S. 81. Auch im Freien wurden normalerweise lediglich der Rock gerafft sowie die Hosen heruntergelassen oder auch nur der Latz geöffnet. So beschlief z.B. im Jahre 1681 in Chester ein Jonathon Price eine Anne Parry »between Percers and Baxters house with her belly and her thighs all bare«, was schon als weitgehende Entkleidung galt. Cf. J. Addy, 1989, S. 131.

49 R. Jamieson, 1754, II, S. 197, bzw. J. Boswell, 1950, S. 138, der auch erörterte, ob eine Frau schamlos sei, wenn sie sich in Gegenwart ihres Mannes entkleide. Auch in den Kreisen des englischen Hochadels verhielt man sich anscheinend nicht anders. Cf. R. Porter/D. Porter, 1988, S. 44, 56.

50 E. Buchner, 1914, S. 194. Cf. auch J. Solé, 1979, S. 249. Auch
   bei den oberösterreichischen Bergbauern oder bei den Bauern
   der irischen Insel Inis Beag sahen Mann und Frau einander
   selbst beim Koitus nie nackt. Cf. R. Girtler, 1988, S. 118f.,
   bzw. J.C. Messenger, 1971, S. 17. Heutzutage werden Personen mit solchen Schamstandarden nur noch als Kuriosa betrachtet. So mokierte sich z.B. der *Spiegel* (35, 1984, S. 182)
   über eine Frau, die in einem Leserbrief an die *Westdeutsche
   Allgemeine* zum Thema ›Oben ohne‹ geschrieben hatte: »Ich
   bin 67 Jahre alt und habe sieben Kinder gottesfürchtig
   erzogen. Mein seliger Mann, den ich vor einem Jahr verlor, hat
   mich in 44 Jahren erfüllter Ehe niemals nackt gesehen.« Aus
   den Befragungen Kinseys und seiner Mitarbeiter geht hervor,
   daß in Nordamerika und gewiß auch in Europa die zwanziger
   Jahre einen Umschwung mit sich brachten und immer mehr
   Paare sich zum Koitus auszogen. Cf. A.C. Kinsey/W.B.
   Pomeroy/C.E. Martin/P.H. Gebhard, 1967, S. 287.
51 Cf. E. Haberland, 1963, S. 48. Auch in anderen afrikanischen
   Gesellschaften sahen die Männer und Frauen einander beim
   Beischlaf nie nackt. Cf. z.B. L.-V. Thomas, 1959, S. 570 (Diola
   an der Küste zwischen Gambia und Casamance); Sabine
   Dinslage: Brief vom 15. Februar 1987 (Lyela); N. Barley, 1981,
   S. 150 (Dowayo).
52 Cf. J. Stauder, 1971, S. 77, 86, bzw. N. Barley, 1986, S. 77.
53 Cf. J.J. Honigmann, 1954, S. 127.
54 Cf. K.M. Schipper, 1974, S. 1199, bzw. R.H. van Gulik, 1961,
   S. 299. In zahlreichen anderen Gesellschaften fand der Geschlechtsverkehr ebenfalls bekleidet statt. Cf. z.B. F.A. La-
   torre/D.L. Latorre, 1976, S. 173 (Kickapoo); W. Whitman,
   1947, S. 71 (Pueblo-Indianer); P. Bourdieu, 1965, S. 241 (Kabylen); W.F. Nydegger/C. Nydegger, 1963, S. 799f. (Ilocos in
   Nord-Luzon); B. Beer, 1996, S. 180, 222f., & L. Williams, 1998,
   S. 52 (Filipinos); J.M. Stycos, 1955, S. 199ff.; S.H. King, 1962,
   S. 225 (Puertoricaner); L. Saunders, 1954, S. 218, 274 (Chicanos
   im Südwesten der USA); M.E. Spiro, 1977, S. 232 (burmesische
   Bauern); L.L. Langness, 1967, S. 170f. (Bena Bena im östlichen
   Hochland von Neuguinea); G. Schmidt/V. Sigusch, 1971,
   S. 126f. (traditionelle deutsche Arbeiter). Nach den Gesetzen
   des Manu war es verboten, überhaupt unbekleidet zu schlafen,
   und traditionellerweise fand in Indien fast überall, selbst bei
   den »Unberührbaren« in den Slums der Großstädte, der Koitus
   bekleidet statt. Cf. S.N. Dar, 1969, S. 223; D.A. Jacobson, 1980,
   S. 365f.; F.A. Marglin, 1985, S. 107; S. Kakar, 1994, S. 33f.

55 Addy, a.a.O., S. 128.

56 Später wurde er gefaßt, identifiziert, geschoren und wegen versuchter Vergewaltigung zu Zwangsarbeit verurteilt. Nach seiner Freilassung war er insbesondere bei der weiblichen Bevölkerung dermaßen stigmatisiert, daß er die Insel für immer verlassen mußte. Cf. I. Hogbin, 1931, S. 26.

57 Cf. H.-J. Wolf, 1995, S. 493, bzw. G. Jörgensen, 1961, S. 13, bzw. J.M.F. v. Endter, 1801, S. 49.

58 »Pour doubte et crainte que sesdiz père et mère qui riens ne savoient de son fait ne l'oissent plus crier ne plaindre et que son fait ne feust descouvert, elle prist son chapperon et en estouppa sa bouche et de la grant douleur qu'elle ot s'esvanoy et demoura ainsi esvanoye et pasmée [= ohnmächtig] de grant douleur et engoisse l'espace de demie heure ou environ. Et puis se remit et trouva que pendant lesdiz evanouissement et pamoison elle avoit un enfant male« (Y.-B. Brissaud, 1972, S. 235).

59 S. Laurent, 1989, S. 160.

60 J.M. Beattie, 1975, S. 111, bzw. O. Ulbricht, 1990, S. 131.

61 P.R. Gleichmann, 1983, S. 189.

62 Cf. S. Schreiber, 1991, S. 330, bzw. J.N. Adams, 1982, S. 177.

63 Cf. P. Schultz, 1907, S. 68. Cf. auch C. Weinreich, 1855, S. 78; M.J. Schubert, 1991, S. 172; S. Zeyen, 1996, S. 175. In einem Kölner Unzuchtsprozeß vom Jahre 1488 war die Rede von »mit eyme metze zo slayn« (J. Hashagen, 1905, S. 306); in der Soester Kirchenordnung des Jahres 1532 heißt es: »Vormaledieth sy der welck by den wiue sines negstē slept« (G. Omeken, 1984, S. 234), und auch im Niederdeutschen verwendete man die Worte »beslapen« oder »zu Bett gehen« (R. Rogge, 1998, S. 226, 230), wobei »byslappen« im spätmittelalterlichen Norddeutschland auch »heiraten« bedeuten konnte. Cf. F. Frensdorff, 1918, S. 307. Der Koitus wurde häufig »betespil« genannt (W. Hoffmann, 1990, S. 247); andere Ausdrücke waren »beinander rûwen«, »triuten«, »trûtgebetten«, »zegebetten«: »des morgens«, so heißt es in Hartmann von Aues *Erec* (2937f.), »er nider lac,/daz er sîn wîp trûte.« Verbreitet war auch »bei jemandem liegen«: In einer Lübecker Kloake fand man das Wachstafelbuch eines Kaufmannes aus dem 15. Jahrhundert, in dem der Name einer Kundin, Metteke Mottesche, und darunter vermerkt war: »vnde er man lyt by eyn ander vyve« (A. Graßmann, 1982, S. 214).

64 R. Plötz, 1993, S. 193. Im Spätmittelalter war »Beischläferin« eine recht verbreitete Bezeichnung für öffentliche Huren. Cf. G. Wustmann, 1907, S. 482.

65 O. Hochstrasser, 1993, S. 150. Ursula Wittenbachin aus
Ensisheim bekannte, im Jahre 1587, als sie nachts im Bette »in
Vnkheuschen gedankhen oder begierden gewessen«, habe sich
der Böse Geist »zu Iro in das Beth gelegt vnd sie überlistet vnd
beschlaffen« (W. Beemelmans, 1905, S. 383). Etwas später
gestand in Wertheim die Witwe Anna Messemerß, der Teufel
habe, als sie ein junges Mädchen gewesen sei, »an sie begehrt
sie soll bey ihm schlaffen« (G. Rommel, 1938, S. 21).
66 Cf. C.E. Paschold, 1989, S. 85f. In England gebrauchte man
am häufigsten »to lie with«. So notierte z.B. im Jahre 1617
Anne, Gräfin von Dorset, die anscheinend mit ihrem Gatten
einen zeitlich genau geregelten Geschlechtsverkehr hatte, in
ihrem Tagebuch: »This night my lord should have lain with
me, but he and I fell out about matters.« Der Koitus wurde
freilich in der kommenden Nacht nachgeholt, denn es folgt die
Eintragung: »This night my lord came to lie in my chamber«
(A. Clifford, 1989, S. 48).
67 So. z.B. bei den Arapesh (M. Mead, 1939, III, S. 105); Kgatla in
Botswana (I. Schapera, 1993, S. 174); Mangaianern (D.S.
Marshall, 1971, S. 116); !Ko (I. Eibl-Eibesfeldt, 1972, S. 150);
Ngadha in Flores (P. Arndt, 1954, S. 25); Kaulong im südwestlichen Neubritannien (J.C. Goodale, 1980, S. 133); Norman-
by-Insulanern (G. Róheim, 1977, S. 143). Der unanständige
Ausdruck der Trobriander, der etwa unserem »ficken« ent-
spricht, lautete *kayta*, eines der euphemistischen Wörter
masisi, »miteinander schlafen« (B. Malinowski, 1979, S. 409).
Ebenso verhielt es sich bei den Nyakyusa, bei denen der
obszönste Ausdruck »pissen« war. So prahlte etwa ein junger
Bursche vor seinesgleichen damit, daß er über ein Mädchen
sagte: »Ich habe sie heute nacht bepißt!« (J. Busse, 1995,
S. 189). Die Sambia verwendeten das Wort »schlafen« sowohl
für den Koitus als auch für die Fellatio. Cf. G. Herdt/R.J.
Stoller, 1990, S. 291.

Anmerkungen zu § 3

1 Cf. E.J. Sobo, 1993, S. 215f. Auf dem traditionellen chinesischen Dorf existierte keine Vorstellung von weiblicher
Frigidität, weil die Frauen so gut wie nie einen Orgasmus
erlebten (cf. C. Osgood, 1963, S. 272), und Sexualwissenschaftler konstatierten noch bezüglich moderner chinesischer Groß-
stadtfrauen: »In our survey, we only surveyed sexual pleasure,

not orgasm, because we found in our pilot study that many women were unable to understand what was meant. Many women already felt that sex was satisfactory if they experienced at least some sexual pleasure« (D. Liu et al., 1997, S. 339). Der babylonische Ausdruck *nish libbi*, »das Herz erheben«, wird gemeinhin als das Wort für den Orgasmus der Frau angesehen (cf. J. Bottéro, 2001, S. 98), aber es kann natürlich sein, daß es lediglich sexuelle Lustgefühle im allgemeinen bezeichnete.

2 Cf. L. Roost-Vischer, 1997, S. 102f., bzw. G. Herdt, 1981, S. 189, 248f.; & Herdt/Stoller, a.a.O., S. 185, 258. Auf der Insel Inis Beag war ein Orgasmus bei Frauen allem Anschein nach völlig unbekannt, was bei der hastigen und lieblosen Art der Männer, ihre Frauen zu besteigen, auch kein Wunder war. Der Don Juan der Gegend, der einige Touristinnen zwischen den Beinen abgetastet hatte, fragte die Forscher erstaunt, wieso die fremden Frauen körperlich so heftig reagiert hätten. Jedenfalls zeigten die jungen Mädchen der Insel, die sich manchmal durch die Kleider befühlen ließen, derartige Reaktionen nie. Cf. J.C. Messenger, 1969, S. 109f. Nach einer Befragung erreichten lediglich 10 bis 15% aller Mittelklassefrauen von Bombay je einen Orgasmus. Cf. E. Bumiller, 1990, S. 39f. Wenn bei den Aschanti in den alten Zeiten ein Mann seine Frau beim Koitus nicht zum Orgasmus bringen konnte, durfte sie sich von ihm scheiden lassen, und viele Frauen machten auch von diesem Recht Gebrauch. Cf. T.E. Kyei, 1992, S. 40. Genauso verhielt es sich bei den Temne.

3 Cf. W. Davenport, 1965, S. 185. Auf Mangaia wurde vielen jungen Männern nach der Beschneidung von einer alleinstehenden reifen Frau beigebracht, wie sie beim Koitus den Samenerguß verzögern konnten. Allerdings sah die Sache später in der Realität meist anders aus: Ein sexuelles Vorspiel gab es kaum, und auch die Frauen erwarteten, daß ihr Partner rasch ejakulierte. Cf. Marshall, a.a.O., S. 115, 119. Die jungen Trobrianderinnen, die sich mit Weißen einließen, sagten, daß diese viel zu schnell »kämen«, und die weißen Männer klagten, die Insulanerinnen seien schwer zu erregen. Malinowski (a.a.O., S. 281f.) meinte, das einzige Wort der einheimischen Sprache, das sich so mancher Europäer gemerkt habe, sei *kubilabala!*, »Stoß weiter!« gewesen.

4 Bei den Chol-Maya in Chiapas durften sich die Frauen beim Koitus überhaupt nicht bewegen. Cf. K. Helfrich, 1972, S. 158.

5 Cf. C. Rätsch/H.J. Probst, 1985, S. 1123. Bei den Lakandonen

legte sich die Frau auf den Rücken und lüftete den Rock, aber so, daß der Mann ihre Vulva nicht sehen konnte. Ohne Vorspiel führte der Mann den Penis ein und ejakulierte sehr schnell. Trotzdem sollen die Frauen nicht selten zum Orgasmus gekommen sein. Stellte er sich bei beiden Partnern gleichzeitg ein, sagte man *ket u kimil*, »gemeinsam sterben sie« (Christian Rätsch: Brief vom 5. Juni 1986). Was den Gebrauch des Stechapfels als Aphrodisiakum anbelangt, so war dessen libidosteigernde Wirkung auch in Europa und in Indien schon seit Jahrhunderten bekannt. Cf. J.S. Halle, 1784, S. 51; R.E. Schultes/A. Hofmann, 1980, S. 109; W. Emboden, 1979, S. 66. Die Zuñi sagten, *Datura stramonium* lasse eine Frau nymphoman werden. Cf. M.C. Stevenson, 1973, S. 125.

6 Die Frauen teilten mit, daß in ihrem Dorf eine Klitoris nur entfernt wurde, wenn sie übergroß war. Die Klitoridektomie in den Nachbardörfern verurteilten sie. Dort sagten die Frauen, es sei »nicht schön für ein Mädchen, etwas wie ein Junge zu haben«. Cf. S. Dorsky, 1986, S. 79, 137.

7 Cf. Schubert, a.a.O., S. 172. Damals war man weithin der Auffassung, eine Frau könne nur empfangen, wenn sie zum Orgasmus gekommen sei, weshalb eine öffentliche Hure nicht schwanger würde. Cf. I.B. Díaz et al., 2000, S. 1297. Ein Quentchen Wahrheit scheint diese Meinung zu enthalten, denn der weibliche Orgasmus erzeugt offenbar einen intrauterinen Sog, durch den die Spermien angesaugt werden. Auch bewirken die im Sperma enthaltenen Prostaglandine bei der Frau angenehme Gebärmutterkontraktionen, die das Sperma in den Uterus transportieren. Cf. L. Margulis/D. Sagan, 1996, S. 47, 96; M. Hirschfeld, 1928, S. 226. Im übrigen scheint auch die weitverbreitete Auffassung, nur Frauen (und keine Tierweibchen) könnten einen Orgasmus haben, falsch zu sein. So stoßen beispielsweise Berggorillaweibchen bisweilen einige Zeit nach Beginn des Koitus kurze, spitze Schreie aus, die als Indizien für einen Orgasmus angesehen wurden (cf. G.B. Schaller, 1968, S. 120), und auch bei weiblichen Stummelschwanz-Makaken (*Macaca arctoides*) hat man eine Versteifung des Körpers und Muskelspasmen beobachtet, die auf Orgasmen schließen lassen. Bei Bonobo-Weibchen lief manchmal kurz vor Beendigung der Beckenstöße ein Beben durch den Leib, gefolgt von rhythmischen Beckenkontraktionen. Cf. E.S. Savage-Rumbaugh/B.J. Wilkerson, 1978, S. 337f.

8 Zit. n. J. Rossiaud, 1988, S. 98.

9 J. Cadden, 1993, S. 252. Das Wort »kommen« als Ausdruck für »einen Orgasmus haben« war offenbar im englischen und deutschen Sprachgebiet weit verbreitet. So sagte etwa in einem Inzestprozeß 1655 im Schwäbischen die neunundzwanzigjährige Barbara Reiser über ihren sechzigjährigen Vater aus, dieser habe sie, als er betrunken war, penetriert: »Wann es ihm kommen, so habe er ihr gesagt, daß es komme, sie habe es ihm gleich gestalten angezaigt, wann es ihr kommen seye.« Der Gerichtsgutachter, ein Tübinger Jurist, merkte dazu an, »dergleichen schönen discurs« habe der trunkene Lot mit seinen Töchtern wohl nicht mehr führen können. Cf. U. Rublack, 1995, S. 174, 184.

10 Cf. H. R. Lemay, 1982, S. 202. Nach einem anderen ärztlichen Ratgeber sollte der Mann »sie dannen hubsch freuntlichen vnnd holltseliclichen obenn vmb die Brust vmb vahenn«, und ihr erst danach »auch an das concilium [= Vulva] greyffen vmb des willen das dy fraw lustig vnd geraitzt werd« (K. Bosselmann-Cyran, 1997, S. 155, 159).

11 Cf. ders., 1981, S. 166, 169f. Nach Avicenna sollte der Mann warten, bis die Frau ejakulierte, um dies dann selber zu tun, damit die Frau den doppelten Genuß des eigenen Ergusses und des Schluckens des Spermas ihres Partners habe. Cf. ders., 1983, S. 28. Auch al-Ghazālī (1984, S. 106f.) lehrte: »Sobald der Mann seine Befriedigung erfahren hat, so laßt ihn warten, bis auch seine Frau die ihrige erlangt hat. Ihre Ejakulation (*inzāl*) kann verzögert werden, um ihre Lust zu steigern; sich schnell zurückzuziehen schadet der Frau.« Um 1300 verlautete schließlich Johannes der Engländer, eine Frau, die nach dem Beischlaf »ungefröwt«, d. h. unbefriedigt sei, könne sogar davon krank werden. Deshalb solle sie vor einer Eheschließung testen, ob der Kandidat überhaupt in der Lage sei, sie so zu erregen, daß ihre Gebärmutter sich öffne. Cf. R. Schnell, 2002, S. 389.

12 S. Schnabl, 1974, S. 393, bzw. C. Hanken, 1996, S. 139f. Wie die Hausset weiter berichtete, habe Mme de Pompadour der Herzogin ein Fläschchen mit einem Aphrodisiakum gezeigt, doch die Brancas habe es in den Kamin geworfen, was die Pompadour wiederum erzürnte: »Sie wissen nicht, was vor einer Woche passiert ist. Der König behauptete, es sei ihm zu heiß, und verbrachte die halbe Nacht auf dem Kanapee. Er wird sich noch von mir abwenden und eine andere nehmen!«

13 In der frühen Neuzeit war die Bettlerin Maria Hörl vier Jahre lang Dienstmagd bei einem mit einem Esel im Salzburgischen

herumziehenden Wanderkrämerehepaar, aber sie lief eines Tages weg, »weill Er Ihr« mit Einverständnis seiner Frau »offt zuegriffen, und sowohl bey der Nacht als am Tag sye hergenommen« (N. Schindler, 1988, S. 73). Ein anderer Ausdruck für den Koitus, von der Frau aus gesehen, war »herhalten« (U. Rublack, 1995, S. 185) und in England: »to have the use of her« (J. Sharpe, 1996, S. 135).

14 C. Fairchilds, 1977, S. 655f., 658, & E. Shorter, 1984, S. 23, bzw. A. McLaren, 1978, S. 128.

15 H. Möller, 1969, S. 287.

16 So z.B. T. Reimers, 1994, S. 201, oder C. Wouters, 1999, S. 52.

17 »By forfeiting her conjugal rights, she does not reach that timely conjuncture which loosens the tensions of the muscles of her erectile tissues. Thus arises engorgements, erosions and displacements of the uterus« (M.G. Wilson, 1979, S. 54).

18 Cf. B.K. Campbell, 1979, S. 82ff.; I.L. Reiss, 1990, S. 23. Allerdings teilten von den um 1870 Geborenen mehr Frauen mit, daß sie Sex genössen, als von den um 1859 Geborenen. Cf. S. Seidman, 1990, S. 61. Im Jahre 1940, gegen Ende ihres Lebens, hatte Mosher die unveröffentlichten Ergebnisse ihrer Befragungen im Archiv der Stanford University verstaut, wo sie lange unbeachtet blieben.

19 Cf. P. Gay, 1984, S. 134f.

20 Alle anderen wollten entweder nicht über dieses Thema reden oder meinten, Sex sei »eben sein Wille«. Cf. M. Melhuus, 1997, S. 191.

21 Offenbar liebten es viele Somälmänner auch deshalb, in die trockene Vagina einer Frau einzudringen, weil dann die Reibung stärker war, und es hat den Anschein, daß nicht wenige den Schmerz ihrer Frauen genossen. »Der Schmerz der Frau«, so ein Informant, »ist der Lohn des Mannes.« Durch die intensive Reibung ejakulierten die Männer nach kürzester Zeit. »Somälische Männer«, so eine Frau, »können nicht warten. Sie kommen zu schnell. Wo die Frau bleibt, ist ihnen egal. Wenn sie sich zwei Minuten zurückhalten, denken sie schon, sie seien tolle Liebhaber!« (C. Beck-Karner, 1996, S. 45ff.). Nach Aussagen irakischer Frauen gibt es beim Koitus keinen Körperkontakt außer dem der Genitalien. »Er nimmt«, so eine Frau über ihren Mann, »ohne jemals zu geben.« Eine andere erzählte von ihrer Hochzeitsnacht: »Er hat mich plötzlich angefallen. Ich habe ihn angesehen, als er mich zwang, ihm zu Willen zu sein. Er sah aus wie ein Wolf. Es war ein einziger Alptraum« (S. al-Khayyat, 1991, S. 94f., 99).

22 Als lust- und gefühlvoll galten bei den männlichen Manus im Gegensatz zum ehelichen Sex der mit den Prostituierten in Rabaul, und für die Frauen der mit fremden Männern auf den Plantagen. Cf. M. Mead, 1942, S. 126f., 150; R.F. Fortune, 1935, S. 89. Als etwas Schlechtes und Entwürdigendes wurde der Geschlechtsverkehr auch in anderen Gesellschaften gesehen, so z.B. bei den Hupa-Yurok (W. Goldschmidt, 1951, S. 515), den Sarakatsani (J.K. Campbell, 1964, S. 276f.), den Kaguru (T.O. Beidelman, 1973, S. 139f.) oder den G/wi, die sagten, er sei ihnen vom »Teufel« (G//awama) gebracht worden. Cf. G.B. Silberbauer, 1963, S. 18. Wenn sich bei den Chol-Maya ein Mann »vergaß« und allzu lustvoll ejakulierte, lief er Gefahr, daß sich die überall lauernden Zauberer (*xiba*) seiner bemächtigten (K. Helfrich, 1972, S. 160). Bei den Al Murrah-Beduinen »nahm« der bekleidete Mann seine ebenfalls bekleidete Frau bei völliger Dunkelheit von hinten und ejakulierte so schnell wie möglich. Von Angesicht zu Angesicht kopulieren wäre zu lustvoll und schlüpfrig und deshalb peinlich gewesen. Cf. D.P. Cole, 1985, S. 209. In einer uralten ungarischen Geschichte schämen sich Adam und Eva vor Gott, weil dieser an ihren vielen Kindern erkennen kann, wie oft sie es mindestens miteinander getrieben haben. Cf. V. Gőrőg-Karady, 1989, S. 170. Die Baining schämten sich über alles, was direkt oder indirekt auf Sex hindeutete, z.B. über eine Schwangerschaft und sogar über ihre eigenen Kinder, weil sie jeden daran erinnerten, wie sie erzeugt worden waren. Cf. J. Fajans, 1997, S. 62, 117. Auch auf den Dörfern von Uttar-Pradesh versuchten die schwangeren Frauen, ihre Rundungen mit dem *dhotī* zu verhüllen, weil durch diese ja offenkundig wurde, daß sie mit ihrem Mann geschlafen hatten. Ab dem fünften Schwangerschaftsmonat besuchten sie für gewöhnlich nicht mehr ihr Heimatdorf, da sie sich vor ihrem Vater und ihren Brüdern zu sehr geschämt hätten. Cf. P. Jeffery/R. Jeffery/A. Lyon, 1988, S. 72f. Die Tatsache, daß sich aufgrund der äußeren Umstände die Sexualität nicht entfalten konnte, führte freilich nicht überall zu einer negativen Einstellung zu ihr. So hielten beispielsweise die Bajau Laut den Geschlechtsverkehr für natürlich und unabdingbar für eine glückliche und harmonische Ehe, und doch ging er nachts so hastig und lautlos wie möglich vor sich, damit keiner der übrigen Familienangehörigen etwas von ihm mitbekam. Cf. C. Sather, 1997, S. 246.

23 Gleichzeitig sagten manche Ngulu, eine Frau sei eine Nutte,

wenn sie zuviel Lust und Raffinesse beim Koitus entwickelte. Cf. T.O. Beidelman, 1964, S. 363.

24 Cf. R.C. Suggs, 1966, S. 73; D.A. Chappell, 1997, S. 17f.; M. Sahlins, 1987, S. 16. Bei den Trobriandern galten die Frauen beim Sex als sehr aggressiv. Nach Malinowski (a.a.O., S. 183, 278f.) sollen sie dabei recht ungestüm gewesen sein. Es heißt, sie hätten ihrem Partner in die Lippen gebissen und seinen Körper bis aufs Blut zerkratzt. Bereits die jungen Mädchen verletzten angeblich die jungen Männer beim Liebesspiel mit Bambusmessern, kleinen Äxten und scharfen Obsidian-stücken, und letztere protzten hinterher mit ihren Wunden wie hierzulande Jugendliche mit ihren Knutschflecken, die beweisen sollen, was sie für tolle Hechte sind.

25 »Sehen will ich besiegt die Augen der Herrin, wenn sie von Sinnen« (*adspiciam dominae victos amentis ocellos*) [Ovid: *Die Liebeskunst* II. 691f.].

26 Die jungen Trukesen versuchten auch, ihre Partnerin durch Cunnilingus und Reiben zum Urinieren zu bringen, was einem Orgasmus gleichwertig war. Manche jungen Männer rieben den Saft der Papayahaut in ihre Wunden, damit diese schlechter vernarbten und dadurch besser zur Schau getragen werden konnten. Cf. T. Gladwin/S.B. Sarason, 1953, S. 109, 114; M.J. Swartz, 1958, S. 482f.; J.L. Caughey, 1977, S. 114; F.M. LeBar, 1964, S. 171; M. Marshall, 1979, S. 95f.

27 Cf. C. Maier, 1996, S. 55, 70.

28 Cf. K. McMahon, 1995, S. 42. Solche Texte hatten allerdings nur einen geringen oder gar keinen Einfluß auf das Sexualleben der Normalchinesen jener Zeit. Cf. P.B. Ebrey, 1993, S. 163.

29 Cf. I. Bernstein, 1975, S. 66.

30 S. Millhagen, 1986, S. 69, 79, 81.

31 Cf. G.D. Berreman, 1972, S. 170, bzw. M. Trawick, 1990, S. 43.

32 H. Wagner, 1965, S. 15.

33 Cf. M.W. Young, 1971, S. 51, 94, 212, bzw. J. Fajans, 1983, S. 172ff. Eine türkische Bäuerin meinte, die bauschige Frauen-kleidung habe den Vorteil, daß sie eine Schwangerschaft ka-schiere: Ein dicker Bauch sei äußerst peinlich, weil jeder wisse, wodurch er zustande komme. Cf. C. Delaney, 2000, S. 128f.

34 Z.B. in Japan (cf. G. DeVos, 1985, S. 156) oder in Puerto Rico, wo sexuelle Lust der Frau und Mutterschaft als inkompatibel erachtet wurden. Auf alle Fälle sollte die Frau ihre sexuelle Erregung beim Koitus nicht oder nicht zu sehr zeigen. Cf. H.I. Safa, 1974, S. 42f. Von Franz Grillparzer ist überliefert, er habe die Hochzeit mit seiner Verlobten immer wieder ver-

schoben, weil er befürchtete, der Koitus würde die Liebe zwischen ihnen zerstören. Cf. J.J. Sheehan, 1989, S. 540f.

35 Damit will ich nicht bestreiten, daß in vielen Gesellschaften der außereheliche Koitus ungezwungener und lustbetonter ist. So lagen z.B. bei den Turu in Tanzania beim ehelichen Beischlaf der Mann auf der rechten und die Frau auf der linken Seite, doch beim Koitus innerhalb der romantischen *mbuya*-Beziehung zu einer fremden Frau, der weniger inhibiert und »wilder« war, waren auch gewagtere Stellungen üblich. Cf. H.K. Schneider, 1971, S. 62; M. Douglas, 1975, S. 13 (Lele). Doch dies bedeutet nicht, daß beim Sex in der Ehe die Lust überhaupt keine Rolle gespielt hätte.

36 Cf. B. Streck, 1990, S. 242. Ein Spruch der Berber lautete: »Bevor eine Frau geboren hat, ist sie Geliebte, hernach Mutter« (O.C. Artbauer, 1911, S. 198).

37 Cf. Lightfoot-Klein, a.a.O., S. 184.

38 Cf. I. Baldauf, 1988, S. 25.

39 Cf. A. Carson, 1990, S. 149f. Bereits Plato hatte die Ehemänner dazu aufgefordert, ihre Frauen moderat und mit Schamgefühl zu beschlafen. Wenn sie zudem den Koitus aus Schamhaftigkeit »nur selten« ausübten, würden sie »bei diesem selteneren Genuß die Herrschaft der Leidenschaft auch schwächer zu spüren bekommen« (*Gesetze* 841 A).

40 Cf. J.-L. Flandrin, 1984, S. 155. Noch Daniel Defoe sprach in einem solchen Falle von »matrimonial whoredom«. Cf. L. Stone, 1987, S. 343.

41 Albrecht v. Eyb, a.a.O., S. 432. »Vehemens amator«, so Andreas Capellanus, »ut apostolica lege docetur, in propria uxore judicatur adulter« (M. Santucci, 1984, S. 161). Im Jahre 1416 verlautete Francesco Barbaro in *De re uxoria*, die Ehefrauen »sollten ihre eheliche Ehrbarkeit und Schamhaftigkeit so unter Beweis stellen, daß während ihrer Vereinigung der Anstand die Umarmungen begleite, damit sie nicht durch Begierde und Schamlosigkeit ihrer Ehre abträglich und auch für ihre ergebenen Ehemänner (*mariti taciti*) nicht weniger akzeptabel seien« (zit. n. C. Jordan, 1990, S. 46). Cf. auch J.-L. Flandrin, 1969, S. 1380. Für Autoren, die den einzigen Sinn des Koitus in der Fortpflanzung sahen, wie z.B. Forestis in seinem spätmittelalterlichen *Confessionale*, waren bereits das Küssen der Gattin oder das Befühlen ihrer Brüste und andere schamlose (*inhonesta*) Dinge Todsünden, weil sie eben für die Konzeption überflüssig waren. Cf. T.N. Tentler, 1977, S. 188f. Puritanische Autoren führten aus, der Tatbestand des Ehe-

bruches liege bereits dann vor, wenn ein Mann beim Koitus mit seiner Frau lüsternen Phantasien von Sex mit anderen Frauen nachhinge, wenn er seine Frau anders besteige als »natürlich« oder wenn er sich von ihr besteigen ließe. Cf. R. Schnucker, 1972, S. 1383ff. Während im frühen Mittelalter der eheliche Koitus vor Fest- und Kommunionstagen weithin untersagt war, unterschied man im 13. Jahrhundert durchweg zwischen dem *debitum exigere*, was meist verboten blieb, und dem gestatteten *debitum reddere*. Unter letzterem verstanden die kirchlichen Autoritäten einen eher schlaffen und lustlosen Geschlechtsverkehr, der »ungern und mit Bedauern geschah«. Obgleich die Kirche diese traurige Veranstaltung erlaubte, um dadurch eine Eskalation der sexuellen Begierde zu verhindern, sah sie es für lobenswerter an, wenn man auch auf sie verzichtete. Cf. P. Browe, 1932, S. 70f.

42 *Amor, dilectio* und *concordia animorum* seien die ehelichen Kardinaltugenden, aber auch Schamhaftigkeit beim Beischlaf, womit offenbar die etwas »weniger heftige« Liebe gemeint war. Cf. R. Schnell, 1997, S. 171f.

43 Cf. L. Brandl, 1955, S. 46.

44 Im 6. Jahrhundert lehrte Fulgentius v. Ruspe, jede Lustempfindung beim Koitus sei Sünde, und der im Jahre 1210 verstorbene Huguccio, der wegen seiner Lehre, jeder Koitus sei »culpa et peccatum«, als Ketzer bezeichnet worden war, verteidigte sich dahingehend, Häretiker wie die Katharer hätten behauptet, jeder Geschlechtsverkehr sei eine *Tod*sünde, während er ihn nur »peccatum venialissimum« genannt habe. Cf. J.G. Ziegler, 1956, S. 170f. Cf. auch H.J.F. Reinhardt, 1974, S. 44; J. Bugge, 1975, S. 111; T.N. Tentler, 1977, S. 166; B. Rowland, 1981, S. 250. Im Jahre 1464 warnte Johannes Nider die Eheleute davor, einander lustvoll zu betrachten, wenn sie nackt seien, oder »vnczimleich griff« zu »treyben«. Auch solle der Koitus, ohne »vncheüsche pegir« absolviert werden. Cf. M. Dallapiazza, 1983, S. 284f. Selbst Brantôme (III, 1787, S. 43) tadelte gegen Ende des 16. Jahrhunderts: »Les marys, abusant ainsy de leurs femmes, sont fort punissables, comme j'ay ouy-dire à des grands docteurs: que les marys ne se governans pas modestement dans leur lit comme ils doivent, paillardent avec elles comme concubines, n'estant le mariage introduit que pour la nécessité et procréation, et non pour le plaisir desordonné, et paillardise.«

45 Cf. J.-L. Dufresne, 1973, S. 137. Im Jahre 1692 klagte der Jurist Christian Thomasius, unter den Eheleuten herrschten solch

»bestialische« Sexualpraktiken, »daß es zuweilen in einem allgemeinen Huhrhause nicht so Bestialisch als in denen Ehe-
Betten vernünfftig und tugendhafft seyn wollender Menschen
herzugehen pflege«. Es gäbe »mehr als zu viel Narren, die an
dieser Viehischen Lust sich schändlicher Weise unabläßlich
anfesseln, oder mit ihren Ehe-Weibern wie mit Huren umge-
hen« (zit. n. S. Buchholz, 1988, S. 119). Im frühneuzeitlichen
Essex kamen bisweilen Ehepaare vor Gericht, weil sie es
offenkundig zu ›wild‹ miteinander trieben – so z.B. im Jahre
1573 ein gewisser John Roote, weil er »liveth so ungodly with
his wife that the neighbours are greatly offended«. Zwei Jahre
danach wurde ein Paar vom Gericht ermahnt, »to behave
themselves modestly« (Emmison, a.a.O., II, S. 7). Noch im
Jahre 1925 verbot ein Gemeinderat in Arkansas jeden ehelichen Beischlaf »at any place within the corporate limits of said
town«, wenn er »of a grossly improper and lascivious nature«
sei (F.L. Allen, 1988, S. 196). Manchmal schämten sich hinterher die Eheleute sogar voreinander. Nachdem sich z.B. im
Jahre 1762 der Tiroler Peter Prosch und seine Frau eines
Abends mit Branntwein Mut angetrunken hatten, so daß es
nachts zum einigermaßen ungehemmten »Prozeß« gekommen
war, konnten sie einander am nächsten Tag »aus Schamhaftigkeit nicht anschauen« (Beutelspacher, a.a.O., S. 99).

46 Cf. J. Bajada, 1988, S. 16. Als im Jahre 1666 in Vorpommern
ein junger schwedischer Adeliger, dem die Dänen im Krieg die
Hoden weggeschossen hatten, eine junge Dame heiraten wollte, erhoben deren von einem Kirchenrechtler beratenen Verwandte Einspruch, da der Bräutigam zum einen zeugungsunfähig sei und zum anderen »das zweite Ziel der Ehe, nemlich
die Dämpfung der Sinnlichkeit und das Löschen der Lust nicht
erreichen könnte, also Lucretia sich in beständiger Gefahr der
Hurerei und am Abgrund des Ehebruchs befinden würde«.
Der Fall wurde dem protestantischen Konsistorium in Leipzig
vorgelegt, welches befand, daß der Bräutigam »zu dem
Exercitio venereo nicht gäntzlich untüchtig, sondern daß er
annoch erectionem penis empfinge, den congressum halten,
auch einem Weibes-Bilde satisfaction thun, und ihre Brunst
stillen und extinguiren könne«. Da die Ehe zwischen Lucretia
und dem Schweden, bei dem es sich in Wirklichkeit um den
kurfürstlich-sächsischen Kammerherrn und Kastraten Barto-
lomeo de Sorlisi handelte, immer wieder für Aufsehen sorgte,
stellte schließlich die Theologische Fakultät der Universität
Königsberg definitiv fest, der Hauptgrund für die Ehe sei »die

Hintertreibung und Überwindung der fleischlichen Lüste. Es ist das menschliche Geschlecht genugsam ausgebreitet, daß man auf Vermehrung desselben nicht groß zu denken hat, daß also der Ehstand heutigen Tages vornehmlich ist ein Heilmittel gegen unstete Begierden« (H. Ortkemper, 1993, S. 193ff.). Bereits im hohen Mittelalter vertraten zahlreiche Theologen die Auffassung, schon um Christi Geburt sei eine Vermehrung der Menschen nicht mehr nötig gewesen. Cf. J.G. Ziegler, 1956, S. 45.

47 »Nu ist die liebe auch nit reyn, dan wye woll eyn ehlich gemahl das ander haben will, ßo sucht doch auch eyn yglich seyne lust an dem andern, und das felscht dieße liebe« (zit. n. L. Zarncke, 1935, S. 284). Die Kalvinisten meinten, der eheliche Koitus dürfe durchaus lustvoll sein, da Gott ja wegen des über ihm ausgebreiteten Schleiers ohnehin nichts von ihm mitbekomme. Cf. K.M. Boyd, 1980, S. 150. Um die Mitte des 17. Jahrhunderts berichtete Jean Struys, die Russen verhängten vor dem Koitus die Ikone und legten das Kreuz, das sie um den Hals trügen, ab. Cf. F. Wilson, 1970, S. 86. Unter ähnlichen Umständen wurde auch bei uns im Mittelalter das Kruzifix verhüllt. Cf. z.B. P. Reliquet, 1984, S. 108. Noch bis in unsere Zeit hatten die Ikonen in den Schlafzimmern der ursprünglich aus Rußland stammenden Altgläubigen von Alberta Vorhänge, die das Ehepaar vor dem Beischlaf zuzog. Cf. D. Scheffel, 1991, S. 183. Auch die Juden entfernten vor dem Geschlechtsverkehr alle heiligen Bücher aus dem betreffenden Raum und bedeckten die rituellen Gegenstände mit doppelten Lagen von Stoff. Cf. J. Schlör, 1998, S. 129. Auf den Bruderhöfen der kanadischen Hutterer wird noch heute eine zu exzessive und mithin »heidnische« Entfaltung von Lust beim ehelichen Koitus geahndet, falls sie bekannt wird. Schon im Sendbrief Ulrich Stadlers vom Jahre 1536 hieß es, im Paradies habe zwar die »Besamung« noch ohne Lust stattgefunden. Doch sei dies heute leider nicht mehr möglich. Wenn der Hausvater »es« aber mit Anstand und Gottesfurcht »tue«, dann sehe Gott »durch die Finger im ehelichen Werk«. Cf. B.G. Längin, 1986, S. 215; J.A. Hostetter, 1974, S. 146. Ähnlich verhielt es sich bei Shakern, Mennoniten und Pietisten. Cf. D'A. Campbell, 1978, S. 27f.; L.J. Kern, 1981, S. 94ff.; B. Graybill/L.B. Arthur, 1999, S. 20; F. Tanner, 1952, S. 74.

48 Cf. M.R. Sommerville, 1995, S. 128.

49 Cf. F.R.H. Du Boulay, 1970, S. 105, bzw. S. Kienitz, 1995, S. 224. Manche Damen gaben der Tatsache, daß ihr Gatte es ver-

stand, sie sexuell zu befriedigen, durchaus Ausdruck. So schrieb z.B. im Jahre 1535 die einunddreißigjährige Prinzessin Dorothea von Dänemark begeistert über die »freud vnd wollust«, die sie beim Beischlaf mit ihrem Mann empfand. Cf. Bastl, a.a.O., S. 377.

50 Cf. G. Mermier, 1976, S. 46; G. Duby, 1985, S. 250f.

51 R. Schnell, 1990, S. 260, bzw. A. Cabanès, VII, 1923, S. 330.

52 Der Text fährt fort: »Et s'il le sçavoit bien davant qu'il fust marié, si l'a il oublié, pource qu'il s'anonchallist [= wird nachlässig] et se abestit [= stumpft ab] à soy quant ad ce; et aussi ne le vouldroit-il pas faire, car il luy sembleroit qu'il le apprendroit à sa femme, et que elle ne le scet point. Quant la dame a amy à sa plaisance, et ilz se pouvent trouver ensemble, et est à tart, ilz se font tant de joies que nul le pourroit dire, tant que le fait du mary n'est rien prisé. Après lesquelz plaisirs, la dame prent autant de plesirs en l'esbat de son mary, comme ung tasteur de vins d'un petit rippopé [= dünne Brühe] après ung bon hypocras ou pineau [= Spätburgunder]« (zit. n. C. Klapisch-Zuber, 1988, S. 483). Cf. auch M. Zimmermann, 1989, S. 185.

53 Cf. M. Weber, 1947, I, S. 166ff. »He once smoked a cigar«, schrieb ein Engländer über seinen Vater, Sir James Stephens, »and found it so delicious that he never smoked again« (E. Trudgill, 1976, S. 14).

54 L. Koehler, 1980, S. 71f. Solche Urteile findet man zu allen Zeiten. So hielt z.B. Thomas von Aquin den Koitus nicht für sündhaft, aber für würdelos, weil die Wollust den Menschen entgeistige (»Luxuria propter vehementiam delectationis et concupiscentiae totaliter opprimit rationem, ne prodeat in actum«), weshalb, laut Albrecht von Eyb, »die leütt« in einer »gegent im land jnndia« die Bevölkerungszahl durch Import von Fremden konstant halten müßten, da sie »auß grosser scham kainer vnkeüsch noch eelichen lebens pflegen« (a.a.O., S. 153). »Einen wahrhaft bedeutenden Menschen«, konstatierte O. Weininger (1921, S. 380), »der im Koitus mehr sähe als einen tierischen, schweinischen, ekelhaften Akt, oder gar in ihm das tiefste, heiligste Mysterium vergötterte, wird es, kann es niemals geben.«

55 F.M. Cancian, 1989, S. 13, bzw. L. Ryken, 1986, S. 39, der »wedded romantic love« als das puritanische Ideal der Geschlechterbeziehung bezeichnet (a.a.O., S. 51). »Miteinander fröhlich sein« war damals ein verbreiteter Ausdruck für den Beischlaf. So notierte z.B. der Perückenmacher Harrold aus Manchester in seinem Tagebuch: »My wife and I was very merry« (J.S. Amelang, 1998, S. 128).

56 Cf. L. E. Pearson, 1957, S. 310f., bzw. E. S. Morgan, 1987, S. 20. Cf. auch T. De Welles, 1988, S. 57f.

57 Cf. P. Crawford, 1994, S. 84f. Kontinuierlichen Sex und Orgasmus der Frau zum Zwecke der Aufrechterhaltung der Partnerbindung forderten auch katholische Autoritäten der frühen Neuzeit wie Paolo Zacchia. Cf. Bajada, a. a. O., S. 64. Zur selben Zeit stellten Gelehrte wie Tomás Sanchez die Frage, ob wohl die hl. Jungfrau einen Orgasmus hatte, als der hl. Geist sie schwängerte: »Utrum virgo Maria semen emiserit in copulatione cum spiritu sancto?« Cf. G.-J. Witkowski, 1907, S. 16.

58 Cf. F. Mernissi, 1975, S. 8; E. Heller/H. Mosbahi, 1993, S. 76; R. Roded, 1999, S. 162.

59 So erinnerte sich ein Jude an das Geschlechtsleben im Shtetl: »My wife never had an orgasm, not that I would know. No, no, who knew of those things? I would never know the difference« (N. M. Cowan/R. S. Cowan, 1989, S. 153).

60 Cf. M. Meiselman, 1978, S. 121, bzw. H. Rockman, 1998, S. 73. Im 12. Jahrhundert lehrte Rabbi Abraham ben David, der Koitus solle »in der Mitte der Nacht« stattfinden, wenn auf der Gasse keine Stimmen mehr zu vernehmen seien. Denn dann bestehe keine Möglichkeit, sich vorzustellen, daß man es mit der draußen redenden Person treibe. Auch solle der Mann so schnell wie möglich ejakulieren, so daß er sich erst gar nicht in seiner Vorstellung eine andere Sexualpartnerin ausmalen könne. Cf. D. M. Feldman, 1974, S. 95. Im 13. Jahrhundert verlautete Naḥmanides im *Iggeret ha Qodesh*, Gott sei bei einem Koitus, der allein der Lust wegen durchgeführt werde, nicht anwesend. Cf. S. J. Cohen, 1976, S. 62.

ANMERKUNGEN ZU § 4

1 Cf. A. Dupont-Sommer, 1981, S. 272f.

2 Cf. A. Büchler, 1911, S. 209, bzw. R. Biale, 1984, S. 125, und D. M. Feldman, 1968, S. 63f., 86.

3 Nach den mittelalterlichen jüdischen Vorschriften mußte ein Mann seiner Frau den Koitus verweigern, wenn sie ihn dazu aufforderte, denn letzteres galt als große Schamlosigkeit. Auch durfte nach dem Kodex *Shulchan Aruch* ein Mann die Vulva seiner Frau nicht ansehen oder an ihr lecken. Cf. A. Unterman, 1981, S. 155. Die biblische Textstelle, nach der ein Mann seine Frau verstoßen darf, wenn er nach dem Vollzug der Ehe

»etwas Häßliches (oder ›Widerwärtiges‹) an ihr entdeckt hat« (5. Mose 24,1), haben viele Kommentatoren dahingehend interpretiert, daß die Genitalien der Frau gemeint seien (Bernhard Lang: Brief vom 25. November 1986). Ein Mann, der aus einem osteuropäischen Shtetl nach Amerika ausgewandert war, erinnerte sich an die alte Zeit: »I never in my life saw my wife nude. Never saw her undress in my entire life. I don't know where she undressed« (Cowan, a.a.O., S. 152). Viele Frauen schämten sich, das Frauenbad (*mikwē*) aufzusuchen, weil man zum einen daran erkannte, daß sie ihre »Tage« hinter sich hatten und wieder beischlafbereit waren, und zum anderen, weil sie im Bad Bekannte oder Verwandte in unbekleidetem Zustand treffen konnten: »Es ist sehr beschämend, wenn man dort Bekannte trifft. Wenn ich dort meine Mutter träfe, würde ich sterben, obwohl meine Mutter sich noch mehr schämen würde als ich. Eine Freundin sah in der *mikwē* einmal ihre Schwiegermutter und war deshalb sehr beschämt« (J.R. Mintz, 1968, S. 83f.).

4 Zit. n. G. Mayer, 1987, S. 46. Deshalb befleißigten sich die Juden allem Anschein nach meist der »Missionarsstellung«. So sagte bezeichnenderweise 1381 ein Zeuge in Zürich, »dz er sach in Fiflis hus dz der Mychel jud in einer kamer uf einer kristan frouwen lag« (S. Burghartz, 1990, S. 181).

5 V. Elwin, 1939, S. 265. Auch bei den Santal blieb die auf dem Rücken liegende Frau, deren Partner zwischen ihren Schenkeln hockte, völlig passiv. Nur im Augenblick des Orgasmus bewegte sie ein wenig das Becken. Beliebt war eine feste und enge Vagina, die »den Penis aussaugt, wie das Kalb das Euter«. Cf. C. Mukherjea, 1962, S. 407, 434f.; W.G. Archer, 1974, S. 227.

6 K. Good/D. Chanoff, 1996, S. 212. Genauso verhielt es sich bei den Achuar, einer Jívarogruppe, deren Frauen sich bei dem rasch vollzogenen Koitus nicht bewegten. Lediglich eine besonders vernachlässigte und sexuell frustrierte Frau mochte dann und wann einmal den Penis ihres Mannes ergreifen, um ihm ihre Wünsche deutlich zu machen. Cf. P. Descola, 1996, S. 197. Cf. auch N. Diamond, 1969, S. 61 (taiwanesische Dorfbewohner); A.L. Masparini, 1968, S. 154 (apulische Bauern); C.E. Hopen, 1958, S. 73 (Fulbe); J.W.M. Whiting, 1941, S. 125 (Kwoma). Sollte bei den sudanesischen Shaiqiya eine Frau trotz ihrer pharaonischen Beschneidung beim Koitus Lust empfinden, mußte sie völlige Frigidität simulieren. Cf. H. Ibrahim, 1979, S. 110, 113.

7 Aber auch die männlichen Kupfer-Eskimo scheinen recht schamhaft und zurückhaltend gewesen zu sein. So meinte ein anderer Informant, er könne eine Frau nicht fragen, wie sie es gerne hätte, wo sie angefaßt werden wolle, und obwohl er gerne wüßte, »mit wem sie schon 'rumgebumst hat«, getraue er sich nicht, sie danach zu fragen, denn »die Menschen hier stellen solche Fragen nicht« (R. G. Condon, 1987, S. 147f.).

8 Cf. O. K. Hutheesing, 1990, S. 77, 102, 115, bzw. *Brigitte* 18, 1994, S. 90. Bei den Umeda erwartete man, daß die Frauen sich völlig passiv verhielten und nicht die geringste Leidenschaft an den Tag legten. Ein Mann war sehr von den Prostituierten an der Küste angetan, weil diese während des Aktes Zigaretten rauchten. Cf. A. Gell, 1975, S. 105f. Ein Javaner sagte J. Schlehe (2001, S. 131), die Touristinnen seien aufgrund ihrer sexuellen »Aggressivität« sehr »viel besser« im Bett als einheimische Frauen, die »wie ein Bananenbaum« nur »dalägen«.

9 O. Finsch, 1880, S. 318.

10 Manche Männer teilten mit, sie gäben sich beim Sex auch deshalb keine Mühe, weil sie die in ihren Frauen schlummernde Geilheit nicht wecken wollten. Denn dann würden die Frauen ihnen untreu, oder sie selber seien bei fortschreitendem Alter nicht mehr in der Lage, ihre Frauen zu befriedigen. Cf. O. Lewis, 1951, S. 326; ders., 1960, S. 57f., 83; A. Kiev, 1968, S. 59f. Auch auf dem kolumbianischen Dorf erwartete man, daß eine anständige Frau die Beckenstöße ihres Mannes still und bewegungslos über sich ergehen ließ und keine Lust empfand, obwohl manche Männer zeigen wollten, daß sie *muy macho* sind, indem sie versuchten, ihre Frau zum Orgasmus zu bringen (*scarle la piedra*), was indessen kaum ein Mann jemals schaffte. Die Informantinnen fügten hinzu, sie ließen sich selbst dann, wenn der Koitus ihnen Vergnügen bereitete, nichts davon anmerken, weil ihre Männer dies anschließend bei ihren Kumpanen herumerzählten, mit der Konsequenz, daß alle Männer des Dorfes sie als schamlos und geil verachteten. Cf. G. Reichel-Dolmatoff/A. Reichel-Dolmatoff, 1961, S. 191f. Auch auf dem philippinischen Dorf verlief der Koitus vor allem von seiten der Frau leidenschaftslos, denn das Paar befürchtete, jemand könne den Vorgang mitbekommen, und die Frau mußte zudem damit rechnen, daß der Mann sie für eine Hure hielte. Cf. F. L. Jocano, 1969, S. 21.

11 Cf. K. J. Dover, 1974, S. 101.

12 Zit. n. E. Fuchs, 1909, S. 249, bzw. S. Heißler/P. Blastenbrei, 1990, S. 24.

13 Cf. S. Dettlaff, 1989, S. 336; F.G. Emmison, 1973, I, S. 17; J. Addy, 1989, S. 130; J.A. Sharpe, 1983, S. 59; S.D. Asmussen, 1988, S. 116; L. Gowing, 1993, S. 6, 9. Auch wenn die Frau die sexuelle Initiative ergriff, schlief meist der Mann mit ihr und nicht beide miteinander. So sagte z.B. im Jahre 1527 ein Franz Riem in Augsburg vor Gericht aus, die betreffende Frau habe ihn »gehalst, vnd nochmalln den nestel am laz wellen auffthun, als er solhs vermerckt, hette Er seins willens mit Jr gehenndelt«. Cf. auch G. Ruggiero, 1985, S. 48. Wenn freilich L. Roper (1994, S. 60) dazu anmerkt, trotz der Initiative der Frau sei der Koitus »stubbornly constructed as a male activity«, so mag es sich doch so verhalten haben, daß die Frau zwar den Mann zum Koitus *aufgefordert* hatte, sich aber dann trotzdem vorwiegend von ihm beschlafen *ließ*. Auch wenn eine Frau nicht in dieser Weise aktiv wurde, galt ihre Duldung gewisser sexueller Handlungen des Mannes als eine aktive Zustimmung, die eine Frau nicht selten zu weiterem verpflichtete. So versuchte im Jahre 1650 in Basel ein Mann eine gewisse Anna Schwingdenhammer zur Heirat zu zwingen, indem er vor Gericht aussagte, er habe zwar »die Unzucht« mit ihr »nicht vollbracht«, sie jedoch »aller Orten betastet und sie habe sich gar willig darein geschickt«. Demgegenüber behauptete die junge Frau, er habe ihr zuvor »die Hände gebunden«, damit er sie in Ruhe befühlen konnte, was einen solchen Widerwillen in ihr hervorgerufen habe, daß sie ihn nicht einmal mehr ansehen könne. Cf. S. Burghartz, 1999, S. 337f. Daß die Vorstellung von der einen Mann beschlafenden Frau nicht völlig abwegig war, ergibt sich aus frühneuzeitlichen Texten, in denen von Frauen »occupying men« die Rede ist (cf. E.A. Foyster, 1999, S. 73). Und im Bernerland sagte man mitunter im 17. Jahrhundert, daß eine Frau und ein Mann »ain andern geschwängert« hätten. Cf. H.R. Schmidt, 1995, S. 214. Bereits im Mittelalter konnten beide *miteinander* »vnkewschen« oder »den schimpff miteinander treyben«. Cf. Bosselmann-Cyran, a.a.O., S. 156.

14 Cf. M. Kasriel, 1989, S. 134.

15 Cf. L. Roper, 1991a, S. 194, bzw. H.W. Roodenburg, 1985, S. 531.

16 Cf. M.-T. Leuker/H.W. Roodenburg, 1988, S. 71; P. Dibie, 1989, S. 146, bzw. Bastl, a.a.O., S. 377. Cf. auch H.R. Lemay, 1981, S. 169; G. Jerouschek, 1990, S. 311; E. Koch, 1991, S. 36; J.A. Brundage, 1989, S. 88. Besonders dann, wenn eine Ehe in die Jahre gekommen war, scheinen solche indirekten Auffor-

derungen häufig nichts mehr genützt zu haben. Nachdem z.B. noch im Jahre 1665 die sechsundzwanzigjährige Wiener Gräfin Johanna Theresia anläßlich der Spanienreise ihres drei Jahre älteren Mannes Gott gebeten hatte, »er laß im die spanischen frihtel nidt gar zu woll gefallen«, scheint seine Lust zumindest ihr gegenüber in der Folgezeit etwas ermattet zu sein, denn die Gräfin verlautete zwölf Jahre später: »Ich kenn woll an ihmb, daz er nit von den begirigen ist, dan ich offt vill monet bosiren mueß anä dieser kligselchkeit« (S.C. Pils, 1997, S. 412f.).

17 Cf. O. Ranum, 1986, S. 227. Auch auf einer um 1860 entstandenen Studie Ingres' für »Das Türkische Bad« besitzt eine nackte Haremsdame drei Arme. Offenbar hatte Ingres ausprobiert, welche Haltung der rechte Arm der Odaliske einnehmen sollte. Cf. W. Weber, 1983, S. 65.

18 C. Kappl, 1984, S. 144, bzw. M. Mourão, 1999, S. 585. Eine Frau oder ein Mädchen, die sich während der Penetration nicht bewegten oder sich nicht sträubten, stimmten dieser prinzipiell zu. Cf. E.S. Cohen, 1991, S. 184.

19 So z.B. M. van Tilburg, 1984, S. 132.

20 Cf. B. Jarrett, 1968, S. 81.

21 Cf. P. Diepgen, 1963, S. 110; I. Maclean, 1980, S. 43. Noch heute ist in Palästina der Glaube verbreitet, ein Mädchen werde mit dem Gesicht nach oben geboren, während ein Bub aus Scham mit dem Gesicht nach unten liege, weil er ein anderes Geschlecht als seine Mutter hat. Cf. R.T. Antoun, 1968, S. 674. Die Vorstellung von einer geschlechtsspezifischen Körperlage des Kindes bei der Geburt hatten bereits die Talmudisten, doch erklärten die Juden die unterschiedliche Lage so, daß die beiden Geschlechter bereits beim Eintritt ins Leben die späteren Koitusstellungen einnähmen. Cf. H. Fasbender, 1906, S. 6.

22 C. Agrippa v. Nettesheim, 1736, § XII, S. 73f. Zudem erkenne man die größere Schamhaftigkeit der Frau daran, daß sie beim Urinieren ihre Genitalien nicht mit der Hand berühre. Cf. N.Z. Davis, 1987, S. 138.

23 V. Jones, 1990, S. 81f., bzw. K.G. Schelle, 1797, S. XXIf.

24 Etwa bei den östlichen Rengma Naga (cf. J.P. Mills, 1937, S. 25) oder bei den Gilbert-Insulanerinnen, von denen es heißt, daß Mädchen und Frauen, deren Schamhaar kaum sprieße, jede Entblößung vermieden. Es soll unter ihnen sogar Frauen gegeben haben, die sich aus Scham weigerten, in Anwesenheit anderer Personen zu entbinden, weshalb sie gestorben seien. Cf. A.F. Grimble, 1989, S. 47. Bei den Yir-Yoront mußten die

Mädchen einen Schurz tragen, bis ihnen das Schamhaar so reichlich gewachsen war, daß man die Schamspalte nicht mehr sehen konnte. Von da an durften sie nackt gehen. Cf. L. Sharp, 1934, S. 430. Als das berühmte Pariser Photomodell Kiki von Montparnasse sich im Jahre 1922 in Anwesenheit Man Rays zum ersten Mal hinter einem Wandschirm auszog, hielt sie beim Hervortreten eine Hand vor ihren Genitalbereich, lächelte verlegen und sagte, sie schäme sich, weil sie keine Schamhaare habe. Ray entgegnete, dies sei ausgezeichnet, denn dann würde die Zensur keine Schwierigkeiten machen. Kiki war ansonsten nicht sehr schamhaft – schon als junges Mädchen zeigte sie für drei Francs ihre nackten Brüste, und sie trug auch unter den dünnsten Kleidchen keinen Büstenhalter. Daß man indessen ihre Schamlippen so deutlich sehen konnte, war ihr zunächst sehr peinlich, und sie bemalte ihren Genitalbereich mit Kohle, bevor sie einem Maler Modell saß. Um das Jahr 1924 hatte sie schließlich diese Scham überwunden, tanzte ohne Unterhosen in dem Künstler-Nachtklub *The Jockey* und gestattete Männern wie dem Maler Fujita Tsuguhara, ihre Genitalien aus der Nähe zu studieren. Cf. B. Klüver/J. Martin, 1989, S. 96, 108, 126, 227; G. Brassaï, 1976, S. 136; G.S. Freyermuth/R. Fabian, 1984, S. 293. Als Gipfel der Schamlosigkeit galt damals der von Marcel Duchamp und Man Ray gedrehte Kurzfilm *Elsa, Baroness v. Freytag-Loringhoven, Shaves Her Pubic Hair*, in dem die skandalumwitterte deutsche Baronin vor der Kamera ihr Schamhaar abrasiert und die nackte Vulva präsentiert. Cf. S. Watson, 1991, S. 265, 379. In der Türkei epilieren die Frauen ihr Schamhaar nicht nur, weil es als »tierisch«, unrein und als unangenehm riechend gilt, sondern weil ihre Männer dann die Vulva besser sehen können. Cf. M. Matter, 1992, S. 117f.; H.P. Duerr, 1990, S. 101f., 234. Aus diesem Grunde epilierte man früher den kabylischen Bräuten das Schamhaar vor der Hochzeitsnacht. Cf. I. Young, 1974, S. 299. Wie attische Vasenbilder nahelegen, epilierten (παρατλμός) im klassischen Athen die Frauen lediglich den *mons veneris* (cf. M. Kilmer, 1982, S. 104ff.), doch könnte es sein, daß Prostituierte sämtliches Schamhaar entfernten, worauf ihre Bezeichnung als χοιροπῶλαι, „Ferkelhändlerinnen«, und die ihrer Kunden als χοιρόθλιψ, »Ferkeldrücker«, hindeutet. Die unbehaarte Vulva wurde nämlich χοῖρος, »Ferkel«, lat. *porcellus*, genannt, vermutlich weil sie die Griechen an die rosa Schnauze eines Schweinchens erinnerte. Cf. J. Henderson, 1975, S. 131f.; H.P. Duerr, 1984, S. 206f. Jedenfalls scheint eine nackte Vulva die ionischen Griechen besonders erregt zu haben, wie aus dem Rat Lysistratas hervorgeht: »Wir sitzen hübsch geputzt daheim, wir gehn/Im Florkleid von Amorgos, halbentblößt/Mit glattgerupftem Schoß vorbei an ihnen,/Die Männer werden brünstig, möchten gern,/Wir aber kommen nicht – rund abgeschlagen!« (Aristophanes: *Lysistrata* 150ff.). Bekannt ist, daß es viele Kunden im alten Rom liebten, Huren bei der Epilation des Schamhaares zuzusehen. Cf. B.E. Stumpp, 1998, S. 106f. Allerdings scheinen sich auch nicht alle öffentlichen Huren völlig epiliert zu haben, denn Nikarchos warnte davor, bei ihnen den Cunnilingus durchzuführen, »weil das Ferkel (χοῖρος) einen Dorn (ἄκανθαν) [= Schamhaar] hat«, den man leicht in den Mund bekomme. Cf. A. Richlin, 1983, S. 49. Möglicherweise entfernten auch in der frühen Neuzeit Prostituierte ihr Schamhaar, was pornographische Stiche und Radierungen der Zeit nahelegen (cf. z.B. K.-L. Leonhardt, 1992, S. 41), ähnlich wie es die öffentlichen Huren in Japan seit Jahrhunderten tun, wo die Kunden sich besonders für diese Details der weiblichen Anatomie interessieren. Cf. C. Ariga, 1992, S. 575. Ein sehr teures Vergnügen in den japanischen Bordellen ist das »Mösenhaarrasur-Spiel« (*mangesori gēmu*), bei dem der Kunde der Hure das Schamhaar abrasiert. In den Schwulenklubs wird eine entsprechende »Penishaarrasur« (*chingesori*) durchgeführt. Privatclubs organisieren bunte Abende, an denen sich die weiblichen und die männlichen Mitglieder auf einem Podium vor applaudierendem Publikum mit gespreizten Beinen rasieren lassen. Cf. P. Constantine, 1994, S. 116.

25 Zwar wurde den mutmaßlichen Hexen das Schamhaar bei der Suche nach dem *stigma diabolicum* meist von Frauen geschoren, aber gelegentlich übernahm auch der Scharfrichter diese Aufgabe, was freilich meist als schamlos und demütigend empfunden wurde. Nachdem beispielsweise im Jahre 1627 die »Hausfrau Catharina« des Miltenberger Zöllners Mohr ins Drudenhaus eingeliefert worden war, schrieb ihr Mann ihr empört und besorgt in den Kerker: »Mich verwundert sehr und schmerzet mich im Herz, daß ihr euch durch [den] Henker nakt ausziehen und wider die Natur scheeren und schänden lasset.« Der Gedanke an eine solche Erniedrigung ließ ihn nicht mehr los, und er schrieb in einem späteren Brief: »Herzliebe Frau, daß euch der Henker nit mehr scheere!« (H. Gebhard, 1989, S. 176) Im Jahre 1650 lehnten die Kapuziner in Rottenburg eine solche Rasur der Hexereiverdächtigten gene-

rell als Schamlosigkeit ab. Cf. H.-J. Wolf, 1995, S. 702. Bereits im Jahre 1591 war eine solche Erniedrigung inhaftierter Frauen von der hl. Inquisition in Rom verboten worden. Cf. J. Tedeschi, 1991, S. 240. Sie wurde freilich gelegentlich auch bei anderen inhaftierten Frauen durchgeführt. So erging im Jahre 1676 in Paris die Anordnung, der mutmaßlichen Giftmörderin Brinvilliers »das Haar an ihrem gantzen Leibe abscheren zu lassen« (E. Buchner, 1912, I, S. 99). Im Jahre 1617 wurde ein Paar vor Gericht zitiert, weil es eine gewisse Anne Edwards aus Chester mit den Worten beleidigt hatte, sie sei eine »shaven ars't and shaven tail'd whore« (J. Addy, 1989, S. 115). Ob dies eine Anspielung darauf war, daß Huren sich für die Kunden epilierten oder daß sie im Kerker zwangsgeschoren wurden, ist nicht bekannt. Jedenfalls bestraften manche Männer ihre untreuen Frauen auf diese Weise. So stand 1704 ein John Watkinson vor Gericht, weil er die »privity« seiner Frau zweimal geschoren und ihr unter anderem eine weiße Kerze in die Vagina geschoben hatte. Cf. Addy, a.a.O., S. 134. Nachdem in der ersten Hälfte des 19. Jahrhunderts die Liebhaber der Pianistin Camille Pleyel erfahren hatten, daß sie es mit jedem von ihnen trieb, taten sich die Betrogenen zusammen und »beraubten« sie ihres Schamhaares (cf. H. Schwedes, 1993, S. 151), was in Anaïs Nins *Delta der Venus* auch ein baskischer Maler bei seinem Aktmodell tut. Cf. auch B. Potthast-Jutkeit, 1994, S. 190. Wenn laut Jesaja 7 der Herr »an jenem Tage« kommen wird, um den Jüdinnen aus Rache das »Schamhaar abzuscheren«, so schien für viele von ihnen jener Tag nach der Einlieferung ins Konzentrationslager gekommen zu sein. Kaum eine Erniedrigung wurde von den Überlebenden weniger vergessen als diese (cf. V. Laska, 1983, S. 27), keine als so »extrêmement choquante« empfunden (V. Posner, 1980, S. 32f.) wie die Prozedur, bei der die Frauen und Mädchen vor nicht selten lüstern glotzenden und obszöne Witze reißenden SS-Männern die Beine spreizen mußten, damit ihnen das Schamhaar geschoren werden konnte. Dies geschah häufig mit stumpfen Scheren und so grob, daß viele der Frauen im Genitalbereich verletzt wurden. Mit besonderem Interesse wurden junge hübsche Mädchen der Prozedur unterworfen, und eine Frau erinnerte sich, daß in Ravensbrück einmal ein altes Mütterchen, das an die Reihe kam, mit einem Fußtritt weiterbefördert wurde, wobei der »Leiter« sagte: »Was ist mit dir, du alte Ruine? An dir kann man sich nicht begeilen, es kommt einen das Grausen an!« (A. Bruha, 1984, S. 90).

»Arische« Häftlinge in Mauthausen wurden nach dem Scheren häufig vergewaltigt. Cf. J.E. Drexel, 1978, S. 139, sowie G. Hersh/P. Mann, 1980, S. 126f.; E. Kogon, 1974, S. 76; I. Strzelecka, 1994, S. 399f.; G. Salus, 1981, S. 19f.; G. Zörner, 1971, S. 105; N. Herbermann, 1947, S. 66; W.W. Mishell, 1988, S. 289; F. Fénelon, 1980, S. 23f.; L. Schmidt-Fels, 1981, S. 42f.; Z. Ryn, 1987, S. 93; G. Perl, 1979, S. 44; L. Adelsberger, 2001, S. 68. Daß man den Gefangenen das Schamhaar, das vor allem als Matratzenfüllung verwendet wurde (cf. D. Fürstenberg, 1986, S. 18), nicht in erster Linie aus hygienischen Gründen abschnitt, erkennt man daran, daß im allgemeinen nur Juden, Homosexuelle, Lesbierinnen und solche »Arierinnen« geschoren wurden, die wegen »Rassenschande« mit Juden und Zwangsarbeitern ins Lager eingewiesen worden waren. Cf. R. Plant, 1991, S. 44; H. Heger, 1972, S. 35. Bei Mitgliedern der Wehrmacht stießen solche Entwürdigungen allerdings nicht selten auf Unverständnis und Empörung. Nachdem z.B. im Frühling 1942 SS-Leute Minsker Jüdinnen und Juden auf eine Waldwiese getrieben hatten, sie dort zwangen, sich auszuziehen, und anschließend versuchten, ihnen das Schamhaar abzusengen, drohte Generalfeldmarschall v. Kluge dem Führer, ihm »seinen Marschallstab zurückzusenden«, falls sich derartiges wiederholen sollte. Cf. H.-H. Wilhelm, 1991, S. 153. Nach dem Krieg wurden solche Demütigungen vielen deutschen Frauen zugefügt, und Kriegsgefangene berichteten, die »Totalrasur« der in die Sowjetunion verschleppten Frauen, die oft von männlichen Strafgefangenen durchgeführt wurde, sei von jenen »als besonders entwürdigend« empfunden worden. Cf. K.-H. Frieser, 1981, S. 47. Jutta Thiele, die 1945 als junges Mädchen ins polnische KZ Potulitz kam, erinnerte sich: »Uns wurden die Zöpfe abgeschnitten, der Kopf kahlgeschoren und der ganze Körper von Haaren befreit. Wir saßen breitbeinig auf einem Schemel. Wir lagen auf einem Tisch und mußten die Beine anheben. Die hatten nur stumpfe Messer. Die [gefangenen deutschen] Soldaten haben gesagt: ›Bei euch jungen machen wir das ja noch ganz gern, aber bei den alten Frauen...‹ Besonders bei den Alten hat es geblutet. Wir saßen splitternackt im Umkleideraum der Duschanstalt, und der Herr Naczelnik [= der Lagerleiter] und die Milizionäre haben zugeschaut.« Jeden Monat wurde die Prozedur wiederholt (H. Hirsch, 1998, S. 100). Bis in die jüngste Vergangenheit wurden junge Mädchen und Frauen aus Indien und Pakistan von männlichen Bediensteten der britischen Einwanderungsbehörde regelmäßig »medizinisch untersucht«, und zwar vorwiegend an den Brüsten und im Genitalbereich, wobei ihnen unter anderem das Schamhaar geschoren wurde, was sie für eine unüberbietbare Entehrung hielten. Cf. A. Wilson, 1978, S. 74 ff. Allerdings stumpften zumindest in den Konzentrationslagern viele Frauen mit der Zeit ab, so daß ihnen eine solche Behandlung nicht mehr so viel ausmachte. Cf. G. Pfingsten/C. Füllberg-Stolberg, 1998, S. 926.

26 Leuker/Roodenburg, a.a.O., S. 66. Cf. auch B. Bastl, 1990, S. 379. Etwas vorsichtiger war der hl. Chrysostomos, der meinte, lesbische Beziehungen zwischen Frauen seien noch schändlicher als gleichgeschlechtliche zwischen Männer, »weil Frauen mehr Anstand besitzen *sollten* als Männer« (J.C. Brown, 1988, S. 11). Denn wie im Jahre 1582 Thomas Bentley schrieb: »A daughter that is bold dishonoureth both hir father, and hir husband« (P. Crawford, 1985, S. 216). Auf der anderen Seite verlautete im 15. Jahrhundert *Dives et Pauper*, schändliche Handlungen wie der Ehebruch eines Mannes seien schlimmer als der einer Frau, weil Männer über eine stabilere Selbstkontrolle verfügten als Frauen. Cf. R.M. Karras, 1996, S. 129f. Eine solche Vorstellung gab es auch in anderen Gesellschaften. So wurde auf den Salomonen ein Mann, der seine Frau betrogen hatte, sehr viel härter bestraft als eine ehebrecherische Frau, manchmal mit dem Tode, und in einigen Familien wurden sogar die kleinen Kinder dazu ermuntert, die Männer zu bespitzeln und gegebenenfalls zu verpfeifen. Ehebrecherische Frauen wurden nicht einmal verstoßen, sondern lediglich geschlagen. Cf. H.I. Hogbin, 1939, S. 53, 98.

27 Zit. n. B. Harrisson, 1979, S. 503. Der Stich, auf dem de Bondts schamhaftes Orang Utan-Weibchen zu sehen ist, wurde im 17. Jahrhundert sehr häufig abgebildet. Cf. F. Spencer, 1995, Abb. 1.1; J.N. Pieterse, 1995, Abb. 27.1.

28 Cf. A. Rauber, 1888, S. 29f., 42.

29 Der im Alter von etwa 24 Jahren aufgefundene »Wilde von Kronstadt« gab, sobald er ein »Frauenzimmer« sah, »Lustschreie« von sich »und versuchte seine rege gewordene Begierde durch Geberden auszudrücken« (Rauber, a.a.O., S. 51). Nachdem der Arzt Jean Itard im Jahre 1801 den »Wilden von Aveyron« von der Erzieherin Mme Guérin »in der Lendengegend kitzeln« ließ, bekam der Wilde eine Erektion. In der Pubertät wurde er häufig sexuell erregt. Einmal verfolgte er eine Dame in einen Alkoven, wo er sie an sich drückte. Wie Itard berichtet, verzichtete er darauf, dem

Wilden zu zeigen, wie er sich selbst befriedigen könne, weil er
befürchtete, daß der Junge dies dann vor aller Augen getan
hätte. Andere Jungen wie »der wilde Peter von Hameln« oder
»der Lütticher Hans« reagierten anscheinend beim Anblick
von Frauen nicht sexuell. Cf. J. Itard, 1972, S. 130, 211 f., 214;
L. Malson, 1972, S. 47.

30 Cf. H.-W. Goetz, 1991, S. 32, bzw. Castiglione, a.a.O., S. 283.
31 Cf. L. Roper, 1994, S. 68. In Tirol nannte man früher ein
Mädchen, das leicht zu haben war, »eine Knieweite«. Cf. H.
Bausinger, 1991, S. 88. Immer wieder wurden im Mittelalter
die jungen Mädchen ermahnt, alles Offene »geschlossen« zu
halten. Cf. M.-C. Pouchelle, 1986, S. 36.
32 Bei den Ngoni preßten die Frauen bei ihren Töchtern bereits
im Säuglingsalter immer wieder die Beine zusammen und sagten zu ihnen: »So macht man das, mein Kleines, das kleine
Mädchen muß Mamas Kuchen vor den gierigen Augen verstecken. Versteck das Vieh vor dem Wolf! Versteck Papas
Vieh!« Waren die Mädchen etwas älter, so konnte es geschehen, daß eine alte Frau ihnen ein brennendes Holzscheit zwischen die Beine stieß, wenn sie nicht korrekt dasaßen. Cf. L.
Longmore, 1959, S. 45 f. Die im Jahre 1754 von Indianern ent-
führte Susanna Johnson schilderte später, wie schockiert ihre
Entführer von der »indelicate and unpolite« Weise waren, in
der sie zu sitzen oder zu hocken pflegte. Cf. G. Castro, 1988,
S. 18 f. Ähnliches erlebte eine Ethnologin bei den Tarahumara.
Cf. I. Kummels, 1993, S. 245. Im alten Japan, z.B. in der
Tokugawa-Zeit, mußten die Frauen mit eingekehrten Knien
und Füßen schlurfenden und trippelnden Schrittes gehen – die
Füße nach außen zu richten galt »für maßlos scham- und sit-
tenlos« (A. Kretz, 1929, S. 178; D.A. Vavich, 1967, S. 405). Das
Binden der Füße führte bei den Chinesinnen zu einer langsa-
men und »watschelnden Gangart« (E.F. Podach, 1951, S. 164).
Die Herero erzielten den gleichen Effekt, indem sie ihren
Frauen jeweils bis zu zehn Pfund schwere Eisenringe um die
Beine schmiedeten (cf. J. Irle, 1906, S. 56) – bei den
Hauptfrauen der Dan waren die Ringe bis zu 26 Pfund schwer
(cf. Himmelheber, a.a.O., S. 15 f.) –, und die Frauen der Bora
oder Meamuyna am Rio Putumayo, indem sie um ihre Waden
und Knöchel enge Bänder legten. Cf. A.J. Seminario, 1924,
S. 88. Die gotischen Damen durften beim Gehen nicht die
Schuhe zeigen, was sie zu zierlichen kleinen Schritten veran-
laßte. In Deutschland nannte man dieses Trippeln »nach der
Franzosynnen sit« gehen. Cf. L. Ritgen, 1962, S. 9.

33 Ikonographisch bedeutet die junge gestikulierende Frau die
laszive Frau. Im 1461 in Venedig erschienenen *Decor puella-rum* heißt es, die ehrbare Jungfrau lasse beim Gehen und
Stehen stets die rechte Hand auf der linken ruhen, und zwar
vor dem Gürtel. Cf. M. Baxandall, 1972, S. 68f.

34 Untersuchungen haben gezeigt, daß Frauen in Anwesenheit
von Männern, die sie als attraktiv empfinden, häufiger und
intensiver lachen als bei anderen Personen. Entsprechend
interpretieren Männer eine Frau, die oft lacht, als sexuell ver-
fügbar. Cf. K. Grammer, 1995, S. 356. Im spätmittelalterlichen
Eberbach am Neckar hieß eine bekannte öffentliche Hure »das
lachende Irmelin«, und in Konstanz wurden die gemeinen
Frauen *schmollerein*, »Lächlerin«, genannt. Cf. H. Fischer,
1966, S. 386, bzw. H. Schwarzmaier, 1986, S. 137. »Mit jemandem lachen« hieß bei den Babyloniern »mit jemandem schlafen«. Cf. J. Bottéro, 2001, S. 97. Sowohl die Lakota als auch die
Fidschi-Insulaner sagten, daß eine Frau, die laut und mit hoher
Stimme lache, »leicht flachzulegen« sei. Cf. R.J. DeMallie,
1983, S. 239, bzw. C. Toren, 1994, S. 21; ders., 1999, S. 132. Bei
den Massim auf den D'Entrecasteaux-Inseln mußte eine junge
Frau sich davor hüten, während der Probeehe zu häufig zu
lachen, weil sonst ihr künftiger Mann und dessen Verwandte
argwöhnten, sie könne nicht treu bleiben. Cf. M.W. Young,
1971, S. 51. Cf. auch J. Overing, 1987, S. 189f. (Piaroa); E.A.
Alport, 1954, S. 42 (Mozabiten). Bei den Urazgami, einem
Stamm der Hazara in Afghanistan, hatte ein Mann das Recht,
seine Frau oder Tochter zu töten, wenn sie einen fremden
Mann anlachten. Cf. A.E. Hudson/E. Bacon, 1941, S. 252.
Man denke an den unüblich gewordenen Ausdruck »sich einen
Mann anlachen«. Cf. auch E.E. Bacon, 1958, S. 11. Wenn bei
den Balahi in Zentralindien eine Frau, die von einem Mann
angelächelt wurde, zurücklächelte, galt dies als Ehebruch. Cf.
S. Fuchs, 1937, S. 903. Für ein Mädchen oder eine Frau der
Hopi galt es als äußerst unschicklich, zu lachen, ohne dabei
den Mund mit der Hand zu bedecken (cf. H.C. James, 1956,
S. 42), und die Akha in den Bergen des nördlichen Berglandes
sagten: »Vor etwas Peinliches stelle eine Wand; vor einen
lachenden Mund halte eine Hand!« (F.V. Grunfeld, 1982,
S. 52). Michael Oppitz schreibt mir in einem Brief vom 20.
Februar 1986, daß die jungen Mädchen der Magar im
Himalaya stets anfingen zu lachen und dabei den Mund
bedeckten, wenn er sie direkt ansah. Nach einer chinesischen
Linguistin dürfen die Frauen in ihrem Lande »nicht fluchen

und nicht laut lachen. Sie sollen nämlich ihre Zähne nicht zeigen. Wir haben ein Sprichwort, das lautet: *hsiao pu luchi, tsou pu luchiau*, d.h. soviel wie ›beim Lachen nicht die Zähne zeigen, beim Gehen nicht die Füße‹« (S. Günthner, 1991, S. 203 f.). Bereits im vorchristlichen *Su-Nu-ching* heißt es, man erkenne eine Jungfrau daran, daß sie beim Lachen nicht die Zähne zeige und beim Sichsetzen nicht die Knie öffne. Cf. E. Chou, 1974, S. 11. Ähnlich verlautete das im Jahre 1318 in Florenz erschienene *Reggimento e costume di donna*, eine Jungfrau dürfe in der Öffentlichkeit weder die Zähne zeigen noch ihren Mund berühren (cf. S. Lazard, 1993, S. 17), und in England wurde um 1430 den jungen Mädchen eingebleut, nie den Mund zu weit zu öffnen: »Laughe thou not to loude, ne yane [= gähne] thou not to wide« (C.G. Coulton, 1918, S. 447). Nach einem Joannes Nesteutes zugeschriebenen byzantinischen Bußkanon konnte eine Frau für mehrere Tage exkommuniziert werden, wenn sie in der Öffentlichkeit lachte. Cf. H.-G. Beck, 1986, S. 60.

35 Zit. n. C. Andersson, 1978, S. 54 f. »Von dirre vnzimlicher geberde«, so heißt es im *buoch der tugenden* vom Jahre 1381, »so sprichet alsus Ysaias der prophete: ›wan dú tochtren von Syon sich selben hant erhaben in irem hertzen, vnd gewandelet hant mit einem vsgestreketen halse, vnd ovch gegangen hant mit winkenden ovgen, vnd mit hochuertigen tritten, dar vmb so wil si got kal machen an der stirnen.‹ Wan von einem solichen vngeberdigen menschen so sprichet der kúnig Salomon: ›der abtrúnnig mensche der winket mit dien ovgen, vnd ribet die erde mit dien fuessen, vnd redet mit dem vinger!‹« (K. Berg/M. Kasper, 1984, S. 444). Um 1247 kritisierte Vinzenz von Beauvais (XLVI, 52 ff.; XLIX, 29) die Frauen, die wie die Huren ihren Blick schweifen ließen (cf. auch F. Zarncke, 1852, S. 135), und der Zimmerische Chronist berichtet von einem frechen Kerl namens Hanns von Weitlingen, der die »jungen medlin« auf der Gasse dazu brachte, aufzuschauen, indem er »überlaut« rief: »Bub, lass die mus [= Maus] ligen!« (Barack, III, S. 93). Cf. auch H. Wenzel, 1988, S. 109 f.; ders. 1997, S. 265; L. Martines, 1998, S. 272; N.F. Palmer, 1993, S. 79.

36 E.G. v. Herder, 1859, S. 28. Cf. auch M.W. Labarge, 1965, S. 43. Dagegen rät in Henric van Veldekens *Eneide* Anna ihrer Schwester Dido, dem Eneas doch, statt sich eventuell durch Worte zu kompromittieren, einen züchtigen, aber dennoch freundlichen Blick zuzuwerfen: »Ir muget in wol mit eren/Vruntlichen an sehn (M.H. Jones, 1987, S. 38).

37 A.B. Weiner, 1988, S. 67. Bei den Woodaabe bemaß sich das Interesse einer Frau an einem fremden Mann daran, *wie sehr* sie den Blick vor ihm senkte. Cf. C. Beckwith, 1989, S. 205. Cf. auch G. Nachtigal, 1889, III, S. 253; J. Wilbert, 1959, S. 45 (Wadāwa bzw. Yabarana); Y. Haddad, 1980, S. 151 (Palästinenser); G. Costa, 1954, S. 1066 (Garo). In manchen Gesellschaften war es *den Männern* untersagt, jüngere Frauen direkt anzuschauen. Wenn bei den Ghilzai-Paschtunen ein Mann sich in der Nähe einer potentiellen Heiratspartnerin aufhielt oder an ihr vorüberging, mußte er seinen Blick von ihr abwenden. Selbst ein flüchtiger Augenkontakt mit ihr konnte der Anlaß blutiger Fehden sein. Cf. J.W. Anderson, 1982, S. 402, 413. Cf. auch J. Khatib-Chahidi, 1981, S. 114f. (iranische Shiiten). In Thailand wies man die künftigen *bhikkus* an, die Augen zu senken, wenn sie einer Frau begegneten. Cf. S.J. Tambiah, 1984, S. 351. In vielen ländlichen Gegenden Nordindiens durfte ein Mann sogar im eigenen Haushalt eine Frau nur ganz kurz anschauen. »He just glances briefly«, meinte eine Frau voller Stolz über ihren Mann, »and then looks away. That is very noble behaviour.« Wenn Frauen mit Männern redeten, taten sie dies meist mit gesenktem Kopf und der Hand vor dem Mund. Cf. P. Jeffery, 1979, S. 103f. Bei den Sambia durfte ein unverheirateter Mann fremden Frauen und Buben, also potentiellen Sexualpartnern, nicht ins Gesicht schauen. Redete er mit ihnen, blickte er vor sich auf den Boden. Cf. Herdt/Stoller, a.a.O., S. 49, 111. Um das Jahr 1602 berichtete Fray Juan de Abreu Galindo über die Kanarier von La Palma: »Es war Sitte, daß ein Mann, der eine Frau auf einem Weg oder einsamen Platz traf, sie nicht ansehen oder ansprechen durfte, wenn sie nicht selbst reden wollte oder etwas wünschte.« (H.-J. Ulbrich, 1997, S. 15). Cf. auch C. Laufer, 1949, S. 353 (Qunantuna); P. Fuchs, 1961, S. 71, 127 (Bäle des Ennedi & Tubu des Tibesti in der Sahara); J. Fried, 1969, S. 868f. (Tarahumara). Bei den Fellachen im ägyptischen Niltal durfte früher nur eine sehr alte Frau, der man keine sexuellen Regungen mehr zutrauen konnte, an einer Gruppe von Männern vorbeigehen, ohne den Blick abzuwenden. Cf. H. Ammar, 1970, S. 117.

38 Cf. J. Berger, 1974, S. 49ff.

39 Cf. J.-J. Rousseau, 1981, S. 387; ferner Y. Knibiehler/C. Fouquet, 1983, S. 104; I.V. Hull, 1988, S. 58f.

40 Dies galt nach der *Encyclopédie* für die Frauen in allen Gesellschaften, »même dans celles les moins civilisées« (J.M.

Goulemot, 1980, S. 104). Nachdem im Jahre 1789 die Korvetten einer spanischen Expedition um die Welt an der patagonischen Küste angelegt hatten, offerierte der Kommandant, Don Alejandro Malaspina, einer Indianerin Gemüse, das sie nur auf die Weise hätte wegtragen können, daß sie es in ihr Gewand einwickelte. Offenbar zögerte das Mädchen, sich zu entkleiden, und die Fremden warteten gespannt darauf, wie sie das Problem lösen würde. Schließlich »l'amour filiale eut le dessus, elle se décida à enlever le poncho (que recouvrait sa peau de guanaco) pour envelopper les aliments, mais elle le fit avec tant d'art et de modestie qu'elle ne se donna un nouvel éclat pas moins à elle-même qu'au sexe en général, chez qui cette qualité est charactéristique et se détache même chez les peuples les plus incultes« (C. Poupeney-Hart, 1988, S. 73). Cf. auch I. Hilger, 1957, S. 67f. Im Jahre 1802 legte Dr. Palpard, ein Arzt aus Montpellier, der Société des Observateurs de la Femme, eine Abhandlung vor, in der er nachzuweisen suchte, daß die Scham bei Frauen natürlicher und wesentlich beständiger sei als bei Männern. Cf. G.-J. Witkowski, 1903, S. 185.

41 R.E. Riegel, 1968, S. 441f., bzw. H. v. Druskowitz, 1988, S. 38f., 58, 72. Im Jahre 1903 meinte Rémy de Gourmont in seiner *Physique de l'amour*, die Frauen seien nicht nur schamhafter, sondern auch schöner als die Männer, weil ihre Genitalien kaum sichtbar seien und so, ungleich den abstehenden männlichen Geschlechtsteilen, nicht »die Einheit der Linie« zerstörten. Cf. A. Marwick, 1988, S. 43.

42 Zit. n. E. Meyer-Renschhausen, 1986, S. 117f. Im Jahre 1874 erwiderte die Frauenrechtlerin Hedwig Dohm auf die Argumentation eines Arztes, Frauen seien aufgrund ihrer größeren Schamhaftigkeit für ein Medizinstudium ungeeignet: »So gewiß als das weibliche Geschlecht von Natur sittsamer, schamhafter, keuscher ist als das männliche, so gewißer müssen wir ein absolutes Verdammungsurtheil aussprechen über das sittliche Unternehmen vieler Jahrhunderte, Frauen in Geschlechtskrankheiten von Männern behandeln zu lassen« (a.a.O., S. 111).

43 Cf. G. Devereux, 1981, S. 54; ders., 1987, S. 458.

44 Auch in China hieß es früher, daß die Elefanten aus Scham zur Ausübung des Koitus das Wasser aufsuchten. In einer Geschichte tötet ein Elefant seinen Wärter, weil dieser seine Frau betrogen hatte. Cf. Hutheesing, a.a.O., S. 100.

45 A.a.O., S. 102. So verhielt es sich in fast allen Gesellschaften. Auf Ifaluk, einem Atoll in den Zentralkarolinen, erhielt ein

Mädchen seinen Grasrock im Alter von etwa vier Jahren, während die Buben erst sehr viel später ihre Genitalien bedeckten, denn Mädchen »savvy shame« wesentlich früher als Buben. Cf. E.G. Burrows/M.E. Spiro, 1957, S. 284. Cf. auch A. Eilers, 1935, S. 47 (Songosor-Atoll, Westkarolinen). Im Gegensatz zu den Männern hatten die Frauen auf Yap eine dermaßen ausgeprägte Genitalscham, daß selbst den Krankenschwestern empfohlen wurde, bei medizinischen Untersuchungen wegzusehen. Als während des Zweiten Weltkrieges die Japaner gynäkologische Zwangsuntersuchungen durchführten, fühlten die Frauen sich völlig entehrt. Cf. D.M. Schneider, 1955, S. 230f. Während die Mädchen der Ingessana vor der Pubertät einen Schurz aus Lederstreifen (*rahat*) erhielten, blieben die Buben weiterhin unbekleidet. Cf. E. Cerulli, 1956, S. 27. Cf. auch L. Kohl-Larsen, 1958, S. 57f. (Hadza); P. Vidal, 1976, S. 106f. (Gbaya); P.H. Gulliver, 1965, S. 165 (Jie); T.O. Beidelman, 1980, S. 148, 155 (Kaguru & Baraguyu); C. VerEecke, 1993, S. 414 (Fulbe); P. Schumacher, 1949, II, S. 102f.; P. Elshout, 1963, S. 23 (Batwa); P. Schebesta, 1952, S. 171; ders., 1941, 2.1, S. 183ff., 195f.; C. Turnbull, 1963, S. 68, 270f. (Mbuti); L. Paul, 1974, S. 291f. (Quiché-Maya); R.D. Bruce: Brief vom 27. Juni 1986 (Lakandonen); D.H. Thomas et al., 1986, S. 269 (Westliche Shoshone); H. Baldus, 1931, S. 22 (Tschamakoko); ders., 1945, S. 115 (Tapirapé); R. Schefold, 1988, S. 128f. (Sakuddai); P.J. Bräunlein/A. Lauser, 1993, S. 293 (Mangyan); J. Massard, 1985, S. 108, berichtet, wie eine Malaiin ihr erzählte, ihr Enkel habe im Alter von wenigen Wochen drei Tage lang splitternackt in einem Brutkasten zubringen müssen. »Glücklicherweise«, fügte sie hinzu, »war es kein Mädchen, denn das wäre nicht gut gewesen.« Cf. auch T.M. Fraser, 1966, S. 75; M.G. Kenny, 1990, S. 135; H.T. Chabot, 1996, S. 181 (Makassaresen); M. Hermanns, 1959, S. 38; G. Ludwar, 1975, S. 98f. (Tibeter); P. Hershman, 1977, S. 272 (Punjābis); J. Cuisinier, 1946, S. 239 (Mu'ö'ng im nördlichen Vietnam); B. Pignède, 1966, S. 70, 214 (Gurung); A. v. Chamisso, 1975, II, S. 404 (Ratak-Insulaner); J.C. Goodale/A. Chowning, 1996, S. 166 (Kaulong & Sengseng); J.K. Campbell, 1964, S. 289 (Sarakatsani).

46 Cf. M. Banks, 1997, S. 228. Selbst die im 12. Jahrhundert lebende Akka Mahādēvi, die als »befreit« und deshalb als schamfrei galt, soll ihre Brüste und Genitalien mit ihrem langen Haar bedeckt haben, um niemanden zu schockieren. Cf. J.P. Schouten, 1995, S. 136, 140. Filmberichten, die im Januar 2001 im Deutschen Fernsehen ausgestrahlt wurden, läßt sich entnehmen, daß man-

che der weiblichen *sādhus* beim rituellen Bad im Ganges zwar die Brüste entblößten, doch bei den Umzügen durch die Städte im Gegensatz zu vielen Männern völlig bekleidet blieben. Bei den Vaiṣṇavas mußte eine Frau vor der Hochzeit geloben, sich ihrem Mann nie nackt zu zeigen, und eine Devadāsī sagte: »Wenn mich jemand nackt sieht, wird mich Lakṣmī verlassen« (F.A. Marglin, 1984, S. 309). Tryambakayajvan verlautete im 18. Jahrhundert, eine Frau solle vor dem Koitus lediglich die Bluse ausziehen, damit ihr Mann mit ihren Brüsten spielen könne. Cf. I.J. Leslie, 1989, S. 240f.

47 »As random mating is no part ot the female's optimal sexual strategy, it would be contrary to her interests to be sexually aroused by the sight of male sex organs. We expect her to be aroused by cues related to the male's likely ability to protect her and her offspring« (R.A. Posner, 1992, S. 93), oder mehr noch durch Auslöser, die der Frau signalisieren, daß der betreffende Mann bereit ist, in die Familie zu investieren. Cf. auch D. Symons, 1987, S. 102.

48 Zit. n. A. Dexel, 1909, S. 69.

49 Cf. H.A. Kelly, 1975, S. 221f. In einem spätmittelalterlichen Text heißt es, das wollüstige Begehren entstehe aus dem »sehen vnzimlich glider vnd stet des leibs« (F. Schmidt, 1898, S. 214). So schreibt Machiavelli (1966, S. 919), er habe einmal die wunderschöne nackte Brust einer schlafenden Frau gesehen. Zwar wisse er, daß es unanständig sei, so etwas zu schreiben, doch sei ein Vergnügen unvollkommen, wenn man es für sich behalte (»tacendo un gran piacer, non è piacer intero«).

50 Gengenbach beschreibt in seinem *Gouchmat*, wie die Passanten in die Fenster des Frauenhauses in der Basler Malzgasse schauen. Cf. A. Stewart, 1989, S. 73.

51 Cf. B. Hartl, 1985, S. 325, und K. Franke, 1974, S. 27f., bzw. J.D. Douglas et al., 1977, S. 144.

52 Cf. H.P. Duerr, 1993, S. 158ff. Im Babylonischen hieß allerdings das sexuelle Erregtwerden einer Frau »ihren Blick auf den Penis eines Mannes werfen« (Bottéro, a.a.O., S. 98).

53 Cf. I. Casler, 1964, S. 312, bzw. J. Shepher/J. Reisman, 1985, S. 106. In Frauenmagazinen wie *Cosmopolitan* und *Viva* werden von Jahr zu Jahr immer weniger nackte Männer abgebildet. Cf. G. Saunders, 1989, S. 119. Daß immer seltener männliche Genitalien zu sehen sind, begründete die Redaktion von *Cosmopolitan* damit, man hoffe, »daß die meisten unserer Leserinnen bereits informiert sind, wie so etwas aussieht« (*Spiegel* 30, 1991, S. 172).

1 Cf. A. Bömer, 1904, S. 338.

2 Cf. C. Frugoni, 1991, S. 389. Im Mittelalter wurden Verführung und Defloration häufig so dargestellt, daß der Mann
den Gürtel der Frau löst (cf. F. Garnier, II, 1989, S. 173), und
deshalb glaubt auch Kriemhild, daß Siegfried mit Brünhilde
geschlafen hat, denn er schenkt ihr ja den Gürtel, den er
der wehrhaften Frau abgenommen hatte. Cf. B.M. Faber,
1974, S. 171. Bei den Troubadouren war »Lösen des Gürtels«
ein Synonym für »Koitus« (cf. S. Rouillan-Castex, 1984,
S. 308ff.), ja, im Spätmittelalter hieß sogar der weibliche Genitalbereich selber »gûrtel«. Cf. R. Krohn, 1974, S. 197. Einer
untreuen Frau wurde der Gürtel genommen, und im spätmittelalterlichen Mainz durften die sich prostituierenden fahren-
den Frauen weder Schleier noch Gürtel tragen. Cf. G.L.
Maurer, 1870, S. 105. Löste ein Mann den Gürtel einer Frau,
so galt dies offenbar als Eheversprechen, denn als im Jahre
1673 eine Frau einen Mann wegen Nichteinhaltung desselben
verklagte, sagte sie aus, der Beklagte habe ihr auf der Kirch-
weih den Gürtel genommen, worauf sie ihm ins Haus gefolgt
sei und in die »begehrte copula« eingewilligt habe. Cf. R.
Beck, 1983, S. 133. Nach Henry de Bracton (a.a.O., S. 32)
bewahrte der Gürtel eine Frau vor der »Ausschweifung der
Lüsternheit«, und 1639 verlautete der Arzt Meibom: »Der
Gürtel bezeichnet die Zusammenziehung der Nieren, ihre
Unthätigkeit, folglich die Weisheit, welche die zur Wollust
aufreizenden Begierden zum Schweigen bringt.« Wozu 1792
ein Kommentator anmerkte: »Der Gürtel war zu allen Zeiten
Emblem der Jungfräulichkeit, verheirathete Frauen durften
ihn nicht mehr tragen. In unserer zucht- und sittenlosen Zeit
ist es freilich anders, da tragen selbst 40jährige Phrynen und
Matronen ein farbiges Band um ihren Leib – um die Taille
nicht einzubüßen« (J.H. Meibom, 1991, S. 49).

3 Cf. Martial III. 68; M.L. Deissmann, 1989, S. 558; W.H.
Parker, 1988, S. LXVI.

4 Cf. Porter/Hall, a.a.O., S. 76; A. Meyer-Knees, 1992, S. 52;
Barack, a.a.O., III, S. 249; Addy, a.a.O., S. 143f. Wenn Frauen
sich in jener Zeit unbekleidet von Männern anschauen ließen,
machten sie sich strafbar. So wurde z.B. im Jahre 1651 in St.
Gallen die öffentliche Hure Salome Kunckhelerin inhaftiert,
nachdem sie sich in trunkenem Zustand in einer Schenke vor
den anwesenden Männern entblößt hatte, um zu beweisen, daß

sie einem Glarner nicht den Geldbeutel gestohlen hatte. Cf. C. Moser-Nef, V, 1951, S. 459. Bereits einige Jahrzehnte zuvor war die als liederlich bekannte Sabine Werzin »gefänglich eingezogen« worden, weil sie gegen Bezahlung von einem »Apotegger« ihre Genitalien (»Bauch«) hatte betrachten lassen (a.a.O., S. 448). 1577 wurde eine Frau aus Bamberg aus der Stadt Speyer verwiesen, weil sie in einer Schenke »sieben schoppen weins gesoffen und sich mit entblössung jres leibs leichtfertiglich gehalten« (H. Neumann, 1997, S. 107). 1729 zog ein Ratzeburger Schäferknecht sein Eheversprechen zurück, weil seine Braut es zugelassen habe, daß »ein Soldat sie vor viele Leuthe nacket entblößet«. Er erklärte, »es wäre gar zu schändlich, daß sie sich so gantz nacket« habe »aufdecken lassen, und daß stoße ihme gar zu sehr vor den Kopf« (S. Göttsch, 1988, S. 53). Nachdem sich eine Anna Catherina Schultheißin aus Wildtal »einsmalen« auf einer Landstraße »in betrunkenheit von einigen studenten am unteren leib« hatte »entblößen lassen und vorn«, wurde sie »dahin condemniret, unter aufhabender strohcranz und zöpfen 24 täg den hurenkarren in der statt herumb« zu ziehen und Zwangsarbeit zu verrichten. Cf. G. Schindler, 1937, S. 275. Im Februar 1535 verbrannten in Amsterdam fünf Täuferinnen und sieben Täufer ihre Kleider und rannten nackt durch die Gassen. Ein Kommentator meinte damals, ein schamloseres Schauspiel sei nicht denkbar. Verhaftet erklärten sie, daß die Wahrheit nackt sei. Cf. S. Marshall, 1989, S. 126. Auch die Quäkerinnen und Quäker, die im darauffolgenden Jahrhundert häufig Gottesdienste unterbrachen und sich entkleideten, wollten die »nuda veritas« darstellen. Cf. R.T. Vann/C. Eversley, 1992, S. 65f. Dabei wurden Männer ebenso hart bestraft wie Frauen. Nachdem z.B. im Jahre 1532 in Basel »zu vassnacht ziten« eine größere Gruppe von Bürgersöhnen »halb nackendig von oben ab irs libs« auf der Gasse »hin und her« getanzt hatte, wurden sie ins Gefängnis geworfen und zu einer saftigen Geldstrafe verurteilt. Cf. H.G. Wackernagel, 1956, S. 275. Gleiches widerfuhr 1663 Sir Charles Sedley, der sich mit Freunden in einer Schenke in Covent Garden betrunken und anschließend der Kleider entledigt hatte. Cf. J. Trevelyan, 1973, S. 133.

5 L. Kotelmann, 1890, S. 140f. Auch der Löwener Theologe Molanus meinte, es sei schamlos, das Jesuskind völlig nackt darzustellen. Cf. A. Blunt, 1956, S. 118; S. Beissel, 1910, S. 129; G.M. Lechner, 1981, S. 223.

6 H.C. Agrippa v. Nettesheim, 1913, I, S. 276.

7 Zit. n. R.W. Scribner, Ms., S. 1f., bzw. P. Jezler/E. Jezler/C. Göttler, 1984, S. 88.

8 »Deshalb ward es von den Mönchen aus der Kirche weggenommen und nach dem Kapitel gebracht« (G. Vasari, 1843, III. 1, S. 121). Cf. ferner C. Ginzburg, 1983, S. 176.

9 Cf. D. v. Hadeln, 1906, Tf. I *et passim.* Anscheinend ergötzten sich an diesen erotischen Bildern nicht nur Frauen, sondern wohl mehr noch die »Sodomiten«, und vor allem in Italien und später auch in Frankreich wurde der hl. Sebastian zu einer Art Schutzheiligen der Homosexuellen gekürt. Cf. O. Rahm-Kölling, 1989, S. 40ff. Im Quattro- und Cinquecento gab es immer mehr Kunden, die einen Sebastian in Auftrag gaben, der jung und bis auf die Genitalien nackt sein mußte (cf. A. Sternweiler, 1993, S. 115ff.), während glühende Verehrer des Heiligen wie Perugino sogar auf die in seinem Körper steckenden Pfeile ihren Namen schrieben. Cf. H.-P. v. Aarburg, 1989, S. 273. In seinem autobiographischen Roman *Geständnis einer Maske* beschreibt der homosexuelle Schriftsteller Yukio Mishima, der im Jahre 1970 Harakiri beging, wie Guido Renis Darstellung der Tortur des nackten Sebastian, die er in einem Kunstbuch fand, ihn sexuell erregt habe (cf. A.L. Rowse, 1977, S. 336), während Gabriele D'Annunzio in seinem 1911 in Paris uraufgeführten *Martyrium des hl. Sebastian,* zu dem Debussy die Musik geschrieben hatte und in dem der Heilige von der Tänzerin Ida Rubinstein dargestellt worden war, dem von ihm geliebten Soldaten zurufen läßt: »Gleich wie im Kampf berauscht von Blut,/So seid berauscht! Nach meinem Leibe/ Ganz nahe zielt. Er ist die Scheibe./Auf tiefster Seele/Schreie ich nach Liebe, die mich quäle!« (v. Aarburg, a.a.O., S. 276f.).

10 Cf. L. Steinberg, 1990, S. 116f. Unter der Überschrift »De possati di femine et giouanetti« ermahnte Leonardo (1882, S. 382) die Maler, junge Männer und Frauen nie mit offenen oder gar gespreizten, sondern mit eng aneinanderstehenden Beinen darzustellen, denn alles andere sei schamlos: »Nelle femine et giouanetti nō debb'essere atti gambe sbarlate o'troppo aperte, perche dimostrano audaccia et altutto priuatione di uergogna; et le strette dimostrano timore di uergogna.«

11 Cf. G. Brandler, 1988, S. 86, bzw. I. Bloch, 1991, S. 224.

12 So berichtet Heinrich Spoerl, daß er als Bub auf Norderney beobachtete, wie die Herren »von einer ganz bestimmten Dünenspitze aus« mit »Teleskopen« auf die badenden Damen spähten. »Besagte Dünenspitze war täglich schwarz von heimlichen Männern mit Fernrohren. Sie hielt dem Andrang auf

Dauer nicht stand, wurde allmählich niedergetreten und nutzte sich zusehends ab« (zit. n. G. v. Hahn/H.-K. v. Schönfels, 1980, S. 197f.).

13 Zit. n. K.-S. Kramer, 1967, S. 85. Im Jahre 1674 verwarnte ein Gericht in Neuengland eine verheiratete Frau wegen »sitting by the pondside when her sons and other men were swimming and washing themselves and some of the men who were more modest than the rest were forced to creep up into the bushes and others put on their shirts in the water, letting them fall down by degrees as they came out« (Flaherty, a.a.O., S. 82).

14 Cf. K. Olsen, 1999, S. 47, bzw. P. Langford, 1989, S. 104; C. Pearl, 1968, S. 104, und D. Wildt, 1987, S. 26. Freilich wurde es deshalb als unschicklich empfunden, wenn eine Dame am Strand ein Opernglas bei sich trug. So klagte im Jahre 1870 George Meredith, in Eastbourne beobachteten »antique virgins spyglass in hand« und »a glistening on the right cheek and the left« die nackten Männer, wie sie aus den »bathing machines« ins Meer hüpften (R. Pearsall, 1976, S. 123). Um 1830 hieß es in England, daß »modesty was a woman's duty and so she had to bathe in clothes and turn her head away when men, who had no modesty to observe, appeared on the beach in the nude« (C. Saint-Laurent, 1986, S. 92).

15 E.G. Eder, 1995, S. 285f. Cf. auch S. Fuchs, 1994, S. 86. Im Jahre 1856 klagte der *Observer*, es sei eine unübersehbare Tatsache, daß in Ramsgate »ladies pay as much attention to the performances of the gentlemen« im Wasser als diese den Damen, obgleich die Herren nackt und die Damen *quasi* nackt seien, so daß, »as far as decency is concerned, they might as well be without any dress at all« (P. Cunnington/A. Mansfield, 1969, S. 263f.).

16 Zit n. R. Köhler/W. Richter, 1954, S. 170.

17 G. Raverat, 1991, S. 100.

18 Wirnt v. Gravenberc: *Wigalois* 5881f.; 5919ff. Cf. auch Johann v. Konstanz: *Minnelehre* 417ff. Zahlreiche weitere Beispiele bei R. Schnell, 1981, S. 247.

19 Cf. F. Bayard, 1992, S. 234ff., bzw. Saint-Laurent, a.a.O., S. 91f.

20 Cf. S. Price, 1993, S. 39f., bzw. I. Amadiume, 1987, S. 96.

21 Cf. F. Caspar, 1975, S. 108, bzw. Klaus Helfrich: Brief vom 31. Oktober 1986. Gleichermaßen wurden die Männer der Chol beim Betrachten der Vulva erregt.

22 Cf. W.W. Stein, 1961, S. 179, bzw. H. Trimborn, 1951, S. 132. Obwohl sie es für unanständig hielten, liebten es die Hopi-

Frauen, den rituellen Clowns auf die nackten Genitalien zu schauen. Cf. M. Titiev, 1944, S. 205.

23 Cf. G.N. Appell, 1993, S. 62 f.

24 »There is no equivalent«, so J.-D. Vincent (1990, S. 217), »in woman of man's efforts to get a glimpse of the female sexual organs.« Cf. auch B.H. Keßler/J. Schwickerath, 1980, S. 14. Nach einer britischen Untersuchung gaben 80 % der befragten Männer und 45 % der Frauen an, sie würden gerne »sexy pictures« anschauen. 6 % der Männer und 28 % der Frauen verlauteten, sie seien nicht daran interessiert, nackte Personen zu betrachten. 84 % der Männer und 44 % der Frauen gaben an, sie genössen es, Aktbilder anzusehen. Cf. G. Wilson, 1981, S. 361. In einer anderen Untersuchung gaben zwei Drittel der befragten Frauen an, sie fänden das Betrachten von Photos nackter Männer »arousing«. Cf. J. Elias/V. Elias, 1979, S. 479.

25 Cf. R. Lautmann/M. Schetsche, 1990, S. 98 f. Von den in einer weiteren Untersuchung befragten Pornofilmkonsumentinnen gaben nur 11 % an, sich die Filme »aus eigener Motivation heraus« anzuschauen. Allerdings sagten 78 % der Frauen, sie würden von den Filmen »stark bis sehr stark erregt« (C. Rückert, 2000, S. 128 f.).

26 *West* 3, 8. April 1991, bzw. Elisabeth B., 1983, S. 26. Besonders »widerlich« fanden es offenbar viele Besucherinnen, daß die Stripper sie dazu nötigten, ihnen den Slip mit den Zähnen herunterzuziehen, und daß jene sich Frauen aus dem Publikum griffen, sie auf den Rücken legten und zwischen ihren Schenkeln den Geschlechtsakt imitierten. Die Männerstrip-Veranstalterin Gaby Barton schrieb mir hierzu in einem Brief vom 21. August 1991: »Ich selber lege großen Wert darauf, Männer auf der Bühne zu haben, die sich kommunikativ verhalten können gegenüber den Frauen, sodaß dann auch eine ›erotische‹ Atmosphäre entstehen kann, auf Grund der Beziehung zwischen dem sich *für* die Frau präsentierenden Tänzer und den Zuschauenden.«

27 »Und hierin«, so folgerte O. Weininger (1921, S. 332), »liegt der letzte und entscheidendste Beweis dafür, daß die Frauen von der Liebe nicht die Schönheit wollen, sondern – etwas anderes.«

28 Insbesondere die Darstellung des erigierten Penis durch weibliche Künstler ist häufig vor allem von männlichen Kritikern abgelehnt worden, so z.B. in der Londoner Ausstellung ›Women's Images of Men‹ im Jahre 1980 (cf. N. Schor, 1987,

S. 113). Nachdem ihre Bilder, auf denen Frauen nackte Männer bis zur Erektion stimulieren, von *Playboy*, *Camera Arts*, *Artforum*, *Art in America* sowie *ARTnews* abgelehnt worden waren, äußerte sich die New Yorker Photographin Mellon vorwurfsvoll: »There simply exists a prejudice *by men* against showing the penis in art, especially if it is erect« (C. Bonney, 1986, S. 13). Im November 1988 wurde allerdinge ein Gemälde von Rebecca Scott, auf dem ein junger Mann mit steifem Glied neben seinem Porsche steht, nur deshalb aus einer Ausstellung im Londoner Goldsmith College entfernt, weil ein Besuch Ihrer Königlichen Hoheit Prinzessin Anne bevorstand. Cf. Saunders, a.a.O., S. 11f.

29 Nach dem ›Fest der tausend Frauen‹, das im Jahre 1986 in der Frankfurter Alten Oper stattfand und für das Christiane Dümmler den Eingang in Form einer Vulva aus rotem Samt gestaltet hatte (cf. H. Mirus/E. Wisselinck, 1987, S. 292), scheint auch hierzulande die »Mösenkunst« wieder eingeschlummert zu sein.

30 Cf. G. Schweinfurth, 1873, S. 8, bzw. A. Schadenberg, 1885, S. 29f. Ähnliches habe ich bei den Orang Belogili (Ata Kiwan), im Osten von Flores erlebt.

31 »Der do kumt, iuch sol sîn hant/sô vellen, ob iu ist zertrant/inder iwer niderkleit,/daz lât iu durch die frouwen leit,/die ob iu sitzent unde sehent./waz op die iwer laster spehent?« (*Parzival* 535, S. 11ff.).

32 Der Augsburger war »nach dem essen sambt seim weib und ainer gewachsnen dochter« in die für ihn und seine Familie vorbereitete Badstube getreten, als er die beiden Fremden erblickte und zu verscheuchen suchte. »Hierauf herrr Johanns Wernher, auch Renhart von Neunegk im bad eilendts also nackendt und ohn alle niderwatten [= Unterhosen] ufgestanden [...]. Indessen der doctor vermerkt, das sein weib und die dochter anfahen zu pfuttern und zu lachen, und gesehen, wie die beide also unverbunden im casten ufrecht gestanden, ist er noch mehr erzürnt worden, hat der dochter das liecht usser den henden gerissen und eilendts fluchendt mit den seinen wider darvon zogen« (Barack, a.a.O., II, S. 135).

33 A.a.O., II, S. 535.

34 F. Apel, 1984, S. 80f.

35 Cf. D. Symons, a.a.O., S. 105; J.R. Silber, 1971, S. 228. In vielen amerikanischen – und jetzt auch in deutschen – Stripteaseclubs für Frauen dürfen nach der Vorstellung auch Männer in den Saal, die man mit Werbungen angelockt hat wie z.B.:

»Men, you have two things to look forward to: a most sophi-
sticated nightclub and some *very* excited women!« (M.L.
Margolis/M. Arnold, 1993, S. 160). Offenbar spekulieren die
Männer auf eine von den Strippern erregte und deshalb leichte Beute. Ein heute harmlos anmutender Vorläufer der männlichen Stripper war der deutsche Athlet Eugen Sandow, der im
Jahre 1893 in US-Varietés als Apoll und »The Perfect Man«
vor Damen posierte. »He was a sensation, and for weeks the
society matrons of Chicago queued up to pay 300 $ (!) each for
the privilege of feeling his muscles« (C. Schmitt, 1993, S. 188).

36 »The Half-Crown Chuck Office«, bei dem Prostituierte,
angeblich vor allem Fläminnen, sich nackt auf den Kopf stellten, die Beine spreizten und ihre »Sparbüchse« von den
Kunden mit Geldstücken füllen ließen, gab es in London
bereits in der zweiten Hälfte des 17. Jahrhunderts. Cf. E.J.
Burford, 1973, S. 235. Auch die »posture girls«, so ein Bericht
aus dem Jahre 1769, die in einem Lokal in der Great Russell
Street auftraten, »stripped naked and mounted themselves on
the middle of the table«, wobei sie die Beine öffneten, damit
das Publikum ›alles‹ genauestens betrachten konnte. Cf. Bloch,
a.a.O., S. 225. Später kam es durchaus vor, daß gewisse Stripperinnen die Beine spreizten, aber noch in den späten sechziger Jahren wurde dies in Nordamerika »dirty work« genannt.
Cf. M. Salutin, 1973, S. 173. Zehn Jahre später waren die meisten Kunden am »Strippen« bereits desinteressiert, und ein
Peep-Girl sagte, in einem solchen Fall werde der Kunde »in
der Regel ungeduldig«: »Er gestikuliert, deutet in Richtung
Möse oder gibt übers Telefon Anweisungen« (Elisabeth B.,
a.a.O., S. 44). Noch einmal ein Jahrzehnt später klagten die
Stripperinnen, daß der Steigerungswahn kein Ende nehme –
eine »nackte Möse« genüge den Männern nicht mehr, sie wollten »immer mehr« sehen. Die Stripperin Carola im *Stern* (45,
1990, S. 136): »Soll ich mir etwa die Haut runterreißen?«

37 Wie mir mehrere Frauen erzählten, blieben z.B. die Peep-
shows, die in den neunziger Jahren in der Karlsruher Disco
›Absolut‹ stattfanden und bei denen das weibliche Publikum
sogar die Genitalien der Peep-Boys anfassen durfte, langfristig
ohne Widerhall. Viele Frauen mußten feststellen, daß dergleichen sie in Wirklichkeit gar nicht interessierte.

38 E. Fuchs, 1928, S. 174, 231.

39 Cf. J.A. Omlin, 1973, S. 73; P.H. Schulze, 1987, S. 38, bzw. J.
Tyldesley, 1996, S. 189. In einem anderen Liebeslied heißt es:
»Ich lasse dich meine Schönheit sehen im Gewand aus fein-

stem Königsleinen, das benetzt ist [vom Tau des] Schilf-
rohrs ... O mein ›Bruder‹, komm und schau!« (A. Hermann,
1959, S. 91) Cf. auch A.M. Roth, 2000, S. 196, 200.

40 Cf. P. Friedrich, 1978, S. 140, bzw. W.B. Tyrrell, 1984, S. 53f.

41 Cf. K.J. Dover, 1978, S. 182f.

42 Er führte auch an, daß eine Frau nach allgemeiner Auffassung
dann am leichtesten empfange, wenn sie sich »auf die Brüste«
lege und den Hintern »nach Art vierfüßiger Tiere« (more fe-
rarum quadrupedumque) hochrecke (Lukrez: Von der Natur
der Dinge IV. 1259ff., 1263ff.). Auf diese Weise ist die Frau
auch am wenigsten aktiv.

43 Cf. A. Gier, 1986, S. 331f. Bezeichnenderweise heißt es im
Fabliau vom Land Coquaigne, dort machten sich die Frauen
an die Männer heran, ja, wenn sie an einem Mann Gefallen fänden, »nähmen« sie ihn »mitten auf der Straße« und machten
mit ihm, was sie, d.h. die Frauen, wollten. Cf. D. Richter, 1989,
S. 133.

44 Cf. P. Englisch, 1927, S. 105; L. Wassermann, 1980, S. 82f.
Auch in der altirischen Mythologie sind die Frauen meist
sexuell aktiver als die Männer. Cf. J. Weisweiler, 1939, S. 273.

45 Cf. G. Sigal, 1996, S. 43, bzw. E.J. Burns, 1999, S. 267. Cf. auch
M.-R. Bonnet, 2001, S. 35, 41f.

46 Wolfdietrich 1099ff., ed. J.E. v. Lindhausen, Tübingen 1906. In
einem Nürnberger Fastnachtspiel des 15. Jahrhunderts sagt
der Philosoph Aristoteles, daß einer, dem »sin ror niht auf tet
stan«, wenn er von einer Frau geritten werde, »kein rechter
man« sei (J. Koldewej, 1999, S. 316), aber der Grieche war
eben auch der Inbegriff des seiner Frau untertanen Mannes.

47 Cf. D. Herlihy, 1984, S. 395f.

48 Cf. J.A. McNamara, 1994, S. 10.

49 Cf. S. Burghartz, 1995, S. 230, bzw. R. Dürr, 1995, S. 244.

50 U. Rublack, 1995, S. 199, 201.

51 H. Schnabel-Schüle, 1997, S. 301.

52 Angeblich richtete sich Behams Stich moralisierend gegen das
Nürnberger Frauenhaus. Später hieß es, er sei wegen dieser
Darstellung ein zweites Mal aus der Stadt gewiesen worden,
nachdem ihm sowie seinem Bruder Barthel und Georg Pencz
dies bereits im Jahre 1525 widerfahren war. Cf. H. Zschelletzschky, 1973, S. 188f. Auf einem anderen berühmten Stich
Behams (Abb. 50) faßt eine nackte Badende einem Narren an
den Zipfel seiner Kappe, der für sein Gemächt steht, wie aus
dem Text zu einer Kopie des Bildes hervorgeht, die 1593 in
Theodor de Brys Emblemata Nobilitatis abgedruckt wurde:

156 Die japanische Heiterkeits-
göttin Okame kichert aufgrund
der Nase des Kobolds Tengu

»Der Narr taug wol den woelln wir laden/Er sol mit uns im
Zuber baden./Ob im schon an der Witz zerbrist/So ist er sonst
doch wol gerüst/Es ist gut mit im umzugehen/Den handel
thut er nicht verstehen/Wie stellst du dich steig frey heran/In
unser Bad du lieber Mann/Und thu dich nicht so grewlich
wehren/Was du nicht kanst wölln wir dich lehren« (zit. n. J. L.
Levy, 1988, S. 168). Ähnliche Darstellungen gab es auch in
Japan, wo seit alter Zeit Figürchen und Bilder der Göttin
Okame hergestellt wurden, die dem Waldkobold Tengu an die
Nase faßt und dabei kichert (Abb. 156). Der Kobold wurde
einst von den Frauen und Mädchen sehr gefürchtet, weil er
ihnen nachstellte, um sie mit seiner langen roten Nase zu
penetrieren. In den heutigen japanischen Badebordellen ist
eine Soixanteneuf-Stellung sehr beliebt, die *daburu* (von engl.
»double«) *tengu* heißt. Während das Mädchen den Kunden
fellationiert, penetriert er sie vaginal mit der Nase einer
Tengu-Maske, die ihm das Bordell zur Verfügung gestellt hat.
Cf. Constantine, a. a. O., S. 46. »Nase« als Euphemismus für
den Penis, aber auch für die Klitoris ist bei uns schon im
Mittelalter nachweisbar, und ein Mediziner der Schule von
Salerno lehrte, man könne von der Größe der Nase auf die des
männlichen »Speers« schließen (»Noscitur a naso quanta sit
hasta viro«). Cf. M. Jones, 1994, S. 200. Als Kind hörte ich in
Mannheim häufig den Spruch: »Wie die Nas des Mannes, so
ist sein Johannes; wie der Mund des Weibes, so der Schlund
ihres Leibes«, allerdings ohne ihn genau zu verstehen. Cf.
auch I. Ebberfeld, 1999, S. 10f. Herkömmlicherweise war man
davon überzeugt, daß der Hakennase bei den jüdischen

Männern ein großer gebogener Penis entspreche. Cf. S.
Gilman, 1991, S. 188 f.

53 H. Sebald, 1996, S. 266, bzw. G.R. Quaife, 1979, S. 157, 167.
Weitere Beispiele bei H.P. Duerr, 1993, § 25.

54 J. Addy, a.a.O., S. 144, bzw. C. Moser-Nef, a.a.O., S. 448.
Auch heute scheint es in unserer Gesellschaft weit verbreitet
zu sein, daß die Initiative zum sexuellen Necken und Küssen
von den Mädchen ausgeht und nicht von den Buben. Cf. G.
Breidenstein, 1997, S. 58. So erzählte ein Erstkläßler, »daß in
seiner Klasse *immer* die Mädchen die Jungen jagen, um sie
›abzuknutschen‹ (T. Rohrmann, 1994, S. 112), und eine Ameri-
kanerin erinnerte sich an die Zeit unmittelbar vor der Pubertät:
»Boys were always shy at that age. They didn't like to kiss as
much as we did, but you could always get them to wrestle,
which was really sexier than just plain kissing – unless it was
French kissing [= Zungenküsse], which hardly any boy liked«
(E.H. Lopez, 1979, S. 8). Cf. auch C. Cantauw-Groschek/U.
Teuschert, 1992, S. 64. In den zwanziger Jahren klagte in der
Zeitung *La Patrie Suisse* eine Frau, daß ihr Sohn ständig von
Gymnasiastinnen belästigt werde, die sich in der Straßenbahn
auf ihn stürzten, in seine Hosentaschen faßten und seine
Genitalien festhielten, »si bien que le malheureux ne sait plus
quelle contenance prendre« (M. Pavillon, 1986, S. 94).
Genauso verhielt es sich in anderen Gesellschaften. Cf. F.A.
Milan, 1964, S. 61 (UluRuniKamiut-Eskimo in Alaska); B.
Huber-Greub, 1988, S. 55 (Abelam in Neuguinea); J.-Å.
Alvarsson, 1988, S. 98 (Mataco im Gran Chaco); Viveiros de
Castro, a.a.O., S. 185 (Arawaté).

55 Addy, a.a.O., S. 137.

56 »Du weist wol«, so der Stoffel weiter, »das ich dir mer dann
einest gseit hab, ich hett nie kein frowen erkant, wüste nit, wie
man mit der sach umb gieng. Hastu mir geantwort, du weltest
mich wol leren; also bin ich durch dich (du schnöds wib)
getrengt und betrogen« (Susanna Burghartz: Brief vom 30.
November 1994).

57 H. Moser, 1976, S. 158, bzw. B. Roeck, 1989, I, S. 312.

58 Die Frau sei aus diesem Grunde sexuell unersättlicher und
wolle mehr ›Durchgänge‹ als der Mann, weil dieser durch die
anstrengenden Beckenstöße schneller erschöpfe als die Frau,
die ja still liege und lediglich die Beine breit mache. Cf. H.
Roodenburg, 1989, S. 89, 94. In Wirklichkeit ist freilich der
Wunsch nach möglichst vielen ›Durchgängen‹ hintereinander
eher eine ›Männerphantasie‹. So notierte etwa im Jahre 1710

William Byrd in seinem Tagebuch voller Bewunderung, es gebe gewisse Böcke, die »could jump 50 or 60 sheep in one night«, und er versuchte es ihnen gleichzutun, indem er seine Frau »rogered« und »flourished«, und zwar bei jeder Gelegenheit, einmal sogar »on the billiard table« (D.B. Smith, 1980, S. 163f.).

59 J.M. Schwager, 1786, S. 56f., zit. n. R. Sieder, 1987, S. 89.

60 Cf. Grammer, a.a.O., S. 382, bzw. A. Gräfin Esterházy, 1930, S. 22.

61 Cf. H.J. Nordin, 1911, S. 64, bzw. A. Jelicz, 1981, S. 221. Auch in Neuengland ging man zunächst davon aus, daß Frauen ebenso häufig einen Ehebruch initiierten wie Männer, und entsprechend lautete im Jahre 1631 das Gesetz von Massachusetts, »that if any man shall have carnall copulation with another mans wife, they both shal be punished by death«. In Wirklichkeit wurde freilich der Mann meist härter bestraft als die Frau. So wurde z.B. ein John Dawe »severely whipped for intiseing an Indian woman to lye with him«, während die Indianerin ohne Bestrafung davonkam. Diese Praxis änderte sich um die Mitte des Jahrhunderts. Cf. C.F. Karlsen, 1987, S. 194f.

62 Cf. U. Guha/M.K.A. Siddiqui/P.R.G. Mathur, 1970, S. 100f., bzw. P. Hockings, 1980, S. 49. Die Informanten der Muria erklärten: »Ein großes Mädchen bringt dem Jungen alles bei, indem sie sich zunächst von ihm umarmen und an ihren Brüsten herumspielen läßt. Dann öffnet und spreizt sie die Beine und veranlaßt den Jungen, sich auf ihre Brüste zu legen. Sie zeigt ihm, wie er ihre Kleidung öffnen kann und führt dann mit den Händen seinen Penis ein. Beim ersten Mal weiß der Junge nicht Bescheid und sein Saft kommt zu früh heraus. Doch am nächsten Tag sagt sie: ›Du hast mich heute nacht nur gedrückt – nichts hast du richtig gemacht! Es war für mich kein Vergnügen!‹« Auch die verheirateten Frauen ergriffen meist die Initiative: »Wenn eine Frau scharf darauf ist, geht sie selber zu ihrem Mann, um bei ihm zu liegen.« Cf. V. Elwin, 1947, S. 436ff. Die Kadazan (Dusun) im Norden Borneos sagten, fast immer leiteten die Frauen den Sex ein, denn »die Frau ist geil und nicht der Mann« (A.R. Maxwell, 1993, S. 379), während die Mangyan auf Mindoro beiden Geschlechtern das Recht auf die sexuelle Initiative einräumten. Cf. P.J. Bräunlein/A. Lauser, 1996, S. 162. Cf. auch C. Helliwell, 2000, S. 808 (Dayak). Auf Bali war es früher verpönt, daß ein Mann sich in der Öffentlichkeit einem jungen Mädchen näherte oder mit ihr

flirtete, während es häufig vorkam, daß sie ihm schöne Augen machte (*saling sulang*) und damit Avancen. Cf. M. Covarrubias, 1956, S. 137. Auch bei den südlichen Amis auf Formosa ging die sexuelle Werbung, *mitapi?*, »Eroberung« oder »Überwältigung« genannt, von den jungen Mädchen aus, und sie waren es auch, die den jungen Mann ins Haus ihrer Mutter holten, wo diese erst einmal eine Zeitlang arbeiten mußten, bevor die Heirat stattfand. Cf. O. Bischofberger, 1972, S. 210f.

63 Es sei denn, die Angegriffene heiratete den Täter. Prinzipiell blieb es dem jungen Mädchen vorbehalten, sich einen Heiratspartner auszuwählen. Cf. J.C. Goodale, 1980, S. 135; dies., 1995, S. 23, 136f., 149f., 162.

64 Cf. N. McDowell, 1991, S. 203, bzw. J.W.M. Whiting, 1941, S. 126f.; M.H. Williamson, 1985, S. 7. Hätte ein Mann die sexuelle Initiative ergriffen, so wäre dies auch von den Kwoma als versuchte Vergewaltigung ausgelegt worden. Cf. J.W.M. Whiting/S.W. Reed, 1938, S. 210. Auch bei den Jatmül machten sich die Frauen an die Männer heran, und sie galten im Gegensatz zu diesen als geil und sexuell unbeherrscht. Trotzdem konnte man nur »er fickt sie« (*ndu tagwagat wangutandii*) sagen – »sie fickt ihn« wäre zum Brüllen komisch gewesen. Cf. E.K. Silverman, 2001, S. 58f. Cf. auch M. Stanek, 1982, S. 21; B. Hauser-Schäublin, 1985, S. 521, 525; F. Weiss, 1990, S. 78; dies., 1999, S. 216; A. Kyakas/P. Wiessner, 1992, S. 61f. (Enga); W. Ross, 1936, S. 358 (Hagenbergstämme); A.C. Haddon, 1890, S. 314f., 397 (Mabuiag-Insulaner der Torres Straits); R.E. Guise, 1898, S. 209 (Bulaa, Babaka, Kamali & Kalo im Mündungsgebiet des Wanigela); A. Liston-Blyth, 1923, S. 468 (Ari); B. Hauser-Schäublin, 1983, S. 191 (Abelam); R. Brown, 1978, S. 160 (Chimbu); W.N. Beaver, 1920, S. 63 (Mawalta & Turituri am Fly River); A.B. Deacon, 1934, S. 154 (Malekula-Insulaner, Neue Hebriden); G. Oosterwal, 1961, S. 135 (Bora-Bora); E.L. Schieffelin, 1977, S. 125 (Kaluli); S.G. Frayser, 1985, S. 335 (Kimam); K.E. Read, 1986, S. 202, 222 (Gahuka-Gama); H.M. Ross, 1973, S. 121 (Baegu auf Malaita im Salomonen-Archipel).

65 Cf. G. Gillison, 1993, S. 220, bzw. E.M. Cantrell, 1998, S. 98f.

66 Wenn eine Frau einen Mann auf eine gewisse Weise anschaute, forderte sie ihn zum Geschlechtsverkehr auf, schaute sie an ihm vorbei (*higiei*), dokumentierte sie ihr Desinteresse. Normalerweise ergriff die Frau die Initiative, und sie war auch beim Koitus aktiver, doch kam es vor, daß Männer Frauen vergewaltigten. Cf. A. Sørum, 1993, S. 118f. Auch bei den

Ambonwari am Sepik bändelten die Frauen mit den Männern an und machten ihnen Geschenke, wenn sie auf sie scharf waren. Interessierte sich ein Mann für eine Frau, durfte er sich selbst dann nicht an sie heranmachen, wenn er während einer Unterhaltung mit ihr vor Lust ejakulierte. Im Gegensatz zu den Bedamini war es bei den Ambonwari aber nicht die Frau, die grammatikalisch die Aktive war. Wenn z.B. ein kleines Mädchen zu einem Jungen »Ich habe hier eine Möse!« sagte, oder »Komm, ich fick' dich!«, dann schimpfte die Mutter mit ihr und belehrte sie, daß nur ein Junge jemanden »ficken« könne, weil nur er einen Penis habe. Fragte dann die Kleine, warum nur die Jungen einen Penis hätten, antwortete die Mutter, ursprünglich seien auch die Jungen ohne Penis gewesen, aber dann hätten sie Scheiße gegessen, worauf ihnen einer gewachsen sei. Cf. B. Telban, 1998, S. 35, 38.

67 Ein Mann, der seinerseits ein Auge auf eine Frau geworfen hatte, durfte ihr dies nur auf höchst indirekte Weise zeigen. Cf. T. Maschio, 1995, S. 145 f.

68 Cf. J. Boelaars, 1981, S. 92, 94, bzw. M.W. Young, 1987, S. 63, bzw. D.L. Oliver, 1955, S. 82, 143 ff. Cf. auch G.H. Herdt, 1997, S. 161.

69 Cf. W. Davenport, 1965, S. 174, bzw. W. Schiefenhövel, 1988, S. 79; I. Eibl-Eibesfeldt et al., 1989, S. 183.

70 Cf. B. Malinowski, 1979, S. 126, 173. Dies widerlegt auch die Behauptung C.B. Goodharts (1964, S. 559), bei der menschlichen Spezies werde nur der Mann von der Frau visuell stimuliert, weshalb sich nirgendwo die Männer zurechtmachten, um den Frauen zu gefallen. Auf Trobriand wählten übrigens auch die jungen Mädchen ihren Ehepartner aus, und selbst ein Häuptling konnte kein Mädchen dazu zwingen, ihn zu heiraten. Cf. A.B. Weiner, 1976, S. 118, 135.

71 Cf. U. v. Mitzlaff, 1988, S. 130f.; M. Llewelyn-Davies, 1978, S. 220, 231. Bei den Loita-Massai beleidigte man einen Mann mit der Standardformel: »Du fickst deine Tochter!«, aber bezeichnenderweise eine Frau nicht mit »Du läßt dich von deinem Vater ficken!«, sondern mit »Du fickst deinen Vater!«

72 Cf. G. Lienhardt, 1963, S. 86f. Cf. auch T.E. Hays/P.H. Hays, 1982, S. 233 (Ndumbo); J.C. Messenger, 1971, S. 16 (Anang); P. Schebesta, 1948, S. 352f. (Mbuti); H.K. Schneider, 1971, S. 62 (Turu); A. Hauenstein, 1967, S. 69 (Hanya); E.J. Wayland, 1929, S. 523 (Baamba in den Wäldern des Ruwenzori); H. Bernatzik, 1933, I, S. 166 (Mankanya); E.E. Evans-Pritchard: Mündliche Mitteilung vom 30. Januar 1971 (Nuer); Fritz Kra-

mer: Mündliche Mitteilung vom 15. Juli 1987 (Korongo Nuba). Die Frauen der Wemenu sollen ihren Männern gegenüber völlig passiv gewesen sein, doch es heißt, daß sie in lesbischen Beziehungen aktiv und leidenschaftlich wurden. Cf. R. Brand, 1981, S. 43.

73 Cf. W. Gorbracht, 1976, S. 202 ff. Auf den antiken Darstellungen haben die Amazonen *zwei* Brüste, weshalb man gemutmaßt hat, die gängige Deutung ihres Namens sei falsch. Vielleicht ist der Name eine griechische Korruption der altslawischen Bezeichnung für diese ungezügelten Kämpferinnen, nämlich *omuzhony*, »männliche Frau«. Cf. D. Atkinson, 1978, S. 3. Da im klassischen Griechenland die Frauen im allgemeinen sehr züchtig gekleidet abgebildet wurden, waren die Amazonen ein beliebter Vorwand, eine Frau mit entblößter Brust darzustellen, »without offending sensibilities by suggesting they were Greeks« (S.B. Pomeroy, 1975, S. 24).

74 Cf. J.R. Pinault, 1993, S. 85. Auch in der indischen Volkstradition ist die jungfräuliche, blutdürstige Göttin mit den fliegenden Haaren sexuell wild und draufgängerisch, verliert aber mit der Defloration Kraft und Macht. Cf. V.N. Rao, 1986, S. 159; W.S. Sax, 1991, S. 31 f.

75 R. Law, 1993, S. 256. Allerdings nahm ab und zu der König der Fon eine Kriegerin, die ihm gefiel, mit zu sich ins Bett. Cf. E.G. Bay, 1983, S. 352.

76 Obwohl die Cubeo-Frauen die sexuell Aktiven waren, die den Geschlechtsverkehr initiierten, wollten sie laut I. Goldman (1963, S. 182) von den Männern »überwältigt« und auf heftige Weise penetriert werden. Zwar wurden die Frauen der Pilaga im Alltag von den Männern dominiert, doch übernahmen sie bei den erotischen Tänzen die Initiative und mißhandelten die Männer nachgerade, indem sie diese umherschleuderten, schlugen, stachen und auf grobe Weise an den Haaren zogen. Cf. J. Henry, 1967, S. 170. Bei den Tenetehara im nördlichen Brasilien galten die Frauen insbesondere in außerehelichen Beziehungen als aggressiv und die Männer als ängstlich und verzagt. Cf. J.-F. Saucier, 1972, S. 239; W.H. Crocker, 1990, S. 263 (Canela); J.E. Jackson, 1983, S. 190 (Tukano). Bei den Kaingang waren allerdings auch die Mädchen sehr forsch. So fragte einmal eines den Ethnologen: »Sag mal, vögelst du eigentlich nie?« »Nein«, erwiderte er, »ich habe keinen Schwanz.« »Du lügst! Ich hab' ihn mal gesehen! – Wenn ich dir eine schicke, vögelst du dann mit ihr? Geh in den Busch, ich schick' dir eine nach!« (J. Henry, 1962, S. 15).

77 Cf. G. Róheim, 1933, S. 238; ders., 1974, S. 236; R.M. Berndt, 1953, S. 181. Im 18. Jahrhundert meinte der Forschungsreisende Alejandro Malaspina, die Frauen der Aborigines hätten wohl deshalb so üppiges Schamhaar, weil sie aus Geilheit beim Koitus *auf* den Männern säßen (1990, S. 145). Die Frauen der Temne forderten ihre Männer direkt zum Koitus auf, und wenn diese dazu nicht fähig waren, galt das als große Schande, für deren Verbreitung die Frauen sorgten. Cf. Harrell-Bond, a.a.O., S. 274.

78 Cf. S. Cole, 1991, S. 85.

79 Cf. M.B. Blackman, 1982, S. 40f. Die jungen Lakotamädchen waren den jungen Männern gegenüber sehr zurückhaltend, aber da diese meist noch schüchterner waren als sie selbst, kam für gewöhnlich nicht einmal eine Unterhaltung zustande. Cf. L. Standing Bear, 1978, S. 99. Wurden bei den Lakota die Mädchen im Gegensatz zu den Jungen stets zu dieser Scheu angehalten, mußten bei den Omaha die Frauen zwar ebenfalls völlig passiv sein, doch widersetzten sich dem manche von ihnen und waren dann wesentlich aktiver und initiativer als die Männer. Cf. M. Mead, 1932, S. 188. Obgleich die Mädchen der Tarahumara für gewöhnlich ebenso scheu und verlegen waren wie die jungen Männer, mußten sie in Liebesdingen ihre Schamhaftigkeit überwinden und auf das andere Geschlecht zugehen. Auf den Festen versuchten sie, mit Alkohol ihre Hemmungen zu überwinden, und tanzten dann vor ihrem Schwarm auf der Stelle, wobei sie ihm allerdings aus Scham den Rücken zukehrten. Cf. C. Lumholtz, 1902, S. 267. Wie mir Claus Deimel in einem Brief vom 2. April 1986 mitteilte, bändeln heutzutage die Frauen auf den Festen in angetrunkenem Zustand mit den Männern an, indem sie mit Steinchen nach ihnen werfen. Bei den Huichol übernahmen die Mädchen die Initiative, wenn sie etwas älter waren. Cf. Lumholtz, 1903, S. 93. Ebenso verhielt es sich in der alten Zeit bei den Ute und Navaho, die auch kaum Vergewaltigungen kannten. Cf. J.H. Steward, 1932, S. 272f., bzw. J.F. Downs, 1977, S. 337. Wenn ein Junge der Comanche die Pubertät hinter sich hatte und ein eigenes Tipi erhielt, war er meist extrem schüchtern. In dieser Zeit gingen ihn erwachsene Frauen und junge Mädchen an, und wenn diese besonders keck waren, versuchten sie, nachts in sein Zelt zu kriechen, um ihn zu ›vernaschen‹, wobei sie freilich höchsten Wert auf Diskretion legten. Cf. E. Wallace/E. A. Hoebel, 1952, S. 133. Zum Entsetzen der französischen Missionare des 17. Jahrhunderts verhielten sich die jungen

Huroninnen ähnlich. Cf. B.G. Trigger, 1969, S. 66; K. Anderson, 1990, S. 194. Die Mädchen der Ingalik faßten gerne den Jungen in die Hose, bis deren Penis steif geworden war. Dann legten sie sich auf den Rücken und gaben ihnen weitere Anweisungen – meist jedoch umsonst, weil sich das Sperma des Jungen bereits in der Hose ergossen hatte. Cf. C. Osgood, 1958, S. 217.

80 Cf. O. Lewis, 1941, S. 174, 180ff. Auch die *vehine mako* (»Haifischfrau«) auf den Marquesas war keine *butch*-Lesbe, sondern eine sexuell aggressive Frau, die das andere Geschlecht ›aufriß‹ und »aß«, d.h. »bumste«. Cf. J. Kirkpatrick, 1983, S. 178ff. Nach R. Linton (1939, S. 228) sollen die Marquesanerinnen im Vergleich zu den weißen Frauen generell sexuell initiativ und aggressiv gewesen sein. In den meisten nordamerikanischen Gesellschaften und nicht nur bei den Piegan ließen sich die jungen Mädchen und Frauen nur äußerst ungern nackt sehen. Cf. W. Dyk, 1951, S. 108ff., & C. Niethammer, 1982, S. 284 (Navaho, Shoshone); D.E. Walker, 1966, S. 160 (Nez Perce); F.M. Olbrechts, 1931, S. 26 (Cherokee); C. Deimel, 1982, S. 105 (Tarahumara); William K. Powers: Brief vom 4. März 1987 (Oglala); J.C. Ewers, 1958, S. 119 (Blackfeet); F.A. Latorre/D.L. Latorre, 1976, S. 83 (Kickapoo).

81 Barack, a.a.O., II, S. 464f. Von einem Mann oder gar einer Frau zu sagen, sie seien »lecker«, also geil und unzüchtig, galt als schwere Beleidigung. Cf. G. Schwerhoff, 1991, S. 315f.; M. Dinges, 1998, S. 139; M. Häberlein, 1998, S. 155. Verwandt ist das englische Wort »lechery«, das heute sexuelle Lüsternheit, im Mittelalter jedoch sexuelle *und* nichtsexuelle Gier bezeichnete. Cf. N.B. Warren, 1998, S. 549.

82 Cf. B.G. Blount, 1990, S. 703. »Female primates are equipped with a clitoris, an organ with only one known function. Furthermore, females are far from passive in sexual matters. They actively seek intercourse with males, and do so more often than is strictly necessary for reproduction« (F. de Waal, 1989, S. 152).

83 Cf. C.S. Ford/F.A. Beach, 1951, S. 53f.

ANMERKUNGEN ZU § 6

1 C. Wouters, 1999, S. 32.
2 In mehr als der Hälfte der beobachteten Fälle befand sich zudem die Bestiegene im Östrus. Cf. S.B. Hrdy, 1977, S. 184.

3 P.-P. Zahl, 1982, S. 128.

4 Cf. J.-L. Flandrin, 1981, S. 129; K. Hausen, 1976, S. 373; I. Kokula, 1984, S. 156. Auch für Weininger war die Frau die Passive par excellence, doch der Mann war ebenfalls »weibisch« in dem, was ihm widerfuhr, ohne es kontrollieren und steuern zu können: »Wie sich durch seine Sexualität der Mann dem Weibe annähert, geht aus der Tatsache hervor, daß die Erektion dem Willen entzogen ist und durch ihn nicht aufgehoben werden kann, gleichwie eine Muskelkontraktion vom gesunden Menschen auf Befehl des Willens rückgängig gemacht wird. Der Zustand der wollüstigen Erregtheit beherrscht das Weib ganz, beim Manne doch nur einen Teil« (a.a.O., S. 586). Bekanntlich lehrte Augustinus, daß Adam sich im Paradies deshalb nicht zu schämen brauchte, weil er seine Erektionen willentlich herbeiführte. Nach dem Sündenfall ging den Männern diese Fähigkeit verloren, weshalb, wie mittelalterliche Autoritäten, etwa Peter Comestor, darlegten, eine Erektion zwar keine Sünde, aber beschämend sei. Cf. H. A. Kelly, 1975, S. 251. Solche Thesen werden auch heute noch vertreten, z. B. von A. Lowen (1967, S. 52), der ausführt, daß »the genital organs are covered because their reactions are least subject to voluntary control«. Im *Leben des Eremiten Paulus* schildert Hieronymus das Schicksal zweier Märtyrer. Obwohl der eine qualvoll starb, nachdem sein von den Folterknechten mit Honig bestrichener Leib von Wespen und Mücken zerstochen worden war, ging es ihm dennoch besser als dem anderen, nämlich dem hl. Paulus. Dieser wurde in einem nach Blüten duftenden Garten von einer »femme en beauté graciouse« zunächst gefesselt, dann geküßt und mit zarter Hand masturbiert, bis er fühlte, wie sein Fleisch heiß wurde: »La belle mauveyse le beysa,/et vileynement le manya,/des braz souvent le embraza/et mout vilement le tempta;/yl santy sa char eschaufer.« Cf. Abb. 74 in H. P. Duerr, 1993, S. 140. Nahm der eine Märtyrer nur Schaden an seinem Leibe und nicht an seiner Seele, so gefährdete der wider seinen Willen erigierte Penis das Seelenheil des anderen. Cf. W.-D. Stempel, 1968, S. 193; J. Dalarun, 1987, S. 70f. Wenn einem männlichen Mitglied der englischen Adamiten bei einer Versammlung angesichts einer ebenfalls nackten Schwester das Glied steif wurde, schlug ihm angeblich ein »clerk with his long stick« auf das übermütige Organ (»presumptuous flesh«), bis ihm die Lust verging. Dargestellt wurden solche beschämenden Szenen auf billigen Holzschnitten wie dem vom Jahre 1641, der den Titel »A New

Sect of Religion Descryed, called Adamites« trägt. Cf. T. Williams, 1990, S. 101.
5 Cf. G. Geisler, 1990, S. 193f., bzw. E. Skønsberg, 1989, S. 139.
6 Cf. A. Edwardes/R.E.L. Masters, 1963, S. 75. Im Jahre 1838 schrieb der bayerische Erzherzog Maximilian, der nicht eben prüde war, über den Bauchtanz einer oberägyptischen Hure (*almeh*): »Den Tanz näher zu beschreiben, verbietet mir der Anstand. Ich kann nur versichern, daß ich in meinem Leben nichts Schamloseres gesehen habe« (E. Günther, 1990, S. 125). Im Jahre 1963 verbot die ägyptische Regierung den Bauchtänzerinnen allzu laszive Bewegungen und Haltungen (cf. J.L. Hanna, 1988, S. 63), aber noch heute wird gelegentlich dieser Tanz mit Prostitution assoziiert. Cf. R. v. Brunn, 1990, S. 180.
7 Cf. D.S. Marshall, 1971, S. 125; E. Best, 1924, I, S. 408; A. Armstrong, 1964, S. 179.
8 Cf. S.A. Boone, 1986, S. 110. Die jüngeren Frauen der Motu trugen zwei bis drei von den Hüften bis zu den Knien reichende Grasschurze (*lami*) übereinander, deren hintere Partie sie beim Gehen aufreizend hin- und herschwenkten. Cf. O. Finsch, 1885, S. 14f. Wenn man in Nordamerika von einer Frau sagte: »Das hat sie mit ihren dicken Titten geschafft«, hieß es entsprechend in Nigeria, sie verdanke dies ihrer »bottom power«. Cf. A.A. Mazrui, 1987, S. 222.
9 »The walk consists of an exaggerated pelvic movement with the upper thighs held close together with a rolling gait« (S. Kitzinger, 1982, S. 184). Bereits Martial beschreibt eine Tänzerin, die »so verführerisch ihre in Wollust vibrierenden Glutäen« bewegt, »daß sie selbst einen Hippolytos zum Masturbieren brächte« (zit. n. H. Licht, 1929, S. 199), und Federico Luigini führte später in seinem *Libro della Bella Donna* aus, der Hintern einer Frau müsse ganz weich und geil (*lascivo*) sein und beim Gehen zittern. Cf. G. Althoff, 1991, S. 79. M.S. Weinberg (1981, S. 344) berichtet, daß einige männliche Nudisten, die eine beim Gehen mit dem Hintern wackelnde nackte Frau beobachtet hatten, zum »camp director« gingen, »to complain that the woman had purposely tried to arouse them. The camp director told this woman to leave.« Auch das beabsichtigte Hin- und Herwackeln der um die Mitte der achtziger Jahre des 19. Jahrhunderts modischen »culs de Paris« wurde seinerzeit scharf gerügt: »No one can maintain that the steels now inserted into the back-breadths of the skirts can in any way improve the set of them; they wobble from side to side with

the most ludicrous effect« (C. W. Cunnington, 1935, S. 266). Ein erotisch aufreizendes Gehen wurde auch durch das Tragen von Stöckelschuhen begünstigt, weshalb letztere in der islamischen Republik Iran verboten wurden. Cf. N. Bassiri, 1990, S. 48. »Die hohen Absätze«, so erinnerte sich eine Frau an die »Stöckel« der fünfziger und sechziger Jahre, »ließen die Hüften viel stärker schwingen als flache Absätze und übertrugen dementsprechend angenehme Empfindungen auf die Geschlechtsteile. Hüftgürtel können, wenn sie lang genug sind, durch die Bewegung an den Schamlippen reiben« (E. Wilson, 1989, S. 109). Aus diesem Grunde waren um das Jahr 1780 gemäß der Devise »Zurück zur Natur« die Stöckelschuhe des Ancien Régime mit einer Sohlenneigung von 40° weitgehend passé, und flache Absätze entsprachen, wie der Arzt Winslow erklärte, »dem neuesten Geschmack der Frau, die ihren wollüstigen und durch Stöckel in der Schwebe gehaltenen Gang dem raschen Schritt und ungezwungenen Gang des Mannes folgen läßt« (A. Lieb, 1951, S. 42).

10 Cf. J. H. Chaplin, 1963, S. 21; Geisler, a.a.O., S. 195; E. E. Evans-Pritchard, 1974, S. 113.

11 Cf. ders., 1973, S. 172. Wie mir Evans-Pritchard einmal erzählt hat, waren nach seinen Informationen die Männer der Azande am sexuellen Vergnügen der Frauen trotz deren Bitten desinteressiert.

12 Cf. A. Bharati, 1972, S. 162; Chaplin, a.a.O., S. 24; Marshall, a.a.O., S. 118, 125, 143.

13 Aristoteles: *Rhetorik* 1384a.

14 Cf. Salutin, a.a.O., S. 183. »I think you need to be an exhibitionist«, erklärte ein englisches Aktmodell, »to do well as a model« (J. Green, 1993, S. 217).

15 Cf. R. Perkins/G. Bennett, 1985, S. 132. Eine Stripperin, in Amerika häufig euphemistisch »Exotic dancer« genannt, meinte realistisch: »It is always a twofold game where everyone gets to feel like they have the upper hand but where nobody really wins. In stripping, the guy says, ›Ha ha, you bitch – I can make you bend down for a dollar‹, while the woman says, ›Ha ha, you sucker – I just took your dollar and you cannot even touch me.‹« (D. Skeen, 1991, S. 86). Typisch ist, daß viele Stripperinnen ihr Publikum erniedrigen, um nicht selber als erniedrigt zu erscheinen (cf. Salutin, a.a.O., S. 176), wie ein Hamburger Peep-Girl, das auf den Vorwurf, sie mache sich doch »zum Objekt«, erwiderte: »Die da unten sind doch die

armen Schweine!« (*Spiegel* 27, 1992, S. 83). Bekanntlich rechtfertigen auch viele Prostituierte vorzugsweise bei Fernsehauf-
tritten oder in Interviews auf diese Weise ihre Tätigkeit, vor
allem dann, wenn sie von Feministinnen kritisiert oder –
schlimmer noch – bemitleidet werden. In Rosa v. Praunheims
Film *Überleben in New York* sagt ein deutsches ›Go-Go-Girl‹,
das in einer Art Peep-Show aufgetreten war, nicht sie habe sich
erniedrigt, denn sie habe ja nur das Geld »der Typen« gewollt,
sondern die »glotzenden Wichser«, die ja schließlich »was
anderes« von ihr gewollt hätten, und eine britische Hure sagte
über ihre Kolleginnen: »Some have told me that they really
hate men and it amuses or gratifies them in some way to use
them for material gain« (D.A. Ward/G.G. Kassebaum, 1966,
S. 130).

16 *Stern* 45, 1990, S. 134f., bzw. N. Friday, 1992, S. 167, 170.
Mehrere Männer sagten mir, es »mache sie an«, wenn sie am
Strand mitbekämen, wie die unbedeckten Brüste ihrer Frauen
oder Freundinnen andere Männer sexuell stimulierten. Einen
solchen »Kandaulismus« findet man häufig bei Swingern, die
berichten, daß die Eifersuchtsgefühle, die sie beim Betrachten
ihres mit einer fremden Person kopulierenden Partners hätten,
bei ihnen einen sexuellen »turn-on« bewirkten. Cf. B.G.
Gilmartin, 1977, S. 155; E.W. Butler, 1979, S. 196. Deshalb
werben Swinging-Ideologen auch mit dem Hinweis auf die
gesteigerte Erregung, die man erlebe, wenn der Partner vor den
eigenen Augen Geschlechtsverkehr mit einem anderen habe,
und empfehlen aus diesem Grunde ein »offenes« im Gegensatz
zu einem »geschlossenen« Swingen. Cf. H. Meyer, 1994, S. 487.
Ein früher Fall von »Kandaulismus« wird in einem Brief aus
dem 16. Jahrhundert erwähnt, in dem ein schockierter englischer Friedensrichter einem Kollegen von einem Mann berichtet, den er ermahnt hatte, den Frieden mit seiner Frau zu wahren, da »his behaviour towards her had been monstrous, better
befitting a beast than a man«. Ganz klar ist nicht, was vorgefallen war, weil der Brief an der entscheidenden Stelle zerrissen
ist, aber es scheint, daß der Wüstling einen Fremden dazu
überredet hatte, vor seinen Augen seine Frau zu beschlafen.
Als seine Frau sich weigerte, verfolgte er sie mit einem Messer.
Cf. C.Z. Wiener, 1975, S. 43f.

17 Bezeichnenderweise sagte eine frühere »Trümmerfrau«: »Ich
bin vielleicht auch, wollen mal sagen, zu selbstbewußt gewesen, um nun unbedingt darauf versessen zu sein, von einem
Mann umhegt und gepflegt zu werden. Und wenn man mal

einen Mann braucht, muß man ja nicht gleich 'ne Kuh kaufen, wenn man mal ein bißchen Milch trinken will ...« (S. Meyer/E. Schulze, 1990, S. 286).

18 W. Schiefenhövel, Ms.

19 Zit. n. R. Davenport-Hines, 1990, S. 34.

20 E. Cadivec, 1930, S. 89; M. Wawerzonnek, 1989, S. 21, & C. Milner/R. Milner, 1972, S. 218f. Ein Weißer, der Schwarzen erlaubt hatte, auf seinem Grund und Boden eine Schule zu bauen, war bezeichnenderweise vom Ku-Klux-Klan gezwungen worden, einem Schwarzen den After und dessen Frau die Genitalien zu lecken, und zwar in aller Öffentlichkeit. Cf. Turner, a.a.O., S. 65. Auch Frauen, die andere Frauen oder Männer vergewaltigten, zwangen ihre Opfer nicht selten, bei ihnen einen Cunnilingus auszuführen. Cf. H.P. Duerr, 1993, S. 142, 529.

21 Cf. B.E. Stumpp, 1992, S. 70, 262f.; H.N. Parker, 1997, S. 51f.; A. Dierichs, 1997, S.78; J.R. Clarke, 1998, S. 225f. Bei Artemidor hieß die Ausführung des Cunnilingus »das Unaussprechliche tun«, und Galen meinte, schon Fellatio sei widernatürlich, doch Cunnilingus noch viel widerwärtiger. Cf. J.J. Winkler, 1994, S. 64, 327.

22 Cf. K.-S. Kramer, 1984, S. 67, bzw. Lightfoot-Klein, a.a.O., S. 275. Bei den Stämmen am mittleren Ramu und am oberen Keram in Neuguinea galt es als schwerwiegende Schmähung, von einem Mann zu sagen, er »lecke Frauen«. Cf. A. Kaspruś, 1973, S. 81.

23 Cf. R. Girtler, 1995, S. 247.

24 Während noch im Juli 1963 ein Amerikaner zu zehn Jahren Gefängnis verurteilt (und nach zweieinhalb Jahren Haft begnadigt) wurde, weil er seine Freundin oral befriedigt hatte (cf. G. Speicher, 1969, S. 191f.; A.L. Allen, 1988, S. 173), verbreitete sich die Praxis des Cunnilingus in den Siebzigern unter den Angehörigen der mittleren und oberen sozialen Schichten immer mehr (cf. L.B. Rubin, 1992, S. 138f.), und in den Achtzigern kamen spezielle »flavored cremes and ointments« auf den Markt, die sich die Frauen vor Beginn des Oralverkehrs auf die Vulva schmierten. Cf. B. Ehrenreich et al., 1987, S. 122. Nach einer Umfrage vom Jahre 1993 hatten bereits 36,8% der High-School-Mädchen Cunnilingus-Erfahrung und 45,6% einen oder mehrere Jungen fellationiert. Cf. K. Barry, 1995, S. 62. Von tausend befragten College-Studentinnen sollen 96% angegeben haben, daß sie Cunnilingus mehr genössen als vaginalen Koitus. Cf. T. Cox, 1999,

S. 95. Zahlreiche Frauen sagten aus, sie würden beim Betrachten von Pornofilmen besonders von den Cunnilingusszenen erregt. Cf. Rückert, a.a.O., S. 158.

25 Cf. L. Kipnis, 1992, S. 378.

26 Green, a.a.O., S. 34; Lopez, a.a.O., S. 53; Dr. Susruta, 1911, S. 245f. Auch auf Bali kam der Cunnilingus gelegentlich vor, aber er wurde zur Wahrung der männlichen Dominanz stets so ausgeführt, daß der Kopf des Mannes sich *über* den Genitalien der Partnerin befand. Cf. A. Duff-Cooper, 1985, S. 415.

27 D. Müller-Staats, 1987, S. 96. Auch fortan galt der Cunnilingus als »französische« Sexualpraktik.

28 W. Luz, 1927, S. 158f., bzw. S. Harris, 1977, S. 209. Auch heute noch scheint der Cunnilingus bei Swingerinnen äußerst beliebt zu sein, wobei eine der Grundregeln, wie eine Swingerin es ausdrückt, für die Frauen lautet: »Immer frisch geduscht und *alle* Körperhaare abrasiert« (*Brigitte* 13, 1994, S. 104). Die Ponapesinnen genossen es sehr, wenn ihr Liebhaber zärtlich an ihren Schamlippen knabberte und mit Lippen und Zähnen an ihnen zupfte, und dies war einer der Gründe, warum sich die meisten Frauen völlig epilierten. Cf. O. Finsch, 1880, S. 317. Im transsylvanischen Maramureş galt der Cunnilingus als »das Geilste« überhaupt, was ein Mann bei einer Frau zuwege bringen konnte, doch trotzdem hieß es: »Arme Mädchen/Ein süßer Mund [= Cunnilingus] gefällt ihnen (*Gură dulce place-le*)./[Doch selbst] wenn du deinen ganzen Mund gibst,/Werden sie nicht befriedigt (*sătura*) sein« (G. Kligman, 1988, S. 176).

29 Zuvor zupften die Männer die störenden Schamhaare aus, um einen ungehinderten Zugang zur Vulva zu haben. Cf. K.P. Emory, 1965, S. 167.

30 Cf. M.J. Swartz, 1958, S. 478, bzw. L. Atwater, 1978, S. 191, 198f., & Rubin, a.a.O., S. 140. So sagte eine Amerikanerin: »I've been sort of curious about it, but I don't think I'd want my lover to go down on me. He would seem ... I don't know, sort of different if he did. But I wouldn't mind some stranger doing it to me – I mean someone I'm not emotionally tied to« (Lopez, a.a.O., S. 46).

31 Cf. Parker, a.a.O., S. 50f.; C.A. Williams, 1999, S. 162, 198. *Irrumatio* ist von einem Verb abgeleitet, das ursprünglich »einem Kind die Brust geben« oder »den Nippel reinstecken« (*ruma* = Brustwarze) bedeutete. Die ursprüngliche Bedeutung von *fellare* ist »an der Brust saugen«. Cf. J.Z. Eglinton, 1967, S. 184; J.N. Adams, 1982, S. 126, 131.

32 Cf. T. van der Meer, 1999, S. 180. Wenn R.C. Trexler (1995, S. 242) schreibt, »überraschenderweise« sei im Mittelalter der Fellator als der Aktive gesehen worden, so berücksichtigt er nicht, daß dies in der Geschichte nicht selten der Fall gewesen ist. »Ich esse deinen Schwanz« sagten die Róm, wenn sie einen anderen Mann besänftigen wollten. Cf. Burgen, a.a.O., S. 142.

33 G. Casanova, VII, 1986, S. 310.

34 Cf. P.K. Rasmussen, 1984, S. 203, 205 f. Ein derzeit auf dem Hamburger Strich tätiger Mann-zu-Frau-Transsexueller sagte mir, daß er sich als dominierend und aktiv empfinde, wenn er seinen Kunden »einen blase«, und diese würden dabei auch ganz »weich und willig«. Auch die kabylischen Räuber, die Reisende überfielen, nackt auszogen und dann fellationierten, sahen sich offensichtlich als die Dominierenden. Cf. H.P. Duerr, 1993, S. 262, 585.

35 Cf. M. Hirschfeld, 1914, S. 285 f.

36 Cf. R.A. Isay, 1990, S. 101, bzw. L. Humphrey, 1975, S. 52. In vier Fällen konnte der Soziologe nicht entscheiden, wer der Aktive war. Ein anderer Forscher stellte fest, daß diejenigen, die besonders häufig fellationiert wurden, an Ansehen gewannen und Machtgefühle entwickelten. So saßen in den Klosetts der New Yorker Subways bei offenen Türen Männer mit heruntergelassenen Hosen so da, daß jeder Passant ihren steifen Penis sehen konnte. Diese Männer ließen sich von jedem, der Lust dazu hatte, fellationieren, ejakulierten aber nicht, sondern zogen immer dann, wenn ein Erguß sich andeutete, den Penis aus dem Mund des Fremden. Auf diese Weise schafften manche eine erstaunliche Anzahl von »Nummern«. Cf. E.W. Delph, 1978, S. 79.

37 Cf. D. Rancour-Lafferrière, 1979, S. 56 ff. Die weitverbreitete kurpfälzische Beleidigung »Bloos mer de Hewwel aus!«, die auch meine ahnungslose Großmutter benutzte, bedeutet »Du kannst mir einen blasen!« Cf. K. Bräutigam, 1979, S. 52.

38 S. Hite, 1982, S. 515 f. Trotzdem scheint es mehr Männer zu geben, die sich wie folgt äußern: »Ich mag es, wenn sie passiv bleibt, unter mir liegt, ich sie in den Mund ficke und mein Glied so tief hineinschiebe, wie es nur geht« (a.a.O., S. 521). Oder: »If I got her to perform fellatio it was an achievement. I associate somehow the act of having a woman take my penis in her mouth as a sign of degrading her« (F.S. Caprio, 1957, S. 237). Die Filipinos mit heterosexuellem Selbstverständnis, die sich im Badehaus oder anderswo von einem *bayot*

(Schwuchtel, Tunte) fellationieren lassen, legen bei ihrer Außendarstellung Wert darauf, nicht selber für *bayots* gehalten zu werden: »Ich bin derjenige, der füttert«, sagen sie, »und nicht derjenige, der ißt.« Trotzdem gibt es unter ihnen auch Männer, die den *bayot* fellationieren, doch ist es ihnen sehr peinlich, wenn die Sache herauskommt. Allerdings ist es immer noch weniger »weiblich« und beschämend, als sich von einem *bayot* anal koitieren zu lassen. Normalerweise gehen die Männer auf den *bayot* zu und sagen: *Antigo ka ba nga mopaak, Dang?* (»Wie beißt du, junge Dame?«), worauf der *bayot* erwidert: *Ngano man, papa-ak ka ba, Dong?* (»Wieso, willst du gebissen werden, junger Mann?«). Cf. F.L. Whitam/R.M. Mathy, 1986, S. 66; M.L. Tan, 1995, S. 92, 94. Auch bei den Sambia gilt derjenige als »passiv« und »weiblich«, der saugt und lutscht, und dies ist einer der Hauptgründe dafür, daß die Päderastie der jungen Männer vor den Frauen geheimgehalten wird oder wurde, weil diese ja sonst wüßten, daß auch ihr Ehemann, ihr Vater oder ihr Bruder in jungen Jahren einen Mann fellationiert haben. Ein Informant sagte den Forschern, er lasse sich am liebsten von besonders unmännlichen, mädchenhaften und schüchternen Jungen fellationieren. Cf. Herdt/Stoller, a.a.O., S. 76, 112. Wenn die Bewohner eines Dorfes der Asmat an der Casuarinaküste Leute aus einem anderen Dorf beleidigt haben, kommt der Häuptling der Übeltäter ins Dorf der Beleidigten, und saugt kurz am Penis der Betreffenden, allerdings ohne diese so zu erregen, daß sie ejakulieren. Auf gleiche Weise beschwichtigt man die Verstorbenen, auf daß sie das Dorf fortan in Ruhe lassen. Bei dieser Prozedur sind auch die Frauen anwesend, aber sie tragen große Hüte, damit sie nichts sehen können und sich deshalb nicht zu schämen brauchen. Cf. B.M. Knauft, 1993, S. 232f. Einen ähnlichen Brauch kannten auch die Bellona-Insulaner. Cf. H.P. Duerr, 1993, S. 263, Abb. 135.

39 2 % gaben an, daß sie von den Frauen »oft genommen werden« möchten. Bei den befragten Frauen waren es 8 bzw. 37 %. Cf. M.H. Abel, 1988, S. 235.

40 M. Dannecker/R. Reiche, 1974, S. 212, 218, bzw. M. Frings, 1984, S. 211. Cf. auch Isay, a.a.O., S. 101. Offenbar gab es auch in vergangenen Zeiten schon mehr oder weniger homosexuelle Männer, die mal »aktiv« und mal »passiv« waren. Jedenfalls bekannten von den im Jahre 1731 in Zuidhorn abgeurteilten »Sodomiten« die meisten, daß sie »die Sünde« aktiv und passiv ausgeübt hätten. Anscheinend wurden die Aktiv/Passiven und

die ausschließlich Passiven verschieden benannt. Jedenfalls verlautete Henricus van Bijler in seinem im gleichen Jahr veröffentlichten Buch *Helsche Boosheit of Grouwelyke Zonde van Sodomie*: »Viel weniger noch werde ich mitteilen, welche Namen sie den Aktiven und Passiven, den nur Passiven und den Menschen, welche es nicht taten, gaben.« Offenbar war man damals weithin der Auffassung, man könne die verschiedenen Typen an ihrem Aussehen erkennen, doch stellte der Autor dies in Abrede: »Ob man nach den Gesetzen der Physiognomie die Sodomiten erkennen kann [...], bezweifle ich sehr. Denn ein weibliches und sanftes Gesicht ist ganz bestimmt nicht ein Zeichen dieser, sondern einer ganz anderen Sünde« [gemeint ist wohl Onanie]. Cf. L.S. Römer, 1906, S. 412f., 462. Offensichtlich lösen sich seit einigen Jahrzehnten die starren Rollen bei männlichen und weiblichen Homosexuellen immer mehr auf (cf. I. al-Issa, 1987, S. 158; ders., 1980, S. 212), obgleich noch in den siebziger Jahren Sexualwissenschaftler auf die Frage, ob die Betreffenden aktiven Analverkehr betrieben, sofort und auf unbefangene Weise Antwort erhielten, während die Frage nach passivem Analverkehr bei »nicht wenigen« andere Reaktionen zur Folge hatte: »Die Widerstände, die diese Frage hervorrief, waren in einigen Fällen so groß, daß wir einen Abbruch des Interviews befürchten mußten. Die Frage löste Erröten, Schweißausbrüche, heftige Empörung über die Unterstellung aus; die Antworten wurden erst nach längerem Zögern gegeben« (Dannecker/Reiche, a.a.O., S. 207). Eine 31 Jahre alte Sadomasochistin sagte in einem Interview: »Ich habe anfangs in meiner Euphorie nicht wahrgenommen, daß innerhalb der S/M-Szene mit zweierlei Maß gemessen wird. Die masochistische Seite wird verachtet. Deshalb gehe ich auf fast jede S/M-Party als Aktive. Und zwar weil ich es Leuten, die mich Verachtung spüren lassen, nicht gönne, mich in einer hingebenden Rolle zu sehen« (*Spiegel* 1, 1994, S. 78).

41 Aristoteles: *Rhetorik* 1384a, bzw. Petronius, 1980, S. 62f.
42 Cf. D. Oetomo, 1996, S. 263. Javanische Prostituierte sagten mir, es seien sehr häufig gerade die besonders männlich aussehenden und sich machohaft und sexistisch benehmenden Touristen, die sich dann im Bett von ihnen »bumsen« ließen. Antonio Beccadelli schrieb im Quattrocento über die italienischen Bordelle: »Hier kannst du so viel ficken, wie du Lust hast ... und dich ficken lassen« (V.L. Bullough, 1982, S. 180), was auch die Bordellhuren von Cuzco bestätigten und hinzu-

fügten, daß bei ihnen die Männer für ein paar Minuten Urlaub vom *machismo* nähmen und sie, die Huren, Macho sein ließen. Cf. K. Arnold, 1977, S. 195 f.

43 Cf. Whitam/Mathy, a. a. O., S. 135; S. O. Murray, 1995, S. 11, 14; ders., 1996, S. 239. Ein Schwuler wie Murrays Sexpartner wird in Guatemala *internacional* genannt. Allerdings scheint es Murray fraglich, ob solche Männer auch einen guatemaltekischen *activo* »bumsen« würden und sich von ihm fellationieren ließen oder ob sie dies nur bei Ausländern tun.

44 J. Kamermans, 1995, S. 49, bzw. L. Segal, 1990, S. 151.

45 V. M. Mays et al., 1992, S. 431, bzw. M. D. Davis/E. L. Kennedy, 1990, S. 391.

46 Cf. L. Hughes-Hallett, 1990, S. 57. Von einem weiteren Beischlafpartner Kleopatras, nämlich Julius Cäsar, hieß es, er habe sein After- und Genitalhaar mit einer Pinzette ausgezupft und sich nicht allein von Kleopatra, sondern auch von König Nikomedes Philopator von Bithynien »ficken« lassen. Von Octavius wiederum sagte man, er habe seine Beinbehaarung mit rotglühenden Walnußschalen abgesengt und sich zunächst Cäsar und anschließend in Spanien für 3000 Goldstücke Aulus Hirtius hingegeben. Solche Vorwürfe gehörten bei den Römern zu den Standardbeleidigungen.

47 Cf. H. P. Duerr, 1984, S. 348; H. Rutishauser, 1986, S. 111 f. Auf einem aus der erstmalig 1474 in Ulm erschienenen deutschen Übersetzung von Boccaccios *De claris mulieribus* stammenden Holzschnitt (cf. H. P. Duerr, 1988, S. 183, Abb. 117) ist im Hintergrund Semiramis zu sehen, wie sie gerade Inzest mit ihrem Sohne Ninyas betreibt, während sie im Vordergrund gemeinsam mit zwei anderen Frauen im Slip (*bruoch*) erscheint »Sie het vil mann in unluterkait«, heißt es dazu, »ovch iren aigen sun. Sie erlovbt unküsch menglichen. Sie erdacht den frowen niderklaid zetragen.« An einer anderen Stelle heißt es zwar, sie hätte »alle frowen« mit diesen Unterhosen »verschloszen«, damit sie »ires suns Ninia nit« ebenfalls sexuell »gebruchten«, eine Sitte, die »noch uncz uff disen tag von den Egipciern und Assirys (als man sagt) gehalten würt«, doch nachdem Semiramis auf dem Bild die *bruoch* selber trägt, wird das ansonsten nur bei Männern vorkommende Kleidungsstück in diesem Falle Ausdruck der Frauenherrschaft sein. In diesem Sinne verlautete John Ferne in seinem 1586 erschienenen *Blazon of Gentrie* über »Semyramis, Queene of Ascalon and Babylon«, daß sie »abandoned all feminine attyre: for shee inuented firste, the use of breeches, and betooke her selfe, to

the speare and shield«. Cf. G. Boccaccio, 1895, S. 2, & 28f., bzw. A. McMillan, 1979, S. 130.

48 Cf. R. Bartra, 1994, S. 101f.; H. White, 1972, S. 21. Auch bei den Sherpa und in anderen Himalaya-Gesellschaften heißt es, die Yeti-Frauen, die mit gewaltigen Brüsten ausgestattet sind, überfielen Männer und vergewaltigten sie anschließend in ihren Felsenhöhlen. Cf. R. Messner, 1998, S. 40.

49 Cf. M.B. King, 1992, S. 5. Wie bereits erwähnt, scheinen starke Erregungen jeglicher Art (Angst, Zorn, Aggressivität) manchmal sexuelle Erregungen hervorzurufen.

50 B.S. Reher, 1995, S. 134f. Daß Frauen bisweilen Angehörige des eigenen und des anderen Geschlechts vergewaltigen oder sexuell mißbrauchen, stößt häufig auf Ungläubigkeit (cf. M. Elliott, 1995, S. 42ff.; K. Hunter, 1995, S. 89; C. Longdon, 1995, S. 99f.), und auch die Vergewaltigung von Frauen und Mädchen durch Lesbierinnen ist vor allem in den lesbischen Subkulturen »ein Tabuthema« (C. Ohms, 1993, S. 64). 1997 wurden in Deutschland 41 Frauen wegen Vergewaltigung und 56 wegen sexueller Nötigung angezeigt. Von diesen wurden 11 bzw. 9 verurteilt. Cf. K.M. Beier et al., 2001, S. 345. Sexuelle Übergriffe von Frauen auf Geschlechtsgenossinnen werden bereits in Quellen des 18. Jahrhunderts berichtet. So überfielen z.B. im Jahre 1767 in einem schwäbischen Dorf vier junge Frauen zwei andere. Nachdem sie diesen »zuerst die Brüste mit Gewalt ausgelegt« und anschließend deren »Scham besichtigt« hatten, sagte eine der Täterinnen über eines der Opfer, dieses »habe ein größeres als sie, obwohl sie [selber] schon ein Kind gehabt« (H. Schnabel-Schüle, 1997, S. 283). Vergewaltigungen von Frauen durch Frauen kamen und kommen häufig in Gefängnissen vor. In Rußland beispielsweise machen sich die *kobly*, »Rüden« genannten Insassinnen bevorzugt über die jüngeren Straftäterinnen her, sobald diese eingeliefert worden sind. Die gewaltsame Defloration von Jungfrauen nennen sie »ein Mädchen entkorken« (O. Zhuk, 1994, S. 149). Cf. auch M. King/E. Woollett, 1997, S. 579f.; S. Matthiesen/A. Dekker, 2000, S. 189; C. Micus, 2001, S. 159; A. Motz, 2001, S. 31f. Bekannt ist auch, daß manche Naziwärterinnen ihre weiblichen Opfer sadistisch gefoltert und insbesondere an den Brüsten gequält haben. Cf. z.B. E.A. Johnson, 2000, S. 350. Auch KZ-Insassinnen wurden von lesbischen Aufseherinnen vergewaltigt. Cf. S. Maiwald/G. Mischler, 1999, S. 188.

51 Cf. S. zur Nieden, 1994, S. 60.

52 Cf. G. Arentewicz/G. Schmidt, 1993, S. 28. Ein Arzt berichte-

te über von Tschetniks in Trnopolje vergewaltigte Frauen: »Ein neunzehnjähriges Mädchen hat mir erzählt, daß sie innerlich dicht gemacht habe. Sie habe sich hingelegt, habe versucht, an etwas anderes zu denken, und war abwesend, sie hat psychisch blockiert. Sie sagte, daß sie nur fühlte, wie ein fremder Gegenstand in sie eindrang, etwas Kaltes und Hartes« (A. Stiglmayer, 1993, S. 118). Cf. auch B. Laubenthal, 1999, S. 21; A. Cavelius, 2000, S. 86.

53 T. de Welles, 1988, S. 57.

54 F. Rabelais, 1961, S. 383, bzw. P. Aretino, 1986, S. 186 f., 305.

55 Cf. B. Orr, 1992, S. 204; A. D. Harvey, 1994, S. 43. Das 1683 in London erschienene Buch, das von wohlhabenden Engländern als Pornographie gelesen und alsbald verboten wurde, ist eine Übersetzung aus dem Italienischen. Das Original erschien 1642. Cf. J. Dejean, 1994, S. 116 ff.

56 N. al-Sa' adāwī, 1984, S. 64, 97.

57 Was als »intim« galt und gilt, scheint freilich zu variieren. Auf zahlreichen frühneuzeitlichen Genrebildern sind beispielsweise öffentliche Huren abgebildet, die sich von den Kunden küssen lassen (cf. z. B. H. P. Duerr, 1995, S. 48), und im Jahre 1644 bestätigte dies der Jüte Peter Hansen, als er notierte, wie er und sein Kamerad in einer Amsterdamer Herberge von einer jungen Hure ›angebaggert‹ wurden: »Mitteler Weill greifft sie ihm in seine Hoßen und fragte weiter, wie es da beschaffen, und dabey umbhalßende und küssende. Ich daß sehende, saß als verschlagen; wuste nicht, waß ich dencken solte, weiln ich damahls noch jung und in der Dinge noch unerfahren« (F. Ibold/J. Jäger/D. Kraack, 1995, S. 65). Dagegen ließen sich zumindest in den beiden ersten Dritteln des 20. Jahrhunderts die meisten Prostituierten nicht auf den Mund küssen. »Wenn man das denen so sagt«, meinte z. B. eine über die Freier, »Schatz du, ich möcht' mir einfach 'n bißchen was für mein Privatleben aufheben, dann kapieren die meisten das auch« (H. W. Ahlemeyer, 1996, S. 64, 129 f., 131). »Das hab ich dann gelernt«, so ein Mannheimer Call-Girl, »daß ich nicht – als ob ich nymphoman wäre – mit dem rumschmuse oder mich abknutschen lasse oder daß ich mir alles gefallen lasse, daß ich wenigstens noch ein bißchen Selbstachtung vor mir haben kann« (H. Hess, 1978, S. 18). »Ich lasse mich nicht von Kunden in den Arsch ficken«, sagte eine US-Hure, »das mache ich nur mit Freunden, und es gehört zu den wenigen Dingen, die ich nur mit Freunden mache« (S. Tisdale, 1995, S. 161), und eine Londoner Kollegin gab zu Protokoll: »I don't want stran-

gers' semen inside. I only drop the barrier with someone I really love« (S. Day, 1994, S. 174). Für die meisten Dominas ist jegliche Art von Koitus oder oralem Sex unvereinbar mit ihrer Identität. »Ich kann nicht jemanden erziehen, erniedrigen, demütigen«, so eine Domina in St. Pauli, »und anschließend mit ihm sexuellen Verkehr ausüben. [...] Ich kann es so machen, daß ich eine Kollegin dazuhole oder eine Frau, eine Sklavin [d.h. eine Kundin], egal, was auch immer, daß ich dabei bin, daß ich sage, was er zu tun hat, aber nicht mit meiner Person« (T. Unger, 1986, S. 60).

58 »I used to lie there«, erinnerte sich eine ehemalige Prostituierte, »with my hands behind my head and do mathematics equations in my head or memorize the keyboard typewriter« (D.A.J. Richards, 1982, S. 145), und eine andere erzählte über den Zuhälter, der sie auf dem »Babystrich« aufgelesen hatte: »Er brachte mich in einem Einzimmerapartement unter und schickte mir Türken in Fünferreihen. Sie haben sich einfach vor der Tür angestellt – Massenabfertigung. Ich lag da und las Zeitung, während das lief« (G. Sereny, 1986, S. 225). Ähnliches berichten indessen auch frustrierte Ehefrauen: »In unserer Ehe hieß die Regel: dreimal pro Woche. Mittwoch war fest, sonst konnte ich frei wählen. Freitag, Samstag oder Sonntag. Ein normaler Mann braucht das, sagte mein Mann. Ich hatte keine Möglichkeit zu sagen, ich will das nicht. Ich brauchte zeitweise Valium, ich hätte ihn sonst angespuckt, ihm das Gesicht zerkratzt. Später habe ich mich total von meinem Körper gelöst. Mit der Zeit habe ich überhaupt nichts mehr empfunden während des Verkehrs. Ich habe mir in dieser Zeit überlegt, wie ich meinen Pulli stricken will, oder habe in Gedanken Muster aufgelegt auf einen Stoff« (A. Godenzi, 1989, S. 85). Eine koreanische Prostituierte sagte, sie könne sich, wenn sie Heroin gespritzt habe, von einem Mann nach dem anderen besteigen lassen (J. Lie, 1995, S. 320). Amerikanische Masseusen gaben an, sie hätten es am liebsten, wenn der Kunde bei der Arbeit auch sie masturbiere – freilich nicht aus Lust, denn die empfänden sie nie (cf. E. Marcus, 1988, S. 43), sondern weil der Kunde dann schneller »komme«. Cf. C.E. Palmer/C.D. Bryant, 1977, S. 142. »I've learned not to be there«, sagte eine, »when they touch me. When they touch my breasts, I tell myself they're not really touching me« (J. Edelstein, 1988, S. 63).

59 »You have to act like you're in love with them and tell them how good it is ... I have no sensation or feeling, no nothing«,

meinte eine Hure, und einer ihrer Kunden bestätigte: »After I got undressed she washed me like a baby with soap and water and then put a rubber on me and [...] started to blow me with the damn thing on. I couldn't feel a thing. About two minutes later, at the most, she asked me if I was ›ready‹ yet because she couldn't spend all day with me. Before I could answer, she got on her back, spread her legs and put some saliva in her vagina to lubricate herself. As soon as I was inside she started going ›ooh‹ and ›aah‹ trying to convince me, I guess, that I was really turning her on. Meanwhile, she wouldn't even let me kiss her and she wouldn't let me put my fingers into her. She said that she was too sore. In the middle of her ›oohing‹ and ›aahing‹ the telephone rang. She answered it while I was still inside of her and casually made another appointment for that day« (H. Goldberg, 1976, S. 36f.). »I have learned to do the motions mechanically«, so eine philippinische Hure aus Olongapo, »in order to satisfy my customers. If you do it very well, they will keep coming back« (C. Enloe, 1983, S. 40), und eine Chicagoer Hure (hooker) verlautete über ihren vermeintlichen Orgasmus: »Of course we faked it. The ethic was: You always fake it. You're putting something over on him and he is paying for something he really didn't get. That's the only way you keep any sense of self-respect. The call girl ethic is very strong: You were the lowest of the low if you allowed yourself to feel anything« (V.T. Oldenburg, 1990, S. 283). »Na ja«, so erklärte eine Pornodarstellerin, »mein Mann, der wurde damit seelisch nicht mehr fertig. Der glaubt, was alle Männer glauben: nämlich, daß die Frauen wer weiß was empfinden. Ist natürlich alles Stuß. Als ob es irgendeiner Frau dabei kommt! Das ist einfach so ein Mythos: den Frauen wird es richtig besorgt. Natürlich darf man nicht, wenn man einen Orgasmus mimen soll, ein Gesicht ziehen wie 'ne saure Zitrone. Aber mein Mann meinte nun, wunder was da bei mir abgeht« (Spiegel 7, 1991, S. 213). Als im Jahre 1869 eine Frau in Saint Louis in einem Bordell angestellt wurde, erklärte ihr die Puffmutter: »Tu so, als erlebtest du gerade den Fick deines Lebens, stöhne, wälz dich herum, bitte ihn um Gnade, zeig ihm, was für ein Kerl er ist – und sei entzückt über seine Größe, sein Gewicht und seine Ladung!« (N. Kimball, 1999, S. 91).

60 Eine Hure, die ihren Kolleginnen erzählt hatte, daß sie völlig »perplex« war, von einem Freier oral zum Orgasmus gebracht worden zu sein, berichtete, daß die Frauen davon sehr peinlich

berührt waren, denn »eine ordentliche Hure läßt sich nicht von einem Freier befriedigen« (C. Drößler/J. Kratz, 1994, S. 118). Nach Umfragen genossen angeblich 75 % der US-Stricherinnen den Sex mit Kunden, wenn diese sie »zwischen den Beinen leckten« (L. Savitz/L. Rosen, 1988, S. 203), und zwar scheint dies besonders bei jungen und beruflich noch unerfahrenen Mädchen der Fall zu sein. Cf. B. Reng, 1968, S. 38. Deshalb ermahnen die Zuhälter besonders die Neuzugänge ausdrücklich, »cool« zu bleiben. Cf. J.H. Bryan, 1970, S. 428. »Einen Orgasmus«, meinte ein Wiener Zuhälter, »kann sie vom Gogl [= Kunde] gar nicht bekommen. Befriedigt wird sie nur durch mich, denn ich schustere ohne Gummi.« Ein anderer Zuhälter war sich da freilich nicht allzu sicher, meinte aber, er wäre sehr beleidigt, wenn es einer seiner Huren bei einem Freier »käme«, und dies widerspräche auch dem Ehrenkodex der Huren selbst: »Ich wurde einmal Zeuge einer etwas hitzigen Auseinandersetzung zwischen Prostituierten in einem Nachtlokal, im Zuge derer eine Dirne der anderen in deutlich beleidigender Absicht vorwarf, ihr ›wäre es bei einem Gast gekommen‹« (R. Girtler, 1987, S. 110, 150). Die Zuhälter der schwarzen Huren des San Francisco Bay-Gebietes sagten, daß diese sich beim Koitus mit einem Freier (»trick«) gelegentlich gehenließen und »bust their nut«, doch sei dies gegen die Regel (Milner/Milner, a.a.O., S. 90). Zwar sagen manche Huren, daß es ihnen mitunter bei besonders »begabten« und attraktiven Kunden »käme« (cf. G. Maxwell, 1961, S. 196; Ahlemeyer, a.a.O., S. 191; Green, a.a.O., S. 447; H. Bilitewski et al., 1988, S. 24, 27, 33), doch regt sich der Verdacht, daß es sich bei solchen Aussagen häufig um eine Art Schutzbehauptungen handelt, mit denen die Frauen beispielsweise gegenüber den Vorwürfen von Feministinnen, sie ließen sich von den Männern erniedrigen, ihre Würde und Selbstachtung bewahren wollen: Denn suchen sie selber die sexuelle Befriedigung und lassen sie diese bewußt zu, so sind sie »aktiv« und »selbstbestimmt« und nicht die Opfer, als die sie von den Feministinnen gesehen werden.

61 Cf. R.-M. Giesen/G. Schumann, 1980, S. 56. »Mir ist das ein paarmal passiert«, berichtete eine norwegische Hure, »wenn ich high war. Deswegen ist es aber hinterher nicht etwa besser, ganz im Gegenteil« (C. Høigård/L. Finstad, 1987, S. 106). Anders verhält es sich offenbar bei den Strichern mit heterosexuellem Selbstverständnis, die sich häufig sehr gerne von den homosexuellen Freiern fellationieren lassen, ohne sich deshalb

für »schwul« zu halten. Cf. A.J. Reiss, 1961, S. 114f.; D.J. West, 1992, S. 146ff.; E. Köllner, 1990, S. 77; H.-J. Schickedanz, 1979, S. 176f. Bereits im Jahre 1738 gab ein Pariser Stricher namens Fontaine zu Protokoll, er »tue« es auf jede Weise und »komme« auch im Mund der Kunden (M. Rey, 1987, S. 184), und einer seiner modernen Kollegen meinte: »Zu manchen Freiern gehe ich wirklich mit Freude und hab schon einen Ständer, bevor wir was machen« (B. Bader/E. Lang, 1991, S. 28). Während manche Kunden keinen Wert auf den Orgasmus des Strichers legen und sich nach der eigenen Ejakulation recht unsentimental und schnell zurückziehen (cf. R. Redhardt, 1968, S. 77f.), bestehen andere darauf, den Stricher zu erregen: »Viele wollen aber, daß auch der Junge spritzt, sonst ... viele kriegen sonst keinen hoch, wenn der Junge keinen hoch hat« (Schickedanz, a.a.O., S. 174). Für manche Stricher ist das Fellationiertwerden nicht besonders lustvoll – »Ab und zu muß ich mal abspritzen, aber ich empfinde nichts dabei« (Bader/Lang, a.a.O., S. 17) –, doch anderen wiederum gefällt dies wesentlich mehr, als selber den Kunden zu fellationieren: »Mir macht es keinen Spaß, wenn ein Typ sich ganz kraß nur von mir bedienen läßt. Bei den Massagen ist das okay, denn da gibt es eine gewisse Distanz, aber wenn ich jemandem den Schwanz lutschen, ihn küssen und ablecken soll, das fällt mir schon schwer. Darin ist mir zuviel Selbstaufgabe« (M. Frings, 1984, S. 229). Wieder anderen heterosexuellen Strichern, die sich zunächst nur selber fellationieren ließen, empfinden es mit der Zeit als so lustvoll, auch den Kunden zu »lutschen«, daß sie das Gefühl haben, »schwul« geworden zu sein, auch wenn sie das nicht gerne zugeben. Cf. West, a.a.O., S. 23ff.

62 Cf. Elsom, a.a.O., S. 176. Aus diesem Grunde unterbinden fast alle Huren jegliche Versuche von Freiern, sie zu stimulieren oder irgendeine Art von erotischem Verhältnis herzustellen. Im Jahre 1953 schrieb z.B. die britische Prostituierte Sheila Cousins in ihrer Autobiographie: »I had flaming quarrels with men who, not content with possessing me, wanted to make love to me as if I were a mistress and not a tart« (H. Evans, 1979, S. 196). Entsprechend berichtet ein Mann, der zu einer Hure gesagt hatte, daß er sie möge: »Sie sagte: Red mir hier keinen Schmus, sondern komm zur Sache, mach dein Nümmerchen und hau ab! Und da ist mein gerade entstehender Ständer wieder senkrecht runtergefallen, ich hab ihr das Geld gegeben, die Hose hochgezogen und bin weggegangen.

Sehr frustrierend. Als ich rausging, hat sie noch gesagt: Bilde dir ja nicht ein, daß ich hier bin, um Liebe zu verkaufen, ich bin hier, um meine Fute zu verkaufen, und basta. Und wenn du das nicht weißt, dann mußt du das mal lernen, Junge« (Bilitewski et al., a.a.O., S. 103). »Es gibt Typen«, erzählte eine Hure, »die mir noch was extra zahlen wollen, um mich zu befriedigen. Was geht eigentlich in deren Birnen vor sich?« (Høigård/Finstad, a.a.O.).

63 Cf. B.L. Reitman, 1931, S. 82. Das Unterbinden solcher Lust-gefühle scheint freilich vielen Prostituierten nicht sonderlich schwerzufallen. »Die einzige Lust dabei«, so eine Ex-Hure, »war der Gedanke, daß jeder Freier irgendwann mal geht« (Bilitewski, a.a.O., S. 39), und eine sich prostituierende Stripperin antwortete auf die Frage, ob ihr oder ihren Kolleginnen der Sex mit Kunden gelegentlich Spaß mache: »Nobody – not myself, not the other women – enjoys being pawed, poked, prodded and fucked by men we wouldn't give the time of day if we met them elsewhere« (P. Morgan, 1988, S. 25). Meist ist das »Nümmerchen« auch so schnell vorüber, daß intensive Lustgefühle gar nicht erst entstehen können. So erzählte um die Jahrhundertwende eine lateinamerikanische Storyville-Hure aus einem Nobelpuff: »I lay on de bed, and he do what he want. Ees nawthing, you know – maybe wan, two minutes. Si! I can make heem do eet queeker, but mo' all de time eet ees not necessary. He ees queeck by himself« (R. Rosen, 1982, S. 92).

64 E. Goode, 1978, S. 343, bzw. M.H. Silbert, 1989, S. 220f.

65 Palmer/Bryant, a.a.O., S. 112, bzw. A. Geiges/T. Suworowa, 1989, S. 140. »Die Fähigkeit zu lieben geht mit der Prostitution kaputt«, meinte auch ein Stricher (Bader/Lang, a.a.O., S. 126).

66 Høigård/Finstad, a.a.O., S. 81f.; R. Perkins/G. Bennett, 1985, S. 29. »Ich habe noch nie einen Mann getroffen, der etwas anderes wollte als abspritzen«, sagte mir eine Frankfurter Prostituierte, die als Bedienung in einer Kneipe schräg gegen-über vom Suhrkamp Verlag arbeitete. »Ich verkaufte den Fickern das sie offensichtlich berauschende Glücksgefühl, willkürlich über mich verfügen zu können, so daß sie mich körperlich erniedrigten, indem sie mich zwangen, all das, was ich verabscheute, für sie zu tun. [...] Unter denen, die ich beblasen mußte, war kein einziger, dessen Penis nicht gestun-ken hätte« (Anonyma, 1986, S. 423).

67 Im Jahre 1548 verlautete Agnolo Firenzuola, daß »in unserer Zeit die große Kurtisane Cicilia Vinitiana in Rom« und viele

ihrer Kolleginnen sich sexuell nur für Frauen interessiert hätten. Sie »verschmähen von Natur aus die Ehe und fliehen vor dem Umgang mit Männern. Und wir dürfen annehmen, daß diejenigen, welche aus freien Stücken Nonnen werden und bleiben, zu ihnen gehören« (J. Murray, 1991, S. 208). Im 18. Jahrhundert war man in Paris und in London allgemein der Auffassung, die meisten Prostituierten seien lesbisch. Von der bekannten Pariser Hure Rancour, die bisweilen Männerkleidung trug, hieß es, sie sei eine männerhassende Tribadin (cf. E.-M. Benabou, 1987, S. 380), aber auch zahlreiche Puffmütter (»mamans«) wie z.B. die Lemoine galten als »des fameuses tribades«. Vor allem die Kurtisanen, also die Edelnutten, die häufig als Paare zusammenlebten, betrieben das, was meist einfach nur »infamie« genannt wurde (a.a.O., S. 230, 379f.). »Ich hatte nichts dagegen«, so eine Frau, die im 19. Jahrhundert in Storyville einen Puff unterhielt, »wenn die Mädchen mal zusammengluckten und schmusten oder sich die Rille wetzten, aber wenn ich einen Dildo fand, ging mir das entschieden zu weit« (Kimball, a.a.O., S. 15). Im Jahre 1820 gab die Concierge des Pariser Prostituiertengefängnisses »Petit Force« zu Protokoll, fast alle Insassinnen übten den »commerce contre nature« miteinander aus. Cf. P. O'Brien, 1982, S. 100. Bekanntlich wird Fanny Hill von einer lesbischen Prostituierten entjungfert, während Mrs. Manleys 1709 erschienene *Secret Memoirs* von einer Lady Popham handeln, die gemeinsam mit ihrer Favoritin in Männerkleidern durch die Londoner Hurenviertel flaniert, wo sie die bereitwilligen Prostituierten »bumsen«. Cf. R. Trumbach, 1994, S. 126. Im Jahre 1798 wurden in Amsterdam fünf Huren verhaftet, nachdem deren Nachbarinnen durch ein Loch in der Wand beobachtet hatten, wie sie einander zwei Stunden lang befühlt, sich aufeinander gelegt und dabei Koitusbewegungen ausgeführt hatten. Eine von ihnen hatte zudem »die Weiblichkeit der anderen mit ihrer Zunge geleckt« (T. van der Meer, 1992, S. 199). Etwa um dieselbe Zeit berichtete der Reisende Johann Wilhelm v. Archenholtz von lesbischen Beziehungen unter den sich häufig prostituierenden Londoner Schauspielerinnen (cf. P. Wagner, 1987, S. 59). Als man damals im Magdalen Hospital für reuige Prostituierte eine junge Hure dabei beobachtete, wie sie an den Brüsten einer Kollegin spielte, führte man dies als typisch für die »unnatural wickedness« an, die dort herrsche. Cf. R. Trumbach, 1991, S. 127. Deshalb durften im 14. Jahrhundert die ehemaligen Huren der »repenties« von

Avignon nie zu zweit im Bett oder ohne Nachthemd schlafen. Cf. J. Rollo-Koster, 2002, S. 122. Während der früheren Ch'ing-Zeit, im 17. und 18. Jahrhundert, hielten sich anscheinend manche chinesische Kurtisanen Konkubinen (cf. S. Mann, 1997, S. 261). In einem Roman aus dieser Epoche wird eine Gruppierung lesbischer Prostituierter beschrieben, die sich »Bande der Spiegelpoliererinnen« nennt und deren Mitglieder Sex mit Männern als widerwärtig empfinden. Im Jahre 1988 gab es in Taiwan tatsächlich eine kriminelle Bande von etwa dreißig lesbischen Huren, die sich »H-Bande« (»H« von »Homo«) nannte. Ihre Mitglieder trugen Männerkleider, vergingen sich an jungen Mädchen und zwangen sie zur Prostitution. Cf. B. Hinsch, 1990, S. 177.

68 Cf. W.H. Masters/V.E. Johnson, 1979, S. 64f.; R. Schlötterer, 1982, S. 189; G.D. Comstock, 1991, S. 200. Eine junge Ungarin, die im 19. Jahrhundert nach Budapest kam und sich dort als unerfahrene Alleinstehende ständig »unverschämten Anträgen« ausgesetzt sah, verkleidete sich als Mann und lebte unerkannt als Erzieher und als Bahnarbeiter. »Durch die so gewonnenen Einblicke in das Treiben der Männerwelt bekam ich einen unüberwindlichen Widerwillen gegen die Männer. Da ich aber von Natur aus sehr leidenschaftlich bin und das Bedürfnis habe, mich einer geliebten Person anzuschließen und mich derselben ganz hinzugeben, fühle ich mich immer mehr zu mir sympathischen Frauen und Mädchen [...] mächtig hingezogen« (K. Schmersahl, 1998, S. 284). Im Gegensatz zu dieser Frau meinte eine lesbische Feministin: »Ich wollte eigentlich keinen Sex, obwohl ich als Zwanzigjährige Beziehungen mit Männern hatte. Deswegen entschied ich mich für Frauen; das kam mir weniger wie Sex vor ...« (M. Elliott, a.a.O., S. 202).

69 Nach einer amerikanischen Untersuchung zogen mehr als die Hälfte der befragten Prostituierten Frauen als Sexpartner vor (cf. N.J. Davis, 1971, S. 317), während sich bei einer Befragung norwegischer Huren knapp ein Drittel der Frauen als Lesben bezeichnete. Cf. Høigård/Finstad, a.a.O., S. 109. R. Gödtel (1992, S. 80) führt eine Untersuchung an, nach der 70% der Huren von lesbischen Beziehungen berichteten und 80% der Befragten sich als sexuell »frigide« beim Sex mit Männern bezeichneten. Eine lesbische Domina meinte, die meisten ihrer S/M-Kolleginnen haßten tatsächlich und nicht nur zum Schein die Männer und: »I would say three out of five were lesbians« (Perkins/Bennett, a.a.O., S. 129). Nordamerikanische Stripperinnen schätzten, daß mehr als drei Viertel ihrer Kolleginnen

lesbisch seien, und eine erklärte, »that the constant exposure and manipulation of the body and the body contact backstage are often the beginning of lesbian experiences for strippers« (Salutin, a.a.O., S. 180). Eine andere lesbische Stripperin teilte mit, in ihrer »crew of sixty performers« sei die Hälfte ausschließlich lesbisch und die Betreffenden bedauerten es deshalb, daß ihnen bei ihren Vorführungen so wenig Frauen zuschauten. Seit dem Jahre 1984 strippte sie in einer Lesbenbar in San Francisco, was sie und ihre Kolleginnen sehr genossen, weil sie sich dort nicht mehr »ultra-feminine« gerieren mußten, sondern »butch« sein und Männerkleidung tragen und ausziehen durften. Außerdem wurden sie bei ihrer Arbeit in solchen Bars und für pornographische Lesbenmagazine wie *On Our Backs* nicht länger von feministischen »anti-porn groups« belästigt und beleidigt. Cf. D. Sundahl, 1988, S. 177f.; S. Kaiser, 1988, S. 104f. Auch viele der New Yorker Peep-Girls, die fast alle nach Dienstschluß mit den Besuchern ins Bett gingen, waren lesbisch. Cf. Elisabeth B., a.a.O., S. 41. Bei einer Befragung von Straßenstricherinnen in den USA berichteten 33% von »recent sexual contact with another female« (Savitz/Rosen, a.a.O., S. 205). Cf. auch P. Alexander, 1988, S. 54; H.M. Alexander, 1938, S. 54f. Zahlreiche interviewte »hand whores« sagten, sie unterhielten lesbische Beziehungen zu anderen Masseusen. Cf. Palmer/Bryant, a.a.O., S. 139. Fast jede der im indischen Lucknow befragten Huren (*tawa' if*) bekannte, ihre intimsten Beziehungen hätte sie zu einer Frau, und mindestens ein Viertel der Frauen bezeichnete sich explizit als Lesbierinnen (*chapat baz*). Cf. V.T. Oldenburg, 1990, S. 276. Ähnlich verhielt es sich bei den Huren im vorrevolutionären Havanna (cf. L. Arguelles/B.R. Rich, 1989, S. 444) sowie gegen Ende des 19. Jahrhunderts bei den mexikanischen Stricherinnen (*aislades*) und den Huren, die *en comunidad*, d.h. im Bordell, arbeiteten. Cf. K. Bliss, 1999, S. 21. Auch in Europa war zu jener Zeit die lesbische Prostituierte ein verbreitetes literarisches Motiv, das von Künstlern wie Toulouse-Lautrec aufgenommen wurde. Cf. D.M. Kosinski, 1988, S. 191. Es entsprach offenbar durchaus der Wirklichkeit. Cf. R. v. Krafft-Ebing, 1912, S. 453. Betätigten sich die Huren nicht bereits im Bordell oder auf der Straße lesbisch, dann spätestens im Gefängnis. So erklärte im Jahre 1898 eine Prostituierte vor dem königlichen Amtsgericht Fürth über das Zwangsarbeitshaus St. Georgen bei Bayreuth: »Man braucht nicht glauben, daß ich da droben besser werde, nein, da wird man schlechter. Früher wußte ich, daß nur Manns- und Weibsleute miteinander thun können, aber jetzt weiß ich schon, daß auch Weibsleute miteinander thun können, des hab ich schon gelernt da droben. Wenn ich wieder komme, dann bin ich erst eine Durchgewichste, bis jetzt war ich's noch nicht« (S. Krafft, 1996, S. 228).

70 K. Lützen, 1990, S. 301.

71 C. McCaghy/J.K. Skipper, 1974, S. 159ff., bzw. Giesen/Schumann, a.a.O., S. 131. »Very many of us«, so eine britische Hure über lesbische Neigungen, »develop them, possibly to counterbalance the cankerous revulsion that results from continual contact with male lust« (D.A. Ward/G.G. Kassebaum, 1966, S. 129). Bisweilen scheinen sich auch die Prostituierten, die von dem Zuhälter, in den sie sich verliebt hatten, enttäuscht wurden, Frauen zuzuwenden. Dazu ein Wiener Zuhälter: »Die Frauen, die einen Zuhälter hatten und ausgebeutet wurden, die werden oft lesbisch, die lassen keinen Mann heran« (Girtler, a.a.O., S. 62). Ähnlich verlautete eine australische Hure: »The percentage of lesbians among prostitutes is high not through prostitution but more because of bad experiences with men before they turn to prostitution, or perhaps they turn to prostitution because of these bad experiences« (Perkins/Bennett, a.a.O., S. 78). Andere wiederum scheinen den männerspezifischen Sex (Penetration, Fellatio) satt zu haben und sind überzeugt davon, daß eine Frau meist eine Frau besser »lecken« könne als ein Mann. So sagte eine Pornodarstellerin, sie sei sogar schon auf der Bühne bei der Ausübung des Soixanteneuf mit einer anderen Frau »gekommen«, was ihr bei einem Mann noch nie widerfahren sei: »If you're really into it, I guess you eat each other out« (K. Everts, 1988, S. 38). Wiederum andere, die dem Freier einen Orgasmus vorspielen, sagen ihm, sie seien eine »dyke« [= Lesbe], damit jene glauben, sie seien so tolle Hechte im Bett, daß bei ihnen sogar eine Lesbierin »komme«. Cf. A. Murray, 1995, S. 68.

72 Cf. I. Weiler, 1998, S. 131ff., 190f. Hirschfeld (1991, S. 120f.) schätzte damals, daß etwa 20% der Berliner Huren Lesbierinnen seien. Da der Geschlechtsverkehr mit Männern sie kalt ließe, seien sie für ihren Beruf besonders geeignet. Viele von ihnen bezahlten andere lesbische Frauen, damit sie mit ihnen schliefen, und sprachen Frauen, die ihnen »homosexuell erscheinen«, auf der Straße an. Cf. auch ders., 1926, S. 579.

73 Cf. I. Bloch, 1907, S. 603f. Auch die *butchs*, die sehr gerne mit Prostituierten ins Bett gingen, hielten diese nicht für wirklich homosexuell.

1 B. Dijkstra, 1986, S. 119.

2 G. Schmidt, 1996, S. 35 f. Auch D. F. Greenberg (1988, S. 378) behauptet, im 19. Jahrhundert habe man geglaubt, »that normal women are blessed by sexual anesthesia«.

3 A. Corbin, 1995, S. 123 f. Immerhin führt Corbin an einem anderen Ort (1994, S. 104) den Arzt Le Cœur an, der in seinem 1846 erschienenen *Guide médical et hygiénique du Baigneur* die spitzen Schreie der im Meer badenden jungen Mädchen mit den Orgasmusschreien der verheirateten Frauen verglich, was wohl voraussetzt, daß Dr. Le Cœur nicht nur davon ausging, daß zumindest manche Ehefrauen einen sexuellen Höhepunkt hatten, sondern daß sie auch noch dabei schrien!

4 C. Wouters, 1999, S. 52.

5 A. Kuckuck/C. Luckmann, 1997, S. 25. Daß Frauen in Wirklichkeit sexuell potenter seien als die Männer, wird insbesondere von Feministinnen häufig mit ihrer Fähigkeit zu »multiplen Orgasmen« begründet. Cf. I. Ebberfeld, 1992, S. 43. So schwärmt etwa eine amerikanische Feministin: »Genaugenommen *sind* die weiblichen Sexualorgane eben das, was die alten Religionen fürchteten, nämlich ›unersättlich‹. Sie sind fähig zu mehrfachen Orgasmen, zu Orgasmen, die ununterbrochen einer auf den anderen folgen, zu scharfen und atemberaubenden klitoralen Orgasmen, zu Orgasmen, die sich scheinbar auf die Vagina konzentrieren und gefühlsmäßig überwältigend sind, zu Orgasmen, die ausgelöst werden durch das Streicheln der Brüste, zu endlosen Variationen und Kombinationen all dieser Möglichkeiten« (N. Wolf, 1991, S. 181 f.). Nach einer Umfrage in den achtziger Jahren waren immerhin 42 % der Männer davon überzeugt, daß Frauen beim Koitus eine intensivere Lust erleben als Männer (cf. B. Strauß/E. Barth, 1988, S. 171), eine Auffassung, die anscheinend unter Jugendlichen nicht so verbreitet war. Cf. R. Lautmann, 1984, S. 26.

6 Cf. J. Woycke, 1988, S. 11, bzw. C. Chinn, 1988, S. 142.

7 J. Peterson, 1989, S. 77, bzw. L. Gordon, 1977, S. 106. Cf. auch J. Reed, 1978, S. 25 f. »Il n'existe pas de femmes sans besoin«, stellte im Jahre 1882 der Arzt Jules Guyot fest, »il n'existe pas de femmes privées de sens. Il n'existe pas d'impuissantes au spasme génésique. Mais, en revanche, il existe un nombre immense d'ignorants, d'égoïstes, de brutaux qui ne se donnent pas la peine d'étudier l'instrument que Dieu leur a confié« (L. Adler, 1984, S. 94).

8 Cf. M. Mason, 1994, S. 176.

9 Cf. L.J. Kern, 1981, S. 46. Anders verhielt es sich möglicherweise bei den Arbeiterfrauen. Jedenfalls veröffentlichte im Jahre 1891 der Nervenarzt Harry Campbell die Ergebnisse einer Befragung von Arbeitern, die Patienten in einer Klinik gewesen waren. Von den 52 Befragten sagten nur 12, daß ihre Frauen vor der Ehe bemerkenswerte sexuelle Reaktionen gezeigt hätten. 39 von ihnen gaben an, die sexuelle Lust habe sich bei den Frauen während der Ehe entwickelt, sei aber schwächer als die ihre. Der Arzt folgerte hieraus, daß die weibliche Libido »very much less intense« sei als die männliche. Cf. C.E. Russett, 1989, S. 44.

10 Cf. H. Blodgett, 1989, S. 43; P. Horn, 1992, S. 95; P. Jalland, 1986, S. 120f.; J. Gerard, 1994, S. 108; U. Blosser/F. Gerster, 1985, S. 285; B. Belford, 1998, S. 125; Gordon, a.a.O., S. 99; J. Perkin, 1989, S. 279; ders., 1995, S. 59; C. Moszeik, 1909, S. 43.

11 Cf. Perkin, a.a.O., S. 280; Tobias, a.a.O., S. 56ff.; R. Jenkyns, 1980, S. 137. Ruskin wurde allem Anschein nach entweder durch den Anblick der Vulva oder des Schamhaares seiner Gattin so schockiert, daß er während der sechsjährigen Ehe keine einzige Erektion zustande brachte. Einen solchen Ekel vor dem Genitalbereich einer reifen Frau empfinden häufig pädophile Männer, und es ist bezeichnend, daß Ruskin für vorpubertäre Mädchen schwärmte. Cf. Belford, a.a.O., S. 48f. Ein Mann, der mehrfach kleine Mädchen sexuell belästigt hatte, erklärte: »My first wife was a brunette – she had a pretty good sized backside ... seeing that would give me a peculiar feeling. She had a large amount of hair on her genitals – it worried me. I always felt exceedingly peculiar whenever I'd see this portion of my wife's anatomy, but I had no idea what caused this queer sensation to come over me whenever I so beheld her. I was bothered so much by the sight of this hair that I never had intercourse with my wife during the daytime, as I simply couldn't bear to see her naked; and even when I had intercourse at night the contact of my body with her hair gave me the ›creeps‹. If my second wife had allowed me to shave her, I don't think I would have ever bothered any little girls« (P.E. Slater, 1968, S. 14f.). Man hat auch gemutmaßt, Ruskin sei entsetzt gewesen, weil er einfach nicht gewußt habe, daß auch Frauen eine Schambehaarung aufweisen. Noch in den fünfziger Jahren des 20. Jahrhunderts wurde in den britischen und amerikanischen Nudistenzeitschriften bei den Photographien nackter Personen meist das Schamhaar wegretuschiert

(cf. P. Fryer, 1963, S. 208), und eine amerikanische Nudistin berichtete, sie sei nachgerade schockiert gewesen, als sie zum ersten Mal einen nackten Mann sah, denn »I never knew a man had any pubic hairs« (Weinberg, a.a.O., S. 340). Als Ruskin nach dem Tode William Turners im Jahre 1851 dessen Nachlaß sichtete, stieß er zu seinem Entsetzen auf zahlreiche Darstellungen »of the pudenda of women«, und zwar »of the most shameful sort«. Aufgrund von Recherchen stellte Ruskin fest, daß der Maler an Wochenenden oft sein Haus in Chelsea verlassen hatte, um Frauen von Matrosen, die auf See waren, »in every posture of abandonment«, vor allem nackt und mit gespreizten Beinen zu malen und zu zeichnen. Angewidert entschloß sich Ruskin, die Werke, die in die Hunderte gingen, zu verbrennen. Cf. G.R. Scott, 1945, S. 176.

12 I. Schraub, 1992, S. 40.

13 L. Abrams, 1998, S. 50.

14 Er stellte zudem fest, daß »trotz aller wollüstigen Betastungen des Mannes doch die Brüste noch schön gewölbet und ziemlich elastisch, von mittlerer Größe, die Brustwarzen dunkelbraun, aber von dem öfteren Saugen des Mannes an denselben doch etwas herausgezogen« waren (M. Lorenz, 1999, S. 76).

15 Dies meint P. Robinson, 1989, S. 3.

16 So z.B. von R. Pearsall, 1969, S. 12f.

17 J. Perkin, 1995, S. 64.

18 D. Duff, 1990, S. 35.

19 Cf. R. Randall, 1989, S. 198; S. Weintraub, 1987, S. 171; Duff, a.a.O., S. 373. Auch in ihrer unmittelbaren Umgebung nahm man häufig nicht gerade ein Blatt vor den Mund. So schrieb z.B. der Herzog von Clarence an ihren Mann, Prinz Albert: »Letzte Nacht habe ich zwei Nutten gefickt. Ich hoffe, ich habe mir keinen Tripper geholt« (a.a.O., S. 276). Ihr 1841 geborener Sohn Edward besuchte ohne jegliche Wahrung der Diskretion Alice Keppel zum Beischlaf, vor dessen Beginn sich Mr. Keppel in seinen Club zurückzog. Edwards Kutsche parkte derweil direkt vor dem Haus der Keppels. Cf. C. Hanken, 1996, S. 230f. Victoria selber liebte es, sehr offen mit Männern zu flirten, vor allem mit einem Diener namens John Brown, einem etwas ungeschliffenen, aber sehr virilen Schotten, mit dem sie höchstwahrscheinlich nach dem Tode ihres Mannes eine lebenslange Affäre begann. In Hofkreisen wurde Victoria deshalb »the Empress Brown« genannt. Nach ihrem Tode legte der Leibarzt der Königin unmittelbar vor

dem Schließen des Sargdeckels ein Photo des Dieners und eine seiner Haarlocken in die Hand. Cf. A. Munich, 1996, S. 156 f., 159 f. Victoria war nicht nur dafür bekannt, daß sie ganz offiziell als äußerst gewagt geltende Theaterstücke besuchte (cf. Elsom, a.a.O., S. 25), vielmehr liebte und sammelte sie sehr freizügige Aktbilder und -skulpturen, z.B. solche von John Bell und William Theed, und besaß sogar eine der Aktzeichnungen Mulreadys, die Ruskin als »degraded and bestial« bezeichnet hatte. Als in unserer Zeit der Romancier Compton Mackenzie auf dem Weg zum Ritterschlag einen Korridor des Buckingham-Palastes durchschritt, sah er an der Wand das Bild einer splitternackten Diana im Bade und fragte sich, was wohl Victoria zu einem solchen Gemälde gesagt hätte. Da fiel sein Blick auf die Beschriftung. Es handelte sich um ein Hochzeitsgeschenk Victorias an ihren Prinzgemahl vom Jahre 1840. Cf. Weintraub, a.a.O., S. 238 f.

20 Weiter erklärte Debay, daß die Frau ihre zum Orgasmus führende sexuelle Erregung in erster Linie einer Reizung der Klitoris, des erektilen Gewebes der Vagina und der kleinen Schamlippen verdanke. Nervöse Frauen mit glühender Vorstellungskraft erreichten nach der geringsten Stimulierung ihren Höhepunkt, eher pummelige mit robusterem Nervenkostüm brauchten länger. Eine vernünftige Frau sollte freilich nicht mehr Sex fordern, als ihr Gatte zu leisten imstande sei. Jenen Frauen aber, die nur eine schwache Geschlechtslust verspürten, legte er ans Herz: »Zwingen Sie sich, ihn zu befriedigen, und zwar ungeachtet Ihrer momentanen Aversion gegen die Vergnügen, die er sucht; spielen Sie ihm etwas vor und tun Sie so, als ob Sie einen Spasmus der Lust hätten; dieser harmlose Betrug ist gerechtfertigt, wenn es darum geht, einen Ehepartner zu halten« (E.O. Hellerstein/L.P. Hume/K.M. Offen, 1981, S. 175 f.). Cf. auch P. Robertson, 1982, S. 88.

21 Cf. A. MacLaren, 1976, S. 486, bzw. J.A. Banks, 1981, S. 90, und E.R. Pike, 1967, S. 365. Wie in den meisten Gesellschaften seit den ältesten Zeiten (cf. z.B. M. Godelier, 2001, S. 110) war man auch im Europa des 19. Jahrhunderts davon überzeugt, daß eine Frau durch die regelmäßige Zufuhr von Sperma während des Geschlechtsverkehrs nicht nur gesund bleibe, sondern auch schön und aktiv werde, was man unter anderem an den häßlichen und schlaffen alten Jungfern und den Gattinnen impotenter Männer erkennen könne. Cf. R. Porter, 1986, S. 239. So hieß es über die älteren, keusch lebenden Fräulein, ihre Haut sei fahl und grau, die Lippen blaß und

dünn, und die Augen hätten ihren Glanz verloren: »Das Fett-
polster des Unterhautgewebes verringert sich in auffallender
Weise. Das markiert sich in erster Linie an den Brüsten, welche
kleiner und nicht selten welk und hängend werden. Sie scheinen an dem Brustkasten gleichsam beinahe handbreit herun-
tergerutscht zu sein«, was man nicht selten bereits bei fünf-
undzwanzigjährigen Jungfrauen beobachten könne. Freilich
blühten auch diese auf, wenn sie sich zum Geschlechtsverkehr
entschlössen (K. Baumgarten, 1997, S. 121 f.). Nicht wenige
Frauen scheinen noch heute zu glauben, daß Sperma ihre Brüste vergrößere, weshalb sie bei der Fellatio das Ejakulat herun-
terschlucken: »Manche schlucken den männlichen Samen wie
einen magischen Arzneitrank, der ihnen Kraft verleiht« (G.
Tordjman/J. Cohen/J. Kahn-Nathan, 1981, S. 142 ff.). Es sei »a
fact«, so 1838 der Arzt Richard Carlile, »that can hardly have
escaped the notice of anyone, that women who have never had
sexual commerce begin to droop when about twentyfive years
of age, that they become pale and languid, that general weakness and irritability, a sort of restless, nervous fidgettyness
[= Herumgezappel] takes possession of them« (Jalland, a.a.O.,
S. 256), und fünf Jahre später konstatierte der Gynäkologe
Flittner: »In einer gewichtigen Rücksicht machte die Natur die
Stillung des Begattungstriebs zu einem dringenderen Be-
dürfniß bei dem weiblichen Geschlechte, als bei dem männlichen. Für die vollkommene Gesundheit der Frauen ist nicht
nur das Tragen, Gebären und Säugen der Kinder, sondern der
in den Geschlechtstheilen beim Zeugungsgeschäfte selbst
bewirkte Reiz, verbunden mit den Ergießungen der dazu abge-
sonderten Feuchtigkeit, unentbehrlich, wenn nicht jene Theile
bei zunehmenden Jahren sich verhärten, die Blutgefäße derselben sich verstopfen, schädliche, die Nerven schmerzlich rei-
zende Schärfen daselbst erzeugt werden, und jene oft fürchter-
lichen hysterischen Zufälle entstehen sollen, an denen wir die
alternden Jungfrauen so viel leiden sehen« (K.F. Stifter, 1988,
S. 93). Während die »hysterischen« Patientinnen eher aus den
oberen sozialen Schichten stammten, kamen die »mannstol-
len« aus den niederen, und diese wurden in den Anstalten häufig in Zwangsjacken gesteckt, weil sie sich vor jedem Mann
nackt auszogen, Koitusbewegungen ausführten oder masturbierten. Cf. A. Goldberg, 1998, S. 36f. Bereits im Jahre 1576
hatte Petrus Du Chemin in seiner Pariser medizinischen
Dissertation die weibliche Hysterie auf unbefriedigte
Geschlechtslust zurückgeführt (cf. M. Ciavolella, 1988, S. 14),

und im Jahre 1633 berichtete der Dordrechter Stadtarzt Johan van Beverwijck von einer hysterischen Italienerin, die erst gesund geworden sei, nachdem sie in einer Nacht mit 15 Männern geschlafen habe. Cf. L. van Gemert, 1994, S. 48. Noch das *Dictionnaire des sciences médicales* vom Jahre 1813 führte den Fall einer jungen Frau an, die angeblich ihre Hysterie dadurch heilte, daß sie zehn Monate lang auf den Strich ging, und auch später verschrieben die Ärzte immer wieder eine Heirat und damit eine regelmäßige Zuführung »du fluid précieux« als Heilmittel, wobei sie darauf hinwiesen, daß Prostituierte nie an Hysterie litten. Cf. A. McLaren, 1983, S. 52; J. Matlock, 1994, S. 125 f. Cf. auch J.-C. Guillebaud, 1999, S. 355; E.A. Williams, S. 250. Auch im 20. Jahrhundert blieb die Vorstellung, daß nervöse Frauen »besamt« oder einfach nur »richtig durchgezogen« werden müßten, populär. So veranlaßte noch in den achtziger Jahren ein Psychotherapeut seine Patientin, ihn regelmäßig zu fellationieren, da sie als Baby »zu wenig Muttermilch bekommen« habe (M. Hirsch, 1987, S. 157), nachdem im Jahre 1912 der aufgebrachte Karl Kraus verkündet hatte, daß auch den Feministinnen die Flausen vergingen, wenn sie einmal kräftig »durchgezogen« würden: »Ich würde den Anfang damit machen, daß ich einen Frauenkongreß von St. Marxer Viehtreibern einfangen und so behandeln ließe, wie das Geschlecht es meint, wenn der Mund: Fortschritt sagt. Wenn sie die Augen zu verdrehen beginnen, rufe man mich … Die Frauenbewegung ist eine Aufregung, aber eine Aufregung braucht einen Abschluß. Stallknechte gönne ich euch nicht; die gehören für die Vornehmen« (zit. n. M. Janssen-Jurreit, 1976, S. 527 f.).

22 R. Cooper, 1992, S. 219, 223, bzw. G.J. Barker-Benfield, 1976, S. 125, bzw. J. Borchert/A. Bouvier, 1987, S. 188. Cf. auch M.J. Petersen, 1986, S. 583. Im Jahre 1844 schrieb der amerikanische Arzt George Rowe, einiges spreche dafür, daß Gott in seiner unendlichen Weisheit die Frauen deswegen einmal im Monat menstruieren ließe, weil »the uterine vessels« ansonsten dermaßen überhitzt würden, daß den heftigen sexuellen Leidenschaften, die diesem Geschlecht eigen sind, keine Grenzen gesetzt werden könnten. Cf. C. Smith-Rosenberg, 1974, S. 29. *La Petite Bible des jeunes époux* des Arztes Charles Montalban vom Jahre 1885 gab den Paaren Ratschläge, wie sie am besten einen simultanen Orgasmus erreichen konnten, und zwei Jahre später konstatierte ein Kollege, jede Ehefrau habe *ein Recht* auf Orgasmus. Cf. T. Zeldin, 1973, I, S. 295 ff. Etwa

zur selben Zeit bestätigte der Frauenarzt Heinz Zikel die
populäre Auffassung, »dass das Geschlechtsempfinden des
Weibes weit intensiver ist, als das des Mannes« (Schraub,
a.a.O., S. 229). Ein anderer hatte schon im Jahre 1837 die
Meinung vertreten, der Höhepunkt der weiblichen Lust sei
viel »köstlicher« als der des Mannes und ziehe »sich länger
hin« (R. Pearsall, 1969, S. 231). Ein anderer Mediziner,
Frederick Sturgis, erklärte die sexuelle Passivität mancher
Frauen damit, daß diese *meinten*, der Koitus diene lediglich
dem Vergnügen und der Entspannung des Mannes. Und weil
nicht wenige Männer dies ebenfalls glaubten, gäben sie sich
erst gar nicht die Mühe, ihre Beischlafpartnerinnen zu erregen.
Cf. J.S. Haller/R.M. Haller, 1974, S. 99.

23 W. Acton, 1987, S. 61f. Er kritisierte damit implizit, daß die
meisten Männer die sexuellen Erfahrungen, die sie in jungen
Jahren mit Flittchen und Prostituierten gemacht hatten, verall-
gemeinerten. Cf. J.R. Walkowitz, 1980, S. 45. In einer anderen
Veröffentlichung gestand Acton schließlich ausdrücklich zu,
daß beim normalen Koitus »the enjoyment is mutual«,
während beim Geschlechtsverkehr mit einer Prostituierten das
Vergnügen »one-sided« sei. Er bestritt also in beiden Publi-
kationen nicht, daß Frauen sexuelle Lust empfänden, sondern
in der zweiten lediglich, daß Frauen aus diesem Motiv heraus
Prostituierte würden und bei der Ausübung ihres Berufes
Lustgefühle hätten. Cf. ders., 1968, S. 115, 127. Ob Frauen aus
Geilheit auf den Strich oder ins Bordell gingen, war in vikto-
rianisch-wilhelminischer Zeit umstritten. »Is she«, so fragte im
Jahre 1859 ein gewisser James Miller über die öffentliche Hure,
»impelled to prostitution by the strength of sexual desire?«
Und er gab die Antwort: »Sometimes, but, on the whole,
rarely. In general, even the furiously lustful prostitute has
become so secondarily« (L. Nead, 1988, S. 104). Dagegen gab
es nicht wenige Kriminologen, die meinten, die meisten Huren
seien wie Geisteskranke »psychisch abnorm«, entwickelten
exzessive Lust und könnten »Scham nicht in demselben Maße
empfinden wie anständige Frauen« (L. Engelstein, 1988,
S. 489). Die Annahme, daß Armut, Alkoholismus, Verführung
und dergleichen junge Mädchen in die Prostitution trieben,
erhielt einen schweren Schlag, als um die Mitte des 19.
Jahrhunderts der Arzt des Frauengefängnisses auf Blackwell's
Island in New York bei einer Befragung von 2000 Prostituierten herausfand, daß ein Drittel der Interviewten aus »inclination« Hure geworden war oder dies jedenfalls als Motiv

angab. Cf. R.E. Riegel, 1968, S. 446; B.H. Hobson, 1987, S. 100. Noch im Jahre 1908 behauptete der Berliner Arzt Wilhelm Hammer, die meisten Frauen prostituierten sich aus »Geschlechtsnot« – ihre Männer oder Freunde könnten sie einfach nicht sexuell befriedigen, und so sorgten sie auf diese Weise für Abhilfe (L. Sauerteig, 1996, S. 210). Auch nach der Phantasie Weiningers schlürfte die Hure im Gegensatz zur Mutter, der »Hüterin des Lebens«, das Sperma genußvoll in sich ein: Mochte auch die Mutter zum Orgasmus kommen, so war dieser »kurz und schmerzlos«. »Der Schrei der Mutter ist darum ein kurzer, mit schnellem Schluß; der der Prostituierten ist langgezogen« (zit. n. P. Strasser, 1984, S. 94).

24 J.G. Fichte, 1797, II, S. 164ff.; 191f.

25 A. Smith, 1987, S. 86; E. Saurer, 1990, S. 52; E. Showalter, 1988, S. 58; P. Mallett, 1984, S. 163f.; Tobias, a.a.O., S. 76; B. Gleim, 1810, S. 114f. Cf. auch A. Corbin, 1993, S. 156. Noch in einem vielgelesenen Aufklärungsbuch der zwanziger Jahre des 20. Jahrhunderts heißt es, »bei noch unberührten Frauen« sei »das Verlangen nach Nachkommenschaft« meistens »viel stärker« als das nach Sex, und bei erfahrenen Frauen sei es eher umgekehrt (H.P. Bleuel, 1972, S. 31). Deshalb galten im Mittelmeerraum, etwa auf dem griechischen Dorf, die jüngeren Witwen als so gefährlich und sexuell aggressiv: Sie hatten von der Frucht gekostet, aber nun war niemand mehr da, um sie zu befriedigen und zu kontrollieren. Cf. Y. Beyene, 1989, S. 98. Cf. auch B. Jussen, 2000, S. 259ff. Im Jahre 1851 beschloß der Verwalter der Zwangsarbeitsanstalt Thorberg seinen Halbjahresbericht mit der Bemerkung, »dass im Allgemeinen das weibliche Geschlecht schamloser, leidenschaftlicher und genussbegieriger ist; hat es sich einmal fleischlicher Ausschweifung hingegeben, so kann kaum ein Gott sie mehr retten. Alles, vom Niedrigsten und Gemeinsten bis zum Höchsten und Heiligsten hat bei ihm geschlechtliche Beziehung. Die Fantasie schwärmt in der rohesten Wollust und alle Vermögen des Leibes und der Seele konzentrieren sich in dem einen brennenden Verlangen nach Befriedigung geschlechtlicher Notdurft« (R. Ludi, 1989, S. 31). Auf der anderen Seite standen freilich diejenigen, welche behaupteten, es seien gerade die jungen, noch nicht wachgeküßten Mädchen, von denen der Anstoß zur »fleischlichen Ausschweifung« ausgehe. So berichteten im 19. Jahrhundert viele Arbeiter, daß die jungen, unverheirateten Arbeitskolleginnen versucht hätten, sie zu verführen (cf. C. Lipp, 1990, S. 228f.; S. Bajohr, 2001, S. 55f.), und

auf dem Lande wurde dies den jungen Mägden nachgesagt, obgleich es über diese gelegentlich hieß, sie täten es nicht wegen der Sinnlichkeit, sondern aus Gründen der Selbstbestätigung. Cf. B. Kölling, 1997, S. 380. Auf einer Konferenz der deutschen Sittlichkeitsvereine äußerte sich dazu ein Pastor: »Für die Ausdehnung des Schutzes verführter junger Mädchen bis zum Alter von 18 Jahren treten Alle mit Ausnahme von vier Referenten ein. Letztere meinen, daß die Mädchen ebenso verführen. Einer thut geradezu die Gegenfrage: ›Wie ist es mit den verführten jungen Burschen? Ich glaube, die Dirnen verführen viel mehr als die Bengel!‹ Mag ja sein. Ich glaube es nicht. Aber selbst zugegeben, so ist es doch physiologisch erwiesen, daß ein Mann, wenn er will, *immer* die Herrschaft über sich behalten kann, während es sehr leicht ist, ein sinnlich veranlagtes Mädchen in den Zustand der Willenlosigkeit zu versetzen« (H. Wittenberg/E. Hückstädt, 1895, S. 165 f.).

26 Zit. n. G. H. Oberzill, 1984, S. 43 f.

27 Cf. V. Bullough/M. Voght, 1973, S. 79. Ein französischer Arzt namens Bergeret empfahl im Jahre 1868 sogar, den jungen Mädchen Kügelchen aus zerzupftem Leinen (»des boulets de charpie«) in die Vagina einzuführen, »imprégnées des substances calmantes, comme le laudanum [= eine Opiumtinktur] ou le chloroforme« (McLaren, a. a. O., S. 59 f.); nachdem im Jahre 1847 ein amerikanischer Arzt davor gewarnt hatte, junge Frauen während der Entbindung zu anästhesieren, da sie dies sexuell erregen könnte. Cf. Mallett, a. a. O., S. 165. Frauen, die während der Wechseljahre von einem allzu heftigen Verlangen nach Sex heimgesucht wurden, empfahl ein Jahr später W. Tyler Smith Injektionen von Eiswasser in den After und das Einführen von Eiswürfeln in die Vagina sowie das Ansetzen von Blutegeln auf die Schamlippen und den Gebärmutterhals: »The suddenness with which leeches applied to this part fill themselves considerably increases the good effects of their application, and for some hours after their removal there is an oozing of blood from the leech-bites« (E. Showalter, 1980, S. 172).

28 Cf. J.-G. Petit, 1990, S. 506 f.; I. Kokula/U. Böhmer, 1991, S. 30; C. v. Gélieu, 1994, S. 59.

29 Cf. Hellerstein et al., a. a. O., S. 19; Perkin, a. a. O., S. 278; D. Jarrett, 1976, S. 115 f.; I. Hardach-Pinke, 2000, S. 74. Während andere medizinische Autoritäten befürchteten, die Masturbation führe zu Nymphomanie (»Mutterwuth«), meinte Storch, sie mache dem weiblichen Geschlecht auf Dauer »die Lust bey

den Liebeswerken gleichgültig« (J. Oehme, 1988, S. 105). Cf. auch A.C. Fellman/M. Fellman, 1981, S. 251; G. Piller, 2001, S. 229. In der 1785 in Nürnberg erschienenen *Onomatologia*, einem »Encyclopädischen Handbuch für ausübende Ärzte« hieß es dagegen: »Onanismus ist ohnehin unter dem weiblichen Geschlechte, zumal in den Jahren der Kindheit und Unschuld seltener, und durch die ihm eingepflanzte Schamhaftigkeit, deren Gefühl sich auch bei der frechsten Dirne nur nach und nach und in sehr langer Zeit erst ganz unterdrückt findet, ist es vor dieser gefährlichen Klippe fast durchgängig bewahrt« (M. Lipping, 1986, S. 31).

30 A. Montagu, 1967, S. 312, bzw. Oehme, a.a.O. Tissot war allerdings der Überzeugung, daß onanierende Mädchen vermännlichten, ihre Klitoris immer größer werde und sie sich zu Tribadinnen entwickelten, während die Buben durch das Laster effeminiert würden. Cf. T. Tarczylo, 1980, S. 89. Das 18. Jahrhundert war auch die Zeit der »galanten« Stiche, auf denen Damen zu sehen waren, die mit der einen Hand onanierten und mit der anderen einen Roman hielten, »qu'on ne peut lire que d'une main« (P. Stewart, 1992, S. 100).

31 L.J. Kern, 1981, S. 96; R. Curb/N. Manahan, 1986, S. 231; G.-J. Witkowski, 1907, S. 25. Derartige »Keuschheitsgürtel« zur Verhinderung von Onanie bei Mädchen soll es bereits im 17. Jahrhundert gegeben haben (cf. E.J. Dingwall, 1931, S. 55f.), denn schon um die Mitte des 16. Jahrhunderts hatten Autoren wie Thomas Becon die jungen Mädchen dazu angehalten »to labor to the vttermost of their power to suppresse that luste and desire in them«, da sie ansonsten »the health and cōseruation of their bodies« gefährdeten (C.L. Powell, 1917, S. 156).

32 U. Henkhaus, 1991, S. 210. Auch auf den Gassen der Großstädte oder auf dem Lande dominierte im 19. Jahrhundert eindeutig die Vorstellung, die Frauen seien geiler und triebhafter als die Männer: »Ein Hahn reicht für zehn Hennen«, sagte man im Anjou, »aber zehn Männer genügen nicht für eine Frau« (Dibie, a.a.O., S. 192), und in einer englischen Straßenballade der Zeit heißt es (wobei mit »kissing« der Koitus gemeint ist): »If kissing was not lawfull,/The lawyers would not use it,/And if it was not Gospel,/The Parsons would refuse it,/And if it was not a dainty thing,/The Ladies would not crave it,/And if it was not a plentifull thing,/The poor Girls would not have it« (R. Palmer, 1988, S. 214f.). Im Jahre 1780 verlautete der Quacksalber und Scharlatan James Graham: »Were we to be made acquainted with the real senti-

ments of the sex, even the chastest, coldest, most reserved, and least amorously complexioned woman in the world, we would find her to be precisely of the same taste, with the bishop's lady, who very frankly declared that, for her part, she liked to have a GOOD THING in the house, or in the bed by her, whether she made use of it or not« (R. Porter, 1989, S. 167). Stand indessen eine junge Bäuerin im Ruf, es gar zu wild zu treiben, konnte sie sich ein nächtliches Rügegericht einhandeln wie jene Frau, auf deren Hof im Jahre 1863 die Haberer mit lauter Stimme vorlasen: »Kremerin fo Watersdorf die Hur hot a loch wie a Kuh/wens der Kramer vögelt, krigts die ganz Nacht net gnua;/Ober der Schloßbaur is net fei, er hot an Schwanz wie a Gai,/Der wenern ne steckt do kimts ihr glei.« Gleiches konnte aber auch der Frau widerfahren, die ihren Mann überhaupt nicht oder zu selten »ran« ließ – so der Frau des Dorfwirts von Weyarn im Jahre 1834, die sich sagen lassen mußte: »Die Wirthin sagt alleweil sie kauns gar nöt könna,/Warum der Wirht der Dirn duet nach renna./Ja Wirthin i wollts dirs scho sagn,/Er kennts Ja scho lang ä guets Büchsl duets ham« (W. Kaltenstadler, 1971, S. 24 f., 28). Auch in den mediterranen Gegenden unterstellt man bis in unsere Zeit den Frauen einen gewaltigen Geschlechtstrieb. »Ein Weibsbild denkt nur dann nicht ans Vögeln«, so hieß es bei den Montenegrinern, »wenn es über einen Stegbalken hinweg den Bach überschreitet« (F.S. Krauss, 1904, S. 379), und in den vierziger Jahren des 19. Jahrhunderts berichtete ein Reisender über die griechischen Bauern: »Sie nähern sich der Gattin mehr des Nachts als bei Tag, womit diese auch völlig einverstanden zu sein scheint, da sie ihre Befriedigung am folgenden Morgen durch große Heiterkeit und fröhlichen Gesang erkennen läßt, während der ermüdete Ehemann langsam von dannen schreitet. Denn schon vor dreitausend Jahren schrieb hier der alte Hesiod: Nur ein Zehntel dieses Vergnügens genießt der Mann, das Weib aber das ganze« (zit. n. P. Dufour, 1899, V, S. 58). Auf den griechischen Bergdörfern war man davon überzeugt, daß eine Frau ständig geil sei, während ein Mann dies nur werde, wenn eine Frau ihn stimuliere (cf. J. du Boulay, 1974, S. 124 f.), vielleicht vergleichbar einem Stecker und einer Steckdose, die ständig unter Strom steht, und bei den Sarakatsani, transhumanten Schafhirten in der Gegend zwischen Attika und Korinth, wurden von beiden Geschlechtern einhellig die Frauen als die Verführerinnen gesehen, die den Mann zum »ungehörigen« (ἀνάποδο) Beischlaf reizten. Cf. J.K. Campbell,

1964, S. 277f. Die Kalabresen hielten im Prinzip jede Frau in sexueller Hinsicht für einen schlummernden Vulkan, der leicht ausbrechen könne, und deshalb für eine potentielle *puttana* oder *figlia di puttana* (cf. M. Behrmann/C. Abate, 1984, S. 138), was die Andalusier bestätigten, die glaubten, die Frauen seien so triebhaft, weil ihr Blut durch die Menstruation stets entgiftet werde. »Todas las mujeres son putas«, sagte ein Mann, »todas!« (S. Brandes, 1981, S. 218f., 227).

33 Cf. R. Spree, 1986, S. 642f.; Stifter, a.a.O., S. 54; Haller & Haller, a.a.O., S. 201. Im Jahre 1787 schrieb der Pädagoge Villaume, auch die Beinkleider der Buben sollten weit genug sein, »damit an den Geschlechtstheilen keine Reibung entstünde« (P. Villaume, 1969, S. 43f.), und ein anderer machte den Vorschlag, sie könnten doch nach dem Vorbild der Schotten Röckchen tragen. Cf. G. Hekma, 1988, S. 240. Später meinte der Forschungsreisende J.H. Weeks (1909, S. 448), bei den Ngala am Kongo spielten nur deshalb die Männer – und nicht die Frauen – an ihren Genitalien herum, weil die Lendenschurze so eng anlägen, daß sie durch eine permanente »friction« dauerstimuliert würden.

34 Cf. Showalter, a.a.O., S. 75; Knibiehler/Fouquet, a.a.O., S. 150f., bzw. Pearsall, a.a.O., S. 111f. Noch im Jahre 1914 verlautete der Arzt Paul Bernstein, die Frauen bräuchten eine neue Unterhose, weil bei den herkömmlichen Modellen, im Volke »Stehbrunzhosen« genannt, »die ganze Geschlechtsorganöffnung« freiliege und deshalb die Trägerin sich leicht erkälten könne. Eine solche »geschlossene Hose« müsse jedoch auf alle Fälle »so konstruiert sein, daß die Reibung der Scheidenöffnung möglichst aufgehoben ist« (S. Goebel, 1994, S. 102). Manche Frauen scheinen nicht nur durch die Reibung, sondern allein durch die Vorstellung, enge Männerhosen zu tragen, in Erregung versetzt worden zu sein. So schrieb z.B. eine Frau, die auf diese Weise stimuliert wurde, wenn sie Männer-, und nicht Frauenjeans anzog: »When I put on a pair of blue denim Levi's I feel much more than just masculine. The excitement begins immediately – as I begin to pull them over my feet and up, towards my thighs. There is no sensation comparable, and this is probably because the peak of this sensation involves a large range of feelings, including impossible-to-repress sexual excitement.« Dann werde sie extrem »scharf« auf Frauen (R.J. Stoller, 1985, S. 142f.).

35 Cf. C.C. Trench, 1970, S. 272f. Im Jahre 1893 verlautete die bekannte Reiterin Alice Hayes, daß sich bei der im Herrensitz

682

reitenden Dame nicht nur das Gesäß zu deutlich abbilde, sondern auch ihre Hüften auf sehr unvorteilhafte Weise breit
erschienen (a.a.O., S. 274).

36 Cf. Hekma, a.a.O., S. 240; H. Glantschnig, 1987, S. 182;
Pearsall, a.a.O., S. 418. Cf. auch A. Dent, 1975, S. 159.

37 Cf. z.B. J. Bourin, 1990, S. 94.

38 Cf. A. Bailey, 1988, S. 28; H.M. Baron v. Eelking, 1966, Tf. 25;
H. Mützel, 1925, S. 232; J. Weston, 1988, S. 170ff.; J. Wheelwright, 1989, S. 17f. Calamity Jane, von Kindheit an ein
Tomboy, betätigte sich bereits im zarten Alter von 15 als
Prostituierte und später als Scout für die Armee, aus der sie
freilich wegen »indecent behavior and conduct« entlassen
wurde, nachdem sie im Jahre 1877 mit einer Gruppe von
Soldaten nackt in einem Bach gebadet hatte. Cf. R. Lackmann,
1997, S. 23 ff.

39 Als sich im Jahre 1853 Harriet Ward auf einen Herrensattel
setzte, »a position not altogether compatible with the delicacy
of an American lady«, fühlte sie sich seltsam berührt und
befangen. Ihr Mann »who chanced to look back (for I will
assure you I kept quite in the rear), burst into a roar of laugh-
ter and observed [...] that he never expected to see his wife
crossing the Feather River Mountains in that style« (J.M.
Faragher, 1979, S. 107f.). Etwa um dieselbe Zeit zog die junge
Adrietta Hixon mit einem Trail nach Westen: »Beim Reiten saß
ich immer im Damensitz«, erinnerte sie sich später, »mit meinem Rock bis zu den Knöcheln hinabgezogen. Hätten wir
anders auf dem Pferd gesessen, wie es heute üblich ist, dann
hätte uns niemand für Damen gehalten« (L. Schlissel, 1983,
S. 99). Kate Marsden, die im Jahre 1891 Sibirien bereist hatte,
rechtfertigte die Tatsache, daß sie wie ein Mann geritten war:
»I had to wear full trousers to the knees. I was obliged to ride
as a man for several reasons – first, because the Yakutsk horses
were so wild that it was impossible to ride safely sideways;
second, because no woman could ride on a lady's saddle for
three thousand versts; third, because in the absence of roads,
the horse has a nasty propensity of stumbling amongst the
roots of the trees« (A. Allen, 1980, S. 55). Während sich
Théophile Gautier noch im Jahre 1869 darüber gewundert
hatte, daß die ägyptischen Fellachinnen mit gespreizten Beinen
auf den Eseln saßen – »Les femmes y chevauchent à cali-
fourchon, mode d'équitation qui ne compromet en rien leur
pudeur, vu l'abondance de plis de leurs larges caleçons qui leur
recouvrent presque entièrement les pieds« (T. Gautier, 1991,

S. 66) –, schrieb bereits im Jahre 1918 die Dänin Emma Gad in ihrem Benimmbuch *Takt og tone*: »Die Reitkleidung für Damen hat in den letzten Jahren eine vollständige Veränderung erfahren, da fast alle Damen nun rittlings im Sattel sitzen« (Lützen, a.a.O., S. 192). Als freilich im Jahre 1910 eine junge Amerikanerin im Herrensitz Polo spielte, wurde das noch als sehr unanständig empfunden. Cf. D.J. Mrozek, 1987, S. 291.

40 Cf. B.B. Whiting, 1950, S. 105, bzw. J. Howard, 1984, S. 128, und M.M. Caffrey, 1989, S. 272f. Die Chiricahua-Apache achteten schon bei den kleinen Mädchen darauf, daß sie z.B. beim Sitzen nie die Beine spreizten. Cf. M.E. Opler, 1941, S. 77. Beim Mädchenturnen wurden im 19. Jahrhundert im allgemeinen alle Übungen vermieden, bei denen die Beine gespreizt oder allzu hoch gehoben werden mußten. Cf. C. Feuchtner, 1992, S. 135; H. Glöckle, 1987, S. 30.

41 Cf. M. Voght/V.L. Bullough, 1973, S. 151; M. Rexer, 1990, S. 219f.

42 Gegen Ende des 19. Jahrhunderts konstatierte ein russischer Gynäkologe, daß seine Patientin, eine »aktive Tribadin«, bezeichnenderweise als kleines Mädchen ihr Schaukelpferd »auf Männerart« geritten habe (L. Engelstein, 1990, S. 826). Cf. auch K. Rolley, 1990, S. 8. Im Jahre 1826 hatte der Magdeburger Schuldirektor Heyse den Schülerinnen verboten, beim Ausführen der Textilarbeiten auf der Stuhlkante zu sitzen und die Beine übereinanderzuschlagen. Cf. G. Hauch, 1990, S. 36.

43 Cf. J. Massen, 1994, S. 65, bzw. J.J. Francis/I.M. Marcus, 1975, S. 30.

44 Im Jahre 1896 wollte Lola, eine der berühmten Barrison-Sisters, auch »Königin der Unterhosen« genannt, mit einer solchen Pferdenummer in New York auftreten, was freilich auf Widerspruch stieß. In der deutschen Zeitschrift *Der Artist* hieß es hierzu: »Schön Lola wollte persönlich den Hengst vorführen und hatte sich zu diesem Zwecke ein Costüm zurechtgemacht, wie Eva vor dem Sündenfalle: oben nichts und unten nichts und in der Mitte auch sehr wenig. Außerdem bestand dieses Urbild edler Weiblichkeit darauf, nach Männerart zu reiten« (W. Jansen, 1990, S. 112). Schon in den sechziger Jahren des 19. Jahrhunderts war eine gewisse Adah Isaacs Menken, »The Naked Lady«, in fleischfarbene »tights« gehüllt als junge Tatarin über die Bühne geritten. Cf. A. Laufe, 1978, S. 18f.

45 Cf. K. Shanor, 1979, S. 35, 39, 107.

46 Cf. C.W. Edwards, 1987, S. 132.

47 Diese Erfindung ersparte den Damen zudem ein würdeloses

Strampeln und das Anlegen einer speziellen Kleidung. Nachdem der nordirische Arzt Dunlop auch noch die Luftbereifung erfunden hatte, gingen viele Frauen dazu über, sich eines Zweirads zu bedienen. Cf. P. Cunnington/A. Mansfield, 1969, S. 226; ferner W. Schwerbrock/K. Barthel, 1969, S. 37. Doch noch im Jahre 1869 fuhren die Frauen »side-saddle«. Cf. F.E. Huggett, 1978, S. 119.

48 G. Buß, 1906, S. 155, bzw. G. Maierhof/K. Schröder, 1992, S. 47, und Haller & Haller, a.a.O., S. 176. Auch A. Moll (1898, S. 193) wiegelte dahingehend ab, daß Radfahren nur »bei einzelnen weiblichen Personen« sexuelle Lustgefühle hervorrufe.

49 Cf. a.a.O., S. 177f., bzw. J. Wiegand, 1997, S. 11, und V.L. Bullough, 1994, S. 310. Cf. auch H. Ellis, 1900, S. 179f.; M.I. Lewis, 1980, S. 25; U. Stelzl, 1983, S. 51; J. Franke, 1987, S. 78f. Miss Charlotte Smith, Präsidentin der »Rescue League of Washington«, warnte alle Frauen davor, daß Radfahren »Lüsternheit und Sittenverfall« hervorrufe (M. Müller-Windisch, 1995, S. 213), während das »American Women's Rescue League« diese Art der Fortbewegung nur für *junge* Frauen und Mädchen als unmoralisch bezeichnete. Cf. Cunnington/Mansfield, a.a.O., S. 358. Die junge Lady Frances Horner genoß zwar das Radfahren sehr, aber ihre Schwägerinnen erachteten es als unanständig: »I think it was the fact of riding astride [...] that they found shocking« (P. Horn, 1991, S. 149), ja, in den amerikanischen Südstaaten wurde sogar ein Mann von einem aufgebrachten Mob ergriffen und fast gelyncht, weil er seiner halbwüchsigen Tochter erlaubt hatte, Fahrrad zu fahren. Cf. L. Markun, 1930, S. 645. Im Jahre 1888 waren von den 9250 Mitgliedern des Deutschen Radfahrerbundes ganze 23 weiblichen Geschlechts (cf. R. Sandgruber, 1986, S. 289), doch sollte sich das Zahlenverhältnis schon in den Neunzigern drastisch ändern. Bereits fünf Jahre später gab es in Den Haag einen Damenradclub, der sich ironisch »Honni soit qui mal y pense« nannte. Cf. R. Rabenstein, 1991, S. 139.

50 C. Panati, 1991, S. 12, bzw. E. Weber, 1986, S. 201. Cf. auch G. Jantzen, 1963, S. 86f., und K.C. Carter, 1983, S. 195.

51 Im Jahre 1898 konstatierte allerdings der Arzt Georg Berg, daß »zwar zur Entstehung masturbatorischer Neigung Veranlassung gebende Frictionen bei geradem Sitzen nicht statt« fänden, »außer in den seltenen Fällen von weit herabhängenden Labien. Aber ein großer Theil der seither üblichen Sättel schließt eine solche Gefahr keineswegs aus, sondern leistet derselben einen Vorschub« (Wiegand, a.a.O., S. 28f.).

52 Cf. Cunnington/Mansfield, a.a.O., S. 237, bzw. M. Siegfried, 1897, S. 165f.

53 Cf. J. Koštials, 1909, S. 33. Wenn ein Trobriander eine Frau fragt, ob er mit ihrem Fahrrad fahren dürfe, heißt dies: »Willst du mit mir schlafen?« (A.B. Weiner, 1988, S. 67).

54 Cf. Green, a.a.O., S. 51f.

55 Aus diesem Grunde durften sich die jungen Gitanas vor der Ehe zwar die nackten Brüste befühlen lassen, nicht aber die Vulva. Selbst von einer Ärztin durften sie sich nicht gynäkologisch untersuchen lassen, es war ihnen verboten Hosen zu tragen, und auch sonst durften sie nichts tun, bei dem etwas auf irgendeine Weise an ihren Genitalien gerieben hätte. Cf. P. Gay-y-Blasco, 1997, S. 526f.

56 Cf. J. André, 1985, S. 55, bzw. V.L. Barnes/J. Boddy, 1995, S. 90, und Lightfoot-Klein, a.a.O., S. 25.

57 R.H. Guerrand, 1991, S. 304.

58 Cf. F.A. Theilhaber, 1931, S. 48f.; R.P. Sieferle, 1990, S. 163f.; D. Elschenbroich, 1977, S. 169; *Sexualmedizin* 1972, S. 456f.

59 Beschneidungen von Mädchen und Frauen scheinen auch in alter Zeit in Westeuropa nicht sehr verbreitet gewesen zu sein. Eine nahezu vollständige »pharaonische« Beschneidung fand man allerdings bei der neolithischen Moorleiche einer etwa 25 Jahre alten Frau aus Westfalen und bei der einer bronzezeitlichen Frau aus dem Gifthorner Moor. Beide waren nicht als Verbrecherinnen versenkt, sondern ehrenvoll bestattet worden. Cf. A. Dieck, 1981, S. 77f. Ansonsten scheint es die Verstümmelung der Vulva fast nur als – meist spiegelnde – Strafe gegeben zu haben. Cf. H.P. Duerr, 1993, S. 284f. So vernähte z.B. im Jahre 1737 ein eifersüchtiger Arbeiter aus Leicester mit Gewalt seine Frau, was ihm zwei Jahre Gefängnis und eine Geldstrafe von 20 Shilling einbrachte. Nach dem Prozeß fiel eine aufgebrachte Menge von Frauen über ihn her und »scratch'd him terribly« (C.G. Widstrand, 1964, S. 112).

60 Cf. H.P. Duerr, 1990, S. 209, bzw. W. Temme, 1998, S. 354, 380.

61 Cf. M. Delon, 1980, S. 43ff.

62 Cf. Dingwall, a.a.O., s. 4. Im Jahre 1787 bedauerte Joachim Heinrich Campe, daß das »allersicherste Mittel« zur Verhinderung krankhafter Masturbationssucht, nämlich die »Infibulation« mittels eines die Erektion verunmöglichenden Ringes, »nur bei der Hälfte unserer Jugend«, also nicht bei den Mädchen »eine Anwendung finden kann« (Glantschnig, a.a.O.,

S. 147f.). Allerdings gab es Pläne, die Vagina mit Hilfe eines zugelöteten Ringes zu verschließen (cf. Elschenbroich, a.a.O., S. 170), was freilich die Masturbation kaum behindert hätte.

63 Cf. Stifter, a.a.O., S. 94f., bzw. A. Corbin, 1987, S. 455, und Petit, a.a.O., S. 506. Im Jahre 1864 infibulierte ein Dr. Broca ein Mädchen, um es von »ce mal« zu kurieren, »ce qui répand la terreur dans les familles« (Widstrand, a.a.O., S. 115), und noch später kauterisierte ein Dr. Pouillet die Vulva eines Mädchens, so daß hinterher jedes Reiben an Klitoris und Schamlippen zu großen Schmerzen führte. Cf. Guerrand, a.a.O., S. 304. Auch eine junge Amerikanerin gab nach der Behandlung jegliche Masturbation auf. »You know«, sagte sie, »there is nothing there now. So of course I could do nothing« (P. Gay, 1984, S. 304).

64 So operierte er eine Zwanzigjährige, die sexuell überaktiv war und jedem Mann, mit dem sie schlafen wollte, zu diesem Zwecke ihre Visitenkarte zuschickte.

65 Über eine Dame, die »a great distaste for her husband and for cohabitation with him« entwickelt hatte, berichtete Brown: »I pursued the usual surgical treatment, which was followed by uninterrupted success; and after two months' treatment, she returned to her husband, resumed cohabitation, and stated that all her distaste had disappeared; soon became pregnant, resumed her place at the head of her table, and became a happy and healthy wife and mother.«

66 So meinte sein Kollege Wynn Williams, es reiche völlig aus, wenn die Arme von exzessiv masturbierenden Damen »be put back by restraint behind the back«.

67 Cf. A. Scull/D. Favreau, 1986, S. 249ff.; dies., 1987, S. 34ff.; Showalter, a.a.O., S. 77; Kent, a.a.O., S. 47, 116, 118; E.A. Sheehan, 1997, S. 326ff.

68 Im Jahre 1878 forderte der Wiener Arzt Ludwig Fleischmann, Mädchen nicht präventiv, sondern nur in sehr hartnäckigen Fällen von Masturbationssucht beschneiden zu lassen (cf. K.C. Carter, 1983, S. 191), und gegen Ende des Jahrhunderts sprach sich sein Leipziger Kollege Rohleder entschieden gegen solche Maßnahmen aus, die er nur in »seltenen Ausnahmefällen« für zulässig hielt (K.H. Bloch, 1989, S. 246). Ähnlich hieß es in einer *Monographie für Ärzte, Pädagogen und gebildete Eltern* vom Jahre 1912, in Fällen »tief eingewurzelter Onanie bei jungen Mädchen und besonders bei Witwen«, die bereits zu »geistigen Störungen« geführt hätten, sei dann und nur dann zu einer »Amputation der Klitoris und der kleinen Schamlippen«

zu raten, dies aber auch nur für den Fall, daß »die gewöhnlichen Hilfsmittel der Therapie ohne Erfolg geblieben« seien (J.S. Hohmann, 1981, S. 61). Dagegen schrieb im selben Jahr der amerikanische Arzt Dawson, »Circumcision of the girl or woman of any age« sei »as necessary as for the boy or man«, und er fühle »an irresistible impulse to cry out against the shameful neglect of the clitoris and its hood because of the vast amount of sickness and suffering which could be saved the gentler sex«, wenn sich dieses vertrauensvoll in die Obhut der Mediziner begäbe. Ein Kollege meinte schließlich, man könne die Schlange der weiblichen Onanie zwar nicht erwürgen, ihr aber die Giftzähne ziehen (R.A. Spitz, 1975, S. 392f.); und ein anderer rechtfertigte die Operation mit dem Hinweis darauf, daß durch sie »the moral sense of the patient is elevated, she becomes tractable, orderly, industrious and clean« (Barker-Benfield, a.a.O., S. 122).

69 Cf. E. Showalter, 1991, S. 141f.; R. Morgan/G. Steinem, 1983, S. 193; S. Kitzinger, 1984, S. 27. Anfang der neunziger Jahre ließen zahlreiche amerikanische Mütter, die während der Schwangerschaft zu hohe Testosteron-Dosen zu sich genommen hatten, ihre Töchter beschneiden, weil deren Klitoris zu groß geworden war. Außerdem befürchteten sie, die Mädchen würden ansonsten »zu jungenhaft«. Cf. M. Harris, 1991, S. 253.

ANMERKUNGEN ZU § 8

1 G. Kößler, 1979, S. 51. Fünf Jahre zuvor hatte sein Kollege Hensel in seinem *System der weiblichen Erziehung* ausgeführt, die eigentlichen Motive, zu heiraten, seien bei Mann *und* Frau »keine andere[n], als: ungehindert und rechtmäßig die Freuden der Liebe ganz zu genießen, (ihren bloß sinnlichen Theil eingeschlossen, denn wir sind alle Menschen;)«, da die Geschlechtslust auch für die Frauen »keine bloß ›thierische‹, sondern eine sehr menschliche Regung« sei. Allerdings sei er sich durchaus bewußt, daß es mitunter Frauen gebe, die »eine falsche Meinung von den sinnlichen Freuden« hätten: »Man schätzt sie zu niedrig, oder verunglimpft sie als thierisch. Auch dies haben wir Pfaffen zu verdanken, die entweder aus böser Laune Hagestolze zu werden beschlossen, oder die sich zu sehr in unreinen Lastern gewälzt hatten, und ihre unordentlichen Triebe und ausschweifenden Vergehungen nur mit Abscheu

ansehn konnten« (J. Hopfner, 1990, S. 144, 160). Der Freiherr v. Knigge meinte hingegen im Jahre 1796, daß diejenigen, die sagten, es »sey nur« ein »cörperliches Bedürfnis«, welches die Frauen »hinreiße zu uns«, nichts anderes als »Weiberfeinde« seien, weil sie »dem Geschlechte viel mehr Sinnlichkeit und Reizbarkeit als edlere Gefühle« zueigneten und verkündeten, »es sey nur Grimasse, wenn Weiber ihre Männer glauben machten, sie hätten ein sehr kaltes Temperament«. Andererseits konnte Knigge sich auch nicht zu dem Urteil durchringen, die Behauptung jener misogynen Männer sei völlig falsch, und beschied sich mit der Feststellung, solche Fragen sollten Männer beantworten, die mehr Erfahrungen mit Frauen gemacht hätten als er. Er könne lediglich sagen, daß die Liebespaare das »Verlangen« nach dem Partner nur bewahren könnten, indem sie sich »selbst in der Ehe keusch, delicat und kokett in Gunstbezeugungen« erwiesen und »Ekel, Überdruß und faunische Lüsternheit« aus ihrer Beziehung fernhielten (A. v. Knigge, 1993, S. 165, 183). In den britischen Ehehandbüchern der dreißiger und vierziger Jahre des 19. Jahrhunderts hieß es schließlich, die Fortpflanzung stelle zwar den Endzweck der Ehe dar, doch seien die sexuelle Befriedigung des Mannes *und* der Frau genauso wichtig. Cf. F. Mort, 1987, S. 80. Als zu jener Zeit ein anglikanischer Bischof kundtat, der Sinn des Geschlechtsverkehrs liege einzig in der Fortpflanzung, weshalb der Mann ihn nach den Wechseljahren seiner Gattin einstellen solle, erwiderte eine Dame öffentlich: »I have never heard such a view of married life entertained before, and it does seem to me that such a view is not entertained in Scripture.« Etwas später wurde das Buch *Dr Foote's Home Encyclopedia* ein Bestseller, dessen Botschaft dahingehend lautete, daß »reciprocity in the sexual passion is *indispensable* to the contentment and happiness of the husband and wife« (J. Harris, 1993, S. 90).

2 J. Weeks, 1981, S. 41. Cf. auch H. Ellis, 1928, III, S. 199f. Sich grundsätzlich jedem Manne hinzugeben, so B. Schidlof (1909, S. 97), liege »im Weibe drin und hat nichts mit Zivilisation oder Nichtzivilisation zu tun«, und der Psychoanalytiker G. Groddeck (1979, S. 39) ging sogar so weit, zu behaupten, die Frauen suchten nur deshalb einen Gynäkologen auf, weil sie »gern einmal eine andere Hand als die des Geliebten spüren möchte[n]«, ja, sie würden »zu diesem Zwecke wirklich krank«. »Die Scheide des Weibes ist ein unersättlicher Moloch«, und da ihr das männliche Glied auch im steifen Zustand zu kümmer-

lich sei, wolle sie den Kopf eines Kindes darin spüren (a.a.O., S. 51). Viele viktorianische Ärzte hielten die Frauen für so libidinös, daß sie davon überzeugt waren, nicht wenige würden sogar während einer Vergewaltigung sexuell erregt, und bereits im Jahre 1800 brachten bei einem Prozeß in New York die Verteidiger eines Mannes, der ein vorpubertäres Mädchen vergewaltigt hatte, als Entlastungsargument vor, auch sehr junge Mädchen genössen bereits den Geschlechtsakt: »The passions may be as warm in a girl of her age as in one of more advanced years« (C. Stansell, 1987, S. 25). Andere waren der Auffassung, eine Frau werde von ihrer Libido häufig bereits dann schon überwältigt, wenn ein Mann ihre Brüste streichle: Aufgrund der Nervenverbindung zwischen Brustwarzen und Genitalien »a woman of sensibility, who would preserve her chastity, must guard her bosom well«, denn ihre Nippel würden bei jeder Berührung »electrified, as it were« (Mason, a.a.O., S. 200), was auch Michael Ryan in seiner 1837 veröffentlichten *Philosophy of Marriage* bestätigte, der von einer »mystic sympathy between the breasts and the womb« sprach. Weiter führte er aus, die Wollust der Frau sei »more delicious and protracted« als die des Mannes, da sie über »a more sensitive nervous system« und »a finer and more delicate skin« verfüge (Pearsall, a.a.O., S. 231). In einem anderen Ratgeber hieß es, daß Frauen weitaus mehr erogene Zonen hätten als Männer: Berühre man die eine, so springe augenblicklich der Funke auf die anderen über (a.a.O., S. 232). Cf. auch M. Gordon, 1971, S. 58.

3 Cf. D. Herzog, 1996, S. 164f.

4 Etwas besonnener schrieb ein anderer Sozialist, nämlich A. Bebel (1902, S. 98): »Im Allgemeinen soll der Reiz sich weniger bei Frauen als bei Männern bemerkbar machen, ja sogar manchmal bei Frauen ein gewisser Widerwille gegen den Geschlechtsakt bestehen. Aber das ist eine kleine Minderzahl, bei der physiologische und psychologische Anlagen diesen Zustand herbeiführen.«

5 A. McLaren, 1976, S. 492. Normalerweise gestand man freilich den Frauen diese »animalischen« Züge durchaus zu, empfahl ihnen aber, sie vor den Männern nicht an die große Glocke zu hängen. So riet z.B. im Jahre 1816 ein Arzt: »Sie dulde, gleich der sanften Rose, daß der Mann ihre Reize geniesse, aber sie zeige ihm nicht, daß Begierden in ihr toben, die ihre Würde, ihre Achtung vermindern würden. Geilheit und Schaamlosigkeit, Unersättlichkeit im Genusse der ehelichen Freuden schänden das Weib, und entkräften den Mann« (E. Walter,

1984, S. 141); und im Jahre 1874 wandte sich eine Autorin an die jungen und frischverheirateten Frauen, indem sie den von ihr erfundenen *Berliner Anstandsblättern* in den Mund legte: »Seien Sie gewiß, daß alsbald die sinnliche Begierde, das Verlangen nach der ehelichen Pflicht, Sie noch mit einem Ungestüme überkommen wird, dessen Sie sich schämen werden: Lassen Sie dies nur nicht Ihren Gatten ahnen oder gar wissen! Der Mann liebt am Weibe die stille Opferbereitschaft des schwächeren Wesens, vornehmlich an seiner Ehegattin. Mag er Lüsternheit bei der Gefallenen, bei der Kokotte schätzen, mag er seine niederen Gelüste bei einer solchen Person späterhin gelegentlich befriedigen, was, liebes Kind, nicht ausbleiben wird – doch suchen Sie, immer für ihn, die Reinheit selbst zu scheinen« (A. Weber, 1979, S. 14).

6 Cf. C. Smith-Rosenberg, 1979, S. 205, bzw. G.L. Mosse, 1985, S. 134. In einer Kritik an Bloch meinte indessen ein anderer Sexualforscher, nämlich F.S. Krauss: »Gerade diese ›Zurückhaltung‹ ist dem Weibe nicht eigentümlich, sondern nur die Wirkung eines auf das Weib ausgeübten gesellschaftlichen Zwanges innerhalb unseres Kulturkreises, und selbst da darf man nicht ohne weiteres verallgemeinern« (R. Burt et al., 1986, S. 56). Krafft-Ebing (a.a.O., S. 13) neigte dagegen mehr der Blochschen Meinung zu: »Anders das Weib. Ist es geistig normal entwickelt und wohlerzogen, so ist sein sinnliches Verlangen ein geringes. Wäre dem nicht so, müßte die ganze Welt ein Bordell und Ehe und Familie undenkbar sein. Jedenfalls sind der Mann, welcher das Weib flieht, und das Weib, welches dem Geschlechtsgenuß nachgeht, abnorme Erscheinungen.« Cf. auch C. Lombroso/G. Ferrero, 1894, S. 470f. Im Jahre 1898 äußerte sich in den *Zürcher Diskußionen* (Nr. 8, S. 8) ein Anonymus (oder eine Anonyma?) dahingehend, daß »normal«[erweise] »das Weib nicht wollüstig« sei: »Wollust ist ihm Mittel zum Zweck«, es reize den Mann, »den es instinktiv verachtet«, sexuell, um ihn sich dadurch zu unterwerfen. Cf. auch M. LeGates, 1976, S. 23 f., 27; D. Scully/P. Bart, 1973, S. 1046 f.; H.T. Engelhardt, 1981, S. 278; W. König, 1983, S. 51 ff. Der bekannte Mediziner Gustave Bouchereau meinte indessen im Jahre 1892, daß zwar meist der Mann es sei, der dränge, während die Frau ihm nachgäbe, doch könne es sich durchaus auch umgekehrt verhalten. Cf. ders., 2000, S. 295.

7 C. Smith-Rosenberg, 1986, S. 294, 297 f., 300. Dagegen meinte noch im Jahre 1928 ein deutscher Arzt, die Männer bräuchten sich erst gar nicht eine solche Mühe zu geben, sondern könn-

ten ohne weiteres vor der Ejakulation »abspringen«, da Frauen für gewöhnlich eh keinen Orgasmus erlebten, so daß es ihnen gleichgültig sei, wie lange der Partner in ihnen verweile. Cf. Woycke, a.a.O., S. 12.

8 S. Jeffreys, 1985, S. 41 f. Noch gegen Ende des 18. Jahrhunderts hatte der bereits erwähnte Graham verkündet, sexuelle Lustlosigkeit finde sich nicht so sehr bei den Frauen, sondern eher bei den Männern und werde von den Frauen beklagt. Dies liege freilich daran, daß viele Männer sich vor der Unsauberkeit der Frauen und insbesondere vor dem Gestank, den die weiblichen Genitalien ausströmten, ekelten. Deshalb empfahl er den Frauen intimhygienische Maßnahmen mit kaltem Wasser, die zusätzlich noch sexuell stimulieren könnten. Cf. Porter, a.a.O., S. 169.

9 »Ließe man den Dingen ihren ›naturwüchsigen‹ Lauf«, meint trockenen Auges die Feministin J. Offenbach (1983, S. 223), »so würden die Frauen in töchterlich-mütterlicher Liebe zueinanderfinden, und der Mann, das ungeliebte weil unmütterliche Wesen stünde draußen in der Kälte. Für Fortpflanzungszwecke würde Frau (ähnlich wie die Säugetierweibchen) den Mann hin und wieder zulassen, für die Erfüllung ihrer spezifisch menschlichen, ihrer Liebesbedürfnisse aber braucht sie ihn nicht.« Doch auch als potentielle Lustspender finden die Männer keine Gnade: »Sexuelle Lust, wenn sie das wünscht, findet sie auch (und möglicherweise besser) bei Frauen.«

10 Cf. C. Dyhouse, 1989, S. 178 ff.

11 N.F. Cott, 1978, S. 233, bzw. Hellerstein et al., a.a.O., S. 180; J.A. Kestner, 1989, S. 36 f. Daß Frauen zwar sexuelle Lust empfinden können, aber eine, die schwächer sei als die männliche, wurde im 19. Jahrhundert meist von den Kirchen vertreten. So heißt es etwa in der mit Genehmigung des erzbischöflich-salzburgischen Konsistoriums vom Jahre 1814 gedruckten *Katholischen Glaubens- und Tugendlehre für die gebildete weibliche Jugend*, die »vorzüglich als Lehrbuch in der 3. Klasse« zu gebrauchen war: »In dem weiblichen Geschlecht regt sich die Sinnlichkeit weniger stark und ungestüm als in dem männlichen« (E. Saurer, 1990b, S. 168).

12 E. Showalter, 1991, S. 46.

13 Cf. A. Carson, 1990, S. 138 ff.; K.J. Dover, 1988, S. 272, bzw. G. Vorberg, 1921, S. 13.

14 »Die Jungfrauschaft kennt aber die Liebe nicht und hat daher auch kein Verlangen danach« (Soranus v. Ephesos: *Gynäkologie* VII, § 30). »Jungfrauen, welche nicht züchtig erzogen sind,

hegen eben wegen der mangelhaften Erziehung zu früh Begierden« (a.a.O., VIII, § 33).

15 Wenn G. Devereux (1981, S. 91 f.) die mythische Geschichte so interpretiert, daß sich in ihr die Belanglosigkeit der sexuellen Bedürfnisse der griechischen Ehefrauen widerspiegle, erscheint mir dies nicht sehr plausibel, denn schließlich wird der Seher von der Göttin der Ehe und nicht von Aphrodite bestraft.

16 Cf. Barack, a.a.O., III, S. 310; B.A. Hanawalt, 1993, S. 142f.; L.L. Otis, 1985, S. 104, 120f.; H.P. Duerr, 1990, S. 302. Im Jahre 1514 schockierten einige »verlewmte frawen« in der Würzburger Badstube »uf dem Sande« die sich dort aufhaltenden Frauen und Jungfrauen, indem sie sich in den abgetrennten Männerbereich begaben und sich dort unziemlich zur Schau stellten. Cf. W. Schneider, 2001, S. 504.

17 Cf. E. Schraut, 1988, S. 384, bzw. Ciavolella, a.a.O., S. 14; H.E. Keller, 1993, S. 114f., und H.R. Lemay, 1983, S. 28. So wurde z.B. im frühen 17. Jahrhundert die junge kastilianische Schäferin Isabel Sánchez Jiménez, die mit einem schlappen alten Mann verheiratet war, beständig von Dämonen versucht, die ihr zuflüsterten, »wie schön und unbenutzt« sie sei (J.S. Amelang, 1998, S. 128).

18 Konrad v. Würzburg: *Partonopier und Meliur* 1579ff.; P. Schultz, a.a.O., S. 77f.

19 R.H. Bloch, 1986, S. 84. »Er graif mir wohl mit der hand daran/Und macht uns paiden ain großen lust,/Das ich in drucket an mein prust/Und halset und kusset in an ain packen/Und ward in in den hinder zwacken/Und sprach: Ich laß dich nit mit ruo schlafen,/Du tuest mich dan mit Adams gerten strafen,/Und spilt im vor mit schimpflichen sachen;/ Noch kunt ich in nie raisig machen,/Das er wolt auf sitzen und lernen reiten/Und wie man solt mit frawen streiten« (R. Krohn, 1974, S. 178). Ein junger Bauer vermeldet, seine Braut besitze »ein wiesen, die Primmelwiese genant,/Die ist einer ganzen gemein wol bekant;/Sie hat einen quellenden prunn;/Wie wol auf sie nit scheint die sunn,/Noch tregt sie gut gras,/Fru und spet ist sie nas./Ein guten acker hat sie dabei ligen« (a.a.O., S. 109f.). Schließlich schwärmt der Tiroler Oswald v. Wolkenstein (*Ain graserin* 76, 1 ff.) von der jungen Magd, die mit »ir sichel brawn gehart« das Futtergras schnitt, als er ihr den Zapfen in der Kerbe festflockte: »Mein häcklin klein hett ich ir vor/embor zu dienst gewetzet,/gehetzet, netzet; wie dem was,/schübren half ich ir das gras./›zuck nicht,

mein schatz!‹ ›simm nain ich, lieber Jensel.‹/Als ich den kle hett
abgemät/und all ir lucken wolverzeunt,/dannocht gert si, das
ich jät/noch ainmal inn der nidern peunt;/ze lon wolt si von
rosen winden,/binden mir ain krenzel./ ›swenzel, renzel mir
den flachs!/treut in, wiltu, das er wachs!‹/›herz liebe gans, wie
schön ist dir dein grensel.‹« Übertragen lautet die Passage:
»Hatt das Beilchen mir zuvor/rasch zur Arbeit hochge-
wichst,/naß und scharf gemacht. So stands./Harken half ich ihr
das Gras./Zuck nicht, Schätzchen./›Ha, gewiß nicht, lieber
Hansl!‹/Als ich abgemäht den Klee,/jeden Durchlaß zuge-
rammt,/wünschte sie, daß ich nochmal/Futter rupf, im Gärtlein unten./Rosen würde sie zum Dank/winden, binden mir als
Kranz./›Reg dich, streck dich hier im Flachs,/kraul ihn,
daß er tüchtig wachs!‹/Liebstes Gänslein,/herrlich ist dein
Schnabelschlund!« (ders., 1962, S. 207) Für den Hinweis auf
diese Übertragung danke ich Dieter Kühn. Cf. auch P.
Strohschneider, 1987, S. 153; J. Margetts, 1985, S. 266.

20 Der Graf von Zimmern berichtete von einer »guet dochter«,
die einen entflammten »paurenknecht« *ante portas* bat, »er
solte gemach thuen und bei gueter zeit ufhören, damit kain
jungs darauss würde. [...] Aber wie der grob paurenknecht mit
seinem wüesten schnidmesser den kitzel in das hünder viertheil
bracht, fieng sie mit niderer stim an zu jemern und zu schreien:
›Ach mein lieber Hans, stich umb dich und stich in alle wendt
und wie du wilt, du darfst kein kindt nit fürchten! Lieber
Jockel, far für! höre nit baldt uf und fick mich, lieber Petter!‹«
(Barack, a.a.O., IV, S. 10)

21 T.L. Burton, 1975, S. 297, bzw. M.F. Wack, 1986, S. 293; ders.,
1990, S. 111, & D. Jacquart, 1990, S. 16. Im Gegensatz zu anderen Autoritäten, die meinten, die Frau empfände beim Koitus
kaum Lust, vertrat in der Spätrenaissance auch Paolo Zacchia
die alte mittelalterliche Lehrmeinung, ihre Lustgefühle seien
zwar weniger intensiv, dauerten dafür aber länger. Cf. Bajada,
a.a.O., S. 153.

22 Daß Männer normalerweise nicht zu mehreren »Durchgängen« hintereinander fähig sind, wurde in der Literatur
immer wieder von den Frauen ausgespielt. So entgegnet z.B. in
dem im 11. Jahrhundert entstandenen *Ruodlieb* (VII, 83ff.)
eine Frau dem Rotschopf, der sich aufgrund eines Händedrucks dazu ermuntert gefühlt hatte, sie zu fragen, ob sie bereit
sei, ihm dreimal zu Willen zu sein, ironisch: »Si decies possis,
fac!«, »Mach's doch zehnmal, wenn du kannst!« Im Jahre 1611
sagte ein gewisser Borrero vor Gericht über einen Kassierer

namens Lorenzo Diaz aus Talavera de la Reina aus, dieser habe ihm eines Nachts gesagt, der Koitus mit einer öffentlichen Hure sei nur dann eine Sünde, wenn man sie siebenmal hintereinander besteige (cf. B. Bennassar, 1975, S. 219), womit er wohl sagen wollte, daß eine Nacht bei einer Hure nie eine Sünde sein könne. Derartig herkulische Leistungen kommen anscheinend nur in der Literatur vor. Von Chaucer bis La Fontaine wurde immer wieder die Geschichte von den beiden Priestern erzählt, die zuerst den Müller besteigen, dann dessen Frau und schließlich deren Tochter, an der sie sich freilich die Zähne ausbeißen. Sagt der eine: »Jetzt hab ich sie schon siebenmal hintereinander aufs Kreuz gelegt, aber sie ist immer noch nicht gestopft!« (B. S. Anderson/J. P. Zinsser, 1988, I, S. 435).

23 Cf. Jordan, a. a. O., S. 195; Stifter, a. a. O., S. 51; E. W. Klimowsky, 1956, S. 43; J. E. Salisbury, 1986, S. 280; J. V. Fleming, 1969, S. 153. Die spätmittelalterlichen Hagiographen wie auch die meisten anderen kirchlichen Autoritäten, deren Misogynie für gewöhnlich maßlos übertrieben wird (cf. D. Roth, 1998, S. 65 f.), lassen die Männer durchweg durch Verführung seitens der Frauen straucheln, während diese aufgrund ihrer Natur nicht umhin können, fleischlich zu sündigen. Cf. C. W. Bynum, 1987, S. 86. Dabei gab es freilich Ausnahmen wie z. B. die hl. Jungfrau, von der es hieß, sie sei kein einziges Mal in ihrem Leben sexuell erregt gewesen. Cf. C. Hart/K. G. Stevenson, 1995, S. 29.

24 Fryer, a. a. O., S. 173.

25 Insbesondere Fleischnahrung wurde herkömmlicherweise als libidosteigernd angesehen, und vom Kapitän eines Sklavenschiffes ist überliefert, daß er Fleisch von seinem Speiseplan an Bord absetzte, weil er nicht widerstehen konnte, die jungen Sklavinnen zu koitieren. Im 19. Jahrhundert empfahlen viele Ärzte fleischlose Nahrung als Mittel gegen habituelle Onanie. Cf. N. Fiddes, 1991, S. 147. Zu jener Zeit lehrte der New Yorker Arzt Sylvester Graham, alles, was den Magen »errege«, stimuliere auch die Genitalien beider Geschlechter, weshalb er von »all kinds of stimulating and heating substances« sowie dem Genuß von Fleisch abriet, da diese »all increase the concupiscent excitability and sensibility of the genital organs«. Anstelle dieser aufreizenden Nahrungsmittel empfahl er die von ihm kreierten »organically nutritious graham crackers«, die bald an der Ostküste Verbreitung fanden. Auch sein Kollege John Harvey Kellogg entwickelte die ohne Zutaten wie Zucker oder Milch hergestellten Cornflakes, die angeblich die

Geschlechtslust drastisch reduzierten. Cf. A.K. Fran-
cœur/R.T. Francœur, 1974, S. 31f.; I.L. Reiss, 1990, S. 23. Für
gewisse zu *Anorexia nervosa* neigende Damen des 19. Jahrhunderts wie z.B. die Schriftstellerin Mathilde Bourdon war der
Prototyp der unsinnlichen Frau die hl. Jungfrau, von der sie
sagten, sie habe zeitlebens praktisch nichts und schon gar
nichts Anregendes gegessen. Cf. B.G. Smith, 1981, S. 110.

26 Cf. Jarrett, a.a.O., S. 88, bzw. Jordan, a.a.O., S. 215f. Im Jahre
1673 führte der Arzt Johannes Nicolaus Pfizerum die »allzugroße Begierde zum Beyschlaff« unter anderem auf den »vielen
Gebrauch hitziger und sehr gewürzter Speisen und Getränke« zurück (E. Petterson, 2000, S. 289). Bereits im Mittelalter durfte in vielen Frauenklöstern das Fleisch nie gebraten,
sondern nur gekocht werden, damit die Sinneslust der Nonnen
nicht aufloderte. Cf. E. Persoons, 1980, S. 99. In anderen Klöstern gab es selbst für kranke Nonnen weder Fleisch noch Fett.
Cf. H. Kirchesch, 1916, S. 36f.; H. della Valle, 1916, S. 91.

27 R. van Dülmen, 1990, S. 193.

28 Cf. Muchembled, a.a.O., S. 131; Bastl, a.a.O., S. 382; P.M.
Spacks, 1974, S. 27f., 35; P. Crawford, 1985, S. 230, 281; J. Pearson, 1988, S. 76. Freilich gab es damals auch Autoren, die der
Auffassung waren, daß »in coition« die Geschlechter »observe
the same delight and concussion«, wie Nathaniel Highmore es
im Jahre 1651 formulierte (A. McLaren, 1984, S. 17). Im Jahre
1785 verlautete in ähnlicher Weise ein zwar anonymer, aber
»berühmter« Arzt im *Neuen Magazin für die gerichtliche
Arzneikunde* bezüglich der »vorgefaßte[n] Meinung von der
größeren Geilheit des weiblichen Geschlechts«, die nicht selten
»Veranlassung zur Ehescheidung« sein solle, weil die Ehefrauen »zu häufigen Beischlaf« einklagten, »der physische
Trieb der Wollust« sei bei Männern und Frauen ungefähr
gleich groß (U. Frevert, 1988, S. 43). Allerdings meinte bereits
William Perkins im Jahre 1609, das *Zeigen* der Wollust sei
»more permitted to the man, then to the woman« (M. George,
1988, S. 206), und 1789 gestand der Theologe Carl Friedrich
Bahrdt zwar auch den Frauen zu, daß der Beischlaf das
»schönste Vergnügen« sei, bei dem der Geschlechtstrieb beider
Partner befriedigt werden solle, aber er gab den Frauen den
wohlmeinenden Rat, den Männern sexuell nicht allzu zudringlich zu werden. Cf. C.F. Bahrdt, 1789, S. 291, 300, 307.

29 Cf. J.A. Sharpe, 1986, S. 81f.; Stone, a.a.O., S. 533; E. Shorter,
1984, S. 27; V. Jones, 1990, S. 82; M. Lemmer, 1991, S. 185f.;
N. Smith, 1978, S. 424. Daß die Frauen »full of lewd desires«

seien und beim Geschlechtsakt »extravagant Pleasure« empfänden, wurde zu jener Zeit bis zum Überdruß konstatiert.
»As Women were principally designed for producing the
Species, and Men for other greater Ends, we cannot wonder«,
so erklärte ein Autor 1739, »if their Inclinations and Desires
tend chiefly that Way« (Jones, a.a.O., S. 62ff., 77ff.). Ein paar
Jahre später schrieb der Arzt Christian Reinhard angesichts
der tief dekolletierten Damen, die Männer seien »eben nicht so
geartet wie die Weiber, und nach Fleisch so lüstern« (A.
Junker/E. Stille, 1988, S. 40), doch erwartete man gleichwohl,
daß die Frauen Zurückhaltung zeigten und ihre Lüsternheit
kontrollieren konnten. »To wish«, bekannte im Jahre 1684 die
englische Schriftstellerin Aphra Behn, »was such a Fault, as is
a Crime unpardonable to own; to shew Desire is such a Sin in
Virtue as must deserve Reproach from all the World« (S.H.
Mendelson, 1987, S. 166), was wohl bei manchen Frauen dazu
führte, daß sie sich ihre Lüste nicht einmal selber eingestan-
den. Jedenfalls meinte im frühen 17. Jahrhundert der portu-
giesische Medizinprofessor Francisco Sanches, für gewöhnlich
erkenne der Mann besser, daß es die Frau nach Sex gelüste, als
diese selber. Cf. J.-L. Flandrin, 1981, S. 129.

30 Cf. C. Gebauer, 1923, S. 102, bzw. D. Haks, 1988, S. 92, und D.
Peters, 1980, S. 437. In *Aristotle's Masterpiece* und anderen
Schriften des 17. Jahrhunderts hieß es, die Frauen seien wohl
deshalb »more recreated and delighted in the Venerial Act«,
weil sie nicht nur ejakulierten, sondern zudem fremdes Ejakulat empfingen und aufsaugten. »Skipping as it were for joy«,
verlautete 1658 *The Practice of Physick* über die Vagina, träfe
diese auf das männliche Sperma, »graciously and freely receive
the same, and draw it into its innermost Cavity or Closet, and
withal bedew and sprinkle it with her own Sperm, and pow-
ered forth in that pang of Pleasure, that so by the commixture
of both, Conception may arise« (McLaren, a.a.O., S. 19f.).

31 Diese Zurückhaltung wurde den Mädchen von frühester Kindheit an eingebleut. Als einmal ein kleines Mädchen über den
ausgefahrenen Penis eines Esels lachte, wurde sie von ihrer älteren Schwester angefahren: »Hör auf mit dieser Sauerei!« Junge Mädchen durften keinerlei Interesse an ihrer künftigen Ehe
zeigen, und von einem Paar, das erwachsene Kinder hatte, wurde erwartet, daß es jeglichen Geschlechtsverkehr einstellte. Cf.
L. Abu-Lughod, 1986, S. 152, 154, 223.

32 Cf. Cole, a.a.O., S. 209. Die iranischen Bauern behaupteten
zwar, die Frauen seien neunmal so lüstern wie die Männer, aber

wehe der Frau, die das ihrem Mann gegenüber auch zum Ausdruck brachte. Eine Frau mußte beim Koitus passiv bleiben und ihre Leidenschaften schlummern lassen. Viele irakische Männer legen offenbar deshalb keinen Wert darauf, ihre Frauen sexuell zu erregen, weil sie befürchten, diese könnten fremdgehen, wenn sie erst einmal auf den Geschmack gekommen seien. Cf. al-Khayyat, a.a.O., S. 96. Auf den türkischen Dörfern hielt man die Frauen zwar für zehnmal so leidenschaftlich wie die Männer und verglich sie mit Schießpulver, das sich durch den kleinsten Funken entzünde (cf. L.A. Fallers/M.C. Fallers, 1976, S. 258), doch bestiegen die meisten Männer ihre Frauen auf derart grobe und uneinfühlsame Weise, daß diese häufig große Angst vor dem Koitus hatten und sogar an Vaginismus litten, was wiederum viele Frauen glauben ließ, sie seien zu sexuellen Lustgefühlen nicht fähig und Sex sei nur etwas für die Männer. Cf. A. Kayir, 1991, S. 310f.

33 Man verglich die Frauen auch gerne mit Eseln, die als die geilsten Tiere, zugleich aber als sehr dumm galten. Cf. D.H. Dwyer, 1978, S. 74, 151ff.; ders., 1978b, S. 230; V. Crapanzano, 1983, S. 149. Verbreitet waren Sprichwörter wie »Eine Frau ist wie ein türkisches Bad ohne Wasser«, d.h., sie ist heiß, aber ohne Möglichkeit, die Hitze zu lindern (L. Rosen, 1985, S. 228), »Wenn eine Frau einen Mann haben will, gibt sie's ihm selbst durch ein Schlüsselloch« oder »Auf eine anständige Frau kommen tausend Nutten« (H. Munson, 1984, S. 91, 161). Die arabisierten Berber der libyschen Oase Augila sagten, die Frauen seien wie die Tiere und müßten vor sich selbst geschützt werden (cf. J.P. Mason, 1975, S. 650), und die Bewohner der algerischen Sahara-Oasen bestätigten, die Frauen benähmen sich »wie die Tiere«, »äußerst geil und bereit, sich von jedem Manne vögeln zu lassen. Nichts anderes haben sie im Sinn« (H.M. Miner/G. DeVos, 1960, S. 80). Cf. auch Antoun, a.a.O., S. 678f.

34 Cf. F.A. Sabbah, 1984, S. 27, 41; J.W. Anderson, 1982, S. 405; A. an-Nafzawī, 1966, S. 51, 84, 94. Schon Ibn Ḥazm al-Andalusī zitierte einen alten arabischen Spruch, nach dem das Verlangen der Frau nach dem Penis größer sei als das des Mannes nach der Vagina (cf. H. Ellis, 1928, III, S. 197; E. Heller/H. Mosbahi, 1993, S. 76), was der ehrwürdige al-Ghazālī damit erklärte, für gewöhnlich sei der weibliche Samenerguß so verzögert, daß die Frau viel länger Lust empfinde als ihr Partner. Cf. L. Minai, 1981, S. 156f. Obwohl sämtliche muslimische Autoren nicht müde wurden und werden, die Seklusion der Frauen,

ihre Verschleierung und Beschneidung mit deren exzessiver Libido zu begründen, wurde und wird augenblicklich behauptet, daß die Männer libidinöser seien, wenn es darum geht, die Polygynie oder den Ehebruch des Mannes zu rechtfertigen. So meinte unlängst ein saudischer Professor in den *Arab News*, es sei eine gesicherte »biologische Tatsache«, daß kein Mann mit *einer* Frau auskommen könne, da diese allein niemals in der Lage sei, seine sexuelle Lust zu befriedigen. Cf. H. Vagt, 1992, S. 145.

35 Cf. Jacobson, a. a. O., S. 203; L. Rosenthal, 1977, S. 205 f.; R.L. Brubaker, 1983, S. 158 f.; S. Kakar, 1988, S. 91; E.V. Daniel, 1984, S. 172; D.B. McGilvray, 1982, S. 31 f. In Orissa hieß es, die Frauen seien viermal so potent (*kāma cāturguna*) wie die Männer, weshalb es ihnen auch viermal so schwer fiele, den Verlockungen des Beischlafs zu widerstehen. Ein junges Mädchen, von dem man sagte, es sei »voll von *raja*«, das also viel »Samen« ejakuliere, war keine gute Partie, weil kaum ein Mann sich zutraute, sie wirklich befriedigen zu können. Cf. F.A. Marglin, 1985, S. 60. Cf. auch J. Krygier, 1982, S. 79; M. Roy, 1975, S. 117 (Bengalinnen); E.B. Harper, 1969, S. 85 f. (südindische Havik-Brahmanenfrauen); G.M. Carstairs, 1963, S. 95 f., 110 (Rājputinnen); J. Leslie, 1983, S. 94 f. Auch die Buddhisten halten herkömmlicherweise die Frauen für wesentlich triebhafter und lüsterner als die Männer, weshalb das *Vinaya Piṭaka*, das Buch der Ordensregeln für künftige Nonnen, diesen eine längere Probezeit vorschrieb als den künftigen Mönchen. Cf. D.Y. Paul, 1981, S. 24, 29, 181. Als Visākha, die berühmte Schülerin Buddhas, einmal gefragt wurde, ob es Augenblicke in ihrem Leben gegeben habe, in denen sie nicht an ihn dachte, soll sie geantwortet haben: »Nein, außer beim Geschlechtsverkehr« (Spiro, a. a. O., S. 213).

36 Jacobson, a. a. O., S. 366; N. Hasnain, 1982, S. 101; D.J. Lichter, 1984, S. 240; Bharati, a. a. O., S. 119 ff. Ein indischer Gynäkologe schätzte, daß höchstens 5 % seiner Patientinnen jemals einen Orgasmus hatten, und Dieter B. Kapp (mündliche Mitteilung vom 15. April 1987) gegenüber meinten indische Bäuerinnen, von zehn Frauen wüßten neun nicht, was sexuelle Lust sei, da sie von ihren Männern ebenso kurz wie grob »gebraucht« würden.

37 Cf. E. Kootz-Kretschmer, 1926, I, S. 208. Auch die Gahuka-Gama in Neuguinea hielten die Frauen für libidinöser als die Männer und gaben bei einem Seitensprung prinzipiell der Frau die Schuld, weil bei ihnen auch Frauen zur Verantwortung gezogen werden konnten. Wie mit Ernest Brandewie in einem

Brief vom 29. Februar 1988 mitteilte, ergriffen bei den Mbowamb in solchen Fällen stets die Frauen die Initiative. Die Frauen der Jatmül meinten dagegen, daß die Männer im Gegensatz zu den Frauen »nichts dafür konnten« und Opfer ihrer Triebe waren: »Weißt du denn nicht«, sagten sie zu der Ethnologin F. Weiss (1991, S. 150), »daß die Männer wie Hunde sind und nie nein sagen können? Läuft eine Hündin durchs Dorf, laufen zehn Hunde hinter ihr her. Sie können nicht anders, sie sind ohne eigenen Willen. Immer müssen sie es treiben. Eine Frau kann nein sagen, ein Mann nie.« Auch die Guajiro waren der Auffassung, daß es zwar natürlich sei, wenn ein junger Mann scharf auf ein Mädchen sei, aber unnatürlich, wenn ein junges Mädchen sich von sich aus für das andere Geschlecht interessiere. Cf. M.-B. Watson-Franke, 1974, S. 104.

38 Cf. M. Fortes, 1949, S. 85; R. Gomm, 1979, S. 128; R.B. Edgerton, 1964, S. 1295; R.B. Edgerton/F.P. Conant, 1964, S. 409f., 414. Die Frauen der Haussa galten als extrem lüstern und chronisch unbefriedigt (L.L. Wall, 1988, S. 148f.) und die Männer der Girjama an der ostafrikanischen Küste gehen noch heute davon aus, daß sich ihre Frauen auf der Stelle prostituieren, wenn sie nicht überwacht werden, weil sie unfähig seien, ihre Libido zu kontrollieren. Während über die Prostitution der Frauen offen geredet wird, schweigt man über die jungen Männer, die für Geld mit Touristinnen oder gar mit Touristen ins Bett gehen: Das Thema ist zu peinlich, da man von einem Mann ein hohes Maß an Selbstkontrolle erwartet. Cf. D. Parkin, 1991, S. 204. Die Hune in Nigeria waren der Meinung, daß zwar jede Frau jeden Mann, aber bei weitem nicht jeder Mann jede Frau befriedigen könne, weshalb man einem jungen Mädchen das Recht einräumte, einen potentiellen Ehemann über einen längeren Zeitraum hinweg auf seine Potenz hin zu testen. Cf. F.A. Salamone, 1986, S. 520. Nach einer Legende der Temne stellte Gott dem Urelternpaar acht Dosen Medizin zur Erweckung der Geschlechtslust zur Verfügung, worauf die Frau gleich fünf Dosen an sich raffte. Cf. F. Lamp, 1988, S. 222. Freilich war es auch in Afrika den Frauen meist untersagt, ihre Gelüste zum Ausdruck zu bringen. So hießen die Frauen der ebenfalls in Sierra Leone lebenden Krio, die mit ihrer Leidenschaft nicht hinter dem Berg hielten, »Männermatratzen« oder »Frauen der ganzen Welt« (B.E. Harrell-Bond, 1975, S. 269), und bei den Zulu galt es als unanständig für eine Frau, nicht auf ihrer Hüttenseite zu bleiben, sondern unaufge-

fordert zu ihrem Mann hinüberzugehen, weil dieser dann sofort denken mußte, sie wolle mit ihm schlafen (Raum, a.a.O., S. 100). Eine Tutsifrau mußte auch dann stocksteif und stumm daliegen, wenn ihr Mann sie betastete und mit dem Penis in sie eindrang. Cf. Maquet, a.a.O., S. 97.

39 Cf. S.F. Nadel, 1942, S. 152; ders., 1954, S. 179f. Während solche lesbischen Beziehungen unter den Nupe als alltäglich und weitverbreitet galten, wurde das Vorkommen homosexueller Verhaltensweisen bei Männern bestritten und allein der Gedanke daran als abscheulich bezeichnet. Auch in den meisten anderen menschlichen Gesellschaften empfand man die Frauen als ungemein geil und triebhaft. So sagten nicht nur die malaiischen Männer, sondern auch manche Frauen, daß diese beim Koitus (*hubungan seks*) nach der Ejakulation des männlichen Partners »immer noch mehr« wollten, was allerdings nach Aussage der Frauen wohl daran lag, daß die Männer nicht »warten« konnten. Ein Mann sagte, so viele malaiische Frauen ließen sich scheiden, weil bei zahlreichen Männern »der Penis nicht mehr funktioniere«, d.h. nicht lange genug steif bleibe. Ursache sei, daß sie in ihrer Jugend zu ausgiebig onaniert hätten. Cf. Peletz, a.a.O., S. 234, 270. Cf. auch S. Garon, 1993, S. 722 (Japaner); H. Schindler, 1977, S. 74 (Carijona); G.H. Herdt, 1986, S. 353 (Kuma, Sambia, Maring).

40 Cf. L.C. Watson, 1972, S. 151ff., bzw. N. al-Sa' adāwī, 1980, S. 13; C.N. Sarlin, 1975, S. 366, und M. Mead, 1939, III, S. 62. Auf der chinesischen Insel Hainan war man davon überzeugt, daß die Brüste und die Schamlippen der Frauen schrumpften, die sich nachts von den Fuchsgeistern beschlafen und um ihre *yin*-Essenz bringen ließen. Cf. A. Gerlach, 2000, S. 22ff. Auch auf Truk war die weibliche Onanie so verpönt, daß ein Mann, der einmal eine Frau beobachtet hatte, wie sie beim Baden mit einem Stück Seife onanierte, diese fortan erpressen konnte, ihm sexuell zu Willen zu sein. Cf. Swartz, a.a.O., S. 480. Die Tibeter fuhren zwar auch die kleinen Buben, die mit ihrem Penis spielten, scharf an und sagten manchmal *tsog-pa re*, »das ist schmutzig«, doch war man offenbar bei den Mädchen in dieser Hinsicht noch strenger und schimpfte bereits mit ihnen, wenn sie noch im Krabbelalter waren. Cf. Ludwar, a.a.O., S. 100f. Die ostafrikanischen Hawu sahen zwar über das Onanieren der jungen Mädchen hinweg, tolerierten es aber bei den verheirateten Frauen nicht (A. Kashamura, 1973, S. 118f.), während die Kikuyu zwar das Onanieren der Jungen, nicht aber das der Mädchen ›übersahen‹ (P. Erny, 1987, S. 93). Aus diesem Grunde trafen sich bei den

Mundugumor die jungen Mädchen heimlich zum »Rudelwichsen«, und zwar vorzugsweise an den Plätzen, wo die Mädchen und Frauen zu urinieren pflegten. Cf. McDowell, a.a.O., S. 203. Die zu den Sotho-Tswana gehörenden Kgatla in Betchuanaland gestatteten dagegen den Frauen, deren Männer sie sexuell vernachlässigten oder für längere Zeit abwesend waren, sich selber zu befriedigen. Cf. W. Davenport, 1987, S. 230f. Die Gilyaken waren wiederum davon überzeugt, masturbierende Frauen würden krank und hysterisch und verlören vollkommen die Selbstbeherrschung. Cf. L. Sternberg, 1961, S. 17. Bei den Sambia schließlich war die Onanie bei beiden Geschlechtern offenbar unbekannt. Cf. Herdt/Stoller, a.a.O., S. 415, 419.

41 Cf. R. Garland, 1990, S. 169; K.H. Bloch, 1989, S. 82f., 84f.; H. Reichert, 1995, S. 492; M. Schwaibold, 1988, S. 121; Burghartz, a.a.O., S. 120, 260; J.-L. Flandrin, 1977, S. 283. Das Wort »gehyen«, ahd. »hîan« = heiraten, veränderte im Verlaufe des Mittelalters seine Bedeutung und entsprach spätestens in hochmittelalterlicher Zeit dem heutigen »ficken«. Cf. F. Staub/L. Tobler/R. Schoch, 1885, Sp. 1103ff.; J. Grimm/W. Grimm, 1897, V, Sp. 2340ff.

42 Cf. *Nidda* 13a, sowie J. Katz, 1993, S. 116, und A. Unterman, 1981, S. 146. Allerdings hielten auch die Juden die Frau für triebhafter und lüsterner als den Mann. Cf. *Sanhedrin* 7a.

43 S. Mendelson/P. Crawford, 1998, S. 24; J. Stengers/A. Van Neck, 1984, S. 29, bzw. G. Scholz-Williams, 1989, S. 366.

44 J. van Ussel, a.a.O., S. 25, 48, 135, 137. Etwas vorsichtiger schreibt Elias (1980, S. 24), ab dem 18. Jahrhundert habe die bürgerliche Moral die Masturbation stärker unterdrückt, weil man die Gewißheit zu haben glaubte, daß sie zu »Blindheit, Austrocknung des Rückenmarks, Verlust aller Lebensenergien und Irrewerden« führe. Auch diese Behauptung ist unzutreffend, denn bereits im Spätmittelalter waren viele Autoren davon überzeugt, zumindest beim männlichen Geschlecht führe die Masturbation zu Auszehrung und Schwachsinn: »Der berühmte Arzt Tissot hat demnach überhaupt nichts erfunden; seine sämtlichen Argumente kommen schon in den Traktaten der Moralisten des 15. Jahrhunderts vor« (Rossiaud, a.a.O., S. 92f., 206). Schon die medizinischen Autoritäten der Antike hatten verschiedene Krankheiten auf die Masturbation zurückgeführt (cf. R.P. Neuman, 1975, S. 1) und im Jahre 1640 bezeichnete der Theologe Richard Capel vom Oxforder Magdalen College die Selbstbefleckung als schlimmste aller Sünden wider die Natur: Durch »Verschwendung der lebens-

wichtigen Feuchtigkeit« schwäche sie den Organismus »außerordentlich« und führe zu Krankheit, Impotenz und frühem Tod. Cf. Bloch, a. a. O., S. 113; J.-C. Guillebaud, 1999, S. 238. Ähnliche Auffassungen vertraten auch arabische Ärzte des Mittelalters. Cf. T. B. Jelloun, 1989, S. 81. Deshalb wurde sie z. B. im alten Marokko mehr verurteilt als Päderastie oder sogar Inzest: »Wenn einer seine Hand fickt«, sagte man, »dann ist das schlimmer als wenn er es mit seiner Mutter treibt« (E. Westermarck/S. ʿa.-es-s. el-Baqqālī, 1930, S. 88).

45 van Ussel, a. a. O., S. 43, und I. Müller, 1985, S. 175. Völlig unzutreffend ist auch die Behauptung der Autorin, der Damensattel sei in dieser späten Zeit »vermutlich für Schwangere« aus dem Orient nach Europa »eingeführt« worden.

46 Cf. Trench, a. a. O., S. 276f.; D. Morris, 1997, S. 20; Mützel, a. a. O., S. 233. Chaucers »Wife of Bath« trug dabei eine speziellen »foot-mantle«, der ihre Beine bedeckte. Cf. J. L. Nevinson, 1958, S. 307. Zwar scheinen angelsächsische Damen gelegentlich im Herrensitz gejagt zu haben (cf. T. Wright, 1869, S. 226), doch machten Historiker schon frühzeitig darauf aufmerksam, daß es wegen der Abwesenheit der Perspektive auf den zeitgenössischen Abbildungen lediglich so aussehe, als säßen die Frauen nach Art der Männer, während zahlreiche Quellen belegten, daß auch die Frauen der Angelsachsen im Damensitz ritten. Cf. ders., 1871, S. 322. Allerdings scheint es einige Teilnehmerinnen am Zweiten Kreuzzug, der 1145 begann, gegeben zu haben, die – teilweise bewaffnet und in knöchellangen Kleidern – im Herrensattel saßen (cf. K. C. Hurd-Mead, 1938, S. 166), und wie die Lübecker *Detmarchronik* berichtet, starb im Jahre 1386 die inzwischen erblindete Herzogin Agnes v. Sachsen-Lauenburg, die in ihrer Jugend »menlik alse en man« gewesen und auf Männerart bei einem Kreuzzug mitgeritten sei. Cf. G. Theuerkauf, 1991, S. 155. Nach E. Dreyer-Eimbcke (1989, S. 25) soll es damals auch Damen gegeben haben, die in sehr schwerem Gelände einen Herrensattel benutzt haben, damit sie nicht vom Pferde stürzten, doch taten dies anscheinend manche Damen unfreiwillig. Als sich z. B. im 12. Jahrhundert die englische Thronerbin Maud überstürzt aus Winchester zurückziehen mußte, weil der Feind nahte, war sie nicht ohne Zwang durch ihre Eskorte bereit, das Pferd wie ein Mann zu besteigen. Cf. L. F. Salzman, 1926, S. 273. In späterer Zeit scheint dies zumindest in Frankreich verbreiteter gewesen zu sein, denn der Philosoph John Locke (1953, S. 81) verlautete über eine überraschende

Begegnung in Aix-en-Provence im April 1676: »We met 3 or 4 women rideing along astride (a fashion very common all over France).« Freilich schrieb knapp zwei Jahre später Liselotte von der Pfalz: »Daß man hir schriettlingen auff die jagt reitt, ist ein großer irtum, nicht allein itzunder zu meinen zeitten schlegt man den schenckel umb den sattelknopff, sondern der König hatt mir selbsten gesagt, daß man hir niemahlen anders geritten hatt, in den provintzen aber da reitten die damens alle schreitlingen« (Elisabeth Charlotte, 1908, I, S. 29).

47 Cf. B. Bowden, 1979, S. 77; A. Schultz, 1889, S. 199; Bloch, a.a.O., S. 97; Rost, a.a.O., S. 98 ff., 104. Den heute üblichen und einst als unmoralisch empfundenen Damensattel, bei dem die Reiterin nicht mehr beide Füße auf einem Brettchen ruhen ließ, sondern, um mehr Halt zu haben, das rechte Bein über ein Sattelhorn schlug, soll im 16. Jahrhundert in Frankreich von der Florentinerin Katharina de' Medici eingeführt worden sein. Da auf diese Weise das Knie entblößt wurde und der Rock leichter hochflattern konnte, mußte die Reiterin knielange *caleçons* aus Samt oder Wildleder tragen. Cf. Saint-Laurent, a.a.O., S. 63 f. Über solche »männlichen« Reithosen (*trowsers*) bei Frauen empörten sich in England besonders die Quäker und die Puritaner. Cf. A.M. Earle, 1903, S. 619; D. Dugaw, 1989, S. 133. Fälschlicherweise wird seit M. Jähns (1872, II, S. 115) die Einführung des *neuzeitlichen* Damensattels bereits der im späten 14. Jahrhundert mit dem englischen König Richard II. verheirateten Anna v. Böhmen zugeschrieben.

48 Cf. L.A. Berman, 1968, S. 370, bzw. A. Adorno, 1978, S. 193. Noch heute ist dies freilich in vielen arabischen Gegenden den jungen Mädchen verboten, weil man befürchtet, daß ihr Hymen reißen könnte. Cf. K. Platt, 1988, S. 280. Um die Mitte des 13. Jahrhunderts hielt Wilhelm v. Rubruk es für bemerkenswert, daß die Mongolinnen »wie die Männer rittlings auf den Pferden sitzen« (1984, S. 55), und auch die frühen englischen Reisenden berichteten aus dem »barbarischen« Irland, daß manche einfachen Bäuerinnen dies taten, obgleich es sogar bei den Iren als »improper« gegolten habe. Cf. MacLysaght, a.a.O., S. 146. Auch noch in unserer Zeit durften in manchen Gegenden Europas Frauen keine Tätigkeiten ausüben, bei denen sie die Beine nicht geschlossen halten konnten. So war es in den meisten Dörfern in Maramureş im nördlichen Transsylvanien den Frauen zwar gestattet, Kühe zu melken, nicht aber Schafe. »Kühe«, so erklärte ein Schäfer, »werden von der Seite gemolken, aber Schafe müssen zwischen den Beinen gehalten

werden. Wenn die Frauen in Anwesenheit der Schäfer so die Schafe mölken, wie könnten dann die Schäfer der Versuchung widerstehen?« (Kligman, a.a.O., S. 67f.).

49 Cf. K. Schreiner, 1989, S. 171, bzw. B. Ye'or, 1985, S. 169, 191.

ANMERKUNGEN ZU § 9

1 A. Mielke, 1993, S. 100, 114; M. Harbsmeier, 1994, S. 217f.; L. Schiebinger, 1993, S. 165ff. Berichtete noch im Jahre 1668 ein Reisender dezent, die Haut sei bei den Hottentottinnen so schlaff, »daß an gewissen Stellen ein Teil davon herausbaumelt«, wurde achtzehn Jahre später Wilhelm ten Rhyne, ein Arzt der Holländischen Ostindien-Kompanie, deutlicher, wenn er, allerdings auf lateinisch, mitteilte, bei den beiden fingerlangen Anhängseln, die von den Genitalien der meisten Hottentottenfrauen herabhingen, handle es sich offenbar um die Schamlippen. Cf. J.R. Baker, 1974, S. 313f. Im Jahre 1719 schrieb ein anderer Reisender: »Es findet sich nemlich ein langes, als eine dicke Haut gestaltetes und an der übrigen Haut fest gewachsenes Stück Fell, welches über ihre Scham hinab hänget, und selbige gleichsam von Natur bedecket« (W. Jopp, 1960, S. 113).

2 Cf. Mielke, a.a.O., S. 155; Schiebinger, a.a.O., S. 164. Im Jahre 1784 meinte der schwedische Naturforscher Andreas Sparrman, die »weibliche Ruthe und Nymphen« der Hottentottinnen seien nicht »von Natur aus so monströs« . Vielmehr rühre »diese Verlängerung wahrscheinlich von der Schlaffheit her, welche im Klima, im Salben oder Schmieren und im Müßiggang liegt« (1980, S. 247f.).

3 Cf. Baker, a.a.O., S. 316; Schiebinger, a.a.O., S. 170; S.L. Gilman, 1984, S. 116f.; S.J. Gould, 1985, S. 292ff. Die Kritik an der Zurschaustellung Saat-Jees, die als »offensive to decency« empfunden wurde, da das Publikum sogar dazu aufgefordert worden war, »to feel her posterior parts to satisfy themselves that no art is practiced«, zog in London eine öffentlich Debatte über Menschenwürde und die Abschaffung der Sklaverei nach sich. Cf. S. Gilman, 1992, S. 178; Z.S. Strother, 1999, S. 32. Allerdings wurde schon im Jahre 1828 auf einem Ball der Herzogin Du Barry in Paris eine neue »Hottentotten-Venus«, die weitestgehend nackt gewesen zu sein scheint, als Hauptattraktion vorgeführt, nachdem bereits im Jahre 1765 der englische König Georg III. und das Oberhaus verfügt hatten, daß

eine Gruppe nach England gebrachter Mohawk-Indianer »would not suffer any of them to have the disgrace of being exhibited as a public shew« (G.R. Hamell, 1987, S. 184f.). Als im späten 19. Jahrhundert der Anatom Theodor v. Bischoff die weiblichen Mitglieder einer Völkerschautruppe der Kaweshkar aus dem Feuerland untersuchen wollte, also Menschen, die angeblich »entschieden noch auf der niedrigsten Stufe der Civilisation« standen, war er baß erstaunt, als ihm »in überraschender Weise die Schamhaftigkeit der Individuen und insbesondere der weiblichen, sehr hinderlich entgegen« trat: »Ich will nur noch hinzufügen, dass es selbst bei den kleinen 4- und 3-jährigen Mädchen der Truppe unmöglich war, sich von dem Verhalten ihrer Geschlechtstheile zu überzeugen, indem ihr eigenes Sträuben auch noch von dem ihrer Mutter unterstützt wurde, daher ich denn über das Vorhandensein eines Hymens keine Auskunft erhalten konnte« (G. Eißenberger, 1996, S. 160f.). Cf. auch W.H. Schneider, 1982, S. 131. Ähnliche Erfahrungen machte offenbar Jahrzehnte später der Ethnologe Baldus, als er versuchte, den entblößten Genitalbereich der Tschamakoko-Frauen auf die Platte zu bannen: »Es war unmöglich, die Weiber zu bewegen, den Schamschurz beim Photographieren abzunehmen« (H. Baldus, 1931, S. 22). Cf. auch ders., 1945, S. 115 (Tapirapé-Frauen). Wie aus Photos hervorgeht, wurden anscheinend die 1891 von Carl Hagenbeck in Berlin, Paris und anderen Großstädten gezeigten Feuerland-Indianerinnen dem Publikum mit entblößten Brüsten präsentiert (cf. P. Bolz, 1989, S. 89), während die Brüste der Polynesierinnen meistens vorsichtshalber bedeckt blieben. Trotzdem wurden Mitglieder einer Truppe junger Samoanerinnen im Berliner »Passage-Panoptikum« von männlichen Besuchern »unanständig berührt« (B. Staehelin, 1993, S. 90). Auch der Oberkörper der jungen Mitglieder eines »Amazonen-Corps« aus Dahomey, das 1890 zu sehen war, blieb bedeckt, doch konnte man an der Theke Postkarten erstehen, auf denen die betreffenden Damen »oben ohne« zu sehen waren. Cf. Eißenberger, a.a.O., S. 88. Über seine erste Völkerschau im Jahre 1874 bemerkte Hagenbeck allerdings: »Aufsehen erregte die kleine Lappländerfrau, wenn sie ihrem Säugling in ihrer Naivität ganz ungestört durch das Publikum die Brust reichte« (E. Fischer-Lichte, 2001, S. 298).

4 Cf. H. Honour, 1989, II, S. 52ff. Auch ansonsten wurde Saat-Jee, die noch im Jahre 1815, dem Alkoholismus verfallen, in der Obhut eines Tier-Schaustellers starb, als eine Art

Monstrum präsentiert, und wie das *Journal de Paris* berichtete, wurde später ihr Bild (Abb. 73) in einer Ausstellung neben dem der wegen ihrer Schönheit gerühmten Schauspielerin Mlle Mars aufgehängt, damit letztere »in dieser Nachbarschaft noch schöner erschien als sie es ohnehin schon war« (P. Martin, 1993, S. 259). Cf. auch A. Roquebert, 1994, S. 10. Die präparierten Schamlippen verblieben in Paris, doch bat vor ein paar Jahren Nelson Mandela François Mitterrand um ihre Rückgabe (cf. C. Rawson, 2001, S. 336), die kürzlich auch tatsächlich stattfand. Cf. Abb. 75.

5 Cf. R. Corbey, 1991, S. 42, bzw. J. Terry, 1990, S. 334.

6 Cf. R. Singer, 1978, S. 124; E. v. Eickstedt, 1938, S. 1198; J. Drury, 1926, S. 115; R.B. Lee, 1979, S. 373. Die Männer der !Ko vermieden es gleichwohl, beim Liebesspiel die Vulva zu berühren und bezeichneten sie als »giftiges Ding« (H.-J. Heinz, 1975, S. 106). Sie wurde aus Schamhaftigkeit nie gereinigt, und der sie bedeckende Schurz wurde kaum jemals im Leben entfernt, auch beim Urinieren oder beim Koitus nicht (a.a.O., S. 114f., 121). Lediglich während des rituellen Eland-Tanzes, in dem das Paarungsverhalten dieser Antilope dargestellt wurde, warfen die Tänzerinnen den Lendenschurz für einen kurzen Augenblick hoch. Cf. H. Sbrzesny, 1976, S. 70.

7 Cf. H.P. Duerr, 1990, S. 240f., bzw. P. Constantine, 1994, S. 33f., 134. Anders verhielt es sich in China, wo die Schamlippen offenbar »fest«, aber nicht »fleischig« sein sollten. Im *I-hsing Fang* wurden die Männer davor gewarnt, mit einer Frau zu schlafen, »wenn die Lippen der Vulva nicht das Jadetor bedecken und wenn sie herunterhängen« (G.L. Simons, 1973, S. 85f.).

8 M. Prinz zu Wied, 1841, S. 107, bzw. Viveiros de Castro, a.a.O., S. 187f., 338. Die Frauen der Ona und Selk'nam im Feuerland scheinen ebenfalls die Labien verlängert zu haben. Cf. F. Speiser, 1935, S. 42. Auch die Liebhaber der Mädchen und der verheirateten Frauen genossen es, an den Schamlippen herumzuspielen, was die Arawaté *maya* nannten, aber jene benahmen sich dabei nicht selten dermaßen grob und tölpelhaft, daß die Frauen schmerzhafte Verletzungen davontrugen. Nicht die Klitoris – *ičire*, »Knospe« –, sondern die *labia minora* wurden »weiblicher Penis« (*kaññĩ nakãy*) genannt und als »Waffen (*irapã*) der Frau« empfunden. Auch die Suya und die Kayapó schätzten die künstlich verlängerten Schamlippen sehr (a.a.O., S. 362), während die Matsigenka im peruanischen

Tiefland Frauen »mit einer fetten Vulva« äußerst attraktiv fanden. Cf. G. Baer, 1984, S. 256.

9 Cf. G. Devereux, 1958, S. 280; J.L. Caughey, 1977, S. 114. Auch in anderen Gegenden Mikronesiens liebte man eine üppige Vulva. So war es z.B. auf Ponapé üblich, daß sehr alte Männer (»impotente Greise«) über Jahre hinweg bis zum Beginn der Pubertät der Mädchen an deren Labien und an der Klitoris zogen, um sie zu verlängern. Damit diese anschwoll, ließen die Frauen auch eine große schwarze Ameise hineinbeißen, was, wie jene berichteten, einen »kurzen, prickelnden Reiz verursachte« (Finsch, a.a.O., S. 316). Im Palau-Archipel massierten früher die Frauen bei den Mädchen nach der Menarche in der Seklusionshütte die Labien und klärten sie dabei über die »Tatsachen des Lebens« auf. Eine alte Frau bekannte, diese Manipulationen hätten sie zwar damals sehr beschämt, doch habe sie die Prozedur trotzdem »genossen«. Die großen Labien sowie der Venushügel wurden tätowiert. Cf. E. Heinemann, 1975, S. 56. Auf Ulithi tätowierten die jungen Frauen sich die kleinen Schamlippen schwarz – angeblich, weil sie sich sonst geschämt hätten, wenn der Blick ihres Partners auf den rotgefärbten und damit »nackten« Eingang zur Vagina gefallen wäre. Richtig ist auf alle Fälle, daß die Männer diese Tätowierung erregend fanden. Cf. Lessa, a.a.O., S. 81, 86.

10 Kashamura, a.a.O., S. 83, 115, 119, bzw. J. Gay, 1986, S. 101. Früher scheinen die Sothomädchen bei der Manipulation ihrer Labien sehr viel dezenter gewesen zu sein und dies nie voreinander getan zu haben. Cf. F. Karsch-Haack, 1911, S. 474. Zu den Ngoni cf. Longmore, a.a.O., S. 49f., zu den Fon cf. M.J. Herskovits, 1938, S. 282ff. Im Alter von 15 bis 18 Jahren trafen sich früher die Mädchen der Hutu und Tutsi gegen Abend, um in Gruppen zu tanzen, zu singen und zu flechten. Dabei zogen sie sich gegenseitig an den *labia minora* und an der Klitoris, bis beide etwa 5 cm lang waren, ein Brauch, der *ugukuna* genannt wurde. Je praller und hervorstehender Labien und Klitoris waren, um so sexyer war das Mädchen, weil ihre Vulva dann so wirkte, als sei sie ständig erregt, und die Frauen sagten, daß auch sie selber sexuell leichter und intensiver erregbar seien, wenn sie zuvor ihre Schamlippen und ihre Klitoris bearbeitet hätten. Auch war ein erfolgreich durchgeführtes *ugukuna* Bedingung für die Heirat. Cf. Bourgeois, a.a.O., S. 267f.; M. d'Hertefelt, 1965, S. 419f.; H. Schürings, 1992, S. 132; T.M. Mayr/H. Mayr-Knochel, 1996, S. 30. In der Tat schwellen bei sexueller Erregung die kleinen Schamlippen an

und legen sich flügelartig auseinander. Cf. R. Boschmann, 1975, S. 166. Wenn die Lovedu-Frauen bei der Initiation der Mädchen feststellten, daß eine von ihnen die Labien nicht ordnungsgemäß vergrößert hatte, rieben sie ihr zur Strafe eine scharfe Substanz auf die Genitalien. Cf. Krige & Krige, a.a.O., S. 113. Die Frauen der den Ndebele benachbarten Pedi zogen sie zur Demütigung nackt aus. Cf. G. Geisler, 2000, S. 61.

11 Cf. H. Aschwanden, 1976, S. 76, bzw. E. Colson, 1958, S. 274, und M. Cesara, 1982, S. 147. Auch die jungen Mädchen der Zimba, Himba, Tyavikwa und Hakavona, die einen kleinen Stein mit einer Schnur an die kleinen Labien banden und die an einem geheimen Ort ständig daran zogen, sagten, sie intensivierten damit ihre eigenen Lustgefühle und nicht nur die des Liebhabers. Cf. C. Estermann, III, 1981, S. 30; ders., 1964, S. 28 (Herero mit Ausnahme der Kuvale und Kwanyoka); M. Read, 1938, S. 12, und J.H. Chaplin, 1963, S. 21 (Chewa, Ndembu, Ngoni und andere rhodesische Bantustämme).

12 Cf. P. de B. de Brantôme, 1981, I, S. 214, bzw. E. Showalter, 1980, S. 173, und H.A. Kuno, 1929, S. 84. Es verwundert kaum, daß die liebestolle und vom Teufel besessene achtzehnjährige Magdeleine de Demandolx laut Untersuchungsbericht sehr lange Schamlippen (»fort éloignées«) gehabt haben soll. Cf. G. Bechtel, 1997, S. 500. In viktorianischer Zeit galten manchen Medizinern ausgeprägte weibliche Schamteile und üppiges schwarzes Schamhaar als ein Indiz für nymphomane Veranlagung. Von solchen Frauen hieß es, daß sie beim Gehen die Schenkel so weit wie möglich auseinanderhalten mußten, um sich nicht zu erregen. Cf. A.-L. Shapiro, 1996, S. 127.

13 Cf. R. Krohn, 1988, S. 143f., bzw. Sabbah, a.a.O., S. 25. Auf Coney Island lockte man um 1900 die Männer mit der doppeldeutigen Reklame in die Saloons, dort hielten sich »moist-lipped girls« auf. Cf. L.A. Erenberg, 1981, S. 22. Einem breiten Mund entsprach eine weite und kühle Vagina. Bei den Mende in Sierra Leone galten bei einer Frau volle Lippen von natürlicher Röte als begehrenswert – sie waren reif, süß und saftig –, und entsprechend verhielt es sich dann auch mit *ndabu*, ihrem »Mund von unten«. Cf. Boone, a.a.O., S. 99. Cf. auch A.S. Meigs, 1984, S. 38 (Hua in Neuguinea). Nicht nur die Araber schwärmten vom kleinen Mund und damit von der engen Vagina, sondern auch die mittelalterlichen Christen: Auf den gotischen Bildern und bei den Skulpturen überragt Marias Mund selten die Breite der Nasenflügel, und im Jahre 1486 begeisterte sich der Ritter Konrad v. Grünemberg über die Münder der

jungen Venezianerinnen, die so wunderbar klein und von roter Korallenfarbe gewesen seien, daß es für ihn »auf das allerlustsamste verlockend« war, hineinzubeißen (A. Denke, 1998, S. 123). Im östlichen Anatolien hieß es in manchen Dörfern, der Mund der Frau sei ein ebenso »verborgener« Körperteil wie ihre Genitalien und müsse deshalb stets mit einem Schleier bedeckt werden. Cf. M. Makal, 1971, S. 95. Heute tun dies noch viele Unverheiratete, und zwar vor allem vor Fremden, in der Öffentlichkeit und in unübersichtlichen Sitationen. Cf. A. Petersen, 1985, S. 12. Auch die Yuma-Frauen taten dies in gemischter Gesellschaft. Cf. L. Spier, 1933, S. 328.

14 Cf. D. Morris, 1994, S. 124f.

15 So z.B. auf der Südsee-Insel Tanga. Cf. F.L.S. Bell, 1938, S. 411. Cf. auch R.L. Saitz/E.J. Cervenka, 1972, S. 117. Bei den Taŭade im Bergland taten dies allerdings auch die Männer, und zwar dann, wenn sie durch irgendeinen Zufall die Genitalien einer Frau sehen konnten. Daß dies nicht den Wunsch nach Cunnilingus ausdrückte, sieht man daran, daß dieser als ekelhaft und verächtlich galt. Eine der schlimmsten Beleidigungen war: »Leck doch die Fotze deiner Frau!« (Hallpike, a.a.O., S. 246, 248).

16 Als »Zünglein« der Frau, in dem »zur Zeit des Beyschlafes der Sitz des empfindlichsten Gefühls der Wollust« zu suchen sei, bezeichnete der Gynäkologe J.J. v. Plenk (1803, S. 29) die Klitoris. Viele Ärzte waren davon überzeugt, daß sie wesentlich sensitiver sei als ein Penis, so etwa Renaldus Columbus, der verlautete, eine Frau ejakuliere auf der Stelle, wenn man ihre Klitoris mit dem Penis streichle oder auch nur mit dem kleinen Finger anstupse, ob die Frau das nun wolle oder nicht (»ocyus aura semen haec atque illac pre voluptate vel illis invitis profluet«) [T.W. Laqueur, 1989a, S. 103], und im Jahre 1671 verlautete die Hebamme Jane Sharp, dieses Zipfelchen »makes women lustful and take delight in copulation, and were it not for this they would have no desire nor delight, nor would they ever conceive«, denn »by the stirring of the clitoris the imagination causeth the vessels to cast out that seed that lyeth deep in the body« (K. Aughterson, 1995, S. 129; S.W. Hull, 1996, S. 97). Diese Ausführungen wurden im folgenden Jahrhundert immer wieder wörtlich in den *Aristotle manuals* genannten Sexratgebern zitiert. Cf. Haller & Haller, a.a.O., S. 93.

17 Cf. R.M. Berndt, 1951, S. 7; H.P. Duerr, 1984, S. 218, Abb. 115, bzw. Meigs, a.a.O., S. 93; Laqueur, a.a.O., S. 106, 118; A. Meyer-Knees, 1992, S. 42; dies., 1989, S. 336. Bisweilen sah man die Klitoris fast wie ein eigenes Wesen mit eigenem

Willen und Empfindungsvermögen. »Wenn die Klitoris sieht, daß der Penis kommt, lächelt sie«, hieß es bei den Muria in Indien (zit. n. E. Ross/R. Rapp, 1981, S. 63). Die französischen Ärzte des 18. Jahrhunderts nannten die Klitoris »mépris d'hommes«, »gaude mihi« (oder »godemiché«) sowie »tentigo« [= uteriner Furor], d.h., es wurden weibliche Homosexualität, Selbstbefriedigung und Nymphomanie mit ihr assoziiert. »La difformité du clitoris«, so hieß es in einer *Encyclopédie* der Zeit, »quand sa longueur est excessive, n'apporte pas un obstacle absolu à la génération; mais c'est un vice révoltant pour les maris, parce qu'il donne à la femme l'apparence de l'homme et refroidit la tendresse de celui-ci pour un objet qui a trop de ressemblance avec lui« (Delon, a.a.O., S. 43 f.). In der berühmten *Onania, oder die Sünde der Selbst-Befleckung* vom Jahre 1765 wurde erklärt, es sei »gewißt, daß die Clitoris bey einigen Weibern, insonderheit denen, die sehr geil sind, und sich durch die Selbstbefleckung sehr gemißbrauchet haben, dergestalt ausgespannet wird, daß man sie bey ihrer Hervortragung irrig für einen Penis gehalten« (Lipping, a.a.O., S. 41). Cf. auch N.H. Keeble, 1994, S. 24.

18 Cf. R.L. Dickinson, 1949, S. 42.
19 So z.B. M. Wex, 1992, S. 56. Herkömmlicherweise wird den Negerinnen eine längere Klitoris zugeschrieben als den Weißen. Cf. z.B. H. Ellis, 1928, V, S. 130. Nach dem Arzt Julius Jacobs hatten viele Balinesinnen eine »stark entwickelte Klitoris«, die sie in den »Tribadismus« trieb (A. Vickers, 1994, S. 148), und laut Richard Burton zeichneten sich auch die Haremsdamen des Orients durch »a large projecting clitoris with erectile powers« aus (R. Kabbani, 1986, S. 53).
20 Cf. R.M. Berndt, 1952, S. 11, bzw. W.E. Gudgeon, 1904, S. 211 f. Auch in vielen anderen Gegenden Polynesiens und Mikronesiens, z.B. im Tubuai-Archipel, auf den Marianen oder auf der Osterinsel, wurde die Klitoris verlängert (cf. B. Danielsson, 1956, S. 74), und auch dort hieß es, die Größe der Klitoris verhalte sich proportional zum Ausmaß der sexuellen Lust. Cf. Ford & Beach, a.a.O., S. 51. Auf den Marquesas rieb die Großmutter die Klitoris ihrer kleinen Enkelin mit parfümiertem Kokosfett ein und zog so lange an ihr, bis sie den Schamschlitz vollkommen bedeckte. Nach der Pubertät verglichen sich die Mädchen miteinander, um herauszufinden, wer die längste hatte. Cf. D.S. Marshall, 1962, S. 249 f.
21 So etwa die Yoruba (C. Chippaux, 1990, S. 554), Wahia am Njassa-See (H. Ploss, 1871, S. 381) oder die Tofinnu, ein

Seefischervolk in Dahomey (G.E. Bourgoignie, 1972, S. 300).
Der Verfasser der *Onania* teilte seinen Lesern mit, er habe im
Jahre 1725 den Brief eines jungen Mädchens erhalten, das
während der sieben Jahre, in denen es mit der Kammerjungfer
ihrer Mutter das Bett geteilt hatte, mit dieser mutuelle
Masturbation betrieben habe. Vor einem halben Jahr, so teilte
sie mit, hätte sie bei sich eine Schwellung entdeckt, die aus ihrem Leib hervorrage, so hart wie ihr Daumen und länger als
dieser. Die Protuberanz treibe sie zu Exzessen der Lust und zu
derartigen Absonderungen von Feuchtigkeit, daß sie beständig
naß sei. Cf. R. Trumbach, 1991, S. 118.

22 Cf. Laqueur, a.a.O., S. 100, 119, bzw. Vorberg, a.a.O., S. 20;
Adams, a.a.O., S. 97; J.P. Toner, 1995, S. 105. »Since the clitoris is a rudimentary male organ«, so verlautete noch der mit
Margaret Mead verheiratete Ethnologe Reo Fortune, »its manual stimulation alters the endocrinal balance, making women
more masculine« (H. Lapsley, 1999, S. 243).

23 Cf. K. Park, 1997, S. 171, bzw. L.S. v. Römer, 1906, S. 378ff.,
ferner T. van der Meer, 1989, S. 281; ders., 1992, S. 190f. Wenn
eine Frau nicht nur ihre Vulva an der einer anderen rieb oder
diese masturbierte, sondern ihre Klitoris vaginal oder rektal
oder aber einen Dildo einführte, drohte ihr zu jener Zeit die
Todesstrafe. Auch Hendrikje wurde zunächst zum Tode verurteilt, dann aber zu 25 Jahren Verbannung aus der Stadt begnadigt. Desgleichen wurde eine junge Französin namens Marie, die im Jahre 1601 ihre Lebensgefährtin heiraten wollte,
zunächst zum Feuertod verurteilt. Eine Untersuchung hatte
ergeben, daß sie eine übergroße Klitoris besaß, die sie in die
Vagina ihrer Gefährtin, einer 32 Jahre alten Frau namens Jeane,
einführte. Schließlich wurde sie begnadigt mit der Auflage,
nicht länger Männerkleider, sondern bis zu ihrem 25. Lebens-
jahr Frauenkleider zu tragen. Cf. A.R. Jones/P. Stallybrass,
1991, S. 88f. Während Marie von den Ärzten und dem Gericht
nicht als »hermaphrodite«, sondern als »tribade« und damit als
im biologischen Sinne normale Frau angesehen wurde, bezeichnete man damals häufig Mädchen mit einer sehr großen
Klitoris als Zwitter und zog sie als Buben auf, so z.B. in der
ersten Hälfte des 18. Jahrhunderts eine junge Londonerin, die
als Kellner in der King's Arms Tavern arbeitete, wo sie mit
einem Kollegen das Bett teilen mußte. Nachdem dieser sie nach
kurzer Zeit geschwängert hatte, trug man ihr auf, fortan
Frauenkleidung zu tragen. Cf. Trumbach, a.a.O., S. 119.
»Some think«, so im 17. Jahrhundert die bereits erwähnte Heb-

amme Sharp, »that hermaphrodites are only women that have their clitorises greater, and hanging out more than others have, and so show like a man's yard« (Aughterson, a.a.O.). Dies hatte schon 1614 der Pariser Anatom Jean Riolan nach der Untersuchung zahlreicher weiblicher Leichen festgestellt. Vor hundert Jahren berichteten zwei Fox-Indianer, sie hätten beobachtet, wie ein junges Mädchen, welches ein anderes bestiegen hatte, dieses mit einer »seltsamen« Klitoris penetrierte, die wie »der Penis einer Schildkröte« aussah. Cf. W. Jones, 1907, S. 151. Während die Fox-Informanten anscheinend trotzdem das Mädchen für ein Mädchen hielten, meinten in einem ähnlichen Fall die Südlichen Paiute, nur ein Zwitter könne eine Frau wirklich penetrieren. So habe ein Mädchen zu einem anderen gesagt: »Du legst dich auf den Bauch, und ich lege mich auf dich wie ein Mann!« Hinterher habe die Bestiegene erzählt, sie hätte deutlich gespürt, daß die andere nicht nur über eine Vulva, sondern auch über einen Penis verfügte. Cf. I.T. Kelly, 1964, S. 122.

24 G. Poirier, 1996, S. 69, bzw. Ciavolella, a.a.O., S. 17ff. Im Jahre 1700 vertrat auch der einflußreiche Theologe Luigi-Maria Sinistrari diese Auffassung und führte als Beispiel eine adelige Dame an, die mit ihrer übergroßen Klitoris einen zwölfjährigen Jungen anal penetriert habe. Cf. J.C. Brown, 1988, S. 24f.; L. Crompton, 1981, S. 20. Noch im Jahre 1785 behauptete der junge Theologe Johann Bährens, »die Natur« habe jenen »Frauenzimmern, welche von wollüstigen Eltern herstammen, einen vorzüglich großen Kizzler (*clitor*) gegeben, der bei Reizungen so aufschwillt, daß die Frauenzimmer unter sich selbst Mannspersonen damit vorstellen können« (D. Hoof, 1987, S. 477).

25 G. Casanova, VI, 1985, S. 211.

26 So berichtete ein russischer Arzt, eine seiner Patientinnen »mit kleinen Brüsten und einer enormen Klitoris« pflege ihre Partnerinnen wie ein Mann zu penetrieren (Stern & Stern, a.a.O., S. 239), und eine jamaikanische Lesbierin teilte einer Ethnologin mit, auf der Insel gebe es *butch*-Lesben, die ihre Klitoris durch beständiges Ziehen vergrößert hätten. Bevor sie die Klitoris bei dazu willigen Frauen einführten, rieben sie jene mit einem speziellen Öl ein. Cf. Sobo, a.a.O., S. 54f. Bekanntlich wuchs die Klitoris der mit synthetischen männlichen Hormonen behandelten DDR-Athletinnen beträchtlich, und viele von ihnen begannen, sich sexuell für andere Frauen zu interessieren (ARD vom 5. September 1991). Auch die Klitoris von Mäd-

chen, deren Nebennierenrinde in zu hohem Maße eine in ihrer Wirkung dem männlichen Geschlechtshormon ähnliche Vorläufersubstanz ausschied, entwickelte sich zu einer abnormen Größe. Die Mädchen sträubten sich im übrigen gegen die Annahme der Mädchenrolle und weigerten sich, Röcke anzuziehen. Cf. E.O. Wilson, 1980, S. 125f. Wenn Frau-zu-Mann-Transsexuellen oder *butch*-Lesben höhere Dosen Testosteron verabreicht werden, schrumpfen nicht nur wegen der Abnahme des Körperfetts die Brüste, vielmehr vergrößert sich die Klitoris erheblich und wird, ähnlich wie nach der Einnahme von Anabolika, »wesentlich erregbarer«. Wie früher den Homosexuellen raten heutzutage manche Ärzte Frauen in beruflichen Führungspositionen zu einer Testosteronbehandlung, damit sie »aggressiver« und durchsetzungsfähiger, eben »männlicher« werden. Cf. J. Kamermans, 1992, S. 236; J. Money/A.A. Ehrhardt, 1975, S. 204.

27 Mit Männchen koitierende Weibchen, also solche, die penetriert *werden*, bewegen zwar auch das Becken, aber mehr zur Seite hin. Doch auch hierbei verhalten sie sich nicht »passiv«, sondern spielen häufig während des Koitus mit den Hoden des Partners. Cf. Savage-Rumbaugh/Wilkerson, a.a.O., S. 335, 338. Auch die japanischen Makakenweibchen besteigen häufig Männchen und Weibchen und erreichen dabei meist schneller einen Orgasmus als die Bestiegenen, weil sie auf diese Weise in höherem Maße ihre Klitoris stimulieren. Die Zoologen sprechen in diesem Falle von »direct female-controlled stimulation« (L.D. Wolfe, 1984, S. 150).

28 Cf. A.-J.-B. Parent-Duchâtelet, 1838, S. 68, bzw. A. Smith, 1987, S. 219f.; D.A. Ward/G.G. Kassebaum, 1970, S. 354; L. Engelstein, 1990, S. 819ff.; Terry, a.a.O., S. 332f. Im Jahre 1848 hieß es in einem Bericht über das Frauengefängnis von Van Diemen's Land, »some of the women« bearbeiteten die anderen »in the capacity of men«, und zwar mittels einer »preternatural formature, or sometimes by artificial means« (E.C. Casella, 2000, S. 143).

29 G. Kimball, 1993, S. 16, bzw. Herdt/Stoller, a.a.O., S. 180; Kappl, a.a.O., S. 477; E. Koepping, 1993, S. 274f. Im Jahre 1671 schrieb William Sermon, der weibliche Penis sei zuweilen »well known to be as long as a man's, and doth very much trouble them in the act of generation« (Keeble, a.a.O., S. 27).

30 Cf. L. Faderman, 1990, S. 36; Park, a.a.O., S. 175, bzw. Delon, a.a.O., S. 44f. Noch im 19. Jahrhundert standen die arabischen Frauen im Ruf, eine besonders große Klitoris zu besitzen. Cf.

A. D. Dreger, 1995, S. 367. Schon im 7. Jahrhundert berichtete der Arzt Paulus Aegineta über die *nymphotomia* byzantinischer Mädchen mit übergroßer Klitoris und warnte die Operateure davor, zu viel wegzuschneiden. Cf. Widstrand, a.a.O., S. 116f. Häufig beschwerten sich Männer, daß ihnen eine zu große Klitoris beim Koitus im Wege stehe, und um das Jahr 1560 annullierte ein Gericht in Anjou eine Ehe, weil die Frau sich geweigert hatte, ihre vier bis fünf cm große Klitoris entfernen zu lassen (Park, a.a.O., S. 183).

31 Cf. F.R. Lehmann, 1957, S. 70; F. Kröger, 1978, S. 202; R. Horstmann-Neun, 1982, S. 24; E. Oram, 1992, S. 60. Cf. auch J. Zwernemann, 1990, S. 172 (Kassena); Roost-Vischer, a.a.O., S. 167f. (Mossi); R. Schäfer, 1997, S. 81 (Mende); H. Behrend, 1985, S. 51 (Tugen); S. Dinslage, 1986, S. 187 (Lyela); G. Dieterlen, 1951, S. 71; E. Beuchelt, 1961, S. 154; K. Diallo, 2001, S. 38 (Bambara); M. Griaule, 1948, S. 185; ders., 1952, S. 11; M.P. Marti, 1957, S. 41f. (Dogon); G.M. Erchak, 1979, S. 88 (Kpelle); H. Ngoa, 1975, S. 243 (Beti); C.M. Worthman/J.W.M. Whiting, 1987, S. 148 (Kikuyu). Die Somáli sagten, eine nicht beschnittene Klitoris wachse nicht nur immer weiter, so daß die betreffende Frau extrem lüstern werde, sondern die amputierten Teile der Frau seien »hart« und damit »männlich«. Cf. A. Talle, 1993, S. 84, 91. Wie sehr vor allem die Männer der Somáli in der Klitoris einen Penis sahen, erkennt man daran, daß sie offenbar dachten, die Frauen urinierten mit ihrer Hilfe. Cf. G. Devereux, 1973, S. 216. Cf. auch G. Bleibtreu-Ehrenberg, 1984, S. 48. Daß eine nicht beschnittene Klitoris weiter wachse, bis sie so groß wie ein Penis sei, glaubten auch die Kono in Sierra Leone. Cf. F. Ahmadu, 2000, S. 297f.

32 Cf. V.W. Turner, 1962, S. 161; ders., 1969, S. 236, bzw. T.O. Beidelman, 1971, S. 103f.; ders., 1973, S. 160. Wenn eine Kaguru-Frau einen Mann beleidigen wollte, sagte sie in der Öffentlichkeit zu ihm, daß er »feucht« sei, also noch eine Vorhaut (*usubu*) habe. Auf die »feuchten« Njamwezi und Hehe, die sich nicht beschneiden ließen, schauten die Kaguru herab. Cf. ders., 1966, S. 367. Die Ngulu sagten ebenfalls, daß die Eichel nach der Circumcision nicht mehr feucht (*sika*) und »schmutzig« sei wie die weiblichen Genitalien, die mit den Fröschen assoziiert wurden, weil sie nicht nur wie diese als glitschig und häßlich angesehen wurden, sondern weil sie auch beim Koitus quakende Geräusche von sich gäben. Cf. ders., 1964, S. 383; 1965, S. 143f. Bei den Sebei galt es für eine Frau als entehrend, mit einem unbeschnittenen Mann zu schlafen, weil er ebenfalls

als feucht und schmutzig galt (cf. W. Goldschmidt, 1967, S. 136), und die Aborigines-Frauen ekelten sich davor, mit einem Mann intim zu werden, der nicht incisiert war. Cf. H. Reynolds, 1990, S. 113 f. Auf der Fidschi-Insel Viti Levu beleidigten auf ihren Kriegszügen die Männer aus den Gegenden, in denen man sich völlig beschneiden ließ, ihre nur teilweise beschnittenen Feinde damit, daß sie ihnen zuriefen, sie seien dreckig und stänken wie die Frauen. Als ihnen die Missionare aus der Bibel übersetzten, daß einst die Israeliten die unbeschnittenen Philister geschmäht hatten, erschien ihnen zumindest diese Passage der Heiligen Schrift als sehr plausibel. Cf. A.B. Brewster, 1991, S. 310. Allem Anschein nach war auch die jüdische Beschneidung ursprünglich ein Pubertätsritual (cf. H. Maccoby, 1982, S. 91 f.), und die Juden erachteten einen unbeschnittenen Mann als »Frau«. Cf. A. Edwardes, 1967, S. 75. Daß die alten Ägypter ihren Buben für den Gang zur Beschneidungsstätte Mädchenkleider anzogen, lag bestimmt nicht, wie etwa P. Ghalioungui (1973, S. 94) meint, daran, daß man ihnen das Gehen nach der Operation erleichtern wollte. Viel einleuchtender ist die Erklärung, daß man auch am Nil die unbeschnittenen Buben als eine Art »Mädchen« ansah. Cf. auch M.-L. Bastin, 1990, S. 318 (Tschokwe). Die Rindi im Osten Sumbas glaubten, die Beschneidung begünstige die Zeugungsfähigkeit der Buben (cf. G.L. Forth, 1981, S. 160), und manche Berberfrauen waren der Meinung, ein unbeschnittener Mann könne keine Erektion haben. Cf. V. Maher, 1984, S. 122.

33 Cf. H. Straube, 1963, S. 363; ders., 1964, S. 674, bzw. W. Kempf, 1996, S. 156, 161 f., und S.F. Moore, 1976, S. 357 ff. Auch die Kaguru assoziierten den After der Männer mit der Vagina. Cf. T.O. Beidelman, 1972, S. 168. Die Männer der Vaugla im Wagi-Tal von Neuguinea ließen das »weibliche« Blut durch ein Stochern in der Nase ablaufen. Cf. P.A. Schäfer, 1938, S. 422.

34 Cf. Eylmann, a.a.O., S. 120; W. Liepmann, 1920, S. 108; F. Herrmann, 1961, S. 247. Eine medizinische Untersuchung an 2700 unbeschnittenen Amerikanern ergab, daß bei 65 % der unter 21 Jahre alten jungen Männer die Eichel völlig von der Vorhaut bedeckt war, während dies nur bei 45 % der 21- bis 59jährigen Männer der Fall war. Cf. W. Pieper/H. Williams, 1989, S. 11.

35 Cf. F. Bryk, 1931, S. 171 f., bzw. J. Lydall, 1993, S. 29.

36 Cf. G. Devereux, 1958, S. 282; Kamermans, a.a.O., S. 271. Jamaikaner lassen sich gerne beschneiden, weil dann der Penis

»männlicher«, d.h. so aussieht, als ob er steif sei. Cf. Sobo, a.a.O., S. 218.

37 Der Penis Freuds kam ihr wie eine »unheimliche Waffe« vor, und er beschäftigte sie noch lange. Cf. D. Berthelsen, 1994, S. 38f.

38 S. Schweigger, 1986, S. 190. In der Tat empfinden anscheinend heute noch viele türkische Buben die Circumcision als eine demütigende Kastration. Cf. A. Dundes/J.W. Leach/B. Özkök, 1972, S. 157f. Agrippa v. Nettesheim (1736, S. 80) meinte, die Tatsache, daß Gott den Juden verordnete, die Männer »und nicht die Weiber« zu beschneiden, habe ihren Grund darin, daß der Mann mit Bewußtsein sündigte, während das Weib nur *verführt* wurde. Die Beschneidung der Konvertiten zum Islam wurde in dieser Zeit von manchen Christen als tatsächliche Entmannung gesehen. Man wußte im 16. Jahrhundert, daß die türkischen und sarazenischen Piraten ihre weiblichen, aber auch ihre männlichen Gefangenen anal vergewaltigten, und glaubte, die Seeräuber wollten ihre männlichen Opfer durch eine vorherige Kastration »frauenähnlicher« machen. Cf. L. Scaraffia, 1993, S. 60.

39 Cf. E. Schlüssel, 1930, S. 24; T. Laqueur, 1990, S. 271, bzw. D. Nirenberg, 1996, S. 157, und Simons, a.a.O., S. 143. Auf der anderen Seite behaupten noch heute viele Araber, die hohe Seitensprungrate bei westlichen Frauen liege daran, daß sie chronisch unbefriedigt seien, weil ihre unbeschnittenen Männer zur *ejaculatio praecox* neigten. Aufgrund der relativen Unempfindlichkeit seiner Eichel könne dagegen ein Araber sieben Frauen hintereinander zum Orgasmus bringen, weshalb die Polygamie für ihn sinnvoll sei. Cf. L. Rosen, 1978, S. 568; M. Chebel, 1992, S. 117f. Ähnlich hieß es auf Tahiti und bei den Mossi im Süden des Nigerbogens, daß unbeschnittene (nicht superincisierte) Männer zu schnell ejakulierten. Cf. Levy, a.a.O., S. 119; D.L. Oliver, 1974, I, S. 161; Roost-Vischer, a.a.O., S. 168. Cf. auch P. Fuchs, 1970, S. 292 (Dangaleat und Hadjerai). Auch ein Homosexueller sagte, er fellationiere nicht so gerne unbeschnittene Männer, weil diese so schnell »abspritzten« (Chebel, a.a.O., S.116). Dagegen begründeten die Meta im Kameruner Grasland die Beschneidung damit, daß die Eichel eines Mannes mit Vorhaut die Frauen sexuell verrückt mache (cf. E. Haaf/M. Fondö, 1992, S. 161), und auch die Männer auf Neubritannien sagten dem deutschen Ethnologen G. Friederici (1912, S. 89), sie brauchten nach der Beschneidung beim Koitus viel länger zum Samenerguß, weil die Haut der

Eichel durch das beständige Reiben am Lendentuch (*lawalawa*) hart geworden sei. Cf. auch V.W. Turner, 1957, S. 151 (Ndembu). Die Menomini zwickten dem männlichen Kind nach der Geburt kräftig in den Penis, damit dieser später nicht zu groß und der Mann nicht zu triebhaft würde. Cf. L.S. Spindler, 1967, S. 601. Im 19. und im frühen 20. Jahrhundert empfahlen viele amerikanische Ärzte die Circumcision als Mittel gegen die Onanie (cf. H.T. Engelhardt, 1974, S. 244f.; L.A. Hall, 1991, S. 154; D.L. Gollaher, 1994, S. 21f.), nachdem im 17. Jahrhundert manche Puritaner in der Vorhaut einen »Schmutzfleck der Wollust« gesehen hatten, dessen Entfernung »any ripening temptacion« Einhalt gebiete. Sollte auch das nichts nützen, empfahl ein gewisser Danforth als Endlösung die Amputation der Eichel, denn es sei immer noch besser, als Krüppel in den Himmel zu kommen denn als »a perfect Epicure to be cast into Hell« (Koehler, a.a.O., S. 73, 84). Bereits im Jahre 1566 hatte der Mediziner Gabriello Fallopia gelehrt, ein Penis ohne Vorhaut sei nicht richtig gleitfähig, weshalb ein beschnittener Mann Schwierigkeiten habe, eine Frau zum Orgasmus zu bringen. Cf. Laqueur, a.a.O., S. 100f.

40 Cf. B. Boxer, 1967, S. 143; Bryk, a.a.O., S. 73, 85; S.D. Cohen, 1997, S. 565; J.L. Thompson, 1995, S. 245f. Herkömmlicherweise befürchteten die Juden, daß ein Bub, der seine Eichel berühre, leicht der Onanie verfallen könne: »Blî yâdayim! Blî yâdayim!«, »Ohne die Hände! Ohne die Hände!«, ruft auch heute noch ein orthodoxer Vater voller Entsetzen, wenn er sieht, daß sein Söhnchen zum Urinieren den Penis zwischen die Finger nimmt (Edwardes, a.a.O., S. 127f.), und er achtet darauf, daß der Bub weder reitet noch enge Hosen wie z.B. Jeans trägt, noch im Bett auf dem Rücken liegt und so das Gewicht der Decke auf seinen Genitalien spüren könnte. Cf. Epstein, a.a.O., S. 147. Laut Talmud drohten demjenigen, der mutwillig seinen Penis berührte, drakonische Strafen: »Rabbi Tryphon sagte: Wer mit der Hand ans Glied [rührt], dem werde die Hand auf dem Nabel abgehackt. Sie sprachen zu ihm: Sollte jemand denn, wenn ihm ein Dorn in den Bauch [Euphemismus für Genitalien] gedrungen ist, ihn nicht herausziehen? Er erwiderte: Nein!« (*Nidda* 13b). Rabbi Eliêzer meinte gar, wenn einer beim Urinieren den Penis anfasse, sei das »ebenso, als brächte man eine Sintflut über die Welt« (*Nidda* 13a). Wenn überhaupt, so mußte der Penis mit einer Scherbe oder einem Holzspan oder durch ein grobes, dickes Tuch hindurch berührt oder bewegt werden. Ein liberaler Rabbiner erlaubte ei-

nem Mann eine Berührung des Penis, wenn er verheiratet war, aber auch dann nur unter der Voraussetzung, daß er ihn am Schaft und nicht an der Eichel anfaßte: »Rabbi Naḥman sagte nämlich: Wer verheiratet ist, darf dies. Wenn du willst, sage ich: Er lehrte ihn folgendes: R. Abba, Sohn des R. Benjamin b. Ḥija, lehrte: Man darf von unten mit den Hoden stützen. [...] R. Abahu sagte im Namen R. Joḥanans: Es gibt hierfür eine Grenze: Unterhalb der Eichel ist es erlaubt, oberhalb ist es verboten« (*Nidda* 13 b). Zwar scheint die große Mehrheit der modernen Ärzte die Behauptung der Juden, die Beschneidung setze die Sensibilität der Eichel herab, zu bestätigen (cf. K.E. Paige/J.M. Paige, 1981, S. 264; J. Money/J. Davison, 1983, S. 289f.), doch gibt es vereinzelt auch Ärzte, die der Meinung sind, daß die Reizbarkeit durch die Circumcision nicht beeinflußt oder sogar gesteigert werde. Cf. J.S. Annon, 1987, S. 265, bzw. B.Z. Zaourou/S. Ehouman, 1975, S. 114. Im 19. Jahrhundert dachten manche Ärzte, das sich unter der Vorhaut bildende Smegma reize den Penis und führe zu Lustgefühlen. Cf. S. Marcus, 1979, S. 33.

41 A. Castiglioni/Al. Castiglioni, 1977, S. 104, bzw. J.O. Ojoade, 1983, S. 203, 212. Damit sie ihre Seele (*naf*) kontrollieren können und keine Schande über die Familie bringen, wird bei den 3 bis 6 Jahre alten Mädchen der Mzeini die Spitze der Klitoris (*'anṭūr*) amputiert, da sonst die Klitoris zur Größe eines Penis wüchse und das Mädchen von unstillbarer Lust (*ghayii*) erfüllt wäre. Nach dieser Beschneidung (*ṭuhūr*) haben die Frauen nach eigener Auskunft kaum mehr Interesse am Sex. »Meine Ehe hätte so glücklich sein können«, sagte eine alte Frau, »wenn mein Mann mir nicht diese Sache aufgezwungen hätte! Die Geburten waren ja nicht so schlimm, sie kamen nur alle zwei Jahre oder so, und jetzt, wo ich alt bin, sorgen meine Söhne für mich. Aber jedesmal, wenn mein Mann [von der Wanderarbeit] heimkam, mußte er's zweimal in der Nacht tun. Ich habe gekämpft, ihm ins Handgelenk gebissen, aber als ich schwanger wurde, wurde mir klar, daß ich ihn brauchte, und so habe ich ihn eben seine Sache machen lassen. Meine Haut war rot, und es tat mir noch zwei Wochen, nachdem er wieder zur Arbeit gegangen war, weh« (S. Lavie, 1990, S. 122f., 132f.). Auch die Frauen der Azāzma-Beduinen in der Negev-Wüste sagten, daß nur unbeschnittene Frauen Lust darauf hätten, mit einem Mann zu schlafen, und daß sich deshalb bei ihnen selbst der Koitus auf eine »schnelle Nummer« reduziere. Cf. G.M. Kressel, 1992, S. 40, 42. Zwar berichtete Strabo von Amaseia,

daß um die Zeitenwende einige Juden ihre Töchter beschneiden ließen (cf. E.R. Wolfson, 1987, S. 191), doch war dies nie jüdische Tradition. Die einzigen Juden, bei denen die Mädchenbeschneidung zum festen Brauch wurde, sind die äthiopischen Falascha oder Schwarzen Juden, die sie von den kuschitischen Agau übernommen haben. Einer israelischen Forscherin sagten die Frauen: »Die Klitoris wird entfernt, um das Zentrum des Gefühls zu lähmen. Jede Frau, die nicht beschnitten ist, rennt den Männern hinterher wie die Stute dem Hengst und wird zur Hure« (D. Kessler, 1982, S. 70).

42 A. Bastian, 1860, III, S. 305.

43 Sein Kollege Paulus Aeginata meinte hingegen, bei manchen Frauen wachse die Klitoris dermaßen, daß sie wie ein Penis erigiere und von den Betreffenden auch wie ein solcher benutzt werde. Um das zu verhindern, hätten die Ägypter ihre Mädchen beschnitten. Cf. Laqueur, a.a.O., S. 114.

44 So z.B. von G. Zwang, 1968, S. 244, N. Davies, 1987, S. 51, F.P. Hosken, 1979, II, 2, oder R.B. Edgerton, 1994, S. 19.

45 Cf. C. de Wit, 1972, S. 48; E. Feucht, 1981, S. 254. Erst ein sehr später Papyrus aus dem Jahre 163 v. Chr. erwähnt die Tochter eines Nephrotis, an der eine Beschneidung vorgenommen werden mußte, nachdem sie heiratsfähig geworden war. Etwa um die Zeitenwende berichtete Strabo, daß die Ägypter »die männlichen Personen beschneiden und die weiblichen ausschneiden«, wobei man nicht weiß, was das Wort »ausschneiden« (ἐκτέμνειν) bedeutet. Cf. H.E. Sigerist, 1971, S. 28. Wenn der Geograph gleichzeitig behauptete, die Juden hätten die Sitte von den Ägyptern übernommen, kann man allerdings ermessen, ein wie zuverlässiger Gewährsmann der Grieche in dieser Hinsicht ist, da zu jener Zeit nur ganz wenige Juden diesen ihnen fremden Brauch übernommen hatten. Cf. Anm. 41 und Ghalioungui, a.a.O., S. 95. Zwar gibt es einige vereinzelte Textstellen aus älterer Zeit, die man mit einiger Anstrengung als Anspielungen auf eine ägyptische Mädchenbeschneidung verstehen will (cf. C. Desroches-Noblecourt, 1986, S. 200), doch wie mir Erika Feucht am 11. Juni 1989 mündlich mitteilte, ist die Bedeutung der fraglichen Textstellen völlig unklar. Der aus dem ägyptischen Naukratis stammende griechische Schriftsteller Athenaios teilte um 200 n. Chr. mit, die Lydier hätten junge Frauen »kastriert« (εὐνουχίσαι), um sie anschließend wie männliche Eunuchen, also anal, zu gebrauchen, wobei Xanthos, der Athenaios zitierte, anmerkte, dies sei geschehen, um die Jugendlichkeit der Mädchen zu erhalten. Da man

damals die Eierstöcke noch nicht entfernen konnte, hat G. Devereux (1981a, S. 106) auf eine Kauterisierung oder Beschneidung der Vulva geschlossen. Freilich bliebe immer noch im dunkeln, was der Sinn eines solchen Eingriffs hätte sein können, da ein derartiger Eingriff ja weder den Analverkehr noch die Jugendlichkeit der Mädchen begünstigt hätte.

46 Cf. E.A. Early, 1993, S. 102f., bzw. C. Fawzi el Solh, 1988, S. 108, und S.A. Morsy, 1993, S. 84; dies., 1978, S. 611. Zwar durfte in Ägypten seit dem Jahre 1959 nur die »Sunna-Beschneidung« durchgeführt werden, bei der lediglich die Vorhaut der Klitoris beseitigt wird, bis schließlich 1978 auch diese verboten wurde (cf. F. Montreynaud, 1989, S. 460). Dennoch meinte eine unterägyptische Hebamme, ein Mann, der sich gegen die Klitoridektomie seiner Tochter ausspreche, müsse gelyncht werden, da er dafür verantwortlich sei, daß sie später eine Hure werde. Cf. Y. el-Masry, 1963, S. 31f. Völlig abwegig ist die Behauptung von A. Huber (1975, S. 89), mit Hilfe der »Sunna-Beschneidung« solle bewirkt werden, daß die Klitoris beim Koitus *stärker* gereizt werde. Zum einen steht dies im Gegensatz zu den Aussagen der Ägypterinnen, und zum anderen nehmen die Sexualwissenschaftler an, daß die Klitoris beim Geschlechtsverkehr durch den rhythmischen Zug erregt wird, den der stoßende Penis auf ihre mit den kleinen Schamlippen in Verbindung stehende *Vorhaut* ausübt. Cf. S. Hite, 1977, S. 238. »Sie sind zu heiß«, sagten die Frauen über die Mädchen, die noch ihre Vorhaut besaßen, »deshalb müssen wir sie heilen« (F. Fritschek, 1961, S. 131).

47 Cf. B. Streck, 1996, S. 226; E.K. Hicks, 1996, S. 17, bzw. W.J. Goode, 1963, S. 147; A. el-Dareer, 1982, S.73. Auch der Mann verlor seine Würde (*karāma*), wenn die Frau nicht ihren Anstand (*'ird*) wahrte. Cf. G. Boehringer-Abdalla, 1987, S. 49f.; R.O. Hayes, 1975, S. 624; J.G. Kennedy, 1970, S. 181. In weiten Teilen Schwarzafrikas amputierte man ebenfalls zumindest die Klitoris, weil man glaubte, sonst seien die Frauen so »wild« und lüstern, daß sie ein zivilisiertes Zusammenleben gefährdeten. Cf. O.W. Ogbomo/Q.O. Ogbomo, 1993, S. 437 (Iyede); Harrell-Bond, a.a.O., S. 268 (Krio); U. Braukämper, 1983, S. 229 (Kambata); F.R. Lehmann, 1957, S. 67 (Nandi); D.C. Simmons, 1960, S. 159 (Efik); Erchak, a.a.O., S: 89f.; 95 (Kpelle); Boehringer-Abdalla, a.a.O., S. 71 (Ja' alīyīn). »Bist du beschnitten«, sagte eine alte Frau der Rendille, »sind deine Gefühle schwächer, und du mußt nicht andauernd herumficken« (B. Shell-Duncan et al., 2000, S. 118), und eine Frau aus Mali

meinte, nach der Beschneidung hätte sie sich endlich »beherrschen« können und müsse nun keinem Mann mehr »nachlaufen« (A. Thiam, 1981, S. 60). Auf der anderen Seite sagten manche Mandingo-Frauen, eine beschnittene Frau laufe allen Männern hinterher, weil sie ständig sexuell frustriert sei. Cf. M.C. Johnson, 2000, S. 228. Wenn bei den Tegreñña ein Mädchen zu forsch war und gerne ein wenig flirtete, fragte man sie: »Bist du aus Goǧǧam?«, also aus einer Gegend, in der die Frauen nicht beschnitten werden (cf. F. Kemink, 1991, S. 153), und die Ngulu nannten die Zeremonie der Beschneidung, die unmittelbar nach der Menarche stattfand, *kuhoza*, »die Kühlung« des ansonsten zu »heißen« Mädchens. Auch die Kaguru »kühlten« die »zu heißen Jungfrauen ab«, weil sie angeblich chronisch erregt (»feucht«) und lüstern (»hungrig«) waren, und in den Liedern, die während der Initiation gesungen wurden, hieß es: »Die Nase der Kuh ist feucht, jahrein, jahraus« oder »Das Maul der Wildkatze steht immer offen; laßt es so, denn es wird niemals satt« (Beidelman, 1964, S. 365; ders., 1971, S. 107, 110). Allerdings führten die Ngulu normalerweise keine radikalen Beschneidungen durch, und eine Frau erklärte: »Wir beschneiden alles [Labien und Klitoris] nur dann, wenn eine Frau bei der Geburt große Schwierigkeiten hatte oder wenn das Kind tot zur Welt kam. Alles abzuschneiden ist schrecklich. Wir sind keine Massai. Die ganze Süße (*utamu*) des Geschlechtsverkehrs geht verloren, wenn die Klitoris beschnitten wird« (E. Grohs, 1980, S. 59). Zwar sagten Informantinnen der Aruscha-Massai, die Beschneidung nehme das Gefühl aus den Genitalien, doch hätten sie bisweilen beim Koitus trotzdem »so eine Art Orgasmus« (D. Wagner-Glenn, 1992, S. 172; cf. auch C. Downer/R. Chalker, 1987, S. 46). Dagegen gestanden die Frauen der Loita-Massai, sie hätten weder als unbeschnittene Mädchen (*entito*) beim Beischlaf mit den jungen beschnittenen Männern (*olmurrani*) noch nach ihrer Beschneidung als Frauen (*enkitok*) beim Koitus mit ihrem Ehemann einen Orgasmus gehabt, so daß die Klitoridektomie für sie in dieser Hinsicht bedeutungslos gewesen sei. Cf. Llewelyn-Davies, a.a.O., S. 216. Andere Massaifrauen sollen gesagt haben, sie seien von höherer Art als die Frauen der Nachbarstämme, weil diese beim Koitus erregt würden und stöhnten oder sogar schrien. Cf. G. Greer, 1984, S. 205 (ohne Quellenangabe). Alte Frauen der Kikuyu machten deutlich, daß es beim Sex nicht um Lustgefühle gehe, sondern ums Kinderkriegen (cf. Nelson, a.a.O., S. 221), und einer der bekanntesten Apologeten der

Klitoridektomie, der Mau-Mau-Führer und spätere Staatspräsident Jomo Kenyatta (1938, S. 162), meinte, die Beschneidung der Kikuyumädchen sei unbedingt notwendig »to prevent girls from developing sexual feelings around that point«. Aus diesem Grunde durfte eine Kikuyu »that point« ihres Körpers auch nie anfassen, und die Frauen trugen über ihm einen Lederschurz, der von einem Unterrock und darüber von einem Umhang bedeckt war. Cf. J. Middleton/G. Kershaw, 1965, S. 54; I. Brinkman, 1996, S. 55. Ein junges Mädchen, das nach Deutschland gekommen war, um dort Ethnologie zu studieren, erzählte mir, ihr Onkel habe sie davor gewarnt, nach Europa zu gehen, weil er den schlechten Einfluß der dortigen Studentinnen befürchtete, die bekanntlich vor jedem Mann von sich aus »die Beine breit machten«, weil sie noch eine Klitoris hätten.

48 Cf. Lightfoot-Klein, a.a.O., S. 113 ff., bzw. M. Potts/R. Short, 1999, S. 224. Von 50 befragten Frauen in Sierra Leone, die schon vor ihrer Beschneidung Geschlechtsverkehr gehabt hatten, sagten die meisten, der Sex sei nach dem Eingriff sehr viel unbefriedigender gewesen als vorher, und gerade dies habe einige von ihnen zu Seitensprüngen animiert. So fördere ironischerweise ein Brauch, der die sexuelle Treue der Ehefrauen sichern sollte, den Ehebruch. Cf. N.J. Kasamali, 1998, S. 46.

49 Cf. el-Masry, a.a.O., S. 36; S. al-Katsha, 1978, S. 183; E.-D. Hecht, 1977, S. 182f.; J. Boddy, 1989, S. 53ff.; H. Lightfoot-Klein, 1983, S. 353ff.; H.L. Klein, 1983, S. 352. Wenn eine Somälibraut vor der Defloration aufgeschnitten wurde, machten die Hochzeitsgäste einen ohrenbetäubenden Lärm, damit man ihr Schreien nicht hören konnte, denn dieses hätte die Leute peinlich berührt. Cf. Paulitschke, a.a.O., S. 175. Die Danakil (Afar) stanzten den Mädchen jeweils drei Löcher in die großen Schamlippen, durch die Ochsensehnen geführt und fest miteinander verknotet wurden. Dann mußten sich die Mädchen mehrere Tage lang mit gespreizten Beinen der Sonne aussetzen, damit die Sehnen trockneten und schrumpften und die Vagina bis auf ein Löchlein infibuliert war. Cf. Widstrand, a.a.O., S. 99f. Die Somäli begründeten häufig die Infibulation auch damit, daß die Frauen dann nicht mehr vergewaltigt werden könnten (cf. L. Brotmacher, 1955, S. 220), und der leitende Arzt von Napoleons Ägypten-Expedition berichtete in der Tat, die arabischen Sklavenhändler hätten ihm bestätigt, sie hätten ihre junge weibliche Ware auf diese Weise versiegelt, damit sie nicht schon auf dem Transport geschwängert würde.

Cf. Widstrand, a.a.O., S. 102. Im Mittelalter meinte allerdings al-Isra'īlī, diese Praxis entwerte die Negersklavinnen auch, weil sie die Frauen ihrer Leidenschaft beraube: »Reichlichen Liebesgenuß« böten sie nur dann, »wenn sie in jungem Alter importiert werden« und nicht beschnitten sind. Cf. G. Rotter, 1967, S. 158.

50 C. Beck-Karrer, 1996, S. 41 f.

51 Cf. el-Dareer, a.a.O., S. 35 ff.

52 Cf. F.J. Bieber, 1910, S. 228, 230. Lightfoot-Klein (a.a.O., S. 77) schreibt, man könne ein infibuliertes Mädchen von einem noch unbeschnittenen dadurch unterscheiden, daß ersteres beim Gehen schlurfe und kaum die Beine hebe.

53 A.a.O., S. 215.

54 Thietmar v. Merseburg, 1974, VIII, 3, bzw. O. Stoll, 1908, S. 523 f. Im allgemeinen neigte man in Indonesien nicht zu schweren Eingriffen. So wurde bei den Mädchen der Ngadha auf Flores wenn überhaupt dann nur die Eichel der Klitoris entfernt, worauf sie sagten: »Wir sind sauber« (P. Arndt, 1954, S. 162). An der Südküste der Insel zwischen Sikka und der Manggarai wurde die Klitoris sogar nur geritzt. Cf. J.G.F. Riedel, 1886, S. 71. In El Salvador ist es nicht unüblich, daß eine Frau ihrer kleinen Tochter das Zeichen des christlichen Kreuzes in die Eichel der Klitoris ritzt, damit diese später nicht allzu sehr der Hafer sticht. Cf. R. Morgan/G. Steinem, 1983, S. 192. Bei den Ata Kiwan im extremen Osten von Flores ist jegliche Beschneidung der Mädchen unbekannt.

55 Cf. Karsch-Haack, a.a.O., S. 294, bzw. B. Streck, 1997, S. 131, und H.P. Duerr, 1990, S. 347 f. (Moro Nuba); G. Baumann, 1987, S. 48 (Miri Nuba).

56 Cf. Peletz, a.a.O., S. 208, bzw. P.G. Roe, 1982, S. 106, 111, & A. Gebhart-Sayer, 1985, S. 593 f.; dies., 1987, S. 244 f. Manche Shipibo-Gruppen amputieren nicht nur die Klitoris und die kleinen, sondern auch die großen Labien.

57 Cf. O.H.K. Spate, 1988, S. 242, bzw. L. White, 1990, S. 108. Die polynesische Incision, auf Tahiti *tehe* genannt, sollte aus dem »stinkenden« einen »sauberen und männlichen« Penis machen. Cf. D.S. Marshall, 1971, S. 112 f.; Oliver, a.a.O., S. 161. Eine Algerierin sagte, sie ekle sich davor, einen unbeschnittenen Mann zu fellationieren (Chebel, a.a.O., S. 115), und auch die Kikuyufrauen, die einmal mit Touristen geschlafen hatten, meinten mißbilligend, daß diese »riechen« (Nelson, a.a.O., S. 220). Die Mbwela und Nkhangala im Süden Angolas bezeichneten die unbeschnittenen Männer als »Frauen«, weil

ihr Penis »schlecht rieche« (G. Kubik, 1993, S. 333), und die Karanga, die keine Beschneidung kannten, wurden deshalb von den Nachbarstämmen »die Schmutzigen« genannt (Aschwanden, a.a.O., S. 39). Cf. auch O.F. Raum, 1940, S. 305 (Chagga); B. Streck, 1990, S. 241 (Sudanaraber); A.P. Caplan, 1976, S. 27 (Suaheli). Auch bei den Dowayo galt ein Bub, der noch nicht beschnitten war, als »naß«, und man sagte, er stinke »wie eine Frau«. Die Genitalien der Frauen, so vertrauten die Männer dem Ethnologen an, röchen nach Fisch, weshalb sie traditionellerweise keine Fische aßen, oder nach faulen Eiern, weshalb manche Männer auch auf den Verzehr von Eiern verzichteten. Während des Beschneidungsfestes wurde die Penishaut vollständig abgeschält, was die Frauen offiziell nicht wissen durften, und der »nackte« Penis durfte selbst beim Koitus nicht von einer Frau gesehen werden. Cf. N. Barley, 1981, S. 150f.; ders., 1983, S. 25, 29, 51; ders., 1989, S. 58. Auch bei den Glidyi-Ewe war der Penis äußerst schambesetzt, sobald durch die Beschneidung die Eichel wie bei einem erigierten Penis freilag. Cf. D. Westermann, 1935, S. 15. Im Jahre 1927 schrieb ein Jugendbewegter in der Körperkultur-Zeitschrift *Junge Menschen*: »Die Scheu des Europäers vor der Nacktheit hat ihren Hauptgrund in der Scham vor der Entblößung des Geschlechtsteils. [...] Die Gründe sind der Scham auch wert. Das Geschlechtsglied des erwachsenen Mannes ist meistens bis zu einem abscheulichen Grad verhäßlicht. Das Geschlechtsglied des Mannes von Heute sieht durchschnittlich so aus: graugrünliche Verwesungsfarbe, da die wenigsten jemals Luft und Sonne an diese Körperpartie, die den schlimmsten Schweißherd bildet, heranlassen; die Säurerückstände des Schweißes laugen das Fleisch aus und verleihen ihm diese ekelerregende Farbe, sowie oft einen widerwärtigen Gestank. [...] Diese Farbe deutet buchstäblich den Verfaulungsprozeß an, da wenige so viel hygienisches Gewissen besitzen, um unmittelbar nach der Begattung oder einmal tags diese Teile zu waschen« (M.E.P. de Ras, 1988, S. 47). Allerdings scheint es auch Personen zu geben, die solchen Gerüchen nicht immer negativ gegenüberstehen. So schrieb z.B. ein junger Homosexueller: »Im Prinzip mag ich frisch gewaschene Kerle lieber, aber ein Schwanz, der nach Fisch stinkt, kann auch ganz super sein!!« (I. Ebberfeld, 2001, S. 120).

58 Im späten 16. Jahrhundert verglich Thomas Nash das Schamhaar der Frauen mit einem häßlichen Dorngestrüpp: »A prettie rysing wombe without a weame,/That shone as bright

as anie siluer streame;/And bare out lyke the bending of an hill,/At whose decline a fountain dwelleth still,/That hath his mouth besett with uglie bryers/Resembling much a duskie nett of wyers« (D.O. Frantz, 1972, S. 169).

59 Cf. R. Krohn, 1974, S. 218, bzw. K.-S. Kramer, 1989, S. 182.

60 M. Borkowsky, 1988, S. 156, bzw. A. Dick, 1983, S. 72, und Junker/Stille, a.a.O., S. 80.

61 Cf. H. Ploß, II, 1912, S. 221, bzw. Barnes/Boddy, a.a.O., S. 306, und Beck-Karrer, a.a.O., S. 55. Viele Ägypter finden anscheinend die Vulva ekelhaft und häßlich, sie möchten sie weder sehen noch fühlen (Lightfoot-Klein, a.a.O., S. 55), wobei freilich nicht vergessen werden darf, daß eine solche Einstellung früher in der arabischen Welt nicht vorherrschend gewesen zu sein scheint. So meinten zahlreiche arabische Autoren des Mittelalters, es gehöre zur höchsten Lust eines Mannes, die Vulva einer Frau zu betrachten (cf. A. Bouhdiba, 1973, S. 11), und es ist bezeichnend, daß man die berühmte Sure 24, 31, in der es heißt, die Frauen sollten ihren »Schmuck« oder ihre »Kostbarkeiten« nur ihrem Herrn zeigen, immer wieder fälschlicherweise so interpretiert hat, daß die Frauen ihr Schamhaar epilieren sollten, damit ihre Männer besser ihre Genitalien betrachten könnten. Cf. H. Grotzfeld, 1970, S. 77. Dagegen sagten nubische Frauen, daß ihre Männer sich davor ekelten, eine Vulva in natürlichem Zustand zu sehen oder anzufassen (cf. J.A. Valšík/F.H. Hussien, 1975, S. 80; J.G. Kennedy, 1978, S. 158), und damit sie nicht riechen, wurden in manchen Gegenden in Nubien die Bräute vor der Hochzeit so lange geräuchert, daß viele von ihnen davon ohnmächtig wurden. Cf. H. Schäfer, 1935, S. 242. Nach dem Verfasser des *Wohlriechenden Gartens* mußte die Vagina »trocken, ohne jede Feuchtigkeit und weich anzufühlen sein sowie eine kräftige Wärme ausstrahlen; sie darf nicht nach faulen Eiern stinken« (Stoll, a.a.O., S. 35), und auch heute noch sagen die Nubier und Sudanaraber, die gegen jede Art von Körpersekreten einschließlich des Schweißes sehr empfindlich sind, die weiblichen Genitalien würden allein durch eine »pharaonische« Beschneidung sauber (*naẓeef*), glatt (*na'īm*) und rein (*tahir*) (J. Boddy, 1982, S. 686ff.). Allerdings sind sie auch im infibulierten Zustand so schambesetzt, daß die Frauen sie selbst beim Koitus mit einem Leintuch oder ihrer *tobe* bedecken (cf. el-Dareer, a.a.O., S. 91). Cf. auch M. Parker, 1995, S. 510; C. Fluehr-Lobban, 1977, S. 133; W. Zénié-Ziegler, 1988, S. 97. Die auf der Insel Sokotra lebenden Yemeniten haben zwar inzwi-

schen die Infibulation abgeschafft, doch wenn ein junges Mädchen nach Mekka pilgern möchte, muß sie sich, um »völlig rein« zu sein, während eines Zwischenstops in Hadramaut beschneiden lassen. Cf. V.V. Naumkin, 1993, S. 334.

62 Cf. B. Graber/G. Kline-Graber, 1979, S. 205.

63 Cf. B. Kerstan/J. Berninghausen, 1991, S. 208.

64 Lehmann, a.a.O., S. 66, bzw. B. de Rachewiltz, 1965, S. 226. Cf. auch S. Dinslage, 1981, S. 117 (Gurma oder Gourmantche); dies., 1986, S. 187 (Lyela); C.P. MacCormack, 1982, S. 12 (Mende und Sherbro); A.G.O. Hodgson, 1926, S. 50 (Wahehe); S.C. Brett-Smith, 1982, S. 15, 20 (Bambara); N. Yunis, 1922, S. 204 (Baggara in Kordofan); R.L.P. Moore, 1983, S. 195 f. (Tausug auf Sulu). Die Fidschi-Insulanerinnen hofften früher, ihre Vagina durch Tatauieren »heiß und trocken« zu machen. Cf. Toren, a.a.O., S. 137.

65 E. Ismail/M. Makki, 1990, S. 169; Lightfoot-Klein, a.a.O., S. 20f., 127; S.A. Jahn, 1980, S. 25; G. Devereux, 1986, S. 80f.; A. Morton, 1977, S. 223; H. Ibrahim, 1979, S. 108f.; P. Constantinidis, 1977, S. 78. Ein befreundeter Somál sagte mir, er sei bei den deutschen Studentinnen fast nie »gekommen«, weil er in ihrer Vagina immer nur »hin- und hergerutscht« sei.

66 al-Ġauzziya, a.a.O., S. 97, 102, bzw. Fritschek, a.a.O., S. 131; Jahn, a.a.O.; Edwardes/Masters, a.a.O., S. 202f. Adstringentien für die Vagina benutzten nicht nur die Marquesanerinnen (Kirkpatrick, a.a.O., S. 167), sondern auch gewisse Damen im Mittelalter, und zwar wenn ihre Vagina nach einer Geburt ausgeweitet war. Cf. J. Gélis, 1988, S. 476. Nach Brantôme (1787, II, S. 152) gab es auch im 16. Jahrhundert französische adelige Damen, die bestimmte Mittel nahmen, um »ihre Tore« enger zu machen, damit die Herren stärker gereizt würden. Bei den Darden konnte ein Mann sich einfach dadurch scheiden lassen, daß er angab, die Vagina seiner Braut sei bei der Defloration nicht eng genug gewesen, was als Beweis dafür akzeptiert wurde, daß sie keine Jungfrau mehr war. Cf. A. Nayyar, 1986, S. 69.

67 E. Englisch, 1994, S. 179, bzw. Althoff, a.a.O., S. 79; M. Kurzel-Runtscheiner, 1995, S. 136; W. Schleiner, 1994, S. 52. Aus diesem Grunde bevorzugten offenbar bei uns manche Männer den Analverkehr. So sagten z.B. im Jahre 1762 Zeugen über einen Tuchmachermeister aus Ebingen aus, dessen Frau habe ihnen erzählt, ihr Mann zwinge sie regelmäßig zum Analverkehr, denn »der ordentliche Gebrauch von vorne wäre ihm nimmer anständig«. Der Meister gestand, er habe auch

einen jungen Mann namens Haux nachts im Bett »hergenommen«, doch dabei »wegen des Hauxen weiten Loches« wenig Vergnügen gehabt (H. Schnabel-Schüle, 1997, S. 325).

68 R.C. Bleys, 1996, S. 66, bzw. Schnabel-Schüle, a.a.O., S. 283; D. Morris, 1997, S. 64.

69 Cf. Archer, a.a.O., S. 227; V. Elwin, 1939, S. 243; Evans-Pritchard, a.a.O., S. 172. Ähnlich wie die Männer vom oberen Nil sagten auch die der Zande, es steigere ihre Lust, wenn die Frau bei der Penetration etwas Schmerz empfinde. Malaiische Dorfbewohnerinnen klagten, daß ihre Männer sich nicht mehr für sie sexuell interessierten, wenn ihre Vagina nach mehreren Entbindungen geweitet sei (C. Laderman, 1983, S. 176f.), und in Korea lockt man japanische Touristen damit an, daß man ihnen die Information zukommen läßt, die Koreanerinnen seien »sehr eng gebaut« (E. Launer/R. Wilke-Launer, 1988, S. 86). Auf den Fidschi-Inseln tätowierte man früher die Vulva, um sie *mamaca vinaka*, »hübsch und trocken«, zu machen, und die Männer teilten mit, die weiblichen Genitalien würden sie dann am meisten stimulieren, wenn sie *katakata ka mamaca*, »heiß und trocken«, seien (C. Toren, 1994, S. 27). In Mexiko scheint es indessen Männer gegeben zu haben, die der Auffassung waren, keine Vagina sei eng genug, um einem Mann Befriedigung zu verschaffen. So lautet ein bekannter Spruch: »Die Frau wegen ihrer Schönheit und den Mann wegen seiner Enge« (J.M. Carrier, 1985, S. 84). Ein Spruch der Ilajẹ-Yoruba lautet dagegen: »Eine schlechte Vagina ist [immer noch] besser als ein guter After« (Ojoade, a.a.O., S. 206).

Anmerkungen zu § 10

1 S. Gilman, 1984, S. 115f.; L.A. Thompson, 1989, S. 107f., bzw. G. Rotter, 1967, S. 157f., 173; A. al-Azmeh, 1992, S. 9. Daß die Negerinnen aus Geilheit regelmäßig mit »monkeys, or baboons« koitierten, hatte auch im Jahre 1774 der englische Plantagenbesitzer Edward Long in seiner *History of Jamaica* behauptet. Cf. J. Walvin, 1982, S. 62. Zwar hielt man die Negersklavinnen für sexuell wilder und befriedigender, doch zogen die Araber ihnen im allgemeinen die weißen Sklavinnen vor, die als schöner galten und deswegen begehrenswerter und teurer waren. Cf. M. Gordon, 1989, S. 103f.

2 G. Raynal/D. Diderot, 1988, S. 235f. Cf. auch A. Gautier, 1990, S. 113f.

3 P. Pluchon, 1984, S. 140. Auch in London gab es im 18. Jahrhundert Bordelle mit schwarzen Huren, die bevorzugt von adeligen Herren frequentiert wurden. Cf. G. Gerzina, 1995, S. 73. »The negresses«, so sagte etwas später ein amerikanischer Bordellkunde, »seldom ask high prices, and they are somewhat more willing than white women to take part in perversions« (Markun, a.a.O., S. 602). Ein Reisender, der sich im 18. Jahrhundert in den Südstaaten umgesehen hatte, verlautete etwas poetischer: »As the arrow of a strong archer cannot be turned aside, so the glance of a lively negro girl cannot be resisted« (M. Sobel, 1987, S. 150).

4 J. Marseille, 1986, S. 103 f. Daß Negerinnen über eine sehr viel größere Klitoris verfügten als Weiße, wurde lange Zeit von Sexualwissenschaftlern, z.B. von M. Hirschfeld (1926, S. 510), behauptet. Cf. auch S. Somerville, 1997, S. 41 f.

5 Eine amerikanische Befragung zahlreicher weißer Männer, die sexuelle Beziehungen zu Schwarzen unterhielten, ergab, daß alle Probleme mit dem Körpergeruch ihrer Partnerinnen, insbesondere mit ihrem Achsel- und Vaginalgeruch hatten und daß sich auch im Laufe der Zeit keiner der Befragten daran gewöhnen konnte. Auch die befragten weißen Frauen, die mit schwarzen Männern zu schlafen pflegten, hatten mit dem Geruch ihrer Partner Probleme, aber offenbar geringere. Cf. H.C. Clarke, 1974, S. 3 f. Zu diesem heiklen und deshalb von Sexualwissenschaftlern meist übergangenen Thema cf. H.P. Duerr, 1990, S. 456.

6 Cf. H. McD. Beckles, 1989, S. 145, bzw. M.L. Nunes, 1981, S. 597; M. de L.M. Janotti/Z. de P. Rosa, 1993, S. 164; K. Everts, 1988, S. 37; E.J. de Hohenstein, 1991, S. 237ff.; K.S. Jewell, 1993, S. 46; Gautier, a.a.O., S. 112ff.; D. Goldstein, 1999, S. 568f.; I. Lang, 1955, S. 197; R. Parker, 1997, S. 370f. In den amerikanischen Südstaaten hieß es, kein Mann wisse, was Sex sei, bevor er mit einer Mulattin oder wenigstens mit einer Negerin »gefickt« habe (J. Dollard, 1949, S. 144), und eine Mulattin sagte selber: »Some of us have remote ancestors who lived in Africa once – we are primitives at heart when it comes to sex« (J.M. Murtagh/S. Harris, 1957, S. 13). Schon im 11. Jahrhundert waren auf dem Sklavenmarkt von Awdaghast jene Negerinnen am teuersten, die nicht nur feste Brüste, eine schmale Taille und eine enge Vagina, sondern auch eine möglichst helle Hautfarbe hatten. Cf. H.J. Fisher, 2001, S. 181; A.A. Fisch, 2000, S. 122.

7 P. Lahnstein, 1970, S. 289, bzw. B. Kossek, 1994, S. 205. An-

scheinend trugen auf manchen Sklavenschiffen die Frauen auch Hemden, die den Oberkörper bedeckten. Jedenfalls empörte sich im Jahre 1834 die Frau eines westindischen Sklavenbesitzers darüber, daß sich in Trinidad Negersklavinnen mit nackten Brüsten an einem Fluß wuschen. Cf. a.a.O., S. 223.

8 Cf. N. Tattersfield, 1991, S. 143; P. Edwards, 1994, S. 157; J.W. Blassingame, 1972, S. 155.

9 P.C. Emmer et al., 1988, S. 141; J.M. Postma, 1990, S. 236f.; K. Morgan, 1998, S. 918; M. McD. Beckles, 1993, S. 68; W. D. Jordan, 1969, S. 161; Gordon, a.a.O., S. 86; Anonymus, 1968, S. 145. Cf. auch C.H. Nichols, 1969, S. 15; K.M. Stampp, 1972, S. 259f.; D.L. Chandler, 1981, S. 98. »We was all chained«, berichtete eine Sklavin, »and dey strips all our clothes off and de folks what gwine buys us comes round and feels us all over. Iffen any de niggers don't want to take dere clothes off, de man gets a long, black whip and cuts dem hard« (D. Sterling, 1997, S. 20). Cf. auch M. Bay, 2000, S. 132f.

10 Cf. Friedman, a.a.O., S. 86; Beckles, a.a.O., S. 77; P. Giddings, 1984, S. 31; R.J.C. Young, 1995, S. 150ff.; H. Altink, 2001, S. 48f.; Sterling, a.a.O., S. 26; I. Berlin et al., 1998, S. 147; C. Clinton, 1985, S. 28ff. Auch in späteren Zeiten wurden zahllose Fälle bekannt, in denen insbesondere in den Südstaaten verhaftete Negerinnen auf den Polizeiwachen gezwungen wurden, sich nackt auszuziehen, worauf sie an den Brüsten und Genitalien befummelt wurden. Cf. C.C. Hernton, 1965, S. 84. Erst kürzlich gab es deshalb einen Skandal in New York, der durch die Weltpresse ging. Auch die Black Panther-Aktivistin Assata Shakur schilderte in ihrer Autobiographie, wie sie nach ihrer Verhaftung in den Siebzigern von den Polizisten vaginal und rektal »untersucht« wurde, was sie als extreme Entehrung empfand. Cf. A. Shakur, 1987, S. 83. Im 19. Jahrhundert experimentierte der berühmte Gynäkologe Marion Sims jahrelang mit Negersklavinnen, da weiße Frauen ihm dies aus Schamgründen nie gestattet hätten. Die Sklavinnen hatten dagegen keine Chance, sich zu verweigern, auch wenn sie sich durch die Manipulationen noch so sehr erniedrigt fühlten. Cf. R.W. Wertz/D.C. Wertz, 1989, S. 101.

11 Cf. Kossek, a.a.O., S. 283; K.G. Cannon, 1988, S. 37; T. Jennings, 1990, S. 61, bzw. M.J. Olds, 1995, S. 187f. Auch bevor der Mob sie lynchte, wurden schwarze Frauen meist vaginal vergewaltigt, aber um sie besonders zu erniedrigen, zwangen nicht selten die Männer sie einer nach dem anderen zur Fellatio. Überlebten die Opfer, galten sie als für immer geschändet und

wurden häufig von ihren Männern verlassen. Cf. G. Lerner, 1972, S. 162, 173 ff. Besonders viele Schwarze wurden von Mitgliedern des im Jahre 1865 gegründeten Ku-Klux-Klan vergewaltigt, die sich aber auch systematisch an den Frauen und Töchtern der weißen Südstaaten-Republikaner (*scalawags*) vergriffen. Cf. K.M. Blee, 1991, S. 13, 16. Im Jahre 1767 hatte zwar das Provinzgericht von Maryland entschieden, daß »a slave had no recourse against the violator of his bed«, aber in der Praxis waren auch freie Negerinnen sexuell vogelfrei. Cf. T.W. Allen, 1997, S. 251.

12 E. Schmidt, 1992, S. 176, bzw. G. Jahoda, 1999, S. 150. Trotz dieser Fürsprache erachtete allerdings das Colonial Office das Verhalten des Mannes für unanständig und entschied sich für seine Entlassung. Obwohl im spätmittelalterlichen Portugal auf Vergewaltigung die Todesstrafe stand, wurde das Gesetz kaum angewandt, wenn es sich bei dem Opfer um eine Negersklavin handelte. Auch das Gesetz, nach dem Geschlechtsverkehr zwischen Gläubigen und Nichtchristen verboten war, fand in solchen Fällen keine Anwendung. Cf. A. Saunders, 1982, S. 102.

13 K. Oetker, 1907, S. 27 f. Die schwarzen Männer selber hatten ähnliche Auffassungen vom Triebleben ihrer Frauen. So sagte z. B. im Jahre 1863 der Zeuge Robert Smalls vor der »American Freed-men's Inquiry Commission« über die Negersklavinnen in South Carolina: »QUESTION: Have not colored women a good deal of sexual passion? ANSWER: Yes, sir. QUESTION: Are they not carried away by their passions to have intercourse with men? ANSWER: Yes, sir, but very few lawful married women are carried away if their husbands take care of them. QUESTION: How is it with young women? ANSWER: They are very wild and run around a good deal« (H. G. Gutman, 1979, S. 299). Gegen derartige Behauptungen wandte sich eine ehemalige Sklavin in der Zeitschrift *The Independent*: »The Southern white woman will declare that no negro woman are virtuous, yet she places her innocent children in their care« (Lerner, a. a. O., S. 167).

14 C. Bulbeck, 1992, S. 206; S. C. Smith, 1981, S. 33 f.; G. Ngabidj, 1981, S. 148 (Gadjerong). In Queensland verlangten deshalb in den zwanziger und dreißiger Jahren des 20. Jahrhunderts die Feministinnen weibliche »protectors« zum Schutze ihrer »less favoured sisters«, wobei sie geltend machten, es handle sich bei den »rapes« nicht um gelegentliche Exzesse, sondern um »standard procedures« und bei den Tätern um »ordinary white

men«. Cf. R. Kidd, 1997, S. 50, 103 f.; M. Lake, 1998, S. 130 f.
Auch heute noch berichten viele junge schwarze Mädchen,
daß sie z.B. von Lehrern mit Worten wie »little fucker« oder
»cheeky little cunt« angemacht werden. Cf. A. Phoenix, 1990,
S. 127.

15 Cf. J.H. Zedler, 1740, Bd. 24, Sp. 888; Gilman, a.a.O., S. 114,
bzw. A.G. Barthelemy, 1987, S. 5 f., 120 f. Im Jahre 1852 verlautete *Der evangelische Heidenbote*, das Organ der Basler
Mission, über »das Negergeschlechte Afrikas«, dieses sei »ein
Sumpf von Sittenlosigkeit und Lasterhaftigkeit, in welchem
die Negervölker versunken sind. Vor allem ist es der Teufel der
Fleischeslust, der sie gefangen hält, und in dessen Ketten nicht
bloss Männer und Weiber, Jünglinge und Jungfrauen, sondern
Kinder von 6 bis 8 Jahren leiden« (S. Prodolliet, 1987, S. 65 f.).

16 Cf. Malcolm X, 1992, S. 136; M.E. Perry, 1989, S. 81, bzw. S.
Labin, 1972, S. 173; H. Evans, 1979, S. 164, und C.H. Stember,
1976, S. 162. Auch der schwarze Basketballspieler Dennis
Rodman erzählte, er sei häufig von weißen Männern gebeten
worden, in deren Beisein »ihre Frauen zu ficken«. Cf. K.
Doubek, 1999, S. 354.

17 Cf. E. Littmann, 1953, III, S. 347, bzw. S. Gilman, 1991, S. 225,
und T. Harris, 1984, S. 20 f. Voltaire und andere Gelehrte
behaupteten, daß von Affen besprungene Negerinnen »des
espèces monstreuses« zur Welt gebracht hätten, die freilich
unfruchtbar gewesen wären. Cf. G. Hentges, 1999, S. 171. Um
festzustellen, ob eine Frau von einem Affen geschwängert
werden könne, soll im 18. Jahrhundert eine schwarze
Prostituierte in London mit einem Orang Utan in einen Käfig
gesperrt worden sein, wo er sie vergewaltigt habe. Cf. Jahoda,
a.a.O., S. 43; A. Ducros/J. Ducros, 2000, S. 193. Daß die
Männchen Weibchen vergewaltigen, ist von Zoologen bei
Klammeraffen, Pavianen, Schimpansen, Berggorillas und
Orang Utans beobachtet worden. Cf. M.S.M. Pavelka, 1995,
S. 28. Als notorische Vergewaltiger gelten vor allem jüngere
frustrierte Orang Utans, die mehrfach von den Weibchen
zurückgestoßen worden sind. Cf. B.M.F. Galdikas, 1995,
S. 174 f., 178. Nach indonesischen Polizeiberichten wurden
von solchen Männchen bereits mehrfach Dayakfrauen über-
wältigt und vergewaltigt (cf. H.D. Rijksen, 1995, S. 292), und
wie die Primatologin Galdikas berichtet, widerfuhr dieses
Schicksal tatsächlich ihrer Köchin. Cf. D. Draulans, 2001,
S. 10. In einer Sequenz des Films *King Kong* vom Jahre 1933
reißt der Riesenaffe der von Fay Wray dargestellten weißen

Frau die Kleider herunter und kitzelt sie, so daß sie sich hin- und herwendet. Anschließend schnuppert er genüßlich an seinen Fingern. Vor der Wiederaufführung des Films wurde die Sequenz herausgeschnitten, weil man befürchtete, sie könne als Anspielung auf die Vergewaltigung einer Weißen durch einen Affen = Neger verstanden werden. Cf. R. Haver/T. Ingalls, 1981, S. 112.

18 Cf. K. Halttunen, 1995, S. 325; C. Crowe, 1969, S. 152f.; G. Myrdal, 1944, S. 561; A. Helg, 2000, S. 578; D.G. Faust, 1996, S. 59, 126f.; J.S. Haller, 1970, S. 161ff.; G. Bederman, 1995, S. 46f.; J.S. Haller, 1995, S. 53. Dagegen vertrat der Historiker Philip Bruce 1889 in *The Plantation Negro as a Freeman* die Auffassung, die Neger seien aufgrund der »wantonness of the women of his own race« so scharf auf weiße Frauen. Der Autor in der *North American Review* vom Jahre 1904 gab zu bedenken, man könnte doch präventiv alle Neger kastrieren, was ihnen wenigstens das Gelynchtwerden erspare. Cf. Lerner, a.a.O., S. 205. Dem Ku-Klux-Klan genügte meist nur der Schatten eines Verdachts, ein Schwarzer habe eine weiße Frau sexuell belästigt oder vergewaltigt, um ihm die Geschlechtsteile abzuschneiden und ihn anschließend aufzuknüpfen und zu verbrennen. Die verkohlte Leiche wurde daraufhin vorzugsweise durch die Wohnviertel der Schwarzen geschleift. Cf. Friedman, a.a.O., S. 191; J. Allen et al., 2000, S. 174f. In einer in Atlanta publizierten medizinischen Zeitschrift meinte ein Arzt namens English, die »stallion-like passion« des Negers sei »innate«, weshalb Zivilisierungsversuche nichts fruchteten, was bedeute, daß er für die »kaukasische« Frau eine ständige Gefahrenquelle bleibe. Solche Vorstellungen herrschten auch in anderen Weltgegenden. Nachdem beispielsweise in Papua-Neuguinea einige einheimische Diener ihren weißen Herrinnen, die sich allzu sorglos und freizügig vor ihnen aufgeführt, an die Brüste gefaßt hatten, erhielten solche sexuellen Belästigungen im Jahre 1926 den Status eines »attempted rape«, worauf die Todesstrafe stand. Cf. Strobel, a.a.O., S. 5f. In Südafrika sah man es mit Mißfallen, wenn die schwarzen Bergleute in Witwatersrand weiße Prostituierte aufsuchten, weil man befürchtete, die Neger fänden am Sex mit weißen Frauen einen solchen Gefallen, daß sie sich auch an anständigen Weißen vergriffen (a.a.O.). Cf. auch F. Gouda, 1993, S. 194f.; A.L. Stoler, 1997, S. 20f.; J. Bush, 2000, S. 113f. Wie sehr man auch heute noch Schwarze mit Vergewaltigung und Lüsternheit assoziiert, erkennt man

daran, daß »die ängstlichen weißen Jungs«, wie ein US-Callgirl berichtet, häufig »die Stimme eines schwarzen Mannes nachahmen, wenn sie obszöne Ausrufe machen und sexy klingen wollen« (D. French/L. Lee, 1992, S. 62). Cf. auch T.M. Eugene, 1987, S. 25.

19 Cf. P. Rose, 1990, S. 173; B. Bush, 1998, S. 215; C. Usborne, 1992, Tf. 10; H. Fritz, 1985, S. 140; L. Wildenthal, 2001, S. 188; C. Koller, 2002, S. 153f. F. el-Tayeb, 2001, S. 164. Gewiß *gab* es – auch *vor* der Abschaffung der Sklaverei – immer wieder Vergewaltigungen weißer Frauen durch Schwarze (cf. U.B. Phillips, 1918, S. 458ff.), und bei dem Sklavenaufstand in Second Creek, Mississippi, im Jahre 1861 verkündeten einige der Anführer, sie würden die weißen Männer töten »and ride the ladies« (Bay, a.a.O., S. 160). Doch ändert dies nichts an der Tatsache, daß ungleich häufiger Vergewaltigungen schwarzer Frauen durch Weiße vorkamen. Cf. H.G. Gutman, 1976, S. 25f., 387f.; G.M. Hall, 1992, S. 150f. Auch in Japan ist das Bild vom »geilen Neger«, der mit seinem riesigen Penis die Frauen vergewaltigt, unangefochten, und sexuelle Verhältnisse zwischen Schwarzen und Japanerinnen sind ein Tabuthema. Cf. J. Russell, 1992, S. 314. Im 18. Jahrhundert hielten manche Japaner die schwarzen Lakaien der Holländer für Affen, und es war nicht leicht, sie davon zu überzeugen, daß es sich um Menschen handelte. Cf. H. Wagatsuma, 1974, S. 57. Vor allem der Körpergeruch der Schwarzen wird in Japan als »tierisch« empfunden (a.a.O., S. 73; B. Adachi, 1937, S. 276), was freilich nicht spezifisch japanisch ist. So rankt sich in Brasilien eine ganze Folklore um den »Bocksgestank des Negers«. Cf. G. Freyre, 1990, S. 168. Ein ausländischer Dozent, der an einer der Schanghaier Spitzenuniversitäten die Studenten einen Essay über ihre afrikanischen Kommilitonen schreiben ließ, fand heraus, daß die jungen Chinesen die Schwarzen nicht nur als häßlich und primitiv, sondern vor allem als »over-sexed« empfinden. Cf. J. Grant, 1991, S. 88. Auch die meisten amerikanischen Juden halten die Neger, bezeichnenderweise im New Yorker Jiddisch »big-dick shwartze« [= Großpimmelschwarze] genannt, für extrem lüstern und amoralisch. Cf. L. Harris/B.E. Swanson, 1970, S. 97; Lopez, a.a.O., S. 94. Derartige Auffassungen wurden sogar noch in unserer Zeit von Sexualforschern vertreten: »The unvarnished Negro«, so z.B. A. Edwardes/R.E.L. Masters, 1963, S. 13, »whose ancestors patterned their erotic customs and laws after those observed in the animal kingdom, sees nothing controversial in the sex act«.

20 Cf. M. Dekkers, 1994, S. 56; Jahoda, a.a.O., S. 8; Stember, a.a.O., S. 107, 148 ff.; T. Stovall, 1996, S. 211, bzw. D. Onye-ama, 1974, S. 82 f. Ein Afrikaner erzählt, daß er im London der dreißiger Jahre nie auf gleicher Höhe mit einer weißen Bekannten ging, sondern stets einige Meter hinter ihr, weil der Frau ansonsten »nigger lover« oder »white bastard« zugerufen worden wäre. Ein anderes als ein sexuelles Verhältnis zwischen einem Schwarzen und einer Weißen war für die Leute nicht vorstellbar. Cf. Bush, a.a.O., S. 216. Als im Jahre 1846 das Gerücht umging, bei den Kurnai an der Ninety Miles Beach lebe eine weiße Schiffbrüchige mit langen roten Haaren, unter-stellte man sofort, sie sei von den eingeborenen Männern koi-tiert worden. Alsbald gab es eine großangelegte Polizeiaktion, im Verlaufe deren zahlreiche Aborigines ermordet und ihre Frauen und Töchter vergewaltigt wurden. Von der weißen Frau, die bei den Kurnai zu einer mythischen Figur wurde, fand man keine Spur. Cf. B. Elder, 1998, S. 106ff.

21 Cf. z.B. S. Carmichael/C.V. Hamilton, 1968, S. 69 f.

22 Cf. Stember, a.a.O., S. 112, bzw. R.T. Michael et al., 1994, S. 79 f. Auch viele schwarze Schwule, sogen. »snow queens«, fliegen auf Weiße, während homosexuelle Weiße, sogen. »chocolate queens«, Schwarze bevorzugen, vor allem wegen ihrer »animalischen Sexualität« und ihren »Riesenschwänzen«. Cf. J.V. Soares, 1979, S. 263 f., 272 f.

23 Milner/Milner, a.a.O., S. 215. Es hat den Anschein, daß die meisten Frauen die Ejakulation des Mannes in ihrem Mund nur dann genießen, wenn sie ihn sehr mögen oder wenn sie besonders erregt sind. So meinte eine Kalifornierin: »I prefer using my mouth on a man's penis to having to get undressed. It's quick, less messy, and it doesn't mean anything to me. If I really like the guy, I'll let him come. If I don't like him much, I'll stop before he comes« (C. Winick, 1968, S. 321). Viele Frauen gaben an, daß sie zwar bei aufregenden Seitensprüngen den Liebhaber in ihrem Mund »kommen« ließen, doch nicht ihren Ehemann. Cf. Atwater, a.a.O., S. 198 f. Zahlreiche Prostituierte erzählten voller Widerwillen, manche Freier zwängen sie beim Oralverkehr, »das ganze Zeug zu schlucken« (B. Leopold, 1994, S. 345), weshalb die meisten nur mit Kondom fellationieren, obgleich die Freier wesentlich mehr zahlen, wenn sie »in den Mund spritzen« dürfen. Serbische Freischärler vergewaltigten bosniakische und kroatische Frauen mit besonderer Vorliebe oral, wobei viele der Opfer hinterher sagten, das Schlimmste sei gewesen, daß sie das

Sperma auf Befehl der Täter schlucken mußten. Cf. A. Stiglmayer, 1993, S. 193. Nach einer Umfrage während des Vietnamkrieges ließen sich 61 % der amerikanischen Soldaten regelmäßig von einheimischen Frauen fellationieren. Da die Mehrzahl von ihnen die Männer nicht in ihrem Mund »kommen« lassen wollte, was diese frustrierte, hielten die Soldaten gewaltsam den Kopf der Frauen fest, worauf manche Frauen ihnen in den Penis bissen. Cf. G. Hart, 1975, S. 222f. Huren, die den Mund nicht zurückzogen, bevor der Kunde »kam«, waren auch früher sehr begehrt, zumal in den alten Zeiten ohnehin die meisten Prostituierten die Fellatio ablehnten. Eine solchermaßen bereitwillige junge Dame war etwa die 24jährige Miss Inglis, über die es in *Ranger's Impartial List of the Ladies of Pleasure in Edingburgh* vom Jahre 1775 hieß: »Notwithstanding, she is no novice at the game of love, for she is remarkably fond of performing on the silent flute, and can manage the stops extraordinarily well. She twists like an eel, and would not loose a drop of the precious juice of nature, not for a kingdom« (L. Mahood, 1990, S. 45). Im Gegensatz zu den Frauen schlucken anscheinend viele homosexuelle Männer das Ejakulat sehr gerne (cf. W. H. Masters/V. E. Johnson, 1979, S. 79), laut L. Humphreys (1975, S. 74) taten dies etwa vier Fünftel der Fellatoren in US-Klappen, wobei sie sagten, daß das Sperma der Männer, die sie saugten, ganz verschiedenartig schmecke. Schon im frühen 18. Jahrhundert berichtete der Badearzt Gohl von einem Bäckergesellen, der, nachdem er 20 Männer fellationiert und ihr Sperma geschluckt hatte, meinte, daß dessen Qualität sehr unterschiedlich gewesen sei: »Der eine aber hat ein recht delicates sperma gehabt« (M. Lorenz, 1999, S. 203). Schon lange vorher hatte der Amsterdamer Patrizier Jacob Backer, genannt *de zeugster*, »der Sauger«, die Gewohnheit entwickelt, seine jungen Lakaien zu fellationieren, ihr Sperma in ein Glas Wein zu spucken und das Gemisch anschließend zu trinken. Cf. T. van der Meer, 1994, S. 161f. Im *Chigo no sōshi* aus dem 14. Jahrhundert findet sich eine Illustration, in der ein Priester bei einem jungen Akoluthen den Anilingus ausführt, während letzterer ihn fellationiert. Der Priester sagt: »Wie köstlich, wenn auch etwas bitter!«, und der Junge: »Auch das ist ganz gut, wenn auch etwas salzig!« (C. P. Leupp, 1995, S. 120f.).

24 Stember, a. a. O., S. 65; Hernton, a. a. O., S. 65, 77; D. Ayalah/J. Weinstock, 1979, S. 42; N. A. Eddington, 1990, S. 642ff.; R. Majors/J. M. Billson, 1992, S. 93, bzw. Martagh/Harris, a. a. O.,

S. 13. »Alle nègres lieben Sex, und deshalb lieben die weißen Frauen die nègres«, meinte ein Schwarzer auf Martinique. Dies sei der Grund, warum eine Weiße leichter zu haben sei als eine Schwarze und von sich aus auf sie zukäme. Allerdings fügte ein anderer, der schon viele weiße Frauen »gehabt« hatte, hinzu, »une nègresse« sei wesentlich »besser« im Bett als jede Weiße (D.A.B. Murray, 1999, S. 164f.). Cf. auch B.E. Hammond/ J.A. Ladner, 1969, S. 42f. In den brasilianischen »Negertanzhallen« (*gafieiras*) befragte Schwarze meinten einhellig, auch die schwarzen Frauen gingen im Grunde lieber mit einem Neger ins Bett, weil der weiße Mann »zu schnell komme« und sie deshalb nicht befriedigen könne. Cf. R. Bastide, 1972, S. 191f.

25 F. Shyllon, 1977, S. 104; L.A. Thompson, 1989, S. 109; A. McClintock, 1995, S. 113, bzw. R.G. Walters, 1981, S. 169f., 176. In einem 1681 in Maryland erlassenen Gesetz ist von weißen Frauen die Rede, die Neger heirateten, und zwar »always to the satisfaction of their lascivious and lustful desires« (G.M. Fredrickson, 1981, S. 104). Der Gesetzgeber ging also davon aus, daß eine Weiße nur aus sexuellen Gründen einen Schwarzen heiraten konnte. Aus Ekel davor, durch das Sperma der Neger befleckt zu werden, vermieden es auch in späteren Zeiten die meisten weißen Amerikaner, die ansonsten nicht eben wählerisch waren, eine Frau zu besteigen, in deren Vagina zuvor ein Schwarzer ejakuliert hatte. So erzählte ein alter Sizilianer über die Zeit unmittelbar nach der Landung amerikanischer Truppen auf seiner Insel: »Die Gärtner stellten ein Bett in die Hütte im Garten und vermieteten das Ganze. Ein Dollar jedesmal. Während des Krieges waren sie zahlreich. Es kamen Amerikaner und Schwarze. Die Frauen kamen und gingen. Die Amerikaner hatten sich in den Gärten eingerichtet. Die Männer führten ihre Frauen dorthin und kontrollierten die Marken. Aber ich habe niemals verheiratete Frauen hingebracht. Eine Frau verdiente so Hunderte von Dollars am Tag. Ein Mann kam herein, ein anderer ging; sie standen Schlange. ›Ol rait. Uon dollar!‹ Der Begleiter der Frauen bekam den Dollar sofort und steckte ihn in die Tasche. [...] Manche schmutzigen Weiber stanken, aber die Amerikaner ›gnuc!‹ trotzdem. Es gab Frauen von 21, 22, 24 Jahren, verheiratete Frauen. Wenig junge Mädchen. Selbst die Alten kamen wieder zum Zuge. Denn die Amerikaner nahmen, was man ihnen anbot. Aber die Weißen blieben auf der einen Seite, die Schwarzen auf der anderen, wohl getrennt; der Weiße duldete niemals, daß ein Schwarzer vor ihm an die Reihe kam« (D. Dolci, 1959,

S. 47f.). Im Vietnamkrieg gab es für weiße und schwarze GIs getrennte Bordelle, und es hieß, daß eine vietnamesische Hure »servicing white soldiers was likely to be murdered by soldiers if she was discovered providing services to black soldiers« (C. Enloe, 1983, S. 33). Auf der anderen Seite bleibt auch heute noch eine Somälfrau ihr Leben lang befleckt und unrein, wenn sie ein einziges Mal mit einem Weißen geschlafen hat. Cf. Barnes/Boddy, a.a.O., S. 228f.

26 Cf. G.L. Main, 1982, S. 138; Sobel, a.a.O., S. 149, bzw. E.B. Freedman, 1981, S. 139f. Manche Frauen entschuldigten ihre sexuellen Eskapaden mit der extremen Gefühllosigkeit vieler weißer Südstaatler (»adders«), die ohne jegliches Vorspiel »cut the gash« [= »die Möse ficken«, wörtl. »schneiden«] und nie die Frau küssen oder sie an den Brüsten stimulieren: »All he wants to do is get in, get off, and get out as fast as possible«, meinte eine Betroffene, »he never has any trouble getting an erection for these grand entrances because he has been hard as a rock ever since he opened Slade Gilette's scalp with a beer bottle earlier that evening at Trask's honky-tonk heaven

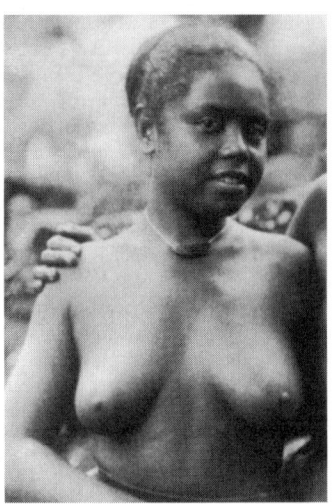

157 Ngeribongel Winkler, Gattin des deutschen Stationsleiters von Palau, Karolinen, um 1912.

[= Bumslokal]. He makes his grand exit seven seconds after the grand entrance« (F. King, 1975, S. 97, 99).

27 Um zu verhindern, daß die Kolonisten und Soldaten einheimische Frauen heirateten (Abb. 157), schickte man Dienstbotinnen als »weiße Bräute« in die Kolonien, die sich freilich nicht gerade als Vorbilder erwiesen, so daß gefordert wurde, man solle fürderhin zölibatär lebende adelige Fräulein zu diesem Zwecke wählen, denn »wenn der Neger einmal auf den Gedanken kommt, daß die weiße Rasse der seinen gleichgestellt sei, so schwindet der Respekt vor der deutschen Frau, wie wir es ja in den Vereinigten Staaten gesehen haben« (E. Essner, 1997, S. 512). Wie die zahllosen Vergewaltigungen von einheimischen Frauen in den deutschen Kolonien durch Beamte und Soldaten zeigen, war von einem »Respekt vor der afrikanischen Frau« nie die Rede. Cf. G. Krieger, 1999, S. 121f.; J. Zeller, 2001, S. 235f.; W. Nuhn, 2000, S. 141.

28 Cf. Stember, a.a.O., S. 181; Onyeama, a.a.O., S. 102; Hernton, a.a.O., S. 52; N. Bizimana, 1985, S. 119. Ein Mandingo berichtete, daß die weißen Frauen, mit denen er geschlafen habe, im Gegensatz zu den einheimischen Frauen während des Geschlechtsverkehrs geschrien hätten, was er offenbar als sehr schamlos empfand. Cf. Johnson, a.a.O., S. 228. Der amerikanische Musiker Henry Crowder erzählte, seine Freundin Nancy Cunard, eine reiche Reedereierbin und Negrophile, habe immer wieder von ihm gefordert, ›primitiver‹ und ›urtümlicher‹ zu sein: »Be more African, be more African!!« Worauf er – peinlich berührt – geantwortet habe: »But I ain't African, I'm American!« (P. Archer-Straw, 2000, S. 164).

29 Mündliche Mitteilungen afrikanischer Studenten in Heidelberg und Berlin. In den afrikanischen Gesellschaften war der Cunnilingus weitestgehend verpönt, so z.B. bei den Havu, deren Frauen sich vor jedem sexuellen Kontakt ausgiebigst wuschen, weil sie Angst davor hatten, daß ihre Genitalien »riechen« könnten. Deshalb gestattete es auch keine Frau, daß ihr Partner seine Hände zwischen ihre Schenkel legte oder gar den Finger in ihre Vagina steckte. Einer der schlimmsten Flüche lautete: »Iß doch die Fotze deiner Schwester!« (Kashamura, a.a.O., S. 150). Kein Schwarzer auf Jamaika würde zugeben, schon einmal eine Frau »geschleckt« zu haben. Es heißt, daß die weißen Touristinnen den Cunnilingus auf die Insel gebracht hätten und daß jeder, der »eats under the two-legged table« Vaginalsekret und die Spermareste der Vorgänger in den Mund bekäme, wodurch er krank werden könne

(Sobo, a.a.O., S. 235). Bei den Somāli war jede Form von Oralverkehr unbekannt, und eine Frau erzählte, wie ein Italiener zunächst ihre Brüste und Nippel geküßt und anschließend mit dem Kopf immer weiter nach unten gewandert sei. Als er schließlich mit dem Mund an ihre Vulva gelangt war, habe sie dies als äußerst seltsam empfunden, aber weil seine Zunge sie kitzelte, habe sie so sehr lachen müssen, »daß ich auf ihn pinkelte« (Barnes/Boddy, a.a.O., S. 226, 239). In anderen Gesellschaften galten Fellatio, aber mehr noch Cunnilingus als hochgradig ekelerregend und obszön, z.B. bei den Ojibwa (A.I. Hallowell, 1955, S. 298), Jatmül (Silverman, a.a.O., S. 61), Busch-Mekeo (M.S. Mosko, 1985, S. 61f.), Wogeo-Insulanern (H.I. Hogbin, 1970, S. 90) oder den Yanomamö (K. Good/D. Chanoff, 1996, S. 212). In der berühmten obszönen Moche-Keramik gibt es zwar Darstellungen von Fellatio, Analverkehr und Masturbation, aber keine einzige Cunnilingusszene (cf. S.E. Bergh, 1993, S. 88), und bei den Hua aßen die Männer nicht einmal Schnecken, weil diese sie zu sehr an die Vulva erinnerten. Cf. Meigs, a.a.O., S. 92. In sumerischen Texten ist vom »bittersüßen« Geschmack der Vulva die Rede, was vielleicht bedeutet, daß Cunnilingus ausgeübt wurde (cf. Z. Bahrani, 2001, S. 55), und auch im Mittelalter gibt es solche Andeutungen (cf. S. Zeyen, 1996, S. 161), doch wurde er in jedem Falle als ›tierisch‹ und pervers erachtet. Cf. O.R. Constable, 1997, S. 140; M. Bolus, 1993, S. 106.

30 Cf. Lopez, a.a.O., S. 93, bzw. H.P. Duerr, 1993, S. 152f. Natürlich fühlt die weiße Frau auch die »strong sexual motivation« des Schwarzen »toward *her*, which is simply a *consequence* of his minority status« (Stember, a.a.O., S. 191). Deshalb ist es nicht die ganze Wahrheit, wenn etwa C.M. Larsson (1965, S. 191) meint: »The white woman who confessed that when a Negro ›looked‹ at her, she felt ›naked‹, was actually confessing a deep unconscious attraction to the ›black animal‹. To be sure, she attempted to explain away this feeling as an instinctive fear of the Negro«.

31 R. Italiaander, 1969, S. 119.

32 Milner/Milner, a.a.O., S. 222.

33 Cf. L. Rainwater, 1970, S. 185, bzw. K.V. Hansen, 1995, S. 160f.

34 Cf. N. Barley, 1990, S. 213, bzw. Brief eines afrikanischen Freundes, sowie C. Hofmann, 1999, S. 25. Dem Mythos vom chronisch geilen Neger entgegnete Gilberto Freyre (a.a.O.,

S. 290, 295f.) mit einem Gegenmythos vom lauen Geschlechtstrieb der Schwarzen. So behauptete er, »daß bei den
Negerstämmen Afrikas, wie generell bei allen primitiven
Völkern, der Geschlechtstrieb geringer ist als bei den
Europäern. Die Sexualität des afrikanischen Negers muß ständig angestachelt werden mit scharfen Stimulantia, aufreizenden Tänzen, Phalluskulten und Orgien, während der zivilisierte Mensch normalerweise ohne großen Anreiz und
mühelos zu sexueller Erregung kommt«, woraus er den Schluß
zog: »Nichts berechtigt uns zu der Annahme, daß es der Neger
war, der die lasterhafte Geilheit, deren Fangarme wir alle in
unserer Jugend gespürt haben, nach Brasilien gebracht hat.«

35 Cf. E.M. O'Connor, 1982, S. 54, bzw. Gordon, a.a.O., S. 96.

36 Cf. W.B. Cohen, 1981, S. 339; Jordan, a.a.O., S. 34, 159, 501;
V. Newall, 1980, S. 309, bzw. B. Easlea, 1980, S. 249. Um 1840
erklärte der Amerikaner Josiah Priest, die gewaltigen Genitalien der Neger erlaubten den Schluß, daß sie die Nachfahren
der Bewohner der biblischen Stadt Sodom seien. Cf. G.M.
Fredrickson, 1987, S. 276.

37 C. Chakraberty, o.J., S. 2; J.S. Haller, 1995, S. 56; J.D. Hall,
1983, S. 333, bzw. Friedman, a.a.O., S. 216. Wenn grausame
Sexualverbrechen von Schwarzen begangen wurden, fanden sie
stets besondere Beachtung. So sagte z.B. ein weißer amerikanischer Polizist: »I used to think, ›Well, these blacks are committing these crimes because of economic and social deprivation.
Just letting out their anger.‹ Then, when I find a woman vagi-
nally, rectally, and orally raped and then cut up, by five people
at gunpoint, I just can't believe it anymore, I don't want to
generalize, but the really vicious, *vicious* rapes I've seen
happened to be blacks against whites« (MacPherson, a.a.O.,
S. 519).

38 Cf. R.D. Abrahams, 1971, S. 72, bzw. C.A. Mackinnon, 1979,
S. 30. In einem der bekanntesten Witze stehen ein Weißer, ein
Chicano und ein Schwarzer vor Gericht. Der Richter sagt:
»Wenn eure Schwänze zusammen 15 Zoll lang sind, lasse ich
euch laufen!« Der Schwarze holt seinen Penis 'raus, er wird
gemessen: 7 1/2 Zoll. Der des Chicanos mißt 5 1/2, der des
Weißen 2 Zoll. Macht zusammen 15 Zoll. Nachdem sie freige-
lassen worden sind, stehen die drei vor dem Gerichtsgebäude.
Sagt der Schwarze: »Habt ihr ein Glück gehabt, daß meiner
7 1/2 Zoll lang war!« Darauf der Chicano: »Und ihr habt noch
mehr Glück gehabt, daß meiner es auf 5 1/2 Zoll gebracht hat.«
Schaut der Weiße die beiden an und sagt: »Und was hättet ihr

gemacht, wenn ich nicht gerade 'ne Erektion gehabt hätte?«
(Harris, a.a.O., S. 21f.). M. Wallace (1978, S. 73) meint, in den
sechziger Jahren hätten rebellierende Neger den »Big-black-
prick-myth« von den Weißen übernommen, doch war schon
lange vorher dieser »myth« eines der wenigen Mittel, mit denen die schwarzen Männer ihre Unterlegenheitsgefühle wenigstens einigermaßen kompensieren konnten. Jamaikanische
Schwarze meinten übrigens, sie seien nicht deshalb »besser im
Bett« als die Weißen, weil sie »größere Schwänze« hätten, sondern weil sie im Sex »more skilled« seien und mehr Pfeffer
äßen (Newall, a.a.O., S. 310). Manchen Schwarzen ist der
»Mythos« freilich eher peinlich. So meinte bereits der schwarze Komiker Dick Gregory, die Aufhebung der Rassentren-
nung in den öffentlichen Toiletten ruiniere »the greatest thing
the blacks had going for them – the myth of the giant cock«
(Simons, a.a.O., S. 174).

39 Stember, a.a.O., S. 61. Nach einer Umfrage glaubten wesentlich mehr weiße amerikanische Studenten als Studentinnen,
daß Neger größere Penisse hätten als Weiße. Cf. D.L. Mosher,
1979, S. 229. Im Jahre 1906 verlautete das *Atlanta Journal-
Record of Medicine*, nur die Amputation solcher Riesenglieder
könne aus einem Neger ein »docile, quiet and inoffensive«
Wesen machen (Haller, a.a.O., S. 56). Nach Turner (a.a.O.,
S. 213) sollen viele Mitglieder des Ku-Klux-Klan die Hosen
ihrer Kostüme so ausgestopft haben, daß es aussah als hätten
sie größere Penisse.

40 K. Shanor, 1979, S. 103, 124; Hernton, a.a.O., S. 103; F. Fanon,
1980, S. 107f., bzw. H. Findlay, 1992, S. 572. Cf. auch T.A.
Gardner, 1980, S. 108f.; F.N. Simmonds, 1990, S. 317f. Seit
Ende der achtziger Jahre scheint die Benutzung solcher Dildos
in den USA sogar in feministischen Lesbenkreisen wieder
»politisch korrekt« zu sein. Cf. C. West, 1992, S. 60.

41 Cf. Italiaander, a.a.O., S. 123f.

42 French/Lee, a.a.O., S. 209; Elisabeth B., a.a.O., S. 107; Kabbani, a.a.O., S. 51; Edwardes/Masters, a.a.O., S. 45f., 55f.;
M.D. Jacobs, 1996, S. 2421; E.E. Evans-Pritchard: Mündliche
Mitteilung vom 8. April 1968; L. Wolf, 1886, S. 730f. »The
truth«, so R. Hyam (1990, S. 205), »is that the black penis is on
average a *little* larger than the white man's«.

43 So die Sexualwissenschaftlerin V.L. Clower (1975, S. 139f.)
nach Umfrageergebnissen in Nordamerika.

44 Cf. E.B. Basso, 1987, S. 166; J. Bell, 1995, S. 157, bzw. Chou,
a.a.O., S. 75f. Nach amerikanischen Umfragen glauben viel

mehr männliche Studenten als Studentinnen, daß ein großer
Penis wichtig sei für die sexuelle Befriedigung einer Frau. Cf.
Mosher, a. a. O., S. 229. Auch andere empirische Untersuchungen scheinen dies zu bestätigen. Cf. W. A. Fisher et al., 1983,
S. 392 f.

45 D. Morris, 1994, S. 133, bzw. M. Weissberg, 1993, S. 47 ff. Cf.
auch G. F. Miller, 2001, S. 268. Von »Prachthämmern« und
»strammen Ständern«, die »ohne Vorwarnung in den Arsch«
der Frau »gerammt« werden, wimmelt es offenbar auch in der
von Frauen für Frauen geschriebenen Pornographie. Cf. Rückert, a. a. O., S. 205 ff. Auch an den Wänden von Damentoiletten
werden »spritzige Superriemen« und »herrliche große
Hengstkolben« angepriesen. Cf. M. S. Rerrich, 1996, S. 60 f.

46 Cf. *Rhein-Neckar-Zeitung*, 26. Oktober 1998, S. 13; Shanor,
a. a. O., S. 91, 150, 193; *Stern* 21, 1994, S. 15; Margolis/Arnold,
a. a. O., S. 157. Die Baroneß Sophie v. Reden wurde von der
Presse dahingehend zitiert, sie habe nicht nur deshalb so lange
ein Verhältnis mit Hewitt gepflegt, weil er einen so gewaltigen
»Schwengel« besitze, sondern weil er zudem stets »enorm ausdauernd« gewesen sei (*Bunte* 42, 1994, S. 20, 25). Die Prinzessin von Wales soll ihn hingegen geringschätzig als »Drei-
Minuten-Mann« charakterisiert haben. Cf. Doubek, a. a. O.,
S. 93. Die Vorstellung, Männer mit großen Penissen könnten
eine Erektion besonders lange aufrechterhalten, scheint nicht
neu zu sein. So rühmte sich bereits im Jahre 1565 ein »gut ausgestatteter« Student gegenüber einem Mitbewohner, er habe es
eine Stunde lang mit einer Frau getrieben, wobei »er es ihr
mehrere Male gemacht« habe. Cf. J.-P. Dedieu, 1989, S. 299.
Der strotzende Penis ist für viele Männer »das Leben«, wie ein
Algerier es ausdrückte, »das ganze Leben; er ist mein Leben,
wenn ich ihn verliere, sterbe ich«, und ein anderer, der ihn
nicht mehr »hochkriegte«, sagte: »Ich habe gefühlt, daß mein
Herz tot ist, es ist mit meinem Schwanz gestorben« (Jelloun,
a. a. O., S. 74, 130). Kein Wunder, daß die Araber meist mehr
noch als beim Barte des Propheten beim erigierten Glied
Allahs zu schwören pflegten (cf. R. Quanter, 1925, S. 180),
ähnlich wie die alten Juden, bei denen der Schwörende die
Hand »unter die Hüfte legte« (1. Mose 24, 2; 47, 29).

47 Cf. J. Cadden, 1986, S. 158; Weinstein/Bell, a. a. O., S. 29. Auch
die Tatsache, daß die 4 m hohe Kolossalstatue des ägyptischen
Pharaohs Echnaton den König völlig nackt und effeminiert,
aber ohne Genitalien zeigt, hat man damit zu erklären versucht, er habe an einer Krankheit namens »Fröhlichsches

Syndrom« (*Dystrophia adiposogenitalis*) gelitten, die vor allem im Unterleibsbereich zu enormer Fettbildung und zu einer Unterfunktion der Geschlechtsdrüsen führt, so daß die Libido sowie die Genitalien unterentwickelt bleiben. Letztere sind so klein, daß sie meist im Fett versinken und kaum sichtbar sind. Cf. C. Aldred/A.T. Sandison, 1962, S. 308. Gegen diese These hat man geltend gemacht, solche Kranke seien zeugungsunfähig, während nichts darauf hindeute, daß die sechs Töchter, die Echnaton mit Nofretete hatte, nicht seine leiblichen Kinder gewesen seien. Cf. C. Aldred, 1968, S. 136; G.B. Risse, 1971, S. 13, 17. Seltsamerweise scheint es allerdings in praktisch allen überkommenen Texten zu heißen, die Mädchen seien die Töchter der Königin, wohingegen der König in diesem Zusammenhang unerwähnt bleibt. Cf. C. Jacq, 1990, S. 157. Daß Echnaton aus Schicklichkeitsgründen genitalienlos wiedergegeben wurde, ist unwahrscheinlich, da es keine Darstellung eines unbekleideten ägyptischen Königs gibt, der keine Genitalien hätte. Dies gilt sogar für die Darstellungen Nofretetes, die die Königin quasi nackt, mit durchsichtigen, am Körper klebenden Kleidern so abbilden, daß kein Detail ihres Körpers ausgespart bleibt. Cf. J. Tyldesley, 1999, S. 158. W. Westendorf (1963, S. 274) hat aufgrund der »femininen« Brust- und Beckenpartie vermutet, daß die Statue Echnaton als androgynen Ur- und Sonnengott zeigen sollte, der in den Kleinen Hymnen von Amarna »Mutter und Vater seiner Geschöpfe« genannt wird. Cf. auch J. Assmann, 1986, S. 260. Nach W. Barta (1975, S. 91) ist auch diese These eher unwahrscheinlich, weil Echnaton sich eng an die heliopolitanische Ursprungslegende angeschlossen habe, in der der Ursprungsgott durch Masturbation das Kinderpaar Schu und Tefnut hervorbrachte: »Er heiratete seine Faust, als es noch kein Weib gab« (J. Zandee, 1972, S. 151). Und seine »Faust« kann man schließlich nur »heiraten«, wenn man einen Penis hat. Überdies haben androgyne Gottheiten wie der Nilgott Hapi oder seine Verkörperungen, z.B. der Pharao Eje, hängende weibliche Brüste, die Echnaton nicht aufweist. Cf. G. Michailidis, 1954, S. 416; H.A. Schlögl, 1986, S. 130. Möglicherweise ist die Statue lediglich unvollendet und die dem Körper eng anliegende Kleidung sollte erst noch eingeschnitten oder aufgemalt werden. Cf. D.B. Redford, 1977, S. 26. So läßt sich beispielsweise an der Kalksteinstatue eines nackten Beamten aus der 5. Dynastie namens Snofru-nefer noch der aufgemalte Halskragen erkennen. Cf. J. Assmann, 1983, S. 133f. Tatsache bleibt, daß die Amarna-Künstler ganz offensichtlich ein Unisex-Ideal anstrebten, so daß es bisweilen nicht leichtfällt, auf den Darstellungen Nofretete (Nefertiri) mit ihrer schmalen Taille, den ausladenden Hüften und Schenkeln sowie den kleinen festen Brüsten von ihrem Gemahl zu unterscheiden. Cf. L. Manniche, 1987, S. 25 ff.

48 M. Jones, 1994, S. 190; A. Karnein, 1994, S. 95, bzw. Dinzelbacher, a.a.O., S. 74, und R. Schnell, 2002, S. 342. An der Wand des vom in Antwerpen wirkenden Braunschweiger Monogrammisten um 1540 dargestellten Frauenhauses (cf. Abb. 158 in H.P. Duerr, 1990, S. 288) ist ein papierner Fries mit Zeichnungen von Landsknechten befestigt, von denen einer eine Troßhure fortzuführen scheint. Darunter steht der Satz »Dat dinck doet die dochter dalen« (»Das Ding schmeißt die Jungfrau um«), wobei die Buchstaben ›d‹ als große Penisse mit Hodensäcken dargestellt sind. Cf. K. Renger, 1972, S. 286.

49 Cf. Hutheesing, a.a.O., S. 130, 148, 151, 184. »It is not feasible«, setzt die Ethnologin politisch korrekt hinzu, »nor relevant to investigate whether there is any factual basis to different« sizes of male genitals between various groups« (a.a.O., S. 147).

50 A Linklater, 1990, S. 177; Appell, a.a.O., S. 72 f.; Friedhelm Scholz: Mündliche Mitteilung vom 13. Mai 1986; Herdt/Stoller, a.a.O., S. 415; Gillison, a.a.O., S. 210, bzw. P. Snyder, 1974, S. 122. Auch die Frauen der Mundugumor sehnten sich nach Männern mit großen Penissen (McDowell, a.a.O., S. 203), und die aus Java stammenden Prostituierten von Kuta auf Bali sagten mir, es sei ein viel besseres Gefühl, den »dicken Schwanz« eines Weißen in sich zu fühlen als den vergleichsweise mickrigen eines Indonesiers oder eines ostasiatischen Touristen. J. Taylor (1998, S. 208) berichtet, er sei beim Trampen in Japan andauernd ausgefragt worden, wie lang sein Penis sei, welchen Durchmesser er habe usw. Auch die Frauen der ostafrikanischen Kawu schwärmten für Männer mit einem dicken und langen Penis und sagten, ein Mann mit einem kleinen könne sie überhaupt nicht zum Orgasmus bringen. Cf. Kashamura, a.a.O., S. 115. Die Frauen der Suya im Mato Grosso teilten den Ethnologen mit, ein Mann sei dann für sie attraktiv, wenn er einen »großen und harten« Penis habe (A. Seeger, 1981, S. 109). Viele weiße Neuseeländerinnen (*pakeha*) glauben, daß die Maori-Männer größere Genitalien hätten als Weiße, und manche von ihnen lassen sich sexuell mit ihnen ein, weil sie sich deshalb eine intensivere sexuelle Befriedigung

erhoffen. Viele Maori ziehen daraus ihren Nutzen, und einige sagen, es sei für sie eine Art Rache am weißen Mann, wenn sie jetzt seine Frau »flachlegten«. Cf. J. Harré, 1966, S. 58, 61.

51 Cf. Price, a.a.O., S. 40; S. Zinovieff, 1991, S. 207; D. Underdown, 1993, S. 68 f., bzw. Boswell, a.a.O., S. 49 f. Besonders stolz war Boswell auch darauf, daß er in einer Nacht mehrere »Durchgänge« schaffte: »Five times I was fairly lost in supreme rapture. Louisa was madly fond of me; she declared I was a prodigy, and asked me if this was not extraordinary for human nature. I said twice as much might be, but this was not, although in my own mind I was somewhat proud of my performance. [...] I asked her what she thought enough. She gently chid me for asking such questions, but said two times« (a.a.O., S. 139). Im Jahre 1679 sagte eine Frau herausfordernd zu einem fremden Reiter, er habe gewiß nur »einen kurtzen«, worauf dieser sich »bewogen« fühlte, vor ihr »in die hosen zu tasten vnd darauff zu andtworten, daß er einen langen habe vnd fortgefahren, das schmucke, glatte weibichen er woll haben möchte« (J. Peters, 1999, S. 35). Als im Jahre 1619 ein Priester vor Suor Elena vom Kloster Santa Maria degli Angeli auf der Insel Murano sein erigiertes Glied entblößte, rief diese spöttisch aus: »Ohibò, che cosetta piccola!«, »Oh, was für ein winziges Dingelchen!« (M. Laven, 2001, S. 879).

52 Cf. R. Porter, 1994, S. 146, bzw. Lorenz, a.a.O., S. 119. Nach einer Untersuchung des Mannes war Pyl zwar von dessen Ausstattung beeindruckt, meinte jedoch, die »sehr enge Jungfer« werde sich an der entscheidenden Stelle schon noch dehnen.

53 Cf. Jones, a.a.O.; Hall, a.a.O., S. 135; P.L. Jamison/P.H. Gebhard, 1988, S. 180 f.; Morris, a.a.O., S. 61. »Männliche Liebe«, verlautet John Bellichi, Organisator der »Wild-Men-Camps« für Softies, die keine mehr sein möchten, und für feminismusgeschädigte Männer, »heißt rauslassen, also geht immer nach außen! Eure Liebe ist euer Schwanz, euer harter, großer Schwanz!« (C. Goldner, 2000, S. 457). Penisvergrößerungen werden anscheinend inzwischen immer häufiger durchgeführt, sei es, daß Fettgewebe in den Penis injiziert oder daß das *ligamentum suspensorium* durchtrennt wird, so daß der Penis weiter aus dem Bauchraum tritt. Cf. *Spiegel* 21, 2001, S. 204. Als Ausdruck von Macht werden bekanntlich nicht nur ein strotzender Penis, sondern auch stattliche Hoden betrachtet. Als z.B. im frühen 16. Jahrhundert Papst Julius II. den Franzosen Mirandola wegnahm, soll er gesagt haben: »Jetzt

werden wir sehen, wer die größeren Eier hat, der König von Frankreich oder ich!« (Cawthorne, a.a.O., S. 224), und im Jahre 1995 wurden dem Abzeichen des Elitegeschwaders VFA-37 der US-Navy, einem wilden Stier, die Hoden entfernt, weil Frauen der Anblick maskuliner sexueller Macht und Potenz nicht zuzumuten sei. »Nun prangt auf den Heckflossen der silbernen Bomber ein harmloser Ochse«, kommentierte der *Spiegel* (22, 1995, S. 129). Auf der anderen Seite ziehen sich bei Angst und dem Gefühl der Unterlegenheit die Hoden zurück. Ein bißchen Angst hieß bei den Sambia »Angst auf der Haut« und große Angst »Angst in den Eiern«, und sie sagten, daß bei einem gefährlichen Kriegszug, während dessen man sein Leben riskierte, die »Eier« sich zurückzögen und der Penis schrumpfte. Cf. Herdt/Stoller, a.a.O., S. 241. In einem alten arabischen Text heißt es: »Bei der Kastration werden die Hodensäcke geöffnet und die Hoden herausgenommen. Oft erschrickt der Knabe, dann steigt ihm ein Hoden hinauf in den Leib, wird gesucht, aber nicht gefunden« (P.O. Scholz, 1997, S. 192). Zu große Hoden wirken allerdings auf viele Frauen leicht beängstigend, aber auch lächerlich, so z.B. bei den nilohamitischen Lotuko, die zwischen den Bari und den Atcholi leben und deren junge Männer ihre Rivalen dadurch auszustechen suchen, daß sie vor den jungen Mädchen Lieder singen, in denen es heißt, jene hätten Hoden »so groß wie ein Euter, das gemolken werden muß«. Cf. A. Grüb, 1992, S. 103f.

54 Cf. Green, a.a.O., S. 442.

55 Cf. K. Mercer, 1992, S. 100; Green, a.a.O., S. 144f.; M. Hoffmann, 1971, S. 107; M. Simpson, 1994, S. 131; M.E. Lumby, 1988, S. 66; Delph, a.a.O., S. 91f., 117f., 122. Cf. auch A.P. Bell/M.S. Weinberg, 1978, S. 86; G.J.M. van den Aardweg, 1993, S. 151.

56 Cf. Moore, a.a.O., S. 170. Im Jahre 1689 näherte sich der Pfarrer von Nordheim einem jungen Küfer mit den Worten: »Er wisse, das er auch ain brafen Kiefferschlägel darunden sitzen habe«, worauf dieser verlegen erwiderte: »Ja, Herr Pfarrer, die Maidlen sagens.« Danach öffnete der Gottesdiener seine Hose und zeigte ihm stolz, wie er selber »beschaffen seye« (H. Schnabel-Schüle, 1999, S. 311f.). Daß Elagabal sich von dem Athleten »als Frau gebrauchen« ließ, verübelten ihm indessen seine Soldaten sehr, so daß sie ihn im Jahre 222 fallenließen. Cf. A. Demandt, 1996, S. 95.

57 Cf. Constantine, a.a.O., S. 153; Hinsch, a.a.O., S. 88, bzw. Bleys, a.a.O., S. 116.

1 Cf. H. Kästner, 1994, S. 230f.; C. Lange, 1994, S. 111, 115, bzw. Peletz, a.a.O., S. 121f.

2 Cf. J. Middleton, 1992, S. 116f.; M.A. Klein, 1998, S. 247f., 250, bzw. R.R. Grinker, 1994, S. 81, 89, 116.

3 V. Görög-Karady, 1989, S. 172; É.V. Huseby-Darvas, 1999, S. 150; I. Hancock, 1987, S. 125f.; N.S. Hanna, 1993, S. 224; D. Kenrick/G. Puxon, 1981, S. 35, 79. »Nicht mit Unrecht«, so verlautete im Jahre 1933 Robert Ritter, der Leiter der Rassenhygienischen Forschungsstelle, im *Reichsgesundheitsblatt*, »sagt man von ihnen [= den Zigeunern], sie seien ›Naturkinder‹, da der Stand ihrer geistigen Entwicklung und ihr Gefühlsleben in vielem demjenigen von Kindern gleicht« (M. Zimmermann, 1989, S. 108). Cf. auch ders., 1989a, S. 105.

4 P. Bruchhagen, 1937, S. 161, und U. Herbert, 1999, S. 93, bzw. J.T. Alexander, 1989, S. 216.

5 Cf. C. Wagner, 1896, II, S. 628; G. Runkel, 1974, S. 161, 163; *Spiegel* 7, 1994, S. 150; A. Rosenberg, 1939, S. 17; H. Heidtmann, 1990, S. 110; M. Zeck, 2002, S. 222, bzw. F. Koch, 1986, S. 72f. Cf. auch H. Kaupen-Haas/C. Osthaus, 1984, S. 94; K. Felden, 1963, S. 57f.; A. Plack, 2000, S. 171f.; S. Lechner, 1994, S. 167. Wegen seiner teilweise geradezu pornographischen Ausfälle gegen die Juden wurde der *Stürmer* vor allem von Frauen abgelehnt. Cf. F. Hahn, 1978, S. 167. Nazi-Ideologen verwiesen häufig darauf, daß bei den Juden der sexuellen Gier die finanzielle entspreche. Cf. D. Traudich, 1993, S. 60ff.

6 Schwerbrock/Barthel, a.a.O., S. 24, bzw. P. Jelavich, 1993, S. 253. Vor allem den jüdischen Gynäkologen wurde nachgesagt, sie könnten angesichts der nackten Brüste einer jüngeren Patientin oder gar beim Einführen des Fingers in ihre Scheide kaum »kühl« bleiben, und so waren sie von allen jüdischen Ärzten die ersten vom »Berufsverbot« betroffenen. Cf. M. Burleigh/W. Wippermann, 1991, S. 78.

7 Cf. H.-M. Kirn, 1989, S. 55; Weininger, a.a.O., S. 413; L.A. Berman, 1968, S. 379; Lopez, a.a.O., S. 11f., bzw. mündliche Mitteilungen. In ähnlicher Weise sind auch viele Chicanos hinter *gringas* her, vor allem wenn sie blond sind. »Like all upwardly mobile men, Jewish men choose wives who are status symbols«, meinte eine Jüdin, »and in our society [= USA] that means tall, slender blondes« (a.a.O., S. 35). Dem kommt in Deutschland das Bewußtsein von Schuld und die Sehnsucht nach Sühne entgegen. So »opferte« ein bekannter deutscher

Universitätsprofessor über längere Zeit hinweg als eine Art Wiedergutmachung seine Frau und ließ es mit Genugtuung zu, daß sie von jüdischen Kollegen begattet wurde. Auf der anderen Seite berichteten Hamburger Dominas von jüdischen Kunden, die sich vorzugsweise als »Toilettensklaven« von »einer arischen Frau« mit Exkrementen »beschmutzen und erniedrigen« ließen. Cf. Ungerer, a.a.O., S. 67.

8 Cf. M. Kriegel, 1979, S. 49; A. Thomas, 1996, S. 311; Kirn, a.a.O., S. 77; G. Kohlbauer-Fritz, 1998, S. 113; E. Fuchs, 1921, S. 198; S. Rohrbacher/M. Schmidt, 1991, S. 385, bzw. R. Hahn, 1994, S. 491. Auch in Nordamerika heißt es herkömmlicherweise, die Frauen genössen den Sex mit Juden, weil diese besonders große Penisse hätten. Cf. Dollard, a.a.O., S. 161. »Du verhiter zers jud!« [= »Du verfickter Schwanzjude!«] war im Zürich des späten 14. Jahrhunderts offenbar eine gängige Beleidigungsformel (S. Burghartz, 1990, S. 140), und in Satiren der Zeit hieß es, die Jüdinnen seien so geil, weil ihre Männer aufgrund ihrer Beschneidung eine zu schwache Libido hätten. In anderen Satiren wurde indessen das genaue Gegenteil behauptet, daß nämlich die Circumcision die Lust steigere. Cf. Fuchs, a.a.O., S. 292.

9 A.a.O., S. 286, bzw. Anonymus, 1791, S. 229. Bereits der Luthergegner Johannes Eck verbreitete sich über die Geilheit und Unzüchtigkeit der Jüdinnen und Juden (cf. W. Frey, 1987, S. 177), und im Jahre 1768 gab der Schweizer Johann Ulrichs eine nach mittelalterlichen und frühneuzeitlichen Zürcher Ratsprotokollen zusammengestellte Sammlung jüdischer Geschichten heraus, in der es zum Thema »Hurerey« und Ehebruch heißt: »Die Erfahrung aller Zeiten hat gezeiget, daß die Jüdische Nation diesem Laster auf besondere Weise ergeben gewesen, und solches eigentlich ihre Favorit-Sünde ausgemachet« (Fuchs, a.a.O., S. 286). »Verworfenheit und Sinnenlust« sagte Charlotte v. Gersdorf in ihrem 1830 erschienenen Roman Die Jüdin den weiblichen Angehörigen dieser »Rasse« nach (F. Krobb, 1993, S. 52), und etwas später schrieb Jakob Wassermann, der selber Jude war, in seinem Roman Die Juden von Zirndorf: »Der Maier Knöcker hatte eine Tochter. Sie war nicht gerade schön, aber sie hatte die üppigen Formen und die äußerliche Leidenschaft der jüdischen Weiber, und in ihren Augen war etwas dumpf Sinnliches, das die Männer zu ihr trieb« (a.a.O., S. 222). Auch auf dem Balkan und bei den marokkanischen Arabern hielt man die Juden für besonders lüstern (cf. W.-E. Peuckert, 1931, Sp. 826; Dwyer, a.a.O., S. 13), was S.

Brownmiller (1980, S. 123) im Anschluß an Sartre für eine »Projektion männlicher Sexualphantasien« hält: Die Christen und Araber hätten die Jüdinnen für so geil gehalten, weil sie diese Frauen so häufig vergewaltigt hätten. Aber wieso wurden dann die männlichen Juden in gleicher Weise »sexualisiert«? Wie es in Wirklichkeit meist mit der Lüsternheit aussah, die von den Juden angeblich nicht kontrolliert werden konnte, erkennt man schon daran, daß es bis ins 20. Jahrhundert in Westeuropa nicht wenige jüdische Familien gab, in denen eine Frau nach der Hochzeit zunächst ein sexuelles »Schonjahr« in Anspruch nahm und auch nach einer Geburt eine Schonzeit gewährt bekam, die häufig mehr als ein halbes Jahrzehnt dauerte. Cf. M. A. Kaplan, 1991, S. 44. Daß die Nichtjuden einen solchen Triebverzicht nicht zu leisten vermochten, erschien vielen Juden als ein Indiz für *deren* überschäumende Laszivität, die man damit erklärte, daß die *goi* nie – wie es den Juden auf ihrer Wanderung durch den Sinai widerfuhr –, von der Lüsternheit der Urmutter Eva gereinigt worden seien. Cf. T. Szasz, 1981, S. 104 f.

10 Cf. L. Engelstein, 1993, S. 170 ff.; Thomas, a. a. O., S. 316; Hahn, a. a. O., S. 90; H. F. K. Günther, 1922, S. 422; R. Girtler, 1995, S. 254; K. Hödl, 1997, S. 218; J. Jakob, 1929, S. 92; J. M. Burnadz, 1970, S. 54; P. Wehle, 1980, S. 170. Schon im 19. Jahrhundert haben viele Mediziner den reichlichen »Bartwuchs« bei Jüdinnen als ein weiteres Indiz für deren »Männlichkeit« betrachtet. Cf. A. D. Dreger, 1995, S. 337, 350. In einem Brief vom 19. November 1997 hat mich Roland Girtler liebenswürdigerweise darauf aufmerksam gemacht, daß »Jud« im alten Wiener Dialekt auch »Heimliches« oder »Heimlichkeit« (F. S. Hügel, 1873, S. 86) sowie »Spanferkel« bedeutet hat (H. v. Fallersleben/O. Schade, 1854, I, S. 343). Das griechische Wort für Ferkel, κοίϱος, war ein obszöner Ausdruck für die Vulva. Cf. W. Burkert, 1972, S. 286; H. P. Duerr, 1984, S. 206 f.

11 Cf. L. Mirrer, 1996, S. 73. Im Mittelalter scheinen Jüdinnen verhältnismäßig häufig von christlichen Männern vergewaltigt oder sexuell genötigt worden zu sein. Cf. S. Borchers, 1998, S. 111 ff.; Sabaté, a. a. O., S. 313. Nach dem Talmud durfte eine Jüdin im fortpflanzungsfähigen Alter nie mit einem nichtjüdischen Mann alleine sein, doch im hochmittelalterlichen Tosafot, einem Mischna-Kommentar, wurde diese Auflage dahin modifiziert, daß sie dort mit Nichtjuden allein sein durfte, wo sie damit rechnen konnte, daß ihr Schreien gehört würde. Cf. A. Grossman, 1993, S. 25 f.

12 Cf. S.L. Gilman, 1993, S. 70; U. Linke, 2001, S. 403f.; Hödl, a.a.O., S. 217f., bzw. ders., 1996, S. 86f. Manche Autoren waren gar der Auffassung, daß jüdische Männer Muttermilch produzieren und Kinder stillen könnten. Cf. S.F. Kruger, 2000, S. 38.

13 Cf. Mirrer, a.a.O., S. 74, und Thomas, a.a.O., S. 316, bzw. R.C. Trexler, 1995, S. 247. R. Jütte (1998, S. 134) hat auf meine Vermutung, auch die Juden hätten – wie andere Völker der Antike – im Kriege ihre Feinde real oder symbolisch anal penetriert, erwidert, solche »wilde[n] Spekulationen über jüdisches Sexualverhalten« beruhten »auf einer falschen lateinischen Übersetzung des betreffenden Psalms, der sich erstmals in der Vulgata findet«. Gemeint ist Psalm 78, 66, den z.B. Bernhard v. Gordon in seinem um 1304 entstandenen *Lilium medicinae* mit »Et percussit inimicos suos in posteriora, opprobium sempiternum dedit illis« übersetzte, ein Verhalten, das in den *Glossa Ordinaria* vom Jahre 1545 damit begründet wurde, daß die Feinde »Sodomitae erant« (W. Johnson, 1998, S. 281, 294). Freilich bleibt zu bemerken, daß völlig unabhängig von der Frage, ob die lateinische Übersetzung des Verses die Intention des ursprünglichen Verfassers wiedergibt oder nicht, die Absichtserklärung der Männer von Sodom (1. Mose 19, 4.5) beweist, daß eine anale Vergewaltigung von Männern durch Männer bei den alttestamentarischen Juden keine »wilde Spekulation« ist, wie Jütte behauptet. Wie aus einer Gesetzesnovelle Justinians hervorgeht, hat man offenbar diese Stelle auch in der Spätantike so interpretiert, denn in ihr forderte der byzantinische Kaiser sämtliche Homosexuellen Konstantinopels dazu auf, ihre sexuellen Praktiken aufzugeben und bereits begangene diesbezügliche Sünden noch vor Ostern dem Patriarchen zu beichten, damit die Stadt nicht untergehe wie Sodom und Gomorrha. Cf. P.N. Ure, 1951, S. 162. Nach mittelalterlichen Gerichtsurkunden praktizierten manche Juden außerehelichen heterosexuellen Analverkehr, doch geschah dies meist einvernehmlich und diente wohl in erster Linie der Empfängnisverhütung. Cf. E. Horowitz, 1996, S. 141f.

14 Cf. P. Aufgebauer, 1984, S. 58, bzw. F.J. Mone, 1858, S. 277. Ein venezianisches Dekret vom Jahre 1424 ahndete den Koitus zwischen Christen und Juden mit einer hohen Geldstrafe sowie 6 bis 12 Monaten Gefängnis, und zwar je nachdem, ob es sich bei dem Christen oder der Christin um eine bescholtene Person, gar um eine Prostituierte handelte oder nicht. Cf. R. Calimani, 1987, S. 10. Im Verlaufe der Zeit wurden die

Strafen immer milder. So sperrte man im Jahre 1708 die Prostituierte Anna Glozin nur kurze Zeit in die Augsburger Fronfeste, weil sie von einem Juden »an dem Rosnauberg bestellet allda mit ihm fleischlich vermischet vnd deswegen von ihm 1 fl empfangen hete«. Der Jude erhielt eine Geldstrafe. Cf. S. Ullmann, 1998, S. 308. Häufig geschah einer öffentlichen Hure nach einer solchen Dienstleistung nichts, außer daß sie als »Judenhure« beschimpft wurde. Cf. H. Roodenburg, 1998, S. 386.

15 M. Ley, 1997, S. 82. Zwar wurden die Juden – wie die Neger – als »weniger edle Rasse« eingestuft, aber sie galten als die »geschlechtlich stärkere Rasse«, die sich bei einer Rassenmischung mit »Ariern« als der erbbiologisch dominante Teil erweise. Cf. A. A. Lund, 1995, S. 44. Als »Rassenschande« galten indessen nicht nur der Beischlaf mit Ejakulation in der Vagina, sondern auch gewisse andere sexuelle Handlungen. So hatte das Reichsgericht in einer Entscheidung vom Jahre 1936 festgestellt, daß der Tatbestand der »Rassenschande« »Geschlechtsverkehr« voraussetze, der »nicht jede«, sondern nur ganz bestimmte »unzüchtige Handlung[en]« miteinbegriff. So umfaßte der Begriff »den gesamten natürlichen und naturwidrigen Geschlechtsverkehr, also außer dem Beischlaf auch alle geschlechtlichen Betätigungen mit einem Angehörigen des anderen Geschlechts, die nach der Art ihrer Vornahme bestimmt sind, anstelle des Beischlafs der Befriedigung des Geschlechtstriebes mindestens des einen Teiles zu dienen« (E. Noam/W.-A. Kropat, 1975, S. 112). 1937 wurden z. B. eine »Arierin« und ein Jude bestraft, nachdem sie ihm den Hosenlatz geöffnet, das »Glied herausgenommen und daran gelutscht« hatte. Ebenfalls wegen »Rassenschande« verurteilt wurde zwei Jahre später ein Jude, der einem jungen Mädchen an die Brüste und an den Hintern gefaßt und sie veranlaßt hatte, »ihr Bein fest an seinen Hosenlatz zu pressen«, wobei er zu ihr sagte: »Laß es mir erst mal kommen, dann lasse ich es dir auch kommen!« (a. a. O., S. 126 f., 161), sowie ein anderer, der die Brüste einer »Arierin« mit deren Einwilligung befühlt und ihr unter den Rock gefaßt hatte (cf. G. Weckbecker, 1998, S. 280). Ein jüdischer Gelehrter, der in einem Kaufhaus zwei jungen Frauen zwar unter den Rock gefaßt, dabei aber lediglich die »Hand unter eine ihrer Gesäßhälften geschoben« hatte, wurde dagegen nicht wegen »Rassenschande«, sondern wegen »tätlicher Beleidigung« zu einer Gefängnisstrafe von vier Monaten verurteilt. Cf. a. a. O., S. 123 f.

16 Cf. J.R. Baskin, 1999, S. 74; Roodenburg, a.a.O., S. 381, bzw. Nirenberg, a.a.O., S. 135f. Moses hatte den israelitischen Kriegern erlaubt, die Jungfrauen ihrer nichtjüdischen Feinde zu »gebrauchen«, doch die bereits »gebrauchten« Frauen sollten sie töten. Die meisten mittelalterlichen Rabbiner empfahlen, die nichtjüdische Bettgenossin »wie ein Tier« zu steinigen, da man so auch mit den weiblichen Tieren verfahre, die von einem Juden bestiegen worden waren. Cf. S.J.D. Cohen, 1999, S. 255f., 302. In Italien, Spanien und in anderen Ländern verboten die jüdischen Magistrate durchweg allen jüdischen Männern, sich mit einer nichtjüdischen Prostituierten zu »vermischen«, da diese einen Juden ebenso befleckte, wie es jede andere nichtjüdische Frau getan hätte. Cf. S. Wagenaar, 1974, S. 80; A. Castro, 1971, S. 76f. Häufig mußte auch ein nicht-muslimischer Mann, von dem ruchbar geworden war, daß er eine muslimische »Hure« »berührt« hatte, entweder konvertieren oder er wurde hingerichtet. So berichtete um die Mitte des 16. Jahrhunderts Hans Dernschwam (1923, S. 112) aus der Türkei: »Wyr haben auch bey vns in vnser karwasalj ein diener gehapt, ein kriechen, der als junge leuth bey hurn ergriffen, einem andern zw seiner tochter gangen, hot sich mussen beschneiden lassen, die hurn nemen vnd zw einem turkhen werden, man het in sunst verprent.«

17 Cf. R.M. Herweg, 1998, S. 68; W.C. Jordan, 1989, S. 24; A.A. Neuman, 1942, S. 139f., bzw. R.L. Melammed, 1998, S. 132.

18 Cf. H.-J. Prien, 1995, S. 74. Eine voll entwickelte Geschlechtslust und eine sexuelle Neigung zum eigenen Geschlecht schlossen einander nach Meinung mancher Beobachter aus. So meinte in der ersten Hälfte des Quattrocento der venezianische Kaufmann Nicolò de' Conti anläßlich seiner Feststellung, in den indischen Städten wimmele es von Huren: »Die Inder sind nämlich recht wollüstig –, und deshalb ist ihnen der Umgang mit Männern unbekannt« (C. Verlinden/E. Schmitt, 1986, S. 123). Daß die Spanier die indianischen Männer als »Sodomiten« bezeichneten, läßt sich vielleicht zum Teil damit erklären, daß anscheinend nicht wenige junge Indianer ihren Geschlechtstrieb befriedigten, indem sie »Frau-Männer« benutzten. Cf. H.P. Duerr, 1993, S. 568f. Der Koitus eines Maya mit einem »Frau-Mann« ist offenbar auf einer aus dem 8. Jahrhundert stammenden Felszeichnung dargestellt, die tief im Inneren einer Kulthöhle gefunden wurde. Sie zeigt einen Mann, der seinen erigierten Penis an den Geschlechtsorganen eines anderen Mannes reibt, der einen Zopf trägt, wie er für die

Frauen der Maya charakteristisch war. Cf. A. Stone, 1997, S. 215. Einem solchen »Frau-Mann« entsprach wohl der azteкische *suchioa*. Cf. B. de Sahagún, 1961, X, S. 37f.

19 S. Zantop, 1997, S. 51f. »Ils n'ont point de barbe«, berichtete bereits im Jahre 1616 der Jesuitenpater Biard über die Montagnais Neufrankreichs, und sie seien sehr wenig »incontinent« (Ertler, a.a.O., S. 46, 58). Bereits die alten Griechen waren davon überzeugt, daß Männer mit üppigem Bart- und Körperhaar potenter waren als spärlich behaarte und daß sie mehr Sperma ejakulieren konnten. Cf. S. Dayan-Herzbrun, 1995, S. 166f. Eigentlich war auch volles und langes Haupthaar ein Zeichen für Potenz, doch da die Indianer meist lange Haare trugen, wurde in ihrem Falle das Langhaar zum Indiz für ihre weibische Natur uminterpretiert. So verlautete etwa Karsch-Haack (a.a.O., S. 304): »Wie sehr das Indianertum vom Feminismus durchsetzt ist, zeigt auch die Schilderung des Bibliothekars Muratori 1749. Alle unbekehrten Indianer pflegen langes Haar zu tragen, das sie für einen besonderen Schmuck halten. Sie würden es daher als die größte Schmach empfinden, wenn es jemanden gelüstete, diese Zierde ihnen abzuschneiden.« Indem de Pauw die bartlosen Indianer schmähte, wollte er eigentlich den »effeminierten« und verweichlichten Adel seiner Zeit treffen, der es ablehnte, einen Bart zu tragen, jenen Ausdruck von Manneskraft, der bezeichnenderweise, wie es Balthasar Permoser im Jahre 1714 formulierte, »den jungen Knaben und Verschnittenen« fehle, weshalb man einen Bartlosen allenthalben »zu Hohn und Spott eine Frau geheissen« (S. 60, 70).

20 Cf. Zantop, a.a.O., S. 52f., 63; Bleys, a.a.O., S. 45, 91ff.; K.-H. Kohl, 1981, S. 150; A.W. Crosby, 1992, S. 201; J. Axtell, 1981, S. 155. »L'indifférence pour le sexe, auquel la nature a confié le dépôt de la réproduction«, so Pater Raynal, »suppose une imperfection dans les organes, une sorte d'enfance dans les peuples de l'Amérique comme dans les individus de notre continent qui n'ont pas atteint l'âge de la puberté«, und im Jahre 1774 meinte Lord Kames, die indianischen Männer seien deshalb »feeble in the organs of generation« und hätten »no ardour for the female sex«, weil sie auf einer sehr primitiven Form der gesellschaftlichen Entwicklung stehengeblieben seien (Langford, a.a.O., S. 638). Seit einem halben Jahrtausend wird den indianischen Männern eine natürliche Neigung zur Homosexualität nachgesagt, und auch ein Ethnologe wie Lizot berichtete, die jungen Yanomamö hätten einander ohne Scham

masturbiert und anal penetriert. Allerdings scheint es sich hierbei um Projektionen des homosexuellen Forschers zu handeln, der von den Indianern Bosinawarewa, »Arschficker«, genannt wurde, weil er sich immer wieder an den Buben verging. Cf. P. Tierney, 2000, S. 15, 133 ff.

21 Cf. K.-H. Kohl, 1987, S. 68, 74, bzw. Bleys, a.a.O., S. 93, 97, 132; D. Yetman, 1988, S. 143; G. Devereux, 1949, S. 22; Karsch-Haack, a.a.O., S. 301 f. Bereits Kolumbus hatte die nackten Karibinnen als äußerst wollüstig (»libidinosissimae«) beschrieben: Sie seien während des Beischlafs mit den Spaniern dermaßen erregt worden, daß sie alle Scham vergessen und sich ihnen hemmungslos hingegeben hätten (»nimia libidine pulsae omnem pudicitiam contaminabant atque prostituebant«). Cf. R.R. Grimm, 1995, S. 111.

22 Cf. B. Potthast-Jutkeit, 1995, S. 75; G. Friederici, 1908, S. 123 f. Nicht nur von den Aztekinnen und anderen Indianerfrauen, sondern auch von den Tasmanierinnen hieß es, sie seien vom Status der Europäer geblendet gewesen und hätten es ihren eigenen Männern deutlich gezeigt, wie attraktiv sie die Fremden fanden. Man sagte, daß eine tasmanische Frau, die auch nur ein einziges Mal mit einem Weißen geschlafen hatte, sich nie mehr von einem Tasmanier berühren ließ und voller Verachtung über die unterentwickelte Sexualität ihrer Landsmänner gesprochen habe. Cf. D. Davies, 1973, S. 249 f. Auch auf Malekula, Epi und Ambrym vertrauten die Frauen dem Ethnographen an, die Libido ihrer Männer sei schwach entwickelt, weshalb sie auf der Matte allemal die Weißen vorzögen. Cf. F. Speiser, 1996, S. 65.

23 Cf. R.S. Tilton, 1994, S. 85; F. Karttunen, 1994, S. 292, bzw. J. Namias, 1993, S. 110. Auch in Europa waren in der frühen Neuzeit die Spanier als Vergewaltiger berüchtigt. So notierte im Jahre 1548 Graf Wolrad v. Waldeck in seinem Tagebuch, daß ein spanischer Soldat, der eine Bäuerin vor ihrem Mann schänden wollte, von diesem durchbohrt worden sei. Solche Notzüchtigungen wehrloser Frauen seien typisch für ein Volk, das für seine ehrlose Prahlerei und unaussprechliche Zügellosigkeit bekannt sei. Cf. W. v. Waldeck, 1998, S. 74. Als sexuell zügellos galten auch die spanischen Geistlichen. Im Jahre 1615 berichtete z.B. Guaman Poma von einem Pater Juan Bautista Aluadán, der täglich die ihm anvertrauten jungen Quechua-Indianerinnen nackt auszog und »ihren After und ihre Genitalien« einer genauen Untersuchung unterzog, wobei er seine Finger in diese Leibesöffnungen einführte. Anschlie-

ßend gab er ihnen »vier Schläge auf den Hintern. Dies tat er jeden Morgen bei allen unverheirateten Frauen.« Poma schloß den Bericht mit der Aufforderung, diese Untaten augenblicklich der Heiligen Inquisition zu melden. Cf. K. Mills/W.B. Taylor, 1998, S. 161. Wenn die Spanier bei ihren Erkundungsreisen in eine Ortschaft kamen, pflegten sie die Bewohner dazu aufzufordern, ihren Soldaten Frauen zur sexuellen Verfügung zu stellen. Cf. P. Sigal, 2000, S. 44 f. Freilich konnte dies auch ins Auge gehen, wie im Jahre 1538, als der maurische Führer der Expedition des Fray Marcos de Ptiza im Zuñi-Pueblo Hawikuh von den empörten Indianern getötet wurde, nachdem er von ihnen deren Frauen verlangt hatte. Cf. C.J. Foote/S.K. Schackel, 1986, S. 28.

24 Karttunen, a.a.O.; B.L. Voss, 2000, S. 39f.; E.I. Burley, 1997, S. 124; M.E. Wiesner-Hanks, 2000, S. 149. Custer soll mehrfach die gefangenen »Squaws« seinen Männern überlassen und 1869 selber ein Cheyenne-Mädchen namens Monasetah vergewaltigt haben. Um 1850 zählte ein kalifornischer Siedler zu seiner Jagdbeute »two grizzlys one Antlope and a digger squaw este noche«. Cf. d'Emilio/Freedman, a.a.O., S. 92; G.H. Phillips, 1993, S. 90. Wenn man einmal von den Cheyenne absieht, kann man verallgemeinernd sagen, daß umgekehrt die nordamerikanischen Indianer nur in ganz seltenen Fällen Frauen vergewaltigt haben. Mary Rowlandson, die im Jahre 1676 von Irokesen entführt worden war, berichtete später, daß »not one of them ever offered the least abuse of unchastity to me, in word or action« (G.L. Ebersole, 1995, S. 17), was auch im Jahre 1856 Timothy Flint bestätigte, wenn er feststellte, »merkwürdigerweise« seien die von Indianern geraubten Frauen von diesen nie vergewaltigt worden, was manche Weiße damit erklärten, daß die indianischen Männer eben »undersexed« seien: »This strange trait, so little in keeping with other parts of their character, has been attributed by some to their want of the sensibilities and passions of our race« (Namias, a.a.O., S. 65 f.). 1779 verlautete General Clinton über die Irokesen: »So übel die Wilden auch sind, niemals vergehen sie sich an Frauen, die ihre Gefangenen sind« (M.B. Watson-Franke, 1997, S. 337), was in später Zeit auch den Navaho und Apache nachgesagt wurde: Kam es bei den letzteren doch einmal vor, daß ein Mann eine Frau oder einen Buben zu sexuellen Handlungen nötigte, galt er als entehrt und man sagte: »Er verdient es nicht, ›Mensch‹ genannt zu werden« (Downs, a.a.O., S. 337, bzw. C.R. Farrer, 1997, S. 242). Cf. auch A.T. Vaughan/E.W. Clark, 1981, S. 14,

242. Nachdem im Jahre 1682 in Plymouth ein Indianer allerdings doch eine gewisse Sarah Freeman – offenbar gegen ihren Willen – beschlafen hatte, und zwar »by laying her down upon her backe, and entering her body with his«, wurde er lediglich ausgepeitscht, da man davon ausging, daß er als Indianer nicht fähig war, »the horiblenes and the wickednes of this abominable act« zu verstehen (Axtell, a.a.O.).

25 Cf. Foot/Schackel, a.a.O., S. 29; K.M. Brown, 1995, S. 38 f. Russische Partisaninnen im Zweiten Weltkrieg zeigten in dieser Hinsicht weniger Skrupel als die Cochiti-Frauen und entlockten deutschen Wehrmachtsoffizieren im Bett so manches militärische Geheimnis (*Arte*, Sendung vom 30. Mai 2001).

26 Cf. J. Lecompte, 1986, S. 76; A.M. Butler, 1985, S. 10; Informantin Emily Highwater (Tewa), August 1963; W. Münsterberger 1951, S. 132; Hallowell, a.a.O., S. 301, bzw. E.H. Erikson, 1957, S. 278; Ford/Beach, a.a.O., S. 25. Allerdings meinte die Pomo-Frau, sie selber hätte die Indianer als Koituspartner gemocht, denn »die packen das Mädchen«, und die Ojibwa-Informanten sagten Hallowell, daß auch die Frauen beim Koitus völlig passiv und langweilig gewesen seien, und zwar ganz im Gegenteil zu den weißen Frauen, mit denen sie geschlafen hätten: »Eine Indianerin hilft dir nie!« (a.a.O., S. 295). Am wenigsten anstößig habe man den Geschlechtsakt empfunden, der am schnellsten vorbeigewesen sei. Auch bei den »Antler Indians«, hinter denen sich, wie mir Werner Müller in einem Brief vom 22. Februar 1986 mitteilte, höchstwahrscheinlich die Omaha verbergen (cf. auch ders., 1970, S. 131), erachteten jeden Geschlechtsverkehr als unanständig und peinlich und nötigten ihre Frauen, dabei völlig passiv zu bleiben und reglos dazuliegen. Fiel freilich dieser gesellschaftliche Zwang weg, benahmen die Frauen sich wesentlich lebendiger und aktiver. Cf. M. Mead, 1932, S. 186 ff. Die Yurok begründeten ihre sexuelle Einfalls- und Lieblosigkeit damit, daß sie mit ihren Frauen doch wohl tun und lassen dürften, was sie wollten: »Wir haben unsere Frauen ja schließlich gekauft« (Erikson, a.a.O.). Daß die Sioux ihre Frauen nicht zum Orgasmus bringen konnten oder wollten, geht auch aus zahlreichen anderen Quellen hervor. Cf. Sarlin, a.a.O., S. 376. Auch die Waorani »erledigten« den Geschlechtsakt »schnell und wie beiläufig«, bevor sie in der Frühe in den Urwald gingen (J. Man, 1982, S. 126), und die Mehináku-Männer gaben sich ebenfalls bei ihren Frauen nicht die geringste Mühe, verzichteten auf jegliches Vorspiel und vermieden es

vor allem, ihre »eklige« Vulva anzufassen. Es gab kein Wort für den Orgasmus der Frau, und allem Anschein nach war auch die Sache unbekannt. Cf. T. Gregor, 1985, S. 34.

27 Cf. Helfrich, a.a.O., S. 157, 162, bzw. B. de Sahagún, 1956, II, S. 146; ferner C. Bernand/S. Gruzinski, 1986, S. 163 f. Und sie schlossen die Rede mit der Mahnung: »Wir sagen dir das, mein Sohn, damit du vorsichtig und besonnen lebst! So gehe Schritt für Schritt und haste nicht bei dieser häßlichen und gefährlichen Sache!« Durch jeden Samenerguß verlor nach aztekischer Auffassung der Mann Lebenskraft (*tonalli*), und besonders gefährlich war für ihn jegliche Unterbrechung des Koitus, weil dann das *tonalli* den Körper verlassen konnte und eventuell nicht mehr zurückkam. Krank werden konnte ein Mann aber auch dadurch, daß er überhaupt keinen Sex hatte, weil dann das Sperma in seinem Körper verrottete. Cf. Ortiz de Montellano, a.a.O., S. 152 f. Ähnlich wie die Azteken meinen auch die Piro im peruanischen Tiefland, daß die sexuelle Lust zwar im Laufe der Zeit bei den Männern, nicht aber bei den Frauen ermatte. Cf. Gow, a.a.O., S. 126. Cf. auch L.A. de La Hontan, 1981, S. 65. Dies war bei den Quiché-Maya ebenfalls die durchgängige Vorstellung, doch durfte keine Frau es gegenüber ihrem Mann zum Ausdruck bringen, wenn ihr der Sex Vergnügen bereitete, da sie sonst Gefahr lief, von ihm für untreu oder gar für eine Hexe gehalten zu werden. Cf. L. Paul, 1974, S. 290. Anscheinend war das auch bei jenen Plains-Indianerinnen der Fall, mit denen der Fellhändler Charles Martin intim gewesen war, denn er erzählte hinterher dem Gelehrten Henry Morgan, daß sie »know nothing of love, and cannot be made to manifest passion. They are always the same passive and passionless creatures« (L.H. Morgan, 1959, S. 100f.). Obwohl bei den Chiricahua-Apache die Frauen als doppelt so lüstern galten wie die Männer, erwartete man von ihnen, beim Sex keinerlei Lustgefühle zu zeigen: Eine Frau, die beim Koitus »mitgemacht« hätte, wäre von ihrem Partner als Flittchen empfunden worden, unfähig zur Selbstkontrolle. So erzählte ein Oldtimer: »Die jungen Indianer sagen mir über das Vögeln mit Frauen anderer Rassen, mit Negerinnen, Mexikanerinnen, Weißen, sie seien überrascht, wie aktiv sich diese Frauen dabei verhalten. Ein Bursche erzählte: ›Also, da bin ich irgendwo hin, um eine zu vögeln, aber sie hat *mich* gevögelt!!‹ Bei uns hieß es, wem's zuviel Spaß macht, der wird zu früh alt« (M.E. Opler, 1941, S. 404).

28 J. Lawson, 1709, S. 188. Aus diesem Grunde durfte bei den

Yanomamö ein Mann nie die Penisschlaufe lösen, um mit einer Frau zu schlafen, vielmehr mußte er darauf warten, daß die Frau dies tat und ihn dann mit der Hand stimulierte, bis sein Penis steif genug war, damit sie sich auf den Rücken legen und ihn bei sich einführen konnte. Nur Frauen durften die sexuelle Initiative ergreifen, was in gewisser Hinsicht sogar für die Kriegsvergewaltigungen galt, bei denen sich die gefangenen Frauen aussuchen durften, bei welchem der Sieger sie die Schlaufe lösen wollten. Cf. H. Becher, 1974, S. 52f. Auch bei den Achuar waren es die Frauen, die einen Mann zum Koitus aufforderten, indem sie züngelten. Cf. Descola, a.a.O., S. 155.

29 Lawson, a.a.O., S. 186; A.U. Abrams, 1999, S. 55ff., bzw. M. Trenk, 1996, S. 428, und L. Pires, 1997, S. 40. Ähnliches berichtete man auch von den Frauen der Ojibwa, Sauk, Fox und Arikara. Cf. M. Trenk, 2001, S. 106, 120, und S.E. Hollimon, 2000, S. 28. Von den Frauen der Cheyenne, Arapaho, Lakota und der anderen Plains-Indianer wurde immer wieder berichtet, sie hätten die Weißen ihren eigenen Männern vorgezogen. Cf. K.M. Weist, 1980, S. 265; K. Brown, 1999, S. 93. Als verführerisch und schamlos wurden die unbedeckten Brüste der Indianerinnen empfunden, und im Jahre 1650 wurde in Neuengland jede Eingeborene, »with naked breastes« mit einer Geldbuße von »two shillings sixpence« abgestraft. Cf. D.S. Lovejoy, 1994, S. 614f.

30 Potthast-Jutkeit, a.a.O., S. 203f.; Ebersole, a.a.O., S. 206f.; P. Mason, 1994, S. 136f.; Eißenberger, a.a.O., S. 162; W. O'Meara, 1968, S. 142. Die Phantasie, daß die Ypupiaprafrauen so lüstern waren, daß sie ihre Partner beim Koitus dahinrafften, geht vermutlich auf die z.B. von dem Dominikanermönch Carvajal vertretene Behauptung zurück, die Amazonen in den brasilianischen Urwäldern seien sexuell so unersättlich, daß sie jeden Mann, an dem sie ihre Lust stillten, gesundheitlich zugrunde richteten. Cf. K.N. March/K.M. Passman, 1994, S. 311.

ANMERKUNGEN ZU § 12

1 M. Weber, 1947a, S. 347; N. Elias, 1939, II, S. 342. – Bei Elias' Anhänger G. Pallaver, 1987, S. 233, hat diese Behauptung bereits den Status eines »Nachweises« erlangt – bzw. A. de Swaan, 1989, S. 45, und V. Schmidt-Linsenhoff, 1984, S. 74f. Ähnlich auch H. Kuzmics, 1987, S. 521

2 Cf. z.B. J. Brunet, 1976, S. 209ff.; N. Jørgensen, 1988, S. 21ff.;
S. Wagner, 1986, S. 168f.; W.S. Gibson, 1992, S. 32; B.
Schnackenburg, 1984, S. 31f.; W. Rösener, 1984, S. 689; H.
Wunder, 1985, S. 41; W. Brückner, 1994, S. 86; H.-H. Kortüm,
1996, S. 167. Auch in den Städten Kastiliens und Aragons galten im 13. Jahrhundert die christlichen wie die muslimischen
Bauern als Wesen, die es kaum wert waren, »Menschen«
genannt zu werden (E. Lourie, 1990, VII. 68), und noch im
Jahre 1861 schrieb Edmond About in seinem *Rome Con-
temporaine*, und dies keineswegs ironisch: »Von allen nützli-
chen Tieren ist die Frau dasjenige, welche der römische Bauer
am für ihn vorteilhaftesten verwendet« (R.R. Brettell/C.B.
Brettell, 1984, S. 59). Allerdings gab es bereits im 16. Jahrhundert mitunter eine Romantisierung des Bäuerlichen, die
das Bild des unzivilisierten, auf dem Lande (*pagus*) lebenden
bäuerlichen Heiden (*paganus*) ins Positive wendete. Cf. M.D.
Carroll, 1987, S. 292f.

3 So mußte zu jener Zeit ein Adliger, »who covers a maid without her thanks«, eine sehr hohe Geldstrafe entrichten (cf. D.J.
Geanakoplos, 1979, S. 367), wenn er nicht zuvor von den erbo-
sten Bauern totgeschlagen wurde. Cf. H.P. Duerr, 1993,
S. 368f. *et passim*; Y. Friedman, 2002, S. 171f. In den altfranzösischen *pastourelles* kichern dagegen die Bauernmädchen
während der Vergewaltigung und bitten den Täter um einen
zweiten Durchgang (cf. L. Paterson, 2001, S. 260), während ein
anderer nach der Tat bestürzt feststellt, eigentlich sei er ja von
der Bäuerin »gefickt« worden. Cf. P. Freedman 1999, S. 168.

4 Cf. M. Zink, 1986, S. 44; A. Schultz, 1889, S. 651f.; H.
Ragotzky, 1983, S. 84; R. Haftlmeier-Seiffert, 1991, S. 51; H.-J.
Raupp, 1991, S. 253f., bzw. S. Schama, 1987, S. 473f. Cf. auch
G. Romano, 1989, S. 53ff.; M. Müller, 1996, S. 41f. In dem mittelalterlichen niederländischen Gedicht *Beatrijs* ist eine Frau
über den Vorschlag ihres Geliebten, es mit ihr im Freien zu
treiben, entsetzt, und sie fragt ihn, ob er ihr zumute, wie ein
Bauerntrampel schamlos im Feld zu liegen. Eine solche Idee
könne nur einem kommen, der im Grunde seines Herzens selber ein Bauer sei: »Wat segdi sprac si dorper fel/Soudic beeten
op tfeld/Ghelijc enen wiue di wint ghelt/Dorperlijc met haren
lichame/Seker soe haddic cleine scame/Dit en ware v niet
ghesciet/Waerdi van dorpers aerde niet« (H. Miedema, 1977,
S. 209). Und in Eilhart v. Obergs *Tristan* verwahrt sich Gymêle
vor den Zudringlichkeiten Kehenîs': »ja sêt ir wol daz ich niht
bin ein bûrinne/daz ir mich bittet umme minne in sô gar kor-

zir zit:/ich wêne ir ein gebûr sît« (H. Wenzel, 2000, S. 326). Auch in den folgenden Jahrhunderten änderte sich an der Einstellung der niederländischen Bürger zum »animalischen« Bauern nichts. Cf. M. van Rooijen, 1988, S. 230. Im spätmittelalterlichen Italien wurden Ehebruch und andere Sexualdelikte bei Bauern viel milder bestraft als bei Bürgern, weil man sie für unfähig hielt, sich selber zu kontrollieren. Cf. T. Dean, 1998, S. 95. Noch im Jahre 1852 schrieb der junge, an der Universität Würzburg tätige Medizinprofessor Rudolf Virchow über die Bauern im Spessart: »Wenn es fast Regel ist, daß alle Bewohner eines Hauses in demselben Raum schlafen oder höchstens in zwei dicht zusammenstoßenden, daß in jedem Bette 2-3 Personen liegen, daß z.B. Knaben und Jünglinge mit der Tante in demselben Bette schlafen, Kinder zweier Familien durcheinander gebettet sind, daß die Jungen die geschlechtlichen Genüsse der Alten unmittelbar vor Augen haben, so ist es nicht zu verwundern, daß der Sinn für geschlechtliche Erregungen früh geweckt und bei günstiger Gelegenheit früh zur Äußerung gebracht wird. Kommt dazu eine gewisse moralische Schlaffheit, Gleichgültigkeit gegen ein überdies nicht strenges, öffentliches Urteil, Häufigkeit des Beispieles, so ist es gewiß nicht zu verwundern, wenn frühzeitige und zahlreiche Vermischungen stattfinden und eine verhältnismäßig große, ja z.T. überraschende Zunahme der Population stattfindet. Es ist nicht nötig, dann noch ein besonderes Erregungsmittel in dem exclusiven Kartoffelgenuß zu suchen, obwohl sich solche direkten Reizmittel der Geschlechts-Erregung nicht abweisen lassen« (zit. n. I. Weber-Kellermann, 1987, S. 261). Später im Jahrhundert resümierten auch die Pastoren auf dem Treffen der deutschen Sittlichkeitsvereine, »die rohe, ungezügelte bestialische Leidenschaft, die« auf dem Land im Gegensatz zur Stadt »zum Ausbruch kommt und in wüster Manier sich austobt«, resultiere vor allem daraus, daß häufig alle Mitglieder eines Haushaltes in einer Kammer schliefen (H. Wittenberg/E. Hückstädt, 1895, I, S. 213 f. *et passim*).

5 Cf. H.P. Duerr, 1988, S. 36, Abb. 16; J. Erichsen, 1992, S. 116 f.
6 Cf. M. Camille, 1994, S. 178 f.; F. Daul, 1569, S. 36, bzw. M. Panzer, 1938, S. 48. Cf. auch W. Mahr, 1959, S. 68; R. Beck, 1988, S. 133; V. Baur, 1975, S. 138; P. Blickle, 1988, S. 103.
7 Im Jahre 1653 schrieb der Hamburger Dramatiker Johann Rist: »Ja sprichstu: Deine Bauren gebrauchen sich gleichwol gar unhöflicher Reden/für welchem ehrbare Leute etwas Scham und Abscheu haben/könte man die nicht hinweg las-

sen/oder ein wenig subtiler beschneiden? Nein/vielgeliebter Leser: Was hat man doch von einem übelerzogenem/groben Tölpel und Baurflegel/von einer unflätigen und versoffenen Sau für Höflichkeit zuerwarten? Kan man auch Trauben lesen von den Dörnern/oder Feigen von den Disteln?« (M. Schröder, 1995, S. 202f.).

8 O.R. Constable, 1997, S. 140. »Man erzählt, gewisse Navarresen brächten am Hinterteil ihres Maultieres oder ihrer Stute einen Lederriemen an, damit niemand anders als sie selbst mit dem Tier Unzucht treiben könne« (zit. n. N. Ohler, 1986, S. 290). Als Abb. 103 aus dem Stundenbuch des Herzogs von Berry in den dreißiger Jahren in der Zeitschrift *Verve* erschien, waren zwar die Genitalien des Bauern zu sehen, doch die Bäuerin trug plötzlich einen knöchellangen Rock. Cf. F. Zeri, 1889, S. 68.

9 Cf. C. Cormeau, 1986, S. 55f.; N. Schneider, 1983, S. 148; A.S. Andreànszky, 1978, S. 106; H. Ebner, 1984, S. 95; H. Schüppert, 1984, S. 128; D. Hess, 1996, S. 35. Die Epoche zwischen der Mitte des 12. und dem Beginn des 16. Jahrhunderts wurde von vielen Historikern als »eine der glücklichsten für den Bauernstand« (H. Gerdes, 1910, S. 67) beschrieben, in dem dieser am wohlhabendsten war, was auch den Forschungsergebnissen der Hausarchäologie entspricht, die das Bild des spätmittelalterlichen Stadtbürgertums von den elenden Hütten der Bauern nicht bestätigen kann. Cf. K. Bedal, 1987, S. 61f.

10 Cf. A. Stewart, 1993, S. 313, 345ff.; K. Renger, 1984, S. 154.

11 Cf. K.P.F. Moxey, 1983, S. 181ff.; W. Salmen, 1976, S. 37, der darauf hinweist, daß in Wirklichkeit die Bauern auch nicht tölpelhafter als die Bürger herumhüpften und daß auch die »Bauernmädchen sich von ihren Partnern züchtig an der Hand zum Tanze führen« ließen. S. Pepys, IV, 1971, S. 37, bemerkte zu dem angeführten Zwischenfall: »But it seems Mrs. Wells fell sick that afternoon and hath disappeared ever since, so that it is concluded it was her.« Cf. auch J. Praetorius, 1979, S. 64.

12 M. Vale, 1977, S. 93; R.W. Malcolmson, 1973, S. 9, bzw. W. Brunner, 1987, S. 55f. Bereits im frühen 13. Jahrhundert tadelte Thomas v. Chobham: »Quidam enim transformant et transfigurant corpora sua per turpes saltus vel per turpes gestus, vel denudando corpora turpiter« (1968, S. 291). Cf. auch S. Brant, 1961, 61.23ff.; H. Niedermeier, 1970, S. 222; F. Fraser, 1987, S. 39.

13 Cf. Haftlmeier-Seiffert, a.a.O., S. 81, 96f.; G. Schrepfer, 1941, S. 125; H.F.K. Günther, 1939, S. 75f., bzw. Le Roy Ladurie,

a.a.O., S. 220f. Cf. auch G. Cherubini, 1989, S. 152. Auf den Dörfern der Schwäbischen Alb herrschte bis weit in die zweite Hälfe des 18. Jahrhunderts eine strikte Sittenkontrolle. So erschienen im Jahre 1765 zwei Bauern vor dem Haus des Schultheißen und erheischten Einlaß, weil sie argwöhnten, daß »ein Kerle bej sein H. Schultheißen ancilla« sei. Ein Jahr darauf drangen drei Männer in das Haus eines Bauern ein, weil sie vermuteten, daß der Verlobte seiner Tochter sich bei ihr aufhalte. »Derartige Fälle scheinen später nicht mehr vorgekommen zu sein. Die Überwachung wurde lockerer« (A. Maisch, S. 317f.). Cf. Schmidt, a.a.O., S. 237f., 355f.

14 Cf. M. Ramsey, 1988, S. 67; Frykman/Löfgren, a.a.O., S. 209; L. Winiewicz, 1986, S. 27, 73; E. Klenk, 1969, S. 239, bzw. Y. Verdier, 1982, S. 60. Cf. auch T. Leleu, 1981, S. 643f. »Eines Tages«, berichtete eine niederbayerische Bäuerin, »ich war 14 Jahre alt, war meine Hose naß, na sowas, ich muß ja gar nicht aufs Klo, ich schaute nach und erschrak ganz furchtbar. Mein Gott, nun muß ich sterben, dachte ich und erinnerte mich an die Mutter, die auch so geblutet hat und dann gestorben ist. Ich habe mich an einem sicheren Platz versteckt und bitterlich geweint« (A. Wimschneider, 1987, S. 50). Ähnlich verhielt es sich bei den im 18. Jahrhundert aus Oberösterreich, Kärnten und der Steiermark nach Siebenbürgen ausgewanderten Landlern (R. Girtler, 1992, S. 106f.) und auf den badischen Dörfern (M. Wimmer, 1978, S. 96).

15 Porter/Hall, a.a.O., S. 253, H. Albers, 2001, S. 153, bzw. Wimschneider, a.a.O., S. 48. Cf. auch H. Waninger, 1982, S. 93, 119. »Aufgeklärt«, meinte eine österreichische Bauernmagd, »wurden wir nie. Bei uns zu Hause hat man darüber nichts gehört. Ich war ja so dumm! Als die Mutter schwanger wurde, erkannte ich das nicht, obwohl ich schon 16 Jahre alt war« (P. Klammer, 1992, S. 176). Eine mexikanische Bäuerin erzählte O. Lewis (1964, S. 51), sie sei bis zu ihrer Heirat völlig unaufgeklärt gewesen: »Ich wußte nichts von Lastern. Ich sah kleine Kinder und fragte mich, wie sie wohl auf die Welt gekommen sein mochten. Ich stellte mir vor, daß die Frauen aufgebrochen werden müssen, damit man das Baby herausnehmen kann.«

16 M. Segalen, 1980, S. 142; A.S. Wohl, 1978, S. 202f., bzw. F. Mort, 1987, S. 38. Im Jahre 1865 klagte der Hamburger Notar Heinrich Asher, durch das Zusammenleben der Arbeiter auf engstem Raum werde »jedes Schamgefühl schon von frühester Jugend an [...] erstickt« (F.-J. Brüggemeier, 1988, S. 242), und

1909 hieß es in einem kirchlichen Bericht über die Arbeiterwohnungen – ähnlich wie hundert Jahre vorher über die schottischen Farmhäuser: »The evils inseparable from overcrowding are too apparent to require indication. By the impossibility of securing privacy the bloom of modesty is easily removed, and the natural safeguards of purity are destroyed. The sanctities of home are violated and in the moral atmosphere generated it is scarcely possible for religion, even in its most elementary form, to thrive« (K.M. Boyd, 1980, S. 12, 163). Cf. auch K.D.M. Snell, 1985, S. 352ff.

17 F. Schiller, o.J., S. 14, bzw. de Swaan, a.a.O., S. 41f.

18 Cf. D. Wierling, 1987, S. 144. Seit der frühen Neuzeit gibt es zahllose Quellen, aus denen hervorgeht, daß den Dienstmägden beständig nachgestellt wurde, z.B. im Jahre 1546, als ein Kaplan seine Dienstmagd verführen wollte und das Mädchen ermordete, nachdem sie sich ihm verweigert hatte, weil er befürchtete, die Sache würde ruchbar. Für die Tat wurde er gerädert. Cf. J. Gast, 1945, S. 252, 256. In Somerset wurde 1650 die Dienstmagd eines Geistlichen entlassen, nachdem der vierzehnjährige Sohn des Gottesmannes sie geschwängert hatte. Sie war so häufig von den Burschen sexuell angegangen worden, daß sie die Gewohnheit entwickelt hatte, schon von sich aus jedem jungen Mann in die Hose zu fassen und seine Genitalien zu befühlen. Cf. G.R. Quaife, 1977, S. 233. Im Jahre 1579 kam in Essex der Fall einer Jane Wright vor Gericht, deren Herr sie angewiesen hatte, nackt in das Ehebett zu kommen, nachdem er sie beruhigt hatte, »that she should have no harm and that the other maids had used to do the like before«. Vor den Augen seiner Ehefrau bestieg er anschließend das Mädchen und schwängerte es. Cf. Emmison, a.a.O., II, S. 13. Wie aus Pepys' Tagebuch hervorgeht, nahm er jede Gelegenheit wahr, den Dienstmädchen an ihr »thing« zu fassen und mit ihrem »Bauch« und ihren Brüsten zu spielen. Als er freilich einmal einer Deborah Willett, die ihn kämmte, währenddessen unter den Rock faßte (»and endeed, I was with my main in her cunny«), trat unerwartet seine Frau ins Zimmer und geriet angesichts der Szene außer sich. Nachdem sie ihm gedroht hatte »of publishing my shame«, steckte er ihr einen Zettel zu, auf den er geschrieben hatte, er habe Deborah zwar zwischen die Beine gegriffen, aber nicht mit ihren Genitalien gespielt oder diese befühlt (VIII, 1974, S. 293, 339, 363). Als Sir Ralph Verneys Frau im Jahre 1649 todkrank darniederlag, besorgte ihm sein Onkel ein neues Hausmädchen und schrieb

ihm, es sei bereit »for £ 3 per annum« seinen Haushalt zu führen: »Because you writ me word«, fügte er hinzu, »that you were in love with Dirty Sluts, I took great care to fit you with a Joan that may be as good as my Lady [= Sir Ralphs Gattin] in the dark«, denn ein ehemaliges Dienstmädchen sei »very confident she [= die Neue] will match your cock, and she should know for they lived half a year together in one house« (M. Slater, 1984, S. 72). Als 1716 in London ein Hausherr seine Dienstmagd alleine in der Küche antraf, sagte er zu ihr, er gäbe ihr »a crown«, wenn sie ihn ihre Genitalien befühlen ließe. Daraufhin bekam Elizabeth einen Wutanfall (»a passion«) und fragte ihn, »if he took her to be a common whore« (T. Meldrum, 2000, S. 100). Daniel Defoe riet deshalb in seinen um 1735 verfaßten *Directions to Servants* den Dienstmädchen ironisch: »My Lord may probably like you, but never allow the smallest liberty, not even the squeezing of your hand, unless he put a guinea into it. Five guineas for handling your breast is a cheap penny-worth. But never allow him the last favour under a hundred guineas, or a settlement of twenty pounds a year for life« (L. Stone, 1990, S. 215). Freilich scheint es immer wieder Dienstmädchen gegeben zu haben, die vor allem bei den jungen Herren des Hauses selber die Initiative ergriffen. So berichtete William Hickey, wie er eines Tages im zarten Alter von 10 Jahren zwischen den Schenkeln des Dienstmädchens aufwachte, »with one of my hands upon the seat of Love where I have no doubt she had placed it« (Porter/Hall, a.a.O., S. 23), und John Baker White erzählte in seiner Autobiographie, wie die »head housemaid« ihn zu baden pflegte, und zwar »with increasing enjoyment« je älter und reifer er wurde, bis sein Vater dieser Praxis ein Ende bereitete. Cf. Gerard, a.a.O., S. 61. Zu Beginn des 18. Jahrhunderts berichtete ein anonymer Autor von einem Zimmermädchen, das die Tochter des Hauses zu masturbieren pflegte. Cf. Meldrum, a.a.O., S. 118. Im Jahre 1785 zitierte Christian Gotthilf Salzmann einen Bekannten, der ihm anvertraut hatte: »Die Amme meiner Mutter schlief bey mir. Seit meinem achten Jahre weiß ich es, daß sie mich auf die schaendlichste Art mißbrauchte. Ich mußte ihr das thun, was ehehin, wie sie 30 Jahr jünger war – – –« (zit. n. Hoof, a.a.O., S. 524). Auch Richard Huelsenbeck beschrieb, wie in seiner Gymnasialzeit vor dem Ersten Weltkrieg das Hausmädchen zu ihm ins Bett gekrochen kam und sich »etwas bei mir zu regen« begann, »das von unten gegen mein Hemd stieß und deutlich sichtbar

wurde. ›Sieh mal an‹, sagte Elise, ›so was gibt es auch, ich dachte gar nicht, es sei bei dir vorhanden‹. [. . .] Es war mir, als ob
mein ganzer Körper mit Feuer gefüllt sei, ich stammelte: ›Das
tut gut.‹ ›Das ist noch nicht alles‹, sagte Elise, und mit einem
Ruck, sozusagen, ließ sie ihre Hand ausgleiten und berührte
das Ding, das so groß und steif geworden war« (zit. n. R.
Bochsler/S. Gisiger, 1989, S. 112). Cf. auch R. Scheck, 1987,
S. 33.

19 Cf. z. B. R. Ludi, 1989, S. 30.

20 Cf. J. R. Wegs, 1989, S. 125 f.; E. Roberts, 1986, S. 16, 85; V. de
Grazia, 1994, S. 134; V. Yans-McLaughlin, 1977, S. 198, bzw.
O. Lewis, 1961, S. 161 f., 490 f. Cf. auch J. R. Gillis, 1985,
S. 267 f.; B. Duka/R. Möhle-Buschmeyer, 1987, S. 77. Um die
Jahrhundertwende sagte eine englische Arbeiterfrau, bis zur
Hochzeitsnacht »we were innocent as the grave«.

21 P. Thompson, 1975, S. 57, bzw. S. Meacham, 1977, S. 67.

22 C. Chinn, 1988, S. 145. Wie mir meine Großmutter Eugénie
van Buggenhoudt, die zu jener Zeit mit ihrer Mutter und 13
Geschwistern in einem Proletarierviertel von Brüssel lebte,
mitteilte, waren zumindest in der belgischen Hauptstadt am
Ende des 19. und im frühen 20. Jahrhundert weder in noch
außerhalb der Arbeiterwohnungen Szenen wie die von Zille
dargestellten zu sehen, obwohl das Gegenteil immer wieder
»von den Bourgeois« behauptet worden sei. Cf. auch J. Burnett, 1985, S. 229; J. H. Jackson, 1981, S. 216 f.

23 Chinn, a. a. O., S. 144; S. Humphries, 1981, S. 139; Inglis,
a. a. O., S. 200; P. E. Johnson, 2001, S. 178. Im Arbeiterviertel
einer englischen Großstadt wurde zwar eine Prostituierte als
Nachbarin hingenommen, doch gaben die Leute sich alle
Mühe, insbesondere vor ihren Töchtern zu verschleiern,
womit die Frau ihr Geld verdiente. Cf. E. Ross, 1993, S. 99 f.

24 J. Burnett, 1982, S. 112 f.; R. Winiarski, 1990, S. 38; Moszeik,
a. a. O., S. 94, bzw. Lipp, a. a. O., S. 224. Ähnlich E. Viethen-
Vobruba, 1989, S. 223 f. Eine Wiener Arbeiterin glaubte noch
mit 16, man werde von einem Kuß schwanger: »… daunn hob
i in da Nocht gwant. Und mei Schwester sogt: Jo wos host
denn? Sog i zu ihr: I kriag a Kind! Sogt sie: Jessas Maria, wo
woarst den mit ihm? – No im Schönbrunner Park wor-i. – Na
wos hobts denn dort gmocht? – Sie woar jo um sieben Joahr
öta wia-i, net – No, sog i, do hot er mir a Busserl gebn; es hot
kana zuagschaut und jetzt kriag i a Kind. Sogt sie: Du deppate
Gauns, du krigst jo kans!« Obwohl ein Bub bis zum Alter von
14 Jahren zwischen seinen Eltern im Ehebett geschlafen hatte,

war er noch mit 18 völlig unwissend, als ihn eine ältere Frau auf dem Heimweg von einem Heurigenbesuch verführte (R. Sieder, 1986, S. 67f.). Auch ein deutsches Arbeitermädchen glaubte noch im selben Alter, man bekäme ein Kind durch Küssen, das dann durch den Nabel geboren werde. Ihre Altersgenossinnen hatten nie über Sexualität geredet, und ihre Eltern waren in ihrer Anwesenheit nie zärtlich zueinander gewesen. Cf. H. Glaser, 1981, S. 123.

25 K. Hagemann, 1990, S. 225; Lewis, a.a.O., S. 237; J. Seabrook, 1982, S. 156f., 160; Roberts, a.a.O., S. 15; H. Rosenbaum, 1992, S. 196; Bajohr, a.a.O., S. 24, bzw. J. Perkin, 1995, S. 60. Eine Wiener Arbeiterfrau erinnerte sich zwar daran, wie um die Jahrhundertwende die Mutter dem Vater hinter der verschlossenen Tür »den Buckl gwoschen« hat – »des woar immer des Theater, wos ma ghört haum« –, aber »sunst haumma nix ghört, des hot sich ois unter eahner obgspüt, vielleicht wann ma gschlofen haum, net«. Ein Arbeiter berichtete, er habe das erste Mal in seinem Leben weibliche Genitalien gesehen, als er ein kleines Mädchen beim Urinieren auf der Gasse beobachtete (Sieder, a.a.O., S. 63, 68). Cf. auch W. Seccombe, 1992, S. 79; ders., 1993, S. 145; R. Becker-Schmidt/G.A. Knapp, 1985, S. 31. A.S. Neill, 1969, S. 218, schrieb noch zu Beginn der sechziger Jahre, daß vor allem in der englischen Arbeiterklasse die Gatten den Körper des anderen zum erstenmal dann unbekleidet sähen, »wenn sie ihn als Leiche zurechtmachen«. Cf. auch K.R. Bach/H. Grassel, 1979, S. 233. Nachdem ihm seine Kumpel Bilder von nackten Frauen gezeigt und er mithin gesehen hatte, »was ich bisher nur unklar geahnt«, blickte er fortan »die erwachsenen Frauen und Mädchen mit ganz anderen Augen« an. »Es war mir, als müßte ich immer quer durch ihre Kleidung hindurchsehen« (F. Rehbein, 1911, S. 31f.).

26 Ein englischer Arbeiter berichtete, die Buben und die Mädchen hätten stets getrennt gebadet und übernachtet: »Being a boy I was always separated for baths and sleeping.« Wenn einmal in der Woche die Mädchen in der Küche gebadet wurden, »I was sat in a corner of the room behind a clothes horse. Often you would hear the cry, ›He's peeping‹« (Roberts, a.a.O., S. 15). Eine Frau erinnerte sich an die als erste Mannheimer Arbeitersiedlung 1854 auf dem Waldhof gebaute Spiegelfabrik: »In der Schbischl‹ war e großi Kisch – so breet wie mei Kisch hier, dann war do en Raum, do war en Vorhang devor, do hawwe alle Eldern drin gschloofe. Do war e Nisch,

und do war e zweeschlefrisches Bett drin, und do hawwe mei Eldern drin gschloofe. Unn mir Meedle, dort mußt ma die Zimmer teile, die Buwe durfde näd bei de Meedle schloofe, des war Brauch« (A.-M. Lindemann, 1986, S. 113). Eine 1889 im Arbeitermilieu aufgewachsene Frau berichtete, sie habe, obwohl sie mit 12 jüngeren Geschwistern in einem Haushalt lebte, nie etwas »Unzüchtiges« gesehen, da die Geschwister immer einzeln unter Ausschluß der anderen im Waschtrog gebadet wurden. Obwohl sie mit drei anderen Geschwistern in einem Bett schlief, habe sie nie »etwas« gesehen, weil keines ohne Hose ins Bett durfte. Cf. Glaser, a.a.O. Jeden Freitagabend, so eine englische Arbeiterfrau, wurden die Buben aus der Wohnung geschickt, weil die Mädchen badeten, und die Eltern waren strikt dagegen, daß sie Spinnerinnen wurden, weil man bei der Ausübung dieses Berufes wegen der Hitze in den Räumen nur leichte Kleidung tragen konnte. Cf. Meacham, a.a.O., S. 66. In Spitalfields lebten und schliefen um 1860 zwar zwei erwachsene Brüder und ihre beiden erwachsenen Schwestern in einem Raum, doch »the men dressed first and came out into the street, or under an archway, while the women rose and dressed« (Mason, a.a.O., S. 142). Der Fabrikarbeiter Paul Göhre verachtete eine junge Frau, weil sie nie richtig ihre Kammertür zumachte, wenn sie nur einen Unterrock trug, so daß man deutlich die Konturen »ihrer voll entwickelten Brust« sehen konnte. Da war ihm doch das Mädchen viel lieber, mit dem »er ging«, weil dieses sich sogar beim Wechseln der Jacke schamhaft hinter die Tür stellte. Cf. P. Göhre, 1905, S. 218; ferner M.J. Maynes, 1992, S. 405 f. Während sich zu dieser Zeit »progressive« Bürgerfrauen vor den Ärzten entkleideten und sich sogar teilweise gynäkologisch untersuchen ließen, taten dies Arbeiterfrauen nicht. Cf. R. Bailey, 1992, S. 253.

27 Cf. Lipp, a.a.O., S. 230; J.C. Fout, 1984, S. 304, bzw. A. Popp, 1977, S. 40 f. Cf. auch J. Haspel/K.-H. Rueß, 1983, S. 133. Kate Simon, die im 19. Jahrhundert in die USA ausgewandert war, berichtete, sie sei von männlichen wie von weiblichen erwachsenen Verwandten, mit denen sie sich vorübergehend ein Bett teilen mußte, sexuell mißbraucht worden. Cf. D. Gabbacia, 1994, S. 63.

28 »Der Einlogierer«, warnte etwa im Jahre 1903 ein Arzt in der *Zeitschrift für die Bekämpfung der Geschlechtskrankheiten*, »bändelt mit der Frau an, das kirchlich getraute oder wilde Ehepaar wartet mit seinen Liebkosungen nicht, bis die Kinder

die Wohnung verlassen haben. Die Kinder sind Zeugen mancher Szene, welche wenig für das sittliche Erwachen taugen; sie sehen Dinge, welche sie später als selbstverständlich betrachten und üben, denn sie haben es ja nicht anders kennengelernt. Ist es da nicht zu erklären, wie der ältere Bruder darauf verfällt, den jüngern zu päderastieren, wie ein anderer den Beischlaf mit der Schwester im Beisein der jüngeren vollzieht?« (U. Linse, 1987, S. 180). F. Wörishoffer, 1891, S. 208f. klagte über die sexuelle Gefährdung der Mannheimer Arbeiterkinder durch männliche »Kostgänger« und »Schlafmädchen«, denn diese Personen »schlafen dann in der Regel mit einem der Kinder in einem Bette, was bei dem lockeren Leben vieler dieser Mädchen fast mit Nothwendigkeit zu einer frühzeitigen Verderbniß der Kinder solcher Arbeiterfamilien führen muß«, und im Jahre 1928 verlautete die *Metallarbeiter-Jugend* über die Einlogierung von »Schlafburschen«: »›Volle Kost voll‹ nennt man im Ruhrgebiet diesen Brauch, der schon mancher glücklichen Ehe zum Verhängnis wurde, und manches junge Mädchen dankt den Verlust ihrer Mädchenfrische der Enge der elterlichen Wohnung« (J. Flemming/K. Saul/P.-C. Witt, 1988, S. 112).

29 Cf. W. Hartinger, 1988, S. 90f.; Sieder, a.a.O., S. 69, bzw. Mason, a.a.O., S. 143.

30 Cf. Chinn, a.a.O., S. 145; Ross, a.a.O., S. 99f., 107; Roberts, a.a.O., S. 16; T.C. Smout, 1986, S. 159; Lipp, a.a.O., S. 226; Bajohr, a.a.O., S. 32; Meacham, a.a.O., S. 27, 67. Zwar waren die meisten jungen Arbeiter zumindest ab einem bestimmten Alter etwas aufgeklärter, doch wußte die Mehrzahl der Ehemänner z.B. nichts über Verhütungsmöglichkeiten, und diejenigen, die etwas wußten, taten nichts, weil eine große Familie Ausdruck der Kraft ihrer Lenden war. Cf. Chinn, a.a.O., S. 141.

31 Schiller, a.a.O., S. 15, bzw. J. Dwyer, 1987, S. 120f.

ANMERKUNGEN ZU § 13

1 C. Gehrke, 1988, S. 10.

2 Winiewicz, a.a.O., S. 26f., bzw. N. Revelli, 1985, S. 58f., und G. Parca, 1967, S. 36, 41. »Wir wuchsen auf«, erklärte die Piemontesin, »und wußten nichts über Sex oder hörten völlig falsche Dinge.« Auch sonst war man sehr prüde – »gewisse heikle Körperteile zu waschen« galt bereits als Sünde. Als ein

junger Mann aus Kampanien gefragt wurde, was er täte, wenn er seine Eltern trotz deren sorgsamer Vorkehrungen in flagranti ertappte, antwortete er: »Ich würde sie beide umbringen!« (A. Parsons, 1974, S. 229).

3 Cf. L.E. Thorsen, 1987, S. 100; E. Klenk, 1969, S. 239; G. Studer-Freuler, 1984, S. 154; E. Ballhaus, 1985, S. 92; H. Westphal, 1988, S. 120ff., bzw. S.A. Magnússon, 1984, S. 86. Auch in anderen Alpengegenden dachten die Kinder nicht daran, vom Sexualverhalten der Tiere auf das der Menschen zu schließen, und sie wußten über das letztere meistens nichts. Ein alter Bauer meinte: »Mir kommt vor, daß es früher schöner war. Im stillen hat man sich zum Mädchen geschlichen, so daß einen niemand sieht. Leise klopft man beim Fenster an. Vielleicht hat sie aufgemacht. Heute wissen die Kinder alles, und alles ist erlaubt. Früher war es schöner ...« (R. Girtler, 1996, S. 104).

4 M. Stöckel, 1998, S. 128; B. Hecht-el-Minshawi, 1988, S. 37; S. Mutschler, 1985, S. 128; G. Berkenbrink, 1974, S. 52, bzw. Wertz/Wertz, a.a.O., S. 79. Auf den irischen Dörfern versuchten die Bauern stets, die Tiere davon abzuhalten, in der Öffentlichkeit sexuelle Reaktionen zu zeigen, und man schämte sich, wenn z.B. eine Hündin heiß war und man dies bemerken konnte. Manche Bauern schlugen bereits mit der Peitsche nach ihrem Hund, wenn dieser nur seine Genitalien leckte, weshalb die meisten Hunde dieser Leidenschaft nur außer Hause frönten. Als die Ethnologin einmal in Anwesenheit Jugendlicher danach fragte, ob eine bestimmte Frau ein Kind erwarte, und dabei das Wort »pregnant« aussprach, brachte man sie augenblicklich zum Schweigen. Doch auch nachdem die jungen Leute gegangen waren, mochten die Frauen nicht über dieses Thema reden, weil es ihnen zu peinlich war. Ein anderes Mal waren die Bauern entsetzt, als die Ethnologin erfolglos versuchte, das Geschlecht eines Ochsen festzustellen. Cf. Messenger, a.a.O., S. 18, 29. Als eine Lehrerin bei den kanadischen Hutterern ihren Schülern erzählte, ihr Hund habe Junge bekommen, trugen die Kinder die Neuigkeit in die ganze Kolonie: »Der Titscherin ihrn Hund hot fünf Klana kriegt!« Am nächsten Tag forderte ein Vater die junge Lehrerin auf, künftig »über solche Ding« nicht mehr zu reden. Als diese einwandte, »solche Dinge« kämen doch in der Landwirtschaft tagtäglich vor, sagte der Mann: »Mag sein, aber wir reden nicht darüber, und schon gar nicht mit unserem Nachwuchs!« (M. Holzach, 1982, S. 75). Im 19. Jahrhundert verstand wohl der

im ländlichen Massachusetts aufgewachsene Stanley Hall dunkel, was die Schweine miteinander anstellten, und er berichtete später, »the most degrading experience of my life« habe darin bestanden, einmal im Jahr die Sauen zum Eber zu treiben (G. Bederman, 1995, S. 80).

5 W. Fiedler, 1985, S. 143; A. Unterman, 1981, S. 146; Epstein, a.a.O., S. 149; E. Englisch, 1994, S. 178; A. v. Müller, 1988, S. 162; S. Göttsch, 1996, S. 207; V. Haas, 1999, S. 113; J. Liliequist, 1992, S. 77f.; Shanor, a.a.O., S. 108. In dem um 1351 entstandenen *Libro de buen amor* wird ein beschwipster Eremit durch einen Hahn, der eine Henne besteigt, dermaßen erregt, daß er eine Frau vergewaltigt, obgleich sie »so laut schrie wie sie konnte«. Cf. Constable, a.a.O., S. 291.

6 Cf. Y. Wane, 1971, S. 223f.; P.A.C. Isichei, 1973, S. 682f.; Goodwin, a.a.O., S. 284f., bzw. P. Bogner, 1982, S. 102.

7 Cf. Ford/Beach, a.a.O., S. 180; LeVine/LeVine, a.a.O., S. 46, 51; I. Carey, 1976, S. 98; T. Gibson, 1986, S. 89, bzw. S. Ott, 1981, S. 192. Auch den Iban Dayak war alles »Tierische«, das sie an sich selber wahrnahmen, peinlich, und aus diesem Grunde war es tabuisiert, dem Koitus von Tieren zuzuschauen oder darüber zu lachen. Ähnlich durfte man sich bei den Riung auf Flores nicht über die Genitalien der Tiere lustig machen. Cf. G. Forth, 1989, S. 102. Auch bei ihren ausgelassensten Spielen würden die Kinder der Mangyan auf Mindoro nie über kopulierende Schweine, Hunde oder Hühner scherzen. Cf. Bräunlein/Lauser, a.a.O., S. 458.

8 Mennell, a.a.O., S. 56.

9 Cf. Scheck, a.a.O., S. 33, 35; D. Gorham, 1982, S. 91f., bzw. S. Weißenberg, 1928, S. 247. Schon im Spätmittelalter galten die Dienstmägde als die Aufklärerinnen und Verführerinnen der Söhne des Hauses. Cf. M. Vincent-Cassy, 1998, S. 510.

10 Zürcher, a.a.O., S. 205f.; J. Frykman, 1987, S. 209; ders., 1989, S. 205, bzw. Westphal, a.a.O., S. 119. Im ausgehenden 14. Jahrhundert riet John Mirk allen Priestern dringend, vor der Gemeinde niemals zu erwähnen, daß so etwas wie homosexuelle Handlungen überhaupt existierten. Cf. N. Orme, 2001, S. 330. Auch in Värmland wurden die Säuglinge um 1850 vom Storch gebracht, während sie in Peyrane, einem Dorf in der Vaucluse, unter Kohlköpfen gefunden wurden. Cf. L. Wylie, 1969, S. 118. Auf den polnischen (S. Benet, 1951, S. 214f.), sizilianischen (C.G. Chapman, 1971, S. 90) oder sardischen Dörfern (J. Martí i Pérez, 1986, S. 107, 118) gab es früher ebenfalls keine Sexualaufklärung innerhalb der Familie. Bei man-

chen jungen Burschen besorgten dies in den etwas größeren Orten die Prostituierten, die nach der Mitte des 20. Jahrhunderts meist von Touristinnen abgelöst wurden. Die meisten Farmfrauen im Staate New York waren im 19. Jahrhundert in ihren Äußerungen zu Sex und Schwangerschaft äußerst zurückhaltend, aber schriftlichen Andeutungen kann man trotzdem gelegentlich entnehmen, daß es ihnen zwar auffiel, wenn ihre Menstruation ausblieb, sie ihre Schwangerschaft indessen häufig erst unmittelbar vor der Geburt bemerkten. Cf. N.G. Osterud, 1991, S. 73. Auch die Negersklaven klärten ihre Kinder nicht auf. »My ma say«, so erinnerte sich eine Frau, »no stork bird never fetch me but de fust railroad train dat come up de railroad track, when dey built de line, fetched me« (Sterling, a.a.O., S. 19). »De little chillum«, so eine andere aus South Carolina, »was jes uz foolish den cause de peoples ne'er tell dem 'bout nuthin tall in dat time« (E.D. Genovese, 1976, S. 462f.), und eine dritte erzählte, sie seien damals alle »most grown« gewesen, »befo' we knowed a thing 'bout man and woman« (Gutman, a.a.O., S. 82f.).

11 Matti, a.a.O., S. 64; L. Fleischer, 1977, S. 93; R. Mohr, 1958, S. 469; W. Whitman, 1947, S. 51f., bzw. M. Gusinde, 1937, S. 632, 747ff. Den Yámana-Mädchen sagten die Frauen, daß die Männer, die versuchten, sich auf sie zu legen, vorhätten, sie zu töten. Auch auf Tonga, bei den Filipinos, den Zigeunern und den Atcholi im Quellgebiet des Berg-Nils gab es keinerlei realistische Aufklärung. Cf. Morton, a.a.O., S. 46; A. Roces/ G. Roces, 1987, S. 136f.; E. Niesner, 1988, S. 27; J. Okely, 1983, S. 167; A. Apoko, 1967, S. 57. Die ostafrikanischen Nyika sagten, daß die Jugendlichen schon von selber darauf kämen, wenn sie einmal erwachsen seien – »Wenn ein Hahn größer wird, weiß er, wie man's macht. Ebenso die Hunde und Rinder« (M.K. Slater, 1976, S. 219) –, und bei den Nyakyusa gaben die Männer als Grund dafür, daß sie ihre Hütten in einem anderen Dorf errichteten, an, so sei die Wahrscheinlichkeit größer, daß ihre Kinder unschuldig blieben. Eltern, die ihre Kinder aufklärten, gab es nicht. Cf. M. Wilson, 1950, S. 133. Ähnlich verhielt es sich bei den Tutsi. Cf. d'Hertefelt, a.a.O., S. 419. Obwohl es bei den Igbo nicht üblich war, in Anwesenheit Jugendlicher über Sex zu sprechen, sagten die Frauen den älteren jungen Mädchen, beim Anblick eines Penis würden sie schwanger. Cf. S.E.N. Anyanwu, 1976, S. 174; I. Amadiune, 1996, S. 143.

12 Cf. G.M. Childs, 1969, S. 103. Meinte Henry Fielding im Jahre

1737, man solle insbesondere im Beisein junger Leute beim Scherzen »discreet« sein und auf jedes »double entendre« verzichten (J.E. Mason, 1935, S. 275), waren die Witzeleien der Tonganer gespickt mit Zweideutigkeiten, weil man davon überzeugt war, daß die Kinder und Jugendlichen nichts davon verstünden. Cf. Morton, a.a.O. In diesem Punkte wähnten sich früher die westfriesischen Bauern nicht so sicher, weshalb sie ihre Kinder in die Wandbetten schickten, wenn abends die Torfstecher zu Besuch kamen und Märchen erzählten, in denen sexuelle Anspielungen vorkamen. Bisweilen schlichen sie dann auf Zehenspitzen zu den Kindern, um zu überprüfen, ob sie denn wirklich schliefen oder nur so taten. Cf. Y. Poortinga, 1988, S. 49. Als einst bei einem rituellen Lied der Westlichen Apache junge Leute ein Wort falsch betonten, so daß es so ähnlich klang wie das für »die Vorhaut zurückziehen«, waren die Anwesenden einschließlich des Schamanen peinlich berührt, obwohl dieser, wie er später zugab, im stillen in sich hineinlachen mußte. Cf. Goodwin, a.a.O., S. 287f.

13 Cf. M. Foucault, 1977, S. 28ff. *et passim.* »Möglicherweise reden wir mehr vom Sex als von jeder anderen Sache« (a.a.O., S. 46). Die »Foucaultsche These« von der »Explosion der Diskurse über den Sex« seit dem 18. Jahrhundert stammt ursprünglich nicht von Foucault, sondern von Jos van Ussel (1970, S. 72), der meinte, die »Sexualisierung« weitester Lebensbereiche sei erst im Bürgertum des 18. Jahrhunderts erfolgt und seit dieser Zeit seien wir »beziehungsblind, außer wenn es um ›sexuelle‹ Dinge« gehe (ders., 1979, S. 29, 80f.). Später hat G. Schmidt (1986, S. 43) diese These so formuliert, daß erst die Repression der Sexualität im 18. und im 19. Jahrhundert »zur Obsession, zu einer restlosen Sexualisierung der Realität« geführt habe.

14 Cf. L. Gordon, 1977, S. 89. Allerdings bedeutet die von Foucault für das 19. Jahrhundert konstatierte »Zerlegung« des vorher einheitlicheren Redens über Sex in eine »Vielheit« von medizinischen, juristischen, pornographischen »Diskursen« keineswegs, daß auch im Alltag mehr über Sex gesprochen worden wäre. Cf. J.R. Kincaid, 1992, S. 142. Auf meinen Einwand, Foucault habe die Auffassungen der gewöhnlichen Menschen vom Sex zu sehr zugunsten dessen vernachlässigt, was gewisse Intellektuelle über ihn räsonierten, hat K. Braun (1995, S. 263) erwidert, solche »Geschlechtsdiskurse« hätten doch allemal eine »realitätsbildende Wirkung«. Aber hat sich Foucault jemals Gedanken darüber gemacht, welche »realitäts-

bildende Wirkung« z. B. die »Geschlechtsdiskurse« irgendwelcher scholastischer Theologen auf die Metzgergesellen einer zeitgenössischen Reichsstadt oder auf die friesischen Marschbauern hatten?

15 Cf. E. Shorter, 1989, S. 224 ff. »Das Verlängern der Aufklärungsbewegung bis in den privatesten Bereich, insbesondere die Überbewertung der Sexualität als Quelle unseres Wohlbefindens, ist ein typisches Danaergeschenk der Studentenrevolte, die sich dabei auf kulturelle Traditionen der Moderne stützen konnte« (E. Grawert-May, 1991, S. 42).

16 Cf. H. P. Duerr, 1984, *passim*. E. M. Eckel (1998, S. 58) meint, Elias habe demonstriert, wie im Zivilisationsprozeß den Menschen »der Körper« sowie »der Umgang mit ihm in Gegenwart von Fremden [...] überhaupt bewußt und damit Thema« geworden sei, und meine Kritik an der Zivilisationstheorie gehe schon deshalb in die Leere, weil Elias eben die »zunehmende *Reflexion* des Umgangs mit dem Körper« beschrieben habe. Nichts spricht freilich dafür, daß die von Historikern und Ethnologen untersuchten traditionellen Gesellschaften den menschlichen Körper und die Sexualität in geringerem Maße thematisiert oder »reflektiert« hätten als wir Heutigen, wenn es auch in ihnen nicht so viele verschiedene »Diskurs-Ebenen« gab wie in einer hochdifferenzierten modernen Gesellschaft.

17 Cf. Sternberg, a. a. O., S. 14; Huber-Greub, a. a. O., S. 165; A. Sørum, 1993, S. 118 f.; T. Gregor, 1995, S. 340; Kashamura, a. a. O., S. 116 f.; Ertler, a. a. O., S. 242; R. B. Brandt, 1954, S. 359, bzw. Vieille, a. a. O., S. 461 f. Ähnliches berichteten die Ethnologen auch von den Ifaluk-Insulanern. Cf. Burrows/Spiro, a. a. O., S. 296.

18 Cf. Sahlins, a. a. O., S. 12, bzw. L. Marshall, 1969, S. 376; M. Shostak, 1976, S. 251 f., und M. Biesele, 1976, S. 317. Auch im Mittelalter kamen beim Fluchen bevorzugt weibliche Genitalien vor: 1388 wurde z. B. in Konstanz »bi Gotz mûter blûtendem fůdloch« geflucht (H. Maurer, 1989, I, S. 275), andernorts »beim bockis fickloch«, wobei »Bock« stellvertretend für »Gott« verwendet wurde, weil man den Namen des Herrn nicht aussprechen wollte. Cf. G. Schwerhoff, 1995, S. 271.

19 Cf. Horowitz, a. a. O., S. 127; H. Puff, 1998, S. 108; L. Pfleger, 1918, S. 161, bzw. M. Laget, 1982, S. 64.

20 Cf. Dinzelbacher, a. a. O., S. 49, 53; al-Waššā', a. a. O., II, S. 83, 90. Bereits die alten Römer zierten sich bisweilen, Wendungen wie *cum nos* oder *illam dicam* zu gebrauchen, weil sie an *cun-*

nos bzw. *il-landicam*, »jene Klitoris« erinnerten. »Quid quod vulgo dicitur ›cum nos te voluimus convenire?‹«, fragte Cicero, »num obscenum est? Memini in senatu disertum consularem ita eloqui: ›hanc culpam maiorem an illam dicam?‹ potuit obscenius? ›non‹, inquis, ›non enim ita sensit‹« (Richlin, a.a.O., S. 20).

21 Cf. W.A. Lessa, 1968, S. 373. Auf allen Inselgruppen Mikronesiens waren die weiblichen Genitalien äußerst schambesetzt. Als z.B. eine Ethnologin auf Songosor in den westlichen Karolinen einigen Frauen lediglich eine Skizze von Vulvatätowierungen vorlegte, schämten sie sich ungemein. Normalerweise entledigten sich die Frauen ihrer Schurze nur spätabends in völliger Dunkelheit, so daß niemand ihre Oberschenkel oder gar ihren Genitalbereich sehen konnte. Cf. Eilers, a.a.O., S. 47; H. Damm, 1938, II, S. 80.

22 J. van Ussel, 1979, S. 47.

23 Cf. G. Hughes, 1991, S. 20; D. Ze'evi, 1995, S. 160; J. Sterly, 1987, S. 59, bzw. G.M. Foster, 1966, S. 58. Die Michoacaneken sprachen auch das Wort für Koriander, *culantro*, absichtlich *silantro* aus, weil es sonst an *culo* erinnert hätte. Im Hochland der Insel Viti Levu galt es als höchst unanständig, das Wort für Klatschen, *thombo*, korrekt auszusprechen, weil es auch das Wort für den Hintern war. Statt dessen sagte man *ombo*. Cf. G.K. Roth, 1973, S. 95.

24 Cf. Malaurie, a.a.O., S. 174f. Ähnliches habe ich bei den ebenso schamhaften Ata Kiwan im Osten der Insel Flores erlebt, und Jean Briggs schrieb mir in einem Brief vom 30. November 1986, daß die in ihrem tatsächlichen Verhalten extrem schamhaften Utku-Eskimo oft die jungen Mädchen aufzogen, indem sie ihnen scherzhaft androhten, ihre »Möse« in der Hose zu »suchen« oder den Finger hineinzustecken, worauf die Mädchen sich still und beschämt zurückzogen. Auf Haiti redeten viele Leute ständig obszönes Zeug und machten sexuelle Anspielungen oder tanzten auf den ländlichen *bals* auf laszive Weise, aber beim Fischen oder Baden im Fluß hätte sich niemand nackt ausgezogen oder in der Nähe des anderen Geschlechts aufgehalten, und kein Bub, der älter war als acht oder neun, hätte in der Nähe seiner Schwester geschlafen. Cf. G.E. Simpson, 1942, S. 669. Zwar hielten sich die Tibeter im allgemeinen verbal sehr zurück, aber man machte zweideutige Witze, und manchmal stupste man die Vulva eines kleinen Mädchens oder den Penis eines Buben an und sagte: »Nanu, was ist denn dies?« (E.K. Dargyay, 1982, S. 46).

25 Cf. Spiro, a.a.O., S. 218. »Keine weiblichen Wesen in der Welt«, meinte H. Arnold, 1965, S. 128, »können unzüchtiger sein in Worten und Gesten, in Gesang und Tanz als Gitanas«, aber in ihrem alltäglichen Verhalten seien sie extrem prüde. Dies bestätigen auch B. Vesey-Fitzgerald, 1973, S. 60, sowie K. Stoyanovitch, 1974, S. 159, der berichtete, die Männer der französischen Zigeuner hätten die jungen Mädchen ihrer Gruppen sehr ehrbar behandelt, sie aber *tchoutchi* (= Titte) oder *mindj* (= Möse) genannt, wenn sie unter sich waren. Die Frauen der Lebu im Senegal waren äußerst prüde, doch in ihren Tänzen verhielten sie sich plötzlich sehr lasziv. Dieselbe Frau, die nie einem fremden Mann ihre entblößte Brust gezeigt hätte, spreizte bei dieser Gelegenheit sogar die Beine, so daß man für einen kurzen Moment ihre Vulva sehen konnte. Cf. Mercier/Balandier, a.a.O., S. 85, 87. Auch die Belu auf Timor waren bezüglich Nacktheit und Sexualität sehr schamhaft, aber in der Rede und in ihren Liedern waren sie bemerkenswert frei: »Viele Lieder«, so Vroklage (a.a.O., S. 246, 427f.), »sind so anstößig, daß ich sie nicht veröffentlichen kann.« Obwohl man die Bauern im alten Ungarn als ausgesprochen schamhaft bezeichnet hat (cf. E.Fél/T. Hofer, 1972, S. 319, 324; T.A. Sebeok, 1948, S. 357ff.; C.D. Bryant, 1982, S. 27f.; J.H. Zedler, 1740, IX, Sp. 1783), waren sie verbal häufig sehr obszön und liebten es, sich auf laszive Weise über Sex zu unterhalten. Cf. L. Vincze, 1985, S. 34, und Felicitas Goodman: Mündliche Mitteilung vom 17. Juni 1981. Cf. auch Claus Deimel: Brief vom 2. April 1986 (Tarahumara); K. Oberg, 1934, S. 153 (Tlingit); Gow, a.a.O., S. 122f. (Piro); F. Huxley, 1957, S. 129ff., 141 (Urubu), bzw. J. Cook, 1955, I, S. 128 (Tahitianer).

26 Cf. R. Krohn 1988, S. 135f., bzw. Montaigne, a.a.O., I, S. 20. Die höfischen Romane waren dagegen ausgesprochen zurückhaltend – »wesentlich prüder als die heutige Literatur, obwohl man das nicht vermuten würde« (G. Duby et al., 1993, S. 515).

27 Wylie, a.a.O., S. 117; R. Eves, 1998, S. 132f.; C. Valente-Noailles, 1993, S. 130f., 134; L. Marshall, 1976a., S. 353 (!Kung), bzw. Goodale, a.a.O., S. 174, 179. Ähnlich verhielt es sich bei den ebenfalls auf Neubritannien lebenden Kaliai und Bariai (W.R. Thurston, 1998, S. 168), sowie den Kupfer-Eskimo (Condon, a.a.O., S. 152).

28 Cf. M.E. Opler, 1969, S. 66, 244; Roost-Vischer, a.a.O., S. 87f., bzw. M. Neuss-Kaneko, 1989, S. 413. Am Ende des 18. Jahrhunderts bedauerte der *Sittenspiegel für Mädchen und Frauen* die mit der neuen Zeit eingerissene Indezenz der Sitten, die vie-

le gebildete Herren dazu bringe, »in der gesellschaftlichen Unterhaltung so wenig Achtung für weibliche Delicatesse [zu] beweisen. Im Tone ächter Libertins und mit selbstzufriedener Miene bringen sie Gegenstände auf den Teppich, deren nachtheilige Wirkung auf das unbefangene Gefühl der Frauenzimmer durch den hohen Grad von Leichtsinn, womit sie erzählt werden, noch um ein großes vermehrt wird« (Hopfner, a.a.O., S. 128).

29 Cf. Elias, 1939, I, S. 246f., 248; ders., 1980, S. 16, bzw. Foucault, a.a.O., S. 51.

30 Englisch, a.a.O., S. 178; Dedekind, a.a.O., S. 54; Emmison, a.a.O., II, S. 52; E. Panofsky, 1969, S. 208ff.; K.P.F. Moxey, 1977, S. 201, bzw. T. Aschenbrenner, o.J., S. 22, und J. Goldfriedrich, 1908, II, S. 162.

31 Cf. H.W. Schwarz, 1993, S. 106, 134f.; G. Ruggiero, 1975, S. 21; Koch, a.a.O., S. 97f.; A.E. Simpson, 1987, S. 183f.; M. Greilsammer, 1988, S. 65, 71, 78; G. Schwerhoff, 1991, S. 400; Zürcher, a.a.O., S. 15, 25ff.; A.J. Frantzen, 1996, S. 275; ders., 2000, S. 53; R.L. Winer, 2000, S. 172, 178; Sabaté, a.a.O., S. 295. Auch wurde in den Frauenhäusern streng kontrolliert, ob die Prostituierten minderjährig waren. Wenn dies der Fall war und die Mädchen noch keine reifen Brüste hatten oder nicht einmal menstruierten, drohten den Betreibern oder den Eltern der Mädchen strengste Strafen. Cf. K. Baas, 1936, S. 102; E. Uitz, 1988, S. 102f. In der Bestallungsurkunde des Würzburger Frauenwirts vom Jahre 1444 heißt es: »Und welches töchterlein funden wurt des libes halben zů dem werk nit geschicket sunder zů junge ist, also das er weder brüste noch anders hette das dazů gehört«, das solle aus dem Frauenhaus entfernt und der Wirt bestraft werden (M. Bauer, 1902, S. 156). In Southwark wurde im 14. Jahrhundert eine Puffmutter an den Pranger gestellt und anschließend durch die Gassen geprügelt, weil sie Ausländern minderjährige Mädchen zugeführt hatte. Cf. Orme, a.a.O., S. 104.

32 N. Barley, 1990, S. 95. »When a grandmother and her daughter brought a male child in his cradle board and we noticed that the penis was left exposed to prevent the urine from soaking his body, we asked the name of the member in Algonquian. Both women and another female relative, one of our most generous informants, began to giggle, and the grandmother, after much hesitation said to us, ›That is an ugly word‹« (Latorre/Latorre, a.a.O., S. 173). Dieser Prüderie entsprachen zahlreiche verbotene vor- und außereheliche Beziehungen »hinter den Kulissen«

sowie die Tatsache, daß sich sogar manche »anständige« Kickapoo-Frau in Múzquiz, dem nächstgelegenen Städtchen, für ein bis zwei Dollar pro Nummer prostituierte (a.a.O., S. 177). Genauso verhielt es sich bei den Fulbe-Jenngelbe im Senegal. Cf. R. Ogawa, 1990, S. 247, 251. Cf. auch R. Karsten, 1935, S. 216 (Jívaro). Auch bei den Hua im östlichen Hochland von Neuguinea wäre früher eine Frage wie die der Latorres als »obszön« (*siro ge*) und äußerst peinlich empfunden worden, besonders dann, wenn es sich um die Genitalien eines kleinen Mädchens handelte, die stets bedeckt blieben. Cf. Meigs, a.a.O., S. 92.

33 M. Freeman-Aodla, 1980, S. 91f., 94f., 97. Die Mädchen der Kupfer-Eskimo erfuhren ebenfalls von ihren Müttern weder vor noch nach der Menarche irgend etwas über ihre monatlichen Blutungen. Cf. Condon, a.a.O., S. 53.

34 J. Schlehe, 1987, S. 35f., 232.

35 Cf. Hilger, a.a.O., S. 57; J. van Reenen, 1996, S. 170; R.F. Fortune, 1935, S. 149; M. Mead, 1942, S. 121f.; H. Scheub, 1988, S. 14f., bzw. L.W.R. Appell, 1993, S. 19, 27, 29. Ähnlich auch bei den Ata Kiwan in Ostflores (P. Arndt, 1940, S. 27); Chimbu (J.A. Ross, 1965, S. 424); indischen Dorffrauen (M. Cormack, 1953, S. 68); Chiga am Eduard-See (M.M. Edel, 1957, S. 64, 187); Tswana (D.N. Suggs, 1987, S. 108); Fulani (Riesman, a.a.O., S. 151); Hutu und Tutsi (Mayr/Mayr-Knochel, a.a.O., S. 29); Kolobeng (D. Berger, 1981, S. 256); mexikanischen Bauern (Lewis, a.a.O., S. 78); Chiricahua Apache (R.M. Boyer/N.D. Gayton, 1992, S. 283); Haida (F.E. Davidson, 1982, S. 91); Tiefland- und Hochland-Maya (Beyene, a.a.O., S. 106; L. Devereux, 1987, S. 101); auf Ponapé und Truk (M.H. Fitzgerald, 2001, S. 31f.) sowie bei den Fox (T. Michelson, 1991, S. 61). Eine Lisu-Frau vertraute der Ethnologin an: »Ich hatte mein ›Bluttropfen‹ mit 17. Wußte nicht, was das war. Schämte mich zu sehr, Mutter zu fragen. Dann sagte die Frau des Bruders meiner Mutter: ›Von jetzt ab kannst du heiraten‹« (Hutheesing, a.a.O., S. 95).

36 P. Crawford, 1981, S. 68f.; dies., 1994, S. 98; Moser-Nef, a.a.O., S. 477, bzw. Elisabeth Charlotte, a.a.O., I, S. 32f. Von der »secrecte maladie« scheint man bereits im Mittelalter gesprochen zu haben, denn im Rehabilitationsverfahren von Jeanne d'Arc im Jahre 1455 verlautete deren Vertrauter Jean d'Aulon: »Dit encores plus qu'il a oy dire à plusieurs femmes, qui ladicte Pucelle ont veue par plusieurs foiz nue, et sceu de ses secretz, que oncques n'avoit eu la secrecte maladie des femmes et que jamais nul n'en peut riens cognoistre ou

appercevoir par ses habillemens, ne aultrement« (Quicherat, a.a.O., III, S. 219: »Wan garvill kewscher vnd schemiger Frawen vnd Junckfrawen seyen«, so führte um das Jahr 1465 der Arzt Johann Hartlieb aus, »ee sy dye Mann wissen liessen ir Geprechen, ee litten sy groß Nott, als ich dan vill vnd offt gefaren vnd gesehen han: Ee Frawen ir Gehaim wolten entdecken vnd den Mann entplossen, ee haben sy tottlich Schmerczen gelitten« (K. Bosselmann-Cyran, 1997, S. 151). Und in einem Traktat über die Monatsblutungen heißt es zu Beginn: »Dis bůch haysset die gehaim der frowen dis bůch sol och niemen lessen noch heren dan er sỹ vernůfftig dan vil gehaimer not gott an die frowen geschaffet hantt« (B.-J. Kruse, 1999, S. 90). In einem französischen Text wurden die Frauen aufgefordert, sich wegen »leur malladie privée« zwar nicht zu schämen, aber trotzdem nicht darüber zu reden. Cf. M.H. Green, 2000, S. 13 f.

37 Cf. M. Mantuba-Ngoma, 1989, S. 27; S. Jennings, 1995, S. 50, 124ff.; G. Benjamin, 1967, S. 166; Haley, a.a.O., S. 135; R. Reis, 1983, S. 226f.; D.F. Tuzin, 1980, S. 19, bzw. P. Stoeckl, 1994, S. 167. Obwohl auf der Insel Chios die Frauen hocherfreut waren, wenn ihre Töchter »bluteten« und damit fruchtbar waren und niemand das Menstruationsblut als schmutzig oder abstoßend empfand, verschwiegen und verbargen die Mädchen ihre monatlichen Blutungen voller Scham und hofften, daß ihre Mütter nichts davon merkten. Cf. M. Reizakis, 1998, S. 216. In manchen Gebieten Südindiens wurde zwar das Mädchen nach der Menarche in einem *poopunirattndal* genannten Ritual in neuen, schönen Kleidern der Öffentlichkeit präsentiert und die Nachricht an alle Nachbarn und Verwandte weitergegeben, aber es schämte sich trotzdem. »Als ich meine erste Periode (*chaddangu*, ›Mündigkeit‹) hatte«, erinnerte sich eine Frau, »wußte ich nicht, was geschehen war. Ich war wirklich erschrocken und lief weinend zu meiner Mutter«, doch diese meinte meist, je weniger ein Mädchen über solche Dinge wisse, um so besser sei das für sie (P. Caplan, 1985, S. 40f.).

Anmerkungen zu § 14

1 A. Felber, 1961, S. 85; S. Schleichert, 1993, S. 54; T. Hommen, 1999, S. 159; Lorenz, a.a.O., S. 244; J.M. Beattie, 1986, S. 128; A.-M. Sohn, 1992, S. 65f., bzw. M.-J. Roland, 1987, S. 62ff., und M. Yalom, 1993, S. 91. Im schwäbischen Hedelfingen

begriff ein 16 Jahre altes Mädchen im Jahre 1672 überhaupt nicht, was ihr Vater von ihr wollte, als dieser sich im Bett auf sie legte und versuchte, in sie einzudringen. Als die danebenliegende kranke Mutter aufwachte, sagte ihre Tochter lediglich, »der Vater thue ihr so wehe« (U. Rublack, 1995, S. 192). Die Tochter des im März 1650 enthaupteten Amsterdamer Seemanns Pieterszon hatte vor Gericht ausgesagt, ihr Vater habe ihre Beine auseinandergedrückt »und etwas in ihren Leib gesteckt, das ihr Schmerzen bereitete«. Nach der Folter gestand der Mann, »seinen Samen in ihren Leib geschossen zu haben« (H. Roodenburg, 2001, S. 102f.). Eine Frau, die sich als Mädchen häufig auf den Schoß des Pfarrers setzen mußte, wobei dieser sie fest an sich drückte, verstand zwar nicht, was der Mann mit ihr tat, doch »mein Schamgefühl wurde verletzt und ich wurde ganz rot« (T. Hommen, 2000, S. 598). In New York gab im Jahre 1766 ein junges Mädchen vor Gericht an, daß der Täter »did Shove some Thing into her Private Parts« (D. Greenberg, 1974, S. 111).

2 H. Weber, 1996, S. 256; J.-P. Leguay, 1992, S. 19; Moser-Nef, a.a.O., S. 453; P. Becker, 1990, S. 290; M. Pelaja, 1996, S. 34, bzw. R. Trumbach, 1989, S. 413.

3 Cf. E.J. Bristow, 1982, S. 51; Blosser/Gerster, a.a.O., S. 284; T. Rizzo, 1988, S. 125, bzw. K. Wegert, 1994, S. 178. »Fast alle Frauen gaben Umdeutungen von charakteristischen Schwangerschaftssymptomen an: die Gewichtszunahme als erfolglose Abmagerungskur, der größer werdende Bauch als ›einfach dicker werden‹, Kindsbewegungen als Blähungen« (J. Wessel, 1993, S. 1193f.).

4 J.A. Schultz, 1995, S. 56; M. Jeay, 1977, S. 134; Anthoine de LaSale, 1907, S. 595; Barack, a.a.O., III, S. 269f.; B. Dreher, 1988, S. 165, bzw. Platter und Platter, a.a.O., S. 59f., oder T. Platter, 1999, S. 86.

5 Cf. P. Earle, 1986, S. 254; Roodenburg, a.a.O., S. 528; Lorenz, a.a.O., S. 100; B. Panke-Kochinke, 1993, S. 210; H.-J. Wolf, 1995, S. 164, 478; U. Bräker, 1978, S. 98; Zürcher, a.a.O., S. 21f.; H. v. Schweinichen, 1878, S. 114, bzw. Cabanès, a.a.O., VIII, 1923, S. 92. Obwohl der berühmte Philosoph Salomon Maimon als Bub einmal ein nacktes junges Mädchen gesehen hatte, was ihn »beständig unruhig« werden ließ, wußte er bis zu seiner Hochzeit nichts über Sexualität und »pflegte« sich seiner »Frau als einem mir unbekannten Gegenstande mit Zittern zu nähern« (Maimon, 1984, S. 52f.).

6 Die 1847 geborene Ottilie Baader (1979, S. 66), die als junges

Mädchen in einer Berliner Nähstube arbeitete, berichtete, die Meisterin habe sich dort häufig mit einer Näherin über sexuelle Dinge unterhalten, ohne daß sie verstanden hätte, um was es dabei ging: »Zum Fragen war ich aber zu schüchtern, und so haben mir erst viele spätere Jahre auch hierfür ein grelles Licht des Verstehens angesteckt.« Auch auf den dänischen, französischen, ungarischen, mexikanischen oder karibischen Dörfern wußten die Mädchen bis weit ins 20. Jahrhundert hinein häufig bis zur Hochzeit nichts über Sex, und eine Bäuerin hätte sich auch nie vor ihrer Tochter nackt ausgezogen. Eine dänische Bauersfrau erzählte, daß sie, als sie mit ihrem ersten Kind schwanger war, nicht wußte, »wo es herauskommen würde« (R.T. Anderson/G. Anderson, 1960, S. 105f.). Cf. auch Leleu, a.a.O., S. 643f.; Vincze, a.a.O., S. 34; O. Lewis, 1951, S. 326f.; J. Blake, 1961, S. 52ff.; M. Grabrucker, 1989, S. 145; Klammer, a.a.O., S. 105, 141. Ein russischer Arzt berichtete von einem Bauern, der seine Frau am Nabel »reizte«, weil er dachte, es handle sich dabei um ihre Vulva, und von einer Frau, deren Mann sie stets manuell befriedigte, bis sie nach Jahren erfuhr, »daß es auch anders ging«. Ein weiterer Mann im Alter von 22 Jahren fragte ihn, »wo man bei der Frau hinein« müsse (Stern & Stern, a.a.O., S. 141). Cf. auch J. Beale, 1986, S. 89; C.B. Brettell, 1986, S. 202. In vielen ländlichen Gebieten Irlands blieben manche Ehen zunächst kinderlos, weil keiner der Partner aufgeklärt war. Auch auf der Insel Inis Beag war dies der Fall, doch die Bauern glaubten, »that after marriage nature takes its course« (Messenger, a.a.O., S. 15). Entgegen dem, was sich die weißen Herrschaften vorstellten, klärten auch viele Negersklaven ihre Kinder nicht auf, und trotz der kleinen Hütten, in denen meist zwei Familien hausten, bekamen die Sprößlinge vom Sex der Eltern nie etwas mit.

7 G. Néret, 1992, S. 136, bzw. Perkin, a.a.O., S. 58. Cf. auch L. Stanley, 1995, S. 82; Raverat, a.a.O., S. 101f.; A. Struß/I. Frucht, 1992, S. 83, 129; Burnett, a.a.O., S. 101; L. Braun, 1909, I, S. 13f.; Hirschfeld, a.a.O., S. 118. In Nordfrankreich soll es Bürgersfrauen gegeben haben, die ihrer Tochter am Hochzeitstag sagten: »Ce soir ton mari va te faire quelquechose. Il a le droit. Si c'est trop pénible, prie Jésus-Christ!« (B.G. Smith, 1989, S. 71). »Le jour de mon mariage«, schrieb eine Frau im Jahre 1906, »j'aimais mon mari; le lendemain je l'avais en horreur. Je n'ai jamais pu lui pardonner« (L. Adler, 1984, S. 49f.). »Once«, so die 1862 geborene Schriftstellerin Edith Wharton, »when I was 7 or 8, an older cousin had told me that

babies were not found in flowers, but in people. This information had been given unsought, but as I had been told by mamma that it was ›not nice‹ to enquire into such matters, I had a vague sense of contamination, & went immediately to confess my involuntary offense. I received a severe scolding, & was left with a penetrating sense of ›notniceness‹ which effectually kept me from pursuing my investigations farther; & this was literally all I knew of the process of generation till I had been married for several weeks« (G.C. Erlich, 1992, S. 27f.). Die Frauenrechtlerin Carey Thomas wurde dagegen fündig, als sie im Jahre 1878 als 21jährige Studentin gemeinsam mit zwei Kommilitoninnen an der Johns Hopkins University in einem medizinischen Buch blätterte: »I went to bed sick . . . it seemed as if there was no such thing as ever believing in purity and holiness again, or ever getting my own mind pure again« (A.D. Harvey, 1994, S. 195). Als einmal ein junger Mann in der Wohnung ihrer Eltern übernachtete, dachte die 16 Jahre alte jüdische Tochter, sie sei davon schwanger geworden. In einem medizinischen Buch las sie daraufhin, wie man wirklich ein Baby bekam, und sagte zu sich: »Chazere! [= Schweine!], Chazere! Und ich haßte alle Männer« (S.S. Weinberg, 1988, S. 53). Nachdem Marie Stopes, die spätere Verfasserin von *Married Love*, einem der verbreitetsten Sexualratgeber aller Zeiten, im Jahre 1911 geheiratet hatte und nach mehreren Jahren Ehe noch nicht schwanger geworden war, stellte sie in der Bibliothek des British Museum Nachforschungen an, im Verlaufe deren sie erfuhr, daß die Voraussetzung einer Schwangerschaft ein Koitus war. Cf. Hall, a.a.O., S. 8; B. Brookes, 1986, S. 155. Etwa um diese Zeit untersuchte die Pittsburgher Psychologin Miriam Gould die Reaktion von Schülerinnen auf den Aufklärungsunterricht und stellte fest, daß immerhin 8 von 25 Mädchen erstaunt waren über den Bericht einer vorehelichen Schwangerschaft, weil sie geglaubt hatten, eine unverheiratete Frau könne nicht schwanger werden. Cf. A.M. Brandt, 1987, S. 30.

8 A. Smith, 1989, S. 197; B. Webb, 1988, S. 52; Davenport-Hines, a.a.O., S. 294, bzw. W. Theis/A. Sternweiler, 1984, S. 55.

9 Roland, a.a.O., S. 118; D. Jarrett, 1974, S. 128f.; ders., 1976, S. 116; Braun, a.aO., S. 105; G.-F. Budde, 1994, S. 243, bzw. I. Ebberfeld, 1992, S. 102, und V.L. Bullough, 1985, S. 619. Für außergewöhnlich schüchterne Kundinnen erhielten allerdings die Textilhandlungen von der Firma *Camelia* Zettel, die auf der Theke bereit lagen und auf denen gedruckt stand: »Bitte geben

Sie mir eine diskret verpackte Camelia-Schachtel!« Cf. S. Hering/G. Maierhof, 1991, S. 72. In den USA erschienen Monatsbinden erstmals im Jahre 1921 auf dem Markt. Cf. S. Hoy, 1995, S. 232. Wenn es heißt, daß in bäuerlichen und proletarischen Kreisen die Menstruation völlig verschwiegen und verborgen worden sei, so gilt dies nicht für alle Gegenden. So trugen z.B. in den ärmeren Vierteln von Birmingham noch in den zwanziger Jahren die Frauen in der Öffentlichkeit einen Fetzen roten Stoffes um das Handgelenk, um zu zeigen, daß sie menstruierten und »unrein« waren (cf. Chinn, a.a.O., S. 143), und wenig »gschamig« erwiesen sich auch im Jahre 1841 die Haberer bei Irschenberg, als sie während eines mitternächtlichen Treibens vor dem Haus des Pfarrers laut deklamierten, dieser habe eine Menstruierende »gvögelt«: »Die hat er holt gevögelt, daß s'Brunzloch hat kracht.« Überdies hätte der geistliche Herr auch gepredigt, man dürfe ruhig mit einer menstruierenden Frau schlafen: »Is' Tochter ganz kothig, ko der Schnückl [= Pimmel] nit aus und ein./Der Pfara hot gsagt, dös thüat einer nix!« (O.E. Breibeck, 1979, S. 109).

10 Peterson, a.a.O., S. 66f., 75f., 561f.; D. Pool, 1998, S. 169; d'Emilio/Freedman, a.a.O., S. 79; Perkin, a.a.O., S. 60, 68; Jalland, a.a.O., S. 105; J.-G. König, 1982, S. 116; M. Frey, 1997, S. 130, 347; van Tilburg, a.a.O., S. 130, bzw. H. Vinke, 1980, S. 56f. Im Jahre 1799 schrieb der Hamburger Buchhändler Perther an seine Gattin: »Gewiß bin ich Donnerstag in deinen Armen, nahe an deinem Busen, drücke dich an mein Herz, bin an und in dir! mein Leib- und Seelenweib!« (A.-C. Trepp, 1998, S. 192). Bereits im Jahre 1736 hatte der Farmer Thomas Jones an seine verreiste Frau geschrieben, er lese ihre Briefe nicht nur als ein »truly kind & gentle husband, but with the pleasure of a passionate lover that flatters himself with the hopes some time of other of being possessed with his Mistress's charms«, und 1760 schrieb eine Dame an ihren Mann, der Gedanke an den Koitus mit ihm »gives me much pleasure« (D.B. Smith, 1980, S. 162).

11 Cf. C.N. Degler, 1974, S. 1467, bzw. J.H. Miller, 1978, S. 33f.

12 Cf. Markun, a.a.O., S. 234, 293f., 560; Cunnington, a.a.O., S. 28f.; H. Gebhardt, 2001, S. 196f., L.P. Curtis, 2001, S. 188ff., 219ff.; A.G. Srebnick, 1992, S. 102, bzw. Borkowsky, a.a.O., S. 218. Ich wiederhole, daß ich das Vorkommen von Prüderie im 19. Jahrhundert nicht bestreite. So wurde z.B. um die Jahrhundertwende das erigierte Glied eines vor einer Harfenspielerin hüpfenden Mannes auf einem altägyptischen Leder-

fragment nach der Inventarisierung im New Yorker Metropolitan Museum gelöscht (cf. H.G. Fischer, 1974, S. 119; H. Buchberger, 1983, S. 16f.), und es scheint auch französische Damen gegeben zu haben, die es nach Möglichkeit vermieden, über »con-fiture« oder »Con-futse« zu reden (cf. H. Vorwahl, 1931, S. 317). Was ich in Frage stelle ist, daß eine solche extreme Schamhaftigkeit charakteristisch für das 19. Jahrhundert gewesen sei.

13 J.S. Kasson, 1990, S. 84, bzw. Randall, a.a.O., S. 194.

14 B. Hungry Wolf, 1981, S. 171, bzw. F. de Laguna, 1972, S. 523. Auch die Frauen der Haida wußten vor der Ehe nichts über Sex, und eine alte Frau erzählte, sie habe an ihre Hochzeitsnacht keine Erinnerung, denn es sei »zu schrecklich« gewesen. Monatelang gestattete sie ihrem Mann keinerlei Annäherungen: »Ich ließ es lange Zeit nicht zu, daß er mich berührte, aber schließlich gab ich nach. Den ganzen nächsten Tag war ich voller Scham« (F.E. Davidson, 1982, S. 40f.). Ähnlich verhielt es sich bei den Zapoteken (C.W. O'Nell/H.A. Selby, 1979, S. 252), den Quiché-Maya (R.E. Reina, 1966, S. 237; L. Paul, 1974, S. 291), Araukanern (Hilger, a.a.O., S. 292, 386) und Cheyenne (Informantinnen, Juni 1982). Eine Cape Hope-Eskimofrau berichtete, wie ihre Großmutter ihr das Loch im Fußboden zeigte, aus dem die Mütter sich ihr Baby holten. Cf. Freeman-Aodla, a.a.O., S. 109f. Bei den Paiute wurden die Mädchen nach der Menarche über das Wesentliche instruiert, aber es heißt, daß manche angesichts der Tatsachen völlig aus der Fassung gerieten. Cf. B.B. Whiting, 1950, S. 106.

15 E. Friedl, 1991, S. 210; P. Jeffery, 1979, S. 75; P. Devi, 1996, S. 107, bzw. E. Accad, 1990, S. 44. Eine indische Bäuerin sagte, sie und ihre älteren Schwestern hätten zwar einmal durch das Fenster beobachtet, wie ihr Nachbar seine Frau bestieg, doch hätten sie nicht verstanden, was da vor sich ging. Cf. G. Khanna/M.A. Varghese, 1978, S. 64f. Cf. auch M. Sharma/U. Vanjani, 1993, S. 36f., 39; S.S. Mitter, 1991, S. 58f. Als ihre Brüste zu sprießen begannen, lief ein Bauernmädchen aus Uttar Pradesh entsetzt zu ihrer Großmutter, weil sie dachte, sie sei krank. Diese ermahnte sie lediglich, von nun an *stets* eine Bluse zu tragen: »Obwohl unser Haus so klein war und wir sehr beengt lebten, hatten wir unsere Eltern nie zusammen gesehen. Und ich habe nie mit meinen Freundinnen über dieses Thema gesprochen« (Devi, a.a.O., S. 147, 179). Cf. auch E. Wiedemann, 1995, S. 125 (Malaien); G.M. Guthrie/P.J. Jacobs, 1966, S. 144f. (Filipinos); L.W.R. Appell, 1988, S. 104 (Rungu

in Borneo); F. Mernissi, 1988, S. 67 (Kabylen); E.L. Peters, 1978, S. 316 (Beduinen von Cyrenaika); H. Straube, 1987, S. 140 (türkische Bauern); C. Young, 1990, S. 183 (russische Juden); U.M. Metje, 1995, S. 115 (Minangkabau); F.X. Hezel, 2001, S. 114 (Truk und die anderen Karolinen-Atolle). Bei den Enga in Neuguinea waren früher vor allem die Bräute völlig unwissend und suchten in der Hochzeitsnacht nicht selten entsetzt das Weite. Cf. Kyakas/Wiessner, a.a.O., S. 80. Als eine Frau aus dem Armenviertel von Recife vom Geschlechsakt erfuhr, »hatte ich ein Gefühl, wie wenn man mir über den Kopf geschlagen hätte! Drei Nächte lang konnte ich nicht schlafen... Bestialisch! Schrecklich! Traurig! Wie konnte irgend jemand so etwas hinnehmen!? Wie schamlos! Wie unanständig! Es war unmöglich, daß meine Mutter jemals so etwas gemacht hatte! Verstehen Sie, das war das Entsetzlichste für mich. Was für ein Schock! Es ist ein Alptraum, so einen Schock zu erleben!« (D. Patai, 1988, S. 141)

16 Cf. M.W. Young, 1987, S. 63; Herskovits, a.a.O., I, S. 279; T.E. Kyei, 1992, S. 47f.; D. Pellow, 1993, S. 39, 42, bzw. M. Wolf, 1972, S. 139f. Sogar eine neuere Untersuchung ergab, daß bei chinesischen Paaren, die unmittelbar vor der Hochzeit befragt wurden, lediglich 30 % der Frauen und 50 % der Männer wußten, wie die Genitalien des anderen Geschlechts aussehen und wie man mit jemandem schläft. Cf. M.H. Bond, 1991, S. 63.

17 L.A. Pollock, 1990, S. 42.

18 Cf. V.S. Erlich, 1966, S. 147; E. Mahler, 1960, S. 239; E.C. Lutz, 1976, S. 314; Boehringer-Abdalla, a.a.O., S. 82; K. Rhamm, 1902, S. 189; Bauer, a.a.O., S. 59, bzw. J. van Haaren/P. van Boheemen, 1989, S. 186. Als die Flämin Odilia de Liège im späten 12. Jahrhundert gegen ihren Willen verheiratet wurde, gelang es ihr, die Entjungferung fünf Jahre lang hinauszuschieben. Als ihr Mann sich ihr in der Hochzeitsnacht zu nähern versuchte und sie fragte, ob sie ihn möge, erwiderte sie, am liebsten würde sie ihm den Hals herumdrehen. Cf. W. Simons, 2001, S. 69f. Die Angst und die Scham der Braut vor der Hochzeitsnacht war im 16. Jahrhundert ein beliebtes Thema der niederländischen Künstler. In einem Hochzeitslied vom Jahre 1611 singt die Braut: »Och en wilt my niet ontcleden/ K'weet niet wat my nakend is« (a.a.O.). Während der »Behaubung« (*gaubtuve*) der litauischen Braut wurde dieser unter Begleitung einer traurigen Melodie der Jungfernkranz abgenommen (K. Brazaitis-Cesna, 1984, S. 75), und bis in unsere Zeit weinte im ländlichen Burgund die Braut auch deshalb,

weil jetzt die schöne Lebensphase zu Ende ging, in der sie tanzen und flirten konnte (Verdier, a.a.O., S. 316). So hieß es auch um die Jahrhundertwende über die nordenglischen Dorfbräute: »The vivacity of their virgin days was gone; a married woman could be distinguished from a single glance at her facial expression. Marriage scored on their faces a kind of preoccupied, faded, lack-lustre air as though they were constantly being plagued by some problem. As they were« (Gillis, a.a.O., S. 300). Bei den tibetischen Humli-Khyampa stampfte die Braut, wenn sie ihr Elternhaus verlassen sollte, trotzig auf, weinte und schrie, denn es erwartete sie ein Dasein unter den Argusaugen der Schwiegermutter, die »ihr das Leben aussaugen« würde, wie man sagte. Mit Gewalt wurde sie häufig zur Hochzeitsfeier geschleppt. Cf. H. Rauber, 1987, S. 214.

19 Cf. R. Kjellström, 1973, S. 90ff.; M. Lantis, 1960, S. 18, 37, 41; Olsen, a.a.O., S. 128, bzw. H. Israel, 1969, S. 26.

20 J.A. Sharpe, 1987, S. 44; L. Roper, 1989, S. 144; P. Tousch, 1985, S. 114, 194; Athenaios: *Die Deipnosophisten* XIII 570f.; A.J.L. van Hooff, 1990, S. 24, bzw. Heinrich v. Freiberg: *Tristan* 698ff., 724ff. Im ausgehenden Mittelalter riet die toskanische Mutter vor der Hochzeitsnacht ihrer Tochter, sie solle ihren Mann »ein bißchen« Gewalt anwenden lassen, denn dies trüge zu ihrer Anständigkeit bei. Cf. Heißler/Blastenbrei, a.a.O., S. 24. Auch in einigen Gegenden Rußlands mußte die Braut ihre Keuschheit mit allen ihr zur Verfügung stehenden Mitteln verteidigen, sie biß ihren Mann, zerkratzte sein Gesicht und zerriß sein Hemd. Cf. J. Komorovský, 1974, S. 137. Schimpf und Schande drohten indessen dem Mann, der nicht imstande war, die Frau zu bezwingen. Als z.B. im 11. Jahrhundert eine reife Frau wie die langobardische Gräfin Mathilde den schwäbischen Herzog Welf zum Vollzug der Ehe aufforderte, blieb der herzögliche Penis schlaff. Um diese peinliche Situation zu erklären, meinte der junge Schwabe, in ihren Kleidern oder in ihrem Bette müsse irgendein Zauber verborgen sein, denn wenn er impotent wäre (»si frigide nature fuissem«), hätte er ihre Kammer gar nicht erst betreten. Daraufhin zog sie sich vor ihm auf einer Tischplatte splitternackt aus (»exhibuit se sicut ab utero matris nudam«) und sagte ihm, jetzt könne er ja sehen, daß nirgendwo etwas versteckt sei. Doch half auch das nichts. »Da steht er mit herabhängenden Ohren, wie ein Esel ungnädigen Sinns (›ut inique mentis asellus‹) oder wie ein Metzger, der sein langes Messer wetzt, in der Fleischhalle, über einer bereits abgehäuteten fet-

ten Kuh, die er ausweiden will.« Als sich bei ihm immer noch nichts rührte, gab sie ihm »eine saftige Ohrfeige« und warf ihn hinaus, worauf er schmacherfüllt das Weite suchte (Cosmas v. Prag: *Chronica Boemorum* II.32. Für die Hilfe bei der Übersetzung danke ich Reinhard Düchting). In alten Zeiten soll bei den Kurden vor der Tür des Hauses, in dem der Bräutigam die Braut deflorierte, ein bewaffneter Posten gestanden haben, der den Bräutigam erschießen mußte, wenn er versagte. Cf. Petersen, a.a.O., S. 23. Bei den Baït Kathir und anderen Beduinenstämmen des Oman war die Zeitspanne zwischen dem Betreten des Zeltes und dem Gewehrschuß, den ein Mann nach erfolgter Entjungferung seiner Frau abgab, entscheidend für seine Ehre. Je länger es dauerte, um so größer wurde die Ehre der Frau und ihrer Familie, denn die Braut verteidigte sich dann wie eine Löwin, und um so geringer war die des Mannes. Cf. A. Keohane, 1994, S. 105. »Um zu zeigen, daß ihr Vater sie gut erzogen hat«, mußten auch die Awlad-'Ali-Beduininnen sich mit allen Kräften gegen ihren Mann wehren, der sie mit dem Finger zu deflorieren versuchte (Abu-Lughod, a.a.O., S. 197), und ähnlich verhielt es sich bei vielen Berber-Stämmen. Cf. E. Westermarck, 1914, S. 265.

21 B. Roeck, 1989, I, S. 318; R. Beck, 1997, S. 191f.; Myers, a.a.O., S. 123, bzw. R. Hague, 1988, S. 35f., und G. Sissa, 1989, S. 143f. Bei den Suaheli wurde in der Hochzeitsnacht vor dem betreffenden Haus die Trommel geschlagen, wobei der Schlegel den Penis und das Trommelfell das Jungfernhäutchen symbolisierte. Allerdings empfanden viele Männer diesen Brauch als beschämend (*aibu*), weil durch ihn die Aufmerksamkeit der Allgemeinheit auf ihre Intimsphäre gelenkt wurde. Cf. M.J. Swartz, 1988, S. 29. Auch andere Sitten waren den Brautleuten äußerst peinlich. So spähten nach einem uralten Brauch in Korea die weiblichen Verwandten der Braut durch in die Papiertür gebohrte Löcher, was dazu führte, daß der Bräutigam seine Frau in dieser Nacht nicht anrührte (Y.-C. Kim, 1976, S. 95), und ähnlich verhielt sich auch in China der Bräutigam, wo die Verwandten ebenfalls Gucklöcher in die Papierfenster drückten. Als besonders entehrend empfanden die Bräute Bräuche wie den »Unfug im Brautzimmer«, bei dem sie von den Gästen angefaßt und mit sexuellen Anspielungen und Zoten bedacht wurden, oder das »Lauschen vor dem Zimmer«, bei dem die jungen männlichen Verwandten sich unter das Fenster der Hochzeitskammer stellten und auf Deflorationsgeräusche warteten. »Deswegen«, so hieß es, »rührte das

Brautpaar sich in diesen Nächten oft gar nicht, und sie schliefen auch nicht miteinander« (M. Leutner, 1989, S. 167f., 225). Cf. auch S.H. Potter/J.M. Potter, 1990, S. 200, 214.

22 Dorsky, a.a.O., S. 124f., bzw. Fortes, a.a.O., S. 107f. Auch bei den Rungu in Borneo wehrten sich die Bräute allein schon deshalb, weil sonst jeder gedacht hätte, sie hätten bereits sexuelle Erfahrungen gesammelt und Sex mache ihnen Spaß. Allerdings durften sie es dabei nicht übertreiben, denn sonst galt dies für den Ehemann und seine Familie als äußerst beschämend. Als einmal einer mehrfach von seiner Frau abgewiesen worden war, beging er sogar vor Scham Selbstmord. Viele junge Frauen flohen in der Hochzeitsnacht entsetzt in den Urwald, und sie verwünschten ihre Mütter und sagten, sie könnten sie für das, was sie ihnen durch ihr Schweigen angetan hätten, umbringen. Cf. Appell, a.a.O., S.22, 25f. Wenn ihre Eltern sie nötigen wollten, zu heiraten, flohen früher viele Pintubi-Mädchen in den Busch. Sie galten als »ein bißchen wild«, und die jungen Männer versuchten, sie mit Liebeszauber herumzukriegen. Cf. Myers, a.a.O., S. 250. Eine Lisu-Frau erzählte über ihre Hochzeitsnacht: »Ich lag still. Mein Mann lag neben mir, drückte meine Brust und streichelte meine Möse. Ich hatte Angst. Er versuchte, mit seinem »Spaten« bei mir hineinzukommen. Es gelang ihm nicht. Ich hatte meine Füße zusammengebunden. Ich stieß ihn weg und sagte: ›Ich muß mal raus, ich habe Bauchweh.‹ So ging ich in den Wald, saß dort herum und ging schließlich heim zu meinen Eltern. Dort legte ich mich zu meinen Schwestern schlafen. Die Eltern fragten: ›Wieso bist du zurückgekommen?‹ ›Ich habe Bauchweh‹, sagte ich. ›Was?‹, entgegneten sie, ›Kannst du nicht im Hause deines Mannes bleiben, wenn du Bauchweh hast? Schämst du dich denn nicht?‹ Dann schlugen sie mich mit einem Stock und schickten mich zurück. Mein Mann versuchte es noch einmal, aber ich wollte nicht. Ging wieder heim. Der Brautpreis wurde ihm rückerstattet« (Hutheesing, a.a.O., S. 95). Cf. auch M. Kwa'ioloa, 1997, S. 84f. (Kwara'ae auf der Salomonen-Insel Malaita); Fleischer, a.a.O., S. 45 (Haussa); R.M. Underhill, 1939, S. 181 (Papago); M. Mead, 1942, S. 54 (Manus); H. Huber, 1973, S. 122 (Kwaya); V. Elwin, 1939, S. 265, 269, 282 (Baiga); W. Davenport, 1965, S. 176 (Santa Cruz-Insulaner). Im ländlichen Rußland sorgte man bei winterlichen Eheschließungen dafür, daß auch bei einer Kälte von 40° im Freien im Brautbett nur ein dünnes Bettuch und keine richtige Decke vorhanden war, so daß die Braut sich, um nicht zu

erfrieren, an den Bräutigam kuscheln mußte. Cf. Mahler,
a.a.O., S. 382.

23 Cf. R.E.S. Tanner, 1955, S. 160, 168, bzw. E. Ubach/E.
Rackow, 1923, S. 269, 331 f. Die jungen Frauen der Sambia in
Neuguinea galten früher als sehr prüde, und ihr Unterleib,
aber auch ihre Brüste waren sehr schambesetzt, so daß es ihnen
in der Hochzeitsnacht meist äußerst peinlich war, wenn ihr
Mann versuchte, sie an diesen Stellen anzufassen. Häufig kam
es dann zu regelrechten Vergewaltigungen. Trotzdem behaupteten die Männer, alle Frauen seien geile Nutten, die jedem
Mann, der ihnen über den Weg laufe, »den Schwanz lutschen«
wollten. Cf. G. Herdt, 1981, S. 187. Auch die jungen und völlig ahnungslosen und unaufgeklärten Frauen der Quiché-
Maya wurden bei dieser Gelegenheit meist vergewaltigt, und
anschließend saßen sie die ganze Nacht, vor Scham weinend,
im Bett. Nicht selten mußte die Schwiegermutter einschreiten
und die schreiende Braut beruhigen, damit die Nachbarschaft
nichts mitbekam. Wenn die Frauen hinterher ihre Mütter zur
Rede stellten, warum sie ihnen nicht gesagt hatten, welche
Erniedrigung sie erwartete, sagten diese, sie müßten »es« eben
ertragen und »alle Männer« seien »wie die Hunde«. Cf. Paul,
a.a.O., S. 292 f.

24 Von einer anständigen Awlad 'Ali-Beduinin erwartete man
freilich auch, daß sie sich in der Hochzeitsnacht ihrem Mann
nur mit äußerstem Widerwillen hingab und kein Wort mit ihm
wechselte. Auch wenn tatsächlich eine Defloration stattgefunden hatte, tat die Braut hinterher so, als ob überhaupt nichts
geschehen sei. Zwei Frauen rieten der Ethnologin, sie solle,
wenn sie später einmal heirate, auf keinen Fall bereits in der
Hochzeitsnacht mit ihrem Mann schlafen. Als diese entgegnete, X habe »es« aber doch getan, erwiderten die Frauen: »Aber
sie ist doch eine Bäuerin! Denen ist alles wurst! Sie wissen
nicht, was Scham ist (*mā yithash – shamūsh*)!« Und unter
kreischendem Gelächter erzählten sie von einer Fellachin, die
so schamlos gewesen sei, am nächsten Morgen ihren Freundinnen mitzuteilen, ihr Mann habe sie zweimal »genommen«
(Abu-Lughod, a.a.O., S. 48, 154, 220). Bei den Lesu auf Neu-
irland schämte sich das Paar nach der Hochzeit so sehr, daß die
beiden Partner nicht einmal wagten, einander anzusehen
(Powdermaker, a.a.O., S. 152 f.), und bei den Maring im westlichen Hochland von Neuguinea sowie den Trobriandern schliefen sie aus diesem Grund erst nach längerer Zeit miteinander.
Die Bewohner der Manam-Insel im Nordosten Neuguineas

warteten damit nicht selten jahrelang, die Mbowamb meist etwa zwei Monate. Cf. R.A. Rappaport, 1969, S. 133; Malinowski, a.a.O., S. 90f.; C.H. Wedgwood, 1937, S. 417f., und Brandewie, a.a.O., S. 106.

25 Cf. Kashamura, a.a.O., S. 95, 98, bzw. Goodwin, a.a.O., S. 327f. Bei den Shavante scheinen die Ehepartner sich nicht so sehr voreinander, sondern vor den anderen geschämt zu haben, weshalb sie so taten, als »hätten« sie gar nichts »miteinander«. Nach der Hochzeit kehrte der Mann zu seinen Eltern zurück, »as if nothing had happened«, und schlich nachts zum Koitus in die Hütte seiner Frau. Dort errichtete deren Familie häufig einen abgeteilten Bereich – angeblich »damit er sich nicht schämt«, in Wirklichkeit jedoch, um allen deutlich zu machen, daß der Mann gar nicht so kontrolliert und an Sex desinteressiert war, wie er in der Öffentlichkeit vorgab. Cf. D. Maybury-Lewis, 1965, S. 227.

26 So z.B. J. van Ussel, 1979, S. 47.

27 Cf. W. Schmidt-Bleibtreu, 1988, S. 121f.; M. Bauer, I, 1917, S. 72; Faber, a.a.O., S. 180, bzw. B.I. Murstein, 1974, S. 194. Auch in ländlichen Gegenden wie z.B. in Dithmarschen wurden zu jener Zeit die »Tobiasnächte« beachtet. Cf. A. Stobinsky, 1989, S. 217. Manche Ehemänner scheinen nach der Hochzeit mit der Defloration gewartet zu haben, bis sie von der Schwiegermutter grünes Licht bekamen. So notierte Samuel Jeake im Jahre 1681 in seinem Tagebuch: »Perceiving myself sufficiently again in favour with my Mother in Law, I moved her about 3 h p.m. for the Consummation of my Marriage with my Daughter: which without any reluctancy she granted« (S. Jeake of Rye, 1988, S. 154). Auch in der Oberpfalz, in Schwaben und im Allgäu gab es noch lange »Enthaltsamkeitsnächte«. So beschwerte sich im Jahre 1738 der Pfarrer von Daxlanden bei Karlsruhe darüber, daß nach der Hochzeit der Brautführer und die Brautjungfern im Zimmer der Brautleute schliefen, um die Vollziehung der Ehe zu verhindern. Cf. Schmidt-Bleibtreu, a.a.O., S. 123.

28 Cf. W.R. Seaburg/J. Miller, 1990, S. 563; Telban, a.a.O., S. 127; Grinnell, a.a.O., I, S. 145, bzw. Gladwin, a.a.O., S. 119. Hätte bei den Bakkarwal in Kaschmir ein Mann nach der Hochzeit in der ersten Woche seine Frau berührt, wäre die Ehe annulliert worden. Cf. A. Rao, 1998, S. 186. Cf. auch Leighton/Kluckhohn, a.a.O., S. 88 (Navaho); B. Gunda, 1987, S. 11 (alte Ungarn); R. Heine-Geldern, 1976, S. 140 (Kachin); N. Anima, 1975, S. 64 (Tinguian & Bagobo); Fraser, a.a.O., S. 208 (malai-

ische Fischer); Schieffelin, a.a.O., S. 61f. (Kaluli). Die Tonganer sagten, eine Frau empfinde um so größere Zuneigung zu ihrem Mann, je länger er damit warte, sich ihr zu nähern. Cf. E. Beaglehole/P. Beaglehole, 1941, S. 96f. Bei den Wantoat dauerte es bis zu zwei Jahren, ehe der Mann seiner Frau auch nur direkt in die Augen sah oder mit ihr redete (C.A. Schmitz, 1963, S. 35), und bei den Wewäk-Boikin lebte das Ehepaar, ohne miteinander zu reden, bei den Eltern des Mannes, und zwar »bis die Brüste der jungen Frau gefallen« waren (A. Gerstner, 1953, S. 437).

29 Cf. K. Moreck, 1926, S. 49f., bzw. R. Beck, 1983, S. 142. Cf. auch R. van Boheemen, 1989, S. 66f. »Eine Jungfrau und ein Junggeselle«, so definierte noch im Jahre 1774 der berühmte Pädagoge Basedow (1976, S. 70), »sind solche Personen, die niemals die Begattung ausgeübt *und auch nicht ihre Schamtheile auf ähnliche Weise behandelt haben*« (Hervorh. v. mir). Ließ sich also ein Mädchen masturbieren, so war sie nicht mehr »unberührt« und deshalb keine Jungfrau mehr. In der Praxis machte man freilich einen großen Unterschied, denn man nimmt an, daß es auf dem mittelalterlichen Dorf zwar bei den Unverheirateten einiges Geknutsche und Betasten, aber nur sehr selten wirklichen Koitus gab. Cf. Klapisch-Zuber, a.a.O., S. 481f. Dies änderte sich in der frühen Neuzeit, doch auch im 16. und 17. Jahrhundert bestanden sogar noch verlobte Mädchen auf einer Heiratszeremonie als Voraussetzung. Um 1615 stimmte eine Elizabeth Evered aus Fifield dem Koitus mit ihrem Verlobten zu, »in respect that he the said Blake was her husband before God«. Als allerdings im Jahre 1587 ein Mann seine Verlobte verführen wollte, indem er sie fragte: »Why, who knowest that thou art my wife, when then wilt not thou suffer me to have my pleasure of thee, I being thy husband?«, entgegnete diese: »I know that I am your wife and you my husband, yet until such time as we are married you shall not have the use of my body!« (Ingram, a.a.O., S. 228)

30 Dies scheint zumindest bei der »maraîchinage vendéen« im Ancien Régime im Gegensatz zu der späterer Zeiten der Fall gewesen zu sein. Cf. A. Burguière, 1987, S. 47. Gleiches gilt für das »albergement« in Savoyen (cf. M. Lazard, 2001, S. 74) und für das englische »bundling«. Cf. Gillis, a.a.O., S. 31. Noch bis zur Mitte des 19. Jahrhunderts empfingen die schwedischen Mädchen ihre Freier meist im langärmeligen Hemd (*särken*), das auch die Arme bedeckte. Als äußerst unanständig galt es, wenn der junge Mann versuchte, sich bis auf die Unterhose

auszuziehen oder sein Bein um die Beine des Mädchens zu schlingen. Faßte er ihr an die Brüste oder unternahm er den Versuch, sie zu küssen, schlug sie ihm mit der Faust ins Gesicht und rief ihre Eltern. Ähnlich verhielt es sich auch in Schwaben, Wales oder den deutschen Sprachinseln in der Slowakei. Cf. K.R.V. Wikman, 1937, S. 115ff., 222, 231, 255; E. Shorter, 1977, S. 124ff. Beim »Beischlof« der Amischen, der allerdings herkömmlicherweise sehr umstritten war, durfte der Junge die Gürtellinie des bekleideten Mädchens nie überschreiten, und es war ihm auch nicht gestattet, seine Hose oder sein Hemd auszuziehen. In einem wohl aus dem 17. Jahrhundert stammenden Dokument, das eine Amischen-Gemeinde aufbewahrt hat, heißt es, daß unachtsame Eltern »nicht ungestraft bleiben« sollen. Cf. B.G. Längin, 1990, S. 230ff.; J.A. Hostetter, 1968, S. 160. Schon im Jahre 1568 waren die Vorfahren der heutigen Amische geteilter Meinung, ob der »Beischlof schädlich«, d.h. unsittlich sei, und im Jahre 1837 wurde er auf Beschluß der Ältesten als »eine schädliche Übung« bezeichnet, zumal sich die Sitten gelockert hatten. Heute versuchen viele Mütter der Illinois-Amischen, ihre Töchter davor zu bewahren, »to go through that shameful process«, und wenn er stattfindet, dann nur unter der Kontrolle der Eltern und einem »board in-between«. Als sehr unanständig gilt der »Beischlof« in einem »bagi« (= Wagen]. Cf. J.A. Nagata, 1989, S. 204f.

31 U. Gleixner, 1994, S. 88; C.D. Worobec, 1991, S. 138, bzw. J.-L. Flandrin, 1981, S. 286f. Allerdings galt selbst bei Verlobten zumindest das Befühlen und Liebkosen der Genitalien als unanständig, z.B. in Kärnten oder in der Steiermark, wo im Jahre 1730 eine Maria Wegscheider aussagte, ihr Bräutigam habe an Fasching zwar nicht mit ihr geschlafen, doch »mit Greiffen woll ungebührlich verhalten«, dieweil er »nechtlicher weill öffters zu ihr gangen« (P. Becker, 1990, S. 227). Schon die Aufforderung zum Beischlaf konnte einen jungen Mann teuer zu stehen kommen. Nachdem z.B. im Jahre 1751 einer in Stoffenried »beym Laden eingestiegen« war und »Ungebühr« von dem Mädchen »verlanget«, wurde er hart abgestraft: »Dem Simon Denk wurde sein sündhaftes Verbrechen mit aller Schärfe verwiesen und 30 – sit venia – Arschbeller zur Straf dictiret« (M. Renner, 1974, S. 78).

32 Cf. L. Stone, 1992, S. 53, 55f.; C. Simon, 1981, S. 100f., bzw. Thompson, a.a.O., S. 58. Im amerikanischen Unabhängigkeitskrieg lehnte der britische Leutnant Francis Anbury ein »bundling« mit der Tochter seines königstreuen Gastgebers

ab, da er sich nicht zutraute, die dazu nötige Selbstbeherrschung aufzubringen. Cf. J.C. Miller, 1966, S. 193f. Auch ein Lehrer, der im Jahre 1827 bei einer Familie in Cape Cod übernachtete, war völlig perplex, als er eingeladen wurde, die Nacht mit der geschlechtsreifen Tochter zu verbringen, und im Jahre darauf berichtete eine junge Dame im *Yankee* voller Entsetzen, während eines Besuches in einem Dorf in Maine habe ein junger Bursche sie um die Gunst gebeten, nachts neben ihr schlafen zu dürfen: »I have since made inquiries about bundling, and find that it is really the custom here, and that they think no more harm of it, than we do our way of a young couple sitting up together« (J.C. Spurlock, 1988, S. 79). Allerdings traute man den jungen Burschen und Mädchen doch nicht so ganz, weshalb man sie am Cape Cod auf und unter Decken legte, die schlafsackartig zusammengenäht waren. Cf. G. Raeithel, 1987, S. 82. In anderen Gegenden Nordamerikas war das Paar durch ein Holzbrett voneinander getrennt (E. Elliott, 1975, S. 36), und in Wales hatte das Mädchen »her under-petticoat fastened at the bottom by a sliding knot« (Palmer, a.a.O., S. 201). Fand das »bundling« in einem Raum mit mehreren Personen statt, benutzten in einigen Gegenden Amerikas die beiden Partner eine Flüsterröhre, damit sie beim Süßholzraspeln nicht belauscht werden konnten. Cf. E.J. Dingwall, 1962, S. 75. Dies erinnert an die Sitte der Cheyenne und der Sioux, bei denen sich im Zuge der Werbung der junge Freier und das Mädchen vor das Tipi stellten. Dabei waren die Köpfe der beiden durch seinen Umhang völlig verdeckt, während ein paar Meter entfernt der nächste Freier darauf wartete, an die Reihe zu kommen. Cf. Hassrick, a.a.O., S. 115. Wie mir eine alte Cheyenne-Informantin, Minni Red Hat, die Witwe des Arrow Keeper, im Juni 1982 mitteilte, sollte der Umhang nicht den Oberkörper bedecken, damit sichergestellt war, daß der Freier den Brüsten des Mädchens nicht zu nahe kam.

33 M. Eden/R. Carrington, 1963, S. 122f., bzw. E. Jünger, 1982, S. 70.

34 Cf. Bauer, a.a.O., S. 66; A. Schultz, 1903, S. 157; Barack, a.a.O., IV, S. 147f. In einem Brief vom Jahre 1485 schrieb Erzherzog Maximilian von Österreich scherzhaft an Sigmund Prüschenk in Maastricht: »Die schönen frawen hier haben hörn sagen vonn einem hůbschen gesellen, der heist herr Sigmund Průschinckh [...]. Die haben groß verlangen, den zue sehen vnd bey ihm im glauben schlaffen, doch in schönen ehrn. Sehet

wol zue, wann ihr herabkhommet, daß ihr den glauben halt, oder ihr wůrd zer stund außgejagt« (G. Steinhausen, 1899, S. 271).

35 Buchner, a.a.O., S. 16. Allerdings hieß es damals in bürgerlichen Kreisen, die Bauernmädchen seien sehr spröde, so daß »es nicht wenig Mühe kostet, ein Baurenmensch zu bezwingen, das iene wollüstige Reizbarkeit nicht besitzt, die Frauenzimmer von Stande so plötzlich entwafnet«.

36 Cf. L. Dresen-Coenders/J. van Haaren, 1989, S. 67; Göttsch, a.a.O., S. 202; J.G. Kohl, 1846, S. 260, 263; C. Jensen, 1930, S. 507, bzw. G. Weigelt, 1973, S. 223. Wer in der »alten Zeit« einem Föhringer Mädchen beim Nachtfreien an die Brust oder gar zwischen die Beine griff, verfiel der Feme (*wrögin*). Cf. L.C. Peters, 1930, S. 78.

37 al-Ǧauziyya, a.a.O., S. 55f., bzw. Estermann, a.a.O., S. 29f. Auch bei der »fin' amor« der Troubadoure des 12. Jahrhunderts, die der niedrigen und unkultivierten »druderia«, dem Geschlechtsverkehr, gegenübergestellt wurde, durfte der Mann die »domna« offenbar lediglich oberhalb der Gürtellinie berühren, denn ihr Unterleib gehörte ihrem Gatten. Die höchste Stufe der Selbstkontrolle, »l'assag«, bestand darin, den nackten Leib der Angebeteten zu betrachten, ohne sich ihr sexuell zu nähern. Intensives Verlangen zu verspüren, ohne es zu befriedigen, war das Ziel oder, wie der Troubadour Cercamon es formulierte: »Nichts löst in mir eine größere Leidenschaft aus als ein Objekt, das mir immer entweicht« (S. Rouillan-Castex, 1984, S. 303ff.). Ob es die »l'assag« genannte Prüfung wirklich oder nur in der Phantasie der Troubadoure gegeben hat, scheint freilich niemand zu wissen. Cf. Schnell, a.a.O., S. 114f.

38 S. Ottenberg, 1989, S. 111, bzw. B.M. Ahlberg, 1994, S. 230f.; L.S.B. Leakey, 1931, S. 278; Worthman/Whiting, a.a.O., S. 149f. Ähnlich verhielt es sich bei den Mossi (S. Lallemand, 1986, S. 70); den wildbeuterischen Sanje oder Wassania am Tana-Fluß in Kenia (W.E.H. Barett, 1911, S. 29f.); den Dakakari nördlich des Nigers (P.G. Harris, 1938, S. 137); den Zulu (R.M.F. Joseph, 1987, S. 97); Bhaca, Swazi und Khuze (W.D. Hammond-Tooke, 1962, S. 93; E.J. Krige, 1937, S. 109; M. Kohler, 1933, S. 37f.). Wenn ein Tuaregmädchen einen Freier nicht mochte, bedeckte es vor ihm das Gesicht, worauf er sich normalerweise zurückzog. Mochte sie ihn sehr, ließ sie sich vielleicht von ihm nach einer Weile die Brüste und die Pobacken kneten, was *arabaz*, »Massage«, genannt wurde, und im äußersten Fall kam es zu dem, was die Lullemmeden oder

Aulimmiden zwischen Hoggar und Nigerbogen *gir taghmiwen*, »zwischen den Schenkeln«, nannten. Cf. E. Bernus, 1981, S. 158; H. Lhote, 1984, S. 183; A. Bourgeot, 1987, S. 106 (Kel Ahaggar Tuareg). Auch der Schenkelverkehr der Zulu (*ukusoma*) verlangte einige Selbstbeherrschung: Das Mädchen preßte die Oberschenkel fest zusammen und fing das Sperma des Freiers mit der Hand auf. Es hieß, durch das Pressen würden der Brustmuskel und die Unterleibsmuskulatur gestärkt: Straffe Pobacken und Brüste galten bei den Zulu als Zierde der Jungfrauen und als ungemein sexy. Cf. E. J. Krige, 1968, S. 174; H. P. Duerr, 1997, S. 62 f., 256, 260. Bei den Roten Xhosa lehnten anscheinend nicht wenige Mädchen aus Schamgründen den Schenkelverkehr (*metsha*) mit einem Freier ab; sie wurden, wie man sagte, »steif und ihr Blut floß nicht richtig«: »Mädchen, die das nicht mögen, werden vermutlich Hexen. Sie werden dann nämlich von den *impundulu* [= Familiargeistern] liebkost« (P. Mayer/I. Mayer, 1970, S. 175). Wenn in der Mädchenhütte der Mandari ein Verehrer des eigenen Stammes oder ein junger Dinka mehr versuchte, als ihre Brüste und Lenden zu drücken, konnte es geschehen, daß die Jungfrau ihm ihren schweren Armreifen aus Messing überzog, was ihm den Schädel brechen konnte. Cf. J. Buxton, 1963, S. 50 f.

39 Zit. n. N. Schindler, 1992, S. 201.

ANMERKUNGEN ZUM ANHANG

1 Zit. n. J. Agassi, 1975, S. 51. Cf. auch H. J. Eggers, 1959, S. 58, der als Gewährsmann für die Bemerkung Louis Agassiz' den englischen Geologen Charles Lyell anführt. Wie mir Joseph Agassi, der im übrigen mit Louis Agassiz nicht verwandt ist, mitteilte, geht das Bonmot auf Wilhelm v. Humboldt zurück.

2 Die Tatsache, daß ich meine »schäumendsten« Kritiker, z. B. das Ehepaar Rutschky, nicht eben mit therapeutischer Milde behandelt habe, hat Kommentatoren wie K.-H. Kohl (1997) zur Feststellung veranlaßt, derartige »scharfen Gegenangriffe« hätten zwar durchaus Unterhaltungswert, gingen aber dort »entschieden zu weit«, wo ich der Kritikerin einen Vorschlag unterbreitet hätte, den »man in einer seriösen Tageszeitung« wie der *FAZ* nicht »wiedergeben« könne. Warum so verschämt? Nachdem die Kritikerin in einer noch viel seriöseren Zeitung, nämlich der *Zeit*, verlautet hatte, sie gestatte es sich, mir zwischen die Beine zu treten, weil ihr in Ermangelung des

dazu nötigen Gliedes ein »phallisches Drohen« nicht möglich sei, habe ich ihr lediglich mitgeteilt, daß Frauen funktionale Äquivalente zu Geboten stehen: So demonstrieren weibliche Totenkopfäffchen ihre Überlegenheit über andere, indem sie die Schenkel spreizen und ihre erigierte Klitoris zur Schau stellen. Diese Form der Machtdemonstration ist nicht nur den Affen, sondern auch den Verhaltensforschern seit langem bekannt.

3 Mit welchen verhängnisvollen Widersprüchen eine »antiessentialistische« Ethnologie zu kämpfen hat, zeigt sich z.B. bei G. Sprenger (1997, S. 50), der etwa den Begriff der »Erotik als flexible Kategorie verstanden wissen« will, »die noch nichts über die Bedeutung der damit bezeichneten Phänomene aussagt«. D.h. also, daß der Begriff »Erotik« sich zwar auf bestimmte »Phänomene« bezieht, aber nichts bedeutet. Warum aber, so wird man fragen, bezieht man dann den Begriff auf *bestimmte* Phänomene? »Diese Kategorie«, so der Sexualethnologe, »soll in erster Linie dazu dienen, die ethnologische Aufmerksamkeit auf Phänomene zu lenken, die bisher deutlich zu wenig beschrieben und theoretisiert wurden.« Aber wie kann ein Wort den Blick auf etwas wenden, wenn es keine Bedeutung hat? »Ob es zwischen den erotischen Phänomenen in einer Kultur eine Verbindung gibt, die eine übergeordnete gemeinsame Klassifizierung rechtfertigt, bleibt daher offen.« Was dem Theoretiker indessen nicht bewußt wird, ist, daß er dann, wenn er verschiedene Phänomene mit demselben Begriff benennt, bereits »klassifiziert« hat! Er tut nichts anderes als jemand, der drei Stühle vor sich als »Stühle« bezeichnet, dann aber sagt, es sei offen, ob die drei Stühle da so viel miteinander gemeinsam haben, daß man berechtigt sei, sie Stühle zu nennen! Dies nennt man dann »Antiessentialismus«.

4 Cf. hierzu H.P. Duerr, 1995, S. 40f.

5 A. Schlichte, 1997, S. 77, 84. Der Soziologe R. Lautmann (2002, S. 264) reagiert auf meine Elias-Kritik allen Ernstes mit der Feststellung, selbst dann, wenn alle Fakten, auf die Elias seine Theorie gründe, falsch seien, sei die Zivilisationstheorie »nicht widerlegt«, sondern es »fehle ihr ›nur‹ die empirische Grundlage«. Aber welcher Mensch, der nur einigermaßen bei Trost ist, würde eine Theorie ernst nehmen, der in der Wirklichkeit nichts entspricht? Überdies habe ich zu zeigen versucht, daß die Fakten dieser Theorie nicht nur nicht entsprechen, sondern *im Widerspruch* zu ihr stehen! Der Eliasschüler P.R. Gleichmann (1995, S. 83) verkündet, ich sei

nicht so sehr an meiner Kritik am empirischen Fundament der Eliasschen Theorie, sondern »an den eigenen erklärenden Syntheseleistungen zu messen«. Was bliebe aber von der Eliasschen »Synthese«, wenn er einen Prozeß »erklärt« hätte, der gar nicht stattgefunden hat? Zudem entlasten Manöver wie das von Gleichmann die »Zivilisationstheorie« weniger, als daß sie den Verdacht bestärken, selbst seine treusten Anhänger trauten dem Umgang Elias' mit den historischen Fakten nicht mehr, zumal auch von ganz anderer Seite harsche Kritik an dessen Fähigkeit, Quellen einigermaßen adäquat zu verstehen und zu interpretieren, laut geworden ist. Cf. z.B. H. Albert, 1985, S. 265 f. Zwei weitere Eliasschüler, S. Mennell & J. Goudsblom (1997, S. 729), bemängeln, ich hätte sämtliche Behauptungen Elias' einem »extremely rigorous criticism« unterworfen, was ich bei meinen eigenen Aussagen vermieden hätte. Das liegt freilich daran, daß ich eine Kritik an Elias und nicht eine Kritik an mir selber geschrieben habe. Zu letzterer sind Mennell und Goudsblom herzlich eingeladen.

6 M. Gsell, 1997. Etwas Ähnliches meinen vermutlich Dieter Claessens, wenn er schreibt, daß ich mit meiner Kritik »an Elias als *Soziologen* vorbeigeh[e]« (1995, S. 74), oder eine Kritikerin, die bemängelt, daß ich »die Prozeßhaftigkeit sozialer Beziehungen vernachlässige« (S. Ernst, 1996, S. 79). U. Brieler (1998, S. 277) nennt Elias als den »kongenialere[n] Diskussionspartner Foucaults«, da sich auch jener »von der Ideologie (*sic*!) anthropologischer Invarianten« getrennt habe: »Elias verabschiedet *den* Menschen, um historische Geflechte sichtbar zu machen, die sich aus kontingenten menschlichen Praktiken ergeben.«

7 S. Shimada, 1994, S. 207. Mit der Feststellung, ich sei »Erbe« einer bestimmten Richtung der traditionellen Ethnologie oder Kulturgeschichte, läßt sich freilich nicht viel anfangen. Was Shimada nicht beachtet – und das ist sehr unweise –, ist die Tatsache, daß kein Hund in der Wissenschaftsgeschichte jemals so tot ist, daß man ihn getrost begraben könnte. Dies gilt auch für alle die Kritiker, die – zu Recht – feststellen, ich »fiele« oder »bliebe« hinter irgendwelchen »moderne(n) oder postmoderne(n) Positionen zurück«.

8 J. Heinzle, 1994, S. 288 f. Der Mensch, so dekretiert U. Jeggle (1999, S. 99 f.), sei »ein durch und durch historisches Wesen«, wie Elias »gezeigt« habe. Deshalb sei die Suche nach »grundmenschlichen oder allgemeinen Bedürfnissen [...] ab ovo obsolet«. Und der Historiker F.X. Eder (1997, S. 281) behaup-

tet, »auch die essentialistische These, wonach der Sexualtrieb ein ahistorischer, in allen Menschen zu allen Zeiten vorhandener Trieb sei, der von sich aus zur Befriedigung dränge«, könne nicht mehr aufrechterhalten werden. Die Historiker, die bestreiten, daß der *homo sapiens sapiens* der vergangenen 40000 Jahre und sogar der Europäer der letzten 500 Jahre ein »Wesen« hätte, das dazu berechtige, von *einem* Menschen zu sprechen, der durch alle historischen Veränderungen hindurch mit sich selber identisch geblieben sei (cf. H.P. Duerr, 1997, S. 359 ff.), beziehen sich häufig auf Gelehrte wie Foucault, die angeblich gezeigt haben, daß es in der Kultur- und Mentalitätengeschichte, der *anthropologie historique*, keine über längere Zeiträume »durchgängige Identitäten« gebe, weshalb man nur noch sagen könne: Das *Wesen* ist der Wandel. Freilich liegen den Ausführungen Foucaults und all jener Autoren, deren Bücher typischerweise »Die Erfindung der (Kindheit, Liebe etc.)« oder »Die Konstruktion von (Homosexualität, Sexualität, Weiblichkeit etc.)« heißen, zwei elementare Fehler zugrunde, die immer schon von Relativisten aller Couleur gemacht wurden, nämlich das Nichterkennen *funktionaler* Äquivalente und die falsche Schlußfolgerung, daß es in einer Gesellschaft kein Bewußtsein (»concept«) eines Sachverhaltes geben könne, wenn ein bestimmtes *Wort* dafür fehle. Dann kommt man zu Vorstellungen, wie etwa der, es sei ein Anachronismus, von Homosexuellen im Mittelalter zu sprechen und dergleichen mehr.

9 O. Christin, 1999. Ähnlich meint auch P. Imbusch (1999, S. 154), mein »›kasuistischer‹ bzw. ›situativer‹ Erklärungsansatz« gäbe »die Möglichkeiten, über die Entwicklungsrichtung und -trends« beispielsweise der Ausübung von Gewalt »begründete Aussagen zu machen, aus der Hand«. Eine Kritikerin konstatiert, mit der Feststellung »einer ahistorischen Schamkonstante« sei »nicht viel gewonnen«, denn die Frage, »wieso die Nacktheit des westlichen 20. Jahrhunderts sich ganz anders darstellt als die der Stammeskulturen« sei damit nicht beantwortet. Eine andere Kritikerin (H. Hammer, 1997, S. 64) führt aus, »mit der Apostolierung (*sic*!) der Genitalscham als anthropologische Konstante« versuchte ich, die diesbezüglichen Behauptungen Elias' zu falsifizieren. Dabei könnte ich häufig solche »Konstanten« nur dadurch herauspräparieren, daß ich »die Einbettung« der Phänomene »in den jeweiligen kulturellen Kontext« nicht beachtete (H. Landweer, 1997, S. 385). G.W. Oesterdiekhoff (2000, S. 290)

wirft mir die Absicht vor, »die ungeschichtliche Konstanz des Aggressionstriebes« nachweisen zu wollen, und S. K. Schindler (2001, S. 20) bemängelt, ich hätte »vermeintlich anthropologische Konstanten wie Familie, Liebe, Generation oder Geschlecht« nicht »historisiert«. Ähnlich auch J. Raab, 2001, S. 101. Am schönsten drückt sich die Historikerin M. Lorenz (2000, S. 65) aus, die, nachdem sie mich als »Heterosexisten« ausgemacht hat, feststellt, daß sich meine Gegenbeispiele zur Theorie Elias' »gar nicht kontextualisieren und genderisieren, geschweige denn systematisch vergleichen« ließen.

10 Mennell/Goudsblom, a. a. O., S. 730. Natürlich habe ich nicht den *individuellen* Reifungsprozeß, sondern den »ontogenetisch-phylogenetischen Parallelismus« Elias' bezweifelt, also den Wahrheitsgehalt der Behauptung, Gesellschaften reiften ähnlich wie Einzelmenschen.

11 B. Behlen, 1998, S. 102.

12 K. Anders, 1995, S. 12 f., zit. bei H. P. Duerr, 1997, S. 554.

13 Cf. z. B. R. van Krieken, 1998, S. 119 ff.; C. Marx, 1996, S. 292 f.; M. Heesch, 1998, S. 69 f.; G. Schwerhoff, 1998, S. 564 f., oder M. Schloßberger, 2000, S. 109 ff.

14 Behlen, a. a. O., S. 104. Ähnlich Oesterdiekhoff (a. a. O., S. 192), ein Kritiker, der besonders großspurig daherkommt.

15 Cf. H. P. Duerr, 1997, S. 359 f.

16 Ich habe dies bereits im zweiten, dritten und vierten Band so detailliert ausgeführt, daß ich es inzwischen leid bin, diese Sache den Kritikern noch einmal wie kleinen Kindern vorzukauen. Wenn der Aphoristiker U. Erckenbrecht (1999, S. 64) schreibt, daß »Kontroversen nicht dadurch beendet« werden, »daß sich die besseren Argumente durchsetzen, sondern durch allgemeine Erschöpfung«, da es »zum Schluß alle leid« sind, »weiter darüber zu reden«, so ist jedenfalls bei mir dieser Punkt inzwischen erreicht.

17 T. Mergel, 1996, S. 75. Neuerdings hat P. Burke (1997, S. 68) gegen meine Ausführungen geltend gemacht, Elias habe »ja nicht die Ersetzung der Anarchie durch Ordnung« beschrieben, »ob nun am Eßtisch oder anderswo, sondern die Entwicklung strengerer Verhaltensregeln«. Ich kann diesen Einwand nicht ganz nachvollziehen, denn genau das, also das »Strengerwerden« namentlich der informellen Regeln, habe ich ja bezweifelt. Völlig mißverstanden hat mich offenbar J. Fletcher (1997, S. 37), der mir die Behauptung vorzuwerfen scheint, »in medieval societies, people lacked self-restraint totally«, »and that it is only from this time on that we witness

a rise in the levels of shame and embarrassment surrounding sex and nakedness«.

18 H. P. Duerr, 1993, S. 19. »Wenn es zum Schwur kommt«, so meint R. Lautmann (2000, S. 158), also »bei der Widerlegung der Eliasschen Zivilisationstheorie, zieht Duerr biologisch-verhaltenstheoretische Konzepte heran.« Das ist freilich nur die halbe Wahrheit, denn in erster Linie habe ich zu zeigen versucht, daß die Behauptungen Elias' über die geschichtliche Entwicklung schlicht *falsch* sind. T. Walter (1998, S. 27) wirft mir die Auffassung vor, der Mensch sei eine »letztlich tierhafte Kreatur«. Aber was sollen wir denn sonst sein? Etwa Pflanzen?

19 Deshalb mißversteht mich auch B. Streck (1997, S. 47), wenn er von einer »postmodernen« Kontroverse »zwischen Universalisten und Idiosynkratisten« spricht, »die wie zuletzt Hans Peter Duerr in bester ethnologischer Tradition die große Zivilisierungserzählung von Norbert Elias im Namen der vielen kleinen Erzählungen zu entwerten versuchen«. Auch bei mir steht eine »große Erzählung« im Hintergrund, wenn es auch nicht die von Elias ist. Auch hege ich nicht, wie z. B. C. Jamme (1991, S. 250) meint, »Zweifel an der *Übertragbarkeit* des zivilisatorischen Modells auf andere Kulturen«, sondern an der Zivilisationstheorie selber.

20 D. Bell, 1990, S. 27 f. Damit verbunden ist die tiefe Überzeugung, daß es »keine *essentiellen* Merkmale« gebe, »die den Menschen definieren« (a. a. O.), so daß im Prinzip »anything goes«.

21 A. Blok, 1985, S. 167, bzw. W. Reinhard, 1997, S. 52.

22 M. Miegel/S. Wahl, 1993, S. 143.

23 F. Tönnies, 1979, S. 169.

24 Im Gegensatz zu den Zwängen der traditionellen Gesellschaft sind die Vorgaben der modernen viel eher »Angebote« und »Anreize«, die nicht verpflichten, sondern für die man sich individuell entscheiden, die man wählen muß. Cf. U. Beck/E. Beck-Gernsheim, 1994, S. 12. F. Tönnies (1909, S. 89) hat dies so formuliert, daß der Mensch ohne eine ihn formende Gemeinschaft in seinen Entscheidungen »auf sich selber gestellt« sei. Cf. hierzu H. P. Duerr, 2002.

25 H. Oswald, 1966, S. 116.

26 Cf. R. P. Sieferle, 1997, S. 195 ff.

27 Diese Nachbarschaftsethik der »Solidarität« (cf. B. Stråth, 1997, S. 14) bedeutete, daß man weder Gewinn erzielte noch Schuldner war, sondern lediglich der Pflicht nachzukommen hatte, im Bedarfsfalle zu helfen. Dies beinhaltet einen völlig

anderen Typus von gegenseitiger Abhängigkeit als den in der modernen Gesellschaft: »Of course these isolated, apparently autonomous individuals are in fact highly dependent on society – but only through the medium of money. A man in a less differentiated rural economy is constantly reminded of his dependence on society, and of the fact that his very being is totally intertwined with the being of the social order, and the being of his fellows« (C. Alexander, 1974, S. 255).

28 In den mittelalterlichen Städten wurden »Nachbarschaften« gegründet, deren Mitglieder einander »Hilfeleistung in Freud und Leid« zusicherten, was im Gegensatz zu den dörflichen Gemeinschaften, in denen sich das von selbst verstand, in Artikeln festgelegt wurde. Cf. S. Sieber, 1914, S. 465f. Noch in den frühneuzeitlichen Reichsstädten war jeder Bürger dazu verpflichtet, z.B. bei Schlägereien »Frid zu gepieten«, wie es 1537 in Augsburg hieß, d.h., die gewaltsame Auseinandersetzung zu beenden. Im Falle von Unruhestiftern oder Jugendbanden, die alleinstehende Frauen sexuell belästigten, hatten die Nachbarschaften die Pflicht, zu intervenieren und erst dann, wenn sie erfolglos blieben, beim Niedergericht oder Rat Anzeige zu erstatten. Cf. C.A. Hoffmann, 1999, S. 197f.; J.R. Farr, 1988, S. 169. Moderne amerikanische Singles haben »lack of neighborhood-based interaction« für »the hostile, impersonal and secondary nature of the big city milieu« verantwortlich gemacht (J.R. Starr/D.E. Carns, 1973, S. 88f.), für eine Atmosphäre, die wie im Jahre 1997 in Hamburg dazu führt, daß in der S-Bahn vor aller Augen ein 17 Jahre altes Mädchen vergewaltigt wird: Es wehrt sich mit aller Kraft, tritt um sich und schreit um Hilfe, »doch niemand greift ein, niemand holt Beistand. Einige Fahrgäste steigen mit dem weinenden Opfer an der Endstation aus. Der Täter bleibt sitzen und fährt unbehelligt mit demselben Zug zurück in die Innenstadt. Die Siebzehnjährige verkriecht sich zuhause. Kein Zeuge meldet sich bei der Polizei« (S. Gaschke, 1997, S. 1).

29 N. Elias (1974, S. XIX) meint, heute seien »so many millions of human beings [...] in one way or the other dependent on each other that the chains of interdependency *appear* impersonal, although they are nothing but dependencies of persons, mostly unevenly reciprocal, on each other«. Doch diese Form der Interdependenz *scheint* nicht unpersönlich zu sein, sie *ist* unpersönlich, und *deshalb* hat sie ganz andere Auswirkungen auf den Gefühlshaushalt der Beteiligten! Elias gebraucht ver-

hängnisvollerweise »the terms ›social interdependencies‹ and ›social bonds‹ interchangeably«, wobei er anmerkt, daß der Begriff der »Bindung« »still has voluntaristic undertones: it tends to be misunderstood as an idealizing expression for positive bonds of affection and love between people« (a.a.O., S. XXXI). Aber genau das ist der Unterschied zwischen einer persönlichen Bindung und einer anonymen Interdependenz, woran die Tatsache, daß auch solche Bindungen »hostility and hatred« beinhalten können, nichts ändert. *Diese Unfähigkeit von Elias, den essentiellen Unterschied zwischen einer affektiven Bindung und, sagen wir, einer geschäftsmäßigen Beziehung zwischen einem Käufer und einem Verkäufer zu sehen, halte ich für einen der elementaren Fehler seiner Zivilisationstheorie,* und es ist mir unverständlich, daß er keinem der zahllosen Kommentatoren seines Werkes aufgefallen zu sein scheint.

30 Cf. R.B. Lee, 1992, S. 88 f.

31 D.J. Walmsley, 1988, S. 129. Insbesondere Z. Bauman (2001, S. 482) hat betont, daß die wirtschaftlichen Globalisierungsprozesse der Gegenwart keine neue Heimat und keine Gemeinschaft schaffen, sondern die Menschen weiter emotional entwurzeln und voneinander isolieren.

32 Mennell/Goudsblom, a.a.O., S. 732.

33 Die meines Erachtens falsche Theorie, die Körperscham sei lediglich die Folge des Innewerdens eines Nichterreichens kultureller Standarde, wie sie von Elias und vielen anderen vertreten wird (cf. H.P. Duerr, 1993, S. 16f.), übernahmen früher auch viele FKK-Anhänger. So schrieb z.B. im Jahre 1927 der Schweizer Nudist Werner Zimmermann, er habe herausgefunden, daß die Frauen lediglich dann Bedenken gegen die öffentliche Präsentation ihres nackten Leibes hätten, »wenn sie keinen wohlgebildeten Körper haben. Wer fürchtet, ihre schlaffen, hängenden Brüste könnten abstoßend wirken, die wahrt ihre Form lieber in reizvoller Kleidung« (H. Szeemann, 1997, S. 11 f.). Der Sozialwissenschaftler W. Wagner (1999, S. 109f.) hat gegen meine Elias-Kritik den Einwand vorgebracht, es sei ja möglicherweise wirklich so, daß man sich heute nicht mehr so sehr wegen seiner Nacktheit schäme, sondern wegen seines »überall vorzuzeigenden und durch die Mode sichtbar gemachten alten, dicken oder häßlichen Körpers«, was auch Guillebaud (a.a.O., S. 143) meint, wenn er konstatiert: »Was uns jetzt quält, ist nicht mehr das moralische Urteil, sondern der Leistungsvergleich.« Dies ist gewiß nicht von der

Hand zu weisen, doch scheint auch hier die Vielzahl konkurrierender Normen und Standarde allem Schlankheits-, Jugend- und Fitneßkult zum Trotz die Allgemeingültigkeit und Unanfechtbarkeit von Normen generell in Frage zu stellen. So ist es auch zu erklären, daß an den westeuropäischen Stränden der Anblick von »oben ohne« gehenden Frauen mit hängenden, kaum vorhandenen oder äußerst üppigen Brüsten sowie von Männern mit enormen unbedeckten Bierbäuchen keine Seltenheit ist.

34 J. Goudsblom, 1997, S. 163, bzw. N. Elias, 1988a: »Ich glaube, daß Herr Duerr den Unterschied zwischen meinen komparativen und seinen absoluten Feststellungen nicht versteht.« Nie habe er behauptet, daß es z.B. im Mittelalter keine Scham gegeben habe, vielmehr, daß die Scham geringer gewesen sei. »Er unterstellt mir Aussagen, die ich nie gemacht habe.«

35 C. Wouters, 1994, S. 205 f.

36 Folgerichtig sprechen z.B. Mennell und Goudsblom (a.a.O., S. 733) nur noch von »civilizing processes«, und die meisten Mitglieder der Elias-Gemeinde haben diesen Sprachgebrauch inzwischen übernommen, um hinter der Entwicklung nicht zurückzubleiben. Diese Tendenz zu einer relativierenden Pluralisierung scheint typisch zu sein für sich allmählich auflösende Denkströmungen. Cf. H.P. Duerr, 1981, S. 9.

37 N. Ebers, 1995, S. 236. Auch eine andere Kritikerin, nämlich H. Burmann (2000, S. 217), wendet ein, Elias habe keine »bruchlose Linearität« des Zivilisationsprozesses behauptet. Wenn es sich gezeigt hat, daß bestimmte historische Entwicklungen dem von Elias beschriebenen Prozeß widersprechen, haben Anhänger der Zivilisationstheorie sie einfach als »Dezivilisierungsschübe« abgetan, die langfristig nichts am Zivilisationsprozeß und seiner Richtung änderten. Auf diese Weise immunisiert man die Theorie gegen kritische Einwände, indem man den Stichtag für die Überprüfung ihrer Richtigkeit auf den Sanktnimmerleinstag verschiebt. Es handelt sich hierbei um eine in der Wissenschaftsgeschichte wohlbekannte Strategie zur Rettung angeschlagener Theorien.

38 Wenn über längere Zeit hinweg die Gegenschübe die Zivilisierungsschübe überwiegen, so gibt es eben eine Rückentwicklung und keinen Zivilisationsprozeß im Eliasschen Sinne. Cf. K. Anders, 2000, S. 83 f. K.-S. Rehberg (2002, S. 226) hat Elias mit dem Argument verteidigt, dieser habe »weder eine einzigartige noch eine unilineare Zivilisationsentwicklung« behauptet. Aber was bliebe von der Zivilisationstheorie, wenn

die behauptete Entwicklung keine *bestimmte Richtung* mehr hätte?

39 N. Elias, 1990, S. 98, bzw. ders., 1983, S. 17.

40 Ders., 1995, S. 8. Es geht hierbei wohlgemerkt um die *semantische* Frage, was *die Bedeutung* des Begriffes »unendliche Reifung« sein könnte!

41 Ders., 1988b, S. 190; ähnlich ders., 1991, S. 146f. Mit Recht stellt K. Anders, 2000, S. 154, fest, daß diese Aussage von Elias »die ganz freimütige Formulierung einer Zielvorstellung« sei: »Elias versuchte lediglich, sie zu entschärfen, indem er sie in weite Ferne rückte. Dadurch hoffte er die Gegenwart ein wenig von der Last zu befreien, als Vorstufe des Gipfelpunktes so vielen kritischen Blicken unterworfen zu sein.« Wie verschieden Elias diesbezüglich die Akzente setzte, erkennt man z. B. daran, daß er sieben Jahre vorher noch betont hatte, es sei historisch »einzigartig« für die Menschheit, daß diese so friedlich, »d. h. unter Ausschaltung der Gewalt«, lebe wie etwa im heutigen Europa, Amerika, China oder Rußland, wo das »sich gegenseitig Schlagen und Morden« inzwischen »ganz in den Hintergrund« getreten sei (N. Elias, 1981, S. 5, 7).

42 Ders., 1987, S. 71.

43 Dies haben bereits vor mir Kritiker wie Z. Bauman, 1979, S. 119, oder C. Lasch, 1985, S. 713, 719, festgestellt. Allerdings ist Elias bei seinen evolutionistischen Formulierungen meist etwas vorsichtiger als viele seiner Anhänger, etwa C. Shilling (1997, S. 94f.), der unter Berufung auf Elias das Leben der mittelalterlichen Menschen mit dem berühmten Hobbes-Ausdruck »nasty, brutish and short« charakterisiert und der behauptet, erst in der Renaissance seien sie auf den Gedanken gekommen, sich von all dem abzugrenzen, was sie nunmehr als tierisch (»animal«) empfunden hätten.

44 Cf. N. Elias, 1988, S. 80. Am nächsten scheint Elias dem englischen Philosophen Herbert Spencer zu stehen, bei dem sich bereits um die Mitte des 19. Jahrhunderts fast jeder wesentliche Gedanke findet, den Elias später neu formuliert und ausgearbeitet hat. So beschrieb schon Spencer die soziale Evolution als eine Folge der Verlängerung und Intensivierung der Interdependenzbeziehungen und die Menschen früherer Entwicklungsstufen als unfähig, z. B. prinzipiell zwischen Traum und Wirklichkeit zu unterscheiden, sowie zwischen Belebtem und Unbelebtem. Auch sei für sie eine »inconstant disposition« mit extremen Emotionalitätsschwankungen und plötzlichen Affektumschlägen charakteristisch gewesen. Cf.

H. Spencer, 1891, S. 24 ff.; ders., 1904, I, S. 56 ff., 70, 132 ff. Solche Evolutionstheorien, in denen die Entwicklung von »rude to refined« beschrieben wird, findet man auch häufig in Gesellschaften, die selber von den Evolutionisten als »rude« bezeichnet werden. Cf. M. Münzel, 1993, S. 35.

45 Wouters, a.a.O., S. 206.

46 N. Elias: »Zu den Argumenten von Hans Peter Duerr gegen die Zivilisationstheorie«, SWF 3, 13. Juni 1988. Ähnlich in ders., 1986, S. 447f.

47 Ders., 1988b, S. 188.

48 Ders., 1939, II, S. 453f. Wenn in diesem Zusammenhang eine Kritikerin meint, ich hätte »the idea of a progressing civilisation *itself* [as] a myth« bezeichnet (S. Brandtstädter, 2000, S. 117), so ist das natürlich unzutreffend: Mit der Zivilisation halte ich es wie Gandhi. Als er einmal gefragt wurde, wie er zur westlichen Zivilisation stehe, soll er geantwortet haben: »Ich halte sie für eine gute Idee!«

49 Ders., Ms. [1987], S. 25. Den Hinweis auf dieses – anscheinend nur ungedruckt verbreitete – Manuskript verdanke ich Kenneth Anders.

50 Cf. H. Stoecker, 1991, S. 180. Selbst August Bebel meinte in einer Reichstagssitzung vom Jahre 1906: »Kommen die Vertreter kultivierter und zivilisierter Völkerschaften [...] zu fremden Völkern, [...] um ihnen die Errungenschaften der Kultur und Zivilisation zu überbringen, um sie zu Kulturmenschen zu erziehen, [...] dann sind wir Sozialdemokraten die ersten, die eine solche Kolonisation als große Kulturmission zu unterstützen bereit sind.« Und sechs Jahre später unterstrich sein Parteigenosse Henke, »daß [die Neger] sehr entwicklungsfähige Menschen sind, die zu einer höheren Kulturstufe emporsteigen können!« Deshalb hätten wir geradezu »die Pflicht, dafür zu sorgen, daß die Kultur der Neger gehoben werde!« (H. Melber, 2002, S. 68).

51 Man kann wohl getrost davon ausgehen, daß die *wahren* Interessen der meisten Kolonialisten ganz andere waren als die, »Entwicklungshilfe« zu leisten. Nachdem z.B. Stanley im Jahre 1877 aus Afrika heimgekehrt war, hielt er vor der Handelskammer in Manchester eine Rede, in der er ausführte: Wenn es gelänge, die Kongo-Neger so weit zu zivilisieren, daß sie wenigstens jeden Sonntag europäische Kleidung trügen, so benötigte man dafür 320 Millionen Yards Baumwollstoff aus Manchester. Das Publikum dankte dem Redner mit donnerndem Applaus. Cf. R. Broby-Johansen, 1968, S. 195.

52 M. Schröter, 1997, S. 81f.

53 A.a.O., S. 109. J. Goudsblom (a.a.O., S. 162f.) meint, ich könnte Elias' diesbezügliche Ausführungen »onmogelijk als kolonialistische ideologie« abtun. Ich wiederhole (zum letzten Mal), daß ich Elias nicht als Kolonialideologen bezeichnet, sondern lediglich ausgeführt habe, daß hinter seiner Zivilisationstheorie eine Ideologie der »Überlegenheit« der modernen westlichen Triebmodellierung über die der traditionellen nicht-westlichen Gesellschaften steht, wie sie auch den viktorianisch-wilhelminischen Kolonialisten eigen war. Absurd ist die Unterstellung der italienischen Soziologin Simonetta Tabboni (1993, S. 250), ich hätte Elias als »Rassisten« bezeichnet. Dieser Vorwurf stammt meines Wissens von Elias' ehemaligem Anhänger Anton Blok und ist ungerechtfertigt, da z.B. Rassisten wie Gobineau stets davon ausgingen, daß Rassen aufgrund angeborener Dispositionen »höher« oder »niedriger« stehen, und von einer derartigen Auffassung war Elias stets weit entfernt.

54 »Schließlich muß dieses [= das »neue Zivilisationsmuster«] langsam und unter Triebversagungen erworben und erlernt werden. Deshalb ist es nicht verwunderlich, daß sich gerade erwachsene Menschen, die von klein auf ein ganz anderes Zivilisationsmuster gelernt haben, dagegen zur Wehr setzen« (M. Hinz, 1995, S. 126).

55 Mit Recht konstatiert Anders (a.a.O., S. 146), die Frage sei, »ob sich die betroffenen Menschen aus *inneren* Zwängen heraus ihrer *eigenen* Entwicklungslogik gemäß in weiterreichende Interdependenzverhältnisse begeben *mußten*. Und diese Frage kann in Anbetracht der Kolonialzeit, der umfassendsten und radikalsten Schaffung globaler Verkehrs- und Handelsströme, getrost mit ›nein‹ beantwortet werden.«

56 Cf. J.H. Bodley, 1983, S. 13ff., 168, 193; ferner G. Schulze, 1999, S. 388f.

57 P. Feyerabend, 1995, S. 106.

58 Nicht unbenommen bleibt es freilich diesem Anonymus, wenn er ausgerechnet über einen Zitatfälscher wie den Ethnologen Spöttel (cf. H.P. Duerr, 1997, S. 366f., 563f.) schreibt, daß »dort, wo die Spöttelsche Kritik im Detail« ansetze, »seine stets mit Zitaten abgesicherten Einwände durchaus ein[leuchten]« (*Trickster Jahrbuch* 1, 1997, S. 285). Vielleicht hätte der Rezensent doch einmal nachprüfen sollen, ob diese »Zitate« getürkt sind oder nicht, etwa dort, wo Spöttel (1996, S. 139) schreibt, ich hätte in meinen »rüden Attacken« auf die Zivilisa-

tionstheorie behauptet, »*der Jude* Elias« habe die Gesellschaftsform schöngeredet, »die den Nazismus und seine Folgen geboren habe«.

59 *Anthropos* 2000, S. 654. Eine andere Kritikerin hat Sloterdijk und mir vorgeworfen, »laszive« Texte und eine »Porno-Philosophie« verfaßt zu haben, »Männerphantasien, die, sobald sie ausgesprochen werden, vor allem Frauen faszinieren«, an die sie auch adressiert seien: »Nicht anders als Sloterdijk stolpert Duerr bei seiner Wanderung durch die Menschheitsgeschichte bei jedem Schritt über ein Geschlechtsteil. Im Unterschied zu Sloterdijk benennt er es mit unzeremonieller Direktheit« (H. Schlaffer, 2000, S. 1135f., 1139). Über diese »Direktheit« kann sich auch M. Hinz (2002, S. 202 *et passim*) nicht beruhigen.

60 Cf. Spöttel, 1995, S. 252. Nach N.S. Goldner (1977, S. 260) sind Vergewaltigungen weißer Mädchen und Frauen durch schwarze Täter häufig besonders brutal und entsprechen dem Macho-Ideal der »coolness«, das in den schwarzen Subkulturen der USA weit verbreitet ist. Cf. J.M. Billson, 1992, S. 16ff. Daß heutzutage mehr Schwarze weiße Frauen als Weiße schwarze Frauen vergewaltigen, liegt gewiß daran, daß es für einen schwarzen Mann meist sehr viel begehrenswerter ist, »to fuck a white bitch«, als es für einen weißen Mann begehrenswert ist, dies bei einer Schwarzen zu tun. Cf. G.D. LaFree, 1982, S. 325. Außerdem ist die Erniedrigung einer Weißen für viele Schwarze eine Genugtuung. Auch in den amerikanischen Jugendstrafanstalten vergewaltigen die schwarzen Gangs mit besonderer Vorliebe weiße Jugendliche, was sie als eine Art Rache für die weiße Vorherrschaft »draußen« empfinden. Cf. C. Bartollas et al., 1974, S. 207f. In Texas waren 76,3% der zwischen 1924 und 1972 wegen Vergewaltigung hingerichteten Täter Schwarze, wobei allerdings berücksichtigt werden muß, daß die Chance, wegen eines Schwerverbrechens mit dem Tode bestraft zu werden, für einen Neger wesentlich größer war als für einen Weißen. 95,6% aller Vergewaltigungsopfer waren weiße Frauen oder Mädchen. Cf. J.W. Marquart et al., 1994, S. 42, 48.

61 Spöttel, a.a.O., S. 250. Bei den Busch-Kaliai auf Neubritannien gab es einmal eine mächtige Anführerin eines Cargo-Kultes, der nachgesagt wurde, sie »ficke« andere Frauen mit einem hölzernen Dildo oder mit ihrer übergroßen Klitoris. Dieses Verhalten galt als so skandalös, daß ein Mann sie mit Zustimmung der anderen im Männerhaus vergewaltig-

te, um sie dadurch »zurechtzustutzen« (A. Lattas, 1990, S. 84). Cf. auch M. Jolly, 2000, S. 311. Bei den Batainabura in Neuguinea wurden bisweilen promiskuitive Frauen bandenvergewaltigt, und zwar zur besonderen Demütigung oral (J.B. Watson/V. Watson, 1972, II, S. 403), während dies bei den südamerikanischen Canela und Apanyekra die jungen Männer bei zu »wilden« und sämtliche Freier abweisenden Mädchen taten. Cf. W.H. Crocker, 1990, I, S. 230. Eine Frau der Taŭade im Bergland von Neuguinea beschämte einen Mann, der unabsichtlich ihr Schwein bespritzt hatte, zutiefst, indem sie zu ihm sagte, die Sau habe »eine Fotze«, und wenn er wolle, könne er sie »ficken«. Diese Ungehörigkeit empörte ihn dermaßen, daß er sich dazu berechtigt fühlte, die Frau auf der Stelle zu vergewaltigen. Cf. Hallpike, a.a.O., S. 248. Ganz allgemein läßt sich feststellen, daß relativ geringe gesellschaftliche Sanktionen sowie die Existenz von männerbundartigen Solidaritätsgruppen die Vergewaltigung sozial abweichender Frauen begünstigen. Cf. F. Otterbein, 1994, S. 129f. An amerikanischen Colleges, aber auch auf den Straßen der Großstädte häufen sich in den letzten Jahrzehnten die wahllosen Vergewaltigungen junger Frauen durch Gangs und Fraternities, was »gang banging« oder »pulling train« sowie »beaching« genannt wird, ein Wort, das ursprünglich für das Aufbrechen gestrandeter Wale benutzt wurde. Die Frau wird dabei meist bewußtlos geschlagen und dann von einem Täter nach dem anderen »durchgefickt«, wobei die Beteiligten einen Kreis bilden und zuschauen, was »spectoring« heißt. Cf. S. Bordo, 1993, S. 275; P.R. Sanday, 1998, S. 500f. Daß eine aufmüpfige und selbstbewußte Frau nur einmal richtig »rangenommen« werden müsse, um ihr den Schneid abzukaufen, war anscheinend auch manchen Ethnologen nicht fremd. Jedenfalls schrieb z.B. Evans-Pritchard im Jahre 1940 aus dem Sudan über die Kollegin Audrey Richards an seinen Freund Fortes: »I feel I am to blame for not having poked her when there was still an opportunity for doing so. That would have settled her« (J. Goody, 1995, S. 70). Mit besonderer Vorliebe werden in vielen Gegenden der Welt Lesbierinnen durch Vergewaltigungen »zurechtgestutzt«. Cf. z.B. W. Reusch, 2001, S. 6ff.

62 Hinz, a.a.O., S. 21. »[Duerr] reflektiert nicht, daß die Berichte über vergewaltigende Frauen stets von Männern stammen und tatsächliche Beweise dafür fehlen« (M. Hinz, 2002, S. 202). In diesem wie in zahllosen anderen Fällen zeigt der Kritiker, daß er schlicht uninformiert ist. Cf. weiter oben § 6, Anm. 50.

63 Damit will ich nicht bestreiten, daß es solche »Männerphantasien« *gibt*, etwa bei den Kalapalo am oberen Xingú:
Während es in Wirklichkeit die Männer sind, die die Frauen
sexuell belästigen und im Urwald vergewaltigen, manifestiert
sich die männliche Vorstellung von der sexuell aggressiven und
unersättlichen Frau in der Dämonin Nafigi, die in der Wildnis
den Jägern auflauert und sie vergewaltigt. Cf. E.B. Basso,
1987a, S. 217. Doch auch Mädchen und Frauen haben bisweilen solche Vorstellungen, eben »Frauenphantasien«. So erinnert sich etwa eine Frau an Tagträume, die sie als zwölfjähriges
Mädchen hatte: »Ich stellte mir vor, einen Mann oder einen
Jungen ans Bett zu fesseln; er war mir vollständig ausgeliefert,
und ich blies ihm tierisch einen. Die Vorstellung machte mich
beinahe wahnsinnig vor Geilheit, bloß – wie fühlte sich das
eigentlich an, ein Männerkörper, ein Penis, ein Schwanz im
Mund, ein Schwanz, der hart wird – ich hatte keine Ahnung.
Ich habe auch keine Ahnung, woher meine Fellatio-Kenntnis
kam. Bewußt habe ich es weder gesehen noch davon gehört«
(Wawerzonnek, a.a.O., S. 54f.).

64 Davon abgesehen *gibt* es natürlich Geständnisse von
Vergewaltigerinnen. So gestand z.B. in Amsterdam im Jahre
1797 die 42jährige Christina Knip vor Gericht, ein junges
Mädchen in ihr Zimmer gelockt, sie aufs Bett geworfen und sie
mit einem umgebundenen Dildo eine halbe Stunde lang mit
heftigen Beckenstößen vergewaltigt zu haben. Cf. T. van der
Meer, 1992, S. 194f. Die Täterin erhielt 12 Jahre Gefängnis,
nachdem bereits im Jahre 1743 der Jurist Johann Jodoco Beck
die Auffassung vertreten hatte, eine Frau, die jemanden »mit
Gewalt zum Beyschlaff nöthiget«, verdiene die Todesstrafe,
zumal eine solche Tat »dem weiblichen Geschlecht heßlicher
und schändlicher« zu Gesicht stehe als einem Manne (Meyer-
Knees, a.a.O., S. 92). In der ukrainischen Stadt Vinnica gab
eine Gruppe von Arbeiterinnen zu, in ihrem Wohnheim einen
jungen Mann vergewaltigt zu haben, und auf den Kurilen sollen schon so viele junge Männer von Arbeiterinnen aus den
dortigen Fischfabriken vergewaltigt worden sein, daß manche
Kapitäne der Fischfangdampfer ihren Matrosen verboten, dort
einzeln an Land zu gehen. Cf. Stern/Stern, a.a.O., S. 218. Bei
den Sidamo im Gebirge östlich des ostafrikanischen Abaya-
Sees wurde allen Männern ans Herz gelegt, sich von gewissen
Fruchtbarkeitsritualen der ohnehin als sexuell aggressiv geltenden Frauen fernzuhalten, weil diese während der Zeit gerne
von ihrem Recht Gebrauch machten, neugierige Männer ein-

zufangen und zu vergewaltigen. Cf. J. Brøgger, 1986, S. 53. Vergewaltigungen von Männern durch Frauen sind im übrigen für die Opfer durchweg genauso traumatisch wie die von Frauen durch Männer. Cf. R.E. Smith et al., 1988, S. 101f.; C. Struckman-Johnson, 1988, S. 238f.

65 *Spiegel* 24, 1993, S. 194.

66 Cf. J. Binner, 2001, S. 210f. Angehörige der Roten Armee haben z.B. zahllose jüdische KZ-Insassinnen, die teilweise nur noch aus Haut und Knochen bestanden, unmittelbar nach ihrer »Befreiung« in aller Öffentlichkeit immer wieder vergewaltigt. Dabei wurden manchmal die einfachen Soldaten während der Tat von den Offizieren von ihren Opfern heruntergezerrt. »The Russians«, so eine Überlebende, »were animals. They were wild animals, and we were afraid of them« (B. Gurewitsch, 1998, S. XVIII, 158, 200, 216). Cf. auch E.N. Peterson, 1990, S. 187; A. Grossmann, 1999, S. 170; H.P. Duerr, 1993, S. 418ff. Auch aus den Ghettos fliehende Jüdinnen oder jüngere jüdische Frauen, die sich Partisanen anschlossen, waren sehr häufig sexuelles Freiwild für Litauer, Polen, Ukrainer, Russen und Weißrussen. Cf. N. Tec, 1996, S. 243ff.; G. Finkelstein, 1998, S. 40, 46. Es ist erstaunlich, wie solche Taten häufig von Kommunisten und Antifaschisten ›erklärt‹ wurden. So versuchte z.B. der ungarische Kommunist Lajos Zilahy die Massenvergewaltigung ungarischer Frauen durch Rotarmisten auf die »Asiaten« unter ihnen und deren »andere« Moralvorstellungen abzuschieben. Viele der Täter hätten eben »zu den Stämmen aus der Tundra oder der kirgisischen Ebene« gehört, »wo der Mann dem Wanderer oder Fremden, der sein Zelt als Gast betritt, zusammen mit rohem gefrorenem Fleisch oder Stutenmilch auch den Leib seiner Tochter oder seines Weibes anbietet« (P. Gosztony, 1969, S. 194). Und Erich Kuby (1965, S. 314) erklärte die Verbrechen damit, diese noch in Holzhäusern lebenden »primitiven Menschen« hätten nicht mehr rechtzeitig »geschult« werden können, worauf er sich zu der Behauptung verstieg, es sei »doch wahr und zu beweisen: auf den Gesichtern mancher Opfer erschien nach einigen Erfahrungen (*sic*!) ein ganz leises, sehr weibliches Lächeln – sie imponierten ihnen nicht so sehr, diese Wilden. Und umgekehrt wird berichtet, daß bei individuelleren Wiederholungen solcher Begegnungen (*sic*!), wenn die Frauen in der Meinung, nun brauche es ja nicht mehr nur scheußlich zu sein, auch nur ein wenig vom kürzesten Weg zum Ziel abzuweichen versuchten, ihren Partnern (*sic*!) dies als

fürchterliche Verruchtheit vorkam.« Angesichts des unsäglichen Horrors und Leids der Opfer, von denen sich hinterher zahllose das Leben nahmen, solche Zeilen zu Papier zu bringen, läßt sich nicht einmal mehr als zynisch bezeichnen.

67 Zwar waren z.B. in Lettland einige Pogrome von SS-Brigadeführer Stahlecker und anderen Mitgliedern der »Einsatzgruppe A« angestiftet worden, doch im allgemeinen bedurfte es solcher Ermunterungen nicht, denn Gruppierungen wie die lettische Organisation Perkonkrusts schlugen sofort auf eigene Initiative los. Cf. H. Safrian, 1993, S. 141. Nach der Eroberung Rigas durch die deutschen Truppen im Juli 1941 rissen die Mitglieder der berüchtigten lettischen Schutzpolizei im Hof des Polizeipräsidiums zahllosen zusammengetriebenen jüdischen Frauen die Kleider vom Leib (Abb. 118) und vergewaltigten sie entweder auf der Stelle oder bei nächtlichen Orgien in den Kellerräumen. Cf. B. Press, 1992, S. 35, 61; M. Kaufmann, 1999, S. 53; A. Graf Kageneck, 1998, S. 80. Auch in Kaunas wurden etwa zur selben Zeit zahllose junge Jüdinnen insbesondere von den einheimischen Polizisten ganze Nächte lang vergewaltigt. Cf. E. Kutorgiene-Buivydaite, 1994, S. 652; M. Berenbaum, 1993, S. 96f. In Jedwabne vergewaltigten Polen zahlreiche jüdische Mädchen und schnitten ihnen dann die Köpfe ab, um mit diesen Fußball zu spielen. Cf. J.T. Gross, 2001, S. 73. Cf. auch A. Heinen, 2001, S. 38, 44. In deutschen Lagern wurden die Insassinnen häufig von den slawischen und baltischen Aufsehern sexuell erniedrigt und gequält. So zwangen z.B. im Lager Koldyčevo weißrussische Aufseher zu ihrer Belustigung männliche und weibliche Gefangene zum öffentlichen Geschlechtsverkehr und erschossen sie danach. Viele genossen es, den Frauen zuzusehen, wenn sie sich vor den Erschießungen nackt auszogen, und die jüngeren und attraktiven vergewaltigten sie nicht selten, bevor sie sich an den Grubenrand stellen mußten. Cf. B. Chiari, 1998, S. 192f.

68 Cf. auch T.J. Schulte, 1988, S. 166. Auch in Rußland selber scheint die Vergewaltigungsrate herkömmlicherweise sehr hoch gewesen zu sein. Cf. S.P. Frank, 1999, S. 159ff.

69 Cf. D. Grossman, 1995, S. 211.

70 Allein in Nanking vergewaltigten die japanischen Soldaten mindestens 20000 chinesische Frauen und ermordeten viele von ihnen hinterher auf bestialischste Weise. »Wenn wir sie fickten«, erinnerte sich ein japanischer Kriegsveteran, »sahen wir sie vielleicht noch als Frauen, aber wenn wir sie anschlie-

ßend töteten, waren sie für uns eigentlich nur noch Schweine.« Und einer seiner Kameraden notierte in seinem Tagebuch, Schweine seien mehr wert als Chinesinnen, weil man diese nicht essen könne. Cf. I. Chang, 1999, S. 55, 225. Noch im Mai 1994 erklärte der japanische Justizminister Nagamo in aller Öffentlichkeit, die Verbrechen der japanischen Truppen in Nanking seien erfunden. In Java wurden an verschiedenen Orten sämtliche indonesische, niederländische und australische Frauen vor den Augen der Truppenkommandeure vergewaltigt, ohne daß diese einschritten. Das Gleiche geschah in Borneo, Sumatra, auf den Molukken, im Solor-Alor-Archipel, auf den Philippinen, in Neubritannien oder Neuguinea. Nachdem sie Hongkong und Singapur eingenommen hatten, drangen die Japaner als erstes in die Lazarette ein und vergewaltigten vor den Augen der Patienten das weibliche Pflegepersonal und die Ärztinnen, und zwar mit besonderem Vergnügen die christlichen Nonnen. Cf. R. B. Edgerton, 1997, S. 16f., 248f., 264; B. Martin, 1999, S. 145. Über 100000 Koreanerinnen wurden bekanntlich dazu gezwungen, als Troßhuren jahrelang täglich bis zu 70 japanische Soldaten zu »trösten«. Jede Frau, die sich weigerte, wurde mit einem Schuß in die Vagina – der offiziellen japanischen Hinrichtungsart für Frauen – ermordet. Während des russisch-japanischen Krieges sollen zwar die russischen Truppen Chinesinnen vergewaltigt haben, nicht aber die japanischen, die ihre eigenen Troßhuren mitgebracht hatten. Auch beim Boxeraufstand waren es angeblich nur die europäischen und amerikanischen Soldaten und nicht die japanischen, die Chinesinnen notzüchtigten und anschließend mit dem Bajonett erstachen. Cf. Edgerton, a. a. O., S. 81, 178; V. Fuhrt, 2002, S. 145ff. Nach der Kapitulation Japans ließ der oberste Polizeichef des Landes 70000 Geishas, nichtregistrierte Huren (*yami no onna*), Kellnerinnen und Barmädchen (*panpan*) rekrutieren, weil man wußte, daß die Alliierten keine Troßhuren mit sich führten, und als Selbstverständlichkeit voraussetzte, daß es zu Massenvergewaltigungen kommen würde. Cf. S. Garon, 1997, S. 111, 197; J. W. Dower, 1999, S. 124ff.; M. S. Molasky, 1999, S. 103ff. In der Tat kam es zu zahlreichen solcher Verbrechen an japanischen, aber auch zu systematischen Vergewaltigungen z. B. von Taiwanesinnen durch amerikanische und australische Truppen. Cf. G. Hicks, 1995, S. 127.

71 Cf. E. D. Drolshagen, 1998, S. 142; O. Bartov, 1985, S. 27, 29, 110; L. Tewes, 1998, S. 208f. Zwar empfahl im Jahre 1941

Generaloberstabsrichter Lehmann, Chef der Wehrmachtsabteilung beim Oberkommando der Wehrmacht, Verbrechen wie Vergewaltigungen nur dann zu ahnden, wenn dies »zur Aufrechterhaltung der Manneszucht oder für die Sicherheit der Truppe notwendig« sei (M. Messerschmidt/F. Wüllner, 1987, S. 207), doch wurden in der Folgezeit selbst in Rußland Täter hingerichtet, z.B. Angehörige der 4. und 8. Armee. Cf. R. Czernin, 1998, S. 213 f.; W. Post, 1998, S. 550. Allerdings waren an der Ostfront Todesstrafen eher selten. So wurde z.B. ein Unteroffizier, der zwei Russinnen vergewaltigt und es bei zwei anderen versucht hatte, lediglich zu zwei Jahren Gefängnis verurteilt (cf. S.G. Fritz, 1995, S. 97), doch wie aus Gestapo-Akten hervorgeht, wurden auch Deutsche, z.B. Lagerführer oder Wachmänner, die »Ostarbeiterinnen« mißbrauchten, häufig strenger bestraft. Die russischen und ukrainischen Zwangsarbeiterinnen wurden nach der »Befreiung« durch die Rote Armee massenhaft von Sowjetsoldaten vergewaltigt, und vielen wurden anschließend sogar die Brüste abgeschnitten. Die Täter wurden meist nicht bestraft. Cf. T. Frankenberger, 1997, S. 197 f., 200 f. Die Angehörigen der russischen SS-Sturmbrigade RONA, die von dem polnischen Faschisten Kaminski geführt wurde, vergewaltigten dermaßen viele Jüdinnen und Polinnen, daß Generalmajor Rohr Panzerwagen auffahren lassen mußte, um die weibliche Zivilbevölkerung zu schützen. Schließlich wurde die nicht mehr kontrollierbare Soldateska abgezogen und Kaminski liquidiert. Cf. H. v. Krannhals, 1962, S. 305, 317 ff. Wenn ein mutmaßlicher Täter die Anschuldigungen einer Frau bestritt, also Aussage gegen Aussage stand, wurde zumindest in Ländern wie z.B. den Niederlanden oder Italien der Soldat oft trotzdem verurteilt. Ein Wehrmachtsangehöriger, der in den besetzten Gebieten junge Frauen mit der Behauptung, er sei Arzt, dazu gebracht hatte, sich vor ihm nackt auszuziehen, erhielt 3½ Jahre Gefängnis. Zwei betrunkene Soldaten, die in die Wohnung eines jüdischen Ehepaares eingedrungen waren und die Frau »nackt ausgezogen« hatten, dies aber in Abrede stellten, wurden aufgrund der Aussage des Paares »als überführt angesehen« und trotz wiederholter Intervention ihres Kompaniechefs zu ihren Gunsten vom Militärgericht zu 1 Jahr und 4 Monaten Gefängnis verurteilt. Cf. O.P. Schweling, 1977, S. 253, 291, 339 f., 372 f. Nachdem kurz nach Kriegsbeginn der Leiter des »Selbstschutz-Gefängnisses« Lobsens dort eingelieferte polnische Mädchen und Frauen sowie aus den KZ transferierte Jüdinnen vergewaltigt hatte, erstatteten mehrere Volksdeutsche gegen ihn Strafanzeige. »Durch diese Ereignisse«, so führte der Oberstaatsanwalt aus, habe »das Ansehen des Deutschtums ungeheuren Schaden genommen«. Schließlich wurde der Gefängnisleiter wegen fünf vollendeter und einer versuchten Vergewaltigung zu 15 Jahren Zuchthaus verurteilt, eine Strafe, die 1945 von einem polnischen Gericht in eine Todesstrafe umgewandelt wurde. Cf. G. Weckbecker, 1998, S. 668, 671. Vergewaltigungen von Jüdinnen kamen auch in späterer Zeit gewiß vor, wurden aber fast nie bekannt, weil die Täter ihre Opfer meist ermordeten, um nicht wegen »Rassenschande« besonders hart bestraft zu werden. So sagte z.B. im Jahre 1942 ein Schutzpolizist, dessen Kollege im Verdacht stand, junge polnische Jüdinnen vergewaltigt zu haben, vor Gericht aus, dieser habe die Verbrechen nicht gestanden, weil er sonst ganz gewiß zum Tode verurteilt worden wäre. Cf. E. Freundlich, 1986, S. 170.

72 »Frauen gibt es genug«, schrieb z.B. einer aus Deutschland nach Hause, »Russisch verstehen sie kein Wort. Doch das ist für uns noch besser; denn dann braucht man sie nicht zu überreden – einfach den Nagan [= Pistole] angesetzt und das Kommando ›Hinlegen!‹; man erledigt seine Sache und geht weiter« (A.-M. de Zayas, 1993, S. 77). Auch vergewaltigten die Rotarmisten nicht nur im »Siegesrausch«, sondern verschleppten zahllose Rotkreuzschwestern, Wehrmachtshelferinnen und Zivilistinnen und hielten sie sich als »Frischfleisch« zum ständigen Gebrauch. Cf. H. Bohn, 1954, S. 56.

73 Cf. L. Tekampe, 1989, S. 150. Nach der Lektüre des dritten Bandes des vorliegenden Buches schrieben mir mehrere ehemalige Frontoffiziere, sie hätten Vergewaltigungen slawischer Frauen durch Wehrmachtsangehörige nie miterlebt und nicht einmal »von so etwas« gehört. Eine Ausnahme war der Düsseldorfer Hauptmann a.D. Büchter, der mir mitteilte, er habe einen Täter aus seiner Kompanie vors Standgericht gebracht. Der Mann sei verurteilt und erschossen worden.

74 Bei den Südlichen Ute gab es eine »Hundegesellschaft«, deren Mitglieder bisweilen gemeinsam Frauen vergewaltigten, die sich über die Männer erhoben und sie lächerlich gemacht hatten. Cf. K.M.B. Osburn, 1997, S. 12. Charakteristisch für die »männerbündischen« Vergewaltiger ist, daß sie durch das *gemeinsame* Erlebnis zusammengeschweißt werden, wie es z.B. der Autor des Buches *Mann, leb Dich aus!*, der in den frühen neunziger Jahren durch sämtliche Talkshows des

Deutschen Fernsehens gereicht wurde, formulierte, als er über die Frauen sagte: »Sie spekulieren darauf, daß das Vertrauen der Männer untereinander erlischt, wenn der eine die Frau des anderen nagelt. Eine Männergesellschaft kann nur dann existieren, wenn man« die anderen »ab und zu die eigene Gattin« mit»bumsen« läßt. Deshalb sollte jeder Mann dafür sorgen, daß Situationen entstehen, in denen seine Kumpane zunächst »der Gattin an die Brust fassen usw.« (J.H. Bürger, 1991, S. 110f.). Die *kamaki* (»Harpuneure«) genannten griechischen Papagalli »bumsen« die Touristinnen meist an Orten, wo sich zuvor ihre Kumpane versteckt haben, um den Koitus mitzuerleben (S. Zinovieff, 1991, S. 211). Eine märkische Gutsfrau, die 1945 von einer ganzen Horde russischer Soldaten vergewaltigt worden war, berichtete, ihr und den anderen Frauen sei es »besonders grausig« vorgekommen, »daß nicht jeder eine Frau für sich holte, sondern alle zehn oder zwölf Mann Schlange standen, um sich auf ein und dasselbe Opfer zu stürzen. Später hörten wir, daß es überall gleich zugegangen war« (C. v. Arnim, 1992, S. 299). Dies bestätigte eine Frau, die zugegen war, als eine Gruppe von Wlassow-Soldaten in einer Warschauer Ambulanz vor den Augen einer großen Anzahl von Menschen anstanden, um einer nach dem anderen ein junges Mädchen, dem sie sämtliche Kleider vom Leib gerissen hatten, zu vergewaltigen. Anschließend sei das Opfer blutverschmiert durch den Saal gewankt und in einer Ecke zusammengebrochen: »Die Menge hatte alles mitangesehen und kein Wort gesprochen. Niemand hatte sich auch nur gerührt, und das Schweigen dauerte fort« (H. Krall, 1992, S. 55).

75 Cf. L. Rees, 2000, S. 103; Lord Russell of Liverpool, 1956, S. 141; H. Dollinger, 1983, S. 107; H. Heer, 1999, S. 241; P. Kohl, 1990, S. 44; ders., 1995, S. 183. Ein Landser erzählte, wie er und drei seiner Kameraden in einem Stall eine junge Polin vier Stunden lang vergewaltigten. Cf. Fritz, a.a.O., S. 78. In dem ukrainischen Dorf Borodajewka wurden sämtliche Frauen und jungen Mädchen vergewaltigt, und in Beresowska verschleppten die Wehrmachtssoldaten alle weiblichen Bewohner zwischen 16 und 30 Jahren. Partisaninnen oder Frauen, die man dafür hielt, wurden nach der Vergewaltigung häufig bei lebendigem Leib die Brüste abgeschnitten. In einigen Gegenden der Ukraine vergriffen sich Soldaten der Waffen-SS dermaßen übel an der weiblichen Bevölkerung, daß viele Männer zur Roten Armee überliefen. Vor dem Eintreffen der Totenkopfverbände hatte man den Deutschen noch größte

Sympathien entgegengebracht. Cf. H. Höhne, 1967, S. 436; ferner H.J. Schröder, 1992, S. 817f.; G. Wagner, 2001, S. 166; J. Engert, 1998, S. 131. Ein Teilnehmer von Sondereinsätzen der SS-Panzerdivision »Das Reich« berichtete, in den französischen Dörfern, in welchen Vergeltungsaktionen durchgeführt wurden, seien die jungen attraktiven Frauen von den höherrangigen SS-Leuten vergewaltigt und nackt an den Bäumen aufgehängt worden. Bei einer Vergeltungsaktion für Partisanenüberfälle in dem griechischen Dorf Distomo wurden allen vergewaltigten Frauen ebenfalls die Brüste abgeschnitten. Cf. Russell, a.a.O., S. 111; Bartov, a.a.O., S. 116; Kohl, a.a.O., S. 115; *Spiegel* 1, 1998, S. 44; I. Strobl, 2001, S. 267f. Ab dem Jahre 1943 vergewaltigten deutsche Soldaten zahlreiche Italienerinnen, eine Praxis, die dann bruchlos von den französisch-nordafrikanischen Truppen weitergeführt wurde, die teilweise mit der Aussicht auf unbeschränkte sexuelle Selbstbedienung vorher »scharf« gemacht worden waren. Cf. F. Andrae, 1995, S. 225; G. Schreiber, 1996, S. 54, 116, 155f., 196. Schon zu Beginn des Ersten Weltkrieges waren viele belgische und französische Frauen von deutschen Armeeangehörigen vergewaltigt worden (cf. R. Harris, 1993, S. 171ff.; J. Horne/A. Kramer, 1994, S. 1ff.; A. Kramer/J. Horne, 2001, S. 196ff.), und eine Litauerin, die selber zwei Vergewaltigungsversuche hinter sich hatte, erzählte über das Verhalten der deutschen Soldaten in ihrer Heimat im Jahre 1915: »Wo sie hingerieten, führten sie sich überall furchtbar mit den Frauen auf. Sie fielen sogar über halbwüchsige Mädchen her« (A. Bartnykaitė-Savickienė, 1997, S. 253). Selbst von manchen Frauen wurden damals solche Kriegsschändungen nicht nur als unvermeidlich, sondern sogar als notwendig erachtet. So schrieb z.B. unmittelbar vor Ausbruch des Ersten Weltkrieges die französische Schriftstellerin de Saint-Points: »Die Unzucht ist der dem Eroberer schuldige Tribut. Nach einer Schlacht, in der Männer sterben, ist es der normale Zustand, daß die durch den Krieg auserlesenen Sieger in eroberten Ländern bis zur Vergewaltigung schreiten, damit Leben wieder geschaffen werde« (zit. n. E. Wulffen, 1993, S. 63).

76 Rees, a.a.O., S. 222; F. Karay, 1998, S. 290f., bzw. R. Michaelis, 1998, S. 111. Cf. auch G. Bordjugov, 1999, S. 62. Wie die Buchhalterin Tamara Petrowna, die 1941 als angebliche Mitarbeiterin des NKWD verhaftet und in der Rigaer Präfektur eingesperrt wurde, berichtete, seien häufig Deutsche »zu uns in die Zellen« gekommen, »und holten sich die

Mädchen. Wer sich da widersetzte, wurde mit Riemenpeitschen geschlagen; die Jüdinnen wurden einfach an Ort und Stelle erschossen.« Während des Verhörs mußten sich manche Frauen nackt ausziehen, auf den Rücken legen und vor den Männern die Beine spreizen. Dann wurden sie sexuell mißhandelt. Cf. H. Krausnick/H.-H. Wilhelm, 1981, S. 500. Von einem deutschen Lager berichtete eine Zeugin, während des Duschens seien immer wieder deutsche Offiziere erschienen und hätten die nackten Mädchen und Frauen danach gemustert, wer von ihnen für eine Vergewaltigung besonders geeignet erschien. Cf. a.a.O., S. 503, 505. Cf. auch B. Beck, 2002, S. 264ff.; S. Maiwald/G. Mischler, 1999, S. 152ff. Ein Südtiroler Soldat sagte aus, der Ortskommandeur von Slonim habe oft mit seiner Clique »gesoffen« und Karten gespielt. Dann mußte er stets »Judenmädchen beschaffen«, die von den Männern vergewaltigt wurden. Cf. H. Heer, 1995, S. 64. Vor allem in Konzentrationslagern wurden gelegentlich auch junge männliche Gefangene vergewaltigt. Ein berüchtigter Täter war in Buchenwald »der homosexuelle Sadist Oberscharführer Zöllner«, genannt »Tante Emma« (cf. J. Schappe, 1996, S. 193f.). Mit besonderem Vergnügen scheint man in den Lagern allerdings Lesbierinnen vergewaltigt und erniedrigt zu haben. Cf. C. Schoppmann, 1993, S. 42, 113; H.P. Duerr, 1993, S. 433.

77 Cf. G. Tillion, 1998, S. 147; Karay, a.a.O., S. 289; M. Kliner-Fruck, 1995, S. 106f. Manche SS-Männer, die einer solchen Tat überführt werden konnten, wurden erschossen oder zumindest an die russische Front geschickt. Cf. Laska, a.a.O., S. 26, 181.

78 Cf. D.L. Niewyk, 1998, S. 221. Es hat den Anschein, daß überlebende Frauen noch eher bereit sind, über dieses beschämende Thema zu sprechen, als Männer (cf. J. Gassner, 1993, S. 179), aber ich habe die Erfahrung gemacht, daß dies allgemein bei dem Thema Vergewaltigung der Fall ist.

79 ZDF, 9. November 1998, bzw. C. Paul, 1994, S. 37. Im Burgenland wurden zahllose junge Zigeunerinnen vor ihrer Deportation nach Mauthausen und Auschwitz von einheimischen SS-Männern vergewaltigt. Wenn sich nach der Ankunft in den Lagern die Sintizzas zur Entlausung ausgezogen hatten, erschien die SS, um sich die jüngsten und schönsten zum Sex auszusuchen. Nach sechs Jahren KZ-Haft wurden manche der Überlebenden zur sexuellen Beute der Roten Armee. Cf. H. Amesberger/B. Halbmayr, 2001, I, S. 163; II, S. 132ff.; H. Krokowski, 2001, S. 87.

80 M. Goldenberg, 1998, S. 336; M. Zimmermann, 1996, S. 335; J. Anschütz et al., 1994, S. 130; H. Krokowski/B. Voigt, 1994, S. 264. Solche Angaben sind von zahlreichen anderen Zeuginnen bestätigt worden, die berichteten, die SS sowie die Kapos hätten insbesondere die 14 bis 16 Jahre alten jüdischen Mädchen vergewaltigt, wobei manche so gierig gewesen seien, daß sie sich an ihnen vor aller Augen vergingen. Cf. z.B. Niewyk, a.a.O., S. 221. Zahllose andere Frauen wurden freilich auch von Mitgefangenen, von deutschen Berufsverbrechern, Juden, Polen, Russen usw. vergewaltigt (J. Ringelheim, 1998, S. 341; Press, a.a.O., S. 127), und nicht selten vergingen sich die Blockältesten, die schon länger einsaßen, an den jüdischen Buben und Jugendlichen, die es erduldeten, weil ihnen sonst die Giftspritze drohte: Diese Ältesten »hatten die Macht, aus den Neuankömmlingen die zartesten jungen Männer in voller Blüte, die sie zerstörten, herauszupicken« (J. Goldstein et al., 1991, S. 90f.). Cf. auch M. Gödecke, 1995, S. 90, 105. Andere KZ-Insassen brachten den Männern, die den neueingelieferten Frauen das Haupt- und Körperhaar schoren, Nahrungsmittel und andere Geschenke, damit sie »sie uns nackt anschauen ließen, als wir im Bad standen«. Jüdinnen, die als Dienstmädchen beim Lagerkommandanten arbeiteten, hatten zwar angenehmere Lebensbedingungen, doch wurden sie meist regelmäßig vergewaltigt und ermordet, sobald sie schwanger geworden waren. Cf. Karay, a.a.O., S. 290f. Viele junge Frauen wurden offenbar zunächst von der SS »ausprobiert«, bevor man über ihr Schicksal entschied, denn »minder gute Ware kam in die KZ, bessere zur Wehrmacht, die schönsten und kräftigsten der Mädchen in die Häuser für die Offiziere und die SS« (C. Schulz, 1994, S. 139). Aber auch *in* Konzentrationslagern gab es Bordelle, in denen Jüdinnen Soldaten zu Willen sein mußten, die auf ihre Versetzung an die russische Front warteten. Cf. Paul, a.a.O., S. 104f.; R. Riebe, 1996, S. 68; C. Schikorra, 2001, S. 107; M. Spoerer, 2001, S. 205. Es steht außer Zweifel, daß es sich hierbei in den allermeisten Fällen um Zwangsprostitution handelte. Allerdings deutete eine Überlebende aus Auschwitz an, viele Gefangene hätten es auch freiwillig getan, um ihren Lebensstandard zu verbessern: Prostitution sei für »die gutaussehenden jungen Frauen« allgemein üblich gewesen, und nur diejenigen, die überhaupt »nicht begehrenswert« gewesen seien und die anderen »aus Neid« verurteilt hätten sowie die Frauen mit einer sehr »hohen Haltung« hätten sich nicht für Vergünstigungen oder Lebensmittel

»gebrauchen« lassen. Cf. M. Kos, 1998, S. 166. Zu diesen Frauen »mit Haltung« gehörten offenbar häufig die Kommunistinnen.

81 N. Elias, 1939, I, S. 222; ders., 1980, S. 20. Wenn jemand, so Elias, »sein Taghemd beim Schlafengehen« anbehalten hätte, wäre sofort der »Verdacht« aufgekeimt, »daß der oder die Betreffende mit einem körperlichen Schaden behaftet sei – aus welchem anderen Grund sollte man seinen Körper verstecken? –, und es hatte auch in der Tat meist einen Grund dieser Art«. In diesem Zusammenhang zitiert Elias einen sehr unzuverlässigen Gewährsmann, der behauptet, »alle Abende« habe sich damals »jedermann« »gänzlich« ausgezogen, und so habe man es auch »in den Dampfbädern« gehalten (a.a.O., S. 223f.). Ähnlich J. van Ussel (1970, S. 60) unter Berufung auf Elias, sowie Mennell (1989, S. 40, 53) und P. Lindner (1996, S. 517). Ein anderer Elias-Anhänger, nämlich der Historiker Pallaver (1987, S. 144), schreibt ebenfalls: »Aber man ging nicht nur nackt zu Bett, sondern schlief auch mit anderen nackt in einem Zimmer, oft sogar in ein und demselben Bett. Das unterschiedliche Geschlecht spielte dabei keine Rolle.« Cf. auch K. Utrio, 1987, S. 233.

82 G. Jaritz, 1989, S. 99.

83 Ähnlich könnte man sagen, aus der Tatsache, daß Kinder in Erwachsenenkleidung oder mit erwachsenen Gesichtszügen als Personen von Stand dargestellt wurden, lasse sich ja auch nicht folgern, daß sie damals für Erwachsene gehalten worden seien (obwohl auch *das* von Kulturhistorikern behauptet worden ist!).

84 Cf. J. Schewe, 1958, S. 87. Auf einem aus dem Quattrocento stammenden bestickten Meßgewand ist eine nackte hl. Elisabeth im Bett liegend dargestellt, und zwar nach einer Vorlage des Florentiners Antonio del Pollaiuolo. Cf. L.D. Ettlinger, 1978, Abb. 55. Zu den Darstellungen der Madonna lactans cf. H.P. Duerr, 1997, S. 131ff. Auch auf einer lombardischen Miniatur vom Jahre 1385 sowie französischen und burgundischen Buchmalereien ist Maria im Kindbett unbekleidet (cf. C. Sterling, 1990, II, Fig. 174; M. Meiss, 1967, Fig. 558; C.A.J. Armstrong, 1977, S. 59), und auf einer spätmittelalterlichen Miniatur aus den Niederlanden liegt sie sogar nackt im Sterbebett. Cf. H.L.M. Defoer et al., 1990, Tf. IV, 29. Auf dem Sockel des Triumphkreuzes der Klosterkirche von Doberan ist ebenfalls eine stillende Maria mit nacktem Oberkörper zu sehen. Auch Könige und Kaiser werden bis-

weilen nackt im Bett liegend dargestellt. Cf. z.B. A. Kolb, 1964, S. 21.

85 Cf. S.B. Pomeroy, 1975, S. 83; Dibie, a.a.O., S. 39.

86 Cf. T. Wright, 1862, S. 45, 51, 110, 253, 258, 260, 334; M.W. Labarge, 1965, S. 141f. Nachdem einige adelige Herren im 10. Jahrhundert dazu übergegangen waren, sich zum Schlafen auszuziehen, verurteilte der angelsächsische König Edgar diese neue Sitte als Ausdruck von Verweichlichung und Effeminiertheit. Cf. Panati, a.a.O., S. 328. Während der Renaissance schliefen die englischen Damen im Nachthemd, über das sie am nächsten Morgen meist ein mit Kragen und langen Ärmeln ausgestattetes »nightgown« zogen, das bis zu den Knöcheln reichte. Cf. Camden, a.a.O., S. 214.

87 In der aus dem 14. Jahrhundert stammenden Wenzelsbibel trägt Jacob ein ähnliches Nachthemd, während Hanna, die Frau Elkanas, in einem dekolletierten Nachthemd mit schmalen Trägern im Bett liegt, das den Hemden ähnelt, die von den Bademägden getragen wurden. Cf. H. Appuhn, 1990, I, fol. 26; IV, fol. 34. Auf den etwas später entstandenen Wandfresken des Sommerhauses der Südtiroler Burg Runkelstein trägt Tristan ein relativ kurzes Nachthemd, während das der Isolde allem Anschein nach hochgeschlossen ist. Cf. I. Seelos, 1982, S. 246. In der Dichtung liegt »diu blunde Isôt« in einem – vermutlich linnenen – Hemd im Bett, während andere Jungfrauen und Frauen »hemde wîz sîdîn«, also Seidennachthemden, bevorzugt haben. Cf. H.M. Zijlstra-Zweens, 1988, S. 52; L. Hofmann, 1939, S. 97. Sind sie aber einmal nackt, so z.B. »la dameisele« in Chrétien de Troyes' um 1170 entstandenem *Lancelot*, so wird dies eigens hervorgehoben. Cf. E.R. Goddard, 1927, S. 91. Beaflur wird in der Hochzeitsnacht von ihrem Mann das Nachthemd ausgezogen, »daz si ziternd bi im lac« (H. Naumann, 1934, S. 130), und auf einer Illustration aus dem 12. Jahrhundert schneidet Judith einem im Nachthemd im Bette liegenden Holofernes den Kopf ab. Cf. F. Garnier, 1988, Tf. 59. Cf. auch C. Fernex de Mongex/D. Richard, 1990, S. 78f.; R.L. Pisetzky, 1964, S. 137; A.G. Dickens, 1977, S. 21; G. Hayer, 1998, S. 40; C. Beckers-Dohlen/S. Baße, 2000, S. 117; W. Sauerländer, 1990, S. 362; G.v.d. Osten, 1970, Tf. 38; Cosman, a.a.O., S. 46; C. de Hamel, 1994, S. 126, 134; N. Morgan, 1988, Abb. 276 & 306; E. Moser, 1997, S. 286; F. Avril/N. Reynaud, 1993, S. 236; J. Schildhauer, 1984, S. 125, 127; A. Twachtmann-Schlichter, 1998, S. 70; F. Philippi, 1924, Tf. 1; H. Schüngel-Straumann, 2001, S. 146; J. Zeune, 1996,

S. 174; M. Hald, 1940, S. 81; P. Paulsen/H. Schach-Dörges, 1972, S. 24, 26; T. Albrecht, 2001, S. 70.

88 Cf. K.P. Jankrift, 1996, S. 335, bzw. Zijlstra-Zweens, a.a.O., S. 54. Die Patienten im Sint-Janshospital zu Brügge trugen langärmelige Nachthemden (cf. G.M.O. Maréchal, 1988, S. 267), und so verhielt es sich auch in vielen anderen Krankenhäusern und Pilgerherbergen. Cf. Ohler, a.a.O., S. 146. Im späten Mittelalter hatten die Chorfrauen von Klosterneuburg ein spezielles *nocturnal* (cf. B. Rath, 1996, S. 130), und wie aus den Novellen Anthoine de LaSales (1907, S. 575) hervorgeht, schliefen auch die Französinnen der Zeit in einem solchen »chemise de nuict«. Cf. auch Saint-Laurent, a.a.O., S. 51 f.; M.-J. Imbault-Huart, 1983, S. 69, 174; F. Ebel et al., 1988, S. 89, 160, 167, 181. Erst im ausgehenden Mittelalter und in der frühen Neuzeit scheint das Nacktschlafen häufiger vorgekommen zu sein. Cf. Zijlstra-Zweens, a.a.O., S. 55. Im Jahre 1405 ermahnte Giovanni Dominici die Eltern, darauf zu achten, daß alle ihre Kinder im Bett ein die Knie bedeckendes Nachthemd trügen. Cf. L. DeMause, 1977, S. 77.

89 Cf. z.B. S. Infessura, 1913, S. 217; R. Mandrou, 1975, S. 56; Margareta v. Navarra, a.a.O., *passim*. Als im Jahre 1516 Einbrecher in Barberey-aux-Moines die junge Perrette aus ihrem Bett zerrten, um sie zu vergewaltigen, war sie »nur mit ihrem Hemd bekleidet« (J.-L. Flandrin, 1991, S. 290), und bei einem nächtlichen Vergewaltigungsversuch in Cornwall trugen sowohl das Opfer als auch die herbeieilenden Dienstmägde Hemden. Cf. G. Walker, 1998, S. 16; K. Jansson, 1999, S. 195. Fünf Zeugen, die im Bernerland eine gewisse Talmannin in flagranti mit einem ebenfalls verheirateten Müller ertappten und diesen von der Frau herunterzerrten (»ab der Talmannin zogen«), sagten vor Gericht aus, die Ehebrecherin habe »ir gewand vber den kopf gehabt« (H.R. Schmidt, 1995, S. 264), und in Obwalden klagte im Jahre 1568 ein Bauer, er habe seine Frau mit einem Knecht »by einnandrenn funden, jm hemly« (R. Küchler, 1997, S. 550). In Holstein schlief man in dieser Zeit ebenfalls im Hemd, und es war schon ungewöhnlich, daß die Frau in einem Dorf bei Rendsburg, bei der ein Mann ins Haus einbrach, um ihren Leib »anzutasten« und »anzugrepen«, dieses Vorhaben unwillentlich begünstigte, indem sie »splitternacket« im Bette schlief. Cf. K.-S. Kramer, 1987, S. 134f. Aus anderen Berichten geht hervor, daß im 15. Jahrhundert Anna von Bretagne, die Gattin Ludwigs XII., oder Beatrice d'Este ebenso wie die Bäuerinnen und

Bürgersfrauen Nachthemden trugen. Anna Maria Sforza nächtigte in einem Hemd, das »turcha scarlatta fodrata, da nocte« war und deshalb vermutlich nur im Winter angezogen wurde, und Bianca Maria Sforza besaß eine »tunica pro nocte ex veluto celesti fulta ilibus seu flanchis lupis cervieriis« (F. Cognasso, 1966, I, S. 148f.). Die bäuerlichen und bürgerlichen Hemden waren natürlich einfacher, wie man z.B. auf dem um 1499 entstandenen Triptychon »Drei Legenden des hl. Nikolaus« des flämischen Malers Gerard David sehen kann, auf dem drei halbwüchsige Mädchen in Nachthemden im Bett liegen und schlafen.

90 J. van Ussel, 1979, S. 52, unter Berufung auf Elias.

91 Barack, a.a.O., III, S. 436; W. Kummer, 1995, S. 49; S.D. Goitein, 1983, S. 157f., bzw. H.-M. Kirn, 1989, S. 55. Ein Nachthemd einer französischen Bäuerin mit Beischlaf-Schlitz und den Worten »Dieu le veut« habe ich in H.P. Duerr, 1988, S. 179 abgebildet.

92 Cf. R. Marks/N. Morgan, 1980, S. 108.

93 Cf. Le Roy Ladurie, a.a.O., S. 170f.; J. Zander-Seidel, 1990, S. 208ff.; R. Salzer, 1879, S. 41; R. Vetter, 1993, S. 119; U. Rublack, 1998a, S. 215; L. Roper, 1994, S. 77. Als Hermann v. Weinsberg im Jahre 1587 krank geworden war, behielt er nachts fünf Wochen lang sein Tageshemd an, und er tat dies auch dann, wenn er auswärts übernachtete, z.B. er »were dan baussen Coln in herbergen uff sorglichen [= bedenklichen] bedden gesclaiffen oder uff der wagt [= Wacht] in den klidern pliben« (zit. n. R. Jütte, 1991, S. 64). So scheinen es viele Reisende gehalten zu haben. Jedenfalls heißt es in einer spätmittelalterlichen Ordnung des Bruchsaler Fremdenspitals ausdrücklich, die Pilger sollten ihre Reisekleidung ablegen, um das Nachtlager nicht zu verunreinigen. Cf. A. Lassotta, 1984, S. 134.

94 »L'association entre l'abandon de la chemise et l'acte amoureux est telle que l'expression ›coucher nu à nue‹ signifie faire l'amour« (Saint-Laurent, a.a.O., S. 58). Auf einem Simultanbild aus dem 14. Jahrhundert schläft Amnon mit Hemd und Nachthaube im Bett. In der Szene, in welcher er jedoch seine Halbschwester Tamar vergewaltigt, sind beide nackt, wobei Amnon lediglich die Haube auf dem Kopf behalten hat. Cf. D. Wolfthal, 1993, S. 46. Cf. auch M.V.C. Picaza, 1986, S. 435 (spanische Miniaturen des 13. Jahrhunderts). »They went to naked bed« war in England der Ausdruck für die Entjungferung der Braut in der Hochzeitsnacht. Cf. N. Jones, 1993,

S. 104. Als im *Lohengrin* (2381 ff.) am Morgen nach der Hochzeitsnacht die Verwandten das Brautgemach betreten, verbirgt die Braut voller Scham ihre Nacktheit unter der Decke und läßt sich geschwind von den Dienerinnen Hemd und Gewand bringen: »Do sie im an den armen lac,/sie sprächen ›wol ûf, ez schînet hôhe der tac.‹/diu vûrstîn ûz dem slâfe erschricte harte./sie sprächen ›wa ist daz hemdel komen,/daz liez wir iu nehten; wer hât iuz genomen?‹/des erschamte sich ein teil diu sûze zarte./unter die decke sie sich barc.«

95 Cf. J.H. Mundy, 1990, S. 54; K. Hastrup, 1990, S. 161, bzw. J. Verdon, 1990, S. 371. Als im Jahre 1680 in Salem ein Dienstmädchen berichtete, ein Nicholas Manning habe nackt im selben Bett wie seine Schwester gelegen, wurde er wegen Inzests vor Gericht zitiert. Cf. Flaherty, a.a.O., S. 40. Nach dem Weistum von Thurn an der Gader stand jedem, der einen »mann bei seinem eelichen gmachl nackent am pet« antraf, das Recht zu, den Betreffenden »stracks« totzuschlagen, da dies gleichbedeutend damit war, die beiden »in flagranti delictu« ertappt zu haben. Cf. U. Aichhorn, 1992, S. 68. Als im Jahre 1623 eine Zeugin vor dem Magistrat aussagte, sie habe die Witwe Joan Hoye neben einem Mann auf einem Bett sitzend gesehen, »she being all unbeard & her Clothes open«, galt es als sicher, »that he had the use of her bodie or ell[se] no man ever had the use of any woman's bodie« (J.A. Sharpe, 1983, S. 59), doch im Jahre 1570 gab in einem ähnlichen Fall in Denton der Mann zu, er habe mit der Frau zwar »lain in naked bed«, doch ohne bei ihr, die schwanger geworden war, den Penis eingeführt und ejakuliert zu haben. Cf. S.D. Asmussen, 1988, S. 116f. Als in Chrestien de Troyes' *Le chevalier de la charrete* aus dem 12. Jahrhundert Lancelot gezwungen ist, mit einer Dame im selben Bett zu übernachten, bleibt er bekleidet, um damit zum Ausdruck zu bringen, daß er nichts von ihr will. Cf. Dibie, a.a.O., S. 83. Und liegt einmal, wie in einer *Willehalm*-Handschrift aus dem 14. Jahrhundert, eine Frau in einer nichtsexuellen Szene unbekleidet im Bett, dann bedeckt sie sogar noch im Sterben aus Schamhaftigkeit mit den Händen ihre Brüste, sobald sich Männer im selben Raum befinden. Cf. H. Heger, 1994, S. 10. Als Herzog Kyot und Parzival das Zeltlager betreten und Condwîramur aufwacht, wickelt sie sich geschwind in das Bettlaken ein, weil sie kein Nachthemd anhat und einen fremden Mann erblickt: »si blicte ûf und sach ir man./si hette niht wan daz hemde an:/Um sich daz deckelachen swanc« (K. Lechner, 1993, S. 390).

96 Cf. L. Stone, 1992, S. 102, 163; S.J. Davies, 1980, S. 125; D. Peil, 1975, S. 169, und A. Paravicini-Bagliani, 1994, S. 184. Bezüglich des angeblichen Nacktschlafens der ersten Siedler in Neuengland ab dem Jahre 1620 meinte bereits A.M. Earle (1903, S. 432): »We must not infer from the use of the word naked that absolute lack of clothing is indicated«, und wenn es im Jahrhundert davor hieß, daß »our fathers, yea, and we ourselves also« nackt auf Stroh geschlafen hätten, und zwar »full oft« (C. Shammas, 1988, S. 150), dann darf man getrost davon ausgehen, daß »nackt« in diesem Falle »im Hemd« bedeutet hat.

97 Cf. W. Öhlinger, 1998, S. 111; J.-L. Flandrin, 1980, S. 31; Benabou, a.a.O., S. 393, bzw. Kienitz, a.a.O., S. 300f. Nachdem Boswell (a.a.O., S. 138) im Januar 1763 eine Nacht mit der Schauspielerin und Gelegenheitsprostituierten Louisa verbracht hatte, notierte er: »She declined to undress before me, and begged I would retire.« Falls man Aretino (a.a.O., S. 408) glauben darf, ließen im 16. Jahrhundert in Italien die teureren Huren sich nackt betrachten: »Manchmal nehmen sie einen ganz großen Spiegel«, so läßt er die Hure Nanna sagen, »und lassen uns nackt ausgezogen in den schändlichsten Stellungen, die man sich ausphantasieren kann, stehen und liebkosen das Gesicht, den Busen, die Brüste, die Schultern, den Leib, die Kleine und die Hinterbacken.« Allerdings scheinen die Huren so etwas als pervers (»unnatürlich«) empfunden zu haben. Cf. a.a.O., S. 406f.

98 Auch die Araber scheinen damals nicht nackt geschlafen zu haben. Jedenfalls verlautete im 14. Jahrhundert der Ägypter Ibn al-Hajj, ein Ehemann müsse sich Mühe geben, damit er seine Frau beim Beischlaf auch befriedige, und um dies zu bewerkstelligen, dürfe das Paar nicht – wie üblich – angezogen bleiben. Vielmehr solle der Mann die Frau dazu bringen, ihre Schamhaftigkeit (*haya'*) zu überwinden und ihre Nachtkleidung abzulegen. Cf. H. Lutfi, 1991, S. 107.

99 A. Homolka, 1990, S. 10f., bzw. L. Camusso, 1990, S. 50.

100 LaSale, a.a.O., S. 231ff.

101 Cf. H.P. Duerr, 1988, S. 185, Abb. 119.

102 Cf. H. Boockmann, 1986, S. 259.

103 B. Rudofsky, 1987, S. 56.

104 Zit. n. Lechner, a.a.O., S. 400f. Cf. auch C. Wetzel, 2001, S. 69.

105 M. Eden/R. Carrington, 1963, S. 43.

106 Cf. J. Kachel, 1924, S. 40f., bzw. Collis, a.a.O., S. 147, sowie T. Krause, 1999, S. 36f. Eine strenge Geschlechtertrennung gab

es in den Armenhäusern von München (C. Rädlinger, 1992, S. 27), den Hospitälern, Altersheimen und Herbergen in England (M. Carlin, 1990, S. 28; C. Dyer, 1989, S. 243), Florenz (J. Henderson, 1990, S. 75, 82), Bordeaux (M. Dinges, 1988, S. 198f.), Nürnberg (Lassotta, a.a.O., S. 133f.; C. Bühl, 1990, S. 147), im Lübecker Heiligen-Geist Hospital im Jahre 1263 (J. Hartwig, 1908, S. 75) und im Pilgerspital von Rama bei Jaffa (K.R. Scholberg, 1965, S. 123f.). Cf. auch M.-L. Windemuth, 1995, S. 129; J.M. Berger, 1999, S. 336. In der spätmittelalterlichen »ordenunge« der Straßburger Elendenherberge heißt es: »So sol man die frowenpersonen vnd ir kinde zum ersten vs der stuben füren vnd die den megden vor der kuchin bevelen; die sollent sie dann fürbas füren für der frawen kammern« (H. Röckelein/G. Wendling, 1993, S. 100), und im Jahre 1309 erklärte Erzbischof Heinrich II. von Virneburg, zu den Gott wohlgefälligen Werken zähle es, Almosen für mittellose und kranke Frauen zu spenden, deren weibliche Schamhaftigkeit sie daran hindere, Hospitäler aufzusuchen, in denen sich auch Männer aufhielten. Beispielgebend seien in dieser Hinsicht der Kölner Bürger Adolf de Revele und der Lombarde Stristram de Troja gewesen, die ihre in der Pfarre St. Kunibert gelegenen Häuser gestiftet hätten. Offenbar entstand aus diesem Komplex ein reines Frauenhospital, Revilien-Hospital genannt (P. Fuchs, 1990, I, S. 254), das im Jahre 1561 in einen Frauentrakt mit 20 und in einen Männertrakt mit 19 Betten geteilt war, wobei sich in jedem Bett nur eine Person befand. Cf. Jütte, a.a.O., S. 25, 64. »Früwen unde man«, heißt es 1440 im Hildesheimer Johannisspital, »efft dar wol echte lude [= Ehepaare] mede weren, schal men van eynander scheden«, und im Jahre 1344 durfte im St. Julian's Hospital ein Kranker von keiner Frau außer seiner Mutter, Schwester oder einer »ehrbaren Matrone« besucht werden (R.M. Clay, 1909, S. 136). Auf Anordnung des Bischofs von London wachte im Jahre 1316 ein Zerberus (»a man of exemplary moral character«) am Eingang zu den Frauenschlafsälen des St. Bartholomew's Hospital (C. Rawcliffe, 1998, S. 49). Nachdem sich 1574 ein Johannes Abelin im Ulmer Spital Zutritt zur Frauenabteilung verschafft und dort »schändliche Unzucht« getrieben hatte, ertränkte man ihn in der Donau. Cf. I. Schulz, 1998, S. 55. In den italienischen Posthäusern der Renaissance mußten sich zwar aus Platzmangel nicht selten zwei Personen ein Bett teilen, aber sie hatten ausnahmslos dasselbe Geschlecht. Cf. C.M. Cipolla, 1973, S. 26. Bereits die ältesten erhaltenen Gefängnisstatuten verbieten strengstens die gemeinsame Verwahrung von Frauen und Männern (cf. L. Lallemand, 1903, II, S. 63), und daran änderte sich während des gesamten Mittelalters nichts. Cf. z.B. Bowsky, a.a.O., S. 177. Um 1300 waren im Londoner Clink-Gefängnis die Geschlechter streng geschieden, doch im Jahre 1404 klagten die Sheriffs nach einer Inspektion, daß »the women are cramped in a small unhealthy room and to reach the privy had to walk through the male prisoners' section« (E.J. Burford/S. Shulman, 1992, S. 144). Gegen Ende des 17. Jahrhunderts wurde die Geschlechtertrennung offenbar vielerorts nur noch recht lax durchgeführt, und es kam häufig zu Vergewaltigungen, so z.B. im Jahre 1695, als der Schließer eines englischen Gefängnisses einen Mann für einen Shilling nachts in die Zelle einer gefangenen Frau ließ (a.a.O., S. 150, 154). Im 18. Jahrhundert gab es im Zuchthaus von Charleston allem Anschein nach überhaupt keine Trennung mehr, denn es hieß: »Men and Women are crowded promiscuously – No Necessary Houses to retire to – The Necessities of Nature must be done by both Sexes in the presence of each other« (Friedman, a.a.O., S. 50). Und über das Londoner Bridewell-Gefängnis sagte man, daß dort jeder Insasse oder Besucher eine Gefangene für einen Shilling haben könne, und zwar die ganze Nacht, ob sie wolle oder nicht. »The place«, so im Juni 1757 *The Gentleman's Magazine*, »may be considered a great brothel kept under the protection of the law«, ja, sogar die »keepers of the bagnios« hätten sich dort die Frauen ausgeliehen. Cf. L. Picard, 2000, S. 212f. Schon im Jahre 1582 klagten der Arzt und der Barbier des Spitals in der Heidelberger Vorstadt, die »siechenstuben« sei dermaßen »eng«, »dass mann- und weibespersonen in einem gemach beisamen liegen« müßten, was beiden Geschlechtern sehr peinlich sei (K. Hartfelder, 1881, S. 253). Im 18. und 19. Jahrhundert häuften sich die Vergewaltigungen und sexuellen Belästigungen von Hospitalpatientinnen durch männliche Patienten und durch das Krankenhauspersonal, weil eine strikte Geschlechtertrennung nicht mehr garantiert werden konnte. So heißt es in einem offiziellen Bericht über das Frankfurter Kastenhospital, »Zwischenfälle« dieser Art ereigneten sich leider sehr oft, weil eine »nuzzbare Absonderung der Geschlechter im Hause« nicht durchführbar sei (D. Braum, 1986, S. 135). Im Jahre 1994 vergewaltigte der in der Hamburger Strafanstalt Fuhlsbüttel wegen Mordes und Vergewaltigung eines Mädchens einsitzende Wolfgang Sarodnick zunächst eine Jurastudentin, die ihm in der Zelle beim Ausfüllen eines Formulars behilflich war, danach eine Vollzugsbeamtin und schließlich mehrere andere dort tätige Frauen, darunter die für ihn zuständige Stationsleiterin. Nachdem er die Leiterin eines Keramikkurses nackt ausgezogen, befummelt und gezwungen hatte, vor ihm mit einer Banane zu masturbieren, brüstete er sich in einem Brief an eines seiner Opfer: »Ich habe fast alle Justizhuren hier im Haus geleckt und gefickt und es war sehr geil.« Keine einzige der sieben Frauen erstattete Anzeige. Als der Anstaltsleiter davon erfuhr, unternahm er nichts, weil er »den liberalen Strafvollzug« seiner Anstalt nicht gefährden wollte (*Stern* 27, 1994, S. 96 f.).

107 B. Gottlieb, 1980, S. 60 f. Ähnliche Fälle bei Ingram, a. a. O., S. 243, 247, 266; M. K. McIntosh, 1991, S. 68; Emmison, a. a. O., II, S. 9, 29, 53; R. Decker, 1994, S. 217; G. Fritz/I. Hein, 1994, S. 306 f. Im Jahre 1450 demütigten in Würzburg zwei Scharwächter eine Jungfrau, indem sie ihr das »harebant« wegnahmen, weil sie das Mädchen nächtens in einem Haus neben einem Knecht stehend angetroffen hatten, und dies, obwohl sie keinerlei »vnerberckeit« vermuteten. Cf. Schneider, a. a. O., S. 494. Nach dem isländischen Recht der *Grágás* wurde ein Mann, der zu einer fremden Frau ins Bett stieg, um bei ihr zu übernachten, friedlos, d. h., jedermann durfte ihn ungestraft töten. Cf. A. Heusler, 1937, IX. 155. Als im frühneuzeitlichen Dorchester die Constabler nachts ein Haus durchsuchten und dabei entdeckten, daß der halbwüchsige Sohn des Hauses im selben Bett wie seine geschlechtsreife Schwester schlief, wurden die beiden augenblicklich des Inzests verdächtigt, obgleich ihre Mutter geltend machte, daß doch eines der kleineren Kinder zwischen den beiden lag. Cf. Underdown, a. a. O., S. 70. Noch im 18. Jahrhundert verwunderte sich ein englischer Reisender, daß die gesamte irische Bauernfamilie mit dem Gast in einem einzigen Raum nächtigte, doch räumte er ein, dies geschähe stets so, daß »the strangers are kept aloof from the female part of the family; and if there is an apparent community, there is great propriety of conduct. This was the first time my friend had seen the primitive but not promiscuous mode of sleeping« (MacLysaght, a. a. O., S. 66).

108 N. Elias, 1939, I, S. 184. J. van Ussel (a. a. O., S. 59) verlautet im Anschluß an Elias, Erasmus habe beschrieben, »wie man sich in den deutschen Gasthöfen ungeachtet des Geschlechts in Anwesenheit aller an- und auszog, um sich dann nackt ins Bett

zu legen«. G. Schwerhoff (1998, S. 575 f.) hat ebenfalls beanstandet, daß bei Elias »ein fiktiver Dialog über die Qualität französischer und deutscher Gasthäuser [...] unter der Hand zur ethnographischen Skizze« umgedeutet werde. Auch N. Ohler (1994, S. 153) erinnert daran, daß es sich bei dem Dialog um *eine Satire* handelt.

109 Bereits im hohen Mittelalter galt es als äußerst unanständig, wenn Männer und Frauen in einem Schlafraum zusammentrafen. So nächtigten die angelsächsischen Damen mit ihren Zofen in den Frauengemächern, während der *bûrthegn* an deren Pforte wachte. Mußte eine Frau auswärts übernachten, so legte sie dabei nicht einmal den die Schultern und die Brüste bedeckenden Kopfschleier ab. Cf. S. Pollington, 1989, S. 87, 94. Solche Zurückhaltung und Schamhaftigkeit spiegelt sich auch in der Literatur. Als z.B. die Frau seines Gastgebers Gawains Schlafraum betritt, ist der Recke zutiefst beschämt (G. Morgan, 1987, S. 202 f.), und ähnlich fühlt sich auch der junge Parzival, als Condwîramur im Nachthemd und darüber einen Mantel an sein Bett kommt: »niht nâch sôlher minne/diu sôlhen namen reizet/der meide wîp heizet,/si suochte helfe unt friundes rât./an ir was werlîchiu wât,/ein hemde wîz sîdîn« und darüber »von samît einen mantel lanc«. Trotzdem läßt sie ihn sicherheitshalber geloben, »daz ir mit mir ringet niht« (*Parzival*, 192, 10 ff.; 18 f.; 24 ff.; 29 ff.). Denn wie ein paar Jahrhunderte später Marguerite d'Angoulême es ausdrückte: »Wie gut und fromm es auch aussehen mag, so darf eine Frau doch nicht wagen, bei einem Mann, wie nahe er ihr auch verwandt sein möge, zu liegen; denn Feuer ist bei Pulverfässern stets gefährlich« (a.a.O., S. 233 f.).

110 H. v. Weinsberg, 1980, S. 90 f.; Boccaccio, a.a.O., S. 92, bzw. B.A. Tlusty, 1992, S. 142.

111 Cf. J. Verdon, 1994, S. 201. Im Jahre 1575 wurde in Essex ein Geoffrey Cole schon deshalb verhaftet, weil eine Magdalen Wade lediglich am Rand des Bettes saß, in dem er lag, und einer anderen Frau wurde es zum Verhängnis, abends bei einem Mann zu stehen, ohne eine Kerze in der Hand zu halten. Ein Christopher Smyth wurde vor Gericht zitiert, weil er an Weihnachten einem Mann und einer Frau Herberge gewährt hatte. Obwohl er zu seiner Entlastung geltend machte, daß »he keepeth a victualling house and lodged the parties as passengers and no otherwise, he was punished by sitting in the stocks«, nachdem bei einer Hausdurchsuchung Indizien dafür gefunden worden waren, daß der Mann die Kammer der

Frau betreten hatte. Im Jahre 1566 wurde Alice Lewes wegen Diffamierung einer verheirateten Frau verurteilt, weil »dicta Alicia dixit in presentia of Lielis wyeffe and Howchinsons wyeffe that Syms wyeffe shollde be suspiciuslie in a chamber with a straynge man« (Emmison, a.a.O.). Nachdem in St. Gallen ruchbar geworden war, daß ein bayerischer Schneiderknecht gemeinsam mit zwei »hiesigen Töchtern« in einem Bett übernachtet hatte, gab er beim Verhör schließlich zu, die »Wetzlin« in dieser Nacht dreimal penetriert, mit der »Hessin« aber lediglich »Unflåterey« betrieben zu haben. Offenbar hatte er ihr nicht beikommen können, weil sie, wie sie aussagte, ihren Leib so »beschließen« konnte, daß kein Mann sein Glied einzuführen vermochte. Alle drei wurden ins Gefängnis geworfen und anschließend aus der Stadt gewiesen (Moser-Nef, a.a.O., V, S. 448). Auch die Bauern, die ihr Gesinde beiderlei Geschlechts beieinander schlafen ließen, oder die Herrschaften, die nicht auf die nächtliche Trennung des männlichen und weiblichen Dienstpersonals achteten, wurden meist wegen Kuppelei bestraft, wenn dies ruchbar wurde. Bereits im *Liber Sancti Jacobi*, einem Reiseführer für die Jakobspilger aus dem 12. Jahrhundert, wird die Schamlosigkeit der Gascogner anhand der Tatsache vor Augen geführt, daß bei ihnen der Hausherr und die Hausherrin *gemeinsam* mit dem Dienstpersonal auf einem muffigen Strohlager nächtigten (cf. T. A. Layton, 1976, S. 203), was offenbar in anderen Gegenden Frankreichs und Deutschlands im Mittelalter und in der frühen Neuzeit nicht üblich war. Cf. z. B. P. Höher, 1987, S. 166. Im frühneuzeitlichen England wurden Herrschaften, die ihre Dienstboten »at the bed's feet« schlafen ließen, d. h. auf dem Fußboden unterhalb des Bettes oder sogar im Bett, häufig angezeigt, etwa im Jahre 1587 ein Edward Glascocke aus East Hanningfield wegen »lying himself, his wife and his maid together in one bed«. Doch genügte es auch, wenn die Dienstmagd nur im selben Raum nächtigte, wie im Falle eines Henry Mannockes aus High Ongar, dem vorgeworfen wurde, er »useth to lie with his maid in the chamber he lieth himself, and thereby is suspected to live incontinently« (Emmison, a.a.O., S. 15). In der Oberpfalz wurden allen Hofbesitzern strenge Strafen angedroht, die »der knecht und mägdt ligestatt nit abgesondert haben«, und es wurde ihnen »auferladen, solches« gegebenenfalls »zu endern und verschlagne cämerl machen zlassen«. Sollten die Hofbesitzer sich damit entschuldigen, es sei »nicht genueg rhaumb« vorhanden, so werde dem kein Gehör geschenkt (W. Helm, 1993, S. 114; ähnlich W. Kaltenstadler, 1971, S. 19 f.). Cf. auch L. Leneman/R. Mitchison, 1988, S. 486. Im Jahre 1614 wurde in St. Gallen ein Kaspar Zwickler zu einer Gefängnisstrafe verurteilt, weil sein Knecht und seine Magd in derselben Kammer zu übernachten pflegten. Cf. Moser-Nef, a.a.O., S. 462 f. Da es in den ärmeren englischen Haushalten nicht genügend Schlafkammern gab, um die Geschlechter strikt voneinander zu trennen, behalf man sich meist damit, Personen mit einem sehr großen Altersunterschied, z.B. eine junge Magd bei einem Greis, schlafen zu lassen, wobei man freilich nicht ausschließen konnte, daß dieser dann doch noch unerwarteterweise Frühlingsgefühle verspürte. Cf. G.R. Quaife, 1977, S. 229.

112 C. O'Rahilly, 1967, S. 221, bzw. W. Stubbs, 1867, S. 7 (den Hinweis auf diese Stelle verdanke ich Bernd-Ulrich Hergemöller). Manche Kommentatoren haben die Vermutung geäußert, daß Philipp II. und Löwenherz eine homosexuelle Beziehung zueinander hatten.

113 Cf. Perry, a.a.O., S. 71, 81, bzw. B.-U. Hergemöller, 1994, S. 369 f., und J. Chiffoleau, 1984, S. 193.

114 R.M. Dekker/L.C. van de Pol, 1989, S. 16. Erstaunlicherweise blieb das wahre Geschlecht dieser weiblichen Soldaten fast immer verborgen, obwohl sie oft viele Jahre lang neben ihren Kameraden schliefen, sich wuschen oder sogar, wie eine gewisse Hannah Snell, mit entblößtem Oberkörper ausgepeitscht wurden (D. Jarrett, 1974, S. 138), was wohl bedeutet, daß sie sehr kleine oder flache Brüste gehabt haben müssen. Nachdem z.B. entdeckt worden war, daß Christian Davies eine Frau war, meinte der Soldat, der monatelang das Bett mit ihr geteilt hatte, daß »he never knew I was a woman or even suspected it« (J. Wheelwright, 1989, S. 56). Als im 15. Jahrhundert in Hall ein Mönch gezüchtigt werden sollte, erkannte man allerdings nach der Entblößung des Oberkörpers sofort, daß er eine Frau war. Cf. I. Schairer, 1913, S. 40.

115 Chiffoleau, a.a.O., 272, bzw. C. Jones, 1989, S. 254 f.

116 Dufresne, a.a.O., S. 152. Im Jahre 1496 untersagten die Generalvikare des Bischofs von Saint-Brieuc, daß »les frères et sœurs et autres parents de plus de sept ans couchent ensemble, cette coutume les amenent à commetre des péchés innombrables, infinis, horribles et d'une gravité exceptionelle« (J. Verdon, 1994 a, S. 754). Daß die königlichen Pagen homosexuelle Spielchen betreiben könnten, befürchtete auch der Herzog v. Mazarin, weshalb er um die Mitte des 17. Jahrhunderts ver-

fügte, daß jeder Page in einem eigenen Bett schlief und sich auch im heißesten Sommer beim Zubettgehen nicht vor den anderen entblößte. Cf. M. Motley, 1990, S. 65. Schon in den frühmittelalterlichen Bußbüchern waren die Strafen für die Buben festgelegt, die einander im Bett (oder anderswo) masturbierten oder auf andere Weise sexuell erregten (cf. P. W. Finsterwalder, 1929, S. 291), und im Jahre 1424 ermahnte Bernardino v. Siena in einer Predigt alle Erwachsenen, darauf zu achten, daß die Buben keine Doktorspielchen betrieben, denn diese seien die Vorbereitung für spätere habituell aktive oder passive Sodomiterei. Cf. R. C. Trexler, 1980, S. 381. Daß mehrere Personen miteinander ein Bett teilten, scheint indessen nicht so häufig vorgekommen zu sein, wie man vielleicht zu glauben geneigt ist. Nach allerdings wohl unsicheren Berechnungen belegten um 1640 in der Pfarre Saint-Nicholas-des-Champs 1,25 Personen ein Bett. Cf. Pardailhé-Galabrun, a. a. O., S. 285.

117 M. Schröter, 1997, S. 88, bzw. K. Voigt, 1973, S. 60.

118 B. M. Lersch, 1863, S. 200; M. Bitz, 1989, S. 48, bzw. G. Romano, 1989, S. 53 ff. Ähnlich wie Poggio über die schweizerischen schrieb im Jahre 1483 Angelo Poliziano über die italienischen Bauern: »Glücklich ist im Herzen und Göttern selbst vergleichbar, wen nicht die Ruhmgier mit gleißnerischem Schein, nicht die niedrigen Freuden von Luxus und Verschwendung locken, sondern wer seine Tage in Stille hingehen läßt und mit bescheidenem Aufwand sein schuldloses Dasein in stiller Ruhe verbringt, fern von der Stadt und anspruchslos in seinen Wünschen« (A. Poliziano, 1992, S. 25).

119 Cf. H. P. Duerr, 1997, S. 14.

120 Tacitus, a. a. O., XIX, bzw. Diodor: *Weltgeschichte* V, 32: »Was das Unglaubliche ist, sie achten nicht auf ihre eigene Ehre und überlassen ihren Leib bereitwillig anderen, und weit entfernt, hierin eine Schande zu sehen, halten sie es vielmehr für entehrend, wenn einer die angetragene Gunst eines anderen nicht annimmt.«

121 H. Finke, 1903, S. 65; Lawson, a. a. O., S. 201, bzw. La Hontan, a. a. O., S. 72: Einem Huronen Eifersucht nachzusagen, so der Franzose, der sich seit 1683 fast zehn Jahre lang im Westen der Großen Seen aufgehalten hatte, sei für einen Huronen »eine der schlimmsten Beleidigungen«. Ganz allgemein galten die Deutschen den Florentinern des Quattrocento als ungeschlachte Primitivlinge (cf. H. Hundsbichler, 1980, S. 32), eine Einschätzung, die mal eher positive und das anderemal eher

negative Züge hatte. So zählte Aenea Silvio Piccolomini, der spätere Papst Pius II., die Deutschen zu den »Barbaren und wilden Nationen«, während umgekehrt die Italiener von vielen Deutschen für gekünstelt und unnatürlich gehalten wurden. Der Pilger Dietrich v. Schachten etwa berichtete im Jahre 1483 über die venezianischen Damen, »das sie sich allewege annstreichenn undt ihre angesichte mahlenn, wilches doch wieder die weisliche natur ist« (L. Schmugge, 1995, S. 110), und tadelte, man könne ihnen »hiendenn bies auff halbenn Rücken hienab, desgleichen vorne bis under die brust« sehen (A. Denke, 1998, S. 123), und etwas später stellte Ulrich v. Hutten die entarteten Italiener den natürlich gebliebenen Deutschen gegenüber. Die Schweizer wiederum galten den Deutschen weitgehend als unzivilisierte Gebirgler – grausam und animalisch. »Er war«, so der Graf v. Zimmern, »gar ain grober, unzüchtiger man, mit schampern und unlautern worten nach der Schweizer art und manier und sie noch diser zeit an etlichen orten der Eidtgnoschaft im gebrauch haben« (Barack, a.a.O., I, S. 290). So berichtete im Jahre 1451 Felix Hemmerlin, die Schweizer Stammesangehörigen bestiegen nicht nur ihre Kühe – weswegen sie gemeinhin »Kuhvögler« genannt wurden (cf. z.B. J. Gast, 1945, S. 392) – und betrieben mit anderen Männern »sodomia«, sondern sie versündigten sich auch am eigenen Körper und hielten beim Koitus mit ihren Frauen die natürliche Stellung nicht ein. Cf. C. Sieber-Lehmann/T. Wilhelmi, 1998, S. 54. Und als 1462 der Bote von Schwyz in Konstanz »ain frowen angriffen hät«, also sie unzüchtig befühlte, mußte er sich die Frage gefallen lassen, »ob er wen [= wähnte], das es ain Kuo sy« (H. Maurer, 1999, S. 17). Cf. auch K. Hürlimann, 2000, S. 247; M. Sieber, 2000, S. 134f. Im Jahre 1505 meinte Jacob Wimpfeling, die Schweizer seien so wild wie die Tiere, deren Bilder sie auf ihren Feldzeichen führten, und der Venezianer Giovanni Correro nannte die eidgenössischen Reisläufer »cani arrabiati« (H.P. Duerr, 1978, S. 81), während etwa zur selben Zeit der Franzose Pierre de Gringore verlautete, die Schweizer seien rechte Tiere (»bestes«), sexuell pervers und üble Schänder von Jungfrauen, Äbtissinnen und Nonnen (a.a.O., S. 124, 173). Als die Schweizer Söldner sich vor dem Angriff auf Pavia im Jahre 1510 auszogen, um den Ticino zu durchschwimmen, fühlten sich die Italiener in ihrer Meinung bestätigt, bei ihnen handele es sich um Wilde. Cf. A. Esch, 1998, S. 293f. Als gute und unverdorbene Wilde wurden die Schweizer auch im 18. Jahrhundert von deutschen Reisenden dargestellt (cf. K. Kufeke, 1998, S. 100), weshalb Goethe im Jahre 1775 glaubte, problemlos im Vierwaldstättersee nackt baden zu können, worauf er von empörten Bauern mit Steinen beworfen wurde. Cf. H.P. Duerr, 1988, S. 94f. Aber auch die Norddeutschen bekamen ihr Fett ab. Als »crapulosus et lascivus ac grossi ingenii« sowie ihren Weibern untertan beschrieb um die Mitte des Quattrocento der päpstliche Kollektor Marinus de Fregeno die Lübecker. Cf. A. Esch, 2000, S. 128.

122 Cf. N. Cawthorne, 1996, S. 148.

123 Cf. A.G. Carmichael, 1986, S. 98, bzw. Barack, a.a.O., IV, S. 11f. Cf. auch L. Heilmann, 1999, S. 19f. Im gesamten Mittelmeerbereich scheint es diese strenge Geschlechtertrennung gegeben zu haben. So bestanden z.B. im Jahre 1176 in den Bädern von Teruel in Aragon für Männer und Frauen verschiedene Badetage (cf. Cabanès, X, 1934, S. 111), und genauso verhielt es sich im mittelalterlichen Portugal, wo nicht nur die weltlichen Autoritäten jeden Mann, der die Geschlechtertrennung unterlief, hart bestraften, sondern wo es auch im 14. Jahrhundert in einer kirchlichen Verordnung hieß: »Wenn einer in einem Bad mit Frauen badet und sie nackt sieht, selbst wenn es sich um seine eigene Frau handelt, der fastet zwei Tage bei Wasser und Brot« (Oliveira Marques, a.a.O., S. 139, 209). Allerdings gab es auch hierzulande eine ähnliche Geschlechtertrennung, so z.B., wie aus Einhards Biographie Karls des Großen hervorgeht, in den Bädern am Hofe zu Aachen, und auch die Stadt Braunschweig besaß im 14. Jahrhundert separate Frauenbadstuben, z.B. den »frawenstoven« am Kirchhof bei St. Ulrich (cf. H. Dürre, 1861, S. 659). Genauso verhielt es sich im spätmittelalterlichen Göttingen und vielen anderen Städten der Zeit. Cf. I. Tschipke, 1993, S. 122. In Paris beispielsweise existierten im Jahre 1292 zahlreiche, von »estuveresses« betriebene Frauenbäder, die kein Mann betreten durfte. Cf. D. Herlihy, 1990, S. 147. In Eberbach am Neckar war die »man badtstube« von der der Frauen durch eine Wand getrennt. Cf. R. Vetter, 1990, S. 46f. Cf. auch B. Tuchen, 2001, S. 84. In den Wildbädern ging es zwar meist etwas lockerer zu, doch gab es offenbar auch reine Frauenfreibäder. So besuchte etwa John Locke im Jahre 1676 in der Nähe von Montpellier »a faire, large, square pond, where, 'tis said, the ladys bath in summer« (Locke, a.a.O., S. 17). Dagegen berichtete im Jahre 1624 der Pole Stefan Pac, der solches aus seiner Heimat nicht gewöhnt war: »Wir aber suchten die berühmten Heilquellen, vier

Meilen hinter Wien auf, wo Fräulein und Damen der höchsten Stände gemeinsam mit Herren badeten, nur mit leichter Leinen- und Taftkleidung angetan, was bei unseren Bigotten sicher großen Anstoß erregt hätte« (J. Hagenaw et al., 1988, S. 52).

124 Cf. H. Nicholson, 1997, S. 341. Im Jahre 1562 berichtete Ogier Ghiselin de Busbecq, daß in der Tat manche Türkinnen in den Bädern vom Anblick der anderen Frauen dermaßen stimuliert würden, daß es zu sexuellen Handlungen zwischen ihnen käme. Ironischerweise hindere die Seklusion der Frauen diese also nicht an der Ausübung von Sex, sondern fördere ihn sogar. Cf. C.T. Forster/F.H.B. Daniell, 1881, S. 231. Deshalb verböten manche Männer ihren Frauen den Gang ins öffentliche Frauenbad. Cf. S.O. Murray, 1997, S. 99. Schon im frühen Mittelalter bedeckten die muslimischen Frauen vor ihren Geschlechtsgenossinnen stets den Unterleib vom Nabel bis zu den Knien mit dem *mi'zar*, das meist aus zwei zusammengeknoteten Handtüchern bestand (cf. M.M. Ahsan, 1979, S. 35, 197), doch wie im Jahre 1663 der Portugiese Manuel Godinho über die Bäder von Aleppo mitteilte, deren Eingänge an den Frauentagen mit einem weißen Tuch versehen waren, hätte man jeden Mann, der es gewagt hätte, dieses Zeichen zu übersehen, auf der Stelle getötet, »und wenn es der Pascha selbst« gewesen »wäre« (M. Godinho, 1990, S. 200). Bei freien Frauen waren auch die Brüste meist *'awra*, schambesetzt, doch konnte man in den Frauenbädern allenthalben Sklavinnen mit nacktem Oberkörper sehen. Cf. Y.K. Stillman, 2000, S. 37. Nachdem Lady Montagu die Frauen im *ḥammām* von Sofia als »all being *in the state of nature*, that is, in plain English, stark naked, without any Beauty or deffect conceal'd« beschrieben hatte, wurde sie dahingehend kritisiert, sie habe »a Neo-Classical *tableau vivant*« entworfen, das ein Vorbild für die spätere erotische Salonmalerei wurde, anstatt das zu beschreiben, was sie wirklich gesehen hatte, nämlich Frauen, deren gesamter Unterleib einschließlich der Oberschenkel verhüllt war (B. Melman, 1992, S. 91. Cf. auch I. Grundy, 1999, S. 138f.) Zwar durften herkömmlicherweise ungläubige Frauen ein muslimisches Frauenbad nicht betreten, aber bereits um die Mitte des 11. Jahrhunderts klagte ein Gelehrter aus Tortosa, man könne im Bad eine halbnackte Gläubige leider nicht mehr von einer ebenso entblößten Jüdin oder Christin unterscheiden. Aus diesem Grunde hatte bereits Jahrzehnte zuvor der ägyptische Kalif al-Ḥākim spezielle

Bäder für ungläubige Frauen einrichten lassen. Cf. E. Ashtor, 1984, III, S. 132f. Beim rituellen Bad waren die Jüdinnen mit Ausnahme der Essenerinnen (cf. Cohen, a.a.O., S. 209) bekanntlich völlig nackt, damit das reinigende Wasser ungehindert jede Stelle des Körpers erreichen konnte, und Männern war der Zugang zum Frauenbad strengstens verboten. Die Vorstellung, einmal eine Frau ganz nackt zu sehen, war natürlich für die jüdischen Männer genauso verführerisch und erregend wie für muslimische oder christliche, und so nimmt es nicht wunder, in einem jüdischen Rezeptbuch aus Deutschland vom Jahre 1474 die Angaben zur Herstellung eines magischen Mittels zu finden, das eine Frau dazu veranlassen sollte, nackt die *mikwē* zu verlassen, so daß man »alles« an ihr betrachten könne. Cf. M. Bernstein, 1973, S. 293.

125 Wenn heute eine bekannte Feministin schreibt, hierzulande sei bis ins 16. Jahrhundert »the sight of complete nakedness« »the daily rule« gewesen, weil jene nicht nur in den »crowded households«, sondern auch beim »mixed-sex nude bathing« in den Wildbädern und Badstuben »commonplace« gewesen sei (N. Wolf, 1997, S. 48), so bezieht sie sich dabei nicht auf irgendwelche Quellen, sondern folgt lediglich dem immer noch allgemein verbreiteten kulturhistorischen Klischee. In den Räumen der Badstuben und in den Wildbadbecken hielten sich die Männer meist in der »bruoch« und die Frauen in »badehren« oder »niederhemetern« auf, und saß eine Frau nackt in der Wanne, so war diese meist mit Brettern so weit abgedeckt, daß auch ihre Brüste nicht sichtbar waren. Cf. z.B. M. Prosser, 1995, S. 294, 297; I. Hecht, 1982, S. 60. Manche Frauen scheinen sogar zu Hause im Hemd gebadet zu haben, und zwar wohl dann, wenn Familienangehörige zugegen waren. Jedenfalls berichtete im Jahre 1564 Conrad Ham den Kölner Untersuchungsrichtern, er habe ein Haus betreten, wo sich »dhie fraw dhoimaill in irem onderrock« im Bad befunden habe (Jütte, a.a.O., S. 69), und wenn es einmal heißt, in einem Freibad seien die Badenden nackt gewesen, dann wird das für gewöhnlich so spezifiziert, daß sie »nackend in den niderclaidern« (Barack, a.a.O., S. 12) waren. »Plötzlich fasernackt«, so in einem Schwanklied aus dem 13. Jahrhundert, würde man nur in einer gewissen Wiener Badstube »dastehen«, nämlich »nach allen Regeln ausgesackt« (F. Opll, 1995, S. 39), d.h. von den dort beschäftigten »Bademägden« ausgenommen. Hans Ulrich Kraft war im Jahre 1573 dermaßen schockiert darüber, daß ihm im aargauischen Baden eine französische Gräfin »Im

Wasser Aller bloß biß vff den Nabel«, also mit nackten Brüsten, empfing, daß er auf der Stelle seinen »gebûrendt Abschid« nahm (Kraft, a.a.O., S. 8).

126 Cabanès, a.a.O., S. 195. Wenn z.B. U. Kiby (1993, S. 36), die auch ansonsten sämtliche Klischeevorstellungen über das damalige Badewesen wiederholt, behauptet, man habe sich im Spätmittelalter »bereits im Badhemd oder ganz nackt ins Bad« begeben, so kann sie sich auf keinerlei Quellen berufen. Hätte es jemand gewagt, so auf der Gasse zu erscheinen, wäre er als Exhibitionist verhaftet worden. Im übrigen verfügte z.b. im Jahre 1443 der Rat der Hildesheimer Vorstadt, daß nicht einmal der Bader, seine Angehörigen und sein Gesinde in ihrer Berufskleidung, also mit »bruoch« und »badehr«, Wasser vom Brunnen holen durften, sondern zusätzlich einen Mantel zu tragen hatten. Cf. H.-G. Borck, 1986, S. 78. Innerhalb der Badstuben bedeckten die Männer, die keine »bruoch« trugen, in jedem Falle den Unterleib »mit dem scermwadele«, den sich auf zeitgenössischen Bildern auch Adam nach dem Sündenfall vor die »scam« hält. Cf. D.N. Yeandle, 2001, S. 60.

127 »Etiam infamis est, qui tenet mulieres custodientes balneatorum vestes [...] tamen vix credo posse esse sine periculo concupiscientiae mortalis« (G. Jerouschek, 1990, S. 313, 316). Kein Wunder, daß z.B. im Jahre 1394 der Italiener Uberto Decembrio sich über das Prager Badeleben entrüstete und etwas später Piccolomini resümierte, die Wienerinnen seien leider nicht ebenso tugendhaft wie schön (»neque adeo pudicae sunt quam formosae«).

128 J. Bader, 1868, S. 250; Rublack, a.a.O., S. 303; I. Lincke, 1967, S. 108; H. Bevers, 1986, S. 83f., bzw. O. Brunner, 1953, S. 80. Den Hinweis auf diese Quelle verdanke ich Herta Mandl-Neumann. Im Jahre 1430 wurde in Brüssel ein gewisser Gheert van Keversberghe zum Prangerstehen und zu 12 Jahren Verbannung aus Brabant verurteilt, weil er vor Frauen und jungen Mädchen seine »manlicheyt« hatte sehen lassen (F. Vanhemelryck, 1981, S. 149).

129 L.M. Edelsward, 1991, S. 98. Auch andere Beschreibungen des Badener Badelebens von Zeitgenossen Poggios bestätigen dessen Berichte nicht. Cf. B. Studt, 2001, S. 44f.

130 Cf. Rinn, a.a.O., S. 298. Dieser Einwand ist immer wieder auch von vielen anderen Kritikern vorgebracht worden, z.B. von J. Hohl (1994, S. 41) oder von Spöttel.

131 In allen menschlichen Gesellschaften ist z.B. der Mutter-Sohn-Inzest als in höchstem Maße abscheulich empfunden und mit

Horror verdammt worden, obgleich er so gut wie gar nicht vorkam. Allem Anschein nach gab es im spätmittelalterlichen Deutschland nur äußerst selten Männer, die im Frauenhaus eine Hure anal penetrieren wollten, und im Gegensatz zu den mediterranen Gegenden, vor allem Italien und Spanien, war heterosexueller Analverkehr praktisch unbekannt. Trotzdem wurde im Jahre 1571 ein Kunde, der im Ulmer Frauenhaus auf diese Weise mit einer Prostituierten verkehrt hatte, verbrannt, während die Frau aus der Stadt gewiesen wurde. Cf. S. Blocherer, 1992, S. 30. Die Kamayurá am Xingú hatten noch nie etwas von Onanie gehört, aber als sie einmal einen »zivilisierten« (*civilizado*) Brasilianer sahen, wie er gerade masturbierte, fanden sie dies so verachtenswert, daß sie den Mann nötigten, ihre Gegend zu verlassen. Cf. L. Cotlow, 1973, S. 61. Ähnlich erging es den Afikpo-Ibo mit der Homosexualität. Cf. Ottenberg, a.a.O., S. 114f. In den mittelalterlichen Klöstern gab es sehr strenge Verhaltensvorschriften, die immer wieder niedergeschrieben und den Mönchen und Nonnen vorgelesen wurden, obwohl aus den Visitationsprotokollen nicht hervorgeht, daß sie in größerem Umfang verletzt worden wären. Cf. z.B. P.D. Johnson, 1991, S. 123ff. Und wenn es etwa in einem Anstandsbuch vom Jahre 1956 heißt, die Hand des Herrn müsse »auch dem verführerischsten« Dekolleté einer Tanzpartnerin fernbleiben (K. Kopp, 1993, S. 90), so kann man hieraus sicherlich nicht den Schluß ziehen, daß die »Herren« in den fünfziger Jahren sexuell so hemmungslos waren, daß eine nennenswerte Anzahl von ihnen den Damen beim Tanzen in den Ausschnitt gefaßt hätte.

132 Cf. H.P. Duerr, 1993, *passim*. Im Jahre 1420 wurden vier Franziskanermönche verhaftet, nachdem sie, Kreuze in den Händen haltend und weitgehend nackt, eine Prozession durch die Straßen von Venedig angeführt hatten, und ein Gleiches widerfuhr etwas später einer Gruppe von Adeligen, die bis zu einem halben Jahr Zuchthaus in Ketten verurteilt wurden, weil sie sich zur Vergebung ihrer Sünden halbnackt von Mönchen hatten auspeitschen lassen und dies, obgleich ihr Genitalbereich dabei bedeckt gewesen war. Cf. Ruggiero, a.a.O., S. 141. Wie ein französischer Chronist mitteilte, entblößten sämtliche männliche Teilnehmer einer Bittprozession während der Großen Hungersnot im Jahre 1315 den Oberkörper, aber aus Anstandsgründen tat dies keine einzige der Teilnehmer*innen*. Cf. W.C. Jordan, 1996, S. 157; P. Dinzelbacher, 2000, S. 242. Wie aus den Neuberger Annalen hervorgeht, geißelten in den

Jahren 1264 und 1349 die männlichen Flagellanten in der Öffentlichkeit ihren entblößten Oberkörper bis aufs Blut. Um nicht ihre nackten Brüste dem Volk zur Schau stellen zu müssen, taten die weiblichen Flagellanten dies am Abend in verschlossenen Bethäusern. Cf. J. Grabmayer, 1994, S. 195. In einem kurz nach 836 von einem französischen Kleriker verfaßten Bericht über die Wunderheilung eines »erbarmenswert gekrümmt geborenen Mädchens«, das plötzlich wieder gehen konnte, heißt es: »Aber da sie teilweise entblößt erschien (*ex parte nuda videretur*), weil ja der jetzt aufrecht stehenden das kurze Kleid nicht mehr ausreichte, beeilten sich Gläubige, sie schleunigst mit den Frauen weggenommenen Kopftüchern zu bedecken.« (A. Cohausz, 1966, S. 92. Den Hinweis auf diese Stelle verdanke ich Rainer Decker.) Absichtliche Entblößungen hielt man für verbrecherische Entgleisungen oder, wie Guibert von Tournay im 13. Jahrhundert ausführte, für ein typisches Verhalten kleiner Buben, die einander ihre Schamteile zeigten. Cf. J. Swanson, 1990, S. 322.

133 G. Benker, 1990, S. 390f.; M. Barczyk, 1982, S. 110, bzw. *Frankfurter Rundschau* vom 21. Juni 1989. In Rußland wird seit den ältesten Zeiten über Voyeure berichtet, die durch die Fenster der Frauenbäder oder aus ihren Verstecken an Waldseen die nacktbadenden Frauen beobachteten und dabei onanierten. Cf. A. Rubinow, 1992, S. 163ff. Und bei O. Schrader (1929, II, S. 99) heißt es: »Noch heute herrscht im innersten Rußland in hellen Sommernächten die Sitte, daß Ketten völlig nackter Mädchen im Kreis um die Beete des Gartens herumlaufen, um diese durch einen solchen Zauber vor Würmern, giftigem Tau, Sonnenbrand und Regenfluten zu schützen.« Dabei verbargen sich die jungen Burschen im Gebüsch, um sich an den nackten Mädchen zu delektieren und um diese anderntags zu beschämen, indem sie herumerzählten, die x oder die y habe an der einen oder anderen intimen Stelle einen Leberfleck. Waren die Nackten alleine oder nur zu zweit, so konnte eine Begegnung mit Voyeuren schlimme Folgen haben. So wurden im Jahre 1673 die Bäuerin Tat'jana und ihre Schwiegertochter von vier Voyeuren vergewaltigt, als sie nackt in einem Teich in der Nähe ihres Dorfes badeten. Cf. N. Boškovska, 1998, S. 122. Häufig zwangen die Gutsherren die jungen Dienstmägde, mit ihnen nackt zu baden (cf. P. Roosevelt, 1995, S. 186), und im Jahre 1659 sagte ein Knecht vor Gericht aus, der Gutsverwalter Kondratij habe, wie ihm eine Magd unter Tränen gestand, in der hauseigenen Badstube

(*banja*) an ihren Brüsten gesaugt »und beim Feuerschein mit
Gewalt« ihre »Geschlechtsteile betrachtet« (Boškovska,
a.a.O., S. 106).

134 Cf. H.P. Duerr, 1988, S. 66, Abb. 35.
135 Cf. M. Maurer, 1994, S. 79f., bzw. T. Coryate, 1970, S. 232ff.
136 Cf. H.P. Duerr, 1978, S. 22f.
137 Cf. H. Dormeier, 1994, S. 152; F. Winzinger, 1975, S. 80, 83,
bzw. R. Hambrecht, 1984, S. 384. Ein Fragment der Altdor-
ferschen Wandmalerei, auf dem ein Badegast einer Frau die
badehr heruntergezogen hat, so daß sie splitternackt ist, ist bei
H.P. Duerr, 1988, S. 46, abgebildet. Auf Matthias Gerungs
Gemälde *Melancolia* vom Jahre 1558 ist neben einem Frauenhaus ein Badebecken mit nackten Frauen zu sehen. Ein Narr,
der sich mit einer Nackten unterhält, weist auf einen Kunden,
der sich, ein Glas Wein in der Hand, dem Becken nähert. Cf.
R. Klibansky/E. Panofsky/F. Saxl, 1990, Tf. 128. Derartige
Bilder werden weiter auf ungetrübte Weise als realistische
Darstellungen des damaligen Badelebens ausgegeben, so z.B.
von W.F. Reddig, 2000, S. 118f.; G. Hirschfelder, 2001, S. 144;
F. de Bonneville, 1998, S. 34f., oder von C. Beckers-Dohlen/S.
Baße, 2000, S. 57. Zum Tendenzbild des Virgil Solis über das
promiskuitive Treiben der Wiedertäufer heißt es etwa: »In den
mittelalterlichen Badehäusern, die wegen ihrer ausschweifenden Orgien berühmt waren, wurden Bilsenkrautsamen geräuchert. Dadurch fielen alle Hüllen und Hemmungen, und
das Bad wurde zu einem erotischen Tummelplatz« (C. Rätsch,
1990, S. 148). Und der Jungbrunnen des Bandrollenmeisters
wird als »Badestube im ausgehenden Mittelalter« bezeichnet,
über die es unter Berufung auf Elias heißt: »Was dort stattfindet, ist nicht weniger aufregend als das, was einmal im 20.
Jahrhundert bei einem Swinger-Treff oder in einem Saunaclub
mit roter Außenbeleuchtung geboten sein wird« (R. Dörrzapf,
1995, S. 111, 139).
138 Cf. O. Renkhoff, 1980, S. 229f., bzw. P. Schuster, 1992, S. 130.
139 Zit. n. Hibbert, a.a.O., S. 185. Beschreibungen wie diese oder
die Coryates haben wohl zu Vorstellungen wie der von L.A.
Minelli (1981, S. 24) geführt, der behauptet, noch im 18. Jahrhundert habe die schweizerische Gesellschaft keine Einwände
gegen eine uneingeschränkte sexuelle Triebbefriedigung gekannt, »und selbst Gruppensex« sei damals noch »nicht verpönt« gewesen. Zwar gelte dies zugegebenermaßen für calvini-
stische oder zwinglianische Städte wie Genf oder Zürich nur
mit Einschränkungen, aber auch in diesen sei schließlich die

Repression »erträglich« gewesen, »weil die wohlhabenden Bürger immerhin die Möglichkeit hatten, von Zürich beispielsweise nach Baden auszuweichen, wo die munteren mittelalterlichen Badesitten noch immer einigermaßen genossen werden konnten«.

140 P. Borsay, 1989, S. 258; Lersch, a.a.O., S. 204, bzw. v. Hahn/v. Schönfels, a.a.O., S. 124. Wenn es in der Badeordnung von Bath vom Jahre 1737 heißt, »that no male person above the age of ten years shall at any time hereafter go into any bath without a pair of drawers and a waistcoat and no female person without a decent shift« (Borsay, a.a.O., S. 264f.), so müßten meine Kritiker, die aus ähnlichen Anordnungen des Mittelalters den Schluß gezogen haben, diese machten nur Sinn, wenn im 14. oder 15. Jahrhundert viele Badegäste sich entblößt hätten, ebenfalls folgern, daß auch viele Männer und Frauen im englischen Bath des 18. Jahrhunderts nackt badeten. Die Kritiker tun dies natürlich nicht, weil es all ihren Vorurteilen widerspricht, die sie über die Badesitten im Mittelalter bzw. die im 18. Jahrhundert haben.

141 Cf. I. Bloch, 1912, S. 190; F. Jehle, 1962, S. 215, 217, bzw. K. Baas, 1907, S. 240. In der Gegend von Baden hielten sich damals viele »Landläuferinnen« auf, die sich vor allem den Besuchern der Messe von Zurzach gegen Bezahlung hingaben und diese, wenn es sich um Verheiratete handelte, hinterher zu erpressen versuchten. Wurden sie erwischt, stellte man sie am Pranger in die Halsgeige und vertrieb sie anschließend aus dem Lande. Cf. W. Bodmer, 1962, S. 113f.; H.R. Sennhauser, 1992, S. 216; F. Graus, 2002, S. 311. Es darf wohl angenommen werden, daß es mitunter zu Mißverständnissen kam und ein unternehmungslustiger Badegast sich an einer badenden Frau vergriff, weil er sie für eine solche Hure hielt. Und was die das Bad besuchenden Fremden betrifft, mögen auch Beschreibungen à la Poggio zu solchen Fehlgriffen beigetragen haben. Seit der Ming-Zeit war Formosa von chinesischen Reisenden als »Insel der Frauen und der Liebe« beschrieben worden, auf der die weiblichen Bewohner sich freuten, wenn die Fremden ihre Brüste betrachteten und befühlten und ihnen beim Nacktbaden in den Flüssen zuschauten. Und ähnlich wie Poggio über die Männer und Frauen von Baden schrieb ein Reisender, die Männer auf der Insel reagierten keineswegs eifersüchtig, wenn ein Chinese ihre Frauen befummele, da ihnen dies lediglich zeige, daß ihre Frauen »wirklich bezaubernd« seien. Ein anderer wies wiederum auf den Gegensatz

zwischen diesen freizügigen Frauen und den verklemmten Chinesinnen hin, die beim Stillen ihrer Kinder hundert Verrenkungen anstellten, damit man ihre nackte Brust nicht sehen könne. Solche Texte führten dazu, daß viele Chinesen die Insel bereisten und sich aufgrund der Fehlinformationen ihrer Landsleute skrupellos den badenden Frauen näherten, um damit die strikten Verhaltensregeln der altmalaiischen Ureinwohner aufs gröbste zu verletzen. Cf. E. Jinhua-Teng, 1998, S. 364ff.; B.W. Andaya, 1998, S. 22.

142 Cf. J.C. Siebenkees, 1795, S. 179.

143 R. Schneider, 1999, S. 102f. Seltsamerweise scheint eine Kritikerin mir ebendiese Auffassung zuzuschreiben. Cf. B. Rath, 1994, S. 350. Auch ein anderer Kritiker unterstellt mir offenbar die Behauptung, alle mittelalterlichen Badstuben seien »verkappte Bordelle« gewesen. Cf. B. Roeck, 1991, S. 30.

144 Cf. B. Tuchen, 1999, S. 77; C. Forneck, 2000, S. 83f.

145 Anthoine de LaSale, 1965, S. 451f. F. Mernissi (1995, S. 292) berichtet, daß eine Frau in einem marokkanischen Bad wegen eines Buben in lautes Geschrei ausgebrochen sei. Als man ihr sagte, er sei doch erst acht Jahre alt, erwiderte sie ungehalten: »Auch wenn er erst vier wäre, ich sage euch, er hat meine Brüste angeschaut, genau wie mein Mann es tut!« Worauf das Früchtchen entgegnete: »Du bist nicht mein Typ. Ich mag lieber große Titten!«

146 Bereits frühmittelalterliche Bußbücher wie das »des Theodor« hatten den Männern verboten, bei dieser und anderen Gelegenheiten ihre Frauen anzusehen, wenn sie unbekleidet waren: »Maritus quoque non debet uxorem suam nudam videre« (Lutterbach, a.a.O., S. 75). Wie bereits erwähnt, trugen die Frauen in Badstuben und Wildbädern eine die Brüste, den Bauch und den Unterleib bedeckende *badehr* oder ein Hemd, und die Männer eine *bruoch*, die z.B. in Mautern »padhuetl« genannt wurde (cf. G. Maroli/E. Plöckinger, 1985, S. 190), oder sie hielten sich einen Badequast vor den Unterleib (cf. z.B. R. Waldersee, 1995, S. 3, 6), was allerdings in vielen Gegenden für unzureichend erachtet wurde. So erschien es dem Frankfurter Studenten Michael Frank, der im Jahre 1590 Mecklenburg und Pommern bereiste, »wunderbahrlich«, daß es in den Badstuben nicht nur keine Geschlechtertrennung gab, sondern die Männer »nicht einmal viel Schürztücher vorgebunden« hatten und den Unterleib lediglich mit einem Quast bedeckten. »Daß an allem kein Ärgerniß geschehen könnte, ist kaum zu glauben«, meinte er, da dies den Frauen

doch äußerst peinlich sein müßte. Er selber war jedenfalls so schockiert, daß er »entsetzt das Refugium verlassen wollte«, doch hielt ihn der Bader zurück und klärte den Ausländer über die heimischen Sitten auf. Cf. H. Ewe, 1994, S. 212f.

147 Im Jahre 1279 kam es zu einem öffentlichen Skandal, als ruchbar wurde, daß der Cluniazensermönch Bertrandus aus dem Kloster Domesne in der Provence ein »balneatorium« besucht hatte, wo er »balneavit se cum mulieribus« (T. Füser, 1996, S. 218), und etwas später hieß es, die Brüder des Markgröninger Heilig-Geist-Spitals hätten den Bader zu sich kommen lassen, weil kein Ordensbruder die öffentliche Badstube aufsuchen durfte. Cf. K. Militzer, 1975, S. 98. Wegen der leichtbekleideten Bademägde war den Mitgliedern aller Orden der Besuch einer öffentlichen Badstube untersagt. Cf. H. Kühnel, 1980, S. 28; R. Schneider, 1980, S. 60. Die Statuten der Pariser Beginen vom Jahre 1341 bestimmten, »que nulle fame demourant oudit beguinage ne soit si hardie qu'elle voise [= geht] aus bains ne aus estuves hors de leens«, also außerhalb des »Ostel« (P. L'Hermite-Leclercq, 1997, S. 327), und etwas später wurde es als skandalös erachtet, daß einige Nonnen wegen »wahrer oder vorgegebener« Indispositionen die heißen Quellen von Pozzuoli aufgesucht hätten. Cf. M.L. Ambrosini/M. Willis, 1969, S. 220. Als der Zürcher Rat im Jahre 1523 herausfand, daß die Nonnen zu Töß andere Frauen zum gemeinsamen Bad einluden, untersagten sie dies augenblicklich, da eine solche Praxis »vil geschrei und nüt anders dann ein liechtfertigkeit und zerstörung guots wesens mag bringen« (G.A. Wehrli, 1927, S. 43), nachdem bereits im Jahrhundert zuvor das Umherwaten der Zisterzienserinnen von Rathhausen im Kanton Luzern im flachen Wasser des Rothsees verboten worden war, weil die Nonnen dabei anscheinend durch das Lüpfen des Habits die Unterschenkel und vielleicht auch ein bißchen mehr entblößt hatten. Cf. A. Martin, 1906, S. 40.

148 Cf. J.-R. Gaborit, 1998, S. 49; Roecken/Brauckmann, a.a.O., S. 168; Cabanès, a.a.O., III, S. 94f.; R. Baumann, 1978, S. 154, bzw. U. Rublack, 1995, S. 183. Wie mir Haralds Biezais mitteilte, mieden »in der alten Zeit« auf den lettischen Dörfern die jungen Mädchen die »gemischten« Dampfbäder, weil sie befürchteten, jemand könnte ihre Brüste oder sogar »noch etwas mehr« sehen, und auch aus einer Äußerung des 1327 gestorbenen Rabbi Asher geht hervor, daß die jüdischen Jungfrauen meist zu schamhaft waren, um in der *mikwē* ein rituelles Taufbad zu nehmen, weil sie sich vor den anderen

Frauen hätten nackt zeigen müssen. Deshalb wurde das Frauenbad fast nur von verheirateten Frauen aufgesucht. Cf. E. Horowitz, 1997, S. 111.

149 Cf. D. Flühler-Kreis, 1991, S. 68. Auf einem anonymen, möglicherweise für ein erotisches »Nuditätenkabinett« hergestellten Gemälde aus dem frühen 16. Jahrhundert bürstet im »Frauenbad« eine junge nackte Frau lächelnd ihr Schamhaar, und auf einem ähnlichen Bild hält die Frau einen Spiegel so, daß sie dabei ihre Genitalien betrachten kann. Cf. G. v. d. Osten, 1983, Tf. 186. Auch die im Quattrocento in Italien und etwas später in Deutschland von Malern wie Sebald Beham hergestellten pornographischen Frauenbadstiche, auf denen nackte Frauen anderen Badstubbesucherinnen lasziv grinsend an die Genitalien fassen, sind höchstwahrscheinlich für die Kunden von Frauenhäusern und Badebordellen hergestellt worden.

150 Cf. M. Müller, 1996, S. 44.

151 Cf. Cabanès, a. a. O., S. 169 ff., bzw. Miquel, a. a. O., S. 35.

152 Cf. M. Schröter, 1990, S. 62, bzw. A. v. Keller, 1855, S. 409 ff. »Do ich dein vatter nam«, so die Mutter weiter, »Do was jm recht alsam./Do iech mir die muter meyn/Ein vil cleins scherlein,/Do mit ich in beschneyd.« In der Hochzeitsnacht bereitet er indessen der Tochter mit dem, was ihm »da nyden bei dem beyne hanget«, so viel Vergnügen, daß sie glücklicherweise für beide dem Vorschlag ihrer Mutter nicht folgt.

153 Cf. Gier, a. a. O., S. 158; P. Nykrog, 1973, S. 74, 209 ff. In der Verserzählung Der Stricker schlagen die Frau und die Töchter eines Mannes »vor schanden« die Hände vors Gesicht, als sie in der Badstube den nackten Hintern eines Knappen sehen. Cf. R. Schnell, 2001, S. 272. Solche Unanständigkeiten waren in der höfischen Literatur Anathemata. Cf. W.-D. Stempel, 1968, S. 191. Doch galten Wörter wie z. B. »foutre« als so obszön, daß sie sogar in den *fabliaux* nur sehr sparsam verwendet wurden. Cf. P. Ménard, 1990, S. 24.

154 Elias, a. a. O., I, S. 329 ff., bzw. Foucault, a. a. O., S. 39.

155 Cf. Erasmus, a. a. O., S. 196 f., bzw. W. P. Eckert, 1967, S. 304.

156 So war z. B. im friderizianischen Berlin die Prostitution keineswegs »hinter den Kulissen« verschwunden, sondern fand mehr oder weniger legal und vor aller Augen statt. Als »erstes Haus am Platze« galt das Bordell von Madame Schubitz in der Friedrichstraße, wo die Huren sich zum Teil »splinter nackend« den hohen Gästen präsentierten. Cf. G. Kutzsch, 1974, S. 41. Und im biedermeierlichen Berlin, das im Jahre

1839 immerhin 39 offizielle Bordelle besaß, flanierten die Prostituierten bis zum Warzenhof dekolletiert und in so kurzen Röcken vor aller Augen auf den Straßen, daß ihre Strumpfbänder sichtbar waren. Cf. M.-C. Hoock-Demarle, 1990, S. 263. Cf. auch D. Sinn/R. Sinn, 1991, S. 150ff.; W. Weber, 1991, S. 87; D. Hüchtker, 1999, S. 176. Im späten 18. Jahrhundert gingen in der Stockholmer Baggensgatan die Huren mit entblößten Brüsten auf Kundenfang. Cf. J. Söderberg et al., 1991, S. 62. Cf. auch P.F. Riley, 2001, S. 58; J. Spurr, 2000, S. 183f.; F. Dabholwala, 2000, S. 93. Im Jahre 1860 schrieb ein Beobachter, Hamburg sei eine Stadt, »welche den Begriff der Öffentlichkeit vollständig verwirklicht hat. Diese Öffentlichkeit des Gemeinlebens zeigt sich am freimütigsten und unumwundensten in den offenen Busen, welche sich in der Schwiegerstraße, auf dem Dammthorwall, auf der kleinen Drehbahn, in der Ulrikusstraße und noch in so manchen anderen Straßen in glänzendstem Lichte darstellen« (H. Soltau, 1989, S. 373). Cf. auch E. Kleßmann, 1991, S. 59; H. Glaser, 2001, S. 426ff. In der zweiten Hälfte des 19. Jahrhunderts kostete ein »Schuß« im Stehen auf den Straßen des Canal Street-Distrikts von New Orleans 20 Cents, aber es gab auch Stricherinnen, die für 10 Cents auf einem aufs Pflaster gelegten kleinen Teppich »die Beine breit machten«, und zwar »in full public view, while the neighbours shouted advice and encouragement« (H. Evans, 1979, S. 98). Während des Zweiten Weltkrieges konnte man in London besonders um den Piccadilly herum tagtäglich beobachten, wie die Hausfrauen, die etwas dazu verdienen wollten, sich zu einem Quickie mit amerikanischen Soldaten an eine Hauswand lehnten. Cf. D. Reynolds, 1995, S. 202.

157 Phillips & Phillips, a.a.O., S. 104. Es ist mir unverständlich, daß eine Kritikerin wie z.B. die Historikerin L. Roper (1995, S. 81) weiterhin kulturhistorische Märchen erzählt, in denen man dem deutschen Kaiser »und seinem Gefolge« bei seinen Stadtbesuchen »eine Nacht im Frauenhaus« offeriert habe (ähnlich auch B. Günther, 2000, S. 135), und damit den Eindruck erweckt, als hätten die hohen Herren sozusagen offiziell die Dienste der dort beschäftigten Huren in Anspruch genommen, nachdem ich gezeigt habe, daß solche Behauptungen auf Lesefehler und Fehlinterpretationen zurückzuführen sind. Cf. H.P. Duerr, 1990, S. 316ff. In Wirklichkeit hat nicht der spätmittelalterliche Monarch »vor aller Augen« das Bordell aufgesucht, sondern der englische Thronfolger

Viktorias, also der Prinz of Wales, über den im Jahre 1885 der spätere deutsche Kaiser an seinen Großvater schrieb, Edward habe sich nicht entblödet, »am hellen, lichten Mittag aus einem der berüchtigtsten Wiener Bordelle herauszukommen und auf der Straße herumzuspazieren« (J.C.G. Röhl, 1995, S. 294f.). Wenn im späten Mittelalter die jungen Männer das Haus verließen, um auswärts einen Beruf zu erlernen, wurden sie häufig streng ermahnt, sich von den Frauenhäusern fernzuhalten (cf. M. Beer, 1990, S. 112), und wenn sie diese doch aufsuchten, dann taten sie es meist heimlich. So untersagte die Bäckergilde von 's-Hertogenbosch im Jahre 1428 ihren unverheirateten Mitgliedern nicht den Umgang mit Huren, *solange dies im Verborgenen geschah* (cf. R. Pigeaud, 1987, S. 39), und der Herzog von Braunschweig-Lüneburg schrieb an seine Gattin über den gemeinsamen Sohn: »Il pouvait coucher avec qu'il voulait pourveu qu'en n'en scent rien« (A. Stannek, 1997, S. 255). Im ausgehenden Mittelalter weigerte sich Cardine Cheury, ihren Verlobten, einen gewissen Nicolas de Marigny, zu heiraten, nachdem sie erfahren hatte, daß man ihm nachsagte, einmal im Frauenhaus gewesen zu sein. Cf. B. Gottlieb, 1980, S. 64. Und als um die Mitte des 15. Jahrhunderts die Stadtknechte im Nürnberger Frauenhaus einen verheirateten Mann ertappten, reichte dessen empörte Frau augenblicklich eine Scheidungsklage ein. Cf. M. Beer, 1990a, S. 182.

158 M. Schröter, 1997, S. 98.
159 Cf. M.E. Wiesner, 1998, S. 111, bzw. Rogge, a.a.O., S. 205f. In Bremen wurden die »Hübscherinnen« zwar im Jahre 1571 aus der Stadt verwiesen, doch gingen sie bald darauf wieder ungestört auf dem östlichen Weserdeich, der nach ihnen »Punkedeich« genannt wurde, ihrer Arbeit nach. Im Jahre 1879 zogen sie schließlich in die Bordelle der Helenenstraße ein, und zwar keineswegs im Verborgenen, sondern unter den Augen zahlreicher Schaulustiger, darunter »namentlich Lehrlinge, schulpflichtige Kinder, Knaben und Mädchen von 10-12 Jahren« (E. Meyer-Renschhausen, 1989, S. 308, 310). Nach Schließung der Wiener Frauenhäuser gab es nach kurzer Zeit 50 Privatpuffs in der Stadt und einen ausgedehnten Strich »nach der stattmauer« hin (Schuster, a.a.O., S. 204). In Augsburg hatte es das ganze späte Mittelalter hindurch »illegale« Prostitution gegeben, und als im Jahre 1532 die beiden städtischen Frauenhäuser geschlossen wurden, ging sie unvermindert weiter. Ohnehin hatten sehr viele Bürger, die nicht wollten, daß ihre sexuellen Eskapaden mit gemeinen Frauen bekannt wurden, die offiziel-

len Frauenhäuser gemieden und den Dienst privater Kupplerinnen in Anspruch genommen. Cf. L. Roper, 1988, S. 5. Der
streng calvinistischen Gesinnung zum Trotz gab es im 17.
Jahrhundert in den großen niederländischen Städten, namentlich in Amsterdam, offizielle Frauenhäuser, die sogen. *musicos*,
vor allem am Pijl- und am Halssteg, in denen auch musiziert
und gezecht wurde. Sie standen unter der Aufsicht des *schout*,
eines städtischen Beamten, der über 12 *dienaren* gebot. Zum
Gedenken an das letzte Abendmahl des Herrn blieben diese
Bordelle jeweils die letzte Monatswoche geschlossen. Cf. C.
Brown, 1984, S. 182. Allein in der Kerkstraat soll es 400 Huren
gegeben haben. Registriert waren in Amsterdam insgesamt
etwa 6000 legale Huren, die gewöhnlich zwischen 18 und 25
Jahre alt waren, während die älteren ihr Geld fast durchweg
auf dem Strich verdienten. Waren sie auch dafür zu alt, wurden
sie meist Puffmütter wie um 1650 die berühmte Maria la Motte
oder Hehlerinnen für Diebsgut. Cf. M. Keijser, 1993, S. 159,
und L.C. van de Pol, 1988, S. 133. Allerdings ging man in der
zweiten Hälfte des 17. Jahrhunderts gegen die Amsterdamer
Bordelle vor, und zwar nicht so sehr aus moralischen Gründen, sondern wegen den mit ihnen einhergehenden Ruhestö-
rungen und Belästigungen durch betrunkene Kunden. Deshalb
rissen die Huren ihre Kundschaft jetzt vermehrt in Tavernen
oder auf der Gasse auf und schleppten sie in gemietete Zimmer
ab, wo sie das Bett und den Wein extra bezahlen mußte. Cf.
A.J. Adams, 1999, S. 236. Im frühneuzeitlichen England war
das Verbot der Bordelle ein reines Lippenbekenntnis der
Behörden, dem praktisch nichts folgte, und in den siebziger
Jahren des 16. Jahrhunderts gab es in London weiterhin mindestens 100 Etablissements, davon einige mitten im kommer-
ziellen Zentrum der Stadt. Cf. I.K. Ben-Amos, 1994, S. 201.
Als im Jahre 1578 zwei Zuhälter verhört wurden, teilten sie
Einzelheiten über 23 Bordelle in London mit und bemerkten,
»that ther are manie other bawdy houses about this cytie«, in
denen die Huren bis zu 40 Kunden »in one daie« abfertigten.
Cf. P. Griffiths, 1993, S. 54f. Zu voller Blüte kam die
Prostitution in England aber erst nach 1660. Cf. Burford,
a.a.O., S. 220f., 226f. Ähnlich verhielt es sich auch in
Frankreich: »Whatever the 1560 law«, mit dem Karl IX. die
Bordelle verbot, »might say, brothels were not simply tolerat-
ed by the police but licensed by them, though the licenses had
no legal force. By and large, the police limited the geographical spread of prostitution by confining brothels and streetwal-

kers within certain areas. In general, prostitutes were left free
to get on with their work, and were bothered by police only
when complaints were lodged or conduct became intolerably
outrageous« (Evans, a.a.O., S. 98). So gab es im vorrevolutionären Paris des 18. Jahrhunderts etwa 20000 Prostituierte,
und damit fast so viele wie etwa in den heutigen Prostitu-
tionszentren Bangkok und Kalkutta. Wurde eine Hure festge-
nommen und in die Salpêtrière verfrachtet, so geschah dies
praktisch nie aufgrund der Tatsache, daß sie ihren Körper verkauft hatte. Cf. R.M. Andrews, 1992, I, S. 350; E. Le Roy
Ladurie, 1991, S. 269.

160 Elias, a.a.O., I, S. 334, bzw. ders., a.a.O., II, S. 355, 482.

161 Der Text des Capellanus war eine Satire auf die »romances«,
wie sie damals in aristokratischen Kreisen beliebt waren, sowie
eine Parodie auf die zeitgenössischen scholastischen Argu-
mentationsstrategien. Cf. C.B. Bouchard, 1998, S. 140f.

162 Im Epilog einer Neuauflage der *Colloquia* bemerkte Erasmus,
er habe mit seinem »scherzhaften« Werk »die Philosophie
auch zum Spiel, zum Gespräch und zum Trinkgelage gebracht«, da gerade junge Leser sich bei ernsthaften Büchern
sehr schnell langweilten. Cf. C. Augustijn, 1986, S. 152. Eine
satirische Fiktion war im Spätmittelalter auch die Legende
vom »Jus Primae Noctis« (cf. A. Boureau, 1996, S. 168; J.
Wettlaufer, 1999, S. 332f.), und in einem Zusatz zum Weistum
von Wilzhut, in dem der Beisitzer eines Gerichtes, der dem
Thing fernblieb, zu einer Geldstrafe verurteilt wird, heißt es
ebenfalls *scherzhaft*, der Pfleger habe im Falle der Insolvenz
des Beisitzers das Recht, dessen Ofen zu zerschlagen. Habe er
keinen (was undenkbar war), so dürfe er dessen Frau koitieren,
gefiele sie ihm nicht, so könne er diese Aufgabe dem
Gerichtsschreiber übertragen. Cf. Schmidt-Bleibtreu, a.a.O.,
S. 180.

163 J. Huizinga, 1928, S. 166f.; R.H. Bainton, 1972, S. 171f., bzw.
Eckert, a.a.O., S. 290f., 301f.

164 A. Lömker-Schlögell, 1994, S. 68.

165 Cf. R.S. Gottfried, 1989, S. 357. In Southwark bei London
wurde bereits im Jahre 1161 ein »stewe holder« als Hurenwirt
erwähnt. Cf. H.A. Kelly, 2000, S. 353. In Gent, Brügge,
Brüssel, Antwerpen und anderen größeren Städten Flanderns
und Brabants fand der Sex mit den »gemeyne vroukens«, die
später auch »dochters van plaisir« genannt wurden, meist in
»estuves« oder »stoven« statt, die ausgesprochene Bordelle
waren, wie z.B. »de stove van de Pollepel« in der Brüsseler

Putierstraat, das ein besonders berüchtigtes Freudenhaus war, sowie »de stove van Grimbergen« in der Wolvengrachtstraat und ein Bad am Fischmarkt. Cf. Vanhemelryck, a.a.O., S. 131f. Ein solches Etablissement war auch jenes Bad in Brügge, in das im Jahre 1510 ein gewisser Andries de Knuts eine schwangere Frau abgeschleppt hatte. Als er sich dort an sie heranmachte, wehrte sie sich, worauf er sie mit Gewalt nahm. Dafür wurde er später hingerichtet. Cf. M. Greilsammer, 1990, S. 206. Im Trecento und Quattrocento waren viele – meist von Deutschen oder Flamen betriebene – *stufe* in Städten wie Florenz, Venedig, Vicenza oder Rom Bordelle, und wenn man ein als unzüchtig empfundenes Bild wie Michelangelos »Jüngstes Gericht« charakterisieren wollte, dann sagte man, es sähe aus wie ein Gemälde aus einer *stufa*. Cf. B. Mitchell, 1973, S. 122; Carmichael, a.a.O., S. 98; J.S. Grubb, 1988, S. 134; P. Partner, 1976, S. 100; Moxey, a.a.O., S. 213f. Was M. Weber (1996, S. 158) bezüglich der mit einem Bordell kombinierten Scholastika-Thermen in Ephesos über das antike Badewesen sagt, läßt sich ebenfalls zu dem des Mittelalters und der frühen Neuzeit feststellen: »Obwohl die Prostitution in Bädern und Tavernen weit verbreitet gewesen sein soll, lassen sich solche Erscheinungen nicht verallgemeinern, wie man auch von privaten ›Sauna-Clubs‹ unserer Zeit nicht auf staatliche Heilbäder schließen kann.« Deshalb ist es auch völlig unzutreffend, wie es eine feministische Historikerin tut, zu behaupten, die spätmittelalterlichen Badstuben hätten »nicht im Dienste der Hygienik, sondern der Erotik« gestanden (M. Koch, 1995, S. 80). So gibt es, um zwei Beispiele aus meiner Heimat zu nennen, nicht den geringsten Hinweis darauf, daß die Badstuben von Heidelberg (cf. H.P. Duerr, 1990, S. 520) oder die von Eberbach am Neckar (cf. R. Vetter, 1990, S. 14) jemals irgend etwas mit Prostitution zu tun gehabt hätten, obwohl ersteres z.B. von R.M. Karras (2000, S. 194f.) ohne Quellenbelege angedeutet wird. Dagegen war ein zu Beginn des 16. Jahrhunderts von dem Hagenauer Baderknecht Sumer in Straßburg betriebenes Etablissement ein ausgesprochenes »frowenhus«. Cf. A. Daumen, 2001, S. 332.

166 Im Jahre 1697 verordnete der Leipziger Rat ohne jeglichen Erfolg, daß in die »Caffée-Häußer« keine »verdächtigen Weibs-Personen« eingelassen werden dürften. Während hier die Kunden anscheinend nur »fummelten«, sich mit den »Menschern« zu einem Schäferstündchen verabredeten oder sich »einen runterholen« ließen (cf. P. Albrecht, 1998, S. 40f.),

war die bekannte Kaffeeschenke der Mme Schubitz auf der Friedrichstraße ein Nobelpuff: »Die Herrin des Hauses kam mit gebürtiger Grandezza die Treppe herunter gestiegen und bot ihre anmutigen Liebesdienerinnen in durchsichtig fließenden Gewändern oder gar splitter nackend dem Besucher dar« (W. Menge, 1984, S. 227).

167 U.P. Ecker, 1996, S. 484. Wegen der Gefahr, daß Frauen, die zum Geschlechtsverkehr bereit waren, sich in die Badstuben einschlichen, war man in Freiburg bereits im 14. Jahrhundert gegen das gemischte Baden vorgegangen. Cf. H. Haumann, 1996, S. 509. Die Regensburger Baderordnung vom Jahre 1476 bestimmte, daß Personen, die »an der unstât sitzen«, also die sich des außerehelichen Geschlechtsverkehrs schuldig gemacht hatten, keine Arbeitserlaubnis für die Badstuben erhielten. Cf. Prosser, a.a.O., S. 299; J. Rollo-Koster, 2002, S. 113; ferner M.E. Wiesner, 1999, S. 205. Von gewissen Augsburger Badstuben weiß man, daß in ihnen Vereinbarungen mit Kupplerinnen über Sex mit Huren getroffen wurden, der aber anscheinend woanders stattfand. Cf. Roper, a.a.O., S. 7.

168 Entgegen der weitverbreiteten Vorstellung waren die Bäder und Badstuben zwar selber selten Amüsierbetriebe, doch gingen offenbar nicht selten die männlichen Badegäste nach der Reinigung gemeinsam in eine Schenke. So war im spätmittelalterlichen Basel von einer »propina proprie« die Rede, die »locatus [est] juxta balnea naturalia, ubi homines post lavacrum cibis et potibus reficiuntur« (F.J. Mone, 1851, S. 283).

169 Alfing/Schedensack, a.a.O., S. 255 ff. Die freien Huren wurden in einem Hamburger Prozeß vom Jahre 1483 in »froue« aufgeteilt, die sich in »straten, staven vnd molen [= Mühlen]« prostituierten. Cf. G. Schönfeldt, 1897, S. 100; ferner W. Schäfer, 1987, S. 19.

170 Kienitz, a.a.O., S. 212, 243, 296f. In Wien hieß es noch im Jahre 1886, daß in manchen Bädern »von einer oder mehreren in der Anstalt bediensteten Badedirnen, ohne Wissen des Badeinhabers, in den Cabinen mit den zum Baden kommenden Männern Prostitution getrieben« werde und daß einige Gäste ihre Huren gleich mitbrächten (Eder, a.a.O., S. 247).

171 D. Chambers/B. Pullan, 1992, S. 121f. Als bei der Belagerung von Frankfurt am Main im Jahre 1552 die kaiserlichen und die markgräflichen Truppen einander als Mordbrenner verunglimpften, kommentierte ein Chronist dies mit den Worten, daß da »eine badermagd die andere ein hur« gescholten habe (K. Wesoly, 1980, S. 110f.). Schon in der Antike sagte man den

jungen Sklavinnen, die in den Bädern die Kleidung der Badegäste bewachten, nach, daß manche von ihnen diese Männer
gegen Bezahlung sexuell befriedigt hätten. Cf. T.A.J. McGinn,
1998, S. 53 ff., 242. Auch im Mittelalter konnte man Vollhure,
Gelegenheitshure oder auch nur »ein bißchen« Hure sein. So
galt z.B. im Jahre 1395 in Bologna die Deutsche Agnesina,
Frau eines Bettlers, als »putana vel quasi«, Lucia, Frau eines
Wollwebers, als »rufana expressa«, die alleinstehende Caterina
aus Parma als »maxima meretrix«, Dona Iacoba als heimliche
Prostituierte und Dona Paula de Florencia als »putana publica« (D. Herlihy, 1990, S. 157, 181).

172 Cf. M. Boone, 1997, S. 148 f., bzw. B. Mugglin, 1982, S. 311.
Noch im Jahre 1877 gab es auf dem Lande Gesundbrunnen, in
denen Personen verschiedenen Geschlechts gemeinsam in
großen Wannen badeten. Cf. F. Kaspar, 1993, S. 57, 77.

173 Cf. L. Le Pileur, 1908, S. 99. In vielen deutschen Städten wurden im Spätmittelalter die Frauen von Bademägden und die
Männer von Badknechten bedient, so z.B. in den Badstuben
von München. Cf. Solleder, a.a.O., S. 395.

174 Fischer, a.a.O., S. 94.

175 Dies behaupten ohne Nachweis C. Drößler/J. Kratz, 1994,
S. 129.

176 Damit bestreite ich natürlich nicht, daß es im späten Mittelalter und in der frühen Neuzeit Frauen gegeben haben mag,
die in den Badstuben beim Anblick nackter Frauen sexuell
erregt wurden oder die sich und die Betreffenden durch Berührungen erregten, denn homosexuelle Neigungen gab es bei
Frauen damals wie heute. So scheint es, daß z.B. Nachtfahrende während ihrer nächtlichen ekstatischen Exkursionen
lesbische Phantasien ausagierten, etwa jene Sizilianerinnen, die
im Jahre 1639 in Ekstase die Schlafkammer des Bürgermeisters
betraten, dessen schlafende Frau entblößten, »sehr den Anblick« ihrer Genitalien »genossen«, sie auf den Mund küßten
und anschließend bei ihr den Cunnilingus ausführten. Cf. G.
Henningsen, 1997, S. 182. Trotzdem gibt es keinen Anlaß, zu
glauben, daß etwa Behams lesbische Frauenbadszenen, die er
nach italienischen Vorlagen anfertigte, etwas anderes als aus
den Fingern gesogene Pornographie für ein männliches
Publikum waren, das sich durch den Anblick lesbischen Sexes
und entsprechender Bilder und Texte schon immer gerne stimulieren ließ. Cf. z.B. A.M. Ciasullo, 2001, S. 604. Allerdings
gab es zumindest in Italien schon frühzeitig Nachrichten darüber, daß die türkischen und arabischen Frauen sich beim

gegenseitigen Massieren und Abtrocknen im *ḥammām* sogar zum Orgasmus brachten (cf. E. G. Baur, 1995, S. 113), weshalb auch heute noch in den muslimischen Bädern keine Frau eine andere ganz nackt sehen darf. Zwar beschränken sich manche Frauen, vor allem die älteren, darauf, lediglich die Genitalien mit der Hand oder einer Waschschüssel zu bedecken, doch halten es z. B. die *al-khwatāt* oder »Muslim-Schwestern« bereits für bedenklich, wenn eine Frau die nackten Brüste einer anderen sieht, weshalb sie selber jede für sich in einer kleinen Duschkabine baden. Cf. M. Buitelaar, 1998, S. 117f.

177 Mit dieser »Schliesserin« hatte sie sich bereits vorher gezankt, weil die junge Frau sie bei ihrem Mann denunziert und es nicht hingenommen hatte, als ein Mann auch ihr an die Brüste und zwischen die Beine faßte: »Das dich dañ Gotts leiden schendt/du Kindßverderberin/vnd verretterischer Sack/kuntestu dein schreien nicht vnterlassen/das ich also vnnütze wort/derenthalb entpfahen muß/Ob dir der Stöcklein gleich an die Futt gegriffen/so hat er dir dennocht kein Kindt gemacht/Wann ich allewege ein solchs geschrey/hette anfahen sollen/wann mir einer an die Futt gegriffen/so hett ich viel zu thun haben müssen/vnd angefangen zu weinen.« Diese Worte hörte Thurneysser durch das Stubenfenster hindurch, trat an dasselbe und herrschte von dort seine unzüchtige Frau an: »Ich verbiete dir keins wegs/mit ehrlichen Personen dich zuersprachen/aber an Arß/vnd Futt/dich zubetasten/vnd die Tutten herauß ziehen zulassen/wird dir von mir/nicht vergunt werden,/darnach wisse dich zu richten« (L. Thurneysser, 1584, S. XL).

178 A. a. O., S. LXVIII.

179 G. Pallaver, 1989, S. 78. Der Kritiker ist zwar bereit, zu konzedieren, daß solche Regeln in außereuropäischen Gesellschaften gegolten haben mögen, nicht aber, daß es sie auch hierzulande gegeben hat: »Den flotten Analogieschluß lasse ich einfach nicht gelten, da bleibe ich ungläubiger Thomas.« Das darf er auch nicht, weil er sonst die Grundthese eines von ihm verfaßten Buches verwerfen müßte. Cf. ders., 1987. R. Jütte (1989, S. 21) meint, die Scham des Gesellen sei so zu erklären, daß dieser dazu aufgefordert worden sei, einer Frau, deren Genitalien er sonst auf unschuldige Weise anzublicken gewohnt war, plötzlich nicht mehr als Kundin, sondern als »schönem Weib«, d. h. als Geschlechtswesen, zwischen die Beine zu schauen, doch ist das sehr unwahrscheinlich, weil es keine Hinweise darauf gibt, daß eine nackte Frau jemals unter

normalen Umständen vor einem Badknecht die Beine gespreizt hätte. Jede Frau, die sich so verhalten hätte, wäre zweifellos von der Obrigkeit abgestraft worden. Dies galt auch für
Frauen, die sich auf diese Weiße entblößten, um durch den
obszönen Akt eine andere Person zu vertreiben. Ein Beispiel
dafür aus jener Zeit ist die junge Sylterin, die den die dänische
Krone vertretenden Strandvogt in die Flucht jagte, als dieser es
unterbinden wollte, daß sie ein Butterfaß aus der Ladung eines
gestrandeten Schiffes an Land ziehen wollte. Als die junge
Friesin sich zu entblößen begann, suchte der Beamte entsetzt
das Weite. Cf. R. Hanewald, 1995, S. 193. Daß eine entblößte
oder auch nur nackte Frau auch in späterer Zeit noch eine solche Wirkung entfalten konnte, geht aus einer Schilderung
Heinrich Barths hervor, der beschrieb, wie im Jahre 1857 die
großen nackten Margifrauen »mit ihren hangenden Brüsten«
für ihn »einen wahren Gegenstand des Schreckens« darstellten. Als plötzlich eine solche Frau vor ihm auftauchte, seien
nicht nur er, sondern auch sein Pferd zutiefst erschrocken. Cf.
A. Bouba, 1996, S. 72.

180 Cf. Foerster, a.a.O., S. 283; Cabanès, a.a.O., II, S. 256f., bzw.
Albrecht v. Eyb, a.a.O., S. 117, 456. Nach den alten irischen
und angelsächsischen Bußbüchern konnte man eine Frau
schon dadurch besudeln (*polluere*) oder beflecken (*maculare*),
daß man ohne Lüsternheit auf die intimen Orte ihres Leibes
schaute (H. Lutterbach, 1995, S. 220), und um 1500 entschuldigte sich ein Spanier dafür, daß er den Mädchen der Tupí auf
die Genitalien geschaut hatte, damit, diese seien »so geschlossen und unbehaart« gewesen. Cf. P. Mason, 1990, S. 171.

181 Cf. Aretino, a.a.O., S. 249, 484. Im Quattrocento zogen während des Karnevals die Schlosser durch die Straßen und besan-
gen die auf den Balkonen stehenden jungen Frauen mit anzüglichen Liedern, in denen sie die Vorzüge ihrer »Schlüssel«
priesen: »E bella e nuova ed util masserizia/Sempre con noi
portiamo/D'ogni cosa dovizia,/E chi volesse il può toccar con
mano« (»Unser Werkzeug ist schön, neu und nützlich,/Wir
tragen es immer bei uns,/Es ist gut für alles,/Wer will, kann es
mit der Hand drücken«) [P. Burke, 1981, S. 200]. In einer spätmittelalterlichen Mär beichtet der Schmied dem Pfaffen: »›So
hon ich doch ain schrein, da will mein schlüssel ie niet ein‹/der
pfaf der sprach: ›ich kan wol schmiden/disen zorn will ich wol
friden./pringet mir den schrein,/ich main, mein schlüssel gee
gern darein‹« (Fischer, a.a.O., S. 522f.). Noch auf Gemälden
des Settecento hält ein Mann einer Frau einen Schlüssel entge-

gen und weist sie dadurch als Hure oder Flittchen aus. Cf. F. Pedrocco, 1990, S. 91. Cf. auch R. Düchting, 2000, S. 53; W. Mezger, 1991, S. 156.

182 Cf. A. Mbembe, 1992, S. 6; L. Bennett, 1983, S. 177 (östliche Nepali).

183 Im Jahre 1991 ließ die Verwaltung des renommierten Smith Colleges in Massachusetts an alle Studenten einen Handzettel verteilen, auf dem unter anderem der wohlgefällige Blick auf das andere Geschlecht, insbesondere auf dessen Brüste, Hintern und Schenkel als »repression« und als Verstoß gegen die Universitätsordnung angeprangert wurde. Dieser »lookism« sei verwerflich, weil er zum Ausdruck bringe, daß man eine Person nach ihrer sexuellen Attraktivität bewerte und dadurch beleidige (*Spiegel* 21, 1991, S. 194).

184 Cf. A.L. Bush/L.C. Mitchell, 1994, S. 244; D.A. Chappell, 1997, S. 20; S. Bastos, 1982, S. 99; Davenport, a.a.O., S. 225, bzw. A. Krämer, 1917, I, S. 111. Bei den Ifugao war es beispielsweise verboten, einer jungen Frau auf die unbedeckten Brüste oder auf die Hüfte zu schauen (cf. R.F. Barton, 1919, S. 90), und im Mai 1771 schrieb ein deutscher Maler aus Kalkutta, an den dortigen öffentlichen Badeplätzen riskiere kein Mann einen Blick auf die Frauen mit ihren nassen, am Körper klebenden Kleidern: »Ich weiß nicht, wie der Mohr-Mann ist, weiß aber wohl, daß ich oft an die Badeplätze gehe, bloß um diese enge, dünne Kleidung zu sehen, und ich zweifle, ob Sie nicht mitgehen würden« (C.A.C. v. Imhoff, 2001, S. 163f., 173). Ein Kritiker meint, meine Argumentation könne nicht überzeugen, da doch die »Filmdokumente, die jede Fernsehstube erreichen«, deutlich zeigten, »daß Menschen«, die sich »tagtäglich unverhüllt« in der Öffentlichkeit bewegten, »sich an die nackten Tatsachen gewöhnen« und diese deshalb nicht als sexuell stimulierend empfänden (G. Kalberer, 1997). Wie könnte jedoch der Kritiker jemals einem Fernsehfilm, in dem z.B. halbnackte Melanesierinnen zu sehen sind, entnehmen, daß dort die weiblichen Brüste die Männer visuell *nicht* stimulierten und daß deshalb Blickvermeidungsregeln nicht existierten? Ein anderer Kritiker meint, daß eine durch verinnerlichte Blickverbote geschützte Frau möglichen männlichen Blicken doch mehr ausgesetzt sei als eine »viktorianische Lady«, weshalb man einen »Fortschritt in Sachen körperlicher Züchtigkeit« gewiß nicht leugnen könne (A. Sollberger, 1997) – eine überraschende Argumentation, da mir ja für gewöhnlich von den Befürwortern der Zivilisations-

theorie vorgehalten wird, nicht zu begreifen, daß fest interna-
lisierte Regeln einen höheren Grad von Zivilisiertheit anzeigten als »äußere« Schranken, Verbote, ein viktorianischer
Badekarren oder ein züchtiger Badeanzug.

185 Cf. W. Mehlitz, 1992, S. 270. Dies war schon in hellenistischer
Zeit so, und auch die Frau sollte einen fremden Mann nicht
anschauen: »Die Hurenhaftigkeit einer Frau«, so Ben Sira,
»erkennt man daran, daß sie ihren Blick nicht senkt. An ihren
Augenlidern sollt ihr sie erkennen!« Und Philo Judaeus lehrte,
eine Straßenhure erkenne man an ihrem erhobenen Haupt,
eine Kopfhaltung, die sie von Natur aus nicht habe. Cf. L.J.
Archer, 1990, S. 110, 246f. Das Gesicht der jüdischen Frauen
blieb zwar unbedeckt, aber vor Fremden zogen z.B. die
yemenitischen Jüdinnen den Zipfel ihres langen Kopftuches
vor den Mund. Cf. E. Brauer, 1934, S. 93. Die Perser und die
Araber empfanden die Schleierlosigkeit der jüdischen Frauen
als eine Demonstration der Tatsache, daß die jüdischen
Männer weder Ehre noch Potenz hatten. Cf. M.M.J. Fischer,
1978, S. 208.

186 Cf. al-Ġauziyya, a.a.O., S. 235, bzw. al-Waššā', a.a.O., S. 112f.
Cf. auch A.-C. Dero, 1990, S. 135. Vor allem sollten die Badenden einen zu langen Augenkontakt vermeiden, was an die
Sitte in den heutigen amerikanischen Schwulenbädern erinnert, den Augenkontakt mit all jenen Personen zu vermeiden,
mit denen man sich nicht sexuell einlassen möchte. Cf. Delph,
a.a.O., S. 143. Schaut ein Badegast den anderen direkt an, geht
dieser meist auf ihn zu, greift ihm wortlos unter das um die
Hüften gebundene Badetuch und beginnt, seinen Penis und
seine Hoden zu kneten. Ein anderes Zeichen der Bereitschaft
ist, den Penis zur Schau zu stellen, indem man dafür sorgt, daß
er sich deutlich unter dem Badetuch abzeichnet. Um dies zu
erreichen, massiert man den Penis, bis er halbsteif ist, »never
full, so that there is promise of even greater expansion« (M.S.
Weinberg/C.J. Williams, 1979, S. 173f.; Delph, a.a.O., S. 145).

187 »Dies ist auch gar nicht anders möglich, denn eine nackte
Stelle, die verdeckt wird, wird eben dadurch auffällig« (C.
Zakravsky, 1994, S. 55, 191). Wenn dies wahr wäre, würden die
Peep-Girls ihre Vulva verdecken und nicht entblößen.

188 *Koran* 24, 31f. & 33, 60. Als z.B. Ibn Battūta bei seinen westafrikanischen Glaubensbrüdern zwei Sultanstöchter sah, die
unverschleiert waren, obwohl sie bereits »mit vollen Brüsten«
ausgestattet waren, verlor er fast die Fassung. Cf. P. Heine,
1996, S. 137f. Wenn im alten Arabien eine Frau vor einem

Fremden den Schleier löste und ihr Haar fallen ließ, war dies genauso aufreizend, wie wenn sie ihm ihre nackten Brüste gezeigt hätte. Cf. J. Wellhausen, 1897, S. 199. Allerdings flirtete so manche Frau mit einem Fremden, indem sie den Schleier so verrutschen ließ, daß dieser Mann für einen Augenblick eine Haarsträhne oder ihre Augen oder Lippen sehen konnte. So berichtete im Jahre 1817 der berühmte Archäologe Belzoni über die jungen Frauen von Luksor, gar manche von ihnen hätte Sorge getragen, »daß der Schleier oder das Stück Tuch, das ihr Gesicht bedeckt, durch Zufall entgleitet oder sich beiseite schiebt. Ist dieser Kunstgriff gelungen, gibt sie mit besorgter Miene vor, sich umgehend wieder verschleiern zu müssen. Jedoch ist sie hoch befriedigt, wenn der Fremde auch nur einen flüchtigen Blick auf ihr Gesicht werfen konnte« (G. Belzoni, 1982, S. 109).

189 »Die den Raum betreffenden Normen«, schreibt die auf tragische Weise ums Leben gekommene Zürcher Ethnologin Iren v. Moos (1991, S. 45), »sind so tief internalisiert, daß eine Frau, die einen nicht erlaubten, z.B. den Gästeraum betritt, in einer Weise ignoriert wird, als wäre sie nicht anwesend.«

190 Dies ist ein sehr früher Beleg für »geil« im Sinne von »lüstern« oder »wollüstig«, denn im allgemeinen wurde im 16. Jahrhundert das Wort noch mit der Bedeutung »frech, aufmüpfig, ungehorsam, ungebunden, ausgelassen, übermütig« verwendet: »Es ist unseglich«, so z.B. Luther, »wie geil und kutzel die bawrn itzt worden sind durch diese friedreiche zeit etliche jar daher, es jucket sie die haut so fast wie einer saw zur schlachtung gemestet«, und noch im 19. Jahrhundert rief auf einem Ball in Tübingen ein junges Mädchen, als der Tanzherr sie zu ihrer Familie zurückbrachte: »Ach Mutter, ich bin so geil!« Das Wort für »lüstern« war bis ins 16. Jahrhundert eher: »unkiusche«. Cf. J. Grimm/W. Grimm, 1897, IV. 1, Sp. 2581 ff. Allerdings konnte bereits das angelsächsische »gāl« neben »lustig« auch »lüstern« und »unzüchtig« bedeuten (cf. Kluge, a.a.O., S. 241), und wenn es 1726 im Schwäbischen hieß, eine Frau, die nach dem Tode ihres Mannes mit allerlei »anderen Kerls gerammelt und geroßelt« hatte, habe auch ihren Schwager mit den Worten, »er werde ja auch ein Kerl sein wie andere«, »geil« angemacht (Schnabel-Schüle, a.a.O., S. 314), dann sollte hier das Wort gewiß dasselbe zum Ausdruck bringen.

191 Schweigger, a.a.O., S. 119. Auch H. Wilden (1613, S. 115) bemerkte, die Südländer könnten nicht begreifen, daß bei den »Teutschen« Männer und Frauen gleichzeitig dieselbe

Badstube »bey nahe gar nacket und blosz« aufsuchten und »doch kein Leichtfertigkeit vermercket wird«. Ähnlich erging es bereits im Jahre 921 Ibn Fadlan, als er bei den Wolgabulgaren Frauen und Männer sah, die gemeinsam in nacktem Zustand im Fluß badeten. Cf. C. Lübke, 2001, S. 69f.

192 Cf. W. Moers-Meßmer, 1987, S. 65. Den Unterleib wuschen die Mönche wohl kaum in Gegenwart der anderen. Jedenfalls gab es z.B. im Kloster Cluny im 11. Jahrhundert ein »lavatorium secretum«, in dem die Mönche ohne Beisein ihrer Mitbrüder die »femoralia« waschen konnten. Cf. Benoit/ Wabont, a.a.O., S. 195; A.T. Lucas, 1965, S. 73f.; A.W. Godfrey, 1990, S. 47; W.O. Hassall, 1962, S. 216f. Erstaunlich scheint die Tatsache, daß keiner der Mönche jemals durch Zufall beim Waschen Hildegunds Brüste gesehen hat. Ähnlich verhielt es sich auch im Falle der Jüdin Esther Manuel aus Hanau, die unerkannt als Ulan im preußischen Heer diente und sich gemeinsam mit ihren Kameraden wusch. Man könnte vermuten, daß Hildegund und Esther so winzige oder flache Brüste hatten, daß diese gar nicht erst als weibliche Brüste empfunden wurden oder auffielen, doch waren sie zumindest bei Esther so profiliert, daß sie sie normalerweise mit dünnen Holzplatten unter der Kleidung flachpressen mußte. Cf. G. Hoffer, 1999, S. 134. Cf. auch H.P. Duerr, 1993, S. 475f. Vielleicht badete man in Schönau stets im Hemd, wie auch in den meisten Chorherrenstiften üblich war. Cf. F. Röhrig, 1980, S. 222.

193 Cf. B. Spreitzer, 1995, S. 68; M. Backes, 2002, S. 28f. Hildegund hatte sich mit ihrem Vater auf einer Pilgerreise befunden, als dieser im Jahre 1187 wohl im Burgweiler oder in der neugegründeten Stadt Heidelberg starb. Da es damals für eine Frau nicht ganz ungefährlich war, auf Pilgerreise zu gehen, weil Frauen bisweilen von Räubern nackt ausgezogen und vergewaltigt wurden (cf. M. Tolmacheva, 1998, S. 167) – so entblößten z.B. in einem Wald einige Räuber eine Pilgerin aus Siegburg und ihre Gefährtinnen »bar jeder Scham« (Ohler, a.a.O., S. 117) –, hatte der Mann seine Tochter in Männerkleidung gesteckt. Diese Kleidung und damit die andere Geschlechtsidentität behielt sie bei, um in dem Männerkloster Unterkunft zu finden. Cf. A. Liebers, 1989, S. 9, 27. Den Topos der Frau als Mönch gab es bereits im frühen Mittelalter: Bei Anastasia erkannte man das Geschlecht wie bei Hildegund erst nach ihrem Tode, und Apollonia soll auf dem Sterbebett ihren Mitbrüdern das Versprechen abverlangt haben, sie in das Leichentuch einzuwickeln, ohne sie vorher entkleidet zu

haben. Cf. E. Patlagean, 1976, S. 597, 610. Nach den im 11. Jahrhundert von Uldarich herausgegebenen *Coutumes de Cluny* blieben die »parties honteuses« der Leiche bei der letzten Waschung ohnehin bedeckt. Cf. C. Treffort, 2001, S. 361.

194 S. Stolz, 1992, S. 111.

195 Cf. E. J. Burns, 1999, S. 263; Dinzelbacher, a.a.O., S. 63.

196 Cf. Pérez-Mallaína, a.a.O., S. 167, bzw. H. Henningsen, 1987, S. 28. Völlig abwegig ist der Einwand zweier Kritiker, in »früheren Epochen« und in den »primitiven Kulturen« habe man sich wegen seiner Nacktheit nicht »geschämt«, sondern eine »ehrfurchtsvolle Scheu vor der Göttlichkeit« der Genitalien empfunden (M. Pohlen/M. Bautz-Holzherr, 2001, S. 118f.). In der Chronik von Novgorod heißt es für das Jahr 1372, die Männer von Tver hätten nach der Eroberung der Stadt gehandelt, »wie selbst die Heiden es nicht taten«: Sie zogen nämlich viele Frauen splitternackt aus, worauf diese sich »aus Scham und Kummer ertränkten« (B. Dmytryshyn, 1967, S. 128). Als besonders entehrend und beschämend empfand es Albert v. Aachen, daß manche der Frauen, die im Jahre 1097 die Kreuzritter auf ihrem qualvollen Zug durch Anatolien begleiteten, sich auf dem Boden wälzten »und in ihrer schlimmen Not des Durstes schamvergessen ihre geheimen Körperteile entblößten« (Milger, a.a.O., S. 80).

197 McIntosh, a.a.O., S. 72.

198 So die beiden Soziologen A. Silbermann/M. Brüning (1991, S. 14), die sich dabei seltsamerweise auf meinen ersten Band beziehen.

199 Boškovska, a.a.O., S. 101, 105; G. Scheidegger, 1993, S. 53, bzw. A. Stepanowna-Sytowa, 1984, Tf. 2 & 5. Cf. auch Z. Serebryakova, 1989, Abb. 32f.; D.V. Sarabianov, 1990, S. 264.

200 J. T. Alexander, 1989, S. 215. Im Jahre 1782 erneuerte Katharina die Große das Gesetz aus den Jahren 1743 und 1760, nach dem kein Bub, der älter als sieben Jahre war, in eine Frauenbadstube mitgenommen werden durfte. Badstuben ohne Geschlechtertrennung blieben verboten. Bereits im Jahre 1714 notierte Friedrich Christian Weber auf seiner Rußlandreise: »Hinter der Finnischen Slabodde in dem Walde, und an einem kleinen Wasser sind über dreyssig Badstuben gebauet, die eine Helffte vor die Mannes- und die andere vor die Frauens-Leute« (1738, I, S. 21), und nach einem etwas später verfaßten Bericht von Christian Gottlob Züge badete in den privaten Badstuben zuerst das Ehepaar, »worauf die Kinder und das Gesinde, von jedem Geschlecht besonders, folgen«. Freilich bemerkte er,

daß die Männer, die aus den öffentlichen Männerbadstuben heraustraten, wo »Weiber« ihnen zur Abkühlung »Bier und Quaas« reichten, vor ihnen bestenfalls die Genitalien bedeckten: »Die Weiber, an diesen Anblick gewöhnt, achten der nackenden Menschen nicht, von welchen sich die Bescheidensten höchstens des Besens als eines Feigenblattes bedienen« (1988, S. 113 ff.). Auch in reinen Frauenbädern setzten sich zwar die kleinen, nicht aber älteren Mädchen und die reifen Frauen breitbeinig hin. Die beiden letzteren legten sich beim Sitzen meistens noch ein Tuch über den Schoß. Cf. z.B. M. Davidoff, 1986, S. 23.

201 Atkinson, a.a.O., S. 15; P. Saintyves, 1935, S. 29, bzw. Scheidegger, a.a.O., S. 108. Sigismund v. Herberstein, der im Jahre 1517 als Gesandter Kaiser Maximilians nach Rußland reiste, teilte mit, daß kein Mann zugegen sein durfte, wenn unter einer größeren Anzahl von adeligen Jungfrauen die künftige Gattin des Großfürsten ausgesucht wurde. Die Mädchen wurden zunächst von Hebammen untersucht, vermutlich darauf hin, ob sie noch jungfräulich waren. Anschließend prüfte eine aus Fürstinnen, Bojarinnen und Hofbeamtinnen bestehende Kommission, wie ihre Brüste und andere relevante Körperteile beschaffen waren. Cf. L. Sievers, 1988, S. 66.

202 Shimada, a.a.O., S. 201.

203 Cf. S. Clark, 1994, S. 33, 56, 74, bzw. S. Masuda, 1998, S. 117, ferner A. Kobayashi, 2001, S. 372; M. Ashkenazi/R. Rotenberg, 1999, S. 96. Eine Frau verlautete über ihre Großmutter: »Sie war Jahrgang 1863, und so etwas [d.h. öffentliche Nacktheit] war für sie einfach unvorstellbar« (K. Nakamura, 1997, S. 271).

204 Voyeure werden freilich von den Frauen meist schnell ausgemacht, worauf sich diese sorgfältig bedecken. Eine junge Frau sagte jedoch, sie hätte 1 ½ Jahre lang das öffentliche Bad gemieden, nachdem ein Badegast sie zunächst beäugt und ihr dann an die Brust gefaßt habe. Solche sexuellen Übergriffe, vor allem aber der Voyeurismus, scheinen immer häufiger vorzukommen. Normalerweise sind die Frauen auf der Hut, sobald sich ein Mann ins Wasser begibt, doch als einmal der Ethnologe in ein Badebecken stieg, in dem sich eine nackte Frau befand, die ihn zunächst nicht bemerkte, schrie diese, als sie ihn plötzlich sah, laut auf, sprang in Panik aus dem Becken und suchte das Weite. Cf. Clark, a.a.O., S. 103 ff. Voyeurismus und die entsprechende Angespanntheit der Frauen gab es auch schon früher. Cf. H.P. Duerr, 1988, S. 121 f.

205 Traditionellerweise gilt in Japan das weibliche Schamhaar als
sehr erregend, und das Schlimmste, was ein Mann einer Frau
nachsagen kann, soll *kawaragē*, »Haar wie ein Ziegelstein«,
sein, weil dies bedeutet, daß diese Frau haarlose Genitalien hat.
Cf. P. Weideger, 1986, S. 65. Zwar darf seit über 200 Jahren auf
Abbildungen kein Schamhaar gezeigt werden (cf. V.N. Desai,
1991, S. 2), doch sendet z.B. das »Teehaus« von Yoshiwara an
Festtagen seinen Stammkunden ein Schamhaar ihres Lieb-
lingsmädchens respektvoll verpackt ins Haus. Cf. U. Rauß/A.
Venzago, 1994, S. 62. In Kyōto trugen die Prostituierten, die
im 17. Jahrhundert Schauringkämpfe bestritten, Seidenkleider,
die sehr dünn waren, damit ihr schwarzes Schamhaar deutlich
durchschimmerte. Cf. U. Pauly, 2000, S. 184. Auch in China,
wo die Frauen ähnlich spärlich behaart sind wie in Japan, was
schon Marco Polo berichtete (cf. P. Wunderli, 1993, S. 165),
war man vor allem im Süden des Landes von Frauen mit üppigem Schamhaar fasziniert (cf. Chou, a.a.O., S. 205), aber auch
manchmal schockiert, wenn man nicht darauf gefaßt war.
Jedenfalls berichtet W. Eberhard (1967, S. 80) von einem chinesischen Herrn im 19. Jahrhundert, der während seines
Besuchs bei einer ausländischen Prostituierten augenblicklich
seine Erektion verlor, als er deren reichlich behaarten
Genitalbereich erblickte.

206 G. Norden, 1987, S. 89.

207 Seit Jahrhunderten sind in Japan pornographische Bilder
beliebt, auf denen Frauen dargestellt sind, die so dahocken,
daß ihre mit üppigem Schamhaar ausgestatteten Vulven sichtbar sind. Meist sind auch Voyeure mit abgebildet, die sich
stattlicher Erektionen erfreuen. Cf. E. Ströber, 1992, S. 165; C.
Grosbois, 1964, S. 19, 124, 130. In dem 1682 veröffentlichten
Roman von Saikaku Ihara befindet sich ein von ihm selbst
angefertigter Holzschnitt, auf dem ein junger Voyeur von
einem Hausdach aus eine nackte badende Dienerin mit Hilfe
eines europäischen Fernrohres beobachtet. Cf. D. Keene,
1969, Abb. II.

208 Cf. S.B. Hanley, 1997, S. 98; N. Nouet, 1990, S. 87; Clark,
a.a.O., S. 34. Im Jahre 1878 berichtete Isabella Bird (1990,
S. 226), in dem einen Bad des Ortes, an dem sie sich aufhielt,
hätten ausschließlich Frauen und kleine Kinder, in dem anderen Frauen und Männer gemeinsam, »aber auf den gegenüberliegenden Seiten gesondert« gebadet.

209 Cf. Edgerton, a.a.O., S. 165.

210 Cf. T. Yokoyama, 1987, S. 103.

211 A. Walworth, 1946, S. 158, 214; M. Masao, 1979, S. 78, bzw.
S. W. Williams, 1910, S. 183.

212 Cf. P. B. Wiley/K. Ichiro, 1990, S. 425. In den großen Städten
wie Edo, Kyōto oder Osaka gab es seit dem 14. Jahrhundert
zahlreiche als Badstuben getarnte Bordelle, in denen man
zunächst von älteren Frauen, den *akakaki* (»Schmutz-
abreiberinnen«), eingeseift und abgeschrubbt wurde, wonach
die jüngeren *yuna* (»Heißwasserfrauen«) kamen und einem die
Körperteile rieben, die von den *akakaki* ausgelassen worden
waren. Im Jahre 1618 verbot der Stadtkommandant von Kyōto
den *yuna* jegliche Ausübung ihrer Tätigkeiten, und 1648 folgte die Stadtverwaltung von Edo diesem Beispiel, nachdem man
in der Stadt mehr als 100 Badstuben gezählt hatte, deren *yuna*
zu einer ernsthaften Konkurrenz für die legalen Huren von
Yoshiwara geworden waren. Nachdem die Badstubenprosti-
tution jedoch nicht nachließ, wurde 1653 der erste Badepuff
geschlossen und nach einer Großrazzia drei Jahre später auch
alle übrigen. Auch in den heißen Quellen gingen *yuna* auf
Kundenfang. Cf. Y. Teruoka, 1989, S. 14; M. Stein, 1997,
S. 427f.; Clark, a. a. O., S. 31f. Nannte man die sexuell voll entwickelten Bademägde *oyuna* (»große Heißwasserfrauen«), so
hießen die spätestens seit der frühen Kamakurazeit beschäftigten vorpubertären und pubertären Masseusen im Alter von 12
bis 15 Jahren *koyuna* (»kleine Heißwasserfrauen«). Ursprünglich wurden die Badegäste fast nur masturbiert, doch
um das Jahr 1965 mußten die *toruko-jo* (»Türkische Mädchen«), um konkurrenzfähig zu bleiben, *daburu purē* (»double
play« = Soixanteneuf), ein paar Jahre später vaginalen Koitus
und schließlich Analverkehr (*ichi no tani*, »erstes Tal«, im
Gegensatz zum »zweiten Tal«, der Vagina) in ihr Repertoire
aufnehmen. Inzwischen gibt es auch »Seifenländer«, in denen
Frauen bis zum Orgasmus gerieben oder »geleckt« werden,
und zwar nicht selten von als Männer verkleideten Frauen. Cf.
Constantine, a. a. O., S. 35, 38, 45; K. Kitamura, 1983, S. 111.
Auch in anderen Gesellschaften waren Badehäuser und
Prostitution häufig miteinander verbunden, z. B. im alten In-
dien. Cf. S. K. Mukherji, 1986, S. 50.

213 Cf. Wiley/Ichiro, a. a. O., S. 432. So genügte es im 18. Jahrhundert, den in Yoshiwara kasernierten Huren vor Anbruch der
Nacht die Kleider wegzunehmen, um sie an der Flucht zu hindern. Offensichtlich hätte keine der Frauen es gewagt, nackt in
der Öffentlichkeit zu erscheinen. Cf. D. C. McMurtrie, 1927,
S. 603.

214 Die japanischen Frauen empfanden das üppige Körperhaar der
Fremden, die sie die »behaarten Barbaren« nannten, ähnlich
wie das der Ainu, als animalisch und ekelhaft und weigerten
sich deshalb meistens, mit ihnen zu schlafen. Außerdem verglichen sie den Körpergeruch der Weißen mit dem von
Schweinen. Cf. B. Adachi, 1903, S. 14; ders., 1937, S. 301; Wagatsuma, a.a.O., S. 59; L. Bush, 1968, S. 175; E. Ohnuki-
Tierney, 1995, S. 302. Umgekehrt behaupteten im Zweiten
Weltkrieg die US-Marines auf den Salomonen, sie hätten »die
japanischen Affen« nachts an »the gamey smell of animals«
erkannt. Cf. J.J. Weingartner, 1992, S. 55.

215 Cf. H.P. Duerr, 1993, S. 91 ff. In den Taschen von im Zweiten
Weltkrieg gefallenen japanischen Soldaten fand man häufig
Photos von Prostituierten, die mit den Fingern die Schamlippen auseinanderzogen, so daß man ihnen in die Vagina
schauen konnte. Cf. G. Devereux, 1981, S. 63. Höchstwahrscheinlich handelte es sich dabei um Glücksbringer, mit denen
der Feind vertrieben werden sollte. Auch auf den *netsukē* ist
manchmal an der Unterseite eine glückbringende Vulva einge-
ritzt. Cf. E.G. Gobert, 1951, S. 14. Natürlich setzt dies voraus,
daß die Geste *schamlos* war, denn der Feind sollte ja durch den
Tabubruch schockiert werden, so daß er das Weite suchte. In
vielen Gegenden Europas glaubte man deshalb auch, es bringe
einem Glück, wenn man einer Hure begegne (cf. W. Schubart,
1966, S. 61 f.), und bei den römischen Floralien traten *meretri-
ces* als die Göttin Flora und ihr Gefolge auf und entblößten
sich, um die der Fruchtbarkeit feindlichen Geister zu vertreiben (cf. F. Altheim, 1931, S. 138 ff.), was allerdings viele Römer
schockierte. Cf. V. Buchheit, 1961, S. 354. Auch die Papago
waren davon überzeugt, es bringe Glück, wenn man von
Huren, euphemistisch »ausgelassene Mädchen« genannt, träume (cf. R.M. Underhill, 1939, S. 183 f.; dies., 1946, S. 66; cf.
allerdings U. Lenz, 1987, S. 48), und aus dem gleichen Grund
ließ man sie in der Antike und im Mittelalter an Wettrennen
teilnehmen oder schickte sie Fürsten und Königen entgegen.
Einer meiner Kritiker meint, daß »eine Gruppe, die außerhalb
der Gesellschaft ihren Platz« habe, wohl nicht »gleichzeitig als
›Glücksbringer‹« fungieren könne (L. Delnui, 1992, S. 48),
doch scheint der Kritiker zu verkennen, daß die Huren
»Glück« brachten, weil sie eben als »obszöne« Personen das
»Unglück« vertrieben. Ein anderer Kritiker macht geltend,
man könne sich kaum vorstellen, daß heutzutage politischen
Gästen »auf jene Art ›Glück und Fruchtbarkeit‹ gewünscht«

158 Familienministerin Bergmann (SPD),
›Puffmutti‹ Weigmann und Grünen-Fraktionschefin
Müller im Bundestag, 2002.

werde (Hohl, a.a.O., S. 42), und dies zeige doch, daß die Eliassche Behauptung der größeren Integration der Huren im späten Mittelalter zutreffe. Nun ist es sicher richtig, daß die Huren heute diese gesellschaftliche Funktion nicht mehr haben. Doch liegt dies nicht daran, daß sie in unserer Gesellschaft, deren Parlament gerade dabei ist, die Sittenwidrigkeit der Prostitution aufzuheben (Abb. 158), mehr ausgegrenzt würden, sondern weil wir nicht mehr an die apotropäische Wirkung der Huren *glauben*.

216 Cf. Yokoyama, a.a.O., S. 49; H. Cortazzi, 1987, S. 264ff. B. Griesecke (2001, S. 36 & 111) bemängelt, ich hätte im Falle der Japaner eine »Reduktion der Scham auf Körperscham« vorgenommen. Hätte mir die Kritikerin für den Fall, daß ich eine Geschichte des BHs in Japan geschrieben hätte, auch eine »Reduktion der japanischen Kleidung auf den Büstenhalter« vorgeworfen?

217 Cf. L.M. Edelsward, 1991, S. 95ff., 124; ders., 1991a, S. 196; P. Leimu, 1983, S. 79ff. Auf die Frage, in welcher Beziehung ein Mann und eine Frau zueinander stehen müßten, wenn sie gemeinsam eine Sauna aufsuchten, meinte ein Finne, sie müßten zwar nicht notwendigerweise miteinander verheiratet sein, »aber sie müssen einander gut kennen, da sie ja nackt sind«. Ein anderer sagte, Hauptmotiv seiner Saunabesuche sei es, nackte Frauen betrachten zu können (Edelsward, a.a.O., S. 172, 246).

218 So R. van Dülmen, 1990, S. 185, bzw. N. Elias, 1978, S. 34.

219 Cf. E. Wolgast, 1997, S. 29, bzw. E. Winkelmann, 1886, , S. 209, und II, S. 107: Im Jahre 1513 wurde den Studenten das Nackt-

baden an der oberen Mühlenwehr und 1551 das Umhergehen in nacktem Zustand am Neckarufer verboten.

220 Allerdings scheinen sich unterhalb des Schweinebogens, wo die Frauen und jungen Mädchen badeten, immer wieder Voyeure auf die Lauer gelegt zu haben, denn neun Jahre danach hieß es: »Item so bedenkt ouch ain ersamer rat, was großer unzüchten im see baden verhandelt würt, und hat derhalben verordnet, das fürohin kain frow noch tochter, weder fyrtag noch werktag, inderthalb der statt im see baden solle, weder tags noch by der nacht« (O. Feger, 1951, S. 28, 58). An diese Verordnung sowie an die, nach welcher sich die badenden Frauen züchtig bedecken sollten, scheinen sich freilich weder im 16. noch im 17. Jahrhundert alle gehalten zu haben, denn im Sommer 1664 klagte der Konstanzer Domprediger darüber, etliche Mägde und Töchter der Stadt hätten vor der Dompropstei gebadet, wobei sie »oben hero ahn den brüsten nicht bedeckt gewesen, und da sie in die tieffe des wassers khomen, ihre badEhren gar abgezogen, und auff das landt hinab geworfen haben sollen«. Ein solches Verhalten sei nicht nur eine Todsünde, sondern auch ein Schandfleck, welche »der Stat Constanz nicht ab[zu]weschen« sei (U. Rublack, 1995a, S. 409).

221 Cf. E.G. Eder, 1991, S. 94, bzw. P. Négrier, 1925, S. 157, und A. Retzlaff, 1994, S. 231. Wie aus den *Caquets de l'accouchée* vom Jahre 1622 hervorgeht, wurde aus diesem Grund den Frauen das Baden in den Flüssen verboten. Als Ersatz richtete man z.B. in Paris öffentliche Frauenbäder ein. »Betreffend die Auferziehung der Jugendt« verlautete 1697 ein Zürcher Mandat, daß fürderhin »das zu Sommerszeit übliche Baden im See und andern Wasseren«, und zwar dasjenige, welches solcherart geschehe, »das Meitli und Buben mit und under ein anderen lauffen, fast nach dem Exempel der diser Zeit bey uns sich aufhaltenden Franzosen, welche offentlich ohne einiche Bedeckung ihres Leibs, zu grosser Aergernus unseres Volks, ungescheücht baden«, ab sofort verboten sei (Zürcher, a.a.O., S. 212).

222 J. v. Eichendorff, 1986, S. 37; L. Merz, 1988, S. 158; K. Immermann, 1993, S. 77, bzw. D. Haas, 1996, S. 499. Als in der Biedermeierzeit zwei Herren in dem Moment splitternackt dem Wiener »Canal« entstiegen, als einige Damen des kaiserlichen Hofes vorbeispazierten, entschuldigten sie sich artig und zogen sich geschwind an. Zwei patrouillierende Gendarmen beobachteten zwar die Szene, schritten aber nicht ein. Cf. E.G.

Eder, 1995, S. 211f. Nackt badeten im 19. und im ersten Viertel des 20. Jahrhunderts auch die meisten jungen Männer mitten in New York (cf. J. Simpson, 1981, S. 162; J. Myers/L. Ayres, 1988, Abb. 29ff., 67ff.), an der nordamerikanischen Atlantikküste (cf. F.R. Dulles, 1940, S. 152), in öffentlichen Badeanstalten in England (cf. R. Hyam, 1990, S. 70), am Strand von Blankenberge (cf. G. de Vent, 1991, S. 9), in den Springbrunnen Madrids (C.E. Kany, 1932, S. 18), unter den Brücken und an den Kais von Frankreich (cf. T. Terret, 1993, S. 398f.), in der Berliner Spree (cf. R. Münch, 1995, S. 212f.), in den Londoner Kanälen (cf. A. Croll, 1999, S. 259) und in den österreichischen Flüssen und Seen (cf. K. Tönz-Leitich, 1970, S. 182). Wie aus der Anzeige eines Augsburger Landrichters vom Jahre 1822 hervorgeht, badeten zahlreiche »Soldaten, Studenten und liederliche Dirnen zum Theil am selben Tag miteinander, laufen mitunter ganz entblößet anderen vorübergehenden Weibspersonen auf der Wiesen nach«. Als ein Polizist sie wegen dieses »schamlosen Betragens« zur Rede stellte, erwiderten die Badenden, »die Polizei hätte ihnen einen Dreck zu befehlen« (Frey, a.a.O., S. 240).

223 H. Schwarzwälder, 1984, S. 60; König, a.a.O., S. 114, bzw. E. de Porre/P. Naujokat, 1992, S. 9.

224 H. Prignitz, 1993, S. 50. Zwar hatte noch im Jahre 1764 der Pädagoge Basedow (a.a.O., S. 72) den pubertierenden Knaben zum Schwimmen verordnet, ihre Schamteile »mit einer Binde [zu] bedecken«, doch verkündete der Arzt Samuel Gottlieb Vogel den Erwachsenen in seiner *Belehrung für die Badegäste in Doberan* vom Jahre 1793: »Badehemder und Beinkleider sollten nicht sein; der Körper muß ganz entblößt sein« (D. Wildt, 1987, S. 22). 1848 empfahl sein Wyker Kollege Penike den Badegästen an den nordfriesischen Stränden, aus Gesundheitsgründen »ganze oder theilweise Bedeckungen des Körpers im Wasser durch Schwimmhosen oder Bademäntel gänzlich zu vermeiden«, da sonst »die Bestandtheile des Seewassers« nicht »in die Haut eindringen können« (B. Hedinger, 1986, S. 113; H.-G. Bluhm, 1986, S. 26), ein Urteil, das auch die meisten anderen Badeärzte der Zeit teilten. Cf. Prignitz, a.a.O., S. 25. Für das Sonnenbad in Anwesenheit des anderen Geschlechts schlug 1892 der »Sonnen-Doktor« Arnold Rikli den Männern die tatsächlich bisweilen getragenen (cf. z.B. G. Pirhofer et al., 1991, S. 161) knappen »Luftbadschürzen« vor, die den Genitalbereich nur sehr unvollkommen verbargen, sowie den Frauen züchtigere

»Luftbadhemden«, die auch die Brüste bedeckten (cf. G. Spitzer, 1983, S. 26), während ein paar Jahre später Otto Ammon ein spitzwinkelig zulaufendes leinenes Dreieck entwickelte, das an Schnüren vor den Genitalien hing: »Die neue Sonnenbadehose lenkt die Aufmerksamkeit von den Geschlechtsteilen ab und läßt unter ihren Falten gar nichts erkennen, während die gewöhnliche Badehose alle plastischen Formen genau abzeichnet, besonders, wenn sie naß ist.« Und: »Man bildet durch den vorderen Teil des Lappens eine Art von faltigem Beutel aus, der ganz dicht anliegt und den Zweck erfüllt, Penis und Skrotum festzuhalten und das Pendeln zu verhindern« (Wildt, a.a.O., S. 73). Allerdings verzichteten die meisten Männer das ganze 19. Jahrhundert über auf solche »cache-sexes« und bedeckten einfach, wenn sie Damen oder Mädchen begegneten, Penis und Hoden mit der Hand. Cf. Pearsall, a.a.O., S. 49.

225 M.D. George, 1967, S. 134f.; H.-W. Prahl/A. Steinecke, 1979, S. 15f., bzw. R.J. Mitchell/M.D.R. Leys, 1950, S. 614, und Wildt, a.a.O., S. 34. Schon um die Mitte des 18. Jahrhunderts badeten in Scarborough die »Gentlemen« splitternackt in Sichtweite der »Ladies«, die allerdings »have the use of gowns« (Howell, a.a.O., S. 6, 10f.), und Heinrich Heine konstatierte ironisch, »der Engländer« gehe »mit seiner Miß immer an den Badestrand, damit der Anblick der nackten Männer sie gegen Sinnlichkeit abstumpfe« (H. Schlüter, 1981, S. 144). Noch im Jahre 1942 schockierte Winston Churchill seine amerikanischen Gastgeber, als er in Palm Beach ohne Badehose in die Fluten stieg. Cf. B. Harrison, 2000, S. 338. Cf. auch Cabanès, a.a.O., S. 304. Manche Herren benahmen sich auch zu Hause recht zwanglos. So berichtete die Herzogin von Sermonetta von einem Lord Wallscourt, der in den zwanziger Jahren des 19. Jahrhunderts »liked walking about the house with no clothes on, and at his wife's suggestion carried a cow bell in his hand when in this state of nudity, so that the maidservants had warning of his approach and could scamper away« (Perkin, a.a.O., S. 90).

226 Cf. Cunnington/Mansfield, a.a.O., S. 260; Weininger, a.a.O., S. 250; Howell, a.a.O., S. 20, 23; G. Tanzer, 1992, S. 273f., bzw. E.G. Eder, 1991, S. 97, und ders. 1995, S. 83. Bereits im ausgehenden 17. Jahrhundert klagte Celia Fiennes, in Holywell beglotzten die Männer die badenden Frauen, »for ye wett garments are no Covering to ye body« (U.A. Robertson, 1997, S. 166).

227 Tobias, a.a.O., S. 189; Pearsall, a.a.O., S. 50, 123. Als Mark Twain den Neckar entlang fuhr, sah er vom Floß aus nackte Mädchen, die im Fluß badeten (cf. M. Twain, 1881, S. 111f.), doch bestimmte im Jahre 1851 der Tübinger Rat, daß Frauen und junge Mädchen die städtischen Badehäuser benutzen sollten, da »ein schicklicher Badeplatz im offenen Neckar für Erwachsene weiblichen Geschlechts nicht ermittelt werden« konnte (I. Scheidle, 1995, S. 17). Aus Granville im Golf von Saint Malo berichteten immer wieder Badegäste, daß sich dort die Frauen »nues comme Eve« im Meer tummelten, und der Westteil des Strandes von Ostende, »le Paradis« genannt, war ganz offiziell den Nackten beiderlei Geschlechts, jenen, die »le contact direct de l'eau de mer avec le peau« vorzogen, vorbehalten, die dort einträchtig in die Fluten stiegen. Cf. R. Gobyn, 1987, S. 33. In Frauenbädern wie dem in der Pariser Rue de la Tannerie oder demjenigen, welches 1838 im Hôtel Lambert auf der Île Saint-Louis eröffnet wurde, scheinen viele Besucherinnen zumindest mit entblößtem Oberkörper gebadet zu haben. Cf. F. de Bonneville, 1998, S. 43, 49. Schon im Jahre 1822 hatte man berichtet, daß viele Frauen und Mädchen sich dort splitternackt tummelten und sich »unbedenklich den gegenseitigen Blicken auslieferten« (W. Cilleßen, 2000, S. 57).

228 A. Friedrich, 1997, S. 54; D. Glatzer/R. Glatzer, 1986, I, S. 674, bzw. J.A. Boutilier, 1984, S. 197.

229 Cf. S.G. Boswell, 1970, S. 60f.; A. Corbin, 1994, S. 107; M. Müller-Windisch, 1995, S. 151, bzw. Cunnington/Mansfield, a.a.O., S. 263f., und Wildt, a.a.O., S. 65. Ein von den sich durch den Stoff abzeichnenden »natural perfections« hingerissener Redakteur des seriösen *New York Herald* veröffentlichte 1853 einen wenig Prüderie verratenden Artikel, in dem es hieß: »Oh! ye happy waves, what a blissful destiny is yours, when you can enclasp and kiss such lovely forms!« (Dulles, a.a.O., S. 153).

230 Cf. N. Elias, 1939, I, S. 287, 295.

231 Cf. ders., 1998, S. 139f. Der Artikel ist die ausgearbeitete Version eines Vortrages, den Elias Ende Februar 1980 in Frankfurt/M. gehalten hatte. Auf die Behauptung, die afrikanischen Schnitzer hätten den menschlichen Leib und sexuelle Szenen »in aller Unschuld« wiedergegeben, möchte ich hier nicht ausführlich eingehen. Erinnern will ich lediglich daran, daß z.B. die Tschokwe den Zeugungsakt durch einen Mann darstellten, der einer Frau an die Brust faßt (cf. E. Haaf, 1977, S. 55), und daß etwa die Ahnenfiguren der Senufo meist unter

Tüchern oder in Verstecken verborgen waren und während der Rituale im flackernden Schein des Feuers kaum erkannt werden konnten. Cf. T. Förster, 2001, S. 162.

232 W. Gronauer, 1897, S. 46; F. v. Luschan, 1897, S. 205, 214; F. v. Reitzenstein, o.J., S. 150, bzw. S. Goldmann, 1987, S. 91. Bei den arabischen Bauchtänzerinnen, die »ihre Brüste sehr originell und graziös« schwingen ließen, handelte es sich in Wirklichkeit um Prostituierte aus Esneh. Cf. A. v. Plato, 2001, S. 221f.

233 In vielen afrikanischen Gesellschaften wurden die weiblichen Brüste zwar frei getragen, doch galten sie gleichwohl meist als erotisch und erogen. Cf. z.B. F.N. Nwahaghi, 1996, S. 53 (Ibibio); J. Busse, 1995, S. 154, 165, 193 (Nyakyusa); Heald, a.a.O., S. 495 (Gisu); H.P. Junod, 1938, S. 93. In diesem Zusammenhang behauptet J. Wouters (1999, S. 50), ich hätte ausgeführt, weibliche Brüste seien »geil, weil ihre Berührung Frauen geil machen« könne. Nun habe ich in der Tat die Erogenität der weiblichen Brüste und insbesondere der Brustwarzen damit erklärt, daß durch ihre Stimulierung das Hypophysenhormon Oxytocin ausgeschüttet wird, ein Vorgang, der mehr oder weniger auch beim Stillen, während der Geburt und während des Orgasmus auftritt. Ab der Pubertät wird das Hormon vermehrt ausgeschüttet, weshalb eine Frau durch Stimulierung ihrer Brüste sehr viel mehr erregt werden kann als ein vorpubertäres Mädchen (cf. R. Fox, 1994, S. 24, 28; M. Stoppard, 1997, S. 73f.). Diese Hormonausschüttung erzeugt auch eine Zunahme der Bindungsbereitschaft: Wird Oxytocin in das Gehirn einer Ratte injiziert, baut sie wenig später ein Nest, trägt fremde Jungratten hinein und leckt sie ab. Cf. Meyer, a.a.O., S. 139. Allerdings habe ich die sexuelle Attraktivität der Brüste in erster Linie dadurch erklärt, daß sie, ähnlich wie die Hinterbacken, dem Mann das Vorhandensein von Fettreserven signalisieren, die vor allem während der Schwangerschaft und der Stillzeit von Nutzen sind, sowie die Fähigkeit zur Ovulation. Cf. H.P. Duerr, 1997, S. 346f.; K. Schäfer/B. Wallner, 1999, S. 20; Miller, a.a.O., S. 277ff. Auf meine Behauptung hin, die weiblichen Brüste seien durchweg ein »milderes Stimulans« als z.B. das verführerische Darbieten des weiblichen Unterleibes, meint Wouters (a.a.O., S. 51), dem widerspräche ich dort, wo ich mich über »die Faszination US-amerikanischer Männer durch pralle Brüste« auslasse, doch konstruiert Wouters diesen Widerspruch selber, denn die Tatsache, daß die Männer in der einen Gesellschaft durch

Brüste visuell oder taktil mehr erregt werden als in einer anderen, besagt natürlich nichts darüber, ob es andere Stimuli gibt, die noch stärker wirken. Schließlich hält Wouters mir vor, ich verlöre »kein Wort« über einen historischen »Trend«, der von Marilyn Yalom nachgewiesen worden sei, daß nämlich »bis zum späten Mittelalter die Funktion der Milcherzeugung die Wahrnehmung der Brüste« dominiere und die Erotisierung und Sexualisierung der Brüste »erst danach« zugenommen habe (a.a.O., S. 52). Nun ist es keineswegs so, daß ich die Ausführungen über diesen angeblichen »Trend« nicht beachtet hätte. Vielmehr habe ich zu zeigen versucht, daß eine solche Entwicklung nicht tatsächlich, sondern in der Phantasie von Zivilisationstheoretikern und Feministinnen stattgefunden hat, so z.B. in der Vorstellung der amerikanischen Ethnologin K. A. Dettwyler (1995, S. 177, 179, 181, 205), die behauptet, *in Wirklichkeit* seien die Brüste der Frauen für die Säuglinge da und nicht für die Männer, wie es diese gerne hätten. Dies zu erkennen sei »nothing less than a cultural revolution«, in der die Frauen endlich ihre Brüste von den – geilen – Männern zurückforderten. Demselben feministischen Trend folgt auch die von Wouters ins Spiel gebrachte Yalom, wenn sie fordert, die weiblichen Brüste von der »Last« der Sexualisierung zu befreien, und verständnislos die Frage stellt: »Warum müssen Frauen in Parks und Sportstadien schwitzen, während Männer die Freiheit haben, ihre Hemden auszuziehen?« (1998, S. 370).

234 Diese Genitalscham gab es auch unter den Männern, z.B. bei den afrikanischen Wildbeutern. Cf. Sbrzesny, a.a.O., S. 254, 260f. (G/wi-Buschleute); Heinz, a.a.O., S. 102, 106 (!Ko); Matthias Guenther: Brief vom 3. März 1986 (Nharon). Eine tödliche Beleidigung war bei den Dobe !Kung der Satz: »Möge der Tod deine Vorhaut zurückziehen!« (so daß die Eichel sichtbar wird). Cf. Lee, a.a.O., S. 373. Bei den nördlichen Guǧi und den Alabdu sowie den Galla bedeckten die Männer, wenn sie unter sich badeten, stets Penis und Hoden mit der Hand. Beim Überschreiten eines Flusses achteten sie darauf, daß zusätzlich die Vorhaut zugebunden war. Cf. Eike Haberland: Brief vom 24. Dezember 1984.

235 Während z.B. bei den Bafia, Jambassa, Ománd und Banénd in Kamerun die Frauen und die Männer »in der alten Zeit« den Unterleib vollständig bedeckten, trugen die Männer in der Kolonialzeit lediglich einen Eichelstulp und die Frauen ein die Vagina verschließendes Scheidenstäbchen, das jeden Morgen erneuert wurde. Ohne dieses Stäbchen galt jede Frau als nackt,

was für alle zutiefst beschämend war. Als der Ethnograph einmal die Vermutung äußerte, eine bestimmte Frau habe offenbar kein Stäbchen getragen, wurde diese Insinuation »mit Abscheu und Entrüstung zurückgewiesen. Man fragte mich sogar, ob denn bei uns die Frauen nackend auf die Straße gingen, was ich allerdings verneinen mußte« (G. Tessmann, 1934, S. 83 f., 94).

236 Cf. A.P. Merriam, 1971, S. 77 f., 85, bzw. Ottenberg, a.a.O., S. 307. Cf. auch P. Gregorius, 1964, S. 210 (Wandamba). Bei den Chagga wurden die Kinder ermahnt, nie »wie ein Verbrecher« an ein Haus, und wenn es der väterliche Hof wäre, zu schleichen: »Grüßt du erst an der Haustür, so könntest du Altherrn und Altmutter nackt antreffen und es würde sich ihnen vor Schreck die Leber versetzen« (Gutmann, a.a.O., S. 218). Nachdem die Ekpe-Geheimgesellschaft der Efik im Jahre 1862 angeordnet hatte, junge Mädchen dürften erst nach der Heirat ein Gewand tragen, probten diese erfolgreich den Aufstand, so daß die von den Mädchen als schamlos empfundene Verordnung zurückgenommen werden mußte. Cf. R.I.J. Hackett, 1989, S. 66. Bei den Fang gingen allerdings beide Geschlechter nackt, bis das Schamhaar zu sprießen begann. Cf. P. Alexandre/J. Binet, 1958, S. 87. Cf. auch E. Cerulli, 1956, S. 64, 110 f. (Konso, Doko und Šangama). Hätten bei den Hamar ein geschlechtsreifes Mädchen oder eine Frau ihren Genitalbereich oder auch nur ihre Oberschenkel nackt sehen lassen, wären sie von jedermann für geisteskrank gehalten worden (Ivo Strecker: Brief vom 5. März 1986). Wenn bei den Ekoi oder Ejagham eine Frau zuviel Alkohol trank und sich im Rausch entblößte, wurde sie von den Mitgliedern des Frauenbundes Ekpa-atu bestraft. Cf. U. Röschenthaler, 1998, S. 42.

ANMERKUNGEN ZUM NACHWORT

1 Als »diskussionsoffen«, wie U. Beck (1990, S. 168) Elias charakterisiert hat, habe ich diesen auch später nie erlebt. Cf. auch K.-S. Rehberg, 1996, S. 13.

2 Ich hatte die Vorkriegsausgabe von Elias' großem Werk bereits im Jahre 1964 in der Bibliothek des Heidelberger Instituts für Soziologie und Ethnologie entdeckt, und zwar kurz bevor mein Lehrer Mühlmann das Buch in einem seiner Seminare referieren ließ. Im Jahre 1975 habe ich dann selber eine

Lehrveranstaltung zur Zivilisationstheorie an der Universität Zürich durchgeführt.

3 »Ich fühle«, so Elias in einem Brief vom 14. Dezember 1981, »daß ich kein Recht habe, Ihnen in den Weg zu treten. Es ist nicht meine Sache und meine Art, eine solche Frage für einen anderen Menschen zu entscheiden. Ich gebe Ihnen nur zu bedenken, ob es nicht wirklich zu früh für solch einen Band ist.«

4 In einem Brief vom 28. Juni 1989 schrieb Elias an Unseld: »Ich habe bisher keine Stellung dazu genommen, daß Sie Herrn Duerrs Angriffen auf eines meiner Werke Unterkunft im Suhrkamp Haus angeboten haben und damit auch die Fürsorge für die gegen mich gerichtete Propaganda. Ich möchte mich nicht mit Ihnen über die Berufsethik des Verlegers streiten, die es ihm erlaubt, die Propaganda gegen einen Ihrer eigenen Autoren zu unterstützen und vielleicht sogar leitend in die Hand zu nehmen. In bestimmter Hinsicht verzerrt Herr Duerr immer von neuem die Zivilisationstheorie, die er zu widerlegen sucht. [...] Ich hoffe sehr, Sie finden Mittel und Wege, einen Ihrer Autoren vor solchen Entstellungen durch einen anderen zu schützen.« Und in einer bisher unveröffentlichten Schrift stellte er die Frage: »Ist es wirklich wissenschaftliches Interesse, das ihn [d. h. Duerr] treibt? [...] Oder dient ihm der Nagel, den er in meinen Sarg zu treiben sucht, einfach nur als Sprosse des eigenen Aufstiegs?« (zit. n. M. Hinz, 2002, S. 173). Noch am 21. März 1988 hatte Elias mir nach der Lektüre des ersten Bandes meines Buches geschrieben: »Ich finde es interessant, anregend, klug wie immer von Ihnen. [...] Aber im Grunde reden Sie an mir vorbei. [...] Ich schreibe Ihnen, um Ihnen ausdrücklich meine Hochschätzung Ihres ersten Bandes zu übermitteln. [...] Vielleicht haben Sie einmal Gelegenheit nach Amsterdam zu kommen. Dann setzen wir uns bei einem Glas Wein zusammen und versuchen herauszufinden, wo die wirklichen Unterschiede liegen.« Daß Elias offenbar kurze Zeit danach einen völligen Stimmungsumschwung erfuhr und nur noch Nägel zu seinem Sarg und eine gegen ihn gerichtete Propagandakampagne sehen konnte, läßt sich möglicherweise auf Einflüsterungen durch einige seiner Schüler zurückführen, die, wie z. B. der Soziologe Hermann Korte, einen »Vatermord« witterten und sich in Verschwörungsphantasien geflüchtet hatten. Cf. H. P. Duerr, 1997, S. 364. Inzwischen hat sich dieser Argwohn zu einer umfangreichen »Unterstellungsliteratur« verdichtet, deren letztes und wohl groteskstes

Produkt ein 430 Seiten starkes Elaborat von Hinz (a.a.O.) ist, das allem Anschein nach im Dunstkreis der Elias-Anhänger wärmste Aufnahme gefunden hat (cf. z.B. H.-P. Waldhoff, 2002, S. 10). Nach der Feststellung, er »verzichte bewußt darauf, die frühkindliche Herkunft« meiner »Affektmotive näher zu untersuchen« (wofür ich dem Autor sehr dankbar bin), erklärt Hinz meine »aggressiven Vernichtungsphantasien«, in denen ich nicht nur Elias' »Lebenswerk«, sondern diesen auch als Person »zerstören« wolle, damit, daß ich zunächst in der Illusion einer »gottgleichen Unfehlbarkeit« Elias' geschwelgt hätte. Schließlich sei mir aber irgendwann gedämmert, daß auch Elias zu den Sterblichen zähle, und diese jähe Erkenntnis in Verbindung mit der narzißtischen Kränkung infolge einer entschiedenen Ablehnung meines Wunsches, mit Elias in »persönlichen Kontakt« zu treten und mit ihm »zusammenzuarbeiten«, habe meine religiöse Anbetung in »Feindseligkeit, Haß und [einen] totale[n] Vernichtungswillen« umschlagen lassen. Überdies sei die Publikation meiner Bücher auf Geldgier (eine Leidenschaft, die ich mit Siegfried Unseld teile) sowie auf ungezügeltes »Machtstreben« zurückführbar, und in der Tat hätten der Suhrkamp Verlag und ich von der ganzen »Inszenierung« und »medialen Vermarktung« nicht nur finanziell reichlich profitiert, vielmehr sei ich auch noch im Januar 1991 vom Senat der Freien Hansestadt Bremen mit dem Ruf auf einen Lehrstuhl belohnt worden, einer Anerkennung des Establishments, die mir ohne meinen publikumswirksamen »Denkmalsturz« nie und nimmer zuteil geworden wäre (Hinz, a.a.O., S. 173ff., 385ff. *et passim*).

Solche Verdächtigungen sind nun nichts Ungewöhnliches. Viele Leute haben ständig andere Leute, denen sie nicht wohlgesinnt sind, im Verdacht, etwas Böses oder Niederträchtiges getan zu haben. Und es sollte auch jedem unbenommen bleiben, diesen Argwohn aufs Papier zu bringen, obwohl dies nicht unbedingt auf Hunderten von Seiten geschehen muß. Allerdings sollte man dann ehrlicherweise zum Ausdruck bringen, daß es sich bei diesen Verdächtigungen um reine Vermutungen handelt, und genau das hat Hinz nicht getan. Im Gegenteil behauptet er auf perfide Weise, seine Aussagen seien mit bislang unveröffentlichten Quellen, vor allem dem Briefwechsel zwischen Elias und mir, belegbar, also mit Dokumenten, die dem Leser nicht vorliegen und die er deshalb nicht überprüfen kann. Diese Quellen gibt es freilich nicht! In Wirklichkeit habe ich Elias zu keinem Zeitpunkt, nicht einmal während meiner Studentenzeit in den sechziger Jahren, besonders verehrt, und ich habe auch seine Zivilisationstheorie nie für plausibel gehalten (cf. z.B. meine Kritik in H.P. Duerr, 1978, S. 66ff., oder 1984, S. 413). Weiterhin ist es unwahr, daß ich jemals eine »Zusammenarbeit« mit Elias angestrebt oder einen »persönlichen Zugang« zu ihm gesucht hätte, was man schon daran ersehen kann, daß ich Elias' wiederholte Einladung, ihn bei sich zu Hause zu besuchen, nie angenommen habe. Dabei will ich auf dummes Zeug wie die Behauptung, ich sei aufgrund meiner Elias-Kritik an die Universität Bremen berufen worden, gar nicht eingehen. Könnte es zutreffen, daß der Kritiker Hinz, der über Jahre hinweg schriftlich darauf gedrängt hat, mich besuchen zu dürfen, ohne daß ich diesem Wunsch entsprochen habe, in Wahrheit über sich selber und seine eigene »Affektstruktur« geschrieben hat?

Bibliographie

v. Aarburg, H.-P.: »Die schöne Todessehnsucht des San Sebastian« in *Identität: Evolution oder Differenz?*, ed. L.K. Sosoe, Fribourg, 1989.

van den Aardweg, G.J.M.: *Das Drama des gewöhnlichen Homosexuellen*, Stuttgart 1993.

Abel, M.H.: *Vergewaltigung*, Weinheim 1988.

Abrahams, R.D.: »The Negro Stereotype« in *The Urban Experience and Folk Tradition*, ed. A. Paredes/E.J. Stekert, Austin 1971.

Abrams, A.U.: *The Pilgrims and Pocahontas*, Boulder 1999.

Abrams, L.: »Challenges to Gendered Power Relations in the 19th Century Divorce Court«, *Archiv für Sozialgeschichte* 1998.

Abu-Lughod, L.: *Veiled Sentiments*, Berkeley 1986.

Accad, E.: *Sexuality and War*, New York 1990.

Ackerknecht, E.H.: »›White Indians‹«, *Bulletin of the History of Medicine* 1944.

Acton, H./E. Chaney: *Florence*, London 1986.

Acton, W.: *Prostitution*, ed. P. Fryer, London 1968.

–: »The Functions and Disorders of the Reproductive Organs (1875)« in *The Sexuality Debates*, ed. S. Jeffreys, London 1987.

Adachi, B.: »Der Geruch der Europäer«, *Globus* 1903.

–: »Das Ohrenschmalz als Rassenmerkmal und der Rassengeruch«, *Zeitschrift für Rassenkunde* 1937.

Adam, F.: *Herrscherin der Meere*, Hamburg 1998.

Adams, A.J.: »The Prostitute and the Marketplace in Seventeenth-Century Holland« in *Renaissance Culture and the Everyday*, ed. P. Fumerton/S. Hunt, Philadelphia 1999.

Adams, J.N.: *The Latin Sexual Vocabulary*, Baltimore 1982.

Addy, J.: *Sin and Society in the Seventeenth Century*, London 1989.

Adelsberger, L.: *Auschwitz*, Bonn 2001.

Adler, C.: *Polareskimo-Verhalten*, München 1979.

Adler, L.: *Secrets d' alcôve*, Paris 1984.

Adorno, A.: *Itinéraire en Terre Sainte 1470-71*, ed. J. Heers/G. de Groer, Paris 1978.

Agassi, J.: *Science in Flux*, Dordrecht 1975.

Agassi, J./I.C. Jarvie: »A Study in Westernization« in *Hong Kong: A Society in Transition*, ed. I.C. Jarvie, London 1969.

Agrippa v. Nettesheim, C.: *Gedancken Von dem Vorzug des Weiblichen vor dem Männlichen Geschlecht*, Jena 1736.

–: *Die Eitelkeit und Unsicherheit der Wissenschaften*, ed. F. Mauthner, Bd. I, München 1913.

Ahlberg, B.M.: »Is There a Distinct African Sexuality?«, *Africa* 1994.

Ahlemeyer, H.W.: *Prostitutive Intimkommunikation*, Stuttgart 1996.

Ahmadu, F.: »Rites and Wrongs« in *Female ›Circumcision‹ in Africa*, ed. B. Shell-Duncan/Y. Hernlund, London 2000.

Ahrendt-Schulte, I.: *Zauberinnen in der Stadt Horn (1554-1603)*, Frankfurt/M. 1997.

Ahsan, M.M.: *Social Life Under the Abbasids*, London 1979.

Aichhorn, U.: *Die Rechtsstellung der Frau im Spiegel des österreichischen Weistumsrechts*, Wien 1992.

Akimova, O. A.: »Frauenalltag und Weiblichkeitsmodelle in den nordwestlichen Balkanländern vom 13. bis zum 15. Jahrhundert« in *Eros, Macht, Askese*, ed. H. Sciurie/H.-J. Bachorski, Trier 1996.

Albers, H.: *Zwischen Hof, Haushalt und Familie*, Paderborn 2001.

Albert, H.: »Mißverständnisse eines Kommentators«, *Zeitschrift für Soziologie* 1985.

Alberti, L.B.: *Vom Hauswesen*, München 1986.

Albrecht, P.: »Die ›Caffe-Menscher‹ im 18. Jahrhundert« in *Coffeum wirft die Jungfrau um*, ed. U. Heise/B. v. Wolff-Metternich, Leipzig 1998.

Albrecht, T.: *Schrank, Butze, Bett*, Petersberg 2001.

Albrecht v. Eyb: *Spiegel der Sitten*, ed. G. Klecha, Berlin 1989.

Aldred, C.: *Akhenaten*, London 1968.

Aldred, C./A.T. Sandison: »The Pharaoh Akhenaten«, *Bulletin of the History of Medicine* 1962.

Alexander, C.: »The City as a Mechanism for Sustaining Human Contact« in *Urbanman*, ed. J. Helmer/N.A. Eddington, New York 1974.

Alexander, H.M.: *Strip Tease*, New York 1938.

Alexander, J.T.: *Catherine the Great*, Oxford 1989.

Alexander, P.: »Interview With Nell« in *Sex Work*, ed. F. Delacoste/P. Alexander, London 1988.

Alexander, W.: *Geschichte der Frauen (1779)*, Bd. II, Zürich 1982.

Alexandre, P./J. Binet: *Le groupe dit Pahouin*, Paris 1958.

Alfing, S./C. Schedensack: *Frauenalltag im frühneuzeitlichen Münster*, Bielefeld 1994.

Allen, A.: *Travelling Ladies*, London 1980.

Allen, A.L.: *Uneasy Access: Privacy For Women in a Free Society*, Totowa 1988.

Allen, F.L.: »The Revolution in Manner and Morals« in *The Way We Lived*, Bd. II, ed. F.M. Binder/D.M. Reimers, Lexington 1988.

Allen, J. et al.: *Without Sanctuary: Lynching Photography in America*, Santa Fe 2000.

Allen, T.W.: *The Invention of the White Race*, London 1997.

Alport, E.A.: »The Mzab«, *Journal of the Royal Anthropological Institute* 1954.

Altheim, F.: *Terra Mater*, Gießen 1931.

Althoff, G.: *Weiblichkeit als Kunst*, Stuttgart 1991.

Althoff, G.: »Der friedens-, bündnis- und gemeinschaftsstiftende Charakter des Mahles im früheren Mittelalter« in *Essen und Trinken in Mittelalter und Neuzeit*, ed. I. Bitsch et al., Sigmaringen 1987.

–: »Wiederherstellung verletzter Ehre im Rahmen gütlicher Konfliktbeendigung« in *Verletzte Ehre*, ed. K. Schreiner/G. Schwerhoff, Köln 1995.

Altink, H.: »Apprenticed Women in Jamaican Workhouses in the Period 1834-8«, *Social History* 2001.

Alvarsson, J.-Å.: *The Mataco of the Gran Chaco*, Uppsala 1988.

Amadiune, I.: *Male Daughters, Female Husbands*, London 1987.

–: *Männliche Töchter, weibliche Ehemänner*, Zürich 1996.

Ambrosini, M.L./M. Willis: *The Secret Archives of the Vatican*, Boston 1969.

Amelang, J.S.: *The Flight of Icarus*, Stanford 1998.

Amendt, G.: *Die bevormundete Frau oder Die Macht der Frauenärzte*, Frankfurt/M. 1985.

Amesberger, H./B. Halbmayr: *Vom Leben und Überleben: Wege nach Ravensbrück*, Wien 2001.

Amin, M.: *Turkana-See*, Hannover 1981.

Ammar, H.: »The Social Organization of the Community« in *Readings in Arab Middle Eastern Societies and Cultures*, ed. A.M. Lutfiyya/C.M. Churchill, The Hague 1970.

Amme, J.: *Historische Bestecke*, Stuttgart 2002.

Amnesty International: *Todesstrafe in den USA*, Frankfurt/M. 1989.

Amoss, P.T.: »The Power of Secrecy Among the Coast Salish« in *The Anthropology of Power*, ed. R.D. Fogelson/R.N. Adams, New York 1977.

Andaya, B.W.: »From Temporary Wife to Prostitute: Sexuality and Economic Change in Early Modern Southeast Asia«, *Journal of Women's History* 1998.

Anders, K.: *Norbert Elias, Hans Peter Duerr und die Debatte um den Zivilisationsprozeß*, Berlin 1995.

–: *Die unvermeidliche Universalgeschichte: Studien über Norbert Elias und das Teleologieproblem*, Opladen 2000.

–: »Synthetische Menschheitsgeschichten« in *Skepsis und Engagement*, ed. G. Klein/A. Treibel, Hamburg 2000.

Anderson, B.S./J.P. Zinsser: *A History of Their Own*, New York 1988.

Anderson, J.W.: »Social Structure and the Veil: Comportment and the Composition of Interaction in Afghanistan«, *Anthropos* 1982.

Anderson, K.: »Frauenwelt, Männerwelt und politische Ökonomie bei den Huronen im 17. Jahrhundert« in *Frauenmacht ohne Herrschaft*, ed. I. Lenz/U. Luig, Berlin 1990.

Anderson, R.T./G. Anderson: »Sexual Behavior and Urbanization in a Danish Village«, *Southwestern Journal of Anthropology* 1960.

Andersson, C.: *Dirnen, Krieger, Narren*, Basel 1978.

Andrae, F.: *Auch gegen Frauen und Kinder*, München 1995.

André, J.: »Le Coq et la jarre: Le sexuel et le féminin dans les sociétés afro-caribéennes«, *L'Homme* 1985.

Andreànszky, A.S.: »Wittenwilers Ring als Quelle der mittelalterlichen Wirtschafts- und Sozialgeschichte«, *Archiv für Kulturgeschichte* 1978.

Andreas Capellanus: *Li livres d'amours*, ed. R. Bossuat, Paris 1926.

Andrews, R.M.: *Law, Magistracy and Crime in Old Regime Paris, 1735–1789*, Bd. I, Cambridge 1992.

Angermann, G.: *Volksleben im Nordosten Westfalens zu Beginn der Neuzeit*, Münster 1995.

d'Anglure, S.: »La part du chamane ou le communisme sexual Inuit dans l'arctique central canadien«, *Journal de la Société des Américanistes* 1989.

Anima, N.: *Courtship and Marriage Practices Among Philippine Tribes*, Quezon City 1975.

Annon, J.S.: »Einfache Verhaltenstherapie bei sexuellen Problemen« in *Die Sexualität des Mannes*, ed. J.M. Swanson/K.A. Forrest, Köln 1987.

Anonyma: »Ich habe sie alle bestialisch gehaßt« in *Frauen und Sexualmoral*, ed. M. Janssen-Jurreit, Frankfurt/M. 1986.

Anonymus: *Briefe über die Galanterien von Frankfurt am Mayn*, London 1791.

Anonymus: *The Suppressed Book About Slavery*, New York 1968.

Anschütz, J./K. Meier/S. Obajdin: »>... dieses leere Gefühl und die Blicke der anderen...<« in *Frauen in Konzentrationslagern*, ed. C. Füllberg-Stolberg et al., Bremen 1994.

Anthoine de LaSale: *Die hundert neuen Novellen*, ed. A. Semerau, München 1907.

–: *Die hundert neuen Novellen*, ed. P. Amelung, München 1965.

Antoun, R.T.: »On the Modesty of Women in Arab Muslim Villages«, *American Anthropologist* 1968.

Anyanwu, S.E.N.: *The Igbo Family Life and Cultural Change*, Marburg 1976.

Apel, F.: *Angezogen – Ausgezogen*, Berlin 1984.

Apoko, A.: »Growing Up in Acholi« in *East African Childhood*, ed. L.K. Fox, Nairobi 1967.

Appell, G.N.: »Individuation of the Drives of Sex and Aggression in the Linguistic and Behavioral Repertoire of the Rungus« in *Female and Male in Borneo*, ed. V.H. Sutlive, Shanghai 1993.

Appell, L.W.R.: »Menstruation Among the Rungus of Borneo« in *Blood Magic*, ed. T. Buckley/A. Gottlieb, Berkeley 1988.

–: »Sex Role Symmetry Among the Rungus of Sabah« in *Female and Male in Borneo*, ed. V.H. Sutlive, Shanghai 1993.

Appuhn, H.: *Wenzelsbibel*, Dortmund 1990.

Archer, L.J.: *Her Price Is Beyond Rubies*, Sheffield 1990.

Archer, W.G.: *The Hill of Flutes*, London 1974.

Archer-Straw, P.: *Negrophilia*, London 2000.

Arentewicz, G./G. Schmidt: »Symptome« in *Sexuell gestörte Beziehungen*, ed. G. Arentewicz/G. Schmidt, Stuttgart 1993.

Aretino, P.: *Kurtisanengespräche*, ed. E.O. Kayser, Frankfurt/M. 1986.

Arguelles, L./B.R. Rich: »Homosexuality, Homophobia, and Revolution« in *Hidden From History*, ed. M.B. Duberman, New York 1989.

Argyle, M./M. Cook: *Gaze and Mutual Gaze*, Cambridge 1976.

Ariga, C.: »Dephallicizing Women in *Ryūkyō shinshi*«, *Journal of Asian Studies* 1992.

Armstrong, A.: *Maori Games and Hakas*, Wellington 1964.

Armstrong, C.A.J.: »The Golden Age of Burgundy« in *The Courts of Europe*, ed. A.G. Dickens, London 1977.

Arndt, P.: *Soziale Verhältnisse auf Ost-Flores, Adonare und Solor*, Münster 1940.

–: *Gesellschaftliche Verhältnisse der Ngadha*, Mödling 1954.

v. Arnim, C.: *Der grüne Baum des Lebens*, München 1992.

Arnold, H.: *Die Zigeuner*, Olten 1965.

Arnold, K.: »The Introduction of Poses to a Peruvian Brothel« in *The Anthropology of the Body*, ed. J. Blacking, London 1977.

Artbauer, O.C.: *Kreuz und quer durch Marokko*, Stuttgart 1911.

878

Aschenbrenner, T.: *Die Tridentinischen Bildervorschriften*, Freiburg o.J.

Aschwanden, H.: *Symbole des Lebens*, Zürich 1976.

Ashkenazi, M./R. Rotenberg: »Public Bathing and the Naked Anthropologist in Japan and Austria« in *Sex, Sexuality, and the Anthropologist,* ed. F. Markowitz/M. Ashkenazi, Urbana 1999.

Ashtor, E.: *The Jews of Moslem Spain,* Bd. III, Philadelphia 1984.

Asmussen, S.D.: *An Ordered Society: Gender and Class in Early Modern England,* Oxford 1988.

Assmann, J.: »›Kapellmeister‹ der Pharaonen«, *Ruperta Carola* 1983.

–: »Mann-weibliche Konzeptionen im Alten Ägypten« in *Androgyn,* ed. U. Prinz, Berlin 1986.

Astrov, M.: *The Winged Serpent,* New York 1962.

Atkinson, D.: »Society and the Sexes in the Russian Past« in *Women in Russia,* ed. D. Atkinson et al., Hassocks 1978.

Atwater, L.: *Women in Extramarital Relationships,* New Brunswick 1978.

Aufenanger, H.: »Aus dem Leben der Duna am Kapiago-See in Neu-Guinea«, *Zeitschrift für Ethnologie* 1967.

Aufgebauer, P.: *Die Geschichte der Juden in der Stadt Hildesheim,* Hildesheim 1984.

Aughterson, K.: *Renaissance Women,* London 1995.

Augustijn, C.: *Erasmus von Rotterdam,* München 1986.

Avril, F./N. Reynaud: *Les manuscrits à peintures en France 1440-1520,* Paris 1993.

Axtell, J.: *The European and the Indian,* Oxford 1981.

–: »The White Indians of Colonial America« in *American Vistas, 1607-1877,* ed. L. Dinnerstein/K.T. Jackson, New York 1987.

Ayalah, D./I.J. Weinstock: *Breasts,* New York 1979.

Ayalon, D.: *Eunuchs, Caliphs and Sultans,* Jerusalem 1999.

al-Azmeh, A.: »Barbarians in Arab Eyes«, *Past & Present,* February 1992.

Baader, O.: »Du mußt deine Ohren nicht überall haben (1860)« in *Wir lebten nie wie Kinder,* ed. F.G. Kürbisch, Berlin 1979.

Baas, K.: »Studien zur Geschichte des mittelalterlichen Medizinalwesens in Colmar«, *Zeitschrift für die Geschichte des Oberrheins* 1907.

–: »Mittelalterliche Gesundheitspflege im Gebiet der heutigen Rheinpfalz«, *Zeitschrift für die Geschichte des Oberrheins* 1936.

Bach, K.R./H. Grassel: »Sexualerziehung in der sozialistischen Familie« in *Kinder- und Jugendsexualität,* ed. H. Grassel/K.R. Bach, Berlin 1979.

Bachnik, J.M.: »Omote/Ura: Indexes and the Organization of Self and Society in Japan«, *Comparative Social Research* 1989.

Backes, M.: »Weder man noch wîp?« in *Geschlechterkonstruktionen,* ed. E. Cheauré et al., Freiburg 2002.

Bacon, E.E.: *Obok,* New York 1958.

Bader, B./E. Lang: *Stricher-Leben,* Hamburg 1991.

Bader, J.: »Bad-Ordnung in dem Glotterthal«, *Zeitschrift für die Geschichte des Oberrheins* 1868.

Baer, G.: *Die Religion der Matsigenka,* Basel 1984.

Bah, N.J.: »Marriage and Divorce in Oku«, *Baessler-Archiv* 1998.

Bahrani, Z.: *Women of Babylon*, London 2001.

Bahrdt, C.F.: *Handbuch der Moral für den Bürgerstand*, Halle 1789.

Bailey, A.: *The Passion for Fashion*, Limpsfield 1988.

Bainton, R.H.: *Erasmus*, Göttingen 1972.

Bajada, J.: *Sexual Impotence*, Rom 1988.

Bajohr, S.: *Laß dich nicht mit den Bengels ein!*, Essen 2001.

Baker, J.R.: *Race*, London 1974.

Baldauf, I.: *Die Knabenliebe in Mittelasien: Bačabozlik*, Berlin 1988.

Baldus, H.: *Indianerstudien im nordöstlichen Chaco*, Leipzig 1931.

–: »Os Tapirapé«, *Revista do Arquivo Municipal* 1945.

Ball, I.M.: *Pitcairn*, London 1974.

Ballhaus, E.: *Dorfentwicklung im Spiegel der Fotografie und im Bewußtsein der Bewohner am Beispiel Echte*, Wiesbaden 1985.

Banghard-Jöst, C.: »Die Schandbühne« in *Heimatfront*, ed. A. Friedlein et al., Stuttgart 1985.

Banks, J.A.: *Victorian Values*, London 1981.

Banks, M.: »Representing the Bodies of the Jains« in *Rethinking Visual Anthropology*, ed. M. Banks/H. Morphy, New Haven 1997.

Barack, K.A.: *Zimmerische Chronik*, Freiburg 1881.

Barczyk, M.: *Die Spitzbubenchronik*, Ravensburg 1982.

Barker-Benfield, G.J.: *The Horrors of the Half-Known Life*, New York 1976.

Barley, N.: »The Dowayo Dance of Death« in *Mortality and Immortality*, ed. S.C. Humphreys/H. King, London 1981.

–: *Symbolic Structures: An Exploration of the Culture of the Dowayos*, Cambridge 1983.

–: *The Innocent Anthropologist*, Harmondsworth 1986.

–: *Die Raupenplage*, Stuttgart 1989.

–: *Traumatische Tropen*, Stuttgart 1990.

–: *Hallo Mister Puttymann*, Stuttgart 1994.

Barnes, V.L./J. Boddy: *Das Mädchen Aman*, Hamburg 1995.

Barrett, W.E.H.: »Notes on the Customs and Beliefs of the Wa-Giriama, Etc., of British East Africa«, *Journal of the Royal Anthropological Institute* 1911.

Barry, K.: *The Prostitution of Sexuality*, New York 1995.

Barstow, A.L.: *Witchcraze*, San Francisco 1994.

Barta, W.: »Zur Darstellungsweise der Kolossalstatuen Amenophis' IV. aus Karnak«, *Zeitschrift für ägyptische Sprache und Altertumskunde* 1975.

Barthelemy, A.G.: *Black Face, Maligned Race*, Baton Rouge 1987.

Bartnykaitė-Savickienė, A.: *Ein Dorf zwischen den großen Wäldern*, Wien 1997.

Bartollas, C./S.J. Miller/S. Dinitz: »The ›Booty Bandit‹«, *Journal of Homosexuality* 1974.

Barton, G.: Brief vom 21. August 1991.

Barton, R.F.: »Ifugao Law«, *University of California Publications in American Archaeology & Ethnology* 1919.

Bartov, O.: *The Eastern Front, 1941-45: German Troops and the Barbarisation of Warfare*, Houndmills 1985.

Bartra, R.: *Wild Men in the Looking Glass*, Ann Arbor 1994.

Basden, G.T.: *Among the Ibos of Nigeria*, London 1921.

–: *Niger Ibos*, London 1938.

Basedow, J.B.: »Aus dem ›Elementarwerk‹ (1774)« in *Kinderschaukel*, Bd. I, ed. M.-L. Könnecker, Darmstadt 1976.

Baskin, J.R.: »Medieval Jewish Women« in *Women in Medieval Western European Culture*, ed. L.E. Mitchell, New York 1999.

Bassiri, N.: »Parfüm ist wie ein Ehebruch« in *Wir sind die Hälfte*, ed. C. Wolf, München 1990.

Basso, E.B.: »Musical Expression and Gender Identity in the Myth and Ritual of the Kalapalo of Central Brazil« in *Women and Music in Cross-Cultural Perspective*, ed. E. Koskoff, New York 1987.

–: *In Favor of Deceit*, Tucson 1987.

Basso, K.H.: »›To Give Up on Words‹: Silence in Western Apache Culture«, *Southwestern Journal of Anthropology* 1970.

Bastian, A.: *Der Mensch in der Geschichte*, Bd. III, Leipzig 1860.

Bastide, R.: »Dusky Venus, Black Apollo« in *Race and Social Difference*, ed. P. Baxter/B. Sansom, Harmondsworth 1972.

Bastin, M.-L.: »Die Initiationsriten *mukanda* und *mungonge* der Tschokwe (Angola)« in *Männerbande, Männerbünde*, Bd. I, ed. G. Völger/K. v. Welck, Köln 1990.

Bastl, B.: »Adeliger Lebenslauf« in *Adel im Wandel*, ed. H. Knittler et al., Wien 1990.

–: *Tugend, Liebe, Ehre*, Wien 2000.

Bastos, S.: *Mein Wald am Ufer des großen Flusses*, ed. C. Mossé, München 1982.

Bauer, A.: »Kindheit in Afrika: Mythen in der Ethnopsychoanalyse«, *Jahrbuch der Kindheit* 1985.

Bauer, M.: *Das Geschlechtsleben in der deutschen Vergangenheit*, Leipzig 1902.

–: *Deutscher Frauenspiegel*, München 1917.

Bauer, W.: »Die Nudeln des Marco Polo« in *Speisen, Schlemmen, Fasten*, ed. U. Schultz, Frankfurt/M. 1993.

Bauman, Z.: »The Phenomenon of Norbert Elias«, *Sociology* 1979.

–: »Identity in the Globalizing World« in *Identity, Culture and Globalization*, ed. E. Ben-Rafael/Y. Sternberg, Leiden 2001.

Baumann, G.: *National Integration and Local Integrity*, Oxford 1987.

Baumann, R.: *Das Söldnerwesen im 16. Jahrhundert am bayerischen und süddeutschen Beispiel*, München 1978.

Baumgart, R./V. Eichener: *Norbert Elias zur Einführung*, Hamburg 1991.

Baumgarten, K.: *Hagestolz und Alte Jungfer*, Münster 1997.

Baumgartner, W./J.J. Stamm: *Hebräisches und aramäisches Lexikon*, Bd. III, Leiden 1983.

Baur, E.G.: *Meisterwerke der erotischen Kunst*, Köln 1995.

Baur, V.: *Kleiderordnungen in Bayern vom 14. bis zum 19. Jahrhundert*, München 1975.

Bausinger, H.: »Rechtes Knie« in *Übriges*, ed. W. Alber et al., Tübingen 1991.

Baxandall, M.: *Painting and Experience in Fifteenth Century Italy*, Oxford 1972.

Bay, E.G.: »Servitude and Worldly Success in the Palace of Dahomey« in *Women and Slavery in Africa*, ed. C.C. Robertson/M.A. Klein, Madison 1983.

Bay, M.: *The White Image in the Black Mind*, Oxford 2000.

Bayard, F.: »Nager à Lyon à l'époque moderne (XVIIᶜ-XVIIIᶜ siècles)« in *Actes du 116ᵉ Congrès National des Sociétés Savantes*, Bd. II, Paris 1992.

Bailey, R.: »Clothes Encounters of the Gynecological Kind« in *Dress and Gender*, ed. R. Barnes/J.B. Eicher, New York 1992.

Beaglehole, E.: *Social Change in the South Pacific*, London 1957.

Beaglehole, E./P. Beaglehole: *Pangai*, Wellington 1941.

Beale, J.: *Women in Ireland*, Houndmills 1986.

de Beatis, A.: *Die Reise des Kardinals Luigi d'Aragona durch Deutschland, die Niederlande, Frankreich und Oberitalien, 1517-18*, ed. L. Pastor, Freiburg 1905.

Beattie, J.M.: »The Criminality of Women in Eighteenth-Century England«, *Journal of Social History* 1975.

–: *Crime and the Courts in England 1600-1800*, Princeton 1986.

Beaver, W.N.: *Unexplored New Guinea*, London 1920.

Bebel, A.: *Die Frau und der Sozialismus*, Stuttgart 1902.

Becher, H.: *Poré/Perimbó*, Hannover 1974.

Becher, U.A.J.: »Die Küche« in *Orte des Alltags*, ed. H.-G. Haupt, München 1994.

Bechtel, G.: *La sorcière et l'Occident*, Paris 1997.

Beck, B.: »Vergewaltigungen« in *Heimat-Front*, ed. K. Hagemann/S. Schüler-Springorum, Frankfurt/M. 2002.

Beck, H.-G.: *Byzantinisches Erotikon*, München 1986.

Beck, R.: »Illegitimität und voreheliche Sexualität auf dem Land: Unterfinning, 1671-1770« in *Kultur der einfachen Leute*, ed. R. van Dülmen, München 1983.

–: »Der Pfarrer und das Dorf« in *Armut, Liebe, Ehre*, ed. R. van Dülmen, Frankfurt/M. 1988.

–: Eheliche Unordnung im frühneuzeitlichen Bayern« in *Historische Familienforschung*, ed. J. Ehmer et al., Frankfurt/M. 1997.

Beck, U.: »Mit der Liebe des Käfers: Zum Tod des Soziologen Norbert Elias«, *Der Spiegel* 32, 1990.

Beck, U./E. Beck-Gernsheim: »Individualisierung in modernen Gesellschaften« in *Riskante Freiheiten*, ed. U. Beck/E. Beck-Gernsheim, Frankfurt/M. 1994.

Becker, G.W.: »Der Ratgeber vor, bei und nach dem Beischlafe (1840)« in *Ob die Weiber Menschen sind*, ed. S. Lange, Leipzig 1992.

Becker, M.B.: »Der Übergang zur Zivilität in Westeuropa vom späten 13. bis zum 16. Jahrhundert« in *Max Webers Sicht des okzidentalen Christentums*, ed. W. Schluchter, Frankfurt/M. 1988.

Becker, P.: *Leben und Lieben in einem kalten Land*, Frankfurt/M. 1990.

Becker-Schmidt, R./G.A. Knapp: *Arbeiterkinder gestern – Arbeiterkinder heute*, Bonn 1985.

Beckers-Dohlen, C./S. Baße: *Markt, Turnier und Alltagsleben im Mittelalter*, Graz 2000.

Beck-Karrer, C.: *Löwinnen sind sie*, Bern 1996.

Beckles, H. McD.: *Natural Rebels: A Social History of Enslaved Black Women in Barbados*, New Brunswick 1989.

–: »White Women and Slavery in the Carribean«, *History Workshop Journal*, Autumn 1993.

Beckwith, E.: »Niger's Woodaabe«, *National Geographic*, October 1983.

–: »Gerewol: The Art of Seduction« in *Fragments for a History of the Human Body*, Bd. II, ed. M. Feher et al., New York 1989.

Bedal, K.: »Das Haus« in *Ein Bauernhaus aus dem Mittelalter*, ed. H. Heidrich, Bad Windsheim 1987.

Bederman, G.: *Manliness & Civilization*, Chicago 1995.

Bee, R. L.: »Changes in Yuma Social Organization«, *Ethnology* 1963.

Beemelmans, W.: »Der Hexenprozeß gegen die Großmutter des Dichters Jakob Balde«, *Zeitschrift für die Geschichte des Oberrheins* 1905.

Beer, B.: *Deutsch-philippinische Ehen*, Berlin 1996.

Beer, M.: »Das Verhältnis zwischen Eltern und ihren jugendlichen Kindern im spätmittelalterlichen Nürnberg«, *Mitteilungen des Vereins für die Geschichte der Stadt Nürnberg* 1990.

–: *Eltern und Kinder des späten Mittelalters in ihren Briefen*, Nürnberg 1990.

Beetz, M.: *Frühmoderne Höflichkeit*, Stuttgart 1990.

Behlen, B.: Review of Duerr's ›Der erotische Leib‹, *Fashion History* 1998.

Behrend, H.: *Die Zeit des Feuers*, Frankfurt/M. 1985.

Behrmann, M./C. Abate: *Die Germanesi*, Frankfurt/M. 1984.

Beidelman, T.O.: »Pig (*guluwe*): An Essay in Ngulu Sexual Symbolism and Ceremony«, *Southwestern Journal of Anthropology* 1964.

–: »Notes on Boys' Initiation Among the Ngulu of East Africa«, *Man* 1965.

–: »*Utani*: Some Kaguru Notions of Death, Sexuality and Affinity«, *Southwestern Journal of Anthropology* 1966.

–: *The Kaguru*, New York 1971.

–: »The Filth of Incest«, *Africa* 1972.

–: »Kaguru Symbolic Classification« in *Right & Left*, ed. R. Needham, Chicago 1973.

–: »Women and Men in Two East African Societies« in *Explorations in African Systems of Thought*, ed. I. Karp/C.S. Bird, Bloomington 1980.

–: *Moral Imagination in Kaguru Modes of Thought*, Bloomington 1986.

Beier, K. M. et al.: *Sexualmedizin*, München 2001.

Beissel, S.: *Geschichte der Verehrung Marias im 16. und 17. Jahrhundert*, Freiburg 1910.

Belford, B.: *Viktorianische Liebesspiele*, Köln 1998.

Bell, A.P./M.S. Weinberg: *Homosexualities*, London 1978.

Bell, D.: »Zur Auflösung der Widersprüche von Modernität und Modernismus« in *Zur Diagnose der Moderne*, ed. H. Meier, München 1990.

Bell, F. L. S.: »The Avoidance Situation in Tanga«, *Oceania* 1935.

–: »Courtship and Marriage Among the Tanga«, *Oceania* 1938.

Bell, J.: »Notions of Love and Romance Among the Taita of Kenya« in *Romantic Passion*, ed. W. Jankowiak, New York 1995.

Belzoni, G.: *Entdeckungsreisen in Ägypten 1815-1819*, Köln 1982.

Benabou, E.-M.: *La prostitution et la Police des Mœurs au XVIIIe siècle*, Paris 1987.

Ben-Amos, I. K.: *Adolescence and Youth in Early Modern England*, New Haven 1994.

Benedict, R.: *The Chrysanthemum and the Sword*, Rutland 1954.

Benet, S.: *Song, Dance, and Customs of Peasant Poland*, New York 1951.

Benjamin, G.: »Temiar Kinship«, *Federation Museums Journal* 1967.

Benker, G.: »Wasser des Lebens: ›Geistliche Badenfahrt‹ zu bayerischen Heilbädern« in *Volkskultur, Geschichte, Region*, ed. D. Harmening/E. Wimmer, Würzburg 1990.

Bennassar, B.: *L'homme espagnole*, Paris 1975.

Bennett, H. S.: *Life on the English Manor*, Cambridge 1937.

Bennett, L.: *Dangerous Wives and Sacred Sisters*, New York 1983.

Bennewitz, N.: »Frauen im Konflikt mit dem Strafrecht im spätmittelalterlichen und frühneuzeitlichen Nürnberg«, *Jahrbuch für fränkische Landesforschung* 1999.

Benoit, P./M. Wabont: »Mittelalterliche Wasserversorgung in Frankreich« in *Die Wasserversorgung im Mittelalter*, ed. K. Grewe, Mainz 1991.

Benson, H.: *Fifty Years in Pictures*, New York 2001.

Berenbaum, M.: *The World Must Know*, Boston 1993.

Berg, E.: »›Wie ich in der tyrannischen Völcker Gestalt kommen bin‹: Hans Stadens Reisen in die Neue Welt« in *Der Reisebericht*, ed. P. J. Brenner, Frankfurt/M. 1989.

Berg, K./M. Kasper: *Das buoch der tugenden*, Tübingen 1984.

Berger, D.: *Das traditionelle Eherecht der Sotho-Tswana in Südafrika*, München 1981.

Berger, J.: *Sehen*, Reinbek 1974.

Berger, J. M.: *Die Geschichte der Gastfreundschaft im hochmittelalterlichen Mönchtum*, Berlin 1999.

Bergh, S. E.: »Death and Renewal in Moche Phallic-Spouted Vessels«, *Re*, Autumn 1993.

Berkenbrink, G.: *Wandlungsprozesse einer dörflichen Kultur*, Göttingen 1974.

Berlin, I./M. Favreau/S. F. Miller: *Remembering Slavery*, New York 1998.

Berman, L. A.: *Jews and Intermarriage*, New York 1968.

Bernand, C./S. Gruzinski: »Les enfants de l'Apocalypse: la famille en Meso-Amérique et dans les Andes« in *Histoire de la famille*, Bd. II, ed. A. Burguière et al., Paris 1986.

Bernard, L.: *The Emerging City*, Durham 1970.

Bernatzik, H. A.: *Äthiopien des Westens*, Bd. I, Wien 1933.

–: *Owa Raha,* Wien 1936.

–: *Die Geister der Gelben Blätter*, München 1938.

–: *Akha und Meau*, Innsbruck 1947.

Berndt, R. M.: *Kunapipi*, Melbourne 1951.

–: *Djanggawul*, London 1952.

–: »A Day in the Life of a Dieri Man Before Alien Contact«, *Anthropos* 1953.

Berndt, R.M./C.H. Berndt: *Sexual Behaviour in Western Arnhem Land*, New York 1951.

Bernstein, I.: »Integrative Aspects of Masturbation« in *Masturbation*, ed. I.M. Marcus/J.J. Francis, New York 1975.

Bernstein, M.: »Two Remedy Books in Yiddish from 1474 and 1508« in *Studies in Biblical and Jewish Folklore*, ed. R. Patai et al., New York 1973.

Bernus, T.: *Touaregs nigériens*, Paris 1981.

Berreman, G.D.: *Hindus of the Himalayas*, Oxford 1972.

Berthelsen, D.: *Alltag bei Familie Freud: Die Erinnerungen der Paula Fichtl*, Düsseldorf 1994.

Best, E.: *The Maori*, Bd. I, Wellington 1924.

Beuchelt, E.: »Traditionelle und moderne Jugenderziehung im West-Sudan«, *Sociologus* 1961.

Beutelspacher, M.: *Kultivierung bei lebendigem Leib*, Weingarten 1986.

Bevers, H.: *Meister E.S.*, München 1986.

Beyene, Y.: *From Menarche to Menopause*, Albany 1989.

Bharati, A.: *The Asians in East Africa*, Chicago 1972.

Bhishagratna, K.L.: *Sušruta Samhitā*, Bd. II, Varanasi 1981.

Biale, R.: *Women and Jewish Law*, New York 1984.

Bieber, F.J.: »Neue Forschungen über das Geschlechtleben in Äthiopien«, *Anthropophyteia* 1910.

Biesele, M.: »Aspects of !Kung Folklore« in *Kalahari Hunter-Gatherers*, ed. R.B. Lee/I. DeVore, Cambridge 1976.

Biezais, H.: Mündliche Mitteilung vom 23. November 1985.

Bilitewski, H. et al.: *Beruf: Hure*, Hamburg 1988.

Binner, J.: »Die Repatriierung und das Leben in der Sowjetunion« in *Häftlinge aus der UdSSR in Bergen-Belsen*, ed. H.-H. Nolte, Frankfurt/M. 2001.

Biocca, E.: *Yanoama*, Frankfurt/M. 1972.

Bird, I.: *Unbetretene Pfade in Japan*, ed. A. Martin, Wien 1990.

Bischofberger, O.: »Die Dienstwerbung des Mädchens vor der Heirat bei den matrilinearen Amis (Taiwan)«, *Anthropos* 1972.

Bitz, M.: *Badewesen in Südwestdeutschland 1550 bis 1840*, Idstein 1989.

Bizimana, N.: *Müssen die Afrikaner den Weißen alles nachmachen?*, Berlin 1985.

Black, L.T.: »The Konyag By Iosaf Bolotov (1794-99) and By Gideon (1804-07)«, *Arctic Anthropology* 1977.

Blackman, M.B.: *During My Time*, Seattle 1982.

Blake, J.: *Family Structure in Jamaica*, New York 1961.

Blassingame, J.W.: *The Slave Community*, Oxford 1972.

Blee, K.M.: *Women of the Klan*, Berkeley 1991.

Bleibtreu-Ehrenberg, G.: *Der Weibmann*, Frankfurt/M. 1984.

Blesch, W.: »Gerichtsbarkeit und das Amt des Henkers«, *Mosbacher Jahreshefte* 1992.

Bleuel, H.P.: *Das saubere Reich*, Bern 1972.

Bleys, R.C.: *The Geography of Perversion*, New York 1996.

Blickle, P.: »›Zu mercklichem Nachtheil gemeinen Nutzens‹: Die Bauern-hochzeit im Mittelalter« in *Das Fest*, ed. U. Schultz, München 1988.

Bliss, K.: »Syphilis, Sexual Promiscuity, and Reformism in Revolutionary Mexico City«, *Hispanic American Historical Review* 1999.

Bloch, I.: *Das Sexualleben unserer Zeit*, Berlin 1907.

–: *Die Prostitution*, Berlin 1912.

–: »Die Flagellomanie (1902)« in M. Farin: *Lust am Schmerz*, München 1991.

Bloch, K.H.: *Masturbation und Sexualerziehung in Vergangenheit und Gegenwart*, Frankfurt/M. 1989.

Bloch, M.: »Die Tanala auf Madagaskar« in *Bild der Völker*, ed. E.E. Evans-Pritchard, Bd. 6, Wiesbaden 1974.

Bloch, R.H.: *The Scandal of the Fabliaux*, Chicago 1986.

Blocherer, S.: »Die Frauenhäuser« in *Ulmer Frauen haben eine Geschichte*, ed. K. Börchers/S. Blocherer, Mössingen 1992.

Blodgett, H.: *Centuries of Female Days*, Gloucester 1989.

Blok, A.: *Anthropologische Perspektiven*, Stuttgart 1985.

Blosser, U./F. Gerster: *Töchter der Guten Gesellschaft*, Zürich 1985.

Blount, B.G.: »Issues in Bonobo (*Pan paniscus*) Sexual Behaviour«, *American Anthropologist* 1990.

Bluche, F.: *La vie quotidienne de la noblesse française au XVIIIe siècle*, Poitiers 1980.

Bluhm, H.-G.: »›Dem Licht entgegen!‹« in *Saison am Strand. Badeleben an Nord- und Ostsee*, ed. B. Hedinger, Herford 1986.

Blunt, A.: *Artistic Theory in Italy 1450-1600*, London 1956.

Boal, B.M.: *The Konds*, Warminster 1982.

Boas, F.: »Ethnographische Bemerkungen über die Vandau«, *Zeitschrift für Ethnologie* 1923.

Boccaccio, G.: *De claris mulieribus*, ed. K. Drescher, Tübingen 1895.

–: *Das Decameron*, ed. J. v. Guenther, München 1960.

Bochsler, R./S. Gisiger: *Dienen in der Fremde*, Zürich 1989.

Bockhorn, E./O. Bockhorn: »Aus dem Leben einer Bergbäuerin« in *Geschichte von unten*, ed. H.C. Ehalt, Wien 1984.

Boddy, J.: »Womb as Oasis: The Symbolic Context of Pharaonic Circumcision in Rural Northern Sudan«, *American Ethnologist* 1982.

–: *Wombs and Alien Spirits*, Madison 1989.

Bodley, J.H.: *Der Weg der Zerstörung*, München 1983.

Bodmer, W.: »Die Zurzacher Messen von 1530 bis 1856«, *Argovia* 1962.

Böckelmann, F.: *Die Gelben, die Schwarzen, die Weißen*, Frankfurt/M. 1998.

Boehringer-Abdalla, G.: *Frauenkultur im Sudan*, Frankfurt/M. 1987.

Boelaars, J.: *Head-Hunters About Themselves*, The Hague 1981.

Bömer, A.: »Anstand und Etikette nach den Theorien der Humanisten«, *Neue Jahrbücher für Pädagogik* 1904.

Bogner, P.: *In der Steinzeit geboren*, Olten 1982.

van Boheemen, P.: »›Hoe men een lief vinden en krygen zal‹« in *Kent, en versint, Eer datje mint*, ed P. van Boheemen et al., Zwolle 1989.

Bohn, H.: *Die Letzten*, Köln 1954.

Bolland, J.: *Hamburgische Burspraken*, Bd. II, Hamburg 1960.

Bologne, J.C.: *Histoire de la pudeur*, Paris 1986.

Bolus, M.: »Funde aus der Löwenapotheke«, *Archäologie im Rheinland* 1993.

Bolz, P.: »Völkerschauen« in *Die ethnographische Linse*, ed. M. Schindlbeck, Berlin 1989.

Bond, M.H.: *Beyond the Chinese Face*, Hong Kong 1991.

Bonnet, M.-R.: »Le nu chez quelques troubadours« in *Le Nu et le Vêtu au Moyen Age (XIIe-XIIIe siècles)*, Dijon 2001.

de Bonneville, F.: *Das Buch vom Bad*, München 1998.

Bonney, C.: »The Nude Photograph: Some Female Perspectives«, *Woman's Art Journal*, Winter 1986.

Bonney, F.: »On Some Customs of the Aborigines of the River Darling, New South Wales«, *Journal of the Anthropological Institute of Great Britain and Ireland* 1884.

Boockmann, H.: *Die Stadt im späten Mittelalter*, München 1986.

–: »Das grausame Mittelalter«, *Geschichte in Wissenschaft und Unterricht* 1987.

Boone, M.: »State Power and Illicit Sexuality: The Persecution of Sodomy in Late Medieval Bruges«, *Journal of Medieval History* 1997.

Boone, S.A.: *Radiance From the Waters*, New Haven 1986.

Borchers, S.: *Jüdisches Frauenleben im Mittelalter*, Frankfurt/M. 1998.

Borchert, J./A. Bouvier: *Nahrung für weibliche Seelen*, Hanau 1987.

Borck, H.-G.: *Quellen zur Geschichte der Stadt Hildesheim im Mittelalter*, Hildesheim 1986.

Bordjugov, G.: »Terror der Wehrmacht gegenüber der russischen Zivilbevölkerung« in *Der Vernichtungskrieg im Osten*, ed G. Gorzka/K. Stang, Kassel 1999.

Bordo, S.: *Unbearable Weight*, Berkeley 1993.

Borkowsky, M.: *Krankheit Schwangerschaft?*, Zürich 1988.

Borneman, E.: *Lexikon der Sexualität*, München 1986.

Borsay, P.: *The English Urban Renaissance*, Oxford 1989.

Boschmann, R.: *Die sexaktive Frau*, Flensburg 1975.

Boškovska, N.: *Die russische Frau im 17. Jahrhundert*, Köln 1998.

Bosselmann-Cyran, K.: »Gynäkologische und sexualkundliche Fachterminologie im 15. Jahrhundert« in *Mittelalter und Moderne*, ed. P. Segl, Sigmaringen 1997.

Boswell, J.: *London Journal 1762-1763*, ed. F.A. Pottle, London 1950.

Boswell, S.G.: *The Book of Boswell*, ed. J. Seymour, London 1970.

Bottéro, J.: »Love and Sex in Babylon« in *Everyday Life in Ancient Mesopotamia*, ed. J. Bottéro, Edinburgh 2001.

Bouba, A.: »›Lauter breite Negergesichter‹«, *Paideuma* 1996.

Bouchard, C.B.: *›Strong of Body, Brave and Noble‹*, Ithaca 1998.

Bouchereau, G.: »Nymphomania (1892)« in *The Fin de Siècle*, ed. S. Ledger/R. Luckhurst, Oxford 2000.

Bouhdiba, A.: *Islam et sexualité*, Lille 1973.

du Boulay, J.: *Portrait of a Greek Mountain Village*, Oxford 1974.

Bourdieu, P.: »The Sentiment of Honour in Kabyle Society« in *Honour and Shame*, ed. J.G. Peristiany, London 1965.

Boureau, A.: *Das Recht der Ersten Nacht*, Düsseldorf 1996.

Bourgeois, R.: *Banyarwanda et Barundi*, Bd. I, Bruxelles 1957.

Bourgeot, A.: »The Tuareg Women of Ahaggar and the Creation of Value«, *Ethnos* 1987.

Bourgoignie, G.E.: *Les hommes de l'eau*, Paris 1972.

Bourin, J.: *La Rose et la Mandragore*, Paris 1990.

Bourke, J.G.: *Das Buch des Unrats*, Frankfurt/M. 1992.

Boutilier, J.A.: »European Women in the Solomon Islands, 1900-1942« in *Rethinking Women's Roles*, ed. D.O'Brien/S.W. Tiffany, Berkeley 1984.

Bowden, B.: »The Art of Courtly Copulation«, *Medievalia et Humanistica* 1979.

Bowsky, W.: »Keeping the Urban Peace« in *The Other Side of Western Civilization*, Bd. I, ed. S. Chodorov, New York 1973.

Boxer, B.: »The Jewish Attitude to the Marital Relationship« in *Jewish Marriage*, ed. P. Elman, London 1967.

Boxer, C.R.: *The Dutch Seaborne Empire 1600-1800*, London 1965.

Boyarin, D.: *Carnal Israel*, Berkeley 1993.

Boyd, K.M.: *Scottish Church Attitudes to Sex, Marriage and the Family*, Edinburgh 1980.

Boyer, R.M./N.D. Gayton: *Apache Mothers and Daughters*, Norman 1992.

de Bracton, H.: *De legibus et consuetudinibus Angliae*, Bd. II, ed. G.E. Woodbine, Cambridge 1968.

Bradbury, J.: *The Medieval Siege*, Woodbridge 1992.

Bräker, U.: *Lebensgeschichte und Natürliche Ebentheuer des Armen Mannes im Tockenburg*, ed. S. Voelmy, Basel 1978.

Bräunlein, P.J./A. Lauser: *Leben in Malula*, Pfaffenweiler 1993.

–: »Kindheit, Jugend, Erwachsenwerden in einer ritualarmen Gesellschaft« in *Jung und wild*, ed. D. Dracklé, Berlin 1996.

Bräutigam, K.: *Mach kä Schbrisch!*, Heidelberg 1979.

Branca, P.: *Women in Europe Since 1750*, London 1978.

Brand, R.: »Rites de naissance et réactualisation matérielle des signes de naissance à la mort chez les Wéménou (Bénin/Dahomey)« in *Naître, vivre et mourir*, ed. J. Hainard/R. Kaehr, Neuchâtel 1981.

Brander, M.: *The Georgian Gentleman*, Farnborough 1973.

Brandes, S.: »Like Wounded Stags« in *Sexual Meanings*, ed. S.B. Ortner/H. Whitehead, Cambridge 1981.

Brandewie, E.: *Contrast and Context in New Guinea Culture*, St. Augustin 1981.

–: Brief vom 29. Februar 1988.

Brandl, L.: *Die Sexualethik des hl. Albertus Magnus*, Regensburg 1955.

Brandler, G.: *Eckensteher, Blumenmädchen, Stiefelputzer*, Leipzig 1988.

Brandt, A.M.: *No Magic Bullet*, Oxford 1987.

Brandt, R.B.: *Hopi Ethics*, Chicago 1954.

Brandtstädter, S.: »Taking Elias to China (and Leaving Weber at Home)«, *Sociologus* 2000.

Brant, S.: *Narrenschiff*, ed. F. Zarncke, Hildesheim 1961.

Brantôme, P. de B. de.: *Œuvres*, Paris 1787.

–: *Das Leben der galanten Damen*, Frankfurt/M. 1981.

Brassaï, G.: *Das geheime Paris*, Frankfurt/M. 1976.

Brauer, E.: *Ethnologie der jemenitischen Juden*, Heidelberg 1934.

Braukämper, U.: *Die Kambata*, Wiesbaden 1983.

Braun, D.: *Vom Tollhaus zum Kastenhospital*, Hildesheim 1986.

Braun, K.: *Die Krankheit Onania*, Frankfurt/M. 1995.

Braun, L.: *Memoiren einer Sozialistin*, Bd. I, München 1909.

Brazaitis-Česna, K.: »Die Frau in den litauischen Hochzeitsbräuchen und Hochzeitsliedern«, *Baltisches Jahrbuch* 1984.

Breibeck, O.E.: *Nacha treibt's zua*, München 1979.

Breidenstein, G.: »Verliebtsein und Paarbildung unter Schulkindern« in *Die Befremdung der eigenen Kultur*, ed. S. Hirschauer/K. Amaun, Frankfurt/M. 1997.

Breit, S.: ›*Leichtfertigkeit*‹ *und ländliche Gesellschaft*, München 1991.

Bremer, F.: Brief vom 1. Dezember 1999.

Brettell, C.B.: *Men Who Migrate, Women Who Wait*, Princeton 1986.

Brettell, R.R./C.B. Brettell: *Bäuerliches Leben*, Genf 1984.

Brett-Smith, S.C.: »Symbolic Blood: Cloths for Excised Women«, *Res* 1982.

Breuer, S.: *Die Gesellschaft des Verschwindens*, Hamburg 1992.

Brewster, A.B.: »Circumcision in Noikoro, Noemalu and Mboumbudho«, *Journal of the Royal Anthropological Institute* 1919.

Bridgwood, A.: »Dancing the Jar: Girls' Dress at Turkish Cypriot Weddings« in *Dress and Ethnicity*, ed. J.B. Eicher, Oxford 1995.

Brieler, U.: »Foucaults Geschichte«, *Geschichte und Gesellschaft* 1998.

Brieskorn, N.: *Finsteres Mittelalter?*, Mainz 1991.

Briggs, A.: *How They Lived*, Bd. III, Oxford 1969.

Briggs, J.L.: *Never in Anger*, Cambridge 1970.

–: »The Origins of Nonviolence: Aggression in Two Canadian Eskimo Groups«, *Psychoanalytic Study of Society* 1975.

–: Brief vom 30. November 1986.

Bright, W.: »Karok« in *Handbook of North American Indians*, Bd. VIII, ed. R.F. Heizer, Washington 1978.

Brilli, A.: *Als Reisen eine Kunst war*, Bern 1997.

Brinkman, I.: *Kikuyu Gender Norms and Narratives*, Leiden 1996.

Brissaud, Y.-B.: »L'infanticide à la fin du Moyen Age«, *Revue historique de droit français et étranger* 1972.

Bristow, E.J.: *Prostitution and Prejudice*, Oxford 1982.

Broby-Johansen, R.: *Body and Clothes*, London 1968.

Brocchieri, M.F.B.: »Heloise, die Intellektuelle« in *Heloise und ihre Schwestern*, ed. F. Bertini, München 1991.

Brøgger, J.: *Belief and Experience Among the Sidamo*, Oslo 1986.

Bronsveld, C.: »Hans Peter Duerr«, *Vrij Nederland*, 13. September 1997.

Brookes, B.: »Women and Reproduction, 1860-1939« in *Labour and Love*, ed. J. Lewis, Oxford 1986.

Brotmacher, L.: »Medical Practice Among the Somalis«, *Bulletin for the History of Medicine* 1955.

Browe, P.: *Beiträge zur Sexualethik des Mittelalters*, Breslau 1932.

Brown, C.: *Holländische Genremalerei im 17. Jahrhundert*, München 1984.

Brown, J.C.: *Schändliche Leidenschaften*, Stuttgart 1988.

Brown, K.: »Native Americans and Early Modern Concepts of Race« in *Empire and Others*, ed. M. Daunton/R. Halpern, London 1999.

Brown, K.M.: »The Anglo-Algonquian Gender Frontier« in *Negotiators of Change*, ed. N. Shoemaker, New York 1995.

Brown, P.: *Highland Peoples of New Guinea*, Cambridge 1978.

Brownmiller, S.: *Gegen unseren Willen*, Frankfurt/M. 1980.

Brubaker, R.L.: »The Untamed Goddesses of Village India« in *The Book of the Goddess*, ed. C. Olson, New York 1983.

Bruce, R.D.: Brief vom 27. Juni 1986.

Bruchhagen, P.: »Trieb und Rasse«, *Zeitschrift für Rassenkunde* 1937.

Brückner, W.: »Anmerkungen zur Semantik der Kleider«, *Bayerische Blätter für Volkskunde* 1994.

Brüggemeier, F.-J.: »Leben in Bewegung: Zur Kultur unständiger Arbeit im Kaiserreich« in *Armut, Liebe, Ehre*, ed. R. van Dülmen, Frankfurt/M. 1988.

Bruha, A.: *Ich war keine Heldin*, Wien 1984.

Brundage, J.A.: »Let Me Count the Ways: Canonists and Theologians Contemplate Coital Positions«, *Journal of Medieval History* 1984.

–: »Prostitution in The Medieval Canon Law« in *Sisters and Workers in the Middle Ages*, ed. J.M. Bennett et al., Chicago 1989.

Brunet, J.: »Le paysan et son langage dans l'œuvre théâtrale de Giovanmaria Cecchi« in *Le paysan travestie*, ed. A. Fontes-Baratto et al., Paris 1976.

v. Brunn, R.: *Kultur-Knigge Ägypten*, Köln 1990.

Brunner, O.: *Die Rechtsquellen der Städte Krems und Stein*, Graz 1953.

Brunner, W.: »Städtisches Tanzen und das Tanzhaus im 16. Jahrhundert« in *Alltag im 16. Jahrhundert*, et A. Kohler/H. Lutz, München 1987.

Bryan, J.H.: »Apprenticeships in Prostitution« in *Studies in Human Sexual Behavior: The American Scene*, ed. A. Shiloh, Springfield 1970.

Bryant, C.D.: *Sexual Deviancy and Social Proscription*, New York 1982.

Bryk, F.: *Die Beschneidung bei Mann und Weib*, Neubrandenburg 1931.

Bryson, A.: »The Rhetoric of Status: Gesture, Demeanour and the Image of the Gentleman in Sixteenth- and Seventeenth-Century England« in *Renaissance Bodies*, ed. L. Gent/N. Llewellyn, London 1990.

–: *From Courtesy to Civility*, Oxford 1998.

Buchberger, H.: »Sexualität und Harfenspiel«, *Göttinger Miszellen* 1983.

Buchheit, V.: »Catull an Cato von Utica (c. 56)«, *Hermes* 1961.

Buchholz, S.: *Recht, Religion und Ehe*, Frankfurt/M. 1988.

Buchner, E.: *Das Neueste von gestern*, München 1912.

–: *Ehe*, München 1914.

Budde, G.-F.: *Auf dem Weg ins Bürgerleben*, Göttingen 1994.

Bühl, C.: »Die Pestepidemien des ausgehenden Mittelalters und der Frühen Neuzeit in Nürnberg« in *Nürnberg und Bern*, ed. R. Endres, Erlangen 1990.

Bülck, H.: »Die letzte öffentliche Hinrichtung in Eiderstedt«, *Die Heimat* 1932.

Bürger, J.H.: *Mann, leb Dich aus!*, München 1991.

Bugge, J.: *Virginitas*, The Hague 1975.

van Buggenhoudt, E.: Mündliche Mitteilung vom 29. Mai 1979.

Buitelaar, M.: »Public Baths as Private Places« in *Women and Islamization*, ed. K. Ask/M. Tjomsland, Oxford 1998.

Bulbeck, C.: *Australian Women in Papua New Guinea*, Cambridge 1992.

Bullard, A.: »Becoming Savage? The First Step Toward Civilization and the Practices of Intransigence in New Caledonia«, *History and Anthropology* 1998.

Bullough, V.L.: »Prostitution in the Later Middle Ages« in *Sexual Practices & the Medieval Church*, ed. V.L. Bullough/J. Brundage, Buffalo 1982.

–: »Merchandizing the Sanitary Napkin: Lillian Gilbreth's 1927 Survey«, *Signs* 1985.

–: »The Development of Sexology in the USA« in *Sexual Knowledge, Sexual Science*, ed. R. Porter/M. Teich, Cambridge 1994.

Bullough, V.L./M. Voght: »Women, Menstruation and 19th Century Medicine«, *Bulletin for the History of Medicine* 1973.

Bumiller, E.: *May You Be the Mother of a Hundred Sons*, New York 1990.

Bunzel, R.: *Chichicastenango*, Seattle 1959.

Burford, E.J.: *The Orrible Synne*, London 1973.

Burford, E.J./S. Shulman: *Of Bridles and Burnings*, London 1992.

Burgen, S.: *Bloody hell, verdammt noch mal!*, München 1998.

Burghartz, S.: *Leib, Ehre und Gut: Delinquenz in Zürich am Ende des 14. Jahrhunderts*, Zürich 1990.

–: Brief vom 30. November 1994.

–: »Geschlecht, Körper, Ehre« in *Verletzte Ehre*, ed. K. Schreiner/G. Schwerhoff, Köln 1995.

–: »Verführung oder Vergewaltigung? Reden über sexuelle Gewalt vor dem Basler Ehegericht in der Frühen Neuzeit« in *Erkenntnisprojekt Geschlecht*, ed. B. Dausien et al., Opladen 1999.

Burgos, E.: *Rigoberta Menchú*, Bornheim 1984.

Burguière, A.: »The Formation of the Couple« in *Family History at the Crossroads*, ed. T. Hareven/A. Plakaus, Princeton 1987.

Buri, R.: ›*Dumm und dick*‹, Zürich 1990.

Burke, P.: *Helden, Schurken und Narren*, Stuttgart 1981.

–: »Zivilisation, Disziplin, Unordnung« in *Die Frühe Neuzeit in der Geschichtswissenschaft*, ed. N.B. Leimgruber, Paderborn 1997.

Burkert, W.: *Homo Necans*, Berlin 1972.

Burleigh, M./W. Wippermann: *The Racial State: Germany 1933-1945*, Cambridge 1991.

Burley, E.I.: *Servants of the Honourable Company*, Toronto 1997.

Burmann, H.: *Die kalkulierte Emotion der Geschlechterinszenierung*, Konstanz 2000.

Burnadz, J.M.: *Die Gaunersprache der Wiener Galerie*, Lübeck 1970.

Burnett, J.: *Destiny Obscure*, London 1982.

–: »Die Entwicklung englischer Arbeitshäuser und ihre Raumnutzung im 19. Jahrhundert« in *Homo habitans*, ed. H.J. Teuteberg, Münster 1985.

Burns, E.J.: »Speculum of the Courtly Lady«, *Journal of Medieval and Early Modern Studies* 1999.

Burrows, E.G.: *Ethnology of Futuna*, Honolulu 1936.

Burrows, E.G./M.E. Spiro: *An Atoll Culture*, New Haven 1957.

Burt, R./B. Eppensteiner/J. Reichmayr: »Sexualforschung und Psychoanalyse: Friedrich Salomon Krauss und Sigmund Freud« in *Von der Last der Lust*, ed. J.C. Aigner/R. Gindorf, Wien 1986.

Burton, T.L.: »Sidrak on Reproduction and Sexual Love«, *Medical History* 1975.

Buschinger, D.: »Le ›nu‹ dans quelques textes médiévaux allemands« in *Le Nu et le Vêtu au Moyen Age (XIIᵉ-XIIIᵉ siècles)*, Dijon 2001.

Bush, A.L./L.C. Mitchell: *The Photograph and the American Indian*, Princeton 1994.

Bush, B.: »›Britain's Conscience on Africa‹« in *Gender and Imperialism*, ed. C. Midgley, Manchester 1998.

Bush, J.: *Edwardian Ladies and Imperial Power*, London 2000.

Bush, L.: *77 Samurai*, Tōkyō 1968.

Bushnell, O.A.: *The Gifts of Civilization*, Honolulu 1993.

Buß, G.: *Das Kostüm in Vergangenheit und Gegenwart*, Bielefeld 1906.

van den Bussche, W.: *Chérie Samba*, Oostende 1990.

Busse, J.: *Die Nyakyusa*, Münster 1995.

Butler, A.M.: *Daughters of Joy, Sisters of Misery*, Urbana 1985.

Butler, E.W.: *Traditional Marriage and Emerging Alternatives*, New York 1979.

Buxton, J.: »Girls' Courting Huts in Western Mandari«, *Man* 1963.

Buzard, J.: *The Beaten Track*, Oxford 1993.

Bynum, C.W.: *Holy Feast and Holy Fast*, Berkeley 1987.

Cabanès, A.: *Mœurs intimes du passé*, Paris 1908ff.

Cadden, J.: »Medieval Scientific and Medical Views of Sexuality«, *Medievalia et Humanistica* 1986.

–: *Meanings of Sex Difference in the Middle Ages*, Cambridge 1993.

Cadivec, E.: »Die Sadistin, die Masochistin, die Flagellantin« in *Das lasterhafte Weib*, ed. A. Gräfin Esterházy, Wien 1930.

Caffrey, M.M.: *Ruth Benedict: Stranger in This Land*, Austin 1989.

Calimani, R.: *The Ghetto of Venice*, New York 1987.

Camden, C.: *The Elizabethan Woman*, Mamaroneck 1975.

Camille, M.: »Play, Piety and Perversity in Medieval Marginal Manuscript Illumination« in *Mein ganzer Körper ist Gesicht*, ed. K. Kröll/H. Steger, Freiburg 1994.

–: »Adam's House at Angers« in *Kontraste im Alltag des Mittelalters*, ed. G. Jaritz, Wien 2000.

–: *Die Kunst der Liebe im Mittelalter*, Köln 2000.

Campbell, B.K.: *The ›Liberated‹ Woman of 1914*, New York 1979.

Campbell, D'A.: »Women's Life in Utopia: The Shaker Experiment in Sexual Equality Reappraised, 1810 to 1860«, *New England Quarterly* 1978.

Campbell, J.K.: *Honour, Family and Patronage*, Oxford 1964.

Camusso, L.: *Reisebuch Europa 1492*, München 1990.

Canavan, P.: »The Gay Community at Jacob Riis Park« in *The Apple Sliced*, ed. V. Boggs et al., South Hadley 1984.

Cancian, F.M.: »Love and the Rise of Capitalism« in *Gender in Intimate Relationships*, ed. B.J. Risman/P. Schwartz, Belmont 1989.

Cannizzaro, A.: *Und die Seinen nahmen ihn auf*, Wien 1964.

Cannon, K.G.: *Black Womanist Ethics*, Atlanta 1988.

Cantauw-Groschek, C./U. Teuschert: *Kinderalltag in Stadt und Land, 1800-1945*, Rheda 1992.

Cantrell, E.M.: »Woman the Sexual: A Question of When« in *Adolescence in Pacific Island Societies*, ed. G. Herdt/S.C. Leavitt, Pittsburgh 1998.

Capa, R.: *Photographien*, Köln 1985.

Caplan, A.P.: »Boys' Circumcision and Girls' Puberty Among the Swahili of Mafia Island, Tanzania«, *Africa* 1976.

Caplan, P.: *Class & Gender in India*, London 1985.

Caprio, F.S.: *Variations in Sexual Behaviour*, London 1957.

Carey, I.: *Orang Asli*, Kuala Lumpur 1976.

Carlin, M.: »Medieval English Hospitals« in *The Hospital in History*, ed. L. Granshaw/R. Porter, London 1990.

Carmichael, A.G.: *Plague and the Poor in Renaissance Florence*, Cambridge 1986.

Carmichael, S./C.V. Hamilton: *Black Power*, Stuttgart 1968.

Carrier, J.M.: »Mexican Male Bisexuality«, *Journal of Homosexuality* 1985.

Carroll, M.D.: »Peasant Festivity and Political Identity in the Sixteenth Century«, *Art History* 1987.

Carson, A.: »Putting Her in Her Place: Woman, Dirt, and Desire« in *Before Sexuality*, ed. D.M. Halperin et al., Princeton 1990.

Carstairs, G.M.: *Die Zweimal Geborenen*, München 1963.

Carter, K.C.: »Infantile Hysteria and Infantile Sexuality in Late 19th-Century German-Language Medical Literature«, *Medical History* 1983.

Carucci, L.M.: *Nuclear Nativity*, Dekalb 1997.

della Casa, G.: *Galateus. Das ist/Das Büchlein Von erbarn/höflichen vnd holdseligen Sitten*, Frankfurt/M. 1607.

Casajus, D.: »Crafts and Ceremonies: The Inadan in Tuareg Society« in *The Other Nomads*, ed. A. Rao, Köln 1987.

Casanova, G.: *Geschichte meines Lebens*, Bd. VI, München 1985, Bd. VII, 1986.

Casella, E.C.: »Bulldaggers and Gentle Ladies« in *Archaeologies of Sexuality*, ed. R.A. Schmidt/B.L. Voss, London 2000.

Casler, I.: »Some Sociopsychological Observations in a Nudist Camp«, *Journal of Social Psychology* 1964.

Caspar, F.: »Clothing Practice of the Tuparis (Brazil)« in *Proceedings of the Thirtieth International Congress of Americanists*, London 1952.

–: *Die Tuparí*, Berlin 1975.

Castiglione, B.: *Das Buch vom Hofmann*, ed. F. Baumgart, Bremen o.J.

Castiglioni, A./Al. Castiglioni: *Adams schwarze Kinder*, Zürich 1977.

Castro, A.: *The Spaniards*, Berkeley 1971.

Castro, G.: *Les femmes dans L'histoire américaine*, Nancy 1988.

893

Caughey, J.L.: *Fa' a' nakkar*, Philadelphia 1977.

Cavelius, A.: *Leila*, München 2000.

Cawthorne, N.: *Sex Lives of the Popes*, London 1996.

Cerulli, E.: *Peoples of South-West Ethiopia and Its Borderland*, London 1956.

Cesara, M.: *Reflections of a Woman Anthropologist*, London 1982.

Chabot, H.T.: *Kinship, Status and Gender in South Celebes*, Leiden 1996.

Chakraberty, C.: *Sexology of the Hindus*, Kalkutta o.J.

Chambers, D./B. Pullan: *Venice 1450-1630*, Oxford 1992.

v. Chamisso, A.: *Sämtliche Werke*, Bd. II, München 1975.

Chandernagor, F.: *L'Allée du Roi*, Paris 1984.

Chandler, D.L.: *Health and Slavery in Colonial Colombia*, New York 1981.

Chang, I.: *Die Vergewaltigung von Nanking*, Zürich 1999.

Chaplin, J.H.: »A Report on Sexual Behavior: Six Case Histories from Northern Rhodesia« in *Advances in Sex Research*, ed. H.G. Beigel, New York 1963.

Chapman, C.G.: *Milocca, a Sicilian Village*, Cambridge 1971.

Chappell, D.A.: *Double Ghosts*, Armonk 1997.

Chebel, M.: *Histoire de la circoncision*, Paris 1992.

Cherubini, G.: »Ire ad aquas: le terme e il terminalismo« in *Vita civile degli Italiani*, ed. C.D. Fonseca, Milano 1987.

–: »Der Bauer« in *Der Mensch des Mittelalters*, ed. J. Le Goff, Frankfurt/M. 1989.

Chiari, B.: *Alltag hinter der Front*, Düsseldorf 1998.

Chiffoleau, J.: *Les justices du pape*, Paris 1984.

Childs, G.M.: *Umbundu Kinship & Character*, London 1949.

–: *Kinship & Character of the Ovimbundu*, London 1969.

Chinn, C.: *They Worked All Their Lives*, Manchester 1988.

Chippaux, C.: »Des mutilations, déformations, tatouages rituels et intentionnels chez l'homme« in *Histoire des mœurs*, Bd. I, ed. J. Poirier, Paris 1990.

Chou, E.: *Les jeux de l'amour en Chine*, Paris 1974.

Christensen, J.: »Die letzte öffentliche Hinrichtung in Flensburg«, *Die Heimat* 1959.

Christin, O.: »›Et ils connurent qu'ils étaient nus‹: ›Nudité et pudeur‹ de Hans Peter Duerr«, *Le Monde*, 19. März 1999.

Ciasullo, A.M.: »Making Her (In)Visible: Cultural Representations of Lesbianism and the Lesbian Body in the 1990s«, *Feminist Studies* 2001.

Ciavolella, M.: »Métamorphoses sexuelles et sexualité féminine durant la Renaissance«, *Renaissance et Réforme* 1988.

Cilleßen, W.: *Exotismus und Kommerz*, Frankfurt/M. 2000.

Cipolla, C.M.: *Cristofano and the Plague*, London 1973.

Claessens, D.: *Sozialgeschichte*, Stuttgart 1995.

Clark, S.: *Japan: A View From the Bath*, Honolulu 1994.

Clarke, H.C.: »Sexual Behavior in an Integrated Multiracial Community«, *Journal of Sex Research* 1974.

Clarke, J.R.: *Looking at Lovemaking*, Berkeley 1998.

Clastres, P.: *Chronique des Indiens Guayakí*, Paris 1972.

Clay, R.M.: *The Mediaeval Hospitals of England*, London 1909.

Clifford, A.: »From ›Diary‹, 1616-17« in *Her Own Life*, ed. E. Graham et al., London 1989.

Clinton, C.: »Caught in the Web of the Big House« in *The Web of Southern Social Relations*, ed. W.J. Fraser et al., Athens 1985.

Clower, V.L.: »Significance of Masturbation in Female Development and Function« in *Masturbation*, ed. I.M. Marcus/J.J. Francis, New York 1975.

Coffey, A.: *The Ethnographic Self*, London 1999.

Cognasso, F.: *L'Italia nel rinascimento*, Bd. I, Torino 1966.

Cohausz, A.: *Erconrads Translatio s. Liborii*, Paderborn 1966.

Cohen, E.: »›To Die a Criminal for the Public Good‹: The Execution Ritual in Late Medieval Paris« in *Law, Custom, and the Social Fabric in Medieval Europe*, ed. B.S. Bachrach/D. Nicholas, Kalamazoo 1990.

Cohen, E.S.: »No Longer Virgins: Self-Presentation by Young Women in Late Renaissance Rome« in *Refiguring Women*, ed. M. Migiel/J. Schiescari, Ithaca 1991.

Cohen, P.C.: »Safety and Danger: Women on American Public Transport, 1750-1850« in *Gendered Domains*, ed. D.O. Helly/S.M. Reverby, Ithaca 1992.

Cohen, S.D.: »Why Aren't Jewish Women Circumcised?«, *Gender & History* 1997.

Cohen, S.J.: *The Holy Letter*, New York 1976.

Cohen, S.J.D.: *The Beginnings of Jewishness*, Berkeley 1999.

Cohen, W.B.: *Français et Africains*, Paris 1981.

Cohn, H.H.: »Sexual Offenses« in *The Principles of Jewish Law*, ed. M. Elon, Jerusalem 1975.

Cole, D.P.: »The Household, Marriage and Family Life Among the Al Murrah Nomads of Saudi Arabia« in *Arab Society*, ed. N.S. Hopkins/S.E. Ibrahim, Cairo 1985.

Cole, S.: *Women of the Praia*, Princeton 1991.

Coleman, J.: »Rape in Anglo-Saxon England« in *Violence and Society in the Early Medieval West*, ed. G. Halsall, Woodbridge 1998.

Collis, L.: *Leben und Pilgerfahrten der Margery Kempe*, Berlin 1986.

Collison-Morley, L.: *Italy After the Renaissance*, London 1930.

Colson, E.: *Marriage & Family Among the Plateau-Tonga of Northern Rhodesia*, Manchester 1958.

Comstock, G.D.: *Violence Against Lesbians and Gay Men*, New York 1991.

Condon, R.G.: *Inuit Youth*, New Brunswick 1987.

Constable, O.R.: *Medieval Iberia*, Philadelphia 1997.

Constantine, P.: *Japan's Sex Trade*, Tōkyō 1994.

Constantinidis, P.: »›Ill at Ease and Sick at Heart‹« in *Symbols and Sentiments*, ed. I. Lewis, London 1977.

Cook, J.: *The Journals*, ed. J.C. Beaglehole, Cambridge 1955 ff.

Cooper, R.: »Definition and Control: Alexander Walker's Trilogy on Woman« in *Forbidden History*, ed. J.C. Stout, Chicago 1992.

Cooper, R.G.: »Sexual Inequality Among the Hmong« in *Highlanders of Thailand*, ed. J. McKinnon/W. Bhruksasri, Singapore 1986.

Corbey, R.: »Freud's Phylogenetic Narrative«, *Amsterdam Studies on Cultural Identity* 1991.

–: »Beschaving is meer dan mes en vork«, *NRC Handelsblad*, 8. Oktober 1997.

Corbin, A.: »Coulisses« in *Histoire de la vie privée*, Bd. IV, ed. P. Ariès/ G. Duby, Paris 1987.

–: *Wunde Sinne*, Stuttgart 1993.

–: *Meereslust*, Frankfurt/M. 1994.

–: »Die Faszination des Ehebruchs« in *Liebe und Sexualität*, ed. G. Duby, 1995.

Cormack, M.: *The Hindu Woman*, New York 1953.

Cormeau, C.: »Der Bauer als Negativfolie für andere Lebensweisen in der deutschen Literatur des Mittelalters« in *Der Bauer im Wandel der Zeit*, ed. W. Hirdt, Bonn 1986.

Cornelissen, A.: *Women of the Shadows*, Boston 1976.

Cortazzi, H.: *Victorians in Japan*, London 1987.

Coryate, T.: *Die Venedig- und Rheinfahrt A.D. 1608*, Stuttgart 1970.

Cosman, M.P.: *Fabulous Feasts*, New York 1976.

Cosmas v. Prag: *Chronica Boemorum*, ed. B. Bretholz, Berlin 1923.

Costa, G.: »The Garo Code of Law«, *Anthropos* 1954.

Cotlow, L.: *The Twilight of the Primitive*, London 1973.

Cott, N.F.: »Passionlessness: An Interpretation of Victorian Sexual Ideology, 1790-1850«, *Signs* 1978.

–: »Eighteenth-Century Family and Social Life Revealed in Massachusetts Divorce Records« in *A Heritage of Her Own*, ed. N.F. Cott/E.H. Pleck, New York 1979.

Coulton, C.G.: *Social Life in Britain From the Conquest to the Reformation*, Cambridge 1918.

Covarrubias, M.: *Island of Bali*, New York 1956.

Cowan, N.M./R.S. Cowan: *Our Parents' Lives*, New York 1989.

Cox, T.: *Hot Sex*, München 1999.

Crapanzano, V.: *Tuhami*, Stuttgart 1983.

Crawford, A.C.: *Customs and Culture of Vietnam*, Rutland 1967.

Crawford, P.: »Attitudes to Menstruation in Seventeenth-Century England«, *Past & Present*, May 1981.

–: »Women's Published Writings 1600-1700« in *Women in English Society 1500-1800*, ed. M. Prior, London 1985.

–: *Women and Religion in England 1500-1720*, London 1993.

–: »Sexual Knowledge in England, 1500-1750« in *Sexual Knowledge, Sexual Science*, ed. R. Porter/M. Teich, Cambridge 1994.

de Crespigny, X.: »Die Bewohner von Feuerland« in *Bild der Völker*, ed. E.E. Evans-Pritchard, Bd. 5, Wiesbaden 1974.

Crocker, J.C.: *Vital Souls*, Tucson 1985.

Crocker, W.H.: *The Canela (Eastern Timbira)*, Bd. I, Washington 1990.

Croll, A.: »Street Disorder, Surveillance and Shame«, *Social History* 1999.

Crompton, L.: »The Myth of Lesbian Impunity: Capital Laws from 1270 to 1791«, *Journal of Homosexuality* 1981.

Crosby, A. W.: »Hawaiian Depopulation as a Model for the Amerindian Experience« in *Epidemics and Ideas*, ed. T. Ranger/P. Slack, Cambridge 1992.

Crowe, C.: »Racial Massacre in Atlanta, Sept 22, 1906«, *Journal of Negro History* 1969.

Cuisinier, J.: *Les Mu'ò'ng*, Paris 1946.

Culianu, I. P.: »A Corpus for the Body«, *Journal of Modern History* 1991.

Cunliffe, M.: *Soldiers & Civilians: The Martial Spirit in America 1775-1865*, Boston 1968.

Cunnington, C. W.: *Feminine Attitudes in the Nineteenth Century*, London 1935.

Cunnington, P./A. Mansfield: *English Costume for Sports and Outdoor Recreation*, London 1969.

Curb, R./N. Manahan: *Die ungehorsamen Bräute Christi*, München 1986.

Curtis, L. P.: *Jack the Ripper and the London Press*, New Haven 2001.

Czernin, R.: *Das Ende der Tabus*, Graz 1998.

Czerwinski, P.: »›Folter‹ als Regeneration«, *Mediaevistik* 1995.

Dabholwala, F.: »The Pattern of Sexual Immorality in Seventeenth- and Eighteenth-Century London« in *Londinopolis*, ed. P. Griffiths/M.S.R. Jenner, Manchester 2000.

Dalarun, J.: *Erotik und Enthaltsamkeit*, Frankfurt/M. 1987.

Dale, P.N.: *The Myth of Japanese Uniqueness*, Oxford 1986.

Dallapiazza, M.: »›Ein püechel von der regel der heyligen ee‹«, *Zeitschrift für deutsches Altertum und deutsche Literatur* 1983.

Damm, H.: *Zentralkarolinen*, Bd. II, Hamburg 1938.

Daniel, E.V.: *Fluid Signs*, Berkeley 1984.

Danielsson, B.: *Love in the South Seas*, London 1956.

Danker, U.: *Räuberbanden im Alten Reich um 1700*, Frankfurt/M. 1988.

Dannecker, M./R. Reiche: *Der gewöhnliche Homosexuelle*, Frankfurt/M. 1974.

Danzger, M.H.: *Returning to Tradition: The Contemporary Revival of Orthodox Judaism*, New Haven 1989.

Dar, S.N.: *Costumes of India and Pakistan*, Bombay 1969.

el-Dareer, A.: *Woman, Why Do You Weep?*, London 1982.

Dargyay, E.K.: *Tibetan Village Communities*, Warminster 1982.

Darmon, P.: *Le Tribunal de l'impuissance*, Paris 1979.

–:»Die Prozesse wegen sexueller Impotenz im 17. Jahrhundert« in *Liebe und Sexualität*, ed. G. Duby, o.O. 1995.

Darwin, C.: *Journal of Researches into the Natural History and Geology of the Countries Visited During the Voyage of H.M.S. Beagle Round the World*, London 1845.

–: *Reise eines Naturforschers um die Welt*, Stuttgart 1962.

Daul, F.: *Tantzteuffel: Das ist/wider den leichtfertigen/vnuerschempten Welt tantz*, Frankfurt/M. 1569.

Daumen, A.: »Städtische Prostitution« in *Spätmittelalter am Oberrhein*, ed. S. Lorenz/T. Zotz, Stuttgart 2001.

Davenport, W.: »Sexual Patterns and Their Regulation in a Society of the Southwest Pacific« in *Sex and Behavior*, ed. F.A. Beach, New York 1965.

–: »Social Organization Notes on the Northern Santa Cruz Islands«, *Baessler-Archiv* 1968.

–: »An Anthropological Approach« in *Theories of Human Sexuality*, ed. J.H. Geer/W.T. O'Donahue, New York 1987.

Davenport-Hines, R.: *Sex, Death and Punishment*, London 1990.

Davidoff, M.: *Auf dem Lande*, Bergisch Gladbach 1986.

Davidson, C.: »The Fate of the Damned in English Art and Drama« in *The Iconography of Hell*, ed. C. Davidson/T.H. Seiler, Kalamazoo 1992.

Davidson, F.E.: *During My Time*, ed. M.B. Blackman, Seattle 1982.

Davies, D.: *The Land of the Tasmanians*, London 1973.

Davies, N.: *Liebe, Lust und Leidenschaft*, Reinbek 1987.

Davies, S.J.: »The Courts and the Scottish Legal System 1600-1747« in *Crime and the Law*, ed. V.A.C. Gatrell et al., London 1980.

Davis, M.D./E.L. Kennedy: »Oral History and the Study of Sexuality in the Lesbian Community: Buffalo, NY, 1940-1960« in *Unequal Sisters*, ed. E.C. DuBois/V.L. Ruiz, New York 1990.

Davis, N.J.: »The Prostitute: Developing a Deviant Identity« in *Studies in the Sociology of Sex*, ed. J.M. Henslin, New York 1971.

Davis, N.Z.: »Die aufsässige Frau« in *Humanismus, Narrenherrschaft und die Riten der Gewalt*, Frankfurt/M. 1987.

Dawani, T.: Mündliche Mitteilung vom 27. Oktober 1986.

Daws, G.: *Shoal of Time*, Honolulu 1968.

Day, S.: »What Counts as Rape?« in *Sex and Violence*, ed. P. Harvey/P. Gow, London 1994.

Dayan-Herzbrun, S.: »Cheveux coupés, cheveux voilés«, *Communications* 60, 1995.

Deacon, A.B.: *Malekula*, London 1934.

Dean, T.: »Fathers and Daughters: Marriage Laws and Marriage Disputes in Bologna and Italy, 1200-1500« in *Marriage in Italy*, ed. T. Dean/K.J.P. Lowe, Cambridge 1998.

Decker, R.: *Die Hexen und ihre Henker*, Freiburg 1994.

–: Brief vom 6. Januar 1996.

Dedekind, F.: *Grobianus*, ed. K. Scheidt, Halle 1882.

Dedieu, J.-P.: *L'administration de la Foi*, Madrid 1989.

Defoer, H.L.M. et al.: *Die goldene Zeit der holländischen Buchmalerei*, Stuttgart 1990.

Degler, C.N.: »What Ought to Be and What Was: Women's Sexuality in the Nineteenth Century«, *American Historical Review* 1974.

–: *At Odds*, New York 1980.

Deimel, C.: *Tarahumara*, Frankfurt/M. 1980.

–: »Scham und Kindlichkeit bei den Rarámuri« in *Kinderalltag in der Dritten Welt und bei uns*, ed. A. Kelm, Hamburg 1982.

–: Brief vom 2. April 1986.

Deissmann, M.-L.: »Aufgaben, Rollen und Räume von Frau und Mann im antiken Rom« in *Aufgaben, Rollen und Räume von Frauen und Männern*, Bd. II, ed. J. Martin/R. Zoeppfel, Freiburg 1989.

Dejean, J.: »Politische Aspekte der Pornographie: *L'Ecole des Filles*« in *Die Erfindung der Pornographie*, ed. L. Hunt, Frankfurt/M. 1994.

Dekker, R.M./L.C. van de Pol: *The Tradition of Female Transvestism in Early Modern Europe*, New York 1989.

Dekkers, M.: *Das geliebte Tier*, München 1994.

Delaney, C.: »Making Babies in a Turkish Village« in *A World of Babies*, ed. J.S. DeLoache/A. Gottlieb, Cambridge 2000.

Delany, S./A.E. Delany: *Unsere ersten hundert Jahre*, ed. A.H. Hearth, München 1995.

Delnui, L.: *Hans Peter Duerr und Norbert Elias*, Aachen 1992.

Delon, M.: »Le prétexte anatomique«, *Dix-huitième siècle* 1980.

Delph, E.W.: *The Silent Community*, Beverly Hills 1978.

DeMallie, R.J.: »Male and Female in Traditional Lakota Culture« in *The Hidden Half*, ed. P. Albers/B. Medicine, Lanham 1983.

Demandt, A.: *Das Privatleben der römischen Kaiser*, München 1996.

DeMartino, M.F.: *The New Female Sexuality*, New York 1969.

DeMause, L.: »Evolution der Kindheit« in *Hört ihr die Kinder weinen*, ed. L. DeMause, Frankfurt/M. 1977.

Denecke, A.: »Beiträge zur Entwicklungsgeschichte des gesellschaftlichen Anstandsgefühls in Deutschland«, *Programm des Gymnasiums zum heiligen Kreuz in Dresden* 1891.

Deng, F.M.: *The Dinka of the Sudan*, New York 1972.

Dengler, H.: »Eine Forschungsreise zu den Kavahib-Indianern am Rio Madeira«, *Zeitschrift für Ethnologie* 1927.

Denke, A.: »Auf dem Weg ins Heilige Land: Venedig als Erlebnis«, *Das Mittelalter* 1998.

Dennis, B.G.: *The Gbandes*, Chicago 1972.

Dent, A.: *Das Pferd*, Berlin 1975.

Dernschwam, H.: *Tagebuch einer Reise nach Konstantinopel und Kleinasien, 1553-55*, ed. F. Babinger, München 1923.

Dero, A.-C.: »L'insertion des tabous sexuels dans le système du *Fiqh*«, *Problèmes d'Histoire des Religions* 1990.

Desai, V.N.: »Censorship and Art« in *Undercurrents in the Floating World*, ed. S.E. Thompson/H.D. Harootunian, New York 1991.

Descola, P.: *Leben und Sterben in Amazonien*, Stuttgart 1996.

Desroches-Noblecourt, C.: *La femme au temps des Pharaons*, Paris 1986.

Dettlaff, S.: »Sittliche Verstöße und niedergerichtliche Straftätigkeit« in *Volksleben, Kirche und Obrigkeit in Schleswig-Holstein von der Reformation bis ins 19. Jahrhundert*, ed. K.-S. Kramer, Neumünster 1989.

Dettwyler, K.A.: »Beauty and the Breast« in *Breastfeeding*, ed. P. Stuart-Macadam/K.A. Dettwyler, New York 1995.

van Deursen, A.T.: *Plain Lives in a Golden Age*, Cambridge 1991.

–: *Graft*, Göttingen 1997.

Devereux, G.: »The Mohave Male Puberty Rite«, *Samīkṣā* 1949.

–: »The Significance of the External Female Genitalia and of Female Orgasm for the Male«, *Journal of the American Psychoanalytical Association* 1958.

–: *Angst und Methode in den Verhaltenswissenschaften*, München 1973.

–: »Interview«, *Psychologie heute*, Januar 1979.

–: *Baubo, die mythische Vulva*, Frankfurt/M. 1981.

–: »Xanthos and the Problem of Female Eunuchs in Lydia«, *Rheinisches Museum für Philologie* 1981.

–: *Frau und Mythos*, München 1986.

–: »Nachwort« in *Die wilde Seele*, ed. H.P. Duerr, Frankfurt/M. 1987.

Devereux, L.: »Gender Difference and the Relations of Inequality in Zinacantan« in *Dealing With Inequality*, ed. M. Strathern, Cambridge 1987.

Devi, P.: *Ich war die Königin der Banditen*, Bergisch Gladbach 1996.

DeVos, G.: »Dimensions of Self in Japanese Culture« in *Culture and Self*, ed. A.J. Marsella et al., New York 1985.

DeWelles, T.: »Sex and Sexual Attitudes in Seventeenth-Century England: The Evidence from Puritan Diaries«, *Renaissance and Reformation* 1988.

Dexel, A.: *Über gesellschaftliche Anschauungen, wie sie in den mittelhochdeutschen höfischen und Volksepen hervortreten*, Kempten 1909.

Diallo, K.: »Der Tag, an dem ich beschnitten wurde«, *Unesco-Kurier* 7, 2001.

Diamond, N.: *K'un Shen: A Taiwan Village*, New York 1969.

Díaz, I.B./F.V. García/A.M. Mengibar: »La prostitution au pays Basque entre XIVᵉ et XVIIᵉ siècles«, *Annales* 2000.

Dibie, P.: *Wie man sich bettet*, Stuttgart 1989.

Dick, A.: *Innviertler Zechen*, München 1983.

Dickens, A.G.: »Monarchy and Cultural Revival« in *The Courts of Europe*, ed. A.G. Dickens, London 1977.

Dickinson, R.L.: *Human Sex Anatomy*, New York 1949.

Dieck, A.: »Beschneidung von Männern und Frauen in vor- und frühgeschichtlicher Zeit«, *Curare* 1981.

Diels, H.: *Die Fragmente der Vorsokratiker*, Reinbek 1957.

Diepgen, P.: *Frau und Frauenheilkunde in der Kultur des Mittelalters*, Stuttgart 1963.

Dierichs, A.: *Erotik in der Römischen Kunst*, Mainz 1997.

Dieterlen, G.: *Essai sur la religion Bambara*, Paris 1951.

Dijkstra, B.: *Idols of Perversity*, New York 1986.

Dinges, M.: *Stadtarmut in Bordeaux 1525-1675*, Bonn 1988.

–: »Gewalt und Zivilisationsprozeß«, *traverse* 1995.

–: »Ehre und Geschlecht in der Frühen Neuzeit« in *Ehrkonzepte in der Frühen Neuzeit*, ed. S. Backmann et al., Berlin 1998.

Dingwall, E.J.: *The Girdle of Chastity*, London 1931.

–: *Die Frau in Amerika*, Düsseldorf 1962.

Dinslage, S.: *Mädchenbeschneidung in Westafrika*, Hohenschäftlarn 1981.

–: *Kinder der Lyela*, Hohenschäftlarn 1986.

–: Brief vom 15. Februar 1987.

Dinzelbacher, P.: »Mittelalterliche Sexualität« in *Privatisierung der Triebe?*, ed. D. Erlach et al., Frankfurt/M. 1994.

–: *Hoch- und Spätmittelalter*, Paderborn 2000.

Dmytryshyn, B.: *Medieval Russia*, New York 1967.

Dörrzapf, R.: *Eros, Ehe, Hosenteufel*, Frankfurt/M. 1995.

Dolci, D.: *Umfrage in Palermo*, Olten 1959.

Dollard, J.: *Caste and Class in a Southern Town*, Garden City 1949.

Dormeier, H.: »Kurzweil und Selbstdarstellung: Die ›Wirklichkeit‹ der Augsburger Monatsbilder« in *Kurzweil viel ohn' Maß und Ziel*, ed. P. M. Grüber, München 1994.

Dorsky, S.: *Women of 'Amran*, Salt Lake City 1986.

Doubek, K.: *Das intime Lexikon*, Frankfurt/M. 1999.

Douglas, B.: »Science and the Art of Representing ›Savages‹«, *History and Anthropology* 1999.

Douglas, J. D./P. K. Rasmussen/C. A. Flanagan: *The Nude Beach*, Beverly Hills 1977.

Douglas, M.: *Implicit Meanings*, London 1975.

Dover, K. J.: *Greek Popular Morality*, Oxford 1974.

–: *Greek Homosexuality*, London 1978.

–: »Classical Greek Attitudes to Sexual Behaviour« in *Sexualität und Erotik in der Antike*, ed. A. K. Siems, Darmstadt 1988.

Dower, J. W.: *War Without Mercy*, New York 1986.

–: *Enbracing Defeat*, New York 1999.

Downer, C./R. Chalker: *Frauenkörper – neu gesehen*, Berlin 1987.

Downs, J. F.: »The Navajo« in *Cultures Around the World*, Bd. I, ed. G. Spindler/L. Spindler, New York 1977.

Draper, P.: »Social and Economic Constraints on Child Life Among the !Kung« in *Kalahari Hunter-Gatherers*, ed. R. B. Lee/I. DeVore, Cambridge 1976.

Draulans, D.: *Im Dschungel*, München 2001.

Dreger, A. D.: »Doubtful Sex: The Fate of the Hermaphrodite in Victorian Medicine«, *Victorian Studies* 1995.

Dreher, B.: »Die florentiner Hochzeit« in *Anna Maria Luisa Medici, Kurfürstin von der Pfalz*, ed. B. Heppe/W. Koenig, Düsseldorf 1988.

Dresen-Coenders, L./J. van Haaren: »Ontmoetingsplaatsen van vrijers en vrijsters« in *Kent, een versint/Eer datje mint*, ed. P. van Boheemen et al., Zwolle 1989.

Drexel, J. E.: *Die Reise nach Mauthausen*, ed. W. R. Beyer, Stuttgart 1978.

Dreyer, J. C. H.: *Antiquarische Anmerkungen über einige in dem mittleren Zeitalter in Teutschland und im Norden üblich gewesene Lebens-, Leibes- und Ehrenstrafen*, Lübeck 1792.

Dreyer-Eimbcke, E.: *Alte Straßen im Herzen Europas*, Frankfurt/M. 1989.

Driessen, H.: »Humor, Lachen und die Feldforschung« in *Kulturgeschichte des Humors*, ed. J. Bremmer/H. Roodenburg, Darmstadt 1999.

Drößler, C./J. Kratz: *Handbuch Prostitution*, Marburg 1994.

Drolshagen, E. D.: *Nicht ungeschoren davonkommen*, Hamburg 1998.

Drury, J.: »The Pudendal Parts of the South African Bush Race«, *Medical Journal of South Africa* 1926.

v. Druskowitz, H.: *Der Mann als logische und sittliche Unmöglichkeit und als Fluch der Welt*, Freiburg 1988.

Dubois, H.-M.: *Monographie des Betsileo*, Paris 1938.

Du Boulay, F. R. H.: *An Age of Ambition*, London 1970.

Duby, G.: »La vie privée dans les maisonnées aristocratiques de la France féodale« in *Histoire de la vie privée*, Bd. II, ed. P. Ariès/G. Duby, Paris 1985.

Duby, G./B. Geremek/P. Sainteny: »Gefährlich und marginal zugleich: Frauen im Mittelalter«, *Merkur* 1993.

Ducros, A./J. Ducros: »Du gorille à l'homme fossile« in *L'homme préhistorique*, ed. A. Ducros, Paris 2000.

Düchting, R.: Brief vom 14. Januar 1992.

–: »Sexualität in der Liebeslyrik der *Carmina Burana*« in *Sexualität im Gedicht*, ed. T. Stemmler/S. Horlacher, Mannheim 2000.

Dülffer, J.: *Deutsche Geschichte 1933-45*, Stuttgart 1992.

van Dülmen, A.: *Frauenleben im 18. Jahrhundert*, München 1992.

van Dülmen, R.: *Kultur und Alltag in der Frühen Neuzeit*, Bd. I, München 1990.

Duerr, H.P.: *Traumzeit*, Frankfurt/M. 1978.

–: »Vorwort des Herausgebers« in *Der Wissenschaftler und das Irrationale*, ed. H.P. Duerr, Bd. I, Frankfurt/M. 1981.

–: *Sedna oder Die Liebe zum Leben*, Frankfurt/M. 1984.

–: *Der Mythos vom Zivilisationsprozeß*, Bd. I, Frankfurt/M. 1988; Bd. II, 1990; Bd. III, 1993; Bd. IV, 1997.

–. »Der Zivilisationsprozeß: Ein Mythos?«, *Psychologie heute*, April 1988.

–: *Frühstück im Grünen*, Frankfurt/M. 1995.

–: *Gänge und Untergänge*, Frankfurt/M. 1999.

–: *Vom Nomaden zur Monade*, Graz 2002.

Dürr, R.: *Mägde in der Stadt*, Frankfurt/M. 1995.

Dürre, H.: *Geschichte der Stadt Braunschweig im Mittelalter*, Braunschweig 1861.

Duff, D.: *Victoria und Albert*, München 1990.

Duff-Cooper, A.: »Notes About Some Balinese Ideas and Practices Connected With Sex from Western Lombok«, *Anthropos* 1985.

Dufour, P.: *Geschichte der Prostitution*, Berlin 1899.

Dufresne, J.-L.: »Les comportements amoureux d'après le registre de l'officialité de Cerisy«, *Bulletin philologique et historique* 1973.

Dugaw, D.: *Warrior Women and Popular Balladry, 1650-1850*, Cambridge 1989.

Duka, B./R. Möhle-Buschmeyer: »Weibliche Jugendliche in Zechensiedlungen« in *Land der Hoffnung – Land der Krise*, ed. W. Breyvogel et al., Berlin 1987.

Dulles, F.R.: *America Learns to Play*, New York 1940.

Dundes, A./J.W. Leach/B. Özkök: »The Strategy of Turkish Boys' Verbal Dueling Rhymes« in *Directions in Sociolinguistics*, ed. J.J. Gumperz/D. Hymes, New York 1972.

Dunning, R.W.: *Social and Economic Change Among the Northern Ojibwa*, Toronto 1959.

Dupont-Sommer, A.: »Schuld und Reinigungsriten in der jüdischen Sekte von Qumran« in *Qumran*, ed. K.E. Grözinger et al., Darmstadt 1981.

Durant, D.N.: *Living in the Past*, London 1988.

Durdin, P.: »From the Space Age to the Tasaday Age«, *New York Times Magazine*, 8. Oktober 1972.

Dwyer, D.H.: *Images and Self-Images: Male and Female in Morocco*, New York 1978.

–: »Ideologies of Sexual Inequality and Strategies for Change in Male-Female Relations«, *American Ethnologist* 1978.

Dwyer, J.: *Virtuous Discourse: Sensibility and Community in Late Eighteenth-Century Scotland*, Edinburgh 1987.

Dyer, C.: *Standards of Living in the Later Middle Ages*, Cambridge 1989.

–: »The Europeans as Experienced by Travellers in 1792«, *Journal of European Studies* 1992.

Dyhouse, C.: *Girls Growing Up in Late Victorian and Edwardian England*, London 1981.

–: *Feminism and the Family in England 1880-1939*, Oxford 1989.

Dyk, W.: »Notes and Illustrations of Navaho Sex Behavior« in *Psychoanalysis and Culture*, ed. G.B. Wilbur/W. Muensterberger, New York 1951.

Earle, A.M.: *Two Centuries of Costume in America*, New York 1903.

Earle, P.: »The English at Home« in *Stuart England*, ed. B. Worden, Oxford 1986.

Early, E.A.: *Baladi Women of Cairo*, Boulder 1993.

Easlea, B.: *Witch Hunting, Magic and the New Philosophy*, Sussex 1980.

Ebberfeld, I.: ›*Es wäre so schön, nicht allein zu sein*‹, Frankfurt/M. 1992.

–: *Botenstoffe der Liebe*, Frankfurt/M. 1998.

–: »Die Nase als Geschlechtsorgan«, *Sexualmedizin* 1999.

–: *Körperdüfte*, Königstein 2001.

Ebel, F./A. Fijal/G. Kocher: *Römisches Rechtsleben im Mittelalter*, Heidelberg 1988.

Eben, J.G.: *Versuch einer Geschichte der Stadt Ravensburg*, Bd. V, Ravensburg 1832.

Ebenbauer, A.: »Das ›christliche Mittelalter‹ und der ›Prozeß der Zivilisation‹« in *Gegenwart als kulturelles Erbe*, ed. B. Thum, München 1985.

Eberhard, W.: *Guilt and Sin in Traditional China*, Berkeley 1967.

Ebers, N.: *Individualisierung*, Würzburg 1995.

Ebersold, G.: ›*Am Hofe ist nichts eine Kleinigkeit…*‹, Heidelberg 1997.

Ebersole, G.L.: *Captured by Texts*, Charlottesville 1995.

Ebner, H.: »Der Bauer in der mittelalterlichen Historiographie« in *Bäuerliche Sachkultur des Spätmittelalters*, ed. H. Appelt, Wien 1984.

Ebrey, P.B.: *Family and Property in Sung China*, Princeton 1984.

–: *The Inner Quarters*, Berkeley 1993.

Eckel, E.M.: *Individuum und Stadt-Raum*, Wiesbaden 1998.

Ecker, U.P.: »Bettelvolk, Aussätzige und Spitalpfründner« in *Geschichte der Stadt Freiburg im Breisgau*, Bd. I, ed. H. Haumann/H. Schadek, Stuttgart 1996.

Eckert, W.P.: *Erasmus von Rotterdam*, Bd. II, Köln 1967.

Eddington, N.A.: »Genital Superiority in Oakland Negro Folklore« in *Mother Wit from the Laughing Barrel*, ed. A. Dundes, Jackson 1990.

Edel, M.M.: *The Chiga of Western Uganda*, London 1957.

Edelstein, J.: »In the Massage Parlor« in *Sex Work*, ed. F. Delacoste/P. Alexander, London 1988.

Edelsward, L.M.: *Sauna as Symbol*, New York 1991.

–: »›We Are More Open When We Are Naked‹«, *Ethnos* 1991.

Eden, M./R. Carrington: *Kleine Philosophie des Bettes*, Stuttgart 1963.

Eder, E.G.: »›Sich nackend zu baden erkünnen‹«, *Geschichte in Wissenschaft und Unterricht* 1991.

–: *Bade- und Schwimmkultur in Wien*, Wien 1995.

Eder, F.X.: »›Sex-Appeal‹ versus ›Gemieth und Lieb‹« in *Wiener Wege der Sozialgeschichte*, ed. F.X. Eder et al., Wien 1997.

Edgerton, R.B.: »Pokot Intersexuality«, *American Anthropologist* 1964.

–: *Trügerische Paradiese*, Hamburg 1994.

–: *Warriors of the Rising Sun*, New York 1997.

Edgerton, R.B./F.P. Conant: »Kilapat: The ›Shaming Party‹ Among the Pokot of East Africa«, *Southwestern Journal of Anthropology* 1964.

Edwardes, A.: *Erotica Judaica*, New York 1967.

Edwardes, A./R.E.L. Masters: *The Cradle of Erotica*, New York 1963.

Edwards, C.W.: »Die Erotisierung des Handwerks« in *Liebe in der deutschen Literatur des Mittelalters*, ed. J. Ashcroft et al., Tübingen 1987.

Edwards, P.: *The Story of the Voyage*, Cambridge 1994.

v. Eelking, H.M.: *Gestiefelt und gespornt*, Berlin 1966.

Eggan, F.: »The Sagada Igorots of Northern Luzon« in *Social Structure in Southeast Asia*, ed. G.P. Murdock, Chicago 1960.

Eggan, F./W.H. Scott: »Ritual Life of the Igorots of Sagada«, *Ethnology* 1963.

Eggers, H.J.: *Einführung in die Vorgeschichte*, München 1959.

Eglinton, J.Z.: *Griechische Liebe*, Hamburg 1967.

Ehrenfels, U.R.: *Kadar of Cochin*, Madras 1952.

Ehrenreich, B./E. Hess/G. Jacobs: *Re-Making Love*, Glasgow 1987.

Eibl-Eibesfeldt, I.: *Die !Ko-Buschmann-Gesellschaft*, München 1972.

Eibl-Eibesfeldt, I./W. Schiefenhövel/V. Heeschen: *Kommunikation bei den Eipo*, Berlin 1989.

Eich, H.: »Der Kuß der Macht« in *Zuliebe zu Leibe*, ed. R.A. Perner, Bad Sauerbrunn 1991.

Eichberg, H.: *Leistung, Spannung, Geschwindigkeit*, Stuttgart 1978.

v. Eichendorff, J.: »Aus den Tagebüchern« in *Heidelberg-Lesebuch*, ed. M. Buselmeier, Frankfurt/M. 1986.

Eickstedt, E. v.: *Rassenkunde und Rassengeschichte der Menschheit*, Stuttgart 1938.

Eilers, A.: *Westkarolinen*, Bd. I, Hamburg 1935.

Eißenberger, G.: *Entführt, verspottet und gestorben*, Frankfurt/M. 1996.

Elder, B.: *Blood on the Wattle*, Sydney 1998.

Elias, J./V. Elias: »Dimensions of Masculinity and Female Reactions to Male Nudity« in *Love and Attraction*, ed. M. Cook/G. Wilson, Oxford 1979.

Elias, N.: *Über den Prozeß der Zivilisation*, Basel 1939.

–: *Die höfische Gesellschaft*, Neuwied 1969.

–: »Towards a Theory of Communities« in *The Sociology of Communities*, ed. C. Bell/H. Newby, London 1974.

–: »Soziologie als Sittengeschichte«, *Psychologie heute*, Februar 1978.

–: »Die Zivilisierung der Eltern« in ›... *und wie wohnst Du?‹*, ed. L. Burkhardt, Berlin 1980.

–: Brief vom 4. Mai 1980.

–: »Zivilisation und Gewalt«, *Ästhetik und Kommunikation* 1981.

–: Brief vom 14. Dezember 1981.

–: *Über die Einsamkeit der Sterbenden in unseren Tagen*, Frankfurt/M. 1982.

–: *Engagement und Distanzierung*, Frankfurt/M. 1983.

–: »Wandlungen der Machtbalance zwischen den Geschlechtern«, *Kölner Zeitschrift für Soziologie und Sozialpsychologie* 1986.

–: *Die Gesellschaft der Individuen*, Frankfurt/M. 1987.

–: »Über die Begriffe der Figuration und der sozialen Prozesse«, Ms. [1987].

–: *Über die Zeit*, Frankfurt/M. 1988.

–: Brief vom 21. März 1988.

–: »Fernsehinterview«, SWF 3, 13. Juni 1988.

–: »Wir sind die späten Barbaren«, *Der Spiegel* 21, 1988.

–: Brief vom 28. Juni 1989 an Siegfried Unseld.

–: *Über sich selbst*, Frankfurt/M. 1990.

–: »Fernsehinterview«, ZDF, 3. Juli 1990.

–: *Symbol Theory*, London 1991.

–: »Technization and Civilization«, *Theory, Culture & Society* 1995.

–: »African Art« in *The Norbert Elias Reader*, ed. J. Goudsblom/S. Mennell, Oxford 1998.

Elisabeth B.: *Das ist ja zum Peepen*, Frankfurt/M. 1983.

Elisabeth Charlotte v. Orléans: *Briefe*, ed. H.F. Helmolt, Leipzig 1908.

Elliott, A.: *Sons of Zulu*, Johannesburg 1978.

Elliott, E.: *Power and the Pulpit in Puritan New England*, Princeton 1975.

Elliott, M.: »Was Überlebende uns berichten« in *Frauen als Täterinnen*, ed. M. Elliott, Ruhnmark 1995.

Ellis, H.: *Geschlechtstrieb und Schamgefühl*, Leipzig 1900.

–: *Studies in the Psychology of Sex*, Philadelphia 1928.

Elschenbroich, D.: »›Das im Verborgenen schleichende Laster‹« in J.F. Oest: *Höchstnöthige Belehrung und Warnung für Jünglinge und Knaben*, München 1977.

Elshout, P.: *Les Batwa des Ekonda*, Tervuren 1963.

Elsom, J.: *Erotic Theatre*, London 1973.

Elwin, V.: *The Baiga*, London 1939.

–: *The Muria and Their Ghotul*, Oxford 1947.

–: »The Two-Sex Dormitories of the Muria« in *Primitive Heritage*, ed. M. Mead/N. Calas, New York 1953.

Emboden, W.: *Narcotic Plants*, New York 1979.

d'Emilio, J./E.B. Freedman: *Intimate Matters*, New York 1988.

Emmer, P.C. et al.: *Wirtschaft und Handel der Kolonialreiche*, München 1988.

Emmison, F.G.: *Elizabethan Life*, Chelmsford 1973.

Emory, K.P.: *Kapingamarangi*, Honolulu 1965.

Endter, J.M.F. v.: *Meister Frantzen Nachrichter alhier in Nürnberg*, Nürnberg 1801.

Engelhardt, H.T.: »The Disease of Masturbation«, *Bulletin for the History of Medicine* 1974.

–: »The Disease of Masturbation« in *Concepts of Health and Disease*, ed. A.L. Caplan, Reading 1981.

Engelstein, L.: »Gender and the Juridical Subject: Prostitution and Rape in 19th-Century Russian Criminal Codes«, *Journal of Modern History* 1988.

–: »Lesbian Vignettes: A Russian Triptych from the 1890s«, *Signs* 1990.

–: »Die Auslöschung der jüdischen Frau« in *Von einer Welt in die andere*, ed. J. Dick/B. Bahn, Wien 1993.

Engert, J.: *Soldaten für Hitler*, Berlin 1998.

Englisch, E.: »Die Ambivalenz in der Beurteilung sexueller Verhaltensweisen im Mittelalter« in *Privatisierung der Triebe?*, ed. D. Erlach et al., Frankfurt/M. 1994.

Englisch, P.: *Geschichte der erotischen Literatur*, Stuttgart 1927.

Enloe, C.: *Does Khaki Become You?*, London 1983.

Epstein, L.M.: *Sex Laws and Customs in Judaism*, New York 1948.

Epton, N.: *Eros und die Franzosen*, Hamburg 1962.

Erasmus v. Rotterdam: *De civilitate morum puerilium*, Hamburg 1673.

–: *Vertraute Gespräche*, ed. H. Schiel, Köln 1947.

Erchak, G.M.: »Socialization and Subsistence, Symbol and Surgery: Women in a West African Society«, *Sociologus* 1979.

Erckenbrecht, U.: *Divertimenti*, Göttingen 1999.

Erenberg, L.A.: *Steppin' Out*, Westport 1981.

Erichsen, J.: »Daniel Hopfers ›Das Bauernfest‹« in *Bauern in Bayern*, ed. M. Henker et al., Regensburg 1992.

Erikson, E.H.: *Kindheit und Gesellschaft*, Zürich 1957.

Erlich, G.C.: *The Sexual Education of Edith Wharton*, Berkeley 1992.

Erlich, V.S.: *Family in Transition: A Study of 300 Yugoslav Villages*, Princeton 1966.

Ernst, S.: *Machtbeziehungen zwischen den Geschlechtern*, Opladen 1996.

Erny, P.: *L'enfant et son milieu en Afrique noire*, Paris 1987.

Errington, F.K.: *Karavar*, Ithaca 1974.

Ertler, K.-D.: *Von Schwarzröcken und Hexenmeistern*, Berlin 1997.

Esch, A.: *Alltag der Entscheidung*, Bern 1998.

Esch, A.: »Brügge als Umschlagplatz im Zahlungsverkehr Nordeuropas mit der römischen Kurie im 15. Jahrhundert« in *Hansekaufleute in Brügge*, ed. N. Jörn et al., Frankfurt/M. 2000.

Eskapa, R.D.: *Die bizarre Seite der Sexualität*, Hamburg 1988.

Essner, C.: »Zwischen Vernunft und Gefühl: Die Reichstagsdebatten von 1912 um koloniale ›Rassenmischehe‹ und ›Sexualität‹«, *Zeitschrift für Geschichtswissenschaft* 1997.

Esterházy, A. Gräfin: »Das Weib und das Laster« in *Das lasterhafte Weib*, ed. A. Esterházy, Wien 1930.

Estermann, C.: »Les Bantous du sud-ouest de l'Angola«, *Anthropos* 1964.

–: *The Ethnography of Southwestern Angola*, Bd. III, New York 1981.

Ettlinger, L.D.: *Antonio and Piero Pollaiuolo*, Oxford 1978.

Eugene, T.M.: »While Love Is Unfashionable: Ethical Implications of Black

Spirituality and Sexuality« in *Women's Consciousness, Women's Conscience*, ed. B.H. Andolsen, San Francisco 1987.

Evans, H.: *The Oldest Profession*, London 1979.

Evans, R.J.: *Rituals of Retribution: Capital Punishment in Germany 1600-1987*, Oxford 1996.

–: *Szenen aus der deutschen Unterwelt*, Reinbek 1997.

Evans-Pritchard, E.E.: Mündliche Mitteilung vom 8. April 1968.

–: Mündliche Mitteilung vom 30. Januar 1971.

–: »Some Notes on Zande Sex Habits«, *American Anthropologist* 1973.

–: *Man and Woman Among the Azande*, London 1974.

Everts, K.: »Triple Teat« in *Sex Work*, ed. F. Delacoste/P. Alexander, London 1988.

Eves, R.: *The Magical Body*, Amsterdam 1998.

Ewe, H.: *Das alte Stralsund*, Weimar 1994.

Ewers, J.C.: *The Blackfeet*, Norman 1958.

Eylmann, E.: *Die Eingeborenen Südaustraliens*, Berlin 1908.

Faber, B.M.: *Eheschließung in mittelalterlicher Dichtung vom Ende des 12. bis zum Ende des 15. Jahrhunderts*, Bonn 1974.

Faber, R.: *Anrüchig*, München 1992.

Fabian, J.: »Der Sippenälteste bei den zentralafrikanischen Bambuti« in *Festschrift Paul Schebesta zum 75. Geburtstag*, Mödling 1963.

Faderman, L.: *Köstlicher als die Liebe der Männer*, Zürich 1990.

Fagioli, M.: *Shunga, lentebeelden*, Ixelles 1989.

Fairchilds, C.: »Female Sexual Attributes and the Rise of Illegitimacy«, *Journal of Interdisciplinary History* 1977.

Fajans, J.: »Shame, Social Action, and the Person Among the Baining«, *Ethos* 1983.

–: *They Make Themselves*, Chicago 1997.

Falk-Rønne, A.: *Massenmord im Mato Grosso*, Gütersloh 1970.

Fallers, L.A./M.C. Fallers: »Sex Roles in Edremit« in *Mediterranean Family Structures*, ed. J.G. Peristiany, Cambridge 1976.

v. Fallersleben, H./O. Schade: *Weimarisches Jahrbuch*, Bd. I, Hannover 1854.

Fanon, F.: *Schwarze Haut, weiße Masken*, Frankfurt/M. 1980.

Faragher, J.M.: *Women and Men on the Overland Trail*, New Haven 1979.

Farge, A.: *Das brüchige Leben: Verführung und Aufruhr im Paris des 18. Jahrhunderts*, Berlin 1989.

Farr, J.R.: *Hands of Honor: Artisans and Their World in Dijon 1550-1650*, Ithaca 1988.

Farrer, C.R.: »Reflections on a Mescalero Apache Singer of Ceremonies« in *Two-Spirit People*, ed. S.-E. Jacobs et al., Urbana 1997.

Fasbender, H.: *Geschichte der Geburtshülfe*, Jena 1906.

Faust, D.G.: *Mothers of Invention*, Chapel Hill 1996.

Favreau, D./A. Scull: »›A Chance to Cut Is a Chance to Cure‹«, *Research in Law, Deviance and Social Control* 1986.

Fawzi el-Solh, C.: »Gender, Class, and Origin« in *Arab Women in the Field*, ed. S. Altorki/C.F. el Solh, Syracuse 1988.

Feger, O.: *Die Statutensammlung des Stadtschreibers Jörg Vögeli*, Konstanz 1951.

Fél, E./T. Hofer: *Bäuerliche Denkweise in Wirtschaft und Haushalt*, Göttingen 1972.

Felber, A.: *Unzucht und Kindsmord in der Rechtsprechung der freien Reichsstadt Nördlingen vom 15. bis 19. Jahrhundert*, Bonn 1961.

Felden, K.: *Die Übernahme des antisemitischen Stereotyps als soziale Norm durch die bürgerliche Gesellschaft Deutschlands (1875-1900)*, Heidelberg 1963.

Feldman, D.M.: *Birth Control in Jewish Law*, New York 1968.

–: *Marital Relations, Birth Control, and Abortion in Jewish Law*, New York 1974.

Felgenhauer-Schmied, S.: *Die Sachkultur des Mittelalters im Lichte der archäologischen Funde*, Frankfurt/M. 1993.

Fellman, A.C./M. Fellman: »The Rule of Moderation in Late Nineteenth-Century American Sexual Ideology«, *Journal of Sex Research* 1981.

Fels, U.: »Ein ethnographischer Fernsehfilm von der Idee bis zur Veröffentlichung« in *Ethnologie und Beruf: Eine Berufung?*, ed. B. Lange/M. v. Itter, Marburg 1997.

Fendler, R.: »Landauer Polizeiordnungen aus drei Jahrhunderten«, *Archiv für mittelrheinische Kirchengeschichte* 1975.

Fénelon, F.: *Das Mädchenorchester in Auschwitz*, Frankfurt/M. 1980.

Fernex de Mongex, C./D. Richard: *Peintures médiévales de Cruet*, Barberaz 1990.

Feucht, E.: *Untersuchung zur Stellung des Kindes in Familie und Gesellschaft nach altägyptischen Texten und Darstellungen*, Heidelberg 1981.

–: *Mündliche Mitteilung vom 11. Juni 1989*.

Feuchtner, C.: »›Rekord kostet Anmut, meine Damen!‹ Zur Körper-Kultur der Frau im Bürgertum Wiens (1880-1930)«, *Tel Aviver Jahrbuch für deutsche Geschichte* 1992.

Feyerabend, P.: *Wider den Methodenzwang*, Frankfurt/M. 1983.

–: *Irrwege der Vernunft*, Frankfurt/M. 1989.

–: *Die Torheit der Philosophen*, Hamburg 1995.

Fichte, J.G.: *Grundlage des Naturrechts nach Principien der Wissenschaftslehre*, Bd. II, Jena 1797.

Fichtenau, H.: *Lebensordnungen des 10. Jahrhunderts*, Bd. I, Stuttgart 1984.

Fickes, M.L.: »›They Could Not Endure That Yoke‹: The Captivity of Pequot Women and Children After the War of 1637«, *New England Quarterly* 2000.

Fiddes, N.: *Meat*, London 1991.

Fiedler, W.: »Sexuelle Enthaltsamkeit griechischer Athleten und ihre medizinische Begründung«, *Stadion* 1985.

Figdor, H.: »Sexualität und Kindheit« in *Interaktion: Das Nackte – Der Hintergrund*, Bd. II, ed. S. Drexel et al., Wien 1989.

Finch, A.: »Women and Violence in the Later Middle Ages: The Evidence of the Officiality of Cerisy«, *Continuity & Change* 1992.

Findlay, H.: »Freud's ›Fetishism‹ and the Lesbian Dildo Debates«, *Feminist Studies* 1992.

Finke, H.: *Bilder vom Konstanzer Konzil*, Heidelberg 1903.

Finkelstein, G.: *Genia*, Würzburg 1998.

Finsch, O.: »Über die Bewohner von Ponapé (östliche Carolinen)«, *Zeitschrift für Ethnologie* 1880.

–: »Über Bekleidung, Schmuck und Tätowierung der Papuas der Südostküste von Neu-Guinea«, *Mittheilungen der Anthropologischen Gesellschaft in Wien* 1885.

Finsterwalder, P.W.: *Die Canones Theodori Cantuariensis und ihre Überlieferungsformen*, Weimar 1929.

Fisch, A.A.: *American Slaves in Victorian England*, Cambridge 2000.

Fischer, H.: *Die deutsche Märendichtung des 15. Jahrhunderts*, München 1966.

Fischer, H.G.: »The Mark of a Second Hand on Ancient Egyptian Antiquities, *Metropolitan Museum Journal* 1974.

Fischer, M.M.J.: »On Changing the Concept and Position of Persian Women« in *Women in the Muslim World*, ed. L. Beck/N. Keddie, Cambridge 1978.

Fischer, S.: »Chronik«, *Mittheilungen des Vereins für Kunst und Alterthum für Ulm und Oberschwaben* 1896.

Fischer-Lichte, E.: »*Rite de passage* im Spiel der Blicke« in *Fremde Körper*, ed. K. Gernig, Berlin 2001.

Fisher, A.: *Afrika im Schmuck*, Köln 1984.

Fisher, H.J.: *Slavery in the History of Muslim Black Africa*, London 2001.

Fisher, W.A./N.R. Branscombe/C.R. Lemery: »The Bigger the Better?«, *Journal of Sex Research* 1983.

Fitzgerald, M.H.: *Whisper of the Mother*, Westport 2001.

Flaherty, D.H.: *Privacy in Colonial New England*, Charlottesville 1972.

Flandrin, J.-L.: »Contraception, mariage et relations amoureuses dans l'Occident chrétien«, *Annales* 1969.

–: »Späte Heirat und Sexualleben« in *Schrift und Materie der Geschichte*, ed. C. Honegger, Frankfurt/M. 1977.

–: »Repression and Change in the Sexual Life of Young People in Medieval and Early Modern Times« in *Family and Sexuality in French History*, ed. R. Wheaton/T.K. Hareven, Philadelphia 1980.

–: *Le sexe et l'occident*, Paris 1981.

–: »Das Geschlechtsleben der Eheleute in der alten Gesellschaft« in *Die Masken des Begehrens und die Metamorphosen der Sinnlichkeit*, ed. P. Ariès/A. Béjin, Frankfurt/M. 1984.

–: *Sex in the Western World*, Chur 1991.

Flegon, A.: *Eroticism in Russian Art*, London 1976.

Fleischer, L.: *Zur Rolle der Frau in Afrika*, Bensheim 1977.

Fleming, J.V.: *The ›Roman de la Rose‹*, Princeton 1969.

Flemming, J./K. Saul/P.-C. Witt: *Familienleben im Schatten der Krise*, Düsseldorf 1988.

Fletcher, A.: »Manhood, the Male Body, Courtship and the Household in Early Modern England«, *History* 1999.

Fletcher, J.: *Violence & Civilization*, Cambridge 1997.

Flühler-Kreis, D.: »Die Bilder: Spiegel mittelalterlichen Lebens?« in *Die*

Manessische Liederhandschrift in Zürich, ed. C. Brinker/D. Flühler-Kreis, Zürich 1991.

Fluehr-Lobban, C.: »Agitation for Change in the Sudan« in *Sexual Stratification*, ed. A. Schlegel, New York 1977.

Foerster, R.H.: *Das Leben in der Gotik*, München 1969.

Förster, T.: »Wiedersehen mit den Toten« in *Geist, Bild und Narr*, ed. H. Behrend, Berlin 2001.

Fonseca, I.: *Bury Me Standing*, London 1995.

Foote, C.J./S.K. Schackel: »Indian Women of New Mexico 1535-1680« in *New Mexico Women*, ed. J.M. Jensen/D.A. Miller, Albuquerque 1986.

Ford, C.S./F.A. Beach: *Patterns of Sexual Behavior*, New York 1951.

Ford, P.K.: »Celtic Women: The Opposing Sex«, *Viator* 1988.

Forneck, C.: *Die Regensburger Einwohnerschaft im 15. Jahrhundert*, Regensburg 2000.

Forster, C.T./F.H.B. Daniell: *The Life and Letters of Ogier Ghiselin de Busbecq*, Bd. I, London 1881.

Forster, G.: *Werke*, Berlin 1965 ff.

–: *Reise um die Welt*, Frankfurt/M. 1967.

Fortes, M.: *The Web of Kinship Among the Tallensi*, London 1949.

Forth, G.L.: *Rindi*, The Hague 1981.

–: »Animals, Witches, and Wind: Eastern Indonesian Variations of the ›Thunder Complex‹«, *Anthropos* 1989.

Fortune, R.F.: *Manus Religion*, Philadelphia 1935.

Foster, G.M.: »Euphemisms and Cultural Sensitivity in Tzintzuntzan«, *Anthropological Quarterly* 1966.

Foucault, M.: *Sexualität und Wahrheit*, Bd. I, Frankfurt/M. 1977.

Fout, J.C.: »The Woman's Role in the German Working-Class Family in the 1890s« in *German Women in the Nineteenth Century*, ed. J.C. Fout, New York 1984.

Fox, R.: *The Tory Islanders*, Cambridge 1978.

–: *The Challenge of Anthropology*, New Brunswick 1994.

Foyster, E.: »Male Honour, Social Control and Wife Beating in Late Stuart England«, *Transactions of the Royal Historical Society* 1997.

–: *Manhood in Early Modern England*, London 1999.

Francis, J.J./I.M. Marcus: »Masturbation: A Developmental View« in *Masturbation*, ed. I.M. Marcus/J.J. Francis, New York 1975.

Franco, E.: Mündliche Mitteilung vom 5. November 1989.

Francœur, A.K./R.T. Francœur: *Hot & Cool Sex*, New York 1974.

Frank, M.: *Dörfliche Gesellschaft und Kriminalität*, Paderborn 1995.

–: »Ehre und Gewalt im Dorf der Frühen Neuzeit« in *Verletzte Ehre*, ed. K. Schreiner/G. Schwerhoff, Köln 1995.

Frank, S.P.: *Crime, Cultural Conflict and Justice in Rural Russia*, Berkeley 1999.

Franke, A./G. Zschäbitz: *Das Buch der hundert Kapitel und der vierzig Statuten des sogen. Oberrheinischen Revolutionärs*, Berlin 1967.

Franke, J.: *Illustrierte Fahrrad-Geschichte*, Berlin 1987.

Franke, K.: »Argumente gegen die Gassensprache«, *Sexualmedizin* 1974.

Frankenberger, T.: *Wir waren wie Vieh*, Münster 1997.

Franklin, A.: *La vie privée au temps des premiers Capétiens*, Bd. II, Paris 1911.
Frantz, D.O.: »›Leud Priapians‹ and Renaissance Pornography«, *Studies in English Literature* 1972.
Frantzen, A.J.: »Queer Theory, the History of Homosexuality, and Anglo-Saxon Penitentials«, *Journal of Medieval and Early Modern Studies* 1996.
–: »Children and Sex in the Anglo-Saxon Penitentials« in *Becoming Male in the Middle Ages*, ed. J.J. Cohen/B. Wheeler, New York 2000.
Franz, G.: *Geschichte des deutschen Bauernstandes*, Stuttgart 1976.
–: »Hexenprozesse in der Stadt Trier und deren Umgebung« in *Hexenglaube und Hexenprozesse im Raum Rhein-Mosel-Saar*, ed. G. Franz/F. Irsigler, Trier 1995.
Fraser, F.: *The English Gentlewoman*, London 1987.
Fraser, T.M.: *Fishermen of South Thailand*, New York 1966.
Frayser, S.G.: *Varieties of Sexual Experience*, New Haven 1985.
Fredrickson, G.M.: *White Supremacy*, Oxford 1981.
–: *The Black Image in the White Mind*, Hanover 1987.
Freedman, E.B.: *Their Sisters' Keepers: Women's Prison Reform in America, 1830-1930*, Ann Arbor 1981.
Freedman, P.: *Images of the Medieval Peasant*, Stanford 1999.
Freeman-Aodla, M.: *Tochter der Inuit*, Rüschlikon 1980.
Frembgen, J.: *Alltagsverhalten in Pakistan*, Berlin 1987.
French, D./L. Lee: *Kurtisane*, Hamburg 1992.
Frensdorff, F.: »Verlöbnis und Eheschließung nach hansischen Rechts- und Geschichtsquellen«, *Hansische Geschichtsblätter* 1918.
Freundlich, E.: *Die Ermordung einer Stadt namens Stanislau*, Wien 1986.
Frevert, U.: »Bürgerliche Meisterdenker und das Geschlechterverhältnis« in *Bürgerinnen und Bürger*, ed. U. Frevert, Göttingen 1988.
Frey, M.: *Der reinliche Bürger*, Göttingen 1997.
Frey, W.: »Ritualmordlüge und Judenhaß in der Volkskultur des Spätmittelalters« in *Volkskultur des europäischen Spätmittelalters*, ed. P. Dinzelbacher/H.-D. Mück, Stuttgart 1987.
Freyermuth, G.S./R. Fabian: *Der erotische Augenblick*, Hamburg 1984.
Freyre, G.: *Herrenhaus und Sklavenhütte*, München 1990.
Friday, N.: *Women on Top*, London 1992.
Fried, J.: »The Tarahumara« in *Handbook of Middle American Indians*, Bd. 8, ed. R. Wauchope, Austin 1969.
Friederici, G.: »Die Squaw als Verräterin«, *Internationales Archiv für Ethnographie* 1908.
–: *Wissenschaftliche Ergebnisse einer amtlichen Forschungsreise nach dem Bismarck-Archipel im Jahre 1908*, Bd. II, Berlin 1912.
Friedl, E.: *Die Frauen von Deh Koh*, München 1991.
Friedman, L.M.: *Crime and Punishment in American History*, New York 1993.
Friedman, Y.: *Encounter Between Enemies*, Leiden 2002.
Friedrich, A.: *Das Urteil des Paris*, Marburg 1997.
Friedrich, P.: *The Meaning of Aphrodite*, Chicago 1978.
Frieser, K.-H.: *Krieg hinter Stacheldraht*, Mainz 1981.
Frings, M.: *Liebesdinge*, Reinbek 1984.

Fritschek, F.: »Mulier circumcisa«, *Mitteilungen der Anthropologischen Gesellschaft in Wien* 1961.

Fritz, G./I. Hein: »Inzest im späten 17. und im 18. Jahrhundert«, *Württembergisch Franken* 1994.

Fritz, H.: »Negerköpfe, Mohrenküsse« in *Wir und die Wilden*, ed. T. Theye, Reinbek 1985.

Fritz, S.G.: *Frontsoldaten*, Louisville 1995.

Frugoni, C.: »La femme imaginée« in *Histoire des femmes en Occident*, Bd. II, ed. G. Duby/M. Perrot, Paris 1991.

Fruzzetti, L.M.: *The Gift of a Virgin*, New Brunswick 1982.

Fryer, P.: *Mrs Grundy: Studies in English Prudery*, London 1963.

Frykman, J.: »Body and Soul Through Peasant and Bourgeois Eyes« in *Culture Builders*, New Brunswick 1987.

–: »The Whore in Rural Society« in *Nordic Folklore*, ed. R. Kvideland et al., Bloomington 1989.

Frykman, J./O. Löfgren: *Culture Builders*, New Brunswick 1987.

Fuchs, E.: *Illustrierte Sittengeschichte vom Mittelalter bis zur Gegenwart*, Berlin 1909ff.

–: *Der Jude in der Karikatur*, München 1921.

–: *Die Frau in der Karikatur*, München 1928.

Fuchs, P.: *Die Völker der Südost-Sahara*, Wien 1961.

–: *Kult und Autorität*, Berlin 1970.

Fuchs, P.: *Chronik zur Geschichte der Stadt Köln*, Bd. I, Köln 1990.

Fuchs, S.: »Schwimmen als Bestandteil weiblicher Bewegungskultur im 19. Jahrhundert«, *L'Homme* 1994.

Fuchs, S.: »Die Hochzeitsgebräuche der Balahis«, *Anthropos* 1937.

Fürstenberg, D.: *Jeden Moment war dieser Tod*, Düsseldorf 1986.

Fuertes de Cabeza, D.: »Freudloses Paradies«, *Unter dem Pflaster liegt der Strand* 14, 1984.

Füser, T.: »Der Leib ist das Grab der Seele« in *De ordine vitae*, ed. G. Melville, Münster 1996.

Fuhrt, V.: *Erzwungene Reue*, Hamburg 2002.

Gabaccia, D.: *From the Other Side*, Bloomington 1994.

Gaborit, J.-R.: »Enseigne d'un établissement de bains?« in *L'Art au temps des rois maudits*, ed. D. Gaborit-Chopin, Paris 1998.

Gail, W.: *Die Rechtsverfassung der öffentlichen Badestuben vom 12. bis 17. Jahrhundert*, Köln 1940.

Galdikas, B.M.F.: *Reflections of Eden*, Boston 1995.

Gardi, R.: *Mandara*, Zürich 1953.

Gardner, P. M.: »Paliyan Social Structure« in *Contributions to Anthropology: Band Societies*, ed. D. Damas, Ottawa 1969.

Gardner, T.A.: »Racism in Pornography and the Women's Movement« in *Take Back the Night*, ed. L. Lederer, New York 1980.

Garland, R.: *The Greek Way of Life From Conception to Old Age*, London 1990.

Garnier, F.: *Le langage de l'image au Moyen Age*, Bd. I, Paris 1988, Bd. II 1989.

Garon, S.: »The World's Oldest Debate? Prostitution and the State in Imperial Japan, 1900-1945«, *American Historical Review* 1993.

–: *Molding Japanese Minds*, Princeton 1997.

Garvan, J.M.: »Pygmy Personality«, *Anthropos* 1955.

Gaschke, S.: »Und keiner schaut hin«, *Die Zeit*, 18. April 1997.

Gassner, J.: *Phallos*, Wien 1993.

Gast, J.: *Das Tagebuch*, ed. P. Burckhardt, Basel 1945.

Gautier, A.: »Probleme der Geschichtsschreibung bei der Untersuchung des Sklaventums auf den französischen Antillen« in *Außereuropäische Frauengeschichte*, ed. A. Jones, Pfaffenweiler 1990.

Gautier, T.: *Voyage en Égypte*, ed. P. Tortonese, Paris 1991.

al-Ğauziyya, I.Q.: *Aḫbar an-nisa'*, ed. D. Bellmann, München 1986.

Gay, J.: »›Mummies and Babies‹ and Friends and Lovers in Lesotho«, *Journal of Homosexuality* 1986.

Gay, P.: *The Bourgeois Experience*, Bd. I, Oxford 1984.

Gay-y-Blasco, P.: »Desire and Virginity Among Gitanos«, *Journal of the Royal Anthropological Institute* 1997.

Geanakoplos, D.J.: *Medieval Western Civilization and the Byzantine and Islamic Worlds*, Lexington 1979.

Geary, C./A.N. Njoya: *Mandu Yenu*, München 1985.

Gebauer, C.: »Studien zur Geschichte der bürgerlichen Sittenreform des 18. Jahrhunderts«, *Archiv für Kulturgeschichte* 1923.

Gebhard, H.: *Hexenprozesse im Kurfürstentum Mainz des 17. Jahrhunderts*, Aschaffenburg 1989.

Gebhardt, H.: »›Halb kriminalistisch, halb erotisch‹: Presse für die ›niederen Instinkte‹« in *Schund und Schönheit*, ed. K. Maase/W. Kaschuba, Köln 2001.

Gebhart-Sayer, A.: »Notizen zur Mädchenbeschneidung bei den Shipibo-Conibo, Ost-Peru« in *Die Braut*, Bd. II, ed. G. Völger/K. v. Welck, Köln 1985.

–: *Die Spitze des Bewußtseins*, Hohenschäftlarn 1987.

Geertz, C.: *The Religion of Java*, Chicago 1960.

Gehrke, C.: *Frauen und Pornografie*, Tübingen 1988.

Geiges, A./T. Suworowa: *Liebe steht nicht auf dem Plan*, Frankfurt/M. 1989.

Geisel, K.: ›*Die Schöne und das Biest‹: Wie die Tagespresse über Vergewaltigung berichtet*, Münster 1995.

Geisler, G.: *Die Politik der Geschlechterbeziehungen in einer ländlichen Gemeinde in Zambia*, Hamburg 1990.

–: »Women Are Women or How to Please Your Husband« in *Gender, Agency and Change*, ed. V.A. Goddard, London 2000.

v. Gélieu, C.: *Frauen in Haft*, Berlin 1994.

Gélis, J.: *La sage-femme ou le médecin*, Paris 1988.

Gell, A.: *Metamorphosis of the Cassowaries*, London 1975.

van Gemert, L.: »The Power of the Weaker Vessels« in *Women in the Golden Age*, ed. E. Kloek et al., Hilversum 1994.

Genovese, E.D.: *Roll, Jordan, Roll*, New York 1976.

Gentry, H.S.: »The Warihio Indians of Sonora-Chihuahua«, *Bulletin of the Bureau of American Ethnology*, Washington 1963.

George, M.: *Women in the First Capitalist Society*, Urbana 1988.

George, M.D.: *Hogarth to Cruikshank*, New York 1967.

Gerard, J.: *Country House Life*, Oxford 1994.

Gerdes, H.: *Geschichte des deutschen Bauernstandes*, Leipzig 1910.

Gerlach, A.: *Die Tigerkuh*, Gießen 2000.

Gerstner, A.: »Aus dem Gemeinschaftsleben der Wewäk-Boikin-Leute, Nordost-Neuguinea«, *Anthropos* 1953.

Gerzina, G.: *Black England*, London 1995.

Geyer, M.: »Altdeutsche Tischzuchten«, *Fünfundsiebenzigste Nachricht von dem Friedrichs-Gymnasium zu Altenburg*, Altenburg 1882.

Ghalioungui, P.: *The House of Life: Per Ankh*, Amsterdam 1973.

Ghasarian, C.: *Honneur, chance & destin: La culture indienne à la Réunion*, Paris 1992.

al-Ghazālī, A.H.: *Über die guten Sitten beim Essen und Trinken*, ed. H. Kindermann, Leiden 1964.

–: *Iḥyā 'ulum al-dīn*, ed. M. Farah, Salt Lake City 1984.

Gibson, T.: *Sacrifice and Sharing in the Philippine Highlands*, Dover 1986.

Gibson, W.S.: »Verbeeck's Grotesque Wedding Feasts«, *Simiolus* 1992.

Giddings, P.: *When and Where I Enter*, New York 1984.

Gier, A.: »Skatologische Komik in der französischen Literatur des Mittelalters«, *Wolfram-Studien* 1982.

–: »Mentalität und Lexikon: Einige Bemerkungen zum Sexualvokabular im mittelalterlichen Frankreich und Spanien« in *Zusammenhänge, Einflüsse, Wirkungen*, ed. J.O. Fichte et al., Berlin 1986.

Gies, F./J. Gies: *Life in a Medieval Village*, New York 1990.

Giesen, R.-M./G. Schumann: *An der Front des Patriarchats*, Bensheim 1980.

Gillis, J.R.: *For Better, for Worse: British Marriages, 1600 to the Present*, Oxford 1985.

Gillison, G.: *Between Culture and Fantasy*, Chicago 1993.

Gilman, S.L.: »Hottentotten und Prostituierte: Zu einer Ikonographie der sexualisierten Frau«, *Clio Medica* 1984.

–: *The Jew's Body*, New York 1991.

–: »Black Bodies, White Bodies« in ›Race‹, *Culture and Difference*, ed. J. Donald/A. Rattansi, London 1992.

–: *Jüdischer Selbsthaß*, Frankfurt/M. 1993.

Gilmartin, B.G.: »Jealousy Among the Swingers« in *Jealousy*, ed. G. Clanton/L.G. Smith, Englewood Cliffs 1977.

Ginat, J.: *Women in Muslim Rural Society*, New Brunswick 1982.

Ginzburg, C.: »Tizian, Ovid und die erotischen Bilder im Cinquecento« in *Spurensicherungen*, Berlin 1983.

Girouard, M.: *Das feine Leben auf dem Lande*, Frankfurt/M. 1989.

Girtler, R.: *Der Strich*, München 1987.

–: *Aschenlauge*, Linz 1988.

–: *Verbannt und vergessen*, Linz 1992.

–: *Randkulturen*, Wien 1995.

–: *Sommergetreide*, Wien 1996.

–: Brief vom 19. November 1997.

Gladwin, T.: »Personality Structure in the Plains«, *Anthropological Quarterly* 1957.

914

Gladwin, T./S.B. Sarason: *Truk: Man in Paradise*, New York 1953.

Glantschnig, H.: *Liebe als Dressur*, Frankfurt/M. 1987.

Glaser, H.: *Maschinenwelt und Alltagsleben*, Frankfurt/M. 1981.

–: »Bürgerlicher Hedonismus« in *Entdeckung des Ich*, ed. R. van Dülmen, Köln 2001.

Glatzer, B.: *Nomaden von Gharjistān*, Wiesbaden 1977.

Glatzer, D./R. Glatzer: *Berliner Leben 1900-1914*, Bd. I, Berlin 1986.

Gleichmann, P.R.: »Nacht und Zivilisation« in *Soziologie: Entdeckungen im Alltäglichen*, ed. M. Baethge/W. Eßbach, Frankfurt/M. 1983.

–: »Soziologisches Orientierungswissen für europäische Staatsgesellschaften? Norbert Elias (1897-1990)« in *Zeit und Wahrheit*, ed. H. Pfusterschmid, Wien 1995.

Gleim, B.: *Erziehung und Unterricht des weiblichen Geschlechts*, Leipzig 1810.

Gleixner, U.: ›*Das Mensch*‹ *und* ›*Der Kerl*‹, Frankfurt/M. 1994.

Glöckle, H.: *Geschichte des Sports*, München 1987.

Gobert, E.G.: »Le pudendum magique et le problème des cauris«, *Revue africaine* 1951.

Gobyn, R.: »Stations thermales et cités balnéaires en Belgique« in *Histoire d'eaux*, ed. R. Gobyn, Bruxelles 1987.

Goddard, E.R.: *Women's Costume in French Texts of the 11th and 12th Centuries*, Baltimore 1927.

Godelier, M.: *Die Produktion der Großen Männer*, Frankfurt/M. 1987.

–: »Körper, Verwandtschaft und Macht bei den Baruya in Neuguinea« in *Körper, Religion und Macht*, ed. U. Davis-Sulikowski et al., Frankfurt/M. 2001.

Godenzi, A.: *Bieder, brutal*, Zürich 1989.

Godfrey, A.W.: »Rules and Regulation: Monasticism and Chastity« in *Homo Carnalis*, ed. H.R. Lemay, Binghamton 1990.

Godinho, M.: *Journey from India to Portugal in 1663*, ed. J. Correira-Afonso, Bombay 1990.

Goebel, S.: »Verschlußsache Unterwäsche« in *Auf und zu*, ed. G. Mentges, Stuttgart 1994.

Gödecke, M.: *Konzentrationslager Bergen-Belsen*, Göttingen 1995.

Gödtel, R.: *Sexualität und Gewalt*, Hamburg 1992.

Göhre, P.: *Lebensgeschichte eines Fabrikarbeiters*, Jena 1905.

Görög-Karady, V.: »Les ›enfants d'Eve‹ en Hongrie«, *Ethnologie française* 1989.

Göttsch, S.: »Archivalische Quellen zur Frauenforschung« in *Frauenalltag – Frauenforschung*, ed. A. Chmielewski-Hagius et al., Frankfurt/M. 1988.

–: »›Sie trüge ihre Kleider mit Ehren…‹« in *Weiber, Menscher, Frauenzimmer*, ed. H. Wunder/C. Vanja, Göttingen 1996.

Goetz, H.-W.: »Frauenbild und weibliche Lebensgestaltung im Fränkischen Reich« in *Weibliche Lebensgestaltung im frühen Mittelalter*, ed. H.-W. Goetz, Köln 1991.

Goitein, S.D.: *A Mediterranean Society*, Bd. IV, Berkeley 1983.

Goldberg, A.: »The Eberbach Asylum and the Practice(s) of Nymphomania in Germany, 1815-1849«, *Journal of Women's History* 1998.

Goldberg, H.: *The Hazards of Being Male*, New York 1976.

Goldenberg, M.: »Memoirs of Auschwitz Survivors« in *Women in the Holocaust*, ed. D. Ofer/L. J. Weitzman, New Haven 1998.

Goldfriedrich, J.: *Geschichte des Deutschen Buchhandels*, Bd. II, Leipzig 1908.

Goldman, I.: *The Cubeo*, Urbana 1963.

Goldmann, O.: *Nacktheit, Sitte und Gesetz*, Bd. I, Dresden 1924.

Goldmann, S.: »Zur Rezeption der Völkerausstellungen um 1900« in *Exotische Welten – Europäische Phantasien*, ed. H. Pollig et al., Bad Cannstadt 1987.

Goldner, C.: *Die Psycho-Szene*, Aschaffenburg 2000.

Goldner, N. S.: »Rape as a Heinous But Understudied Offense« in *Sexual Deviancy in Social Context*, ed. C. D. Bryant, New York 1977.

Goldschmidt, W.: »Ethics and the Structure of Society«, *American Anthropologist* 1951.

–: *Sebei Law*, Berkeley 1967.

Goldstein, D.: »›Interracial‹ Sex and Racial Democracy in Brazil«, *American Anthropologist* 1999.

Goldstein, J./I. F. Lukoff/H. A. Strauss: *Individuelles und kollektives Verhalten in Nazi-Konzentrationslagern*, Frankfurt/M. 1991.

Gollaher, D. L.: »The Medical Transformation of Circumcision in America«, *Journal of Social History* 1994.

Gomm, R.: »Bargaining From Weakness: Spirit Possession on the South Kenya Coast« in *Women and Society*, ed. S. W. Tiffany, St. Albans 1979.

Good, K./D. Chanoff: *Yarima*, Bergisch-Gladbach 1996.

Goodale, J. C.: »Gender, Sexuality and Marriage: A Kaulong Model of Nature and Culture« in *Nature, Culture and Gender*, ed. C. MacCormack/M. Strathern, Cambridge 1980.

–: *To Sing With Pigs Is Human*, Seattle 1995.

Goodale, J. C./A. Chowning: *The Two-Party Line*, Lanham 1996.

Goode, E.: *Deviant Behavior*, Englewood Cliffs 1978.

Goode, W. J.: *World Revolution and Family Patterns*, New York 1963.

Goodenough, W. H.: »Premarital Freedom on Truk«, *American Anthropologist* 1949.

Goodhart, C. B.: »A Biological View of Toplessness«, *New Scientist* 1964.

Goodman, F.: Mündliche Mitteilung vom 17. Juni 1981.

Goodwin, G.: *The Social Organization of the Western Apache*, Tucson 1942.

Goody, E. N.: *Parenthood and Social Reproduction*, Cambridge 1982.

–: Mündliche Mitteilung vom 3. November 1989.

Goody, J.: *The Expansive Moment*, Cambridge 1995.

Gorbracht, W.: *Das Abenteuer Pferd*, Bd. I, Bad Homburg 1976.

Gordon, L.: *Woman's Body, Woman's Right*, Harmondsworth 1977.

Gordon, M.: »From an Unfortunate Necessity to a Cult of Mutual Orgasm: Sex in American Marital Education Literature 1830-1940« in *Studies in the Sociology of Sex*, ed. J. M. Henslin, New York 1971.

Gordon, M.: *Slavery in the Arab World*, New York 1989.

Gorham, D.: *The Victorian Girl and the Feminine Ideal*, London 1982.

Gosztony, P.: *Endkampf an der Donau 1944/45*, Wien 1969.

Gottfried, R.S.: »Plague, Public Health and Medicine in Late Medieval England« in *Maladies et société (XIIe-XVIIIe siècles)*, ed. N. Bulst/R. Delort, Paris 1989.

Gottlieb, A.: »Rethinking Female Pollution: The Beng Case (Côte d'Ivoire)« in *Beyond the Second Sex*, ed. P.R. Sanday/R.G. Goodenough, Philadelphia 1990.

Gottlieb, A./P. Graham: *Parallel Worlds*, New York 1993.

Gottlieb, B.: »The Meaning of Clandestine Marriage« in *Family and Sexuality in French History*, ed. R. Wheaton/T.K. Hareven, Philadelphia 1980.

Gouaffo, A.: »Fremdwahrnehmung im Paratext« in *Fremdheitserfahrung und Fremdheitsdarstellung in okzidentalen Kulturen*, ed. B. Lenz/H.-J. Lüsebrink, Passau 1999.

Goubert, J.-P.: *The Conquest of Water*, Cambridge 1989.

Gouda, F.: »Das ›unterlegene Geschlecht‹ der ›überlegenen‹ Rasse« in *Geschlechterverhältnisse im historischen Wandel*, ed. H. Schissler, Frankfurt/M. 1993.

Goudsblom, J.: *Het regime van de tijd*, Amsterdam 1997.

Gould, S.J.: *The Flamingo's Smile*, New York 1985.

Goulemot, J.M.: »Fureurs utérines«, *Dix-huitième siècle* 1980.

Gow, P.: *Of Mixed Blood*, Oxford 1991.

Gowing, L.: »Gender and the Language of Insult in Early Modern London«, *History Workshop*, Spring 1993.

–: »Women and Social Space, 1560-1640« in *Londinopolis*, ed. P. Griffiths/M.S.R. Jenner, Manchester 2000.

Graber, B./G. Kline-Graber: »Clitoral Foreskin Adhesions and Female Sexual Function«, *Journal of Sex Research* 1979.

Grabmayer, J.: *Volksglauben und Volksfrömmigkeit im spätmittelalterlichen Kärnten*, Wien 1994.

Grabrucker, M.: *Vom Abenteuer der Geburt*, Frankfurt/M. 1989.

Grammer, K.: *Signale der Liebe*, Hamburg 1995.

Grant, J.: *Worm-eaten Hinges: Tensions and Turmoil in Shanghai, 1988-89*, South Yarra 1991.

Grasshoff, M.: *La magie des femmes kabyles*, Bremen 1995.

Graßmann, A.: »Wachstafel und Griffel« in *Aus dem Alltag der mittelalterlichen Stadt*, ed. R. Pohl-Weber, Bremen 1982.

Graus, F.: *Ausgewählte Aufsätze*, Stuttgart 2002.

Grawert-May, E.: *Lob der Prüderie: Die Erlösung von der Sexualität*, München 1991.

Graybill, B./L.B. Arthur: »The Social Control of Women's Bodies in Two Mennonite Communities« in *Religion, Dress and the Body*, ed. L.B. Arthur, Oxford 1999.

de Grazia, V.: »How Mussolini Ruled Italian Women« in *A History of Women*, Bd. V, ed. F. Thébaud, Cambridge 1994.

Green, J.: *It*, London 1993.

Green, M.H.: »From ›Diseases of Women‹ to ›Secrets of Women‹«, *Journal of Medieval and Early Modern Studies* 2000.

Greenberg, D.: *Crime and Law Enforcement in the Colony of New York 1691-1776*, Ithaca 1974.

Greenberg, D.F.: *The Construction of Homosexuality*, Chicago 1988.

Greenblatt, S.J.: *Learning to Curse*, New York 1990.

Greer, G.: *Sex and Destiny*, London 1984.

Gregor, T.: *Mehinaku*, Chicago 1977.

–: *Anxious Pleasures: The Sexual Lives of an Amazonian People*, Chicago 1985.

–: »Sexuality and the Experience of Love« in *Sexual Nature, Sexual Culture*, ed. P.R. Abramson/S.D. Pinkerton, Chicago 1995.

Gregorius, P.: »Die Wandamba (Tanganyika)«, *Anthropos* 1964.

Greilsammer, M.: »Rapts de séduction et rapts violants en Flandre et en Brabant à la fin du Moyen-Age«, *Tijdschrift voor Rechtsgeschiedenis* 1988.

–: *L'Envers du tableau*, Paris 1990.

Greve, R.: Mündliche Mitteilung vom 6. Oktober 1987.

Griaule, M.: *Dieu d'eau*, Paris 1948.

–: »Réflexions sur des symboles soudanais«, *Cahiers Internationaux de Sociologie* 1952.

Griesecke, B.: *Japan dicht beschrieben*, München 2001.

Griffiths, P.: »The Structure of Prostitution in Elizabethan England«, *Continuity & Change* 1993.

Grimble, A.F.: *Tungaru Traditions*, Honolulu 1989.

Grimm, J./W. Grimm: *Deutsches Wörterbuch*, Bd. IV.1; Bd. V, Leipzig 1897.

Grimm, R.R.: »Das Paradies im Westen« in *Das Columbus-Projekt*, ed. W. Wehle, München 1995.

Grimshaw, P./H. Morton: »Theorizing Māori Women's Lives« in *Remembrance of Pacific Pasts*, ed. R. Borofsky, Honolulu 2000.

Grindal, B.T.: *Growing Up in Two Worlds*, New York 1972.

Grinker, R.R.: *Houses in the Rain Forest*, Berkeley 1994.

Grinnell, G.B.: *The Cheyenne Indians*, New Haven 1923.

Groddeck, G.: *Das Buch vom Es*, Frankfurt/M. 1979.

Grohs, E.: *Kisazi*, Berlin 1980.

Gronauer, W.: »Gesundheitszustand und Krankheit der Eingeborenen« in *Deutschland und seine Kolonien im Jahre 1896*, ed. H.-H. v. Schweinitz et al., Berlin 1897.

Grosbois, C.: *Shunga*, Genf 1964.

Gross, J.T.: *Nachbarn*, München 2001.

Grosser, T.: *Reiseziel Frankreich*, Opladen 1989.

Grossman, A.: »The Status of Jewish Women in Germany (10th-12th Centuries)« in *Zur Geschichte der jüdischen Frau in Deutschland*, ed. J. Carlebach, Berlin 1993.

–: »A Question of Silence« in *Women and War in the Twentieth Century*, ed. N.A. Dombrowski, New York 1999.

Grossman, D.: *On Killing*, Boston 1995.

Grottanelli, V.L.: *The Python Killer*, Chicago 1988.

Grotzfeld, H.: *Das Bad im arabisch-islamischen Mittelalter*, Wiesbaden 1970.

Grubb, J.S.: *Firstborn of Venice*, Baltimore 1988.

Grüb, A.: *The Lotuho of the Southern Sudan*, Stuttgart 1992.

Grünberg, F.: *Auf der Suche nach dem Land ohne Übel*, Wuppertal 1995.

Grünberg, G.: »Beiträge zur Ethnographie der Kayabí Zentralbrasiliens«, *Archiv für Völkerkunde* 1970.

Grundy, I.: *Lady Mary Wortley Montagu*, Oxford 1999.

Grunfeld, F.V.: *Siedler der Thai-Wälder: Die Akha*, Amsterdam 1982.

Gsell, M.: »Fortgesetzte Enthüllung«, *Neue Zürcher Zeitung*, 16. Dezember 1997.

Gudgeon, W.E.: »Phallic Emblem from Aitu Island«, *Journal of the Polynesian Society* 1904.

Günther, B.: »Sittlichkeitsdelikte in den Policeyordnungen der Reichsstädte Frankfurt am Main und Nürnberg (15.-17. Jahrhundert)« in *Policey und frühneuzeitliche Gesellschaft*, ed. K. Härter, Frankfurt/M. 2000.

Günther, E.: *Die Faszination des Fremden*, Münster 1990.

Günther, H.F.K.: *Rassenkunde des deutschen Volkes*, München 1922.

–: *Das Bauerntum als Lebens- und Gemeinschaftsform*, Leipzig 1939.

Guenther, M.: *The Nharo Bushmen of Botswana*, Hamburg 1986.

–: Brief vom 3. März 1986.

Günthner, S.: »›Die Frau ist nicht wie der Mond. Sie scheint auch ohne Sonne‹« in *Von fremden Stimmen*, ed. S. Günthner/H. Kotthoff, Frankfurt/M. 1991.

Guerrand, R.H.: »Haro sur la masturbation« in *Amour et sexualité en Occident*, ed. G. Duby, Paris 1991.

Guha, A.A.: *Die ungeliebte Lust*, Frankfurt/M. 1990.

Guha, U./M.K.A. Siddiqui/P.R.G. Mathur: *The Didayi*, Delhi 1970.

Guillebaud, J.-C.: *Die Tyrannei der Lust*, München 1999.

Guise, R.E.: »On the Tribes Inhabiting the Mouth of the Wanigela River, New Guinea«, *Journal of the Anthropological Institute of Great Britain and Ireland* 1898.

van Gulik, R.H.: *Sexual Life in Ancient China*, Leiden 1961.

Gulliver, P.H.: »The Jie of Uganda« in *Peoples of Africa*, ed. J.L. Gibbs, New York 1965.

Gunda, B.: »Die Schlafkammer bei den Südungarn und ihre balkanischen Verbindungen« in *Die Stellung der Frau auf dem Balkan*, ed. N. Reiter, Berlin 1987.

Gundersen, J.R.: *To Be Useful to the World*, New York 1996.

Gundersheimer, W.L.: »Renaissance Concepts of Shame and Pocaterra's ›Dialoghi Della Vergogna‹«, *Renaissance Quarterly* 1994.

Gurewitsch, B.: *Mothers, Sisters, Resisters*, Tuscaloosa 1998.

Gurjewitsch, A.J.: *Stumme Zeugen des Mittelalters*, Weimar 1997.

Gusinde, M.: *Die Feuerland Indianer*, Bd. II, Mödling 1937.

–: *Urmenschen im Feuerland*, Berlin 1946.

–: *Von gelben und schwarzen Buschmännern*, Graz 1966.

Guthrie, G.M./P.J. Jacobs: *Child Rearing and Personality Development in the Philippines*, University Park 1966.

Gutman, H.G.: *The Black Family in Slavery and Freedom, 1750-1925*, New York 1976.

–: »Marital and Sexual Norms Among Slave Women« in *A Heritage of Her Own*, ed. N.F. Cott/E.H. Pleck, New York 1979.

Gutmann, B.: *Die Stammeslehren der Dschagga*, Bd. III, München 1938.

Guttmann, A.: *Sports Spectators*, New York 1986.

Haaf, E.: »Schwangerschaft und Geburt in der afrikanischen Kunst« in *Ethnomedizin*, ed. G. Rudnitzki et al., Barmstedt 1977.

Haaf, E./M. Fondö: *Die Meta*, Gießen 1992.

van Haaren, J./P. van Boheemen: »Ter bruiloft genodigd« in *Kent, en versint, Eer datje mint*, ed. P. van Boheemen, Zwolle 1989.

Haas, D.: »Heidelberg 1918-1995« in *Heidelberg*, ed. E. Mittler, Heidelberg 1996.

Haas, V.: *Babylonischer Liebesgarten*, München 1999.

Haberland, E.: *Galla Süd-Äthiopiens*, Stuttgart 1963.

–: Brief vom 24. Dezember 1984.

Haberland, E./S. Seyfarth: *Die Yimar am oberen Korowori*, Wiesbaden 1974.

Hackett, R.I.J.: *Religion in Calabar*, Berlin 1989.

Haddad, Y.: »Palestinian Women« in *The Sociology of the Palestinians*, ed. K. Nakhleh/E. Zureik, New York 1980.

Haddon, A.C.: »The Ethnography of the Western Tribe of Torres Straits«, *Journal of the Anthropological Institute of Great Britain and Ireland* 1890.

v. Hadeln, D.: *Die wichtigsten Darstellungsformen des H. Sebastian in der italienischen Malerei bis zum Ausgang des Quattrocento*, Straßburg 1906.

Haeberle, E.J.: *Die Sexualität des Menschen*, Berlin 1983.

Häberlein, M.: »Tod auf der Herrenstube« in *Ehrkonzepte in der Frühen Neuzeit*, ed. S. Backmann et al., Berlin 1998.

Haftlmeier-Seiffert, R.: *Bauerndarstellungen auf deutschen illustrierten Flugblättern des 17. Jahrhunderts*, Frankfurt/M. 1991.

Hagemann, K.: *Frauenalltag und Männerpolitik*, Bonn 1990.

Hagenaw, J./A.S. Radziwill/S. Pac: *Die Reise des Kronprinzen Wladyslaw Wasa in die Länder Westeuropas in den Jahren 1624/1625*, ed. B. Schweinitz, München 1988.

Hague, R.: »Marriage Athenian Style«, *Archaeology* 1988.

Hahn, F.: *Lieber Stürmer*, Stuttgart 1978.

v. Hahn, G./H.-K. v. Schönfels: *Wunderbares Wasser*, Aarau 1980.

Hahn, R.: »Zur Darstellung von Sexualität in den Gedichten des Hans Sachs« in *Privatisierung der Triebe?*, ed. D. Erlach et al., Frankfurt/M. 1994.

Hain, M.: »Das Taschentuch in Tracht und Brauch« in *Volkskunde*, ed. K. Beitl, Wien 1972.

Haks, D.: »Libertinisme en Nederlands verhalend proza 1650-1700« in *Soete minne en helsche boosheit*, ed. G. Hekma/H. Roodenburg, Nijmegen 1988.

Hald, M.: »Af halmen og i dynen«, *Nationalmuseets Arbejdsmark* 1940.

Hale, J.R.: *Artists and Warfare in the Renaissance*, New Haven 1990.

Haley, J.L.: *Apaches*, Garden City 1981.

Hall, G.M.: *Africans in Colonial Louisiana*, Baton Rouge 1992.

Hall, J.D.: »›The Mind That Burns in Each Body‹: Women, Rape, and Racial Violence« in *Powers of Desire*, ed. A. Snitow et al., New York 1983.

Hall, L.A.: *Hidden Anxieties*, Oxford 1991.

Halle, J.S.: *Die Deutsche Giftpflanzen zur Verhütung der tragischen Vorfälle*, Berlin 1784.

Haller, J.S.: »The Physician Versus the Negro: Medical and Anthropological Concepts of Race in the Late 19th Century«, *Bulletin for the History of Medicine* 1970.

–: *Outcasts From Evolution*, Carbondale 1995.

Haller, J.S./R.M. Haller: *The Physician and Sexuality in Victorian America*, Urbana 1974.

Hallowell, A.I.: *Culture and Experience*, Philadelphia 1955.

Hallpike, C.R.: *Bloodshed and Vengeance in the Papuan Mountains*, Oxford 1977.

Halttunen, K.: *Confidence Men and Painted Women*, New Haven 1982.

–: »Humanitarianism and the Pornography of Pain in Anglo-American Culture«, *American Historical Review* 1995.

Hambly, W.D.: *The Ovimbundu of Angola*, Chicago 1934.

Hambrecht, R.: »›Das Papier ist mein Acker. . .‹ Ein Notizbuch des 17. Jahrhunderts«, *Jahrbuch der Coburger Landesstiftung* 1984.

de Hamel, C.: *A History of Illuminated Mss.*, London 1994.

Hamell, G.R.: »Mohawks Abroad: The 1764 Etching of Sychnecta« in *Indians and Europe*, ed. C. Feest, Aachen 1987.

Hamilton, O.: *The Divine Country*, London 1982.

Hammer, H.: »Figuration, Zivilisation und Geschlecht« in *Zivilisierung des weiblichen Ich*, ed. G. Klein/K. Liebsch, Frankfurt/M. 1997.

Hammond, B.E./J.A. Ladner: »Socialization Into Sexual Behavior in a Negro Slum Ghetto« in *The Individual, Sex, and Society*, ed. C.B. Broderick/J. Bernard, Baltimore 1969.

Hammond-Tooke, W.D.: *Bhaca Society*, Cape Town 1962.

Hanauer, A./J. Klélé: *Das alte Statutenbuch der Stadt Hagenau,* Hagenau 1900.

Hanawalt, B.A.: »Childrearing Among the Lower Classes of Late Medieval England«, *Journal of Interdisciplinary History* 1977.

–: *Crime and Conflict in English Communities 1300–1348*, Cambridge 1979.

–: »Remarriage as an Option For Urban and Rural Widows in Late Medieval England« in *Wife and Widow in Medieval England*, ed. S. S. Walker, Ann Arbor 1993.

–: »›The Childe of Bristowe‹ and the Making of Middle-Class Adolescence« in *Bodies and Discipline*, ed. B.A. Hanawalt/D. Wallace, Minneapolis 1996.

Hancock, I.: *The Pariah Syndrome*, Ann Arbor 1987.

Hanewald, R.: *Nordfriesische Inseln*, Bielefeld 1995.

Hanken, C.: *Vom König geküßt*, Berlin 1996.

Hanley, S.B.: *Everyday Things in Premodern Japan*, Berkeley 1997.

Hanlon, D.: *Upon a Stone Altar*, Honolulu 1988.

Hanna, J.L.: *Dance, Sex and Gender*, Chicago 1988.

Hanna, N.S.: *Die Ghajar*, München 1993.

Hansen, K.V.: »›No Kisses Is Like Youres‹: An Erotic Friendship Between Two African-American Women During the Mid-Nineteenth Century«, *Gender & History* 1995.

Harbsmeier, M.: *Wilde Völkerkunde*, Frankfurt/M. 1994.

Hardach-Pinke, I.: *Bleichsucht und Blütenträume*, Frankfurt/M. 2000.

Hareven, T.K.: »The Home and the Family in Historical Perspective«, *Social Research* 1991.

Harner, M.J.: *The Jívaro*, Berkeley 1984.

Harper, E.B.: »Fear and the Status of Women«, *Southwestern Journal of Anthropology* 1969.

Harré, J.: *Maori and Pakeha*, London 1966.

Harrell-Bond, B.E.: *Modern Marriage in Sierra Leone*, The Hague 1975.

Harris, J.: *Private Lives, Public Spirit*, Oxford 1993.

Harris, J.W.: »Etiquette, Lynching, and Racial Boundaries in Southern History«, *American Historical Review* 1995.

Harris, L./B.E. Swanson: *Black-Jewish Relations in New York City*, New York 1970.

Harris, M.: *Menschen*, Stuttgart 1991.

Harris, P.G.: »Notes on the Dakarkari Peoples of Sokoto Province, Nigeria«, *Journal of the Royal Anthropological Institute* 1938.

Harris, R.: »The ›Child of the Barbarian‹: Rape, Race and Nationalism in France During the First World War«, *Past & Present*, November 1993.

Harris, S.: »Money or Time No Object: But Couple Must Love Animals!« in *Sexual Deviancy in Social Context*, ed. C.D. Bryant, New York 1977.

Harris, T.: *Exorcising Blackness*, Bloomington 1984.

Harris, W.T./H. Sawyerr: *The Springs of Mende Belief and Conduct*, Freetown 1968.

Harrison, B.: »The Public and the Private in Modern Britain« in *Civil Histories*, ed. P. Burke et al., Oxford 2000.

Harrisson, B.: »Der Orang-Utan« in *Grzimeks Tierleben*, ed. W. Fiedler et al., Bd. X, München 1979.

Hart, C./K.G. Stevenson: *Heaven and the Flesh*, Cambridge 1995.

Hart, G.: »Sexual Behavior in a War Environment«, *Journal of Sex Research* 1975.

Harten, H.-C.: *Sexualität, Mißbrauch, Gewalt*, Opladen 1995.

Hartfelder, K.: »Kirchenvisitation der Stadt Heidelberg 1582«, *Zeitschrift für die Geschichte des Oberrheins* 1881.

Hartinger, W.: »Schlafgänger und Schnapstrinker« in *Stereotypvorstellungen im Alltagsleben*, ed. H. Gerndt, München 1988.

Hartl, B.: »Der erotische Akt« in *Das Aktphoto*, ed. M. Köhler/G. Barche, München 1985.

Hartwig, J.: »Die Frauenfrage im mittelalterlichen Lübeck«, *Hansische Geschichtsblätter* 1908.

Harvey, A.D.: *Sex in Georgian England*, London 1994.

Hashagen, J.: »Aus Kölner Prozeßakten: Beiträge zur Geschichte der

Sittenzustände in Köln im 15. und 16. Jahrhundert«, *Archiv für Kultur-geschichte* 1905.

Hasnain, N.: *Bonded for Ever: A Study of the Kolta*, New Delhi 1982.

Haspel, J./K.-H. Rueß: »Alltagskultur in Ulmer Arbeiterquartieren während der Industrialisierung« in *Stadt und Kultur*, ed. H.E. Specker, Sigmaringen 1983.

Hassall, W.O.: *How They Lived*, Oxford 1962.

Hasse, M.: »Neues Hausgerät, neue Häuser, neue Kleider«, *Zeitschrift für Archäologie des Mittelalters* 1979.

Hassrick, R.S.: *The Sioux*, Norman 1964.

Hastrup, K.: *Nature and Policy in Iceland 1400-1800*, Oxford 1990.

Hauch, G.: *Frau Biedermeier auf den Barrikaden*, Wien 1990.

Hauenstein, A.: *Les Hanya*, Wiesbaden 1967.

Haumann, H.: »Von Ordnungen und Unordnungen« in *Geschichte der Stadt Freiburg im Breisgau*, Bd. I, ed. H. Haumann/H. Schadek, Stuttgart 1996.

Hausen, K.: »Die Polarisierung der ›Geschlechtscharaktere‹« in *Sozialge-schichte der Familie in der Neuzeit Europas*, ed. W. Conze, Stuttgart 1976.

Hauser-Schäublin, B.: »Abelam« in *Menschenbilder früher Gesellschaften*, ed. K.E. Müller, Frankfurt/M. 1983.

–: »Der geliebte Mann, die vergewaltigte Frau: Das Beispiel der Iatmul am mittleren Sepik« in *Die Braut*, ed. G. Völger/K. v. Welck, Bd. II, Köln 1985.

Haver, R./T. Ingalls: *David O. Selznick's Hollywood*, München 1981.

Haviland, L.K./J.B. Haviland: »Privacy in a Mexican Indian Village« in *Public and Private in Social Life*, ed. S.I. Benn/G.F. Gaus, London 1983.

Hawkins, W.: *A Treatise of the Pleas of the Crown*, Bd. I, Cornhill 1716.

Hayer, G.: »Krankheit, Sterben und Tod eines Fürsten« in *Du guoter tôt*, ed. M.J. Wenninger, Klagenfurt 1998.

Hayes, R.O.: »Female Genital Mutilation, Fertility Control, Women's Role, and the Patrilineage in Modern Sudan«, *American Ethnologist* 1975.

Hays, T.E./P.H. Hays: »Opposition and Complementarity of the Sexes in Ndumba Initiation« in *Rituals of Manhood*, ed. G. Herdt, Berkeley 1982.

Heald, S.: »The Power of Sex: Reflections on the Caldwells' ›African Sexuality‹ Thesis«, *Africa* 1995.

Hecht, E.-D.: »Krankheit und Heilkunde bei den Somali«, *Saeculum* 1977.

Hecht, I.: *Der Siechen Wandel*, Freiburg 1982.

Hecht-el-Minshawi, B.: ›*Wir suchen, wovon wir träumen*‹, Frankfurt/M. 1988.

Heckewelder, J.: *An Account of the History, Manners, and Customs of the Indian Nations*, Philadelphia 1819.

Heckmann, H.: *Die Freud des Essens*, Frankfurt/M. 1980.

Hedinger, B.: »Strand- und Badeleben« in *Saison am Strand: Badeleben an Nord- und Ostsee*, ed. B. Hedinger, Herford 1986.

Heer, H.: »Killing Fields« in *Vernichtungskrieg 1941-1944*, ed. H. Heer/K. Naumann, Hamburg 1995.

–: *Tote Zonen*, Hamburg 1999.

Heesch, M.: »Scham« in *Theologische Realenzyklopädie*, Bd. XXX, Berlin 1998.

Heger, H.: *Die Männer mit dem rosa Winkel*, Hamburg 1972.

Heger, H.: »Willehalm, der gewaltige Kämpfer gegen die Heiden«, *Imagination* 2, 1994.

Heidenreich, C.: *Huronia*, Sainte-Marie 1971.

Heidtmann, H.: »Sexuelle Gewalt im Jugendbuch« in *Jugendsexualität*, ed. F. Herrath/U. Sielert, Wuppertal 1990.

Heilmann, L.: *Das Wildbad Rothenburg*, Erlangen 1999.

Heimreich, A.: *Nordfresische Chronik*, Bd. I, ed. N. Falck, Tondern 1819.

Heine, P.: »Muslime und Fremde« in *Die Begegnung mit dem Fremden*, ed. M. Schuster, Stuttgart 1996.

v. Heine-Geldern, R.: *Gesammelte Schriften*, Bd. I, Wien 1976.

Heinemann, E.: *Die Frauen von Palau*, Frankfurt/M. 1975.

Heinen, A.: »Rumänien, der Krieg und die Juden (Juni bis Oktober 1941)« in *Rumänien und der Holocaust*, ed. M. Hausleitner et al., Berlin 2001.

Heinrich v. Freiberg: *Tristan*, ed. D. Buschinger, Göppingen 1982.

Heinz, H.-J.: »Hygienic Attitudes and Practices of the !Ko Bushmen« in *Ethnomedicine and Social Medicine in Tropical Africa*, ed. S. Paul, Hamburg 1975.

Heinz, H.-J./M. Lee: *Namkwa*, London 1978.

Heinzle, J.: »Der gerechte Richter« in *Modernes Mittelalter*, ed. J. Heinzle, Frankfurt/M. 1994.

Heißler, S./P. Blastenbrei: *Frauen in der italienischen Renaissance*, Pfaffenweiler 1990.

Hekma, G.: »De belaagde onschuld: Een strijd tegen zelfbevlekking in Nederland?« in *Soete minne en helsche boosheit*, ed. G. Hekma/H. Roodenburg, Nijmegen 1988.

Helfrich, K.: »Sexualität und Repression in der Kultur der Maya«, *Baessler-Archiv* 1972.

–: Brief vom 31. Oktober 1986.

Helg, A.: »Black Men, Racial Stereotyping, and Violence in the U.S. South and Cuba at the Turn of the Century«, *Comparative Studies in Society and History* 2000.

Hellbom, A.-B.: »The Life and Role of Women in the Aztec Culture«, *Cultures* 1982.

Heller, E.: »Das Gastrecht der Toten und Lebenden« in *Speisen, Schlemmen, Fasten*, ed. U. Schultz, Frankfurt/M. 1993.

Heller, E./H. Mosbahi: *Hinter den Schleiern des Islam*, München 1993.

Heller, G.: »›Si tu tiens à ta peau, lave-la‹« in *Le corps enjeu*, ed. J. Hainard/R. Kaehr, Neuchâtel 1983.

Hellerstein, E.O./L.P. Hume/K.M. Offen: *Victorian Women*, Stanford 1981.

Helliwell, C.: »›It's Only a Penis‹: Rape, Feminism, and Difference«, *Signs* 2000.

Helm, W.: *Konflikt in der ländlichen Gesellschaft*, Passau 1993.

Henderson, J.: *The Maculate Muse*, New Haven 1975.

–: »The Hospitals of Late Medieval and Renaissance Florence« in *The Hospital in History*, ed. L. Granshaw/R. Porter, London 1990.

Henkhaus, U.: *Das Treibhaus der Unsittlichkeit*, Marburg 1991.

Henningsen, G.: »Der Hexenflug und die spanische Inquisition« in *Fliegen und Schweben*, ed. D.R. Bauer/W. Behringer, München 1997.

Henningsen, H.: *Der Seemann und die Frau*, Herford 1987.

Henry, J.: *Jungle People*, Richmond 1941.

–: »The Personality of the Kaingang Indians« in *Social Structure and Personality*, ed. Y.A. Cohen, New York 1962.

–: »Some Cultural Determinants of Hostility in Pilaga Indian Children« in *Personalities and Culture*, ed. R. Hunt, Garden City 1967.

Hentges, G.: *Schattenseiten der Aufklärung,* Schwalbach 1999.

Herbermann, N.: *Der gesegnete Abgrund*, Nürnberg 1947.

Herbert, R.K.: »Hlonipha and the Ambiguous Woman«, *Anthropos* 1990.

Herbert, U.: *Fremdarbeiter*, Bonn 1999.

v. Herder, E.G.: *Der Cid*, Stuttgart 1859.

Herdt, G.H.: *Guardians of the Flutes*, New York 1981.

–: »Madness and Sexuality in the New Guinea Highlands«, *Social Research* 1986.

–: »Violence, Pleasure and the Male Psyche in New Guinea«, *Canberra Anthropologist* 1997.

Herdt, G./R.J. Stoller: *Intimate Communications*, New York 1990.

Hergemöller, B.-U.: Brief vom 5. Dezember 1991.

–: »Sodomiter« in *Randgruppen der spätmittelalterlichen Gesellschaft*, ed. B.-U. Hergemöller, Warendorf 1994.

Hering, S./G. Maierhof: *Die unpäßliche Frau*, Pfaffenweiler 1991.

Herlihy, D.: »Households in the Early Middle Ages« in *Households*, ed. R.McC. Netting et al., Berkeley 1984.

–: *Opera muliebra*, New York 1990.

Hermann, A.: *Altägyptische Liebesdichtung*, Wiesbaden 1959.

Hermanns, M.: *Die Familie der mdo-Tibeter*, Freiburg 1959.

Hernton, C.C.: *Sex and Racism*, London 1965.

Herold, E./B. Corbesi/J. Collins: »Psychosocial Aspects of Female Topless Behavior on Australian Beaches«, *Journal of Sex Research* 1994.

Herrmann, F.: »Die Beschneidung« in *Beiträge zur Völkerforschung*, ed. D. Drost/W. König, Berlin 1961.

Hersh, G./P. Mann: ›Gizelle, Save the Children!‹, New York 1980.

Hershman, P.: »Virgin and Mother« in *Symbols and Sentiments*, ed. I.M. Lewis, London 1977.

Herskovits, M.J.: *Dahomey*, New York 1938.

d'Hertefelt, M.: »The Rwanda of Rwanda« in *Peoples of Africa*, ed. J.L. Gibbs, New York 1965.

Herweg, R.M.: »Über das Verständnis von Kindheit und Jugend im frühen rabbinischen Judentum« in *Jugend in der Vormoderne*, ed. K.-P. Horn et al., Köln 1998.

Herzog, D.: *Intimacy and Exclusion*, Princeton 1996.

Hess, D.: *Das Gothaer Liebespaar*, Frankfurt/M. 1996.

Hess, H.: »Das Karriere-Modell und die Karriere von Modellen« in *Sexualität und soziale Kontrolle*, ed. H. Hess et al., Heidelberg 1978.

Heusler, A.: *Grágás*, Weimar 1937.

Hezel, F.X.: *The First Taint of Civilization*, Honolulu 1983.

–: *The New Shape of Old Island Cultures*, Honolulu 2001.

Hibbert, C.: *The Grand Tour*, London 1969.

Hicks, E.K.: *Infibulation*, New Brunswick 1996.

Hicks, G.: *The Comfort Women*, St. Leonards 1995.

Hiery, H.J.: *The Neglected War*, Honolulu 1995.

–: »Der Erste Weltkrieg und das Ende des deutschen Einflusses in der Südsee« in *Die deutsche Südsee 1884-1914*, ed. H.J. Hiery, Paderborn 2001.

Hilgenstock, R.: »Wie es früher war«, *Deutsche Jugendpressematerialien 4*, 1982.

Hilger, I.: *Araucanian Child Life and Its Cultural Background*, Washington 1957.

Hilger, I./M. Mondloch: »Araucanian Customs«, *Journal de la Société des Américanistes* 1966.

Himmelheber, H.: *Der Gute Ton bei den Negern*, Heidelberg 1957.

Hinsch, B.: *Passions of the Cut Sleeve*, Berkeley 1990.

Hinz, M.: *Wie stabil sind Selbstzwänge? Ein Beitrag zur Elias-Duerr-Kontroverse*, Hannover 1995.

–: *Der Zivilisationsprozeß: Mythos oder Realität?* Opladen 2002.

Hippler, A.E.: »The Athabascans of Interior Alaska«, *American Anthropologist* 1973.

Hirsch, H.: *Die Rache der Opfer*, Berlin 1998.

Hirsch, M.: *Realer Inzest*, Heidelberg 1987.

Hirschberg, W.: *Völkerkunde Afrikas*, Mannheim 1965.

Hirschfeld, M.: *Die Homosexualität des Mannes und des Weibes*, Berlin 1914.

–: *Geschlechtskunde*, Bd. I, Stuttgart 1926; Bd. II 1928.

–: *Berlins Drittes Geschlecht*, Berlin 1991.

Hirschfelder, G.: *Europäische Eßkultur*, Frankfurt/M. 2001.

Hitchcock, T.: »Redefining Sex in 18th-Century England«, *History Workshop Journal*, Spring 1996.

Hite, S.: *Der Hite-Report*, München 1977.

–: *Das sexuelle Erleben des Mannes*, München 1982.

Hobson, B.H.: *Uneasy Virtue*, New York 1987.

Hochstrasser, O.: *Ein Haus und seine Menschen 1549-1989*, Tübingen 1993.

Hockings, P.: *Sex and Disease in a Mountain Community*, New Delhi 1980.

Hodgson, A.G.O.: »Some Notes on the Wahehe of Mahenge District, Tanganyika Territory«, *Journal of the Royal Anthropological Institute* 1926.

Hoebel, E.A.: *The Cheyennes*, New York 1960.

Hödl, K.: »Das ›Weibliche‹ im Ostjuden« in *Der Umgang mit dem ›Anderen‹*, ed. K. Hödl, Wien 1996.

–: *Die Pathologisierung des jüdischen Körpers*, Wien 1997.

Höfele, A.: »Bühne und Schafott«, *Heidelberger Jahrbücher* 1998.

Höher, P.: »›Stul, benck und sidel mus man han‹: Wohnen in der Reichsstadt Weißenburg vor dem Dreißigjährigen Krieg« in *Reichsstädte in Franken*, ed. R.A. Müller, Bd. II, München 1987.

Höhne, H.: *Der Orden unter dem Totenkopf*, Gütersloh 1967.

Høigård, C./L. Finstad: *Seitenstraßen*, Reinbek 1987.

Höltker, G.: »Die Nubia-Awar an der Hansa-Bucht in Nordost-Neuguinea«, *Jahrbuch des Museums für Völkerkunde zu Leipzig* 1964.

Hösel, G.: *Unser Abfall aller Zeiten*, München 1987.

Hoffer, G.: *Zeit der Heldinnen*, München 1999.

Hoffmann, A.: *Die typischen Straßennamen im Mittelalter*, Königsberg 1913.

Hoffmann, C.: »Sitten und Brauchtum der Basotho in Nord-Transvaal«, *Afrika und Übersee* 1956.

Hoffmann, C.A.: »Nachbarschaften als Akteure und Instrumente der sozialen Kontrolle in urbanen Gesellschaften des 16. Jahrhunderts« in *Institutionen, Instrumente und Akteure sozialer Kontrolle im frühneuzeitlichen Europa*, ed. H. Schilling, Frankfurt/M. 1999.

Hoffmann, M.: *Die Welt der Homosexuellen*, Frankfurt/M. 1971.

Hoffmann, W.: »Liebe als Krankheit in der mittelhochdeutschen Lyrik« in *Liebe als Krankheit*, ed. T. Stemmler, Mannheim 1990.

Hofman, C.: *Die weiße Massai*, München 1999.

Hofmann, L.: *Der volkskundliche Gehalt der mittelhochdeutschen Epen von 1100 gegen 1250*, Zeulenroda 1939.

Hogbin, H.I.: »The Sexual Life of the Natives of Ontong Java (Solomon Islands)«, *Journal of the Polynesian Society* 1931.

–: *Experiments in Civilization*, London 1939.

–: »Shame: A Study of Social Conformity in a New Guinea Village«, *Oceania* 1947.

–: *Kinship and Marriage in a New Guinea Village*, London 1963.

–: *The Island of Menstruating Men*, Scranton 1970.

de Hohenstein, E.J.: *Das Reich der magischen Mütter*, Frankfurt/M. 1991.

Hohl, J.: »Die zivilisatorische Zähmung des Subjekts« in *Zugänge zum Subjekt*, ed. H. Keupp, Frankfurt/M. 1994.

Hohmann, J.S.: *Schon auf den ersten Blick*, Darmstadt 1981.

Hollimon, S.E.: »Sex, Health, and Gender Roles Among the Arikara of the Northern Plains« in *Reading the Body*, ed. A.E. Rautman, Philadelphia 2000.

Hollos, M./P.E. Leis: *Becoming Nigerian in Ijo Society*, New Brunswick 1989.

Holmes, L.D.: Brief vom 18. Februar 1986.

Holzach, M.: *Das vergessene Volk*, Hamburg 1982.

Hommen, T.: *Sittlichkeitsverbrechen*, Frankfurt/M. 1999.

–: »Körperdefinition und Körpererfahrung: ›Notzucht‹ und ›unzüchtige Handlungen an Kindern‹ im Kaiserreich«, *Geschichte und Gesellschaft* 2000.

Homolka, A.: *500 Jahre Der Thorbräu in München*, München 1990.

Honigmann, J.J.: *The Kaska Indians*, New Haven 1954.

Honour, H.: *The Image of the Black in Western Art*, Cambridge 1989.

Hoock-Demarle, M.-C.: *Die Frauen der Goethezeit*, München 1990.

Hoof, D.: *Pestalozzi und die Sexualität seines Zeitalters*, St. Augustin 1987.

van Hooff, A.J.L.: *From Autothanasia to Suicide*, London 1990.

Hopen, C.E.: *The Pastoral Fulbe Family in Gwandu*, London 1958.

Hopfner, J.: *Mädchenerziehung und weibliche Bildung um 1800*, Bad Heilbrunn 1990.

Horn, P.: *High Society*, Wolfeboro Falls 1992.

Horne, J./A. Kramer: »German ›Atrocities‹ and Franco-German Opinion, 1914«, *Journal of Modern History* 1994.

Horowitz, E.: »Jüdische Jugend in Europa: 1300-1800« in *Geschichte der Jugend*, Bd. I, ed. G. Levi/J.-C. Schmitt, Frankfurt/M. 1996.

–: »The Worlds of Jewish Youth in Europe« in *A History of Young People in the West*, Bd. I, ed. G. Levi/J.-C. Schmitt, Cambridge 1997.

Horstmann-Neun, R.: *Djenah*, Gelnhausen 1982.

Hose, C.: »The Natives of Borneo«, *Journal of the Anthropological Institute of Great Britain and Ireland* 1894.

Hosken, F.P.: *Genital and Sexual Mutilation of Females*, Lexington 1979.

Hostetter, J.A.: *Amish Society*, Baltimore 1968.

–: *Hutterite Society*, Baltimore 1974.

Hotchkiss, J.C.: »Children and Conduct in a Ladino Community of Chiapas, Mexico«, *American Anthropologist* 1967.

Howard, J.: *Margaret Mead: A Life*, London 1984.

Howell, N.: *Demography of the Dobe !Kung*, New York 1979.

Howell, S.: *The Seaside*, London 1974.

Hoy, S.: *Chasing Dirt*, Oxford 1995.

Hrdy, S.B.: *The Langurs of Abu*, Cambridge 1977.

Hsu, F.L.K.: »Eros, Affect, and Pao« in *Kinship and Culture*, ed. F.L.K. Hsu, Chicago 1971.

Huber, A.: »Genitalverletzungen afrikanischer Mädchen durch rituelle Eingriffe« in *Ethnomedizin und Sozialmedizin in Tropisch-Afrika*, ed. S. Paul, Hamburg 1975.

Huber, H.: *Marriage and the Family in Rural Bukwaya*, Fribourg 1973.

Huber-Greub, B.: *Kokospalmenmenschen*, Basel 1988.

Hudson, A.E./E. Bacon: »Social Control and the Individual in Eastern Hazara Culture« in *Language, Culture, and Personality*, ed. L. Spier et al., Menasha 1941.

Hüchtker, D.: *›Elende Mütter‹ und ›liederliche Weibspersonen‹*, Münster 1999.

Hügel, F.S.: *Der Wiener Dialekt*, Wien 1873.

Hürlimann, K.: *Soziale Beziehungen im Dorf*, Zürich 2000.

Huggett, F.E.: *Victorian England as Seen by Punch*, London 1978.

Hughes, G.: *Swearing*, Oxford 1991.

Hughes-Hallett, L.: *Cleopatra*, New York 1990.

Huizinga, J.: *Erasmus*, Basel 1928.

Hull, I.V.: »›Sexualität‹ und bürgerliche Gesellschaft« in *Bürgerinnen und Bürger*, ed. U. Frevert, Göttingen 1988.

Hull, S.W.: *Women According to Men*, Walnut Creek 1996.

Humphreys, L.: *Tearoom Trade*, Chicago 1975.

Humphries, S.: *Hooligans or Rebels?*, Oxford 1981.

Hundsbichler, H.: »Der Beitrag deskriptiver Quellenbelege des 15. Jahrhunderts zur Kenntnis der spätgotischen Stube in Österreich« in *Europäische Sachkultur des Mittelalters*, ed. H. Appelt, Wien 1980.

Hungry Wolf, B.: *Das Tipi am Rand der großen Wälder*, Bern 1981.

Hunter, K.: »Hilfe für Überlebende durch Therapie« in *Frauen als Täterinnen*, ed. M. Elliott, Ruhnmark 1995.

Hunter, M.: *Reaction to Conquest*, London 1961.

Hurd-Mead, K. C.: *A History of Women in Medicine*, Haddam 1938.

Huseby-Darvas, É. V.: »Deconstructing and Reconstructing My Desexualized Identity« in *Sex, Sexuality, and the Anthropologist*, ed. F. Markowitz/M. Ashkenazi, Urbana 1999.

Hutheesing, O. K.: *Emerging Sexual Inequality Among the Lisu of Northern Thailand*, Leiden 1990.

Huxley, F.: *Affable Savages*, London 1957.

Hviding, E.: *Guardians of the Marovo Lagoon*, Honolulu 1996.

Hyam, R.: *Empire and Sexuality*, Manchester 1990.

Ibold, F./J. Jäger/D. Kraack: *Das ›Memorial und Jurenal‹ des Peter Hansen Hajstrup (1624-1672)*, Neumünster 1995.

Ibrahim, H.: *The Shaiqiya*, Wiesbaden 1979.

Iga, M.: *The Thorn in the Chrysanthemum*, Berkeley 1986.

Ilan, T.: *Mine and Yours Are Hers*, Leiden 1997.

Imbault-Huart, M.-J.: *La médecine au Moyen Age*, Paris 1983.

Imbusch, P.: »Moderne und postmoderne Perspektiven der Gewalt« in *Ordnungen der Gewalt*, ed. S. Neckel/M. Schwab-Trapp, Opladen 1999.

Imhof, A. E.: »Sexualität aus historisch-demographischer Sicht« in *Vermessene Sexualität*, ed. A. Schuller/N. Heim, Berlin 1987.

v. Imhoff, C. A. C.: *Indienfahrer*, ed. G. Koch, Göttingen 2001.

Immermann, K.: »Das Einwerfen der Straßenlaternen wird nicht länger geduldet (1831)« in *Heidelberg in alten und neuen Reisebeschreibungen*, ed. S. Underwood, Düsseldorf 1993.

Infessura, S.: *Römisches Tagebuch*, ed. H. Hefele, Jena 1913.

Inglis, T.: *Moral Monopoly: The Catholic Church in Modern Irish Society*, Dublin 1987.

Ingram, M.: *Church Courts, Sex and Marriage in England, 1570-1640*, Cambridge 1987.

Irle, J.: *Die Herero*, Gütersloh 1906.

Isay, R. A.: *Schwul sein*, München 1990.

Isichei, P. A. C.: »Sex in Traditional Asaba«, *Africa* 1973.

Ismail, E./M. Makki: *Frauen im Sudan*, Wuppertal 1990.

Israel, H.: »Kulturwandel grönländischer Eskimo im 18. Jahrhundert«, *Abhandlungen und Berichte des Staatlichen Museums für Völkerkunde Dresden* 1969.

al-Issa, I.: *The Psychopathology of Women*, Englewood Cliffs 1980.

–: »Gender Role« in *Male and Female Homosexuality*, ed. L. Diamant, Washington 1987.

Italiaander, R.: »Beobachtungen bei den Negern« in *Weder Krankheit noch Verbrechen*, ed. R. Italiaander, Hamburg 1969.

Itard, J.: »Gutachten und Bericht über Victor von Aveyron« in L. Malson: *Die wilden Kinder*, Frankfurt/M. 1972.

Ivens, W. G.: *Melanesians of the Southeast Solomon Islands*, London 1927.

Jackson, J.E.: *The Fish People*, Cambridge 1983.

Jackson, J.H.: »Overcrowding and Family Life: Working-Class Families and the Housing in Late 19th-Century Duisburg« in *The German Family*, ed. R.J. Evans/W.R. Lee, Totowa 1981.

Jackson, M.: *The Kuranko*, London 1977.

Jacobs, M.D.: »Sexuality« in *Encyclopedia of Afro-American Culture and History*, Bd. V, ed. J. Salzman et al., New York 1996.

Jacobson, D.A.: *Hidden Faces*, Ann Arbor 1980.

Jacq, C.: *Néfertiri et Akhénaton*, Paris 1990.

Jacquart, D.: »Medical Explanations of Sexual Behavior in the Middle Ages« in *Homo Carnalis*, ed. H.R. Lemay, Binghamton 1990.

Jacquart, D./C. Thomasset: *Sexualité et savoir médical au Moyen Age*, Paris 1985.

–: *Sexuality and Medicine in the Middle Ages*, Princeton 1988.

Jähns, M.: *Ross und Reiter*, Bd. II, Leipzig 1872.

Jagchid, S./P. Hyer: *Mongolia's Culture and Society*, Boulder 1979.

Jahn, S.A.: »Zur Frage des zähen Fortlebens der Beschneidung der Frauen«, *Curare* 1980.

Jahoda, G.: *Images of Savages*, London 1999.

Jakob, J.: *Wörterbuch des Wiener Dialektes*, Wien 1929.

Jalland, P.: *Women, Marriage and Politics 1860-1914*, Oxford 1986.

James, H.C.: *The Hopi Indians*, Caldwell 1956.

Jamieson, R.: *Burt's Letters From the North of Scotland*, Bd. II, London 1754.

Jamison, P.L./P.H. Gebhard: »Penis Size Increase Between Flaccid and Erect States«, *Journal of Sex Research* 1988.

Jamme, C.: ›*Gott hat an ein Gewand*‹, Frankfurt/M. 1991.

Jankrift, K.P.: »Die Leprosenbruderschaft des hl. Lazarus zu Jerusalem und ihre ältesten Statuten« in *De ordine vitae*, ed. G. Melville, Münster 1996.

Janotti, M. de L.M./Z. de P. Rosa: »Memory of Slavery in Black Families of São Paulo« in *Between Generations*, ed. D. Bertaux/P. Thompson, Oxford 1993.

Jansen, W.: *Das Varieté*, Berlin 1990.

Janssen-Jurreit, M.: *Sexismus*, München 1976.

Jansson, K.: »Soldaten und Vergewaltigung im Schweden des 17. Jahrhunderts« in *Zwischen Alltag und Katastrophe*, ed. B.v. Krusenstjern et al., Göttingen 1999.

Jantzen, G.: »Wie die Ärzte der Jahrhundertwende über das Radfahren dachten«, *Die Waage* 1963.

Jaritz, G.: *Zwischen Augenblick und Ewigkeit*, Köln 1989.

Jarrett, B.: *Social Theories of the Middle Ages*, London 1968.

Jarrett, D.: *England in the Age of Hogarth*, London 1974.

Jarrick, A./J. Söderberg: »Spontaneous Processes of Civilization«, *Ethnologia Europaea* 1993.

Jeake of Rye, S.: *Astrological Diary 1652-1699*, ed. M. Hunter/A. Gregory, Oxford 1988.

Jeay, M.: »Sur quelques coutumes sexuelles du Moyen age« in *L'érotisme au Moyen âge*, ed. B. Roy, Paris 1977.

Jędrej, M.C.: »Some Structural Features of Ingessana Marriage and Affinity«, *Africa* 1979.

Jeffery, P.: *Frogs in a Well*, London 1979.

Jeffery, P./R. Jeffery/A. Lyon: *Labour Pains and Labour Power*, New Delhi 1988.

Jeffery, R.: »Recognizing India's Doctors: The Institutionalization of Medical Dependency, 1918-39«, *Modern Asia Studies* 1979.

Jeffreys, S.: *The Spinster and Her Enemies*, London 1985.

Jeggle, U.: »Alltag« in *Grundzüge der Volkskunde*, ed. H. Bausinger et al., Darmstadt 1999.

Jehle, F.: »Das tausendjährige Heilbad zu Säckingen«, *Badische Heimat* 1962.

Jelavich, P.: *Berlin Cabaret*, Cambridge 1993.

Jelicz, A.: *Das alte Krakau*, Leipzig 1981.

Jelloun, T.B.: *Die tiefste der Einsamkeiten*, Reinbek 1989.

Jenkyns, R.: *The Victorians and Ancient Greece*, Oxford 1980.

Jennings, S.: *Theatre, Ritual and Transformation*, London 1995.

Jennings, T.: »›Us Colored Women Had to Go Through a Plenty‹: Sexual Exploitation of Afro-American Slave Women«, *Journal of Women's History*, Winter 1990.

Jensen, C.: »Sitte, Bräuche und Volksglauben« in *Nordfriesland*, ed. L.C. Peters, Husum 1930.

Jensen, G.D./L.K. Suryani: *The Balinese People*, Singapore 1992.

Jentsch, T./R. Doetsch: *Keman, eine Siedlung im Hochland von Papua-Neuguinea*, Berlin 1986.

Jerouschek, G.: »›Diabolus habitat in eis‹: Wo der Teufel zu Hause ist«, *Rechtshistorisches Journal* 1990.

Jewell, K.S.: *From Mammy to Miss America and Beyond*, London 1993.

Jezler, P./E. Jezler/C. Göttler: »Warum ein Bilderstreit? Der Kampf gegen die ›Götzen‹ in Zürich« in *Bilderstreit*, ed. H.-D. Altendorf/P. Jezler, Zürich 1984.

Jinhua-Teng, E.: »An Island of Women«, *International History Review* 1998.

Jocano, F.L.: *Growing Up in a Philippine Barrio*, New York 1969.

Jörgensen, G.: »Sexualdelikte und Rechtsauffassung in Dithmarschen zur Zeit des Dreißigjährigen Krieges«, *Die Heimat* 1961.

Jørgensen, N.: *Bauer, Narr und Pfaffe*, København 1988.

Johnson, E.A.: *Naziterror*, London 2000.

Johnson, M.C.: »Female Circumcision, Religious Identity, and Personhood in Guinea-Bissau« in *Female ›Circumcision‹ in Africa*, ed. B. Shell-Duncan/Y. Hernlund, London 2000.

Johnson, P.D.: *Equal in Monastic Profession: Religious Women in Medieval France*, Chicago 1991.

Johnson, P.E.: *Hidden Hands*, Athens 2001.

Johnson, W.: »The Myth of Jewish Male Menses«, *Journal of Medieval History* 1998.

Jolly, M.: »Further Reflections on Violence in Melanesia« in *Reflections on Violence in Melanesia*, ed. S. Dinnen/A. Ley, Annandale 2000.

Jones, A.R./P. Stallybrass: »Fetishizing Gender: Constructing the Herm-aphrodite in Renaissance Europe« in *Body Guards*, ed. J. Epstein/K. Straub, New York 1991.

Jones, C.: *The Charitable Imperative*, London 1989.

Jones, M.: »Sex and Sexuality in Late Medieval and Early Modern Art« in *Privatisierung der Triebe?*, ed. D. Erlach et al., Frankfurt/M. 1994.

Jones, M.H.: »Formen der Liebeserklärung im höfischen Roman bis um 1300« in *Liebe in der deutschen Literatur des Mittelalters*, ed. J. Ashcroft et al., Tübingen 1987.

Jones, N.: *The Birth of the Elizabethan Age*, Oxford 1993.

Jones, R.L./S.K. Jones: *The Himalayan Woman*, Palo Alto 1976.

Jones, V.: *Women in the Eighteenth Century*, London 1990.

Jones, W.: *Fox Texts*, Washington 1907.

Jopp, W.: *Die frühen deutschen Berichte über das Kapland und die Hotten-totten bis 1750*, Göttingen 1960.

Jordan, C.: *Renaissance Feminism*, Ithaca 1990.

Jordan, W.C.: *The French Monarchy and the Jews*, Philadelphia 1989.

–: *The Great Famine*, Princeton 1996.

Jordan, W.D.: *White Over Black*, Baltimore 1969.

–: »Initial English Confrontations With Africans« in ›*Race‹ in Britain*, ed. C. Husband, London 1982.

Joseph, R.M.F.: »Zulu Women's Bow Songs: Ruminations on Love«, *Bulletin of the School of Oriental and African Studies* 1987.

Jünger, E.: »Myrdun« in *Gesammelte Werke*, Bd. VI, Stuttgart 1982.

Jütte, R.: »Der anstößige Körper: Anmerkungen zu einer Semiotik der Nacktheit«, Ms. [1989].

–: *Ärzte, Heiler und Patienten*, München 1991.

–: »Der kranke und der gesunde Körper« in ›*Der schejne Jid‹*, ed. S. Gilman et al., Wien 1998.

Juillerat, B.: *Les enfants du sang*, Paris 1986.

Juni, S.: »The Final Frontier in the Abolition of Sexism: Unisexing the Lavatory«, *Journal of Psychoanalytic Anthropology* 1984.

Junker, A./E. Stille: *Zur Geschichte der Unterwäsche 1700-1960*, Frankfurt/M. 1988.

Junod, H.P.: *Bantu Heritage*, Johannesburg 1938.

Jussen, B.: *Der Name der Witwe*, Göttingen 2000.

Kabbani, R.: *Europe's Myths of Orient*, Bloomington 1986.

Kachel, J.: *Herberge und Gastwirtschaft in Deutschland bis zum 17. Jahrhundert*, Berlin 1924.

Kälble, M.: »Patrizische Gesellschaften« in *Spätmittelalter am Oberrhein*, ed. S. Lorenz/T. Zotz, Stuttgart 2001.

Kämmerer, D.: »Rede des Heidelberger Stadtpfarrers auf dem Blutgerüst« in *Die deutschen Räuberbanden*, ed. H. Boehncke/H. Sarkowicz, Bd. III, Frankfurt/M. 1991.

Kästner, H.: »Kosmographisches Weltbild und sakrale Bildwelt« in *Mein ganzer Körper ist Gesicht*, ed. K. Kröll/H. Steger, Freiburg 1994.

Kageneck, A. Graf: *In Zorn und Scham*, Mainz 1998.

Kahrmann, C.: *Hoffen auf den reichen Strand*, Berlin 1995.

Kaiser, S.: »Coming Out of Denial« in *Sex Work*, ed. F. Delacoste/P. Alexander, London 1988.

Kakar, S.: *Kindheit und Gesellschaft in Indien*, Frankfurt/M. 1988.

–: *Intime Beziehungen*, Frauenfeld 1994.

Kalberer, G.: »Wieso den Busen verhüllen?«, *Tages-Anzeiger*, 13. Oktober 1997.

Kalka, C.: *Eine Tochter ist ein Haus, ein Boot und ein Garten*, Münster 1995.

Kaltenstadler, W.: *Das Haberfeldtreiben*, München 1971.

Kamermans, J.: *Mythos Geschlechtswandel*, Hamburg 1992.

–: *Künstliche Geschlechter*, Hamburg 1995.

Kames, J.K.: *Die weltliche Gerichtsbarkeit in der Stadt Hildesheim während des Mittelalters*, Celle 1910.

Kany, C.E.: *Life and Manners in Madrid 1750–1800*, Berkeley 1932.

Kaplan, M.A.: *The Making of the Jewish Middle Class*, Oxford 1991.

Kapp, D.B.: Mündliche Mitteilung vom 15. April 1987.

Kappl, C.: *Die Not der kleinen Leute*, Bamberg 1984.

Karay, F.: »Women in the Forced-Labor Camps« in *Women in the Holocaust*, ed. D. Ofer/L.J. Weitzman, New Haven 1998.

Karlsen, C.F.: *The Devil in the Shape of a Woman*, New York 1987.

Karnein, A.: »Andreas Capellanus über Liebe, Sexualität und Geschlechterbeziehung« in *Liebesfreuden im Mittelalter*, ed. G. Bartz et al., Stuttgart 1994.

Karras, R.M.: »Two Models, Two Standards« in *Bodies and Disciplines*, ed. B. Hanawalt/D. Wallace, Minneapolis 1996.

–: »Sharing Wine, Women, and Song: Masculine Identity Formation in the Medieval European Universities« in *Becoming Male in the Middle Ages*, ed. J.J. Cohen/B. Wheeler, New York 2000.

Karsch-Haack, F.: *Das gleichgeschlechtliche Leben der Naturvölker*, München 1911.

Karsten, R.: *The Head-Hunters of Western Amazonas*, Helsingfors 1935.

Karttunen, F.: *Between Worlds*, New Brunswick 1994.

Karutz, R.: *Unter Kirgisen und Turkmenen*, Berlin 1924.

Kashamura, A.: *Famille, sexualité et culture*, Paris 1973.

Kaspar, F.: *Brunnenkur und Sommerlust*, Bielefeld 1993.

Kaspruś, A.: *The Tribes of the Middle Ramu and the Upper Keram Rivers*, St. Augustin 1973.

Kasriel, M.: *Libres femmes du Haut-Atlas?*, Paris 1989.

Kassamali, N.J.: »When Modernity Confronts Traditional Practices« in *Women in Muslim Societies*, ed. H.L. Bodman/N. Tohidi, Boulder 1998.

Kasson, J.S.: *Marble Queens and Captives*, New Haven 1990.

al-Katsha, S.: »Changes in Nubian Wedding Ceremonies« in *Nubian Ceremonial Life*, ed. J.G. Kennedy, Cairo 1978.

Katz, J.: *Tradition and Crisis: Jewish Society at the End of the Middle Ages*, New York 1993.

Kaufmann, J.-C.: *Corps des femmes, regards d'hommes*, Paris 1995.

Kaufmann, M.: *Churban Lettland*, ed. E.R. Wiehn, Konstanz 1999.

Kaupen-Haas, H./C. Osthaus: »›Rassenschande‹ beim Landgericht Hamburg« in *Heilen und Vernichten im Mustergau Hamburg*, ed. A. Ebbinghaus et al., Hamburg 1984.

Kayir, A.: »Zu sexuellen Problemen von Frauen« in *Aufstand im Haus der Frauen*, ed. A. Neusel et al., Berlin 1991.

Keeble, N.H.: *The Cultural Identity of Seventeenth-Century Women*, London 1994.

Keenan, E.: »Normen kreieren, Normen variieren« in *Von fremden Stimmen*, ed. S. Günthner/H. Kotthoff, Frankfurt/M. 1991.

Keene, D.: *The Japanese Discovery of Europe, 1720-1830*, Stanford 1969.

Kehl-Bodrogi, K.: »Formen ritueller Verwandtschaft in der Türkei« in *Kulturen und Innovationen*, ed. G. Elwert et al., Berlin 1996.

Keijser, M.: »Volkskultur und Volksvergnügen« in *Amsterdam 1585-1672*, ed. B. Wilczek/J. van Waterschoot, Bühl-Moos 1993.

v. Keller, A.: *Erzählungen aus altdeutschen Handschriften*, Stuttgart 1855.

Keller, H.E.: *Wort und Fleisch*, Bern 1993.

Kelly, H.A.: *Love and Marriage in the Age of Chaucer*, Ithaca 1975.

–: »Bishop, Prioress, and Bawd in the Stews of Southwark«, *Speculum* 2000.

Kelly, I.T.: *Southern Paiute Ethnography*, Salt Lake City 1964.

Kelly, R.C.: »Witchcraft and Sexual Relations« in *Man and Woman in the New Guinea Highlands*, ed. P. Brown/G. Buchbinder, Washington 1976.

–: *Constructing Inequality*, Ann Arbor 1993.

Kemink, F.: *Die Tegreñña-Frauen in Eritrea*, Stuttgart 1991.

Kemmerich, M.: »Die Reinlichkeit in Paris« in *Sittengeschichte von Paris*, ed. L. Schidrowitz, Wien 1926.

Kempf, W.: *Das Innere des Äußeren*, Berlin 1996.

Kennedy, J.G.: »Circumcision and Excision in Egyptian Nubia«, *Man* 1970.

–: »Circumcision and Excision Ceremonies« in *Nubian Ceremonial Life*, ed. J.G. Kennedy, Cairo 1978.

Kenny, M.G.: »Latah: The Logic of Fear« in *Emotions of Culture: A Malay Perspective*, ed. W.J. Karim, Singapore 1990.

Kenrick, D./G. Puxon: *Sinti und Roma: Die Vernichtung eines Volkes im NS-Staat*, Göttingen 1981.

Kent, S.K.: *Sex and Suffrage in Britain 1860-1914*, Princeton 1987.

Kenyatta, J.: *Facing Mount Kenya*, London 1938.

Keohane, A.: *Bedouin*, London 1994.

Kern, L.J.: *An Ordered Love: Sex Roles and Sexuality in Victorian Utopias*, Chapel Hill 1981.

Kerr, M.H.: »Husband and Wife in Criminal Proceedings in Medieval England« in *Women, Marriage, and Family in Medieval Christendom*, ed. C.M. Rousseau/J.T. Rosenthal, Kalamazoo 1998.

Kerstan, B./J. Berninghausen: *Emanzipation wohin?*, Frankfurt/M. 1991.

Keßler, B.H./J. Schwickerath: *Reaktionen auf erotische Reize in Abhängigkeit vom biologischen und psychologischen Geschlecht*, Saarbrücken 1980.

Kessler, D.: *The Falashas*, New York 1982.

Kestner, J.A.: *Mythology and Misogyny*, Madison 1989.

Khanna, G./M.A. Varghese: *Indian Women Today*, New Delhi 1978.

Khatib-Chahidi, J.: »Sexual Prohibitions, Shared Space and Fictive Marriages in Shi'ite Iran« in *Women and Space*, ed. S. Ardener, London 1981.

al-Khayyat, S.: *Ehre und Schande*, München 1991.

Kiby, U.: »Die Badekultur« in *Badewonnen*, ed. K. Grohe, Köln 1993.

Kidd, R.: *The Way We Civilise*, St. Lucia 1997.

Kiedel, K.-P.: »Seemannsleben zur Hansezeit« in *Die Hanse-Kogge von 1380*, ed. K.-P. Kiedel/U. Schnall, Bremerhaven 1989.

Kienitz, S.: *Sexualität, Macht und Moral*, Berlin 1995.

Kiev, A.: *Curanderismo*, New York 1968.

Kilmer, M.: »Genital Phobia and Depilation«, *Journal of Hellenic Studies* 1982.

Kim, Y.-C.: *Women of Korea*, Seoul 1976.

Kimball, G.: »Aztec Homosexuality«, *Journal of Homosexuality* 1993.

Kimball, N.: *Memoiren aus dem Bordell*, Frankfurt/M. 1999.

Kimura, B.: »Transkulturelle Psychiatrie und Kulturtranszendenz der Psychosen: Endon und Shizen« in *Leib, Geist, Geschichte*, ed. A. Kraus, Heidelberg 1978.

Kincaid, J.R.: *Child-Loving*, New York 1992.

King, F.: *Southern Ladies and Gentlemen*, New York 1975.

King, M.B.: »Male Sexual Assault in the Community« in *Male Victims of Sexual Assault*, ed. G.C. Mezey/M.B. King, Oxford 1992.

King, M./E. Woollett: »Sexually Assaulted Males«, *Archives of Sexual Behavior* 1997.

King, S.H.: *Perceptions of Illness and Medical Practice*, New York 1962.

Kinsey, A.C. et al.: *Das sexuelle Verhalten der Frau*, Frankfurt/M. 1967.

Kinzelbach, A.: »Heilkundige Frauen im oberdeutschen Raum, 1450-1700«, *Historische Anthropologie* 1999.

Kipnis, L.: »(Male) Desire and (Female) Disgust: Reading *Hustler*« in *Cultural Studies*, ed. L. Grossberg et al., New York 1992.

Kirch, P.V./M. Sahlins: *Anahulu*, Bd. I, Chicago 1992.

Kirchesch, H.: *Die Verfassung und die wirtschaftlichen Verhältnisse des Zisterzienserinnenklosters zu Namedy*, Bonn 1916.

Kirkpatrick, J.: *The Marquesan Notion of the Person*, Ann Arbor 1983.

Kirn, H.-M.: *Das Bild vom Juden im Deutschland des frühen 16. Jahrhunderts*, Tübingen 1989.

Kitamura, K.: *Japan*, Stuttgart 1983.

Kittsteiner, H.D.: *Die Entstehung des modernen Gewissens*, Frankfurt/M. 1991.

Kitzinger, S.: »The Social Context of Birth: Some Comparisons Between Childbirth in Jamaica and Britain« in *Ethnography of Fertility and Birth*, ed. C.P. MacCormack, London 1982.

–: *Sexualität im Leben der Frau*, München 1984.

Kjellström, R.: *Eskimo Marriage*, Lund 1973.

Klammer, P.: *Auf fremden Höfen*, Wien 1992.

Klaniczay, G.: »Everyday Life and Elites in the Later Middle Ages« in *The Medieval World*, ed. P. Linehan/J.L. Nelson, London 2001.

Klapisch-Zuber, C.: »La famille médiévale« in *Histoire de la population française*, Bd. I, ed. J. Dupâquier, Paris 1988.

Kleiber, H.-P.: Brief vom 20. April 1998.

Klein, H.L.: »Beschwerden nach Genital-Verstümmelung«, *Sexualmedizin* 1983.

Klein, M.A.: *Slavery and Colonial Rule in French West Africa*, Cambridge 1998.

Klenk, E.: »Das Kinderleben« in *Wolfau*, ed. K. Gaál, Eisenstadt 1969.

Kleßmann, E.: *Hamburg*, Frankfurt/M. 1991.

Klibansky, R./E. Panofsky/F. Saxl: *Saturn und Melancholie*, Frankfurt/M. 1990.

Kligman, G.: *The Wedding of the Dead*, Berkeley 1988.

Klimowsky, E.W.: *Geschlecht und Geschichte*, Teufen 1956.

Kliner-Fruck, M.: ›*Es ging ja ums Überleben*‹, Frankfurt/M. 1995.

Klöden, G.A.v.: »Über die niederländischen und französischen Besitzungen in Guyana«, *Zeitschrift für allgemeine Erdkunde* 1858.

Klüver, B./J. Martin: *Kiki's Paris*, New York 1989.

Kluge, F.: *Etymologisches Wörterbuch*, ed. W. Mitzka, Berlin 1960.

Knauft, B.M.: *South Coast New Guinean Cultures*, Cambridge 1993.

Knibiehler, Y./C. Fouquet: *La femme et les médecins*, Paris 1983.

v. Knigge, A.: *Über den Umgang mit Menschen*, Hannover 1993.

Knightley, P.: »Vietnam 1954-1975« in *The American Experience in Vietnam*, ed. G. Savy, Norman 1989.

Knox, D.: »*Disciplina*: The Monastic and Clerical Origins of European Civility« in *Renaissance Society and Culture*, ed. J. Monfasani/E.F. Rice, New York 1991.

Knuf, J./H.W. Schmitz: *Ritualisierte Kommunikation und Sozialstruktur*, Hamburg 1980.

Kobayashi, A.: »Ofuro« in *Encyclopedia of Contemporary Japanese Culture*, ed. S. Buckley, London 2001.

Koch, E.: *Maior dignitas est in sexu virili*, Frankfurt/M. 1991.

Koch, F.: *Sexuelle Denunziation*, Frankfurt/M. 1986.

Koch, M.: *Salomes Schleier*, Hamburg 1995.

Koehler, L.: *A Search for Power: The* »*Weaker Sex*« *in 17th-Century New England*, Urbana 1980.

Köhler, R./W. Richter: *Berliner Leben 1806-1847*, Berlin 1954.

Kölling, B.: »›Ländlich, sittlich, junkerlich‹: Sexualität und Gewalt in der ostelbischen Landwirtschaft im ausgehenden 19. Jahrhundert«, *Archiv für Kulturgeschichte* 1997.

Köllner, E.: *Homosexuelle Sozialisation und Gay Counselling*, Münster 1990.

König, J.-G.: *Die feine Bremer Art*, Bremen 1982.

König, R.: *Indianer wohin?*, Opladen 1973.

König, W.: *Das Frauenbild in der deutschsprachigen Gynäkologie um 1900*, Heidelberg 1983.

Koentjaraningrat, R.M.: »The Javanese of South Central Java« in *Social Structure in Southeast Asia*, ed. G.P. Murdock, Chicago 1960.

Koepping, E.: »Vom Blasrohr zum Aktenkoffer« in *Kinder*, ed. M.-J. van de Loo/M. Reinhart, München 1993.

Kößler, G.: *Mädchenkindheiten im 19. Jahrhundert*, Gießen 1979.

Kogon, E.: *Der SS-Staat*, München 1974.

Kohl, J.G.: *Die Marschen und Inseln der Herzogthümer Schleswig und Holstein*, Bd. I, Dresden 1846.

Kohl, K.-H.: *Entzauberter Blick*, Berlin 1981.

–: *Abwehr und Verlangen*, Frankfurt/M. 1987.

–: »Die Nackten und die Roten«, *Frankfurter Allgemeine Zeitung*, 1. September 1997.

Kohl, P.: ›*Ich wundere mich, daß ich noch lebe*‹, Gütersloh 1990.

–: *Der Krieg der deutschen Wehrmacht und der Polizei 1941-44*, Frankfurt/M. 1995.

Kohlbauer-Fritz, G.: »›La belle juive‹ und die ›schöne Schickse‹« in ›*Der schejne Jid*‹, ed. S. Gilman et al., Wien 1998.

Kohler, M.: *Marriage Customs in Southern Natal*, Pretoria 1933.

Kohlheim, R./V. Kohlheim: *Duden: Familiennamen*, Mannheim 2000.

Kohl-Larsen, L.: *Wildbeuter in Ostafrika*, Berlin 1958.

Kokula, I.: »Lesbisch leben von Weimar bis zur Nachkriegszeit« in *Eldorado*, ed. M. Bollé/R. Bothe, Berlin 1984.

Kokula, I./U. Böhmer: *Die Welt gehört uns doch!*, Zürich 1991.

Kolb, A.: *Geist und Leben einer schwäbischen Reichsabtei*, Konstanz 1964.

Koldeweij, A.M.: »A Barefaced ›Roman de la Rose‹ (Paris, B.N., ms. fr. 25526)« in *Flanders in a European Perspective*, ed. M. Smeyers/B. Cardon, Leuven 1995.

Koldewej, J.: »The Wearing of Significative Badges, Religious and Secular« in *Showing Status*, ed. W. Blockmans/A. Janse, Turnhout 1999.

Koller, C.: »Feind-Bilder« in *Heimat-Front*, ed. K. Hagemann/S. Schüler-Springorum, Frankfurt/M. 2002.

Kollmann, N.S.: »Honor and Dishonor in Early Modern Russia«, *Forschungen zur osteuropäischen Geschichte* 1992.

Komorovský, J.: »The Evidence of the Bride's Innocence in the Wedding Customs of the Slavs«, *Ethnologia Slavica* 1974.

Kootz-Kretschmer, E.: *Die Safwa in Ostafrika*, Bd. I, Berlin 1926.

Kopp, K.: »Tanzvorschriften in Anstandsbüchern«, *Hessische Blätter für Volks- und Kulturforschung* 1993.

Koppers, W.: *Unter Feuerland-Indianern*, Stuttgart 1924.

Korff, G.: »Einige Bemerkungen zum Wandel des Bettes«, *Zeitschrift für Volkskunde* 1981.

Korte, H.: *Über Norbert Elias*, Frankfurt/M. 1988.

Kortüm, H.-H.: *Menschen und Mentalitäten*, Berlin 1996.

Kos, M.: *Frauenschicksale in Konzentrationslagern*, Wien 1998.

Kosinski, D.M.: »Gustave Courbet's *The Sleepers*: The Lesbian Image in 19th-Century French Art and Literature«, *Artibus et historiae* 1988.

Kossek, B.: »Racist and Patriarchal Aspects of Plantation Slavery in Grenada« in *Slavery in the Americas*, ed. W. Binder, Würzburg 1993.

–: »Reisende Damen und deportierte Frauen« in *Und tät das Reisen wählen*, ed. D. Jedamski et al., Dortmund 1994.

Kossok, M.: *Am Hofe Ludwigs XIV.*, Stuttgart 1990.

Koštials, J.: »Nachträge zum erotischen und skatologischen Idiotikon der Italiener in Istrien«, *Anthropophyteia* 1909.

Kotelmann, L.: *Gesundheitspflege im Mittelalter*, Hamburg 1890.

Kottek, S.: »The Essenes and Medicine«, *Clio Medica* 1983.

Kracke, W.H.: *Force and Persuasion: Leadership in an Amazonian Society*, Chicago 1978.

Krämer, A.: *Palau*, Bd. I, Hamburg 1917.

Krafft, S.: *Zucht und Unzucht*, München 1996.

Krafft-Ebing, R.v.: *Psychopathia sexualis*, Wien 1912.

Kraft, H.U.: *Reisen und Gefangenschaft*, ed. K.D. Haßler, Stuttgart 1861.

Krall, H.: *Dem Herrgott zuvorkommen*, Frankfurt/M. 1992.

Kramer, A./J. Horne: *German Atrocities, 1914*, New Haven 2001.

Kramer, F.W.: *Der rote Fes*, Frankfurt/M. 1987.

–: Mündliche Mitteilung vom 15. Juli 1987.

Kramer, H.: *Deutsche Kultur zwischen 1871 und 1918*, Frankfurt/M. 1971.

Kramer, K.-S.: *Bauern und Bürger im nachmittelalterlichen Unterfranken*, Würzburg 1957.

–: »Reiseerfahrungen vor dreihundert Jahren« in *Europäische Kulturverflechtungen*, ed. G. Heilfurth/H. Siuts, Göttingen 1967.

–: »Hohnsprake, Wrakworte, Nachschnack und Ungebühr«, *Kieler Blätter zur Volkskunde* 1984.

–: *Volksleben in Holstein (1550-1800)*, Kiel 1987.

–: *Das Scheibenbuch des Herzogs Johann Casimir von Sachsen-Coburg*, Coburg 1989.

v. Krannhals, H.: *Der Warschauer Aufstand 1944*, Frankfurt/M. 1962.

Krause, A.: *The Tlingit Indians*, Seattle 1956.

Krause, T.: *Geschichte des Strafvollzugs*, Darmstadt 1999.

Krausnick, H./H.-H. Wilhelm: *Die Truppe des Weltanschauungskrieges*, Stuttgart 1981.

Krauss, F.S.: »Südslavische Volksüberlieferungen, die sich auf den Geschlechtsverkehr beziehen«, *Anthropophyteia* 1904.

Kressel, G.M.: »Shame and Gender«, *Anthropological Quarterly* 1992.

Kretz, A.: »Bein, Fuß und Schuh im Dienste der Erotik« in *Sittengeschichte des Intimsten*, ed. L. Schidrowitz, Wien 1929.

Kretzschmar, R.: »Gesetzgebung in der waldburgischen Grafschaft Friedberg-Scheer im 16. Jahrhundert«, *Zeitschrift für Hohenzollersche Geschichte* 1987.

Kriegel, M.: *Les Juifs à la fin du Moyen Age*, Paris 1979.

van Krieken, R.: »Gewalt, Selbstdisziplin und Modernität«, *Psychologie und Geschichte* 1991.

–: *Norbert Elias*, London 1998.

Krige, E.J.: *The Social System of the Zulus*, Pietermaritzburg 1936.

–: »Individual Development« in *The Bantu-Speaking Tribes of South Africa*, ed. I. Schapera, London 1937.

–: »Girls' Puberty Songs and Their Relation to Fertility, Health, Morality and Religion Among the Zulu«, *Africa* 1968.

Krige, E.J./J.D. Krige: *The Realm of a Rain-Queen*, London 1943.

Krige, J.D./E.J. Krige: »The Lovedu of the Transvaal« in *African Worlds*, ed. D. Forde, London 1954.

Krobb, F.: *Die schöne Jüdin*, Tübingen 1993.

Kröger, F.: *Übergangsriten im Wandel*, Hohenschäftlarn 1978.

Krohn, R.: *Der unanständige Bürger*, Kronberg 1974.

–: »Wanderung der Tabugrenzen: Vom Hohen zum Niederen Lied der Liebe« in *Sexualität*, Heidelberg 1988.

Krokowski, H.: *Die Last der Vergangenheit*, Frankfurt/M. 2001.

Krokowski, H./B. Voigt: »Das Schicksal von Wanda P.« in *Frauen in Konzentrationslagern*, ed. C. Füllberg-Stolberg et al., Bremen 1994.

Kross, E.: *Am Hofe Heinrichs VIII.*, Leipzig 1992.

Krüger, E.: »Überlegungen zum Quellenwert der irischen Bußbücher für die Historische Frauenforschung« in *Frauen in der Geschichte*, Bd. VII, ed. W. Affeldt/A. Kuhn, Düsseldorf 1986.

Krüger, G.: *Kriegsbewältigung und Geschichtsbewußtsein*, Göttingen 1999.

Kruger, S.F.: »Becoming Christian, Becoming Male?« in *Becoming Male in the Middle Ages*, ed. J.J. Cohen/B. Wheeler, New York 2000.

Krug-Richter, B.: *Zwischen Fasten und Festmahl*, Stuttgart 1994.

Kruse, B.-J.: ›*Die Arznei ist Goldes wert*‹, Berlin 1999.

Krygier, J.: »Caste and Female Pollution« in *Women in India and Nepal*, ed. M. Allen/S.N. Mukherjee, Canberra 1982.

Kubik, G.: »Die Mukanda-Erfahrung« in *Kinder*, ed. M.-J. van de Loo/M. Reinhart, München 1993.

Kuby, E.: *Die Russen in Berlin 1945*, München 1965.

Kuchenbuch, L.: »›Säuisches Wirthschaften‹ auf dem Land als Problem der Volksaufklärung«, *Jahrbuch für Volkskunde* 1987.

Kuckuck, A./C. Luckmann: *Mütter, Lust und Sexualität*, Reinbek 1997.

Küchler, R.: »Das Protokoll des Fünfzehnergerichts Obwalden 1550-71«, *Der Geschichtsfreund* 1997.

Kühnel, H.: »Beiträge der Orden zur materiellen Kultur des Mittelalters« in *Klösterliche Sachkultur des Spätmittelalters*, ed. H. Appelt, Wien 1980.

–: »»Mit Seife mißt man die Kultur ...‹: Mentalität und Alltagshygiene«, *Archiv für Kulturgeschichte* 1991.

–: »Die Sachkultur bürgerlicher und patrizischer Nürnberger Haushalte des Spätmittelalters und der frühen Neuzeit« in *Haushalt und Familie in Mittelalter und früher Neuzeit*, ed. T. Ehlert et al., Sigmaringen 1991.

–: »Lebensformen einer österreichischen Kleinstadt in der frühen Neuzeit«, *Jahrbuch für die Landeskunde von Niederösterreich* 1995.

v. Künßberg, E.: *Deutsches Rechtswörterbuch*, Bd. II, Weimar 1932.

Kufeke, K.: »Die Darstellung des ›Volkes‹ in Reiseberichten des späten 18. und frühen 19. Jahrhunderts« in *Das Volk im Visier der Aufklärung*, ed. A. Conrad et al., Hamburg 1998.

Kufhus, P.M.: »Rot und Schwarz: Einige Beobachtungen zu Männerbund-Aspekten der Geheimgesellschaften Chinas« in *Männerbande, Männerbünde*, Bd. I, ed. G. Völger/K.v. Welck, Köln 1990.

Kummels, I.: »Einblicke in den Alltag von Rarámuri-Kindern« in *Kinder*, ed. M.-J. van de Loo/M. Reinhart, München 1993.

Kummer, W.: »Die Entwicklung der Indianerstereotypen in der Frühzeit der Conquista« in *Sepharden, Morisken, Indianerinnen und ihresgleichen*, ed. A. Stoll, Bielefeld 1995.

Kunisch, J.: »Die Einsamkeit des Königs an der Tafel« in *Speisen, Schlemmen, Fasten*, ed. U. Schultz, Frankfurt/M. 1993.

Kuno, H.A.: »Genitalregion und Nates« in *Sittengeschichte des Intimsten*, ed. L. Schidrowitz, Wien 1929.

Kunze, J.: *Zur Kunde des deutschen Privatlebens in der Zeit der salischen Kaiser*, Berlin 1902.

Kunzle, D.: *The Early Comic Strip*, Berkeley 1973.

Kupitz, A.: »Der Marktwert einer Hexe«, *Nassauische Annalen* 1996.

Kurzel-Runtscheiner, M.: *Töchter der Venus*, München 1995.

Kutorgiene-Buivydaite, E.: »Aus dem Tagebuch« in *Das Schwarzbuch*, ed. A. Lustiger, Reinbek 1994.

Kutzsch, G.: »Berlin in spätfriderizianischer Zeit«, *Der Bär von Berlin* 1974.

Kuzmics, H.: »Civilization, State and Bourgeois Society: The Theoretical Contribution of Norbert Elias«, *Theory, Culture & Society* 1987.

Kwa'ioloa, M.: *Living Tradition*, ed. B. Burt, Honolulu 1997.

Kyakas, A./P. Wiessner: *From Inside the Women's House*, Buranda 1992.

Kybalová, L./O. Herbenová/M. Lamarová: *Das große Bilderlexikon der Mode*, Prag 1966.

Kyei, T.E.: *Marriage and Divorce Among the Asante*, Cambridge 1992.

Labarge, M.W.: *A Baronial Household of the Thirteenth Century*, Brighton 1965.

LaBarre, W.: »Die kulturelle Grundlage von Emotionen und Gesten« in *Kulturanthropologie*, ed. W.E. Mühlmann/E.W. Müller, Köln 1966.

Labin, S.: *Hippies, Drugs and Promiscuity*, New Rochelle 1972.

La Bruyère, J. de: *Die Charaktere oder Die Sitten des Jahrhunderts*, ed. G. Hess, Wiesbaden 1947.

Lackmann, R.: *Women of the Western Frontier in Fact, Fiction and Film*, Jefferson 1997.

Ladd, J.: *The Structure of a Moral Code*, Cambridge 1957.

Laderman, C.: *Wives & Midwives: Childbirth and Nutrition in Rural Malaysia*, Berkeley 1983.

Längin, B.G.: *Die Hutterer*, Hamburg 1986.

–: *Die Amischen*, München 1990.

La Farge, O.: *Die Große Jagd*, Olten 1961.

Lafitau, J.-F.: *Mœurs des sauvages américains comparées aux mœurs des premiers temps*, Bd. II, Paris 1724.

LaFree, G.D.: »Male Power and Female Victimization: Toward a Theory of Interracial Rape«, *American Journal of Sociology* 1982.

Laget, M.: *Naissances*, Paris 1982.

de Laguna, F.: *Under Mount Saint Elias*, Washington 1972.

Lahnstein, P.: *Report einer »guten alten Zeit«*, Stuttgart 1970.

La Hontan, L.A. de: *Gespräche mit einem Wilden*, ed. K.-H. Kohl, Frankfurt/M. 1981.

Lake, M.: »Australian Frontier Feminism and the Marauding White Men« in *Gender and Imperialism*, ed. C. Midgley, Manchester 1998.

Lallemand, L.: *Histoire de la Charité*, Bd. II, Paris 1903.

Lallemand, S.: »Entre excision et accouchement: les scarifications des filles Mossi du Burkina«, *Archiv für Völkerkunde* 1986.

Lambrecht, K.: *Hexenverfolgung und Zaubereiprozesse in den schlesischen Territorien*, Köln 1995.

Lamp, F.: »Heavenly Bodies: Menses, Moon, and Rituals of License Among the Temne of Sierra Leone« in *Blood Magic*, ed. T. Buckley/A. Gottlieb, Berkeley 1988.

Landweer, H.: »Mikrophysik der Scham?« in *Zivilisierung des weiblichen Ich*, ed. G. Klein/K. Liebsch, Frankfurt/M. 1997.

–: *Scham und Macht*, Tübingen 1999.

Lang, B.: Brief vom 25. November 1986.

Lang, I.: *Die Rassenverhältnisse in Brasilien*, Bd. I, Mainz 1955.

Lange, C.: »Plastischer Kirchenschmuck und Islam« in *Liebesfreuden im Mittelalter*, ed. G. Bartz et al., Stuttgart 1994.

Langford, P.: *A Polite and Commercial People*, Oxford 1989.

–: *Englishness Identified*, Oxford 2000.

Langgaard, P.: »Modernization and Traditional Interpersonal Relations in a Small Greenlandic Community«, *Arctic Anthropology* 1986.

Langness, L.L.: »Sexual Antagonism in the New Guinea Highlands: A Bena Bena Example«, *Oceania* 1967.

Lantis, M.: *Eskimo Childhood and Interpersonal Relationships*, Seattle 1960.

Lapsley, H.: *Margaret Mead and Ruth Benedict*, Amherst 1999.

Laqueur, T.: *Making Sex*, Cambridge 1990.

–: »›Amor Veneris, vel Dulcedo Appeletur‹« in *Fragments for a History of the Human Body*, Bd. III, ed. M. Feher et al., New York 1989.

Laqueur, T.W.: »Crowds, Carnival and the State in English Executions, 1604-1868« in *The First Modern Society*, ed. A.L. Beier et al., Cambridge 1989.

Larsson, C.M.: *Marriage Across the Color Line*, Chicago 1965.

Lasch, C.: »Historical Sociology and the Myth of Maturity«, *Theory & Society* 1985.

Laska, V.: *Women in the Resistance and in the Holocaust*, Westport 1983.

Laslett, P.: *Verlorene Lebenswelten*, Wien 1988.

Lassotta, A.: »Pilger- und Fremdenherbergen und ihre Gäste« in *Wallfahrt kennt keine Grenzen*, ed. L. Kriss-Rettenbeck/G. Möhler, Zürich 1984.

Latorre, F.A./D.L. Latorre: *The Mexican Kickapoo Indians*, Austin 1976.

Lattas, A.: »Poetics of Space and Sexual Economics of Power: Gender and the Politics of Male Identity in West New Britain«, *Ethos* 1990.

Laubenthal, B.: *Vergewaltigung von Frauen als Asylgrund*, Frankfurt/M. 1999.

Laubscher, B.J.F.: *Sex, Custom and Psychopathology*, London 1937.

Laufe, A.: *The Wicked Stage*, New York 1978.

Laufer, C.: »Einige Anstandsregeln der Qunantuna auf Neubritannien«, *Anthropos* 1949.

–: »Ehe und Familie bei den Baining in Neubritannien«, *Anthropos* 1971.

Laughlin, R.M.: »The Tzotzil« in *Handbook of Middle American Indians*, Bd. 8, ed. R. Wauchope, Austin 1969.

Launer, E./R. Wilke-Launer: *Zum Beispiel Sextourismus*, Göttingen 1988.

Laurent, S.: *Naître au Moyen Age*, Paris 1989.

Laurioux, B.: *Le Moyen Age à table*, Paris 1989.

–: *Tafelfreuden im Mittelalter*, Stuttgart 1992.

Lauser, A.: »Sind wißbegierige Ethnologen gierige Fresser?«, *Kea* 1992.

Lautmann, R.: *Der Zwang zur Tugend*, Frankfurt/M. 1984.

–: »Der erotische Status von Körpern« in *Körper und Status*, ed. C. Koppetsch, Konstanz 2000.

–: *Soziologie der Sexualität*, Weinheim 2002.

Lautmann, R./M. Schetsche: *Das pornographierte Begehren*, Frankfurt/M. 1990.

Laven, M.: »Sex and Celibacy in Early Modern Venice«, *Historical Journal* 2001.

Laver, J.: *The Age of Illusion*, London 1972.

Lavie, S.: *The Poetics of Military Occupation*, Berkeley 1990.

Law, H.W.: »Greeting Forms of the Gulf Aztecs«, *American Anthropologist* 1948.

Law, R.: »The ›Amazons‹ of Dahomey«, *Paideuma* 1993.

Lawson, J.: *A New Voyage to Carolina*, London 1709.

Layton, T.A.: *The Way of Saint James*, London 1976.

Lazard, M.: *Les avenues de Fémynie*, Paris 2001.

Lazard, S.: »Code de comportement de la jeune femme en Italie au début du XIVe siècle« in *Traités de Savoir-Vivre en Italie*, ed. A. Montandon, Clermont-Ferrand 1993.

Leakey, L.S.B.: »The Kikuyu Problem of the Initiation of Girls«, *Journal of the Royal Anthropological Institute* 1931.

LeBar, F.M.: *The Material Culture of Truk*, New Haven 1964.

Lechner, G.M.: *Maria Gravida*, Zürich 1981.

Lechner, K.: *Lectulus floridus*, Köln 1993.

Lechner, S.: »Judenmägd' in Ichenhausen« in *Geschichte und Kultur der Juden in Schwaben*, ed. P. Fassl, Sigmaringen 1994.

Lecompte, J.: »The Independent Women of Hispanic New Mexico« in *New Mexico Women*, ed. J.M. Jensen/D.A. Miller, Albuquerque 1986.

Lee, R.B.: *The !Kung San*, Cambridge 1979.

–: »Demystifying Primitive Communism« in *Civilization in Crisis*, Bd. I, ed. C.W. Gailey, Gainesville 1992.

LeGates, M.: »The Cult of Womanhood in Eighteenth-Century Thought«, *Eighteenth-Century Studies* 1976.

Leguay, J.-P.: »Ein Fall von Notzucht im Mittelalter« in *Die sexuelle Gewalt in der Geschichte*, ed. A. Corbin, Berlin 1992.

Lehmann, F.R.: »Bemerkungen zu einer neuen Begründung der Beschneidung«, *Sociologus* 1957.

Lehmann-Langholz, U.: *Kleiderkritik in mittelalterlicher Dichtung*, Frankfurt/M. 1985.

Lehner, J.: *Die Mode im alten Nürnberg*, Nürnberg 1984.

Lehner, S.: »Maja«, *Journal of the Polynesian Society* 1932.

Lehr, U.: »Intimsphäre als Freiraum der Persönlichkeit« in *Der Verlust der Intimität*, ed J. Schlemmer, München 1976.

Leighton, D./C. Kluckhohn: *Children of the People*, Cambridge 1948.

Leimu, P.: »The Sauna as an Instrument of Socialization«, *Ethnologia Scandinavica* 1983.

Leleu, T.: »Scènes de la vie quotidienne: Les femmes de la vallée de la Lys (1870-1920)«, *Revue du Nord* 1981.

Lemay, H.R.: »William of Saliceto on Human Sexuality«, *Viator* 1981.

–: »Human Sexuality in 12th- Through 15th-Century Scientific Writings« in *Sexual Practices & the Medieval Church*, ed. V.L. Bullough/J. Brundage, Buffalo 1982.

–: »Masculinity and Femininity in Early Renaissance Treatises on Human Reproduction«, *Clio Medica* 1983.

Lembke, S.: »Folter und gerichtliches Geständnis« in *Das Quälen des Körpers*, ed. P. Burschel et al., Köln 2000.

Lemmer, M.: »Haushalt und Familie aus der Sicht der Hausväterliteratur« in *Haushalt und Familie in Mittelalter und früher Neuzeit*, ed. T. Ehlert et al., Sigmaringen 1991.

Leneman, L./R. Mitchison: »Girls in Trouble: The Social and Geographical Setting of Illegitimacy in Early Modern Scotland«, *Journal of Social History* 1988.

Lenz, U.: *Das Heidelberger ›Somniale Danielis‹*, Heidelberg 1987.

Leonard, T.C.: »Red, White, and the Army Blue« in *The Military in America*, ed. P. Karsten, New York 1986.

Leonardo da Vinci: *Das Buch der Malerei*, ed. H. Ludwig, Wien 1882.

Leonhardt, K.-L.: *Museum der erotischen Kunst*, München 1992.

Leopold, B.: »›... dann nehme ich mir irgendein anderes Mädchen‹« in *Sexualverhalten in Zeiten von Aids*, ed. W. Heckmann/M.A. Koch, Berlin 1994.

Le Pileur, L.: *La prostitution du XIIIᵉ au XVIIIᵉ siècle*, Paris 1908.

Lepsius, M.R.: *Interessen, Ideen und Institutionen*, Opladen 1990.

Lerner, G.: *Black Women in White America*, New York 1972.

Le Roy Ladurie, E.: *Montaillou*, Frankfurt/M. 1980.

–: *L'Ancien Régime 1610-1770*, Paris 1991.

Lersch, B.M.: *Geschichte der Balneologie, Hydroposie und Pegologie*, Würzburg 1863.

Leslie, J.: »Essence and Existence: Women and Religion in Ancient Indian Texts« in *Women's Religious Experience*, ed. P. Holden, Totowa 1983.

–: *The Perfect Wife*, Delhi 1989.

Lessa, W.A.: *Ulithi*, New York 1966.

–: »The Social Effects of the Typhoon Ophelia (1960) on Ulithi« in *Peoples and Cultures of the Pacific*, ed. A.P. Vayda, Garden City 1968.

Leuker, M.-T./H.W. Roodenburg: »›Die dan hare wyven laten afweyen‹: Overspeel, eer en schande in de zeventiende eeuw« in *Soete minne en helsche boosheit*, ed. G. Hekma/H.W. Roodenburg, Nijmegen 1988.

Leupp, C.P.: *Male Colors*, Berkeley 1995.

Leutner, M.: *Geburt, Heirat und Tod in Peking*, Berlin 1989.

LeVine, R.A.: »Gusii Funerals«, *Ethos* 1982.

LeVine, R.A./B.B. LeVine: »Nyansongo: A Gusii Community in Kenya« in *Six Cultures*, ed. B.B. Whiting, New York 1963.

Levine, R. A./S. E. Levine: »House Design and the Self in an African Culture« in *Body and Space*, ed. A. Jacobson-Widding, Uppsala 1991.

Levy, J. L.: »The Erotic Engravings of Sebald and Barthel Beham« in *The World in Miniature*, ed. S. H. Goddard, Lawrence 1988.

Levy, R. I.: *Tahitians*, Chicago 1973.

Lewis, J. L.: »Sex and Violence in Brazil: ›Carnaval‹, ›capoeira‹, and the Problem of Everyday Life«, *American Ethnologist* 1999.

Lewis, M. I.: »The History of Female Sexuality in the U.S.« in *Women's Sexual Development*, ed. M. Kirkpatrick, New York 1980.

Lewis, O.: »Manly-Hearted Women Among the North Piegan«, *American Anthropologist* 1941.

–: *Life in a Mexican Village*, Urbana 1951.

–: *Tepoztlán*, New York 1960.

–: *The Children of Sánchez*, New York 1961.

–: *Pedro Martínez*, New York 1964.

Ley, M.: ›*Zum Schutze des deutschen Blutes*‹, Bodenheim 1997.

L'Hermite-Leclercq, P.: *L'Église et les Femmes dans l'Occident chrétien*, Paris 1997.

Lhote, H.: *Les Touaregs du Hoggar*, Paris 1984.

Liberman, K.: *Understanding Interaction in Central Australia*, Boston 1985.

Licht, H.: »Reiz-, Stärkungs- und Präventivmittel in der Antike« in *Sittengeschichte des Intimsten*, ed. L. Schidrowitz, Wien 1929.

Lichter, D. J.: *Person, Action & Causation in a Bhote Ethic*, Ann Arbor 1984.

Lie, J.: »The Transformation of Sexual Work in 20th-Century Korea«, *Gender Studies* 1995.

Lieb, A.: *Unter dem Pantoffel der Mode*, München 1951.

Liebers, A.: »*Eine Frau war dieser Mann*«: *Die Geschichte der Hildegund von Schönau*, Zürich 1989.

Lienhardt, G.: »Dinka Representations of the Relations Between the Sexes« in *Studies in Kinship and Marriage*, ed. I. Schapera, London 1963.

Liepmann, W.: *Psychologie der Frau*, Berlin 1920.

Lightfoot-Klein, H.: »Pharaonic Circumcision of Females in the Sudan«, *Medicine and Law* 1983.

–: *Das grausame Ritual*, Frankfurt/M. 1992.

–: *Odyssee einer Frau in Afrika*, Frankfurt/M. 1995.

Liliequist, J.: »Peasants Against Nature« in *Forbidden History*, ed. J. C. Fout, Chicago 1992.

Lincke, I.: *Die Gutleuthäuser in Südbaden*, Freiburg 1967.

Lindblom, C.: »The Social Structure of Emotional Constraint: The Court of Louis XIV and the Pukhtun of Northern Pakistan«, *Ethos* 1988.

Lindemann, A.-M.: *Mannheim im Kaiserreich*, Mannheim 1986.

Lindemann, B. S.: »›To Ravish and Carnally Know‹: Rape in Eighteenth-Century Massachusetts«, *Signs* 1984.

Linderkamp, H.: *Niedergerichtliche Strafformen*, Neumünster 1985.

Lindner, P.: »Die Kategorie ›Raum‹ im Zivilisationsprozeß von Norbert Elias«, *Anthropos* 1996.

Lindner, S.: »Das Saugen an den Fingern, Lippen etc. bei den Kindern (Ludeln)«, *Jahrbuch für Kinderheilkunde* 1879.

Linebaugh, P.: *The London Hanged*, London 1991.

Linke, U.: »The Politics of Blood« in ›... *das Flüstern eines leisen Wehens*‹, ed. F. Raphael, Konstanz 2001.

Linklater, A.: *Wild People*, London 1990.

Linnekin, J.: *Sacred Queens and Women of Consequence*, Ann Arbor 1990.

Linse, U.: »Über den Prozeß der Syphilisation: Körper und Sexualität um 1900 aus ärztlicher Sicht« in *Vermessene Sexualität*, ed. A. Schuller/N. Heim, Berlin 1987.

Linton, R.: »Marquesan Culture« in *The Individual and His Society*, ed. A. Kardiner, New York 1939.

Lipp, C.: »Die Innenseite der Arbeiterkultur« in *Arbeit, Frömmigkeit und Eigensinn*, ed. R. van Dülmen, Frankfurt/M. 1990.

Lipping, M.: »Bürgerliche Konzepte zur weiblichen Sexualität in der zweiten Hälfte des 18. Jahrhunderts« in *Frauenkörper, Medizin, Sexualität*, ed. J. Geyer-Kordesch/A. Kuhn, Düsseldorf 1986.

Lippman, M./S. McConville/M. Yerushalmi: *Islamic Criminal Law and Procedure*, Westport 1988.

Liston-Blyth, A.: »Notes on Native Customs in the Baniara District, Papua«, *Journal of the Royal Anthropological Institute* 1923.

Little, K.L.: »The Mende in Sierra Leone« in *African Worlds*, ed. D. Forde, London 1954.

–: »The Role of the Secret Society in Cultural Specialization« in *Cultures and Societies of Africa*, ed. S. Ottenberg/P. Ottenberg, New York 1960.

Littmann, E.: *Die Erzählungen aus den Tausendundein Nächten*, Bd. III, Wiesbaden 1953.

Liu, D. et al.: *Sexual Behavior in Modern China*, New York 1997.

Llewellyn, B.: *The Orient Observed*, London 1989.

Llewellyn, K.N./E.A. Hoebel: *The Cheyenne Way*, Norman 1941.

Llewelyn-Davies, M.: »Two Contexts of Solidarity Among Pastoral Maasai Women« in *Women United, Women Divided*, ed. P. Caplan/J.M. Bujra, London 1978.

Lloyd-Jones, H.: »Ehre und Schande in der griechischen Kultur«, *Antike und Abendland* 1987.

Lochrie, K.: *Margery Kempe and Translations of the Flesh*, Philadelphia 1991.

–: *Covert Operations*, Philadelphia 1999.

Locke, J.: *Travels in France 1675-1679*, ed. J. Lough, Cambridge 1953.

Lockwood, W.G.: *European Moslems*, New York 1975.

Löffler, I.: *Beiträge zur Ethnologie der Tege*, Mainz 1975.

Löffler, L.G.: Brief vom 7. Dezember 1988.

Löhmer, C.: *Die Welt der Kinder im 15. Jahrhundert*, Weinheim 1989.

Lömker-Schlögell, A.: »Prostituierte: ›umb vermeydung willen merers übels in der cristenhait‹« in *Randgruppen der spätmittelalterlichen Gesellschaft*, ed. B.-U. Hergemöller, Warendorf 1994.

Lofts, N.: *Domestic Life in England*, London 1976.

Lombroso, C./G. Ferrero: *Das Weib als Verbrecherin und Prostituierte*, Hamburg 1894.

Longdon, C.: »Aus dem Blickwinkel einer Überlebenden und Therapeutin« in *Frauen als Täterinnen*, ed. M. Elliott, Ruhnmark 1995.

Longmore, L.: *The Dispossessed*, London 1959.

Lopez, E. H.: *Eros and Ethos*, Englewood Cliffs 1979.

Lorcin, M.-T.: »Le nu et le vêtu dans les fabliaux« in *Le Nu et le Vêtu au Moyen Age (XIIe-XIIIe siècles)*, Dijon 2001.

Lorenz, M.: *Kriminelle Körper, gestörte Gemüter*, Hamburg 1999.

–: *Leibhaftige Vergangenheit*, Tübingen 2000.

Lorenzer, A.: »Intimität im Zeitalter der instrumentellen Vernunft« in *Intimität*, ed. M. B. Buchholz, Weinheim 1989.

Lorey, E. M.: *Henrich der Werwolf*, Frankfurt/M. 1998.

Loserth, J.: *Die Reformationsordnungen der Städte und Märkte Innerösterreichs*, Wien 1907.

Loskiel, G. H.: *Geschichte der Mission der evangelischen Brüder unter den Indianern in Nordamerika*, Barby 1789.

Lourie, E.: *Crusade and Colonisation*, Aldershot Hampshire 1990.

Lovejoy, D. S.: »Satanizing the American Indian«, *New England Quarterly* 1994.

Lowen, A.: »In Defense of Modesty«, *Journal of Sex Research* 1967.

Lowie, R. H.: »Notes on the Kiowa Indians«, *Tribus* 1955.

Lucas, A. T.: »Washing and Bathing in Ancient Ireland«, *Journal of the Royal Society of Antiquaries of Ireland* 1965.

Luchesi, B.: *Familie und Verwandtschaft in einem Dorf in Bangladesch*, Berlin 1983.

Ludi, R.: »Frauenarmut und weibliche Devianz um die Mitte des 19. Jahrhunderts im Kanton Bern« in *Armut in der Schweiz*, ed. A.-L. Head/B. Schnegg, Zürich 1989.

Ludwar, G.: *Die Sozialisation tibetischer Kinder*, Wiesbaden 1975.

Lübke, C.: *Fremde im östlichen Europa,* Köln 2001.

Lützen, K.: *Was das Herz begehrt*, Hamburg 1990.

Lumby, M. E.: »Men Who Advertise For Sex« in *Gay Relationships*, ed. J. P. DeCecco, New York 1988.

Lumholtz, C.: *Unknown Mexico*, New York 1902f.

Lund, A. A.: *Germanenideologie im Nationalsozialismus*, Heidelberg 1995.

Lunsing, W.: »Love and Sex in Fieldwork on Sexuality in Urban Japan« in *Sex, Sexuality, and the Anthropologist*, ed. F. Markowitz/M. Ashkenazi, Urbana 1999.

v. Luschan, F.: »Physische Anthropologie« in *Deutschland und seine Kolonien im Jahre 1896*, ed. H.-H. v. Schweinitz et al., Berlin 1897.

Lutfi, H.: »Manners and Customs of Fourteenth-Century Cairene Women« in *Women in Middle Eastern History*, ed. N. R. Keddie/B. Baron, New Haven 1991.

Lutterbach, H.: »Die Sexualtabus in den Bußbüchern«, *Saeculum* 1995.

–: *Sexualität im Mittelalter*, Köln 1999.

Lutz, E. C.: »La vie au village dans le Toggenburg vers 1400«, *Revue Suisse d'Histoire* 1976.

Luz, W.: *Das Verbrechen in der Darstellung des Verbrechers*, Heidelberg 1927.

Lydall, J.: »Versöhnte Kontraste: Mit meinen Kindern bei den Hamar Äthiopiens« in *Kinder*, ed. M.-J. van de Loo/M. Reinhart, München 1993.

Maccoby, H.: *The Sacred Executioner*, London 1982.

MacCormack, C.P.: »Health, Fertility and Birth in Moyamba District, Sierra Leone« in *Ethnography of Fertility and Birth*, ed. C.P. MacCormack, London 1982.

Machiavelli, N.: *Opere*, Milano 1966.

Mackinnon, C.A.: *Sexual Harassment of Working Women*, New Haven 1979.

Maclean, I.: *The Renaissance Notion of Woman*, Cambridge 1980.

MacLysaght, E.: *Irish Life in the Seventeenth Century*, Cork 1939.

MacPherson, M.: *Long Time Passing*, Garden City 1984.

Madela, L.: »Beiträge zur Meidungssprache der Zulu«, *Afrika und Übersee* 1976.

Magendie, M.: *La politesse mondaine et les théories de l'honnêteté en France au XVIIᵉ siècle*, Paris 1925.

Magnússon, S.A.: *Unter frostigem Stern*, Hannover 1984.

Maher, V.: »Possession and Dispossession: Maternity and Mortality in Morocco« in *Interest and Emotion*, ed. H. Medick/D.W. Sabean, Cambridge 1984.

Mahler, E.: *Die russischen dörflichen Hochzeitsbräuche*, Berlin 1960.

Mahood, L.: *The Magdalens*, London 1990.

Mahr, W.: *Geschichte der Stadt Bad Kissingen*, Bad Kissingen 1959.

Maier, C.: *Das Leuchten der Papaya*, Hamburg 1996.

Maierhof, G./K. Schröder: *Sie radeln wie ein Mann, Madame*, Dortmund 1992.

Maimon, S.: *Lebensgeschichte*, ed K.P. Moritz/Z. Batscha, Frankfurt/M. 1984.

Main, G.L.: *Tobacco Colony: Life in Early Maryland, 1650-1720*, Princeton 1982.

Maisch, A.: *Notdürftiger Unterhalt und gehörige Schranken*, Stuttgart 1992.

Maisel, W.: *Rechtsarchäologie Europas*, Wien 1992.

Maiwald, S./G. Mischler: *Sexualität unter dem Hakenkreuz*, Hamburg 1999.

Majors, R./J.M. Billson: *Cool Pose*, New York 1992.

Makal, M.: *Mein Dorf in Anatolien*, Frankfurt/M. 1971.

Malaspina, A.: »Loose Notes on the English Colony of Port Jackson« in *The Secret History of the Convict Colony*, ed. R.J. King, Sydney 1990.

Malaurie, J.: *Die letzten Könige von Thule*, Frankfurt/M. 1979.

Malcolm X: *Autobiographie*, Bremen 1992.

Malcolmson, R.W.: *Popular Recreations in English History*, Cambridge 1973.

Malinowski, B.: *Das Geschlechtsleben der Wilden in Nordwest-Melanesien*, Frankfurt/M. 1979.

Mallett, P.: »Woman and Marriage in Victorian Society« in *Marriage and Property*, ed. E.M. Craik, Aberdeen 1984.

Malson, L.: *Die wilden Kinder*, Frankfurt/M. 1972.

Man, J.: *Dschungelnomaden von Ecuador*, Amsterdam 1982.

Mandrou, R.: *Introduction to Modern France 1500-1640*, London 1975.

Mann, S.: *Precious Records*, Stanford 1997.

Manniche, L.: *Sexual Life in Ancient Egypt*, London 1987.

Manrique, L.: »The Otomi« in *Handbook of Middle American Indians*, Bd. 8, ed. R. Wauchope, Austin 1969.

v. Mansberg, R.: »Die antike Hinrichtung am Pfahl oder Kreuz«, *Zeitschrift für deutsche Kulturgeschichte* 1900.

Mantuba-Ngoma, M.: *Frauen, Kunsthandwerk und Kultur bei den Yombe in Zaïre*, Göttingen 1989.

Maquet, J.J.: »The Kingdom of Ruanda« in *African Worlds*, ed. D. Forde, London 1954.

Mara, R.K.: *The Pacific Way*, Honolulu 1997.

March, K.N./K.M. Passman: »The Amazon Myth and Latin America« in *The Classical Tradition and the Americas*, Bd. I, ed. W. Haase/M. Reinhold, Berlin 1994.

Marcus, E.: »Hong Kong Massage« in *Sex Work*, ed. F. Delacoste/P. Alexander, London 1988.

Marcus, S.: *Umkehrung der Moral*, Frankfurt/M. 1979.

Marcuse, J.: *Bäder und Badewesen in Vergangenheit und Gegenwart*, Stuttgart 1903.

Maréchal, G.M.O.: »Steden en hun sociale zorg« in *Steden & hun verleden*, ed. M. van Rooijen, Utrecht 1988.

Margareta v. Navarra: *Das Heptameron*, ed. A. Semerau, München 1960.

Margetts, J.: »Die Darstellung der weiblichen Sexualität in deutschen Kurzerzählungen des Spätmittelalters« in *Psychologie in der Mediävistik*, ed. J. Kühnel et al., Göppingen 1985.

Marglin, F.A.: »Types of Sexual Union and Their Implicit Meanings« in *The Divine Consort*, ed. J.S. Hawley/D.M. Wulff, Delhi 1984.

–: *Wives of the God-King*, Delhi 1985.

Margolis, M.L./M. Arnold: »Turning the Tables? Male Strippers and the Gender Hierarchy« in *Culture and Human Sexuality*, ed. D.N. Suggs/A.W. Miracle, Pacific Grove 1993.

Margulis, L./D. Sagan: *Geheimnis und Ritual*, München 1996.

Mariner, W.: *Nachrichten über die Freundschaftlichen, oder die Tonga-Inseln*, Weimar 1819.

Markmiller, F.: »Dingolfinger Bürger vor Gericht«, *Bayerisches Jahrbuch für Volkskunde* 1996.

Marks, R./N. Morgan: *Englische Buchmalerei der Gotik*, München 1980.

Markun, L.: *Mrs Grundy*, New York 1930.

Maroli, G./E. Plöckinger: »Die Bader und Wundärzte in Mautern an der Donau vom Spätmittelalter bis 1896«, *Mitteilungen des Kremser Stadtarchivs* 1985.

Marquardt, R.: *Das höfische Fest im Spiegel der mittelhochdeutschen Dichtung (1140-1240)*, Göppingen 1985.

Marquart, J.W./S. Ekland-Olson/J.R. Sorensen: *The Rope, the Chair, and the Needle: Capital Punishment in Texas, 1923-1990*, Austin 1994.

Marrow, J.H./A. Shestack: *Hans Baldung Grien's Prints and Drawings*, Washington 1981.

Marseille, J.: *L'âge d'or de la France coloniale*, Paris 1986.

Marshall, D.S.: *Island of Passion*, London 1962.

–: »Sexual Behavior on Mangaia« in *Human Sexual Behavior*, ed. D.S. Marshall/R.C. Suggs, New York 1971.

Marshall, L.: »Marriage Among the !Kung Bushmen«, *Africa* 1959.

–: »The Medicine Dance of the !Kung Bushmen«, *Africa* 1969.

–: *The !Kung of Nyae Nyae*, Cambridge 1976.

–: »Sharing, Talking and Giving« in *Kalahari Hunter-Gatherers*, ed. R.B. Lee/I. DeVore, Cambridge 1976.

Marshall, M.: *Weekend Warriors*, Palo Alto 1979.

Marshall, S.: »Protestant, Catholic, and Jewish Women in the Early Modern Netherlands« in *Women in Reformation and Counter-Reformation Europe*, ed. S. Marshall, Bloomington 1989.

Marti, M.P.: *Les Dogon*, Paris 1957.

Martin, A.: *Deutsches Badewesen in vergangenen Tagen*, Jena 1906.

Martin, B.: »Japanische Kriegsverbrechen und Vernichtungspraktiken während des Pazifischen Krieges (1937-45)« in *Lager, Zwangsarbeit, Vertreibung und Deportation*, ed. D. Dahlmann/G. Hirschfeld, Essen 1999.

Martin, P.: *Schwarze Teufel, edle Mohren*, Hamburg 1993.

Martí i Pérez, J.: *L'Alguer*, Berlin 1986.

Martines, L.: »Séduction, espace familial et autorité dans la Renaissance italienne«, *Annales* 1998.

Marvick, E.W.: *Louis XIII: The Making of a King*, New Haven 1986.

Marwick, A.: *Beauty in History*, London 1988.

Marwick, M.G.: *Sorcery in Its Social Setting*, Manchester 1965.

Marx, C.: »Staat und Zivilisation: Zu Hans Peter Duerrs Kritik an Norbert Elias«, *Saeculum* 1996.

Marx, E.: »Relations Between Spouses Among the Negev Bedouin«, *Ethnos* 1987.

Masao, M.: *As We Saw Them*, Berkeley 1979.

Maschio, T.: »Mythic Images and Objects of Myth in Rauto Female Puberty Ritual« in *Gender Rituals*, ed. N.C. Lutkehaus/P.B. Roscoe, New York 1995.

Mason, J.E.: *Gentlefolk in the Making*, Philadelphia 1935.

Mason, J.P.: »Sex and Symbol in the Treatment of Women: The Wedding Rite in a Libyan Oasis Community«, *American Ethnologist* 1975.

Mason, L.: »The Swampy Cree« in *Anthropological Papers of the National Museum of Canada*, Ottawa 1967.

Mason, M.: *The Making of Victorian Sexuality*, Oxford 1994.

Mason, P.: *Deconstructing America*, London 1990.

–: »Classical Ethnography and Its Influence on the European Perception of the Peoples of the New World« in *The Classical Tradition and the Americas*, Bd. I, ed. W. Haase/M. Reinhold, Berlin 1994.

Masparini, A.L.: *The Study of an Italian Village*, The Hague 1968.

el-Masry, Y.: *Die Tragödie der Frau im arabischen Orient*, München 1963.

Massard, J.: »Comment devient-on Orang Melayu?«, *L'Ethnographie* 1985.

Massen, J.: *Zoophilie*, Köln 1994.

Masters, W.H./V.E. Johnson: *Homosexualität*, Frankfurt/M. 1979.

Masuda, S.: *Geisha: Ein Lebensbericht*, ed. M. Stein, Frankfurt/M. 1998.

Matlock, J.: *Scenes of Seduction*, New York 1994.

Matter, M.: »›Beim Barte des Propheten‹«, *Hessische Blätter für Volks- und Kulturforschung* 1992.

Matthiesen, S./A. Dekker: »Sexuelle Grenzverletzungen und Gewalterfahrungen« in *Kinder der sexuellen Revolution*, ed. G. Schmidt, Gießen 2000.

Matti, S.: *Das Leben des Rentierlappen*, ed. L. Kohl-Larsen, Frankfurt/M. 1994.

Maurer, G.L.: *Geschichte der Städteverfassung in Deutschland*, Bd. III, Erlangen 1870.

Maurer, H.: *Konstanz im Mittelalter*, Konstanz 1989.

–: »Von ›Kuhschweizern‹ und ›Sauschwaben‹« in *Schwabenkrieg – Schweizerkrieg 1499*, Kreuzlingen 1999.

Maurer, M.: *Britannien, von deiner Freiheit einen Hut voll*, München 1992.

–: »Bilder repräsentieren Geschichte. Repräsentieren Bilder Geschichte?« in *Historische Faszination*, ed. K. Füßmann et al., Köln 1994.

Maus, K.E.: »Proof and Consequences: Inwardness and Its Exposure in the English Renaissance«, *Representations*, Spring 1991.

Mawrie, H.O.: *The Khasi Milieu*, New Delhi 1981.

Maxwell, A.R.: »Kadayan Men and Women« in *Female and Male in Borneo*, ed. V.H. Sutlive, Shanghai 1993.

Maxwell, G.: *Die zehn Todesqualen*, Reinbek 1961.

Maybury-Lewis, D.: *The Savage and the Innocent*, London 1965.

Mayer, G.: *Die jüdische Frau in der hellenistisch-römischen Antike*, Stuttgart 1987.

Mayer, P./I. Mayer: »The Youth Organization of the Red Xhosa« in *Socialization*, ed. P. Mayer, London 1970.

Maynes, M.J.: »Adolescent Sexuality and Social Identity in French and German Lower-Class Autobiography«, *Journal of Family History* 1992.

Mayr, T.M./H. Mayr-Knochel: »Frühe Kindheit in Ruanda« in *Ethnomedizinische Perspektiven zur frühen Kindheit*, ed. C.E. Gottschalk-Batschkus/J. Schuler, Berlin 1996.

Mays, V.M. et al.: »The Language of Black Gay Men's Sexual Behavior«, *Journal of Sex Research* 1992.

Mazrui, A.A.: »Africa's Triple Heritage of Play« in *Sport in Africa*, ed. W.J. Baker/J.A. Mangan, New York 1987.

Mbembe, A.: »Provisional Notes on the Postcolony«, *Africa* 1992.

McCaghy, C./J.K. Skipper: »Lesbian Behavior as an Adaptation to the Occupation of Stripping« in *Deviant Behavior*, ed. C.D. Bryant, Chicago 1974.

McCall, A.: *The Medieval Underworld*, London 1979.

McClellan, C.: »Avoidance Between Siblings of the Same Sex in Northwestern North America«, *Southwestern Journal of Anthropology* 1961.

–: »Tutchone« in *Handbook of North American Indians*, Bd. VI, ed. J. Helm, Washington 1981.

McClintock, A.: *Imperial Leather*, New York 1995.

McClintock, W.: *The Old North Trail*, London 1910.

McDowell, N.: *The Mundugumor*, Washington 1991.

McGilvray, D.B.: »Sexual Power and Fertility in Sri Lanka: Batticaloa Tamils and Moors« in *Ethnography of Fertility and Birth*, ed. C.P. MacCormack, London 1982.

McGinn, T.A.J.: *Prostitution, Sexuality, and the Law in Ancient Rome*, Oxford 1998.

McIntosh, M.K.: *A Community Transformed*, Cambridge 1991.

McKennan, R.A.: *The Upper Tanana Indians*, New Haven 1959.

McLaren, A.: »Sex and Socialism: The Opposition of the French Left to Birth Control in the 19th Century«, *Journal for the History of Ideas* 1976.

–: *Birth Control in Nineteenth-Century England*, New York 1978.

–: *Sexuality and Social Order: The Debate Over the Fertility of Women and Workers in France, 1770-1920*, New York 1983.

–: *Reproductive Rituals*, London 1984.

McLynn, F.: *Crime and Punishment in Eighteenth-Century England*, London 1989.

McMahon, K.: *Misers, Shrews, and Polygamists*, Durham 1995.

McManners, J.: *Death and the Enlightenment*, Oxford 1981.

McMillan, A.: »Men's Weapons, Women's War: The Nine Female Worthies, 1400-1640«, *Mediaevalia* 1979.

McMurtrie, D.C.: »Prostitution in Japan« in *The Story of Phallicism*, Bd. II, ed. L.A. Stone, Chicago 1927.

McNamara, J.A.: »The ›Herrenfrage‹« in *Medieval Masculinities*, ed. C.A. Lees, Minneapolis 1994.

Meacham, S.: *A Life Apart: The English Working Class 1890-1914*, London 1977.

Mead, M.: *The Changing Culture of an Indian Tribe*, New York 1932.

–: *From the South Seas*, New York 1939.

–: *Growing Up in New Guinea*, Melbourne 1942.

Mead, W.E.: *The English Medieval Feast*, London 1931.

Meek, C.K.: *Tribal Studies in Northern Nigeria*, London 1931.

van der Meer, T.: »The Persecution of Sodomites in Eighteenth-Century Amsterdam« in *The Pursuit of Sodomy*, ed. K. Gerard/G. Hekma, New York 1989.

–: »Tribades on Trial« in *Forbidden History*, ed. J.C. Fout, Chicago 1992.

–: »Sodomy and the Pursuit of a Third Sex in the Early Modern Period« in *Third Sex, Third Gender*, ed. G. Herdt, New York 1994.

–: »Medieval Prostitution and the Case of a (Mistaken?) Sexual Identity«, *Journal of Women's History* 1999.

Mehlitz, W.: *Der jüdische Ritus in Brautstand und Ehe*, Frankfurt/M. 1992.

Meibom, J.H.: »Die Nützlichkeit der Geißelhiebe in den Vergnügungen der Ehe (1639)« in M. Farin: *Lust am Schmerz*, München 1991.

Meigs, A.S.: *Food, Sex, and Pollution*, New Brunswick 1984.

Meiselman, M.: *Jewish Woman in Jewish Law*, New York 1978.

Meiss, M.: *French Painting in the Time of Jean de Berry*, London 1967.

Melammed, R.L.: »Sephardi Women in the Medieval and Early Modern Periods« in *Jewish Women in Historical Perspective*, ed. J.R. Baskin, Detroit 1998.

Melber, H.: »Kolonialdebatten im deutschen Reichstag« in *Kolonialmetropole Berlin*, ed. U.v.d. Heyden/J. Zeller, Berlin 2002.

Meldrum, T.: *Domestic Service and Gender 1660-1750*, Harlow 2000.

Melhuus, M.: »The Troubles of Virtue: Values of Violence and Suffering in a Mexican Context« in *The Ethnography of Moralities*, ed. S. Howell, London 1997.

Melman, B.: *Women's Orients*, Houndmills 1992.

Ménard, P.: »Le rire et le sourire au Moyen Age« in *Le rire au Moyen Age*, ed. T. Bouché/H. Charpentier, Bordeaux 1990.

Mendelson, S.H.: *The Mental World of Stuart Women*, Amherst 1987.

Mendelson, S./P. Crawford: *Women in Early Modern England 1550-1720*, Oxford 1998.

Menge, W.: *So lebten sie alle Tage*, Berlin 1984.

Mennell, S.: *Norbert Elias*, Oxford 1989.

Mennell, S./J. Goudsblom: »Civilizing Processes: Myth or Reality? A Comment on Duerr's Critique of Elias«, *Comparative Study of Society and History* 1997.

Mercer, K.: »Robert Mapplethorpe and Fantasies of Race« in *Sex Exposed*, ed. L. Segal/M. McIntosh, New Brunswick 1992.

Mercier, P./G. Balandier: *Les pêcheurs Lebou du Sénégal*, Saint-Louis 1952.

Mergel, T.: »Kulturgeschichte: Die neue ›große Erzählung‹?« in *Kulturgeschichte heute*, ed. W. Hardtwig/H.-U. Wehler, Göttingen 1996.

Mermier, G.: »Interplay in the Love Poetry of the Troubadours«, *Studies in Medieval Culture* 1976.

Mernissi, F.: *Beyond the Veil*, New York 1975.

–: *Der Harem ist nicht die Welt*, Darmstadt 1988.

–: *Der Harem in uns*, Freiburg 1995.

Merriam, A.P.: »Aspects of Sexual Behavior Among the Bala (Basongye)« in *Human Sexual Behavior*, ed. D.S. Marshall/R.C. Suggs, New York 1971.

Merz, L.: »Rund um das Brückentor« in *Die alte Brücke in Heidelberg*, ed. H. Prückner, Heidelberg 1988.

Messenger, J.C.: *Inis Beag*, New York 1969.

–: »Sex and Repression in an Irish Folk Community« in *Human Sexual Behavior*, ed. D.S. Marshall/R.C. Suggs, New York 1971.

Messerschmidt, M./F. Wüllner: *Die Wehrmachtsjustiz im Dienste des Nationalsozialismus*, Baden-Baden 1987.

Messner, R.: *Yeti*, Frankfurt/M. 1998.

Metje, U.M.: *Die starken Frauen*, Frankfurt/M. 1995.

Metzger, H.-D.: »›Küchlein und Bier‹: Shakespeare und der englische Kirchweihstreit im ausgehenden 16. und frühen 17. Jahrhundert«, *Historische Anthropologie* 1996.

Meyer, H.: *Sexualität und Bindung*, Weinheim 1994.

Meyer, S./E. Schulze: »Von Wirtschaftswunder keine Spur: Die ökonomische und soziale Situation alleinstehender Frauen« in *Hart und zart*, Berlin 1990.

Meyer-Knees, A.: »Jungfernhäutchen und Geschlechtslust« in *Semiotik der Geschlechter*, ed. J. Bernard et al., Wien 1989.

–: *Verführung und sexuelle Gewalt*, Tübingen 1992.

Meyer-Renschhausen, E.: »Zur Geschichte der Gefühle« in *Unter allen Umständen*, ed. C. Eifert/S. Rouette, Berlin 1986.

–: *Weibliche Kultur und soziale Arbeit*, Köln 1989.

Mezger, W.: *Narrenidee und Fastnachtsbrauch*, Konstanz 1991.

–: »Quem quaeretis: wen suchen ihr hie?« in *Modernes Mittelalter*, ed. J. Heinzle, Frankfurt/M. 1994.

Michael, R.T. et al.: *Sexwende*, München 1994.

Michaelis, R.: *Das SS-Sonderkommando Dirlewanger*, Berlin 1998.

Michailidis, G.: »Contribution à l'étude de la Grande Déesse en Égypte«, *Bulletin de l'Institut d'Égypte* 1954.

Michel, T.: *Schützenbräuche in der Schweiz*, Stuttgart 1983.

Michels, R.: *Sittlichkeit in Ziffern?*, München 1928.

Michelson, T.: »Die Stimme einer Fox-Frau (1925)« in *Ethnologische Frauenforschung*, ed. B. Hauser-Schäublin, Berlin 1991.

Micus, C.: *Friedfertige Frauen und wütende Männer?*, Weinheim 2001.

Middleton, J.: *The World of the Swahili*, New Haven 1992.

Middleton, J./G. Kershaw: *The Central Tribes of the North-Eastern Bantu*, London 1965.

Miedema, H.: »Realism and Comic Mode: The Peasant«, *Simiolus* 1977.

Miegel, M./S. Wahl: *Das Ende des Individualismus*, München 1993.

Mielke, A.: *Laokoon und die Hottentotten*, Baden-Baden 1993.

Migne, J.-P.: *Patrologia latina*, Bd. 145, Paris 1873.

Miklautz, M.: *Hysterisch oder liebeskrank?*, München 1998.

Milan, F.A.: »The Acculturation of the Contemporary Eskimo of Wainwright, Alaska«, *Anthropological Papers of the University of Alaska* 1964.

Milger, P.: *Die Kreuzzüge*, München 1988.

–: *Gegen Land und Leute*, München 1998.

Militzer, K.: *Das Markgröninger Heilig-Geist-Spital im Mittelalter*, Sigmaringen 1975.

Miller, G.F.: *Die sexuelle Evolution*, Heidelberg 2001.

Miller, J.C.: *The First Frontier: Life in Colonial America*, New York 1966.

Miller, J.H.: »›Temple and Sewer‹: Childbirth, Prudery, and Victoria Regina« in *The Victorian Family*, ed. A.S. Wohl, London 1978.

Millhagen, S.: *Gefühle kann man nicht kaufen*, Reinbek 1986.

Mills, K./W.B. Taylor: *Colonial Spanish America*, Wilmington 1998.

Mills, J.P.: *The Rengma Nagas*, London 1937.

Milner, C./R. Milner: *Black Players*, Boston 1972.

Minai, N.: *Women in Islam*, London 1981.

Minelli, L.A.: *Obszönes vor Bundesgericht*, Zürich 1981.

Miner, H.M./G. DeVos: *Oasis and Casbah*, Ann Arbor 1960.

Mintz, J.R.: *Legends of the Hasidim*, Chicago 1968.

Miquel, R.: *Mythologie du sein*, Paris 1965.

Mirrer, L.: *Women, Jews, and Muslims in the Texts of Reconquest Castile*, Ann Arbor 1996.

Mirus, H./E. Wisselinck: *Mit Mut und Phantasie: Frauen suchen ihre verlorene Geschichte*, Straßbach 1987.

Mishell, W.W.: *Kaddish For Kowno*, Chicago 1988.

Mitchell, B.: *Rome in the High Renaissance*, Norman 1973.

Mitchell, R.J./M.D.R. Leys: *A History of the English People*, London 1950.

Mitter, S.S.: *Dharma's Daughters*, New Brunswick 1991.

Mitterauer, M.: Brief vom 6. Mai 1985.

v. Mitzlaff, U.: *Maasai-Frauen*, München 1988.

Möller, H.: *Die kleinbürgerliche Familie im 18. Jahrhundert*, Berlin 1969.

Moers-Meßmer, W.: *Der Heiligenberg bei Heidelberg*, Heidelberg 1987.

Mohr, R.: »Zur sozialen Organisation der Angas in Nord-Nigeria«, *Anthropos* 1958.

Molasky, M.S.: *The American Occupation of Japan and Okinawa*, London 1999.

Moll, A.: *Das nervöse Weib*, Berlin 1898.

Mone, F.J.: »Über Krankenpflege vom 13. bis 16. Jahrhundert in Wirtenberg, Baden, der baierischen Pfalz und Rheinpreußen«, *Zeitschrift für die Geschichte des Oberrheins* 1851.

–: »Über die Juden vom 13. bis 16. Jahrhundert in Wirtenberg, Baden, Bayern, Hessen und Nassau«, *Zeitschrift für die Geschichte des Oberrheins* 1858.

Money, J./J. Davison: »Adult Penile Circumcision«, *Journal of Sex Research* 1983.

Money, J./A.A. Ehrhardt: *Männlich, weiblich*, Reinbek 1975.

Montagu, A.: *The Anatomy of Swearing*, New York 1967.

Montaigne, M. de.: *Les Essais*, Bd. I, Paris 1922.

Monter, W.: *Frontiers of Heresy*, Cambridge 1990.

Montreynaud, F.: *Le XXᵉ siècle des femmes*, Paris 1989.

Moore, L.: *Con Men and Cutpurses*, London 2000.

Moore, R.L.P.: *Women and Warriors*, Ann Arbor 1983.

Moore, S.F.: »The Secret of the Men: A Fiction of Chagga Initiation«, *Africa* 1976.

v. Moos, I.: »Kulturelle Identität und räumliche Ordnungen: Freiräume von Frauen in islamischen Gesellschaften« in *Ethnologie im Widerstreit*, ed. E. Berg et al., München 1991.

–: *Nun hausen Schlangen in den Aprikosengärten*, Wuppertal 1996.

Moral, B.: »The Chuukese Women's Status« in *Common Worlds and Single Lives*, ed. V. Keck, Oxford 1998.

Moreck, K.: »Sittengeschichte des Bettes« in *Sittengeschichte des Intimen*, ed. L. Schidrowitz, Wien 1926.

Morgan, E.S.: »The Puritans and Sex« in *American Vistas, 1607-1877*, ed. L. Dinnerstein/K.T. Jackson, New York 1987.

Morgan, G.: »The Action of the Hunting and Bedroom Scenes in ›Sir Gawain and the Green Knight‹«, *Medium Ævum* 1987.

Morgan, K.: »Slave Sales in Colonial Charleston«, *English Historical Review* 1998.

Morgan, L.H.: *The Indian Journals, 1859-62*, ed. L.A. White, Ann Arbor 1959.

Morgan, N.: *Early Gothic Mss. 1250-1285*, London 1988.

Morgan, P.: »Living on the Edge« in *Sex Work*, ed. F. Delacoste/P. Alexander, London 1988.

Morgan, R./G. Steinem: »The International Crime of Genital Mutilation« in *Feminist Frontiers*, ed. L. Richardson/V. Taylor, Reading 1983.

Morrah, P.: *Restoration England*, London 1979.

Morris, D.: *Das Tier Mensch*, Köln 1994.

–: *Mars und Venus*, München 1997.

Morrison, K. F.: *History as a Visual Art in the Twelfth-Century Renaissance*, Princeton 1990.

Morsy, S. A.: »Sex Differences and Folk Illness in an Egyptian Village« in *Women in the Muslim World*, ed. L. Beck/N. Keddie, Cambridge 1978.

–: *Gender, Sickness, and Healing in Rural Egypt*, Boulder 1993.

Mort, F.: *Dangerous Sexualities: Medico-Moral Politics in England Since 1830*, London 1987.

Morton, A.: »*Dawit*: Competition and Integration in an Ethiopian Wuqabi Cult Group« in *Case Studies in Spirit Possession*, ed. V. Crapanzano/V. Garrison, New York 1977.

Morton, H.: *Becoming Tongan*, Honolulu 1996.

Moser, E.: *Buchmalerei im Bodenseeraum vom 13. bis 16. Jahrhundert*, Friedrichshafen 1997.

Moser, H.: »Jungfernkranz und Strohkranz« in *Das Recht der kleinen Leute*, ed. K. Köstlin/K. D. Sievers, Berlin 1976.

Moser-Nef, C.: *Die freie Reichsstadt und Republik Sankt Gallen*, Bd. V, Zürich 1951.

Mosher, D. L.: »Sex Guilt and Sex Myths in College Men and Women«, *Journal of Sex Research* 1979.

Mosko, M. S.: *Quadripartite Structures*, Cambridge 1985.

Mosse, G. L.: *Nationalismus und Sexualität*, München 1985.

Moszeik, C.: *Aus der Gedankenwelt einer Arbeiterfrau*, Groß Lichterfelde 1909.

Motley, M.: *Becoming a French Aristocrat 1580-1715*, Princeton 1990.

Motz, A.: *The Psychology of Female Violence*, Hove 2001.

Mourão, M.: »The Representation of Female Desire in Early Modern Pornographic Texts, 1660-1745«, *Signs* 1999.

Moxey, K. P. F.: *Pieter Aertsen, Joachim Beuckelaer and the Rise of Secular Painting in the Context of Reformation*, New York 1977.

–: »Sebald Beham's Church Anniversary Holidays: Festive Peasants as Instruments of Repressive Humor« in *Von der Macht der Bilder*, ed. E. Ullmann, Leipzig 1983.

Mrozek, D. J.: »The ›Amazon‹ and the American ›Lady‹« in *From ›Fair Sex‹ to Feminism*, ed. J. A. Mangan/R. J. Park, London 1987.

Muchembled, R.: *L'invention de l'homme moderne*, Paris 1988.

v. Müller, A.: »Die Festa S. Giovanni in Florenz« in *Das Fest*, ed. U. Schultz, München 1988.

Müller, I.: »Das Roß und der Reiter: Weibsein zu Beginn des 20. Jahrhunderts«, *Itinera* 1985.

Müller, K.: *Domostroi*, Leipzig 1987.

Müller, K.O.: *Die älteren Stadtrechte von Leutkirch und Isny*, Stuttgart 1914.

Müller, M.: *Minnebilder*, Köln 1996.

Müller, W.: *Glauben und Denken der Sioux*, Berlin 1970.

–: Brief vom 22. Februar 1986.

Müller-Schneider, T.: »Wertewandel, Erlebnisorientierung und Lebensstile« in *Werte und Wertewandel in westlichen Gesellschaften*, ed. G.W. Oesterdiekhoff/N. Jegelka, Opladen 2001.

Müller-Staats, D.: *Klagen über Dienstboten*, Frankfurt/M. 1987.

Müller-Windisch, M.: *Aufgeschnürt und außer Atem*, Frankfurt/M. 1995.

Münch, R.: *Gesundheitswesen im 18. und 19. Jahrhundert*, Berlin 1995.

Münsterberger, W.: »Über einige Beziehungen zwischen Individuum und Umwelt, mit besonderer Berücksichtigung der Pomo-Indianer«, *Sociologus* 1951.

Münzel, M.: »Höflichkeit und Barbarei«, *Hessische Blätter für Volks- und Kulturforschung* 1993.

Mützel, H.: *Vom Lendenschurz zur Modetracht*, Berlin 1925.

Mugglin, B.: *Olten im Ancien-Régime*, Olten 1982.

Mukherjea, C.: *The Santals*, Kalkutta 1962.

Mukherji, S.K.: *Prostitution in India*, New Delhi 1986.

Mullett, M.: *Popular Culture and Popular Protest in Late Medieval and Early Modern Europe*, London 1987.

Mundy, J.H.: *Men and Women at Toulouse in the Age of the Cathars*, Toronto 1990.

Munich, A.: *Queen Victoria's Secrets*, New York 1996.

Munson, H.: *The House of Si Abd Allah*, New Haven 1984.

Murphy, R.F.: »Social Distance and the Veil«, *American Anthropologist* 1964.

Murray, A.: »Femme on the Streets, Butch in the Sheets« in *Mapping Desire*, ed. D. Bell/G. Valentine, London 1995.

Murray, D.A.B.: »Race, Sexuality, and Power in Male Martinican Sexual Narratives«, *American Ethnologist* 1999.

Murray, J.: »Agnolo Firenzuola on Female Sexuality and Women's Equality«, *Sixteenth Century Journal* 1991.

Murray, S.O.: »Homosexual Categorization in Cross-Cultural Perspective« in *Latin American Male Homosexualities*, ed. S.O. Murray, Albuquerque 1995.

–: »Male Homosexuality in Guatemala« in *Out in the Field*, ed. E. Lewin/W.L. Leap, Urbana 1996.

–: »Woman-Woman Love in Islamic Societies« in *Islamic Homosexualities*, ed. S.O. Murray/W. Roscoe, New York 1997.

Murstein, B.I.: *Love, Sex, and Marriage Through the Ages*, New York 1974.

Murtagh, J.M./S. Harris: *Cast the First Stone*, Westport 1957.

Mutschler, S.: *Ländliche Kindheit in Lebenserinnerungen*, Tübingen 1985.

Myerhoff, B.G.: *Peyote Hunt*, Ithaca 1974.

Myers, F.R.: *Pintupi Country, Pintupi Self*, Washington 1986.

Myers, J./L. Ayres: *George Bellows*, Fort Worth 1988.

Myrdal, G.: *An American Dilemma*, New York 1944.

Nacht, J.: »Der Fuß«, *Jahrbuch für jüdische Volkskunde* 1923.

Nachtigal, G.: *Sahârâ und Sûdân*, Bd. III, Leipzig 1889.

Nachtigall, H.: *Die Ixil*, Berlin 1978.

Nadel, S.F.: *A Black Byzantium*, London 1942.

–: *Nupe Religion*, London 1954.

an-Nafzawī, A.ʿA.ʿO.b.M.: *Der duftende Garten*, Hanau 1966.

Nagata, J.A.: *Continuity and Change Among the Old Order Amish of Illinois*, New York 1989.

Nakamura, K.: *Kiharu*, München 1997.

Namias, J.: *White Captives*, Chapel Hill 1993.

Naumann, H.: »Deutsche Kultur im Zeitalter des Rittertums« in *Handbuch der Kulturgeschichte*, ed. H. Kindermann, Potsdam 1934.

Naumann, U.: *Pribers Paradies*, Frankfurt/M. 2001.

Naumkin, V.V.: *Island of the Phoenix*, Reading 1993.

Nayyar, A.: *Astor*, Stuttgart 1986.

Nead, L.: *Myths of Sexuality*, Oxford 1988.

Négrier, P.: *Les bains à travers les âges*, Paris 1925.

Neill, A.S.: *Theorie und Praxis der antiautoritären Erziehung*, Reinbek 1969.

Nelson, N.: »›Selling Her Kiosk‹: Kikuyu Notions of Sexuality and Sex for Sale in Mathare Valley, Kenya« in *The Cultural Construction of Sexuality*, ed. P. Caplan, London 1987.

Néret, G.: *Erotik in der Kunst des 20. Jahrhunderts*, Köln 1992.

Neubeck, G.: »An Anthropological Review of Extramarital Relations« in *Extramarital Relations*, ed. G. Neubeck, Englewood Cliffs 1969.

Neuer, J.: »The *Grobianus Tischzucht* of Wilhelm Salzmann«, *Archiv für Kulturgeschichte* 1981.

Neuman, A.A.: *The Jews in Spain*, Philadelphia 1942.

Neuman, R.P.: »Masturbation, Madness, and the Modern Concepts of Childhood and Adolescence«, *Journal of Social History* 1975.

Neumann, H.: *Sozialdisziplinierung in der Reichsstadt Speyer im 16. Jahrhundert*, St. Augustin 1997.

Neuss-Kaneko, M.: »Norm und Wirklichkeit: Das Verhältnis von Mann und Frau im Japan der Edo-Zeit (1600-1854)« in *Aufgaben, Rollen und Räume von Frau und Mann*, Bd. I, ed. J. Martin/R. Zoeppfel, Freiburg 1989.

Nevadomsky, J.: »Changing Patterns of Marriage, Family, and Kinship Among the East Indians in Rural Trinidad«, *Anthropos* 1983.

Nevermann, H.: »Die Kanum-irebe und ihre Nachbarn«, *Zeitschrift für Ethnologie* 1939.

Nevinson, J.L.: »Civil Costume« in *Medieval England*, Bd. I, ed. A.L. Poole, Oxford 1958.

Newall, V.: »The Black Outsider: Racist Images in Britain« in *Folklore Studies in the 20th Century*, ed. V. Newall, Bury St. Edmunds 1980.

Ngabidj, G.: *My Country of the Pelican Dreaming*, ed. B. Shaw, Canberra 1981.

Ngoa, H.: »Les rites féminins chez les Beti« in *La civilisation de la femme dans la tradition africaine*, Paris 1975.

Ngokwey, N.: »Varieties of Palm Wine Among the Lele of the Kasai« in *Constructive Drinking,* ed. M. Douglas, Cambridge 1987.

Nichols, C.H.: *Many Thousand Gone,* Bloomington 1969.

Nicholson, H.: »Women on the Third Crusade«, *Journal of Medieval History* 1997.

Nicolaisen, J.: *Ecology and Culture of the Pastoral Tuareg,* København 1963.

–: »The Structural Study of Kinship Behaviour With Particular Reference to Tuareg Concepts«, *Folk* 1971.

Nicolson, H.: *Vom Mandarin zum Gentleman,* München 1957.

zur Nieden, S.: *Weibliche Ejakulation,* Stuttgart 1994.

–: »Erotische Fraternisierung« in *Heimat-Front,* ed. K. Hagemann/S. Schüler-Springorum, Frankfurt/M. 2002.

Niedermeier, H.: »Wiener Volksleben im 15. Jahrhundert nach den Predigten von Johann Geus«, *Österreichische Zeitschrift für Volkskunde* 1970.

Niesner, E.: *Prostitution auf den Philippinen,* Berlin 1988.

Niethammer, C.: *Die Indianerfrau,* Wien 1982.

Nietzsche, F.: *Werke,* ed. G. Colli/M. Montinari, Bd. VI.2, Berlin 1968.

Niewyk, D.L.: *Fresh Wounds,* Chapel Hill 1998.

Nimmo, H.A.: »Bajau Sex and Reproduction«, *Ethnology* 1970.

Nirenberg, D.: *Communities of Violence,* Princeton 1996.

Noam, E./W.-A. Kropat: *Juden vor Gericht 1933-1945,* Wiesbaden 1975.

Nolte, C.: »Fürstliche Pilgerfahrten nach Jerusalem im 15. Jahrhundert« in *Fremdheit und Reisen im Mittelalter,* ed. I. Erfen/K.-H. Spieß, Stuttgart 1997.

–: Brief vom 7. März 1998.

Norbeck, E.: *Takashima: A Japanese Fishing Community,* Salt Lake City 1954.

Norbeck, E./M. Norbeck: »Child Training in a Japanese Fishing Community« in *Personal Character and Cultural Milieu,* ed. D.G. Haring, Syracuse 1956.

Norden, G.: *Saunakultur in Österreich,* Wien 1987.

Nordhoff-Behne, H.: *Gerichtsbarkeit und Strafrechtspflege in der Reichsstadt Schwäbisch Hall seit dem 15. Jahrhundert,* Schwäbisch Hall 1971.

Nordin, H.J.: *Die eheliche Ethik der Juden zur Zeit Jesu,* Leipzig 1911.

Nouet, N.: *The Shogun's City,* Sandgate 1990.

Nowosadtko, J.: *Scharfrichter und Abdecker,* Paderborn 1994.

–: »Berufsbild und Berufsauffassung der Hexenscharfrichter« in *Methoden und Konzepte der historischen Hexenforschung,* ed. H. Eiden/R. Voltmer, Trier 1998.

Nuhn, W.: *Kamerun unter dem Kaiseradler,* Köln 2000.

Nukunya, G.K.: *Kinship and Marriage Among the Anlo Ewe,* London 1969.

Nunes, M.L.: »Images of the Woman of Color in Brazilian Literature« in *The Black Woman Cross-Culturally,* ed. F.C. Steady, Cambridge 1981.

Nurse, G.T./T. Jenkins: *Health and the Hunter-Gatherer,* Basel 1977.

Nwahaghi, F.N.: »Fidelity in Ibibio Marriage«, *Africana Marburgensia* 1996.

Nydegger, W.F./C. Nydegger: »Tarong: An Ilocos Barrio in the Philippines« in *Six Cultures*, ed. B.B. Whiting, New York 1963.

Nykrog, P.: *Les fabliaux*, Genève 1973.

Oberg, K.: »Crime and Punishment in Tlingit Society«, *American Anthropologist* 1934.

Obermaier, U./C. Seidl: *Das wilde Leben*, Hamburg 1994.

Oberzill, G.H.: *Die bewußten Demoiselles*, Wien 1984.

Obeyesekere, G.: »Pregnancy Cravings (*dola-duka*) in a Sinhalese Village« in *Culture and Personality*, ed. R.A. LeVine, Chicago 1974.

O'Brien, P.: *The Promise of Punishment: Prisons in Nineteenth-Century France*, Princeton 1982.

O'Connor, E.M.: *Symbolum Salacitatis*, Frankfurt/M. 1989.

O'Connor, R.: *The Irish*, New York 1971.

Öhlinger, W.: *Wien zwischen den Türkenkriegen*, Wien 1998.

Oehme, J.: »Zur Sexualität des Kindes im 18. Jahrhundert« in *Das Kind im 18. Jahrhundert*, ed. J. Oehme, Lübeck 1988.

Österberg, E./D. Lindström: *Crime and Social Control in Medieval and Early Modern Swedish Towns*, Uppsala 1988.

Oesterdiekhoff, G.W.: *Zivilisation und Strukturgenese*, Frankfurt/M. 2000.

Oetker, K.: *Die Neger-Seele und die Deutschen in Afrika*, München 1907.

Oetomo, D.: »Gender and Sexual Orientation in Indonesia« in *Fantasizing the Feminine in Indonesia*, ed. L.J. Sears, Durham 1996.

Offenbach, J.: »Feminismus, Heterosexualität, Homosexualität« in *Feminismus*, ed. L.F. Pusch, Frankfurt/M. 1983.

Offermans, C.: »De schaamte is universeel«, *Vrij Nederland*, 9. August 1997.

Ogawa, R.: »›Bodilessness‹ and Incongruity: Body Image and Its Social Dynamics Among the Fulbe of Senegal« in *Culture Embodied*, ed. M. Moerman/M. Nomura, Osaka 1990.

Ogbomo, O.W./Q.O. Ogbomo: »Women and Society in Pre-Colonial Iyede«, *Anthropos* 1993.

O'Grady, R.: *Gebrochene Rosen*, Unkel 1992.

Ohler, N.: *Reisen im Mittelalter*, München 1986.

–: *Pilgerreisen im Mittelalter*, Freiburg 1994.

Ohms, C.: »Interviews mit mißhandelten Lesben« in *Mehr als das Herz gebrochen*, ed. C. Ohms, Berlin 1993.

Ohnuki-Tierney, E.: »Representations of the Monkey (*saru*) in Japanese Culture« in *Ape, Man, Apeman*, ed. R. Corbey/B. Theunissen, Leiden 1995.

Ojoade, J.O.: »African Sexual Proverbs: Some Yoruba Examples«, *Folklore* 1983.

Okely, J.: *The Traveller-Gypsies*, Cambridge 1983.

Olbrechts, F.M.: »Cherokee Belief and Practice With Regard to Childbirth«, *Anthropos* 1931.

Oldenburg, V.T.: »Lifestyle as Resistance: The Case of the Courtesans of Lucknow, India«, *Feminist Studies* 1990.

Olds, M.J.: »The Rape Complex in the Postbellum South« in *Black Women in America*, ed. K.M. Vaz, Thousand Oaks 1995.

de Oliveira Marques, A.H.: *Daily Life in Portugal in the Late Middle Ages*, Madison 1971.

Oliver, D.L.: *A Solomon Island Society*, Cambridge 1955.

–: *Ancient Tahitian Society*, Bd. I, Honolulu 1974.

Olsen, G.A.: »Das Sexualleben in Grönland«, *Sexualmedizin* 1973.

Olsen, K.: *Daily Life in 18th.-Century England*, Westport 1999.

O'Meara, W.: *Daughters of the Country*, New York 1968.

Omeken, G.: *Der Erbaren/Erenriker Stadt Sost Christlike Ordenunge 1532*, Soest 1984.

Omlin, J.A.: *Der Papyrus 55001*, Torino 1973.

O'Nell, C.W./H.A. Selby: »Sex Differences in the Incidence of *susto* in Two Zapotec Pueblos« in *Women and Society*, ed. S.W. Tiffany, St. Albans 1979.

Onyeama, D.: *John Bull's Nigger*, London 1974.

Oosterwal, G.: *People of the Tor*, Assen 1961.

Opler, M.E.: *An Apache Life-Way*, Chicago 1941.

–: »Rule and Practice in the Behavior Between Jicarilla Apache Affinal Relatives«, *American Anthropologist* 1947.

–: *Apache Odyssey*, New York 1969.

Opll, F.: *Nachrichten aus dem mittelalterlichen Wien*, Wien 1995.

Oppitz, M.: Brief vom 20. Februar 1986.

O'Rahilly, C.: *Táin Bó Cúalnge*, Dublin 1967.

Oram, E.: »Zainaba« in *Araberinnen über sich selbst*, ed. M. Badran/M. Cooke, Reinbek 1992.

Orchardson, I.Q.: *The Kipsigis*, Nairobi 1961.

Oresko, R.: »Homosexuality and the Court Elites of Early Modern France« in *The Pursuit of Sodomy*, ed. K. Gerard/G. Hekma, New York 1989.

Orleth-Diener, R.: *Dasein in der Mitte der Welt*, Pfaffenweiler 1995.

Orme, N.: *Medieval Children*, New Haven 2001.

Orr, B.: »Whores' Rhetoric and the Maps of Love« in *Women, Texts and Histories 1575-1760*, ed. C. Brant/C. Purkiss, London 1992.

Ortiz de Montellano, B.R.: *Aztec Medicine, Health, and Nutrition*, New Brunswick 1990.

Ortkemper, H.: *Engel wider Willen*, Berlin 1993.

Osburn, K.M.B.: »Southern Ute Women's Sexual Behavior and the Office of Indian Affairs, 1895-1932«, *Journal of Women's History* 1997.

Osgood, C.: *Ingalik Social Culture*, New Haven 1958.

–: *Village Life in Old China*, New York 1963.

v. d. Osten, G.: *Herbst des Mittelalters: Spätgotik in Köln und am Niederrhein*, Köln 1970.

–: *Hans Baldung Grien*, Berlin 1983.

Osterud, N.G.: *Bonds of Community*, Ithaca 1991.

Oswald, H.: *Die überschätzte Stadt*, Olten 1966.

Oswald v. Wolkenstein: *Die Lieder*, ed. K.K. Klein, Tübingen 1962.

Oswalt, W.: *Napaskiak*, Tucson 1963.

Otis, L.L.: *Prostitution in Medieval Society*, Chicago 1985.

Ott, S.: *The Circle of Mountains*, Oxford 1981.

Ottenberg, S.: *Boyhood Rituals in an African Society*, Seattle 1989.

Otterbein, F.: *Feuding and Warfare*, Amsterdam 1994.

Overing, J.: »Personal Autonomy and the Domestication of the Self in Piaroa Society« in *Acquiring Culture*, ed. G. Jahoda/I. M. Lewis, London 1987.

Paige, K. E./J. M. Paige: *The Politics of Reproductive Ritual*, Berkeley 1981.

Pallaver, G.: *Das Ende der schamlosen Zeit*, Wien 1987.

–: »Der Streit um die Scham: Zu Hans Peter Duerrs Demontage des ›Zivilisationsprozesses‹«, *Sturzflüge*, August 1989.

Palmer, C. E./C. D. Bryant: »Tense Muscles and the Tender Touch: Massage Parlors, ›Hand Whores‹, and the Subversion of Service« in *Sexual Deviancy in Social Context*, ed. C. D. Bryant, New York 1977.

Palmer, N. F.: »The Middle High German Vocabulary of Shame« in *Das unsichtbare Band der Sprache*, ed. J. L. Flood, Stuttgart 1993.

Palmer, R.: *The Sound of History*, Oxford 1988.

Panati, C.: *Extraordinary Origins of Everyday Things*, New York 1987.

–: *Parade of Fads, Follies and Manias*, New York 1991.

Pandya, V.: *Above the Forest*, Delhi 1993.

Panke-Kochinke, B.: *Göttinger Professorenfamilien*, Pfaffenweiler 1993.

Panofsky, E.: »Erasmus and the Visual Arts«, *Journal of the Warburg and Courtauld Institutes* 1969.

Panzer, M.: *Tanz und Recht*, Frankfurt/M. 1938.

Papo, M.: »Die sexuelle Ethik im Qorân«, *Jahrbuch für Jüdische Volkskunde* 1925.

Paravicini-Bagliani, A.: *Il Corpo del Papa*, Torino 1994.

Parca, G.: *Die Paschas*, Wien 1967.

Pardailhé-Galabrun, A.: *La naissance de l'Intime*, Paris 1988.

Parent-Duchâtelet, A.: *De la prostitution dans la ville de Paris*, Bruxelles 1838.

Park, K.: »The Rediscovery of the Clitoris« in *The Body in Parts*, ed. D. Hillman/C. Mazzio, New York 1997.

Parker, H. N.: »The Teratogenic Grid« in *Roman Sexualities*, ed. J. P. Hallett/M. B. Skinner, Princeton 1997.

Parker, M.: »Rethinking Female Circumcision«, *Africa* 1995.

Parker, R.: »The Carnivalization of the World« in *The Gender/Sexuality Reader*, ed. R. N. Lancaster/M. di Leonardo, New York 1997.

Parker, W. H.: *Priapea: Poems for a Phallic God*, London 1988.

Parkes, J.: *Travel in England in the Seventeenth Century*, London 1925.

Parkin, D.: *Sacred Void*, Cambridge 1991.

Parsons, A.: »Besitzt der Ödipuskomplex universelle Gültigkeit?« in *Der Mensch und seine Kultur*, ed. W. Münsterberger, München 1974.

Parsons, R. T.: *Religion in an African Society*, Leiden 1964.

Partner, P.: *Renaissance Rome*, Berkeley 1976.

Paschold, C. E.: *Die Frau und ihr Körper im medizinischen und didaktischen Schrifttum des französischen Mittelalters*, Pattensen 1989.

Paschold, C. E./A. Gier: *Die letzten Monate des Königs*, Frankfurt/M. 1989.

Patai, D.: *Brazilian Women Speak*, New Brunswick 1988.

Patai, R.: *The Hebrew Goddess*, New York 1967.

Paterson, L.: »Gender Negotiations in France During the Central Middle Ages« in *The Medieval World*, ed. P. Linehan/J.L. Nelson, London 2001.

Patlagean, E.: »L'histoire de la femme déguisée en moine et l'évolution de la sainteté féminine à Byzance«, *Studi medievali* 1976.

Paul, C.: *Zwangsprostitution*, Berlin 1994.

Paul, D.Y.: *Die Frau im Buddhismus*, Hamburg 1981.

Paul, L.: »The Mastery of Work and the Mystery of Sex in a Guatemalan Village« in *Woman, Culture, and Society*, ed. M.Z. Rosaldo/L. Lamphere, Stanford 1974.

Paulitschke, P.: *Ethnographie Nordost-Afrikas*, Berlin 1893.

Paulsen, P./H. Schach-Dörges: *Holzhandwerk der Alamannen*, Stuttgart 1972.

Paulson, R.: *Representations of Revolution (1789-1820)*, New Haven 1983.

Pauly, U.: »Ein Beitrag zum Frauen-Sumō und zur Ethnographie der ›starken Frau‹« in *JapanWelten*, ed. B. Manthey et al., Bonn 2000.

Pavelka, M.S.M.: »Sexual Nature: What Can We Learn from a Cross-Species Perspective?« in *Sexual Nature, Sexual Culture*, ed. P.R. Abramson/S.D. Pinkerton, Chicago 1995.

Pavillon, M.: *La femme illustrée des années 20*, Lausanne 1986.

Payer, P.J.: »Early Medieval Regulations Concerning Marital Sexual Relations«, *Journal of Medieval History* 1980.

Pearl, C.: »Their Not-so-Secret Lives« in *The History of Popular Culture*, Bd. II, ed. N.F. Cantor/M.S. Werthman, London 1968.

Pearsall, R.: *The Worm in the Bud*, Toronto 1969.

–: *Public Purity, Private Shame*, London 1976.

Pearson, J.: *The Prostituted Muse*, Hemel Hempstead 1988.

Pearson, L.E.: *Elizabethans at Home*, Stanford 1957.

Pedrocco, F.: »Iconografia delle cortigiane di Venezia« in *Le cortigiane di Venezia da trecento al settecento*, ed. I. Ariano et al., Milano 1990.

Peil, D.: *Die Gebärde bei Chrétien, Hartmann und Wolfram*, München 1975.

Pelaja, M.: »Praxis und Darstellungsformen sexueller Gewalt im Rom des 19. Jahrhunderts«, *L'Homme* 1996.

Peletz, M.G.: *Reason and Passion*, Berkeley 1996.

Pellow, D.: »Chinese Privacy« in *The Cultural Meaning of Urban Space*, ed. R. Rotenberg/G. McDonogh, London 1993.

Peniston, W.: »A Public Offense Against Decency« in *Disorder in the Court,* ed. G. Robb/N. Erber, New York 1999.

Pennington, M.: *Memento mori*, Stuttgart 2001.

Pepin, R.E.: »A Note on Curses, Cures and Omens in ›Speculum Stultorum‹«, *Classica et Mediaevalia* 1990.

Pepys, S.: *The Diary*, ed. R. Latham/W. Matthews, London 1970ff.

Pérez-Mallaína, P.E.: *Spain's Men of the Sea*, Baltimore 1998.

Perkin, J.: *Women and Marriage in Nineteenth-Century England*, London 1989.

–: *Victorian Women*, New York 1995.

Perkins, R./G. Bennett: *Being a Prostitute*, Sydney 1985.

Perl, G.: *I Was a Doctor in Auschwitz*, New York 1979.

Permoser, B.: *Der Ohne Ursach verworffene und dahero von Rechts wegen auff den Thron der Ehren wiederum erhabene Barth*, Frankfurt/M. 1714.

Perry, M.E.: »The ›Nefarious Sin‹ in Early Modern Seville« in *The Pursuit of Sodomy*, ed. K. Gerard/G. Hekma, New York 1989.

Persoons, E.: »Lebensverhältnisse in den Frauenklöstern der Windesheimer Kongregation in Belgien« in *Klösterliche Sachkultur des Spätmittelalters*, ed. H. Appelt, Wien 1980.

Peters, D.: »The Pregnant Pamela: Characterization and Popular Medical Attitudes in the Eighteenth Century«, *Eighteenth-Century Studies* 1980.

Peters, E.: *Folter*, Hamburg 1991.

Peters, E.L.: »The Status of Women in Four Middle East Communities« in *Women in the Muslim World*, ed. L. Beck/N. Keddie, Cambridge 1978.

Peters, J.: »Männlich-weibliche Gesellungsformen in gutsherrschaftlich verfaßten ländlichen Gesellschaften des 17. Jahrhunderts« in *Männlich, weiblich*, ed. C. Köhle-Hezinger et al., Münster 1999.

Peters, L.C.: »Halfjunkengängerei und Nachtfreien auf Föhr«, *Jahrbuch des Nordfriesischen Vereins* 1930.

Petersen, A.: *Ehre und Scham*, Berlin 1985.

Peterson, E.N.: *The Many Faces of Defeat*, New York 1990.

Peterson, J.: *Family, Love, and Work in the Lives of Victorian Gentlewomen*, Bloomington 1989.

Peterson, M.J.: »Dr. Acton's Enemy: Medicine, Sex, and Society in Victorian England«, *Victorian Studies* 1986.

Petit, J.-G.: *Ces Peines obscures*, Paris 1990.

Petronius: *Satyricon*, ed. W. Heinse, Frankfurt/M. 1980.

Petterson, E.: *Amans amanti medicus*, Berlin 2000.

Petz, W.: *Reichsstädte zur Blütezeit, 1350 bis 1550*, Kempten 1989.

Peuckert, W.-E.: »Jude und Jüdin« in *Handwörterbuch des deutschen Aberglaubens*, Bd. IV, ed. H. Bächtold-Stäubli, Berlin 1931.

Peyer, H.C.: *Gastfreundschaft und kommerzielle Gastlichkeit im Mittelalter*, München 1983.

Pfabigan, A.: »Proletarische Badekultur in der austromarxistischen Gegenwart« in *Das Bad*, ed. S. Mattl-Wurm/U. Storch, Wien 1991.

Pfingsten, G./C. Füllberg-Stolberg: »Frauen in Konzentrationslagern« in *Die nationalsozialistischen Konzentrationslager*, Bd. II, ed. U. Herbert et al., Göttingen 1998.

Pfleger, L.: »Das Auftreten der Syphilis in Straßburg, Geiler v. Kaysersberg und der Kult des hl. Fiakrius«, *Zeitschrift für die Geschichte des Oberrheins* 1918.

Philippe, R.: *Political Graphics*, Oxford 1982.

Philippi, F.: *Atlas zur weltlichen Altertumskunde des deutschen Mittelalters*, Bonn 1924.

Phillips, G.H.: *Indians and Intruders in Central California, 1769-1849*, Norman 1993.

Phillips, J./P. Phillips: *Victorians at Home and Away*, London 1978.

Phillips, U.B.: *American Negro Slavery*, Baton Rouge 1918.

Phoenix, A.: »Theories of Gender and Black Families« in *British Feminist Thought*, ed. T. Lovell, Oxford 1990.

Picard, L.: *Dr. Johnson's London*, London 2000.

Picaza, M.V.C.: »Valoración del protagonismo femenino en la miniatura de las ›Cantigas de Santa María‹« in *La condicion de la mujer en la edad media*, ed. Y.-R. Fonquerne/A. Esteban, Madrid 1986.

Pieper, W./H. Williams: *Aus den Vorhaut-Akten*, Löhrbach 1989.

Pieterse, J.N.: *White on Black*, New Haven 1992.

–: »Apes Imagined« in *Ape, Man, Apeman*, ed. C. Corbey/B. Theunissen, Leiden 1995.

Pigeaud, R.: »Woman as Temptress« in *Saints and She-Devils*, ed. L. Dresen-Coenders, London 1987.

Pignède, B.: *Les Gurungs*, Paris 1966.

Pike, E.R.: *Human Documents of the Victorian Golden Age (1850-1875)*, London 1967.

Piller, G.: »Der jugendliche Männerkörper« in *Von der dargestellten Person zum erinnerten Ich*, ed. K.v. Greyerz et al., Köln 2001.

Pils, S.C.: »›daz er mih nidt halb so lieb hadt als wie ich ihm ...‹«, *Studien zur Wiener Geschichte* 1997.

Pinault, J.R.: »Women, Fat, and Fertility« in *Woman's Power, Man's Game*, ed. M. DeForest, Waukonda 1993.

Pinchbeck, I./M. Hewitt: *Children in English Society*, Bd. I, London 1969.

Pinton, S.: »Les Bari«, *Journal de la Société des Américanistes* 1965.

Pires, L.: »Portuguese Images of American Women« in *Images of America*, ed. W.L. Chew, Brussels 1997.

Pirhofer, G./R. Reichert/M. Wurzbacher: »Bäder für die Öffentlichkeit« in *Das Bad*, ed. H. Lachmayer et al., Salzburg 1991.

Pisetzky, R.L.: *Storia del costume in Italia*, Bd. II, Milano 1964.

Plack, A.: *Hitlers langer Schatten*, München 2000.

Plant, R.: *Rosa Winkel*, Frankfurt/M. 1991.

Plaß, H.-P.: »Behandlung von Gewalttätigkeiten des Ehemannes im spätmittelalterlichen Hamburg und Lübeck«, *Zeitschrift des Vereins für Hamburgische Geschichte* 1990.

v. Plato, A.: *Präsentierte Geschichte*, Frankfurt/M. 2001.

Platt, K.: »Cognitive Development and Sex Roles on the Kerkennah Islands of Tunesia« in *Acquiring Culture*, ed. G. Jahoda/I.M. Lewis, London 1988.

Platter, T.: *Lebensbeschreibung*, ed. A. Hartmann, Basel 1999.

Platter, T./F. Platter: *Zwei Autobiographien*, ed. D.A. Fechter, Basel 1840.

v. Plenk, J.J.: *Anfangsgründe der Geburtshülfe*, Wien 1803.

Plötz, R.: »Pilger und Pilgerfahrt am Beispiel Santiago in Compostela« in *Europäische Wege der Santiago-Pilgerfahrt*, ed. R. Plötz, Tübingen 1993.

Ploss, H.: »Die operative Behandlung der weiblichen Geschlechtstheile bei verschiedenen Völkern«, *Zeitschrift für Ethnologie* 1871.

–: *Das Kind in Brauch und Sitte der Völker*, Bd. II, Leipzig 1912.

Ploss, H./M. Bartels: *Das Weib in der Natur- und Völkerkunde*, Leipzig 1908.

Pluchon, P.: *Nègres et Juifs au XVIIIᵉ siècle*, Paris 1984.

Podach, E.F.: »Gin-lien«, *Tribus* 1951.

Pognon, E.: *Das Stundenbuch des Herzogs von Berry*, Fribourg 1979.

Pohl, H.: *Zauberglaube und Hexenangst im Kurfürstentum Mainz*, Stuttgart 1998.

Pohlen, M./M. Bautz-Holzherr: *Eine andere Aufklärung*, Frankfurt/M. 2001.

Poirier, G.: *L'Homosexualité dans l'imaginaire de la Renaissance*, Paris 1996.

van de Pol, L.C.: »Beeld en werkelijkheid van de prostitutie in de zeventiende eeuw« in *Soete minne en helsche boosheit*, ed. G. Hekma/H. Roodenburg, Nijmegen 1988.

Poliakov, L.: *The History of Anti-Semitism*, London 1966.

Poliziano, A.: *Rusticus*, ed. O. Schönberger, Würzburg 1992.

Pollington, S.: *The Warrior's Way: England in the Viking Age*, London 1989.

Pollock, L.A.: »The Experience of Pregnancy in Early-Modern Society« in *Women as Mothers in Pre-Industrial England*, ed. V. Fildes, London 1990.

–: »The Concept of Privacy Among the Elite of Early Modern England« in *Rethinking Social History*, ed. A. Wilson, Manchester 1993.

Pomeroy, S.B.: *Goddesses, Whores, Wives, and Slaves*, New York 1975.

Pool, D.: *What Jane Austen Ate and Charles Dickens Knew*, London 1998.

Poortinga, Y.: »Erotik und Liebe in den Zauber- und Novellenmärchen des Erzählers Roel Piters de Jong« in *Liebe und Eros im Märchen*, ed. J. Janning/L. Gobyn, Kassel 1988.

Poortvliet, R.: *Das Erbe*, Hamburg 1992.

Popp, A.: *Jugend einer Arbeiterin*, ed. H.J. Schütz, Berlin 1977.

de Porre, E./P. Naujokat: *200 Jahre öffentliches Badewesen in Bremen*, Bremen 1992.

Porstmann, G.: »Misericordien« in *Eros, Macht, Askese*, ed. H. Sciurie/H.-J. Bachorski, Trier 1996.

Porter, R.: »Love, Sex, and Madness in Eighteenth-Century England«, *Social Research* 1986.

–: *Health for Sale: Quackery in England 1660-1850*, Manchester 1989.

–: »The Literature of Sexual Advice Before 1800« in *Sexual Knowledge, Sexual Science*, ed. R. Porter/M. Teich, Cambridge 1994.

Porter, R./L. Hall: *The Facts of Life*, New Haven 1995.

Porter, R./D. Porter: *In Sickness and in Health*, London 1988.

Posner, R.A.: *Sex and Reason*, Cambridge 1992.

Posner, V.: *Descente aux enfers*, Paris 1980.

Pospisil, L.: *Anthropologie des Rechts*, München 1982.

Post, W.: »Die Proportion der sogenannten ›Täter‹ in der Millionenarmee« in *Die Soldaten der Wehrmacht*, ed. D.H. Poeppel et al., München 1998.

Postma, J.M.: *The Dutch in the Atlantic Slave Trade 1600-1815*, Cambridge 1990.

Potter, S.H./J.M. Potter: *China's Peasants*, Cambridge 1990.

Potthast-Jutkeit, B.: *Paradies Mohammeds oder Land der Frauen?*, Köln 1994.

–: »Indianerinnen, Spanierinnen und Konquistadoren« in *Sepharden, Morisken, Indianerinnen und ihresgleichen*, ed. A. Stoll, Bielefeld 1995.

Potts, M./R. Short: *Ever Since Adam and Eve*, Cambridge 1999.

Pouchelle, M.-C.: »Le corps féminin et ses paradoxes: l'imaginaire de l'intériorité dans les écrits médicaux et religieux (XIIᵉ-XIVᵉ siècles)« in *La condicion de la mujer en la edad media*, ed. Y.-R. Fonquerne/A. Esteban, Madrid 1986.

Poupeney-Hart, C.: »›L'honnêteté à demi-nue‹ ou la part des femmes« in *L'homme et la nature*, Bd. VII, ed. M.-L. Girou-Swiderski/J. Hare, Edmonton 1988.

Powdermaker, H.: *Life in Lesu*, London 1933.

Powell, C.L.: *English Domestic Relations 1487-1653*, New York 1917.

Powers, W.K.: Brief vom 4. März 1987.

Praetorius, J.: *Hexen-, Zauber- und Spukgeschichten aus dem Blocksberg*, Frankfurt/M. 1979.

Prahl, H.-W./A. Steinecke: *Der Millionen-Urlaub*, Darmstadt 1979.

Prase, F.: *Feuerteich*, Zürich 1985.

Preiswerk, Y.: »So hat man damals entbunden« in A. Favre: *Ich, Adeline, Hebamme aus Val d'Anniviers*, Darmstadt 1985.

Press, B.: *Judenmord in Lettland 1941-1945*, Berlin 1992.

Press, I.: *Tradition and Adaptation: Life in a Modern Yucatan Maya Village*, Westport 1975.

Price, S.: *Co-Wives and Calabashes*, Ann Arbor 1993.

Prien, H.-J.: »Hernan Cortés' Rechtfertigung seiner Eroberung Mexikos und der spanischen Conquista Amerikas«, *Zeitschrift für historische Forschung* 1995.

Prignitz, H.: *Paradiese der Badelust*, Rostock 1993.

Prodolliet, S.: *Wider die Schamlosigkeit und das Elend der heidnischen Weiber*, Zürich 1987.

Prosser, M.: »Gesellige Körperpflege als Aspekt der Alltagskultur im spätmittelalterlichen Regensburg« in *Regensburg im Mittelalter*, ed. M. Angerer et al., Regensburg 1995.

Pruden, D.: »A Sociological Study of a Texas Lynching« in *Race and Social Difference*, ed. P. Baxter/B. Sansom, Harmondsworth 1972.

Puff, H.: »Die Ehre der Ehe« in *Ehrkonzepte in der Frühen Neuzeit*, ed. S. Backmann et al., Berlin 1998.

Pushkareva, N.L.: »The Woman in the Ancient Russian Family (10th to 15th Century« in *Russian Traditional Culture*, ed. M.M. Balzer, Armonk 1992.

Putzer, P.: »Aus dem Salzburger Scharfrichter-Tagebuch«, *Forschungen zur Rechtsarchäologie und Rechtlichen Volkskunde* 1986.

Quaife, G.R.: »The Consenting Spinster in a Peasant Society: Aspects of Premarital Sex in ›Puritan‹ Somerset 1645-1660«, *Journal of Social History* 1977.

–: *Wanton Wenches and Wayward Wives*, London 1979.

Quanter, R.: *Das Weib in den Religionen der Völker*, Berlin 1925.

Quicherat, J.: *Procès de condamnation et de réhabilitation de Jeanne d'Arc dite La Pucelle*, Paris 1841 ff.

Raab, J.: *Soziologie des Geruchs*, Konstanz 2001.

Rabelais, F.: *Gargantua und Pantagruel*, ed. E. Hegaur/Dr. Owlglass, München 1961.

Rabenstein, R.: *Radsport und Gesellschaft*, Hildesheim 1991.

Rabin, E.: »Sexualethische Prinzipien und jüdischer Volksgeist« in *Hygiene und Judentum*, ed. H. Goslar, Dresden 1930.

de Rachewiltz, B.: *Schwarzer Eros*, Stuttgart 1965.

Radcliffe-Brown, A.R.: »Introduction« in *African Systems of Kinship and Marriage*, ed. A.R. Radcliffe-Brown/D. Forde, London 1950.

Radzinowicz, L.: »The Attractions of Public Executions« in *The History of Popular Culture*, Bd. I, ed. N.F. Cantor/M.S. Werthman, London 1968.

Rädlinger, C.: »Armenwesen und Armenanstalten in München vom 14. bis zum 18. Jahrhundert«, *Oberbayerisches Archiv* 1992.

Raeithel, G.: *Geschichte der nordamerikanischen Kultur*, Bd. I, Weinheim 1987.

Rätsch, C.: Brief vom 5. Juni 1986.

–: *Pflanzen der Liebe*, Bern 1990.

Rätsch, C./H.J. Probst: »Ökologische Perspektiven von Sexualität und Hygiene bei den Maya«, *Ethnologia Americana* 1985.

Ragotzky, H.: »Der Bauer in der Narrenrolle« in *Typus und Individualität im Mittelalter*, ed. H. Wenzel, München 1983.

Rahm-Kölling, O.: *Sebastian oder Der Pfeil fliegt immer noch*, Hamburg 1989.

Rainwater, L.: »Some Aspects of Lower Class Sexual Behavior« in *Studies in Human Sexual Behavior: The American Scene*, ed. A. Shiloh, Springfield 1970.

Raith, W.: *Florenz vor der Renaissance*, Frankfurt/M. 1979.

Rajšp, V.: »Hexenprozesse in Slowenien«, *Acta Ethnographica Hungarica* 1991.

Ramsey, M.: *Professional and Popular Medicine in France, 1770-1830*, Cambridge 1988.

Rancour-Lafferière, D.: »Some Semiotic Aspects of the Human Penis«, *Versus*, September 1979.

Randall, R.: *The Model Wife, Nineteenth-Century Style*, London 1989.

Ranum, O.: »Les refuges de l'intimité« in *Histoire de la vie privée*, ed. P. Ariès/G. Duby, Bd. III, Paris 1986.

Rao, A.: *Autonomy*, New York 1998.

Rao, V.N.: »Six Telugu Folk Epics« in *Another Harmony*, ed. S.H. Blackburn/A.K. Ramanujan, Berkeley 1986.

Rappaport, R.A.: »Marriage Among the Maring« in *Pigs, Pearlshell, and Women*, ed. R.M. Glasse/M.J. Meggitt, Englewood Cliffs 1969.

de Ras, M.E.P.: *Körper, Eros und weibliche Kultur*, Pfaffenweiler 1988.

Rasmussen, K.: »The Netsilik Eskimos«, *Report of the Fifth Thule Expedition*, København 1931.

Rasmussen, P.K.: »Massage Parlors as a Sex-for-Money Game« in *The Sociology of Deviance*, ed. J.D. Douglas, Boston 1984.

Rath, B.: »Von Huren, die keine sind« in *Privatisierung der Triebe?*, ed. D. Erlach et al., Frankfurt/M. 1994.

–: »Im Reich der Topoi: Nonnenleben im mittelalterlichen Österreich«, *L'Homme* 1996.

Rattray, R.S.: *Ashanti Law and Constitution*, Kumasi 1929.

Rauber, A.: *Homo sapiens ferus oder Die Zustände der Verwilderten*, Leipzig 1888.

Rauber, H.: »Stages of Women's Life Among Tibetan Nomadic Traders«, *Ethnos* 1987.

Rauers, F.: *Kulturgeschichte der Gaststätte*, Berlin 1941.

Raum, O.F.: *Chaga Childhood*, London 1940.

–: »Some Aspects of Indigenous Education Among the Chaga» in *Personal Character and Cultural Milieu*, ed. D.G. Haring, Syracuse 1956.

–: »Besitzen Eingeborene eine sittliche Lebensordnung?« in *Südwester Heimatkalender*, Windhoek 1959.

–: *The Social Functions of Avoidances and Taboos Among the Zulu*, Berlin 1973.

Raupp, H.-J.: *Bauernsatiren*, Niederzier 1986.

–: »Haushalt und Familie in der deutschen und niederländischen Kunst des 15. und frühen 16. Jahrhunderts« in *Haushalt und Familie in Mittelalter und früher Neuzeit*, ed. T. Ehlert et al., Sigmaringen 1991.

Rauß, U./A. Venzago: »Im Land der Lüste«, *Stern* 7, 1994.

Raverat, G.: *Eine Kindheit in Cambridge*, Frankfurt/M. 1991.

Rawcliffe, C.: »Hospital Nurses and Their Work« in *Daily Life in the Middle Ages*, ed. R. Britnell, Phoenix Mills 1998.

Rawson, C.: *God, Gulliver, and Genocide*, Oxford 2001.

Raybeck, D.: »Proxemics and Privacy: Managing the Problems of Life in Confined Environments« in *From Antarctica to Outer Space*, ed. A.A. Harrison et al., New York 1991.

Raynal, G./D. Diderot: *Die Geschichte beider Indien*, ed. H.-J. Lüsebrink, Nördlingen 1988.

Read, K.E.: »Male-Female Relationships Among the Gahuka-Gama 1950 and 1981«, *Social Analysis* 1982.

–: *Return to the High Valley*, Berkeley 1986.

Read, M.: »The Moral Code of the Ngoni«, *Africa* 1938.

Reddig, W.F.: *Bader, Medicus und Weise Frau*, München 2000.

Redford, D.B.: »Preliminary Report of the First Season of Excavation in East Karnak, 1975-76«, *Journal of the American Research Center in Egypt* 1977.

Redhardt, R.: »Zur gleichgeschlechtlichen männlichen Prostitution« in *Prostitution bei weiblichen und männlichen Jugendlichen*, ed. B. Reng/R. Reng, Stuttgart 1968.

Reed, J.: *The Birth Control Movement and American Society*, Princeton 1978.

van Reenen, J.: *Central Pillars of the House*, Leiden 1996.

Rees, L.: *Hitlers Krieg im Osten*, München 2000.

Regis, H.A.: »The Madness of Excess: Love Among the Fulbe of North Cameroon« in *Romantic Passion*, ed. W. Jankowiak, New York 1995.

Rehbein, F.: *Das Leben eines Landarbeiters*, Jena 1911.

Rehberg, K.-S.: »Einleitung« in *Norbert Elias und die Menschenwissenschaften*, ed. K.-S. Rehberg, Frankfurt/M. 1996.

–: »Hans Peter Duerrs Generalangriff auf die Zivilisationstheorie« in *Plessners ›Grenzen der Gemeinschaft‹*, ed. W. Eßbach et al., Frankfurt/M. 2002.

Reher, B.S.: *Schamgefühle von sexuell mißbrauchten Mädchen und Frauen*, Frankfurt/M. 1995.

Reich, W.: *Der Einbruch der Sexualmoral*, Kopenhagen 1935.

Reichel-Dolmatoff, G./A. Reichel-Dolmatoff: *The People of Aritama*, London 1961.

Reichert, H.: »Geschlechtsspezifisches Rollenverhalten der Frau« in *Reallexikon der Germanischen Altertumskunde*, ed. H. Beck et al., Bd. IX, Berlin 1995.

Reimers, T.: *Die Natur des Geschlechterverhältnisses*, Frankfurt/M. 1994.

Reina, R.E.: *The Law of the Saints*, Indianapolis 1966.

Reinhard, W.: »Sozialdisziplinierung, Konfessionalisierung, Modernisierung« in *Die Frühe Neuzeit in der Geschichtswissenschaft*, ed. N.B. Leimgruber, Paderborn 1997.

Reinhardt, H.J.F.: *Die Ehelehre der Schule des Anselm von Laon*, Münster 1974.

Reininghaus, W.: *Quellen zur Geschichte der Handwerksgesellen im spätmittelalterlichen Basel*, Basel 1982.

Reis, R.: »Reproduction or Retreat: The Position of Buddhist Women in Ladakh« in *Recent Research on Ladakh*, ed. D. Kantowsky/R. Sander, München 1983.

Reiss, A.J.: »The Social Integration of Queers and Peers«, *Social Problems* 1961.

Reiss, I.L.: *An End to Shame*, Buffalo 1990.

Reitman, B.L.: *The Second Oldest Profession*, New York 1931.

v. Reitzenstein, F.: *Das Weib bei den Naturvölkern*, Berlin o.J.

Reizakis, M.: *Das weibliche Selbstbildnis auf Chios*, Heidelberg 1998.

Reliquet, P.: *Ritter, Tod und Teufel*, München 1984.

Renfro, E.: *The Shasta Indians of California*, Happy Camp 1992.

Reng, B.: »Das sexuelle Verhalten junger weiblicher Prostituierter« in *Prostitution bei weiblichen und männlichen Jugendlichen*, ed. B. Reng/R. Reng, Stuttgart 1968.

Renger, K.: »Der Zeichner in der Kneipe: Das Fortleben einer Brouwer-Legende«, *Nederlands Kunsthistorisch Jaarboek* 1972.

–: »Verhältnis von Text und Bild in der Graphik« in *Wort und Bild in der niederländischen Kunst und Literatur des 16. und 17. Jahrhunderts*, ed. H. Vekeman/J. Müller-Hofstede, Erfstadt 1984.

Renkhoff, O.: *Wiesbaden im Mittelalter*, Wiesbaden 1980.

Rennefahrt, H.: *Die Rechtsquellen des Kantons Bern*, Bd. X, Aarau 1968.

Renner, M.: *Die geheiligte Bürokratie*, München 1974.

Rerrich, M.S.: »Männerprotz auf Frauenklo« in *Peinlich berührt*, ed. H. Bußmann/K. Lange, München 1986.

Retzlaff, A.: »Wasser, Abwasser und Unrat« in *Hausgeschichten*, ed. I. Fehle, Schwäbisch Hall 1994.

Reusch, W.: »Verfolgungsgrund: Sexuelle Identität«, *Amnesty International Journal* 7, 2001.

Revel, J.: »Les usages de la civilité« in *Histoire de la vie privée*, Bd. III, ed. P. Ariès/G. Duby, Paris 1986.

Revelli, N.: *L'anello forte*, Torino 1985.

Rexer, M.: »Rittlings« in *Der aufrechte Gang*, ed. B.J. Warneken, Tübingen 1990.

Rey, M.: »Parisian Homosexuals Create a Lifestyle, 1700-1750« in *'Tis Nature's Fault*, ed. R.P. MacCubbin, Cambridge 1987.

Reynolds, D.: *Rich Relations: The American Occupation of Britain, 1942-1945*, London 1995.

Reynolds, H.: *With the White People*, Ringwood 1990.

Rhamm, K.: »Der Verkehr der Geschlechter unter den Slaven in seinen gegensätzlichen Erscheinungen«, *Globus* 1902.

Richards, D.A.J.: *Sex, Drugs, Death, and the Law*, Totowa 1982.

Richlin, A.: *The Gardens of Priapus*, New Haven 1983.

Richter, D.: *Das fremde Kind*, Frankfurt/M. 1987.

–: *Schlaraffenland*, Frankfurt/M. 1989.

Riebe, R.: »›Von diesem Augenblick an hatte ich aufgehört, ein Mensch zu sein‹« in *Frauen und Nationalsozialismus*, ed. O. Niethammer, Osnabrück 1996.

Riedel, J.G.F.: »Galela und Tobeloresen«, *Zeitschrift für Ethnologie* 1885.

–: »The Island of Flores or Pulau Bunga«, *Revue Coloniale Internationale* 1886.

Rieder, K.: »›Ain Form oder ain Gestalt der novizen oder aines anfahenden gaistlichen menschen‹«, *Alemannia* 1897.

Riegel, R.E.: »Changing American Attitudes Toward Prostitution (1800-1920)«, *Journal for the History of Ideas* 1968.

Riesenberg, S.H.: *The Native Polity of Ponape*, Washington 1968.

Riesman, P.: *Société et liberté chez les Peul Djelgôbé de Haute-Volta*, Paris 1974.

–: *First Find Your Child a Good Mother*, New Brunswick 1992.

Rijksen, H.D.: »Forest Men and Man: The Evolution of Civilised Assertiveness« in *Ape, Man, Apeman*, ed. R. Corbey/B. Theunissen, Leiden 1995.

Riley, P.F.: *A Lust for Virtue*, Westport 2001.

Ringelheim, J.: »The Split Between Gender and the Holocaust« in *Women in the Holocaust*, ed. D. Ofer/L.J. Weitzman, New Haven 1998.

Rinn, K.: *Liebhaberin, Königin, Zauberfrau*, Göppingen 1996.

Risse, G.B.: »Pharaoh Akhenaton of Ancient Egypt: Controversies Among Egyptologists and Physicians Regarding His Postulated Illness«, *Journal of the History of Medicine* 1971.

Ritgen, L.: »Die höfische Tracht der Isle de France in der ersten Hälfte des 13. Jahrhunderts«, *Waffen- und Kostümkunde* 1962.

Rizzo, T.: »Sexual Violence in the Enlightenment«, *Proceedings of the Annual Meeting of the Western Society for French History* 1988.

Roberts, E.: *A Woman's Place*, Oxford 1986.

Roberts, J.M./T. Gregor: »Privacy: A Cultural View« in *Privacy*, ed. J.R. Pennock/J.W. Chapman, New York 1971.

Robertson, P.: *An Experience of Women*, Philadelphia 1982.

Robertson, U.A.: *The Illustrated History of the Housewife, 1650-1950*, Stroud 1997.

Robinson, P.: *The Modernization of Sex*, Ithaca 1989.

Roces, A./G. Roces: *Kulturknigge Philippinen*, Nördlingen 1987.

Rocke, M.J.: »Sodomites in Fifteenth-Century Tuscany« in *The Pursuit of Sodomy*, ed. K. Gerard/G. Hekma, New York 1989.

Rockman, H.: »Sexualverhalten ultraorthodoxer Juden und Jüdinnen« in *Das Hohelied der Liebe*, ed. S.-H. Lee-Linke, Neukirchen-Vluyn 1998.

Roded, R.: *Women in Islam and the Middle East*, London 1999.

Roder, C.: *Oberrheinische Stadtrechte*, Bd. II.1, Heidelberg 1905.

Rodger, G.: *Le village des Noubas*, Paris 1955.

Roe, P.G.: *The Cosmic Zygote*, New Brunswick 1982.

Roeck, B.: *Eine Stadt in Krieg und Frieden*, Göttingen 1989.

–: *Lebenswelt und Kultur des Bürgertums in der frühen Neuzeit*, München 1991.

Röckelein, H./G. Wendling: »Wege und Spuren der Santiago-Pilger im Oberrheintal« in *Europäische Wege der Santiago-Pilgerfahrt*, ed. R. Plötz, Tübingen 1993.

Roecken, S./C. Brauckmann: *Margaretha Jedefrau*, Freiburg 1989.

Röhl, J.C.G.: »Kaiser Wilhelm II. und seine Frauen« in *Variationen der Liebe*, ed. T. Kornbichler/W. Maaz, Tübingen 1995.

Röhrig, F.: »Die materielle Kultur des Chorherrenstiftes Klosterneuburg« in *Klösterliche Sachkultur des Spätmittelalters*, ed. H. Appelt, Wien 1980.

v. Römer, L.S.: »Der Uranismus in den Niederlanden bis zum 19. Jahrhundert«, *Jahrbuch für sexuelle Zwischenstufen* 1906.

Röschenthaler, U.: »Frauenbünde der Ejagham im Cross River Gebiet«, *Jahrbuch der Coburger Landesstiftung* 1998.

Rösener, W.: »Bauer und Ritter im Hochmittelalter« in *Institutionen, Kultur und Gesellschaft im Mittelalter*, ed. L. Fenske et al., Sigmaringen 1984.

Rogers, K.M.: »The View From England« in *French Women and the Age of Enlightenment*, ed. S.I. Spencer, Bloomington 1984.

Rogge, R.: *Zwischen Moral und Handelsgeist*, Frankfurt/M. 1998.

Róheim, G.: »Women and Their Life in Central Australia«, *Journal of the Royal Anthropological Institute* 1933.

–: *Children of the Desert*, New York 1974.

–: *Psychoanalyse und Anthropologie*, Frankfurt/M. 1977.

v. Rohr, J.B.: *Einleitung zur Ceremoniel-Wissenschaft der Privat-Personen*, Berlin 1728.

–: *Einleitung zur Ceremoniel-Wissenschaft der großen Herren*, Berlin 1733.

Rohrbacher, S./M. Schmidt: *Judenbilder*, Reinbek 1991.

Rohrmann, T.: *Junge, Junge – Mann, o Mann*, Reinbek 1994.

Roland, A.: *In Search of Self in India and Japan*, Princeton 1988.

Roland, M.-J.: *Memoiren aus dem Kerker*, ed. I. Riesen, Zürich 1987.

Rolley, K.: »The Lesbian Sixth Sense«, *Feminist Art News* 5, 1990.

Rollo-Koster, J.: »From Prostitutes to Brides of Christ«, *Journal of Medieval and Early Modern Studies* 2002.

Romano, G.: *Landschaft und Landleben in der italienischen Malerei*, Berlin 1989.

Rommel, G.: »Beiträge zur Geschichte des Hexenwesens in der Grafschaft Wertheim«, *Jahrbuch des Historischen Vereins Alt-Wertheim* 1938.

de la Roncière, C.: »La vie privée des notables toscans au seuil de la Renaissance« in *Histoire de la vie privée*, Bd. II, ed. P. Ariès/G. Duby, Paris 1985.

Ronge, V.: Brief vom 7. Mai 1987.

Roodenburg, H.W.: »The Autobiography of Isabella de Moerloose«, *Journal of Social History* 1985.

–: »›Venus Minsieke Gasthuis‹: Sexual Beliefs in Eighteenth-Century Holland« in *From Sappho to de Sade*, ed. J. Bremmer, London 1989.

–: »Ehre in einer pluralistischen Gesellschaft« in *Ehrkonzepte in der Frühen Neuzeit*, ed. S. Backmann et al., Berlin 1998.

–: »Inzest in der Nachbarschaft« in *Städtische Volkskultur im 18. Jahrhundert*, ed. R.-E. Mohrmann, Köln 2001.

van Rooijen, M.: »Steden en hun culturele leven« in *Steden & hun verleden*, ed. M. van Rooijen, Utrecht 1988.

Room, A.: *The Street Names of England*, Stamford 1992.

Roos, R.: *Begrüßung, Abschied, Mahlzeit*, Bonn 1975.

Roosevelt, P.: *Life on the Russian Country Estate*, New Haven 1995.

Roost-Vischer, L.: *Mütter zwischen Herd und Markt*, Basel 1997.

Roper, L.: »Mothers of Debauchery: Procuresses in Reformation Augsburg«, *German History* 1988.

–: *The Holy Household*, Oxford 1989.

–: »›Wille‹ und ›Ehre‹: Sexualität, Sprache und Macht in Augsburger Kriminalprozessen« in *Wandel der Geschlechtsbeziehungen zu Beginn der Neuzeit*, ed. H. Wunder/C. Vanja, Frankfurt/M. 1991.

–: *Oedipus and the Devil*, London 1994.

–: *Das fromme Haus*, Frankfurt/M. 1995.

Roquebert, A.: »La sculpture ethnographique au XIXᵉ siècle« in *La sculpture ethnographique*, ed. A. Le Normand-Romain et al., Paris 1994.

Rosaldo, M.Z.: »The Shame of Headhunters and the Autonomy of Self«, *Ethos* 1983.

Roscoe, J.: »Further Notes on the Manners and Customs of the Baganda«, *Journal of the Anthropological Institute of Great Britain and Ireland* 1902.

Rose, P.: *Josephine Baker*, Wien 1990.

Rosen, L.: »Male-Female Relations in Sefrou, Morocco« in *Women in the Muslim World*, ed. L Beck/N. Keddie, Cambridge 1978.

–: »The Negotiation of Reality: Male-Female Relations in Sefrou, Morocco« in *Arab Society*, ed. N.S. Hopkins/S.E. Ibrahim, Cairo 1985.

Rosen, R.: *The Lost Sisterhood: Prostitution in America, 1900-1918*, Baltimore 1982.

Rosenbaum, H.: *Proletarische Familien*, Frankfurt/M. 1992.

Rosenberg, A.: *Der Sumpf*, München 1939.

Rosenberger, N.R.: »Dialectic Balance in the Polar Model of Self: The Japan Case«, *Ethos* 1989.

Rosenthal, J.T.: »Anglo-Saxon Attitudes« in *Medieval Women and the Sources of Medieval History*, ed. J.T. Rosenthal, Athens 1990.

Rosenthal, L.: »The Definition of Female Sexuality and the Status of Women Among the Gujerati-Speaking Indians of Johannesburg« in *The Anthropology of the Body*, ed J. Blacking, London 1977.

Ross, E.: *Love and Toil*, Oxford 1993.

Ross, E./R. Rapp: »Sex and Society«, *Comparative Studies in Society and History* 1981.

Ross, H.M.: *Baegu*, Urbana 1973.

Ross, J.A.: »The Puberty Ceremony of the Chimbu Girl in the Eastern Highlands of New Guinea«, *Anthropos* 1965.

Ross,W.: »Ethnological Notes on Mt. Hagen Tribes«, *Anthropos* 1936.

Rossiaud, J.: *Dame Venus*, München 1989.

Rost, W.: *Die männliche Jungfrau*, Reinbek 1983.

Roth, A.M.: »Father Earth, Mother Sky« in *Reading the Body*, ed. A.E. Rautman, Philadelphia 2000.

Roth, D.: »Mittelalterliche Misogynie – ein Mythos?«, *Archiv für Kulturgeschichte* 1998.

Roth, G.K.: *Fijian Way of Life*, Melbourne 1973.

Rottenburg, R.: *Ndemwareng*, München 1991.

Rotter, G.: *Die Stellung des Negers in der islamisch-arabischen Welt bis zum 16. Jahrhundert*, Bonn 1967.

Rouillan-Castex, S.: »L'amour et la société féodale«, *Revue historique* 1984.

Rousseau, J.-J.: *Bekenntnisse*, ed. E. Hardt, Berlin 1907.

–: *Emil oder Über die Erziehung*, ed. L. Schmidts, Paderborn 1981.

Rowland, B.: »Thwarted Sexuality in Chaucer's Works«, *Florilegium* 1981.

Rowse, A.L.: *Homosexuals in History*, London 1977.

Roy, M.: *Bengali Women*, Chicago 1975.

Rubin, L.B.: *Worlds of Pain*, New York 1992.

Rubinow, A.: *Moskau intim*, Berlin 1992.

Rublack, H.-C.: *Eine bürgerliche Reformation: Nördlingen*, Gütersloh 1982.

Rublack, U.: »›Viehisch, frech vnd onverschämpt‹« in *Von Huren und Rabenmüttern*, ed. O. Ulbricht, Köln 1995.

–: »Schmähschriften und -zeichen in der städtischen Kultur des Ancien Régime« in *Verletzte Ehre*, ed. K. Schreiner/G. Schwerhoff, Köln 1995.

–: *Magd, Metz' oder Mörderin*, Frankfurt/M. 1998.

–: »Metze und Magd« in *Ehrkonzepte in der Frühen Neuzeit*, ed. S. Backmann et al., Berlin 1998.

Rudofsky, B.: *Sparta/Sybaris*, Salzburg 1987.

Rückert, C.: *Frauenpornographie*, Frankfurt/M. 2000.

Ruggiero, G.: »Sexual Criminality in the Early Renaissance: Venice 1338-1358«, *Journal of Social History* 1975.

–: *The Boundaries of Eros*, Oxford 1985.

Rumm-Kreuter, D.: »Heizquellen, Kochgeschirre, Zubereitungstechniken und Garergebnisse mittelalterlicher Köche« in *Essen und Trinken in Mittelalter und Neuzeit*, ed. I. Bitsch et al., Sigmaringen 1987.

Runkel, G.: *Trieb und Funktion*, Hamburg 1974.

Russell, J.: »Race and Reflexivity: The Black Other in Contemporary Japanese Mass Culture« in *Rereading Cultural Anthropology*, ed. G.E. Marcus, Durham 1992.

Russell, J.B.: *Medieval Civilization*, New York 1968.
Russell of Liverpool, Lord: *Geißel der Menschheit*, Berlin 1956.
Russett, C.E.: *Sexual Science*, Cambridge 1989.
Rutishauser, H.: »Semiramis, die Verruchte«, *Feministische Studien* 1986.
Ruytinx, J.: *La morale bantoue et le problème de l'éducation morale au Congo*, Bruxelles 1960.
Rybczynski, W.: *Wohnen*, München 1987.
Ryken, L.: *Worldly Saints*, Grand Rapids 1986.
Ryn, Z.: »Drei Geschwister im Lager« in *Die Auschwitz-Hefte*, Bd. II, Weinheim 1987.

Sabaté, F.: »Femmes et violence dans la Catalogne du XIVᵉ siècle«, *Annales du Midi* 1994.
Sabbah, F.A.: *Woman in the Muslim Unconscious*, New York 1984.
al-Sa'adāwī, N.: *The Hidden Face of Eve*, London 1980.
–: *Ich spucke auf euch*, München 1984.
Safa, H.I.: *The Urban Poor of Puerto Rico*, New York 1974.
Safrian, H.: *Die Eichmann-Männer*, Wien 1993.
de Sahagún, B.: *Historia General de las Cosas de la Nueva España*, Bd. II, ed. A.M. Garibay, México 1956.
–: *Florentine Codex*, Bd. X, ed. C.E. Dibble/A.J.O. Anderson, Santa Fe 1961.
Sahlins, M.: *Islands of History*, London 1987.
Saint-Laurent, C.: *Histoire imprévue des dessous féminins*, Paris 1986.
Saintyves, P.: »Le Charivari de l'Adultère et les courses à corps nus«, *L'Ethnographie* 1935.
Saitz, R.L./E.J. Cervenka: *Handbook of Gestures: Colombia and the United States*, The Hague 1972.
Salamone, F.A.: »Religion and Repression: Enforcing Feminine Inequality in an ›Egalitarian Society‹«, *Anthropos* 1986.
Salisbury, J.E.: »The Latin Doctors of the Church on Sexuality«, *Journal of Medieval History* 1986.
Salmen, W.: *Musikleben im 16. Jahrhundert*, Leipzig 1976.
Salus, G.: *Niemand, nichts – ein Jude*, Darmstadt 1981.
Salutin, M.: »Stripper Morality« in *The Sexual Scene*, ed. J.H. Gagnon/W. Simon, New Brunswick 1973.
Salzer, R.: *Zur Geschichte Heidelbergs von dem Jahre 1689-1693*, Heidelberg 1879.
Salzman, L.F.: *English Life in the Middle Ages*, London 1926.
Salzmann, C.G.: *Moralisches Elementarbuch*, Leipzig 1785.
Sanday, P.R.: »Pulling Train« in *Race, Class, and Gender in the United States*, ed. P.S. Rothenberg, New York 1998.
Sandgruber, R.: »Cyclisation und Zivilisation: Fahrradkultur um 1900« in *Glücklich ist, wer vergißt ...?*, ed. H.C. Ehalt et al., Wien 1986.
Sanson, H.: *Tagebücher der Henker von Paris 1685-1847*, Bd. I, München 1983.
Santucci, M.: »Amour, mariage et transgressions dans ›Le Chevalier au Lion‹« in *Amour, mariage et transgressions au Moyen Age*, ed. D. Buschinger/A. Crépin, Göppingen 1984.

Sarabianov, D.V.: *Russian Art*, London 1990.

Sargent, W.: *People of the Valley*, London 1976.

Sarlin, C.N.: »Masturbation, Culture, and Psychosexual Development« in *Masturbation*, ed. I.M. Marcus/J.J. Francis, New York 1975.

Sather, C.: *The Bajau Laut*, Kuala Lumpur 1997.

Saucier, J.-F.: »Correlates of the Long Postpartum Taboo«, *Current Anthropology* 1972.

Sauerländer, W.: *Das Jahrhundert der großen Kathedralen*, München 1990.

Sauerteig, L.: »Militär, Medizin und Moral: Sexualität im Ersten Weltkrieg« in *Die Medizin und der Erste Weltkrieg*, ed. W.U. Eckart/C. Gradmann, Pfaffenweiler 1996.

Saunders, A.: *A Social History of Black Slaves and Freedmen in Portugal, 1441-1555*, Cambridge 1982.

Saunders, G.: *The Nude*, London 1989.

Saunders, L.: *Cultural Difference and Medical Care*, New York 1954.

Saurer, E.: »›Bewahrerinnen der Zucht und der Sittlichkeit‹«, *L'Homme* 1990.

–: »Frauen und Priester: Beichtgespräche im frühen 19. Jahrhundert« in *Arbeit, Frömmigkeit und Eigensinn*, ed. R. van Dülmen, Frankfurt/M. 1990.

Savage-Rumbaugh, E.S./B.J. Wilkerson: »Socio-Sexual Behavior in *Pan paniscus* and *Pan troglodytes*«, *Journal of Human Evolution* 1978.

Savitz, L./L. Rosen: »Sexual Enjoyment Reported by ›Streetwalkers‹«, *Journal of Sex Research* 1988.

Sax, W.S.: *Mountain Goddess*, New York 1991.

Sbrzesny, H.: *Die Spiele der !Ko-Buschleute*, München 1976.

Scaraffia, L.: *Rinnegati*, Bari 1993.

Schadelbauer, K.: »Ein Sittlichkeitsskandal im Frauenhaus zu Chur vom Jahre 1471«, *Sudhoffs Archiv* 1930.

Schadenberg, A.: »Die Bewohner von Süd-Mindanao und der Insel Samal«, *Zeitschrift für Ethnologie* 1885.

Schäfer, H.: »Nubisches Frauenleben«, *Mitteilungen des Seminars für Orientalische Sprachen an der Friedrich-Wilhelm-Universität zu Berlin* 1935.

Schäfer, K./B. Wallner: »Gedanken zur Sexualität weiblicher Primaten«, *Mitteilungen der Anthropologischen Gesellschaft in Wien* 1999.

Schäfer, P.A.: »Zur Initiation im Wagi-Tal«, *Anthropos* 1938.

Schäfer, R.: »Initiation in den Sande- und Poro-Bund bei den Mende, Sierra Leone« in *Sie und Er*, Bd. II, ed. G. Völger, Köln 1997.

Schäfer, W.: *Agnes Bernauer und ihre Zeit*, München 1987.

Schär, M.: *Seelennöte der Untertanen*, Zürich 1985.

Schairer, I.: *Das religiöse Volksleben am Ausgang des Mittelalters nach Augsburger Quellen*, Leipzig 1913.

Schaller, G.B.: *Unsere nächsten Verwandten*, Frankfurt/M. 1968.

Schama, S.: *The Embarrassment of Riches*, London 1987.

Schapera, I.: »Some Kgatla Theories of Procreation« in *Culture and Human Sexuality*, ed. D.N. Suggs/A.W. Miracle, Pacific Grove 1993.

Schappe, J.: »Foltermethoden und Grausamkeiten der SS« in *Buchenwald-Report*, ed. D.A. Hackett, München 1996.

Scharff, T.: »Seelenrettung und Machtinszenierung« in *Das Quälen des Körpers*, ed. P. Burschel et al., Köln 2000.

Schebesta, P.: »Gesellschaft und Familie bei den Semang auf Malakka«, *Anthropos* 1928.

–: *Die Bambuti-Pygmäen vom Ituri*, Bd. II.1, Brüssel 1941; Bd. II.2, 1948.

–: *Les Pygmées du Congo Belge*, Bruxelles 1952.

–: *Die Negrito Asiens*, Bd. II.1, Mödling 1954.

Scheck, R.: »Aspekte deutscher Kindheit: 1740-1820«, *Jahrbuch der Kindheit* 1987.

Scheffel, D.: *In the Shadow of Antichrist*, Peterborough 1991.

Schefold, R.: *Lia*, Berlin 1988.

Scheidegger, G.: *Perverses Abendland, barbarisches Rußland*, Zürich 1993.

Scheidle, I.: »Der Stadt zur Ehr': Anna Blum« in *Frauengestalten*, Heidelberg 1995.

Schelle, K. G.: *Geschichte des männlichen Barts unter allen Völkern der Erde*, Leipzig 1797.

Scheub, H.: »The Autobiography of Nongenile Masithatu Zenani« in *Life Histories of African Women*, ed. P. W. Romero, London 1988.

Schewe, J.: *Unser lieben Frauen Kindbett*, Kiel 1958.

Schickedanz, H.-J.: *Homosexuelle Prostitution*, Frankfurt/M. 1979.

Schidlof, B.: *Das Sexualleben der Australier und Ozeanier*, Leipzig 1909.

Schiebinger, L.: *Nature's Body*, Boston 1993.

Schiefenhövel, W.: *Geburtsverhalten und reproduktive Strategien bei den Eipo*, Berlin 1988.

–: »Ritualized Adult-Male/Adolescent-Male Sexual Behavior in Melanesia« in *Pedophilia*, ed. J. R. Feierman, New York 1990.

–: »Sexualverhalten in Melanesien«, Ms.

Schieffelin, E. L.: *The Sorrow of the Lonely and the Burning of the Dancers*, St. Lucia 1977.

Schiffauer, W.: *Die Gewalt der Ehre*, Frankfurt/M. 1983.

Schikorra, C.: »›Asoziale‹ Häftlinge im Frauenkonzentrationslager Ravensbrück« in *Tod oder Überleben?*, ed. W. Röhr/B. Berlekamp, Berlin 2001.

Schildhauer, J.: *Die Hanse*, Leipzig 1984.

Schiller, F.: *Sämtliche Werke*, Bd. XII, ed. E. v. d. Hellen, Stuttgart o. J.

Schindler, G.: *Verbrechen und Strafen im Recht der Stadt Freiburg im Breisgau*, Freiburg 1937.

Schindler, H.: »Carijona and Manakini« in *Carib-Speaking Indians*, ed. E. B. Basso, Tucson 1977.

Schindler, N.: »Die Entstehung der Unbarmherzigkeit«, *Bayerisches Jahrbuch für Volkskunde* 1988.

–: *Widerspenstige Leute*, Frankfurt/M. 1992.

Schindler, S. K.: *Eingebildete Körper*, Tübingen 2001.

Schipper, K. M.: »Sexualleben« in *China Handbuch*, ed. W. Franke, Düsseldorf 1974.

Schlehe, J.: *Das Blut der fremden Frauen*, Frankfurt/M. 1987.

–: »Street Guides und Beach Boys in Indonesien«, *Beiträge zur feministischen Theorie und Praxis* 2001.

Schleichert, S.: »Hexenprozesse in der Landgrafschaft Hessen-Kassel«, *Hessisches Jahrbuch für Landesgeschichte* 1993.

Schleiner, W.: »›That Matter Which Ought Not to Be Heard of‹«, *Journal of Homosexuality* 1994.

Schlesier, E.: *Me'udana*, Bd. II, Berlin 1983.

Schlichte, A.: *Zur Theorie der Scham am Beispiel von Duerr, Elias und Max Weber*, Bremen 1997.

Schlissel, L.: *Frauentagebücher aus dem Wilden Westen*, Hamburg 1983.

Schlögl, H. A.: *Echnaton*, Reinbek 1986.

Schlör, J.: »Der nackte und der bekleidete Körper« in ›*Der schejne Jid*‹, ed. S. Gilman et al., Wien 1998.

Schlötterer, R.: *Vergewaltigung*, Berlin 1982.

Schloßberger, M.: »Rezeptionsschwierigkeiten: Hans Peter Duerrs Kritik an Norbert Elias' historischer Anthropologie«, *Leviathan* 2000.

–: »Philosophie der Scham«, *Deutsche Zeitschrift für Philosophie* 2000.

Schlüssel, E.: »Hygienische Auswirkungen der Beschneidung« in *Hygiene und Judentum*, ed. H. Goslar, Dresden 1930.

Schlüter, H.: *Ladies, Lords und Liederjane*, Dortmund 1981.

Schlumbohm, J.: *Kinderstuben*, München 1983.

Schmersahl, K.: *Medizin und Geschlecht*, Opladen 1998.

Schmidt, E.: *Peasants, Traders, and Wives*, Portsmouth 1992.

Schmidt, F.: »Geistliches Gespräch zwischen einer Fürstin und einer Krämerin von einem Paternoster aus Edelsteinen«, *Alemannia* 1898.

Schmidt, G.: *Das große Der Die Das*, Herbstein 1986.

–: *Das Verschwinden der Sexualmoral*, Hamburg 1996.

Schmidt, G. et al.: »Changes in Students' Sexual Behaviour: 1966 – 1981 – 1996«, *Scandinavian Journal of Sexology* 1998.

Schmidt, G./V. Sigusch: *Arbeiter-Sexualität*, Neuwied 1971.

Schmidt, H. R.: *Dorf und Religion*, Stuttgart 1995.

Schmidt-Bleibtreu, W.: *Jus Primae Noctis*, Bonn 1988.

Schmidt-Fels, L.: *Deportiert nach Ravensbrück*, Düsseldorf 1981.

Schmidt-Linsenhoff, V.: »Frau Ratgeb und die Kunstgeschichte« in *Frauen, Kunst, Geschichte*, ed. C. Bischoff, Gießen 1984.

Schmitt, C.: *Artistenkostüme*, Tübingen 1993.

Schmitz, C. A.: *Wantoat*, The Hague 1963.

–: »Scham und Normenkontrolle in Melanesien«, *Zeitschrift für Ethnologie* 1966.

Schmugge, L.: »Deutsche Pilger in Italien« in *Kommunikation und Mobilität im Mittelalter*, ed. S. de Rachewiltz/J. Riedmann, Sigmaringen 1995.

Schnabel-Schüle, H.: *Überwachen und Strafen im Territorialstaat*, Weimar 1997.

Schnabl, S.: »Funktionelle Sexualstörungen« in *Sexuologie*, Bd. I, ed. P. G. Hesse/G. Tembrock, Leipzig 1974.

Schnackenburg, B.: »Das Bild des bäuerlichen Lebens bei Adriaen van Ostade« in *Wort und Bild in der niederländischen Kunst und Literatur des 16. und 17. Jahrhunderts*, ed. H. Vekeman/J. Müller-Hofstede, Erfstadt 1984.

Schneider, D.M.: »Abortion and Depopulation on a Pacific Island« in *Health, Culture and Community*, ed. B.D. Paul, New York 1955.

Schneider, H.K.: »Romantic Love Among the Turu« in *Human Sexual Behavior*, ed. D.S. Marshall/R.C. Suggs, New York 1971.

Schneider, N.: »Alltagskultur der frühen Neuzeit im Spiegel der Druckgraphik« in *Von der Macht der Bilder*, ed. E. Ullmann, Leipzig 1983.

Schneider, R.: »Lebensverhältnisse bei den Zisterziensern im Spätmittelalter« in *Klösterliche Sachkultur des Spätmittelalters*, ed. H. Appelt, Wien 1980.

–: *Vor 1000 Jahren*, Augsburg 1999.

Schneider, R.A.: *The Ceremonial City*, Princeton 1995.

Schneider, W.: »Volkskultur und Alltagsleben« in *Geschichte der Stadt Würzburg*, Bd. I, ed. U. Wagner, Stuttgart 2001.

Schneider, W.H.: *An Empire for the Masses*, Westport 1982.

Schnell, R.: »Grenzen literarischer Freiheit im Mittelalter«, *Archiv für das Studium der neueren Sprachen und Literaturen* 1981.

–: »Die ›höfische‹ Liebe als ›höfischer‹ Diskurs über die Liebe« in *Curialitas*, ed. J. Fleckenstein, Göttingen 1990.

–: »Unterwerfung und Herrschaft« in *Modernes Mittelalter*, ed. J. Heinzle, Frankfurt/M. 1994.

–: »Geschlechtergeschichte und Textwissenschaft« in *Text und Geschlecht*, ed. R. Schnell, Frankfurt/M. 1997.

–: »Literarische Spielregeln für die Inszenierung und Wertung von Fehltritten« in *Der Fehltritt*, ed. P. v. Moos, Köln 2001.

–: *Sexualität und Emotionalität in der vormodernen Ehe*, Köln 2002.

Schnucker, R.: »La position puritaine à l'égard de l'adultère«, *Annales* 1972.

Schoelen, E.: *Erziehung und Unterricht im Mittelalter*, Paderborn 1965.

Schönfeldt, G.: *Beiträge zur Geschichte des Pauperismus und der Prostitution in Hamburg*, Weimar 1897.

Scholberg, K.R.: *Spanish Life in the Late Middle Ages*, Chapel Hill 1965.

Scholz, F.: Mündliche Mitteilung vom 13. Mai 1986.

Scholz, P.O.: *Der entmannte Eros*, Düsseldorf 1997.

Scholz-Williams, G.: »Die dritte Kreatur: Das Frauenbild in den Schriften von Paracelsus (1491-1543)« in *Der frauwen buoch*, ed. I. Bennewitz, Göppingen 1989.

–: »Blutzeugen« in *Ehrkonzepte in der Frühen Neuzeit*, ed. S. Backmann et al., Berlin 1998.

Schoppmann, C.: »Zur Situation lesbischer Frauen in der NS-Zeit« in *Homosexualität in der NS-Zeit*, ed. G. Grau, Frankfurt/M. 1993.

Schor, N.: »The Portrait of a Gentleman: Representing Men in French Women's Writing«, *Representations*, Fall 1987.

Schouten, J.P.: »The Unconventional Woman Saint: Images of Akka Mahāvēdi« in *Female Stereotypes in Religious Traditions*, ed. R. Kloppenborg/W.J. Hanegraaff, Leiden 1995.

Schrader, O.: *Reallexikon der indogermanischen Altertumskunde*, Bd. II, Berlin 1929.

Schraub, I.: *Zwischen Salon und Mädchenkammer*, Hamburg 1992.

Schraut, E.: »Dorothea von Montau« in *Religiöse Frauenbewegung und mystische Frömmigkeit im Mittelalter*, ed. P. Dinzelbacher/D.R. Bauer, Köln 1988.

Schreckenstein, R.v.: »Die Dorfordnung zu Kappel bei Villingen«, *Zeitschrift für die Geschichte des Oberrheins* 1878.

Schreiber, G.: *Deutsche Kriegsverbrechen in Italien*, München 1996.

Schreiber, S.: »›Keusch wie kaum ein anderes Volk‹?« in *Ägypten im afro-orientalischen Kontext*, ed. D. Mendel/U. Claudi, Köln 1991.

Schreiner, K.: »Gregor VIII., nackt auf einem Esel« in *Ecclesia et regnum*, ed. D. Berg/H.-W. Goetz, Bochum 1989.

Schrepfer, G.: *Dorfordnungen im Hochstift Bamberg*, Erlangen 1941.

Schröder, H.J.: *Die gestohlenen Jahre*, Tübingen 1992.

Schröder, M.: »›Derbe, aber bieder‹: Zur Genese von Ethno- und Sprachstereotypen innerhalb des niederdeutschen Humordiskurses«, *Jahrbuch des Vereins für niederdeutsche Sprachforschung* 1995.

Schroer, S./T. Staubli: *Die Körpersymbolik der Bibel*, Darmstadt 1998.

Schröter, M.: »Scham im Zivilisationsprozeß: Zur Diskussion mit Hans Peter Duerr« in *Gesellschaftliche Prozesse und individuelle Praxis*, ed. H. Korte, Frankfurt/M. 1990.

–: *Erfahrungen mit Norbert Elias*, Frankfurt/M. 1997.

Schrott, L.: *Münchner Alltag in acht Jahrhunderten*, München 1970.

Schubart, W.: *Religion und Eros*, München 1966.

Schubert, M.J.: *Zur Theorie des Gebarens im Mittelalter*, Köln 1991.

Schüngel-Straumann, H.: »Josef und die Frau des Potifar« in *Schön bist du und verlockend*, ed. H. Haag et al., Freiburg 2001.

Schüppert, H.: »Der Bauer in der deutschen Literatur des Spätmittelalters« in *Bäuerliche Sachkultur des Spätmittelalters*, ed. H. Appelt, Wien 1984.

Schürings, H.: *Rwandische Zivilisation und christlich-koloniale Herrschaft*, Frankfurt/M. 1992.

Schütt, H.-F.: »Gilde und Stadt«, *Zeitschrift der Gesellschaft für Schleswig-Holsteinische Geschichte* 1980.

Schulte, T.J.: *The German Army and Nazi Policies in Occupied Russia*, Oxford 1988.

Schultes, R.E./A. Hofmann: *Pflanzen der Götter*, Bern 1980.

Schultz, A.: *Das höfische Leben zur Zeit der Minnesänger*, Leipzig 1889.

–: *Das häusliche Leben der europäischen Kulturvölker*, München 1903.

Schultz, J.A.: *The Knowledge of Childhood in the German Middle Ages 1100-1350*, Philadelphia 1995.

Schultz, P.: *Die erotischen Motive in deutschen Dichtungen des 12. und 13. Jahrhunderts*, Greifswald 1907.

Schulz, C.: »Weibliche Häftlinge aus Ravensbrück in Bordellen der Männerkonzentrationslager« in *Frauen in Konzentrationslagern*, ed. C. Füllberg-Stolberg et al., Bremen 1994.

Schulz, H.: »Frühneuhochdeutsche Euphemismen«, *Zeitschrift für Deutsche Wortforschung* 1908.

Schulz, I.: *Verwehte Spuren*, Ulm 1998.

Schulze, G.: »Vom Haben zum Sein« in *Visionen 2000*, ed. G. Gassen et al., Mannheim 1999.

Schulze, P.H.: *Frauen im Alten Ägypten*, Bergisch Gladbach 1987.

Schumacher, M.: *Sündenschmutz und Herzensreinheit*, München 1996.
Schumacher, P.: *Expedition zu den zentralafrikanischen Kivu-Pygmäen*, Brüssel 1949.
Schurtz, H.: *Urgeschichte der Kultur*, Leipzig 1900.
Schuster, I.M.G.: *New Women of Lusaka*, Palo Alto 1979.
Schuster, P.: *Das Frauenhaus*, Paderborn 1992.
Schwager, J.M.: »Über den Ravensberger Bauer«, *Westfälisches Magazin zur Geographie, Historie und Statistik* 1786.
Schwaibold, M.: »Mittelalterliche Bußbücher und sexuelle Normalität«, *Ius Commune* 1988.
Schwarz, H.W.: *Der Schutz des Kindes im Recht des frühen Mittelalters*, Siegburg 1993.
Schwarzmaier, H.: *Geschichte der Stadt Eberbach am Neckar bis zur Einführung der Reformation 1556*, Sigmaringen 1986.
Schwarzwälder, H.: *Sitten und Unsitten, Bräuche und Mißbräuche im alten Bremen*, Bremen 1984.
Schwedes, H.: *Musikanten und Comödianten, eines ist Pack wie das andere*, Bonn 1993.
Schweigger, S.: *Zum Hofe des türkischen Sultans*, ed. H. Stein, Leipzig 1986.
Schweinfurth, G.: »Das Volk der Monbuttu in Central-Afrika«, *Zeitschrift für Ethnologie* 1873.
v. Schweinichen, H.: *Denkwürdigkeiten*, ed. H. Oesterley, Breslau 1878.
Schweling, O.P.: *Die deutsche Militärjustiz in der Zeit des Nationalsozialismus*, Marburg 1977.
Schwerbrock, W./K. Barthel: *Gesellschaft mit beschränkter Nacktheit*, Frankfurt/M. 1969.
Schwerhoff, G.: *Köln im Kreuzverhör*, Bonn 1991.
–: »Blasphemare, dehonestare et maledicere Deum« in *Verletzte Ehre*, ed. K. Schreiner/G. Schwerhoff, Köln 1995.
–: »Zivilisationsprozeß und Geschichtswissenschaft«, *Historische Zeitschrift* 1998.
Scott, G.R.: ›*Into Whose Hands*‹, London 1945.
–: *Phallic Worship*, London 1966.
Scott, W.H.: »Boyhood in Sagada«, *Anthropological Quarterly* 1958.
–: »Economic and Material Culture of the Kalingas of Madukayan«, *American Anthropologist* 1958.
Scribner, R.W.: »Vom Sakralbild zur sinnlichen Schau: Sinnliche Wahrnehmung und das Visuelle bei der Objektivierung des Frauenkörpers in Deutschland im 16. Jahrhundert«, Ms.
Scull, A./D. Favreau: »The Clitoridectomy Craze«, *Social Research* 1986.
–: »Médecine de la folie ou folie des médecins«, *Actes de la recherche en sciences sociales*, Juin 1987.
Scully, D./P. Bart: »A Funny Thing Happened on the Way to the Orifice: Women in Gynecology Textbooks«, *American Journal of Sociology* 1973.
Seabrook, J.: *Working-Class Childhood*, London 1982.
Seaburg, W.R./J. Miller: »Tillamook« in *Handbook of North American Indians*, Bd. 7, ed. W. Suttles, Washington 1990.
Sebald, H.: *Hexenkinder*, Frankfurt/M. 1996.

Sèbe, A.: *Tagoulmoust*, Freiburg 1982.

Sebeok, T.A.: »Data on Nakedness and Related Traits in Hungary«, *Journal of American Folklore* 1948.

Seccombe, W.: »Men's ›Marital Rights‹ and Women's ›Wifely Duties‹« in *The European Experience of Declining Fertility 1850-1970*, ed. J.R. Gillis et al., Oxford 1992.

–: *Weathering the Storm*, London 1993.

Seeger, A.: *Nature and Society in Central Brazil*, Cambridge 1981.

Seelos, I.: »Zeichnungen zum ›Tristan‹-Zyklus« in *Runkelstein: Die Wandmalereien des Sommerhauses*, ed. W. Haug et al., Wiesbaden 1982.

Segal, L.: *Slow Motion*, New Brunswick 1990.

Segalen, M.: *Mari et femme dans la société paysanne*, Paris 1980.

Seidman, S.: »Victorian Sexuality Reconsidered«, *Journal of Social History* 1990.

Seifart, K.: »Die peinliche Frage«, *Zeitschrift für deutsche Kulturgeschichte* 1859.

Seminario, A.J.: »Bemerkungen über den Stamm der Bora oder Meamuyna am Putumayo, Amazonas«, *Zeitschrift für Ethnologie* 1924.

Sennhauser, H.R.: »Der Flecken Zurzach« in *Stadtluft, Hirsebrei und Bettelmönch*, ed. M. & N. Flüeler, Stuttgart 1992.

Sepúlveda dos Santos, M.: »Samba Schools: The Logic of Orgy and Blackness in Rio de Janeiro« in *Representations of Blackness and the Performance of Identities*, ed. J.M. Rahier, Westport 1999.

Serebryakova, Z.: *Isbrannie proisvedennja*, ed. T. Savitskaya, Moskwa 1989.

Sereny, G.: *Dann schon lieber auf den Strich*, München 1986.

Sévigné, M. de.: *Briefe*, ed. T.v.d. Mühll, Frankfurt/M. 1979.

Shahar, S.: *Childhood in the Middle Ages*, London 1990.

Shakur, A.: *Autobiography*, London 1987.

Shammas, C.: »The Domestic Environment in Early Modern England and America« in *Expanding the Past*, ed. P.N. Stearns, New York 1988.

Shanor, K.: *Verschwiegene Träume*, Berlin 1979.

Shapiro, A.-L.: *Breaking the Codes*, Stanford 1996.

Sharma, M./U. Vanjani: »The Political Economy of Reproductive Activities in a Rajasthan Village« in *Gender and Political Economy*, ed. A.W. Clark, Delhi 1993.

Sharp, L.: »The Social Organization of the Yir-Yoront Tribe«, *Oceania* 1934.

Sharpe, J.: *Instruments of Darkness*, London 1996.

Sharpe, J.A.: *Crime in Seventeenth-Century England*, Cambridge 1983.

–: *Crime in Early Modern England 1550-1750*, London 1984.

–: »Plebeian Marriage in Stuart England«, *Transactions of the Royal Historical Society* 1986.

–: *Early Modern England*, Caulfield East 1987.

–: »Civility, Civilizing Processes, and the End of Public Punishment in England« in *Civil Histories*, ed. P. Burke et al., Oxford 2000.

Shaw, D.: »The Construction of the Private in Medieval London«, *Journal of Medieval and Early Modern Studies* 1996.

Shaw, R.D.: *Kandila*, Ann Arbor 1990.

Sheehan, E.A.: »Victorian Clitoridectomy« in *The Gender/Sexuality Reader*, ed. R.N. Lancaster/M. di Leonardo, New York 1997.

Sheehan, J.J.: *German History 1770-1866*, Oxford 1989.

Shell-Duncan, B./W.O. Obiero/L.A. Muruli: »Women Without Choices« in *Female ›Circumcision‹ in Africa*, ed. B. Shell-Duncan/Y. Hernlund, London 2000.

Shepher, J./J. Reisman: »Pornography: A Sociobiological Attempt at Understanding«, *Ethology and Sociobiology* 1985.

Shilling, C.: »The Body and Difference« in *Identity and Difference*, ed. K. Woodward, London 1997.

Shimada, S.: *Grenzgänge, Fremdgänge*, Frankfurt/M. 1994.

Shonagon, S.: *Das Kopfkissenbuch*, ed. M. Watanabe, München 1992.

Shore, B.: »Incest Prohibitions and the Logic of Power in Samoa«, *Journal of the Polynesian Society* 1976.

Shorter, E.: *Die Geburt der modernen Familie*, Reinbek 1977.

–: *Der weibliche Körper als Schicksal*, München 1984.

–: »Einige demographische Auswirkungen des postmodernen Familienlebens«, *Zeitschrift für Bevölkerungswissenschaft* 1989.

Shostak, M.: »A !Kung Woman's Memories of Childhood« in *Kalahari Hunter-Gatherers*, ed. R.B. Lee/I. DeVore, Cambridge 1976.

Showalter, E.: »Victorian Women and Insanity«, *Victorian Studies* 1980.

–: *The Female Malady*, London 1988.

–: *Sexual Anarchy*, London 1991.

Shyllon, F.: *Black People in Britain 1555-1833*, London 1977.

Siebenkees, J.C.: »Von dem Nürnbergischen Frauenhause im sogenannten Frauengäßlein« in *Materialien zur Nürnberger Geschichte*, Bd. IV, Nürnberg 1795.

Sieber, M.: »Ungehobelte Studenten, Wölfe und singende Professoren« in *Begegnungen mit dem Mittelalter in Basel*, ed. S. Slanička, Basel 2000.

Sieber, S.: »Nachbarschaften, Gilden, Zünfte und ihre Feste«, *Archiv für Kulturgeschichte* 1914.

Sieber-Lehmann, C./T. Wilhelmi: *In Helvetios: Wider die Kuhschweizer*, Bern 1998.

Sieder, R.: »›Vata, derf i aufstehn?‹ Kindheitserfahrungen in Wiener Arbeiterfamilien um 1900« in *Glücklich ist, wer vergißt …?*, ed. H.C. Ehalt et al., Wien 1986.

–: *Sozialgeschichte der Familie*, Frankfurt/M. 1987.

Sieferle, R.P.: *Bevölkerungswachstum und Naturhaushalt*, Frankfurt/M. 1990.

–: *Rückblick auf die Natur*, München 1997.

Siegfried, M.: »Die Hygiene des Radfahrens« in *Der Radfahrsport*, ed. P. v. Salvisberg, München 1897.

Sieroshevski, M./W.G. Sumner: »The Yakuts«, *Journal of the Anthropological Institute of Great Britain and Ireland* 1901.

Sievers, L.: *Deutsche und Russen*, Hamburg 1988.

Sigal, G.: *Erotic Dawn-Songs of the Middle Ages*, Gainesville 1996.

Sigal, P.: *From Moon Goddesses to Virgins*, Austin 2000.

Sigerist, H.E.: *Der Arzt in der ägyptischen Kultur*, Zürich 1971.

Silber, J.R.: »Masks and Fig Leaves« in *Privacy*, ed. J.R. Pennock/J.W. Chapman, New York 1971.

Silberbauer, G.B.: »Marriage and the Girls' Puberty Ceremony of the G/wi Bushmen«, *Africa* 1963.

Silbermann, A./M. Brüning: *Der Deutschen Badezimmer*, Köln 1991.

Silbert, M.H.: »The Effects on Juveniles of Being Used for Pornography and Prostitution« in *Pornography*, ed. D. Zillmann/J. Bryant, Hillsdale 1989.

Silverman, E.K.: *Masculinity, Motherhood, and Mockery*, Ann Arbor 2001.

Simmonds, F.N.: »›She's Gotta Have It‹: The Representation of Black Female Sexuality on Film« in *British Feminist Thought*, ed. T. Lovell, Oxford 1990.

Simmons, D.C.: »Sexual Life, Marriage, and Childhood Among the Efik«, *Africa* 1960.

Simon, C.: *Untertanenverhalten und obrigkeitliche Moralpolitik*, Basel 1981.

Simon, I.: »Die hebräische Medizin bis zum Mittelalter« in *Illustrierte Geschichte der Medizin*, ed. J.-C. Sournia et al., Bd. III, Salzburg 1980.

Simon-Muscheid, K.: »Gewalt und Ehre im spätmittelalterlichen Handwerk am Beispiel Basels«, *Zeitschrift für historische Forschung* 1991.

Simons, G.L.: *Sex and Superstition*, London 1973.

Simons, W.: *Cities of Ladies*, Philadelphia 2001.

Simpson, A.E.: »Vulnerability and the Age of Female Consent« in *Sexual Underworlds of the Enlightenment*, ed. G.S. Rousseau/R. Porter, Manchester 1987.

Simpson, G.E.: »Sexual and Familial Institutions in Northern Haiti«, *American Anthropologist* 1942.

Simpson, J.: *The Hudson River 1850-1918*, New York 1981.

Simpson, M.: *Male Impersonators*, London 1994.

Singer, R.: »The Biology of the San« in *The Bushmen*, ed. P.V. Tobias, Cape Town 1978.

Singh, I.: *The Gondwana and the Gonds*, Lucknow 1944.

Singman, J.L.: *Daily Life in Medieval Europe*, Westport 1999.

Sinn, D./R. Sinn: *Der Alltag in Preußen*, Frankfurt/M. 1991.

Sissa, G.: »Subtle Bodies« in *Fragments for a History of the Human Body*, Bd. III, ed. M. Feher et al., New York 1989.

Skeen, D.: *Different Sexual Worlds*, Lexington 1991.

Skjønsberg, E.: *Change in an African Village*, West Hartford 1989.

Slater, M.: *Family Life in the Seventeenth Century*, London 1984.

Slater, M.K.: *African Odyssey*, Garden City 1976.

Slater, P.E.: *The Glory of Hera*, Boston 1968.

Slobodin, R.: »Leadership and Participation in a Kutchin Trapping Party« in *Contributions to Anthropology: Band Societies*, ed. D. Damas, Ottawa 1969.

Smith, A.: *Leben und Taten der berühmtesten Straßenräuber, Mörder und Spitzbuben, so in den letzten 50 Jahren in dem Königreich England sind hingerichtet worden*, München 1987.

Smith, A.: *Women Remember*, London 1989.

Smith, B.G.: *Ladies of the Leisure Class*, Princeton 1981.

–: *Les bourgeoises du nord 1850-1914*, Paris 1989.

Smith, D.B.: *Inside the Great House*, Ithaca 1980.

Smith, N.: »Sexual Mores in the Eighteenth Century«, *Journal for the History of Ideas* 1978.

Smith, R.E./C.J. Pine/M.E. Hawley: »Social Cognitions About Adult Male Victims of Female Sexual Assault«, *Journal of Sex Research* 1988.

Smith, S.C.: *MumShirl*, ed. B. Sykes, Richmond 1981.

Smith-Rosenberg, C.: »Puberty to Menopause: The Cycle of Femininity in 19th-Century America« in *Clio's Consciousness Raised*, ed. M.S. Hartman/L. Banner, New York 1974.

–: »Beauty, the Beast, and the Militant Woman« in *A Heritage of Her Own*, ed. N.F. Cott/E.H. Pleck, New York 1979.

–: »A Richer and Gentler Sex«, *Social Research* 1986.

Smole, W.J.: *The Yanoama Indians*, Austin 1976.

Smout, T.C.: *A Century of Scottish People 1830-1950*, London 1986.

Snell, K.D.M.: *Annals of the Labouring Poor*, Cambridge 1985.

Snyder, J.R.: »Norbert Elias's ›The Civilizing Process‹ Today« in *Educare il corpo, educare la parola nella trattatistica del Rinascimento*, ed. G. Patrizi/A. Quondam, Roma 1998.

Snyder, P.: »Prostitution in Asia«, *Journal of Sex Research* 1974.

Soares, J.V.: »Black and Gay« in *Gay Men*, ed. M.P. Levine, New York 1979.

Sobel, M.: *The World They Made Together*, Princeton 1987.

Sobo, E.J.: *One Blood: The Jamaican Body*, Albany 1993.

Söderberg, J./U. Jonsson/C. Persson: *A Stagnating Metropolis*, Cambridge 1991.

Sørum, A.: »The Ontogenesis of Bedamini Male Selves« in *Carved Flesh, Cast Selves*, ed. V. Broch-Due et al., Providence 1993.

Sofsky, W.: »Wie gerecht ist die Rache?«, *Psychologie heute* 4, 2002.

Sohn, A.-M.: »Unzüchtige Handlungen an Mädchen und alltägliche Sexualität in Frankreich (1870-1939)« in *Die sexuelle Gewalt in der Geschichte*, ed. A. Corbin, Berlin 1992.

Solé, J.: *Liebe in der westlichen Kultur*, Frankfurt/M. 1979.

Sollberger, A.: »Gibt es einen Zivilisationsfortschritt?«, *Die Weltwoche*, 19. Juni 1997.

Solleder, F.: *München im Mittelalter*, München 1938.

Solnon, J.-F.: *La Cour de France*, Paris 1987.

Soltau, H.: »Verteufelt, verschwiegen und reglementiert: Über den Umgang der Hanseaten mit der Prostitution« in *Hamburg im Zeitalter der Aufklärung*, ed. I. Stephan/H.-G. Winter, Hamburg 1989.

Somerville, S.: »Scientific Racism and the Invention of the Homosexual Body« in *The Gender/Sexuality Reader*, ed. R.N. Lancaster/M. di Leonardo, New York 1997.

Sommerville, M.R.: *Sex and Subjection*, London 1995.

Soranus v. Ephesos: *Die Gynäkologie*, ed. J.C. Huber, München 1894.

Soustelle, G.: *Tequila: Un village nahuatl du Méxique oriental*, Paris 1958.

Spacks, P.M.: »›Ev'ry Woman is at Heart a Rake‹«, *Eighteenth-Century Studies* 1974.

Spannaus, G.: »Ernährung und Eß-Sitten bei den Ndau in Südostafrika«, *Tribus* 1955.

Sparrman, A.: »Von den Hottentotten (1784)« in *Die Entdeckung und Eroberung der Welt*, Bd. I, ed. U. Bitterli, München 1980.

Spate, O.H.K.: *Paradise Found and Lost*, Minneapolis 1988.

Speicher, G.: *Die großen Tabus*, Düsseldorf 1969.

Speiser, F.: »Über infantile Sexualmerkmale bei Kleinwuchsrassen«, *Zeitschrift für Rassenkunde* 1935.

–: *Ethnology of Vanuatu*, Honolulu 1996.

Spencer, D.M.: »Etiquette and Social Sanction in the Fiji Islands«, *American Anthropologist* 1938.

Spencer, F.: »Pithekos to Pithecanthropus« in *Ape, Man, Apeman*, ed. C. Corbey/B. Theunissen, Leiden 1995.

Spencer, H.: *Essays Scientific, Political & Speculative*, London 1891.

–: *The Principles of Sociology*, Bd. I, London 1904.

Spencer, R.F.: *The North Alaskan Eskimo*, Washington 1959.

Spier, L.: *Yuman Tribes of the Gila River*, Chicago 1933.

Spindler, L.S.: »Women in Menomini Culture« in *The North American Indians*, ed. R.C. Owen et al., New York 1967.

Spiro, M.E.: *Children of the Kibbutz*, Cambridge 1958.

–: *Kinship and Marriage in Burma*, Berkeley 1977.

Spitz, R.A.: »Authority and Masturbation« in *Masturbation*, ed. I.M. Marcus/J.J. Francis, New York 1975.

Spitzer, G.: *Der deutsche Naturismus*, Ahrensburg 1983.

Spoerer, M.: *Zwangsarbeit unter dem Hakenkreuz*, Stuttgart 2001.

Spöttel, M.: *Die ungeliebte ›Zivilisation‹*, Frankfurt/M. 1995.

–: *Hamiten*, Frankfurt/M. 1996.

Spree, R.: »Sozialisationsnormen in ärztlichen Ratgebern zur Säuglings- und Kleinkindpflege« in *Zur Sozialgeschichte der Kindheit*, ed. J. Martin/A. Nitschke, Freiburg 1986.

Spreitzer, B.: *»Wie bist du vom Himmel gefallen ...«*, Wien 1995.

Sprenger, G.: *Erotik und Kultur in Melanesien*, Hamburg 1997.

Sprinkle, A.: *Hardcore from the Heart*, ed. G. Cody, London 2001.

Spurlock, J.C.: *Free Love: Marriage and Middle-Class Radicalism in America, 1825-1860*, New York 1988.

Spurr, J.: *England in the 1670s*, Oxford 2000.

Srebnick, A.G.: »Die Ermordung und das Geheimnis der Mary Rogers« in *Die sexuelle Gewalt in der Geschichte*, ed. A. Corbin, Berlin 1992.

Staehelin, B.: *Völkerschauen im Zoologischen Garten Basel 1879-1935*, Basel 1993.

Stahlmann, I.: *Der gefesselte Sexus*, Berlin 1997.

Stampp, K.M.: *The Peculiar Institution*, New York 1972.

Standing Bear, L.: *Land of the Spotted Eagle*, Lincoln 1978.

Stanek, M.: *Geschichten der Kopfjäger*, Köln 1982.

Stanley, L.: *Sex Surveyed, 1949-1994*, London 1995.

Stannek, A.: »Aufwachsen im Ausland«, *L'Homme* 1997.

Stansell, C.: *City of Women*, Urbana 1987.

Stannus, H.S.: »Notes on Some Tribes of British Central Africa«, *Journal of the Royal Anthropological Institute* 1910.

Starkey, A.: *European and Native American Warfare, 1675-1815*, London 1998.

Starr, J.R./D.E. Carns: »Singles in the City« in *The Sexual Scene*, ed. J.H. Gagnon/W. Simon, New Brunswick 1973.

Staub, F./L. Tobler/R. Schoch: *Schweizerisches Idiotikon*, Bd. II, Frauenfeld 1885.

Stauder, J.: *The Majangir*, Cambridge 1971.

Stefaniszyn, B.: *Social and Ritual Life of the Ambo of Northern Rhodesia*, London 1964.

Stein, M.: *Japans Kurtisanen*, München 1997.

Stein, W.W.: *Hualcan: Life in the Highlands of Peru*, Ithaca 1961.

Steinbach, L.: *Mannheim: Erinnerungen aus einem halben Jahrhundert*, Stuttgart 1984.

Steinberg, L.: »Steen's Female Gaze and Other Ironies«, *Artibus et historiae* 1990.

Steinhausen, G.: *Deutsche Privatbriefe des Mittelalters*, Bd. I, Berlin 1899.

Stelzl, U.: *Hexenwelt*, Berlin 1983.

Stember, C.H.: *Sexual Racism*, New York 1976.

Stempel, W.-D.: »Mittelalterliche Obszönität als literarästhetisches Problem« in *Die nicht mehr schönen Künste*, ed. H.R. Jauß, München 1968.

Stengers, J./A. Van Neck: *Histoire d'une grande peur: la masturbation*, Bruxelles 1984.

Stepanowna-Sytowa: *Lubok*, Leningrad 1984.

Sterling, C.: *La peinture médièvale à Paris*, Bd. II, Paris 1990.

Sterling, D.: *We Are Your Sisters*, New York 1997.

Sterly, J.: *Brief vom 25. März 1986.*

–: *Kumo*, München 1987.

Stermac, L.E./Z.V. Segal/R. Gillis: »Social and Cultural Factors in Sexual Assault« in *Handbook of Sexual Assault*, ed. W.L. Marshall et al., New York 1990.

Stern, M./A. Stern: *Der verklemmte Genosse*, Berlin 1980.

Sternberg, L.: »Materials on the Sexual Life of the Gilyak«, *Anthropological Papers of the University of Alaska* 1961.

Sternweiler, A.: *Die Lust der Götter*, Berlin 1993.

Steuer, H.: »Der Beginn eines Fernhandels mit Keramik in Norddeutschland«, *Zeitschrift für Archäologie des Mittelalters* 1973.

Stevenson, M.C.: »U'teaw ko'hanna« in *Sacred Narcotic Plants of the New World Indians*, ed. H. Schleiffer, New York 1973.

Steward, J.H.: »A Uintah Ute Bear Dance«, *American Anthropologist* 1932.

Stewart, A.: »Sebald Beham's ›Fountain of Youth-Bathhouse‹ Woodcut«, *The Register of the Spencer Museum of Art* 1989.

–: »Paper Festivals and Popular Entertainment: The Kermis Woodcuts of Sebald Beham in Reformation Nuremberg«, *Sixteenth Century Journal* 1993.

Stewart, P.: *Engraven Desire*, Durham 1992.

Stifter, K.F.: *Die dritte Dimension der Lust*, Frankfurt/M. 1988.

Stiglmayer, A.: *Massenvergewaltigungen*, Freiburg 1993.

Stillman, Y.K.: *Arab Dress*, Leiden 2000.

Stobinsky, A.: »Schleswig-holsteinische Polizeiordnungen (1579-1636)« in *Volksleben, Kirche und Obrigkeit in Schleswig-Holstein von der Reformation bis ins 19. Jahrhundert*, ed. K.-S. Kramer, Neumünster 1989.

Stöckel, M.: *Pädophilie*, Frankfurt/M. 1998.

Stoecker, H.: »Die deutsche Kolonialherrschaft in Afrika vor 1914« in *Drang nach Afrika*, ed. H. Stoecker, Berlin 1991.

Stoeckl, P.: *Kommune und Ritual*, Frankfurt/M. 1994.

Stoler, A.L.: »Carnal Knowledge and Imperial Power« in *The Gender/Sexuality Reader*, ed. R.N. Lancaster/M. di Leonardo, New York 1997.

Stoll, O.: *Das Geschlechtsleben in der Völkerpsychologie*, Leipzig 1908.

Stoller, R.J.: »Transvestism in Women« in *Observing the Erotic Imagination*, ed. R.J. Stoller, New Haven 1985.

Stolz, I.: *Adiós General – Adiós Macho? Frauen in Chile*, Köln 1989.

Stolz, S.: *Die Handwerke des Körpers*, Marburg 1992.

Stone, J.: »Naj Tunich und die Höhlenkunst der Mayas« in *Faszination Archäologie*, ed. P.G. Bahn, München 1997.

Stone, L.: *The Family, Sex and Marriage in England 1500-1800*, London 1977.

–: *The Past and the Present Revisited*, London 1987.

–: *Road to Divorce: England 1530-1987*, Oxford 1990.

–: *Uncertain Unions: Marriage in England 1660-1753*, Oxford 1992.

Stoppard, M.: *Die Brust*, Ravensburg 1997.

Stovall, T.: *Paris Noir*, Boston 1996.

Stoyanovitch, K.: *Les Tsiganes*, Paris 1974.

Strasser, P.: *Verbrechermenschen*, Frankfurt/M. 1984.

Stråth, B.: »Gemeinschaft(en)« in *Konstruktion und Diskussion zentraler Arbeitsbegriffe*, ed. S.M. Schröder, Berlin 1997.

Strathern, A.: »Why Is Shame on the Skin?«, *Ethnology* 1975.

Straube, H.: *Türkisches Leben in der Bundesrepublik*, Frankfurt/M. 1987.

Straube, H.: *Westkuschitische Völker Süd-Äthiopiens*, Stuttgart 1963.

–: »Beiträge zur Sinndeutung der wichtigsten künstlichen Körperverstümmelungen in Afrika« in *Festschrift für Ad. E. Jensen*, Bd. II, ed. E. Haberland et al., München 1964.

Strauß, B./E. Barth: »Einstellungen von Männern zur Empfängnisverhütung« in *Partnerschaft, Sexualität und Fruchtbarkeit*, ed. E. Brähler/A. Meyer, Heidelberg 1988.

Strauss, H./H. Tischner: *Die Mi-Kultur*, Hamburg 1962.

Streck, B.: »Männerkultur im Sudan« in *Männerbande, Männerbünde*, Bd. I, ed. G. Völger/K.v. Welck, Köln 1990.

–: *Die Ḥalab*, Wuppertal 1996.

–: *Fröhliche Wissenschaft Ethnologie*, Wuppertal 1997.

Strecker, I.: Brief vom 5. März 1986.

Strickland, M.: »Slaughter, Slavery or Ransom: The Impact of the Conquest on Conduct in Warfare« in *England in the Eleventh Century*, ed. C. Hicks, Stanford 1992.

van Strien, C.D.: *British Travellers in Holland During the Stuart Period*, Leiden 1993.

Strobel, M.: *European Women and the Second British Empire*, Bloomington 1991.

Strobl, I.: »Die Rettung jüdischer Kinder und Jugendlicher in Frankreich durch jüdische Widerstandskämpferinnen« in *Frauen im Holocaust*, ed. B. Distel, Gerlingen 2001.

Ströber, E.: »Badefreuden und rituelle Reinigung« in *Quellen: Das Wasser in der Kunst Ostasiens*, ed. E. Ströber, Hamburg 1992.

Strohmenger, S.: *Kairo: Gespräche über Liebe*, Wuppertal 1996.

Strohschneider, P.: »›Der tûrney von dem czers‹« in *Liebe in der deutschen Literatur des Mittelalters*, ed. J. Ashcroft et al., Tübingen 1987.

Strother, Z.S.: »Display of the Body Hottentot« in *Africans on Stage*, ed. B. Lindfors, Bloomington 1999.

Struckman-Johnson, C.: »Forced Sex on Dates: It Happens to Men, Too«, *Journal of Sex Research* 1988.

Struß, A./I. Frucht: *Mit Bubikopf und braven Zöpfen*, Verden 1992.

Strzelecka, I.: »Women« in *Anatomy of the Auschwitz Death Camp*, ed. Y. Gutman/M. Berenbaum, Bloomington 1994.

Stuart, K.: »Des Scharfrichters heilende Hand« in *Ehrkonzepte in der Frühen Neuzeit*, ed. S. Backmann et al., Berlin 1998.

Stubbs, W.: *The Chronicle of the Reigns of Henry II. and Richard I. a.d. 1169-1192*, Bd. II, London 1867.

Studer-Freuler, G.: *Visperterminen*, Brig 1984.

Studt, B.: »Die Badenfahrt« in *Badeorte und Bäderreisen in Antike, Mittelalter und Neuzeit*, ed. M. Matheus, Stuttgart 2001.

Stumpp, B.E.: *Prostitution in der römischen Antike*, Berlin 1998.

Sturtevant, E.: *Vom guten Ton im Wandel der Jahrhunderte*, Berlin 1917.

Stycos, J.M.: »Birth Control Clinics in Crowded Puerto Rico« in *Health, Culture and Community*, ed. B.D. Paul, New York 1955.

Sudhoff, K.: *Deutsche medizinische Inkunabeln*, Leipzig 1908.

Suggs, D.N.: »Female Status and Role Transition in the Tswana Life Cycle«, *Ethnology* 1987.

Suggs, R.C.: *Marquesan Sexual Behavior*, New York 1966.

Sullivan, M.A.: »The Witches of Dürer and Hans Baldung Grien«, *Renaissance Quarterly* 2000.

Sumner, W.G.: *Folkways*, New York 1906.

Sundahl, D.: »Stripper« in *Sex Work*, ed. F. Delacoste/P. Alexander, London 1988.

Surtz, R.E.: »Morisco Women, Written Texts, and the Valencia Inquisition«, *Sixteenth Century Journal* 2001.

Susruta, Dr.: »Hindu-Erotik der Gegenwart«, *Anthropophyteia* 1911.

de Swaan, A.: »Die Inszenierung der Intimität: Wohnverhältnisse und Familienleben« in *Intimität*, ed. M.B. Buchholz, Weinheim 1989.

Swanson, J.: »Childhood and Childrearing in *ad status* Sermons by Later Thirteenth Century Friars«, *Journal of Medieval Society* 1990.

Swanson, J.M./K.A. Forrest: *Die Sexualität des Mannes*, Köln 1987.

Swartz, M.J.: »Sexuality and Aggression on Romonum, Truk«, *American Anthropologist* 1958.

–: »Shame, Culture and Status Among the Swahili of Mombasa«, *Ethos* 1988.

Swift, J.: *Gullivers Reisen*, Frankfurt/M. 1960.

Symons, D.: »Can Darwin's View of Life Shed Light on Human Sexuality?« in *Theories of Human Sexuality*, ed. J.H. Geer/W.T. O'Donahue, New York 1987.

Szasz, T.: *Sex*, Oxford 1981.

Szeemann, H.: »Hier bin ich Mensch, hier bin ich frei« in *Nackt im Paradies*, ed. M.v. Graffenried, Wabern-Bern 1997.

Tabboni, S.: *Norbert Elias: Un ritratto intellettuale*, Bologna 1993.

Talle, A.: »Aspects of Female Infibulation in Somalia« in *Carved Flesh, Cast Selves*, ed. V. Broch-Due et al., Providence 1993.

Tambiah, S.J.: *The Buddhist Saints of the Forest and the Cult of Amulets*, Cambridge 1984.

Tan, M.L.: »From *bacla* to Gay« in *Conceiving Sexuality*, ed. R.G. Parker/J.H. Gagnon, New York 1995.

Tanner, F.: *Die Ehe im Pietismus*, Zürich 1952.

Tanner, R.E.S.: »Maturity and Marriage of Northern Basukuma of Tanganyika«, *African Studies* 1955.

Tanzer, G.: *Spectacle müssen seyn*, Wien 1992.

Tarczylo, T.: »L'*Onanisme* de Tissot«, *Dix-huitième siècle* 1980.

Tattersfield, N.: *The Forgotten Trade*, London 1991.

Tauchmann, K.: »Kankanaey und Lepanto« in *Menschenbilder früher Gesellschaften*, ed. K.E. Müller, Frankfurt/M. 1983.

Tauern, O.D.: *Patasiwa und Patalima*, Leipzig 1918.

el-Tayeb, F.: *Schwarze Deutsche*, Frankfurt/M. 2001.

Taylor, J.: »Sex and Sex Roles« in *Dimensions of Contemporary Japan*, ed. E.R. Beauchamp, New York 1998.

Tec, N.: *Bewaffneter Widerstand: Jüdische Partisanen im Zweiten Weltkrieg*, Gerlingen 1996.

Tedeschi, J.: *The Prosecution of Heresy*, Binghamton 1991.

Tekampe, L.: *Kriegserzählungen*, Mainz 1989.

Telban, B.: *Dancing Through Time*, Oxford 1998.

Temme, W.: *Die Sozietät der Mutter Eva (Buttlarsche Rotte) und der radikale Pietismus um 1700*, Göttingen 1998.

Tentler, T.N.: *Sin and Confession on the Eve of the Reformation*, Princeton 1977.

Terret, T.: »Hygienization: Civic Baths and Body Cleanliness in Late 19th-Century France«, *History of Sport* 1993.

Terry, J.: »Lesbians Under the Medical Gaze«, *Journal of Sexual Research* 1990.

Teruoka, Y.: »The Pleasure Quarters and Tokugawa Culture« in *18th Century Japan*, ed. C.A. Gerstle, Sydney 1989.

Tessmann, G.: *Die Bubi von Fernando Poo*, Hagen 1923.

–: *Die Bafia*, Stuttgart 1934.

Tewes, L.: *Frankreich in der Besatzungszeit*, Bonn 1998.

Theilhaber, F.A.: »Ein deutscher Malthus«, *Zeitschrift für Sexualwissenschaft und Sexualpolitik* 1931.

Theis, W./A. Sternweiler: »Alltag im Kaiserreich und in der Weimarer Republik« in *Eldorado*, ed. M. Bollé/R. Bothe, Berlin 1984.

Theuerkauf, G.: »Frauen im Spiegel mittelalterlicher Geschichtsschreibung und Rechtsaufzeichnung« in *Frauen in der Ständegesellschaft*, ed. B. Vogel/U. Weckel, Hamburg 1991.

Thiam, A.: *Die Stimme der schwarzen Frau*, Reinbek 1981.

Thiemt, H.G./H.D. Schreeb: *Der Bader von Mainz*, Berlin 1988.

Thietmar v. Merseburg: *Chronik*, ed. W. Trillmich, Darmstadt 1974.

Thoden van Velzen, H.U.E.: »The Djuka Civilization«, *Netherlands' Journal of Sociology* 1984.

Thomas, A.: »Franken, Juden und Deutsche: Außenseiter im alttschechischen ›Unguentarius‹«, *Bohemia* 1996.

Thomas, D.H./L.S.A. Pendleton/S.C. Cappannari: »Western Shoshone« in *Handbook of North American Indians*, Bd. 11, ed. W.L. D'Azevedo, Washington 1986.

Thomas, K.: »The Rise of the Fork«, *New York Times Review of Books*, 9. März 1978.

Thomas, L.-V.: *Les Diola*, Bd. II, Dakar 1959.

Thomas of Chobham: *Summa confessorum*, ed. F. Broomfield, Löwen 1968.

Thompson, J.L.: »Men, Women, and the Lessons of Circumcision in 16th-Century Exegesis«, *Archiv für Reformationsgeschichte* 1995.

Thompson, L.: *Southern Lau, Fiji*, Honolulu 1940.

Thompson, L.A.: *Romans and Blacks*, London 1989.

Thompson, P.: *The Edwardians*, London 1975.

Thorsen, L.E.: »Farmer Women and Intimacy«, *Ethnologia Scandinavica* 1987.

Thurneysser zum Thurn, L.: *Ein durch Nothgedrungens Außschreiben Mein/Der Herbrottischen Blutschandsverkeufferey/Falschs vnd Betrugs*, Berlin 1584.

Thurston, W.R.: »The Inadvertent Acquisition of Kinship During Ethnographic Fieldwork« in *Fieldwork and Families*, ed. J. Flinn et al., Honolulu 1998.

Tierney, P.: *Darkness in El Dorado*, New York 2000.

van Tilburg, M.: »Kritische Anmerkungen zur Sexualfeindlichkeit des niederländischen Bürgertums im 19. Jahrhundert«, in *Die ungeschriebene Geschichte*, ed. B. Bechtel et al., Wien 1984.

Tillion, G.: *Frauenkonzentrationslager Ravensbrück*, Lüneburg 1998.

Tillyard, S.: *Aristocrats*, London 1994.

Tilton, R.S.: *Pocahontas*, Cambridge 1994.

Tisdale, S.: *Talk Dirty to Me*, Berlin 1995.

Titiev, M.: *Old Oraibi*, Cambridge 1944.

Tlusty, B.A.: »Das ehrbare Verbrechen: Die Kontrolle über das Trinken in Augsburg in der frühen Neuzeit«, *Zeitschrift des historischen Vereins für Schwaben* 1992.

Tobias, R.: *Viktorianisches Lesebuch*, Bergisch Gladbach 1985.

Tönnies, F.: *Die Sitte*, Frankfurt/M. 1909.

–: *Gemeinschaft und Gesellschaft*, Darmstadt 1979.

Tönz-Leitich, K.: »Laster- und Unsittenverbote der Frühneuzeit«, *Österreich in Geschichte und Literatur* 1970.

Toffler, A.: *Der Zukunftsschock*, Bern 1970.

Tolley, B.: *Pastors & Parishioners in Württemberg During the Late Reformation 1581-1621*, Stanford 1995.

Tolmacheva, M.: »Female Piety and Patronage in the Medieval ḥajj« in *Women in the Medieval Islamic World*, ed. G.R.G. Hambly, Houndmills 1998.

Tomkeieff, O.G.: *Life in Norman England*, London 1966.

Toner, J.P.: *Leisure and Ancient Rome*, Cambridge 1995.

Tonomura, H.: »Black Hair and Red Trousers: Gendering the Flesh in Medieval Japan«, *American Historical Review* 1994.

Tordjman, G./J. Cohen/J. Kahn-Nathan: *Mann und Frau*, Hamburg 1981.

Toren, C.: »Transforming Love: Representing Fijian Hierarchy« in *Sex and Violence*, ed. P. Harvey/P. Gow, London 1994.

–: *Mind, Materiality and History*, London 1999.

Tousch, P.: *Von Bräuchen, Sitten und Aberglauben*, Esch-sur-Alzette 1985.

Traube, E.G.: *Cosmology and Social Life*, Chicago 1986.

Traudich, D.: *Mutterschaft mit Zuckerguß?*, Pfaffenweiler 1993.

Trawick, M.: »The Ideology of Love in a Tamil Family« in *Divine Passions*, ed. O.M. Lynch, Berkeley 1990.

Treffort, C.: »Du mort vêtu à la nudité eschatologique« in *Le Nu et le Vêtu au Moyen Age (XIIe-XIIIe siècles)*, Dijon 2001.

Trench, C.C.: *Geschichte der Reitkunst*, München 1970.

Trenk, M.: »›Ein Betrunkener ist eine heilige Person‹«, *Historische Anthropologie* 1996.

–: *Die Milch des weißen Mannes*, Berlin 2001.

Trepp, A.-C.: »Balanceakte: Bürgerliche Paarbeziehungen zwischen Partnerschaft, Verschiedenheit und Ungleichheit der Geschlechter (1770-1830)«, *Historische Mitteilungen* 1998.

Trevelyan, J.: *What the Censor Saw*, London 1973.

Trexler, R.C.: *Public Life in Renaissance Florence*, New York 1980.

–: »Den Rücken beugen« in *Verletzte Ehre*, ed. K. Schreiner/G. Schwerhoff, Köln 1995.

Trigger, B.G.: *The Huron*, New York 1969.

Trimborn, H.: »Die Erotik in den Mythen von Huarochiri«, *Tribus* 1951.

Trollope, F.: *Domestic Manners of the Americans*, London 1927.

Trudgill, E.: *Madonnas and Magdalens*, London 1976.

Trümpy, H.: »Verhaltensvorschriften beim Essen und Trinken« in *Matreier Gespräche*, Wien 1984.

Trumbach, R.: »Sodomitical Assaults, Gender Role, and Sexual Development in Eighteenth-Century London« in *The Pursuit of Sodomy*, ed. K. Gerard/G. Hekma, New York 1989.

–: »London's Sapphists« in *Body Guards*, ed. J. Epstein/K. Straub, New York 1991.

–: »London's Sapphists« in *Third Sex. Third Gender*, ed. G. Herdt, New York 1994.

Tschipke, I.: *Lebensformen in der spätmittelalterlichen Stadt*, Hannover 1993.

Tuchen, B.: »Das Badewesen und die öffentlichen Bäder im Mittelalter« in *Wasser: Lebensquelle und Bedeutungsträger*, ed. H.-E. Paulus et al., Regensburg 1999.

–: »Heizeinrichtungen im öffentlichen Badhaus des 14.-18. Jahrhunderts in Süddeutschland und der Schweiz« in *Zwischen den Zeiten*, ed. J. Pfrommer/R. Schreg, Rahden 2001.

Turnbull, C.: *Molimo*, Köln 1963.

Turner, P. A.: *I Heard It Through the Grapevine*, Berkeley 1993.

Turner, P. R.: *The Highland Chontal*, New York 1972.

Turner, V. W.: *Schism and Continuity in an African Society*, Manchester 1957.

–: »Three Symbols of Passage in Ndembu Circumcision Ritual« in *Essays on the Ritual of Social Relations*, ed. M. Gluckman, Manchester 1962.

–: »Symbolization and Patterning in the Circumcision Rites of Two Bantuspeaking Societies« in *Man in Africa*, ed. M. Douglas/P. M. Kaberry, London 1969.

Tuzin, D. F.: *The Voice of the Tambaran*, Berkeley 1980.

Twachtmann-Schlichter, A.: »Kachelöfen in Stadt und Landkreis Celle« in *Ton in Form gebracht*, ed. K. Panne/A. Twachtmann, Celle 1998.

Twain, M.: *A Tramp Abroad*, London 1881.

Tyldesley, J.: *Töchter der Isis*, München 1996.

–: *Ägyptens Sonnenkönigin*, München 1999.

Tyrrell, W. B.: *Amazons*, Baltimore 1984.

Ubach, E./E. Rackow: *Sitte und Recht in Nordafrika*, Stuttgart 1923.

Uitz, E.: *Die Frau in der mittelalterlichen Stadt*, Stuttgart 1988.

Ulbrich, H.-J.: »Sexualität und Scham bei den Altkanariern«, *Almogaren* 1997.

Ulbricht, O.: *Kindsmord und Aufklärung in Deutschland*, München 1990.

Ullmann, S.: »Kontakte und Konflikte zwischen Landjuden und Christen in Schwaben während des 17. und zu Anfang des 18. Jahrhunderts« in *Ehrkonzepte in der Frühen Neuzeit*, ed. S. Backmann et al., Berlin 1998.

Underdown, D.: *Fire From Heaven*, London 1993.

Underhill, R. M.: *Social Organization of the Papago Indians*, New York 1939.

–: *Papago Indian Religion*, New York 1946.

Unger, T.: *Schutzengel der Hölle*, Zürich 1986.

Unterman, A.: *Jews*, London 1981.

Ure, P. N.: *Justinian and His Age*, Harmondsworth 1951.

Usborne, C.: *The Politics of the Body in Weimar Germany*, Houndmills 1992.

van Ussel, J.: *Sexualunterdrückung*, Reinbek 1970.

–: *Intimität*, Gießen 1979.

v. Uthmann, J.: *Es steht ein Wirtshaus an der Lahn*, Zürich 1998.

Utrio, K.: *Evas Töchter*, Hamburg 1987.

Vagt, H.: *Die Frau in Saudi-Arabien*, Berlin 1992.

Vahness, Hr.: »Einiges über Sitten und Gebräuche der Eingeborenen Neu-Guineas«, *Zeitschrift für Ethnologie* 1900.

Vale, M.: *The Gentleman's Recreations*, Cambridge 1977.

Valente-Noailles, C.: *The Kua*, Rotterdam 1993.

della Valle, H.: *Die Benediktinerinnenklöster des Bistums Osnabrück*, Osnabrück 1916.

Valšík, J.A./F.H. Hussien: »Popular Medicine and Traditional Medicine in Egyptian Nubia« in *Ethnomedizin und Sozialmedizin in Tropisch-Afrika*, ed. S. Paul, Hamburg 1975.

Vanhemelryck, F.: *De criminaliteit in de ammanie van Brussel van de late middeleeuwen tot het einde van het Ancien Régime*, Brüssel 1981.

Vann, R.T./D. Eversley: *Friends in Life and Death: The British and Irish Quakers in the Demographic Transition, 1650-1900*, Cambridge 1992.

Vargas, M.F.: *Louder Than Words*, Ames 1986.

Vasari, G.: *Leben der ausgezeichnetsten Maler, Bildhauer und Baumeister, von Cimabue bis zum Jahre 1567*, Bd. III, Stuttgart 1843.

Vaughan, A.T./E.W. Clark: *Puritans Among the Indians*, Cambridge 1981.

de Vaux, R.: *Das Alte Testament und seine Lebensordnungen*, Bd. I, Freiburg 1960.

Vavich, D.A.: »The Japanese Woman's Movement«, *Monumenta Nipponica* 1967.

Vayda, A.P.: »Love in Polynesian Atolls«, *Man* 1961.

Velten, C.: *Sitten und Gebräuche der Suaheli*, Göttingen 1903.

de Vent, G.: *Zee en duinen*, Brugge 1991.

Verdier, Y.: *Drei Frauen*, Stuttgart 1982.

Verdon, J.: »La femme et la violence en Poitou pendant la Guerre de Cent Ans«, *Annales du Midi* 1990.

–: *La nuit au Moyen Age*, Paris 1994.

–: »Dormir au Moyen Âge«, *Revue belge de philologie et d'histoire* 1994.

VerEecke, C.: »›It Is Better to Die Than to Be Shamed‹«, *Anthropos* 1993.

Verlinden, C./E. Schmitt: *Die mittelalterlichen Ursprünge der europäischen Expansion*, München 1986.

Vesey-Fitzgerald, B.: *Gypsies of Britain*, Newton Abbot 1973.

Vetter, R.: *Das Alte Badhaus zu Eberbach*, Heidelberg 1990.

–: *Das Schloß gesprengt, die Stadt verbrannt*, Heidelberg 1993.

Vicedom, G.F./H. Tischner: *Die Mbowamb*, Bd. I, Hamburg 1948.

Vickers, A.: *Bali: Ein Paradies wird erfunden*, Köln 1994.

Vidal, P.: *Garçons et filles: Le passage à l'âge d'homme chez les Gbaya Kara*, Nanterre 1976.

Vieille, P.: »Iranian Women in Family Alliance and Sexual Politics« in *Women in the Muslim World*, ed. L. Beck/N. Keddie, Cambridge 1978.

Viethen-Vobruba, E.: »Wiener Vorstadtmädel« in *Lulu, Lilith, Mona Lisa*, ed. I. Roebling, Pfaffenweiler 1989.

Villaume, P.: *Von der Bildung des Körpers*, Frankfurt/M. 1969.

Vincent, J.-D.: *The Biology of Emotions*, Oxford 1990.

Vincent-Cassy, M.: »Les domestiques à la fin du Moyen Age« in *Das*

Öffentliche und das Private in der Vormoderne, ed. G. Melville/P. v. Moos, Köln 1998.

Vincze, L.: »Hungarian Peasant Obscenity«, *Ethnology* 1985.

Vinke, H.: *Das kurze Leben der Sophie Scholl*, Ravensburg 1980.

Vinzenz v. Beauvais: *De eruditione filiorum nobilium*, ed. A. Steiner, Cambridge 1938.

Viveiros de Castro, E.: *From the Enemy's Point of View*, Chicago 1992.

Voght, M./V. L. Bullough: »Homosexuality and Its Confusion With the ›Secret Sin‹ in Pre-Freudian America«, *Journal for the History of Medicine* 1973.

Voigt, K.: *Italienische Berichte aus dem spätmittelalterlichen Deutschland*, Stuttgart 1973.

Volckmann, E.: *Die deutsche Stadt im Spiegel alter Gassennamen*, Würzburg 1926.

Volpe, G. et al.: *La vita medioevale Italiana nella miniatura*, Roma 1960.

Vorberg, G.: *Die Erotik der Antike in Kleinkunst und Keramik*, München 1921.

Vorwahl, H.: »Zur Sexualsymbolik der Sprache«, *Zeitschrift für Sexualwissenschaft und Sexualpolitik* 1931.

Voss, B. L.: »Colonial Sex« in *Archaeologies of Sexuality*, ed. R. A. Schmidt/B. L. Voss, London 2000.

Vroklage, B. A. G.: *Ethnographie der Belu in Zentral-Timor*, Bd. I, Leiden 1952.

de Waal, F.: *Peacemaking Among Primates*, Cambridge 1989.

de Waardt, H.: »Feuds and Witchcraft in Nijkerk in 1550« in *Witchcraft in the Netherlands*, ed. M. Gijswijt-Hofstra/W. Frijhoff, Rotterdam 1991.

Wack, M. F.: »New Medieval Medical Texts on *Amor Hereos*« in *Zusammenhänge, Einflüsse, Wirkungen*, ed. J. O. Fichte et al., Berlin 1986.

–: *Lovesickness in the Middle Ages*, Philadelphia 1990.

Wackernagel, H. G.: *Altes Volkstum der Schweiz*, Basel 1956.

Wagatsuma, H.: »The Social Perception of Skin Color in Japan« in *Modern Japan*, ed. I. Scheiner, New York 1974.

Wagenaar, S.: *The Pope's Jews*, London 1974.

Wagner, C.: *Die geschlechtlich sittlichen Verhältnisse der evangelischen Landbewohner im Deutschen Reiche*, Bd. II, Leipzig 1896.

Wagner, G.: *The Bantu of North Kavirondo*, Bd. I, London 1949.

Wagner, G.: »Wege ins KZ« in *Häftlinge aus der UdSSR in Bergen-Belsen*, ed. H.-H. Nolte, Frankfurt/M. 2001.

Wagner, H.: »Beschneidungsriten und die damit verbundenen Moral-Lehren der Komba in Nordost-Neuguinea«, *Zeitschrift für Ethnologie* 1965.

Wagner, P.: »The Discourse on Sex, Or Sex as Discourse« in *Sexual Underworlds of the Enlightenment*, ed. G. S. Rousseau/R. Porter, Manchester 1987.

Wagner, S.: *Der Kampf des Fastens gegen die Fastnacht*, München 1986.

Wagner, W.: »Gesellschaftlicher Wandel und Körperideal« in *Gewinne und Verluste sozialen Wandels*, ed. A. Hessel et al., Opladen 1999.

Wagner-Glenn, D.: *Searching for a Baby's Calabash*, Ludwigsburg 1992.

v. Waldeck, W.: *Tagebuch*, ed. U. Machoczek, Kassel 1998.

Waldersee, R.: »Der Sachsenspiegel: Ein frühes Rechtsbuch in der Volkssprache«, *Imagination* 1, 1995.

Waldhoff, H.-P.: »Wissenschaft als Integrationskonflikt und Zivilisationsprozeß« in *Der Zivilisationsprozeß: Mythos oder Realität?*, Opladen 2002.

Walens, S.: *Feasting With Cannibals*, Princeton 1981.

Walker, D.E.: »The Nez Perce Sweat Bath Complex«, *Southwestern Journal of Anthropology* 1966.

Walker, G.: »Rereading Rape and Sexual Violence in Early Modern England«, *Gender & History* 1998.

Walkowitz, J.R.: *Prostitution and Victorian Society*, Cambridge 1980.

Wall, L.L.: *Haussa Medicine*, Durham 1988.

Wallace, E./E.A. Hoebel: *The Comanches*, Norman 1952.

Wallace, M.: *Black Macho and the Myth of Superwoman*, New York 1978.

Wallace, W.J.: »Hupa, Chilula, and Whilkut« in *Handbook of North American Indians*, Bd. VIII, ed. R.F. Heizer, Washington 1978.

Walmsley, D.J.: *Urban Living*, New York 1988.

Walter, E.: ›Schrieb oft, von Mägde Arbeit müde‹, Stuttgart 1984.

Walter, T.: *Unkeuschheit und Werk der Liebe*, Berlin 1998.

Walters, R.G.: »Control, Sexual Attitudes, Self-Mastery, and Civilization: Abolitionists and the Erotic South« in *Our Selves/Our Past*, ed. R.J. Brugger, Baltimore 1981.

Walvin, J.: »Black Caricature: The Roots of Racialism« in ›Race‹ *in Britain*, ed. C. Husband, London 1982.

Walworth, A.: *Black Ships off Japan*, New York 1946.

Walz, R.: »Agonale Kommunikation im Dorf der Frühen Neuzeit«, *Westfälische Forschungen* 1992.

Wane, Y.: »Sexualité et continence prénuptiale chez les Toucouleur du Sénégal«, *Africa* 1971.

Waninger, W.: *Einstellungen von Landfrauen zu Fragen der Sexualität und Sexualerziehung*, Frankfurt/M. 1982.

Ward, D.A./G.G. Kassebaum: *Women's Prison*, London 1966.

–: »Homosexuality: A Mode of Adaptation in a Prison for Women« in *Studies in Human Sexual Behavior: The American Scene*, ed. A. Shiloh/P.H. Gebhard, Springfield 1970.

Warren, N.B.: »Pregnancy and Productivity: The Imagery of Female Monasticism Within and Beyond the Cloister Walls«, *Journal of Medieval and Early Modern Studies* 1998.

al-Waššā', A. ṭ-Ṭ M.I.Y. Ibn: *Das Buch des buntbestickten Kleides*, ed. D. Bellmann, Leipzig 1984.

Wassermann, L.: »Honor and Shame in ›Sir Gawain and the Green Knight‹« in *Chivalric Literature*, ed. L.D. Benson/J. Leyerle, Kalamazoo 1980.

Wassmann, J.: *Das Ideal des leicht gebeugten Menschen*, Berlin 1993.

Watson, J.B./V. Watson: *Batainibura of New Guinea*, Bd. II, New Haven 1972.

Watson, L.C.: »Sexual Socialization in Guajiro Society«, *Ethnology* 1972.

Watson, S.: *Strange Bedfellows*, New York 1991.

Watson-Franke, M.-B.: »Traditional Educational Concepts in the Modern World: The Case of the Guajiro Indians of Venezuela«, *Sociologus* 1974.

–: »Maskulinität in matrilinearen Gesellschaften« in *Sie und Er*, Bd. II, ed. G. Völger, Köln 1997.

Wawerzonnek, M.: *Eros und Ekstase*, Hamburg 1989.

Wayland, E.J.: »Notes on the Baamba«, *Journal of the Royal Anthropological Institute* 1929.

Webb, B.: *Meine Lehrjahre*, Frankfurt/M. 1988.

Weber, A.: *Sitte und Sünde: Erotischer Ratgeber aus den letzten 100 Jahren*, Frankfurt/M. 1979.

Weber, E.: *France, Fin de Siècle*, Cambridge 1986.

Weber, F.C.: *Das veränderte Rußland*, Bd. I, Frankfurt/M. 1738.

Weber, H.: ›*Von der verführten Kinder Zauberei*‹, Sigmaringen 1996.

Weber, M.: *Gesammelte Aufsätze zur Religionssoziologie*, Bd. I, Tübingen 1947.

–: *Grundriß der Sozialökonomik*, Bd. I, Tübingen 1947.

Weber, M.: *Antike Badekultur*, München 1996.

Weber, W.: *Ingres' Handzeichnungen*, Mainz 1983.

Weber, W.: »Von Wirtshäusern, Reisenden und Literaten« in *Reisekultur*, ed. H. Bausinger et al., München 1991.

Weber-Kellermann, I.: *Landleben im 19. Jahrhundert*, München 1987.

Webster, L.: »Metalwork, Bone, Wood and Sculpture« in *The Making of England*, ed. L. Webster/J. Backhouse, London 1991.

Weckbecker, G.: *Zwischen Freispruch und Todesstrafe*, Baden-Baden 1998.

Wedgwood, C.H.: »Women in Manam«, *Oceania* 1937.

Weeks, J.: *Sex, Politics and Society*, London 1981.

Weeks, J.H.: »Anthropological Notes on the Bangala of the Upper Congo River«, *Journal of the Anthropological Institute of Great Britain and Ireland* 1909.

Wegert, K.: *Popular Culture, Crime, and Social Control in 18th-Century Württemberg*, Stuttgart 1994.

Wegner, R.N.: »Die Qurungu'a und Sirionó« in *Verhandlungen des XXIV. Internationalen Amerikanisten-Kongresses*, Hamburg 1930.

Wegs, J.R.: *Growing Up Working Class*, University Park 1989.

Wehle, P.: *Sprechen Sie Wienerisch*, Wien 1980.

Wehrli, G.A.: *Die Bader, Barbiere und Wundärzte im alten Zürich*, Zürich 1927.

Weideger, P.: *History's Mistress*, Harmondsworth 1986.

Weigand, R.: »Zwischenmenschliche Aspekte des Ehelebens in normativen kirchlichen Texten und im Alltagsleben des Spätmittelalters« in *Text und Geschlecht*, ed. R. Schnell, Frankfurt/M. 1997.

Weigelt, G.: *Die nordfriesischen Inseln*, Hamburg 1973.

Weiler, I.: *Giftmordwissen und Giftmörderinnen*, Tübingen 1998.

Weinberg, M.S.: »The Nudist Management of Respectability« in *Deviance*, ed. E. Rubington/M.S. Weinberg, New York 1981.

Weinberg, M.S./C.J. Williams: »Gay Baths and the Social Organization of Impersonal Sex« in *Gay Men*, ed. M.P. Levine, New York 1979.

Weinberg, S.S.: *The World of Our Mothers*, New York 1988.

Weiner, A.B.: *Women of Value, Men of Renown*, Austin 1976.

–: *The Trobrianders of Papua New Guinea*, New York 1988.

Weiner, J.F.: *The Empty Place*, Bloomington 1991.

Weingartner, J.J.: »Trophies of War: U.S. Troops and the Mutilation of Japanese War Dead, 1941-1945«, *Pacific Historical Review* 1992.

Weininger, O.: *Geschlecht und Charakter*, Wien 1921.

Weinstein, D./R.M. Bell: *Saints and Society*, Chicago 1982.

Weintraub, S.: *Victoria*, New York 1987.

Weinreich, C.: *Danziger Chronik*, ed. T. Hirsch/F.A. Vossberg, Berlin 1855.

v. Weinsberg, H.: *Das Buch Weinsberg*, ed. J. Häßlin, München 1980.

Weiss. F.: »Mutterschaft und frühe Kindheit bei den Iatmul in Papua Neuguinea« in *Der Weg ins Leben*, ed. G. Kroeber-Wolf, Frankfurt/M. 1990.

–: *Die dreisten Frauen*, Frankfurt/M. 1991.

–: *Vor dem Vulkanausbruch*, Frankfurt/M. 1999.

Weissberg, M.: *Das letzte Zipfelchen der Macht*, Rastatt 1993.

Weißenberg, S.: *Beiträge zur Frauenbiologie*, Berlin 1927.

–: »Die Verwahrlosung der Jugend in Sowjetrußland«, *Zeitschrift für Sexualwissenschaft und Sexualpolitik* 1928.

Weist, K.M.: »Plains Indian Women« in *Anthropology on the Great Plains*, ed. W.R. Wood/M. Liberty, Lincoln 1980.

Weisweiler, J.: »Die Stellung der Frau bei den Kelten«, *Zeitschrift für Celtische Philologie* 1939.

de Welles, T.: »Sex and Sexual Attitudes in 17th-Century England«, *Renaissance and Reformation* 1988.

Wellhausen, J.: *Reste arabischen Heidentums*, Berlin 1897.

Wenzel, H.: »Höfische Repräsentation« in *Kultur und Alltag*, ed. H.-G. Soeffner, Göttingen 1988.

–: »Wilde Blicke«, *L'Homme* 1997.

–: »Tisch und Bett: Zur Verfeinerung der Affekte am mittelalterlichen Hof« in *Prozesse der Normbildung und Normveränderung im mittelalterlichen Europa*, ed. D. Ruhe/K.-H. Spieß, Stuttgart 2000.

Werkmüller, D.: »Die Sulzheimer Gerichtsordnung des Mainzer Domdekans Lorenz Truchseß von Pommersfelden aus dem Jahre 1515«, *Archiv für hessische Geschichte und Altertumskunde* 1988.

Wertz, R.W./D.C. Wertz: *Lying-In: A History of Childbirth in America*, New Haven 1989.

Wesoly, K.: »Der weibliche Bevölkerungsanteil in spätmittelalterlichen Städten und die Betätigung von Frauen im zünftigen Handwerk«, *Zeitschrift für die Geschichte des Oberrheins* 1980.

Wessel, J.: »Welche Faktoren können bei Schwangerschaftsverdrängung und Nichtwahrnehmen eine bestehende Gravidität fördern?« in *Verhandlungen der Deutschen Gesellschaft für Gynäkologie und Geburtsheilkunde*, ed. D. Krebs/D. Berg, Heidelberg 1993.

West, C.: *Lesben-Knigge*, Frankfurt/M. 1992.

West, D.J.: *Male Prostitution*, London 1992.

Westendorf, W.: »Amenophis IV. in Urgottgestalt«, *Pantheon* 1963.
Westermann, D.: *Die Glidyi-Ewe in Togo*, Berlin 1935.
Westermarck, E.: *Marriage Ceremonies in Morocco*, London 1914.
Westermarck, E./S. ʿa.-es-s. el-Baqqali: *Wit and Wisdom in Morocco*, London 1930.
Weston, J.: *The Real American Cowboy*, New York 1988.
Westphal, H.: *Die Liebe auf dem Dorf*, Braunschweig 1988.
Wettlaufer, J.: *Das Herrenrecht der ersten Nacht*, Frankfurt/M. 1999.
Wetzel, C.: »Frauen um König David« in *Schön bist du und verlockend*, ed. H. Haag et al., Freiburg 2001.
Wex, M.: *Parthenogenese heute*, Wiesbaden 1992.
Whatley, J.: »Savage Hierarchies: French Catholic Observers of the New World«, *Sixteenth Century Journal* 1986.
Wheelwright, J.: *Amazons and Military Maids*, London 1989.
–: »›It was Exactly Like the Movies!‹: The Media's Use of the Feminine During the Gulf War« in *Women Soldiers*, ed. E. Addis et al., Houndmills 1994.
Whitam, F.L./R.M. Mathy: *Male Homosexuality in Four Societies*, New York 1986.
White, H.: »The Forms of Wildness« in *The Wild Man Within*, ed. E. Dudley/M.E. Novak, Pittsburgh 1972.
White, L.: *The Comforts of Home: Prostitution in Colonial Nairobi*, Chicago 1990.
Whiting, B.B.: *Paiute Sorcery*, New York 1950.
Whiting, J.W.M.: *Becoming a Kwoma*, New Haven 1941.
Whiting, J.W.M./S.W. Reed: »Kwoma Culture«, *Oceania* 1938.
Whitman, W.: *The Pueblo Indians of San Ildefonso*, New York 1947.
Widstrand, C.G.: »Female Infibulation« in *Varia*, Bd. I, ed. S. Lagercrantz, Lund 1964.
zu Wied, M. Prinz: *Reise in das Innere Nord-America*, Bd. II, Coblenz 1841.
Wiedemann, E.: »Jedermann jedermanns Polizist«, *Der Spiegel* 3, 1995.
Wiegand, J.: *Radfahren und Gesundheit um 1900*, Frankfurt/M. 1997.
Wiener, C.Z.: »Sex Roles and Crime in Late Elizabethan Hertfordshire«, *Journal of Social History* 1975.
Wierling, D.: *Mädchen für alles*, Berlin 1987.
Wiesner, M.E.: *Gender, Church, and State in Early Modern Germany*, London 1998.
–: »Having Her Own Smoke« in *Singlewomen in the European Past, 1250-1800*, ed. J.M. Bennett/A.M. Froide, Philadelphia 1999.
Wiesner-Hanks, M.E.: *Christianity and Sexuality in the Early Modern World*, London 2000.
Wikan, U.: *Managing Turbulent Hearts*, Chicago 1990.
Wikman, K.R.V.: *Die Einleitung der Ehe*, Åbo 1937.
Wikström, P.-O.H.: *Urban Crimes, Criminals, and Victims*, New York 1991.
Wilbert, J.: *Zur Kenntnis der Yabarana*, Köln 1959.
Wilden, H.: *Reysbuch*, Nürnberg 1613.

Wildenthal, L.: *German Women for Empire, 1884-1945*, Durham 2001.

Wildt, D.: *Sonnenkult*, Düsseldorf 1987.

Wiley, P.B./K. Ichiro: *Yankees in the Lands of the Gods*, New York 1990.

Wilhelm, H.-H.: *Rassenpolitik und Kriegführung*, Passau 1991.

Wilhelm v. Rubruk: *Reisen zum Großkhan der Mongolen*, ed. H.D. Leicht, Darmstadt 1984.

Williams, C.A.: *Roman Homosexuality*, Oxford 1999.

Williams, E.A.: »Hysteria and the Court Physician in Enlightenment France«, *Eighteenth-Century Studies* 2002.

Williams, L.: *Wives, Mistresses and Matriarchs*, London 1998.

Williams, S.W.: *A Journal of the Perry Expedition to Japan (1853-1854)*, Tōkyō 1910.

Williams, T.: »›Magnetic Figures‹: Polemical Prints of the English Revolution« in *Renaissance Bodies*, ed. L. Gent/N. Llewellyn, London 1990.

Williamson, M.H.: »Incest, Exchange, and the Definition of Women Among the Kwoma«, *Anthropology* 1985.

Williamson, R.G.: *Eskimo Underground*, Uppsala 1974.

Williamson, R.W.: »Some Unrecorded Customs of the Mekeo People of British New Guinea«, *Journal of the Royal Anthropological Institute* 1913.

Wilson, A.: *Finding a Voice: Asian Women in Britain*, London 1978.

Wilson, E.: *In Träume gehüllt*, Hamburg 1989.

Wilson, E.O.: *Biologie als Schicksal*, Frankfurt/M. 1980.

Wilson, F.: *Muscovy*, London 1970.

Wilson, G.: »Personality and Sex« in *Dimensions of Personality*, ed. R. Lynn, Oxford 1981.

Wilson, M.: »Nyakyusa Kinship« in *African Systems of Kinship and Marriage*, ed. A.R. Radcliffe-Brown/D. Forde, London 1950.

–: *Good Company*, Boston 1963.

Wilson, M.G.: *The American Woman in Transition*, Westport 1979.

Wimmer, M.: *Die Kindheit auf dem Lande*, Reinbek 1978.

Wimschneider, A.: *Herbstmilch*, München 1987.

Windemuth, M.-L.: *Das Hospital als Träger der Armenfürsorge im Mittelalter*, Stuttgart 1995.

Winer, R.L.: »Defining Rape in Medieval Perpignan«, *Viator* 2000.

van Wing, J.: *Études Bakongo*, Louvain 1959.

Winiarski, R.: »DDR-Sexualität: Die nackten Tatsachen«, *Psychologie heute*, Juli 1990.

Winick, C.: *The New People: Desexualization in American Life*, New York 1968.

Winiewicz, L.: *Späte Gegend*, Wien 1986.

Winkelman, M.: »Cross-Cultural Social-Sexual Adaptations in Fieldwork« in *Sex, Sexuality, and the Anthropologist*, ed. F. Markowitz/M. Ashkenazi, Urbana 1999.

Winkler, J.J.: *Der gefesselte Eros*, Marburg 1994.

Winter, G.: *Das Wiener-Neustädter Stadtrecht des XIII. Jahrhunderts*, Wien 1880.

Winter, J.: *London's Teeming Streets 1830-1914*, London 1993.

Winzinger, F.: *Die Gemälde Albrecht Altdorfers*, München 1975.

de Wit, C.: »La circoncision chez les anciens Égyptiens«, *Zeitschrift für ägyptische Sprache und Altertumskunde* 1972.

Witherspoon, G.: »Relativismus in der ethnographischen Theorie und Praxis« in *Der Wissenschaftler und das Irrationale*, ed. H.P. Duerr, Bd. I, Frankfurt/M. 1981.

Witkowski, G.-J.: *Les seins dans l'histoire*, Paris 1903.

–: *Les seins à l'église*, Paris 1907.

Wittenberg, H./E. Hückstädt: *Die geschlechtlich sittlichen Verhältnisse der evangelischen Landbewohner im Deutschen Reiche*, Bd. I, Leipzig 1895.

Wörishoffer, F.: *Die sociale Lage der Fabrikarbeiter in Mannheim und dessen nächster Umgebung*, Karlsruhe 1891.

Wohl, A.S.: »Sex and the Single Room: Incest Among the Victorian Working Classes« in *The Victorian Family*, ed. A.S. Wohl, London 1978.

Wohlschlegel, K.: »Die letzten Hexen von Mergentheim«, *Württembergisch Franken*, 1995.

Wolf, H.-J.: *Geschichte der Hexenprozesse*, Erlensee 1995.

Wolf, L.: »Volksstämme Central-Afrikas«, *Zeitschrift für Ethnologie* 1886.

Wolf, M.: *Women and the Family in Rural Taiwan*, Stanford 1972.

Wolf, N.: *Der Mythos Schönheit*, Reinbek 1991.

–: *Promiscuities*, New York 1997.

Wolfe, L.D.: »Japanese Macaque Female Sexual Behavior« in *Female Primates*, ed. M.F. Small, New York 1984.

Wolfson, E.R.: »Circumcision, Vision of God, and Textual Interpretation: From Midrashic Trope to Mystical Symbol«, *History of Religions* 1987.

Wolfthal, D.: »›A Hue and a Cry‹: Medieval Rape Imagery and Its Transformation«, *Art Bulletin* 1993.

–: *Images of Rape*, Cambridge 1999.

Wolgast, E.: »Heidelberg: Die Universität und die Stadt« in *Heidelberg*, Heidelberg 1997.

Wollstonecraft, M.: *A Vindication of the Rights of Woman*, London 1929.

Worobec, C.D.: *Peasant Russia*, Princeton 1991.

Worthman, C.M./J.W.M. Whiting: »Social Change in Adolescent Sexual Behavior, Mate Selection, and Premarital Pregnancy Rites in a Kikuyu Community«, *Ethos* 1987.

Wouters, C.: »Duerr und Elias: Scham und Gewalt in Zivilisationsprozessen«, *Zeitschrift für Sexualforschung* 1994.

–: »Die verlegte ›Rue d'Amour‹: Über Hans Peter Duerrs Kritik an der Zivilisationstheorie von Norbert Elias«, *Zeitschrift für Sexualforschung* 1999.

Woycke, J.: *Birth Control in Germany 1871–1933*, London 1988.

Wright, T.: *A History of Domestic Manners and Sentiments in England During the Middle Ages*, London 1862.

–: *Womankind in Western Europe From the Earliest Times to the 17th Century*, London 1869.

–: *The Homes of Other Days*, London 1871.

Würthle, F.: *Wiederkehr der Venus*, München 1962.

Wulffen, E.: *Das Weib als Sexualverbrecherin*, Flensburg 1993.

Wunder, H.: »Der dumme und der schlaue Bauer« in *Mentalität und Alltag im Spätmittelalter*, ed. C. Meckseper/E. Schraut, Göttingen 1985.

Wunderli, P.: »Marco Polo und der Ferne Osten« in *Reisen in reale und mythische Ferne*, ed. P. Wunderli, Düsseldorf 1993.

Wustmann, G.: »Frauenhäuser und freie Frauen in Leipzig im Mittelalter«, *Archiv für Kulturgeschichte* 1907.

Wyatt-Brown, B.: *Honor and Violence in the Old South*, Oxford 1986.

Wylie, L.: *Dorf in der Vaucluse*, Frankfurt/M. 1969.

Yalom, M.: *Blood Sisters*, New York 1993.

–: *Eine Geschichte der Brust*, München 1998.

Yans-McLaughlin, V.: *Family and Community: Italian Immigrants in Buffalo, 1880-1930*, Ithaca 1977.

Yeandle, D.N.: ›*scame*‹ *im Alt- und Mittelhochdeutschen bis um 1210*, Heidelberg 2001.

Ye'or, B.: *The Dhimmi*, Cranbury 1985.

Yetman, D.: *Where the Desert Meets the Sea*, Tucson 1988.

Yokoyama, T.: *Japan in the Victorian Mind*, Houndmills 1987.

Young, C.: *Eine Jugend in Moskau*, Düsseldorf 1990.

Young, I.: *The Private Life of Islam*, London 1974.

Young, M.W.: *Fighting With Food*, Cambridge 1971.

–: »Skirts, Yams, and Sexual Pollution«, *Journal de la Société des Américanistes* 1987.

Young, R.J.C.: *Colonial Desire*, London 1995.

Yunis, N.: »Notes on the Baggara and Nuba of Western Kordofan«, *Sudan Notes and Records* 1922.

Zahan, D.: *The Religion, Spirituality, and Thought of Traditional Africa*, Chicago 1979.

Zahl, P.-P.: »Sexualität im Knast« in *Die sexuelle Frage*, ed. V. Sigusch, Hamburg 1982.

Zakravsky, C.: *Heilige Gewänder*, Wien 1994.

Zandee, J.: »Sargtexte, Spruch 75«, *Zeitschrift für ägyptische Sprache und Altertumskunde* 1972.

Zander-Seidel, J.: *Textiler Hausrat: Kleidung und Haustextilien in Nürnberg von 1500-1650*, München 1990.

Zantop, S.: *Colonial Fantasies*, Durham 1997.

Zaourou, B.Z./S. Ehouman: »Visages de la femme dans l'idéologie de la société africaine traditionelle« in *La civilisation de la Femme dans la tradition africaine*, Paris 1975.

Zarncke, F.: *Der deutsche Cato*, Leipzig 1852.

Zarncke, L.: »Die naturhafte Eheanschauung des jungen Luther«, *Archiv für Kulturgeschichte* 1935.

de Zayas, A.-M.: *Anmerkungen zur Vertreibung der Deutschen aus dem Osten*, Stuttgart 1993.

Zborowski, M./E. Herzog: *Life Is With People: The Culture of the Shtetl*, New York 1952.

Zeck, M.: *Das Schwarze Korps*, Tübingen 2002.

Zedler, J.H.: *Großes vollständiges Universal-Lexikon*, Leipzig 1740.

Ze'evi, D.: »Women in 17th-Century Jerusalem«, *International Journal of Middle East Studies* 1995.

Zeldin, T.: *France 1848-1945*, Bd. I, Oxford 1973.

Zeller, J.: »›Wie Vieh wurden hunderte zu Tode getrieben und wie Vieh begraben‹«, *Zeitschrift für Geschichtswissenschaft* 2001.

Zénié-Ziegler, W.: *In Search of Shadows*, London 1988.

Zerbst, F.: *Steinzeit heute*, Wien 1983.

Zeri, F.: *Hinter den Bildern*, Salzburg 1989.

Zerries, O.: *Waika*, München 1964.

Zeune, J.: *Burgen*, Regensburg 1996.

Zeyen, S.: *... daz tet der liebe dorn*, Essen 1996.

Zhuk, O.: »The Lesbian Subculture« in *Women in Russia*, ed. A. Posadskaya et al., London 1994.

Ziegler, J.G.: *Die Ehelehre der Pönitentialsummen von 1200-1350*, Regensburg 1956.

Zielcke, A.: »Die Gegenwart zur Brust genommen«, *Süddeutsche Zeitung*, 26. Juli 1997.

Zijlstra-Zweens, H.M.: *Of His Array Telle I No Longer Tale*, Amsterdam 1988.

Zimmermann, M.: *Vom Hausbuch zur Novelle*, Düsseldorf 1989.

Zimmermann, M.: *Verfolgt, vertrieben, vernichtet*, Essen 1989.

–: »Von der Diskriminierung zum ›Familienlager‹ Auschwitz«, *Dachauer Hefte* 5, November 1989.

–: *Rassenutopie und Genozid*, Hamburg 1996.

Zingerle, I.: »Anstandsregeln aus dem 15. Jahrhundert«, *Zeitschrift für Kulturgeschichte* 1856.

Zink, M.: »La suffisance du paysan dans la littérature française du Moyen Age« in *Der Bauer im Wandel der Zeit*, ed. W. Hirdt, Bonn 1986.

Zinn, K.G.: *Kanonen und Pest*, Opladen 1989.

Zinovieff, S.: »Hunters and Hunted: *Kamaki* and the Ambiguities of Sexual Predation in a Greek Town« in *Contested Identities*, ed. P. Loizos/E. Papataxiarchis, Princeton 1991.

Zörner, G.: *Frauen-KZ Ravensbrück*, Berlin 1971.

Zschelletzschky, H.: *Die ›drei gottlosen Maler‹ von Nürnberg*, Leipzig 1973.

Züge, C.G.: *Der russische Colonist*, ed. G. Robel, Bremen 1988.

Zürcher, M.: *Die Behandlung jugendlicher Delinquenten im alten Zürich (1400-1798)*, Winterthur 1960.

Zwahr, H.: *Herr und Knecht*, Jena 1990.

Zwang, G.: *Die Erotik der Frau*, Basel 1968.

Zwernemann, J.: »Feldnotizen von den Kassena und Nuna«, *Mitteilungen aus dem Museum für Völkerkunde Hamburg* 1990.

Register

ETHNIENREGISTER

Paul Celan. Gesammelte Werke in sieben Bänden. Sieben Bände in Kassette. st 3202-st 3208. 3380 Seiten

Marguerite Duras. Der Liebhaber. Übersetzt von Ilma Rakusa. st 1629. 194 Seiten

Hans Magnus Enzensberger. Der Fliegende Robert. Gedichte, Szenen, Essays. st 1962. 350 Seiten

Max Frisch
- Homo faber. Ein Bericht. st 354. 203 Seiten
- Stiller. Roman. st 105. 438 Seiten

Norbert Gstrein. Der Kommerzialrat. Bericht. st 2718. 148 Seiten

Marie Hermanson. Muschelstrand. Roman. Übersetzt von Regine Elsässer. st 3390. 304 Seiten

Peter Handke. Mein Jahr in der Niemandsbucht. Ein Märchen aus den neuen Zeiten. st 3084. 632 Seiten

Hermann Hesse.
- Das Glasperlenspiel. Versuch einer Lebensbeschreibung des Magister Ludi Josef Knecht samt Knechts hinterlassenen Schriften. st 2572. 616 Seiten
- Siddhartha. Eine indische Dichtung. st 182. 136 Seiten

Ludwig Hohl. Die Notizen oder Von der unvoreiligen Versöhnung. st 1000. 832 Seiten

Yasushi Inoue. Das Jagdgewehr. Übersetzt von Oskar Benl. st 2909. 98 Seiten

Uwe Johnson. Jahrestage. Aus dem Leben der Gesine Cresspahl. Einbändige Ausgabe. st 3220. 1728 Seiten

James Joyce. Ulysses. Roman. Übersetzt von Hans Wollschläger. st 2551. 988 Seiten

Franz Kafka. Der Prozeß. Roman. st 2837. 282 Seiten

Bodo Kirchhoff. Infanta. Roman. st 1872. 502 Seiten

Andreas Maier. Wäldchestag. Roman. st 3381. 315 Seiten

Magnus Mills. Die Herren der Zäune. Roman. Übersetzt von Katharina Böhmer. st 3383. 216 Seiten

Cees Nooteboom. Allerseelen. Roman. Übersetzt von Helga van Beuningen. st 3163. 440 Seiten

Juan Carlos Onetti. Das kurze Leben. Roman. Übersetzt von Curt Meyer-Clason. Mit einem Nachwort von Durs Grünbein. st 3017. 380 Seiten

Marcel Proust. In Swanns Welt. Auf der Suche nach der verlorenen Zeit. Übersetzt von Eva Rechel-Mertens. st 2671. 564 Seiten

Hans-Ulrich Treichel. Der Verlorene. Erzählung. st 3061. 175 Seiten

Mario Vargas Llosa. Tante Julia und der Kunstschreiber. Roman. Übersetzt von Heidrun Adler. st 1520. 392 Seiten

Martin Walser. Ein fliehendes Pferd. Novelle. st 600. 151 Seiten

Ernst Weiß. Der arme Verschwender. st 3004. 450 Seiten